Íslensk ensk orðabók

og ensk-íslensk orðabók

Orðabókaútgáfan
2000

© Orðabókaútgáfan ehf.

1. útgáfa 1991
2. útgáfa 2000, stækkuð, endurbætt og orðaforði aukinn

Ritstjóri: Sævar Hilbertsson

Prentun og bókband: Prentsmiðjan Grafík hf.

Kápa: Gott fólk McCann-Erickson

Bók þessa má ekki afrita með neinum
hætti, án skriflegs leyfis útgefanda.

ISBN 9979-835-19-2 kilja
ISBN 9979-835-20-6 innbundin

Orðabækur Orðabókaútgáfunnar:

Ensk-íslensk / íslensk ensk vasaorðabók svört
Ensk-íslensk / íslensk ensk orðabók gul
Ensk-íslensk / íslensk ensk orðabók grá
Ensk-íslensk / íslensk ensk orðabók blá
Ensk-íslensk / íslensk ensk rauð
Ensk-íslensk / íslensk ensk rauð

Dönsk-íslensk / íslensk-dönsk orðabók gul

Sænsk-íslensk / íslensk-sænsk orðabók gul

Þýsk-íslensk / íslensk-þýsk orðabók gul

Frönsk-íslensk / íslensk-frönsk orðabók gul

Spænsk-íslensk / íslensk-spænsk orðabók gul

Ítölsk-íslensk / íslensk-ítölsk orðabók gul

Formáli

Í tilefni af árinu 2000 gefur Orðabókaútgáfan út nýja enska orðabók. Hér er um að ræða orðabók með hraðvirku uppflettikerfi sem uppfyllir þarfir nútímafólks í hraða samfélagsins. Í orðabókinni eru uppflettiorð valin í samræmi við nýjustu enskar og amerískar orðabækur. Með þessari nýju stækkuðu og endurbættu útgáfu var sérstök áhersla lögð á að fjölga orðum í tengslum við tækni, vísindi, tölvur, viðskipti og ferðalög auk almennra orða. Uppflettiorðin eru um það bil 72.000 ensk og íslensk orð og valdar eru algengustu þýðingar orðanna.

Við hönnun orðabókarinnar var sérstaklega hugað að framsetningu uppflettiorðanna og þýðinganna á blaðsíðunni. Þannig er fyrsta og síðasta orð hverrar síðu haft efst á síðunni og stækkaður fyrsti stafurinn. Skemmri tími fer því í að fletta upp orðum. Letur er mjög læsilegt og undantekning er að orði sé skipt á milli lína. Þess vegna nema augun allt orðið á einu augnabliki. Fremst í bókinni eru skýringar á málfræðiskammstöfunum og í lok hvors hluta fyrir sig er skrá yfir óreglulegar enskar sagnir.

Tvær útgáfur eru af þessari bók þ.e. hefðbundin harðspjaldaútgáfa og kiljuútgáfa, svokölluð veltiorðabók. Veltiorðabókin er þannig uppbyggð að bókinni er velt til þess að fletta upp í hinum hluta hennar. Þess vegna er alltaf flett upp í fyrstu 500 blaðsíðunum af tæplega 1000 síðum.

Ég veit ekki til þess að veltiorðabók hafi komið áður út hérlendis né erlendis og vona því að möguleikar hennar og hraðvirka uppflettiskerfisins nýtist vel í hraða nútímaþjóðfélags.

Reykjavík 15. maí 2000
Steinarr Guðjónsson
útgefandi

Íslensk ensk orðabók

Skammstafanir
Abbreviations

adj.	lýsingarorð	adjective
adv.	atviksorð	adverb
Am.	bandarísk enska	American English
Br.	breska	British
comb.	hluti samsetts orðs	combining form (used in compounds)
conj.	samtenging	conjunction
e-ð	eitthvað (nominative)	something and accusative)
e-u	einhverju (dative)-	
e-r	einhver (nominative)	somebody
e-n	einhvern (accusative)-	
e-m	einhverjum (dative)-	
e-s	einhvers (genitive)	somebody/something
f.	kvk. nafnorð	feminine noun
interj.	upphrópun	interjection
Lat.	latína	Latin
m.	kk. nafnorð	masculine noun
n.	hvk. nafnorð	neuter
num.	töluorð	numeral
p.	þátíð	past tense
pl.	fleirtala	plural
pp.	lýsingarháttur þátíðar	past participle
prn.	fornafn	pronoun
prp.	forsetning	preposition
s-g	eitthvað	something
s-y	einhver	somebody
v.	sagnorð	verb
vi.	áhrifslaus sögn	verb intransitive
vt.	áhrifssögn	verb transitive
/	eða	or

A

abbadís f. abbess, mother superior
abbast upp á vt. hassle, accost, molest
aborri m. bass, perch
abstraktlistamaður m. abstractionist
Adríahaf n. Adriatic Sea
að conj. that; prp. to(wards), up to, (of time) in
að (with infinitive) to
að aftan adv. at the back
að auki adv. besides, as well
að eilífu adv. forever, for evermore
að frátöldum prp. except(ing), exclusive of
að jafnaði adv. as a rule, usually, generally
að kvöldi adv. in the evening
að lokum adv. at last, finally, in the end
að meðtöldum prp. including
að miklu leyti adv. for the most part
að neðan adv. from below
að ofan adv. from above
að síðustu adv. lastly, finally
að sjálfsögðu adv. of course
að svo búnu adv. thereupon
að svo komnu adv. with things as they are
að svo stöddu adv. as it is
að undanskildum prp. excepting
að þessu sinni adv. this time
að því leyti sem conj. in so far as, insomuch/forasmuch as
að því skildu (að) conj. provided/ providing (that)
aða f. horse mussel
aðal- comb. head, chief, main, cardinal, principal
aðalatriði n. main point, main issue
aðaláhersla f. primary accent/stress
aðalbanki m. main bank
aðalbláber n. bilberry, whortleberry
aðalborinn adj. blue-blooded
aðalbraut f. main street, thoroughfare
aðalbygging m. main building
aðaldansmær f. prima ballerina
aðaldyr f.pl. front door
aðalefni n. main subject, theme
aðaleinkunn f. final grade
aðalfundur m. annual (general) meeting
aðalgata f. main street
aðalhlutverk n. main role; **hafa (e-n) í aðalhlutverki** feature
aðall m. nobility, aristocracy, gentry
aðallega adv. mainly, chiefly
aðalleikari m. leading man
aðalleikkona f. leading lady
aðallykill m. master key, passkey, passepartout
aðalmaður m. central figure
aðalminni n. main memory
aðalmynd f. feature (film)
aðalpersóna f. protagonist
aðalpósthús n. General Post Office, GPO
aðalritari m. secretary-general
aðalræðismaður m. consul general
aðalrökrásabretti n. main circuit board
aðals- comb. aristocratic
aðalsetning f. main/independent clause
aðalskona f. noblewoman, peeress
aðalskrifstofa f. headquarters, home office, main office
aðalslagæð f. aorta
aðalsmaður m. nobleman, aristocrat
aðalsmerki n. hallmark
aðalstýriverk n. main control unit
aðalsveldi n. aristocracy
aðalsögn f. main verb
aðalteikning f. principal diagram
aðaltengi n. main terminal
aðaltenging f. coordinating conjunction
aðalumferðaræð f. trunk road, main line
aðalvalmynd f. main menu
aðalvatnsæð f. water main
aðalvegur m. trunk road
aðalþilfar n. main deck
aðalæð f. main(s)
aðalæfing f. dress rehearsal
aðalöxull m. mainshaft
aðblástur m. preaspiration
aðbúnaður m. accommodation, conditions; care
aðdáandi m. admirer, fan, devotee
aðdáanlegur adj. admirable
aðdáendabréf n. fan mail
aðdáun f. admiration, respect
aðdáunarverður adj. admirable

aðdragandi m. antecedents, prelude, run-up
aðdráttarafl n. attraction; gravity, gravitation
aðdráttarlinsa f. telephoto/telescopic lens
aðdróttun f. insinuation, innuendo, imputation
aðeins adv. only, exclusively
aðfall n. rising tide, flood tide
aðfangadagskvöld n. Christmas Eve
aðfaranótt f. the night before (a certain day)
aðferð f. method, technique, procedure
aðferðafræði f. methodology
aðferðafræðilegur adj. methodological
aðfinnsla f. criticism, faultfinding, reprobation
aðfinnslusamur adj. critical, censorious, captious
aðfinnsluverður adj. reprovable, blameworthy
aðflug n. landing approach
aðflutningsgjald n. import duty
aðflutningsskýrsla f. bill of entry
aðflutningur m. import(ation)
aðför f. attack; conduct; **a. að lögum** legal execution
aðgangseyrir m. entrance fee
aðgangsverndaður adj. copy-protected, write-protected
aðgangur m. admission, access; **a. bannaður** no admittance/entry
aðgát f. care, caution
aðgengilegur adj. accessible, approachable; acceptable, reasonable; userfriendly
aðgerð f. operation, action, move; **grípa til aðgerða** take measures
aðgerðagreining f. operational research
aðgerðalaus adj. passive, inactive, idle
aðgerðaleysi n. inactivity, inaction, inertia
aðgerðarannsókn f. operational research
aðgerðarhnappur m. function key
aðgerðarleysi n. passiveness, inaction
aðgerðasinni m. activist
aðgerðastefna f. activism
aðgreina vt. separate; distinguish, discern
aðgreinanlegur adj. separable; distinguishable

aðgreindur adj. separate; distinct
aðgreining f. separation; distinction, difference; **til aðgreiningar frá** as distinguished from
aðgæsla f. caution, care, attention
aðgætinn adj. careful, cautious, vigilant
aðgætni f. caution, vigilance
aðgönguheimild f. entrée
aðgöngumiðasala f. booking office; box office
aðgöngumiði m. (admission) ticket
aðhafast v. act, do
aðhald n. control, restraint; support
aðhlátursefni n. subject of ridicule, laughingstock
aðhlynning f. ministration, care
aðhyllast v. endorse, subscribe to, accept
aðhæfa vt. adapt
aðild f. membership, participation, involvement
aðildarríki n. member country
aðili m. party, member, person
aðjútantstorkur m. adjutant bird
aðkallandi adj. urgent, pressing, acute
aðkallandi vandamál n. pressing problem
aðkast n. sneers, taunts, rebuke
aðkenning f. touch, trace, streak (of)
aðkoma f. approach; **ljót a.** ugly sight
aðkomumaður m. stranger, newcomer, visitor
aðkvæni n. exogamy
aðlaðandi adj. attractive, good-looking, charming
aðlaga vt. adapt, adjust, fashion, gear to
aðleiðsla f. induction, inductive reasoning
aðliggjandi adj. adjoining, adjacent, surrounding
aðlögun f. adaptation, adjustment
aðlögunarhæfni f. adaptability
aðlögunarhæfur adj. adaptable
aðlögunarörðugleikar m.pl. maladjustment
aðmíráll m. admiral
aðnjótandi adj. partaking of; **verða a. e-s** enjoy s-g
aðrein f. slip road (onto a motorway)
aðrennsli n. influx, inflow
aðrennslissvæði n. catchment area, river basin
aðsetur n. residence; hangout, nest

aðsigi : **í aðsigi** in the wind, imminent
aðskeyti n. affix (in grammar)
aðskilinn adj. separate, discrete
aðskilja vt. separate; segregate
aðskiljanlegur adj. separable; various
aðskilnaðarsinni m. secessionist, separatist
aðskilnaðarstefna f. secessionism, separatism; apartheid
aðskilnaður m. separation, break-up; segregation
aðskorinn adj. close-fitted, snug
aðskotadýr n. intruder, interloper, odd man out
aðskotahlutur m. foreign body
aðsókn f. attendance, turnout
aðstaða f. position; facility
aðstandendur m.pl. relatives; organizers
aðstoð f. help, assistance, aid
aðstoða vt. help, assist, aid
aðstoðarflugmaður m. copilot
aðstoðarforingi m. adjutant, aide-de-camp
aðstoðarmaður m. assistant, attendant, helper
aðstoðarprestur m. curate
aðstoðarráðherra m. undersecretary
aðstreymi n. influx, inrush
aðstæður f.pl. circumstances, conditions; atmosphere
aðstöðugjald n. expenditure tax
aðsúgur m. mobbing; **gera aðsúg að** gang up on/against
aðsvif n. swoon, fainting fit
aðvara vt. warn, caution, admonish
aðventa f. Advent
aðventisti m. Adventist
aðvörun f. warning, caution
aðvörunargabb n. false alarm
aðþrengdur adj. hard pressed, pinched; **vera a.** be in a tight corner
af prp. from, of(f), by
af hverju adv. why
af því að conj. because
afabróðir m. great-uncle, granduncle
afar adv. very, most, highly, greatly, immensely
afarkostir m.pl. hard conditions
afarstór adj. huge, immense, vast
afasystir f. great-aunt, grandaunt

afbaka vt. distort, garble, misrepresent
afboð n. (message of) excuse, regrets
afborganakaup n.pl. hire-purchase, (Am.) installment buying
afborgun f. instalment; amortization
afbragð n. smasher, paragon, nonesuch
afbragðs- comb. superb, crack, topnotch
afbrigði n. variant, variety, anomaly; **með afbrigðum** outstandingly, first class
afbrigðilegur adj. abnormal, atypical, anomalous
afbrigðileiki m. abnormality
afbrot n. crime, offence, violation
afbrotafræði f. criminology
afbrotamaður m. criminal, delinquent
afbrotaunglingur m. juvenile delinquent
afbrýðisamur adj. jealous
afbrýðisemi f. jealousy
afburða- comb. outstanding, excellent, pre-eminent
afburðamaður m. ace, champion
afburðatækni f. virtuosity
afbökun f. distortion, misrepresentation
afdráttarlaus adj. absolute, explicit, outright
afdráttarlaust adv. unconditionally, straight out
afdrep n. shelter, refuge
afdrifaríkur adj. fateful, momentous
afferma vt. unload, discharge
affermingarhöfn f. port of discharge
affrysta vt. defrost
afföll n.pl. discount; bank rate
afgangsbirgðir f.pl. surplus stock
afgangur m. rest, remainder, leftover(s), surplus
Afgani m. Afghan
afganskur adj. Afghan
afgerandi adj. decisive
afgirða vt. fence off, put a fence round
afgjald n. toll, dues
afglapi m. fool
afglöp n.pl. folly, blunder, howler
afgreiða vt. attend to, serve (a customer); expedite, dispatch
afgreiðsla f. attendance, service; handling, expedition
afgreiðsluborð n. counter, cash desk
afgreiðslufrestur m. delivery period

afgreiðslugjöld → afmæli

afgreiðslugjöld n.pl. handling charges
afgreiðslukona f. saleswoman, shop assistant
afgreiðslumaður m. shop assistant, (Am.) salesclerk
afgreiðslustjóri m. dispatcher
afgreiðslutími m. business hours, opening time
afhenda vt. deliver, hand over
afhending f. delivery
afhendingardagur m. delivery date
afhjúpa vt. disclose, expose; unveil, uncover
afhjúpun f. disclosure, exposure, revelation
afhrak n. degenerate, ragamuffin
afhreistra vt. scale (a fish)
afhrað n. big loss
afhýða vt. peel, pare, skin
afhöfða vt. behead, decapitate
afi m. grandfather
afkasta vt. perform, accomplish
afkastageta f. capacity, productivity
afkastahvetjandi (launa)kerfi n. work incentive (pay) scheme
afkastahvetjandi launakerfi n. pay incentive system
afkastalítill adj. inefficient
afkastamikill adj. efficient, productive
afkastapróf n. benchmark test
afkastastig n. capacity level
afkáralegur adj. bizarre, grotesque, zany
afkimi m. recess, nook
afklippa f. clipping, snip
afklæða vt. undress, strip, denude
afkoma f. earnings; financial standing
afkomandi m. descendant, offspring
afkomuhorfur f.pl. earnings prospects
afkróa vt. enclose, shut in; cordon off
afkrækja vt. unhook
afkvæmi n. offspring, progeny
afköst n.pl. output, performance
afl n. force, power, strength, might
afla vt. earn, gain, acquire
aflabrestur m. catch failure, poor fish catch
aflabrögð n.pl. fishing
aflaföng n.pl. catch, haul
aflaga vt. disarrange, disturb; deform
aflahrota f. spell of good fishing

aflamark n. catch quota/limit(s)
aflandsgola f. offshore breeze, land breeze
aflangur adj. oblong
aflaufga vt. defoliate
aflausn f. absolution; **veita a.** absolve
aflátssali m. pardoner
afldýfa f. power dive (of an aircraft)
afleggjari m. cutting; byway, sideroad
afleiðing f. consequence, result
afleiðsla f. deduction; derivation (in grammar)
afleitt orð n. derived word, derivation
afleitur adj. outrageous, hideous
afleysing f. replacement, relief
afleysingarmaður m. temp, relief
aflétta vt. alleviate
aflfræði f. mechanics
aflgjafi m. source of energy
aflhemill m. power brake
afli m. catch
aflima vt. amputate
aflimun f. amputation
aflíðandi adj. (gently) sloping, (of a roof) low-pitched
aflleysi n. powerlessness; weakness
aflóga adj. decrepit, worn out
aflraun f. trial of strength
aflraunamaður m. weight-lifter, strongman
aflstýri n. power steering
aflstöð f. power station
aflúsa vt. delouse; debug
aflvana adj. powerless
aflýsa vt. cancel, call off
aflýsing f. cancellation
aflögufær adj. having s-g to spare
aflögun f. disarrangement, disfiguration
afmarka vt. mark off, delimit, demarcate; define; modify, qualify
afmarkari m. delimiter
afmá vt. obliterate, erase, wipe out
afmeyja vt. deflower
afmóta vt. demodulate
afmótun f. demodulation
afmynda vt. disfigure, deform, distort
afmyndaður adj. deformed, misshapen
afmyndun f. disfigurement, distortion; deformity
afmæli n. birthday; anniversary

afmælisgjöf f. birthday present
afmælisveisla f. birthday party
afmörkun f. delimitation, demarcation
afnám n. abolition, abrogation, repeal
afnámssinni m. abolitionist
afneita vt. disavow, renounce, repudiate; disown
afneitun f. disavowal, renunciation, repudiation
afnema vt. abolish, annul, repeal
afnot n.pl. use
afnotagjald n. licence fee
afpanta vt. cancel (an order)
afplána vt. serve (a sentence)
afpöntun f. cancellation
afpöntunargjald n. cancellation charge
afrakstur m. product, yield; returns, payoff
afráða vt. determine, decide, resolve
afrein f. slip road (off a motorway)
afrek n. achievement, accomplishment, feat
afreka vt. achieve, accomplish
afrekaskrá f. track record
afreksmaður m. hero, world-beater
afreksverk n. heroic deed, feat
afrennsli n. outlet, effluent
afréttari m. pick-me-up
afréttur m. highland pasture
afriða vt. rectify
afriðill m. rectifier
afriðun f. rectification
afrit n. copy, duplicate; transcript
afrita vt. copy, duplicate; transcribe
afritun f. duplication; transcription
Afríka f. Africa
afríkanska f. Afrikaans
Afríkubúi m. African
afrískur adj. African
afruglari m. unscrambler
afrækja vt. neglect
afsaka vt. apologize; excuse, justify; **afsakið** excuse me; I beg your pardon
afsakandi adj. apologetic
afsakanlegur adj. excusable, justifiable, pardonable
afsal n. assignment, conveyance (of property); title deed

afsala sér (e-u) vt. renounce, relinquish; sign away/over, assign (property); waive (a claim)
afsalanlegur adj. alienable
afsalsbréf n. title deed, deed of conveyance
afsanna vt. disprove, refute, rebut
afsegja vt. protest (a bill of exchange)
afsegulmagna vt. degauss
afsíðis adv. aside, apart, aloof
afskaplega adv. awfully, extremely
afskaplegur adj. enormous, tremendous
afskekktur adj. remote, secluded, out-of-the-way
afskiptalaus adj. indifferent, unconcerned
afskiptaleysi n. indifference, passivity
afskiptasamur adj. meddlesome, officious, bossy
afskiptasemi f. officiousness
afskipti n.pl. intervention, interference
afskiptur adj. deprived of one's fair share, underprivileged
afskrifa vt. copy, transcribe; depreciate (property)
afskrift f. copy, transcript; depreciation
afskræma vt. distort, disfigure; misrepresent
afskræmdur adj. monstrous, hideous
afskræmi n. monstrosity; monster
afskræming f. distortion; misrepresentation
afskurður m. abscission
afslappaður adj. relaxed, easygoing, free and easy
afsláttarfargjald n. discount fare
afsláttur m. (price) discount; (tax) rebate
afslöppun f. relaxation
afsprengi n. offspring
afspurn f. hearsay; **af a.** by reputation
afstaða f. attitude, stance, stand; **taka afstöðu (með)** take sides (with); position, location
afsteypumót n. matrix, mould
afstýra vt. prevent, avert
afstýranlegur adj. preventable
afstæði n. relativity
afstæðishyggja f. relativism
afstæðiskenning f. theory of relativity
afstæður adj. relative

afsvar n. refusal, rebuff
afsögðuð haglabyssa f. sawn-off shotgun
afsögn f. resignation; abdication
afsökun f. apology; excuse, justification; **biðjast afsökunar** apologize
afsönnun f. refutation, rebuttal; disproof
aftaka f. execution; decapitation
aftaka vt. turn down flat; abolish
aftakarok n. violent storm
aftan á prp. on the back of
aftan frá adv. from behind
aftan til adv. near the back
aftan við prp. behind
aftansöngur m. evensong, evening prayer, vespers
aftanverður adj. rearward
aftar adv. further back
aftarlega adv. near the end, rearwards
aftastur adj. furthest back, backmost, rearmost
aftákna vt. decode
aftengja vt. disengage
aftengjanlegur adj. detachable
aftra vt. hinder, prevent, restrain
aftur adv. back; again; interj. encore
aftur á bak adv. backwards
aftur á móti on the other hand
aftur í in the back
aftur og aftur time and (time) again
afturá adv. astern, aft
afturábakgír m. reverse gear
afturbati m. convalescence, recuperation, recovery
afturbeygður adj. (in grammar) reflexive
afturbolur m. abdomen
afturbrennari (í þotuhreyfli) m. afterburner
afturelding f. dawn, daybreak
afturfótur m. hind leg
afturför f. deterioration, relapse, re(tro)gression; **í a.** on the decline, regressive
afturganga f. spectre, apparition
afturhald n. reaction
afturhaldssamur adj. reactionary
afturhaldsseggur m. reactionary, die-hard
afturheili m. hindbrain
afturhlaðningur m. breech-loader
afturhluti m. back part; hindquarters (of an animal)

afturhryggur m. loin (of meat)
afturhvarf n. return, re(con)version
afturkalla vt. revoke, recall, countermand
afturkallanlegur adj. revocable; retractable
afturkast n. reaction; recoil
afturkippur m. relapse, setback; recession
afturkoma f. comeback, return, reappearance, reentry
afturkreistingur m. runt, scrub, pipsqueak
afturkræfur adj. recoverable, reclaimable
afturkvæmt : eiga a. have a chance to return
afturköllun f. revocation, recall, repeal
afturljós n. rear light, taillight
afturmastur n. mizzenmast
afturpartur m. haunch (of an animal)
afturreka : gera e-n a. refuse s-y admission, reject
aftursæti n. back seat
afturverkun f. retroaction; feedback
afturvirkur adj. retroactive
afturþilfar n. quarterdeck
aftökumaður m. executioner
aftökupallur m. scaffold
aftökusveit f. firing squad
aftöppunarkrani m. drain cock
afundinn adj. grumpy, peevish
afurð f. product; produce
afvega adv. astray
afvegaleiddur adj. misguided, on the wrong track
afvegaleiða vt. mislead, misguide
afvikinn adj. remote, out-of-the-way, outlying
afvopna(st) v. disarm, demobilize
afvopnun f. disarmament, demobilization
afþakka vt. decline, turn down, reject
afþreying f. diversion, relaxation, recreation
afþreyingarbókmenntir f.pl. light/pulp literature
afþreyingarökutæki n. recreational vehicle
afþurrkunarklútur m. duster
afæta f. parasite, sponger; **vera a. á** sponge (up)on
afætulifnaður m. parasitism

aga vt. discipline, chasten, school
aga- comb. disciplinary
aga vi. ooze, seep
agaður adj. orderly, restrained
agalega adv. awfully, terribly
agalegur adj. awful, dreadful
agaleysi n. indiscipline, lack of discipline
agat m. agate
agða f. (worm) fluke
agi m. discipline
agn n. bait, lure
agnarlítill adj. minuscule, minute, tiny
agnarsögn f. phrasal verb
agnarögn f. little bit, jot, whit, iota
agnbeyki n. hornbeam
agndofa adj. thunderstruck, aghast; **gera a.** astound, stun; **(verða) a. af** (be) transfixed with
agnhald n. barb; fluke
agnúi m. snag, hitch, drawback, fault, defect
agúrka f. cucumber
aka vt. drive; taxi (a plane); **aka fram úr** overtake; **úti að aka** all/completely at sea
aka sér v. squirm, writhe
akademía f. academy
akademískur adj. academic
akarn n. acorn
akasía f. acacia
akbraut f. carriageway, roadway
akfeitur adj. obese, very fat
akkeri n. anchor; grapnel; **liggja við a.** moor
akkerisflaug f. fluke (of an anchor)
akkerisljós n. riding light
akkerisrauf f. hawsehole
akkeristaug f. hawser
akkerisvinda f. capstan
Akkilesarhæll m. Achilles' heel
akkorð n. piecework
akkur m. advantage
akrein f. lane (on a road)
akstur m. driving, drive, ride
aktygi n.pl. harness
akur m. field, arable land
akurhæna f. partridge
akuryrkja f. agriculture
al- comb. totally, fully
ala v. give birth to; feed; breed

ala upp vt. bring up
alabastur m. alabaster
alast upp vi. grow up
albatrosi m. albatross
albínói m. albino
albróðir m. brother-german
albúinn adj. (quite) ready, prepared
albúm n. album
alda f. wave, swell; drift (of sand)
aldamót n.pl. turn of the century
aldarafmæli n. centenary, (Am.) centennial
aldeilis adv. completely, totally
aldinborri m. maybeetle, maybug
aldingarður m. orchard
aldinkjöt n. pulp
aldinlögur m. (liquid) must
aldinmyndun f. fructification
aldraður adj. old, elderly, senescent
aldrei adv. never; **a. framar** never again, nevermore
aldur m. age; **um a. og ævi** perpetually; **á besta aldri** of ripe(r) years; **um langan a.** for a long time
aldurhniginn adj. aged, advanced in years
aldursákvörðun með geislakolum f. (radio)carbon dating
aldursbil n. age bracket
aldurshópur m. age group, age bracket
aldurstakmark n. age limit
alefli n. all one's strength
aleiga f. all (of one's possessions)
aleinn adj. (all) alone, by oneself, on one's own
alfargjald n. inclusive fare
alfræðibók f. encyclop(a)edia
algáður adj. sober
algebra f. algebra
algebru- comb. algebraic(al)
Algeirsborg f. Algiers
algengur adj. common, ordinary, commonplace
alger adj. absolute, complete, total
algerlega adv. absolutely, completely, utterly
algildisstafur m. wildcard
algildur adj. absolute; universal
algjör adj. complete, absolute, unqualified
algjörlega adv. completely, entirely, thoroughly

alglevmi n. ecstasy, rapture, nirvana
algrím n. algorithm
algyðistrú f. pantheism
algyðistrúar- comb. pantheistic
algyðistrúarmaður m. pantheist
alheill adj. quite well, unharmed
alheims- comb. universal, cosmic, worldwide, global
alheimsumrót n. apocalypse
alheimur m. universe, cosmos
alhliða adj. comprehensive, versatile
alhugur m. sincerity
alhæfa v. generalize
alhæfing f. generalization
alifugl m. (domestic) fowl
alifuglar m.pl. poultry
alifuglasali m. poulterer
alifuglasjúkdómur m. pip
alisvín n. porker, pig, (Am.) hog
aljafn adj. congruent (with)
alkalískur adj. alkaline
alki m. alcoholic, wino
alkirkjulegur adj. (o)ecumenical
alkóhól n. alcohol
alkóhólisti m. alcoholic
alkul n. absolute zero
alkunnur adj. famous, well-known; proverbial
all- comb. fairly, rather, pretty
allavega adv. in all ways/respects; anyway
allegórískur adj. allegoric(al)
allgóður adj. fairly good, fair
allhvass vindur m. moderate gale
allir prn. everybody, everyone; **adj. & prn.** any, anybody, anyone
allmargir adj. & prn. quite a few, a good many
allmikill adj. considerable
allrahanda n. allspice; **adj.** various, all kinds of
allrameinabót f. cure-all, heal-all, panacea
alls adv. altogether, all told; in all/total
alls ekki adv. not at all, by no means, not by a long shot
allsber adj. stark naked, in the buff
allsherjar- adj. general, universal, fullscale
allsherjarafvopnun f. global disarmament
allsherjaratkvæðagreiðsla f. referendum
allsherjarfundur m. plenary session
allsherjarfyrirgefning f. plenary indulgence
allsherjarsamþykki n. blanket approval
allsherjarverkfall n. general strike
allskostar adv. in every respect
allsnakinn adj. stark naked, in the nude
allsnægtir f.pl. affluence, opulence, plenty; **í allsnægtum** in the lap of luxury
allsstaðar adv. everywhere
allstór adj. siz(e)able
allt prn. everything; **a. annað en** anything but; **a. í einu** suddenly, all of a sudden; **a. í lagi** alright, OK, O.K., okay; **a. hvað af tekur** like anything; **a. saman** the lot, (Am.) the whole shebang; **umframt a.** above all; **út um a.** all over (the shop)
alltaf adv. always; **a. öðru hverju** every now and then
alltof adv. far too
allur adj. & prn. all, whole; entire, complete, total; **á allan hátt/að öllu leyti** in every way, wholly; **að öllu samanlögðu** all in all; **allan tímann** all the time, all along/through; **í eitt skipti fyrir öll** once (and) for all; **sem allra best** as well as possible
allvel adv. pretty well, tolerably well
almanak n. calendar, almanac
almanaksár n. calendar year
almanaksmánuður m. calendar month
almannafé n. public funds
almannafæri : á a. in public
almannaheill f. common good
almannarómur m. rumour, report; **samkvæmt almannarómi** reputedly
almannatengsl n.pl. public relations, PR
almannatrygging f. social security, (Br.) National Insurance
almannatryggingabætur f.pl social security benefits
almannavarnir f.pl. civil defence
almáttugur adj. almighty, omnipotent
almennar kosningar f.pl. general election
almennilega adv. properly
almennilegur adj. friendly; proper, decent
almenningsálit n. public opinion

almenningseign f. common property
almenningsflug n. civil aviation
almenningsgarður m. park
almenningssalerni n. public convenience
almenningssímaklefi m. public call box
almenningsveita f. (t.d. orkuveita) public utility
almenningsþvottahús n. launderette, (Am.) laundromat
almenningur m. general public
almennisvagn m. omnibus
almennt adv. generally, commonly; universally
almennt bóknámssvið n. division of liberal arts and science
almennt brot n. common/vulgar fraction
almennt farmgjald n. general cargo rate
almennt flugfarrými n. economy class, tourist class, (Am.) coach
almennur adj. general, common; universal
almennur frídagur m. public/bank holiday
almúgaháttur m. plebeianism
almúgalegur adj. plebeian
almúgamaður m. plebeian
almúgi m. common people, hoi polloi
almyrkvi m. total eclipse
almætti n. omnipotence
alnánd f. omnipresence
alnæmi n. AIDS
Alpafjalla- comb. alpine
Alpafjöll n.pl. Alps
alpahúfa f. beret
alpalúður m. alpenhorn
alparós f. rhododendron
alríkis- comb. federal
alríkislögregla Bandaríkjanna f. Federal Bureau of Investigation
alríkisstjórn f. federal government
alrím n. full rhyme
alrúna f. mandrake, mandragora
alræði n. totalitarianism, absolute rule
alræðisherra m. dictator, absolute ruler
alræðishyggja f. totalitarianism
alræðisstjórn f. totalitarian government, absolutism
alræmdur adj. notorious, infamous
alræsing f. cold boot (of a computer)
alsiða adj. customary
Alsír n. Algeria
Alsírborg f. Algiers
Alsírbúi m. Algerian
alsírskur adj. Algerian
alskegg n. full beard
alslemma f. grand slam
alstafa- comb. alphanumeric
alsystir f. sister-german
alsystkin n.pl. full brothers and sisters
alsæla f. (absolute) bliss
alsæll adj. blissful, euphoric, in clover
altari n. altar
altarisganga f. Holy Communion
altarisgestur m. communicant
altarissakramenti n. Blessed Sacrament
altaristafla f. altarpiece, reedos
altarisþjónn m. acolyte
altrödd f. (contr)alto
altækur adj. universal, general
alur m. awl; **leika á als oddi** be in high spirits
alúð f. cordiality; care, meticulousness
alúðlegur adj. cordial, friendly, kind
alvara f. seriousness; **í alvöru** in earnest
alvarlegur adj. serious
alveg adv. completely, altogether; **ekki a.** not quite; **a. útilokað** nothing doing
alviska f. omniscience
alvitur adj. omniscient
alvæpni n. panoply; **búinn a.** panoplied
alvörugefinn adj. serious, grave, sombre
alvörugefni f. seriousness, gravity
alvöruleysi n. frivolity
alvörumál n. no laughing matter
alþekkt orð n. household word
alþekktur adj. widely known, prominent, celebrated
Alþingi n. Althing (the Icelandic Parliament)
alþingismaður m. member of the Icelandic Parliament
alþjóðaflugleið f. international air route
alþjóðaflugvöllur m. international airport
alþjóðahyggja f. internationalism
alþjóðaleg deila f. international conflict
alþjóðaréttur m. international law
alþjóðastaðlar m.pl. international standards
alþjóðleg deila f. international conflict

alþjóðleg vörusýning f. expo(sition)
alþjóðlegt neyðarkall n. international distress signal, mayday
alþjóðlegur adj. international
alþýða f. the common people, populace
alþýðuforingi m. tribune
alþýðulegur adj. popular, folksy
alþýðumaður m. commoner, man in the street
alþýðuskýring f. folk etymology
alþýðustjórn f. popular government
alþýðutónlist f. folk music
alæta f. omnivore
alætu- comb. omnivorous
ama vt. trouble, annoy, vex
ama að v. ail
amaba f. amoeba
Amasonfljót n. Amazon
amast við v. object to
ambaga f. solecism
ambassador m. ambassador
ambassadors- comb. ambassadorial
ambur n. ambergris
Ameríka f. America
Ameríkumaður m. American
amerískur adj. American
ami m. annoyance, nuisance
amínósýra f. amino acid
amma f. grandmother, grandma, granny
ammóníak n. ammonia
amper n. ampere
ampermælir m. ammeter
ampúla f. ampoule
amstur n. trouble, bother
ana vi. rush (on)
anafasi m. anaphase
ananas m. pineapple
and- comb. anti
anda v. breathe, respire
anda að sér v. inhale
anda frá sér v. exhale
andaður adj. deceased, dead
andagagg n. quack (of a duck)
andagift f. inspiration
andaglas n. Quija board
andalæknir m. (mental) healer
andardráttur f. breath, respiration
andarnefja f. bottlenose, bottle-nosed whale
andarsteggur m. drake

andartak n. moment
andarteppa f. asthma
andarungi m. duckling
andaslitur n.pl. the last gasp; **vera í andaslitrunum** be at death's door
andast vi. die, expire, pass away
andasæring f. necromancy
andasæringamaður m. necromancer
andatrú f. spiritualism; animism
andatrúarmaður m. spiritualist; animist
andbylting f. counter-revolution
andbyr m. headwind
anddyri n. entrance hall, lobby, foyer
andefni n. antimatter
andfélagslegur adj. antisocial
andfýla f. bad breath, halitosis
andfætlingar m.pl. antipodes
andheiti n. antonym
andhetja f. antihero
andhverfa f. inversion, inverse
andi m. breath; spirit; mind
andköf n.pl. shortness of breath
andlag n. object (in grammar)
andlagsfall n. objective case (in grammar)
andlaus adj. unspirited, insipid, arid
andlát n. death, demise
andleg ást f. platonic love
andleg heilbrigði f. sanity
andlega heilbrigður adj. (Lat.) compos mentis
andlega vanheill adj. mentally ill, of unsound mind
andlegur adj. spiritual, mental, intellectual
andlegur vanþroski m. mental retardation
andleysi n. insipidness, aridity
andlit n. face, countenance
andlitsblæja f. veil, yashmak
andlitsdrættir m.pl. (facial) features
andlitsfall n. physiognomy, lineaments
andlitsfarði m. make-up, rouge; greasepaint
andlitsgríma f. mask
andlitskrem n. face cream
andlitslitur m. complexion
andlitslyfting f. face-lift
andlitsmynd f. portrait
andlitsnudd n. face massage

andlitspúður n. face powder
andlitsroði m. ruddiness
andlitssnyrting f. facial
andlitssvipur m. facial expression
andlitsþurrka f. facial tissue
andmæla vt. contradict; protest (against)
andmælandi m. opponent, remonstrant
andmæli n.pl. contradiction; protest
andóf n. dissidence, opposition
andófsmaður m. dissident
andrá f. breath; **í sömu andrá** at the same instant
andremma f. halitosis, foul breath
andríki n. wit, brilliancy, esprit
andrúmsloft n. atmosphere
andskoti m. devil; Satan
andsnúinn adj. hostile, antipathetic
andspænis prp. opposite
andstaða f. opposition, resistance
andstreymi n. adversity
andstreymis adv. upstream
andstuttur adj. short-winded, puffy
andstyggð f. disgust, repulsion; **hafa a. á** abominate, abhor, despise, loathe
andstyggilegur adj. disgusting, revolting, obnoxious, abominable, abhorrent, loathsome
andstæða f. contrast, opposite, antithesis
andstæðingur m. opponent, adversary, antagonist
andstæður adj. opposite, contrary, adverse
andsvar n. answer, reply; response
andsælis adv. anticlockwise, (Am.) counterclockwise
andúð f. antipathy, aversion
andvaka f. insomnia; adj. sleepless, (lie) awake
andvanafæðing f. stillbirth
andvaralaus adj. heedless, complacent, harebrained
andvaraleysi n. heedlessness, complacency
andvari m. gentle breeze; vigilance
andvarp n. sigh, groan
andvarpa vi. sigh, groan
andvígur adj. opposed to, adverse
andæfa vt. oppose, remonstrate
anga v. have a sweet smell
angan f. fragrance, redolence
angandi adj. fragrant, aromatic
angi m. twig, (off)shoot, sprout; small child, poppet, mite; limb
angist f. anguish, agony; grief
angistarfullur adj. anguished, anxious
angóraull f. mohair
angra vt. annoy, bother, exasperate
angur n. grief, sorrow; remorse
angurvær adj. melancholy, sad, plaintive
anísfræ n. aniseed
anísjurt f. anise
ankannalegur adj. odd, strange, bizarre
anna (e-u) v. get s-g done, manage s-g
annað farrými n. tourist class
annað kvöld n. tomorrow night
annaðhvort...eða conj. either...or
annar num. second; **í öðru lagi** secondly; **í annað sinn** for the second time
annar adj. & prn. other, another; **á annan hátt** differently; **allir aðrir** everybody else
annar dagur jóla m. Boxing Day
annar hver prn. every other/second
annar hvor prn. either one (of two)
annarlegur adj. strange; foreign, alien
annarrar gráðu- comb. second-degree
annars adv. otherwise, (or) else
annars flokks adj. second-class, second-rate
annars hugar adj. absent-minded
annars konar adv. of a different kind
annars staðar adv. elsewhere, somewhere else
annars stigs jafna f. quadratic equation
annars vegar adv. on the one hand
annasamur adj. busy
annast vt. care for (s-y); see to (s-g)
annatími m. rush hour, peak season
annálaður adj. renowned, noted
annáll m. annal, chronicle
annálsritari m. annalist, chronicler
annmarki m. defect, fault, flaw, shortcoming
annríki n. bustle, preoccupation
annríkur adj. busy
annögl f. hangnail
anorakkur m. anorak, (Am.) parka
ansa v. answer, reply, respond
ansi adv. pretty, rather
ansjósa f. anchovy

antilópa f. antelope
apa eftir v. imitate, ape
apaköttur m. monkey; copycat
apalegur adj. apish; simian
apalgrár adj. dapple-grey
apalhraun n. block lava, aa lava
apaspil n. monkey business
api m. monkey, ape
apótek n. chemist's (shop), (Am.) drugstore
apótekari m. chemist, pharmacist
appelsín n. orangeade
appelsína f. orange
appelsínugulur adj. orange
apríkósa f. apricot
apríl m. April; **1. apríl** April Fools' Day
aprílglópur m. April fool
ar n. mote (of dust)
arabeska f. arabesque
Arabi m. Arab(ian)
arabíska f. Arabic (language)
arabískur adj. Arabian; Arabic
aragrúi m. crowd, myriad, vast number
arða f. nodule
arðbær adj. profitable, economic, moneymaking
arðmiði m. coupon
arðrán n. exploitation
arðræna vt. exploit
arðsemi f. profitability, yield
arður m. profit, dividend
arfgengi n. heredity
arfgengur adj. hereditary
arfi m. chickweed, stitchwort
arfleiða (að) vt. bequeath (to)
arfleiðandi m. legator, testator
arfleifð f. heritage; inheritance
arfsvipting f. disinheritance
arfsögn f. tradition, legend
arftaki m. heir; successor
arftökuréttur m. reversionary right
arfur m. inheritance; heritage
arfþegi m. legatee, beneficiary
arga v. scream
argentínskur adj. Argentinian
Argentínumaður m. Argentinian
argur adj. resentful, cross
ari m. are (= 100 m 2)
arinhilla f. mantelshelf, mantelpiece
arinhlíf f. fireguard

arinkrókur n. inglenook
arinn m. fireplace, hearth
aría f. aria
Aríi m. Arian
arka vi. saunter, march
arkarbrot n. folio
arkaskammtari m. sheet feeder
arkitekt m. architect
arkitektúr m. architecture
armband n. bracelet, bangle, wristband
armbandsúr n. wristwatch
armbeygja f. press-up, (Am.) push-up
armlyfta f. pull-up
armur m. arm
armæða f. sorrow, distress
arnarhreiður n. eyrie
arnarnef n. aquiline nose
arnarungi m. eaglet
arnpáfi m. (parrot) macaw
arsenik n. arsenic
arsenikblandaður adj. arsenic(al)
asahláka f. rapid thaw
asatími m. rush hour
asbest n. asbestos
asfalt n. asphalt
asi m. hurry, rush, hustle
Asía f. Asia
asískur adj. Asian
Asíubúi m. Asian
aska f. ash(es)
askja f. box, casket; caldera
askur m. ash; small wooden bowl
asma n. asthma
asnalegur adj. silly, stupid, asinine
asnaskapur m. foolishness, stupidity
asni m. donkey, ass; fool
aspars m. asparagus
aspirín n. aspirin
asúrsteinn m. lapis lazuli
at n. fight; **gera at í** tease
ata vt. dirty, soil, stain, befoul
atbeini m. assistance, help, instigation
atburðarás f. chain of events, proceedings; plot
atburður m. event, incident, happening
atferli n. behaviour, conduct
atferlissinni m. behaviourist
atferlisstefna f. behaviourism
atgeir m. halberd
atgervi n. abilities, talent, attainment

atgervisflótti m. brain drain
atgervislaus adj. incompetent
athafna sig v. do one's work
athafnadagur m. field day
athafnaleysi n. inactivity, quietus
athafnamaður m. entrepreneur; man of action
athafnasamur adj. enterprising, active, assiduous
athafnasemi f. activity
athafnasvæði n. premises
athafnir f.pl. doings
athlægi n. laughingstock
athuga vt. check, examine; notice, observe
athugaleysi n. carelessness, inattention
athugasemd f. remark, observation, comment; **gera a. (við)** comment (on), criticize
athugull adj. observant, attentive
athugun f. observation; examination, analysis, check(up), probe, study; survey
athvarf n. shelter, haven; **leita athvarfs** take refuge
athygli f. attention
athyglisverður adj. remarkable, interesting
athæfi n. behaviour, conduct
athöfn f. (public) ceremony; act, deed
atkvæðagreiðsla f. voting, poll
atkvæðamikill adj. influential, dynamic
atkvæðaskipting f. syllabification
atkvæðasmali m. canvasser, electioneerer
atkvæðasmölun f. electioneering
atkvæði n. vote; syllable
atkvæðisréttur m. right to vote, suffrage
atlaga f. attack, thrust
Atlantshaf n. Atlantic Ocean
Atlantshafsbandlagið n. North Atlantic Treaty Organisation, NATO
atlas m. atlas
atlot n.pl. caresses
atorka f. energy, drive, dynamism
atorkusamur adj. energetic; **vera a.** be full of go
atóm n. atom
atómkjarni m. nucleus
atómskáld n. modernist poet
atómsprengja f. atomic bomb, A-bomb
atómþungi m. atomic weight
atómöld f. atomic age
atrenna f. attempt; run-up (in sports)
atriðaskrá f. index
atriði n. point, item; number (in a show); scene (in a play)
atvik n. incident, event, occurrence
atvikast v. happen, come to pass
atviksliður m. adverbial (phrase)
atviksorð n. adverb
atvikssaga f. anecdote
atvinna f. job, occupation, employment
atvinnu- comb. professional, occupational
atvinnuástand n. employment situation
atvinnubótavinna f. relief works
atvinnuflug n. commercial aviation
atvinnuflugmaður m. commercial pilot
atvinnufyrirtæki n. enterprise, business
atvinnugrein f. line of work, occupation, trade
atvinnuher m. regular army
atvinnuhermaður m. regular (soldier)
atvinnuhnefaleikari m. pugilist, professional boxer
atvinnulaus adj. unemployed
atvinnuleyfi n. work permit
atvinnuleysi n. unemployment
atvinnuleysisbætur f.pl. unemployment benefits; **fá a.** be/go on the dole
atvinnuleysisskrá f. unemployment roll
atvinnuleysistrygging f. unemployment insurance
atvinnulýðræði n. industrial democracy
atvinnulíf n. economic life, economy
atvinnumaður m. professional
atvinnumennska f. professionalism
atvinnurekandi m. employer
atvinnuvegur m. industry
atvinnuveitandi m. employer
atvinnuöryggi n. employment security
atyrða vt. scold, rebuke, rate, abuse
auð- comb. wealth; easy, easily
auðga vt. enrich
auðgast v. get rich
auðgun f. enrichment
auðhringavarnir f.pl. antitrust
auðhringur m. trust, corporation
auðhyggja f. capitalism
auðjöfraveldi n. plutocracy
auðjöfur m. tycoon, capitalist
auðkenna vt. mark, characterize, distinguish

auðkenni → augnlok

auðkenni n. (identification) mark, distinction
auðkýfingur m. tycoon, capitalist, plutocrat
auðlegð f. wealth, affluence
auðlesinn adj. readable
auðlind f. natural resource
auðlindalögsaga f. resources jurisdiction
auðljós adj. obvious, self-evident
auðlærður adj. easily learned, catchy
auðmagn n. capital
auðmeltur adj. easily digestible
auðmjúkur adj. humble
auðmýking f. humiliation
auðmýkja vt. humiliate, snub, put down
auðmýkjandi adj. humiliating, mortifying
auðmýkt f. humility
auðn f. desert, wilderness, wasteland
auðna f. fate; luck, fortune
auðnast v. succeed (in)
auðnutittlingur m. redpoll
auðséður adj. clear, obvious, conspicuous
auðskilinn adj. clear, lucid, perspicuous
auðsveipni f. submission, pliability, docility
auðsveipur adj. submissive, pliable, docile
auðsær adj. obvious, clear, glaring, selfevident
auðtrúa adj. credulous, gullible
auðtryggni f. credulity
auðugur adj. wealthy, rich
auður m. wealth, fortune, riches
auður adj. empty, vacant; uninhabited, deserted
auðvald n. capitalism
auðvaldsherra m. plutocrat
auðvaldssinnaður adj. capitalist(ic)
auðvaldssinni m. capitalist
auðvaldsskipulag n. capitalism
auðvaldsstjórn f. plutocracy
auðvelda vt. facilitate, make easy
auðveldlega adv. easily
auðveldur adj. easy, facile, simple
auðvitað adv. of course, naturally
auðæfi n.pl. wealth, fortune, riches
auga n. eye; **koma a. á** catch sight of, spot; **gefa hýrt a.** make eyes at, ogle; **hafa a. með** keep an eye on; **liggja í augum uppi** stand to reason, be obvious

augabragð n. moment, instant; **á augabragði** instantly
augabrún f. eyebrow
augafullur adj. roaring drunk, stoned
augasteinn m. pupil, lens; **a. e-s** the apple of s-y's eye
augljós adj. obvious, clear, evident
augljóslega adv. obviously, apparently
auglýsa vt. advertise, publicize, announce
auglýsandi m. advertiser
auglýsing f. advertisement; commercial; promotion
auglýsingaberi m. sandwich man
auglýsingaherferð f. advertising campaign
auglýsingakallari m. barker
auglýsingamaður m. adman
auglýsingamiðill m. advertising medium
auglýsingaskilti n. hoarding, (Am.) billboard
auglýsingaspjald n. poster, placard
auglýsingastarfsemi f. advertising
auglýsingastjóri m. promotion manager
auglýsingastofa f. advertising agency
auglýsingateiknari m. commercial artist/designer
auglýst fargjald n. published fare
augnablik n. moment instant, twinkling of the eye
augnabliks- comb. momentary
augnagot n. peep
augnajátning f. lip service
augnamið n. intention, object, aim
augnangur n. pinkeye
augnaráð n. look, regard, glance
augnaskolvatn n. eyewash
augnatillit n. glance
augnatóft f. eye socket
augnayndi n. eyeful
augnbikar m. eyecup
augnblaðka f. blinkers, (Am.) blinders
augnbólga f. ophthalmia
augnfró f. eyebright
augngler n. eyepiece
augnhár n.pl. eyelashes
augnháralitur m. mascara
augnhvíta f. sclera
augnknöttur m. eyeball
augnlinsa f. contact lens, eyepiece
augnlok n. eyelid

augnlæknir m. ophthalmologist, oculist
augnlæknisfræði f. ophthalmology
augnsjá f. ophthalmoscope
augnsjúkdómur m. ophthalmic disease
augnskuggi m. eye shadow
augntóft f. eyehole
augntönn f. eyetooth, canine tooth; tusk
augnþreyta f. eyestrain
augsýn f. eyeshot, sight, view; **koma í a.** turn up, heave in sight; **úr/í a.** out of/(with)in sight
auk prp. in addition to, plus; besides
auka- comb. additional, extra
auka vt. increase, enlarge, augment
auka við v. add (to)
aukaaðild f. associate membership
aukaafurð f. by-product; spin-off
aukaatriði n. minor point, side issue; irrelevance
aukaáhersla f. secondary stress
aukaáhöfn f. extra crew
aukabás m. auxiliary slot
aukablað n. extra, special edition
aukabúnaður m. accessory
aukafall n. oblique case (in grammar)
aukafélagi m. associate member
aukagjald n. extra/additional charge
aukakosning f. by-election
aukalag n. encore
aukalega adv. extra, additionally
aukaleikari m. extra (actor)
aukaleikur m. replay, play-off
aukalína f. le(d)ger line (in music)
aukalög n.pl. by(e)law
aukamerking f. connotation
aukanúmer n. encore
aukasetning f. subordinate/dependent clause (in grammar)
aukasól f. parhelion
aukasprenging f. backfire
aukaspyrna f. free kick
aukast vi. increase, grow, augment, rise
aukastafur m. decimal place
aukastarf n. extra job, sideline, avocation
aukasýning f. sideshow
aukatæki n.pl. accessories
aukaverðlaun n.pl. consolation prize
aukaverkun f. side effect
aukavinna f. extra job, sideline
aukaþjónusta f. extra (service)
aukefni n. food additive
auknefni n. nickname, epithet
aukning f. increase, growth, augmentation
aukreitis adv. extra, in addition
aulabárður m. blockhead, fool, clod, num(b)skull
aulaháttur m. oafishness
aulalegur adj. oafish, doltish, inane
auli m. simpleton, fool, fathead
aumingi m. weakling, wretch; poor fellow
aumingjaskapur m. wretchedness; gutlessness
aumkast yfir v. take pity on
aumkunarverður adj. pitiable; pitiful, piteous
aumur adj. miserable, wretched; sore
aur m. mud, mire; filth, dirt
auralaus adj. penniless, broke
auraleysi n. impecuniousness
auralítill adj. short of money, pinched
aurasál f. penny pincher, miser
aurbretti n. mudguard, wing, (Am.) fender
ausa f. scoop, ladle, dipper
ausa v. scoop, ladle; **a. bát** bail out (a boat); **a. vatni** baptize; (of a horse) buck
austan adv.: **að a.** from the east; **fyrir a.** in the east
austanátt f. easterly wind
austantjalds adv. in Eastern Europe
austantjaldsland n. Eastern block country
austasti adj. easternmost
austlægur adj. easterly
austnorðaustur adj. east-northeast
austrænn adj. eastern; orient(al)
austsuðaustur adj. east-southeast
austur n. east; adv. east, eastwards
Austur-Indíur f.pl. East Indies
Austur-Þýskaland n. East Germany
Austurálfa f. Asia
austurátt f. easterly direction
austurhvel n. eastern hemisphere
Austurland n. Eastern Iceland
Austurlandabúi m. Asian, Oriental, Easterner
Austurlandafræðingur m. Orientalist
austurlenskur adj. Asiatic, oriental, eastern

Austurlönd n.pl. the East
Austurlönd fjær n.pl. the Far East
Austurlönd nær n.pl. the Middle East
austurop n. scupper
Austurríki n. Austria
Austurríkismaður m. Austrian
austurrískur adj. Austrian
auvirðilegur adj. contemptible, despicable, ignoble
ax n. ear (of grain)
axarskaft n. helve; blunder, gaffe, faux pas
axla vt. shoulder
axlabreiður adj. broad-shouldered
axlabönd n.pl. braces, (Am.) suspenders
axlarfetill m. baldric, bandoleer, bandolier
axlargígur m. parasitic cone
axlarlindi m. sash
axlaról f. shoulder strap, sling
axlaskjól n. poncho
axlaspæll m. epaulet(te)
axlastjarna f. pip
axlatök n.pl. backhold (in wrestling)
axlayppting f. shrug(ging)
Aþena f. Athens

Á

á f. river, stream
á prp. on, in, at
á bak við prp. behind
á eftir prp. behind, following
á meðal prp. among(st)
á meðan adv. meanwhile; conj. while; prp. during
á milli prp. between
á móti prp. opposite, against, versus; contrary to
á undan prp. before, previous/prior to
á undan adv. in front, ahead
áalíking f. atavism
ábatasamur adj. profitable, advantageous
ábati m. advantage, gain
ábeking f. endorsement
ábekingur m. endorser
ábekja vt. endorse, back (a bill)
ábending f. clue, tip, tip-off; advice

ábendingarfornafn n. demonstrative pronoun
áberandi adj. prominent, striking, conspicuous, showy; **á á. hátt** pronouncedly; adv. notably
áblása vt. aspirate
áblástur m. herpes simplex, cold sore
ábót f. refill, extra portion
ábótavant adj. defective, inadequate
ábóti m. abbot
ábreiða f. cover, blanket
ábrystir f.pl. beestings
áburðardreifari m. fertilizer distributor
áburðarverksmiðja f. fertilizer plant
áburður m. ointment, cream, lotion; manure, fertilizer; accusation, libel, smear
ábúandi m. leaseholder
ábúðarjörð f. leasehold land
ábúðarmikill adj. grave, solemn, serious
ábyggilega adv. certainly, without doubt
ábyggilegur adj. reliable, trustworthy
ábyrgð f. responsibility; liability; guarantee; security; **bera á. á** be responsible for; **á eigin á.** at one's own risk
ábyrgðarbréf n. registered letter
ábyrgðarhafi m. guarantee
ábyrgðarlaus adj. irresponsible
ábyrgðarleysi n. irresponsibility
ábyrgðarmaður m. guarantor, surety; sponsor
ábyrgðarpóstur m. registered post, (Am.) certified/registered mail
ábyrgðartrygging f. liability insurance
ábyrgðarveitandi m. warrantor
ábyrgðarþegi m. warrantee
ábyrgjast vt. guarantee, vouch for, be responsible for
ábyrgur adj. responsible, answerable, accountable
ábætir m. dessert, afters
ádrepa f. note; rebuke, reproach
áðan adv. a moment ago, just now
áður adv. before, previously
áður en conj. before
áður fyrr adv. formerly
áðurnefndur adj. aforementioned, foregoing, said
áeggjan f. urging; **fyrir á.** at the instigation of

áfall n. shock, blow, jolt, disappointment
áfallinn adj. due, accrued
áfangaflug n. through flight
áfangalokun f. phase-out
áfangamiði m. flight coupon
áfangaskýrsla f. progress report
áfangi m. step, stage, phase; **í áföngum** by stages, piecemeal
áfátt adj. deficient, defective
áfellast vt. blame
áfellisdómur m. condemnation, reproach
áfengi n. spirits, alcohol, liquor
áfengisbann n. prohibition
áfengisbannmaður m. prohibitionist
áfengisgerð f. distillery
áfengiskóf n. alcoholic daze
áfengissjúklingur m. alcoholic
áfengissmyglari m. rumrunner
áfengissýki f. alcoholism, dipsomania
áfengisverslun f. wine shop, off-licence
áfengur adj. alcoholic, intoxicating
áferð f. texture
áfergja f. greediness; eagerness; **af áfergju** greedily
áfir f.pl. buttermilk
áfjáður adj. eager, keen on, desirous
áflog n.pl. brawl, scuffle, punch-up
áflogagjarn adj. rowdy, pugnacious
áflogahundur m. brawler, broiler
áform n. intention, plan, project, scheme
áforma vt. intend, plan, propose, contemplate
áfram adv. forward(s), on(wards); ahead, along
áframhald n. continuation
áfrýja vt. appeal; **á. máli** lodge an appeal
áfrýjandi m. appellant
áfrýjun f. appeal
áfrýjunardómstóll m. appellate court
áfylling f. fill-up, refill
ágangur m. encroachment, intrusion
ágengni f. aggressiveness, obtrusiveness
ágengur adj. aggressive, obtrusive, pushy
ágerast v. increase, become worse
ágirnast vt. desire, covet
ágirnd f. greed, avarice
ágiskun f. guess, conjecture, surmise
ágjarn adj. greedy, avaricious, covetous
ágóði m. profit, gain

ágreiningsatriði n. point of controversy, vexed question
ágreiningur m. disagreement, dispute
ágrip n. summary, outline, résumé
ágripskenndur adj. sketchy, cursory, brief
ágúst m. August
ágæti n. excellence, exquisiteness
ágætlega adv. excellently, nicely
ágætur adj. fine, splendid, quite good
áhafnarbifreið f. crewbus
áhafnarklefi m. crew compartment
áhald n. tool, instrument, utensil
áhangandi m. follower, supporter, devotee
áhersla f. emphasis, stress; **leggja á. á** emphasize, stress
áhersluforskeyti n. intensive prefix
áherslulaus adj. unstressed
áherslumerki n. stress mark, accent
áherslumikill adj. emphatic
áhersluorð n. (word) intensifier
áheyrandi m. hearer, listener
áheyrendasalur m. auditorium
áheyrendur m.pl. audience
áheyrilegur adj. listenable
áheyrn f. audience, interview, reception
áheyrnarfulltrúi m. observer
áheyrnarpróf n. audition
áhlaup n. attack, assault, charge
áhorfandi m. spectator, onlooker, viewer
áhrif n.pl. influence, effect, impact
áhrifagjarn adj. impressionable, susceptible
áhrifamikill adj. influential, effective, impressive
áhrifslaus sögn f. intransitive verb
áhrifssögn f. transitive verb
áhugalaus adj. uninterested, indifferent, listless
áhugaleysi n. lack of interest, tepidity
áhugamaður m. amateur; enthusiast
áhugamál n. hobby; interest
áhugamennska f. amateurism
áhugasamur adj. interested
áhugaverður adj. interesting
áhugi m. interest, enthusiasm, zest
áhyggja f. care, anxiety, concern, worry
áhyggjufullur adj. anxious, worried, concerned
áhyggjulaus adj. carefree, light-hearted

áhyggjuleysi n. unconcern, insouciance
áhætta f. risk, hazard, gamble
áhættufé n. investment capital
áhættulaus adj. safe
áhættulítill adj. low-risk
áhættusamur adj. risky, hazardous, chancy
áhættuspil n. gamble, hazard, venture
áhöfn f. crew
ái m. ancestor, forefather, forebear
ákafi m. eagerness, enthusiasm, zeal
ákaflega adv. very, much, greatly, highly, immensely, extremely, exceedingly
ákafur adj. eager, enthusiastic, zealous
ákall n. invocation
ákalla vt. invoke
ákavíti n. aquavit, schnapps
ákefð f. eagerness, enthusiasm, ebullience
ákjósanlegur adj. desirable, ideal, eligible
áklæði n. cover, upholstery
ákúrur f.pl. reprimand, reproof
ákvarða vt. determine, fix
ákvarðanaferli n. decision making process
ákvarðanataka f. decision making
ákveða vt. decide, resolve
ákveða sig v. make up one's mind
ákveðið adv. definitely, positively; firmly
ákveðinn adj. certain, definite; determined
ákveðinn dagur m. target date
ákveðinn greinir m. definite article
ákvæði n. clause, provision, stipulation
ákvæðisorð n. adjunct, determiner, modifier, qualifier (in grammar)
ákvæðisvinna f. piecework
ákvörðun f. decision
ákvörðunarhöfn f. port of destination
ákvörðunarstaður m. destination
ákvörðunarvald n. power of decision
ákæra f. accusation; vt. accuse, charge, arraignment
ákærandi m. accuser, prosecutor, plaintiff
ákærði m. (the) accused, defendant
ál n. aluminium, (Am.) aluminum
ála vi. germinate
álag n. burden, stress, strain; spell, enchantment
álagning skatta f. tax assessment
álagsskattur m. surtax

álagstími m. high season
álagsvextir m.pl. interest margin
álandsvindur m. seaward wind
álappalegur adj. awkward, gawky, uncouth
álasa vt. blame, reproach
álasandi adj. reproachful
álegg n. slices of food (on slices of bread)
áleitinn adj. aggressive, importunate
áleitni f. obtrusiveness, insistence
áletrun f. inscription
álfa f. continent
álfasaga f. fairy-tale
álfheimar m.pl. fairyland
álft f. whooper swan
álftarsteggur m. (male swan) cob
álftarungi m. cygnet
álfur m. elf, fairy; fool
áliðinn adj. late
álit n. opinion, view; respect; consideration
álitamál n. matter of opinion
álitlegur adj. substantial, considerable; attractive, handsome; promising, advantageous
álitsauki m. creditability
álitsgerð f. report
álitshnekkir m. loss of prestige
álíka adj. similar
álíta vt. consider, believe, think
álka f. razorbill
áll m. eel; channel
álma f. wing (of a building)
álmviður m. elm
álnavara f. piece goods, (Am.) dry goods
álpappír m. aluminium foil, silver paper, tinfoil
álun f. germination
álútur adj. round-shouldered, stooping
álver n. aluminium plant, (Am.) aluminum plant
álykta v. conclude, deduce; resolve
ályktun f. conclusion, inference; resolution (of a group); **hrapa að ályktunum** jump to conclusions
álögur f.pl. taxes, levies
áma f. barrel, butt, cask, vat, hogshead (Br. = 238,5 l.; Am. = 234,5 l.)
ámátlegur adj. piteous, miserable
áminna vt. warn, caution, admonish

áminning f. warning, reprimand, admonition
ámóta adj. similar; adv. about as
ámubjór m. draught beer
ámusótt f. erysipelas
ámæli n. reproach, reproof; **veita á.** reprehend
ámælislaus adj. blameless
ámælisverður adj. reproachable, blameworthy
án (þess að) prp. without
ánafna vt. bequeath
ánamaðkur m. earthworm
ánauð f. servitude, bondage; **leysa úr á.** liberate
ánetjaður adj. captivated; hooked
áning f. rest (on a journey)
áningarfarþegi m. transit passenger
áningasalur m. transit lounge
ánægður adj. pleased, content, satisfied
ánægja f. pleasure, contentment, satisfaction
ánægjulegur adj. pleasant, enjoyable, delightful
áorka vt. accomplish, achieve, effect
ár f. oar, paddle
ár n. year; **á ári** per annum; **að ári** next year; **árið sem leið** last year; **árið út og árið inn** year in, year out; **árið um kring** all (the) year round; **árum saman** for years; **á þessu ári** this year; **á því herrans ári** AD (Anno Domini)
ára f. aura
árabátur m. rowboat, rowing boat
áramót n.pl. turn of the year
áramótaheit n. New Year resolution
árangur m. result, outcome, success
árangurslaus adj. unsuccessful, ineffective, fruitless
árangurslaust adv. without result, in vain
árangursríkur adj. successful, effective, productive
áratugur m. decade
áraþollur m. rowlock, thole, (Am.) oarlock
árás f. attack, assault, charge
árásaraðili m. aggressor
árásargirni f. aggressiveness, militancy
árásargjarn adj. aggressive, militant
árásarmaður m. attacker, assailant, raider
áratta f. obsession, fixation, quirk
áráttukenndur adj. obsessive, compulsive
árbakki m. riverbank, riverside
árbók f. yearbook, annual
árdalur m. valley
árdegi n. forenoon
árdegis adv. in the morning, before noon, a.m.
árdegisherbergi n. morning room
árdegisklæðnaður m. morning dress
áreiðanlega adv. certainly, assuredly
áreiðanlegur adj. dependable, reliable, trustworthy
áreita vt. irritate, vex, molest
áreiti n. stimulus
áreitinn adj. provocative, exciting
áreitni f. provocation, harassment
árekstur m. collision, crash; conflict
áreynsla f. exertion, effort
áreynslulaus adj. effortless
árétta v. iterate
árétting f. follow-up
árfarvegur m. riverbed
árferði n. good/bad season
árframburður m. alluvium, silt, sediment
árgangur m. volume; class; vintage
árgerð f. model
árgljúfur n. canyon, gorge
árhjalli m. river terrace
árhringur m. annual (ring)
árita vt. address; sign, autograph; inscribe
áritun f. address; signature; inscription
áríðandi adj. urgent, pressing
áríðandi greiðsla f. pressing payment
árla adv. early
árlegur adj. yearly, annual
ármynni n. estuary
árna (e-m e-s) vt. wish (s-y s-g)
áróður m. propaganda, agitation; **reka á. (fyrir)** agitate (for)
áróðursborði m. banner
áróðursmaður m. propagandist, agitator
áróðursstarfsemi f. propagandism
árós m. estuary
árrisull maður m. early riser
árset n. alluvium
ársfjórðungslegur adj. quarterly
ársfjórðungur m. quarter (of a year)
ársfundur m. annual general meeting
ársgamall adj. yearling
árshátíð f. annual celebration

árspræna f. rivulet
ársreikningur m. annual financial statement
ársskýrsla f. annual report
árstíð f. season
árstímabundinn adj. seasonal
ártal n. year, date (in years)
ártíð f. anniversary
árupptök n.pl. riverhead, headwaters
árvakur adj. alert, vigilant, watchful
árvekni f. alertness, vigilance
árviss adj. annual
árþúsund n. millennium
áræða vt. dare, venture, hazard
áræði n. daring, boldness, courage
áræðinn adj. daring, audacious, plucky
ás m. ace (in cards); axis, spindle, pivot; ridge, saddle; beam, rafter; heathen god
ásaka vt. accuse, charge
ásakandi adj. reproachful; **adv.** accusingly
ásamt prp. together with, along with
ásetja sér vt. intend, resolve to do s-g
ásetningur m. resolution, intention, purpose
ásettur : af ásettu ráði deliberately, on purpose
ásgörn f. jejunum
ásjá f. help, protection
ásjóna f. face, visage
áskapaður adj. congenital, inherent, innate
áskilja vt. stipulate; **öll réttindi áskilin** all rights reserved
áskorandi m. contender
áskorun f. challenge
áskorunarbréf n. round robin
áskrifandi m. subscriber; **gerast/vera á. (að)** subscribe (to)
áskrift f. subscription
áskriftargjald n. subscription fee
áskriftarsjónvarp n. pay television
áskynja adj. aware (of)
ásláttur m. keystroke
áslægur adj. axial
ásókn f. demand; attack
ást f. love, affection
ástand n. condition, state; **í góðu/slæmu ástandi** in (a) good/bad (state of) repair
ástaratlot n. lovemaking, heavy petting
ástarbréf n. love letter, billet-doux
ástardrykkur m. love potion, philtre
ástarkort n. valentine (card)
ástarljóð n. madrigal
ástarmerki n. love token
ástarorð n. term of endearment
ástarsaga f. love story, romance
ástarsamband n. love affair, amour
ástarsorg f. heartbreak; **í á.** heartbroken
ástarævintýri n. love affair, romance
ástfanginn adj. in love with, enamoured (of); **verða á. (af)** fall in love (with)
ásthneigður adj. amorous, erotic
ástkaldur adj. loveless
ástkær adj. beloved, dear
ástleitinn adj. flirtatious, coquettish
Ástralía f. Australia
Ástralíubúi m. Australian
ástralskur adj. Australian
ástríða f. passion
ástríðufullur adj. passionate
ástríðuþrunginn adj. sensuous
ástríki n. affection
ástríkur adj. affectionate, loving
ástsjúkur adj. lovesick, lovelorn
ástunda vt. practise
ástundun f. practice, diligence
ástundunarsamur adj. diligent, industrious
ástúð f. affection, love
ástúðlega adv. affectionately, fondly
ástúðlegur adj. affectionate, loving
ástvinamissir m. bereavement
ástvinur m. beloved friend
ástæða f. reason, cause; motive
ástæðulaus adj. baseless, unwarranted; motiveless
ásýnd f. countenance; appearance
ásækja vt. harass, beset, haunt, infest
ásælast vt. covet
ásökun f. accusation, charge, allegation
át n. eating
áta f. krill
átak n. exertion, effort; heave, pull; **í einu átaki** at/with one blow
átakanlegur adj. touching, tragic, dramatic
átfrekja f. voracity, ravenousness
átfruma f. phagocyte

átján num. eighteen
átjándi num. eighteenth
átmaður m. glutton, trencherman
átroðningur m. run of visitors, intrusion; crowd
átrúnaðargoð n. idol
átrúnaður m. belief, religion
átt f. direction, course; **í átt(ina) til/að** toward(s); **vera á báðum áttum** be undecided, vacillate; **úr öllum áttum** on/from all sides
átta num. eight
átta sig v. get one's bearings, orientate oneself
áttablaðabrot n. octavo
áttablöðungur m. octavo
áttarhorn n. azimuth
áttatíu num. eighty
áttavilltur adj. bewildered, having lost one's bearings
áttavitaskífa f. compass rose
áttaviti m. compass
áttfætla f. arachnid
áttfætlumaur m. (insect) mite
átthagafélag n. regional society
átthagar m.pl. native region, place of origin
átthenda f. stanza, octave (in poetry)
átthyrndur adj. octagonal
átthyrningur m. octagon
áttræður adj. octogenarian
áttugasti num. eightieth
áttund f. octave
áttundapartsnóta f. quaver, (Am.) eighth note
áttundi num. eighth
átusár n. canker
átvagl n. glutton, greedy-guts, trencherman
átveisla f. blowout, feast
átylla f. pretext
átök n.pl. conflict, clash, fight
áunninn adj. acquired
ávallt adv. always
ávalur adj. convex, round(ed)
ávanabindandi eiturlyf n.pl. hard drugs
ávani m. (bad) habit, addiction
ávarp n. address, speech
ávarpa vt. address, speak to
ávarpsfall n. vocative case
ávarpsorð n. salutation
ávaxta (fé) vt. get interest on (money)
ávaxtadrykkur m. fruit drink, squash
ávaxtagarður m. orchard
ávaxtakaka f. fruitcake
ávaxtakarfa f. punnet
ávaxtakrap n. water ice
ávaxtamauk n. fruit jam, marmalade
ávaxtasafi m. fruit drink, crush
ávaxtasalat n. fruit salad
ávaxtasali m. fruiterer
ávaxtasteinn m. pip
ávaxtasulta f. fruit jam
ávaxtasykur m. fructose
áveita f. irrigation
ávinna sér vt. acquire, earn, achieve
ávinningur m. gain, profit
ávísanahefti n. chequebook, (Am.) checkbook
ávísanareikningur m. current account, (Am.) checking account
ávísun f. cheque, (Am.) check
ávíta vt. rebuke, reprimand, scold
ávítur f.pl. reproof, reprehension, rebuke
ávæningur m. hint
ávöntun f. incompleteness, insufficiency
ávöxtur m. fruit
áþekkur adj. similar
áþreifanlegt dæmi n. object lesson
áþreifanlegur adj. concrete, tangible, palpable
áætla vt. estimate; plan
áætlaður gróði m. paper profits
áætlanagerð f. planning
áætlanagerð fyrirtækis f. company planning
áætlanahagkerfi n. planned economy
áætlun f. plan, project, schedule; **á eftir á.** behind time, overdue
áætlun um viðgerðakostnað f. estimate of repair
áætlunarbíll m. (motor) coach; bus
áætlunarflug n. scheduled flight
áætlunarflugleið f. scheduled air route
áætlunarleið f. route

B

babb n. problem
babla vi. babble, prattle
badminton n. badminton
badmintonbolti m. shuttlecock
bað n. bath; bathroom
baða v. bathe; **b. sig** take a bath
baða út höndunum v. gesticulate
baðföt n.pl. bathing suit
baðherbergi n. bathroom
baðhetta f. bathing cap
baðhús n. (public) baths
baðker n. bath, tub, (Am.) bathtub
baðmolía f. cottonseed oil
baðmotta f. bath mat
baðmull f. cotton (wool)
baðmullarflauel n. velveteen
baðmullargrisja f. cheesecloth
baðmullarhnoðri m. flock (of cotton)
baðmullarverksmiðja f. cotton mill
baðsloppur m. bathrobe
baðstaður m. bathing place
baðstofa f. living room (in old farmhouses)
baðströnd f. beach, riviera
bagalegur adj. inconvenient, vexatious
bagall m. crosier, pastoral staff
baggi m. pack, bundle; burden; bale
bagi m. inconvenience, trouble
bak n. back
bak- comb. posterior
bak við prp. behind
baka f. pie, pasty; vt. bake
bakaleið f. way back; return trip
bakaratylft f. baker's dozen, long dozen (= 13)
bakari m. baker
bakarí n. baker's (shop), bakery
bakborði m. port (left side of a ship)
bakborðshlið f. port side
bakbragð n. back-lift throw (in wrestling)
bakdyr f.pl. back door, postern (door)
bakgarður m. backyard
bakgír m. reverse gear
bakgólf n. parterre (of a theatre)
bakgreiðsla f. kickback

bakgrunnur m. background
bakhengi n. backdrop, backcloth
bakhjarl m. support(er)
bakhlið f. rear, reverse side, flip side (of a record), obverse (as of a coin)
bakhönd f. backhand; **hafa e-ð í bakhöndinni** have s-g up one's sleeve
bakka v. back (up), reverse; backspace
bakkafullur adj. brimful; **bera í bakkafullan lækinn** carry coals to Newcastle
bakkastokkar m.pl. stocks
bakki m. bank (of a river); tray
bakleppur m. saddlecloth
baknaga vt. slander, defame, malign
bakpoki m. rucksack, (Am.) backpack
bakrígur m. crick (in the back)
baksa við v. struggle with
bakskaut n. cathode
bakskautslampi m. cathode ray tube
bakslag n. recoil; relapse; setback
baksnúningur (á bolta eða kúlu) m. backspin
baksund n. backstroke, back crawl
baksvið n. background
baksýnisspegill m. rear-view mirror
baksæti n. backseat; pillion (on a motorcycle)
baktala vt. slander, defame, malign
baktería f. bacterium, germ
baktjald n. backdrop, backcloth
baktjaldamakk n. wheeling and dealing
baktrygging f. reinsurance, hedging
baktryggja sig adv. hedge one's bets
bakuggi m. dorsal fin
bakverkur m. backache, lumbago
bakvörður m. rearguard; fullback
bakþanki m. second thought, afterthought
baldinn adj. naughty, unruly, coltish
baldursbrá f. mayweed
bali m. tub; grassy patch
ball n. ball, dance
ballett m. ballet
ballettdansmær f. ballerina
ballettgerð f. choreography
bambusreyr m. bamboo
bana vt. kill, slay
banagildra f. deathtrap
banahögg n. death blow, coup de grace

banalega f. deathbed
banamaður m. killer, slayer
banamein n. cause of death
banani m. banana
banaslys n. fatal accident, fatality
banasæng f. deathbed
banatilræði n. attempt on s-y's life
band n. string, cord; yarn
bandalag n. union, alliance, confederation
bandalagsríki n. confederate state
bandamaður m. ally, confederate
Bandaríki Norður-Ameríku n.pl. United States (of America), US(A)
Bandaríkjamaður m. American
bandingi m. prisoner, captive
bandormur m. tapeworm
bandóður adj. raving mad, mad as a hare
bandprjónn m. knitting needle
bandstrik n. hyphen
bandvefur m. tissue (in an animal body)
bangsi m. (teddy) bear
bani m. death; **til bana** mortally
banjó n. banjo
bank n. knock(ing)
banka vt. knock
bankaábyrgð f. letter of credit, banker's indemnity
bankabók f. bankbook
bankaforvextir m. banker's discount
bankainnistæða f. bank balance
bankainnlegg n. bank deposit
bankakerfi n. banking system
bankakort n. banker's card, cheque card
bankalán n. bank loan
bankaráð n. board of directors of a bank
bankarán n. bank robbery
bankareikningur m. bank account
bankarekstur m. banking
bankaræningi m. bank robber
bankaseðill m. bank note
bankastarfsemi f. banking
bankastjóri m. bank manager
bankatrygging f. banker's indemnity
bankaviðskipti n.pl. bank transactions
bankavíxill m. bank draft, banker's draft
bankaþóknun f. bank commission
banki m. bank
bann n. ban, prohibition
banna vt. ban, prohibit; forbid

bannfæra vt. excommunicate
bannfæring f. excommunication
bannhelgi f. taboo
bannmaður m. prohibitionist
bannsettur adj. damned, cursed, confounded
bannsvæði n. no-go area
banvæni n. deadliness, fatality
banvænn adj. deadly, mortal, lethal
baptisti m. Baptist
bar m. bar
bara adv. only, simply, merely
barátta f. fight, struggle, conflict
baráttuhugur m. fighting spirit, morale
baráttumaður m. fighter, campaigner, crusader
barbari m. barbarian, heathen
bardagafús adj. bellicose, combative
bardagafýsn f. belligerency, pugnacity
bardagagjarn adj. pugnacious, combative
bardagamaður m. fighter, combatant, warrior
bardagi m. fight, battle, combat
bardús n. bother, pains, trouble
barð n. edge; ridge, verge (of a hill)
barefli n. cudgel, bludgeon, club
barítonhorn n. euphonium
barítónsöngvari m. baritone (singer)
barkabólga f. laryngitis
barkahósti m. croup
barkakýli n. larynx, Adam's apple
barkakýlisbólga f. laryngitis
barkakýlislok n. epiglottis
barkakýlisspegill m. laryngoscope
barkarbátur m. canoe
barki m. trachea, windpipe, cable casing, flexible hose, outer cable
barkskip m. bark, barque
barma sér v. complain, whine
barmafullur adj. brimful, overflowing
barmmerki n. badge
barmmikill adj. (of a woman) buxom
barmur m. brim; edge; bosom; **á barmi e-s** on the verge of
barn n. child
barna vt. make pregnant, (Am.) knock up
barnabarn n. grandchild
barnabarnabarn n. great-grandchild
barnableia f. nappy, (Am.) diaper
barnabætur f.pl. family allowance

barnaglingur n. gewgaw
barnagrind f. playpen
barnagæla f. nursery rhyme,
   (Am.) Mother Goose rhyme
barnaheimili f. kindergarten
barnakerra f. pushchair, go-cart,
   (Am.) stroller
barnakoppur m. potty (for children)
barnalegur adj. childish, naive
barnaleikur m. child's play, a piece of cake
barnaleikvöllur m. playground
barnalífeyrir m. child/family allowance
barnalækningar f.pl. pediatrics
barnalæknir m. pediatrician
barnamál n. baby talk
barnamold f. diatomaceous earth
barnamorðingi m. (murderer) infanticide
barnamosi m. peat moss
barnapeli m. feeding bottle
barnapía f. baby-sitter; **vera b.** baby-sit
barnarót f. frog orchid
barnarúm n. cot, (Am.) crib
barnaskapur m. childishness, naivety
barnaskóli m. primary school,
   (Am.) grade school
barnasótt f. infantile paralysis
barnastóll m. high chair
barnasvunta f. pinafore, pinny
barnatönn f. primary/milk tooth,
   (Am.) baby tooth
barnavagn m. perambulator, pram,
   (Am.) baby carriage
barnaveiki f. diphtheria
barnaverndarnefnd f. child welfare board
barnavísa f. nursery rhyme, (Am.) Mother
   Goose rhyme
barndómur m. second childhood,
   dotage; babyhood
barnfóstra f. nursery school teacher;
   babysitter; nurse(maid), babyminder,
   nanny
barningur m. hard struggle
barnsburður m. childbirth, parturition
barnsfaðir m. father of a woman's child
barnsfarasótt f. puerperal fever
barnsfæðing f. childbirth, parturition
barnshafandi adj. pregnant; **verða b.**
   conceive
barnslegur adj. childlike
barnsmeðlag n. (child) maintenance

barnsmorð n. infanticide
barnsrán n. kidnapping
barnæska f. childhood
barokkstíll m. baroque
barón m. baron
barónessa f. baroness
barónett m. baronet
barónsfrú f. baroness
barr n. pine needle
barrtré n. conifer
barsmíð f. hammering; battery
bartar m.pl. sideboards, (Am.) sideburns
barþerna f. barmaid
barþjónn m. barman, bartender
basalt n. basalt
basar m. bazaar
basi m. alkali
basilíka f. basilica
basískur adj. alkaline
basl n. struggle; poverty
basla v. toil, labour
bassaleikari m. bassist
bassatrumba f. bass drum
bassi m. bass
bast n. raffia
bastarður m. bastard; hybrid
batahorfur f.pl. prognosis
batavegur m. road to recovery;
   á batavegi on the mend
bati m. recovery, convalescence;
   improvement
batík f. batik
batna vi. recover, get better; improve
battingur m. batten
baugey f. atoll
baugfingur m. ring finger
baugur m. circle, ring
bauja f. buoy
baukur m. box
baula vi. (of a cow) moo, low; boo
baula niður v. hoot down, hiss off
baun f. bean, pea
bauna á v. pot (away) at, take potshots at
baunabelgur m. peasecod, legume
baunagras n. sea pea
baunaskotpípa f. peashooter
baunastilkur m. beanstalk
baunastöng f. beanpole
bavían m. baboon
bábilja f. old wives' tale

báðir adj. & prn. both
báðum megin adv. on both sides
bágborinn adj. miserable, wretched
bágindi n.pl. distress
bágstaddur adj. needy, hard pressed
bágur adj. sad, unhappy; **eiga bágt með** have difficulty with; **eiga bágt** be miserable
bál n. fire, conflagration; **í björtu báli** ablaze
bálför f. cremation
bálkun f. vertical tabulation
bálkur m. section; series; block
bálköstur m. funeral pile, pyre
bálreiður adj. furious, in a rage
bálstofa f. crematorium
bárujárn n. corrugated iron
bárujárnsbraggi m. Nissen hut, (Am.) Quonset hut
bás m. stall; stand
básúna f. trombone
básúna vt. proclaim, blaze abroad
básúnuleikari m. trombonist
bátaskýli n. boathouse
bátshaki m. boat hook
bátskæna f. cockle, skiff
bátsmaður m. boatswain, bosun
bátsmannasöngur m. barcarole
bátstjóri m. coxswain
bátsugla f. davit
bátur m. boat
báxít n. bauxite
beddi m. camp bed, (Am.) cot
bedúíni m. bedouin
beð n. (garden) bed
beðmi n. cellulose
beður m. bed (of flowers)
beiða f. (insect) praying mantis
beiða vt. ask, request
beiðing f. oestrus, (Am.) estrus
beiðni f. request, petition, plea
beikon n. bacon
bein n. bone
bein innspýting f. fuel direct injection
bein lína f. phone-in, (Am.) call-in
bein lýsing f. running commentary
bein ræða f. direct speech (in grammar)
beina vt. direct, aim
beinaber adj. bony, raw-boned, scrawny
beinafræði f. osteology
beinagrind f. skeleton
beinamjöl n. bone meal
beinasni m. nincompoop
beinbrot n. fracture
beinbrotna v. break a bone
beind f. vector
beinharðir peningar m.pl. hard cash
beinhákarl m. basking shark
beinhvítur adj. ivory, off-white
beiningamaður m. beggar
beinkenndur adj. osseous
beinkröm f. rachitis, rickets
beinlínis adv. directly, expressly
beinlínuröðun f. alignment
beinmergur m. marrow
beinmyndun f. ossification
beinn adj. direct, straight
beinstrikaður adj. rectilinear
beint adv. directly, straight
beint andlag n. direct object (in grammar)
beint áfram adv. straight ahead/on
beint flug n. nonstop flight
beint símasamband n. hot line
beint út adv. plainly, flat out
beintengdur adj. on-line
beiskja f. bitterness, rancour; acridity
beisklega adv. bitterly
beiskur adj. bitter, embittered; acrid
beisla vt. bridle; harness
beisli n. bridle, leading reins
beisliskeðja f. curb
beit f. pasture; **vera á b.** graze
beita f. bait; vt. bait
beita vt. use, employ, apply
beita sér v. exert oneself
beitiland n. pasture, grassland
beitilyng n. ling, heather
beiting f. use, employment, application
beitiskip n. cruiser
beittur adj. sharp, cutting, pointed
beitukóngur m. whelk
bekenna v. follow suit
bekken n. bedpan
bekkjarfélagi m. classmate
bekkjarrós f. wallflower
bekkjarumsjónarmaður m. monitor
bekkur m. bench; class, form, (Am.) grade
belgfylli f. skinful

Belgi m. Belgian
belgingur m. flatulence; turgidity
Belgía f. Belgium
belgískur adj. Belgian
belgja í sig vt. gulp down, quaff
belgja sig vt. puff oneself up
belgja út vt. inflate, puff out
belgjurt f. legume
belgmikill adj. paunchy
belgsegl n. spinnaker
belgur m. skin; belly; bellows; balloon; sac
belgvettlingur m. mitten
belja f. moo-cow
beljaki m. bruiser, hulk, bouncer
beltadráttarvél f. caterpillar tractor
belti n. belt, girdle; zone
beltisdýr n. armadillo
beltisvopn n.pl. side arms
beltisþari m. (seaweed) tangle
benda f. entanglement, clutter
benda v. show, point at; beckon
benda e-m á e-ð v. point s-g out to s-y
benda til e-s v. indicate s-g
bendill m. cursor
bending f. beckoning, signal; hint, cue
bendingaleikur m. mummery
bendiprik n. pointer
bendla við v. implicate, involve in
bensín n. petrol, (Am.) gas(oline)
bensíndæla f. petrol pump
bensíngeymir m. petrol tank
bensíngjöf f. accelerator pedal, throttle
bensínhreyfill m. petrol engine
bensínkerfi n. petrol system
bensínmælir m. petrol gauge
bensínsala f. garage (for petrol)
bensínsprengja f. Molotov cocktail
bensínstöð f. petrol station, filling station, service station, (Am.) gas station
bensíntankur m. petrol tank
bensli n. tag (of a string)
ber n. berry
ber adj. bare, naked, nude
bera vt. carry; bear; (of animals) give birth
bera að landi v. wash up
bera af e-m vt. excel, outclass, outmatch
bera af sér vt. fend/ward off; parry (a blow)
bera á : láta ekki bera á neinu keep up appearances
bera fram vt. pronounce; serve (food)
bera saman vt. compare, contrast
bera til vi. happen
bera út barn vt. expose a baby
bera út blöð vt. deliver newspapers
bera út úr húsi vt. evict
berbakaður adj. bareback(ed)
berbrjósta adj. (of a woman) topless
berfættur adj. barefoot(ed)
berg n. rock face
bergbráð f. magma
bergeitill m. laccolith
bergfjóla f. mountain pansy
bergflétta f. ivy
bergfræði f. petrology
bergfræðingur m. petrologist
berggangur m. dike
berggerð f. lithology
berggrunnur m. bedrock
bergleifur m. batholith
bergja v. sip
bergkristall m. rock crystal
bergkvika f. magma
bergmál n. echo, reverberation
bergmála v. echo, reverberate
bergmylsna f. detritus
bergnál f. goldentuft
bergsegulmagn n. paleomagnetism
berhátta v. strip
berhöfðaður adj. bareheaded
berja vt. beat, hit, beat, thump, thrash
berjamór m. heath where berries brow; **fara í berjamó** go and pick wild berries
berjast v. fight; **b. til þrautar** fight it out
berjast áfram vi. forge ahead
berjast fyrir vt. fight for, advocate, champion
berjast gegn vt. oppose, crusade against
berkja f. bronchus
berkjukvef n. bronchitis
berklar m.pl. tuberculosis
berklasjúklingur m. consumptive (patient)
berklaveiki f. tuberculosis, consumption
berklaveikur adj. tubercular, consumptive
bernska f. childhood, infancy
berorður adj. outspoken, explicit, blunt

berserkjasveppur m. fly agaric
berserksgangur m. fury of a berserk; **ganga berserksgang** go berserk, go on the rampage
berserkur m. berserk
berskjaldaður adj. defenceless, exposed, vulnerable
berstrípast vi. strip to the buff
bersvæði n. open country
bersýnilega adv. clearly, apparently
bersýnilegur adj. evident, obvious
besti útsendingartími m. prime time
bestur adj. best
betl n. begging
betla vt. beg
betlari m. beggar
betlimunkur m. friar, mendicant
betri adj. better
betri fötin n.pl. the glad rags
betrumbót f. improvement, refinement
betrumbæta vt. improve, refine (up)on
betrunarhús n. house of correction, (Am.) workhouse
betrunarstofnun f. borstal
betur adv. better; **bæta um b.** improve on, cap; **hafa b.** prevail; **hafa b. en e-r** have/get the upper hand (of) s-y; **heldur b.** with a vengeance; **sem b. fer** luckily, fortunately
beyging f. declension (of nouns), conjugation (of verbs)
beygingardæmi n. paradigm (in grammar)
beygingarending f. inflectional ending
beygingarflokkur f. inflectional class
beygingarfræði f. accidence, morphology
beygja f. bend, curve
beygja vt. bend; decline (a noun), conjugate (a verb)
beygja sig v. stoop
beygjuradíus m. turning radius
beygla f. dent; (old car) heap, banger
beygla vt. dent, batter, bang up
beygur m. fear, apprehension, trepidation
beyki n. beech tree
beykir m. cooper
biblía f. Bible
biblíufesta f. fundamentalism

biblíulegur adj. biblical
biblíupappír m. India paper
bið n. wait(ing), delay, **fara í b.** be adjourned
biðdagar m.pl. lay days (of a ship)
biðfargjald n. standby fare
biðfarseðill m. standby ticket
biðfarþegi m. standby passenger
biðfærsla f. spooling
biðill m. suitor
biðja vt. ask, request
biðjast fyrir v. pray
biðla til vt. woo, court, propose to
biðlisti m. waiting list, waitlist
biðlund f. patience
biðminni n. buffer storage
biðpóstur m. poste restante, (Am.) general delivery
biðröð f. queue, line
biðsalur m. waiting room
biðskák f. adjourned game (in chess)
biðskýli n. bus shelter
biðstaða f. adjourned position (in chess); abeyance
biðstofa f. waiting room
biðstöð f. bus stop
biðtími m. latency (time)
biðukolla f. blowball
biðvarsla f. escrow
bifa vt. move
bifast vi. budge
bifhjól n. motorcycle
bifreið f. (motor)car, (Am.) automobile
bifreiðaskoðun f. car inspection, (Br.) M.o.T.
bifstafur m. salmonella
bifur m. distrust; beaver
bifvélavirki m. car mechanic
bik n. pitch, tar
bika vt. pitch, tar
bikar m. beaker, goblet, chalice; cup
bikarblað n. sepal
bikarleikur m. cup tie
bikarúrslit n.pl. cup final
bikblendi n. pitchblende
bikkenndur adj. bituminous
bikkill m. beagle
bikkja f. nag, hack
biksteinn m. pitchstone
biksvartur adj. pitch-black, jet-black

bil n. space, clearance; interval; **í bili** for the time being; **í sama bili** at that very moment; **um það bil** approximately, about, circa
bila vi. break down, fail, conk out
bilaður adj. broken down, bust, on the blink
bilhnappur m. space bar
biljarðkjuði m. cue (in billiards)
biljarður m. billiards
biljón f. (Br.) billion, (Am.) trillion
billegur adj. cheap, tawdry
bilstöng f. space bar
bilt (við) adj. startled
bilun f. breakdown, failure, malfunction
bilunarþolinn adj. fail-safe
binda vt. tie, fasten, bind
binda enda á vt. put an end to
binda fyrir augun á vt. blindfold
binda um sár v. dress a wound; bandage
bindi n. tie; bandage; (book) volume
bindindi n. abstinence; **í b.** on the waggon
bindindismaður m. teetotaller, abstainer
bindindissamur adj. continent, temperate
bindindissemi f. abstemiousness, temperance
bindinóta f. slur (in music)
bindisnæla f. tiepin, (Am.) stickpin
bingó n. bingo
bingur m. heap, pile
birgðalisti m. stock list
birgðasali m. supplier, purveyor
birgðaskrá f. inventory
birgðastjóri m. (army) quartermaster
birgðastjórnun f. stock management
birgðatalning f. stocktaking, inventory
birgðir f.pl. supplies, provisions, stores
birgja sig upp af vt. stock up on
birgur adj. well-provided; **illa b. af** short of/on
birki n. birch
birta f. light, brightness, luminosity
birta vi. become light, dawn
birta vt. show; publish, print
birtast vi. appear, turn up
birting f. publication; dawn
birtitæki n. display device
birtudeyfir m. dimmer
birtufælni f. photophobia

birtumælir m. exposure meter
birtustillir m. brightness control
bisa við v. struggle with
biskup m. bishop
biskupakirkjumaður m. Anglican
biskupsdæmi n. diocese, see
biskupshattur m. (plant) avens
biskupsmítur n. mitre
biskupssetur n. episcopal seat
biskupsstafur m. crosier
biskupsstóll m. bishopric, see
biskví n. pilot biscuit
bit n. bite; sharpness
bitatíðni f. baud
bitbein n. bone of contention
bithagi m. pasture land, pasturage
biti m. piece; morsel; snack; beam (of wood); bit, binary digit
bitill m. bit (of a bridle)
bitlaus adj. blunt, dull
bitlingur m. sinecure
bitmúll m. muzzle
bitna á vt. affect, recoil (up)on
bitterbrennivín n. bitters
bitur adj. embittered, acrimonious
biturð f. bitterness, rancour
bituryrtur adj. cynical, sarcastic
bía út vt. dirty, soil
bíða (eftir) v. wait (for)
bígerð : í b. in the wind/works
bíkini n. bikini
bílabíó n. drive-in (cinema)
bíladella f. car mania
bílaferja f. car ferry
bílaflutningabíll m. transporter
bílageymsla f. car park, (Am.) parking lot
bílaiðnaður m. motor industry
bílaíþróttir f.pl. motor sports
bílakstur m. motoring
bílaleiga f. car hire, (Am.) car rental
bílalest f. motorcade
bílastæði n. car park, (Am.) parking lot
bílastæðisgjald n. parking fee
bílastæðissvæði n. parking zone
bílastöð f. taxi station/rank
bílaverkstæði n. garage, auto repair shop
bílavog f. weighbridge
bílbelti n. seat/safety belt
bíldur m. lancet
bílferð f. drive

bílflauta f. hooter
bílgarmur m. banger, jalopy
bílgrind f. chassis
bíll m. car, (Am.) automobile
bílnúmer n. numberplate, (Am.) license plate
bílpróf n. driving test
bílskrjóður m. rattletrap
bílskúr m. garage
bílskýli n. carport
bílstjóri m. driver, motorist
bíltúr m. drive, ride
bílveikur adj. carsick
bíó n. cinema, (Am.) movie theater
bíómynd f. film, movie
bíræfni f. impudence, rashness
bíslag n. lean-to
bíta vt. bite
bítlaæði n. Beatlemania
bítnikki m. beatnik
bjaga vt. distort, disfigure
bjalla f. bell; beetle
bjarg n. boulder; cliff (face)
bjarga vt. save, rescue
bjargarlaus adj. destitute; helpless
bjargast v. get along, manage
bjargálna adj. well-to-do
bjargklifur n. rock-climbing
bjargráð n. resource, resort
bjargsig n. descent of a cliff face (by rope), rappel
bjargvættur f. saviour, rescuer
bjarmi m. glow, glimmer, blaze
bjarnarber n. blackberry
bjarnarfeldur m. bearskin
bjarnargreiði m. disservice
bjarnarskinnshúfa f. bearskin (cap), busby
bjarndýr n. (polar) bear
bjartsýni f. optimism
bjartsýnismaður m. optimist
bjartsýnn adj. optimistic
bjartur adj. bright, light, clear
bjartviðri n. fair weather
bjálfi m. idiot
bjálkakofi m. log cabin
bjálki m. beam, log
bjánalegur adj. foolish, silly, daft
bjánaskapur m. stupidity, nonsense
bjáni m. fool, twit, clot

bjástra v. struggle, toil
bjóða vt. offer; invite, ask
bjóða birginn vt. defy, brave, stand up to
bjóða e-ð upp vt. auction s-g
bjóða e-m upp vt. ask s-y for a dance
bjóða fram vt. offer, proffer
bjóða við vt. detest, be disgusted with
bjór m. beer; beaver
bjórblanda f. shandy
bjórkanna f. tankard
bjórrotta f. coypu
bjórrottuskinn n. nutria
bjúga f. (smoked) sausage
bjúgaldin n. banana
bjúgnefja f. avocet
bjúgsverð n. cutlass, scimitar
bjúgur adj. roundish, hooked
bjúgvatn n. oxbow lake, (Am.) bayou
bjúgverpill m. boomerang
bjölluhljómur m. jingle
bjölluhnappur m. bell push
bjöllutromma f. tambourine
björg f. help; provisions, food
björgun f. rescue; salvage
björgunarbátur m. lifeboat
björgunarbelti n. life belt; middle-age(d) spread
björgunarbíll m. wrecker
björgunarfleki m. life raft
björgunarflokkur m. rescue party
björgunarhringur m. life buoy
björgunarlaun n.pl. salvage award
björgunarleiðangur m. rescue operation
björgunarlína f. lifeline
björgunarmaður m. rescuer, lifesaver
björgunarstarf n. rescue work
björgunarstóll m. breeches buoy
björgunarsveit f. rescue team
björgunarvesti n. life jacket
björk f. birch
björn m. bear
blað n. leaf; newspaper; sheet of paper
blaða í vt. browse, leaf/flip through
blaðafulltrúi m. press agent, public relations officer
blaðagrein f. newspaper article
blaðaheimurinn m. the fourth estate
blaðakóngur m. newspaper magnate, press baron/lord
blaðaljósmyndari m. press photographer

blaðamaður → blekbytta 36

blaðamaður m. journalist, news correspondent
blaðamannafundur m. press/news conference
blaðamannamál n. journalese
blaðamannapassi m. press card
blaðamannastúka f. press box; press gallery
blaðamennska f. journalism
blaðasali m. newsagent, (Am.) newsdealer
blaðaúrklippa f. press clipping/cutting
blaðburðardrengur m. newsboy, (Am.) paperboy
blaðfjöður f. laminated spring
blaðgræna f. chlorophyll
blaðgrænmeti n. greens
blaðlaukur m. leek
blaðlilja f. aloe
blaðlús f. plant louse, aphid, aphis
blaðra f. balloon; blister, bladder
blaðra v. chatter, drivel, prattle
blaðrari m. prattler, jabberer
blaðselja f. celery
blaðsíða f. page (of a book)
blaðsíðutal n. pagination
blaðstilkur m. leafstalk
blaðsöludrengur m. newsboy, (Am.) paperboy
blaðsöluturn m. newsstand
blaður n. drivel, nonsense
blaðurskjóða f. blabbermouth, chatterbox
blak n. light blow; volleyball
blaka vt. flap
blakta vi. flutter, stream, waver
blammera vt. insult
blanda f. blend, mixture
blanda vt. blend, mix
blanda sér í v. involve oneself in, meddle in
blandað skólakerfi n. coeducation
blandaður adj. mixed; miscellaneous
blandaður bekkur m. integrated class
blandari m. mixer; liquidizer
blankur adj. broke, penniless
blauður adj. cowardly, gutless, sissy
blautur adj. wet; boozy
bláarfi m. pimpernel
bláber n. bog bilberry

blábrystingur m. bluethroat
bláfátækt f. destitution
bláfátækur adj. destitute, poverty-stricken
blágresi f. wood cranesbill, geranium
blágrýti n. basalt
bláhosa f. bluestocking
bláhrafn m. (bird) rook
bláhrafnabyggð f. rookery
bláhvalur m. blue whale
bláklukka f. bluebell, harebell
bláklukkulyng n. mountain heath
blákolla f. selfheal
blákvars n. amethyst
bláleitur adj. bluish
blálilja f. sea lungwort
blámaður m. nigger
blámi m. blueness
blár adj. blue
blárauður adj. magenta
blárunni m. plumbago
blása v. blow; puff, huff, pant
blása upp vt. inflate
blásnauður adj. destitute, penurious
blásokka f. bluestocking
blástjarna f. marsh felwort
blástur m. blowing; breeze
blástursaðferð f. kiss of life
blásturshljóðfæri n. wind instrument
blásturslampi m. blowlamp, blowtorch
blástursofn m. hot-air oven
blásturspípa f. blowpipe, blowgun
blásýra f. prussic acid
blásýrusalt n. cyanide
blátá f. tiptoe
blátt áfram adv. downright, simply, frankly
blávingull m. northern fescue
bláþráður m. thin thread
bláþyrill m. kingfisher
bláæð f. vein
bláæðabólga f. phlebitis
bleia f. nappy, (Am.) diaper
bleikiefni n. bleach
bleikja f. river trout, char(r)
bleikja vt. bleach
bleiklitaður adj. pinkish
bleikur adj. pink, pale
blek n. ink
blekbytta f. inkbottle, inkpot, inkwell

blekdæluprentari m. ink-jet printer
blekking f. deception, deceit; delusion
blekkingamaður m. bluffer
blekkingarsæla f. fool's paradise
blekkja vt. deceive, cheat, trick
blekkjandi adj. deceptive, misleading; delusive
blekpúði m. inkpad, inking pad
blekugur adj. inky
blendingsmál n. pidgin; lingua franca; jargon
blendingur m. compound; cross-breed, mongrel
blesgæs f. white-fronted goose
bleshæna f. coot
bless interj. goodbye, bye-bye
blessa vt. bless, sanctify
blessaður adj. blessed; **komdu b.** how are you?; **vertu b.** goodbye
blesspartí n. farewell party
blessun f. blessing; approval
blessunarorð n. benediction
blessunarsæla f. beatitude
bletta vt. spot, stain, smudge
blettaeyðir m. stain remover
blettaskán f. psoriasis
blettatígur m. cheetah
blettlaus adj. stainless
blettóttur adj. spotted, stained
blettur m. spot, stain; patch, lawn; **b. á mannorði** blot on the escutcheon
bleyða f. coward
bleyja f. nappy, (Am.) diaper
bleyta f. wet(ness); vt. wet, moisten
bleyti n. soaking; **leggja í b.** soak, steep
blik n. flash, gleam, glimmer, twinkle
blika f. storm cloud, cirrostratus
blika vi. glitter, shimmer, glint
bliki m. drake
blikk n. wink, blink; flash; tin(plate)
blikka v. wink, blink; flash
blikkljós n. flasher
bliklist f. optical art
blikna vi. pale, fade
blinda f. blindness; vt. blind; daze, dazzle
blindbeygja f. blind turning
blindbylur m. blizzard, snowstorm
blindflug n. instrument flying
blindgata f. blind alley, dead end, cul-de-sac
blindingsleikur m. blind man's buff
blindlending f. instrument landing
blindnagli m. dowel
blindni f. blindness
blindraletur n. braille
blindur m. dummy (in bridge); adj. blind
blíða f. gentleness; affection; mild weather
blíðka vt. soften, conciliate, mollify
blíðkun f. conciliation, propitiation
blíðlega adv. gently, tenderly
blíðmáll adj. fair-spoken
blíðuhót n. caress, endearment
blíður adj. gentle, tender
blíðviðri n. mild weather
blína (á) v. gaze, stare (at)
blístra f. whistle; v. whistle
blísturshljóð n. sibilant
bljúgur adj. humble, meek
blokk f. block of flats, (Am.) apartment building
blokkskrift f. block letters
blossa vi. blaze, flame
blossa upp vi. flare up
blossastjarna f. nova
blossi m. blaze, flame; flare-up
blotna vi. get wet
blóð n. blood
blóðarfi m. knotgrass
blóðbað n. bloodbath, bloodshed, carnage
blóðbanki m. blood bank
blóðberg n. creeping thyme
blóðbíll m. bloodmobile
blóðblettur m. bloodstain
blóðeitrun f. blood poisoning, septicaemia
blóðfita f. cholesterol
blóðflaga f. blood platelet
blóðflekkaður adj. bloodstained
blóðflokkur m. blood group/type
blóðfruma f. blood cell/corpuscle
blóðfræði f. hematology
blóðga fisk v. gill a fish
blóðga sig v. cut oneself
blóðgjafi m. blood donor
blóðgjöf f. blood transfusion
blóðgresi n. wood cranesbill
blóðhefnd f. blood feud, vendetta

blóðheitur adj. warm-blooded, hotblooded
blóðhiti m. blood heat
blóðhlaupinn adj. bloodshot
blóðhundur m. bloodhound
blóðhvarf n. pernicious anemia
blóðkekkjun f. blood clotting
blóðkorn n. blood cell/corpuscle
blóðkreppusótt f. dysentery
blóðkýli n. carbuncle
blóðkökkur m. clot
blóðlatur adj. bone-lazy, bone-idle
blóðlaus adj. anaemic, bloodless
blóðleysi n. anaemia, (Am.) anemia
blóðlifrar f.pl. gore
blóðlitaður adj. bloodstained
blóðlítill adj. anaemic
blóðmaur m. (insect) tick
blóðmiga f. red water
blóðmör m. black pudding
blóðnasir f.pl. nosebleed
blóðpeningar m.pl. blood money
blóðrannsókn f. blood test
blóðrauðamæling f. blood count
blóðrauði m. hemoglobin
blóðrauður adj. blood-red
blóðrás f. bloodstream, blood circulation
blóðrásarkerfi n. circulatory system
blóðrásarstöðvun f. hemostasis
blóðrisa adj. bruised and bloody
blóðskömm f. incest
blóðstokkinn adj. bloodshot, gory
blóðstorknun f. blood clotting
blóðsuga f. leech, hirudinean; vampire; bloodsucker
blóðsúthelling f. bloodshed, bloodbath
blóðsöfnunarbíll m. bloodmobile
blóðtaka f. bloodletting, phlebotomy
blóðtappamyndun f. thrombosis
blóðtappi m. embolism
blóðtökumaður m. phlebotomist
blóðugur adj. bloody
blóðvatn n. blood serum
blóðvökvi m. blood plasma
blóðþorsti m. bloodthirstiness, blood lust
blóðþrýstingur m. blood pressure
blóðþyrstur adj. bloodthirsty
blóm n. flower
blómabeð n. flowerbed
blómabúð f. florist's (shop)
blómafesti f. festoon
blómaklasi m. raceme
blómapottur m. flowerpot
blómarækt f. floriculture
blómaræktarmaður m. floriculturist
blómasali m. florist
blómaskáli m. conservatory
blómaskeið n. prime, heyday, golden age
blómaskreyting f. flower arrangement
blómasölustúlka f. flower girl
blómavasi m. vase
blómbikar m. calyx
blómgaður adj. abloom
blómgast vi. bloom, blossom; flourish
blómhnappur m. bud
blómi m. blossom, bloom
blómkál n. cauliflower
blómkróna f. corolla
blómlaukur m. bulb
blómleggur m. pedicel
blómlegur adj. blooming, rosy
blómstra vi. bloom, blossom; flourish
blómsveigur m. garland
blómvöndur m. bouquet, bunch of flowers
blóraböggull m. scapegoat
blót n. cursing; worship of pagan gods; sacrifice
blóta v. curse, swear; worship pagan gods; sacrifice
blótsyrði n. curse, oath, swearword
blunda vi. doze, slumber, snooze
blundur m. nap, doze, kip
blúnda f. lace (trimmings), frill
blússa f. blouse; windcheater
blússlampi m. blowlamp, (Am.) torch
blústónlist f. blues (music)
blygðunarlaus adj. shameless, unabashed
blygðunarleysi n. shamelessness
blygðunarsemi f. bashfulness
blys n. torch, flare
blysberi m. linkman, linkboy
blysbjalla f. firefly, (Am.) lightning bug
blý n. lead
blýantsteikning f. pencilled sketch
blýantsyddari m. pencil-sharpener
blýantur m. pencil
blýbensín n. leaded fuel
blýeitrun f. lead poisoning

blýfastur adj. immovable
blýfrítt bensín n. lead-free fuel
blýlaus adj. unleaded, nonleaded
blýlistar m.pl. leads
blýlóð n. plumb bob
blýmenja f. lead peroxide
blýrauði m. red lead
blæbrigði n. hue, tint, nuance
blæða vi. bleed
blæðari m. bleeder, hemophiliac
blæðing f. bleeding, hemorrhage
blæja f. veil
blæjalogn n. dead calm
blæjubíll m. convertible (car/coupe), cabriolet
blær m. gentle breeze; look, aura
blævængur m. fan
blæösp f. aspen
blöðrubólga f. cystitis
blöðruhálskirtill m. prostate (gland)
blöðruhálskirtilsbólga f. prostatitis
blöðrukál n. savoy (cabbage)
blöðruselur m. bladdernose, hooded seal
blökk f. block (and tackle), pulley
blökkumaður m. black, negro
blöndun f. infusion
blöndungur m. carburettor
blöskra v. be shocked
bobbi m. discomfiture, quandary, trouble
bobbingar m.pl. (woman's breasts) boobs
bobbingur m. bob
boð n. message, dispatch; offer, bid; party, reception; order, command
boð og bönn n.pl. dos and don'ts
boða vt. announce; preach; portend, foreshadow
boða á sinn fund vt. summon
boðberi m. messenger
boðflenna f. gatecrasher, intruder
boðháttur m. imperative mood
boðhlaup n. relay race
boðlegur adj. presentable
boðleið f. channel
boðliði m. orderly
boðmiðlun f. communication
boðnám n. programmed learning
boðorð n. commandment
boðrás f. input-output channel
boðsbréf n. prospectus
boðsmiði m. complimentary ticket
boðsending f. personal delivery, message
boðskapur m. message, moral
boðskipti n.pl. communication(s)
boðskort n. invitation card
boðsmiði m. complimentary ticket
boðstólar : á boðstólum available
boðun f. summons; annunciation
boðunardagur Maríu m. Annunciation Day
bogadreginn adj. curved, arched
bogagöng n.pl. arcade, archway
bogamaður m. archer; Sagittarius
bogfimi f. archery
bogi m. curve; arch; bow (for arrows)
boginn adj. bent, curved; arched
bogkrabbi m. shore crab
bogna vi. bend, buckle; give in
bogra vi. stoop
bogtré n. boomerang
bokki m. trestle
bola burt vt. drive away, oust, freeze out
bolabragð n. mean trick; bull ankle-throw (in wrestling)
bolahnykkur m. bull-lift throw (in wrestling)
bolhlíf f. cuirass
boli m. bull; bogey man
bolla f. bun; punch, toddy
bollaleggingar f.pl. deliberation
bollaleggja vt. deliberate, discuss
bolli m. cup
bolludagur m. Shrove Monday
bolmagn n. strength
bolti m. ball; bolt
bolur m. trunk; torso; tee shirt, T-shirt
bomba f. bomb(shell); blockbuster
bongótromma f. bongo (drum)
bor m. drill, gimlet
bora vt. drill, bore
borð n. table, desk; plank, board; dummy (in bridge); **leggja á b.** lay the table; **undir borðum** at table; **fara frá borði** disembark; **fara/setja um b.** embark; **fyrir b.** overboard; **stíga um b.** go on board; **um borð (í)** aboard
borða v. eat; dine
borðalagður adj. ribboned
borðbúnaður m. tableware, service
borðbæn f. grace
borðdúkur m. tablecloth

borðflaska f. decanter; cruet
borðhald n. dining
borðhnífur m. tableknife
borði m. ribbon
borðlampi m. tablelamp
borðmotta f. tablemat
borðsalt n. table salt
borðsalur m. dining hall, saloon
borðstofa f. dining room
borðstofuborð n. dining table
borðstofuskápur m. sideboard, buffet
borðstokkur m. gunwale, gunnel; bulwark
borðtennis m. table tennis, ping-pong
borðtuska f. dish cloth
borg f. city, town; rocky hill
borga vt. pay
borga hver fyrir sig v. pay separately
borga sig vi. be profitable, pay off
borgar- comb. urban, municipal
borgaraleg hjónavígsla f. registry office wedding
borgaralegur adj. civic, civil; bourgeois
borgararéttindi n.pl. civil rights
borgarastétt f. bourgeoisie, middle-class
borgarastyrjöld f. civil war
borgardómari m. civil court judge of a city
borgarfulltrúi m. councillor, councilman
borgarhluti m. quarter (of a city/town)
borgari m. citizen
borgarísjaki m. iceberg
borgarlögregla f. Metropolitan Police, MP
borgarstjórafrú f. mayoress
borgarstjóri m. mayor
borgarstjórn f. city council/government/authority
borgarvirki n. citadel
borgun f. payment
borhola f. bore(hole)
borinn og barnfæddur adj. born and bred, true-born
borpallur m. drilling rig, derrick
borsveif f. brace; **b. og bor** brace and bit
borubrattur adj. self-assured, spunky
bossi m. bottom, behind
bot n. baud
botn m. bottom; **komast til botns í** get to the b. of; **Skál í botn!** Bottoms up!; **þegar öllu er á botninn hvolft** when all is said and done
botna í vt. plumb, understand
botna vísu v. complete (the end of) a stanza
botnfall n. sediment, deposit; dregs
botnfalls- comb. sedimentary
botnfallsmyndun f. sedimentation
botnfelling f. precipitation (in chemistry)
botnfiskur m. demersal fish
botnhreinsun f. graving (of a ship)
botnlangabólga f. appendicitis
botnlangi m. (vermiform) appendix
botnlaus adj. bottomless, abysmal
botnleðja f. silt, ooze
botnskrið n. ocean floor spreading
botnvarpa f. trawl (net)
botnvörpungur m. trawler
box n. box; boxing
boxa v. box; spar
boxhanski m. boxing glove
bófi m. villain, gangster, hoodlum
bóglína f. bowline
bógur m. shoulder; bow (of a ship); cock (of a gun); **á hinn bóginn** on the other hand
bóhem m. bohemian
bók f. book
bóka vt. register, record; book
bókabíll m. (Am.) bookmobile
bókabúð f. bookshop, (Am.) bookstore
bókagjafakort n. book token
bókaherbergi n. study, library
bókahilla f. bookshelf
bókaklúbbur m. book club
bókamaður m. man of letters
bókamerki n. bookmark(er)
bókaormur m. bookworm
bókari m. bookkeeper, accountant
bókarkápa f. dust cover/jacket/wrapper
bókasafn n. library
bókasafnsfræði f. library science
bókasafnsfræðingur m. librarian
bókaskápur m. bookcase
bókastoð f. bookend
bókaunnandi m. bibliophile
bókaútgáfa f. publishing; publishing house
bókaútstillingarborð n. bookstand
bókavarðarstaða f. librarianship
bókaverslun f. bookshop, (Am.) bookstore

bókavinur m. bibliophile
bókavörður m. librarian
bókband n. bookbinding
bókbandsstofa f. bookbindery
bókbindari m. bookbinder
bókfell n. parchment, vellum
bókfinka f. chaffinch
bókfræði f. bibliography
bókfræðilegur adj. bibliographical
bókfræðingur m. bibliographer
bókfæra vt. enter (in bookkeeping)
bókfærsla f. bookkeeping, accounting
bókfært verð n. book value
bókhald n. bookkeeping, accountancy, accounting
bókhaldari m. bookkeeper, accountant
bókhneigður adj. bookish
bókhveiti n. buckwheat
bóklærður adj. literate
bókmenntafræði f. literary studies
bókmenntafræðingur m. literary scholar
bókmenntagagnrýni f. literary criticism
bókmenntagrein f. (literary) genre
bókmenntahefð f. literary tradition
bókmenntalegur adj. literary
bókmenntarýni f. literary analysis
bókmenntasaga f. literary history
bókmenntastefna f. literary movement
bókmenntir f.pl. literature
bóknám n. theoretical study
bókrolla f. scroll
bóksali m. bookseller
bókstafareikningur m. algebra
bókstaflega adv. literally, to the letter
bókstaflegur adj. literal, matter-of-fact
bókstafstrú f. fundamentalism
bókstafstrúarmaður m. fundamentalist
bókstafur n. letter, character
bókun f. (bookkeeping) entry; booking
bókvit n. book learning
ból n. dwelling; lair; bed
bóla f. bubble; pimple, acne; stud
bóla á v. come into sight, appear
bólfélagi m. bedfellow; pickup
bólga f. inflammation, swelling
bólginn adj. swollen, puffy
bólgna vi. swell, puff up
bólgnandi adj. tumescent
bólgurák f. weal, welt (on the skin)
bólguvaldandi adj. inflammatory

bólivískur adj. Bolivian
Bólivíumaður m. Bolivian
bólóttur adj. pimply, spotty
bólstra vt. upholster, cushion, pad
bólstraberg n. pillow lava
bólstrari m. upholsterer
bólstraský n. cumulus
bólstrun f. upholstery
bólstur n. bolster
bóluefni n. vaccine
bólugrafinn adj. pockmarked, pimply
bólusetja vt. vaccinate; inoculate
bólusetning f. vaccination; inoculation
bólusótt f. smallpox
bóluör n. pockmark
bóma f. boom, jib
bómolía f. cottonseed oil
bómull f. cotton; **hreinsuð b.** cotton wool
bómullarfræskilja f. cotton gin
bón f. request
bón n. polish, wax
bóna vt. polish, wax
bóndabýli n. farm(house), farmstead
bóndabær m. farm(house)
bóndarós f. peony
bóndastoð f. spinach
bóndi m. farmer
bóngóður adj. helpful, obliging
bónorð n. proposal (of marriage)
bónus m. bonus, wage premium, reward
bónusgreiðsla f. bonus payment
bór n. boron
bórsýra f. bor(ac)ic acid
bót f. remedy, cure; patch
bótagreiðsla f. claims payment
bótakrafa f. demand for indemnification
bótaskyldur adj. liable for damages
bótaskylt tjón n. recoverable loss
bótaþegi m. beneficiary
bragarháttur m. metre (in poetry)
bragð n. trick, artifice; taste, flavour
bragða vt. taste
bragðarefur m. trickster, dodger, fox
bragðbæta vt. flavour, season
bragðbætir m. relish, seasoning
bragðdaufur adj. insipid, bland, tasteless
bragðefni n. flavouring
bragðgóður adj. tasty, palatable, savoury
bragðlaukur m. taste bud

bragðlaus adj. insipid, flavourless, wishy-washy
bragðskyn n. sense of taste
bragðsterkur adj. piquant, hot
bragðvís adj. cunning, crafty, elusive
bragðvísi f. cunning, craft, shiftiness
brageyra n. ear for poetry
bragfræði f. prosody, metrics
bragfræðilegur adj. prosodic, metric(al)
bragfræðingur m. prosodist
braggast vi. recover
braggi m. Nissen hut, barracks
braghvíld f. caesura
bragliður m. foot (in scansion)
braglína f. line of verse
bragur m. atmosphere, tone; poem
brak n. creak; crash, din; wreck(age)
braka vi. creak; crunch
bralla vi. play tricks; speculate
bramstöng f. topgallant
branda f. small fish
brandarakarl m. joker
brandari m. joke, gag
brandgæs f. shelduck
brandugla f. short-eared owl
brandur m. (fire)brand; sword
brasa vt. fry; solder
Brasilía f. Brazil
brasilískur adj. Brazilian
Brasilíumaður m. Brazilian
brask n. speculation, wheeling and dealing
braska vi. speculate, profiteer
braskari m. speculator, racketeer, gambler
bratti m. steepness, acclivity
brattur adj. steep; erect, upright; lively
brauð n. (loaf of) bread; benefice
brauðaldin n. breadfruit
brauðbretti n. breadboard
brauðbúð f. baker's (shop)
brauðgerð f. bakery
brauðhleifur m. loaf (of bread)
brauðkarfa f. breadbasket
brauðmoli m. breadcrumb
brauðmylsna f. breadcrumb
brauðrist f. (electric) toaster
brauðsneið f. slice of bread, open sandwich
brauðsnúður m. bun, bread roll

braut f. course, track, path(way); trajectory
brautargengi n. help, support
brautarstöð f. (railway) station
brautryðjandi m. pioneer, pathfinder
brautskráning f. graduation
brá f. eyelash; eyelid
bráð f. prey; game; **auðveld b.** sitting duck
bráð : í b. in the short run
bráðabirgða : til b. temporarily, provisionally
bráðabirgða- comb. temporary, provisional, short-term
bráðabirgðafyrirkomulag n. temporary arrangement
bráðabirgðagreiðsla f. interim payment
bráðabirgðaherspítali m. field hospital
bráðabirgðahúsnæði n. pied-à-terre
bráðabirgðalög n.pl. provisional legislation
bráðabirgðanáttstaður m. bivouac
bráðabirgðaspítali m. field hospital
bráðabirgðastjórn f. caretaker government
bráðabirgðaviðgerð f. temporary repair
bráðanauðsyn f. urgency
bráðfyndinn adj. very funny, sidesplitting
bráðger adj. precocious
bráðhress adj. fit as a fiddle
bráðinn adj. molten
bráðkvaddur : verða b. die suddenly
bráðlátur adj. impatient, impetuous
bráðlega adv. soon, shortly
bráðlyndur adj. hot-tempered, irritable
bráðna vi. melt, thaw
bráðskemmtilegur adj. very funny, hilarious
bráðum adv. soon, presently
bráður adj. sudden, acute; quick-tempered; hasty
bráðþroska adj. precocious, forward
bráðþroski m. precociousness, forwardness
brák f. (oil) slick
brátt adv. soon; **verða b. í brók** be taken/caught short
bregða v. move quickly; change; be taken aback; **láta sér hvergi b.** not bat an eyelid

bregða e-m vt. trip s-y
bregða sverði v. draw/brandish a sword
bregða út af v. deviate/diverge from
bregðast e-m v. fail, let down, disappoint
bregðast við v. react, respond to
breidd f. breadth, width
breiddarbaugur m. parallel of latitude
breiddargráða f. degree of latitude
breiða vt. spread, scatter
breiða úr sér vi. unfold, unfurl, sprawl
breiða út vt. blaze abroad, shout from the housetop
breiða yfir vt. cover, blanket; gloss over
breiðast út vi. spread, circulate
breiðbogi m. hyperbola
breiðfylking f. phalanx
breiðnefur m. (duckbilled) platypus
breiðskífa f. long-playing record, LP
breiðstræti n. avenue, boulevard
breiður adj. broad, wide
breiðþota f. jumbo jet
breikka v. broaden, widen; get broader/wider
breima vi. (of cats) be in heat
brekka f. slope, hillside
brekkubrún f. hilltop
brekkusnigill m. slug
brella f. trick, prank, gimmick
bremsa f. brake; v. brake
bremsuborði m. brake lining
brengla vt. mix up, confuse, distort
brenglari m. scrambler
brenglun f. distortion
brenna f. bonfire; burning
brenna v. burn; **b. allar brýr að baki sér** cross/pass the Rubicon; **b. í skinninu** champ at the bit
brenna við vi. (of food) get burned
brennandi adj. burning, fiery, fervent
brennandi áhugi m. zest, zeal
brennari m. burner
brennheitur adj. piping hot, blistering, torrid
brennheitur dagur m. sizzler
brenni n. firewood
brennidepill m. focus, focal point
brennifórn f. burnt offering
brennimark n. brand (mark)
brennimerkja vt. brand

brennimerktur maður m. marked man
brennimjólk f. poison ivy
brenninetla f. (stinging) nettle
brennisóley f. (meadow) buttercup
brennisteinn m. sulphur, brimstone
brennisteinskís m. pyrite
brennisteinssýra f. sulphuric acid, oil of vitriol
brennisvínsæði n. delirium tremens
brennivídd f. focal length
brennivín n. schnapps, booze
brennivínskjarkur m. Dutch courage
brennivínsruddi m. rotgut
brennsla f. combustion, burning; incineration
brennsluhol n. combustion chamber
brennsluofn m. kiln; incinerator
brennsluolía f. fuel oil
brennsluspritt n. methylated spirits, meths
brennuvargur m. arsonist, pyromaniac, fire-raiser
Breska samveldið n. British Commonwealth (of Nations)
breski ríkisfáninn m. Union Jack
breskur adj. British
bresta vi. crack, burst, snap
bresta á vi. spring up
brestur m. crack; crash; defect, flaw
Bretaást f. Anglophilia
Bretadýrkun f. Anglomania
Bretahatari m. Anglophobe
Bretahatur n. Anglophobia
Bretavinur m. Anglophile
Breti m. Briton
Bretland n. Britain
Bretlandseyjar f.pl. British Isles
bretta niður vt. fold over, turn down
bretta upp v. roll up, turn back/up
bretti n. board; wing, (Am.) fender
breyskleiki m. frailty, weakness; foible
breyskur adj. frail, weak
breyta f. variable; argument
breyta vt. change, alter, modify
breytanlegur adj. changeable, alterable
breytast vi. change, vary, become different
breytilegur adj. changeable, variable, uncertain, (of weather) unsettled; **vera b.** vary
breytilinsa f. zoom lens

breyting f. change, alteration
breytistærð f. variable; argument
breytni f. conduct, behaviour
bréf n. letter; paper
bréfasími m. (tele)fax equipment, facsimile machine
bréfabindi n. ring binder
bréfahnífur m. paper knife
bréfakarfa f. wastepaper basket
bréfaklemma f. paper clip
bréfalúga f. letterbox, (Am.) mailbox (at a door)
bréfamappa f. folder
bréfapressa f. paperweight
bréfasími m. (tele)fax equipment
bréfaskóli m. correspondence school
bréfaviðskipti n.pl. correspondence; **eiga b. (við)** correspond (with)
bréfberi m. postman, (Am.) mailman
bréfblöndun f. mail merging
bréfdúfa f. homing/carrier pigeon
bréfhaus m. letterhead
bréfpoki m. paper bag
bréfritari m. correspondent
bréfsefni n. stationery, letter paper
bréfskurðarhnífur m. paper cutter, guillotine
bréfspjald n. postcard
bridds n. (card game) bridge
brigðull adj. fickle, inconstant; unsafe
brigsli n.pl. reproach
brillera vi. do well, excel
brim n. surf, breakers
brima vi. surge
brimalda f. roller
brimbrettabrun n. surfing
brimbretti n. surfboard
brimbrjótur m. breakwater, mole
brimbútur m. holothurian, sea cucumber
brimsaltur adj. briny
bringa f. chest, breast
bringubein n. breastbone, sternum
bringukollur m. brisket
bringusund n. breaststroke
bris n. pancreas
brislingur m. (food fish) sprat
brissafi m. pancreatic juice
brík f. armrest; bracket
brímavaki m. oestrogen, (Am.) estrogen
brjálaður adj. insane, mad, crazy

brjálast vi. go insane
brjálsjúkur adj. manic
brjálæði n. insanity, madness, craziness
brjálæðingur m. madman, lunatic, nut
brjálæðislega adv. fantastically; madly
brjósk n. cartilage; gristle (in meat)
brjóskkenndur adj. cartilaginous
brjósklos n. slipped disc
brjóst n. breast, bosom; **hafa (barn) á brjósti** breastfeed (a baby); **gefa b.** suckle; **venja af brjósti** wean; **kenna í brjósti um e-n** pity s-y, be/feel sorry for s-y
brjóstabólga f. mastitis
brjóstagras n. meadow rue
brjóstahaldari m. bra, brassière
brjóstamikill adj. boxom, busty, wellhung
brjóstbarn n. nurs(e)ling
brjóstbein n. sternum
brjóstbrynja f. plastron
brjóstgjöf f. lactation
brjóstgóður adj. kind-hearted, compassionate
brjósthimnubólga f. pleurisy
brjósthol n. thoracic cavity, chest
brjóstkassi m. thorax, rib cage, chest
brjóstkirtill m. mammary gland
brjóstkrabbamein n. mammary cancer
brjóstmóðir f. wet nurse
brjóstmylkingur m. suckling
brjóstmynd f. bust
brjóstnál f. brooch
brjóstpanill m. wainscot
brjóstrið n. parapet
brjóstsviði m. heartburn
brjóstsykur m. sweets, bonbon, (Am.) candy
brjóstuggi m. pectoral fin
brjóstumkennanlegur adj. pitiable
brjóstvarta f. nipple; teat, dug
brjóstverja f. cuirass
brjóstvirki n. battlements, parapet
brjóstvit n. common sense, mother wit
brjóstvitsaðferð f. heuristic method
brjóstvísir m. superscript
brjóstvöðvi m. pectoral muscle
brjóstvörn f. bastion
brjóta vt. break, bust
brjóta á bak aftur vt. suppress, break down

brjóta (lög) vt. violate, transgress (the law)
brjóta niður vt. demolish, tear down
brjóta saman vt. fold, furl, double up
brjóta upp vt. break open, prize, prise
brjóta upp á v. fold, double back/over
brjótast inn (í) v. break in(to), burgle, (Am.) burglarize
brjótast út v. break out, erupt
broddfluga f. gadfly
broddgöltur m. porcupine, hedgehog
broddóttur adj. bristly, prickly, spiny
broddstafur m. goad; alpenstock
broddsúla f. obelisk
broddur m. point, bristle, prickle, spine, spike, barb; beestings; acute accent (´)
brokk n. trot (of horses)
brokka vi. trot
brokkhestur m. trotter
brons n. bronze
bronsverðlaun n.pl. bronze medal
bronsöld f. Bronze Age
bros n. smile
brosa vi. smile
broshrukka f. crow's foot
broslegur adj. amusing, humorous, comical
brosmildur adj. smiling
brot n. fracture; fragment; fraction; crease, fold; violation, transgression; format
brotaberg n. breccia, volcanic agglomerate
brotabrot n. complex fraction
brotajárn n. scrap iron
brotakenndur adj. fragmentary
brothljóð n. crash, smash
brothættur adj. fragile, breakable, brittle
brotinn adj. broken, bust
brotlegur adj. guilty
brotlenda v. crash-land
brotlending f. crash landing, plane crash
brotna vi. break, crack
brotna saman vi. break down, collapse
brotsjór m. breaker
brotskemmdir f.pl. breakage
brott adv. away, off
brottfall n. elision, apocope
brottfarardagur m. day of departure

brottfararsalur m. departure hall, departure lobby
brottfararspjald n. boarding pass, boarding card
brottfarartími m. time of departure
brottfelling f. elision; deletion
brottflutningur m. removal; evacuation
brottför f. departure
brotthlaup n. escape, desertion; elopement
brotthvarf n. disappearance
brottnám n. abduction, rape
brottrekstur m. expulsion, dismissal, banishment
brottskurður m. excision
brottvikning f. deposition, dismissal
brottvísun f. deportation; disqualification
bróðerni n. brotherhood, fraternity
bróðir m. brother
bróðurdóttir f. niece
bróðurlegur adj. brotherly, fraternal
bróðurpartur m. lion's share
bróðursonur m. nephew
brók f. underpants; trousers
bróm n. bromine
brómber n. blackberry
bruðl n. extravagance
bruðla v. squander, fritter away
brugg n. (home)brew; plot
brugga v. brew; plot, concoct
brugghús n. brewery
brum n. bud
bruma vi. bud, sprout
brun n. rush, dash; downhill skiing
bruna vi. rush, dash
brunabíll m. fire engine
brunablettur m. burn, scorch
brunaboði m. fire alarm
brunabótamat n. assessed value for fire insurance
brunabætur f.pl. indemnification for fire damages
brunagaddur m. severe frost
brunahani m. fire hydrant, (Am.) fireplug
brunakall n. fire alarm
brunalið n. fire brigade
brunasár n. burn, scald
brunastigi m. fire escape
brunatjón n. fire damage
brunatrygging f. fire insurance

brunaútsala f. fire sale
brunaæfing f. fire drill
brundtíð f. rutting season
brundur m. sperm
bruni m. fire, conflagration; combustion
brunnur m. well, waterhole; spring
brú f. bridge
brúa vt. bridge, span
brúarsporður m. bridgehead
brúða f. doll; puppet
brúðarkistill m. bottom drawer, (Am.) hope chest
brúðarkjóll m. bridal dress
brúðarlauf n. myrtle
brúðarmær f. bridesmaid
brúðgumi m. bridegroom
brúðkaup n. wedding
brúðkaupsafmæli n. wedding anniversary
brúðkaupsferð f. honeymoon
brúðuhús n. doll's house
brúðuleikhús n. puppet theatre
brúðuleikur m. puppet play
brúður f. bride
brún f. edge, brink, border; brow
brúnamikill adj. heavy-browed, beetle-browed
brúnkol n. lignite
brúnn adj. brown
brúsi m. can(teen); flask
brúskur m. tuft; tassel
brúttó adj. gross
brúttóhagnaður m. gross profits
brúttótekjur f.pl. gross income
brydda vt. line, border, flounce
brydding f. braid, flounce (on a garment)
bryddingar f.pl. facings, furbelow (on a dress)
bryðja vt. crunch; **b. mélin** champ at the bit
bryggja f. jetty, pier, dock, wharf
bryggjupolli m. bollard
bryggjutollur m. dock dues, wharfage, quayage
brynglófi m. gauntlet
brynja f. suit of armour, coat of mail
brynjaður adj. armoured
brynjusmiður m. armourer
brynna vt. water; **b. músum** cry
bryntröll n. halberd
brynvarinn adj. armoured; ironclad

bryti m. steward, purser
brytja vt. cut up, mince
brytja niður vt. mow down
brýna vt. sharpen, whet; urge
brýni n. whetstone, hone, sharpener
brýnól f. strop
brýn þörf f. pressing need
bræddur adj. molten
bræða vt. melt; smelt (metal)
bræða úr sér vi. (of machinery) seize up
bræði f. anger, rage, wrath
bræðikast n. tantrum, fit
bræðrabörn n.pl. first cousins
bræðralag n. brotherhood, (con)fraternity
bræðsla f. melting; boiling down
bræðslumark n. melting/fusing point
bræðsluofn m. furnace
bræðslupottur m. melting pot
bræðsluslys n. meltdown
bræla f. heavy smoke; a mix of fog, rain and wind
brögð n.pl. trickery, machinations
brögðóttur adj. cunning, crafty, tricky
brölt n. tumbling about, scramble
brölta vi. kick about, wriggle, flounder
bröndóttur adj. striped, brindled
brönugras n. orchid
budda f. purse
buddustrengir m.pl. purse strings
buff n. (beef)steak
buffall m. buffalo
buffalsleður n. buff (leather)
buga vt. defeat, crush
bugast vi. break down, collapse
bugða f. bend, curve, wind(ing)
bugðast vi. wind, meander, twist
bugðóttur adj. winding, sinuous, serpentine
bugspjót n. bowsprit
bugta sig og beygja vi. bow and scrape
bugur m. bend; bight; **vinda bráðan bug á e-u** be quick about s-g; **vinna bug á** overcome; **vísa á bug** wave aside, reject
bull n. nonsense, gibberish
bulla f. piston; bully
bulla vi. boil, bubble; gibber, drivel
bulluhringur m. piston ring
bullukollur m. twaddler, jabberer

bullustöng f. piston rod
bumba f. potbelly, paunch; drum
bumbult adj. sick, queasy
bumbusláttur m. beat, tattoo (of drums)
buna f. squirt, jet; v. spurt, gush
bundið mál n. verse
bundinn sparisjóðsreikningur m. time deposit
bunga f. bump, swelling, protuberance
bungast út vi. swell out, bulge, belly out
bunki m. heap, pile
burðarbiti m. girder
burðardýr n. pack animal, beast of burden
burðargjald n. postage (rates)
burðargrind f. truss, framework; undercarriage
burðarklár m. pack horse
burðarmaður m. porter
burðarpoki m. carryall
burðarrúm n. carrycot
burðarstoð f. upright
burðarstóll m. sedan chair
burðarstólpi m. post, pile
burðarþol n. load bearing capacity
burðarþolsfræði f. structural engineering
burðast með v. struggle under the weight of
burður m. carrying; load, burden; birth
burgeis m. bigwig, nob, potentate
burknablað n. frond
burkni m. fern, bracken
burst f. bristle; gable
burst n. walkover, drubbing
bursta vt. brush; lick, whip, thrash
burstaklipping f. crew cut
burstaormur m. lugworm
bursti m. brush
burt adv. away, off; interj. shoo
burtfararpróf n. school leaving exam, final examination
burtreið f. joust, tournament
burtreiðarmaður m. jouster, tilter
burtséð frá adv. apart from
burtu adv. away; **langt í b.** afar, far afield
busi m. freshman, fresher
busla vi. splash, dabble, paddle
buslönd f. (duck) dabbler
buxnadragt f. trouser suit, (Am.) pants suit

buxnaklauf f. fly, trouser zip
buxur f.pl. trousers, (Am.) pants
bú n. household; farm, estate
búa v. live, reside; farm
búa hjá e-m v. live at s-y's house
búa með e-m v. live with s-y
búa saman vi. live together
búa sig undir v. prepare for
búa sig upp vi. dress up
búa til vt. make, produce, manufacture
búa út vt. equip, rig out
búa yfir vt. possess
búast við vt. expect, anticipate
búálfar m.pl. little folk/people
búálfur m. fairy, hobgoblin, puck; leprechaun
búddatrú f. Buddhism
búddatrúarmaður m. Buddhist
búð f. shop
búðarborð n. counter
búðareigandi m. shopkeeper
búðargluggarán n. smash-and-grab raid
búðargluggi m. shop window
búðarhnupl n. shoplifting; **stunda b.** shoplift
búðarkassi m. cash register, till
búðarkámugur adj. shopsoiled
búðarmaður m. shop assistant
búðarþjófnaður m. shoplifting
búðarþjófur m. shoplifter
búðarþvældur adj. shopworn
búðingur m. pudding
búðir f.pl. camp
búfastur adj. resident, living at
búferli: flytjast búferlum move house; migrate
búfé n. livestock
búfjárbóndi m. stockfarmer, stockbreeder
búfjárrækt f. animal husbandry
búfjárræktandi m. stockbreeder, stockfarmer
búfræði f. agronomy
búfræðingur m. agronomist
búgarður m. homestead, (Am.) ranch
Búi m. Boer, Afrikaner
búinn adj. finished, through, done; fitted out, equipped; exhausted; **vera b. að vera** be done for
bújörð f. farm, estate
búkhreinsandi adj. purgative

búkhreinsun f. catharsis
búkki m. trestle
búktalari m. ventriloquist
búkur m. torso, trunk; belly
búlduleitur adj. plumb-faced, chubby
Búlgaría f. Bulgaria
búlgarskur adj. Bulgarian
búlla f. disorderly house, joint
búnaður m. equipment, turnout
búningsherbergi n. dressing room
búningsklefi m. locker room
búningur m. dress, attire, uniform; costume
búnt n. bunch, bundle
búpeningur m. livestock
búr n. pantry, larder; cage
búralegur adj. rustic, loutish
búrekstur m. farming; housekeeping
búrhvalur m. sperm whale, cachalot
búri m. boor, lout, peasant
búsáhöld n.pl. kitchen utensils, household appliances
búseta f. residence
búsettur adj. resident, living at
búsetuleyfi n. residence permit
búskapur m. farming; housekeeping
búskmaður m. Bushman
búslóð f. household things, belongings, household effects
bússur f.pl. (thigh-high) waders
bústaður m. residence
bústinn adj. plump, rotund, (of a woman) buxom
bústjóri m. (male) housekeeper
bústjórn f. housekeeping
bústofn m. livestock
bústýra f. (female) housekeeper
búta vt. cut in pieces, chop up
bútasala f. remnant sale
bútasaumsábreiða f. patchwork quilt
bútasaumur m. patchwork
bútur m. stump, cutting, snippet
búvísindi n.pl. agricultural sciences
bygg n. barley
byggð f. inhabited area
byggðastefna f. regional development policy
byggilegur adj. inhabitable
bygging f. building, construction; structure

byggingalán n. building loan
byggingarefni n. building material
byggingarfélag n. building society, housing association
byggingariðnaður m. construction industry, building trades
byggingarlist f. architecture
byggingarlistar- adj. architectural
byggingarlóð f. building site
byggingarmeistari m. master builder
byggingarnefnd f. building committee
byggingarreglugerð f. building code
byggingarverkfræði f. civil engineering
byggingarverkfræðingur m. civil engineer
byggja vt. build, construct; inhabit
byggjandi m. builder
bylgja f. wave, ripple
bylgjast vi. wave, billow, surge
bylgjóttur adj. wavy, billowy
bylgjubeygja f. diffraction
bylgjubrot n. refraction
bylgjugangur m. fluctuation
bylgjuhreyfing f. undulation
bylgjulengd f. wavelength, frequency
bylgjupappír m. corrugated cardboard
bylja vi. resound, reverberate
byljóttur adj. gusty
bylmingshögg n. whack, wallop, (Am.) slug
bylta f. (heavy) fall, tumble
bylta vt. throw down; overturn; revolutionize
bylta sér vi. roll, tumble about
bylting f. revolution
byltingarkenndur adj. revolutionary
byltingarmaður m. revolutionary
bylur m. blizzard, snowstorm
byr m. favourable wind, tailwind
byrða f. bin
byrði f. burden, load; **létta b. af** unburden
byrgja vt. cover (up)
byrja vt. begin, start
byrjandi m. beginner
byrjun f. beginning, start, opening, outset
byrla e-m eitur vt. poison s-y
byrstur adj. harsh, stern, brusque
byssa f. gun

byssubófi m. gunman
byssufælinn adj. gunshy
byssugikkur m. trigger; **næmur b.** hair trigger
byssuhlaup n. barrel, gunpoint
byssuhulstur n. holster
byssukjaftur m. muzzle, gunpoint
byssukúla f. bullet, slug
byssulás m. gunlock
byssupúður n. gunpowder
byssuskefti n. gunstock, butt
byssuskot n. gunshot
byssusmiður m. gunsmith
byssustingur m. bayonet
byssustæði n. turret
bytta f. pot; small boat, punt; drunkard
býfluga f. bee
býflugnabóndi m. apiarist
býflugnabú n. beehive
býflugnarækt f. apiculture
býli n. farm, homestead
býsn n.pl. wonder; great number, barrel (of)
býsna adv. very, pretty, jolly
bývax n. beeswax
bæði...og conj. both...and
bægja frá vt. fend/head/stave/ward off
bægslagangur m. bustle, commotion
bægsli m. flipper (of a whale)
bæjarblokk f. housing estate, (Am.) housing project
bæjarbúar m.pl. townspeople
bæjardyr f.pl. farmhouse door; **frá mínum bæjardyrum séð** as I see it
bæjarfélag n. municipality, community
bæjarfulltrúi m. town councillor
bæjarhlað n. farmyard
bæjarráð n. town council
bæjarritari m. town clerk
bæjarsamþykkt f. by(e)law
bæjarskrifstofa f. town hall
bæjarstjóri m. mayor (of a town)
bæjarstjórn f. town council/government/authority
bæjarumdæmi n. township
bæjasvala f. house martin
bækistöð f. camp, base, centre
bæklaður adj. crippled, disabled
bæklaður maður m. cripple
bæklingahöfundur m. pamphleteer

bæklingur m. pamphlet, booklet, brochure
bæklun f. disability
bæklunarskurðlækningar f.pl. orthopaedics
bæklunarskurðlæknir m. orthopaedist
bæla vt. press down
bæla niður vt. suppress, subdue, crush, stifle
bæla sig niður vi. cower
bældur adj. inhibited, repressed
bæli n. den, lair; bed
bæling f. inhibition, repression, suppression
bæn f. prayer; request
bænabók f. prayer book
bænahjól n. prayer wheel, missal
bænahús n. (small chapel) oratory
bænakallari (múhameðstrúarmanna) m. muezzin
bænakver n. prayer book
bænalæknir m. faith healer
bænamotta f. praying mat/rug
bænapúlt n. prie-dieu
bænarákall n. rogation
bænargjörð f. devotions
bænarskrá f. petition
bænasamkoma f. prayer meeting
bænasöngur m. litany
bænaturn m. minaret
bænaþula f. rosary
bændaánauð f. serfdom
bændamenning f. rural culture
bændaskóli m. school of agriculture
bænheyra vt. grant a prayer, answer a request
bænir f.pl. devotions
bænrækinn adj. prayerful
bænrækni f. prayerfulness
bær m. farm; town
bæra(st) v. move (about/around)
bærilegur adj. acceptable, bearable, tolerable
bæta vt. improve; repair, mend; compensate
bæta e-u við v. add s-g
bæta fyrir vt. compensate for, make amends for
bæta sig vi. reform, mend one's ways
bæta úr vt. redress, remedy, put right

bætandi adj. corrective, restorative, remedial
bætanlegur adj. reparable, replaceable, remediable
bæti n. byte
bætur f.pl. compensation
böðull m. executioner, hangman
böðun f. bathing
böggla saman vt. crumple up
bögglaflugpóstur m. air parcel post
bögglapóstur m. parcel post
böggull m. parcel, package
böggulsamningur m. package deal
böl n. evil, misfortune, affliction
bölbænir f.pl. imprecation
böllur m. scrotum; prick, cock
bölsótast út í vt. rail at/against
bölsýni f. pessimism
bölsýnn adj. pessimistic
bölv n. cursing, blasphemy
bölva v. curse, swear, blaspheme
bölvaður adj. cursed, damn(ed), blasted
bölvanlega adv. miserably
bölvun f. curse, misfortune
bömmer m. depression; failure
börkur m. bark; rind, skin (of a fruit)
börur f.pl. barrow

D

daðla f. date (fruit)
daðra vi. flirt, (of a man) womanize, philander
daðra við vt. flirt/dally with
daðrari m. flirt, philanderer
daður n. flirtation, dalliance, coquetry
daðurgjarn adj. flirtatious
dafna vi. thrive, flourish, prosper
daga vi. dawn, become light
dagamunur : gera sér dagamun make a day of it
dagatal n. calendar
dagblað n. daily paper, newspaper
dagbók f. diary; journal
dagbókarhöfundur m. diarist
dagdraumar m.pl. reverie, daydream
daggardropi m. dewdrop

dagflug n. daylight flying
daggjald n. charge per day
dagheimili n. day nursery, day-care centre, nursery school
dagkrem n. vanishing cream
daglangur adj. daylong
daglega adv. daily
daglegur adj. daily, everyday, diurnal
dagmamma f. baby-minder
dagpeningar m.pl. maintenance/ travelling allowance
dagsbirta f. daylight
dagsetja vt. date
dagsetning f. date
dagsetur n. nightfall
dagskipun f. order of the day
dagskrá f. programme, agenda
dagskrárliður m. programme item
dagskrártillaga f. proposal for an agenda
dagsljós n. daylight
dagsmiði m. day return
dagstofa f. living/sitting room, parlour
dagur m. day; **annan hvorn dag** every other day; **á daginn** by day/in the daytime; **á dag** per diem; **á hverjum degi** every day; **deginum ljósara** plain as a pikestaff; **góðan dag** goodmorning/ afternoon; **í dag** today; **í fyrradag** the day before yesterday; **nú (til dags)** today; **(hérna) um daginn** the other day
dagvakt f. day shift
dagvinna f. day labour
dala vi. dent, sag
dalalilja f. lily of the valley
dalalæða f. ground mist
dalbotn m. bottom of a valley
dalbrú f. viaduct
dalía f. dahlia
dallur m. bowl, trough; old boat
dalsmynni n. mouth of a valley
dalur m. valley; dollar
dalverpi n. dell
dama f. lady
dammtafl n. draughts, (Am.) checkers
Dani m. Dane
Danmörk f. Denmark
dans m. dance; dancing
dansa v. dance

dansari m. dancer
danshöfundur m. choreographer
danskur adj. Danish
danskvæði n. ballad
dansleikur m. ball, dance
dansmey f. chorus girl
danssalur m. ballroom, dance hall
dapur adj. sad, depressed, downcast
dapurlega adv. sadly
dapurlegur adj. sad, sombre, dismal
dapurleiki m. sadness, depression, dolefulness
dasa vt. daze, stun
dasaður adj. worn out; in a daze; punchdrunk
dauðadans m. danse macabre
dauðadá n. coma; **í dauðadái** comatose
dauðadómur m. death sentence/warrant
dauðadæmdur adj. condemned to death; **vera d.** be damned
dauðagildra f. deathtrap; firetrap
dauðahrygla f. death rattle
dauðakoss m. kiss of death
dauðarefsing f. capital punishment
dauðaslys n. fatal accident
dauðastjarfi m. rigor mortis
dauðasynd f. mortal sin
dauðhreinsa vt. sterilize
dauðhreinsaður adj. sterile, aseptic
dauðhreinsun f. sterilization
dauðhræddur adj. scared stiff, aghast
dauði m. death
dauðlegur adj. mortal
dauðleiður á adj. sick and tired of, fed up with
dauðsfall n. death, demise
dauðuppgefinn adj. dead-beat, whacked (out)
dauður adj. dead
dauðvona adj. at death's door, moribund
dauðyfli n. zombie
dauðþreyttur adj. dead beat, exhausted
daufbrúnn adj. muddy brown
daufdumbur adj. deaf and mute
daufgerður adj. phlegmatic, listless, languid
daufheyrast við vt. turn a deaf ear to
dauflegur adj. dull; drab, colourless; sad
daufur adj. dull; faint, dim; **d. í dálkinn** chopfallen, sad

dauna vi. stink, pong
daunillur adj. stinking, malodorous
daunn m. stink, stench
davíða f. davit
Davíðssálmar m.pl. Psalms, Psalter
Davíðsstjarna f. hexagram
dá n. coma, stupor, unconsciousness
dá vt. admire, adore, revere
dádýr n. (fallow) deer
dáð f. feat, great deed
dáðlaus adj. slothful, shiftless
dágóður adj. fairly large, tidy, goodish
dáinn adj. dead, deceased
dáleiða vt. hypnotize, mesmerize
dáleiðing f. hypnotism, mesmerism
dáleiðsla f. hypnosis
dálítið adv. a little, somewhat
dálítill adj. little, small; **í dálitla stund** for a little while; **í dálitlum mæli** in a small way
dálka vt. tabulate
dálkahöfundur m. columnist
dálkastillir m. tabulator (key)
dálkun f. tabulation
dálkur m. (newspaper) column; (sheath) knife; spine (of a fish); fibula; **d. í dálkinn** chopfallen, sad
dálæti n. fondness, fancy, liking, devotion
dánarbeður m. deathbed
dánarbú n. estate (at death)
dánarbörur f.pl. bier
dánardómstjóri m. coroner
dánargjöf f. legacy, bequest
dánargríma f. death mask
dánartala f. death/mortality rate
dánartilkynning f. death notice, obituary
dánartíðni f. death/mortality rate
dánarvottorð n. death certificate
dár n. derision; **draga d. að** satirize, scoff
dásama vt. glorify, extol, praise
dásamlegur adj. wonderful, glorious, adorable
dást að vt. admire, marvel at
dástjarfi m. catalepsy
dásvefn m. hypnosis, mesmeric trance
dáti m. bluejacket, soldier
dávaldur m. hypnotist, mesmerist
deig n. dough, batter
deigkenndur adj. pasty, pulpy
deigla f. melting pot, crucible

deigur adj. damp, moist; (of metal) soft; timid; **láta ekki deigan síga** keep one's pecker up
deila f. dispute, quarrel; vi. argue, bicker
deila vt. divide, share (out)
deilanlegur adj. divisible
deild f. department, division; (hospital) ward
deildarforseti m. dean
deildarmyrkvi m. partial eclipse
deildarreikningur m. differential calculus
deildarstjóri m. divisional manager
deildaskipt stórverslun f. department store
deili n.pl. distinctive features; **vita d. á** be acquainted with; **vita engin d. á e-m** not know s-y from Adam
deilikorn n. centriole
deiling f. division
deiliorð n. partitive (word)
deilir m. divisor
deilistofn m. dividend
deilugjarn adj. quarrelsome, contentious
deilumál n. controversial issue
dekk n. deck; tyre, (Am.) tire
dekkja vt. darken, dim, shadow
dekkloftþrýstingur m. tyre pressure
dekra við vt. pamper, coddle, cosset
dekstra vt. coax (into doing)
dekur n. spoiling, indulgence
dekurbarn n. spoilt child, mollycoddle
della f. nonsense; craze, fad, mania
demantur m. diamond
demba f. shower, downpour, scud (of rain)
demba vt. spill, pour out; dump
dempa vt. damp(en) down; tone down
dempari m. shock absorber
dentíð : í d. in the old days
depilhögg n. semicolon
depill m. dot, spot, blip
depla augunum v. blink, wink, bat
depláhafur m. dogfish, rock salmon
deplastíll m. pointillism
deplóttur adj. spotted, dappled
der n. visor (of a cap)
derhúfa f. (peaked) cap
derra sig vi. swagger, perk up
desember m. December
deshús n. pomander

detta vi. fall, drop, stumble
detta sundur vi. come apart
detta upp fyrir vi. go by the board
detta út af vi. drop off, fall asleep
deyða vt. kill, put to death
deyfa vt. numb; anaesthetize; muffle
deyfandi adj. numbing, stupefying
deyfð f. apathy, dullness
deyfðartími m. low season
deyfilyf n. narcotic
deyfilyfjadá n. narcosis
deyfing f. anaesthesia, (Am.) anesthesia
deyfingarlyf n. anaesthetic
deyfingarlæknir m. anaesthetist
deyja vi. die; pass out (from drink)
deyja út vi. vanish, become extinct
déskoti interj. heck, darn
diffrun f. differentiation
diffurreikningur m. differential calculus
digur adj. stout, thick, portly
digurgirni n. large intestine
digurmæli n. heroics (in speech)
dilkur m. sucking lamb, suckling
dilla rófunni v. wag one's tail
dilla röddinni v. trill
dilla sér v. wiggle one's hips
dimma f. dark(ness); vi. get dark
dimmfjólublár adj. indigo
dimmur adj. dark; (of a voice) deep
dimmviðri n. dark, cloudy weather
dindill m. scut, tail
dingla v. dangle; wag
dingull m. pendulum
dirfast v. dare, presume
dirfska f. audacity, boldness
diskadrif n. disk drive
diskagrind f. plate rack
diskant- comb. treble
diskaþurrka f. tea towel
disklingur m. diskette, flexible disk, floppy disk
diskótek n. discotheque
diskur m. plate; disk, (Am.) disc
díalektískur adj. dialectical
díki n. swamp; ditch
dílagrjót n. porphyry
dílaskarfur m. cormorant, (Am.) great cormorant
dílasótt f. measles; typhus
díll m. spot, speckle

dílóttur adj. spotted, speckled; porphyritic
dínamít n. dynamite
dínamór m. dynamo, generator
díoxíð n. dioxide
díóða f. diode
dís f. goddess, fairy, nymph
dísarunni m. lilac
dísilhreyfill f. diesel engine
dísilknúinn adj. diesel-powered
dísilolía f. diesel fuel/oil
dísilvél f. diesel engine
dívan m. divan, couch; ottoman
djamma vi. gallivant, gad about, have fun
djarfur adj. bold, daring, audacious
djass m. jazz
djákni m. deacon
djásn n. piece of jewellery; diadem
djúp n. depth; deep (sea); chasm
djúpberg n. plutonic rock
djúpblár adj. Prussian blue
djúpfrysta vt. deep-freeze
djúphafsflæmi n. ocean basin
djúphafsrækja f. prawn
djúphygginn adj. thoughtful, profound
djúpkarfi m. deep-sea rosefish
djúprista f. draught (of a boat)
djúpsprengja f. depth charge
djúpsteiktur adj. deep-fried
djúpstæður adj. deep-seated, profound
djúpt adv. deeply, profoundly
djúptrukk n. rotogravure
djúpur adj. deep
djúpvitur adj. sapient
djús n. fruit juice
djúsa v. booze, drink heavily
djöfladýrkun f. Satanism
djöflagangur m. racket, clamour
djöflast vi. rage; work hard
djöflatrú f. demonism
djöfull m. devil
djöfullegur adj. devilish, satanic, diabolic(al)
djöfulóður adj. possessed, demoniac(al)
djörf kvikmynd f. x-rated film
djörfung f. boldness, courage
dobla v. trick; double (in cards)
doðasótt f. milk fever
doði m. numbness, lethargy

doðrantur m. large book, tome
dofi m. numbness, lethargy
dofinn adj. numb, benumbed
dofna vi. become numb; die away/down
doka við vi. wait a little bit, linger
doktor m. doctor, Ph.D.
doktorsgráða f. doctorate
dolfallinn adj. dumbfounded, astounded
dolla f. pot, can, tin
dollari m. dollar, (Am.) buck
doppa f. (polka) dot, speckle
dorga v. fish by jigging a line (through holes in the ice)
dott n. drowse
dotta v. nod, doze off
dómarastétt f. judiciary
dómarasæti n. bench (of a judge)
dómari m. judge, magistrate; referee, umpire
dómbær adj. competent to judge
dómfella vt. condemn, convict
dómgreind f. discernment, judgement
dómgreindarleysi n. injudiciousness
dómgrindur f.pl. bar (in a law court)
dómharður adj. censorious, hypercritical
dómkirkja f. cathedral
dómkvaddur adv. court-appointed
dómnefnd f. judicial/selection committee, panel of judges
dómnefndarmaður m. adjudicator
dómpápi m. bullfinch
dómsalur m. court (of law)
dómsdagur m. doomsday, Judgement day
dómsforseti m. chief justice
dómskerfi f. judiciary
dómsköp n.pl. legal procedure
dómsmál n. court case
dómsmálaráðherra m. minister of justice, (Am.) attorney general
dómsmálaráðuneyti n. ministry of justice, (Am.) justice department
dómsmorð m. miscarriage of justice
dómsrannsókn f. court inquiry
dómsskjal n. legal document
dómstóll m. court (of law), tribunal
dómsvald n. judiciary/judicial power
dómtúlkur m. court interpreter
dómur m. judgement, verdict, sentence; **að mínum dómi** in my opinion

dónalegur adj. rude, impolite; vulgar
dónaskapur m. rudeness, indecency, vulgarity
dóni m. boor, churl, vulgarian
dóp n. dope, drug
dópisti m. dope addict, junkie
dópsali m. pusher
dórískur byggingarstíll m. Doric order
dós f. tin, canister, (Am.) can
dósahnífur m. tin opener, (Am.) can opener
dósamatur m. tinned food
dósamjólk f. evaporated milk
dósent m. reader, (Am.) associate professor
dót n. belongings, bits and pieces; toys
dóttir f. daughter
dótturdóttir f. granddaughter
dótturfyrirtæki n. subsidiary firm/company
dóttursonur m. grandson
drabba vi. debauch, revel
drabbari m. reveller, rake
drabbast niður vi. deteriorate
draf n. swill; drawl
drafa vi. drawl, mumble
draga vt. pull, drag, draw, haul, tow; postpone, delay, put off; reach
draga andann v. breathe
draga á e-n vt. haul in on, pull up with s-y
draga á langinn vt. drag/spin out, protract
draga á tálar vt. seduce
draga frá v. open the curtains; subtract, deduct
draga fyrir v. close the curtains
draga fæturna v. shuffle one's feet
draga inn línu v. indent a line
draga í land vi. back down, backtrack, backpedal
draga saman vt. sum up, summarize; abridge
draga sér fé v. embezzle; misappropriate
draga sig eftir vt. try to get hold of
draga sig inn í skel sína vi. retire into oneself
draga sig í hlé vi. retire, withdraw, stand down
draga sig saman vi. fall in love

draga sig til baka vi. back/bow out, withdraw
draga til baka vt. recant; retract
draga um vt. draw lots about
draga upp mynd af vt. sketch, depict
draga uppi vt. gain (up)on, catch up with (s-y)
draga úr v. reduce, cut down/back; dwindle
draga úr hraða vi. decelerate
draga út vt. extract
draga ýsur v. nod, drop off
dragast að vi. gravitate to(wards)
dragast aftur úr vi. fall/lag behind
dragast saman vi. contract, drop off
dragbítur m. obstruction, liability
dragkista f. chest of drawers, (Am.) bureau
dragnast v. drag
dragnál f. bodkin
dragnót f. Danish seine (net)
dragreipi n. halliard, halyard, lanyard
dragspil n. accordion
dragsúgur m. draught, (Am.) draft (of air)
dragt f. (lady's) suit, two-piece dress
dramb n. arrogance, haughtiness
dramblátur adj. proud, supercilious
drambsamur adj. arrogant, haughty
drangi m. pillar of rock
drapplitaður adj. beige
drasl n. junk, rubbish, trash, stuff
drattast áfram v. drag along
draugabragð n. floating throw (in wrestling)
draugabær m. ghost town
draugagangur m. haunting
draugalegur adj. ghostly, weird, eerie
draugasaga f. ghost story
draugasveifla f. leg-whirl (in wrestling)
draugfullur adj. plastered
draugur m. ghost, phantom, spook, spectre
draumaland n. utopia
draumaprins f. Prince Charming
draumjurt f. lotus
draumkenndur adj. dreamlike, dreamy
draumórakenndur adj. quixotic, starryeyed
draumóramaður m. dreamer, high-flier, romantic

draumórar m.pl. reverie, daydreams
draumsóley f. (opium) poppy
draumur m. dream
dráp n. killing, slaughter
drápa f. long poem with refrains
drápsgirni m. bloodthirstiness, blood lust
drápsíþrótt f. blood sport
drápsmaður m. killer
dráttar- comb. (of animals) draught
dráttarafl n. traction power
dráttarbátur m. tug(boat)
dráttarbíll m. towing car
dráttarbraut f. slipway
dráttardýr n. beast of burden
dráttarhestur m. workhorse
dráttarkaðall m. towing rope
dráttaról f. (leather strap) trace
dráttarvextir m. pl. penal(ty) interest, interest on arrears
dráttarvél f. tractor
dráttlist f. graphic arts
dráttur m. pull, haul, traction; draw; delay, postponement; stroke; feature; fuck
dreggjar f.pl. dregs, grounds, lees
dregill m. runner, small carpet
dreif : á víð og d. scattered all over
dreifa vt. scatter, spread, disperse; distribute
dreifari m. spreader, sprinkler
dreifbýli n. rural area, hinterland
dreifbýlisbragur m. provinciality
dreifður adj. scattered, spread out; sporadic
dreifiaðili m. distributor, dealer
dreifibréf n. circular (letter), form letter
dreifilinsa n. diverging lens
dreifimiði m. handbill
dreifing f. dispersion; distribution; circulation
dreifingarkostnaður m. distribution costs
dreifirit f. handout, leaflet
dreitill m. drop, nip, noggin, tot
drekafluga f. dragonfly
dreki m. dragon
drekka v. drink
drekka í sig vt. absorb, imbibe, soak up
drekkandi adj. drinkable, potable
drekkja vt. drown

drembilátur adj. haughty, proud
drengilega adv. nobly, fair
drengilegur adj. noble, decent, fair
drengjalegur adj. boyish
drenglyndi n. nobleness, generosity
drenglyndur n. noble-minded, magnanimous
drengskaparmál n. point of honour
drengskapur m. honour, noble-mindedness
drengur m. boy, lad
drep n. gangrene
drepa vt. kill, slay
drepa á e-ð vt. mention, advert to
drepa á sér vi. (of a motor) stall, cut out
drepa í sígarettu v. stub out a cigarette
drepast vi. die, kick the bucket
drepfyndinn adj. uproarious, sidesplitting
drepkaldur adj. perishing (cold)
drepkenndur adj. gangrenous, cankerous
drepsótt f. plague, pestilence
dreyma v. dream
dreymandi m. dreamer
dreyminn adj. dreamy
dreypa á vt. sip, take a sip of
dreypari m. pipette
dreypifórn f. libation
dreyrasjúkur adj. hemophiliac
dreyrasýki f. hemophilia
dreyrasýkissjúklingur m. hemophiliac
drif n. drive; propulsion
drifakkeri n. sea anchor
drifás m. drive shaft
drifefni n. propellant
driffjöður f. mainspring; powerhouse
drifhvítur adj. snow-white, lily-white
drifkraftur m. impetus
drifskaft n. drive shaft
drit n. bird excrement, droppings
drita vi. shit (of birds)
drífa f. heavy snowfall
drífandi adj. hardworking, pushing
drjúgur adj. considerable; self-important, smug
drjúpa vi. drip, trickle
droll n. tardiness, lag
drolla vi. dawdle, dally, linger
drollari m. laggard, loiterer
drolllest f. stopping train
dropasteinn m. stalactite (of a cave roof)

dropasteinskerti n. stalagmite (of a cave floor)
dropi m. drop (of liquid)
drottingarmóðir f. queen mother
drottinhollur adj. loyal, faithful
drottinhollusta f. loyalty
drottinn m. lord; God
drottinsdagur m. Lord's Day
drottinsvik n.pl. lese-majesty
drottna v. rule, govern
drottnari m. ruler, sovereign
drottning f. queen
drottningarblóm n. carnation, pink
drottningarhunang n. royal jelly
drottningarmaður m. prince consort
drottnun f. dominance; rule
drottnunargjarn adj. domineering, masterful
dróg f. hack, nag
drómedari m. dromedary
dróttkvæði n. court poetry
drukkinn adj. drunk, intoxicated, sloshed
drukkna vi. drown, be drowned
drulla f. mud, dirt; diarrhoea; v. shit
drulla sig út v. soil oneself
drullusokkur m. plumber's helper, plunger; (term of abuse) shit, stinker, bleeder, bastard
drumbur m. log, block, chump (of wood)
druna f. thunder, boom
drungalegur adj. murky, sinister; gloomy
drungi m. drowsiness, lethargy; gloom
drusla f. rag; slattern; banger, jalopy
druslulegur adj. untidy, tatty; blowzy
drykkfelldur adj. boozy, bibulous
drykkja f. drinking; drinking spree
drykkjarföng n.pl. drinks, potables
drykkjarhæfur adj. drinkable
drykkjarkrús f. tankard
drykkjarvatn n. drinking water
drykkjumaður m. (hard) drinker, drunkard
drykkjusjúklingur m. alcoholic
drykkjuskapur m. inebriety, intemperance
drykkjusvall n. revelry, carousal, binge
drykkjusýki f. dipsomania
drykkjuveisla f. booze-up, bacchanal
drykkjuæði n. delirium tremens
drykkur m. drink, beverage; sip

drynja vi. boom, thunder, rumble, roar
drýgja vt. commit, perpetrate; eke out
drýldinn adj. boastful, puffed up
drýli n. cock (of hay)
drýsill m. puck (in folklore)
drægi n. range
dræmur adj. reluctant, lukewarm
dræsa f. rag; slattern, slut, tramp
dröfnóttur adj. spotted, dappled
drösla vt. drag
dubba sig upp vt. spruce (oneself) up, titivate oneself
dubba upp vt. polish up, trick out/up
dufl n. buoy; flirtation, coquetry
dufla vi. flirt; (of a man) philander
duflari m. flirt, philanderer
duft n. powder, dust
duftkenndur adj. powdery
duftker n. funerary urn
duftmjólk f. powdered milk
duga v. help, aid; suffice, be enough
dugandi adj. competent, able, efficient
duggönd f. scaup
duglaus adj. inefficient, slothful, weak
duglega adv. thoroughly
duglegur adj. energetic, capable, efficient
dugleysi n. inefficiency, sloth(fulness)
dugleysingi m. washout, quitter
dugnaður m. energy, efficiency, drive
dugur m. vigour, mettle
dul f. concealment; conceit(edness)
dula f. rag
dularfullur adj. mysterious
dulbúa v. disguise, camouflage
dulbúningur m. disguise, camouflage
dulfrævingur m. angiosperm
dulinn adj. latent, covert, cryptic, secret
dulmál n. cipher, (secret) code
dulmálsvísindi n.pl. cryptography
dulnefni n. pseudonym; **undir d.** pseudonymous
dulrænn adj. psychic(al), mystic(al), occult
dulsálarfræði f. parapsychology
dulskyggn adj. clairvoyant
dulskynjun f. extrasensory perception
dulspeki f. mysticism, occultism
dulspekingur m. mystic
dulstirni n. quasar
dulur adj. incommunicative, introverted

dulúð f. mystique
dulvarmi m. latent heat
dulvitund f. subconscious
dumbgulur adj. buff (yellow)
dumbrauður adj. maroon (red)
dumbungur m. overcast weather, cloudiness
dunda vi. potter/poke/ponce about
dunkur m. (big) can
durgur m. boor, lout
durtslegur adj. churlish
durtur m. boor, churl
duttlungafullur adj. capricious, whimsical
duttlungur m. caprice, whim, quirk
dúða sig vt. bundle up, dress warmly
dúett m. duet
dúfa f. pigeon, dove
dúfnakofi m. dovecote
dúfukurr n. coo
dúkka f. doll
dúkknál f. nailset
dúkkuhús n. doll's house
dúkur m. cloth, fabric; tablecloth
dúnalogn n. dead calm
dúnhamar m. (Typha) bulrush
dúnkenndur adj. downy, feathery, fluffy
dúnn m. (eider)down
dúnsæng f. eiderdown, duvet, quilt
dúr m. nap, doze, slumber; major (in music)
dúskur m. tuft, tassel; pompom
dútla vi. potter about
dvalarstaður m. place of residence, domicile
dvalfiskur m. remora
dvali m. torpor; **í dvala** dormant
dvelja v. stay, remain; delay
dveljast vi. stay, remain; tarry
dvergfífill m. marguerite
dvergfura f. dwarf pine
dvergkráka f. jackdaw
dverglilja f. crocus
dvergpáfi m. lovebird
dvergrás f. integrated circuit
dvergrásatækni f. microelectronics
dvergtré n. bonsai
dvergur m. dwarf, pygmy, midget; gnome
dvergvaxinn adj. dwarfish, pygmy, pintsize(d)
dvergvigt f. bantamweight
dvína vi. dwindle, subside, decrease, fall off
dvöl f. stay, stop
dyggð f. virtue
dyggðugur adj. virtuous
dyggur adj. faithful, loyal
dylgja v. insinuate
dylgjur f.pl. insinuation, innuendo
dylja vt. hide, conceal
dymbilvika f. Holy Week
dyngja f. heap; shield volcano, lava dome; boudoir
dynja vi. boom, resound
dynkur m. bump, thump, thud
dyntóttur adj. capricious
dyntur m. whim, caprice, vagary
dynur m. boom, thunder
dyr f.pl. door; **vísa e-m á d.** show s-y the door; **fylgja e-m til dyra** show s-y to the door; **utan dyra** outdoors
dyrabjalla f. doorbell, buzzer
dyragluggar m.pl. French windows
dyragætt f. doorway
dyrahamar m. doorknocker
dyrakarmur m. doorframe
dyrasími m. entrance telephone
dyraskilti n. doorplate
dyrastafur m. doorpost, jamb
dyratré n. lintel
dyravörður m. porter, doorkeeper, doorman
dyraþrep n. doorstep
dys f. cairn
dytta að vt. patch up
dý n. quag(mire)
dýfa f. dive, dip; pitch; vt. dip, immerse
dýfing f. dive, immersion
dýflissa f. dungeon
dýna f. mattress
dýpi n. depth
dýpka vt. deepen, dredge
dýpkunarskip n. dredge(r)
dýpt f. depth
dýptarmæling f. measurement of depth
dýptarmælingar f. pl. bathymetry
dýptarmælir m. echo sounder, bathometer
dýr n. animal, beast
dýr adj. expensive, dear, costly
dýrafræði f. zoology

d dýrafræðilegur → eðlisfræðingur 58

dýrafræðilegur adj. zoological
dýrafræðingur m. zoologist
dýragarður m. zoological garden, zoo
dýragras n. small gentian
dýrahringur m. zodiac
dýralíf n. wildlife
dýralæknir m. veterinary surgeon, (Am.) veterinarian
dýraríki f. fauna, animal kingdom
dýraríkið n. animal kingdom
dýraverndunarfélag n. society for the prevention of cruelty to animals
dýraþjálfari m. trainer, handler (of animals)
dýrð f. glory, splendour
dýrðarljómi m. lustre, resplendence
dýrgripavog f. troy weight
dýrgripur m. jewel, gem
dýrindis adj. precious, lustrous
dýrka vt. worship, adore, idolize
dýrkandi m. worshipper, adorer
dýrkun f. worship, adoration, cult
dýrlegur adj. glorious, splendid
dýrlingur m. saint
dýrmæti n. treasure; preciousness
dýrmætur adj. valuable, precious, costly
dýrseðli n. animalism, beastliness
dýrslegur adj. bestial, beastly, brutish
dægradvöl f. pastime
dægrastytting f. pastime, amusement, recreation
dægur n. twelve hour period
dægurfluga f. mayfly, nine days' wonder
dægurlag n. pop song
dægurstjarna f. celebrity
dægurtónlist f. pop music
dækja f. hussy, tart, slut
dæla f. pump; **láta dæluna ganga** rattle away/on; vt. pump (up); inject
dæld f. depression, hollow; dent
dælda vt. dent
dældast vi. bend, dent
dæll : **gera sér dælt við** take liberties with
dælubulla f. piston
dælukerfi n. pumping system
dæma v. judge, adjudicate; sentence
dæma e-m e-ð vt. award s-g to s-y
dæma úr leik vt. disqualify
dæmalaus adj. unprecedented, unexampled
dæmi n. example; problem; **til dæmis** for example/instance, **t.d.** e.g. (Lat. exempli gratia)
dæmigerður adj. typical
dæmisaga f. fable, parable, allegory
dæsa vi. sigh
döðlupálmi m. date (palm)
döðluplóma f. persimmon
dögg f. dew
döggva vt. bedew
döggvotur adj. dewy
dögun f. dawn, daybreak
dökkblár adj. navy blue
dökkbrúnn adj. sepia (brown)
dökkhærð kona f. brunette
dökkleitur adj. darkish, swarthy
dökkna vi. darken, become dark
dökkrauðbrúnn adj. umber
dökkur adj. dark, darkish
dömubindi n. sanitary towel, (Am.) sanitary napkin
dömulegur adj. ladylike

E

eddukvæði n. Eddaic poem
edik n. vinegar
edikssýra f. acetic acid
edrú adj. sober
eða conj. or; **annaðhvort...eða** either...or
eðal- comb. noble, splendid
eðalborinn adj. noble, highborn
eðalgas n. noble/inert gas
eðalmálmur m. precious metal
eðalsteinn m. precious stone
eðja f. mud, ooze
eðla f. lizard
eðla sig vi. mate, copulate
eðli n. nature, (innate) character
eðlilegur adj. natural, normal
eðlisávísun f. (natural) instinct
eðlisfar n. nature, character, disposition
eðlisfræði f. physics
eðlisfræðilegur adj. physical
eðlisfræðingur m. physicist

eðlishvöt → efnisríkur

eðlishvöt f. (natural) instinct
eðlisleiðni f. conductivity
eðlislægur adj. intrinsic, indigenous, inherent
eðlismassi m. density
eðlismunur m. fundamental difference
eðlisrúmmál n. specific volume
eðlisræn landafræði f. physical geography
eðlisvarmi m. specific heat
eðlisviðnám n. resistivity
eðlisvísindi n.pl. physical science
eðlisþyngd f. specific gravity
eðlun f. copulation
eðlunarfýsn f. oestrus, (Am.) estrus
ef conj. if; **ef svo er** in that case; **ef svo fer (að)** in the event that/of
ef til vill adv. maybe, perhaps, possibly
efablandinn adj. doubtful, hesitant
efablendni f. dubiousness, hesitation
efagjarn adj. sceptical, (Am.) skeptical
efahyggja f. scepticism, (Am.) skepticism
efahyggjumaður m. sceptic, (Am.) skeptic
efamál n. matter of doubt, uncertainty
efasemd f. doubt, misgiving, qualm
efasemdahyggja f. agnosticism
efasemdarmaður m. agnostic; sceptic, (Am.) skeptic
efast um vt. doubt
efi m. doubt, question, disbelief; **hafinn yfir (allan) efa** beyond (all) question; **draga í efa** call in(to) question
efins adj. doubtful, qualmish
efla vt. strengthen, promote, reinforce
eflast vi. increase, boom, thrive
efling f. advancement, promotion, furtherance
efna vt. carry out; fulfil (a promise)
efnablanda f. chemical compound
efnabreyting f. chemical reaction
efnabæta vt. enrich
efnabæting f. enrichment
efnaður adj. prosperous, wealthy, well-off
efnaferli n. chemical pathway
efnafræði f. chemistry
efnafræðilegur adj. chemical
efnafræðingur m. chemist
efnagreining f. chemical analysis
efnagreinir m. chemical analyst
efnahagsaðstoð f. economic aid

Efnahagsbandalag Evrópu n. European Economic Community, Common Market, EEC
efnahagsbati m. upswing
efnahagsbók f. balance sheet ledger
efnahagskreppa f. economic crisis
efnahagslegur adj. economic
efnahagslíf n. business life, economy
efnahagslögsaga f. resources jurisdiction
efnahagsmál n.pl. economic affairs, economics
efnahagsreikningur m. balance sheet
efnahagssamstarf n. economic cooperation
efnahagsstefna f. economic policy
efnahagsvöxtur m. economic growth, boom
efnahagsþróun f. economic development
efnahagur m. economic status, finances
efnahernaður m. chemical warfare
efnahvarf n. chemical reaction
efnahvati m. catalyst, activator
efnaiðnaður m. chemical industry
efnalaug f. dry cleaner's (shop)
efnalegur adj. economic; material
efnamaður m. man of substance
efnasamband n. chemical compound
efnaskipti n.pl. metabolism
efnasmíði f. synthesis
efnast vi. grow rich
efnaverkfræði f. chemical engineering
efnaverkfræðingur m. chemical engineer
efnd f. fulfilment (of a promise)
efni n. matter, substance; material; subject
efni n.pl. means, fortune; **hafa e. á** afford; **í góðum efnum** well-todo; **lifa um efni fram** live beyond one's means
efnilegur adj. promising, hopeful, up-and-coming
efnisflokkun f. subject classification
efnisheimur m. physical/material world
efnishyggja f. materialism
efnishyggjumaður m. materialist
efniskenndur adj. material, concrete
efniskostnaður m. (raw) material cost
efnislegur adj. material; relating to content
efnislítill adj. insubstantial, flimsy
efnismikill adj. massive, bulky
efnisríkur adj. copious, bountiful

efnisskrá f. catalogue, directory; programme
efnisyfirlit n. table of contents
efnisþáttur m. ingredient, component
efnisþreyta f. material fatigue
efniviður m. timber; material; makings
efri adj. upper, higher
efri deild (löggjafarþings) f. Upper House
efri gómur m. palate, roof of the mouth
efri hæð f. upper storey, upstairs
efsta stig n. superlative (degree)
efstur adj. uppermost, highest; top(most)
eftir prp. & adv. after; by; along; according to
eftir á adv. after(wards)
eftirbátur : vera e. annarra be inferior to others
eftirdrag : í eftirdragi in tow
eftirfarandi adj. following, ensuing, subsequent
eftirför f. pursuit, chase
eftirgangsharður adj. insistent
eftirgangssemi f. insistence
eftirgefanlegur adj. compliant, yielding
eftirgjöf f. remission, relinquishment
eftirgrennslun f. inquiry
eftirherma f. mimic, impersonator
eftirhermur f.pl. mimicry, impersonations
eftirhyggja f. hindsight
eftirköst n.pl. aftermath, aftereffect(s)
eftirlaun n.pl. pension; **á eftirlaunum** retired; **fara á e.** retire; **setja á e.** pension off
eftirlaunaaldur m. retiring age, pensionable age
eftirlaunakerfi n. pension plan
eftirlaunamaður m. pensioner
eftirlátssemi f. complaisance, indulgence
eftirlátur adj. compliant, yielding, permissive
eftirlit n. supervision, inspection, surveillance. patrol; **hafa e. með** supervise
eftirlitsbíll m. patrol car
eftirlitslaus adj. unattended
eftirlitsmaður m. inspector; floorwalker (in a shop)
eftirlitsstöð f. checkpoint
eftirlitssvæði n. beat (of a policeman)
eftirlíking f. imitation, fake; replica

eftirlíkir m. simulator
eftirlæti n. indulgence; favourite, darling
eftirlætis- comb. favourite
eftirmaður m. successor
eftirmáli m. epilogue, postscript
eftirmeðferð f. aftercare, follow-up
eftirmiðdagur m. afternoon
eftirminnilegur adj. memorable
eftirmynd f. copy, likeness, image
eftirmæli n.pl. obituary; epitaph
eftirnafn n. surname, second/family name
eftirprentun f. reproduction
eftirréttur m. dessert, afters
eftirrit n. copy, transcript
eftirsjá f. regret; loss; **með e.** regretfully
eftirskrift f. postscript
eftirsóknarverður adj. desirable, tempting
eftirsóttur adj. popular, in great demand
eftirspurn f. demand
eftirstríðsár n.pl. postwar period
eftirstöðvar f.pl. remainder, the rest
eftirtalinn adj. following, undermentioned
eftirtekt f. attention; **af e.** attentively
eftirtektarlaus adj. inattentive, unobservant
eftirtektarleysi n. inattention
eftirtektarsamur adj. attentive, observing
eftirtektarsemi f. mindfulness, observation
eftirtektarverður adj. remarkable, noticeable, striking
eftirtölur f.pl. coaxing; **með eftirtölum** grudgingly
eftirvinna f. overtime
eftirvænting f. expectation, anticipation
eftirvæntingarfullur adj. expectant, full of expectations
egg f. ridge (of mountain); edge (of a knife)
egg n. egg
eggaldin n. aubergine, (Am.) eggplant
eggfruma f. ovum
eggja vt. egg on, exhort, encourage
eggjabikar m. eggcup
eggjabúðingur m. custard
eggjaduft n. powdered eggs
eggjahristingur m. eggnog
eggjahræra f. scrambled eggs

eggjahvíta f. egg white, albumen
eggjahvítuefni n. protein
eggjakaka f. omelette
eggjakerfi n. ovary
eggjakerfisbólga f. ovaritis
eggjaleiðari m. fallopian tube, oviduct
eggjapúns n. eggnog
eggjarauða f. (egg) yolk
eggjaskurn f. eggshell
eggjastokksbólga f. ovaritis
eggjastokkur m. ovary
eggjatekja f. nesting
eggjaþeytari m. egg whisk, (Am.) eggbeater
eggjárn n. cutlery
eggjun f. exhortation
egglaga adj. oval
egglos n. ovulation
eggrás f. fallopian tube, oviduct
eggsjúkur adj. (of a hen) broody
egna vt. irritate, provoke; bait
egypskur adj. Egyptian
Egyptaland n. Egypt
Egypti m. Egyptian
eiði n. isthmus, neck of land
eiðrof n. breach of oath
eiðsvarinn adj. (sworn) under oath
eiður m. oath, vow, pledge
eiga f. ownership; possession
eiga vt. own, possess, have
eiga að vi. ought to, should, have to
eiga heima vi. live, have a home
eiga sér stað vi. take place, happen, occur
eiga skilið vt. deserve, merit
eiga við vt. agree with, suit, match, be relevant, apply; drive at, mean; tamper with
eigandi m. owner, proprietor
eigi adv. not
eigi að síður adv. nonetheless; conj. yet
eigið álit n. private opinion
eiginfé n. net worth, equity
eigingirni f. selfishness, egoism
eigingjarn adj. selfish, egoistic(al)
eiginhagsmunaseggur m. self-seeker, pusher
eiginhagsmunastefna (byggðarlaga) f. sectionalism
eiginhagsmunir m.pl. self-interest, personal interest

eiginhandaráritun f. autograph
eiginkona f. wife
eiginlega adv. really, actually, in fact
eiginlegt brot n. proper fraction
eiginlegur adj. natural, real, proper
eiginleiki m. quality, property; characteristic
eiginmaður m. husband
eiginn adj. (one's) own
eiginnafn n. proper noun
eiginorð n. promise of marriage
eign f. ownership; property, possession
eigna e-m e-ð vt. attribute/ascribe s-g to s-y
eigna sér e-ð vt. claim s-g for oneself; steal
eignabreyting f. change in net assets
eignakönnun f. capital assessment
eignalaus adj. destitute
eignamat n. property valuation
eignarbréf n.pl. muniments
eignareikningur m. asset account
eignarfall n. genitive, possessive case
eignarfallsmynd f. possessive form (in grammar)
eignarhald n. ownership; occupation
eignarhluti m. share (of joint property)
eignarnám n. expropriation; confiscation
eignarréttur m. ownership, proprietary right
eignarsvipting f. expropriation, dispossession
eignaskattur m. property tax
eignast vt. come into possession of, gain
eignatekjur f.pl. unearned income
eignaupptaka f. confiscation, sequestration; appropriation
eignir f.pl. property, possessions
eignir og skuldir f.pl. assets and liabilities
eigra vi. wander, roam, drift
eigulegur adj. worth having, attractive
eigur f.pl. belongings, possessions
eik f. oak
eikja f. canoe
eilífð f. eternity; **um alla e.** in perpetuity
eilífðarvél f. perpetual motion machine
eilífur adj. eternal, everlasting, perpetual; **að eilífu** forever, for evermore, ad infinitum

eima → einkabarn 62

eima vt. distil
eiming f. distillation
eimingarhús n. distillery
eimreið f. locomotive
eimreiðarstjóri m. engine driver, (Am.) engineer
eimskip n. steamship
eimur m. steam, vapour
einangra vt. isolate; insulate
einangraður adj. isolated, secluded; exclusive
einangrari m. insulator, nonconductor
einangrun f. isolation; insulation
einangrunarband n. insulating tape
einangrunarefni n. insulator; lagging
einangrunarsinni m. isolationist
einangrunarstefna f. isolationism
einangrunarvist f. solitary confinement
einarður adj. firm, pertinacious; outspoken
einasti adj. only, single; **hver e.** every single one
einatt adv. always; frequently
einbeita sér að vt. concentrate on, pore over
einbeiting f. concentration
einbeitni f. resolution, single-mindedness
einbeittur adj. resolute, determined
einber adj. pure, sheer, mere
einberjabrennivín n. gin
einbirni n. only child
einblína vi. gaze, stare
einbúi m. hermit, anchorite, recluse
einbýlishús n. villa, single family house
eind f. unit; particle
eindagi m. date of maturity; deadline
eindahraðall m. accelerator
eindregið adv. emphatically, strongly
eindreginn adj. firm, decided; explicit
eindrægni f. unity, unanimity, accord
eindæmi : upp á sitt e. on one's own initiative
eineggja tvíburar m.pl. identical twins
einelti : leggja e-n í e. persecute, pick on s-y
eineygður adj. one-eyed
eineykis- comb. one-horse
einfalda vt. simplify
einfaldlega adv. simply
einfaldleiki m. simplicity

einfaldur adj. simple; single; naive
einfari m. loner, lone wolf, (Am.) maverick
einfarir : fara einförum keep to oneself
einfeldni f. naivité; stupidity
einfeldningur m. simpleton, gudgeon
einflug n. solo flight
einfættur adj. one-legged
einföld röð f. Indian file
einföldun f. simplification
einglyrni n. monocle
eingyðistrú f. monotheism
eingyðistrúarmaður m. monotheist
eingöngu adv. exclusively, only, merely
einhentur adj. one-armed
einhleypingur m. single (wo)man; celibate
einhleypur adj. single, unmarried
einhliða adj. one-sided; unilateral
einhliða disklingur m. single-sided diskette
einhljóð n. monophthong
einhnepptur adj. (of a coat) single-breasted
einhreyfla adj. single-engine
einhuga adj. unanimous
einhugur m. unanimity, solidarity
einhver prn. somebody, someone, some
einhverfa f. autism
einhverfur adj. autistic
einhvern tíma adv. someday, sometime
einhvern veginn adv. somehow, (Am.) someway
einhvers konar adv. some kind of
einhvers staðar adv. somewhere
einhyrningur m. unicorn
einhæfa sig vi. specialize
einhæfni f. monotony, repetitiousness
einhæfur adj. one-side; monotonous
einiber n. juniper berry
eining f. unity; harmony; unit, component
einingahús n. prefabricated house
einingahúsgögn n.pl. modular furniture
einingakerfi n. credit-unit system
einingarverð n. unit price
einir m. common juniper
einir adj. alone, (all) by themselves
einka- comb. private, exclusive, sole
einkaaðili m. private party, individual
einkabarn n. only child

einkabílstjóri → einræði

einkabílstjóri m. chauffeur
einkabréf n. private letter
einkaeign f. private property
einkaframtak n. private enterprise
einkageiri m. private sector
einkaleyfi n. (letters) patent; monopoly
einkaleyfishafi m. patentee; monopolist
einkaleyfisskrá f. patent register
einkaleynilögreglumaður m. private detective/investigator
einkalíf n. private life
einkamál n.pl. private affair; civil action; personal column (in a newspaper)
einkamálaréttur m. civil law
einkaneysla f. private consumption
einkanlega adv. especially, particularly
einkanotkun f. private use
einkanýta vt. privatize
einkar adv. very, exceedingly
einkareikningur m. private account
einkaréttur m. exclusive right; privilege
einkaritari m. private secretary
einkasala f. monopoly
einkasali m. monopolist
einkaskóli m. public school, prep(aratory) school
einkasonur m. only son
einkaspæjari m. private eye/dick
einkatími m. private lesson; tutorial
einkatölva f. personal computer
einkaumboð n. sole agency, (Am.) franchise
einkaviðtal n. exclusive (interview)
einkaþjónn m. man-servant
einkenna vt. characterize, mark, distinguish
einkennamynstur n. syndrome
einkennandi adj. typical, characteristic
einkenni n. characteristic, distinctive feature
einkennilegur adj. peculiar, odd, queer
einkennisbúningur m. uniform; livery
einkennismerki n. badge
einkennisrönd f. stripe
einkirningasótt f. glandular fever, (Am.) mononucleosis
einkímblöðungur m. monocotyledon
einkum adv. especially, particularly
einkunn f. characteristic; mark, (Am.) grade; attributive (in grammar)

einkunnabók f. mark book, (Am.) grade book
einkunnagjöf f. rating
einkunnarorð n. motto, slogan
einkunnaspjald n. school report, (Am.) report card
einkvæður adj. monosyllabic
einkvæni n. monogamy
einkvænismaður m. monogamist
einleikari m. soloist
einleikinn adj. supernatural
einleikur m. solo (in music)
einlit hönd f. flush (in card games)
einlitna f. monoploid
einlitnungur m. haploid
einlitur adj. monochrome; self-coloured
einlífi n. celibacy
einlífismaður m. celibate
einlyft íbúðarhús n. bungalow
einlyftur strætisvagn m. single-decker
einlægni f. sincerity, open-heartedness, frankness
einlægt adv. incessantly, all the time
einlægur adj. sincere, earnest; faithful; incessant, continual; **þinn e.** yours sincerely/truly
einmana adj. lonely
einmanaleiki m. loneliness
einmenningskeppni f. singles
einmenningskerfi n. single-user system
einmenningstölva f. personal computer
einmitt adv. exactly, precisely; just so
einmuna adj. unique; adv. uniquely
einn num. & prn. one; **allt í einu** suddenly
einn adj. alone; **e. síns liðs** single-handed, unaccompanied
einnig adv. also, too, moreover
einnota adj. disposable
einoka vt. monopolize
einokun f. monopoly
einokunarhringur m. cartel
einokunarverslun m. monopolistic trade
einrása adj. mono(phonic)
einrím n. masculine rhyme
einróma adj. unanimous, with one accord
einrúm n. privacy; **í einrúmi** in private
einræða f. monologue; soliloquy (in a play)
einræði n. dictatorship

einræðisherra m. dictator, despot
einræðisstjórn f. absolutism, dictatorship
einrækt f. clone
einrækta vt. clone
einrænn adj. unsociable, seclusive
einröddun f. unison
eins adj. & adv. alike; **alveg e.** exactly alike, identical, as like as two peas (in a pod); **undir e.** at once, immediately
eins og conj. as (if/though); **eins...og** as...as; **alveg e. og** exactly/same as; **eins og er** as it is, currently
eins og prp. & adv. like
einsamall adj. alone, all by oneself
einsatkvæðisorð n. monosyllable
einsdæmi n. unique incident
einsemd f. loneliness; solitude
einsetja sér vt. resolve, set one's heart/mind on
einsetubýli n. hermitage
einsetumaður m. hermit, anchorite, recluse
einskis prn. (genitive of nobody); **til e.** in vain
einskismannsland n. no-man's land
einskisnýtur adj. worthless, good-for-nothing
einskisverður adj. worthless, valueless, cheap
einskisvirði adj. worthless, not worth a red cent
einskorða vt. confine, limit
einskær adj. pure, outright
einslega adv. in private
einsleitni f. homogeneity
einsleitur adj. homogeneous
einsmynda adj. homonymous
einspil n. singleton (in card games)
einstaklega adv. singularly, especially
einstaklingsbundinn adj. individual
einstaklingseðli n. self, individuality
einstaklingsframtak n. private enterprise
einstaklingshyggja f. individualism
einstaklingsíbúð f. flatlet
einstaklingur m. individual, person
einstakur adj. singular, unique
einstefna- f. one-way traffic
einstrengingsháttur m. one-sidedness, bigotry
einstrengingslegur adj. one-sided, pedantic
einstæðingsskapur m. friendlessness; bereavement
einstæðingur m. bereaved/lonely person; orphan line
einstæður adj. singular, unique; unwed
einsöngsverk n. aria
einsöngur m. solo (singing)
einsöngvari m. solo singer, soloist
eintak n. copy, specimen
eintal n. monologue; soliloquy (in a play)
eintala f. singular (in grammar)
einteina járnbraut f. monorail
eintómur adj. sheer, mere, pure, nothing but
eintóna adj. monotonous
eintrjáningur m. canoe, dugout
eintyngdur adj. monolingual
einu sinni (var...) adv. once (upon a time)
einungis adv. only, merely, solely
einurð f. determination; frankness
einvalalið n. elite group
einvaldur m. dictator; monarch; adj. sovereign; autocratic
einveldi n. absolute rule/monarchy
einvera f. solitude
einvígi n. duel
einvítt fylki n. one-dimensional array
einvörðungu adv. only, exclusively
einþáttungur m. one-act play
einþekja f. monoplane
einþétta f. single-density diskette
einþykkni f. obstinacy, self-will
einþykkur adj. obstinate, stubborn, wilful
einær jurt f. annual (plant)
eir m. copper
eira v. spare; relax, be at ease
eiraldin n. apricot
eirðarlaus adj. restless; **vera e.** fidget
eirðarleysi n. restlessness, restiveness
eirðarleysingi m. fidget; rolling stone
eirgræna f. patina
eista n. testicle
Eistland n. Estonia
Eistlendingur m. Estonian
eistneskur adj. Estonian
eitilfruma f. lymphocyte
eitilharður adj. adamant, unflinching

eitill m. lymph node
eitlabólga f. lymphadenitis
eitlakröm f. king's evil
eitra vt. poison
eitraður adj. poisonous, toxic
eitrun f. poisoning
eitthvað prn. something
eitur n. poison, venom
eiturefnafræði f. toxicology
eiturefnahernaður m. chemical warfare
eiturefni n. toxic substance
eiturgas n. poison gas
eiturgufa f. miasma
eiturlyf n. narcotic(s), drug, dope
eiturlyfjasala f. drug traffic
eiturlyfjasali m. drug dealer, pusher, peddler
eiturlyfjasjúklingur m. drug addict
eiturnaðra f. serpent, adder; snake in the grass
eiturúða vt. fumigate
eiturúðun f. fumigation
eiturúrgangur m. toxic wastes
ekill m. driver; waggoner
ekjuskip n. roll on-roll off vessel
ekkert prn. nothing; n. nought, nil
ekki m. sob(bing)
ekki adv. not; **alls e.** not at all, on no account, by no means, not by a long shot
ekki heldur conj. nor
ekki neinn prn. no one, nobody; none
ekki neitt prn. nothing
ekkill m. widower
ekkja f. widow
ekkjublóm n. scabious
ekkjumaður m. widower
ekla f. lack, shortage
ekra f. acre; field
ekta adj. genuine, authentic, real
elda v. cook
eldamennska f. cooking, cookery
eldast vi. age, grow old
eldavél f. kitchen stove, cooker
eldbjarmi m. firelight
eldfastur adj. fireproof, fire-resistant
eldfimur adj. inflammable, combustible
eldfjall n. volcano
eldfjallaaska f. volcanic ash
eldfjallafræði f. volcanology

eldfjallafræðingur m. volcanologist
eldflaug f. rocket; missile
eldflaugafræði f. rocketry
eldflaugafræðingur m. rocketeer
eldflaugarhreyfill m. rocket engine
eldflaugastöð f. launching site
eldfljótur adj. quick as lightning
eldfluga f. firefly, (Am.) lightning bug
eldgígur m. crater
eldgjá f. volcanic fissure
eldgos n. volcanic eruption
eldheitur adj. red-hot, fiery; ardent
eldhiminn m. empyrean
eldhnöttur m. fireball
eldhús n. kitchen
eldhúsdrengur m. scullion
eldhúsinnrétting f. kitchen unit
eldhúskrókur m. kitchenette
eldhúspappír m. kitchen tissue
eldhússkápur m. (kitchen) dresser
eldhússtúlka f. kitchen maid
eldhúsvaskur m. kitchen sink
eldhætta f. fire hazard
eldibrandur m. firebrand
elding f. bolt of lightning
eldingavari m. lightning rod
eldiskví f. pen (for fish farming)
eldiviðarknippi n. faggot (for burning)
eldiviðarskýli n. woodshed
eldiviður m. firewood
eldkeila f. stratovolcano
eldlína f. firing line, line of fire
eldmóður m. enthusiasm; **af eldmóði** enthusiastically
eldraun f. trial by fire, ordeal, acid test
eldri adj. older, elder, senior
eldri borgari m. senior citizen
eldsdýrkun f. pyrolatry
eldskírn f. baptism of fire
eldsneyti n. fuel
eldsneytisfetill m. accelerator pedal
eldsneytisgeymir m. fuel tank; bunker (in a ship)
eldsneytisgjöf f. accelerator, throttle
eldsprengja f. firebomb
eldspýta f. (safety) match, matchstick
eldspýtnastokkur m. box of matches; matchbox
eldspýtnaviður m. matchwood
eldstæði n. fireplace, hearth

eldstöð f. volcano
eldsumbrot n.pl. volcanic activity
eldsvoði m. fire, conflagration, blaze
eldtraustur adj. fire-proof, incombustible
eldtraustur leir m. fire clay
eldtraustur veggur m. fire wall
eldur m. fire
eldvarpa f. flame-thrower
eldvatn n. firewater
eldvirkni f. volcanic activity
eldþolinn adj. non(in)flammable
elektróða f. electrode
elgfróði m. centaur
elgur m. elk, (Am.) moose
elgur m. slush; **vaða elginn** chatter on
elja f. diligence; endurance
eljusamur adj. diligent, industrious
ella adv. otherwise
ellefti num. eleventh
ellefu num. eleven
ellegar conj. & adv. or; otherwise
elli f. old age
ellidauði m. death from old age
elliglapaaldur m. second childhood
elliglöp n.pl. senility, dotage
elliheimili n. old people's home
ellihrumleiki m. decrepitude
ellihrumur adj. senile, decrepit
ellihrörnun f. senility, decrepitude
ellilífeyrir m. old age/retirement pension
ellilífeyrisþegi m. old age pensioner
elliórar m.pl. senility, dotage
elliær adj. senile, gaga
elri n. alder
elska f. love; **elskan** darling; **elsku** (as an address) dear; vt. love
elskhugi m. lover
elskulegur adj. amiable, lov(e)able, genial
elstur adj. oldest, eldest; firstborn
elta vt. chase, pursue, follow
elta uppi vt. run/hunt/track down
eltast við vt. follow about, run after
eltingaleikur m. chase
embætti n. (public) office, position; **skipa í e.** appoint; **setja í e.** inaugurate, install
embættisafglöp n.pl. malfeasance
embættismaður m. official
embættistaka f. accession (of office)
embættistíð f. incumbency, tenure
embættistími m. term of office
embættisvígsla f. inauguration, investiture
emja vi. howl, whine, squall
en conj. but; than
enda conj. and, what's more, since
enda v. finish, conclude; end, cease
enda með vt. result in, lead up to
enda þótt conj. even though; although
endagörn f. rectum
endahnútur : reka endahnútinn á finish, wrap up
endajaxl m. wisdom tooth
endalaus adj. endless, infinite
endaleysa f. nonsense; rigmarole
endalína f. goal line
endalok n.pl. end, conclusion
endamark n. finishing/winning post
endanlegur adj. final, ultimate; finite
endarím n. end rhyme
endaskipti : hafa e. á turn upside down
endasleppur adj. abrupt
endasprettur m. final spurt, home stretch
endast v. last; endure, hold out
endastykki n. tip
endastöð f. terminal; terminus
endaþarmsop n. anus
endaþarmur m. rectum, back passage
endi m. end; **á enda** all over, at an end; **á endanum** finally; **á öðrum endanum** topsy-turvy; **binda enda á** bring to an end; **taka enda** come to an end **upp á endann** on end
endilangur adj. stretched out, prostrate; **að/eftir endilöngu** lenghtways, lengthwise
endilega adv. absolutely, by all means
ending f. end; durability; ending (of a word)
endingargóður adj. durable, lasting; serviceable
endir m. end(ing), conclusion
endranær adv. at other times; usual
endrum og eins adv. occasionally, now and then
endur- comb. again, re-
endur fyrir löngu adv. a long time ago
endurbirgja vt. restock
endurborinn adj. reborn

endurbólusetning f. booster injection
endurbót f. improvement, reform
endurbygging hreyfils f. engine overhaul
endurbyggja vt. rebuild, reconstruct
endurbæta vt. improve, reform, repair
endurfundur m. reunion
endurfæddur adj. reborn
endurfæðast vi. be born again
endurfæðing f. rebirth; renaissance
endurgera vt. reconstruct, remake
endurgerð f. restoration, remake
endurgjald n. repayment, requital
endurgjalda vt. pay back, requite
endurgjaldslaust adv. gratuitously, free of charge
endurgreiða vt. repay, reimburse, refund
endurgreiðanlegur adj. repayable, refundable
endurgreiðsla f. repayment, reimbursement, refund
endurheimt f. recovery, retrieval, reclamation
endurheimta vt. regain, retrieve, reclaim
endurheimtanlegur adj. retrievable, recoverable
endurhlaða vt. recharge
endurhleðsla f. recharge
endurholdgun f. reincarnation
endurhæfa vt. rehabilitate
endurhæfing f. rehabilitation
endurkast n. reflection; rebound, repercussion
endurkasta vt. reflect, throw back
endurkastari m. reflector
endurkastast vi. reflect, rebound, ricochet, bounce
endurkaup n.pl. repurchase
endurkoma f. reappearance, recurrence, comeback
endurkoma Krists f. Advent
endurkomutími m. return period
endurkræfur adj. reclaimable, recoverable
endurkvæmni f. recursiveness
endurkvæmur adj. recursive
endurlagfæring f. readjustment
endurlausn f. redemption
endurleigja vt. sublease
endurleysanlegur adj. redeemable
endurlifa vt. relive
endurlit n. retrospect, flashback
endurlífga vt. revive, resuscitate
endurlífgun f. revival, resuscitation
endurmat n. reappraisal; reevaluation
endurmenntunarnámskeið n. refresher course
endurmeta vt. reappraise; reevalue
endurminning f. memory, remembrance, recollection
endurminningar f.pl. memories, reminiscences; memoirs
endurnothæfur adj. reusable
endurnýja vt. renew, replace; update
endurnýjanlegur adj. renewable, replaceable
endurnýjun f. renewal, renovation
endurnýta vt. reuse, recycle
endurnýtanlegur adj. reusable
endurnæra vt. invigorate
endurnæring f. refreshment
enduróma vi. reverberate, resound
enduróamandi adj. reverberant, resonant
enduróamun f. reverberation
endurprenta vt. reprint
endurprentun f. reprint
endurreisa vt. reconstruct, restore
endurreisn f. reconstruction, restoration
endurreisnarstefna f. Renaissance
endurris n. resurgence
endurrísandi adj. resurgent
endursala f. resale
endursegja vt. retell, recite
endursemja vt. rewrite
endursenda vt. return
endurskapa vt. recreate, reproduce
endurskin n. reflection; afterglow
endurskinsmerki n. reflector
endurskipulagning f. reorganization, restructuring
endurskipuleggja vt. reorganize, rearrange, reshuffle
endurskoða vt. revise, review; reconsider; audit
endurskoðandi m. accountant, auditor
endurskoðun f. revision; reconsideration; audit
endurskoðunarsinni m. revisionist
endurskoðunarstefna f. revisionism
endursköpun f. recreation, reproduction
endursmíði f. reconstruction, restoration

endursníða vt. reformat
endurspegla vt. reflect, mirror
endurstaðhæfing f. reaffirmation
endurstokka vt. reshuffle
endursýna vt. rerun
endurtaka vt. repeat, iterate
endurtaka sig vi. recur
endurtalning f. recount
endurtekinn adj. recurrent
endurtekning f. repetition, iteration; recurrence
endurtrygging f. reinsurance
endurtryggja vt. reinsure
endurupptaka f. resumption; retake
endurútgáfa f. republication, reissue
endurvakinn adj. renascent
endurvaknandi adj. resurgent
endurvakning f. revival, rebirth, resurgence
endurvarpa vt. relay
endurvarpsstöð f. relay station
endurvekja vt. revive, reactivate, resurrect
endurvinna vt. reclaim, recycle
endurvinnsla f. reclamation, recycling
endurvopnun f. rearmament
engi n. meadow
engifer n. ginger
engilbarn n. cherub
engill m. angel, seraph
Engilsaxi m. Anglo-Saxon
engilsaxneska f. Anglo-Saxon, Old English
engilsaxneskt vogarkerfi n. avoirdupois
engilsaxneskur adj. Anglo-Saxon
enginn prn. no one, nobody; none; adj. no
enginn tollskyldur varningur m. nothing to declare
engirella f. corncrake
engispretta f. grasshopper, locust
engjar f.pl. meadows, outfields
engjarós f. marsh cinquefoil
engjast vi. squirm, writhe; convulse (with pain)
englahár n. tinsel
England n. England
Englendingur m. English(wo)man
engu að síður adv. nevertheless, anyway, all the same, at any rate, none the less, notwithstanding

enn adv. again; still; **e. einn** one more; **e. sem komið er** as yet; **í eitt skiptið e.** for the umpteenth time
ennfremur adv. furthermore, moreover
enni n. forehead, brow; headland
ennisband n. headband, bandeau
ennisbein n. frontal bone
ennisbrúskur m. quiff
ennislokkur m. forelock
ennþá adv. still; yet
ensím n. enzyme
ensk tvíhenda f. heroic couplet
enska f. English (language)
enskur adj. English
eplarós f. eglantine, sweetbriar
eplavín n. cider
epli n. apple
er prn. (relative) who, which, that
er conj. when, as
erfa vt. inherit
erfðafjárskattur m. inheritance tax, death duty
erfðafræði f. genetics
erfðafræðilegur adj. genetic
erfðafræðingur m. geneticist
erfðagripur m. heirloom
erfðalykill m. genetic code
erfðaréttur m. reversionary right
erfðaröð f. succession
erfðaskrá f. will, testament
erfðastétt f. caste
erfðasynd f. original sin
erfðatækni f. genetic engineering
erfðavenja f. tradition
erfðavísir m. gene
erfðir f.pl. heredity
erfidrykkja f. funeral feast, wake
erfiða vi. labour, work hard
erfiði n. labour, toil
erfiðisvinna f. manual labour; elbow grease
erfiðleiki m. difficulty, hardship, trouble
erfiður adj. difficult; backbreaking; troublesome
erfiljóð n. commemorative poem
erfingi m. heir(ess), successor, legatee
ergelsi n. frustration, fret
ergilegur adj. irritated, fretful
ergja vt. frustrate, annoy, chagrin, irk
erill m. busy activity, commotion

erilsamur adj. busy, hectic
erindi n. errand, business; lecture, talk; stanza
erindisleysa f. fool's errand, wild-goose chase
erindreki m. representative, agent; envoy
erjur f.pl. quarrels, strife
erkibiskup m. archbishop, metropolitan bishop
erkidjákni m. archdeacon
erkiengill m. archangel
erkifífl n. great fool
erla f. wagtail
erlendar skuldir f.pl. external debt
erlendis adv. abroad, overseas
erlendur adj. foreign; alien, exotic
ermahnappur m. cuff link
ermalaus adj. sleeveless
ermalíning f. cuff (of a sleeve)
Ermarsund n. English Channel
ermi f. sleeve
ern adj. active, spry
erótík f. eroticism
erótískur adj. erotic
erta vt. irritate, tease, pester
erting f. irritation; titillation
erturunni m. peatree
eski n. scouring rush
eskimóahundur m. husky
eskimói m. Eskimo
espa vt. irritate, exasperate, enrage
espitré n. aspen
estrógen n. oestrogen, (Am.) estrogen
eter m. ether
etja gegn vt. pit/set against
etja kappi við vt. contend against
evangelískur adj. evangelistic, evangelical
Evrópa f. Europe
evrópskur adj. European
Evrópubandalagið n. European Economic Community, Common Market, EEC
Evrópubúi m. European
evrópusambandsgerð f. EEC type
exem n. eczema
expressjónismi m. expressionism
ey f. island, isle
eyða f. blank, gap, lacuna
eyða vt. destroy, devastate; deplete, use up, consume, spend; squander, waste; delete
eyðast vi. wear out, disintegrate
eyði- comb. desert(ed), derelict, desolate
eyðilegging f. destruction, devastation
eyðileggja vt. destroy, demolish, spoil
eyðilegur adj. desolate, lonesome, gaunt
eyðimörk f. desert, wasteland
eyðing f. destruction; extermination
eyðingarhnappur m. delete key
eyðiskógamaður m. backwoodsman
eyðni f. AIDS
eyðsla f. consumption, expenditure; waste
eyðslufé n. spending money, funds
eyðslufrekur adj. uneconomic(al)
eyðslukló f. spendthrift, profligate
eyðslusamur adj. extravagant, thriftless
eyðsluseggur m. spendthrift, prodigal
eyðslusemi f. extravagance, lavishness
eyðublað n. form, blank
eygja vt. see, perceive, sight
eyja f. island, isle
Eyjahaf n. Aegean Sea
eyjahaf n. archipelago
eyjaklasi m. archipelago
eyjarskeggi m. islander
eyki n. yoke; team
eymd f. misery, squalor
eymdarlegur adj. wretched
eymsli n.pl. soreness; sore spot
eyra n. ear; handle
eyra(r)rós f. arctic riverbeauty
eyrarvinna f. dock work
eyri f. sandbank
eyrir m. coin (worth 1/100 of a króna)
eyrnabólga f. otitis
eyrnafræði f. otology
eyrnakirtill m. parotid gland
eyrnalokkur m. earring
eyrnamark n. earmark
eyrnamergur m. earwax
eyrnasérfræðingur m. otologist
eyrnasjá f. otoscope
eyrnasjúkadómafræði f. otology
eyrnaskjól n. earmuffs
eyrnasnepill m. earlobe
eyrnaspegill m. otoscope
eyrnatappi m. earplug
eyrnatól n. earphones, headset

eyruggi m. pectoral fin
Eystrasalt n. Baltic Sea
Eystrasaltslönd n.pl. Baltic States
eystri adj. more easterly

É

ég prn. I
él n. hailstorm, snow shower
éljagangur m. intermittent snowstorms
éta v. eat

F

faðerni n. paternity
faðernisúrskurður m. affiliation order
faðir m. father
faðirvorið n. the Lord's Prayer
faðma vt. embrace, hug
faðmlag n. embrace, hug
faðmur m. fathom
fag n. subject; trade
fagheiti n.pl. nomenclature
faglegur adj. professional, technical
faglærður adj. professional, skilled
fagmaður m. professional, specialist, expert
fagmannlegur adj. professional, workmanlike
fagmál n. jargon, cant, vernacular
fagmennska f. professionalism
fagna vt. welcome, rejoice
fagnaðarboðskapur m. gospel (of Christianity)
fagnaðarerindi n. gospel
fagnaðarlæti n.pl. rejoicings, applause, fanfare
fagnaðaróp n. shout of joy, cheer, hail
fagnaðarsöngur m. song of joy, carol
fagnaður m. joy, celebration; feast
fagott n. bassoon
fagottleikari m. bassoonist
fagrar listir f. pl. beaux-arts
fagrikeppur m. reticulum
fagtal n. shoptalk
fagur adj. beautiful, fair

fagurbókmenntir f.pl. belles-lettres
fagurfræði f. aesthetics
fagurfræðilegur adj. aesthetic
fagurgali m. flattery, adulation, palaver
fagurkeri m. aesthete, art lover
fagurrauður adj. crimson, carmine
fagurskapaður adj. shapely
fagþekking f. professional knowledge
faktúra f. bill of lading
falast eftir vt. ask for, solicit
falda vt. hem
faldur m. hem(line); headdress
fall n. (down)fall, collapse; defeat; failure (in a test); case (in grammar); function (in mathematics)
falla v. fall, tumble; be killed; like, dig
falla að vi. (of the sea) come in
falla á prófi v. fail an exam
falla frá vi. die, depart
falla frá e-u vt. give s-g up, relinquish s-g
falla í verði vi. (of money) depreciate
falla niður vt. be cancelled
falla saman vi. collapse, cave in
falla undir vi. come under
falla úr gildi vi. expire, end
fallaskipti n.pl. slack water
fallast á vt. consent to, agree to
fallbeyging f. declension (in grammar)
fallbyssa f. cannon
fallbyssubátur m. gunboat
fallbyssuvagn m. gun carriage
fallegur adj. beautiful, good-looking
fallending f. case ending
fallhamar m. pile driver
fallhleri m. trapdoor
fallhlíf f. parachute
fallhlífaaðflutningur m. airdrop
fallhlífahermaður m. paratrooper
fallhlífahersveit f. paratroops
fallhlífastökkvari m. parachutist
falljökull m. icefall
fallorð n. nominal
fallrenna f. chute
fallöxi f. guillotine
fals n. falseness; forgery
falsa vt. forge, falsify, fake
falsaður adj. forged, counterfeit, sham
falsari m. forger, falsifier, faker
falsgoð n. tin god

falskar tennur f.pl. false teeth, dentures
falskt adv. flat (in music); **syngja f.** sing sharp
falskt yfirskin n. false pretences
falskur adj. false; insincere; tuneless
falur m. halliard, halyard, lanyard
falur adj. purchasable, for sale
fang n. outstretched arms; armful; provisions
fanga vt. capture, apprehend, catch (hold of)
fangabúðir f.pl. prison/concentration camp
fangalína f. painter (of a boat)
fangamark n. initials, monogram
fangavörður m. (prison) warden, jailer, warder
fangelsa vt. imprison, jail, incarcerate
fangelsi n. prison, jail, gaol
fangelsisflótti m. jailbreak, break-out
fangelsisvist f. imprisonment, captivity
fangelsun f. imprisonment, incarceration
fangi m. prisoner, captive
fanir f.pl. vane (of a feather)
fannbreiða f. snowfield
fannhvítur adj. snow-white
fantabragð n. dirty trick; **beita fantabrögðum** play rough
fantaskapur m. bullying, ruffianism
fantur m. bully, rascal, scoundrel
far n. passage, ride; impression, trace; manners, conduct; **falla í sama farið** get into a rut; **frá fornu fari** since long; **gera sér f. um e-ð** do one's best to do s-g; **hjakka í sama farinu** be in a rut
fara vi. leave, go, depart; travel, move
fara af baki vt. dismount (a horse)
fara af stað vi. set out, take off, start
fara aftur vi. decline, deteriorate; lose one's touch
fara á bak vt. mount (a horse)
fara á eftir v. follow, ensue
fara á fætur vi. get up, get out of bed
fara á undan v. precede, forego
fara burt vi. leave, run along, push off
fara eftir vt. observe, act on, comply with
fara einförum v. keep to oneself
fara fram vi. advance; happen, go on
fara fram á vt. request

fara fram hjá v. pass (by)
fara fram úr vi. get out of bed
fara fram úr e-m vt. overtake, pull ahead of s-y
fara fram yfir vt. overrun
fara frá v. part with
fara fyrir v. head, lead
fara hjá sér vi. be embarrassed, squirm
fara illa með vt. mismanage, mishandle, maltreat
fara inn í vt. enter; penetrate
fara í v. dress, put on
fara í gegn v. come through
fara í kringum vt. get around, avoid
fara í/með vt. ride
fara kringum hlutina v. beat about the bush
fara létt með e-ð vt. take s-g in one's stride
fara með vt. take, carry away; treat, deal with
fara með e-m vt. accompany s-y
fara með (kvæði) vt. recite (a poem)
fara með sig vt. do oneself in
fara niður vi. go down, descend; be spilled
fara sér hægt vi. go slow (as a form of strike)
fara til v. go to, resort to, visit
fara umhverfis vt. go round, circle
fara undan í flæmingi vi. be evasive, hedge
fara upp vi. go up, ascend
fara upp á vt. mount
fara úr v. undress, take off, remove
fara út vi. go outside; go abroad
fara út fyrir efnið vi. digress
fara vel vi. end well; fit well
fara vel með vt. treat well
fara yfir vt. cross, traverse; review
fara yfir um vi. go crazy, freak out
faraldur m. epidemic
farand- comb. itinerant, errant, migrant, migratory
farandleikari m. minstrel; trouper
farandleikhópur m. troupe
farandriddari m. knight-errant
farandsali m. pedlar, (Am.) peddler
farandsölumaður m. travelling salesman
farandsöngur m. minstrelsy

f farandsöngvari → fastaher 72

farandsöngvari m. minstrel, troubadour
farandtívolí n. funfair
farandverkamaður m. itinerant/migrant worker
farangur m. luggage, (Am.) baggage
farangursafgreiðsla f. baggage handling
farangursgeymsla f. boot, (Am.) trunk (of a car)
farangursgrind f. luggage/roof rack
farangursmiði m. luggage ticket, (Am.) baggage check
farangursrými n. luggage compartment
farangursskoðun f. (í skjá) baggage screening
farangurstrygging f. baggage insurance
farangursvagn m. luggage van (of a train)
farangursþjónusta f. baggage service
fararbroddur : vera í fararbroddi be in the lead
fararstjóri m. (tour) guide, courier
farartálmi m. hindrance, obstacle
farartæki n. vehicle
farast vi. perish, be killed; get wrecked
farborði : sjá sér farborða fend for oneself
farði m. paint
farðu interj. shoo; **f. heill** farewell
fareind f. ion
farfugl m. migrant/migratory bird, bird of passage
farfuglaheimili n. youth hostel
farg n. pressure
farga vt. dispose of, part with; kill
fargjald n. fare
farísei m. Pharisee
farkennari m. ambulatory teacher
farkostur m. vehicle, craft
farlama adj. disabled, decrepit
farmaður m. merchant seaman
farmaur m. (insect) tick
farmbréf n. bill of lading
farmflytjandi m. carrier
farmgjald n. freight, cargo fare
farmiðasala f. booking office
farmiðatrygging f. ticket insurance
farmiði m. ticket
farmiði aðra leið m. single ticket
farmiði báðar leiðir m. return ticket, (Am.) round-trip ticket
farmiði til baka m. return half

farmrými n. hold, cargo space
farmskírteini n. bill of lading
farmskrá f. cargo list, manifest, waybill
farmtrygging f. cargo insurance
farmur m. cargo, freight, shipment
farnast vi. get on, fare
faró m. pharaoh
farrými n. class
fars n. forcemeat, sausage meat
farsakenndur adj. farcical
farseðill m. ticket
farsi m. farce
farsími m. mobile telephone,
farskip n. seagoing vessel
farskóli m. circuit school
farsótt f. epidemic, pestilence
farsóttafræðingur m. epidemiologist
farsæld f. prosperity, happiness
farsæll adj. prosperous, happy
farvegur m. channel, course
farþegaafgreiðsla f. passenger handling
farþegaflug n. passenger air service
farþegaflugvél f. passenger plane, airliner
farþegaklefi m. passenger cabin
farþegamiði m. passenger coupon
farþegamiðstöð f. passenger terminal
farþegarými n. passenger cabin, passenger compartment
farþegasalur m. passenger hall
farþegaskip n. passenger ship, liner
farþegaskrá f. passenger manifest
farþegaþota f. passenger jet
farþegi m. passenger
fas n. manner, deportment, bearing
fas(h)ani m. pheasant
fasi m. phase
fasismi m. fascism
fasisti m. fascist
fasískur adj. fascist
fast adv. hard; firmly, securely, tightly
fast efni n. solid
fast gjald n. flat rate
fasta f. fast; vi. fast
fastafjármagn n. long-term capital
fastafjármunir m.pl. fixed assets
fastagestur m. regular visitor, habitué, patron
fastagjald n. formal fare
fastaher m. regular army

fastakostnaður m. overheads, fixed costs
fastaland n. mainland
fastastjarna f. fixed star
fastbúnaður m. firmware
fasteign f. real estate/property
fasteignagjöld n.pl. property tax (rates Br.)
fasteignamat n. rateable value, real estate evaluation
fasteignasali m. estate agent, (Am.) real estate agent
fasteignaútsvar n. rates
fasteignaveð n. mortgage
fastheldinn adj. tenacious, conservative
fastlega adv. firmly, absolutely
fastmótaður adj. fixed, firm
fastráða vt. fix, determine; employ
fastráðinn adj. tenured
fastur adj. fixed, firm; stuck; solid
fastur viðskiptavinur m. regular customer
fat n. garment; dish, plate, platter
fata f. bucket, pail
fata vt. clothe
fatafella f. stripper
fatageymsla f. cloakroom, (Am.) checkroom
fatahreinsun f, dry cleaner's
fatakrít f. French chalk
fatamátari m. fitter (of clothes)
fatapóker m. strip poker
fataskipti n.pl. change (of clothes)
fatast vi. make a slip, slip up
fatastandur m. clothes tree
fatasýningarstúlka f. mannequin
fatlaður adj. handicapped, disabled
fatli m. sling
fatnaður m. clothes, apparel, habiliment
fatta vt. dig, understand
fauti m. ruffian, brute
fax n. mane
fá vt. get, receive; obtain, acquire
fá á vt. distress, upset, shake
fá á sitt band vt. win over, conciliate
fá e-m e-ð vt. give s-y s-g
fá e-n ofan af e-u vt. persuade s-y not to do s-g
fá e-n til e-s vt. talk s-y into s-g
fá sér v. help oneself to (food)
fá sig til e-s vt. bring oneself to do s-g
fáanlegur adj. obtainable, available

fábjánalegur adj. idiotic, foolish, apish
fábjáni m. idiot, imbecile, nincompoop
fábreytilegur adj. monotonous, uniform
fábreytni f. uniformity, plainness, frugality
fábrotinn adj. simple, plain, modest, spartan
fádæma adv. exceptionally
fáeinir adj. & prn. (only) a few, some, a couple of
fáfarinn adj. unfrequented, lonely
fáfnisgras n. tarragon
fáfróður adj. ignorant, unenlightened
fáfróður maður m. ignoramus
fáfræði f. ignorance, nescience
fága vt. clean, polish, burnish
fágaður adj. refined, cultivated
fágun f. refinement, sophistication
fágæti n. rarity, curiosity
fágætur adj. rare, uncommon
fáheyrður adj. unheard-of, outrageous
fáir adj. & prn. few
fáklæddur adj. scantily dressed
fákunnandi adj. ignorant
fákunnátta f. ignorance
fákur m. steed
fákænn adj. ignorant; inexpert
fákænska f. ignorance, stupidity
fálátur adj. reserved, aloof, standoffish
fáliðaður adj. understaffed, shorthanded
fálkatemjari m. falconer
fálkaveiðar f.pl. falconry, hawking
fálki m. falcon, hawk; gyrfalcon, gerfalcon
fálma vi. grope, fumble
fálmari m. antenna, feeler
fálæti n. aloofness, coolness
fámáll adj. taciturn, reticent, tight-lipped
fámenni n. few people
fámennismarkaður m. oligopoly
fámennisstjórn f. oligarchy
fámælgi f. taciturnity, reticence
fána f. fauna
fánaberi m. standard-bearer
fáni m. flag, banner
fánýti n. worthlessness; chaff, dead wood
fánýtur adj. worthless, futile, footling
fáorður adj. terse, brief; taciturn
fár n. misfortune; plague
fár adj. few, little; unresponsive
fárast út af vt. make a fuss about
fáráðlingur m. blockhead, dimwit, fool

fáránlegur adj. absurd, preposterous
fárveikur adj. seriously ill
fárviðri n. hurricane, tempest
fáséður adj. unusual, rare
fásinna f. folly, absurdity, irrationality
fáskiptinn adj. reserved, aloof, standoffish
fáskrúðugur adj. scanty, meagre, poor
fást vi. be available
fást við vt. deal with, engage in
fát n. confusion, bewilderment
fátíður adj. rare, uncommon, infrequent
fátkenndur adj. panicky
fátæklegur adj. wretched; scanty, measly, skimpy
fátæklingur m. poor person, pauper
fátækraheimili n. poorhouse, almshouse
fátækrahverfi n. slum, shantytown
fátækralöggjöf f. poor laws
fátækt f. poverty, pauperism, penury
fátækur adj. poor, impecunious, badly-off
fáviska f. ignorance
fávitaháttur m. idiocy
fávitalegur adj. idiotic
fáviti m. idiot, imbecile
fávís adj. ignorant, simple-minded
febrúar m. February
feðgar m.pl. father and son
feðgin n.pl. father and daughter
feðra vt. fix the paternity of
feðraveldi n. patriarchy
feginn adj. glad, pleased, relieved
fegra vt. beautify, embellish
fegrun f. beautification, embellishment
fegurð f. beauty, loveliness, good looks
fegurðarblettur m. beauty spot
fegurðardís f. beautiful girl, beauty
fegurðardrottning f. beauty queen
fegurðarsamkeppni f. beauty contest
fegurðarstefna f. aestheticism
feigð f. imminent death
feigðarboði m. harbinger of death, knell
feigur adj. doomed to die
feikilega adv. extremely, enormously
feikilegur adj. extreme, immense, whopping
feikn f. great quantity, enormity
feiknarlegur adj. enormous, immense, colossal

feill m. mistake, error
feiminn adj. shy, timid, coy, bashful
feimni f. shyness, timidity, bashfulness
feimnismál n. (source of) embarrassment
feiti f. fat, grease; dripping, lard
feitlaginn adj. corpulent, stout
feitlagni f. fatness, corpulence
feitletra vt. print in bold type
feitletur n. boldface
feitur adj. fat, corpulent
fela vt. hide, conceal
fela e-m e-ð vt. entrust s-y with s-g
fela í sér vt. include; contain; involve; (of words) connote
fela sig vi. hide, go into hiding
felast í vt. consist in
feldskeri m. furrier
feldspat n. feldspar
feldur m. pelt, fur, fell, skin
felga f. wheelrim
felgujárn n. tyre iron
fell n. (isolated) hill, fell
fella vt. fell, bring down; kill; pleat
fella af vi. cast off (in knitting)
fella brott vt. delete
fella niður vt. cancel, call off
fella saman vt. piece together; integrate; merge
fella sig við vt. like, take pleasure in
fella úr vt. drop, miss out; omit
fellanlegur adj. collapsible
felliborð n. knockdown table
fellibylur m. hurricane, typhoon, cyclone
fellihattur m. opera hat
fellihlið n. portcullis
felling f. fold, crease; tuck; pleat
fellingadæld f. syncline
fellingalín n. ruffle
fellistóll m. collapsible chair
fellisæti n. jump seat
felmtur n. panic, fright, consternation
feluleikur m. hide-and-seek; peekaboo
felulita vt. camouflage
felulitun f. protective colouring
felulitur m. camouflage
felur f.pl. hiding; **fara í f.** go into hiding
felustaður m. hiding place, hideaway, hideout
fen n. bog, swamp, marsh, slough
Feneyjar f.pl. Venice

fengitími m. breeding/mating/rutting season
fengur m. acquisition, gain; catch, kill
fenjagas n. marsh gas
fenjaviður m. mangrove
fenjóttur adj. boggy, swampy, marshy
fenna vi. snow
ferð f. journey, trip; speed; **á f.** under way; **á f. og flugi** on the move, astir; **á fullri f.** at full speed/pelt/tilt; **fá fyrir ferðina** get punished; **ráða ferðinni** call the tune
ferðaáætlun f. timetable, itinerary, schedule
ferðafélag n. tourist association
ferðahandbók f. guide book
ferðakostnaður m. travel expenses
ferðalag n. journey, trip, voyage
ferðalangur m. traveller, tourist; wanderer
ferðaleyfi n. exit visa
ferðamaður m. traveller, tourist
ferðamannaiðnaður m. tourist industry
ferðamannastaður m. tourist resort
ferðamennska f. tourism
ferðapoki m. haversack
ferðaskilríki n.pl. travel documents
ferðaskrifstofa f. travel agency, tourist bureau
ferðast vi. travel
ferðast á puttanum vi. hitchhike
ferðastyrkur m. travelling/mileage allowance
ferðataska f. suitcase, bag
ferðatékki m. traveller's cheque/ (Am.) check
ferðatrygging f. travel insurance
ferðaútvarp n. portable radio
ferðaútvegur m. tourist industry
ferðaþrá f. wanderlust
ferfalda(st) v. quadruple
ferfaldur adj. fourfold, quadruple
ferfætlingur m. quadruped
ferfættur adj. four-legged, four-footed
ferhenda f. quatrain
ferhyrndur adj. square, quadrangular
ferhyrningur m. square, quadrangle
ferill m. trajectory, trail; career; **á ferli** up and about, astir
ferja f. ferry; vt. ferry
ferjubátur m. ferryboat
ferjumaður m. ferryman
ferkílómetri m. square kilometre
ferlaufungur m. herb paris
ferlega adv. tremendously, thumping
ferlegur adj. monstrous; awful, terrible
ferli n. process
ferlíki n. monster, freak of nature
ferma vt. load; confirm (a child)
fermetri m. square metre
ferming f. loading; confirmation
fermingarbarn n. confirmand
fermingarhöfn f. port of loading
fern adj. four (of a type)
ferna f. carton; four of a kind (in cards)
ferningsrót f. square root
ferningur m. square
fernisolía f. linseed oil, dope
ferskeytla f. quatrain
ferskja f. peach
ferskleiki m. freshness
ferskur adj. fresh, (of the air) crisp; vigorous
ferskvatn n. fresh water
ferstrendur adj. four-sided, quadrilateral
fertugasti num. fortieth
fertugur adj. forty years old
festa f. determination, firmness
festa vt. fasten, fix; determine
festa á blað v. commit to paper/print/ writing
festa við vt. attach to, affix to
festarop n. hawsehole
festast vi. stick, jam
festi f. chain; rope, cord; necklace
festing f. fastening; fixation
festivökvi m. fixer (of a photographic film)
festulaus adj. inconstant, fickle, wavering
fet n. step; (measure) foot
feta vi. tread, walk
fetill m. sling
fetta sig v. stretch (oneself)
feykilegur adj. enormous, huge, tremendous
feykja vt. blow, sweep
fé n. money, property; sheep, livestock
fédrembinn adj. purse-proud
féfletta vt. cheat, fleece, rook, rip off
héfletting f. cheating, extortion, rip-off
fégjarn adj. avaricious, greedy
fégræðgi f. avarice, cupidity

féhirðir m. treasurer, cashier
félag n. society, association, club, company
félagi m. companion, comrade; partner; member
félagsaðild f. membership
félagsandi m. team spirit, esprit de corps
félagsdómur m. labour court,
félagseign f. joint property
félagsfræði f. sociology
félagsfræðingur m. sociologist
félagsgjald n. membership fee
félagsheimili n. community centre, town hall
félagshyggja f. socialism
félagslega sinnaður adj. public-spirited
félagslegur adj. social
félagslyndi n. sociability, conviviality
félagslyndur adj. sociable, convivial, gregarious
félagsmaður m. member (of a society)
félagsmálaráðherra m. minister of social affairs
félagsmálaráðuneyti n. ministry of social affairs
félagsmiðstöð f. community centre
félagsráðgjafi m. social worker; almoner (in a hospital)
félagsráðgjöf f. social counselling
félagsskapur m. society, association; organization; partnership; company, companionship
félagsskítur m. killjoy
félagsslit n.pl. liquidation (of a company)
félagsvist f. progressive whist, whist drive
félagsvísindadeild f. Faculty of Social Sciences
félagsvísindi n.pl. social science
félagsþroski m. public spirit
félaus adj. penniless, impecunious
féleysi n. lack of money, impecuniousness
fémæti n. value, valuables
fés n. face, mug, phizog, puss
fésekt f. fine
févana adj. penurious, impecunious
féþúfa f. source of income
fiðla f. violin, fiddle
fiðluleikari m. violinist, fiddler
fiðraður adj. feathery
fiðrildi n. butterfly

fiðrildislirfa f. caterpillar
fiðringur m. tingling sensation, tickle
fiður n. feathers, plumage
fiðurdýna f. feather bed
fiðurlaus adj. without feathers, callow
fiff n. smart trick
fikra sig áfram vi. inch along, nose one's way
fikt n. tinkering, tampering, fiddling
fikta við vt. tinker/tamper/trifle with
filippeyskur adj. Philippian
Filippseyingur m. Philippian
Filippseyjar f.pl. Philippines
filisti m. Philistine
filma f. film; vt. film
filmuræma f. filmstrip
filtdúkur m. baize
fimi f. skill, agility, dexterity, adroitness
fimleikabolur m. leotard
fimleikamaður m. gymnast
fimleikar m.pl. gymnastics, acrobatics
fimleikasalur m. gymnasium
fimm num. five
fimma f. five (in cards); bus number five
fimmaurahark n. pitch-and-toss
fimmburi m. quintuplet
fimmfaldast vi. quintuple
fimmfaldur adj. quintuple
fimmfeldi n. quintuple
fimmhyrnd stjarna f. pentagram
fimmhyrningur m. pentagon
fimmliðaháttur m. pentameter
fimmpundaseðill m. fiver
fimmtarþraut f. pentathlon
fimmtán num. fifteen
fimmtándi num. fifteenth
fimmti num. fifth
fimmtíu num. fifty
fimmtudagur m. Thursday
fimmtugasti num. fiftieth
fimmtugur adj. fifty years old
fimur adj. skilful, agile, dexterous, nimble
fingrafar n. fingerprint
fingrafimi f. dexterity, deftness
fingrafimur adj. dexterous, deft
fingralangur adj. light-fingered, thievish
fingramál n. finger alphabet, sign language
fingrasetning f. fingering
fingravettlingur m. glove

fingur m. finger; digit
fingurbjörg f. thimble
fingurgómur m. fingertip
fingurkjúka f. knucklebone
fingurnögl f. fingernail
finka f. finch
finna vt. find, discover; meet, visit; feel, sense
finna að e-u vt. criticize s-g
finna að við e-n vt. find fault with s-y
finna á sér vi. feel tipsy
finna e-ð á sér vt. have a hunch (that)
finna fyrir e-u vt. feel/sense s-g
finna til vi. feel pain
finna til með e-m vt. sympathize with s-y
finna upp vt. invent
finnandi m. finder
finnast v. find, think, seem; meet
Finni m. Finn
Finnland n. Finland
finnskur adj. Finnish
fipa vt. fluster, flurry
fipast vi. flounder
firma n. firm, (business) company
firmaskrá f. public register of businesses
firn n.pl. wonder; great quantity
firnindi n.pl. wilderness
firra f. nonsense
firra e-n vandræðum vt. spare s-y difficulties
firrð f. remoteness
firring f. alienation
fis n. fluff, chaff
fisja f. microfiche
fiska vt. fish, catch fish
fiska eftir vt. fish/angle for
fiskabúr n. aquarium
fiskafli m. fish catch
fiskafurðir f.pl. fish products
fiskagildra f. weir
fiskastigi m. fish ladder
fiskbolla f. rissole
fiskbúð f. fishmonger's (shop), (Am.) fish store
fiskeldi n. fish farming, pisciculture
fiskeldisstöð f. fish rearing station
fiskflak n. fillet (of fish)
fiskhreistur n. fish scales
fiski f. fishing
fiskibátur m. fishing boat
fiskiðnaður m. fishing industry
fiskifluga f. bluebottle
fiskifóður n. fish feed
fiskifræði f. ichthyology
fiskifræðingur m. ichthyologist
fiskihagfræði f. fisheries economics
fiskilím n. isinglass
fiskilína f. fishing line
fiskimaður m. fisherman
fiskimið n.pl. fishing grounds, fisheries
fiskimjöl n. fishmeal
fiskirækt f. fish farming, pisciculture
fiskiskip n. fishing boat/vessel
fiskistofn m. fish stock
fiskistofnar m.pl. fish stocks
fiskiþorp n. fishing village
fiskiönd f. merganser
fiskmarkaður m. fish market
fiskmeti n. seafood
fisksali m. fishmonger, (Am.) fish seller
fisksaltandi m. saltfish processor
fiskspaði m. fish slice
fiskstautur m. fish finger, (Am.) fish stick
fisksöltun f. fish salting
fisksölufyrirtæki n. fish dealer
fisksölukona f. fishwife
Fiskur m. Pisces
fiskur m. fish
fiskveiðar f.pl. fisheries
fiskveiði f. (deep-sea) fishing
fiskveiðifloti m. fishing fleet
fiskveiðilögsaga f. fishing jurisdiction
fiskveiðinet n. fishing net
fiskveiðitakmörk n.pl. fishing limits
fiskverkandi m. fish processor
fiskverkun f. fish processing
fiskvinnsla f. fish processing
fiskvinnslufyrirtæki n. fish processing firm
fiskvinnsluskóli m. school of fish processing and management
fiskvinnsluverksmiðja f. fish processing plant
fisléttur adj. light as a feather, fluffy
fistill m. fistula
fita f. fat(ness); vt. fatten
fitja upp v. cast on (in knitting)
fitja upp á vt. bring s-g up (for discussion)
fitja upp á trýnið v. turn up one's nose
fitl n. fiddling

fitla við vt. finger/fiddle with
fitna vi. grow fat, put on weight
fitubolla f. fatty
fitugur adj. greasy, fatty, oily
fitukenndur adj. adipose, fatty
fitukljúfur m. lipase
fitusprengd mjólk f. homogenized milk
fituvefur m. adipose tissue
fífa f. cotton grass
fífill m. dandelion
fífl n. fool, idiot, buffoon
fífla vt. seduce
fíflalæti n.pl. foolery, buffoonery
fíflaskapur m. foolishness
fíflast vi. fool/monkey around, clown
fífldirfska f. foolhardiness, recklessness
fífldjarfur adj. foolhardy, daring
fíflheldur adj. foolproof
fíkill m. (drug) addict, junkie
fíkinn adj. voracious, desirous, covetous
fíkja f. fig
fíkjukaktus m. prickly pear
fíkn f. addiction; voracity, passion
fíkniefnasjúklingur m. drug addict, junkie
fíkniefni n.pl. narcotics, drugs
fílabein n. ivory
fílabeinsturn m. ivory tower
fílablástur m. elephantiasis
fílahirðir m. mahout
fílapensill m. blackhead
fílaveiki f. elephantiasis
fílefldur adj. brawny
fílharmóníu- adj. philharmonic
fíll m. elephant
fílslegur adj. elephantine
fílsrani m. trunk, proboscis
fíngerður adj. dainty, delicate
fínlegur adj. delicate
fínleiki m. fineness, daintiness, delicacy
fínleysinn adj. high-resolution
fínn adj. fine, swell, smart, stylish
fínpússa vt. plaster; finish (off)
fínstilling f. fine tuning
físibelgur m. bellows
físisveppur m. puffball
fjaðra vi. be elastic/resilient
fjaðrabolti m. shuttlecock
fjaðradýna f. trampoline
fjaðraður adj. (of a leaf) pinnate

fjaðrafok n. fuss (and kerfuffle), ado, furore, pother
fjaðraskúfur m. plume, crest, topknot
fjaðurhnífur m. flick knife, (Am.) switchblade
fjaðurmagn n. elasticity, resilience
fjaðurmagnaður adj. springy, resilient
fjaðurvigt f. featherweight
fjaðurvog f. spring balance
fjalaköttur m. mousetrap
fjall n. mountain
fjalla um e-ð vt. deal with, discuss
fjallabúi m. hillbilly
fjallafinka f. brambling
fjallageit f. ibex
fjallagrös n.pl. Iceland moss
fjallakofi m. chalet
fjallaljón n. mountain lion, puma, (Am.) cougar
fjallamaður m. mountaineer
fjallamennska f. mountaineering
fjallaskarð n. mountain pass, col
fjallatjörn f. tarn
fjalldalafífill m. water avens
fjalldrapi m. dwarf birch
fjallgarður m. mountain range/chain
fjallgöngumaður m. mountaineer, climber
fjallgöngur f.pl. mountaineering
fjallgöngustafur m. alpenstock
fjallkona f. woman of the mountains
fjalllendi n. massif
fjalllendur adj. mountainous
fjallshlíð f. mountainside
fjallshryggur m. ridge (of a mountain)
fjallskarð n. mountain pass, col
fjallsrætur f.pl. piedmont
fjallstindur m. mountain summit/peak/top
fjallvegur m. mountain road/pass
fjandi m. devil, fiend; enemy
fjandmaður m. enemy, antagonist, foe
fjandsamlegur adj. hostile, antagonistic
fjandskapast við vt. be hostile towards
fjandskapur m. hostility, enmity, animosity
fjara f. beach; ebb, low tide
fjara út vi. ebb out; trail off, peter out
fjarðarbotn m. head of a fjord
fjargviðrast út af vt. make a fuss about

fjarhrif n.pl. telepathy, clairvoyance
fjarhuga adj. absent-minded, preoccupied
fjarhygli f. absence of mind; abstraction
fjarki m. four (in cards); bus number four
fjarlægari adj. farther, further
fjarlægastur adj. farthest, furthest, furthermost
fjarlægð f. distance
fjarlægðarmælir m. range finder
fjarlægja vt. remove, clear away
fjarlægjast vi. move away from
fjarlægt sérhljóð n. open vowel
fjarlægur adj. distant, remote, faraway
fjarri adv. far away, far off
fjarriti m. telex, teleprinter
fjarrænn adj. faraway; (of behaviour) remote
fjarskalega adv. immensely, exceedingly
fjarski m. distance; **úr fjarska** from afar
fjarskiptagervihnöttur m. telecom(munications) satellite
fjarskiptakerfi n. telecom(munications) system
fjarskiptatæki n.pl. telecom(munications) equipment
fjarskipti n.pl. telecommunications
fjarskyggn adj. clairvoyant
fjarskyldur adj. (of people) distant
fjarskynjun f. telepathy, clairvoyance
fjarstaddur adj. absent, away
fjarstaddur maður m. absentee
fjarstýring f. remote control
fjarstæða f. absurdity, nonsense
fjarstæður adj. absurd, fantastic, nonsensical
fjarsýnn adj. long-sighted, (Am.) far-sighted
fjartenging f. remote connection
fjarvera f. absence
fjarverandi adj. absent, away
fjarvinnsla f. teleprocessing
fjarvist f. absence
fjarvistarleyfi n. leave of absence
fjarvistarsönnun f. alibi
fjarvistir f.pl. absenteeism
fjarvídd f. perspective
fjasa vi. chatter away
fjasa út af vt. grumble about
fjáður adj. wealthy, loaded (with money)

fjárbaðlyf n. sheepdip
fjárbeitiland n. sheeprun
fjárbóndi m. sheepfarmer
fjárbú n. sheepfarm
fjárbætur f.pl. financial compensation
fjárdráttur m. embezzlement; misappropriation (of funds)
fjárfesta v. invest
fjárfestandi m. investor
fjárfesting f. investment
fjárfestingarfélag n. investment company
fjárfestingargreining f. investment analysis
fjárfestingarlán n. investment loan
fjárfestingarsjóður m. investment fund
fjárfestingarstefna f. investment policy
fjárframlag n. financial contribution
fjárfúlga f. fortune, pretty penny
fjárglæframaður m. racketeer, plunger
fjárglæfrar m.pl. speculation, racketeering
fjárgróðamaður m. moneymaker, money-spinner
fjárhagsaðstoð f. financial aid, pecuniary support, financial backing
fjárhagsár n. financial/fiscal year
fjárhagsáætlun f. budget
fjárhagskreppa f. financial crisis
fjárhagsstaða f. financial standing/position
fjárhagsstuðningur m. financial backing
fjárhagsúttekt f. financial appraisal
fjárhagsyfirlit n. financial review
fjárhagur m. finances; financial status
fjárhald n. guardianship, tutelage
fjárhaldsmaður m. guardian, trustee
fjárhirðir m. shepherd
fjárhirsla f. treasury; treasure house
fjárhundur m. sheepdog
fjárhæð f. amount, sum (of money)
fjárhættuspil n. gambling; roulette
fjárhættuspilakassi m. fruit machine, one-armed bandit
fjárhættuspilari m. gambler
fjári m. devil, deuce
fjárjörð f. sheepfarm
fjárkúgari m. blackmailer, extortionist
fjárkúgun f. blackmail, extortion, shakedown

fjárlagahalli m. budget deficit
fjárlög n.pl. state/national budget
fjármagn n. capital, financial resources
fjármagna vt. finance, fund; sponsor
fjármagnandi m. financier; sponsor
fjármagnsfrekur adj. capital intensive
fjármagnshreyfing f. capital transaction
fjármagnskostnaður m. cost of capital
fjármagnsstreymi n. capital flow
fjármagnstekjur f.pl. financial revenue
fjármagnstilfærsla f. provision of fresh capital
fjármagnsþörf f. financial requirements
fjármál n.pl. finances, financial affairs
fjármálafulltrúi m. controller/comptroller
fjármálamaður m. financier
fjármálamarkaður m. financial market
fjármálaráðherra m. minister of finance, (Br.) Chancellor of the Exchequer; (Am.) Secretary of the Treasury
fjármálaráðuneyti n. ministry of finance; (Br.) Exchequer, (Am.) Treasury (Department)
fjármálastjóri m. financial director/manager
fjármálastjórnun f. financial management, financial administration
fjármunaeign f. asset holdings
fjármunamyndun f. capital/asset formation
fjármunir m.pl. assets, property
fjármögnun f. financing
fjármögnunarfélag n. finance house, (Am.) finance company
fjárnám n. distraint, levy, attachment
fjárplógsmaður m. swindler, embezzler, shark
fjárráð n.pl. resources, means, funds
fjárrétt f. sheepfold, sheeppen
fjársjóður m. treasure
fjárskuldbinding f. financial obligation
fjárstreymisaukning f. reflation
fjárstyrkur m. subsidy; allowance
fjársvik n.pl. fraud, embezzlement, peculation
fjársöfnun f. fund raising, collection (of money)
fjárveiting f. appropriation, allocation; grant
fjáröflun f. fund raising, moneymaking

fjendur m.pl. enemies, opponents
fjóla f. violet
fjólublár adj. violet
fjórburi m. quadruplet
fjórði num. fourth
fjórðungsbogi m. quadrant
fjórðungsnóta f. crotchet, (Am.) quarter note
fjórðungsúrslit n.pl. quarterfinal
fjórðungur m. quarter
fjórfaldast vi. quadruple
fjórfaldur adj. fourfold, quadruplicate
fjórfeldi n. quadruple
fjórfættur adj. four-footed, quadruped
fjórhjóladrif n. four-wheel drive
fjórhjólavagn m. phaeton
fjórhliða adj. four-sided, quadrilateral
fjórhliðungur m. quadrilateral
fjórir num. four
fjórlaufasmári m. four-leaved clover
fjórmenningur m. second cousin once removed
fjórrit n. quadruplicate
fjórskiptur adj. quadruple
fjórtán num. fourteen
fjórtándi num. fourteenth
fjós n. cowshed
fjósamaður m. cowman, dairyman
fjóshaugur m. dung hill
fjúka vi. blow away, (of snow/sand) drift
fjærstur adj. furthest, furthermost, out(er)most
fjöðrun f. suspension; springiness
fjöðrunarbúnaður m. suspension system
fjöður f. feather; spring
fjöðurpenni m. quill pen
fjöðurstafur m. quill
fjöl f. board, plank
fjölbrautaskóli m. comprehensive school, (Am.) high school
fjölbreytilegur adj. multiform; variegated
fjölbreytileiki m. multiplicity; variegation (of colours)
fjölbreyting f. diversification
fjölbreytni f. variety, diversity
fjölbreyttur adj. varied, diverse, miscellaneous
fjölbýlishús n. tenement (house), (Am.) apartment house
fjöldaframleiða vt. mass-produce

fjöldafundur m. mass meeting, rally
fjöldamorð n. mass murder, massacre
fjöldi m. large number, crowd, host
fjölfalda vt. duplicate, copy
fjölfarinn adj. busy, well-travelled
fjölfatlaður adj. multi-handicapped
fjölfræði f. polymathy
fjölfræðibók f. encyclopaedia
fjölfræðingur m. polymath
fjölföldun f. duplication
fjölga v. increase, multiply
fjölgervingur m. polymorph
fjölgjörvatölva f. multiprocessor
fjölgreinafyrirtæki n. conglomerate (firm)
fjölgun f. increase; proliferation
fjölgyðistrú f. polytheism
fjölgyðistrúarmaður m. polytheist
fjölhólfablöndungur m. compound carburettor
fjölhyggja f. pluralism
fjölhyggjumaður m. pluralist
fjölhæfni f. versatility
fjölhæfur adj. versatile, all-round
fjölkunnugur adj. skilled in witchcraft
fjölkvæni n. polygamy
fjölkvænismaður m. polygamist
fjölkynngi f. magic, witchcraft
fjölleikahús n. variety theatre, circus
fjölleikasýning f. variety show, (Am.) vaudeville
fjölliða f. polymer
fjöllitna adj. polyploid
fjöllitnungur m. polyploid
fjöllóttur adj. mountainous
fjöllyndi n. promiscuity
fjölmargir adj. numerous, multitudinous
fjölmenni n. big crowd
fjölmennur adj. numerous, crowded
fjölmiðill m. mass medium
fjölmiðlun f. mass communication
fjölorður adj. verbose, prolix
fjölraddaður adj. polyphonic
fjölraddaður söngur m. descant
fjölrit n. duplicated copy
fjölrita vt. duplicate; stencil
fjölritari m. duplicator, copier, (Am.) mimeograph
fjölræði n. pluralism
fjölröddun f. polyphony

fjölskipun f. macroinstruction
fjölskylda f. family
fjölskyldufaðir m. father of a family; paterfamilias
fjölskyldufargjald n. family fare
fjölskylduleyndarmál n. skeleton in the cupboard/(Am.) closet
fjölskyldulíf n. family life, domesticity
fjöltengi n. extension cord with multiple sockets, multi connection
fjöltyngdur adj. multilingual, polyglot
fjölvals- comb. multi-choice
fjölvaskipun f. macroinstruction
fjölveri n. polyandry
fjölvi m. macro
fjölvinnsla f. multiprocessing
fjölyrða um vt. enlarge/dilate/expatiate (up)on
fjölþykktarolía f. multigrade oil
fjölþjóðafyrirtæki f. multinational corporation
fjölþættur adj. many-sided, multifarious; complex
fjölær planta f. perennial plant
fjör n. vigour, liveliness; gaiety, fun; life; **í fullu fjöri** alive and kicking
fjörður m. fjord, fiord
fjörefni n. vitamin
fjörfiskur m. tic, spasm
fjörga vt. invigorate, animate, vitalize
fjörgjafi m. lifebood
fjörgun f. invigoration, animation, stimulation
fjörkálfur m. playful child, romp
fjörlaus adj. lifeless, saturnine, dull
fjörlega adv. gaily, airily
fjörlegur adj. vivacious, animated, vital
fjörmikill adj. lively, high-spirited
fjörudoppa f. (snail) periwinkle
fjörufugl m. shore bird
fjörugur adj. lively, active, playful, spirited
fjörumark n. tidemark
fjörumöl f. shingle (on a seashore)
fjöruspói m. curlew
fjörutíu num. forty
fjötra vt. chain, fetter, bind
fjötur m. chain, fetter, shackle
flaðra upp um v. fawn (up)on
flaga f. flake, scale

flagari m. womanizer, philanderer, wolf
flagð n. giantess, gorgon; shrew
flagg n. flag
flagga v. fly/hoist a flag
flagga e-u vt. make a show/parade of, flaunt
flaggskip n. flagship
flaggstöng f. flagstaff, flagpole
flagna (af) vi. peel/scale/flake (off)
flak n. wreck; fillet (of fish)
flaka vt. fillet (fish)
flakk n. vagrancy, wanderings
flakka vi. wander, roam
flakkari m. wanderer, vagabond, tramp, rover
flaksast vi. flutter, flap
flamingói m. flamingo
flan n. precipitation, rashness
flana vi. act rashly
flangsast vi. fool about/around
flans m. flange
flas n. haste, rashness
flasa f. dandruff
flasa að e-u vt. rush into s-g
flaska f. bottle, flask
flaska v. err, make a mistake
flass n. flashgun
flassari m. flasher, exhibitionist
flasskubbur m. flashcube
flasspera f. flashbulb
flatarmál n. square measure, area
flatarmálsfræði f. geometry
flatarmyndafræði f. plane geometry
flatbaka f. pizza
flatbotnaður adj. flat-bottomed
flatbrauð n. flatbread
flatbytna f. pontoon; sampan
flatfiskur m. flatfish
flatfættur adj. flat-footed
flatkaka f. flatbread
flatkökulending f. pancake landing
flatlendi n. plain, flat (land)
flatlús f. crab louse
flatmaga vi. sprawl
flatneskja f. flat country; platitude
flatneskjulegur adj. banal, platitudinous
flatsæng f. pallet; shakedown
flatur adj. flat, level; horizontal
flauel n. velvet

flauelsjurt f. marigold
flaumrænn adj. analogue
flaumur m. torrent, flush
flaustra af vt. do s-g hastily/carelessly
flaustur n. haste, rashness, precipitance
flausturslegur adj. hasty, careless, hurried
flaut n. whistling, honking, hoot
flauta f. flute, whistle; horn, hooter
flauta v. whistle; blow the horn, honk, hoot
flautuleikari m. flautist, (Am.) flutist
flá vt. skin, flay
flákaský n. stratocumulus
fláráður adj. deceitful, perfidious
fláræði n. deceit, treachery
fláttskapur m. insincerity, falseness
fleðulegur adj. fawning, servile
fleginn adj. low-cut, low-necked
fleiðra vt. excoriate; ulcerate
fleiður n. excoriation; ulcer
fleinn m. pike, pick, prong
fleipra vi. blab, prattle, talk rubbish
fleipra út úr sér vt. blurt out, let s-g slip
fleiri prn. & adj. (of many) more
fleirkvætt orð n. polysyllable
fleirtala f. plural (in grammar)
fleka vt. seduce; deceive
flekakenning f. plate tectonics
flekari m. seducer
fleki m. raft
flekka vt. stain; tarnish
flekklaus adj. spotless, immaculate
flekkóttur adj. spotted, flecked; pied
flekkur m. spot, speck; blemish
flekkusótt f. typhus
flekun f. seduction
flenging f. beating, whipping, hiding
flengja vt. spank, tan, cane, drub
flenna f. tart, quean
flenna e-ð út vt. distend/stretch s-g
flensa f. flu, influenza, grip(pe)
flesk n. bacon, ham; pork
fleskormaveiki f. trichinosis
fleskpylsa f. polony (sausage)
flesksneið f. rasher, slice of pork
flestallir adj. most, the majority
flestir prn. & adj. (of many) most
flet n. bunk, shakedown
fletja út vt. flatten/spread/roll out

fletta (bók) vt. leaf through (a book)
fletta e-u upp vt. look s-g up
fletta (hratt) v. flip through
fletta ofan af vt. expose, uncover, unmask
flettisög f. ripsaw
fley n. boat, ship
fleyga vt. cleave; wedge; insert
fleygbakur m. fastback
fleygbogi m. parabola
fleygiferð f. high speed, career
fleygja vt. throw away, discard
fleyglaga adj. cuneiform
fleygmyndaður adj. parabolic
fleygrúnir f.pl. cuneiform
fleygur m. wedge; hip flask
fleygur adj. able to fly, fully-fledged
fleyta f. small boat; vt. float, set afloat
fleyta fram lífinu v. keep body and soul together
fleyta kerlingar v. play ducks and drakes
fleyta ofan af vt. skim
fleyta sér v. keep afloat
fleyti n. emulsion
fleytifullur adj. overflowing; **vera f. (af)** brim over (with)
fleytikorkur m. flutterboard
fleytir m. skimmer
flétta f. braid; lichen; plot (of a story)
flibbahnappur m. collarstud
flibbi m. collar
flikka upp á vt. polish/smarten/do s-g up
flimting f. jest; **hafa í flimtingum** jest about
flinkur adj. dexterous, clever
flipi m. tab; lobe
flipp n. spree, binge
flippa út vi. flip (out)
fliss n. giggle, snigger
flissa vi. giggle, titter
flík f. garment
flíka vt. make a parade of
flírubros n. smirk
flís f. splinter, chip; tile
flísaleggja vt. tile
flísasprengja f. fragmentation bomb
flísast vi. chip, splinter, sliver
flísatöng f. tweezers
fljót n. (wide) river
fljóta vi. float; run, stream
fljótabátur m. riverboat

fljótandi adj. floating; liquid, fluid
fljótandi gengi n. floating exchange rates
fljótandi gjaldmiðill m. floating currency
fljótaskrift f. short shrift; quickie
fljótfær adj. rash, impulsive, hotheaded
fljótfærni f. rashness, recklessness
fljótfærnislegur adj. rash, hasty, slapdash
fljótlega adv. soon, presently
fljótræði n. rashness, hastiness
fljótsbakki m. riverbank, waterfront
fljótt adv. quickly, fast, hurriedly
fljótur adj. quick, fast, swift
fljótur á sér adj. hurried, precipitous
fljótvirkur adj. effective, snappy
fljúga vi. fly, go by air
fljúga á vt. fly at, attack
fljúgandi furðuhlutur m. unidentified flying object, UFO
fljúgandi hálka f. slippery ice
fljúgast á vi. scuffle, wrestle, scrimmage
flog n. epileptic fit
flogaveiki f. epilepsy
flogaveikikast n. grand mal
flogaveikisjúklingur m. epileptic
flogaveikisnertur m. petit mal
flogaveikur adj. epileptic
flokka vt. classify, group, sort, grade
flokkadráttur m. party strife, faction; schism
flokkaður adj. classified, assorted, on file
flokkapólitík f. partisan politics
flokksandi m. party spirit
flokksdeild f. platoon
flokksfáni m. banner, ensign
flokksfélagi m. fellow-partisan, comrade
flokksforingi m. party leader
flokkskvísl f. squad
flokkslína f. party line
flokksmaður m. partisan, follower
flokksmaskína f. party machine
flokkspólitíkus m. party politician
flokkstjórnarfundur m. caucus
flokkun f. classification, sorting, indexing
flokkunarfræði f. taxonomy
flokkur m. group, party; grade, class, category
flos n. plush; velvet
flosþráður m. dental floss

flot n. floating; float; melted fat
flotadeild f. squadron
flotaforingi m. admiral
flotahöfn f. naval port
flotamálaráðherra m. minister of naval affairs, (Br.) First Lord of the Admiralty
flotamálaráðuneyti n. admiralty
flotastyrkur m. sea power
flotastöð f. naval base
flotasveit f. flotilla
flotaveldi n. naval/sea power
flotbrú f. floating/pontoon bridge
flotholt n. float
flothylki n. pontoon
flothæfur adj. buoyant
floti m. fleet, navy
flotkraftur m. buoyancy
flotkví f. floating dock
flotmælir m. hydrometer
flottheit n.pl. flashiness
flottur adj. flashy, classy, smart
flotþang n. gulfweed
fló f. flea
flóa (mjólk) vt. boil (milk)
flóa yfir v. overflow, flow over
flóamarkaður m. jumble sale, (Am.) rummage sale
flóð n. flood, deluge; high tide
flóðbylgja f. tidal wave
flóðgarður m. embankment, dike
flóðgátt f. floodgate, sluice/lock gate
flóðgáttavörður m. lock keeper
flóðhestur m. hippopotamus
flóðlampi m. photoflood lamp
flóðljós n. floodlight
flóðlýsa vt. floodlight
flóðmark n. tidemark, watermark
flói m. gulf, bay; marshy ground
flókahattur m. trilby (hat)
flóki m. tangle; felt; dark cloud
flókinn adj. complicated, complex; tangled
flón f. fool, sucker
flónel n. flannel
flónska f. folly, stupidity
flór m. dung channel (in a cowshed)
flóra f. flora, vegetable kingdom
flórgoði m. slavonian grebe, (Am.) horned grebe
flórína f. florin

flórsykur m. icing sugar
flóttalegur adj. furtive, stealthy
flóttamaður m. refugee, fugitive, runaway
flóttamannabúð f. refugee camp
flótti m. flight, escape; **leggja á flótta** flee, escape; **á flótta** on the run
flug n. flight, aviation; **á flugi** airborne, in flight, on the wing; **hefja sig til flugs** take off; **flug og bíll** fly drive
fluga f. fly
flugafgreiðsla f. air terminal
flugáhöfn f. aircrew
flugáætlun f. flight plan
flugbann : setja í f. ground (a pilot/a plane)
flugbátur m. seaplane
flugbjörgunarmiðstöð f. air rescue centre
flugbjörgunarsveit f. air rescue unit
flugbraut f. airstrip, runway, landing field/strip
flugdreki m. kite
flugeðla f. pterodactyl
flugeldagerð f. pyrotechnics
flugeldasýning f. fireworks
flugeldur m. firework, banger; rocket
flugfarmskírteini n. air waybill, (Am.) airbill
flugfarþegi m. airline passenger
flugferð f. plane trip
flugfélag n. airline (company)
flugfiskur m. flying fish
flugfloti m. aircraft fleet
flugfreyja f. air hostess, stewardess
flugfælni f. flight phobia
flugfær adj. airworthy
flugher m. air force
flughermir m. flight simulator
flughraði m. airspeed
flugreyfill m. aircraft engine
flughæfi n. airworthiness
flughæfur adj. airworthy
flughöfn f. airport
flugkennari m. flying instructor
flugkennsla f. flying instruction
flugleið f. air route; airway, airlane
flugleiðis adv. by air
flugliði m. airman, flight crew member
flugliðþjálfi m. flight sergeant
fluglíkir m. flight simulator

flugmaður m. pilot, aviator
flugmannsklefi m. cockpit
flugmál n.pl. aviation
flugmenntun f. aeronautical education
flugmiði m. airline ticket
flugmódel n. model aircraft
flugnanet n. mosquito net
flugnaskítur m. flyspeck
flugnaspaði m. swat
flug og bíll fly drive
flugpóstbréf n. airletter
flugpóstgjald n. air mail charge
flugpóstur m. air post, (Am.) air mail
flugpróf n. flight skill test
flugrán n. skyjacking, hijacking
flugriti m. black box
flugræningi m. skyjacker, hijacker
flugskeytabyssa f. bazooka
flugskeyti n. missile
flugskífukeppni f. skeet shooting
flugskóli m. school for pilots
flugskrímsli n. griffin
flugskýli n. hangar
flugslóð f. contrail
flugslys n. aircraft accident
flugsprengja f. robin bomb
flugstjóri m. captain (of a plane)
flugstöð f. air terminal
flugsund n. butterfly stroke
flugsveitarforingi m. wing commander
flugtak n. takeoff
flugtaska f. flight kit (of a pilot)
flugturn m. control tower
flugumaður m. agent provocateur
flugumferðarstjóri m. air-traffic controller
fluguveiði f. fly-fishing
fluguvigt f. flyweight
flugveikur adj. air-sick
flugvirki m. aircraft maintenance engineer
flugvallargjald n. airport tax
flugvallarstarfsmenn m.pl. ground staff, ground crew
flugvél f. aeroplane, (Am.) airplane
flugvélamóðurskip n. aircraft carrier
flugvélarbolur m. fuselage
flugvélarrán n. hijacking, skyjacking
flugvélarræningi m. skyjacker, hijacker
flugvélasveit f. squadron
flugvélstjóri m. flight engineer
flugvirki m. aircraft mechanic
flugvöllur m. airfield, airport, aerodrome
flugþilfar n. flight deck
flugþjálfun f. flight training
flugþjónn m. steward, flight attendant
flugþol n. cruising range
flugþreyta f. jet lag
flutningabíll m. lorry, (Am.) truck; removal van, (Am.) moving van
flutningaflugvél f. cargo plane, transport aircraft
flutningamiðlari m. forwarding agent, (Am.) freight forwarder; shipping agent, shipper
flutningaprammi m. scow
flutningaskip n. cargo ship, freighter
flutningatæki n. means of conveyance
flutningsgjald n. carriage; **f. greiðist af kaupanda** carriage forward, (Am.) freight forward; **f. greiðist af seljanda** carriage paid, (Am.) freight paid
flutningsgjöld n. transport charges
flutningskostnaður m. freight costs
flutningsmaður m. mover (of a proposal)
flutningsskjöl n.pl. shipping/transport documents
flutningstaxti m. freight rates
flutningur m. transpor(tation); freight, cargo; recital, performance
flúðir f.pl. rapids
flúor m. fluorine
flúorbæta vt. fluoridate
flúorbæting f. fluoridation
flúoríð n. fluoride
flúr n. tracery, ornament; fluorine
flúrljómandi adj. fluorescent
flúrljómi m. fluorescence
flúrlýsing f. strip lighting
flyðra f. flounder; halibut
flygill m. grand piano
flygsa f. flake; shred
flykki n. hunk (of meat)
flykkjast vi. flock, crowd, swarm
flysja vt. peel, pare
flytja v. carry, transport, haul; move, change address; recite, perform, deliver
flytja á brott vt. evacuate
flytja inn vt. import
flytja mál v. conduct/plead a case
flytja út vt. export

flytjandi m. carrier; performer; mover (of suggestion)
flytjanlegur adj. portable, removable
flytjast búferlum vi. move house; migrate
flytjast inn (til lands) vi. immigrate
flytjast úr landi vi. emigrate; move abroad
flýja v. flee, escape
flýta vt. hurry/speed up; put forward
flýta fyrir vt. expedite; accelerate; advance
flýta sér vi. hurry, hasten. make haste
flýtir m. haste, hurry, speed
flýtisverk n. quickie
flæða vi. flow, flood
flæða yfir vt. overflow, overrun; deluge
flæðarmál n. water's edge; seashore
flæðigos n. effusive eruption
flæðirit n. flowchart
flæðisker n. skerry flooded at high water
flækingsdýr n. stray animal
flækingsköttur m. alley cat
flækingur m. vagabond, tramp; vagrancy
flækja f. tangle; complication, mix-up
flækja vt. entangle; complicate, muddle (up)
flækja í vt. enmesh in; involve/embroil in
flækjast vi. rove about, drift
flækjast í v. get mixed up in, get involved in
flæma burt vt. drive away, uproot
flæmi n. reach (of land)
flæmingi m. flamingo
Flæmingjaland n. Flanders
flæmingur m. evasion; **fara undan í flæmingi** be evasive
flæmskur adj. Flemish
flærð f. falsity, perfidy, insincerity
flögra vi. flutter, flit
flögusteinn m. schist, slate
flökku- comb. vagrant, nomadic, migrant, migratory
flökkumaður m. vagrant, tramp
flökt n. flicker, fluctuation
flökta vi. flicker, fluctuate
flökurleiki m. nausea, qualm
flökurt adj. queasy; **vera f.** feel sick
flöskuháls m. bottleneck
flöt f. lawn; grassy plain; (putting) green

flötur m. surface; background; aspect, facet
fnykur m. stench
fnæsa vi. snort
fokheldur adj. windproof, weatherproof
fokka f. jib, foresail
fokmold f. loess
fokreiður adj. furious
foksandur m. driftsand
fokset n. aeolian deposit
folald n. foal, colt, filly
fold f. ground, land, country
foli m. young stallion
for f. mud; bog
forað n. morass, fen
forardíki n. swamp, slough
forarpollur m. puddle, mire
forarþró f. cesspit, cesspool
forákvarða vt. predetermine, predestine, preordain
forátta f. fault; abominable weather; **finna e-m allt til foráttu** find great faults with s-y
forboð n. interdict, taboo
forboðinn adj. forbidden, taboo
fordild f. vanity, affectation
fordómafullur adj. prejudiced, bias(s)ed, mistrustful
fordómalaus adj. unprejudiced, unbiased, open-minded
fordómur m. prejudice
fordrykkur m. appetizer, aperitif
fordyri n. lobby
fordæma vt. denounce, condemn
fordæmi n. precedent
fordæming f. denunciation, condemnation
fordæmislaus adj. unprecedented
fordæmisréttur m. case/common law
forða vt. save, rescue
forða sér vi. get out of the way
forðast vt. avoid, shun, keep away from
forði m. store, supply, provisions
forðum adv. long ago, formerly
foreldra- og kennarafélag n. parent-teacher association
foreldrahlutverk n. parenthood, parentage
foreldrar m.pl. parents
foreldri n. parent

forfaðir m. forefather, ancestor
forfallaleikari m. understudy
forfallast vi. be unable to attend
forfrömun f. sophistication
forföll n.pl. inability to attend
forganga f. initiative
forgangshlutafé n. preference share, (Am.) preferred stock
forgangskrafa f. preferential claim
forgangsréttur m. priority; option
forgangsröð f. order of priority
forgangsviðskipti n.pl. preferential trade
forgangur m. priority
forgarðar : fara forgörðum go down the drain, be lost
forgjöf f. handicap
forgrunnur m. foreground
forgöngumaður m. instigator, promoter
forhandarhögg n. forehand (stroke)
forheimska vt. stultify
forheimskun f. stultification
forherbergi n. anteroom, antechamber
forhertur adj. obdurate, confirmed, incorrigible
forhlaupari m. pacemaker, (Am.) pacesetter
forhúð f. foreskin, prepuce
forhönd f. forehand
foringi m. leader, chief; officer
forkaupsréttur m. option, pre-emption
forkeppni f. preliminary
forkosning f. primary (election)
forkólfur m. prime mover, leader
forkrafa f. prerequisite
forlag n. publishing house, publisher
forlagatrú f. fatalism
forlagatrúarmaður m. fatalist
forleggjari m. publisher
forleikur m. overture, prelude; foreplay
forljótur adj. hideous
forlög n.pl. fate, destiny
form n. form, shape; baking tin
forma vt. form, shape
formaður m. director, president, chairman
formagnari m. preamplifier
formáli m. preface, foreword; formula
formálsefni n. prelims (of a book)
formennska f. chairmanship
formerki n. key signature (in music)
formfagur adj. shapely

formfastur adj. formal, ceremonious
formfegurð f. shapeliness
formfesta f. formalism, formality
formfestumaður m. formalist
formfræði f. morphology
formfræðilegur adj. morphological
formgerð f. structure
formgerðarstefna f. structuralism
formiddagur m. morning
formlaus adj. formless, shapeless, amorphous
formlegur adj. formal, ceremonial
formlist f. plastic art
formsatriði n. formality, technicality
formúla f. formula
formvafstur n. red tape
formæla v. curse, execrate; damn
formælandi m. spokesman
formæling f. curse, execration; damnation
forn adj. old, ancient, antique
Forn-Breti m. Briton
Forn-Grikki m. Hellene
fornafn n. Christian name; pronoun
fornaldarsaga f. ancient history
fornbíll m. vintage car
fornbókasala f. second-hand bookshop
fornbókasali m. antiquarian bookseller
fornenska f. Old English
fornfálegur adj. old-fashioned, archaic
forngripur m. antique, ancient relic
forngrískur adj. Hellenic
forníslenska f. Old Icelandic, Old Norse
forníslenskur adj. Old Icelandic, Old Norse
fornklassískar bókmenntir f.pl. classics
fornkvæði n. Old Icelandic poem
fornleifafræði f. archaeology
fornleifafræðilegur adj. archaeological
fornleifafræðingur m. archaeologist
fornleifar f.pl. archaeological finds
fornleifauppgröftur m. archaeological dig
fornletursfræði f. paleography
fornletursfræðilegur adj. paleographic(al)
fornletursfræðingur m. paleographer
fornlífsöld f. Paleozoic
fornmaður m. ancient
fornmálsorðabók f. lexicon

fornmenntafræðingur m. classical scholar
fornmenntastefna f. humanism
fornmenntir f.pl. humanities, classicism
fornminjafræðingur m. antiquarian, antiquary
fornmunir m.pl. antiquities, old relics
fornnorrænn maður m. Norseman
fornsala f. second-hand shop
fornsali m. second-hand dealer
fornsteinaldar- comb. Paleolithic
fornyrði n. archaism
fornöld f. classical antiquity
forpróf n. prelim(inary examination)
forráðamaður m. manager, custodian
forreiðarmaður m. pacemaker, (Am.) pacesetter
forreiðarsveinn m. postil(l)ion
forréttindapersóna f. very important person, VIP
forréttindi n.pl. privilege, prerogative
forréttur m. starter, hors-d'oeuvre
forrit n. programme (for a computer), (Am.) program
forrita vt. programme (a computer), (Am.) program
forritanlegur adj. programmable
forritari m. programmer
forrituð tölvustjórnun f. computer command control
forritun f. programming
forritunarmál n. programming language
forræði n. custody, tutelage; hegemony
forsaga f. antecedents, background (information)
forsalur m. lobby, vestibule, (Am.) hallway
forsenda f. premise; prerequisite
forsendur f.pl. terms; grounds
forsetaembætti n. presidency
forsetakosning f. presidential election
forseti m. president
forseti hæstaréttar m. chief justice
forsetning f. preposition (in grammar)
forsetningarandlag n. prepositional object
forsetningarliður m. prepositional phrase
forsíða f. front page
forsíðumynd f. cover picture
forsjá f. prudence, foresight; providence
forsjáll adj. prudent, far-sighted
forsjálni f. prudence, foresight
forsjón f. providence
forskaut n. anode
forskeyti n. prefix
forskot n. head start; **hafa f. á** be one up (on)
forskóli m. kindergarten, primary school, prep(aratory) school
forskrift f. formula, programme; foreword
forskriftar- comb. prescriptive, normative
forskriftarbók f. copybook
forskyggni n. porch, porte cochere
forskynjun f. precognition
forsmá vt. distain, scorn, spurn
forsmán f. shame, disgrace, outrage
forsmekkur m. foretaste
forsníða vt. format
forspá f. foresight
forspár adj. prescient, second-sighted
forspenntur adj. (of concrete) prestressed
forspil n. prelude
forspjall n. foreword, prolegomena
forspjallavísindi n.pl. propaedeutics
forsprakki m. instigator; (ring)leader, kingpin
forstaða f. management; **veita e-u forstöðu** be the head of s-g
forsteyptur adj. (of concrete) precast
forstjórastaða f. directorship; directorate
forstjóri m. (managing) director
forstofa f. (entrance) hall
forstöðukona f. matron
forstöðumaður m. superintendent, director
forsvið n. apron (of a stage)
forsýna vt. preview
forsýning f. preview
forsæla f. shade
forsæti n. presidency; **sitja í f.** preside
forsætisráðherra m. prime minister, premier
forsætisráðherraembætti n. premiership
forsögn f. prediction; instructions
forsögulegur adj. prehistoric
forsögulegur tími m. prehistory
forsöngvari m. precentor
fortaka vt. deny
fortakslaus adj. without reservation, unequivocal
fortilvera f. pre-existence

fortíð f. past
fortjald n. curtain, drop
fortölur f.pl. persuasion, discouragement
forugur adj. muddy
forusta f. leadership
forustugrein f. leading article, (Am.) editorial
forvarnarlyf n. prophylactic
forveri m. predecessor, precursor
forvextir m.pl. discount (rate)
forviða adj. amazed, astounded
forvinna f. prefabrication; vt. prefabricate
forviska f. precognition
forvitinn adj. curious, inquisitive
forvitnast um vt. inquire about
forvitni f. curiosity, inquisitiveness
forvitnilegur adj. interesting, curious
forvígismaður m. advocate, champion (of a cause)
forvörn f. prophylaxis, preventive
forynja f. monster
forysta f. leadership
forþjappa f. supercharger
fosfat n. phosphate
fosfór m. phosphorus
fosfórskin n. phosphorescence
fosfórsýra f. phosphoric acid
foss m. waterfall, cascade, cataract
fossa vi. gush, cascade, sluice
fossandi adj. torrential
fossbúi m. (bird) dipper
fóarn n. gizzard
fóðra vt. feed (livestock); line (clothes)
fóðring f. casing
fóður n. fodder; lining
fóðurkaka f. oilcake
fóðurmergkál n. kale
fóðurpoki m. nosebag, (Am.) feedbag
fóðurrófa f. mangel-wurzel
fóðuröflun f. forage
fógetafulltrúi m. bailiff
fógeti m. city/town magistrate; sheriff
fól n. brute, bully
fólk n. people, folk
fólksfjöldi m. population; crowd of people
fólksflótti m. exodus
fólska f. brutality, ferocity
fón n. (a single sound) phone
fónem n. phoneme

fónemískur adj. phonemic
fónn m. record player
fórn f. sacrifice, offering
fórna vt. sacrifice
fórnanlegur adj. expendable
fórnar- comb. sacrificial
fórnardýr n. victim
fórnargjöf f. oblation
fórnarlamb n. victim; prey; casualty
fórnfús adj. self-sacrificing, altruistic
fórnfýsi f. altruism; **af f.** altruistically
fórnfæra vt. sacrifice, immolate
fórnfæring f. offering, immolation
fórnfæringar- adj. sacrificial
fórur f.pl. keeping; **í fórum e-s** in s-y's possession/in the possession of s-y
fóstbróðir m. foster brother; blood brother
fóstra f. foster mother; kindergarten teacher
fóstra vt. foster
fóstri m. foster father
fóstur n. upbringing, fostering; foetus, embryo; **eyða fóstri** abort; **missa f.** miscarry
fósturbarn n. foster child
fóstureyðing f. abortion
fósturfræði f. embryology
fósturfylgja f. afterbirth, placenta
fósturjörð f. motherland, native soil
fósturlát n. miscarriage; abortion
fósturleg n. uterus
fósturskóli m. school for nursery school teachers
fósturstig n. prenatal life
fósturvísir m. embryo
fótaburður m. footwork, tread
fótafimi f. footwork
fótafjöl f. treadle
fótakefli n. stumbling block
fótalaus adj. legless
fótarými n. legroom
fótaskemill m. footstool
fótaskortur m. slip, trip
fótasveppur m. athlete's foot
fótatak n. footfall, footstep
fótbolti m. football; soccer
fótbragð n. foot-trick (in wrestling)
fótbremsa f. footbrake, break pedal
fótbrotna vi. break a leg

fótfesta f. footing, foothold; bridgehead, beachhead
fótgangandi m. pedestrian; adj. walking, on foot
fótglenna f. splits
fótgöngulið n. infantry
fótgönguliði m. infantryman, grenadier
fótleggur m. leg, shank
fótmát n. inside callipers
fótpallur m. running board
fótskör f. footstool
fótsnyrting f. chiropody, pedicure, (Am.) podiatry
fótsnyrtir m. chiropodist, pedicurist, (Am.) podiatrist
fótspor n. footprint, footmark, footstep
fótstallur m. pedestal
fótstartari m. kick-starter
fótstig n. pedal
fótur m. foot; leg; **á fjórum fótum** on all fours; **á fótinn** uphill; **á fótum** up and about, astir; **fara á fætur** get up (out of bed); **gefa em undir fótinn** flirt with s-y; **hver á fætur öðrum** one after the other; **standa á fætur** stand/get up; **taka til fótanna** take to one's heels
fótviss adj. footsure, surefooted
fragt f. freight
fragtskip n. freighter, cargo vessel
Frakki m. Frenchman
frakki m. overcoat
Frakkland n. France
frakkur adj. bold, impudent, cool, forward
fram adv. forward(s), onwards
fram á við adv. ahead
fram með prp. along
fram og aftur adv. back and forth, to and fro
fram undan prp. ahead of
fram úr hófi adv. extremely
fram yfir prp. beyond; past
framagirni f. ambition
framagjarn adj. ambitious
framagosi m. social climber, upstart
framan að adv. from the front
framan af adv. to begin with, at the start
framan á prp. on the front of
framan frá adv. from the front
framan við prp. in front of
framanákeyrsla f. head-on collision
framandi adj. foreign, alien; exotic
framandsteinn m. xenolith
framangreindur adj. above-mentioned
framar adv. further; **aldrei f.** never more
framarlega adv. up front, well ahead; **svo f. sem** provided that, if
framámaður m. influential man, big shot
framberanlegur adj. pronounceable
frambjóðandi m. candidate
framboð n. candidature, (Am.) candidacy
framboð og eftirspurn supply and demand
frambolur m. thorax
framburður m. pronunciation; evidence; sediment
frambúð f. future; **til frambúðar** permanently
frambærilegur adj. presentable
frambærileiki m. presentability
framdráttur m. support, maintenance; **vera e-m til framdráttar** be of advantage to s-y
framdrif n. front-wheel drive
framendi m. front
framfall n. prolapse
framfarasinnaður adj. progressive
framfarasinni m. progressivist
framfarastefna f. progressivism
framferði n. conduct, behaviour
framfleyta vt. support, sustain
framfótur m. foreleg
framfylgd f. enforcement, pursuance
framfylgja vt. enforce, implement
framfærandi m. supporter, provider (of a family)
framfæri n. maintenance; **koma á f.** advertise, mention; **vera á f. e-s** be supported by s-y
framfærslueyrir m. maintenance (money), stipend; alimony
framfærslukostnaður m. cost of living
framfærslulaun n.pl. minimum wage
framfærsluvísitala f. cost-of-living index
framför f. progress, improvement; **taka framförum** progress, develop, come on
framgangur m. progress, course; headway

framgómmæltur adj. palatal
framgómur m. (hard) palate, roof of the mouth
framhald n. continuation, sequel
framhaldslíf n. afterlife, hereafter
framhaldsmenntun f. further education
framhaldsmyndaflokkur m. television series
framhaldsnemi m. graduate student
framhaldssaga f. serial (story)
framhaldsskóla- comb. collegiate
framhaldsskóli m. secondary school; college
framhaldsstig- comb. postgraduate
framhandleggur m. forearm
framhjá adv. & prp. past, by
framhjáhald n. adultery
framhjól n. front wheel
framhlaðningur m. musket, muzzle-loader
framhleypinn adj. forward, brash, impudent
framhleypni f. forwardness, officiousness, pertness
framhlið f. front; facade; obverse (of a coin)
framhluti m. front (part)
framhólf n. atrium (of the heart), auricle (of the ear)
frami m. advancement; rise (in power)
framjaxl m. premolar
framkall n. curtain call
framkalla vt. cause; develop (in photography)
framkallari m. developer (in photography)
framknýjandi adj. propellant
framkoma f. behaviour, conduct, demeanour
framkvæma vt. carry out, implement, perform
framkvæmanlegur adj. feasible, possible, workable
framkvæmd f. execution, realization (of a plan); **hrinda e-u í f.** give effect to; **koma e-u í f.** get s-g done
framkvæmdamaður m. entrepreneur
framkvæmdastjóri m. managing director, executive director
framkvæmdastjórn f. executive board

framkvæmdavald n. executive power, n. power of enforcement
framköllun f. development; evocation
framlag n. contribution, donation
framleiða vt. produce, manufacture, generate
framleiðandi m. producer, manufacturer, maker
framleiðni f. productivity
framleiðsla f. production, manufacture
framleiðsluaðferð f. manufacturing process
framleiðslugeta f. production capacity
framleiðslugjald n. excise tax
framleiðslukostnaður m. production/prime cost, cost of production
framleiðslunúmer n. serial number
framleiðslustjóri m. production manager
framleiðsluvörur f.pl. capital goods
framleiga f. sublease
framleigja vt. sublease, sublet
framlenging f. extension, continuation; renewal
framlengingarákvæði n. continuation clause
framlengingarsnúra f. extension lead, (Am.) extension cord
framlengja vt. extend, prolong, renew
framliðinn adj. dead, deceased
framlínumaður m. striker (in football)
framljós n. headlight, headlamp
frammámaður m. influential man, bigwig
frammi adv. out front
frammi fyrir prp. up against
frammistaða f. performance
frammistöðumat n. performance appraisal
frammígrip n. interpellation, interruption
framorðinn adj. late; **nokkuð framorðið** latish
framrás f. development, evolution
framreiða vt. serve (food), dish up
framreiðsla f. service
framreiðsluherbergi n. pantry
framreiðslumaður m. waiter, server
framreiðslustúlka f. waitress
framreikna v. extrapolate
framrist f. metatarsal
framrúða f. windscreen, (Am.) windshield

framræsla f. drainage
framsal n. endorsement; extradition; **f. án ábyrgðar** endorsement without resourse
framsalshafi m. endorsee; assignee
framsegl n. foresail, jib
framselja v. endorse; assign; extradite
framseljandi m. endorser; assignor
framseljanlegur adj. negotiable, transferable
framsenda vt. forward
framsending f. forwarding
framsetning f. exposition; (re)presentation, formulation; expression, utterance
framskrið n. progression; headway (of a ship)
framslútandi adj. projecting, beetling
framsókn f. advance, progress
framsókn jafndægrapunta f. precession of the equinoxes
framsóknarflokkur m. progressive party
framsóknarvist f. whist drive
framstaða f. initial position
framstafn m. prow
framstæður adj. protuberant, protrusive; prominent
framsvið n. proscenium (arch)
framsviðs- comb. downstage
framsýni f. foresight, vision, prescience
framsýnn adj. far-sighted, visionary, prescient
framsækinn adj. progressive, forward, up-and-coming
framsögn f. diction, elocution, articulation
framsöguháttur m. indicative mood (in grammar)
framsögumaður m. speaker
framtak n. enterprise, initiative
framtakslaus adj. unenterprising, supine
framtakssamur adj. enterprising, energetic
framtakssemi f. enterprise, drive, energy
framtal n. (income) tax return
framtíð f. future; future tense (in grammar)
framtíðar- comb. future, prospective
framtíðarhorfur f.pl future prospects
framtíðarstefna f. futurism
framtíðarsýn f. scenario
framtönn f. front tooth, incisor
framundan adv. ahead
framur adj. forward, bold, pert
framúrskarandi adj. excellent, eminent, outstanding
framúrstefna f. avant-garde, avant-gardism
framúrstefnulist f. avant-garde art
framúrstefnumaður m. avant-gardist
framvegis adv. in the future, from now on, henceforth; **og svo f.** and so on, et cetera
framvinda f. progress
framvísa vt. present
framþróun f. evolution, progress
franki m. franc
franskar kartöflur f.pl. chips, (Am.) French fries
franskbrauð n. white bread
franskur adj. French; Gallic
fransós m. French box
frasi m. phrase, cliché
frat n. junk, trash
frauðbúðingur m. mousse
frauðgúmmí n. foam rubber
frauðís m. sorbet, (Am.) sherbet
frauðplast n. styrofoam
frá adv. away; prp. away from, off; **frá og með** as of; **upp frá því** from then on
frá sér numinn adj. delirious
frábitinn adj. antipathetic, averse (to)
fráblása vt. aspirate
fráblástur m. aspiration
frábrugðinn adj. different; **vera f.** differ
frábær adj. excellent, superb, exquisite
frábærlega adv. extremely, remarkably, first-rate
frádráttarbær adj. deductible
frádráttarbær kostnaður m. deductible expence
frádráttarmerki n. minus sign
frádráttarstofn m. minuend
frádráttur m. subtraction; deduction
fráeygur adj. hawk-eyed
fráfall n. death
fráfarandi adj. outgoing, retiring
frágangssök f. unacceptable terms
frágangur m. finish, workmanship
frágenginn adj. finished, settled

fráhnepptur → fréttabréf

fráhnepptur adj. unbuttoned
fráhrindandi adj. repulsive, repellent, offish
fráhvarf n. deviation; aversion; estrangement
fráhvarfseinkenni n. withdrawal symptom
fráhverfur adj. averse, disinclined; disaffected
frákast n. rebound
fráleitur adj. absurd, preposterous
frámunalega adv. exceedingly, grossly
fráneygur adj. lynx-eyed
frár adj. fast, swift
frárennsli n. drain; effluent
frárennslisrör n. drainpipe
frásaga f. story, tale
frásagnameistari m. raconteur
frásagnarlist f. narrative skill
frásagnarnútíð f. historic(al) present
frásagnarverður adj. worth telling, newsworthy
fráskilin kona f. divorcée
frásögn f. narrative, account, report
frátalinn adj. except, not counting; **að e-m frátöldum** apart/aside from s-y
frátekinn adj. reserved, booked
frátengdur adj. disconnected, off-line
frátengja vt. disconnect, uncouple
frávik n. deviation; variation; anomaly
frávillingur m. stray (animal); heretic, backslider
frávíkjanlegt ákvæði n. permissive clause
frávísun f. rejection, refutation, dismissal
freðfiskur m. frozen fish
freðinn adj. frozen
freðmýri f. tundra
fregn f. news
fregna vt. hear, learn
fregnir f.pl. tidings
freigáta f. frigate
freigátufugl m. frigate bird, man-of-war bird
freista vt. attempt, try; tempt, lure
freistandi adj. inviting, alluring
freistari m. tempter; temptress
freisting f. temptation; allurement
frekar adv. rather
frekari adv. further

frekast adv. furthest
frekja f. cheek; greed; cheeky person
frekjudós f. pushy person, minx
frekna f. freckle
freknóttur adj. freckled
frekur adj. pushy, forward, importunate
frelsa vt. (set) free, liberate; save
frelsari m. liberator; saviour
frelsi n. freedom, liberty
frelsingi m. freedman
frelsun f. liberation; salvation, redemption
fremd f. honour, renown; prominence
fremdardýr n. primate
fremja vt. commit, perpetrate
fremri adj. the foremost of two, anterior; superior
fremst adv. in front, at the front
fremsta röð f. front line
fremsta víglína f. firing line
fremsti hluti m. forefront
fremstu sæti n.pl. stalls (in a theatre)
fremstur adj. foremost, chief, leading
fremur adv. rather, somewhat
frenjulegur adj. (of a girl) hoydenish
freska f. fresco
fress n. tomcat
fresta vt. postpone, put off
fresta fundi vt. adjourn a meeting
fresta þingsetu vt. prorogue (a session)
frestun f. postponement, procrastination
frestunarskipun f. cancel command
frestur m. respite, delay; deadline
freta vi. fart
freta á vt. take potshots at, blow a raspberry at
fretta f. ferret
fretur n. fart
freudískur adj. Freudian
Freudsinni m. Freudian
freyða vi. foam, lather, bubble
freyðandi adj. lathery, effervescent, bubbly
freyðandi drykkur m. fizz
freyjublóm n. aconite
freyjubrá f. daisy
frétt f. news
frétta vt. hear, learn, get news of
fréttableðill m. newssheet
fréttabréf n. newsletter, bulletin

fréttaflutningur m. reportage
fréttagrein f. item (of news)
fréttainnskot n. newsflash
fréttakvikmynd f. newsreel
fréttamaður m. reporter; newscaster, (Br.) newsreader
fréttamennska f. journalism; reportage
fréttamiðill m. news medium
fréttamiðlun f. syndicate
fréttamynd f. newsreel
fréttapistill m. newsletter, bulletin
fréttaritari m. news correspondent, reporter
fréttaskeyti n. newsflash
fréttaskýrandi m. commentator
fréttast v. be rumoured, become known
fréttastofa f. news agency, newsroom
fréttatilkynning f. bulletin; press release, handout
fréttaumfjöllun f. news coverage
fréttaútsending f. newscast
fréttayfirlit n. headlines
fréttir f.pl. news; **að því er f. herma** reportedly
fréttnæmur adj. newsworthy, front-page
friða vt. pacify; preserve, protect
friðarfórn f. peace offering
friðarhreyfing f. peace movement
friðarpípa f. peace pipe
friðarsamningur m. peace treaty
friðarsáttmáli m. peace pact
friðarsinni m. pacifist, dove
friðarsjálfboðaliðasveitir f.pl. Peace Corps
friðarstefna f. pacifism
friðarstillir m. pacifier, peacemaker, conciliator
friðartími m. peacetime
friðarumleitanir f.pl. peacemaking
friðdómari m. justice of the peace
friðelskur adj. peaceable
friðhelgi f. sanctity, sacredness; immunity
friðhelgur adj. sacrosanct, inviolable, privileged
friðill m. lover, paramour (of a married woman)
friðlýst landsvæði n. (nature) reserve
friðsamleg andstaða f. nonviolent resistance
friðsamleg mótmæli n.pl. nonviolence
friðsamlegar mótmælaaðgerðir f.pl. passive resistance
friðsamlegur adj. peaceful, amicable, nonviolent
friðsamur adj. peaceful, tranquil, restful
friðsemd f. amity
friðspillir m. disturber (of the peace), tearaway
friðsæld f. peace(fulness), placidity
friðsældartími m. halcyon days
friðsæll adj. peaceful, placid
friðun f. pacification; preservation
friðunartími m. close season
friður m. peace, tranquillity
friðþæging f. atonement, propitiation
friðþægingarfórn f. peace offering
friðþægja vt. atone (for), propitiate
friggjargras n. northern green orchis
frilla f. mistress, concubine
fritta f. polecat
frí n. holiday, (Am.) vacation
frídagur m. holiday
fríindi n.pl. privileges; fringe benefits, perquisite, perks
fríðleiki m. prettiness, beauty
fríður adj. pretty; **í fríðu** (paid) in kind
frígír m. neutral (gear)
fríhendis adv. freehand
fríhjól n. idle wheel
fríhjóla vi. freewheel
fríhyggja f. free-thinking
fríhyggjumaður m. freethinker, latitudinarian
fríhyggjustefna f. latitudinarianism
fríhöfn f. free port; duty-free store
fríkka vi. become more beautiful
frímerki n. postage stamp
frímerkingavél f. franking machine
frímerkja vt. put a stamp on, stamp
frímerkjasafnari m. stamp collector, philatelist
frímerkjasjálfsali m. stamp machine
frímerkjasöfnun f. philately
frímínútur f.pl. break, playtime
frímúrararegla f. freemasonry, masonic order
frímúrari m. freemason
frír adj. free, unhindered
frísa vi. whinny, snicker
fríska upp á vt. furbish

frískur → frumkvöðull

frískur adj. sprightly; healthy, well, fit
frísneskur adj. Frisian
fríspark n. free kick
frístund f. leisure/spare time
frítt adv. free of charge
fríverslun f. free trade
Fríverslunarsamtök Evrópu n.pl. European Free Trade Association
frjáls adj. free, independent
frjáls aðferð f. freestyle
frjáls verslun f. free trade
frjáls vilji m. free will
frjálsar hendur f.pl. carte blanche
frjálsar íþróttir f.pl. athletics, track and field
frjálsar menntir f.pl. liberal arts
frjálshyggja f. laissez-faire economics; libertarianism
frjálsíþróttir f.pl. athletics, track and field
frjálslega adv. freely, openly, without restraint; **fara f. með** take liberties with
frjálslegur adj. informal, casual, uninhibited
frjálslyndi n. liberalism; permissiveness
frjálslyndisstefna n. Liberalism
frjálslyndur adj. liberal, broad-minded; permissive
frjálsræði n. freedom (of action), latitude
frjálst framlag n. voluntary contribution
frjálst framtak n. free/private enterprise
frjó n. sperm, seed; pollen
frjóangi m. sprout, shoot; germ
frjógreining f. pollen analysis
frjóhnappur m. anther
frjókorn n. pollen grain
frjókornafjöldi m. pollen count
frjókornaofnæmi f. hay/rose fever, pollenosis
frjór adj. fertile, fruitful; creative
frjósa vi. freeze
frjósamur adj. fertile, fruitful
frjósemi f. fertility, fecundity
frjóvga vt. fertilize; impregnate; pollinate
frjóvgun f. fertilization; insemination; pollination
froða f. foam, lather, scum, froth
froðufella vi. foam at the mouth, spume
froðusnakkur m. windbag
frosinn adj. frozen; (of the ground) frostbound

froskbúningur m. wet suit
froskdýr n. amphibian
froskköfun f. skin diving
froskmaður m. skin diver, frogman
froskur m. (bull)frog
frost n. frost
frostakafli m. freeze
frostbólga f. chilbain
frostjörð f. permafrost
frostkaldur adj. frosty
frostlögur m. antifreeze
frostmark n. freezing point
frostpinni m. ice-lolly
frostreykur m. steam fog
frostþurrka vt. freeze-dry
frotteefni n. terry(cloth)
fró f. comfort, relief
fróa vt. soothe, alleviate
fróa sér vi. masturbate
fróðlegur adj. instructive, interesting
fróðleiksmolar m.pl. gleanings
fróðleikur m. knowledge, information, lore
fróður adj. knowledgeable, well-informed
frómur adj. honest; pious; **frómt frá sagt** frankly, as a matter of fact
Frón n. Iceland
fróun f. appeasement, comfort, relief
fróunarlyf n. palliative
frum- comb. first, initial, primary, original
fruma f. cell
frumatriði n. basic principle/point
frumbernska f. babyhood
frumbjarga lífvera f. autotroph
frumburðarréttur m. birthright, right of primogeniture
frumburður m. firstborn
frumbyggi m. aborigine, native
frumdráttur m. sketch, draft, outline
frumdrög n.pl. draft
frumdýr n. protozoan
frumefni n. element
frumeind f. atom
frumflytja vt. premiere
frumgerð f. original form, archetype
frumgetinn adj. firstborn
frumheimild f. original source
frumherji m. pioneer, frontiersman
frumkvæði n. initiative, incentive
frumkvöðull m. originator, prime mover

frumlag n. subject (in grammar)
frumlegur adj. original; innovative, fanciful
frumleiki n. originality
frumlitur m. primary colour
frumlífsöld f. Proterozoic
frummynd f. original, prototype; idea
frummælandi m. first speaker
frumorsök f. root cause
frumraun f. debut
frumrit n. original text
frumrót f. primary root
frumsenda f. axiom
frumsendu- comb. axiomatic
frumskilyrði n. essential
frumskógur m. jungle, tropical forest
frumspeki f. metaphysics
frumstig n. initial stage; positive degree (in grammar); **á frumstigi** in embryo
frumstilla vt. initialize
frumstilling f. initialization
frumstæður adj. primitive
frumsýna vt. premiere
frumsýning f. premiere; screening (of a film)
frumsýningarkvöld n. opening/first night
frumtala f. prime number/factor
frumudrykkja f. pinocytosis
frumufræði f. cytology
frumuhimna f. cell/plasma membrane
frumukjarni m. nucleus
frumulíffæri n. organelle
frumuskipting f. cell division
frumuvefur m. cellular tissue
frumútgáfa f. original edition
frumvarp n. bill, draft of a law
frumvera f. protist
frumvinna f. groundwork, spadework
frumþáttur m. prime factor
frunsa f. cold sore, fever blister
fruss n. splutter
frussa vi. splutter
frussa á v. blow a raspberry at
frú f. married woman; Mrs, Ms
frygð f. lust, prurience
frygðarauki m. aphrodisiac
frymi n. protoplasm
frysta vt. freeze, refrigerate
frystihólf n. freezing compartment, freezer

frystihús n. freezing plant
frystikista f. deep-freeze, freezer
frysting f. refrigeration
frystir m. deep-freeze; freezing compartment
frystur adj. frozen
fræ n. seed
fræbelgur m. boll, pod, capsule (of a plant)
fræða vt. instruct, inform, enlighten
fræðandi adj. instructive, informative, didactic
fræðari m. preceptor; preceptress
fræði n.pl. studies
fræðigrein f. field of study
fræðiheiti n. term, nomenclature
fræðikunnátta f. erudition
fræðilegur adj. scholarly, academic; theoretical
fræðiljóð n. didactic poem
fræðimaður m. scholar; theoretician
fræðimennska f. scholarship, academic studies
fræðirit n. monograph, treatise
fræðiritgerð f. dissertation
fræðisetning f. theorem
fræðsla f. instruction, enlightenment, education
fræðslu- comb. educational; didactic
fræðslumálastjóri m. Commissioner of Education
fræðsluráð n. education council
fræðsluskrifstofa f. district office of education
fræðslustjóri m. superintendents of schools
fræðsluumdæmi n. education district
frægð f. fame, renown, glory, honour; **lifa á fornri f.** rest on one's laurels
frægur adj. famous, renowned, distinguished
frækinn adj. valiant, brave
frækorn n. seed, grain
frændfólk n. relatives, kinsfolk
frændhorn n. supplementary angle
frændi m. (male) cousin, uncle, nephew
frændsemi f. kinship
frændsystkin n.pl. cousins
fræni n. stigma (of a flower)
frænka f. (female) cousin, aunt, niece

fræsali m. seedsman
fræskilja f. (cotton) gin
fræva f. pistil; vt. pollinate
frævill m. stamen
frævun f. pollination
fröken f. Miss; **litla f.** missy
frönsk hermannahúfa f. kepi
frönsk kona f. Frenchwoman
fugl m. bird
fuglabjarg n. bird cliff
fuglabúr n. aviary
fuglabyssa f. fowling piece
fuglafit f. cat's cradle
fuglafræ n. birdseed
fuglafræði f. ornithology
fuglafræðilegur adj. ornithological
fuglafræðingur m. ornithologist
fuglahræða f. scarecrow
fuglahundur m. (dog) setter
fuglakliður m. chirping, twittering
fuglaprik n. perch
fuglaræktandi m. bird fancier
fuglaskoðari m. bird watcher
fuglatré n. locust tree
fuglaveiðar f.pl. fowling
fuglaveiðihundur m. gundog, (Am.) birddog
fuglavinur m. bird fancier
fuglsmagi m. gizzard
fuglsnef n. beak (of a bird)
fullgera vt. finish, complete, perfect
fullgerður adj. finished, done, accomplished
fullgildur adj. able-bodied, fully-fledged
fullgreiða v. pay up
fullkomin fyrirmynd f. beau ideal
fullkominn adj. perfect, complete
fullkomlega adv. completely, entirely
fullkomna vt. perfect, complete, consummate
fullkomnun f. perfection, completion, consummation
fullkomnunarárátta f. perfectionism
fullmenntaður adj. accomplished, qualified
fullmetta vt. satiate, sate
fullmikill adj. too much
fullmótaður adj. mature, fully-fledged
fullnuma sig vi. improve/perfect oneself

fullnusta f. perfection; **til fullnustu** to the full, completely, thoroughly
fullnýta vt. use to the full
fullnýting f. total utilization
fullnæging f. satisfaction, fulfilment; orgasm
fullnægja vt. satisfy, gratify, fulfil
fullnægjandi adj. satisfactory, sufficient
fullnægjandi einkunn f. pass(ing mark) (in an exam)
fullorðinn adj. grown-up, adult
fullorðinsaldur m. adulthood, maturity
fullorðinsfræðsla f. adult education
fullorðinstönn f. second tooth
fullskipaður adj. fully occupied
fulltingi n. help, support
fulltíða adj. grown-up, adult
fulltrúadeild f. house of representatives
fulltrúanefnd f. delegation
fulltrúaráð n. representative body
fulltrúi m. representative, delegate, deputy
fullur adj. full (of); crowded; drunk; **á fullu** at full stretch; **að fullu** in full, completely; **fyrir fullt og allt** for good
fullur skrúði m. full dress
fullvaldur adj. sovereign
fullvaxinn adj. fully-grown
fullvaxta adj. grown-up
fullveðja adj. of age; **vera/verða f.** be/come of age
fullveldi n. sovereignty
fullveldisdagur m. Independence Day
fullvissa f. certainty, assurance
fullvissa e-n um e-ð vt. assure s-y about s-g
fullyrða v. maintain, claim, assert; **að því er fullyrt er** allegedly
fullyrðing f. assertion, claim
fullþroska adj. fully-grown
fullþroskaður adj. mature, ripe, fullblown
fum n. fluster, confusion
fuma vi. dither, fuss (about)
fumlaus adj. businesslike
fumleysi n. sangfroid
funda vi. hold a meeting
fundarályktun f. resolution (of a meeting)
fundarboðandi m. convener (of a meeting)

fundargerð f. minutes; **skrá í f. minute**
fundargerðabók f. minute book
fundarhamar m. gavel
fundarhlé n. adjournment
fundarlaun n.pl. reward
fundarsköp n.pl. order
fundarstjóri m. chairman, chairperson
fundheppni f. serendipity
fundur m. meeting, assembly; discovery; find
fundvís adj. clever at finding things
funheitur adj. very hot, fervid
fura f. pine
furða f. astonishment, amazement; marvel, wonder; **vekja furðu hjá e-m** amaze s-y; **furðu lostinn** taken aback; **það er engin f.** it is no wonder
furða sig á e-u v. be surprised at s-g
furðufugl m. weirdo, weirdie, (Am.) oddball
furðufyrirbæri n. freak
furðulegur adj. strange, surprising, astonishing
furðuverk n. wonder; oddity
furstatign f. princedom
fursti m. prince
furuköngull m. pinecone
furunál f. pine needle
furuskógur m. pinewood forest
furuviður m. pinewood
fussa við e-u vt. turn up one's nose at s-g
fussum svei interj. phooey, pshaw
fúavarnarefni n. preservative
fúi m. rot, decay
fúinn adj. rotten, decaying
fúkalyf n. antibiotic
fúkkalykt f. mouldy smell, mustiness
fúksía f. fuchsia
fúkyrði n. term of abuse, invective
fúlegg n. rotten egg
fúlga f. a large sum of money, fortune
fúll adj. sulky, surly, grumpy; rotten, stinky; (of weather) foul; (of water) stagnant
fúlmenni n. scoundrel, rotter
fúlna vi. turn sour; stagnate
fúlsa við v. sneeze at
fúna vi. rot, decay

fús adj. willing, eager, ready
fúsk n. amateurish work, quackery, tinker
fúska við v. dabble at/in
fúskari m. dabbler, dilettante, jerry-builder
fúslega adv. willingly, gladly, freely
fúsleiki m. willingness, readiness, alacrity
fúss n. pique; **í fússi** in high dudgeon
fúttpilla f. pep pill
fylgd f. company, escort, guidance
fylgdarhundur m. guide dog
fylgdarlið n. entourage, escort, suite (of followers)
fylgdarmaður m. guide
fylgi n. support, following, adherence
fylgibréf n. waybill; covering letter; docket
fylgifiskur m. follower, adherent, satellite
fylgihljómlist f. background music
fylgihlutur m. accessory
fylgihnöttur m. satellite
fylgikvilli m. complication
fylgiregla f. corollary
fylgireikningur m. invoice
fylgisandi m. party spirit
fylgiskjal n. enclosure, insert; shipping document
fylgismaður m. follower, supporter, adherent
fylgispekt f. conformity
fylgitæki n. peripheral device
fylgja f. spirit, ghost; afterbirth, placenta
fylgja vt. accompany; support, follow
fylgja e-m að málum (gegn) vt. side with s-y
fylgja e-m e-ð vt. take s-y somewhere
fylgja eftir vt. follow up
fylgja til lykta vt. follow out
fylgja ættinni v. run in the family
fylgjast að vi. go/stick together
fylgjast með vt. watch, observe, track, monitor
fylgni f. correlation
fylgsni n. hiding place, hideout
fylja f. filly
fylki n. state; canton; matrix; regiment
fylking f. formation; ranks, column, phalanx, line of battle; crowd, procession; alliance
fylkingarbrjóst n. vanguard, spearhead

fylkingarbroddur m. forefront
fylkja liði v. muster a force; rally
fylkja sér um vt. rally round
fylla vt. fill; saturate
fylla aftur vt. refill; replenish
fylla út vt. fill in, (Am.) fill out
fylli n. satiation, fill
fyllibytta f. drunkard, boozer, (Am.) lush
fyllilega adv. fully; richly
fylling f. filling; fullness; inlay (in a tooth)
fyllirí n. piss-up; **á fyllirií** on the booze
fyndinn adj. witty, humorous, funny
fyndni f. wit; joke; witticism
fyndnisstaka f. (poem) epigram
fyrir prp. for; (of motion) around, over, before; (for the purpose of) toward(s); (of time) before, previous/prior to; **fyrir nokkru** a while ago; **f. þremur árum** 3 years ago; **rétt f.** on the eve of
fyrir adv. in the way
fyrir aftan prp. behind
fyrir alla muni adv. by all means
fyrir fram adv. in advance, beforehand
fyrir framan prp. in front of
fyrir fullt og allt adv. for keeps
fyrir handan prp. beyond
fyrir innan prp. inside
fyrir löngu adv. long since
fyrir neðan adv. & prp. below, beneath, under(neath)
fyrir ofan adv. & prp. above
fyrir utan prp. outside, beyond; besides, aside/apart from, except for, outside/exclusive of
fyrirbjóða vt. forbid
fyrirboði m. omen, augury; **vera f. um** foreshadow
fyrirbrigði n. phenomenon; apparition
fyrirburi m. premature baby
fyrirbyggja vt. prevent, preclude, forestall
fyrirbyggjandi adj. preventive, preclusive, deterrent
fyrirbæn f. pleading; intercession
fyrirbæri n. phenomenon; specimen
fyrirfara sér v. commit suicide
fyrirfarast v. be neglected
fyrirferð f. bulk, volume, largeness
fyrirferðarlítill adj. compact
fyrirferðarmikill adj. bulky, massy; rowdy
fyrirfólk n. high society

fyrirfram adv. in advance
fyrirfram ákveðinn adj. fated; foregone
fyrirframgreiðsla f. advance payment, prepayment
fyrirframvitneskja f. prescience, prevision
fyrirgangssamur adj. boisterous, rambunctious
fyrirgangur m. boisterousness; goings-on
fyrirgefa vt. forgive, pardon
fyrirgefanlegur adj. pardonable, remissible
fyrirgefning f. forgiveness, pardon
fyrirgengilegur adj. frail, decrepit
fyrirgera vt. forfeit
fyrirhafnarlaus adj. effortless, pat
fyrirhafnarmikill adj. laborious, troublesome
fyrirheit n. promise
fyrirheitna landið n. the Promised Land
fyrirhleðsla f. embankment, levee
fyrirhuga vt. plan, purpose, intend
fyrirhyggja f. forethought, prudence
fyrirhyggjulaus adj. improvident
fyrirhyggjuleysi n. improvidence, rashness
fyrirhöfn f. effort, trouble, difficulty
fyrirkomulag n. arrangement, system, layout
fyrirlesari m. lecturer
fyrirlestrasalur m. lecture theatre, amphitheatre
fyrirlestur m. lecture, discourse; dictation
fyrirliði m. leader, captain, skipper (of a team)
fyrirliggjandi adj. available, at hand, in stock
fyrirlitlegur adj. despicable, contemptible
fyrirlitning f. contempt, disdain, scorn; **fullur fyrirlitningar** disdainful
fyrirlíta vt. scorn, despise
fyrirmaður m. personage, VIP
fyrirmuna vt. forbid
fyrirmynd f. model, prototype; paradigm
fyrirmyndar- comb. model, exemplary, ideal
fyrirmyndarríki n. utopia
fyrirmæli n.pl. instructions
fyrirrennari m. predecessor; precursor
fyrirrúm n. precedence
fyrirsát f. ambush

fyrirsjáanlegur adj. foreseeable, predictable
fyrirskipa vt. order, command, instruct
fyrirskipaður adj. prescribed, set
fyrirskipandi adj. prescriptive
fyrirskipun f. order, command
fyrirsláttur m. pretext, subterfuge, eyewash
fyrirspurn f. enquiry, query
fyrirspurnatími m. question time (in Parliament)
fyrirspyrjandi m. inquirer, questioner
fyrirstaða f. hindrance, obstacle, hitch; **til fyrirstöðu** in the way
fyrirstríðs- comb. prewar
fyrirstöðusinni m. obstructionist
fyrirstöðustefna f. obstructionism
fyrirsvarsmaður m. front man
fyrirsæta f. model; sitter (for a portrait)
fyrirsætustarf n. modelling
fyrirsögn f. headline; heading
fyrirtaks- comb. excellent, splendid, roaring
fyrirtekt f. whim
fyrirtæki n. firm, company; undertaking, enterprise
fyrirtækjanjósnir f.pl. industrial espionage
fyrirtækjasamruni m. merger
fyrirtækjasamsteypa f. cartel
fyrirtækjastjórnun f. business management
fyrirvaralaust adv. without (prior) notice, straightway, on the spur of the moment, extempore
fyrirvari m. notice, warning; proviso, reservation; **með fyrirvara** provisionally; **taka með fyrirvara** take with a grain/pinch of salt
fyrirvinna f. breadwinner, wage earner
fyrirætlun f. intention, plan, scheme
fyrna v. antiquate; deprecate
fyrnast v. be nullified, become invalid
fyrnd f. antiquity, ancient times
fyrning f. nullification; depreciation
fyrr adv. earlier, before, previously; **f. á tímum** in olden times; **f. eða síðar** sooner or later; **ekki f. en** not until/till
fyrrakvöld : í fyrrakvöld two evenings ago
fyrramál : í fyrramálið tomorrow morning
fyrri adj. first (of two), former, preceding, previous; **í fyrra** last year
fyrridagur : í fyrradag the day before yesterday
fyrrivetur : í fyrravetur last winter
fyrrmeir adv. formerly, in earlier times
fyrrnefndur adj. former, (afore)said, above-mentioned
fyrrum adj. one-time, sometime; adv. earlier
fyrrverandi adj. former, one-time, past, ex-
fyrst adv. first; **f. í stað** to begin with; **f. og fremst** first and foremost, above all, primarily; **f. svo er/var** in that case; **sem allra f.** as soon as possible; **f. um sinn** for the time being
fyrst conj. since; now that
fyrsta flokks adj. first-class, first-rate
fyrsta hæð f. ground floor, (Am.) first floor
fyrsti num. (the) first
fyrstur adj. first (of all); premier, primary; **í fyrsta lagi** to begin with, first(ly)
fyrtast við e-n vt. take offence at s-y
fyrtinn adj. irritable, resentful
fyrtni f. touchiness, pettishness
fýla f. stench, pong; bad mood, pet; **fara í fýlu** go into a huff; **vera í fýlu** sulk
fýlasótt f. parrot fever, psittacosis
fýldur adj. sullen, surly, miffed
fýll m. fulmar
fýluferð f. fool's errand
fýlulegur adj. sullen, sulky, morose
fýlupoki m. sourpuss, spoilsport, (Am.) sorehead
fýsilegur adj. desirable
fýsn f. desire, lust, prurience
fæddur adj. born
fæddur andvana adj. stillborn
fæð f. enmity; paucity
fæða f. food, nourishment
fæða vt. feed, nourish; give birth to
fæðast v. be born
fæði n. food, board
fæði og húsnæði n.(pl.) board and lodging
fæðing f. birth, delivery; nativity

fæðingarblettur m. birthmark, mole
fæðingardagur m. birthday
fæðingardeild f. maternity ward
fæðingarheimili n. maternity hospital
fæðingarhjálp f. midwifery
fæðingarhríðir f.pl. labour pains, throes
fæðingarlækningar f.pl. obstetrics
fæðingarlæknir m. obstetrician
fæðingarstaður m. place of birth
fæðingarstofnun f. maternity hospital
fæðingartala f. birth rate, natality
fæðingarvottorð n. birth certificate
fægilögur m. (metal) polish
fægiskúffa f. dustpan
fægja vt. polish, burnish; clean, scour
fæla vt. frighten, terrify
fæla e-n frá e-u vt. scare s-y from s-g
fælast vi. (of a horse) bolt, shy
fælinn adj. shy, skittish
fælni f. phobia; shyness
fær adj. able, competent, accomplished; passable
fær í e-u adj. good at/versed in s-g
fær um e-ð adj. capable of s-g
færa vt. move; bring
færa inn vt. enter; fill in
færa í kaf vt. submerge
færa í tal vt. broach (a topic)
færa sér í nyt vt. utilize; trade (up)on
færa sig vi. move over
færanlegur adj. removable, portable
færast undan v. hesitate; try to evade, jib at
færast upp vi. (of clothing) ride up
færð f. road condition, going
Færeyingur m. Faroese
Færeyjar f.pl. Faroe Islands
færeyskur adj. Faroese
færi n. fishing line; opportunity; range
færiband n. conveyer belt; assembly line
færibreyta f. parameter
færilús f. sheep ked
færni f. skill, proficiency
færsla f. entry, record
færslunúmer n. transacton number
færslusnið n. record layout
föðurarfur m. patrimony
föðurbróðir m. uncle
föðurhlutverk n. fatherhood
föðurímynd f. father figure
föðurland n. fatherland, native country; long johns
föðurlandsást f. patriotism
föðurlandssvik n.pl. high treason
föðurlandssvikari m. traitor, quisling
föðurlandsvinur m. patriot
föðurlaus adj. fatherless
föðurlegur adj. fatherly, paternal
föðurleifð f. patrimony
föðurmorð n. patricide
föðurmorðingi m. (murderer) patricide
föðurnafn n. patronymic
föðursystir f. aunt
föggur f.pl. luggage, things
fögnuður m. rejoicing, exultation, triumph
föl f. thin covering of snow
fölblár adj. powder blue
fölleiki m. paleness, pallor
fölleitur adj. palish, green about the gills
fölna vi. (grow) pale; blanch; fade, wilt
fölskinni m. paleface
fölsuð ávísun f. dud cheque
fölsun f. falsification, forgery, fake
fölur adj. pale, sallow, wan
fölvi m. paleness, pallor, sallowness
föndra vi. do handicrafts
föndra við vt. play with
föngulegur adj. handsome, dashing
fönikískur adj. Phoenician
Fönikía f. Phoenicia
Fönikíumaður m. Phoenician
fönn f. snowdrift
för f. journey, trip, voyage; **hafa í f. með sér** entail, cause, result in; **slást í f. með e-m** join s-y; **vel til fara** well-dressed; **vera á förum** be about to leave
förðun f. make-up
förufálki m. peregrine (falcon)
förumunkur m. friar
förunautur m. travelling companion
föruneyti n. entourage, retinue, suite (of followers)
föst efnisskrá f. repertory, repertoire
föst laun n.pl. salary
föst tilvísunarsetning f. restrictive/defining relative clause
föstudagur m. Friday
föstudagurinn langi m. Good Friday

föstumánuður m. Ramadan (of the Muslim year)
föstumessa f. Lent mass
föstutíð f. fast
föt n.pl. clothes, dress, suit
fötlun f. disability, handicap
fötufylli n. bucketful, pailful

G

gabb n. trick, bluff, hoax; mockery
gabba vt. trick, cheat; mock, ridicule
gaddaskór m. track shoe
gaddavír m. barbed wire
gaddur m. spike; hard frost
gaffalhjörtur m. pronghorn
gaffall m. fork
gaffallyftari m. forklift truck
gafl m. gable (end)
gaflhlaðsþríhyrningur m. pediment
gaflkæna f. (boat) punt
gaflloka f. tailboard, (Am.) tailgate
gagg n. cackle, cluck
gagga v. cackle, cluck
gaggalagó n. cock-a-doodle-doo
gagn n. use, advantage, gain; evidence; **gera g.** be useful; **koma að gagni** come in handy; **vera til gagns** be of service; **verða e-m að gagni** be of use to
gagn- comb. anti-, counter; through
gagna vt. avail, benefit
gagnabanki m. data bank
gagnageymsla f. data storage
gagnasafn n. data base
gagnasafnskerfi n. data base management system
gagnasending f. data transmission
gagnastreymi n. data flow
gagnasöfnun f. data acqusition
gagnauga n. temple (of the head)
gagnavinnsla f. data processing
gagnárás f. counterattack
gagnásökun f. recrimination
gagnbylting f. counter-revolution
gagneitur n. antidote
gagnfræðaskóli m. lower secondary school
gagnfræðingur m. (Am.) high school graduate
gagnger adj. thorough, total
gagngert adv. expressly, purposely
gagnkrafa f. counterclaim
gagnkvæmni f. mutuality, reciprocity
gagnkvæmt adv. vice versa
gagnkvæmur adj. mutual, reciprocal
gagnlegur adj. useful, advantageous, beneficial
gagnnjósnir f.pl. counterespionage, counterintelligence
gagnorður adj. succinct, laconic, terse, to the point
gagnprófun f. cross-examination
gagnráðstöfun f. countermeasure
gagnrýna vt. criticize, review
gagnrýnandi m. critic, reviewer
gagnrýni f. criticism, critique
gagnrýninn adj. critical, censorious
gagnrök n.pl. con, disproof, counter-argument
gagnsemi f. usefulness
gagnsemishyggja f. utilitarianism; pragmatism
gagnsemishyggjumaður m. utilitarian; pragmatist
gagnsíun f. permeation
gagnslaus adj. useless, futile, ineffective
gagnsleysi n. uselessness, futility, fecklessness
gagnslítill adj. of little avail
gagnspyrja vt. cross-examine, cross-question
gagnstæða f. opposite; antithesis
gagnstæðisenging f. disjunctive conjunction (in grammar)
gagnstæður adj. opposite; antithetic(al)
gagnstætt prp. contrary to, unlike
gagnsýrður adj. permeated
gagnsæi n. transparency, lucidity, pellucidity
gagnsær adj. transparent, see-through; diaphanous
gagnsök f. recrimination
gagntaka vt. captivate, thrill, overwhelm
gagntekinn (af) adj. spellbound/prepossessed (by), flushed (with), have a bee in one's bonnet (about)

gagntilboð n. counteroffer, counter-bid
gagnvart prp. opposite to, facing; toward(s)
gagnverkandi fornafn n. reciprocal pronoun
gagnverkun f. reaction
gagnvirkni f. reciprocation
gagnvirkur adj. interactive
gala v. crow; scream
galdra v. practise witchcraft, conjure
galdrakerling f. witch, sorceress
galdralæknir m. witchdoctor
galdramaður m. magician, sorcerer
galdranorn f. witch, enchantress
galdrar m.pl. witchcraft
galdrastafur m. magic wand; magic symbol, rune
galdraþula f. magic formula
galdur m. witchcraft, sorcery, magic; trick
galeiða f. galley
galgopalegur adj. jaunty, rakish
galgopi m. joker, jackanapes
galinn adj. insane, daft, scatty; furious
gall n. gall, bile
gallabuxur f.pl. blue jeans, denims, dungarees
gallaðar vörur f.pl. second-class goods, seconds
gallaður adj. faulty, defective
gallagripur m. broken reed
gallalaus adj. faultless, flawless, impeccable
gallblaðra f. gall bladder
gallepli n. oak apple
gallharður adj. adamant, flinty
galli m. fault, flaw, defect, drawback; overalls
galli á gjöf Njarðar m. a fly in the ointment
gallon n. gallon (Br. = 4,546 l., Am. = 3,785 l.)
gallsteinn m. gallstone
gallveikur adj. bilious, liverish
gallverskur adj. Gallic
galopinn adj. wide open, agape
galsafenginn adj. playful, slaphappy
galsi m. exuberance, frolic
galti m. haystack, hayrick
galvanísera vt. galvanize

galvanísering f. galvanization
galvaskur adj. undismayed
gamaldags adj. old-fashioned, out-of-date, obsolete
gamall adj. old, ancient
gamalmenni n. old person
gamalreyndur hermaður m. veteran
gamalreyndur maður m. old hand, old-timer, old-stager
gamalreyndur sjómaður m. sea dog
gamalsaldur m. old age
gaman n. fun, amusement; **gera að gamni sínu** do s-g for fun; **henda g. að** make fun of; **í gamni** in fun, jokingly; **til gamans** for kicks
gamankvæði n. comic verse
gamanleikari m. comedian
gamanleikkona f. comedienne
gamanleikur m. comedy
gamanmynd f. comedy film
gamanópera f. comic opera
gamansaga f. anecdote, joke
gamansamur adj. merry, jocular, playful
gamansemi f. wittiness, jocularity, playfulness
gamanvísa f. comic song
gamanþáttur m. comedy show
gambítur m. gambit (in chess)
gambrari m. ranter
gamlárskvöld n. New Year's Eve
gammageislar m.pl. gamma rays
gammur m. vulture
gamna sér vi. amuse oneself
gámaleiga f. container leasing
gámalest f. container train
gámaskip n. container ship
ganga f. walk, hike; march; shoal (of fish)
ganga v. walk, go on foot, move, run; get along
ganga að e-m vt. ail s-y
ganga að e-u vt. agree to s-g
ganga að e-u vísu vt. take s-g for granted
ganga af vi. remain, be left
ganga af göflunum vi. take leave of one's senses
ganga aftur vi. appear as a ghost
ganga á e-ð vt. deplete s-g
ganga á e-n vt. press s-y (with questions)

ganga á milli v. intercede; be passed (a)round
ganga á mis vi. (of rocks) fault
ganga á undan vt. precede
ganga eftir e-m vt. coax s-y
ganga fram af e-m vt. shock s-y
ganga fram af sér vt. overexert oneself
ganga fram hjá e-m vt. pass s-y over
ganga frá e-m vt. dispatch/kill s-y, do s-y in
ganga frá e-u vt. settle s-g; put s-g away
ganga fyrir v. have/take precedence (over)
ganga gegnum e-ð vt. suffer s-g
ganga í félag v. join a society
ganga í garð vi. (of seasons) arrive, set in
ganga í herinn v. join the army, join up
ganga um vi. walk about, perambulate
ganga úr sér vi. decay, go bad
ganga út frá vt. assume, presuppose
ganga vel um vi. be tidy
ganga yfir vi. pass off; (of weather) blow over
gangast fyrir vt. organize
gangast inn á vt. agree to
gangast undir vt. undergo
gangast við vt. admit, own
gangastúlka f. auxiliary (in a hospital)
gangbraut f. pedestrian/zebra crossing
gangbraut með umferðarljósum f. Panda crossing
gangbraut undir brú/veg f. underpass
gangbrautarvörður m. lollipop (wo)man
gangdagar m.pl. Rogation Days
gangfjöður f. mainspring
gangfær adj. in running order
ganghraði m. cruising/engine speed
gangráður m. pacemaker; regulator, escapement
gangriti m. logger
gangsetning f. startup, bootup
gangspil n. capstan
gangstétt f. pavement, (Am.) sidewalk
gangstéttarbrún f. kerb, (Am.) curb
gangstígur m. path(way)
gangur m. walk; gait; tempo, pace; passage, corridor; aisle; process; action; **á gangi** on foot; **hafa sinn gang** run its course; **í gangi** be running; in progress, under way; **setja í gang** activate, start

gangvegur m. catwalk (along a bridge)
gangverð n. current/going price, market value
gangverk n. mechanism; clockwork
gantast vi. banter
gap n. gap, opening; chasm
gapa vi. yawn; gape, stare
gapandi adj. agape, open-mouth
gapastokkur m. pillory, stocks
gardína f. curtain, blind
gardínukappi m. pelmet, (Am.) valance
garðaber n. gooseberry, currant
garðabrúða f. valerian
garðahlynur m. sycamore
garðakerfill m. chervil
garðalín n. piqué
garðaprjónn m. plain knitting, garter stitch
garðaskotta f. redstart
garðasól f. Iceland poppy
garðbaun f. haricot/kidney bean
garðhús n. summerhouse, bower
garðkanna f. watering can
garðklippur f.pl. secateurs
garðrækt f. gardening
garðskáli m. gazebo
garðsláttuvél f. lawn mower
garður m. garden; yard; wall; bank (of earth)
garðvaltari m. garden roller
garðyrkja f. gardening, horticulture
garðyrkjubú n. market garden, (Am.) truck farm
garðyrkjubúskapur m. market gardening
garðyrkjufræði f. horticulture
garðyrkjufræðingur m. horticulturalist
garðyrkjumaður m. gardener
garðyrkjuskóli m. horticultural school
garfa vt. tan, curry (skin)
garfa í e-u vt. do s-g about s-g
garg n. shriek, screech, croak
garga vi. shriek, screech, squawk
gargönd f. gadwall
garmur m. wreck; rags; weakling
garn n. yarn, twine
garna- comb. intestinal
garnabólga f. enteritis
garnir f.pl. entrails
garpur m. hero, champion
gas n. gas

gasalegur adj. awful, horrible
gasbrennari m. bunsen burner
gaseldavél f. gas cooker, gas stove
gasella f. gazelle
gasgeymir m. gasholder, gasometer
gasgríma f. gas mask
gaskenndur adj. gaseous, gassy
gasklefi m. gas chamber
gasofn m. gas oven
gasolía f. diesel fuel/oil
gaspur n. twaddle
gassalegur adj. loud, noisy, boisterous
gasstöð f. gasworks
gat n. hole, gap, aperture; puncture
gata f. street, road, path
gata vt. perforate, punch
gatabil n. feed pitch
gatamynstur n. openwork, honeycomb
gatari m. (card) punch, perforator
gataræma f. punch tape
gatasaumur m. hemstitch
gatasigti n. strainer
gatasleif f. (utensil) skimmer
gataspjald n. punch card
gatnamót n.pl. crossroads, intersection
gatslitinn adj. worn-out, moth-eaten
gauðrifinn adj. tattered (and torn)
gaufa vi. ponce about/around, tarry
gauka e-u að e-m vt. give s-y a hint
gaukur m. cuckoo
gaul n. howl, yell, whine
gaula vi. howl, yell
gaumgæfa vt. scrutinize
gaumgæfilega adv. carefully, attentively
gaumgæfni f. care, attention
gaumljós n. pilot lamp/light, indicator light
gaumur m. attention, notice, heed
gaupa f. lynx, bobcat
gaupnir : horfa í g. sér droop one's head
gaur m. lanky fellow; pole
gauragangur m. racket, commotion, hullabaloo
gá v. have a look, check
gá að vt. look for, check
gá að sér v. take care, look out
gáfa f. gift, talent
gáfaður adj. intelligent, clever, brainy
gáfnaljós n. brainy person, pundit

gáfnastuðull m. intelligence quotient
gáfukona f. clever woman, intellect
gáfulegur adj. intelligent looking; astute
gáfumaður m. clever person, intellect
gáfur f.pl. intelligence, brains
gála f. tomboy; tart, trollop, tramp
gálaus adj. reckless, heedless
gáleysi n. carelessness, inadvertence
gálgafrestur m. (short) reprieve
gálgafyndni f. gallows humour
gálgakrani m. gantry
gálgamatur m. gallows bird
gálgi m. gallows, gibbet
gámur m. container
gára f. ripple
gári m. budgerigar
gárungagrín n. waggery
gárungur m. wag, buffoon
gáshaukur m. goshawk
gáskafullur adj. playful, wanton, rollicking
gáski m. playfulness, vivacity, merriment
gát f. attentiveness, carefulness
gáta f. riddle, puzzle, conundrum, enigma
gátlisti m. checklist
gátt f. doorway; atrium (of the heart); **í hálfa g.** ajar; **upp á g.** wide open, agape; **utan gátta** absent-minded
gáttaður adj. dumbfounded, astonish
gáttarstífla f. sluice
gáttarstokkur m. sluiceway
gedda f. pike; pickerel
geð n. mind, mood, temper, disposition
geð- comb. mental
geðbilaður adj. mentally ill, insane
geðbilun f. mental illness, madness
geðdeild f. psychiatric ward
geðfelldur adj. agreeable, lik(e)able, pleasing
geðflækja f. complex, neurosis
geðgóður adj. good-tempered
geðheilsa f. mental health
geðhreinsun f. catharsis
geðhvarfasjúkur adj. manic-depressive
geðillska f. bad temper, pettishness
geðillur adj. bad-tempered, grumpy
geðjast að vt. like, be pleased with
geðjast e-m vt. please s-y
geðklofasjúklingur m. schizophrenic
geðklofi m. schizophrenia; schizophrenic

geðlækning f. psychiatry, psychotherapy
geðlæknir m. psychiatrist, psychoanalyst
geðrof n. schizophrenia
geðrænn adj. mental, psychic(al)
geðshræring f. emotion
geðsjúkdóma- comb. psychiatric
geðsjúkdómafræði f. psychiatry
geðsjúkdómur m. mental illness
geðsjúklingur m. mental patient, psychopath
geðsjúkrahús n. mental hospital
geðslegur adj. sympathetic, attractive
geðstirður adj. cantankerous, liverish
geðvefrænn adj. psychosomatic
geðveiki f. mental illness/derangement, psychosis, lunacy, insanity, madness
geðveikrahæli n. mental hospital, lunatic asylum
geðveikur adj. mentally ill/deranged, psychotic, insane, demented, mad
geðvernd f. mental hygiene
geðvilltur adj. psychopathic
geðvondur adj. bad-tempered, grouchy
geðvonska f. bad temper, grumpiness
geðþekkur adj. sympathetic, endearing
geðþóttaákvörðun f. arbitrary decision
geðþóttalegur adj. arbitrary
geðþótti m. discretion, pleasure
gefa v. give, donate; hand, pass; deal (the cards)
gefa af sér v. yield, return a profit
gefa e-ð fyrir e-ð vt. pay s-g for e-g
gefa e-m á hann vt. punch s-y in the face
gefa e-m e-ð inn vt. give s-y medicine
gefa eftir v. give in; concede
gefa frá sér vt. relinquish; let out, emit
gefa í v. step on it, rev up
gefa í botn v. dig out (Am.)
gefa í skyn vt. hint at, imply, insinuate
gefa sig vi. fail, wear out, give ground
gefa sig að e-m vt. talk to s-y
gefa sig að e-u vt. take s-g up, engage in s-g
gefa sig fram v. give oneself up; volunteer
gefa sig út fyrir e-ð vt. pretend to be s-g
gefa skýrslu v. make a report
gefa til baka v. give change
gefa til kynna vt. suggest, indicate, denote
gefa út vt. publish, issue, release
gefa vitlaust v. misdeal (the cards)
gefandi m. donor, giver; adj. rewarding
gefast upp v. give up/in, surrender, capitulate
gefins adj. & adv. free (of charge), gratis
geggjaður adj. crazy, bats, barmy, dotty, loony
geggjun f. derangement, madness, insanity
gegn adj. fine; straight
gegn prp. against, versus; towards
gegna v. answer; obey; discharge; act as
gegnblautur adj. dripping/sopping wet
gegnbleyta vt. saturate
gegndarlaus adj. excessive, exorbitant, profuse
gegndrepa adj. wet through, soaked
gegndræpi n. permeability
gegndræpur adj. permeable
gegnheill adj. solid, massive
gegnsoðinn adj. (of food) well-done
gegnsósa adj. soaked, soggy
gegnsteiktur adj. (of food) well-done
gegnsýra vt. saturate, impregnate, imbue with
gegnsýring f. saturation, impregnation, pervasion
gegnsær adj. transparent, limpid
gegnt prp. opposite, in front of
gegnum prp. through
gegnumlýsa vt. X-ray
gegnumlýsing f. radiography
gegnvotur adj. sodden, drenched
geifla sig vi. make faces, grimace
geiflur f.pl. choppers
geiga vi. miss
Geigerteljari m. Geiger counter
geigur m. fear, dread
geigvænlegur adj. sinister, ominous, portentous
geimbúningur m. spacesuit
geimefni n. interstellar matter
geimfar n. spacecraft
geimfari m. astronaut, cosmonaut
geimferja f. space shuttle
geimgeislar m.pl. cosmic rays
geimjarðfræði f. astrogeology

geimjarðfræðingur m. astrogeologist
geimlíffræði f. astrobiology
geimskip n. spaceship
geimskot n. space shot, launch
geimskutla f. space shuttle
geimsteinn m. meteoroid
geimstöð f. space station
geimur m. space
geimvera f. extraterrestrial
geimþoka f. nebula
geirfugl m. great auk
geiri m. sector; segment, section
geirnagli m. dovetail
geirnegla vt. dovetail
geirnegling f. dovetail
geirstokkur m. mitre box
geirungur m. mitre joint
geirvarta f. nipple, tit, pap
geisa vi. rage, storm
geisja f. geisha (girl)
geisla v. beam; radiate; irradiate
geislabaugur m. halo, aureole
geisladiskur m. compact disc (CD); videodisc
geisladýrð f. effulgence, resplendence
geislahitun f. panel/radiant heating
geislahjúpur m. aura
geislahnit n.pl. radius vector
geislakol n. radiocarbon
geislalækningar f.pl. radiotherapy
geislamyndaður adj. radial
geislandi adj. radiant, effulgent, incandescent; adv. asparkle
geislaorkumælir m. radiometer
geislaprentari m. laser printer
geislasamsæta f. radioisotope
geislaskaut n. centrosome
geislaspilari m. compact disc player
geislasteinn m. zeolite
geislaveiki f. radiation sickness
geislavirkni f. radioactivity
geislavirkt ofanfall n. radioactive fallout
geislavirkur adj. radioactive
geisli m. beam, ray; radius
geislun f. radiation; irradiation
geislunarfræði f. radiology
geislunarlækningar f.pl. radiology
geislunarmælir m. radiometer
geislunarorka f. radiant energy
geislunarvarmi m. radiant heat
geislunarveiki f. radiation sickness
geispa vi. yawn
geispa golunni v. kick the bucket
geispakast n. (attack of yawns) gapes
geispi m. yawn
geit f. (nanny) goat
geitahirðir m. goatherd
geitarskinn n. goatskin
geitarskinnshanski m. kid glove
geitatoppur m. honeysuckle
geithafur m. billy goat
geitungur m. wasp, hornet
gelatín n. gelatine
gelda vt. castrate, geld, neuter
geldhani m. capon
gelding f. castration, emasculation
geldingahnappur m. thrift, sea pink
geldingur m. eunuch; gelding, steer
geldneyti n. bullock
gelgjubólur f.pl. acne
gelgjunabbi m. blackhead
gelgjuskeið n. puberty, adolescence
gelískur adj. Gaelic
gella f. gill; bird, (Am.) chick
gella vi. (re)sound, twang; cry out
gelt n. bark, bay, yap
gelta vi. bark, bay, yap
geltur hrútur m. wether
gemlingur m. shearling
gemsa f. chamois, shammy
gen n. gene
gengi n. good luck, success; rate of exchange; gang, team, band, set (of people); **fella/lækka g.** devalue
gengilbeina f. waitress
gengisbreyting f. currency revaluation
gengisfelling f. currency devaluation
gengishagnaður m. gain from a change in the rate of exchange
gengishækkun f. currency reflation
gengislækkun f. currency devaluation
gengismunur m. arbitrage, currency rate difference
gengissig n. currency depreciation
gengisskráning f. foreign exchange listing; share price listing
ger n. leaven, yeast; swarm
gera v. do, act; make
gera að (fiski) vt. gut (fish)

gera af sér vt. do s-g wrong
gera á sig v. soil one's pants
gera áætlun v. make plan
gera breytingar v. make changes
gera e-ð upp við sig vt. make up one's mind about a-g
gera e-m rangt til vt. do s-y an injustice
gera erfðaskrá v. make a will
gera grein fyrir vt. account for
gera könnun v. make a survey
gera mistök v. make a mistake
gera of mikið úr vt. exaggerate
gera ráð fyrir vt. assume, take into consideration
gera samning v. make a deal
gera sér að góðu vt. settle for
gera sér ljóst vt. realize
gera sér upp vt. feign, fake, sham, put on
gera sig til vt. primp and preen; be affected
gera til vt. gut, eviscerate
gera upp vt. restore, renovate, recondition
gera upp á milli (e-s) vt. discriminate between
gera upp við v. settle up with; settle a score with
gera út vt. own and operate a fishing vessel
gera út af við vt. do in, finish/kill off
gera út um vt. decide
gera við vt. repair, mend, fix
gerandi m. agent, performer; subject (in grammar)
geranía f. geranium
gerast vi. take place, happen, occur
gerbreyta vt. transform, transmogrify
gerð f. make, kind, type; structure; deed, act
gerðabók f. minutes, register
gerðardómari m. arbitrator
gerðardómur m. (court of) arbitration
gerði n. fence, hedge
gerður adj. made, wrought, constituted
gerður hlutur m. fait accompli
gerefni n. ferment
gereyða vt. annihilate, liquidate
gereyðing f. annihilation, extermination
gereyðingarsinni m. nihilist
gereyðingarstefna f. nihilism

gerill m. bacterium
gerilsneyða vt. pasteurize
gerilsneyðing f. pasteurization
gerjast vi. ferment
gerjun f. fermentation
gerlafræði f. bacteriology
gerlafræðingur m. bacteriologist
gerlalaus adj. aseptic
gerlaleysi n. asepsis
gerlaus adj. (of bread) unleavened
gerlegur adj. feasible, workable, possible
germanavidur m. medlar
germanskur adj. Germanic, Teutonic
germynd f. active voice (in grammar)
gerræðislegur adj. arbitrary
gersamlega adv. completely, utterly
gersemi f. treasure, bijou; smasher
gersigra vt. rout, trounce, wallop
gerspilltur adj. rotten to the core
gervallur adj. entire
gervi n. guise; character, figure
gervi- comb. artificial, synthetic, man-made, sham, dummy; pseudo; factitious; imitative
gervidemantur m. rhinestone
gerviefni n. synthetic material
gervifrumlag n. pseudo subject (in grammar)
gervigetnaðarlimur m. dildo
gervigígur m. pseudocrater
gervigómur m. denture, dental plate
gervigreind f. artificial intelligence
gervihnattasjónvarp n. satellite TV
gervihnöttur m. (artificial) satellite
gervimennska f. pretentiousness, ostentation
gervinafn n. pseudonym
gervinýra n. kidney machine
gervisteinn m. rhinestone
gervitennur f.pl. false teeth, dentures
gervitungl n. (artificial) satellite
gervivísindi n.pl. pseudoscience
gestabók f. guest book; hotel register
gestagangur m. stream of guests
gestaherbergi n. guestroom
gestahús n. guesthouse
gestamóttaka f. reception
gestasalur m. parlour
gestastofa f. salon
gestaþraut f. puzzle

gestgjafi m. host(ess); proprietor; proprietress
gestrisinn adj. hospitable
gestrisni f. hospitality
gestur m. guest, visitor
gestur á farfuglaheimili m. hosteller
geta f. ability, capability, competence
geta v. geta + past participle be able to; can; guess; mention; father (a child), beget
geta af sér vt. generate, procreate, engender, spawn
geta sér til um vt. make a guess about, speculate about
getgáta- f. guess, conjecture
getnaðar- comb. generative; genital
getnaðarfæri n.pl. genitals
getnaðarlimur m. penis, phallus
getnaðarvarnir f.pl. birth control, contraception
getnaðarverja f. contraceptive, condom; intrauterine device
getnaður m. conception, procreation
getraunir f.pl. (football) pools
getspakur adj. good at guessing
getspeki f. prophetic gift, prophecy
getulaus adj. powerless; impotent
getuleysi n. inability; impotence
geyma vt. keep, store; preserve
geymd f. preservation, transmission
geymir m. tank; battery
geymsla f. storage (room)
geymslufé n. deposit
geymsluherbergi n. storeroom
geymsluhólf n. safe-deposit box; pigeonhole
geymslukostnaður m. storage cost
geymslurými f. storage capacity
geymslusjóður m. sinking fund
geymsluþolinn adj. (of food) preservable
geysast vi. dash, rush, sweep, hurtle
geysilega adv. enormously, exceedingly
geysilegur adj. enormous, immense, tremendous
gibbonapi m. gibbon
gifs n. plaster (of paris); gypsum
gifsplata f. plasterboard
gifsumbúðir f.pl. plaster cast
gifta vt. give in marriage, marry
giftast vi. get married

gifting f. marriage, matrimony; wedding
giftingaraldur m. marriageable age
giftingarhringur m. wedding ring
giftingarhæfur adj. marriageable
giftingarvottorð n. marriage certificate, marriage lines
giftur adj. married
gigt f. rheumatism; arthritis
gigtarkenndur adj. rheumatoid
gigtarsjúklingur m. rheumatic
gigtarsótt f. rheumatic fever
gigtarsækinn adj. rheumaticky
gigtveiki f. rheumatism
gigtveikur adj. rheumatic; arthritic
gikksháttur f. fastidiousness; arrogance
gikkur m. trigger; fastidious person
gil n. gully, ravine, gorge; canyon
gilda vi. be valid/relevant, apply, count
gildandi adj. current, going
gildi n. validity, relevance; value; worth, merit; guild; **falla úr g.** expire; **fella úr g.** abolish, nullify; **ganga í g.** take effect; **í g.** valid, in effect, operative; **setja í g.** validate; **öðlast g.** come into effect
gildisbróðir m. guildsman
gildisgjöf f. validation
gildishæstur adj. of highest denomination
gildislaus adj. null
gildisleysi n. invalidity, nullity
gildislok n.pl. expiry, expiration date
gildislækkun f. debasement
gildismat n. (e)valuation, value judgement
gildissvið n. coverage (of an insurance policy)
gildistími m. duration; usance (of a bill)
gildleiki m. thickness, stoutness, portliness
gildna vi. get fatter, grow stout
gildra f. trap, pitfall
gildur adj. valid; thick, fat; prominent
gildvaxinn adj. thick-set, corpulent
gimsteinar m.pl. jewellery
gimsteinasali m. jeweller
gimsteinaslípari m. lapidary
gimsteinn m. jewel, gem, cameo, bijou
gin n. jaws; gin

gin- og klaufaveiki → gjaldþrota

gin- og klaufaveiki f. foot-and-mouth disease
ginkefli n. gag
ginklofi m. trismus, lockjaw
ginna vt. allure; deceive, trick
ginnhelgur adj. sacrosanct
ginning f. seduction; deception
ginningarfífl n. sucker, dupe, fall guy, gull
gips n. plaster (of paris); gypsum
girða vt. fence in, enclose (with a fence)
girða af vt. fence/seal/rope/rail off
girða fyrir vt. prevent, hinder
girðing f. fence; enclosure
girðingarefni n. fencing
girðingarþrep n. stile
girnast vt. long for, desire
girnd f. lust, desire
girndarglott n. leer
girndargón n. ogle
girndarráð n. love match
girni n. catgut
girnilegur adj. desirable; appetizing
gisinn adj. sparse, thin; leaky
giska (á) v. guess
gista vi. stay the night
gistenntur adj. gap-toothed
gistibíll m. motor home
gistihús n. hotel, inn
gisting f. night's lodging
gisting á hóteli f. hotel accommodation
gífill m. (plant) broom
gífurlega adv. immensely, extremely
gífurlegur adj. enormous, huge, stupendous
gífuryrði n. rant, big words
gífuryrtur adj. vituperative
gígur m. crater
gill m. parhelion
gína f. (dressmaker's) dummy, mannequin
gína vi. open one's mouth wide
gína við vt. snap at
gínea f. guinea
gír m. gear; **skipta um g.** change gear
gíraffi m. giraffe
gírkassi m. gearbox, transmission
gírstöng f. gear lever/stick, (Am.) gear shift
gírugur adj. greedy, ravenous

gísl m. hostage
gísling : halda e-m í gíslingu hold s-y to ransom
gítar m. guitar
gítarleikari m. guitarist
gítarnögl f. plectrum, pick
gjafaeintak n. presentation copy
gjafakort n. gift-voucher
gjafmildi f. generosity, largesse
gjafmildur adj. generous, munificent
gjafvaxta adj. marriageable, (of girls) nubile
gjafverð n. giveaway price
gjald n. payment, charge, fee
gjalda vt. pay for
gjalda líku líkt v. give/render tit for tat
gjaldaáætlun f. expense plan/budget
gjaldaliður m. expense item
gjalddagi m. date of maturity/payment, date due
gjaldeyrir m. foreign currency
gjaldeyrisdeild f. foreign currency department
gjaldeyrisforði m. foreign currency reserves
gjaldeyrishöft n.pl. foreign currency restrictions
gjaldeyrisleyfi n. foreign currency licence
gjaldeyrisreikningur m. foreign currency account
gjaldeyrisvarasjóður m. foreign currency reserves
gjaldeyrisviðskipti n.pl. foreign currency transactions
gjaldfallinn adj. (over)due, mature, owing, payable
gjaldfrestur m. term of payment
gjaldfær adj. solvent
gjaldfærni f. solvency
gjaldgengur adj. valid; useful
gjaldheimta f. tax collection; inland revenue office
gjaldkeri m. cashier, treasurer
gjaldmiðill m. currency; **löglegur g.** legal tender
gjaldmælir m. taximeter
gjaldskrá f. rate list, tariff, scale of charges
gjaldþrot n. bankruptcy, insolvency
gjaldþrota adj. bankrupt, insolvent

gjall n. slag, cinder; scoria; lapilli
gjalla vi. blare, (re)sound; cry out, twang
gjallandi adj. brazen, plangent
gjallarhorn n. megaphone, loudhailer
gjallgígur m. spatter cone
gjallhaugur m. slagheap
gjamm n. yap
gjamma vi. yap
gjamma fram í vt. interrupt, heckle
gjammari m. heckler
gjarn á adj. apt/prone to
gjarnan adv. willingly, gladly, fain
gjá f. ravine, gorge, chasm, fissure
gjálfra vi. lap, purl, burble
gjálfur n. lap, ripple, gurgle
gjálífi n. dissipation, riotous living
gjálífur adj. dissipated, dissolute, rakish
gjástykki n. rift valley
gjóa á vt. peep at
gjóður m. osprey
gjóla f. fresh breeze
gjósa v. gush, spout; erupt
gjóska f. tephra, volcanic ash
gjóskubergs- comb. pyroclastic
gjóskuryk n. volcanic dust
gjóta vi. give birth to; pup; farrow; spawn
gjöf f. present, gift, donation
gjöfull adj. generous, open-handed, bountiful
gjöld n.pl. expenses, expenditure, dues
gjörbreyta vt. transform, change completely
gjörbylta vt. revolutionize
gjörð f. belt; hoop; saddlegirth
gjörðir f.pl. doings
gjöreyða vt. wipe out, exterminate, consume
gjöreyðandi adj. internecine
gjörgæsla f. intensive care
gjörgæsludeild f. intensive care unit
gjörhygli f. exactness, precision, minuteness
gjörla adv. precisely, completely
gjörningar m.pl. witchcraft, sorcery
gjörningur m. act, deed; contract; performance
gjörnýting f. depletion
gjörólíkur adj. disparate, worlds/poles apart
gjörsamlega adv. completely, quite
gjörsneyddur adj. devoid
gjörspilltur adj. depraved, rotten to the core
gjörvallur adj. whole, entire
gjörvi m. processor
gjörvilegur adj. handsome, strapping
gladíóla f. gladiolus
glaðbeittur adj. vivacious
glaðhlakkalegur adj. pleased
glaðlega adv. gladly, gaily, airily
glaðlegur adj. cheerful, joyful, blithe
glaðlyndi n. cheerfulness
glaðlyndur adj. cheerful, good-humoured
glaðna vi. clear up, brighten
glaðningur m. treat, refreshment
glaður adj. glad, cheerful; bright
glaðvakandi adj. wide-awake
glaðvær adj. cheerful, jovial, convivial
glaðværð f. cheerfulness, joviality, mirth
glampa vi. gleam; twinkle; flash
glampadeyfir m. antiglare filter
glampi m. gleam, glint; twinkle; spark(le)
glamra vi. rattle, jingle; chatter
glamra á vt. strum (an instrument)
glamur n. rattle, jangle; strum; prattle
glannaakstur m. joyride
glannalegur adj. rash, thoughtless, madcap
glannaskapur m. rashness, thoughtlessness
glanni m. rash, madcap; joker, wag
glans n. gloss, lustre; brilliance
glansa vi. shine, shimmer; do splendidly
glansrit n. slick (magazine)
glappaskot n. blunder, bloomer, howler
glapráður adj. precipitate, impulsive
glapræði n. mistake, oversight; crime
glas n. glass; small bottle, phial
glasabarn n. test-tube baby
glaseygður adj. bleary-eyed, wall-eyed
glassúr m. icing, frosting
glata vt. lose
glataður adj. lost, gone; hopeless
glatast vi. be lost, perish
glaumgosi m. playboy
glaumur m. noise of a party, merriment
gláka f. glaucoma
glámbekkur m. insecure place
glámskyggn adj. weak-sighted
gláp n. gape, stare

glápa vi. gape, stare, gawk
glás (af) f. bucketful, lots, oodles, bags (of)
gleði f. joy, happiness, contentment
gleðikona f. prostitute
gleðileg jól n.pl. Merry Christmas
gleðilegt nýár n. Happy New Year
gleðilegur adj. joyful, delightful; festive
gleðisnauður adj. joyless, cheerless, bleak
gleðispillir m. killjoy, spoilsport, wet blanket
gleðja vt. delight, exhilarate, please
gleðjast vi. rejoice, cheer up, be happy
gleðskaparmaður m. merrymaker
gleðskapur m. merrymaking, joviality
glefsa í vt. snap/nip at
glefsinn adj. snappy
gleiðboga- comb. hyperbolic(al)
gleiðbogi m. hyperbola
gleiðgosi m. dandy; ranter
gleiðhorns- comb. wide-angle
gleiður adj. straddling; cocky
gleitt horn n. obtuse angle
gleitt letur n. spaced type
gleitt sérhljóð n. unrounded vowel
glenna v. open wide; splay
glens n. fun, joke, banter
glepja vt. confuse, confound
glepja fyrir vt. distract
gler n. glass; bottle
glerauga n. glass eye
gleraugnasali m. optician
gleraugnaslanga f. cobra
gleraugu n.pl. glasses, spectacles
glerblásari m. glassblower
glerbrot n. broken glass, shard
glerbrúsi m. carboy
glergerðarhús n. glassworks
glerharður adj. hard as a rock
glerhákarl m. brown shark meat
glerja vt. glaze, glass
glerjun f. glazing
glerkenndur adj. vitreous
glermálverk n. stained glass
glermunir m.pl. glassware
glersalli m. ground glass
glerskeri m. glazier; glasscutter
glertrefjar f.pl. fibreglass, glass fibre
glerull f. glass wool
glerungur m. enamel; glaze
glervara f. glassware
glerverksmiðja f. glassworks
gletta n. prank, banter, joke
glettast við vt. banter, chaff, tease s-y
glettinn adj. playful, teasing, prankish
glettni f. playfulness, banter; humour
glettnislegur adj. prankish, roguish
gleym-mér-ei f. (common) forget-me-not, scorpion grass
gleyma vt. forget
gleyma sér vi. get carried away
gleyminn adj. forgetful, oblivious
gleymska f. forgetfulness; oblivion
gleypa vt. swallow, gulp; absorb
gleypa í sig vt. devour, gobble, wolf
gleypa við vt. jump at
gleypinn adj. absorbent, porpous
gliðna í sundur vi. fall apart
glimmer m. mica
glingur n. knick-knack, bric-a-brac, gaud, trinket
glingurslegur adj. tawdry
glit n. glitter, glisten, gleam
glitfífill m. dahlia
glitra vi. glitter, shimmer, sparkle
glitrós f. prickly rose
glitsaumur m. brocade, fancywork
glitta vi. glint
glíma f. (Icelandic) wrestling; vi. wrestle
glíma við vt. wrestle/grapple with, tackle
glímumaður m. wrestler
gljá vi. glisten, shine
gljáandi adj. glossy, shiny, lustrous
gljábrenna vt. enamel
gljádoppa f. sequin
gljái m. gloss, shine, lustre
gljákol n. anthracite
gljákvoða f. varnish
gljálakk n. shellack
gljálaus adj. mat, (Am.) matte
gljáleður n. patent leather
gljásteinn m. mica
gljásvartur adj. jet (black)
gljáviður m. satinwood
gljúfur n. canyon, gorge, glen, (Am.) gulch
gljúpleiki m. porosity, permeability
gljúpur adj. porous, permeable, penetrable
gloppóttur adj. fragmentary, patchy

glopra f. butterfingers
glopra e-u niður vt. lose/drop s-g
glopra e-u út úr sér vt. blurt s-g out
glorhungraður adj. famished, ravenous
gloría f. bloomer
glorsoltinn adj. famished, sharp-set
glott n. grin, smirk
glotta vi. grin, sneer
glóa vi. glow, glitter, shine
glóbrystingur m. redbreast, robin
glóð f. embers; **á glóðum** on tenter-hooks
glóða vt. grill, barbecue
glóðarauga n. black eye, shiner
glóðarker n. brazier; pumpkin
glóðarkerti n. (í bílvél) glow plug
glóðarkúla f. (bullet) tracer
glóðarmoli m. cinder
glóðarrós f. azalea
glóðarsteikja vt. grill, broil
glóðarþráður m. filament
glóðhitamælir m. pyrometer
glóðvolgur adj. tepid, warm; **gripinn g.** caught red-handed
glói m. glitter
glóormur m. glowworm
glópagull n. fool's gold
glópska f. foolishness, folly
glópur m. goon, nitwit, numskull
glóra f. faint light; bit of sense
glórulaus adj. relentless; nonsensical
glósa f. gloss, annotation
glósubók f. notebook
glósur f.pl. glossary
glufa f. chink, crack; interstice
glugga í vt. browse through, dip into
gluggagægir m. Peeping Tom, voyeur
gluggahleri m. shutter
gluggakappi m. pelmet, (Am.) valance
gluggakarmur m. window frame, jamb
gluggakista f. windowsill
gluggapóstur m. mullion
gluggarúða f. (window)pane
gluggaskot n. embrasure
gluggaskreyting f. window-dressing
gluggaskreytingamaður m. window-dresser
gluggastafur m. mullion
gluggasylla f. sill
gluggatjald n. curtain, blind, (Am.) window shade
gluggatjöld n.pl. hangings, (Am.) drapery
gluggatré n. lintel
gluggaumslag n. window envelope
gluggi m. window; viewfinder (of a camera)
glundroði m. confusion, disarray, chaos
glutra vt. drop; fritter away
glúkósi m. glucose
glúrinn adj. clever, smart
glymja vi. boom, ring out/with; resound
glymskratti m. jukebox
glymur m. rumble, clang; echo
glys n. tinsel, finery, gewgaw
glyslegur adj. showy, gaudy
glysvarningur m. fancy goods, trinkets
glýja f. dazzle, glare
glæða vt. enliven, stimulate, promote
glæðast vi. rekindle, hot up, grow stronger
glæður f.pl. embers, smoulder
glæfrabragð n. stunt
glæfraför f. dangerous journey
glæfrakvendi n. adventuress
glæfralegur adj. daring, hairy, wildcat
glænýr adj. brand-new
glæpamaður m. criminal, gangster
glæpamennska f. criminality, thuggery
glæpamynd f. detective film
glæpareyfari m. (book) whodunit
glæpasaga f. detective story
glæpsamlegur adj. criminal, felonious
glæpur m. crime, felony, offence
glær adj. transparent, clear
glæra f. transparency; cornea (of the eye)
glært límband n. sellotape, (Am.) scotch tape
glæsibragur m. elegance, splendour
glæsigengi n. jet set
glæsilegur adj. elegant, splendid, dashing, stylish
glæsileiki m. magnificence, gorgeousness, chic
glæsimennska f. elegance, handsomeness
glæsivagn m. limousine
glæstur adj. glamorous, resplendent
glæta f. faint light, gleam
glögglega adv. clearly, distinctly
glöggskyggn adj. clear-sighted, perspicacious

glöggskyggni f. clarity, perspicacity
glöggur adj. discerning, perceptive, sharp-witted
glöggva sig á vt. familiarize oneself with
glöp n.pl. mistake, blunder
glötun f. destruction, ruin; damnation
gnauða vi. (of wind) whistle, moan
gnísta vt. gnash, grind, grate; **g. tönnum** gnash/grind/grit one's teeth
gnógur adj. abundant
gnótt f. abundance
gnýja vi. roar, rage
gnýr m. din, boom; gnu, wildebeest
gnæfa vi. soar, tower
gnæfa yfir vt. tower over, dominate
gnægð f. abundance, plenty, profusion
gnægtarhorn n. horn of plenty, cornucopia
goð n. pagan god, deity; idol
goðafræði f. mythology
goðafræðilegur adj. mythological
goðalilja f. hyacinth
goðasagnalegur adj. mythological
goði m. chieftain, heathen priest; grebe
goðsaga f. myth, fable
goðsagnafræðingur m. mythologist
goðsagnakenndur adj. mythical
goðsvar n. oracle
goðsögn f. myth, legend
gogga vt. peck; gaff (a fish)
goggunarröð f. pecking order
goggur m. bill, beak; gaff
gola f. (gentle) breeze;
golf n. golf
golfklúbbur m. golf club
golfkylfa f. golf club
golfleikari m. golfer
Golfstraumur m. Gulf Stream
golfsveinn m. caddie
golfteigur n. tee
golftreyja f. cardigan, jumper
golfvöllur m. golf course/links
gollur m. pericardium
gondólaræðari m. gondolier
gondóll m. gondola
Gordíonshnútur m. Gordian knot
gorgeir m. arrogance, conceit
gorkúla f. mushroom, toadstool, puffball
gormlaga adj. helical
gormlína f. helix

gormur m. spring, spiral, coil
gormvog f. spring balance
gort n. boasting, rodomontade
gorta vi. boast, brag
gortari m. braggart, (Am.) blowhard
gos n. eruption; soft drink
gos- comb. volcanic, eruptive
gosberg n. volcanic/extrusive rock
gosbrunnur m. fountain
gosdrykkur m. soft drink
gosduft n. sherbet
goshver m. geyser
gosi m. jack, knave (in cards)
gosmöl f. tephra
gossúla f. spout (of liquid)
gosull f. rock wool
got n. litter (of animals)
goti m. Goth
gotneskur adj. Gothic
gotrauf f. cloaca
gotraufaruggi m. anal fin
gott kvöld interj. good evening
gotterí n. sweets, (Am.) candy
góða ferð interj. godspeed
góða nótt interj. good night
góðan dag interj. good morning, good afternoon
góðfúslega adv. cordially
góðgerð f. benefaction
góðgerðarbasar m. bazaar
góðgerðarstarf n. charity (work)
góðgerðarstofnun f. charity (society)
góðgerðasamur adj. beneficent
góðgerðir f.pl. refreshment
góðgjarn adj. benevolent, kind, warm-hearted
góðglaður adj. tipsy, mellow
góðgæti n. titbit, delicacy, kickshaw
góðhjartaður adj. kind-hearted, softhearted
góðkunningi m. boon companion
góðkynjaður adj. benign
góðlátlegur adj. good-natured, kindly
góðlyndur adj. good-natured, jovial
góðsemi f. goodness, graciousness
góður adj. good, fine; kindly; well-behaved; in good shape; easy; considerable
góðverk n. good deed, benefaction
góðviðri n. good weather

góðvild f. benevolence, kindliness; favour
góðviljaður adj. benevolent, kindly
góðvinur m. boon companion
góðæri n. (period of) prosperity, boom
gól n. howl, yelp
góla vi. howl, yowl
gólf n. floor
gólfdúkur m. linoleum
gólffjöl f. floorboard
gólfklukka f. grandfather clock
gólflisti m. skirting board, (Am.) baseboard
gólfmotta f. rug
gólfpúði m. pouf(fe)
gólfteppi n. carpet
gólftuska f. floorcloth
gólfþvegill m. swab
góma vt. catch, collar, nail
gómfilla f. soft palate
gómhljóð n. palatal, velar
gómsætur adj. palatable, tasty, succulent
gómsætur matur m. delicatessen
gómur m. palate, gum; fingertip
gón n. gape, stare
góna vi. gape, gawk, goggle
górilla f. gorilla
góss n. belongings; estate; flotsam
graðfoli m. stallion, stud
graður adj. horny, randy, (Am.) raunchy
graf n. (bar) graph
grafa f. (machine) digger; excavator; dredger
grafa v. dig; bury; engrave
grafa í vi. fester
grafa undan vt. undermine, sap, subvert
grafa upp vt. unearth, excavate; dredge up
grafari m. gravedigger
grafast fyrir um vt. inquire/pry into, ferret out
grafhvelfing f. vault, crypt; catacomb
grafhýsi n. tomb, mausoleum
grafísk list f. graphic arts
grafískur adj. graphic
grafít n. graphite, black lead, plumbago
grafkyrr adj. stock-still, motionless
graflax m. smoked Atlantic salmon
grafpappír m. graph paper
grafreitur m. burial ground, cemetery, graveyard
grafskrift f. epitaph
grafsteinn m. tombstone
graftarbóla f. pimple, pock, pustule
graftarkenndur adj. purulent
graftarkýli n. abscess, boil
graftarsár n. ulcer
graftarþrymlar m.pl. acne
grafönd f. pintail
gral n. Holy Grail
grallari m. wag, clown
gramm n. gram(me)
grammófónn m. record player, gramophone
gramsa í v. rummage in, scrounge (around) in
gramur adj. resentful, indignant, annoyed
granat n. garnet
granatepli n. pomegranate
grand n. damage; no trump(s)
granda vt. damage, destroy; kill
grandalaus adj. unsuspecting
grandaleysi n. innocence, good faith
grandi m. isthmus
grandskoða vt. scrutinize, scan, rake through
grandvar adj. scrupulous
granít n. granite
grannholda adj. lean, spare
granni m. neighbour
grannleiki m. tenuity
grannskoða vt. scrutinize, examine closely
grannskoðun f. scrutiny
grannur adj. thin, slim, slender
grannvaxinn adj. slim, slenderly built
gras n. grass; **á næstu grösum** close by
grasafræði f. botany
grasafræðingur m. botanist
grasalæknir m. herbalist
grasasni m. blockhead
grasbítur m. herbivore
grasbrúskur m. tussock, hassock
grasekkja f. grass widow
grasekkjumaður m. grass widower
grasflöt f. lawn
grasgarður m. botanical garden
grasker n. pumpkin, gourd, vegetable marrow
graslaukur m. chive(s)

graslendi n. grassland
grasrót f. grass roots
grassera vi. be rampant/rife
grasslétta f. prairie, savanna(h)
grasstrá n. blade (of grass)
grassvörður m. sod, greensward
grasvíðir m. least willow
grasætu- comb. herbivorous
grauta saman vt. jumble up
grautarhaus m. muddlehead, muddler
grautarskál f. porringer
grautast í gegnum vt. muddle through
grautur m. porridge, gruel, pudding; confusion
grábjörn m. grizzly bear
gráblámi m. lividity
gráblika f. altostratus
grábrúnn adj. (dull muddy brown) drab
grábröndóttur köttur m. tabby
grádröfnóttur adj. pepper-and-salt
gráða f. degree; grade, rank
gráðaostur m. blue cheese
gráðubogi m. protractor
gráðugur adj. greedy, voracious, gluttonous
gráfíkja f. fig
grágrýti n. dolerite
grágrænn adj. olive green, (Am.) olive drab
grágæs f. greylag goose
gráháfur m. (shark) tope
gráhærður adj. grey-haired, greyheaded
gráleitur adj. greyish, grizzly, grizzled
grálúða f. Greenland/blue/little halibut
grámunkur m. Grey Friar
grána vi. turn grey
grár adj. grey, (Am.) gray
gráskeggur m. greybeard
grásleppa f. (female) lumpfish
grásprengdur adj. grizzled
gráspör m. house sparrow
gráta vi. weep, cry
gráta e-n vt. mourn for s-y
grátbiðja vt. implore, beg
grátbiðjandi adv. imploringly
grátbroslegur adj. tragicomic(al)
grátbæna vt. beseech, entreat, supplicate
grátgjarn adj. weepy, lachrymose, sentimental
grátittlingur m. common sparrow, pipit

grátklökkur adj. maudlin, tearful
grátlegur adj. pitiable, deplorable
grátsaga f. tear-jerker
grátur m. weeping, crying
grátviður m. cypress
grátvíðir m. weeping/broadleaved willow
gráþröstur m. fieldfare
gredda f. lust, eroticism
Greenwichbaugur m. prime meridian
grefill m. spud
greftra vt. bury, inter
greftrun f. burial, interment
gregoríanskt tímatal n. Gregorian calendar
gregorískur söngur m. plainsong
greiddur adj. paid; **g. að fullu** paid-up
greiða vt. pay
greiða f. comb; v. comb; **g. sér** comb one's hair
greiða fyrir vt. facilitate
greiða inn á v. pay down
greiða niður vt. subsidize
greiða niður skuld v. pay on a debt
greiða skaðabætur v. pay damages
greiða upp vt. liquidate (a debt)
greiða úr vt. untangle, smooth over; disentangle
greiðandi m. payer
greiðanlegur adj. payable
greiðastaður n. hospice
greiðfær adj. (easily) passable
greiði m. favour, service; accommodation
greiðlega adv. smoothly
greiðsla f. payment
greiðsluafgangur m. cash surplus
greiðslubyrði f. debt load/burden
greiðsludagur m. account day, date due
greiðslufall n. nonpayment
greiðslufjármunir m.pl. liquid assets
greiðslufrestur m. moratorium
greiðslufærni f. solvency
greiðsluhalli m. cash deficit
greiðsluhæfi n. liquidity
greiðsluhæfur adj. liquid, solvent
greiðslujöfnuður m. balance of payments
greiðslujöfnun f. cheque clearing, clearance
greiðslukjör n.pl. terms of payment
greiðslukort n. credit card
greiðslukrafa f. demand for payment

greiðslusending f. remittance
greiðsluskilmálar m.pl. terms of payment
greiðslustöðvun f. suspension of payment
greiðsluviðurkenning f. quittance
greiðsluþegi m. payee, beneficiary
greiðsluþrot n. insolvency
greiðugur adj. helpful, generous
greiður adj. fast, quick; (easily) passable
greiðvikinn adj. helpful, obliging
greiðvikni f. helpfulness, kindness
greifadæmi n. county
greifi m. (vis)count
greifingi m. badger
greifingjahundur m. dachshund, sausage dog
greifynja f. (vis)countess
greikka sporið vi. step out, walk faster
grein f. branch, bough; subject; article; clause, paragraph; **á grænni g.** sitting pretty, in clover; **gera g. fyrir** explain; **gera sér g. fyrir** realize; **taka til greina** take into consideration
greina vt. discern; analyse; construe (in grammar)
greina á milli vt. discriminate between
greina á um vt. disagree about
greina frá vt. give an account of
greina sundur vt. distinguish between
greinagóður adj. clear, informative
greinanlegur adj. discernible, distinguishable
greinargerð f. explanation, exposition; report
greinarmerki n. punctuation (mark)
greinarmerkja vt. punctuate
greinarmerkjasetning f. punctuation
greinarmunur m. difference; **gera greinarmun á** make a distinction between; **án greinarmunar** indiscriminately
greinaskil n.pl. new paragraph, indentation
greinast vi. branch out, ramify
greind f. intelligence, cleverness
greindaraldur m. mental age
greindarpróf n. intelligence test
greindarskortur m. mental deficiency
greindarvísitala f. intelligence quotient
greindur adj. intelligent, brainy
greinilega adv. clearly, apparently, distinctly

greinilegur adj. clear, obvious, evident, plain
greining f. analysis
greiningarsálfræði f. analytical psychology
greinir m. article (in grammar)
greinóttur adj. forked
greip f. grip, chuck
greipaldin n. grapefruit
gremja f. annoyance, vexation, indignation
gremjast v. resent, be annoyed
gremjulegur adj. annoying, irritating
greni n. den, lair; dump, tip; Norway pine
grenigreinar f.pl. greenery (used for ornament)
greniviður m. fir wood, deal, spruce
grenja vi. cry; scream, bawl, yell
grenna sig v. go on a diet, slim
grennast vi. lose weight, slim
grennd f. neighbourhood, vicinity
grennslast fyrir um vt. inquire about
gresja f. grassland, prairie
gresjuköttur m. serval
gretta f. grimace, frown
gretta sig vi. make faces, grimace, scowl
grettistak n. big boulder; herculean task
grey n. miserable person, wretch
greypa vt. inlay; groove
gribba f. bullying woman
grið n.pl. truce, peace; mercy
griðabréf n. safe-conduct
griðarstaður m. asylum
griðasáttmáli m. nonaggression pact, truce
griðastaður m. sanctuary
griffill m. stylus
Grikki m. Greek
Grikkland n. Greece
Grikklandsvinur m. Grecophile
grikkur m. prank; two-arm clip (in wrestling); **gera e-m grikk** play a nasty trick on s-y
grill n. grill(room)
grilla vt. grill, barbecue, broil
grilla f. fancy, caprice, delusion
grillkol n.pl. charcoal briquettes
grillprjónn m. skewer
grimmd f. cruelty, brutality, ferocity

grimmdarlegur adj. barbarous, murderous, brutal
grimmdarverk n. atrocious deed, atrocity, savagery
grimmur adj. ferocious, cruel, savage, fierce
grind f. frame(work); rack; grating
grindahlaup n. hurdle-race
grindahlaupari m. hurdler
grindarhol n. pelvis
grindarhús n. frame house
grindhoraður adj. skinny, scrawny, rawboned
grindhvalur m. pilot whale
grindmúraður adj. half-timbered
grindverk n. fence, railing, paling
grip n. grip, hold, clutch, grasp
gripabúr n. treasure house
gripahús n. stable
gripakofi m. cot(e), hut
griparétt f. stockyard, corral
griparmur m. tentacle
gripbretti n. fingerboard
gripdeildir f.pl. plunder, sack, rapine
gripgaddur m. tractor
gripgat n. feed/sprocket hole
gripkló f. pincers
gripla f. mitten; acronym
griprófa f. prehensile tail
griprröð f. feed/sprocket track
gripur m. object; cattle, livestock
grisja f. gauze, cheesecloth; vt. comb out
grisjuþófi m. compress
gríðarlega adv. immensely, hugely, vastly
gríðarstór adj. immense, huge, monumental
gríma f. mask
grímubúningur m. fancy dress
grímudansleikur m. fancy dress/costume/masked ball, masquerade
grímuklæddur adj. masked
grímuleikur m. masque
grín n. fun, enjoyment, jest; **gera g. að** make fun of; **í gríni** jokingly
grínast vi. joke, jest, kid
grínast við e-n vt. put s-y on, pull s-y's leg
grínisti m. humorist, comic, comedian
grínþáttur m. skit
grípa vt. seize, grasp; catch
grípa fram í fyrir vt. interrupt, heckle
grípa í vt. grab hold of
grípa til vt. resort to, fall back (up)on
grípandi adj. catching, catchy, riveting
grís f. pig
grísahópur m. farrow
grísk-rómverskur adj. Greco-Roman
gríska f. Greek (language)
gríska rétttrúnaðarkirkjan f. Orthodox/Eastern Church
grískur adj. Greek, (of style) Grecian
gríslingur m. piglet, piggy
grjón n. grain; rice
grjónagrautur m. rice pudding
grjót n. stone, boulder, rocks
grjótfylling f. roadbed, road metal
grjótharður adj. hard as a rock, rocky
grjótmulningur m. rubble
grjótnáma f. quarry
grjótskriða f. rock slide
grobba vi. boast, brag
grobbari m. boaster, ranter
grobbhani m. braggart
grobbinn adj. conceited, pompous, vain
groddalegur adj. vulgar, coarse
gropa f. pore
gropinn adj. porous
groppa f. porosity
gross n. gross
grotna (niður) vi. decay, rot, moulder
gró n. spore
gróa vi. grow; heal
gróandi m. spring; vegetation
gróðabrall n. speculation
gróðafíkinn adj. greedy, mercenary
gróðafyrirtæki n. moneymaker, moneyspinner
gróðahlutur m. rake-off
gróði m. profit, gain
gróðrarstía f. hotbed (of evil things)
gróðrarstöð f. nursery garden
gróður m. vegetation; growth
gróðuráburður m. fertilizer
gróðurhús n. hothouse, greenhouse
gróðurhúsáhrif n.pl. greenhouse effect
gróðurlaus adj. barren
gróðurmold f. topsoil, mould, (Am.) mold
gróðurríki n. flora
gróðursetja v. plant, bed, sow
gróðursetningarhæll m. dibble

gróðursæld f. luxuriance, fertility
gróðurvin f. oasis
gróðurvisnun f. blight
gróðurþekja f. overgrowth
gróf f. hollow
grófgerður adj. coarse, rough
grófheflaður adj. rough-hewn
grófhúða vt. roughcast
grófhúðun f. roughcast
gróflega adv. roughly
grófleiki m. coarseness, roughness
grófleysinn adj. low-resolution
grófmeti n. roughage
grófur adj. coarse, rough; vulgar, gross, rude; **í grófum dráttum** in broad outline
grófyrði n. obscene language, vulgarism
grófyrtur adj. obscene, coarse
gróinn adj. healed; overgrown; well-established
gróm n. grime
gróp f. groove; rabbet; socket
grópa vt. groove; rabbet
gróska f. exuberance, fertility; growth
gróskumikill adj. luxuriant, lush, exuberant
gróusaga f. gossip, slander, defamation
grufla v. brood, think/mull over
grugg n. turbidity; grounds
grugga vt. make turbid, puddle
grugglausn f. slurry
gruggugur adj. turbid, muddy
gruna v. suspect
grund f. meadow, field; ground
grundvalla vt. found, establish
grundvalla á vt. base/build (up)on
grundvallar- comb. basic, fundamental, essential; primary, prime, rudimentary
grundvallaratriði n. basic point, essential; **í grundvallaratriðum** basically
grundvallarforsenda f. rationale
grundvallarregla f. basic principle, (Am.) ground rule
grundvallarskoðun f. tenet
grundvöllur m. basis, foundation
grunlaus adj. unsuspecting, unknowing, unaware
grunn n. shallows; fishing bank
grunnform n. base form
grunnfærinn adj, shallow-minded
grunnfærni f. perfunctoriness
grunngerð f. infrastructure
grunnhygginn adj. rattlebrained, shallow
grunnhyggni f. fatuity, inanity, shallowness
grunnlitur m. primary colour, ground
grunnmassi m. matrix
grunnmál n. assembly language
grunnmálning f. (paint) primer, undercoat
grunnmálsþýðandi m. assembler
grunnmerking (orðs) f. denotation (of a word)
grunnmið n. offshore fishing bank
grunnsakka f. sounding line, plumb bob
grunnskólamenntun f. primary education
grunnskólapróf n. primary school examination, (Br.) O level
grunnskóli m. primary/elementary school, (Am.) grade school
grunnstef n. motif
grunnsævi n. inshore water
grunnt sár n. flesh wound
grunntaxti m. basic rate/tariff
grunnteikning f. ground plan
grunntónn m. keynote; theme, basic idea
grunnur m. foundation, base; ground (of paint)
grunnur adj. shallow; superficial
grunnvatn n. ground/meteoric/subsoil water
grunnvatnsborð n. water table
grunnverð n. basic price
grunsamlegur adj. suspicious
grunur m. suspicion, misgiving; hunch, inkling
grúfa : á grúfu prostrate, prone
grúfa sig niður vi. crouch down
grúi m. swarm, crowd
grúska í vt. look into, browse through
grútsyfjaður adj. very sleepy, heavy with sleep
grútur m. train/whale oil; miser
gryfja f. pit, hole
grynna á vt. reduce, diminish
grynningar f.pl. shallows
grýla f. ogress; bugbear, (Am.) bugaboo
grýlukerti n. icicle
grýta vt. stone

grýttur adj. stony, rocky
græða v. heal; make money, profit
græða á vt. make a profit on, cash in on
græðandi sápa f. medicated soap
græða peninga v. make a fortune
græðari m. healer
græðgi f. greed, voracity, cupidity
græðgislega adv. greedily; covetously
græðismyrsl n. balm
græðisúra f. great plantain
græðlingur m. scion, cutting, slip
græja f. tool, apparatus, gadget
græjur f.pl. gadgetry; high-fidelity/hi-fi (set)
grænblár adj. peacock blue, turquoise
græneðla f. iguana
grængresi n. greenness
grænhimna f. sea lettuce
græningi m. greenhorn, simpleton
grænjaxl m. unripe berry; greenhorn
grænka f. greenness; greenery; vi. turn green
grænkál n. kale
Grænland n. Greenland
grænleitur adj. greenish
Grænlendingur m. Greenlander
grænlenska f. Greenlandish (language)
grænlenskur adj. Greenlandic
grænmeti n. vegetables, greens
grænmetis- og ávaxtasali m. greengrocer
grænmetissúpa f. minestrone
grænmetisæta f. vegetarian
grænn adj. green
grænsápa f. soft soap
grænþörungar m.pl. green algae
græska f. malice, spite
græskulaus adj. without malice, innocent
græta vt. bring to tears
gröf f. grave; **hin vota g.** Davy Jones's locker; **gröfin helga** the Holy Sepulchre
gröftur m. digging; pus, purulence
grön f. moustache; upper lip
grösugur adj. grassy
gubba v. vomit, puke, be sick
guð m. God; **í guðanna bænum** for pity's sake
guðafæða f. ambrosia

guðaveigar f.pl. nectar
guðdómlegur adj. divine, celestial
guðdómur m. divinity, godhead
guðdóttir f. goddaughter
guðfaðir m. godfather
guðfræði f. theology, divinity
guðfræðideild f. Faculty of Theology
guðfræðilegur adj. theological
guðfræðingur m. theologian
guðfræðistúdent m. seminarist, (Am.) seminarian
guðhræddur adj. god-fearing, pious, devout
guðhræddur maður m. religionist
guðhræðsla f. religiousness, piety
guðlast n. blasphemy, profanity, profane language
guðlasta vi. blaspheme
guðlastandi adj. blasphemous
guðlastari m. blasphemer
guðlaus adj. atheistic, godless
guðlax m. kingfish, opah
guðlegur adj. divine, godlike
guðleysi n. atheism, impiety, unbelief
guðleysingi m. atheist
guðmóðir f. godmother
guðrækilegur adj. devotional
guðrækinn adj. pious, prayerful
guðrækni f. piety, prayerfulness
guðsdómur m. ordeal
guðseðli n. deity
guðsfeginn adj. enormously pleased, delighted
guðsgjöf f. godsend
guðslangur adj. livelong
guðsmaður m. man of God
guðsonur m. godson
guðspeki f. theosophy
guðspekilegur adj. theosophical
guðspekingur m. theosophist
guðspjall n. gospel
guðspjalla- comb. evangelic
guðspjallaboðun f. evangelism
guðspjallamaður m. Evangelist
guðstrú f. deism, theism
guðsþjónusta f. divine service
guðveldi n. theocracy
gufa f. steam; vapour; sissy
gufa upp vi. evaporate, boil away
gufuafl n. steam power

gufubað n. steam bath, sauna
gufubátur m. steamboat
gufugos n. phreatic eruption
gufuhvolf n. atmosphere
gufuketill m. boiler
gufusjóða vt. steam
gufuskip n. steamship, steamer
gufusuðupottur m. poacher, steamer
gufuvaltari m. steamroller
gufuvél f. steam engine
gufuþéttir m. condenser
gugginn adj. pallid, sallow, wan, haggard
guggna vi. lose one's courage, quail
guggna á vt. give up on, funk
gula f. jaundice, yellow fever
gulbrúnn adj. buff, amber, russet, tan, tawny
gulerta f. pea
gull n. gold
gullafmæli n. golden jubilee
gullaldar- comb. classical
gullauðugur adj. auriferous
gullbirgðir f.pl. gold reserves
gullbrá f. yellow marsh saxifrage
gullbrúðkaup n. golden wedding anniversary
gullfallegur adj. charming, splendid
gullfiskur m. goldfish
gullfífill m. marigold
gullfótur m. gold standard
gullgerðarlist f. alchemy
gullgerðarmaður m. alchemist
gullgrafari m. gold-digger, prospector
gullhamrar m.pl. compliment, flattery
gullhamstur m. hamster
gullhúð f. gilt
gullinn adj. golden
gullkorn n. pearl/nugget of wisdom, gem
gulllíki n. ormolu
gullmoli m. gold nugget
gullmura f. alpine cinquefoil
gullmyntarfótur m. gold standard
gullnáma f. goldmine; treasury
gullnámusvæði n. goldfield
gullni meðalvegur m. golden mean
gullofinn adj. wrought with gold
gullregn n. laburnum
gullsmiður m. goldsmith
gullsópur m. (plant) broom
gullstengur f.pl. bullion

gulltoppur m. wallflower
gulltryggður adj. gilt-edged
gullvæg regla f. golden rule
gullvægur adj. golden
gullþröstur m. oriole
gullþynna f. gold leaf
gullæði n. gold rush
gullöld f. golden age
gulmaðra f. ladies' bedstraw
gulna vi. (turn) yellow
gulrófa f. turnip, swede
gulrót f. carrot
gulstör f. Lyngbye's sedge
gulur adj. yellow
gulusótt f. yellow fever, jaundice
gulvíðir m. tea-leaved willow
gulönd f. goosander, (Am.) common merganser
guma af vt. boast about, crow over
gumpur (á fuglasteik) m. parson's nose
gums n. pigswill, pigwash
gunga f. coward, sissy
gunnfáni m. banner, standard
gusa f. dash, gush (of liquid)
gusast vi. spurt, gush
gussa vi. (of a duck) quack
gustuk f. good deed, act of charity
gustur m. gust of wind
gutla vi. gurgle
gutla við vt. dabble at/in
gutlari m. dabbler
gutti m. boy, lad
gúanó n. guano
gúbbi m. guppy
gúllas n. goulash
gúlpandi adj. baggy
gúlpast vi. bulge, bag
gúlpur m. protuberance; pucker
gúmbera vt. rubberize
gúmmí n. rubber, gum
gúmmíbátur m. rubber dinghy
gúmmíkenndur adj. rubbery
gúmmíkvoða f. gum
gúmmílíki n. elastomer
gúmmískóhlífar f.pl. overshoes, galoshes, (Am.) rubbers
gúmmíslanga f. inner tube
gúmmístígvél n.pl. gumboots, wellingtons
gúmmíteygja f. rubber band

gúmmítékki m. rubber cheque
gúmmíverja f. rubber sheath, condom
gúrka f. cucumber
gyðinga- adj. Jewish
gyðingahatur n. anti-Semitism
gyðingahverfi n. ghetto
gyðingakona f. Jewess
gyðingalegur adj. Jewish
gyðingaprestur m. rabbi
gyðingatrú f. Judaism
gyðingur m. Jew, Israelite, Hebrew
gyðja f. goddess
gylla vt. gild; idealize
gylling f. gilding; idealization
gyllini n. guilder, gulden
gyllinæð f. (Am.) hemorrhoids, piles
gylltur adj. golden, ormolu
gylta f. sow
gyrða vt. gird(le), belt, hoop, strap
gys n. mockery; **gera g. að** ridicule
gýgur f. giantess; **fyrir gýg** all in vain
gæða vt. endow (with)
gæða e-m á e-u vt. treat s-y to s-g
gæða sér á vt. regale on, savour
gæðablóð n. goody-goody
gæðaeftirlit n. quality control
gæðaflokkur m. quality, grade
gæðalítill adj. low-grade
gæðamat n. quality appraisal/inspection
gæðamatsmaður m. sampler, quality inspector
gæðastimpill m. hallmark (of quality)
gæði n.pl. quality; kindness
gæðingur m. good riding horse; favourite
gæfa f. good luck/fortune
gæftir f.pl. fishing weather
gæfumaður m. fortunate person
gæfur adj. good-natured, gentle
gæfusamur adj. fortunate, lucky
gægjast vi. peep, peek
gægjugat n. peephole
gægjuleikur m. peekaboo
gægjur f.pl. look-out
gæi m. guy
gæla við vt. pet, fondle, caress; dally with
gælinn adj. cuddly
gæludýr n. pet (animal)
gælumál n. baby talk
gælunafn n. nickname, pet name
gælur f.pl. caresses
gær : í gær yesterday
gæra f. sheepskin; tart
gærdagur m. yesterday
gærkvöld : í gærkvöldi yesterday evening, last night
gærmorgunn : í gærmorgun yesterday morning
gæruskinn n. sheepskin
gæs f. goose
gæsagangur m. goosestep
gæsahópur m. gaggle, skein (of geese)
gæsahúð f. gooseflesh, goose pimples
gæsalappir f.pl. inverted commas, quotation marks
gæsalifrarkæfa f. pâté de foie gras
gæsarsteggur m. gander
gæsarungi m. gosling
gæska f. goodness, kindness
gæsla f. custody; storage
gæsluherbergi n. guardroom
gæslumaður m. guard, warden, custodian
gæsluvarðhald n. preventive custody/detention
gæta vt. take care of, look after; guard
gæta sín vi. take care, look/watch out
gætilega adv. cautiously, carefully
gætinn adj. cautious, careful, wary
gætni f. caution, care(fulness)
gætt f. doorway
gætur f.pl. attention
göddóttur adj. spiky
göfga vt. ennoble, dignify
göfgi f. nobility, nobleness
göfuglyndi n. generosity, magnanimity
göfuglyndur adj. generous, noble
göfugmannlegur adj. princely
göfugmenni n. noble/generous person
göfugur adj. noble, generous
gögn n.pl. data; documents, papers
göldróttur adj. skilled in magic/witchcraft
golluð vara f. defective goods
göltur m. boar
göng n.pl. passage(way); tunnel
göngubrú f. footbridge, catwalk
göngudeildarsjúklingur m. outpatient
gönguferð f. walk, hike
göngugatnasvæði n. pedestrian precinct
göngugrind f. go-cart

gönguhraði m. (foot)pace
göngulag n. gait
göngumaður m. walker, hiker; pedestrian
göngur f.pl. round-up (of sheep)
gönguskipun f. marching orders
göngustafur m. walking stick, cane
göngustígur m. footpath
gönuhlaup n. leap in the dark
görn f. gut, bowel, intestine
götóttur adj. full of holes
götubarn n. guttersnipe
götudrós f. prostitute, tart
götugrjót n. cobblestone
götugur adj. punctured
götuhorn n. street corner
götuljós n. street lamp
götun f. perforation
götunarvél f. perforator; card punch, (Am.) keypunch
göturæsi n. sewer, drain, gutter
götusali m. hawker, huckster, costermonger
götusteinn m. cobblestone
götustrákur m. street urchin
götuviti m. traffic light/signal

H

ha interj. what? pardon?
haðna f. she-goat
haf- comb. oceanic, maritime
haf n. ocean, sea; span; **á hafi úti** at sea; **handan hafsins** overseas, beyond the sea(s)
hafa v. have
hafa á móti e-u vt. be opposed to s-g
hafa betur vi. win, prevail
hafa betur en e-r vt. have/get the upper hand of s-y
hafa e-ð af vt. finish s-g, get s-g done
hafa e-ð af e-m vt. cause s-y to lose s-g
hafa e-ð á sér vt. carry s-g
hafa e-ð eftir e-m vt repeat s-g after s-y
hafa e-ð fyrir e-m vt. be a model for s-y
hafa e-ð fyrir sér í e-u vt. have s-g to go on
hafa e-ð hjá sér vt. have s-g at hand
hafa e-ð í frammi vt. show s-g
hafa e-ð með sér vt. take s-g along
hafa e-ð upp á sig vi. be of use
hafa e-ð upp (eftir e-m) vt. repeat s-g (after s-y)
hafa e-ð upp úr e-u vt. profit from s-g
hafa e-ð upp úr sér vi. make money
hafa e-ð út úr e-m vt. get s-g out of s-y
hafa e-ð yfir vt. recite s-g
hafa e-n fyrir e-u vt. name s-y as a source
hafa e-n undir vt. get the better of s-y
hafa e-n út undan vt. cheat s-y of s-g
hafa fyrir e-u vt. take trouble over s-g
hafa í sig og á v. make a living
hafa með e-ð að gera vt. have to do with s-g
hafa ofan af fyrir vt. entertain, amuse
hafa ofan í sig vi. have enough to eat
hafa sig að e-u vt. get started on s-g
hafa sig burt vi. go one's way
hafa sig eftir e-u vt. go and get s-g
hafa sig í e-ð vt. get around to doing s-g
hafa sig í frammi vi. pull one's weight
hafa undan vt. keep up with
hafa uppi á e-m vt. track s-y down, find s-y
hafa út á að setja vt. criticize; kick against/at
hafa við e-m vt. keep pace with s-y
hafast við vi. stay, dwell
hafáll m. conger eel
hafátt f. onshore wind
hafbeit f. ocean ranching
haffræði f. oceanography
haffræðilegur adj. oceanographic
haffræðingur m. oceanographer
haffær adj. seaworthy, seagoing; navigable
hafgola f. seaward wind, sea breeze
hafís m. pack ice
hafísjaki m. iceberg
hafmeyja f. mermaid
hafna vt. refuse; reject, turn down
hafnaboltakastari m. pitcher
hafnabolti m. baseball
hafnarbakki m. quay, wharf
hafnarborg f. (sea)port
hafnargarður m. breakwater, jetty, pier
hafnargjöld n.pl. harbour/port dues

hafnarstjóri m. harbour master
hafnarstjórn f. port authority
hafnarverkamaður m. docker, (Am.) longshoreman
hafnbann n. embargo; blockade
hafnsaga f. pilotage
hafnsögubátur m. pilot boat
hafnsögugjald n. pilotage
hafnsögumaður m. (sea) pilot
hafragrautur m. porridge, oatmeal
hafragrjón n.pl. oats
hafrakex n. oatcake
haframjöl n. porridge oats, oatmeal
hafrannsóknir f.pl. marine research
hafrar m.pl. oats
hafraseyði n. gruel
hafræna f. sea breeze
hafrænt loft n. maritime air
hafsbotn m. sea bed, ocean floor
hafsjór m. repository; **h. af** oceans/lots of
hafsund n. narrows
haft n. hobble; restriction
haftakerfi n. regulated system
haftasamtök n.pl. cartel
haftyrðill m. little auk, (Am.) dovekie
hafur m. buck
hafursrót f. salsify
hafurtask n. impedimenta; **með allt sitt h.** bag and baggage
hafþök n.pl. compact pack ice, ice pack
haförn m. white-tailed eagle, (Am.) gray sea eagle
haga vt. arrange, manage
haga sér vel/illa vi. behave well/badly
hagamús f. field mouse
haganlegur adj. convenient, practical, handy
hagfræði f. economics
hagfræðilegur adj. economic
hagfræðingur m. economist
hagga vt. budge
hagga við vt. make a change to, alter
hagi m. pasture
hagkerfi n. economic system
hagkvæmni f. efficiency, feasibility
hagkvæmnisathugun f. feasibility study
hagkvæmur adj. economic, profitable, efficient
hagl n. hail(stone); pellet
haglabyssa f. shotgun

haglegur adj. skilfully made
haglél n. hailstorm
haglkorn n. hailstone
hagmælska f. skill in versification
hagmælskur adj. skilled in versification
hagnaðarhlutdeild f. profit sharing
hagnaðarprósenta f. profit margin
hagnaður m. profit, gain; **með hagnaði** profitably
hagnast v. make a profit
hagnast á vt. make a profit on
hagnýt siðfræði f. normative ethics
hagnýt þekking f. working knowledge
hagnýta vt. utilize, exploit
hagnýta sér vt. profit by, make the most of
hagnýting f. utilization, exploitation
hagnýttur adj. applied
hagnýtur adj. practical, functional
hagræða vt. adjust, arrange; rationalize
hagræði n. advantage, accommodation
hagræðing f. rationalization
hagsbót f. advantage, benefit
hagskýrsla f. statistical report
hagsmunaaðili m. interested party
hagsmunaárekstur m. conflict of interest(s)
hagsmunir m.pl. interests, concerns
hagstjórn f. economic management/administration
hagstofa f. bureau of statistics, register/registry office
hagstæður adj. favourable, advantageous
hagstæður viðskiptajöfnuður m. trade surplus
hagsveifla f. business cycle
hagsýni f. practicality; economy
hagsýnispólitík f. realpolitik
hagsýnn adj. practical; economical
hagsæld f. prosperity
hagur m. condition; advantage, benefit
hagur adj. dexterous, skilful
hagvaxtarprósenta f. economic growth rate
hagvaxtarstefna f. growth strategy
hagvöxtur m. economic growth
hagyrðingur m. skilled versifier; prosodist
hagþróun f. economic development
hak n. notch, snick

haka f. chin
hakakross m. swastika
haki m. pickaxe; hook
hakk n. mince(d meat),
(Am.) ground meat
hakka vt. mince, grind
hakka í sig vt. make mincemeat of;
gobble up
hakkavél f. meat grinder, mincer
hakmerki n. tick (√)
hala vt. haul
halakarta f. tadpole
halaklipptur adj. bobtailed
halarófa f. single/Indian file
halastjarna f. comet
hald n. (hand)hold; handle; custody;
hafa í haldi detain, keep in custody;
koma að haldi be of use; **leggja h. á**
requisition; **ná haldi á** get hold of
halda vt. hold; believe, think
halda að sér höndum vi. sit back
halda af stað vi. set out/off, run along
halda aftur af vt. hold back, curb
halda á vt. hold, carry
halda áfram vi. continue, keep/carry on
halda e-ð út vt. endure s-g,
sit out/through s-g
halda e-m niðri vt. hold/keep s-y down
halda e-m uppi vt. support s-y,
provide for s-y
halda e-u eftir vt. retain s-g
halda e-u fram vt. maintain s-g
halda e-u frá sér vt. fight s-g off
halda e-u til streitu vt. go through
with s-g
halda e-u við vt. maintain s-g,
keep s-g in repair
halda framhjá v. cheat on s-y; two-time
halda fyrir e-ð vt. keep s-g covered
halda hópinn vi. stick together
halda í e-ð vt. hold onto s-g, cling to s-g
halda í skefjum vt. restrain, hold/keep at
bay
halda í við vt. keep up with,
keep abreast of
halda kyrru fyrir vi. remain
halda með e-m vt. side with s-y
halda saman v. keep together
halda sér saman vi. keep silent
halda sér til vi. preen oneself
halda sér við e-ð vt. stick/cling to s-g
halda sig frá vt. keep away from;
abstain from
halda til v. hang out; make toward(s)
halda undan vi. retreat
halda upp á e-ð vt. celebrate s-g
halda upp á e-n vt. be fond of s-y,
love s-y
halda við e-n vt. have an affair with s-y
haldast vi. go on, continue, last
haldast í hendur v. hold hands
haldbær adj. tenable
haldgóður adj. durable; tenacious
haldlaus adj. baseless, unfounded,
unreliable
haldlítill adj. tenuous
haldreipi n. sheet anchor
haldsréttur m. lien
hali m. tail (of a cow)
halla vi. lean, tilt; slope
halla sér v. take a nap
halla sér út af vi. lie down
hallagráða f. gradient
hallalaus adj. without deficit
hallalítill adj. (of a roof) low-pitched
hallamælir m. spirit level
hallandi adj. sloping, slanting, oblique,
lop-sided
hallargarður m. courtyard
hallargreifadæmi n. palatinate
hallarlegur adj. palatial
hallast vi. slope, slant, incline
hallast að e-u vt. opt for s-g
hallastýri n. aileron
halli m. inclination; slope; deficit, loss
hallmæla vt. criticize, decry, defame
hallmælandi m. faultfinder
halloka : fara h. suffer defeat
halló interj. hello
hallsveppur m. truffle
hallæri n. famine
hallærislegur adj. lousy, crummy, corny
halogen ljósker n. halogen lamp
haltra vi. limp, hobble
haltur adj. lame, limping
hamar m. hammer; malleus (of the ear);
cliff
hamarshaus m. hammerhead
hamast vi. work like mad; rage
hamast við e-ð vt. plug away at s-g

hamborgari m. hamburger, beefburger
hamfarir f.pl. fury, frenzy; catastrophe
hamhleypa f. powerhouse, hustler
hamingja f. luck, fortune; happiness; **óska e-m til hamingju með e-ð** congratulate s-y on s-g; **til allrar hamingju** luckily, fortunately; **Til hamingju með (afmælis)daginn** Many happy returns (of the day)
hamingjuóskir f.pl. congratulations
hamingjusamur adj. happy
hamingjusemi f. happiness
hamla f. ratchet
hamla vt. prevent, hinder, block
hampa vt. cosset, lionize; dandle (a child)
hamphroði m. oakum
hampneytandi m. pothead
hampur m. hemp; cannabis, marijuana
hamra vt. hammer, bang, batter
hamraður adj. (of metal) beaten
hamranlegur adj. malleable
hamskiptavarmi m. latent heat
hamskipti n.pl. metamorphosis
hamskiptingur m. polymorph
hamslaus adj. wild, furious, rambunctious
hamstola adj. furious, frantic, frenzied
hamstra vt. hoard, stockpile
hamstrari m. hoarder
hamstur m. hamster
hamstur n. hoarding
hamur m. skin (of a bird); slough
hanaat n. cockfight
hanagal n. cockcrow, cock-a-doodle-doo
hanakambur m. cockscomb
hanaslagur m. cockfight
hanastél n. cocktail
handa prp. for
handaband n. handshake
handafl n. manpower
handahlaup : fara á handahlaupum turn cartwheels
handahóf n. randomness; **af handahófi** at random, haphazardly, indiscriminately
handahófskenndur adj. random, haphazard; promiscuous
handahófstala f. random number
handalögmál n. fistfight, punch-up, passage of arms; **lenda í handalögmáli** come to blows

handan við prp. beyond, across
handapat n. gesticulation
handarbak n. back of the hand
handarkriki m. armpit, underarm
handaupprétting f. show of hands
handavinna f. hand(i)work; needlework
handavömm f. botch
handbendi n. henchman, minion, puppet
handbolti m. handball
handbók f. handbook, (reference) manual
handbókasafn n. reference library
handbragð n. workmanship; hand-trick (in wrestling)
handbremsa f. handbrake
handbær adj. available, disposable, handy
handbært fé n. liquid assets
handbörur f.pl. handbarrow
handfang n. handle, grip, lever
handfarangur m. hand luggage
handfesta f. handhold
handfjatla vt. handle, finger
handfjöllun f. manipulation
handfylli n. handful
handhafi m. holder, bearer; fictitious payee
handhægur adj. handy, convenient, useful
handiðn f. craft, trade
handiðnaðarmaður m. handicraftsman
handiðnaður m. handicraft, cottage industry
handíð f. handicraft
handjárn n.pl. handcuffs, manacles
handjárna vt. handcuff
handkerra f. handcart
handklæðaefni n. towelling
handklæðagrind f. towel rail
handklæði n. towel
handknattleikur m. handball
handkútar m.pl. waterwings
handlaginn adj. dexterous, skilled, handy
handlagni f. dexterity, skill, facility
handlampi m. drop light
handlangari m. hodman
handleggur m. arm
handleiðsla f. guidance, direction
handleika vt. handle, manipulate
handlistiðnaður m. arts and crafts

handlóð n. dumbbell
handlæknir m. surgeon
handofinn adj. handwoven
handónýtur adj. quite unusable
handrið n. handrail, banister
handrit n. manuscript, script
handritahöfundur m. scriptwriter
handsama vt. seize, capture
handsápa f. toilet soap
handskellur f.pl. castanets
handskjól n. muff
handskrift f. longhand
handslökkvitæki n. fire extinguisher
handsnyrting f. manicure
handsnyrtir m. manicurist
handsprengja f. hand grenade
handstaða f. handstand
handtak n. grasp, clasp; handshake
handtaka f. arrest, capture; vt. arrest, capture
handtaska f. handbag, (Am.) purse
handtíndur adj. hand-picked
handunninn adj. handmade
handvagn m. handcart, trolley; pushcart
handveð n. pawn, pledge
handvegur m. armhole
handverksmaður m. craftsman, artisan
handvirkur adj. manual
handviss adj. cocksure, positive
handvopn n.pl. small arms
handöxi f. hatchet
hanga vi. hang; loaf, lounge
hangandi inndráttur m. hanging indent(ation)
hangikjöt n. smoked lamb
hangs n. dawdling, lounge
hangsa vi. dawdle, dillydally
hangsari m. loiterer
hani m. cock, (Am.) rooster; tap, stopcock, turncock, (Am.) faucet
hanki m. handle, ear; loop
hann prn. he
hanna vt. design, fashion, style
Hansasambandið n. Hanseatic League
hanskahólf n. glove compartment
hanski m. glove; gauntlet
happ n. (stroke of) luck; **með höppum og glöppum** off and on
happa og glappa aðferð f. trial and error method

happasæll adj. lucky, fortunate, prosperous
happdrætti n. lottery
happdrættisskuldabréf ríkissjóðs n. (Br.) premium bond
happdrættisvinningur m. lottery prize
harð- comb. very, highly
harðákveðinn adj. hellbent, flat-footed
harðbakur m. hardtop
harðbrjósta adj. hard-hearted, heartless, pitiless
harðfengi n. hardiness, bravery
harðfengur adj. hardy, brave
harðfiskur m. dried fish, stockfish
harðfrystur adj. quick-frozen
harðfylgni f. perseverance
harðgeðja adj. callous, unfeeling, uncharitable
harðger adj. hardy, tough
harðgerður adj. rugged, rough
harðhnota f. hickory
harðindi n.pl. hard times; cold winter
harðjaxl m. tough character
harðkol n. anthracite
harðkúluhattur m. bowler hat, pothat
harðlega adv. severely, sharply
harðleikinn adj. tough, ruthless
harðlífi n. constipation
harðlínumaður m. hard-liner
harðna vi. harden, solidify
harðneskja f. severity, rigour
harðorður adj. sharp(-tongued), severe, harsh
harðráður adj. oppressive, tyrannical
harðrétti n. severity, hardship
harðræði n. duress
harðskeyttur adj. rough, harsh, ruthless
harðsnúinn adj. tough; staunch, stalwart
harðsoðinn adj. hard-boiled
harðsperrur f.pl. sore muscles
harðstjóri m. tyrant, despot
harðstjórn f. tyranny, despotism
harðsvíraður adj. stiff-necked; ruthless, cutthroat
harður adj. hard; rough, harsh; tough; severe
harður hósti m. hacking cough
harðviður m. hardwood
harðýðgi f. ruthlessness, pitilessness
hark n. racket, tumult; pitch-and-toss

harka → háfjallahryggur

harka vi. drive a taxi, (Am.) hack
harka f. severity, hardness; obduracy
harka af sér vt. bear up
harkalegur adj. severe, rough; drastic
harla adv. extremely; rather
harma vt. lament, grieve
harma e-ð vt. regret/deplore s-g
harma e-n vt. mourn for s-y
harmagrátur m. wailing, keen, jeremiad
harmakvein n. lament(ation)
harmleikari m. (actor) tragedian
harmleikjaskáld n. (writer of tragedy) tragedian
harmleikur m. tragedy
harmljóð n. elegy
harmonískur adj. harmonic
harmóníka f. accordion
harmóníum n. reed organ
harmsaga f. tragic, story, tragedy
harmur m. grief, sorrow
harmþrunginn adj. sorrowful, heartbreaking
harpa f. harp
harpeis n. resin; rosin
hartnær adv. almost, all but
hasar m. excitement, thrills, high jinks
hass n. hashish, pot, grass
hasshaus m. pothead
hast n. haste
hasta á vt. reprimand
hastarlega adv. suddenly
hastur adj. harsh, gruff; hard-trotting
hata vt. hate, loathe, detest
hatrammur adj. acrimonious, bitter; virulent
hattaaskja f. bandbox
hattagerðarmaður m. hatter; milliner
hattahengi n. hatrack
hattasali m. (seller) hatter; milliner
hattbarð n. brim (of a hat)
hattborði m. hatband
hattprjónn m. hatpin
hattsveppur m. toadstool
hattur m. hat
hatur n. hatred, hate, animosity
hatursfullur adj. hateful, rancorous
haugalygi f. big lie, whopper
haugarfi m. chickweed
haugur m. heap; dunghill; grave mound
haukeygur adj. hawk-eyed
haukfránn adj. eagle-eyed
haukur m. hawk
haull m. hernia
haus m. head; heading; **fara á hausinn** go bankrupt/bust; **á hausinn** headfirst, headlong; **upp fyrir h.** head over heels
hausaveiðari m. headhunter, headshrinker
hauskúpa n. skull, cranium, brainpan
hauskúpumerki n. skull and crossbones
hauspoki m. nosebag, (Am.) feedbag
haust n. autumn, (Am.) fall
haustblíða f. Indian summer
haustjafndægur n.pl. autumnal equinox
hausttungl n. harvest moon
haustvertíð f. autumn fishing season
haustönn f. spring term/semester
hausverkur m. headache
háannatími m. rush/peak hour; high season
hábjartur dagur m. broad daylight; **um hábjartan dag** in broad daylight
háblað n. bract
hádegi n. midday, (high) noon; **eftir h.** in the afternoon; **e.h.** (post meridiem) p.m.; **eftir h. á morgun** tomorrow afternoon; **fyrir h.** this morning; **f.h.** (ante meridiem) a.m.
hádegisbaugur m. meridian
hádegismatur m. lunch
hádegisverður m. lunch(eon)
háð n. mockery, ridicule
háðfugl m. wag, wit
háðfæra vt. burlesque
háðhvörf n.pl. irony
háðsádeila f. satire
háðsádeiluhöfundur m. satirist
háðsádeiluverk n. satire
háðsglósa f. quip, gibe
háðskur adj. ironic(al), satirical, derisive
háðslega adv. mockingly, jeeringly, sneeringly
háðslegur adj. mocking, disdainful, derisive
háðsyrði n. sneer, gibe
háðung f. shame, disgrace
háður adj. dependent (up)on; addicted to
háfjallahryggur m. roof of the world

háfjallasól f. sunlamp
háfleikur m. lacrosse
háfleyg ræða f. peroration
háfleygi n. loftiness, pomposity
háfleygur adj. high-flown; high-flying
háflæði n. high tide; high water (of a river)
háflæðimörk n.pl. high water mark
háfur m. dogfish; (pocket) net
háfættur adj. leggy
hágeisli m. high beam, main beam
hágráta vi. weep noisily, blubber
hágæðahljómtæki n. high-fidelity, hi-fi (set)
háheilagur adj. saintly
háhestur : á háhest pickaback, piggyback
háhyrna f. killer whale
háhyrningur m. killer whale, grampus
háhýsi n. high-rise, tower block
hákarl m. (Greenland) shark
hákarlsskrápur m. sharkskin, shagreen
hálaunamaður m. highly-paid person
háleitur adj. elevated, lofty, sublime
hálendi n. highland, upland
hálendingur m. highlander
hálendisspilda f. massif
háleynilegur adj. top-secret
hálf- comb. half, semi-; fairly, a little/bit
hálfa : af e-s hálfu on s-y's behalf
hálfbakaður adj. half-baked
hálfbróðir m. half-brother
hálfbæti n. nibble
hálfdrættingur : ekki h. á við not a patch on
hálfdýrmætur adj. semiprecious
hálfgagnsær adj. translucent
hálfgerður adj. more or less
hálfgildingsfræðimaður m. quasi scholar
hálfguð m. demigod
hálfhringlaga adj. semicircular
hálfhringur m. semicircle
hálfkák n. halfway measures, lick and a promise
hálfkúla f. hemisphere
hálfkveðinn adj. hinted at
hálflasinn adj. rather ill, off colour
hálfleiðari m. semiconductor
hálfleikur m. half time

hálfmáni m. crescent
hálfmeðvitaður adj. subconscious
hálfmeðvitundarlaus adj. semiconscious
hálfmosi m. liverwort
hálfnaður adj. half-finished
hálfnóta f. minim, half note
hálfopinber adj. semiofficial
hálfpartinn adv. rather sort of
hálfpottur m. pint (Br. 0,57 l.; Am. 0,473 l.)
hálfrím n. half-rhyme, assonance
hálfræsing f. warm boot
hálfsamsíðungur m. trapezium, (Am.) trapezoid
hálfsársönn f. semester
hálfsérhljóð n. semivowel
hálfsdagsvinna f. half-day work
hálfsjálfvirkur adj. semiautomatic
hálfsjóða vt. parboil
hálfskuggi m. penumbra
hálfskyggður adj. penumbral
hálfslemma f. little/small slam
hálfsmánaðarlegur adj. biweekly
hálfsokkur m. sock, (Am.) bobbysock
hálfsystir f. half-sister
hálftími m. half an hour
hálftónn m. semitone
hálfunninn adj. half-done; semi-processed
hálfur adj. half; **h. annar** one and a half; **hálfu meira** twice as much; **hálft í hvoru** partly; **með hálfum huga** half-heartedly; **í hálfa stöng** at half-mast
hálfur mánuður m. fortnight, two weeks
hálfvegis adv. halfway, almost, more or less
hálfvirði n. half-price
hálfvitalegur adj. idiotic, moronic
hálfviti m. half-wit, idiot, moron
hálfvolgur adj. lukewarm; half-hearted
hálfþak n. lean-to
hálitur m. major suit (in bridge)
hálka f. slippery ice
hálkublettur m. slippery patch of ice, slick
háll adj. slippery
hálmdýna f. pallasse, pallet
hálmstrá n. (piece of) straw
hálmur m. straw
háls m. neck; throat, gullet

háls(kirtla)bólga f. quinsy
háls- og eyrnalækningar f.pl. otolaryngology
háls- og eyrnasérfræðingur m. otolaryngologist
hálsband n. neckband
hálsbindi n. tie, (Am.) necktie
hálsbiti m. scrag (end)
hálsbólga f. sore throat
hálsbragð n. neck-touch (in wrestling)
hálsfesti f. necklace, beads
hálshögg n. decapitation
hálshöggva vt. behead, decapitate
hálsjárn n. garrotte
hálskirtill m. tonsil
hálskirtlabólga f. tonsilitis
hálsklútur m. neckerchief, scarf, muffler
hálskragi m. ruff
hálsmál n. neckline
hálsmen n. necklace; pendant
hálsnisti n. locket
hálsrígur m. crick (in the neck)
hálssepi m. wattle (of a bird)
hálsskolun f. gargle
hálsslagæð f. carotid artery
hálstafla f. lozenge, pastille
hálstau n. neckwear
hálsæð f. jugular vein
háma í sig vt. gobble up, devour, tuck away/in
hámark n. maximum
hámarkshraði m. top speed
hámarksverð n. maximum price
hámenningar- comb. highbrow
hámenntaður adj. erudite
hámeri f. porbeagle
hápunktur m. climax
hár n. hair
hár adj. high; tall; loud; high-pitched
hárauður adj. bright red, cardinal
hárbeittur adj. very sharp, incisive
hárbroddar m.pl. stubble
hárbrúskur m. quiff
hárbursti m. hairbrush
háreyðingarkrem n. depilatory (cream)
háreysti f. uproar, clamour, vociferation
hárfeiti f. brilliantine
hárfínn adj. exquisite; subtle
hárflétta f. plait, (Am.) braid
hárgljái m. brilliantine

hárgreiðsla f. hairdressing; hairdo, hairstyle
hárgreiðslumaður m. hairdresser
hárgreiðslumeistari m. hairstylist
hárgreiðslustofa f. hairdresser's, hair saloon
hárhnútur m. topknot, bun (of hair)
hárklipping f. haircut
hárkolla f. (peri)wig, peruke
hárlagning f. hair-styling, set (of the hair)
hárlakk n. hairspray
hárlaus adj. hairless
hárleysi n. baldness
hárliðun f. permanent wave
hárlokkur m. lock (of hair)
hárlubbi m. mop (of hair)
hármakki m. shock (of hair)
hármeðal n. hair-restorer
hármjór adj. hairline
hárnákvæmni f. thoroughness, precision, rigour
hárnákvæmur adj. punctilious, rigorous, hairline
hárnál f. hairpin, hairgrip
hárnet n. hairnet
hárnæring f. (hair) conditioner
háróma adj. loud, loud-voiced
hárpípa f. capillary
hárpípukraftur m. capillary attraction
hárrétt adv. quite (so)
hárréttur adj. word-perfect, (Am.) letter-perfect
hárrúlla f. hair roller
hársbreidd f. hair's breadth;
  h. frá within ace of
hársekkur m. follicle
hárskeri m. barber, hair dresser
hársnyrting f. trim
hárspenna f. hair slide, (Am.) bobby pin
hársrætur f.pl. hairline
hársvörður m. scalp
hártogun f. hair-splitting, quibble
hártoppur m. hairpiece, toupee
hárugur adj. hairy, hirsute
hárþurrka f. hair dryer
hárþvottur m. shampoo
háræð f. capillary
hás adj. hoarse; husky
hásetaklefi m. forecastle

háseti m. deckhand, sailor
hásin f. Achilles' tendon, hamstring
hásing f. housing (of an engine)
háskalegur adj. dangerous, perilous
háskaráð n. leap in the dark
háski m. danger, distress, jeopardy
Háskoti m. Highlander
háskóla- comb. academic, collegiate
háskólaborgari m. academic
háskóladeild f. university faculty
háskólagjaldkeri m. bursar
háskólagráða f. degree
háskólakennari m. university teacher
háskólalóð f. campus
háskólaráð n. senate (of a university)
háskólarektor m. chancellor, rector, provost
háskólastúdent m. undergraduate
háskólaþjónn m. beadle
háskóli m. university, college, academy
háslétta f. plateau
háspeki f. metaphysics
háspenna f. high voltage, high tension
háspennukefli n. ignition coil
háspennulína f. power line
háspennumastur n. pylon
háspennuraftaugar f.pl. high-tension wires
hástafaletur n. upper case
hástafur m. capital letter
hástemmdur adj. high-flown, grandiloquent, melodramatic
hástig n. maximum; climax; superlative (degree)
hástæður adj. superscript
hástöfum adv. loudly
hástökk n. high jump
hástökkvari m. high jumper
hásumar n. midsummer
hásveifgras n. rough bluegrass
hásæti n. throne
hátalarakerfi n. public-address system
hátalari m. loudspeaker
hátekjumaður m. highly-paid person
hátekjuskattur m. supertax
hátign f. highness, majesty
hátignarlegur adj. majestic, stately
hátindur m. summit, pinnacle; height, heyday
hátíð f. festival, feast; holiday

hátíðahald n. celebration, festivity
hátíðahöld n.pl. festivities, gaieties
hátíðarathöfn f. public ceremony, function
hátíðarbragur m. pomp
hátíðarbúningur m. regalia, array
hátíðarlilja f. narcissus
hátíðarsalur m. festive hall
hátíðarsýning f. pageant
hátíðatjald n. marquee
hátíðisdagur m. festival, red-letter day
hátíðlegur adj. festive; solemn; ceremonious
hátíðleiki m. solemnity
hátíðni f. high frequency
hátíðnihátalari m. tweeter
hátískufólk n. smart set
hátollaður adj. high-duty
hátt adv. high(ly); loud
hátta vi. go to bed, undress
háttaður adj. undressed
háttalag n. behaviour; method
háttatími m. bedtime
hátterni n. behaviour, conduct, demeanour
háttfastur adj. formal
háttprúður adj. courteous, debonair
háttprýði f. decorum, good manners
háttsettur adj. high-ranking, important
háttsettur embættismaður m. high official
háttur m. way, manner, fashion; custom; mode; mood (in grammar); metre (in poetry)
háttvirtur adj. honoured; (as an address) dear
háttvís adj. tactful, discreet, diplomatic
háttvísi f. tact, discretion
háttvísibrot n. gaffe
hátækni f. high technology
hávaðabelgur m. blusterer
hávaðarifrildi n. brawl, wrangle, row
hávaðasamur adj. noisy, clamorous, boisterous
hávaði m. noise, din, racket
hávaxinn adj. tall
hávegir : hafa í hávegum think highly of, enthrone
hávella f. long-tailed duck, (Am.) old squaw

hávetur m. midwinter
hávísir m. superscript
hávær adj. loud, noisy; rowdy, boisterous
háværð f. loudness
háþróaður adj. advanced, sophisticated
háþrýstingur m. hypertension
háþrýstisvæði n. anticyclone, high-pressure system
háþýska f. High German
Hebrei m. Hebrew
hebreska f. Hebrew (language)
hebreskur adj. Hebrew, Hebraic
hedonisti m. hedonist
hefð f. tradition, custom; respect
hefðarfólk n. gentlefolk, gentry
hefðarklerkastétt f. prelacy
hefðarklerkur m. prelate
hefðarkona f. lady
hefðarmaður m. gentleman, aristocrat
hefðbundinn adj. traditional, conventional
hefilbekkur m. workbench (of a carpenter)
hefill m. (carpenter's) plane
hefilspónn m. shaving
hefja vt. lift, raise; begin, commence
hefja e-ð á loft vt. lift s-g up
hefja e-n til skýjanna vt. praise s-y to the skies
hefja leik vi. kick off (in football)
hefja sig á loft vi. take wing
hefjast vi. begin, commence
hefjast handa við vt. get/buckle down to, set to
hefla vt. plane (wood)
heflaður adj. polished (in manners)
hefna vt. avenge, revenge
hefna sín vi. take revenge, retaliate
hefna sín á vt. retaliate against, get back at
hefnandi m. avenger, revenger
hefnd f. revenge, vengeance, retaliation
hefndargyðja f. nemesis
hefndarhugur m. thirst of revenge
hefnigirni f. revengefulness, vindictiveness
hefnigjarn adj. vengeful, vindictive
hefta vt. hamper; hobble; staple; furl (a sail)
heftari m. stapler, staple gun
hefti n. notebook; number, part (of a book)

heftiplástur m. adhesive/sticking plaster
heftivír m. staple
hegða sér vi. behave
hegðun f. behaviour, conduct
hegna vt. punish
hegning f. punishment, penalty
hegningarhús n. penitentiary
hegningarlög n.pl. penal laws
hegningarlöggjöf f. penal code
hegningarverður adj. punishable
hegningarvinna f. hard labour, penal servitude
hegri m. heron, crane
heiðagæs f. pink-footed goose
heiðarlegur adj. honest, honourable, fair, square
heiðarleiki m. honesty, integrity, candour
heiðblár adj. azure
heiðhvolf n. stratosphere
heiðhvörf n.pl. stratopause
heiði f. heath, moor; mountain road
heiðindómur m. heathendom
heiðingi m. heathen, pagan; atheist
heiðingjaháttur m. heathenism
heiðinn adj. heathen, pagan; atheistic
heiðlóa f. (Eurasian) golden plover
heiðni f. heathendom, paganism
heiðra vt. honour
heiðríkja f. cloudlessness, serenity
heiðríkur adj. cloudless, serene, clear
heiður m. honour
heiður adj. cloudless, unclouded, clear
heiðurs- comb. honorary, honorific
heiðursborgari m. honorary citizen, freeman
heiðursfélagi m. honorary member
heiðursgestur m. guest of honour
heiðurslisti m. honour roll
heiðursmaður m. gentleman
heiðursmerki n. decoration, medal; insignia
heiðursskírteini n. diploma
heiðursvörður m. guard of honour
heiðvirður adj. honourable, guileless
heift f. spite, rage, wrath
heiftarlega adv. with a vengeance, thoroughly
heiftarlegur adj. virulent; acute
heiftrækinn adj. spiteful, vindictive
heiftugur adj. vehement, violent; spiteful

heiftúð f. hatefulness, hatred
heiftúðugur adj. spiteful, resentful
heigull m. coward
heigulskapur m. cowardice
heil tala f. integer number
heila- og mænusigg n. multiple sclerosis
heilablóðfall n. cerebral hemorrhage, apoplexy, stroke
heilabólga f. encephalitis
heilabrot n.pl. speculation, brown study
heilabú n. brainpan
heilabörkur m. cortex
heiladingull m. pituitary gland
heiladyngjubotn m. hypothalamus
heilagfiski n. halibut
heilagleiki m. holiness, sacredness
heilagur adj. holy, sacred
heilagur andi m. Holy Ghost/Spirit
heilagur bikar m. Holy Grail
heilagur sannleikur m. gospel truth
heilahimnubólga f. meningitis
heilahristingur m. concussion
heilakveisa f. migraine
heilaköngull m. pineal gland
heilalínurit n. electroencephalogram
heilalömun f. cerebral palsy
heilarafriti m. electroencephalograph
heilaspuni m. fantasy, wild notion
heilaþvo vt. brainwash
heilaþvottur m. brainwashing
heilbrigð dómgreind f. sanity
heilbrigð skynsemi f. common/horse sense, gumption, nous
heilbrigði n. health
heilbrigðisfulltrúi m. sanitary inspector
heilbrigðismál n.pl. public health
heilbrigðismálaráðherra m. Minister of Health
heilbrigðisreglur f.pl. regimen
heilbrigðissvið n. division of health science and hygiene
heilbrigðisvottorð n. bill of health
heilbrigðisyfirvöld n.pl. public health authorities
heilbrigður adj. healthy
heild f. whole, totality; **í heild** as a whole, altogether
heildar- comb. total, comprehensive, collective
heildaráætlun f. overall plan

heildarburðargeta f. dead weight
heildareikningur m. integral calculus
heildarfjöldi m. total number
heildarhugmynd f. general idea, concept
heildarhyggja f. holism
heildarkraftur m. resultant force
heildarsafn n. corpus
heildarsvipur m. (tout) ensemble
heildarupphæð f. gross, aggregate, total(ity)
heildarútgáfa f. collected works
heildarverð n. inclusive price
heildsala f. wholesale (firm)
heildsali m. wholesaler, wholesale merchant
heildsöluafsláttur m. trade discount
heildsölufyrirtæki n. wholesale firm
heildsöluverð n. wholesale/trade price
heildverslun f. wholesaling; wholesale business
heilhveitis- adj. wholemeal, (Am.) whole-wheat
heili m. brain; **brjóta heilann um** beat/rack one's brains over; **litli h.** cerebellum
heilindi n.pl sincerity, integrity
heill f. luck, happiness
heill adj. whole, complete; healthy; sincere; **h. á húfi** safe and sound; **h. á geðsmunum** sane
heilla vt. charm, enchant, fascinate
heillaður adj. spellbound, enamoured
heillagripur m. mascot
heillandi adj. charming, glamorous, exotic
heillaóskir f.pl. congratulations, good wishes
heillaráð n. good advice/idea
heillavænlegur adj. auspicious, beneficial, promising
heillegur adj. looking intact
heilmikill adj. considerable, a good/great deal
heilnóta f. semibreve, whole note
heilnæmi n. healthfulness, salubriousness
heilnæmur adj. wholesome, healthful, salubrious
heilræði n. good advice, maxim
heilsdagsvinna f. full-time work
heils dags vinna f. full-time job

heilsa f. health
heilsa vt. greet; salute
heilsa upp á vt. drop in on
heilsast vi. shake hands
heilsíðufyrirsögn f. banner headline
heilsteyptur adj. flawless
heilsubað n. therapeutic bath
heilsubót f. recreation; **ganga sér til heilsubótar** go for a constitutional
heilsubrestur m. infirmity
heilsubætandi adj. healthful, restorative, salutary
heilsufræði f. hygiene
heilsufæði n. health food, macrobiotic food
heilsugóður adj. in good health, healthy, well
heilsugæslustöð f. health centre, clinic
heilsuhæli n. sanatorium
heilsulaus adj. sickly, frail
heilsuleysi n. sickliness, invalidism
heilsulind f. spa, baths, watering place
heilsurækt f. health care
heilsuspillandi adj. insanitary
heilsustyrkjandi adj. recuperative
heilsutæpur adj. valetudinarian
heilsuveill adj. sickly, frail, delicate
heiltala f. integer
heilög ritning f. Holy Writ
heilög þrenning f. Trinity
heim adv. home, homeward(s)
heima adv. at home; **eiga h.** live, reside; **vel h. í** well-versed in, conversant with
heimabrugg n. home brew, pot(h)een, (Am.) moonshine, hooch
heimabær m. hometown
heimagangur m. friend of the family
heimahöfn f. home port, port of registration; home plate (in baseball)
heimakoma f. erysipelas
heimakominn : gera sig h. make oneself at home
heimaland n. native country
heimalningsháttur m. insularity
heimalningur m. home-fed lamb
heimamaður m. native, local (person)
heimamarkaður m. domestic market
heiman adv. away from home; **að h.** not at home, out
heimanmundur m. dowry, marriage portion
heimaræktaður adj. homegrown
heimasala f. door-to-door selling
heimaskítsmát n. fool's mate
heimaspunninn adj. homespun
heimastjórn f. home rule
heimasæta f. unmarried girl living at home
heimaunninn adj. homemade
heimavinna f. homework
heimavist f. dormitory
heimavistarnemandi m. boarder
heimavistarskóli m. boarding school
heimavígstöðvar f.pl. home front
heimboð n. invitation
heimfæra undir vt. group/class with
heimila vt. authorize, allow, permit
heimild f. authority, permission; source
heimildakvikmynd f. documentary (film)
heimildarmaður m. informant, source
heimildaskrá f. bibliography
heimili n. home
heimilisfang n. address (of a person)
heimilisfastur adj. resident
heimilisfólk n. household
heimilisfræði f. domestic science, (Am.) home economics
heimilishald n. housekeeping, household
heimilishjálp f. domestic service
heimilishjú n. domestic (servant)
heimilisiðnaður m. cottage industry
heimilislaus adj. homeless
heimilislegur adj. homely, homelike
heimilisleysi n. homelessness
heimilislíf n. domestic life, domesticity
heimilislæknir m. general practitioner
heimilisstörf n.pl. housework
heimilistrygging f. home owner's insurance
heimilistæki n.pl. household appliance, home appliances
heimilistölva f. home computer
heimilisvörur f.pl. groceries
heimilisþjónusta f. home help
heimill adj. allowed, permitted; admissible
heimkeyrsla f. driveway
heimkoma f. homecoming
heimkvaðning f. recall

heimkynni n.pl. home, roots
heimleiðis adv. homeward(s)
heimsálfa f. continent
heimsborgaralegur adj. cosmopolitan
heimsborgari m. cosmopolitan, man of the world
heimsendingarþjónusta f. delivery service
heimsendir m. end of the world
heimsfræði f. cosmology
heimsfrægur adj. world-famous
heimshaf n. ocean
heimshluti m. corner (of the world)
heimshornaflakkari m. globetrotter
heimska f. stupidity, foolishness
heimskaut n. pole
heimskautsbaugur m. polar circle
heimskingi m. fathead, idiot
heimskulegur adj. stupid, foolish, silly
heimskupar n. folly
Heimskupétur m. Pierrot
heimskur adj. stupid, thickheaded
heimsmaður m. man of the world, cosmopolitan
heimsmarkaðsverð n. world market price
heimsmarkaður m. world/international market
heimsmet n. world record
heimsmyndunarfræði f. cosmogony
heimsmælikvarði m. international scale
heimsókn f. visit, call
heimsóknartími m. visiting hours
heimspeki f. philosophy
heimspekideild f. Faculty of Arts
heimspekilegur adj. philosophical
heimspekingur m. philosopher
heimsstyrjöld f. world war
heimsvaldasinni m. imperialist
heimsvaldastefna f. imperialism
heimsveldi n. empire, world power
heimsveldis- comb. imperial
heimsækja vt. visit, call (up)on, see
heimta vt. demand
heimting f. claim, exaction
heimtufrekja f. pushiness, insistence
heimtufrekur adj. pushy, insistent, demanding
heimula f. garden dock
heimullegur adj. esoteric

heimur m. world; **um allan heim** worldwide
heimþrá f. homesickness; **með h.** homesick
heit n. pledge, vow, promise
heita vt. be called/named; promise
heitast við e-n vt. threaten s-y
heitbinding f. betrothal
heitbundinn adj. betrothed
heiti n. name; term
heitinn adj. late, sainted
heitmaður m. fiancé
heitmey f. fiancée
heitstrenging f. solemn oath
heitt adv. fervently, dearly
heittempraður adj. subtropical
heittrúaður adj. devout
heitur adj. hot, warm
hekl n. crochet
hekla vt. crochet
heklunál f. crochet-hook
hektari m. hectare
hel f. hell; death
helber adj. blatant, rank
heldra fólk n. gentlefolk(s); elite
heldri kona f. gentlewoman, lady
heldur adv. either
heldur adj. impenetrable, impervious
heldur adv. rather, preferably, fairly, pretty; **ekki h.** neither; **h. betur** with a vengeance; **vilja e-ð h.** prefer s-g
heldur conj. but, instead; **h. en** rather than
helga vt. dedicate; bless, consecrate
helgi f. weekend; holiness
helgiathöfn f. religious rite/ceremony
helgidagur m. (public) holiday
helgidómur m. shrine; sanctuary
helgigöngusöngur m. processional hymn
helgileikur m. mystery/miracle play
helgimynd f. icon
helgirit n. scripture
helgirún f. hieroglyph
helgisaga f. legend
helgisagnaritun f. hagiography
helgisagnir f.pl. hagiography
helgisiðaáhugi m. ritualism
helgisiðir m.pl. ritual, liturgy
helgiskrín n. shrine; reliquary

helgispjalla- adj. sacrilegious
helgispjöll n.pl. sacrilege
helgistaður m. sacred place, sanctuary
helgríma f. death mask
helgun f. dedication; consecration
helgur adj. holy, sacred
helgur dómur m. relic
helgur staður m. sanctum
heljarþröm : á h. on the verge of disaster/ruin
hella f. slab; paving stone; cooking plate
hella vt. pour
hella niður vt. spill
hella sér yfir vt. jump on, explode at, scold
hella upp á (könnuna) v. brew coffee, percolate, perk
Helleni m. Hellene
hellenískur adj. Hellenistic
hellenskur adj. Hellenic
hellingur m. a lot, lots
hellir m. cave, grotto; cavern
hellirigna vi. rain cats and dogs, bucket (down)
hellirigning f. downpour
hellisbúi m. caveman; troglodyte
hellóttur adj. cavernous
helluhraun n. pahoehoe lava
hellusteinn m. paving stone; flagstone
helminga vt. halve
helmingaleit f. binary search
helmingur m. half
helsi n. chain, fetters
helsingi m. barnacle goose
helst adv. preferably
helstríð n. death throes
helstur adj. principal, predominant
helsærður adj. fatally wounded
helta vt. lame
heltaka vt. obsess, smite
heltast vi. become lame
heltast úr lestinni vi. fall by the wayside, drop out
helti n. lameness, limp
helvískur adj. hellish, infernal; bloody
helvíti n. hell, inferno; interj. damn, heck
hemilflaug f. retrorocket
hemill m. brake; restraint
hemja vt. control, contain
hemla vi. brake, backpedal

hemlaborði m. brake lining
hemladiskur m. brake disk
hemlakerfi n. brake system
hemlakerfi með læsivörn n. ABS, antilock brake system
hemlaklossi m. brake pad
hemlaljósker n. brake lamp, stop lamp
hemlavökvi m. brake fluid
hempa f. cassock, gown, frock
henda vt. throw (away); catch; happen to, befall
henda reiður á v. pin down
hendast vi. dash, rush, scurry
hending f. chance, accident; rhyme
hendingartala f. random number
hengibrú f. suspension bridge
hengiflug n. precipice
hengilás m. padlock
hengilmæna f. slouch, laggard
henging f. hanging
hengingargálgi m. gibbet
hengingaról f. halter
hengirúm n. hammock
hengiskraut n. pendant
hengja vt. hang (up)
hengslast vi. slouch
hennar prn. her(s)
henta v. suit, be convenient
hentistefna f. opportunism
hentistefnumaður m. opportunist
hentugleiki m. convenience
hentugur adj. convenient, expedient
heppilegur adj. suitable, opportune
heppinn adj. lucky, fortunate
heppnast vi. succeed, come off
heppni f. good fortune, luck
heppnisskot n. (good stroke) fluke
her m. army, military
her- comb. military, martial
herafli m. military force, armed forces
herbergi n. room
herbergisfélagi m. roommate
herbergisþerna f. chambermaid
herbergisþjónn m. valet
herbergisþjónusta f. room service
herbragð n. stratagem, manoeuvre
herbúðir f.pl. camp, barracks
herdeild f. regiment, division
herdómstóll m. military court
herða vt. harden; tighten; temper (steel)

herða sig vi. get a move on, bestir oneself
herða upp hugann v. pull oneself together, pluck up
herðablað n. shoulder blade, scapula
herðabreiður adj. broad-shouldered
herðakambur m. withers (of a horse)
herðakistill m. hump, kyphosis
herðar f.pl. shoulder(s)
herðaslá f. cape
herðatré n. (coat/clothes) hanger
herðiskrúfa f. setscrew
herfa f. scarecrow, hag
herfang n. booty, loot, plunder
herfangelsi n. military prison
herfáni m. standard
herferð f. campaign, crusade
herfi n. harrow
herfilegur adj. hideous, ugly, abominable; **líða herfilega** feel rotten
herflugstöð f. military airbase
herforingi m. (army) officer, commander
herforingjaráð n. general staff
herforingjastjórn f. junta
herfugl m. hoopoe
herfylki n. battalion
hergagnabúr n. armoury
hergagnaverksmiðja f. munition plant
herganga f. march
hergögn n.pl. armaments, weaponry, munitions
herja vi. make war, campaign
herja á vt. harry; infest
herja e-ð út e-m vt. wangle s-g out of s-y
herkjur : með herkjum with great effort, at a push
herklæði n.pl. armour
herkvaðning f. conscription, draft, call-up
herkví f. blockade, siege, cordon
herkænska f. tactics
herkænskubragð n. tactic
herlegur adj. glorious, splendid, superb
herlið n. troops
herlistarmaður m. tactician
herlúður m. bugle
herlæknir m. surgeon, (Am.) medic
herlög n.pl. martial law
herlögregla f. military police, MP
herlögreglustjóri m. provost marshal

herma eftir vt. mimic, imitate, take off
hermaður m. soldier, warrior
hermannabúningur m. fatigues
hermannagangur m. martial stride
hermannajakki m. tunic
hermannamessi m. mess (hall)
hermannaskáli m. barracks
hermarskálkur m. field marshal
hermálaráðherra m. minister/secretary of war
hermdarverk n. act of terrorism; sabotage
hermikráka f. mockingbird, copycat, mimic
hermilitun f. protective colouring
hermilín n. ermine
hermir m. simulator
hermitíðni f. resonance frequency
hernaðar- comb. military, martial
hernaðarástand n. state of war
hernaðarátök n.pl. hostilities
hernaðaráætlun f. strategy
hernaðarsinni m. militarist
hernaðarstefna f. militarism
hernaður m. warfare, war
hernám n. (military) occupation; conquest
hernema vt. occupy, capture
heróín n. heroin
heróp n. battle/war cry
herpa vt. draw together, contract
herpa saman varirnar v. purse one's lips
herpandi adj. astringent
herpanlegur adj. contractile
herpiefni n. astringent
herpingur m. constriction; contraction; retraction
herpinót f. purse seine (net)
herprestur m. (army) chaplain
herra m. lord, master; mister, Mr
herragarður m. manor
herramaður m. gentleman
herréttur m. military court, court martial
herseta f. (military) occupation
hershöfðingi m. general
herskari m. great number, army, host
herskár adj. militant, bellicose, hawkish
herskip n. battleship, man-of-war
herskipafloti m. armada
herskipaveldi n. naval power

herskráning f. enlistment, recruitment
herskylda f. compulsory military service
hersla f. hardening; drying (of fish)
hersli n. sclerosis
herstjórnarfræðingur m. strategist
herstjórnarlegur adj. strategic(al)
herstjórnarlist f. strategy
herstöð f. military base
hersveit f. troops; regiment, legion
hersveitarbúningur m. regimentals
hersýning f. military show, parade, tattoo
hertaka f. conquest, capture
hertogadæmi n. duchy
hertogaynja f. duchess
hertogi m. duke
herútboð n. mobilization
herveldissinni m. militarist
herveldisstefna f. militarism
hervæða vt. arm, militarize, mobilize
hervæðing f. armament, mobilization
hervörður m. sentry
herþjálfaður adj. paramilitary
herþjónusta f. military service
heræfing f. (army) manoeuvre(s)
heræfingadagur m. field day
hes n. dewlap
heslihneta f. hazelnut, cob
hesliviður m. hazel
hespa f. skein (of yarn); hasp (for a door)
hespa af vt. rush through, toss off
hestabaun f. broad bean
hestafl n. horsepower
hestaflutningakerra f. horsebox
hestagirðing f. paddock
hestahnútur m. clove hitch
hestahokkí n. polo
hestakastanía f. horse chestnut
hestakona f. horsewoman
hestaleiga f. horse rental; livery stable
hestamaður m. horseman
hestamennska f. horsemanship, equitation
hestaprangari m. horse trader
hestarétt f. paddock
hestaskál f. stirrup/parting cup
hestasveinn m. groom, liveryman
hestasvipa f. horsewhip
hestbak n. horseback
hesthús n. stable, stall
hesthúsa vt. put away, devour

hestur m. horse
hestvagn m. carriage
hetja f. hero
hetjudáð f. heroism, exploit
hetjudýrkun f. hero worship
hetjukvæði n. epic poem
hetjulegur adj. heroic, gallant
hetjusaga f. saga
hetjuskapur m. heroism
hetjutilburðir m.pl. heroics
hetjuöld f. heroic age
hetta f. cap; diaphragm, pessary
hettumávur m. black-headed gull, peewit
hetturó f. capnut
hettusótt f. mumps
hettusteinn m. copingstone, copestone
hettuúlpa f. parka
hey n. hay
heybindivír m. haywire
heyja vi. make hay
heyja vt. hold, conduct; **h. stríð** wage war
heykjast á e-u vt. give up on s-g
heykvísl f. hayfork, pitchfork
heymæði f. hay fever
heyra v. hear; listen
heyra út undan sér vt. overhear
heyranlegur adj. audible
heyranleiki m. audibility
heyrast v. be heard
heyrn f. (sense of) hearing
heyrnar- comb. audio; aural; auditory
heyrnardaufur adj. hard of hearing
heyrnarlaus adj. deaf; **vita h.** stone-deaf
heyrnarleysi n. deafness
heyrnarmál n. earshot, hearing
heyrnarmæling f. hearing test
heyrnarmælir m. audiometer
heyrnarpróf n. hearing test
heyrnarskertur adj. deaf
heyrnarsvið n. earshot; audio frequency
heyrnartól n.pl. headphones, headset
heyrnartæki n. hearing aid, earphone
heysáta f. haycock
heyskaparmaður m. haymaker
heyskapur m. haymaking
heysláttur m. mowing
heystakkur m. haystack, hayrick
héðan adv. from here

héðan í frá adv. from now on, hereafter, hence
hégómagirnd f. vanity, conceit
hégómi m. vanity; trivia; fiddle-faddle
hégómlegur adj. vain, pretentious, conceited
héla f. hoarfrost
hélaður adj. frosty, rimy
hélunjóli m. pigweed
hér adv. here; **h. um bil** about, approximately
hér eftir adv. hereafter, hereinafter, hereupon
hér með adv. herewith, hereby
hérað n. district, region, county, province
héraðsdómstóll m. county court
héraðslæknir m. district physician/doctor
héraðsstjóri m. prefect, governor
héraðsstjórn f. local authority/government
héravör f. harelip
héri m. hare
hérlendis adv. in this country
hérna adv. here; **h. megin** over here, on this side
hið, -(i)ð (definite article) the
hik n. hesitation
hika vi. hesitate, falter, waver, vacillate
hikandi adj. hesitant, halting, indecisive
hikkoría f. hickory
hikkoríuhneta f. pignut
hikkoríutré n. pecan
hiklaust adv. without hesitation, straight out
hiksta vi. hiccup
hikstalaust adv. unhesitatingly, promptly
hiksti m. hiccup(s)
hilla f. shelf
hilla undir vi. loom
hilling f. mirage
hillubrík f. (shelf) bracket
himberjasótt f. yaws
himbrimi m. great northern diver, (Am.) common loon
himinblár adj. sky-blue, azure
himinfesting f. firmament
himinhár adj. sky-high, lofty; astronomical
himinhnöttur m. celestial body
himinhvolf n. roof of heaven, sphere

himinlifandi adj. delighted, jubilant, ecstatic
himinn m. sky; heaven; **undir berum himni** in the open; **í sjöunda himni** elated
himintungl n. celestial/heavenly body
himinþoka f. nebula
himna f. membrane, film
himnabrauð n. manna
himnaríki n. heaven, paradise
himnasending f. godsend
himnasæla f. bliss
himneskur adj. heavenly, celestial, divine
himnuflæði n. osmosis
himnukenndur adj. membranous
hind f. hind, doe
hindarblóm n. hydrangea
hindarkálfur m. fawn
hindber n. raspberry
hindra vt. hinder, block, obstruct, thwart
hindrun f. hindrance, obstacle, impediment
hindrunarhlaup n. obstacle race; steeplechase
hindrunarsögn f. pre-emptive bid (in bridge)
hindurvitni n. superstition
hindúatrú f. Hinduism
hindúi m. Hindu
hingað adv. here
hingað og þangað adv. here and there, hither and thither
hingað til adv. so far, hitherto, to date
hinn, hin, hið definite article, the
hinn, hin, hitt prn. that (one), the other
hinsegin adj. gay, queer; adv. differently
hinstur adj. last
hinsvegar adv. on the other hand
hinumegin adv. on the other side
hippi m. hippie
hirð f. (royal) court
hirða vt. collect, pick up; keep clean; groom
hirða sig vt. keep oneself clean
hirða um vt. care about
hirðdama f. lady-in-waiting, maid of honour
hirðfífl n. jester
hirðfíflsbúningur m. motley

hirðingi m. nomad
hirðingjalíf n. nomadic life
hirðingjasveit f. horde (of nomads)
hirðir m. shepherd
hirðisbréf n. pastoral letter
hirðmaður m. courtier
hirðmær f. maid of honour
hirðsjónleikur m. masque
hirðskáld n. poet laureate
hirðstjóri m. seneschal
hirðulaus adj. careless, neglectful
hirðuleysi n. carelessness, negligence
hirðuleysingi m. careless/indifferent person
hirðusamur adj. careful, attentive; thrifty
hirðusemi f. orderliness, conscientiousness
hirsi n. millet
hirsla f. receptacle, box, chest
hirslubrjótur m. safe-breaker, (Am.) safecracker
hirta vt. discipline, chastise, scourge
hirting f. castigation, punishment
hismi n. chaff
hispurmæltur adj. euphemistic
hispurslaus adj. blunt, natural, unaffected
hispursleysi n. bluntness, bluffness
hissa adj. surprised, astonished
hita vt. warm, heat up
hitabelti n. torrid zone, tropics
hitabeltis- comb. tropical
hitabeltisgresja f. savanna(h)
hitabeltishjálmur m. pith helmet, topi, topee
hitabrúsi m. thermos (flask), vacuum flask
hitabylgja f. heat wave
hitaeining f. calorie
hitaeiningar- comb. calorific
hitafallandi m. lapse rate
hitahvolf n. thermosphere
hitakanna f. thermos (flask), vacuum flask
hitakassi m. incubator
hitamál n. hot potato
hitamælir m. thermometer
hitaplatti m. tablemat
hitapoki m. hot-water bottle
hitaprentari m. thermal printer
hitari m. heater
hitariti m. thermograph
hitaskil n.pl. warm front
hitaslag n. heatstroke

hitasótt f. fever, pyrexia
hitastig n. degree (of heat), temperature
hitastillir m. thermostat
hitauppstreymi n. thermal; convection
hitaveita f. hot-water supply, heating service
hiti m. heat, warmth; fever; fervour; **vera með hita** run a fever; **bera hitann og þungann** bear the brunt
hitna vi. get warm
hitt og þetta n. odds and ends
hitta vt. meet, encounter, come across; hit
hittast vi. meet, rendezvous
hittast aftur vi. meet again, reunite
hittiðfyrra : í h. the year before last
hittinn adj. skilful at hitting a target; incisive
hitun f. heating
hía á e-n vt. mock s-y
híalínsloppur m. negligee
híbýli n.pl. living quarters, lodgings, home
híði n. (winter) lair
híena f. hy(a)ena
hífa vt. hoist, heave, pull
hífaður adj. tipsy, pixilated, (slightly) drunk
híma vi. loiter, hang about
hírast vi. loiter; hang out
hjaðna vi. subside; fade
hjakka vt. hack; **h. í sama farinu** be stuck in a rut
hjal n. chat, prattle
hjala vi. chat, babble
hjalli m. ridge, scarp; terrace
hjallur m. hovel
Hjaltland n. Shetland Islands
hjara f. hinge
hjara vi. vegetate, linger (on)
hjaragluggi m. casement (window)
hjarðhvöt f. gregariousness
hjarðljóð n. pastoral (poem)
hjarðmaður m. herdsman
hjarn n. perpetual snow
hjarna við vi. recover
hjarta n. heart; **af öllu hjarta** wholeheartedly, from the bottom of one's heart

hjartaáfall n. heart attack
hjartabilun f. heart failure
hjartablóð n. lifeblood
hjartablóm n. bleeding heart
hjartagalli m. heart defect
hjartagangráður m. pacemaker
hjartagóður adj. kind-hearted
hjartagrasætt f. pink family
hjartagæska f. kind-heartedness
hjartahlýr adj. warm-hearted
hjartahreinn adj. simple-hearted
hjartaknúsari m. heartthrob
hjartakveisa f. angina pectoris
hjartalínurit n. (electro)cardiogram
hjartaloka f. cardiac valve
hjartanlega adv. heartily, cordially
hjartanlegur adj. hearty, cordial, heartwarming
hjartans mál n. hobbyhorse
hjartarafriti m. electrocardiograph
hjartardýr n. red deer
hjartarfi m. shepherd's purse
hjartarhorn n. antler
hjartariti m. cardiograph
hjartarkjöt n. venison
hjartarkolla f. (female deer) hind
hjartarleður n. buckskin
hjartarsalt n. sal volatile
hjartarskinn n. doeskin
hjartartarfur m. (male deer) stag
hjartarætur f.pl. heartstrings
hjartasérfræðingur m. cardiologist
hjartasjúkdómur m. heart disease
hjartaskel f. cockle
hjartaslag n. heart attack, cardiac arrest
hjartfólginn adj. endearing, precious
hjartkær adj. dear, beloved
hjartnæmur adj. heart-rending, heartfelt, touching
hjartsláttartíðni f. heart rate
hjartsláttur m. heartbeat, palpitation
hjartveikur adj. suffering from heart disease; nervous
hjá prp. beside, with, near, at, by
hjáfræði f. pseudoscience
hjákátlegur adj. funny; peculiar, odd
hjákona f. mistress, concubine
hjákvæmd f. avoidance
hjákvæmilegur adj. avoidable
hjálagður adj. enclosed

hjáleiga f. croft, smallholding
hjáleigubóndi m. crofter, smallholder
hjálmgríma f. visor
hjálmhvelfing f. cupola
hjálmskúfur m. crest
hjálmur m. helmet
hjálp f. help, aid, assistance
hjálp í viðlögum f. first aid
hjálpa vt. help, aid, assist
hjálpar- comb. auxiliary, ancillary, remedial
hjálparforrit n. utility program
hjálpargögn n.pl. aids, resources, means
hjálparhella f. helper, recourse
hjálparlaus adj. helpless
hjálparlaust adv. unaided, (all) by oneself
hjálparleysi n. helplessness
hjálparmaður m. helper, assistant
hjálparmál n. metalanguage
hjálparsögn f. auxiliary verb
hjálpartæki n. aid
hjálparvalmynd f. help menu
hjálparþurfi adj. in need of help, needy
hjálpfús adj. ready to help, neighbourly
hjálplegur adj. helpful
hjálpræðisher m. Salvation Army
hjálpræðishermaður m. salvationist
hjálpsamur adj. helpful, accommodating, obliging
hjálpsemi f. helpfulness
hjárás f. routine
hjáróma adj. out of tune, dissonant
hjárænulegur adj. sheepish; odd
hjáseta f. abstention (from voting)
hjásettur adj. underprivileged
hjáskynjun f. extrasensory perception
hjásneiðing f. avoidance
hjásól f. parhelion
hjástíll m. surrealism
hjátrú f. superstition
hjátrúarfullur adj. superstitious
hjáverk n. avocation
hjól n. wheel; bicycle, bike
hjóla vi. (bi)cycle
hjóla í vt. wade into, attack
hjólabúnaður m. undercarriage; landing gear
hjólaskautar m.pl. roller skates
hjólaskautavöllur m. roller-skating rink
hjólaskip n. paddle steamer

hjólastóll m. wheelchair
hjólbarðaslanga f. inner tube
hjólbarði m. tyre, (Am.) tire
hjólbeinóttur adj. bowlegged, bandy-legged
hjólbörur f.pl. wheelbarrow
hjóldýr n. rotifer
hjólfar n. rut
hjólhýsi n. caravan, (Am.) camper, trailer
hjólkoppur m. hubcap
hjólkragi m. flange
hjólnöf f. wheel hub, nave
hjólreiðarmaður m. cyclist
hjólstýrildi n. paddle control
hjólsög f. circular saw
hjóltittur m. linchpin, lynchpin
hjón n.pl. married couple
hjónaband n. marriage, married life
hjónabands- comb. matrimonial, marital, conjugal
hjónabandsmiðlari m. matchmaker
hjónaefni n.pl. betrothed
hjónagras n. small white orchid
hjónarúm n. double bed
hjónaskilnaður m. divorce
hjónavígsla f. wedding ceremony
hjú n. servant
hjúfra sig saman vi. cuddle up
hjúfra sig upp að vt. snuggle up to, nuzzle up against
hjúkra vt. nurse, care for
hjúkrun f. nursing
hjúkrunarfræðingur m. (registered) nurse
hjúkrunarheimili n. nursing home
hjúkrunarherbergi n. dispensary
hjúkrunarkona f. nurse
hjúkrunarnemi m. probationer
hjúkrunarskóli m. school of nursing
hjúpa vt. cover, wrap
hjúpur m. cover, veil, shroud, mantle
hjúskapar- comb. matrimonial, marital, nuptial
hjúskaparbrot n. adultery, misconduct
hjúskaparheit n. marital vow
hjúskaparstétt f. marital state
hjúskapur m. marriage, wedlock
hjöðnun f. subsidence, deflation
hjör f. hinge
hjörð f. herd, flock
hjörtur m. stag
hlað n. farmyard
hlaða f. barn
hlaða vt. load; stack; charge
hlaða gáma v. containerize
hlaðarfi m. knotgrass
hlaðast upp vi. pile up, accumulate
hlaðbakur m. hatchback
hlaðborð n. buffet; smorgasbord
hlaði m. pile, stack
hlaðinn adj. loaded; (of a gun) undischarged
hlaðkolla f. pineapple weed, rayles camomile
hlakka til vt. look forward to
hlakka yfir vt. gloat over
hlakkandi adv. gloatingly
hlamma sér niður v. plump/plonk/plunk oneself down
hlammlending f. pancake landing
hland n. urine, piss
hlaup n. run(ning); race; glacier burst, flood; jelly, gel; barrel (of a rifle)
hlaupa vi. run; flood; (of clothes) shrink; jell
hlaupa af sér hornin v. sow one's wild oats
hlaupa á sig v. blunder, make a mistake
hlaupa e-n af sér vt. outrun/outdistance s-y
hlaupa yfir vt. pass/skip over
hlaupabóla f. chicken pox
hlaupabretti n. skateboard
hlaupagrein f. track event
hlaupahjól n. scooter
hlaupakommustofn m. floating-point base
hlaupareikningur m. current/open account
hlaupareikningur með yfirdráttarheimild m. overdraft account
hlaupari m. runner
hlaupaskór m. track shoe
hlaupastingur m. stitch (in the side)
hlaupatitill m. running title/head
hlaupár n. leap/intercalary year
hlaupársdagur m. intercalary day
hlaupefni n. gelatine
hlaupfrír adj. shrinkproof
hlaupkenndur adj. gelatinous

hlaupostur m. curd
hlaupvídd f. calibre, bore (of a gun barrel)
hláka f. thaw
hlálegur adj. ridiculous
hlána vi. thaw
hlátrasköll n.pl. riot of laughter
hlátur m. laughter, laugh(ing)
hláturfugl m. kookaburra, laughing jackass
hláturgas n. laughing gas, nitrous oxide
hláturkjölt n. chuckle
hláturmildi f. risibility
hláturmildur adj. risible
hláturroka f. belly laugh
hlátursvöðvar m.pl. risible muscles
hleðsla f. load(ing); charge
hleðsluhólf n. breech (of a gun)
hleðslulína f. Plimsoll line
hleðslumaður m. stevedore
hleðslutími m. charging time
hlekkir m.pl. chains, fetters, irons
hlekkja vt. chain (up), manacle, link
hlekkjun f. concatenation
hlekkur m. link
hlemmur m. trapdoor; lid (of a pot)
hlera v. eavesdrop; wiretap, monitor
hleri m. shutter; trapdoor; hatch
hlerun f. listening, tapping
hlerunartæki n. bugging device, bug
hlessa adj. astonished, flabbergasted
hleypa vt. make (a horse) run/gallop; curdle
hleypa að vt. make room for
hleypa af v. fire a shot, shoot off
hleypa af stað vt. start off
hleypa á vt. turn on
hleypa brúnum vi. frown, lour, (Am) lower
hleypa inn vt. let in, admit
hleypa niður vt. flush (a toilet)
hleypa upp í vindinn vi. heave to
hleypa út v. let out; vent; blow off
hleypidómafullur adj. bigoted, narrow-minded
hleypidómaleysi n. open-mindedness
hleypidómur m. prejudice
hleypilykkja f. slipknot, running noose

hlé n. pause, break, breathing space; recess; interval, (Am.) intermission; **draga sig í h.** retire; **með hléum** on and off
hlébarðaynja f. leopardess
hlébarði m. leopard
hléborði m. leeward (side)
hléborðsrek n. leeway
hlédrægni f. modesty, reserve, reticence
hlédrægur adj. modest, demure, reserved, withdrawn
hlið f. side; **við hliðina á** alongside, beside, next to; **h. við h.** side by side, shoulder to shoulder; **til hliðar** sideways, sidewards, aside; **út á h.** edgeways
hlið n. gate
hliðar- comb. lateral; supplementary, subsidiary
hliðarbeygja f. deflection
hliðarbraut f. bypass
hliðargata f. side street
hliðargígur m. parasitic cone
hliðarlína f. sideline
hliðarljós n. sidelight
hliðarráðstöfun f. supplementary measure
hliðarskip n. aisle (in a church)
hliðarspor n. sidetrack, siding
hliðarstýri n. rudder
hliðarstög n.pl. shrouds (of a ship's masts)
hliðarstökk n. cartwheel; dodge
hliðartaska f. satchel
hliðarvegur m. sideroad
hliðarverkun f. side effect
hliðarvindur m. crosswind
hliðhollur adj. well-disposed, propitious
hliðjafna vt. justify (text)
hliðra vt. move aside
hliðra sér hjá vt. shirk
hliðra til fyrir vt. make room for
hliðsetning f. juxtaposition
hliðsjón f. account, consideration; **hafa h. af** take into account; **hafa til hliðsjónar** take into account/consideration
hliðskipun f. parataxis (of clauses/phrases)
hliðstaða f. juxtaposition
hliðstólpi m. gatepost

hliðstæða f. parallel, analogy; counterpart
hliðstæður adj. parallel, analogous, comparable
hliðstætt eignarfornafn n. possessive adjective (in grammar)
hliðvarðarskýli n. gatehouse
hliðvörður m. gatekeeper
hlíð f. slope, hillside
hlíf f. screen, shield; housing (of an engine)
hlífa vt. shelter, protect; spare
hlífa sér v. go easy on oneself
hlífðaráklæði n. cover
hlífðargleraugu n.pl. goggles
hlífðargrind f. fender
hlífðarhanski m. mitt
hlífðarlaus adj. merciless, cruel
hlífiskjöldur m. aegis; protection
hlít : til hlítar thoroughly, fully
hlíta vt. follow, obey, abide by
hljóð n. sound; cry; silence
hljóða vi. cry out, shriek
hljóðbrellur f.pl. sound effects
hljóðbrot n. refraction
hljóðbær adj. sound conductive, quiet
hljóðdeyfing f. sound reduction
hljóðdeyfir m. silencer (of a gun)
hljóðdós f. cartridge, pickup (of a record player)
hljóðeðlisfræði f. acoustics, phonics
hljóðeðlisfræðilegur adj. acoustic
hljóðeinangrun f. soundproofing, sound insulation
hljóðfall n. rhythm, cadence
hljóðfrár adj. supersonic
hljóðfræði f. phonetics
hljóðfræðilegur adj. phonetic
hljóðfræðingur m. phonetician
hljóðfæraflokkur m. ensemble
hljóðfæraleikari m. musician, instrumentalist
hljóðfæri n. musical instrument
hljóðgap n. hiatus
hljóðgervill m. synthesizer
hljóðgervingur m. onomatopoeia, imitative word
hljóðheldur adj. soundproof
hljóðhimna f. eardrum
hljóðhol n. middle ear
hljóðhraði m. supersonic speed
hljóðkerfi n. phonological system
hljóðkerfisfræði f. phonology
hljóðkútur m. silencer, (Am.) muffler (of a car)
hljóðlaus adj. silent, noiseless
hljóðlátur adj. quiet
hljóðlega adv. quietly
hljóðlestur m. phonics
hljóðlíking f. onomatopoeia
hljóðlíkingarorð n. onomatopoeia, imitative word
hljóðmúr m. sound barrier
hljóðmyndun f. articulation
hljóðna vi. fall silent, quieten (down)
hljóðnemi m. microphone, mike
hljóðpípa f. flute, fife
hljóðrás f. soundtrack
hljóðrita vt. record; transcribe phonetically
hljóðritun f. recording; phonetic transcription
hljóðritunartákn n. phonetic symbol
hljóðritunartæki n. recorder
hljóðsetja vt. dub
hljóðsjá f. sonar
hljóðskipti n.pl. vowel gradation, ablaut
hljóðstafur m. vowel
hljóðstyrkur m. volume (of sound)
hljóðtákn n. phonetic symbol
hljóðtengi n. acoustic coupler
hljóðungur m. phoneme
hljóður adj. quiet, still, taciturn
hljóðvarp n. vowel mutation, umlaut; radio
hljóðþáttur m. phonetic feature
hljóðþéttur adj. soundproof
hljóma vi. sound, ring out, resound
hljómblær m. timbre
hljómborð n. keyboard, fingerboard
hljómburður m. acoustics
hljómfagur adj. melodious, tuneful
hljómfall n. rhythm; intonation
hljómfegurð f. melodiousness, euphony
hljómfræði f. theory of harmony, harmonics
hljómfylling f. rotundity, vibrancy
hljómgrunnur : fá hljómgrunn get support

hljómharka f. cacophony
hljómhvati m. resonator
hljómkviða f. symphony
hljómleikar m.pl. concert
hljómlist f. music
hljómlistarmaður m. musician
hljómmikill adj. resonant, sonorous
hljómplata f. (gramophone) record, (Am.) platter
hljómsveit f. orchestra, band, group
hljómsveitargryfja f. orchestra pit
hljómsveitarleikari m. orchestral player
hljómsveitarmaður m. bandsman
hljómsveitarpallur m. bandstand
hljómsveitarstjóri m. conductor, bandleader, bandmaster
hljómsveitarútsetning f. orchestration
hljómsveitarvagn m. bandwagon
hljómtæki n.pl. hi-fi equipment
hljómun f. resonance
hljómur m. sound, tone; chord
hljómþýður adj. melodious, tuneful
hljóta v. get, receive; must, have to
hljótast af v. arise/result from, be caused by
hljótt adv. softly
hlotnast vt. get, acquire, come in for
hlóðagrind f. firedog, andiron
hlóðir f.pl. fireplace
hlunkast vi. plonk, plunk, slump
hlunkur m. lump, lummox
hlunnfara vt. cheat
hlunnindi n.pl. perquisites, perks
hlunnur m. shore; **vera komin á fremsta hlunn með e-ð** be (just) on the point of doing s-g
hlussa f. splotch; big, fat woman, fatty
hlust f. auditory canal
hlusta (á) v. listen (to)
hlusta eftir vt. listen for
hlustandi m. listener
hlustarverkur m. earache
hlustendur m.pl. audience
hlustun f. auscultation
hlustunarpípa f. stethoscope
hluta vt. divide, cut up, joint (meat)
hlutabréf n. share (certificate), stock (certificate), (Am.) common stock certificate
hlutabréfaeign f. shareholding

hlutaðeigandi adj. concerned; respective, m. person concerned
hlutafé n. joint stock, share capital
hlutafélag n. corporation, limited liability company, joint-stock company
hlutafjáreign f. shareholding
hlutafjárloforð n. share subscription
hlutastarf n. part-time work
hlutatala f. quotient
hlutavelta f. lottery
hlutdeild f. part, share, concern
hlutdeildarmaður m. abettor
hlutdrægni f. bias, partiality, favouritism
hlutdrægur adj. bias(s)ed, partial, onesided
hlutfall n. proportion, ratio, rate; **í röngu/réttu hlutfalli** proportionate/disproportionate
hlutfallagreining f. quantitative analysis
hlutfallsábyrgð f. pro rata liability
hlutfallskosning f. proportional representation
hlutfallskvarði m. sliding scale
hlutfallslegur adj. proportional, pro rata, relative
hlutfallsruna f. geometric(al) progression
hlutfallstala f. ratio
hlutgerving f. reification
hlutgler n. object glass/lens
hluthafafundur m. shareholders' meeting
hluthafi m. shareholder, (Am.) stockholder
hluthyggja f. realism (in philosophy)
hluti m. part, portion, share; quota
hlutkesti n. drawing of lots, toss-up; **varpa h. um** toss for
hlutlaus adj. neutral, impartial, disinterested
hlutlaust belti n. demilitarized zone
hlutleysi n. neutrality, impartiality, nonalignment
hlutleysisstefna f. neutralism
hlutlinsa f. object lens
hlutlægni f. objectivity
hlutlægur adj. objective, subjective
hlutskarpur adj. victorious; **verða hlutskarpari** win
hlutskipti n. destiny, fate, lot

hlutstæður adj. concrete, objective
hluttaka f. participation
hluttakandi m. participant
hluttekning f. sympathy, empathy
hlutur m. thing, object, article; part, share
hlutverk n. part, role; task, mission
hlutverkaskipan f. casting
hlutveruleiki m. objective reality
hlúa að vt. nurse, minister to, cherish
hlújárn n. hoe
hlykkjast vi. squirm, writhe; wind, twist; meander
hlykkjóttur adj. winding, sinuous, curved
hlykkur m. bend, twist, curve
hlynna að vt. attend/minister to, care for
hlynntur adj. in favour of
hlynur m. maple, sycamore
hlýða v. obey; listen, hear; be fitting
hlýðinn adj. obedient, compliant, dutiful
hlýðni f. obedience, compliance, submission
hlýindi n.pl. warm weather, geniality
hlýja f. warmth; vt. warm
hlýlegur adj. warm, friendly
hlýna vi. get warm(er)
hlýr adj. warm, (of weather) genial
hlýralaus adj. (of a dress) strapless
hlýri m. shoulder strap; spotted catfish
hlýskeið n. interglacial
hlægilegur adj. funny, amusing; ridiculous
hlæja (að) v. laugh (at)
hlæja með sjálfum sér v. laugh up one's sleeve
hlöðuball n. barn dance
hnakkabein n. occipital (bone)
hnakkadramb n. scruff (of the neck)
hnakkafjaðrir f.pl. hackles (of a bird)
hnakkagróf n. nape, scruff (of the neck)
hnakkakertur adj. perky
hnakkapúði m. headrest
hnakkatak n. nelson
hnakkatak (með annarri hendi) n. half nelson
hnakkatak (með báðum höndum) n. full nelson
hnakkbogi m. saddlebow
hnakki m. nape of the neck
hnakknef n. pommel (of a saddle)

hnakkrífast vi. wrangle, row
hnakktaska f. saddlebag; pannier (on a bicycle)
hnakkur m. saddle
hnakkvirki n. saddletree
hnappa sig saman vi. gather in small groups
hnappagat n. buttonhole
hnappur m. button; push button; crowd, knot
hnattlaga adj. globular, spherical
hnattlengd f. longitude
hnattlíkan n. (model) globe
hnattstaða f. geographical position
hnaus m. clod
hnausþykkur adj. very thick
hnáta f. moppet
hnefafylli f. fistful, handful
hnefahögg n. punch, blow, buffet, sock
hnefaleika- comb. pugilistic
hnefaleikahringur m. prize ring
hnefaleikakeppni (atvinnumanna) f. prizefight
hnefaleikar m.pl. boxing, pugilism
hnefaleikari m. boxer, pugilist
hnefi m. fist
hnegg n. neigh, whinny
hneggja vi. neigh, whinny
hneigð f. inclination, tendency
hneigður adj. inclined, liable, apt, prone (to); **vera h. fyrir** be given to, like; **vera h. til** have an inclination for
hneiging f. bow, curts(e)y
hneigja sig vi. bow
hneigjast að vt. have a propensity for
hneisa f. shame, disgrace, opprobrium
hnekkir m. injury, loss
hnekkja vt. refute, check, prevent
hneppa v. button (up)
hneppa frá v. unbutton
hnerra vi. sneeze
hnerri m. sneeze
hneta f. nut
hnetubrjótur m. nutcracker
hnetukjarni m. kernel
hnetusmjör n. peanut butter
hneyksla vt. scandalize, shock, offend
hneykslaður adj. shocked, indignant
hneykslanlegur adj. scandalous, shocking

hneykslanlegur hlutur m. shocker
hneykslast á vt. be shocked at
hneyksli n. scandal, outrage
hneykslun f. indignation, shock
hné n. knee
hnébeyging f. curts(e)y (of a woman)
hnébuxur f.pl. (knee) breeches
hnédjúpur adj. knee-deep
hnéhár adj. knee-high
hnéhnykkur m. twist over the knee (trick in wrestling); **h. á lofti** outside hipe
hnésbótarsin f. hamstring
hnésíð flík f. midi (dress)
hnéskel f. kneecap, kneepan, patella
hnéstígvél n.pl. jackboot
hnévísir m. subscript
hnigna vi. decline, decay, go downhill
hnignandi adj. degenerative, decadent, retrogressive
hnignun f. decline, degeneration, decadence
hnika til vt. move slightly; slant (facts)
hnippa í vt. nudge, poke, jog
hnipra sig saman vi. curl up; huddle; cower, cringe
hnit n. badminton; coordinate
hnitaborð n. graphics tablet
hnitakerfi n. coordinate system
hnitarúmfræði f. analytic geometry
hnitmiðaður adj. incisive, precise, to the point
hnífapör n.pl. cutlery
hnífasmiður m. cutler
hnífjafn adj. evenly matched, nip and tuck
hnífsegg n. knife-edge
hnífur m. knife
hníga vi. sink; **h. niður** drop
hnígandi f. anticlimax
hnípinn adj. depressed
hnísa f. porpoise, dolphin, sea hog
hnjask n. harsh treatment
hnjápúði m. hassock
hnjóðsyrði n. disparaging remark
hnjóskur m. tuber
hnjóta v. stumble; **h. um** trip over
hnjúkaþeyr m. foehn; chinook (in the Rocky Mountains)
hnjúkur m. mountain peak
hnoð n. kneading; doggerel

hnoða vt. knead
hnoða saman vísu vt. compose doggerel
hnoðari m. poetaster, rhymester
hnoðnagli m. rivet
hnoðnegla vt. rivet
hnoðnegling f. riveting
hnoðri m. wad, wisp
hnossgæti n. delicacy, nosh-up
hnotbrúnn adj. nut-brown
hnotskurn f. nutshell
hnotubrjótur m. nutcracker
hnugginn adj. sad, downcast, low-spirited
hnullungur m. boulder
hnupl n. pilferage
hnupla vt. filch, pilfer, snitch
hnupla úr búð vi. shoplift
hnuplari m. pilferer; shoplifter
hnussa vi. snort
hnúajárn n. knuckle-duster, (Am.) brass knuckles
hnúðkál n. turnip, kohlrabi
hnúðóttur adj. knobbly; nodal, nodular
hnúðsvanur m. mute swan
hnúður m. knob, hump; node
hnúðuxi m. zebu
hnúfubakur m. humpback (whale)
hnúi m. knuckle
hnúskóttur adj. knobbly, (Am.) knobby
hnúta f. bone; biting remark
hnútasvipa f. cat-o'-nine-tails
hnútóttur adj. knotty; nodal
hnútur m. knot; node
hnyðlingur m. xenolith
hnykill m. ball of yarn; wad; cerebellum
hnykkja vt. jerk, twitch; clinch (a nail)
hnykklækningar f.pl. chiropractic
hnykklæknir m. chiropractor
hnykkur m. jerk, tug; hand-jerk, pull (in wrestling)
hnykla brýnnar v. knit one's brows, frown
hnyttinn adj. witty, funny; well-turned
hnyttiyrði n. witticism, quip, sally
hnyttni f. wit
hnýfilyrði n. sarcasm, jeer, gibe
hnýsast vi. snoop, poke about
hnýsast í vt. nose/snoop/pry into
hnýsinn adj. nos(e)y, inquisitive, prying
hnýsni f. nosiness, inquisitiveness

hnýta vt. tie, knot
hnýta í vt. sneer at, taunt
hnýtilist f. macramé
hnýttur adj. knotty; (of hands) gnarled
hnökri m. burl, knot; flaw; nodule
hnökróttur adj. knotty; nodular
hnöttóttur adj. globular, round
hnöttur m. globe
hof n. temple
hofgyðja f. priestess
hofmannlegur adj. courtly
hokinn adj. bent, stooping
hokkí n. hockey
hol n. cavity; hall
hola f. hole, cavity; pothole (in a road)
hola vt. hollow (out), make a hole in
hola að innan vt. hollow out
hold n. flesh
holdakjúklingur m. (chicken) broiler
holdanaut n. beef cattle
holdfúi m. gangrene, mortification, necrosis
holdgast vi. materialize
holdgun f. materialization; incarnation
holdi klæddur adj. incarnate
holdlegt eðli n. sensuality
holdlegur adj. carnal, sensual
holdleysi n. gauntness
holdsveiki f. leprosy
holdsveikur adj. leprous
holdtekja f. embodiment, incarnation
holdugur adj. corpulent, stout, plump
holdveikisjúklingur m. leper
holdvotur adj. dripping wet, sopping, soggy
holfóstur n. gastrula
holgómur m. cleft palate
holhönd f. armpit
holjárn n. gouge
holl n. relay; **vinna í hollum** work in/by relay(s)
Holland n. Holland, the Netherlands
Hollendingur m. Dutchman
hollenskur adj. Dutch
hollt mataræði n. balanced diet
hollur adj. wholesome, healthy; loyal, devoted
hollusta f. wholesomeness; loyalty, devotion

hollustueiður m. oath of allegiance; homage
hollustuvernd f. work environment control
hollvinur m. faithful friend, well-wisher
holóttur adj. full of potholes, bumpy; porous
holræsi n. sewer
holsepi m. polyp
holskefla f. breaker, beachcomber
holt n. hillock
holtasóley f. mountain avens
holur adj. hollow
holurt f. bladder campion
holusnákur m. pit viper
hommi m. homosexual, fairy, faggot, pansy
honum prn. (dative form of he) him
hopa vi. fall back, retreat, regress
hophnappur m. backspace (key)
hopp n. hop, skip; bounce
hoppa vi. hop, skip, jump
hor m. emaciation; mucus, snot
horaður adj. emaciated, gaunt, scraggy
horast vi. lose weight, become lean
horblaðka f. bog bean
horf n. course; aspect (in grammar)
horfa vi. look; face
horfa á vt. look at, watch
horfa upp á vt. witness, bear the sight of
horfast í augu v. look each other in the eye
horfast í augu við vt. confront, brave
horfinn adj. out of sight; lost; past
horfur f.pl. prospects, outlook
horgrind f. scrag, beanpole
hormón n. hormone
horn n. corner; angle; horn
hornabolti m. baseball
hornaflokkur m. brass band
hornafræði f. trigonometry
hornalína f. diagonal
hornauga n. oblique/side glance; **líta e-n h.** look askance at
hornblendi n. hornblende
hornhimna f. cornea
horni m. hornbill
hornklofi m. (square) bracket ([ ])
hornmát n. setsquare
hornóttur adj. horned; angular

hornreka f. outcast
hornréttur adj. perpendicular, rectangular
hornsíli n. stickleback; tiddler
hornskeyti n. mitre joint
hornspangargleraugu n.pl. horn-rimmed glasses
hornspyrna f. corner kick
hornsteinn m. cornerstone, foundation stone
horrengla f. bag of bones, beanpole
hortensía f. hydrangea
hortittur m. padding (in poetry)
hortugheit n.pl. impudence, insolence, sauce
hortugur adj. impudent, cheeky, fresh, saucy
horugur adj. snotty
hosa f. thick stocking
hossa e-m vt. dandle s-y
hossa(st) vi. bump up and down, bounce, bob
hott-hott interj. gee up
hóf n. moderation; celebration, party; **fram úr hófi** immoderately, unduly, beyond measure; **keyra úr hófi** go too far; **kunna sér ekki h. fyrir** go overboard for/about
hófadynur m. hoofbeat
hóffífill m. coltsfoot
hófhvarf n. pastern
hófjárn n. parer
hóflaus adj. immoderate, excessive
hóflegur adj. moderate
hófleysi n. immoderation, excess
hófsamur adj. moderate, temperate, abstemious
hófsemi f. moderation, continence, restraint
hófskegg n. fetlock
hófsóley f. marsh marigold
hófur m. hoof
hóglífi n. easy life
hógvær adj. modest, reasonable; gentle
hógværð f. modesty, meekness, humility
hókus-pókus m. hocus-pocus, mumbo jumbo
hól n. praise, flattery
hólf n. compartment, box; cell; chamber; **í h. og gólf** from top to bottom

hólfa (af) v. partition (off)
hólklaga adj. annular, cylindrical
hólksög f. annular saw
hólkur m. socket, cylinder
hóll m. hill(ock); mound, knoll
hólmganga f. duel
hólmgöngumaður m. duellist
hólmi m. islet, holm, eyot
hólmlenda f. enclave
hólmur m. islet, holm, eyot; **fara með sigur af hólmi** triumph; **leysa af hólmi** take over from; **skora á hólm** challenge to a duel
hólpinn adj. safe, secure
hómerskur adj. Homeric
hómópati m. homoeopath
hóp- comb. mass, group, corporate
hópast vi. crowd, swarm, troop
hópferð f. group tour
hópflug n. flypast, (Am.) flyover
hópganga f. procession
hópmeðferð f. group therapy
hópstyggð f. stampede
hópsækinn adj. gregarious
hópsöngur m. singsong
hópur m. group, crowd, flock
hópvinna f. teamwork
hópþjálfun f. group therapy
hór m. adultery; **drýgja h.** fornicate
hóra f. whore, prostitute
hórdómur m. adultery, fornication
hórkarl m. adulterer
hórkona f. adulteress
hóruhús n. brothel, whorehouse
hórumangari m. procurer, panderer, pimp
hósta vi. cough
hóstabrjóstsykur m. lozenge
hóstamixtúra f. cough mixture
hóstarbláæð f. jugular vein
hóstarkirtill m. thymus (gland); sweetbread (used as food)
hóstasaft f. cough mixture
hóstasog n. whoop
hósti m. cough
hót n. bit; **ekki h.** not a bit/at all
hóta vt. threaten, menace
hótel n. hotel
hótelhaldari m. hotelier
hótelíbúð f. suite

hótelþjónn m. bellboy, (Am.) bellhop
hótfyndni f. hairsplitting, pettiness
hótun f. threat, menace
hrað- comb. quick, express, flying
hrað : senda með hraði send express
hraða vt. speed up, expedite
hraða sér vi. hurry
hraðaaukning f. acceleration
hraðahindrun f. speed bump, sleeping policeman
hraðakstur m. speeding, joyride
hraðall m. accelerator
hraðaminnkun f. deceleration
hraðamælir m. speedometer
hraðastjórnun f. (í bíl) cruise control
hraðatakmark n. speed limit
hraðbátur m. speedboat
hraðboði m. courier
hraðbraut f. motorway, (Am.) expressway, freeway
hraðbréf n. express letter, special delivery
hraðfara adj. swift, speedy, express
hraðfjarritun f. teletex
hraðfrysta vt. quick-freeze
hraðfrystihús n. freezing plant
hraðhleðsla f. fast charge
hraði m. speed, velocity; tempo
hraðlest f. express train, through train
hraðpóstur m. express (post)
hraðrita v. take (down in) shorthand
hraðritari m. shorthand typist, (Am.) stenographer
hraðritun f. shorthand
hraðsending f. express/special delivery
hraðsuðupottur m. pressure cooker
hraðsöluvörur f.pl. fast-moving goods
hraður adj. fast, quick, rapid, speedy
hrafl n. smattering, scrap, snippet
hrafn m. raven
hrafnafífa f. Scheucher's cottongrass
hrafnaklukka f. arctic bitter, cuckoo flower
hrafnaspark n. scribble, squiggle, hieroglyphics
hrafnreyður f. minke whale, lesser rorqual
hrafnsvartur adj. raven-black
hrafnsönd f. common scoter

hrafntinna f. obsidian
hraka vi. worsen, deteriorate, go downhill
hrakfallabálkur m. accident-prone person
hrakfarir f.pl. fiasco, defeat
hrakhólar : vera á hrakhólum have a housing problem
hrakningur m. hardship
hrakspá f. prophecy of disaster
hrakspámaður m. alarmist, scaremonger
hrakyrða vt. abuse, slang
hrammur m. paw
hranalegur adj. brusque, nasty, rude
hranaskapur m. brusqueness, asperity
hrannast upp vi. pile/bank up
hrap n. fall, plunge; crash-landing
hrapa vi. fall down, plunge; crash-land
hrapallegur adj. disastrous, awful
hrapsteinn m. falling star, meteorite
hrasa vi. stumble, falter
hrasa um vt. trip over
hrat n. residue (of berries), marc
hratt adv. fast, quick, apace
hraun n. lava
hraunbreiða f. lava field
hraundrýli n. hornito
hraungjall n. cinder, scoria
hraungjá f. lava fissure
hraunkvika f. magma
hraunlag n. lava bed
hraunrennsli n. lava flow
hrauntröð f. lava channel
hraustlega adv. vigorously; lustily; bravely
hraustlegur adj. wholesome, sanguine, bouncing
hraustmenni n. he-man
hraustur adj. healthy; valiant, brave; sturdy
hrá- comb. raw, crude
hráefni n. raw material
hrágúmmí n. india/crepe rubber
hrájárn n. pig iron
hrákadallur m. spittoon
hráki m. spit, spittle
hráolía f. crude oil
hrár adj. raw; uncooked
hráskinn n. rawhide
hráslagalegur adj. bleak, chilly, shivery
hráslagi m. rawness (of the air)

hrásykur m. demerara
hrátjara f. pitch
hreðka f. radish
hrefna f. minke whale, lesser rorqual
hreiðra sig v. nest, build a nest
hreiðra um sig vi. nestle down
hreiður n. nest
hreiðurungi m. nestling
hreifi m. flipper (of a seal)
hreifur adj. merry; tipsy
hreimur m. accent, intonation; sound
hrein- comb. clean, pure
hreindýr n. reindeer
hreindýramosi m. reindeer moss
hreingerning f. cleaning, scouring, mop-up
hreingerningamaður m. cleaner
hreinhljóma adj. harmonic
hreinlegur adj. clean(ly), neat, tidy
hreinleiki m. purity, clarity
hreinlífi n. chastity
hreinlífur adj. chaste, virtuous
hreinlæti n. cleanliness, neatness, hygiene
hreinlætis- comb. sanitary
hreinlætisaðgerðir f.pl. sanitation
hreinlætisvörur f.pl. toilet articles
hreinn adj. clean; pure; immaculate
hreinn og beinn adj. straightforward, forthright
hreinrit n. clear copy, transcription
hreinrita v. make a clear copy, transcribe
hreinræktaður adj. thoroughbred, purebred
hreinsa vt. clean, cleanse; refine; purge
hreinsa af vt. free of; exonerate
hreinsa burt vt. weed out
hreinsa sig af vt. clear oneself of
hreinsa til v. tidy up
hreinsiefni n. detergent, cleanser, cleaner
hreinsikrem n. cold cream
hreinsitæki n. refiner
hreinskilinn adj. frank, sincere, outspoken
hreinskilni f. frankness, sincerity, candour
hreinskilnislega adv. frankly, outright, truly
hreinskiptinn adj. straightforward
hreinsun f. (dry) cleaning, cleanup; purification; purge; refinement; exoneration

hreinsunareldur m. purgatory
hreinsunarstöð f. refinery
hreint adv. quite, very; **h. ekki** not at all
hreint og beint adv. downright, just, plain
hreintrúarmaður m. puritan
hreintungustefna f. (linguistic) purism
hreistraður adj. scaly
hreistur n. scales
hrekja vt. refute, rebut
hrekja burt vt. drive away, dispel, banish
hrekjanlegur adj. refutable
hrekjast af leið v. be driven off course
hrekkja vt. tease, rag; harass
hrekkjabragð n. practical joke, prank
hrekkjalómur m. trickster, prankster, rogue
hrekkjavaka f. Hallowe'en
hrekkjóttur adj. mischievous, impish, elfish
hrekkjusvín m. bully
hrekklaus adj. artless, ingenuous, simplehearted
hrekkleysi n. artlessness, ingenuousness
hrekkur m. mischief, trick, practical joke
hrekkvísi f. mischievousness
hrella vt. annoy, torment, harass, plague
hrelldur adj. hag-ridden
hrelling f. torment
hremma vt. grab, clutch, snatch
hremming f. catching; misfortune
hreppa vt. get, obtain
hreppapólitík f. parish-pump politics, localism
hreppsbúi m. parishioner
hreppsfélag n. civil parish, municipality
hreppsnefnd f. (rural) district council
hreppsstjóri m. district administrative officer
hreppur m. (rural) district, (civil) parish
hress adj. fit, well; vivacious, perky
hress og sprækur adj. hale and hearty, full of beans
hressa vt. refresh; cheer up; invigorate
hressa upp á vt. repair, smarten up; brush up (on)
hressandi adj. refreshing; (of weather) brisk
hressast vi. recover, recuperate
hressilegur adj. refreshing; spirited, lively

hressing f. refreshment
hressingarlyf n. stimulant, tonic
hressingarstaður m. health resort, sanatorium
hret n. spell of bad weather
hreyfa vt. move, shift; touch
hreyfa sig vi. stir, bestir oneself
hreyfanlegur adj. moveable, mobile, manoeuvrable
hreyfanleiki m. moveability, mobility, manoeuvrability
hreyfast vi. move, stir
hreyfi- comb. kinetic; locomotive
hreyfiafl n. motive power
hreyfiaflfræði f. kinetics
hreyfifræði f. dynamics
hreyfill m. engine, motor
hreyfilshús n. nacelle (of an aircraft)
hreyfing f. movement, (loco)motion
hreyfingarfræði f. kinesiology
hreyfingarlaus adj. motionless, immobile, still
hreyfingarleysi n. motionlessness, immobility
hreyfiorka f. kinetic energy
hreyfiskyn n. kinesthesia
hreyfitaug f. motor nerve
hreykinn adj. proud
hreykja sér af v. pride oneself on, crow over
hreysi n. hovel, shack, shanty, cubbyhole
hreysikattarfeldur m. miniver
hreysiköttur m. weasel, ermine, stoat
hreysti f. health, fitness; bravery, valour
hreystiverk n. courageous deed, derring-do
hreyta út úr sér vt. retort, rap/rasp out
hrifinn adj. infatuated; enthusiastic; moved; **verða h. af** take (fancy) to; **vera h. af** be fond of; **vera yfir sig h. af** enthuse over, in a rave about
hrifning f. infatuation; rapture, ecstasy
hrifnæmur adj. impressionable
hrifsa vt. snatch, grab
hrikalegur adj. fierce, savage; tremendous
hrikta vi. creak
hrina f. spate
hrinda vt. push, jostle, shove
hrinda af stað vt. start, initiate, precipitate, trigger

hrinding f. push, jostle
hringa vt. coil
hringa sig vi. curl/cuddle up
hringabrynja f. chain armour/mail, hauberk
hringaður adj. spiral
hringakast n. hoopla
hringanóri m. ringed seal
hringbogastíll m. Romanesque
hringbogi m. arc
hringbolti m. rounders
hringborð n. round table
hringborðsumræða f. round-table discussion
hringbraut f. ring road, (Am.) beltway
hringdans m. round dance
hringekja f. merry-go-round, (Am.) carousel
hringey f. atoll
hringfari m. compasses
hringferð f. round trip
hringferill m. circumference
hringgeiri m. sector
hringgeisli m. radius
hringhurð f. revolving door
hringiða f. whirlpool, eddy, maelstrom
hringing f. ringing, tolling
hringingarsónn m. ringing tone
hringja v. ring; telephone
hringja í/til vt. telephone, (Am.) call up
hringl n. rattling, clinking; vacillation
hringla f. rattle; v. rattle, jingle
hringlaga adj. circular, annular, round
hringleikahús n. amphitheatre
hringmynstur n. whorl
hringormur m. ringworm
hringrás f. circulation; circuit; cycle
hringsjá f. periscope; panoramic point
hringsnúast vi. gyrate, rotate, spin
hringsnúningur m. gyration, twirl
hringsóla vi. wander about; cruise
hringstefja f. rondeau
hringtorg n. roundabout, (Am.) traffic circle
hringur m. ring; circle; cycle; lap
hringvegur m. ring road, (Am.) beltway
hripa niður vt. scribble, jot down
hrista vt. shake
hrista e-ð af vt. toss off
hrista e-ð af sér vt. shake/throw s-g off

hristast vi. tremble; vibrate
hristingur m. shaking, jolt; vibration
hríð f. snowstorm; **um h.** for a while
hríðarbylur m. blizzard
hríðir f.pl. labour pains; throes
hríðskotabyssa f. machine-gun, repeating gun
hríðversna vi. deteriorate rapidly
hrífa f. rake
hrífa vt. captivate, carry away; take effect
hrífandi adj. charming, breathtaking, enchanting
hrím n. hoarfrost, rime
hrína vi. blubber; squeal; bray
hrís n. brushwood
hrísgrjón n.pl. rice
hrísgrjónaakur m. paddy field
hrísgrjónagrautur m. rice pudding
hrísgrjónavín n. saki, sake
hrísla f. branch, twig; small tree
hríspappír m. rice paper
hrjá vt. harass, afflict, annoy, vex
hrjáður adj. hag-ridden
hrjóstrugleiki m. barrenness
hrjóstrugur adj. barren, stony
hrjóta vi. snore
hrjúfleiki m. roughness, raucousness
hrjúfur adj. uneven; rough; gravelly
hroða saman vt. fudge (up)
hroðalegur adj. horrible, fearsome, shocking
hroðaverk n. outrage, perpetration
hroðvirkni f. carelessness, perfunctoriness
hroðvirknislegur adj. slipshod, sloppy, slapdash
hroðvirkur adj. careless, sloppy
hrogn n. roe, spawn
hrognamál n. gibberish, jargon, lingo
hrognkelsi n. lumpfish, lumpsucker
hrokafullur adj. arrogant, haughty, presumptuous
hrokagikkur m. egotist
hroki m. arrogance, haughtiness
hrokkinhærður adj. curly, crisp
hrokkinmenta f. spearmint
hrokkinn adj. curly, frizzy
hrollkaldur adj. chilly, parky
hrollur m. shiver, shudder; thrill
hrollvekja f. horror; thriller, hair-raiser
hrollvekjandi adj. thrilling, creepy, eerie

hross n. horse
hrossafluga f. daddy longlegs, crane fly
hrossagaukur m. snipe
hrossahlátur m. horselaugh, heehaw, guffaw
hrossakaup n.pl. horse-trading
hrossakjöt n. horsemeat
hrossakleggi m. gadfly
hrossalækning f. drastic remedy, quackery
hrossanál f. Iceland rush
hrossaræktarstöð f. stud farm
hrossaslátrari m. knacker
hrossaþari m. sea belt, tangle
hrota f. spell; snoring
hrottalegur adj. brutal, rough-and-tumble
hrottaskapur m. brutality, ruffianism
hrotti m. brute, ruffian, rough(neck)
hrotur f.pl. snore
hró n. dodderer, poppet
hróðugur adj. proud, triumphant
hrófa upp vt. jerry-build, knock/rig up
hrófla við vt. tamper with
hróka vi. (in chess) castle
hrókera vi. (in chess) castle
hrókur m. castle, rook
hróp n. call, shout, (Am.) holler
hróp og köll n.pl. hue and cry, outcry
hrópa vi. call out, shout, yell
hrópa á vt. cry/sing out for
hrópa niður vt. hoot down, boo off
hróplegur adj. glaring, scandalous
hrós n. praise, accolade, compliment
hrósa vt. praise, commend, compliment
hrósa sér af vt. boast of
hrósa sigri v. triumph, carry the day
hrósverður adj. praiseworthy, laudable
hrufla vt. abrade, excoriate, scrape
hrufóttur adj. rough, uneven; scabrous
hrukka f. wrinkle; crease; corrugation
hrukka(st) v. wrinkle; crease, pucker
hrukkóttur adj. wrinkled
hrumleiki m. infirmity, decrepitude
hrumur adj. infirm, decrepit
hrun n. (down)fall, collapse, crash, ruin
hrúðraður adj. scabby, scurfy
hrúður n. scab, scurf
hrúðurkarl m. barnacle, cirriped
hrúðurmyndun f. incrustation
hrúga f. heap, pile, stack

hrúga saman vt. accumulate, agglomerate
hrúga upp vt. pile/bank up, amass
hrúgald n. heap, agglomerate
hrútaberjalyng n. stone bramble
hrútur m. ram, buck; Aries
hryðja f. (sudden) downpour/snowstorm
hryðjuverk n. terrorism, atrocity
hryðjuverkamaður m. terrorist
hryðjuverkasamtök n.pl. terrorist group
hryggber adj. razor-backed
hryggbrjóta vt. break s-y's spine; turn down
hryggdýr n. vertebrate
hryggð f. grief, sadness, sorrow
hryggðarmynd f. eyesore
hryggilegur adj. sad, pitiful, rueful
hryggja vt. grieve, sadden, depress
hryggjarliður m. vertebra
hryggjarsneið f. porterhouse (steak)
hryggjarstykki n. saddle (of meat)
hryggknýttur adj. humpbacked
hrygglaus adj. spineless
hryggleysingi m. invertebrate
hryggmyndaður adj. ridgy
hryggspenna f. back-spanning (in wrestling)
hryggsúla f. spinal column
hryggur m. spine, backbone; ridge
hryggur adj. sad, heavy-hearted, depressed
hrygla f. (death) rattle
hrygna v. spawn
hrylla við vt. abhor, shudder/revolt at
hryllilegur adj. horrible, terrible, gruesome
hryllingsmynd f. horror film
hryllingssaga f. (story) hair-raiser
hryllingur m. horror, dread, revulsion
hrynja vi. collapse, fall, cave in
hrynjandi f. rhythm, beat; inflection, inflexion
hryssa f. mare
hryssingslegur adj. gruff, harsh, snappish
hræ n. carcass, carrion
hræddur adj. frightened, scared, afraid
hræða f. person, soul
hræða vt. frighten, scare, intimidate
hræðast vt. be frightened of, fear
hræðilegur adj. horrible, appalling, dreadful
hræðsla f. fright, fear; phobia
hræðsluflótti m. stampede
hræðslugjarn adj. scary, timorous, timid
hræfugl m. carrion bird
hrægammur m. vulture
hrækja v. spit, expectorate
hræódýr adj. dirt cheap
hræra vt. move; stir
hræra saman vt. mix; hash up
hrærður adj. moved, touched, affected
hrærigrautur m. mishmash, jumble, farrago
hræring f. movement, motion
hrærivél f. (electric) mixer
hræsna vt. feign, dissemble
hræsna fyrir vt. pay lip service to
hræsnari m. hypocrite, pharisee, groveller
hræsni f. hypocrisy, deceit, cant
hræsnisfullur adj. hypocritical, sanctimonious
hrææta f. scavenger
hröðun f. acceleration
hröðunargeta f. (acceleration) pickup
hrökkbrauð n. rye-crisp bread
hrökklast aftur vi. back away
hrökklast burt vt. be driven away
hrökkva v. break; fly, ricochet; cover
hrökkva sundur vi. break, snap
hrökkva til vi. be sufficient, suffice
hrökkva undan v. recoil, blench, retreat
hrökkva upp af vi. kick the bucket, pop off
hrökkva við vi. start, be startled
hrönn f. wave; **í hrönnum** in heaps
hrörlegur adj. frail; dilapidated, ramshackle
hrörna vi. (fall into) decay; become decrepit
hrörnandi adj. degenerative, decadent
hrörnun f. decay; decrepitude; decadence
hrösun f. slip, trip; (re)lapse
hrösunarhella f. stumbling block
huðna f. she-goat
huga að vt. take a look at, see to
hugaður adj. brave, courageous, plucky
hugarangist f. anguish, distraction
hugarangur n. heartache, heartbreak, dumps

hugarástand n. frame of mind, mood, humour
hugarburður m. fantasy, illusion
hugarfar n. temperament, mentality
hugarflug n. imagination, fantasy
hugarfóstur n. brainchild, conception
hugarlund : gera sér í h. visualize, imagine
hugarórar m.pl. fantasy, delusion
hugarró f. peace of mind, poise, balance
hugaræsing f. excitement, sensation
hugblær m. tone, mood, atmosphere
hugboð n. premonition, foreboding, hunch
hugbúnaður m. software
hugdetta f. brain wave, notion, inspiration
hugdirfska f. courage
hugdjarfur adj. courageous, stouthearted
hugðarefni n. hobby, interest
hugfallast : láta h. lose courage
hugfanginn adj. fascinated, rapt
hugfastur : hafa e-ð hugfast keep s-g in mind
hugflæði n. brainstorming
hugga vt. comfort, soothe, console
huggandi adv. reassuringly
huggulegur adj. nice, cosy
huggun f. comfort, consolation, solace
hugheill adj. heartfelt, sincere
hughraustur adj. brave, courageous, undaunted
hughreysta vt. reassure, comfort, solace
hughreysting f. reassurance, consolation
hughvarf n. change of mind
hughyggja f. idealism (in art)
hugi m. mind; **hafa í huga** keep in mind
hugkvæmast vi. get an idea, occur to
hugkvæmur adj. inventive, resourceful
huglaus adj. cowardly, chicken-hearted
hugleiða vi. consider, contemplate; meditate
hugleiðing f. contemplation, reflection
hugleiðsla f. meditation
hugleysi n. cowardice, faint-heartedness
hugleysingi m. coward, recreant
huglítill adj. timid, faint-hearted
hugljómun f. inspiration
hugljúfur adj. sweet, dear
huglægni f. subjectivity
huglægur adj. subjective; metaphysical
huglæknir m. (mental) healer
hugmegin n. psychokinesis
hugmynd f. assumption
hugmynd f. idea, notion
hugmyndabanki m. brains trust, (Am.) brain trust
hugmyndaflug n. imagination
hugmyndafræði f. ideology
hugmyndafræðilegur adj. ideological
hugmyndafræðingur m. ideologist; philosopher; theorist
hugmyndaheiti n. abstract noun
hugmyndaríkur adj. imaginative, prolific
hugmyndasnauður adj. unimaginative, dull
hugnast vt. please; like, dig
hugnæmur adj. fascinating, attractive
hugprúður f. valiant, gallant
hugprýði f. valour, gallantry
hugrakkur adj. courageous, brave
hugrekki n. courage, bravery, fortitude
hugrenning f. thought, idea
hugrænn adj. subjective
hugsa v. think; believe
hugsa fyrir vt. take precautions against
hugsa sig um vi. think twice, reflect
hugsa um vt. think about; care for
hugsa upp vt. devise, invent, formulate
hugsa út í vt. consider
hugsanaflutningur m. telepathy
hugsanalesari m. mind reader
hugsanalestur m. mind reading
hugsanarof n. mental block
hugsandi adj. thoughtful, reflective
hugsanlegur adj. conceivable, imaginable, possible
hugsi adj. pensive, contemplative
hugsjón f. ideal; vision
hugsjónamaður m. idealist
hugsjónastefna f. idealism
hugsjúkur adj. melancholy, heartsick; neurotic
hugskot n. mind, soul
hugskotssjónir f.pl. mind's eye
hugsuður m. thinker, intellectual, theoretician
hugsun f. thought, idea; thinking, cognition
hugsunarháttur m. mentality, attitude

hugsunarlaus adj. thoughtless, inconsiderate
hugsunarlaust adv. parrot fashion
hugsunarleysi n. thoughtlessness, rashness
hugsunarsamur adj. thoughtful, prudent
hugsýki f. neurosis
hugsýnn adj. intuitive
hugsæi n. intuition, sixth sense
hugsæishyggja f. transcendentalism
hugtak n. concept
hugtakslegur adj. conceptual
hugulsamur adj. thoughtful, considerate, kind
hugur m. mind; courage; enthusiasm; **af heilum hug** wholeheartedly; **detta í hug** think of, (s-g) occur to; **leggja hug á** desire
hugvit n. ingenuity
hugvitsmaður m. inventor
hugvitssamur adj. ingenious, inventive, imaginative
hugvitssemi f. ingenuity, inventiveness, contrivance
hugvísindi n.pl. liberal arts, humanities
hugþekkur adj. likeable, agreeable
hugþreyta f. neurasthenia
hula f. veil, cover; haze, mist
hulda f. secrecy
huldu höfði adj. & adv. incognito
huldufólk n. fairies, elves, hidden people
hulinn adj. concealed, hidden, secret
hulstur n. holster, case, sheath, box
humall m. hop
humaltína f. (machine) hop-picker
humaltínari m. hop-picker
humar m. lobster
humargildra f. lobsterpot
humátt : fara í h. á eftir follow at a distance
humlaþurrkhús n. oast house
humm v. hum, haw, (Am.) hem
humma fram af sér vt. evade, prevaricate
hunang n. honey
hunangsdögg f. honeydew
hunangsfluga f. honeybee, bumblebee
hunangsflugnabú n. apiary
hunangskaka f. gingerbread
hunangssætur adj. honeyed, mellifluous
hundabani m. henbane

hundabyrgi n. kennel
hundafangari m. dogcatcher
hundageymsla f. kennels
hundaheppni f. lucky chance, fluke
hundakofi m. doghouse
hundaól f. dog collar
hundapi m. baboon
hundaslagur m. dogfight
hundasund f. dog paddle
hundasúra f. sheep sorrel
hundaæði n. rabies, hydrophobia
hundelta vt. dog, hound
hundflatur : liggja h. fyrir crawl before
hundgá n. bark, bay
hundheppinn adj. fluky
hundheppni f. good fortune, fluke
hundingsháttur m. cynicism
hundleiður adj. bored stiff, browned off
hundódýr adj. dirt cheap
hundrað n. hundred
hundraðasti num. hundredth
hundraðfaldur adj. hundredfold
hundraðsfórn f. hecatomb
hundraðshluti m. percentage, per cent
hundraðsmark n. percentile
hundsgrey n. pooch
hundshaus : setja upp h. put on a sulky face
hundslegur adj. canine, currish
hundur m. dog; hound; **fara í hundana** go to pot
hungra vi. hunger, starve
hungra eftir vt. hunger/long for
hungraður adj. hungry, starved
hungur n. hunger, starvation
hungurlús f. pittance
hungursneyð f. famine
hungurverkfall n. hunger strike
hungurverkir m.pl. pangs of hunger
hunsa vt. ignore, reject, brush off
hunskast burt vi. clear off, scram
huppur m. flank
hurð f. door
hurðaloka f. bolt (for a door)
hurðarhúnn m. doorknob
hurðarskilti n. doorplate
hurðarskrá n. doorlock
húdd n. bonnet, (Am.) hood (of a car)
húð f. skin; hide; coating; **í h. og hár** through and through; dyed-in-the-wool

húða vt. coat, plate; encrust
húðangur n. pellagra
húðfletta vt. skin; scourge
húðgræðsla f. skin graft
húðkeipur m. kayak
húðkrem n. cold cream, lotion
húðkröm f. pellagra
húðlatur adj. bone-lazy, bone-idle
húðsepar m.pl. gills
húðsjúkdómafræðingur m. dermatologist
húðsjúkdómafræði f. dermatology
húðskamma vt. (be)rate, tell off, take apart
húðstrýking f. flogging, whipping
húðstrýkja vt. flog, lash, flagellate
húðþekja f. epidermis
húfa f. cap
húftrygging f. hull insurance
húfur m. hull, bilge; **heill á húfi** safe and sound; **í húfi** at risk/stake
húka vi. crouch, slouch, squat
húkka vt. pick up
húlföldun f. hemstitch
húm n. dusk, twilight
húmanismi m. humanism
hún prn. she
húnn m. knob, handle; cub
hús n. house
húsagarður m. (court)yard
húsagata f. service road
húsagerðarlist f. architecture
húsakynni n.pl. premises
húsaleiga f. rent
húsamálari m. painter, interior decorator
húsameistari m. architect
húsamús f. house mouse
húsapuntur m. quitch, twitch
húsaröð f. terrace
húsasamstæða f. complex of buildings
húsaskjól n. accommodation, lodging
húsasmiður m. carpenter
húsasund n. alley, passageway
húsbátur m. houseboat, barge
húsbóndi m. master (of the house); boss
húsbúnaður m. furnishings; fitment
húsbygging f. building
húsbyggjandi m. builder
húsdýr n. domestic animal
húsdýraáburður m. manure
húseigandi m. owner of a house, landlord, home owner
húsfluga f. housefly
húsfreyja f. housewife, housekeeper
húsgagnalaus adj. unfurnished
húsgagnasett n. suite (of furniture)
húsgagnasmiður m. cabinetmaker, joiner
húsgögn n.pl. furniture
húshjálp f. daily/home help; maidservant
húslegur adj. housewifely, house-proud
húsleitarheimild f. search warrant
húslykill m. passkey
húsmóðir f. housewife, mistress (of a house)
húsmóðurlegur adj. housewifely
húsmóðurstarf n. housewifery
húsnæði n. lodging(s), accommodation
húsnæðisleysi n. homelessness
húsnæðisskortur m. housing shortage
húsráðandi m. landlord, landlady, householder
hússtjórn f. housecraft
hússtjórnarfræði f. home economics
hússtjórnarskóli m. home-economics school
hússtjórnarsvið n. division of home-economics
húsvaninn adj. housetrained, (Am.) housebroken
húsverk n. housework, chore
húsvörður m. caretaker, janitor
húsþak n. housetop
húsönd f. barrow's goldeneye
hvað prn. what
hvað eftir annað adv. time and time again, repeatedly
hvað sem öðru líður adv. anyhow, anyway
hvaða prn. what kind of, which
hvaðan adv. where from, whence
hvaðanæva adv. from all around, from everywhere
hvaðeina prn. whatever, everything
hvalambur n. ambergris
hvalfangari m. whaler
hvalskíði n. whalebone
hvalspik n. blubber
hvalstöð f. whaling station
hvalur m. whale
hvalveiði f. whaling

hvalveiðiskip n. whaler
hvammur m. dell, (grassy) hollow
hvar adv. where; **víðast h.** almost everywhere
hvarf n. disappearance; rut
hvarfa v. (of a camera) pan
hvarfbaugur m. tropic
hvarfgjarn adj. (of a chemical substance) reactive
hvarfla vi. wander, rove
hvarfla að v. occur to
hvarfpunktur m. vanishing point
hvarkvæm leit f. global search
hvarvetna adv. everywhere
hvass adj. sharp; harsh; keen; windy
hvasseygur adj. eagle-eyed
hvassleiki m. sharpness; keenness; acuteness
hvasst adv. sharply; fixedly; acutely
hvassviðri n. fresh gale
hvassyrtur adj. rough-spoken
hvatamaður m. instigator, booster
hvatberi m. mitochondrion
hvati m. stimulus, impetus; enzyme
hvatlegur adj. vigorous, lively, brisk
hvatleiki m. quickness, promptitude, promptness
hvatlyndi n. impulsiveness
hvatning f. encouragement, incentive, exhortation
hvatningarræða f. pep talk
hvatur adj. quick, lively, brisk
hvatvís adj. forward; impulsive, rash
hvatvísi f. impetuosity, temerity
hvatvíslega adv. precipitately, hastily, rashly
hvatvíslegur adj. impulsive, hasty, premature
hve adv. how
hvefsinn adj. currish, petulant, pettish
hveiti n. wheat, flour
hveitibrauð n. white bread
hveitibrauðsdagar m.pl. honeymoon
hveitideig n. pastry, pasta
hveitikaka f. muffin
hveitiklíð n. bran, scone
hveitikoddar m.pl. ravioli
hveitilengja f. spaghetti
hveitipípa f. macaroni
hveitivellingur m. frumenty

hvekkbólga f. prostatitis
hvekkja vt. vex, annoy, fret
hvekkur m. prostate (gland)
hvelaheili m. cerebrum
hvelfdur adj. arched, domed; concave
hvelfing f. vault, arch, dome, crypt
hvellhetta f. detonator, percussion/blasting cap
hvellspringa (á hjólbarða) s. (of a tyre) blow out
hvellt nefhljóð n. (nasal tone of voice) twang
hvellur m. bang, crack; **í hvelli** in a jiffy
hvellur adj. sharp, shrill, strident, plangent
hvenær adv. when
hver m. hot spring
hver prn. who, which, what; every, each
hver af öðrum adv. one after the other, in turn
hver í sínu lagi adv. individually, singly, severally
hver og einn prn. everybody, everyone
hverahrúður n. siliceous sinter
hverasvæði n. geothermal area
hverfa vi. disappear, vanish
hverfa frá vt. stop doing; draw back from, abandon
hverfandi adj. slight, remote, negligible
hverfi n. neighbourhood, district, quarter
hverfihlið n. turnstile
hverfihreyfill m. rotary engine
hverfihurð f. revolving door
hverfill m. turbine
hverfiskrá f. local pub
hverfispegill m. cheval glass
hverfisteinn m. whetstone, grindstone
hverfitregða f. moment of inertia
hverflyndi n. fickleness; mutability
hverflyndur adj. fickle, inconstant
hverfull adj. transient, fleeting, unstable
hverfulleiki m. transitoriness, vicissitude
hvergi adv. nowhere
hverjum prn. (dative form of who) whom
hvern prn. (accusative form of who) whom
hvernig adv. how
hvers prn. (genitive form of who) whose
hvers konar adv. how, what kind (of)
hvers vegna adv. why

hversdags adv. everyday
hversdagsföt n.pl. lounge suit
hversdagsklæðnaður m. casual clothes
hversdagslegur adj. everyday, ordinary, commonplace
hverslags adv. what kind of
hversu adv. how
hvert adv. where (to)
hvessa v. sharpen; get windy
hvessa augun á vt. glower/glare at, give a sharp look
hvetja vt. encourage, urge; whet
hvetjandi adj. encouraging, rousing, hortative
hviða f. fit, paroxysm; gust (of wind)
hvika vi. retreat; falter, waver
hviklyndi n. fickleness, inconstancy
hviklyndur adj. fickle, inconstant, volatile
hvikull adj. inconstant, flighty, mercurial
hvilft f. cirque; hollow, depression; socket
hvimleiður adj. disagreeable, (Am.) pesky
hvinur m. whistling, swish, zip
hvinönd f. common goldeneye
hvirfilbylur m. cyclone, tornado, typhoon
hvirfill m. crown (of the head), vertex; **frá hvirfli til ilja** from top to toe
hvirfilpunktur m. zenith; vertex
hvirfilvindur m. whirlwind, cyclone, tornado
hvirfing f. circle; helix; cluster, group
hvirfla(st) v. whirl, eddy
hviss n. whistling, fizz
hvissa vi. whistle, whizz
hví adv. why, wherefore
hvíla f. bed; vt. rest
hvíla á e-m vt. weigh (up)on s-y, weigh s-y down
hvíla sig vi. take a rest
hvíld f. rest, repose, relaxation
hvíldardagur m. Sabbath
hvíldarheimili n. rest home
hvíldarherbergi n. greenroom (for actors)
hvíldarland n. fallow
hvíldarlaus adj. without rest
hvíldarlækning f. rest cure
hvíldarstaður m. resting-place; health resort
hvílíkur prn. what (sort of)
hvína vi. whistle; whizz; screech
hvísl n. whisper

hvísla v. whisper
hvíslari m. prompter (in a theatre)
hvíta f. (egg) white
hvíta tjaldið n. the silver screen
hvítabjörn m. polar bear
hvítagull n. platinum
hvítasunna f. Whitsun(tide), Pentecost
hvítasunnudagur m. Whit Sunday
hvítblæði n. leukemia
hvítflibba- comb. white-collar
hvítglóandi adj. incandescent
hvítingi m. albino
hvítingur m. white whale
hvítkál n. cabbage
hvítkorn n. leucocyte
hvítlaukur m. garlic
hvítleiki m. whiteness
hvítlyng(srót) f. briar, brier
hvítmaur m. white ant, termite
hvítmáfur m. glaucous gull
hvítna vi. turn white, pale
hvítskúraður adj. spick-and-span
hvítstorkur m. white stork
hvítt blóðkorn n. leucocyte
hvítta vt. whiten
hvítur adj. white
hvítvín n. white wine
hvítþvo vt. whitewash
hvítþvottur m. whitewash
hvítönd f. smew
hvívetna : í h. in every respect
hvolf n. vault; ventricle (of the heart); **á hvolfi** upside down; dead drunk
hvolfa v. turn over; capsize, keel over
hvolfa í sig vt. gulp down, down
hvolfgöng n.pl. arcade
hvolfþak n. dome, cupola
hvolpur m. pup(py), whelp
hvor prn. who, which (of two); each (of two); **hálft í hvoru** half and half; **h. annar** each other; **h. um sig** both, each in turn; **öðru hvoru** (every) now and then
hvorki...né conj. neither...nor
hvort conj. if, whether
hvort sem er adv. anyway
hvorttveggja prn. both (of two)
hvorugkyn n. neuter
hvorugur prn. neither (of two)
hvumpinn adj. jumpy, touchy

hvumsa adj. speechless, dumbfounded
hvundags adv. everyday
hvutti m. doggy
hvæsa v. hiss; (of a cat) spit; rasp out
hvönn f. angelica
hvörf n.pl. turning point
hvöt f. encouragement; impulse; instinct
hyggilegur adj. wise, prudent
hyggindi n.pl. prudence, astuteness
hygginn adj. sensible, prudent
hyggja f. opinion; mind
hyggja v. think, believe; **eftir á að hyggja** on second thought, in retrospect
hyggja að vt. take a look at, examine
hyggjast fyrir v. intend, plan
hyggjuvit n. (common) sense
hyggni f. prudence, resourcefulness
hygla vt. favour, oblige, please
hygli f. favouritism
hyldjúpur adj. abysmal, profound, bottomless
hyldýpi n. abyss, great depth
hylja vt. hide, conceal; cover
hylki n. case; capsule; canister; cartridge
hylla vt. acclaim, pay homage to
hylli f. favour, goodwill, grace
hylma yfir e-ð vt. cover s-g up
hylma yfir með e-m vt. cover up for s-y
hylur m. pool (in a river)
hypja sig v. take off; scram
hyrndur adj. horned; angular
hyrningarsteinn m. cornerstone
hysja upp vt. pull up
hyski n. rabble, riffraff
hyskinn adj. lazy, slothful
hýasinta f. hyacinth
hýða vt. whip, spank; flog; peel
hýði n. peel, skin; husk, hull
hýðing f. whipping, whacking, thrashing
hýðishrísgrjón n.pl. brown rice, paddy
hýjungur m. down (of facial hair)
hýr adj. genial, gay; tipsy
hýra f. wages
hýrga vt. gladden, cheer
hýrna vi. cheer/brighten up
hýsa vt. house, put up; accommodate
hæð f. height; altitude; hill(ock); floor, storey; anticyclone, high (pressure zone)
hæða vt. mock, taunt
hæðadrög n.pl. foothills
hæðarbrún f. hilltop
hæðarlínukort n. relief/contour map
hæðarmælir m. altimeter
hæðarstýri n. elevator (of an aircraft)
hæðast að vt. scoff/sneer/gibe at
hæðinn adj. ironic, sarcastic, derisive
hæðni f. irony, sarcasm, mockery
hæðnislega adv. tauntingly
hæðnislegur adj. ironical, sardonic, wry
hæðóttur adj. hilly
hæfa f. truth; fairness
hæfa vt. hit; suit, fit; befit
hæfi : gera e-m til hæfis please s-y; **við h.** suitable; **við allra h.** to everybody's taste
hæfilegur adj. suitable, fitting
hæfileikamaður m. (man of great) talent
hæfileikapróf n. aptitude test
hæfileikar m.pl. qualities, endowment
hæfileikaríkur adj. talented, gifted
hæfileiki m. ability, faculty, talent
hæfni f. qualification, competence
hæfnispróf n. qualifying exam, try-out; audition
hæfnisskortur m. disqualification, incompetence
hæfur adj. qualified, competent, capable
hægagangsverkfall n. go-slow, (Am.) slowdown (strike)
hægagangur m. tardiness; idling speed
hægð f. calm, tranquillity, ease; **ganga í hægðum sínum** saunter; **með h.** with ease, easily
hægðalyf n. laxative
hægðarauki m. convenience
hægðarleikur m. easy task, child's play
hægðaskál f. bedpan
hægðatregða f. constipation
hægðir f.pl. excrement, defecation; **hafa h.** defecate, have a bowel movement
hægfara adj. slow, gradual; leisurely
hægindastóll m. easy/lounge chair, armchair
hægindi n. relief; convenience; bolster
hægja vt. slow down, ease
hægja á sér vi. slow down, draw rein
hægja sér vi. relieve oneself
hæglátur adj. quiet, easy-going, sedate

hæglega adv. easily
hægri adj. right; adv. **til h.** right
hægrihandarskytta m. right-hander
hægrijafna vt. right-justify
hægrisinnaður adj. rightist
hægrisinni m. right-winger, rightist
hægt adv. slowly; **h. og h.** gradually
hægt brokk n. jog trot
hægur adj. slow, quiet; easy; possible
hægviðri n. calm weather
hækilbein n. hock (in animals)
hækja f. crutch
hækka v. rise; raise
hækkun f. rise, increase
hækkunarmerki n. sharp (in music)
hæla vt. praise, flatter
hæla sér af vt. boast of
hæla sjálfum sér vt. blow one's one trumpet/horn
hælahár adj. high-heeled
hælast um af vt. brag about
hælbandaskór m.pl. slingback (shoes)
hælbroddur m. calk (on a boot)
hæli n. asylum, refuge, haven; sanatorium
hæll m. heel; peg
hælsin f. Achilles' tendon
hæna f. hen, chicken
hæna vt. attract, lure
hænast að vt. be drawn to
hængur m. male salmon/trout; snag
hænsnabú n. chicken farm
hænsnabúr n. hencoop
hænsnakofi m. hen house
hænsnaprik n. roost (in a hen house)
hænsnasjúkdómur m. roup
hænsni n.pl. chickens, hens
hænublundur m. catnap, forty winks
hænugagg n. cluck (of a hen)
hænuungi m. young chicken, chick
hæpinn adj. uncertain; questionable
hæra f. grey hair
hærður adj. hairy
hæsi f. hoarseness, raucousness
hæstaréttarlögmaður m. barrister
hæstbjóðandi m. highest bidder
hæstiréttur m. supreme court
hæstur adj. highest; top(most); supreme
hæstvirtur adj. honourable

hætta f. danger, risk, jeopardy
hætta v. stop, cease; risk, endanger
hætta á vt. risk, chance
hætta störfum vi. retire (because of age)
hætta við vt. cancel, call off
hættuástand n. crisis, emergency
hættulaus adj. harmless, safe; innocuous
hættulegur adj. dangerous, perilous, hazardous
hættumerki n. alarm, alert, caution signal, hazard signal
hættur adj. stopped; finished, through
hættur störfum adj. retired; emeritus
hættuspil n. risky undertaking, gamble, venture
hættusvæði n. danger area
hæverska f. modesty, politeness
hæverskur adj. modest, polite, unassuming
höfða mál gegn vt. bring a charge against
höfða til vt. appeal to
höfðalag n. head of a bed
höfðatala f. population, number of inhabitants
höfði m. cape, headland, promontory
höfðingi m. chief(tain); aristocrat; generous person
höfðingjasetur n. manor house, mansion
höfðingjasleikja f. snob, flunkey
höfðinglegur adj. aristocratic; noble-minded; magnificent
höfðingsskapur m. magnanimity; munificence; splendour
höfgasótt f. sleeping sickness
höfgi m. drowsiness
höfn f. harbour, port
höfnun f. refusal, rejection, disapproval
höfrungahlaup n. leapfrog
höfrungur m. dolphin, porpoise
höft n.pl. restrictions
höfuð n. head
höfuð- comb. head, chief, main, cardinal, central
höfuðatriði n. main thing/point, sine qua non
höfuðátt f. cardinal point
höfuðborg f. capital (city), metropolis
höfuðbók f. ledger
höfuðból n. manor

höfuðbúnaður m. headgear, headdress
höfuðdjásn n. diadem, tiara
höfuðdæla f. brake master cylinder, main cylinder
höfuðfat n. headpiece
höfuðgafl m. headboard
höfuðhneiging f. nod
höfuðkirkja f. cathedral; basilica
höfuðkúpa f. skull, cranium
höfuðlagsfræði f. phrenology
höfuðlaus adj. headless
höfuðleður n. scalp; headstall (of a bridle)
höfuðlús f. head louse
höfuðlykill m. master/skeleton key
höfuðpaur m. big shot, bigwig, mastermind
höfuðpúði m. headrest, head restraint
höfuðskel f. skull, cranium
höfuðsmaður m. captain
höfuðstaða f. headstand
höfuðstaður m. capital (city)
höfuðstafur m. alliterative sound (in poetry)
höfuðstóll m. capital, principal
höfuðstöðvar f.pl. headquarters
höfuðtala f. cardinal number
höfuðverkur m. headache
höfuðvígi n. stronghold
höfundardeili n.pl. authorship
höfundarlaun n.pl. royalties
höfundarnafn n. pen name, nom de plume
höfundarréttur m. copyright
höfundur m. author, writer
högg n. blow, knock, stroke, bang
höggbylgja f. percussion/shock wave
höggdeyfing f. energy absorbtion
höggdeyfir m. shock absorber
höggdofa adj. stupefied
höggmynd f. sculpture, statue
höggmyndalist f. sculpture
höggormsbit n. snakebite
höggormur m. serpent, viper
höggprentari m. impact printer
höggstaður m. weak spot; vulnerability
höggsverð n. cutlass
höggtönn f. fang
höggva vt. cut, hew; chop
höggva eftir vt. take note of, notice

höggþéttur adj. shockproof
högni m. tomcat
hökta vi. limp, hobble; pink
hökuskarð n. dimple (in the chin)
hökutoppur m. goatee
hökuþráður m. wattle (of a fish)
höll f. palace
hömluhak n. ratchet
hömluhjól n. ratchet wheel
hömlulaus adj. unchecked, rampant
hömlulaust adv. without restraint
hömlun f. disablement
hömlur f.pl. restrictions
hönd f. hand; side
höndla með vt. trade/deal in
hönduglega adv. skilfully, dexterously
hönk f. hank, coil; loop, noose
hönnuður m. designer
hönnun f. design; layout
hör m. flax; linen
hörðnun f. sclerosis
hörð samkeppni f. stiff competition
hörfa vi. retreat, pull/fall back
hörfinka f. linnet
hörfræ n. linseed
hörgull m. lack, shortage, paucity
hörgulsjúkdómur m. deficiency disease
hörgulir adj. (of hair) flaxen
hörkuknapi m. roughrider
hörkulegur adj. harsh, stern, hard-featured
hörkutól n. hard-headed person, tough customer
hörmulegur adj. disastrous, tragic, deplorable
hörmung f. disaster, catastrophe; misery
hörmungarsjón f. eyesore
hörpudiskur m. scallop
hörpufugl m. lyrebird
hörpulauf n. periwinkle
hörpuleikari m. harpist
hörpuskel f. scallop
hörund n. skin
hörundsár adj. thin-skinned, touchy
hörundsflúr n. tattoo (on the skin)
hörundsflúra vt. tattoo
hörundslitur m. colour of the skin, complexion

höstugheit n.pl. gruffness, abruptness
höstugur adv. gruff, abrupt, harsh
höttur m. hood, cowl; **svara út í hött** give a misleading answer; **út í hött** absurd

I

ið n. fidgeting, quivering; restlessness
iða f. eddy, whirlpool; turbulence
iða v. squirm, wriggle; mill about/around
iðgjald n. premium
iðinn adj. diligent, industrious, assiduous
iðja f. occupation, pursuit, work
iðjuhöldur m. industrialist
iðjulaus adj. idle, inactive; unemployed
iðjuleysi n. idleness, laziness
iðjuleysingi m. idler
iðjusamur adj. diligent, industrious, hard-working
iðjuver n. industrial plant, factory
iðjuþjálfi m. occupational therapist
iðjuþjálfun f. work/occupational therapy
iðka vt. practise; go in for
iðkandi m. practitioner
iðn f. handicraft, trade
iðnaðarframleiðsla f. industrial production
iðnaðarleyndarmál n. trade secret
iðnaðarmaður m. craftsman, tradesman, artisan
iðnaðarnjósnir f.pl. industrial espionage
iðnaðarsvæði n. industrial estate
iðnaðarúrgangur m. industrial waste
iðnaðarvara f. industrial product
iðnaðarvörur f.pl. industrical goods
iðnaður m. industry
iðnbylting f. industrial revolution
iðnfræðsla f. vocational training
iðnfyrirtæki n. manufacturing enterprise
iðngreinasamtök f.pl. guild
iðnhönnun f. industrial design
iðni f. diligence, industry, assiduity
iðnnám n. apprenticeship
iðnnemi m. apprentice
iðnráðgjafi m. industrial consultant
iðnrekandi m. industrialist, manufacturer
iðnskóli m. technical college, trade school

iðnsveinn m. journeyman
iðnvarningur m. industrial goods
iðnverkamaður m. industrial worker/labourer
iðnvæða(st) v. industrialize
iðnvæðing f. industrialization
iðnþróað ríki n. industrial nation
iðnþróun f. industrial development
iðormur m. planarian
iðraholsflækja f. solar plexus
iðrakvef n. enteritis
iðrakveisa f. colic
iðrandi adj. repentant, penitent
iðrast vt. repent, regret
iðrun f. repentance, remorse, penitence
iðrunarfullur adj. remorseful, repentant, contrite
iðrunarlaus adj. unrepentant, impenitent
iðukast n. eddy, rip
iðulega adv. frequently, often
iðulegur adj. frequent; continual
iður n.pl. intestines, bowels, entrails
igla f. leech, hirudinean
il f. sole (of the foot)
ildi n. oxygen
illa adv. badly; poorly
illa fenginn adj. misbegotten
illa fyrirkallaður adj. under the weather, out of sorts
illa stæður/staddur adj. badly-off
illa til reika adj. bedraggled
illa upp alinn adj. ill-bred
illdeilur f.pl. feud, disagreement
illfær adj. (almost) impassable; arduous
illgirni f. malice, spite, nastiness
illgirnislegur adj. malicious, spiteful, invidious
illgjarn adj. malicious, spiteful, malevolent
illgresi n. weed; **þakinn i.** weedy
illgresiseyðir m. herbicide
illilega adv. badly
illindi n.pl. ill-will; quarrel, fight
illkvittinn adj. malicious, wicked, venomous
illkvittni f. malice, spite
illkynjaður adj. malignant
illkynjun f. malignity
illmannlegur adj. villainous
illmenni n. villain, scoundrel, ruffian

illmennska f. villainy, wickedness, viciousness
illræmdur adj. notorious, infamous, disreputable
illska f. malice; anger
illskiljanlegur adj. intangible, impalpable
illskukast n. tantrum, fit, frenzy
illsvitandi adj. ominous, portentous
illsviti m. bad omen
illur adj. bad, evil, wicked; angry; ill
illur fengur m. ill-gotten gains, filthy lucre
illviðri n. stormy weather, tempest
illviljaður adj. malevolent, evil-minded
illvilji m. malevolence, hatefulness
illvirki m. evildoer, malefactor, villain
illvirki n. evildoing, evil deed, outrage
illyrmislegur adj. base, vile
illþýði n. rabble, riffraff
ilma vi. smell (pleasant)
ilman f. smell, odour
ilmandi adj. fragrant, aromatic
ilmbaukur m. pomander
ilmblanda f. potpourri
ilmkollur m. mignonette
ilmlaus adj. scentless
ilmpúði m. sachet
ilmreyr m. alpine vernal-grass
ilmsalt n. smelling salts
ilmsmyrsl n. balm, pomade, balsam
ilmsóley f. clematis
ilmur m. aroma, scent, fragrance
ilmvatn f. perfume, scent
ilpunktur m. nadir
ilsig n. flat foot; **með i.** flat-footed
ilskór m. sandal
imbakassi m. idiot/goggle box
imbi m. idiot
impra á vt. mention in passing
impressjónismi m. impressionism
indíána- comb. Indian
indíánabarn n. papoose
indíánakona f. squaw
indíánaráðstefna f. powwow
indíánaskór m. moccasin
indíánatjald n. tepee, wigwam
indíánaöxi f. tomahawk
indíáni m. (American) Indian
indígóblár litur m. indigo
Indland n. India
Indlandshaf n. Indian Ocean
indóevrópskur adj. Indo-European
Indónesía f. Indonesia
Indverji m. (East) Indian
indversk furstafrú f. maharani
indverskur adj. (East) Indian
indverskur fursti m. maharaja(h)
indæll adj. delightful, lovely, adorable
inflúensa f. influenza
inn adv. in(to), inside; inland
inna af hendi vt. get s-g done, perform
inna eftir vt. ask about
innan prp. & adv. inside; within
innan skamms adv. before long, presently, soon
innan um prp. among, amid(st)
innanborðs adv. aboard
innanbúðarmaður m. insider
innanbæjarsímtal n. local call
innanfélagsmaður m. insider
innanfita f. suet
innanfótar hælkrókur m. inside-click/cross-click (trick in wrestling)
innanhúss adv. indoors, inside
innanhússarkitekt m. interior decorator/designer
innanhússgarður m. patio
innanhússímanúmer n. extension
innanhússímkerfi n. intercom
innanhússkreyting f. décor
innanlands adv. domestically, inland
innanlands- comb. domestic, inland
innanlandsflug n. domestic flight
innanlandsverslun f. domestic trade
innanlandsviðskipti n.pl. home trade, (Am.) domestic trade
innanmál n. inside diameter
innanríkis- comb. internal, home
innanríkismál n.pl. internal affairs
innanríkisráðherra m. minister of home affairs, (Br.) Home Secretary, (Am.) Secretary of State
innanríkisráðuneyti n. ministry of home affairs, (Br.) Home Office, (Am.) Department of the Interior
innanríkisverslun f. internal/inland trade
innanskóla- comb. (of a school) intramural
innanstokks adv. inside the home
innanstokksmunir m.pl. household inventory, furniture

innantómur adj. hollow, empty, inane; hungry
innantökur f.pl. gripes
innanverður adj. inward, inside
innanvert adv. inwardly
innátími m. innings (in cricket)
innblása vt. inspire, imbue with
innblástur m. inspiration, brain wave
innborgun f. deposit; down payment
innbrenndur adj. encaustic
innbrot n. burglary, break-in
innbrotsþjófur m. burglar; housebreaker
innbundin bók f. hardback
innbundinn adj. (of books) hardcover, hardbound
innbyggður adj. built-in
innbyrðis adv. among themselves, internally
innbyrðis deilur f.pl. infighting
inndraganlegur adj. retractable, retractile
inndráttur m. indentation (of a line); retraction
inndreginn adj. indented
inneign f. credit balance
inneignarmiði m. credit note/slip
inneygður adj. hollow-eyed
innflutningsgjald n. import duty/levy
innflutningsgjöld n.pl. import charges
innflutningshindrun f. import barrier
innflutningshöfn f. port of entry
innflutningshöft n.pl. import restrictions
innflutningsleyfi n. import licence
innflutningstollur m. import/customs duty
innflutningsviðskipti n.pl. import transactions
innflutningur m. importation; imports; immigration
innflytjandi m. importer; immigrant
innfæddur adj. native, indigenous
innfærsla f. entry
innganga f. entrance; enrollment
inngangseyrir m. entrance/admission fee
inngangslag n. signature tune
inngangsorð n.pl. introduction
inngangur m. entrance; admission; introduction
inngreiðslur f.pl. receipts
inngróinn adj. ingrained, deep-rooted; essential

innhaf n. sea
innheimta f. (debt) collection; vt. collect
innheimtumaður m. (bill/debt) collector
innhverf íhugun f. transcendental meditation
innhverfa f. introversion
innhverfur adj. introverted
innhverfur maður m. introvert
inni adv. inside
innibyrgður adj. pent-up
innifalinn adj. included, inclusive
innihald n. contents, subject matter
innihalda vt. contain
innikróaður adj. pent-in
innilega adv. dearly, deeply, heartily
innleggsdagur m. date of deposit
innilegur adj. cordial, whole-hearted; intimate
innilokaður adj. pent-in; (of air) frowsty
innilokun f. confinement, incarceration
innilokunarkennd f. claustrophobia
inningarkerfi n. run-time system
inniskór m.pl. slippers
innisloppur m. dressing gown
innistæða f. balance
innistæða á reikningi f. current balance
innistæðulaus ávísun f. rubber/dud cheque
innisundlaug f. swimming bath
innkalla vt. call in
innkast n. throw-in (in football)
innkaup n.pl. purchase, shopping
innkaupapoki m. carrier bag, (Am.) shopping bag
innkaupastjóri m. chief buyer
innkaupsverð n. purchase price
innkirtill m. endocrine gland
innkulsa : verða i. catch a cold
innlagður adj. put in hospital, hospitalized
innlausn f. redemption (of a bond)
innlán n. deposit
innlánsstofnun f. deposit institution
innlánsvextir m.pl. interest on a bank deposit
innlegg n. deposit; contribution; insole (of a shoe)
innleggskvittun f. deposit slip/receipt
innleggsnóta f. paying-in slip, (Am.) deposit slip

innleiða vt. introduce, institute
innlendur adj. domestic, native, indigenous
innleysa vt. redeem; cash (a cheque)
innleysanlegur adj. redeemable; (of money) convertible
innlifun f. empathy
innlima vt. incorporate, annex
innlimun f. incorporation, annexation
innlyksa adj. stuck, immobilized
innmatur m. offal, innards; giblets (of a bird)
innpakka vt. wrap up; pack, box
innprenta vt. inculcate, impress (on)
innprentun f. inculcation
innpökkun f. packing
innra eftirlit n. internal control
innramma vt. frame
innrauður adj. infrared
innrás f. invasion
innrásarlið n. invader
innreið f. entry
innrennsli n. inflow, inlet
innrétta vt. fit up, install
innrétting f. fitments; design
innréttingasmiður m. joiner
innréttingasmíði f. joinery
innri adj. inner
innri endurskoðun f. internal audit
innrita sig v. check in; enrol; matriculate
innritun f. check-in; enrolment; matriculation
innrím n. internal rhyme
innrækt f. inbreeding
innræktaður adj. inbred
innræta vt. indoctrinate, instil, imbue with
innræti n. disposition, character
innræting f. indoctrination, inculcation
innsetning f. installation; inauguration
innsigla vt. seal
innsigli n. seal, signet
innsiglishringur m. seal ring
innsiglislakk n. sealing wax
innskeifur adj. pigeon-toed
innskot n. insertion, interpolation; aside; intrusion (of rock)
innskotsmerki n. caret
innsláttur m. keyboard entry
innsog n. choke (of a car engine)
innsprenging f. implosion
innspýting f. injection
innst adv. innermost; **i. inni** under the skin
innstreymi n. inflow, influx, inrush
innstunga f. electric outlet, (wall) socket, power point; electric plug
innstur adj. innermost
innstæða f. credit, balance
innsýn f. insight, perspective
innsæi n. intuition, penetration
innsær adj. intuitive
inntak n. drift, gist, subject matter, general meaning; input; intake (of a pipe)
inntaka f. admission; dose
inntakstæki n. input device
inntekt f. takings
inntökugjald n. entrance fee
inntökupróf n. entrance examination
innundir : vera i. hjá e-m be in s-y's favour
innvaxinn adj. (of toenails) ingrown
innvirðulega adv. sincerely; thoroughly
innvígður adj. initiated
innvígsla f. initiation
innvols n. innards, entrails, guts
innvortis adv. internally, inwardly
innyflaspámaður m. haruspex
innyfli n.pl. intestines, entrails, bowels
innöndun f. inhalation
innöndunarstautur m. inhaler
ismi m. ism

Í

í prp. in, into, during, at
í gegn adv. through
í gegnum prp. through
í kring adv. around
í kringum prp. around
í staðinn adv. instead
í staðinn fyrir prp. instead of, in return for
íbenholt n. ebony
Íberi m. Iberian
íberískur adj. Iberian
íbjúgur adj. convex
íblöndunarefni n. additive
íburðarlaus adj. austere, bare, homely

íburðarmikill adj. luxurious, showy; bombastic
íburður m. luxury, splendour; flamboyance
íbúafækkun f. depopulation
íbúar m.pl. population, inhabitants
íbúð f. flat, (Am.) apartment
íbúðabygging f. housing estate, (Am.) housing project
íbúðahverfi n. residential area
íbúðarblokk f. block of flats, (Am.) apartment building
íbúðarhús n. (dwelling) house, bungalow, villa
íbúðarhæfur adj. (in)habitable, liv(e)able
íbúðarkjallari m. basement
íbúi m. inhabitant; resident
íbygginn adj. meaningful, knowing
ídýfa f. dip; sauce
iðorðaforði m. (terms) terminology
iðorðafræði f. (science) terminology
ígerð f. abscess, inflammation, purulence
ígildi n. equivalent
ígreyping f. inlay
ígrip n.pl. casual labour; **gera e-ð í ígripum** do s-g on the side
ígripavinnumaður m. casual
ígrunda vt. consider, weigh
ígræðsla f. implantation; transplant
ígulfiskur m. puffer (fish)
ígulker n. sea urchin
íhaldsfauskur m. fuddy-duddy
íhaldsflokkur m. conservative party
íhaldsmaður m. conservative (person)
íhaldssamur adj. conservative
íhaldssemi f. conservatism
íhaldsstefna f. conservatism
íhlaupa- adj. jobbing
íhlaupamaður m. odd-job man, fill-in
íhlaupavinna f. casual work, odd jobs
íhlutun f. intervention, interference
íhlutunarleysi n. nonintervention, noninterference
íhlutunarsamur adj. meddlesome
íholur adj. concave
íhuga v. consider, deliberate, ponder
íhugandi adj. contemplative, speculative
íhugull adj. thoughtful, reflective
íhugun f. consideration, meditation
íhvolfur adj. concave

íkorni m. squirrel, chipmunk
íkveikja f. arson, fire-raising
íkveikjusprengja f. incendiary bomb
íkveikjuæði n. pyromania
íla vi. ooze
ílangur adj. oblong
ílát n. container, vessel, receptacle
ílendast vi. settle down
íleppur m. insole, sock (of a shoe); **undir íleppnum** uxorious
ímavaki m. oestrogen
ímugustur m. dislike, distaste, repugnance
ímynd f. image, embodiment, epitome
ímynda sér vt. imagine, fancy
ímyndaður adj. imaginary, unreal
ímyndun m. delusion, figment, fantasy
ímyndunarafl n. imagination, fancy, fantasy
ímyndunarveiki f. hypochondria
ímyndunarveikur adj. hypochondriac
íofinn adj. inwrought
írafár n. flurry, fluster
Írak n. Iraq
Íraki m. Iraqi
írakskur adj. Iraqi
Íran n. Iran
Írani m. Iranian
íranskur adj. Iranian
írauður adj. reddish
Íri m. Irish(wo)man
Írland n. Ireland
írskur adj. Irish
ís m. ice; ice cream
ísa vt. ice
ísaður adj. iced, frozen; frappé
ísakráka f. pewit
ísaldar- comb. pleistocene
ísaldarruðningur m. diluvial accumulation
ísaltur adj. brackish
ísalur m. ice pick
ísaumaður adj. inwrought
ísaumur m. embroidery
ísbjörn m. polar bear
ísbráð n. milk shake
ísbrjótur m. icebreaker
íseyðir m. defroster
ísfiskur m. fish on ice, iced fish
ísfleinn m. ice pick

ísfroða → íæð 168

ísfroða f. sorbet
ísfugl m. kingfisher
ísgarn n. lisle
ísgeymsla f. icehouse
ísgirtur adj. icebound
íshokkí n. ice hockey
íshús n. icehouse
íshögg n. ice axe
ísing f. black ice (on roads); icing (on wings)
ísjaki m. ice floe
ískaldur adj. ice-cold, icy, frigid
ískex n. wafer
ískra vi. screech, squeak; creak
ískrandi adj. grating, scratchy; creaky
ískur n. screech, squeak, scrape
ískyggilegur adj. ominous, sinister
íslami m. Islamite
íslamskur adj. Islamic, Muslim
íslamskur fræðari m. mullah
Ísland n. Iceland
íslandsfífill m. Icelandic hawkweed
Íslendingur m. Icelander
íslenska f. Icelandic (language)
íslenskur adj. Icelandic
ísmeygilegur adj. ingratiating, flattering
ísmoli m. ice cube
ísog n. absorption, resorption
ísótóp n. isotope
íspinni m. ice-lolly
íspoki m. ice pack, (Am.) ice bag
Ísrael n. Israel
Ísraeli m. Israeli
ísraelskur adj. Israeli
ísrek n. drift/pack ice
ísskápur m. refrigerator, fridge, (Am.) icebox
ísskrúfa f. (ice) piton
ísstingur m. ice pick
ístað n. stirrup; stirrup bone, stapes
ístra f. potbelly, paunch
ístrubelgur m. potbelly, paunchy person
ístrumikill adj. potbellied
ístöðulaus adj. weak, vacillating, flighty
ístöðuleysi n. fickleness, faint-heartedness
ísvari m. defroster
ísvatn n. ice(d) water
ísöld f. ice age, glacial period
ítak n. right to use another's land
Ítali m. Italian

Ítalía f. Italy
ítalskur adj. Italian
ítarlega adv. in detail, minutely
ítarlegur adj. detailed, thorough, exhaustive
ítónun f. intonation
ítreka vt. repeat, reiterate
ítrekað adv. repeatedly
ítrekaður adj. recurrent
ítrekun f. repetition; reminder
ítróð n. padding
íturvaxinn adj. curvaceous
ítök n.pl. influence, pull
ívaf n. woof, weft
ívera f. habitation
ívið adv. a bit
ívilna vt. give privileges
ívilnun f. concession, favour
ívitnun f. quotation
íþrengjanlegur adj. penetrable
íþrótt f. sport; skill, art
íþrótta- comb. athletic
íþróttabindi n. jockstrap
íþróttabuxur f.pl. trunks
íþróttadómari m. referee, umpire
íþróttafélag n. sports club
íþróttagalli m. tracksuit, sweat suit
íþróttahús n. gymnasium
íþróttakennaraskóli m. physical education training school
íþróttakennari m. athletics teacher
íþróttakeppni f. sports (contest)
íþróttamaður m. sportsman, athlete
íþróttamennska f. sportsmanship
íþróttamót n. sports (meeting)
íþróttapeysa f. sweat shirt
íþróttaskór m. sneaker(s)
íþróttasvæði n. sports field, stadium
íþróttavöllur m. sportsground
íþróttavörur f.pl. sporting goods
íþróttir f.pl. athletics
íþyngja vt. burden; aggravate
íæð f. vessel

J

ja interj. well
ja hérna interj. golly, (Am.) gee (whiz)
jaðar m. edge, border, fringe, margin
jaðarkostnaður m. marginal cost
jaðartæki n.pl. peripheral device, external equipment
jaðarurð f. lateral moraine (of a glacier)
jaði m. jade
jaðra við vt. border/verge (up)on
jaðrakan m. black-tailed godwit
jafn adj. even; equal
jafna f. equation; pair
jafna vt. level; equalize
jafna metin vt. pay off/settle a score
jafna reikning vt. balance an account
jafna saman vt. compare with
jafna sig vi. recover, come (a)round
jafna tölu vt. round off a number
jafna við jörðu vt. raze to the ground
jafnaðargeð n. equanimity
jafnaðarlega adv. as a rule, generally
jafnaðarmaður m. socialist, social democrat
jafnaðarmerki n. equal(s) sign
jafnaðarstefna f. socialism
jafnaður : að jafnaði as a rule, ordinarily
jafnaldra adj. of the same age; contemporary
jafnaldrahópur m. peer group
jafnaldri m. contemporary
jafnan adv. constantly, always; usually
jafnarma þríhyrningur m. isosceles triangle
jafnast á við vt. equal, match, rival
jafndægur n.pl. equinox
jafndægurs- comb. equinoctial
jafnfjarlægur (frá) adj. equidistant (from)
jafnfljótur : fara á tveimur jafnfljótum go on shanks's mare/pony
jafnframt adv. & prp. at the same time; along with
jafnfætis : standa j. on an equal footing with

jafngamall adj. of the same age; contemporary
jafngilda vt. add up/amount to
jafngildi n. equivalent
jafngildur adj. equivalent, interchangeable
jafnharðan adv. right away, at once
jafnhatta vt. lift over one's head
jafnhitalína f. isotherm
jafnhliða adj. equilateral; adv. simultaneously
jafnhyrndur adj. equiangular
jafnhæðarlína f. contour line
jafningi m. equal, match
jafningjar m.pl. peer group
jafningur m. (thick) white sauce
jafnlyndi n. equanimity, equability
jafnlyndur adj. even-tempered, equable
jafnmunaruna f. arithmetic(al) progression
jafnoki m. equal, peer
jafnóðum adv. at once; **j. og** just as soon as
jafnrétti n. equality
jafnréttissinni m. egalitarian
jafnréttisstefna f. egalitarianism
jafnskipting f. mitosis
jafnskjótt adv. immediately; **j. og** just as soon as
jafnslétta f. flatland, level ground
jafnsnemma adv. at the same time
jafnstaða f. break-even point
jafnstraumur m. direct current
jafnt adv. alike
jafnt sem as well as
jafntefli n. tie, draw; dead heat (in a race)
jafnvel adv. even; just as well
jafnvirði n. equivalent
jafnvirðiskaup n.pl. bilateral trade
jafnvígur (á báðar hendur) adj. ambidextrous
jafnvægi n. equilibrium, balance, stability
jafnvægisútbúnaður m. stabilizer
jafnvægur adj. of equal weight; balanced
jafnþrýsta vt. pressurize
jafnþrýstilína f. isobar

jagast í vt. nag/pick at
jaki m. ice floe; muscleman
jakkaföt n.pl. suit
jakkahorn n. lapel
jakkalaus adj. in one's shirtsleeves
jakki m. jacket; **léttur j.** blazer
jakobsfífill m. boreal fleabane
jakuxi m. yak
janúar m. January
Japan n. Japan
Japani m. Japanese
japanlakk n. japan
japanskur adj. Japanese
japla á vt. munch on
japönsk lagsmær f. geisha (girl)
jarða vt. bury, inter
jarðarber n. (wild) strawberry
jarðarbúi m. earthling
jarðarfararathöfn f. funeral ceremony, obsequies
jarðarfararlegur adj. funereal
jarðarfararsálmur m. dirge
jarðarför f. funeral, burial
jarðarhálfhvel n. hemisphere
jarðbik n. bitumen
jarðbundinn adj. earthbound, worldly, down-to-earth
jarðbylgju- comb. seismic
jarðeðlisfræði f. geophysics
jarðeðlisfræðilegur adj. geophysical
jarðeðlisfræðingur m. geophysicist
jarðefnafræði f. geochemistry
jarðefnafræðingur m. geochemist
jarðefni n. mineral
jarðeigandi m. landowner
jarðeign f. landed property
jarðeldur m. volcanic eruption
jarðfall n. landslide
jarðfirð f. apogee
jarðfræði f. geology
jarðfræðilegur adj. geological
jarðfræðingur m. geologist
jarðgas n. natural gas
jarðgöng n.pl. tunnel
jarðhaki m. mattock
jarðhita- comb. geothermal, hydrothermal
jarðhitaafl n. geothermal power
jarðhitasvæði n. geothermal area
jarðhitaver n. geothermal power plant
jarðhneta f. groundnut, peanut, monkey nut
jarðhnik n. tectonics
jarðhræring f. earthquake, tremor
jarðhæð f. ground floor, (Am.) first floor
jarðíkorni m. chipmunk, prairie dog, gopher
jarðkeppur m. truffle
jarðlag n. stratum
jarðlagafræði f. stratigraphy
jarðmiðju- comb. geocentric
jarðnánd f. perigee
jarðnesk vera m. earthling
jarðneskar leifar f.pl. mortal remains; relics
jarðneskur adj. earthly, worldly, temporal
jarðolía f. mineral oil, petroleum
jarðris n. volcanic upheaval
jarðrækt f. agriculture
jarðræktar- comb. agrarian
jarðræktarfræði f. agronomy
jarðræktarfræðingur m. agronomist
jarðsamband n. earthing, (Am.) grounding
jarðsegulmagn n. geomagnetism
jarðsetja vt. inter, bury
jarðsetning f. interment, burial
jarðskaut n. ground electrode
jarðskjálfta- comb. seismic
jarðskjálftafræðingur m. seismologist
jarðskjálftafræði f. seismology
jarðskjálftamælingar f.pl. seismic survey
jarðskjálftamælir m. seismograph
jarðskjálfti m. earthquake
jarðskorpa f. lithosphere
jarðsprengja f. landmine
jarðsprengjusvæði n. minefield
jarðsprunga f. chasm, fissure
jarðstöngull m. rhizome
jarðtenging f. earthing, (Am.) grounding, earth connection, ground terminal
jarðtengja vt. earth, (Am.) ground
jarðvarmaver n. geothermal power plant
jarðvarmi m. geothermal heat
jarðvatn n. ground/soil water
jarðvegsfræði f. agrology
jarðvegsgrunnur m. subsoil
jarðvegsþekja f. mantle rock, regolith
jarðvegur m. earth, soil, humus

jarðvísindi n.pl. earth science
jarðyrkja f. agriculture
jarðýta f. bulldozer
jarl m. earl
jarlsfrú f. countess
jarm n. bleat, baa; whine
jarma vi. bleat, baa; whine
jarpur adj. bay, chestnut; (of hair) auburn
jarteikn n. sign; miracle
jasmína f. jasmine
jaspis m. jasper
jass m. jazz
jata f. crib, manger
jaxl m. molar
já adv. yes, aye
jábróðir m. yesman
jáeind f. positron
jákvæð hleðsla f. positive charge
jákvæður adj. positive, affirmative, constructive
jákvætt rafskaut n. positive pole
jánka vt. say yes to, agree to
járn n. iron
járn n.pl. manacles; horseshoes
járna vt. shoe (a horse)
járnbenda vt. calk (a shoe)
járnbent steinsteypa f. reinforced concrete, ferroconcrete
járnblendi n. ferrosilicone
járnbraut f. railway, (Am.) railroad
járnbrautarlest f. train
járnbrautarstöð f. railway station, (Am.) depot
járnbrautarteinn m. rail (on railway)
járnbrautarvagn m. railway carriage
járnbrautarvöruvagn m. box wagon
járnburður m. trial by fire
járngrár adj. iron-grey
járngrýti n. ironstone, iron ore
járnhólkur m. ferrule
járniðjuver n. ironworks
járningamaður m. horseshoer, farrier
járnkarl m. iron lever
járnplata f. iron plate, sheet iron
járnsleginn adj. ironclad
járnsmiðja f. forge, smithy; ironworks
járnsmiður m. blacksmith; ground beetle
járnsori m. dross
járnsteypusmiðja f. iron foundry
járnsög f. hacksaw
járntjald n. Iron Curtain
járnvara f. ironware, hardware
járnvörukaupmaður m. ironmonger
járnvöruverslun f. ironmongery, hardware store
járnöld f. Iron Age
jáskaut n. anode
játa v. confess, admit; consent to
játning f. confession, admission
jáyrði n. consent
je minn interj. gosh
jeppi m. jeep
jesúíti m. Jesuit
joð n. iodine
jóðl n. yodel
jóðla v. yodel
jóðlari m. yodeller
jóga n. yoga
jógúrt f. yog(h)urt
jóker m. joker (in cards)
jól n.pl. Christmas
jólabúðingur m. plum pudding
jóladagur m. Christmas Day
jólafasta f. Advent
jólagjöf f. Christmas present
jólakaka f. fruit cake, raisin loaf
jólakaupæði n. Christmas rush
jólaknall n. Christmas cracker
jólakort n. Christmas card
jólalag n. Christmas carol
jólaleyfi n. school Christmas holidays
jólasveinn m. Santa Claus, Father Christmas
jólatré n. Christmas tree
jólaviður m. holly
jólaös f. Christmas rush
jómfrú f. virgin
jómfrúlilja f. gladiolus
jómfrúræða f. maiden speech
jómfrúsigling f. maiden voyage
jón f. ion
jónhvolf n. ionosphere
jónískur byggingarstíll m. Ionic order
Jónsmessa f. Midsummer Day
jórtra v. ruminate, chew the cud
jórtur n. rumination
jórturdýr n. ruminant
jórturtugga f. cud
jóskur adj. Jutlandish
jóta f. iota

Jóti m. Jutlander
Jótland n. Jutland
jukk n. gunge, mash
julla f. jolly boat
jurt f. plant, herb
jurtafræði f. botany
jurtafæða f. vegetarian food
jurtagróður m. vegetation
jurtalús f. phylloxera
jurtaríki n. flora, vegetable kingdom
jurtarkenndur adj. herbaceous
jurtaslím n. mucilage
jurtaæta f. vegetarian; herbivore
jú adv. yes(, certainly)
júdó n. judo
júði m. Jew
Júgóslavi m. Yugoslav
Júgóslavía f. Yugoslavia
júgur n. udder, dug
júgurbólga f. mastitis
júlí m. July
júlíanska tímabilið n. the Julian calendar
júní m. June
jæja interj. well; **j. þá** all right then
jöfnuður m. equality; balance; parity
jöfnun f. equalization
jöfnunarhlutabréf n. bonus share
jöfnunarmark n. equalizer
jöklafræði f. glaciology
jöklafræðingur m. glaciologist
jöklasóley f. mountain buttercup
jökulalda f. drumlin, moraine (of a glacier)
jökulá f. glacial river
jökulbreiða f. ice sheet
jökulgjá f. crevasse
jökulhetta f. ice cap
jökulhlaup n. glacier burst
jökulkaldur adj. glacial, frigid
jökull m. glacier
jökulrákir f.pl. glacial striae
jökulrof n. glacial erosion
jökulruðningur m. boulder clay, glacial drift
jökulset n. glacial drift
jökulskál f. cirque
jökulsker n. nunatak
jökulsprunga f. crevasse
jökulurð f. moraine (of a glacier)
jörð f. earth, soil; ground; farm
jötunn m. giant
jötunsteinn m. megalith
jötunuxi m. rove beetle

K

kabarett m. cabaret, variety show
kabyssa f. (coal) stove; galley
kadett m. cadet
kaðall m. rope, cable
kaðalstig (í reiða) n. ratlin(e)
kaðalstigi m. rope ladder
kaðlaknippi n. cordage
kaðlarahús n. ropewalk, ropeyard
kaðlari m. roper
kaf : fara í k. dive, submerge
kafa vi. dive, plunge
kafald n. heavy snowfall
kafaldsbylur m. snowstorm
kafarabúningur m. diving suit
kafaraveiki f. bends
kafari m. diver
kafbátakví f. submarine pen
kafbátur m. submarine, U-boat
kaffi n. coffee; **laga k.** percolate, perk
kaffibolli m. coffee cup; cup of coffee
kaffibrennari m. coffee roaster
kaffifífill m. chicory
kaffihús n. café, coffee bar
kaffikanna f. coffeepot; percolator
kaffikvörn f. coffee mill
kaffistofa f. coffee bar
kaffitería f. cafeteria
kaffitími m. coffee break
kaffivél f. percolator
kaffæra vt. duck, immerse
kaffæring f. ducking, immersion
kafli m. part. section; chapter, passage
kafna vi. suffocate, choke
kafteinn m. captain
kaggi m. barrel, keg; big, flashy car
kajak m. kayak
kaka f. cake
kakíefni n. khaki
kakkalakki m. cockroach
kakó n. cocoa
kakóbaun f. cacao (bean)
kaktus m. cactus

kal n. frostbite; frost damage
kala v. suffer frostbite, be frostbitten
kaldakol n. ruin
kaldaskin n. luminescence
kaldgeðja adj. cold-hearted
kaldhæðinn adj. sarcastic, mordant
kaldhæðni f. sarcasm, irony
kaldhæðnislegur adj. ironic(al)
kaldi m. fresh breeze
kaldlyndi n. callousness, frigidity
kaldlyndur adj. cold-hearted, unfeeling
kaldranalegur adj. gruff, cynical; inhospitable
kaldrifjaður adj. unscrupulous, cunning
kaldur adj. cold
kaleikur m. chalice
kali m. animosity, rancour
kalinn adj. frostbitten
kalífadæmi n. caliphate
kalífi m. caliph
kalín n. potassium
kalíum n. potassium
kalíumnítrat n. potassium nitrate
kalíumsaltpétur m. potassium nitrate
kalk n. (quick)lime
kalka v. whitewash; calcify; become senile
kalkbrennsla f. calcination
kalkbrennsluofn m. limekiln
kalkiafrit n. carbon copy
kalkipappír m. carbon paper
kalkkenndur adj. limy, chalky
kalkkirtill m. parathyroid gland
kalkmyndun f. calcification
kalkspat n. calcite
kalksteinn m. limestone, chalk, freestone
kalkúngammur m. buzzard
kalkúnhani m. (male turkey) gobbler
kalkúnn m. turkey
kalkvatn n. whitewash
kall n. cry, call, exclamation
kalla v. call (out), shout; name
kalla á e-n vt. call/send for, summon
kalla e-n upp vt. page s-y
kalla fram vt. evoke, elicit
kalla saman vt. summon, convene, convoke
kallari m. crier, herald
kallfæri n. shouting/hailing distance
kallkerfi n. intercom
kalltæki n. beeper, buzzer

kaloría f. calorie
kalsi m. cold (weather)
kalt (hlað)borð n. buffet, smorgasbord
kalvínstrú f. Calvinism
kalvínstrúarmaður m. Calvinist
kamar m. latrine, privy
kambás m. camshaft
kambgarn n. worsted
kambsalamandra f. newt, eft
kambur m. crest; comb, card; cam
kameljón n. chameleon
kamfóra f. camphor
kammerhljómsveit f. chamber orchestra
kammertónlist f. chamber music
kampavín n. champagne
kampur m. moustache; whiskers
Kanadabúi m. Canadian
kanadískur adj. Canadian
kanarífugl m. canary
kandídat m. candidate; nominee
kandís m. rock sugar
Kani m. Yankee
kanill m. cinnamon
kanína f. rabbit, bunny
kanínubúr n. rabbit hutch
kanínubyggð f. rabbit warren
kanínusýki f. myxomatosis
kankvís adj. arch, roguish
kankvísi f. impishness, roguishness
kanna f. jug, pitcher; coffee pot
kanna vt. investigate, look into; explore
kannabis n. cannabis
kannanlegur adj. ascertainable
kannast við vt. recognize
kannski adv. perhaps, maybe, possibly
kanslari m. chancellor
kantata f. cantata
kantmaður m. winger
kantóna f. canton
kantsteinn m. kerbstone, (Am.) curbstone
kantur m. edge; **upp á kant (við)** at loggerheads (with)
kanúki m. canon
kaólín n. kaolin
kapall m. cable; mare; patience, (Am.) solitaire; **leggja kapal** play patience/solitaire
kapallengd f. cable's length (Br. 185,18 m., Am. 219,46 m.)
kapella f. chapel

kapelluprestur m. chaplain
kapítuli m. chapter
kapp n. eagerness, zeal, fervour; energy; competition; **af kappi** hard; **etja kappi við** compete with; **leggja k. á** push for
kappakstur m. motor racing; speeding
kappakstursbíll m. racing car
kappaksturskerra f. go-kart
kappgirni f. emulation
kappgjarn adj. eager, emulous
kapphlaup n. (running) race, (foot)race
kappi m. champion, hero, ace
kappkosta v. take pains, endeavour
kappleikur m. match, game, sports competition
kappnógur adj. abundant, plenty, overflowing
kappreiðabraut f. racecourse, (Am.) racetrack
kappreiðahestur m. racehorse
kappreiðar f.pl. horseracing
kappróður m. boat race, regatta
kappræða f. debate
kappræðumaður m. disputant
kappsamlega adv. energetically
kappsamur adj. zealous, mettlesome
kappsamur maður m. go-getter
kappsigling f. sailboat race, regatta
kappsiglingabátur m. racing boat
kar n. tub, basin
karaffla f. decanter
karafla f. carafe
karamella f. toffee, caramel
karbónat n. carbonate
kardináli m. cardinal
karfa f. basket, hamper
karfi m. redfish, (Am.) red ocean perch
karl m. (old) man; male
karlaklósett n. Gents, (Am.) men's room
karlakór m. male choir; glee club
karlasamkvæmi n. stag party
karlaveldi n. patriarchy
karlbýfluga f. (male bee) drone
karldýr n. male animal
karlfauskur m. old fog(e)y
karlkyn n. male sex; masculine gender
karlleggur m. male line
karlmaður m. man, male
karlmannlegur adj. masculine, virile
karlmenni n. hero, strong man, he-man
karlmennska f. masculinity, virility, manhood
karlremba f. male chauvinism; male chauvinist
karlrím n. masculine rhyme
Karlsvagninn m. Plough, (Am.) Big Dipper
karltetur n. old geezer
karlugla f. old fog(e)y
karlægur adj. bedridden
karmur m. frame, casing
karpa vi. wrangle, bicker
karphús : taka e-n í karphúsið take s-y to task
karri m. (ptarmigan) cock
karrí n. curry
karsi m. cress
karta f. toad
kartafla f. potato
kartöflubjalla f. potato/Colorado beetle
kartöfluflaga f. potato chip, crisp
kartöflumygla f. potato blight
kaskótrygging f. hull insurance
kasmírull f. cashmere
Kaspíahaf n. Caspian Sea
kassagítar m. acoustic guitar
kassatrúður m. jack-in-the-box
kassi m. box, crate
kast n. throw; fit, seizure, outburst; **komast í k. við** fall foul of; **fyrsta kastið** for the time being; **annað kastið** now and then
kasta v. throw, toss, fling; foal
kasta af baki vt. unsaddle, unseat
kasta rýrð á vt. belittle, reflect (up)on
kasta upp v. vomit, throw up, be sick
kasta upp á vt. toss for
kasta vatni vi. make water, urinate
kastaladíki n. moat
kastalaró f. locknut
kastali m. castle
kastanía f. chestnut
kastaníettur f.pl. castanets
kastarhola f. casserole
kastast aftur vi. recoil
kastgrein f. field event
kasthjól n. flywheel
kasthringur m. quoit
kastkringla f. discus

kastljós n. spotlight, limelight
kastpíla f. dart
kastspjót n. javelin
katakomba f. catacomb
katlabætir m. tinker
kattarauga n. forget-me-not; cat's eye
kattarlegur adj. feline
kattarnef : koma fyrir k. kill; get rid of
kattarvæl n. caterwaul
kattarþvottur m. lick and a promise
kattliðugur adj. agile as a cat, double-jointed
kauðalegur adj. churlish, inelegant
kauði m. boor, wag, oaf
kaun n. boil, carbuncle; **koma við kaunin á e-m** touch s-y in the raw
kaup n. trade, business; purchase; pay
kaupa vt. buy, purchase
kaupa inn v. do the shopping
kaupakona f. (female) farmhand
kaupamaður m. (male) hired hand
kaupandi m. buyer, purchaser; shopper
kaupauðgistefna f. mercantilism
kaupauki m. bonus
kaupbeiðni f. requisition order
kaupbréf n. contract, bill of sale
kaupbætir m. bargain; **gefa í kaupbæti** throw in
kaupdeila f. wage dispute
kaupfélag n. cooperative (society)
kaupgengi n. buying rate (of exchange); bid price
kaupgeta f. spending power
kaupgjald n. wages, pay
kaupgjaldsvísitala f. wage index
kaupgreiðsla f. payment of wages
kauphallarviðskipti n.pl. stock exchange transactions
kauphækkun f. pay rise, (Am.) raise; wage rise
kauphöll f. stock exchange
kaupkrafa f. wage demand
kauplag n. wage level
kaupmaður m. shopkeeper, merchant
Kaupmannahöfn f. Copenhagen
kaupmáli m. contract; marriage settlement
kaupmáttarjöfnuður m. purchasing power parity

kaupmáttur m. purchasing/buying power
kaupskip n. merchant vessel, freighter
kaupskipafloti m. merchant navy, (Am.) merchant marine
kaupstaður m. market town, borough
kaupstefna f. trade fair, exhibition
kaupsýsla f. commerce; commercialism
kaupsýslukona f. businesswoman
kaupsýslumaður m. businessman
kauptaxti m. wage rate/tariff
kauptrygging f. wage guarantee
kaupverð n. purchase price
kaupæði n. buying spree
kavíar m. caviar
kaþólikki m. Roman Catholic
kaþólska f. Catholicism
kaþólskur adj. Catholic
káeta f. cabin
káetudrengur m. cabin boy
káf n. fumbling; heavy petting
káfa á vt. fiddle with; paw
kák n. botch, bungle
kál n. cabbage
kála vt. knock/bump off, do in
kálfabein n. fibula
kálfakjöt n. veal
kálfi m. calf (of the leg)
kálfur m. calf
kálgarður m. vegetable/kitchen garden
kálsalat n. coleslaw
kálsúpa f. kale (soup)
kám n. smudge
káma vt. smudge, dirty, soil
kámugur adj. smudgy, grimy, smutty
kápa f. (over)coat; cover, dust-jacket
kápumynd f. cover picture
káputexti m. blurb (on a cover)
kárna vi. get serious
kássa f. stew; mess, hotchpotch; bunch, lot
kássast upp á vt. hassle
kátbroslegur adj. funny, comical
kátína f. merriment, hilarity, mirth
kátur adj. cheerful, joyful, merry
keðja f. chain
keðjuárekstur m. pile-up
keðjubréf n. chain letter
keðjugengi n. chain gang
keðjuhjól n. sprocket wheel
keðjureykingamaður m. chain-smoker

keðjureykja v. chain-smoke
keðjuspor n. chain stitch
keðjuverkun f. chain reaction
keðjuverslun f. chain/multiple store
kefla vt. gag
keflalega f. roller bearing
kefli n. cylinder, roller; reel; baton
keikur adj. upright, erect
keila f. cone; skittle, (Am.) bowling pin; torsk, (Am.) cusk
keilulaga adj. conical
keilusnið n. conic section
keiluspil n. skittles, (Am.) bowling
keilutannhjól n. bevel gear
keimlíkur adj. reminiscent (of), akin (to)
keimur m. taste, flavour; **bera keim af** savour of
keipur m. rowlock, (Am.) oarlock; **sitja við sinn keip** stand firm/pat
keisaradæmi n. empire
keisaralegur adj. imperial
keisaraskurður m. caesarian section
keisaraynja f. empress
keisari m. emperor
kekkjast vi. clot
kekkjóttur adj. lumpy, clotted
kekkjun f. agglutination
kekkur m. lump
kela v. cuddle, neck, smooch
kelda f. bog, morass
keldusvín n. water rail
kelerí n. necking, petting
kelinn adj. cuddly
kellingarlegur adj. old-womanish
kelti m. Celt
keltneskur adj. Celtic
kemba vt. comb, groom, curry; debug
kembiforrit n. debugger
kempa f. hero, warrior
kenderí n. drinking spree
kengur m. hook; **fara í keng** double over/up
kengúra f. kangaroo
kenjar f.pl. whims, eccentricity
kenjóttur adj. whimsical
kenna vt. teach, instruct
kenna e-m um e-ð vt. blame s-y for s-g
kenna í brjósti um vt. feel sorry for, pity
kenna til v. feel pain
kennarafundur m. teachers' meeting
kennaraháskóli m. teacher's training college
kennaranemi m. teacher trainee, apprentice
kennararáð n. teachers' council
kennari m. teacher, instructor
kennd f. sentiment, emotion
kenndur adj. tipsy; **k. við** named after
kennifaðir m. teacher, master; guru
kennilegur adj. theoretic(al)
kennileiti n. landmark
kennimaður m. preacher
kennimannslegur adj. priestly
kennimerki n. hallmark
kennimynd f. principal part (of a verb)
kenning f. theory; doctrine; lesson
kenningafræði f. dogmatics
kenningarlegur adj. dogmatic
kenningasmiður m. theorist
kenniorð n. password, watchword
kennisetning f. theorem
kennisetningamaður m. dogmatist
kennistærð f. parameter
kennitala f. ID number, (Am.) social security number, identification number
kennsl n.pl. recognition; **bera k. á** recognize
kennsla f. teaching, instruction, tuition
kennsluáætlun f. syllabus
kennslubók f. textbook; **k. handa byrjendum** primer
kennslufræði f. pedagogics, pedagogy
kennslugjald n. tuition fee
kennslukona f. schoolmistress, governess
kennsluskylda f. teaching duties
kennslustofa f. classroom
kennslustund f. lesson, class
kentár m. centaur
keppa vi. compete, contest, contend
keppa að vt. strive/push for
keppa við vt. compete with, run against
keppandi m. competitor, contender
keppast við vi. work hard, push forward/on, slog
keppikefli n. desired goal
keppinautur m. rival, competitor
keppni f. competition; match, contest; competitiveness
keppnislið n. team

ker n. tub, vat; pot
kerfi n. system; network
kerfið n. the Establishment
kerfill m. chervil
kerfisbilun f. system breakdown
kerfisbinda vt. codify
kerfisbreyta f. system variable
kerfisbundið adv. systematically
kerfisbundinn adj. systematic, methodical
kerfisfræði f. systems analysis, systems theory
kerfisfræðingur m. systems analyst
kerfisgreining f. system analysis
kerfishugbúnaður m. system software
kerfiskarl m. bureaucrat
kerfun f. systematization
kergja f. obstinacy, mulishness
kerling f. old maid
kerlingabók f. old wives' tale, superstition
kerlingapartí n. hen party
kerlingareldur m. puffball
kerlingarvargur m. gorgon, hag
kerlingarvella f. ground mist
kerra f. cart; pushchair, folding pram
kerruekill m. carter
kerskni f. mischievousness
kertabil n. plug gap
kertastjaki m. candlestick; candelabrum
kertaþráður m. sparking plug lead
kerti n. candle; sparking plug
kertiskveikur m. candlewick
kesja f. pike, halberd
ketill m. kettle; boiler
ketiltrumba f. kettledrum
kettlingur m. kitten, kitty
kex n. biscuit, cookie, cracker
keyra v. drive
keyri n. (horse)whip, lash, rod
keyrsla f. driving, drive; run
kiðfættur adj. knock-kneed
kiðlingur m. kid (of a goat)
kilja f. paperback
kind f. sheep
kindakjöt n. mutton
kindakjötssúpa f. Scotch broth
kindakóteletta f. muttonchop
kindarlegur adj. sheepish
kinka kolli v. nod (one's head)

kinn f. cheek; mountain slope
kinnalitur m. rouge
kinnbein n. cheekbone
kinnfiskasoginn adj. lantern-jawed, hollow, haggard
kinnhestur m. box on the ear, (Am.) slap in the face
kinnroðalaus adj. unblushing
kinnroði m. blush
kinnungur m. bow (of a ship)
kinoka sér við (e-u) vt. recoil/shrink from (doing s-g)
kinrok n. carbon black, lamp-black
kippa v. jerk, yank; feel tipsy
kippa f. bunch, bundle, sheaf
kippa í spottana v. pull (the) strings
kippast við vi. start, twitch, wince
kippingarsnúra f. ripcord
kippur m. jerk; tremor; stretch
kipra vt. pucker (up)
kipra augun v. screw up one's eyes
kirfilegur adj. thorough; neat
kirkja f. church
kirkjubekkur m. pew
kirkjubók f. parish/parochial register
kirkjugarður m. churchyard, cemetery
kirkjugestur m. churchgoer
kirkjugóss n. patrimony
kirkjukór m. church choir; chancel
kirkjulegur adj. ecclesiastical
kirkjumálaráðherra m. minister of church affairs
kirkjuréttur m. canon (law)
kirkjuskip n. nave (of a church)
kirkjusöngur m. church singing; anthem
kirkjuturn m. church steeple
kirkjuþjónn m. sexton, verger, beadle
kirsuber n. cherry
kirtill m. gland
kirtlastarfsemi f. glandular function
kirtlavaki m. hormone
kirtlaveiki f. scrofula, king's evil
kirtlaveikur adj. scrofulous
kisa f. pussy, kitten
kisi m. moggy, kitty
kista f. chest, box; coffin
kistill m. coffer
kisulóra f. pussycat
kitl n. tickle, titillation
kitla v. tickle

kitlinn adj. ticklish
kíghósti m. whooping cough
kíkir m. binoculars, field glasses; telescope
kíkja v. peep, peek
kíkótískur adj. quixotic
kíll m. backwater
kíló n. kilo, kilogram(me)
kílóbæti n. kilobyte (= 1024 bæti)
kílógramm n. kilogram(me)
kílólítri m. kilolitre
kílómetri m. kilometre
kílórið n. kilocycle
kílóvatt n. kilowatt
kím n. germ, embryo
kímblað n. cotyledon
kímni f. humour
kímnigáfa f. sense of humour
kímplanta f. seedling
kímrót f. radicle
Kína n. China
kínin n. quinine
Kínverji m. Chinese
kínverji m. firecracker
kínverskur adj. Chinese
kírópraktor m. chiropractor
kísilflaga f. wafer
kísilgúr m. diatomite
kísiljárn n. ferrosilicon
kísill m. silicon
kísilleir m. diatomaceous earth
kísilþörungur m. diatom
kítta vt. putty
kítti n. putty
kíttisspaði m. putty knife
kívíávöxtur m. kiwi fruit
kívífugl m. kiwi
kjafi m. chuck (of a lathe)
kjafta vi. chat, jabber; gossip
kjafta frá vt. blab; tell (up)on, peach on
kjaftakerling f. gossip, flibbertigibbet
kjaftasaga f. gossip, rumour
kjaftaskur m. loudmouth, rumourmonger
kjaftatífa f. chatterbox, blabbermouth
kjaftfor adj. fresh, cheeky
kjaftshögg n. blow in the face
kjaftur m. mouth; jaws
kjaftæði n. nonsense, rubbish, flummery
kjaga vi. waddle

kjallaradýflissa f. oubliette
kjallari m. basement, cellar
kjalsog n. bilge, backwash
kjalta f. lap
kjalvídd f. gutter
kjammi m. jaw; half a singed sheep's head
kjamsa v. smack one's lips
kjarabætur f.pl. contract improvement
kjaradeila f. wage/labour dispute
kjaradómur m. labour court, wage tribunal
kjarakaup n.pl. bargain
kjarasamningur m. wage contract/ agreement, labour contract
kjaraskerðing f. wage reduction, pay cut
kjarklaus adj. timid, cowardly, chicken
kjarkleysi n. timidity, feebleness, meekness
kjarkmikill adj. courageous
kjarkur m. courage, daring, guts, pluck
kjarnafjölskylda f. nuclear family
kjarnagrein f. mandatory subject
kjarnahimna f. nuclear membrane
kjarnahvarf n. nuclear reaction
kjarnakljúfur m. nuclear reactor, atomic pile
kjarnaklofnun f. nuclear fission
kjarnaofn m. nuclear reactor, atomic pile
kjarnasamruni m. nuclear fusion
kjarnasprenging f. nuclear explosion
kjarnasprengja f. nuclear bomb
kjarnavopn n.pl. nuclear weapon
kjarneðlisfræði f. nuclear physics
kjarnepli n. pomegranate
kjarngóður adj. nourishing, meaty; robust
kjarni m. nucleus; core, essence; subject matter, theme; kernel
kjarnkleyfur adj. fissionable, fissile
kjarnorka f. nuclear/atomic energy/power
kjarnorku- comb. nuclear, atomic
kjarnorkukafbátur m. nuclear submarine, nuke
kjarnorkuknúinn adj. nuclear-powered
kjarnorkusprengja f. nuclear/atomic bomb
kjarnorkuveldi n. nuclear power

kjarnorkuver n. nuclear power station, nuke
kjarnorkuvopn n.pl. nuclear weapon, nuke
kjarnsýra f. nucleic acid
kjarnviður m. heartwood
kjarnyrði n. aphorism, pithiness, lacon(ci)ism
kjarnyrtur adj. terse, pithy, sententious
kjarr n. bush, shrubbery, thicket
kjarr(lendi) n. scrub
kjarrmenta f. oregano
kjarróttur adj. bushy
kjarrskógur m. spinney
kjarrtittlingur m. ortolan
kjassa vt. caress, cuddle, fondle
kjassmæli n. blandishments
kjálkabein n. jawbone
kjálkaskegg n. muttonchops (whiskers)
kjálki m. jaw(bone), mandible; shaft
kjánalegur adj. foolish, silly
kjánaskapur m. daftness, silliness
kjáni m. fool, silly, simpleton
kjói m. arctic skua, (Am.) parasitic jaeger
kjólasaumari m. dressmaker
kjólföt n.pl. tailcoat, tails
kjóll m. dress, frock
kjósa v. choose, select; elect; vote
kjósa heldur vt. prefer
kjósandi m. voter, elector
kjósendur m.pl. electorate; constituency
kjuði m. cue; drumstick
kjúka f. phalanx; pastern (of a horse)
kjúklingur m. chicken
kjöftugur adj. talkative, loudmouthed, gossipy
kjökra vi. whimper, snivel, pule
kjökur n. whimpering
kjöldraga v. keelhaul
kjölfar n. wake (of a ship)
kjölfesta f. ballast
kjölturakki m. lapdog, poodle, pet
kjöltutölva f. lap computer
kjölur m. keel; spine (of a book)
kjölvatn n. bilge (water)
kjör n. election; conditions, terms
kjörbarn n. adopted child
kjörbúð f. supermarket, self-service shop
kjördæmi n. constituency
kjörgengi n. eligibility
kjörgengur adj. eligible
kjörgrein f. major subject
kjörgripur m. precious object
kjörinn adj. selected, elected
kjörkassi m. ballot box
kjörklefi m. polling booth
kjörlendi n. habitat
kjörliða- adj. multi-choice
kjörmannaráð n. electoral college
kjörorð n. motto, slogan, catchword
kjörseðill m. ballot paper
kjörskrá f. voters' list
kjörstaður m. polling station
kjörstjóri m. returning officer, scrutineer
kjörstjórn f. returning board
kjörtímabil n. election period
kjöt n. meat
kjötálegg n. cold-cuts
kjötbaka f. pasty, pâté
kjötbolla f. meatball, faggot, rissole
kjötborð n. meat counter
kjötbúð f. butcher's shop
kjötetandi adj. carnivorous
kjötfars n. sausage meat
kjöthakk n. minced meat, mince
kjöthakksbaka f. mince pie
kjöthlaup n. aspic
kjötkaupmaður m. butcher
kjötkássa f. hash
kjötkraftur m. bouillon, stock
kjötkveðjuhátíð f. carnival
kjötkvörn f. mincing machine, mincer
kjötmikill adj. meaty, beefy
kjötréttur m. meat dish
kjötsafi m. gravy
kjötseyði n. consommé, broth
kjötsneið f. fillet
kjötsósa f. gravy
kjötstykki n. joint
kjötsúpa f. hotpot, broth
kjötteinn m. skewer
kjötæta f. carnivore
kjötöxi f. chopper, cleaver
klabb : allt heila klabbið the whole caboodle/(Am.) shebang
kladdi m. ledger; school attendance register
klafi m. yoke, oxbow
klaga v. complain
klak n. cackling; hatching

klaka vi. (of a turkey) gobble
klakahögg n. ice axe
klaki m. ice (cube); frozen ground
klakklaust adv. unhurt; **komast k.** ride out
klakstöð f. hatchery
klambra saman vt. knock/patch together
klandur n. trouble, scrape, mess
klapp n. pat; applause
klappa v. pat, stroke; clap, applaud
klappstóll m. collapsible chair
klappstýra f. cheerleader
klarínett n. clarinet
klasi m. cluster; raceme
klassík f. classicism
klassískt verk n. classic
klassískur adj. classic(al)
klastra vt. repair sloppily, botch
klastra saman vt. jerry-build
klastrari m. jerry-builder, botcher
klatti m. patty
klauf f. slit; fly; (cloven) hoof; cleft
klaufabárður m. bungler, blunderer, fumbler
klaufalegur adj. clumsy, awkward; amateurish
klaufaskapur m. clumsiness, awkwardness
klaufdýr n. cloven-hoofed animal
klaufhamar m. claw hammer
klaufi m. bungler, cobbler, butterfingers
klaufjárn n. crowbar
klaufska f. clumsiness, inaptitude, oafishness
klaufskur adj. clumsy, inept, ham-fisted
klausa f. paragraph; (legal) clause
klaustur n. monastery, cloister
klausturlegur adj. monasterial
klausturlíf n. monasticism
kláðaútbrot n.pl. heat rash
kláði m. itch; pruritus; mange
kláðugur adj. itchy; mangy
kláfferja f. cable car, aerial ropeway
kláfur m. cable car; gondola; (large ship) ark
klám n. pornography; obscenity, smut
klámbúð f. porn shop
klámfenginn adj. pornographic; obscene, bawdy
klámfengni n. lewdness, bawdiness, salaciousness
klámmynd f. pornographic film, (Am.) skinflick
klámyrði n. four-letter word
klár m. workhorse; hack
klár adj. clever, bright; ready; clear
klára vt. finish, knock/polish off
klárast vi. give/run out
klárlega adv. clearly
klefi m. cabin; compartment; cell
kleggi m. horsefly
kleif f. scarp, defile
kleifur adj. climbable; possible; **gera kleift** enable
kleina f. cruller, twisted doughnut
klekja út vt. hatch (eggs)
klekkja á vt. get back at, punish
klemma f. clip, clamp; clothes peg; predicament
klemma vt. clip, nip, pinch
klemmuspjald n. clipboard
kleppur m. bedlam
klepragígur m. spatter cone
klerkalegur adj. clerical, ecclesiastical
klerkastétt f. clergy
klerkaveldi n. hierarchy, theocracy
klerkaveldistrú f. sacerdotalism
klerkdómur m. ministry
klerkur m. clergyman, ecclesiastic
klessa f. blotch, blot; smash-up; lazybones
klessa vt. blotch, smear; smash up
klessumálari m. dauber
klessumálverk n. daub
klettadoppa f. rough periwinkle
klettadrangur m. tor
Klettafjöll n.pl. Rocky Mountains
klettafrú f. pyramidal saxifrage
klettasylla f. ledge
klettaveggur m. cliff
klettbólga f. mastoiditis
klettóttur adj. rocky, craggy
klettur m. rock, cliff, crag
kleyfhuga adj. schizophrenic
kleyfhugasýki f. schizophrenia
kleyfhugi m. schizophrenic
kleyfni f. cleavage (of rocks)
kleyfur adj. fissile
klénn adj. poor, feeble
kliða vi. murmur; chirp
kliðmjúkur adj. tuneful

kliður m. murmur, hubbub; chirping
klifa á vt. harp on
klifra v. climb up
klifur n. climbing, scramble
klifurfleygur m. piton
klifurplanta f. climber, trailer, liana
klifurrós f. rambler rose
klifurþráður m. tendril
klikka vi. fail, go haywire, misfire; go crazy
klikkaður adj. crazy, cracked, batty, loony
klikkun f. idiocy
klingja v. clink, jingle, tinkle; peal
klink n. brass (money)
klinka f. latch
klinkulykill m. latchkey
klip n. nip, pinch, tweak
klippa v. cut, clip; shear
klippa : láta k. sig have one's hair cut
klippa til vt. prune, trim
klippari m. cutter, editor
klippimynd f. collage
klipping f. haircut; editing
klippur f.pl. clippers; shears
klisja f. cliché; printing plate
klisjukenndur adj. stereotyped
klíð n. bran
klíð f. cloth of weave; **hætta í miðjum klíðum** stop short in the middle of; **í miðjum klíðum** in the throes of
klíðislaust korn n. groats
klífa vt. climb, mount, scale
klígja f. nausea; v. feel sick
klígjugjarn adj. queasy, squeamish
klíka f. clique, set, gang, in-group
klíkumál n. patois, patter
klíkuskapur m. cliquishness, connections
klína f. daub, dollop
klína út vt. smear, bedaub
klíniskur adj. clinical
klípa f. scrape, fix, pickle, dilemma
klípa vt. pinch, tweak
klípa af vt. pare down, whittle away/down
klíputöng f. pinchers, nippers
klístra vt. paste, gum
klístraður adj. sticky, gooey
klístur n. paste, goo
kljást um vt. fight over
kljást við vt. struggle/grapple with
kljúfa vt. split, cleave
kljúfanlegur adj. cleavable; possible

klof n. crotch
klofa v. stride (out)
klofbragð n. inside-hipe (trick in wrestling)
klofhá stígvél n.pl. high boots, hip waders
klofinn adj. cleft, forked, riven
klofna vi. split (up)
klofningsmaður m. deviationist
klofningur m. split, schism; fission
klofnun f. fragmentation
klofstígvél n.pl. high boots, hip waders
klofvega adj. astride; **vera k. á** bestride, straddle
klossi m. block, skid; clog; bungler
kló f. claw, talon; (electric) plug
kló n. toilet, loo
klófesta vt. catch, grab, grasp
klófífa f. common cottongrass
klókindi n.pl. cunning, artfulness
klókur adj. clever; artful, crafty
klóna vt. clone
klór n. scratch(ing); scrawl; chlorine
klóra vt. scratch; scrawl
klóra sig fram úr vt. muddle through
klóra yfir vt. cover up for, whitewash
klóróform n. chloroform
klósett n. toilet, water closet
klósettkassi m. cistern
klósettrúlla f. toilet roll
klósettskál f. lavatory pan
klósigar f.pl. cirrus
klukka f. clock; bell; **klukkan eitt** one o'clock
klukknahljómur m. chime, peal
klukkubróðir m. morning glory
klukkukólfur m. clapper
klukkuspil n. glockenspiel
klukkustund f. hour
klukkutími m. hour
klukkuturn m. belfry
klumbufótur m. clubfoot
klumbunef n. pug nose
klumbunefjaður adj. pug-nosed
klumpendi m. chump
klumpur m. chunk, lump
klumsa adj. speechless, nonplussed
klungrast vi. clamber, scramble
klungur n. rough surface; bramble
klungurber n. loganberry
klunnalegur adj. clumsy, awkward

klunnaskapur m. clumsiness, maladroitness
klunni m. lubber, lummox
klúbbur m. club, society
klúðra vt. bungle, muddle, mess up
klúðrari m. bungler, blunderer
klúður n. bungle, botch, mess-up
klúkka vi. cluck
klúr adj. coarse; obscene; vulgar
klúryrði n. scurrility, filth, smut
klúryrtur adj. scurrilous, foul-mouthed
klútur m. cloth; handkerchief; scarf
klyfberi m. packsaddle
klyfja vt. load
klyfjadýr n. pack animal
klyfjaður adj. heavily loaded
klyfjahestur m. pack horse
klyfjakarfa f. pannier
klyfsöðull m. packsaddle
klyftabein n. pubic bone
klykkja út með vt. conclude with
klýfurbóma f. jib boom
klæða vt. dress; upholster; board; panel; suit
klæða sig v. get dressed
klæða sig upp v. tog (up), rig out
klæða sig úr v. get undress
klæðaburður m. attire, apparel
klæðafaldur m. hemline
klæðaföll n.pl. menstruation, menstrual/monthly period
klæðaleysi n. bareness
klæðaskápur m. wardrobe
klæðaskiptingur m. transvestite
klæðast v. put on; wear
klæði n. cloth, fabric; n.pl. clothes
klæðilegur adj. becoming
klæðnaður m. clothing, attire, outfit
klæðning f. facing; sheathing; boarding; panelling
klæðskerakrít f. French chalk
klæðskerasaumaður adj. tailor-made, made-to-measure
klæðskeri m. tailor
klæja vi. itch
klækir m.pl. tricks, wiles, hanky-panky
klæmast v. use obscene language
klæminn adj. bawdy, vulgar, coarse
klökkur adj. moved to tears, tearful
klöngrast vi. clamber, flounder
klöngur n. clamber, scramble
klöpp f. bedrock
klössun f. overhaul
knall n. cracker
knapi m. jockey, rider
knappur adj. scanty, tight; terse, concise
knastás m. camshaft
knattborðsleikur m. billiards
knattborðsstofa f. poolroom
knattspyrna f. (association) football, soccer
knattspyrnudómari m. football referee
knattspyrnugetraunir f.pl. football pools
knattspyrnuleikur m. football match
knattspyrnulið n. soccer team
knattspyrnumaður m. football player, footballer
knattspyrnuvöllur m. football pitch
knatttré n. bat
knár adj. vigorous, energetic; strong
kné n. knee
knébeyging f. genuflection
knébragð n. knee-throw (in wrestling)
knéfalla vi. kneel, genuflect
knéfiðla f. (violon)cello
kniplingar m.pl. lace
knippi n. bundle, bunch, sheaf, truss
knosa v. crush
knosandi adj. crushing
knúningsafl n. propulsion
knúningur m. propulsion
knús n. cuddle
knýja áfram vt. force, compel; propel, power
knýja dyra v. knock on the door
knýja fram vt. enforce
knýjandi adj. urgent; cogent; propulsive
knýttur adj. round-shouldered
knæpa f. pub
knöttur m. ball
koddaslagur m. pillowfight
koddaver n. pillowcase, pillowslip
koddi m. pillow
koðna niður vi. decline, go downhill
koðnun f. decline; anticlimax
koffein n. caffeine
koffeínlaus adj. decaffeinated
koffort n. trunk, chest
kofi m. hut, shack, cabin
kogari m. methylated spirits

koja f. berth, bunk
kok n. throat, gullet, pharynx
kokbólga f. pharyngitis
kokeitlar m.pl. adenoids
kokhljóð n. pharyngeal, guttural sound
kokhlust f. eustachian tube
kokka v. cook
kokkála vt. cuckold
kokkáll m. cuckold
kokkteill m. cocktail
kokkur m. cook, chef
koks n. coke
kol n.(pl.) coal
kola vt. carbonize
kolafata f. coalscuttle
kolagas n. coal gas
kolalag n. coal seam
kolalest f. bunker (in a ship)
kolamyrkur n. pitch dark
kolanáma f. coalmine, coalpit; colliery
kolanámumaður m. coalminer, collier
kolanámuop n. pithead
kolaskip n. (ship) collier
kolaskjóla f. coalscuttle
kolastál n. coalface
kolavagn m. tender
kolbrandur m. necrosis
kolbrenna vt. char
kolbrjálaður adj. raving mad
koldimmur adj. pitch-dark/black
koldíoxíð n. carbon dioxide
kolefni n. carbon
koli m. plaice
kolkrabbi m. octopus
kolla f. mug; (eider)duck
kollgáta : eiga kollgátuna guess correctly
kollhnís m. somersault
kollhúfa f. skullcap
kollóttur adj. without horns, polled; **kæra sig kollóttan** not care/give a rap
kollspyrna f. header (in football)
kollsteypa f. upheaval
kollur m. stool; crown, pate (of the head)
kollvarpa vt. overthrow, overturn; upset
kollvik n.pl. hairline; **há k.** receding hairline
kollvörpun f. overthrow; demolition
kolmónoxíð n. carbon monoxide
kolmunni m. blue whiting

kolsvartur adj. pitch-black, jet-black
kolsýra f. carbonic acid
kolsýringur m. carbon monoxide
kolsýrumettun f. carbonation
koltjara f. coal tar
koltvísýringur m. carbon dioxide
kolun f. carbonization
kolvetni n. carbohydrate
kolvetnisgas n. acetylene
kolvitlaus adj. raving mad; utterly wrong
koma f. arrival; vi. come, arrive
koma að haldi v. be of use, suffice, serve
koma að óvörum vt. take by surprise
koma af stað vt. instigate, originate, spark off
koma á eftir v. follow, ensue
koma á framfæri vt. put forward
koma á óvart vt. take by surprise
koma fram vi. arise, emerge; appear, perform
koma fram við vt. treat, serve
koma fyrir vi. happen, occur
koma fyrir vt. locate, position, install
koma heim og saman vi. tally, add up
koma í hug vt. think of
koma í kring vt. arrange, transact
koma í lag vt. get fixed, straighten
koma í vanda vt. get into difficulties, corner
koma í veg fyrir vt. prevent
koma með vt. bring
koma niður á vt. recoil (up)on
koma saman vi. get together, assemble; get along
koma saman vt. compose; make fit
koma sér að vt. get around to
koma sér fyrir vi. settle down, dig in
koma sér hjá vt. get around, avoid
koma sér í mjúkinn (hjá) vt. ingratiate oneself (with), curry favour (with)
koma sér niður á vt. settle (up)on
koma sér saman (um) vt. agree (on)
koma sér vel vi. come in handy
koma sök á (saklausan) vt. frame, scheme against
koma til vi. get better, recover
koma til vt. visit; get in the mood
koma til leiðar vt. bring about
koma til móts við vt. cater for/to
koma til sjálfs sín vi. snap out of it

koma til skila vt. get across, put across/over
koma undan vt. get out of the way
koma undir vt. be conceived
koma upp vi. rise, emerge; sprout
koma upp um vt. betray, inform against/(up)on
koma út v. appear; issue
koma við vt. affect, touch, have a bearing on
koma við vi. call by, drop in
komandi adj. (forth)coming, oncoming, (Am.) upcoming
komast vi. get (there), reach, cover
komast að vt. discover, find out
komast af vi. survive, get by, rub along
komast á vt. be established
komast áfram vi. get ahead/on
komast eftir vt. obtain information about
komast fram fyrir vt. pull ahead of
komast hjá vt. avoid, evade, sidestep
komast undan vi. get away, escape
komast undan með vt. make off with
komast upp vt. be discovered
komast upp með vt. get away with
komast við vt. be moved to tears
komast yfir v. come by; pull through
kominn : vera k. af be descended from; **k. af stað** on foot; **k. á kreik** up and about
komma f. comma
kommi m. commie, red
kommóða f. chest of drawers, (Am.) bureau, dresser
kommusetning f. punctuation
kommúna f. commune
kommúnismi m. communism
kommúnisti m. communist
kommúnískur adj. communist
kompa f. small room, cubbyhole; notebook
kompás m. compass
kompáslína f. rhumb (line)
kompásskýli n. binnacle
komudagur m. date of arrival
komutími m. time of arrival
kona f. woman; wife
konfekt n. assorted chocolates
konfektkaka f. petit four

kongrúent adj. congruent
koníak n. cognac, brandy
konsert m. concert; concerto
konsúll m. consul
kontrabassi m. double bass
kontradans m. square dance
konungdómur m. kingdom, kingship
konunghollusta f. royalism
konunglegur adj. royal, regal, kingly
konunglegur málafærslumaður m. Queen's/King's Counsel
konungsdóttir f. princess
konungsdýrkun f. royalism
konungsgarður m. royal court
konungshöll f. royal palace
konungsmorð n. regicide
konungsmorðingi m. (murderer) regicide
konungsríki n. kingdom, monarchy, realm
konungssinni m. royalist, monarchist
konungssonur m. prince
konungsstjórn f. monarchy, monarchism
konungstign f. royalty, kingship
konungsveldi n. monarchy, monarchism
konungsætt f. royal family, dynasty
konungur m. king, monarch
konuríki : búa við k. be henpecked
kopar m. copper
koparhúða vt. copper
koparpeningur m. copper (coin), red cent
koparstunga f. copperplate
koppafeiti f. lubricant
koppur m. chamber pot, jerry
korgur m. coffee grounds
korktappi m. cork, stopper
korktrekkjari m. corkscrew
korkur m. cork
korn n. corn, cereal; particle, grain
kornabarn n. baby, infant
kornakur m. cornfield
kornax n. mealie
kornett n. cornet
kornflögur f.pl. cereal
kornforðabúr n. granary; breadbasket
kornfruma f. granulocyte
korngeymsla f. granary; elevator
kornhá f. stubble
kornhlaða f. granary, cornloft
kornhæna f. quail
korniskur adj. Cornish
kornljár m. sickle

kornmeti n. cereal
kornmusl n. muesli
kornmylla f. flourmill
kornóttur adj. granular, grainy
kornsigð f. reaping hook, (Am.) reaphook
kornskurðarmaður f. (person) reaper
kornskurðarvél f. harvester, reaper
kornstappa f. mash
kornsúra f. alpine snakeweed/bistort
kornungur adj. very young
korr n. rattle, rattling (sound)
kort n. map; (post)card
kortagerð f. cartography
kortagerðarmaður m. cartographer
kortér n. quarter of an hour
kortlagning f. mapping
kortleggja vt. map, chart, survey; plot
kosning f. election, poll
kosningabarátta f. election campaign, hustings
kosninganefskattur m. poll tax
kosningaréttur m. franchise, suffrage
kosningaskrá f. electoral roll
kosningasmölun f. electioneering
kosningatölur f.pl. election returns
koss m. kiss
kosta v. cost; require; finance, sponsor; **hvað sem það kostar** at all costs, at any price
kostaboð n. favourable offer
kostagripur m. costly article
kostakaup n.pl. bargain
kostgangari m. boarder
kostgæfinn adj. careful, diligent, sedulous
kostgæfni f. care, diligence, assiduity
kostnaðaráætlun f. cost estimate
kostnaðarbókhald n. cost accounting
kostnaðargreining f. cost analysis
kostnaðarlaus adj. free of charge
kostnaðarliður m. item of expenditure
kostnaðarlítill adj. low-cost
kostnaðarlækkun f. cost reduction
kostnaðarreikningur m. expense account
kostnaðarsamsetning f. cost structure
kostnaðarsamur adj. expensive, costly, pricey
kostnaðarútreikningur m. costing
kostnaðarverð n. cost price
kostnaðarþáttur m. cost factor
kostnaður m. cost, expense(s)
kostulegur adj. peculiar, droll
kostur m. choice, option, alternative; opportunity, chance; terms, conditions; advantage, merit, virtue, good quality; board, food
kot n. small farm, smallholding, cottage; bodice
kotasæla f. cottage cheese
kotbóndi m. cottager, crofter, peasant
kotra f. backgammon
kotroskinn adj. precocious, self-confident
kox n. coke
kóalabjörn m. koala bear
kódi m. code
kóf n. snowdrift; thick smoke
kófsveittur adj. dripping with sweat
kók f./n. coke, coca-cola
kókaín n. cocaine
kókó n. cocoa
kókóshneta f. coconut
kólahneta f. kola nut
kólera f. cholera
kólesteról n. cholesterol
kólfur m. clapper, pendulum; cob
kólga f. heavy clouds; wave
kólibrífugl m. hummingbird
kólna vi. get cold, cool down, chill
kóngafólk n. royalty
kónganef n. aquiline nose; **með k.** hook-nosed
kóngapálmi m. royal palm
kóngsdóttir f. princess
kóngsríki n. kingdom
kóngssonur m. prince
kónguló f. spider
kóngulóarvefur m. cobweb, spider's web
kóngulóarþráður m. gossamer
kóngur m. king
kópeki m. kopeck
kópía f. copy
kópur m. seal pup
kór m. choir; chorus; chancel (in a church)
kórall m. coral
Kórea f. Korea
kóreskur adj. Korean
Kóreumaður m. Korean
kórinþískur byggingarstíll m. Corinthian order
króna f. crown; vt. crown

kórsbróðir m. canon
kórskans m. apse
kórstjóri m. choirmaster
kórstúlka f. chorus girl
kórsæti n. stall (in a church)
kórsöngvari m. chorister, member of a choral society
kórverk n. chorus
kórvilla f. serious mistake
kósi m. eyelet
kósínus m. cosine
kóteletta f. cutlet, chop
krabbadýr n. crustacean, crab
krabbamein n. cancer
krabbameins- comb. cancerous
krabbameinsvaldandi efni adj. carcinogen
krabbavaki m. carcinogen
krabbi m. crab; cancer; Cancer
kraðak n. throng, crowd
krafa f. demand, claim, requirement
krafla v. rummage, grope
krafla sig fram úr vt. muddle/scrape through
krafs n. scraping; **hafa e-ð/ekkert upp úr krafsinu** get s-g for one's pains/ draw a blank
krafsa vt. scratch, scrape, paw
kraftalegur adj. brawny, burly, muscular
kraftaverk n. miracle; **vinna k.** work/do wonders; **(eins og) fyrir k.** miraculously
kraftlaus adj. powerless, pithless, effete
kraftmikill adj. powerful, dynamic; high-powered
kraftur m. power, strength; energy, vitality; **af miklum krafti** with a bang/at full blast; **af öllum kröftum** for all one is worth; **með fullum krafti** unabated
kraftvægi n. moment, torque
kragahorn n. lapel
kragahæna f. ruffed grouse
kragi m. collar
krakkakríli n. poppet, mite
krakkaormur m. jackanapes
krakki n. kid, youngster
kramarhús n. cornet
krampakenndur adj. spasmodic, convulsive
krampi m. spasm, convulsion

kranabíll m. breakdown truck; mobile crane
krangalegur adj. lanky, gawky
krani m. tap, (Am.) faucet; crane
krankleiki m. ailment
krankur adj. sick, weak
krans m. wreath
kransæð f. coronary artery
kransæðastífla f. coronary thrombosis
krap n. slush, sludge
krapakenndur adj. slushy
krappi m. bracket; gusset (of a garment)
krappur adj. narrow, close; (of sea) choppy
krassa vi. scrawl, doodle
krassandi adj. strong, spicy, telling
krassari m. scribbler
krassi m. ramrod
krati m. Social Democrat
krauma vi. simmer, seethe, bubble
krá f. pub, tavern, inn
kráareigandi m. publican, innkeeper
kráka f. crow
krákuskel f. mussel
krákustígur m. zigzag (path)
krás f. delicacy, gourmet food
kredda f. dogma, doctrine; superstition
kreddubundinn adj. dogmatic, doctrinaire
kreddufastur adj. opinionated, opinionative
kreddufesta f. dogmatism
kreddukenndur adj. dogmatic, doctrinaire
kreddumaður m. dogmatist, doctrinaire, bigot
kreddutrúarstefna f. sectarianism
kreditkort n. credit card
krefja vt. demand, claim
krefjandi adj. exacting
krefjast vt. demand, request, require
krefjast skaðabóta v. claim damages
kreiki : á kreiki on the move
kreista vt. squeeze; pinch; crush
krem n. cream
kremja vt. crush, squash; grind
kreppa f. crisis, dilemma; economic depression
kreppa v. bend, double up; clench (one's fist)

kreppappír m. crepe paper
krikket n. cricket
krikketleikari m. cricketer
kring : í k. around; **(allt) árið um k.** all the year round; **í krók og k.** from all sides
kringdur adj. rounded
kringing f. rounding
kringla f. disc, (Am.) disk; discus; pretzel
kringlóttur adj. round, circular
kringlurit n. pie chart
kringum prp. around
kringumstæður f.pl. circumstances
kristall m. crystal
kristalla(st) v. crystallize
kristallaður adj. crystalline
kristallafræði f. crystallography
kristallur m. crystal
kristalsdíll m. phenocryst
kristaltær adj. crystalline, limpid
kristilegur adj. Christian
kristin trú f. Christianity
kristindómur m. Christendom
kristinn adj. Christian
kristmunkur m. Jesuit
kristna vt. convert to Christianity
kristni f. Christianity, Christendom
kristniboð n. Christian mission
kristniboði m. Christian missionary
Krists kennimark n. stigma
Kristur m. Christ; **eftir Krist** AD (Anno Domini); **fyrir Krist** before Christ; **f. Kr.** BC
kristþyrnir m. holly
kría f. arctic tern
kría út úr vt. press out of
kríli n. bit; tiddler, chit
krímóttur adj. grimy
Krít f. Crete
krít f. chalk; credit
kríta vt. chalk; write with chalk
krítarkenndur adj. chalky
krítarkort n. credit card
kríublundur m. forty winks
krjúpa vi. kneel down
krokket n. croquet
kropp n. nibble
kroppa v. peck, crop; graze
kroppinbakur m. hunchback
kroppur n. body

kross m. cross; crucifix; **í k.** across, crosswise; **tala í k.** talk at cross-purposes
krossa vt. cross, sign with a cross
krossa sig vt. cross oneself
krossa við vt. put a cross against, check off
krossapróf n. multi-choice examination
krossbregða vt. be completely taken aback
krossbölva vi. swear like a trooper
krossfari m. crusader
krossferð f. crusade
krossfesta vt. crucify
krossfesting f. crucifixion
krossfiskur m. starfish
krossgáta f. crossword (puzzle)
krossgras n. groundsel
krossgrind f. turnstile
krossgötur f.pl. crossroads, intersection
krosslaga adj. cruciform
krosslagður : með krosslagða fætur cross-legged; **með krosslagðar hendur** with folded arms
krossliðsbein n. sacrum
krossmark n. sign of the cross
krossmunstur n. crisscross
krossmyndaður adj. cruciform
krosssaumur m. cross-stitch
krossviður m. plywood, laminated wood
krot n. scribble, scrawl, doodle
krota v. scribble, scrawl, doodle
krota hjá sér vt. make a note of
króa af vt. corner
krói m. tiddler, chit
krókaldin n. bur(r)
krókaleið f. detour; roundabout way
krókna vi. freeze to death
krókormur m. hookworm
krókódíll m. crocodile, alligator
krókóttur adj. winding, circuitous
krókstafur m. crook
krókstjaki m. boat hook
krókur m. hook; corner; detour; cedilla; **hver k. og kimi** every nook and cranny
krókus m. crocus
króm n. chrome, chromium
krómhúða vt. chrome
króna f. crown (= 100 aurar)
krónhjörtur m. red deer
krónprins m. crown prince, prince royal

krónprinsessa f. crown princess, princess royal
krónublað n. petal
kruða f. rusk
krufning f. autopsy, dissection, postmortem
krukka f. jug, jar, pot, urn
krukka í vt. fiddle with
krulla f. curl, kink
krulla(st) v. curl
krullaður adj. curly
krullupinni m. curler, hair roller
krumla f. paw
krummamát n. outside callipers
krummaskuð n. one-horse town
krummi m. raven
krumpa f. crumple, crease, crinkle
krumpa(st) v. crumple, crease; wrinkle
krumpaður adj. crinkled; wrinkly
krunk n. croak, caw
krunka vi. croak, caw
krusa vi. cruise
kruss n. traverse
krussa vt. crisscross
krúna f. crown
krúnuraka vt. tonsure
krúnusteinn m. copingstone, copestone
krús f. jug, pitcher; mug, tankard
krúsidúllur f.pl. frills
krútt n. darling
krúttlegur adj. cuddly
krybba f. (insect) cricket
krydd n. spice, seasoning, condiment
krydda vt. spice, season, flavour
kryddaður adj. spiced, spicy
kryddglas n. cruet
kryddjurt f. herb
kryddkaka f. seedcake
kryddlögur m. marinade
kryddmæra f. (herb) marjoram
kryddsíld f. pickled herring; anchovy
kryddstaukur m. caster
kryfja vt. dissect
kryppa f. hump, kyphosis
krypplingur m. hunchback
krýna vt. crown
krýndur adj. (of a flower) petalled
krýning f. coronation
krýsantema f. chrysanthemum

kræfur adj. tough, daring; due for payment
krækiber n. crowberry
krækilyng n. northern crowberry
krækja f. hook, hasp
krækja vt. hook; fasten, latch
krækja hjá vt. detour; avoid
krækja í vt. get hold of, catch, bag
kræklingsskel f. seashell
kræklingur m. mussel
kræklóttur adj. crooked
kræklurót f. coralroot
kræsilegur adj. delicious, dainty
kræsingar f.pl. gourmet food
kræsinn adj. fussy, choosy
kröftuglega adv. strongly, mightily, forcibly
kröftugur adj. strong, powerful, energetic
kröfuganga f. demonstration
kröfuhafi m. creditor, claimant
kröfuharður adj. demanding, exacting
kröfuskiptastaður m. clearing house
kröfuskipti n.pl. clearing
kröfuspjald n. banner
kröggur f.pl. difficulties; **í kröggum** in trouble
krökkur af adj. swarming/alive with
kröm f. chronic illness, invalidism
kröpp beygja f. hairpin bend
kubba sundur vt. cut to pieces
kubbslegur adj. stocky, chunky, thickset
kubbur m. block (of wood); chip
kuðla saman vt. crumple up
kuðungur m. conch; cochlea (of the ear)
kufl n. cloak, frock
kuggur m. boat; (chambered) nautilus
kukl n. sorcery, mumbo jumbo
kul n. breeze
kula vi. breeze
kulborði m. windward
kuldabelti n. frigid zone
kuldaboli m. Jack Frost
kuldabólga f. chilblain
kuldahrollur m. cold sweat, chill
kuldakast n. cold snap, frost
kuldalegt viðmót n. coldness, cold shoulder
kuldalegur adj. chilly, cold; cool, standoffish

kuldar m.pl. cold spells
kuldaskil n.pl. cold front
kuldi m. cold (weather); coldness
kulna vi. burn down/out
kulnað eldfjall n. extinct volcano
kulvís adj. sensitive to cold, cold-blooded
kumbaldi m. shack, shanty
kumpáni m. companion, fellow
kumpánlegur adj. friendly, chummy, informal
kumpánlegur maður m. hail-fellow-well-met
kunna v. know (how), be able to
kunna utan að vt. know by heart
kunna við vt. like
kunnátta f. knowledge; skill
kunnáttumaður m. expert, specialist; connoisseur
kunngera vt. announce, proclaim, publish
kunningi m. acquaintance, friend, buddy
kunningsskapur m. acquaintance, familiarity
kunnuglegur adj. familiar, placeable
kunnugur adj. well-known; **vera e-m k.** be acquainted with s-y; **vera k. e-u** be familiar with
kunnur adj. well-known
kunta f. cunt
kurr n. grumbling; coo
kurteis adj. polite, courteous, civil
kurteisi f. politeness, good manners
kurteisisheimsókn f. courtesy call
kurteisisvenja f. ceremonial
kusk n. fluff
kúabóla f. cowpox
kúabú n. dairy farm
kúasmali m. cowherd, (Am.) cowhand
Kúba f. Cuba
kúbanskur adj. Cuban
kúbein n. crowbar
kúbikrót f. cube root
Kúbumaður m. Cuban
kúfaður adj. heaped (up)
kúfur m. heap, pile
kúfuvaxinn adj. hunchbacked
kúga vt. force; oppress, bully, tyrannize
kúga e-ð af e-m vt. extort s-g from s-y
kúga fé af e-m vt. blackmail s-y
kúgaður adj. downtrodden; (of a man) henpecked
kúgari m. oppressor, bully, tyrant
kúgast vi. retch, heave up
kúgun f. oppression, tyranny
kúka vi. defecate, crap
kúkur m. turd, shit
kúla f. ball, sphere; bump; shot
kúlnahríð f. fusillade
kúlulaga adj. spherical
kúlulega f. ball bearing
kúlupenni m. ballpoint (pen)
kúluspil n. marbles; pintable
kúluspilakassi m. pintable, (Am.) pinball machine
kúlutengi n. towing hitch ball
kúlutyggjó n. bubble gum
kúluvarp n. shot put
kúmen n. cumin, caraway
kúmenskaka f. seedcake
kúnni m. customer
kúnst f. skill, knack
kúpa f. dome, cupola
kúpla (sundur) vi. declutch
kúpling f. clutch (in a car)
kúplingsdiskur m. clutch disc
kúplingshús n. bell housing
kúptur adj. convex
kúpull m. cupola, dome
kúr m. diet
kúra v. cower; nestle down; swot
kúrbítur m. vegetable marrow
Kúrdi m. Kurd
kúrekahattur m. cowboy hat, stetson
kúrekamynd m. cowboy film, horse opera
kúrekasýning f. rodeo
kúreki m. cowboy
kúrenna f. currant
kúristi m. swot, (Am.) grind
kúskel f. Iceland cyprine
kústskaft n. broomstick
kústur m. broom, sweeper
kútter m. (ship) cutter
kútur m. cask, keg; chubby child; **vera í kút** crouch; **hrökkva í kút** start, jump; **kveða í kútinn** talk down, silence
kútveltast vi. fall head over heels, tumble
kúvenda vi. veer, do a right-about turn/face

kúvending f. right-about turn/face, (Am.) about-face
kvabb n. importunity, imposition
kvabba á vt. importune/impose on
kvaðning f. summons
kvaðrant m. quadrant
kvaðratrót f. square root
kvak n. chirping, twittering
kvaka vi. chirp, twitter
kvakka vi. (of a frog) croak
kvalafullur adj. painful, excruciating
kvalalaus adj. painless
kvalalosta- og sjálfspíslarhvöt n. sadomasochism
kvalalosti m. sadism
kvalari m. tormentor
kvalastillandi adj. anodyne, analgesic
kvalastillandi lyf n. painkiller
kvalræði n. pain; curse; misery
kvap n. loose flesh
kvarði m. scale, measure; dipstick
kvarki m. quark
kvarna(st) v. granulate
kvarnarsteinn m. millstone
kvars n. quartz
kvarta v. complain
kvartett m. quartet
kvartil n. keg, firkin; quarter, phase
kvartmílubíll m. dragster
kvartsár adj. querulous
kvasi m. quasar
kveða f. foot (in scansion)
kveða v. say; compose; recite, sing
kveða niður vt. scotch, put the kibosh on
kveða upp dóm vt. pronounce judgement
kveða við vi. resound, ring out, chime
kveði m. quince
kveðja f. greeting; **skila kveðju frá e-m til e-s** remember s-y to s-y; **með kveðjum frá** with the compliments of
kveðja v. say goodbye; see off; summon
kveðja í herinn vt. conscript, call up
kveðja sér hljóðs vt. take the floor
kveðju- adj. valedictory
kveðjuhóf n. farewell party, send-off
kveðjukoss m. parting kiss
kveðjuorð n.pl. valediction
kveðskapur m. poetry
kvef n. cold; **fá k.** catch cold
kvefaður adj. suffering from a cold
kvefast vi. catch cold
kvefslím n. phlegm
kveif f. coward, milksop
kveifarlegur adj. unmanly, effeminate
kveifarskapur m. weakness, effeminacy
kveikikerti n. sparking plug
kveikilogi m. pilot light/burner
kveikingahamar m. soldering iron
kveikiþráður m. fuse
kveikja f. ignition; distributor; germ; motivation, inspiration
kveikja v. light; turn on the light
kveikja í vt. ignite
kveikjari m. cigarette lighter; switch
kveikjuhamar m. distributor rotor
kveikjukefli n. ignition coil
kveikjukerfi n. ignition system
kveikjulásbyssa f. matchlock
kveikjustilling f. ignition timing
kveikur m. wick
kvein n. wail, moan
kveina vi. moan, groan; whine, complain
kveinka sér vi. wince, flinch
kveinstafir m.pl. lamentations, jeremiad
kveisa f. colic
kvekari m. Quaker
kvelja vt. torment, afflict, harass
kveljandi adj. agonizing; tantalizing
kven- comb. female
kvendjöfull m. she-devil
kvendómur m. womanhood
kvendýr n. female animal
kveneðli n. femininity
kvenfélag n. women's association, ladies' club
Kvenfélagasamband n. Federation of Women's Institutes
kvenfólk n. women(folk)
kvenfrelsishreyfing f. women's liberation
kvenfrelsissinni m. feminist
kvenfrelsisstefna f. feminism
kvenhatari m. misogynist
kvenhatur n. misogyny
kvenhetja f. heroine
kvenkostur m. (good) match (for a man)
kvenkyn n. female sex; feminine gender
kvenkyns adj. female; feminine (in grammar)

kvenkynsorð n. feminine (in grammar)
kvenleggur m. female line, distaff side
kvenlegur adj. feminine; effeminate
kvenlæknir m. gynaecologist
kvenmaður m. woman
kvenmorðingi m. murderess
kvenmyndhöggvari m. sculptress
kvenna- comb. women's
kvennaathvarf n. shelter/home for battered wives
kvennabósi m. womanizer, roué, rip, satyr
kvennabúr n. harem, seraglio
kvennafar n. womanizing, skirt-chasing
kvennagull n. heart-throb
kvennakörfubolti m. netball
Kvennalisti m. Women's Party
kvennamenning f. female culture
kvennaríki n. petticoat government
kvennasalerni n. ladies' room
kvennasamkvæmi n. hen party
kvennaskóli m. girls' college; school for domestic science
kvennavoði m. lady-killer
kvenprestur m. priestess
kvenreiðföt n.pl. riding habit
kvenremba f. sexist
kvenréttindakona f. suffragette
kvenréttindasinni m. feminist
kvenréttindi n.pl. women's rights
kvenrithöfundur m. authoress
kvensamur adj. (of a man) amorous; horny
kvensjúkdómafræðingur m. gynaecologist
kvensjúkdómafræði f. gynaecology
kvenskass n. vixen, hag, hellcat
kvenskáti m. girl guide, (Am.) girl scout
kvenskratti m. she-devil
kvensköp n.pl. vulva, pudendum
kventígur n. tigress
kvenvargur m. termagant, dragon, harridan
kvenþjóð f. women, womankind
kver n. booklet; catechism
kverða f. scalar
kverk f. internal angle
kverkabólga f. pharyngitis
kverkar f.pl. throat, pharynx
kverkaskítur m. sore throat
kverkatak n. stranglehold

kverkjárn n. angle iron
kvesali m. quetzal
kviða f. fit, outburst; epic poem
kviðarhol n. abdominal cavity
kviðband n. girth (of a saddle)
kviðdómari m. juror, juryman
kviðdómendastúka f. jury box
kviðdómur m. jury
kviðfylli f. bellyful, skinful
kviðgjörð f. girth (of a saddle)
kviðrista f. harakiri
kviðslit n. hernia, rupture
kviður m. abdomen, (under)belly, womb
kvika f. quick; swell; turbulence; vi. flutter
kvikasilfur n. mercury, quicksilver
kvikasilfursblanda f. amalgam
kvikasilfurseitrun f. mercurial poisoning
kvikfénaður m. livestock
kvikfjárrækt f. livestock farming
kvikindi n. creature; bastard, creep
kvikindislegur adj. bestial, mean, nasty
kvikmynd f. film, (Am.) movie
kvikmynda v. film
kvikmyndagerð f. cinematography
kvikmyndahandrit n. film script, screenplay
kvikmyndahús n. cinema, (Am.) movie theater
kvikmyndalist f. cinematography
kvikmyndastjarna f. film star, (Am.) movie star
kvikmyndasýningarvél f. cinema projector
kvikmyndatexti m. subtitle
kvikmyndatjald n. (film) screen
kvikmyndaver n. film studio
kvikmyndavél f. motion picture camera
kvikna v. be lit; **k. í** catch fire
kviknakinn adj. stark naked
kviksaga f. rumour
kviksandur m. quicksand
kviksjá f. kaleidoscope
kvikskera vt. vivisect
kvikskurður m. vivisection
kvikstepp m. quickstep
kviksyndi n. quagmire
kvikur adj. alive; agile, lively, jaunty; **vera k. af** abound in/with, teem with
kvikustrókur m. lava fountain
kvikuþró f. magma chamber

kvilli m. ailment, illness; disorder
kvintett m. quintet
kvisast út vi. leak out, transpire
kvislingur m. quisling
kvistgat n. knothole
kvistgluggi m. dormer window
kvistóttur adj. knotty, gnarled
kvistur m. twig; knot, gnarl; garret, attic
kvitta (fyrir) v. give a receipt (for)
kvittanahefti n. receipt/sales book
kvittun f. receipt, chit
kvittur m. rumour, hearsay
kvittur adj. even, quits
kví f. fold, pen, pound; **færa út kvíarnar** branch out
kvíða fyrir vt. be anxious about, dread
kvíðafullur adj. anxious, worried, agitated
kvíði m. anxiety, apprehension, uneasiness
kvíðinn adj. anxious, apprehensive, nervous
kvíga f. heifer
kvísl f. branch; (pitch)fork, prong
kvíslast vi. branch out, fork
kvíslgreining f. dichotomy
kvíslun f. ramification
kvoða f. pulp, resin
kvoðukenndur adj. gummy, resinous
kvonbænir f.pl. courtship
kvongast v. marry (a woman), espouse
kvos f. hollow, dell
kvótaruna f. geometric(al) progression
kvóti m. quota
kvæðabók f. volume of poems
kvæðasafn n. collected poems
kvæðaþulur m. rhapsodist
kvæði n. poem
kvænast v. marry (a woman)
kvæntur adj. (of a man) married
kvöð f. duty, obligation, encumbrance
kvöl f. agony, torment, bedevilment
kvöld n. evening; **annað k.** tomorrow evening; **á kvöldin** in the evening; **í fyrrakvöld** two evenings ago; **í gærkvöld** yesterday evening, last night; **í k.** this evening, tonight
kvölddrykkur m. nightcap
kvöldkjóll m. evening dress/gown
kvöldmatur m. supper, dinner

kvöldmáltíðarsakramenti n. Eucharist
kvöldroði m. afterglow
kvöldsala f. all-night shop
kvöldskóli m. night school
kvöldtíðir f.pl. evening prayer, evensong
kvöldvaka f. evening entertainment
kvöldverðarboð n. dinner party
kvöldverður m. supper, dinner
kvörðun f. graduation
kvörn f. grinder, mincer; handmill
kvörtun f. complaint
kylfa f. club, cudgel, bludgeon, bat
kylfingur m. golf player, golfer
kylfir m. batsman, (Am.) batter
kylliflatur adj. prostrate
kyn n. sex; breed, stock; gender (in grammar)
kynblanda v. crossbreed, hybridize
kynblendingur m. crossbreed, hybrid, half-breed
kynblöndun f. hybridization
kynbætur f.pl. breeding, improvement of stock
kynda v. heat up; light
kynda undir v. stoke up, add fuel to (the fire)
kyndari m. stoker, boilerman
kyndikorn n. mitochondrion
kyndilberi m. linkman, linkboy
kyndill m. torch, link
kynding f. heating
kyndugur adj. odd, peculiar, quizzical
kynferði n. sex
kynferðislegur adj. sexual
kynferðismál n.pl. sexual matters
kynfruma f. gamete
kynfrumumyndun f. gametogenesis
kynfæri n.pl. genitals, private parts
kyngja vt. swallow, stomach
kynhneigð f. sexuality
kynhreinn adj. pureblood(ed), thoroughbred
kynhverfingur m. homosexual
kynhverfur adj. homosexual
kynhvöt f. sexual urge/drive, libido
kynjalyf n. panacea
kynjamisrétti n. sexism
kynkirtill m. gonad
kynkuldi m. frigidity
kynkvísl f. tribe

kynlaus æxlun f. asexual reproduction
kynlegur adj. odd, queer, grotesque, weird
kynlitningur m. sex chromosome
kynlíf n. sex (life)
kynmök n.pl. sexual intercourse, coitus
kynna vt. make known; introduce; announce
kynna sér vt. study
kynnast vt. get acquainted with
kynni n.pl.; acquaintance; **komast í k. við** get to know; **gefa til kynna** show, express
kynning f. introduction; promotion; announcement
kynningarbæklingur m. brochure, prospectus
kynningareintak n. presentation copy
kynningarfulltrúi m. public relations officer, PRO
kynningarlag n. theme song
kynningarstef n. signature tune
kynningarverð n. introductory price
kynnir m. announcer; master of ceremonies
kynnisferð f. study tour, sightseeing
kynsjúkdómur m. venereal disease
kynslóð f. generation
kynslóðabil n. generation gap
kynstofn m. family (line); race
kynstur n. great quantity, huge amount, wealth
kynsvallari m. libertine
kynvilla f. homosexuality; lesbianism
kynvillingur m. sodomite, bugger, ponce
kynvís adj. heterosexual
kynþátta- comb. racial
kynþáttaaðskilnaður m. colour bar; apartheid
kynþáttablöndun f. miscegenation
kynþáttafordómar m.pl. racial prejudice
kynþáttahatari m. racialist, (Am.) racist
kynþáttahatur n. racialism, (Am.) racism
kynþáttur m. race
kynþokkafullur adj. sexy, dishy, attractive
kynþokki m. sex appeal
kynþroska adj. (sexually) mature
kynþroskaaldur m. puberty
kynæsandi adj. erotic, sexy
kynæxlun f. sexual reproduction

kyrillískt letur n. Cyrillic alphabet
kyrking f. strangulation
kyrkingslegur adj. stunted, scrubby
kyrkislanga f. boa constrictor, python
kyrkja vt. strangle, choke, strangulate
kyrr adj. still, calm, quiet
Kyrrahaf n. Pacific Ocean
kyrralífsmynd f. still life
kyrrast vi. calm down
kyrravika f. Holy Week
kyrrð f. stillness; tranquillity
kyrrlátur adj. quiet, still, tranquil, serene
kyrrsetja vt. intern; sequester
kyrrsetning f. internment; attachment
kyrrsettur maður m. internee
kyrrsetulíf n. sedentary life
kyrrstaða f. standstill; stagnation
kyrrstæður adj. stationary, static; stagnant
kyrrstöðuspyrna f. placekick
kyrrþey f. silence; **í k.** privily
kyrtill m. gown, tunic; surplice
kyssa v. kiss
kyssast og kjassast vi. bill and coo
kyssilegur adj. kissable
kyssitau n. kisser, mouth
kytra f. cubbyhole
kytrulegur adj. poky
kýla vt. hit, punch, slog
kýla vömbina vt. stuff oneself
kýli n. abscess, carbuncle, wen
kýprusviður m. cypress
Kýpurbúi m. Cypriot
kýr f. cow
kýrauga n. porthole
kýta (við) v. quarrel, bicker, bandy (with)
kýtlingur m. goby
kæfa f. pâté, paste
kæfa vt. suffocate, choke; smother, extinguish; muffle (sound); **k. í fæðingu** nip in the bud
kæfandi adj. sweltering, muggy
kæfing f. suffocation, choke
kækur m. idiosyncrasy, mannerism, twitch
kæla vt. cool, chill; refrigerate
kæliefni n. coolant, refrigerant
kæligeymsla f. cold storage
kælikassi m. icebox
kælikerfi n. cooling system

kæliklefi m. cold-storage room
kæling f. cooling, refrigeration
kælir m. cold storage; refrigerator
kæliskápur m. refrigerator, fridge
kælivifta f. cooling fan
kæna f. skiff
kænn adj. cunning, sly, artful, astute
kænska f. cunning, shrewdness, cleverness
kænskubragð n. stratagem, ploy, ruse, gimmick
kær adj. dear, beloved; precious
kæra f. charge, complaint; impeachment
kæra fyrir vt. accuse of, bring a charge against
kæra sig um vt. care for, like
kærandi m. complainant
kærasta f. fiancée; girlfriend, sweetheart
kærasti m. fiancé; boyfriend, sweetheart
kærkominn adj. welcome, heaven-sent
kærlega adv. affectionately
kærleiksríkur adj. charitable
kærleikssnauður adj. loveless
kærleiksverk n. act of charity
kærleikur m. charity, love
kærugirni f. litigiousness
kærugjarn adj. litigious
kærulaus adj. careless, reckless, negligent
kæruleysi n. carelessness, recklessness
kæruleysislegur adj. nonchalant, offhand
kæsa vt. (bury and) allow to ferment
kæsir m. rennet
kæta vt. make happy, cheer up, exhilarate
kætast vi. be happy, rejoice
kæti f. joy, gaiety, fun, mirth
köflóttur adj. chequered, checked
köfnun f. suffocation, asphyxiation
köfnunarefni n. nitrogen
köfnunarefnis- comb. nitric
köfun f. diving, submersion
köfunarkúla f. bathysphere
köfunarlunga n. aqualung
köfunartæki n. scuba; submersible
köggull m. lump, clod; bone, phalanx
kögur n. fringe
kökkur m. lump, gobbet
kökukefli n. rolling pin
kökukrem n. icing, filling, (Am.) frosting
kökumót n. baking tin

köldusótt f. malaria
kölkun f. calcification; senility
köllun f. vocation, calling
kölnarvatn n. toilet water
kölski m. Satan, Old Nick/Harry
köngull m. cone
könnuður m. explorer; surveyor; frontiersman
könnun f. exploration; investigation
könnunarferð f. exploratory expedition
könnunarflug n. reconnaissance flight
könnunarhnöttur m. space probe
kör : liggja í k. be bedridden
körfublóm n. oxeye
körfublómaætt f. composite family
körfubolti m. basketball
körfugerð f. basketry, basket weaving
körfukál n. artichoke
körfuknattleikur m. basketball
körfustóll m. wicker chair
körfuvíðir m. osier
körfuvörur f.pl. basketwork
kös f. heap (of fish)
köstur m. pile
köttur m. cat

L

labba vi. walk slowly, stroll
labbakútur m. toddler; milksop
labbrabbtæki n. walkie-talkie
laða vt. attract, allure
laða að sér vt. charm, allure
laða fram vt. elicit, bring out
lafa vi. dangle, loll, (of ears) lop
lafafrakki m. tailcoat, cutaway
lafajakki m. morning coat
lafði f. lady
lafmóður adj. panting, out of breath, breathless
lag n. tune, melody; layer, coating, covering; way, method, knack; thrust, lunge; **allt í lagi** all right; **í fyrsta lagi** in the first place; **í lagi** in order; **í meira lagi** quite a lot; **í mesta lagi** at the most
laga vt. put in order, arrange; adjust; fix, repair; brew; prepare; trim, do up
laga sig eftir v. (in grammar) agree with

laga til vt. tidy up, clear up
lagaákvæði n. legal provision
lagabálkur m. body of laws, legal code
lagaboð n. statute
lagabreyting f. amendment
lagabrot n. violation of the law, infraction
lagadeild f. faculty of law
lagafrumvarp n. bill
lagagrein f. paragraph of a law
lagaheimild f. legal authority
lagalegur adj. legal, judicial
lagarmál n. liquid measure
lagarmál lyfsala n. apothecaries' fluid measure
lagasafn n. code (of laws), statute book
lagasetning f. legislation, law-making
lagast vi. get better, improve
lagasyrpa f. medley (of music)
lager m. stock; stockroom; **á l.** in store
lagermaður m. warehouse assistant
lageröl n. lager
lagfæra vt. put in order, repair; correct
lagfæring f. improvement; correction
laghendur adj. handy, dexterous, skilful
laghnífur m. dagger
laginn adj. handy, dexterous, skilful
lagkaka f. layer cake
laglaus adj. tone-deaf
laglegur adj. good-looking, pretty
lagmeti n. tinned foods
lagni f. dexterity, adroitness, knack
lagrænn adj. melodic, tuneful
lagsi m. buddy, mate, (Am.) mac
lagskipta vt. stratify
lagskipting f. stratification
lagsmaður m. buddy, mate, (Am.) buster
lagstúfur m. ditty
lagsverð n. rapier, épée
lagviss adj. musical
lak n. (bed)sheet
lakari adj. worse, inferior
lakastur adj. worst
laki m. manyplies, omasum
lakk n. lacquer, varnish; paintwork (of a car)
lakka vt. lacquer, varnish; enamel
lakkleður n. patent leather
lakkleysir m. paint-remover
lakkmálning f. gloss/enamel paint
lakkmúslitur m. litmus
lakkmúspappír m. litmus paper
lakkrís m. liquorice, licorice
laktósi m. lactose
lakur adj. poor, bad
lama vt. paralyse; stun
lamadýr n. llama
lamaður adj. paralysed; paralytic
lamaklaustur n. lamasery
lamasess n. disrepair; **í lamasessi** out of order
lamast vi. become paralysed
lamatrú f. Lamaism
lamatrúarmaður m. Lamaist
lamb n. lamb
lambagras n. moss campion
lambakjöt n. lamb (meat)
lambskinn n. lambskin
lamir f.pl. (door)hinges
lampaljós n. lamplight
lampaskermur m. lampshade
lampastæði n. sconce (on a wall)
lampi m. lamp; tube, valve
land n. land; country
landa vt. unload, land
landabréf n. map
landabréfabók f. atlas
landafræði f. geography
landafræðiheitaskrá f. gazetteer
landakort n. map
landamerki n. landmark; n.pl. boundary
landamærabúi m. borderer
landamærasvæði n. borderland
landamæri n.pl. border, boundary, frontier
landareign f. real estate, landed property; premises
landbúnaðar- comb. agricultural, agrarian
landbúnaðarfurðir f.pl. agricultural produce
landbúnaðarráðherra m. minister of agriculture
landbúnaður m. agriculture, farming
landeigandi m. landowner, landholder
landeigendaaðall m. landed gentry
landeyðing f. soil erosion/denudation
landfestar f.pl. moorings; **leysa l.** cast off
landfesti f. hawser
landflótta adj. in exile, exiled

landflótta maður → langbylgja 196

landflótta maður m. refugee
landflótti m. expatriation
landfræðilegur adj. geographical
landfræðingur m. geographer
landganga f. disembarkation, landing
landgola f. offshore breeze
landgreifi m. landgrave
landgrunn n. continental shelf
landgrunnshalli m. continental slope
landgræðsla f. soil reclamation
landgöngubrú f. gangplank, gangway
landgöngubryggja f. landing stage
landgönguleyfi n. shore leave
landgönguliði m. marine
landgönguprammi m. landing craft
landgöngustaður m. landing place
landhelgi f. territorial waters, fishing limits
landhelgisbrot n. fishing limit infringement
landhelgisgæsla f. coast guard
landher m. army, land forces
landi m. fellow countryman; (Am.) moonshine
landkrabbi m. landlubber
landkynning f. tourist promotion
landkönnuður m. explorer
landkönnun f. exploration
landlega f. delay in port
landleiðis adv. overland
landluktur adj. landlocked
landlægur adj. (of diseases) endemic; deeply-rooted
landlæknir m. Surgeon General
landmegin adj. landward
landmælingafræði f. geodesy
landmælingamaður m. geodesist, surveyor
landmælingar f.pl. geodetic survey, surveying
landmælingastofnun f. (Br.) Ordnance Survey
landnám n. settlement; colonization
landnámsmaður m. settler; colonist
landnámsöld f. settlement period
landnemi m. settler; colonist
landpóstur m. surface mail
landráð n.pl. high treason
landráðamaður m. traitor, collaborator
landráðandi m. landholder

landrek n. continental drift
landrækur adj. expatriate
landræna f. land breeze
landsbanki m. national bank
landsbókasafn n. national library
landsbyggð f. country(side)
landsbyggðar- comb. rural, provincial
landselur m. harbour seal
landseti m. tenant
landsfaðir m. paternalist
landsföðurhyggja f. paternalism
landsföðurlegur adj. paternalistic
landshluti m. part (of a country), region
landsig n. subsidence (of land)
landsími m. national telecommunications service
landskjaldbaka f. tortoise
landskjálftamælir m. seismograph
landskjálfti m. earthquake
landskuld f. manorial dues
landslag n. landscape, scenery
landslagsarkitektúr m. landscape architecture
landslagsmálari m. landscapist
landslagsmynd f. landscape (picture)
landsleikur m. international match; test match
landslýður m. population
landsmál n.pl. public affairs, politics
landstjóraembætti n. governorship
landstjóri m. governor, regent, viceroy
landsvala f. swallow, (Am.) barn swallow
landsvæði n. territory, district
landtaka f. landing
landvinning f. conquest
landvistarleyfi n. residence permit
landvörður m. ranger
langa f. ling
langa vt. want, long for
langa í vt. fancy, have a liking for
langa til vt. feel like, have a mind to
langafasta f. Lent
langafi m. great-grandfather
langamma f. great-grandmother
langatöng f. middle finger
langbestur adj. by far the best, very best
langbogi m. longbow
langbrækur f.pl. pantaloons
langbylgja f. long wave

langdreginn adj. longwinded, lengthy, prosy
langdræg eldflaug f. intercontinental missile
langdrægur adj. long-range
langdvalar- comb. residential
langdvöl f. long stay
langferð f. voyage, journey, tour, passage
langferða- comb. long-distance
langferðabíll m. motor coach, (Am.) greyhound
langframi : til langframa permanently
langhlaup n. long-distance running/race
langhlaupari m. long-distance runner
langhlið f. hypotenuse (of a triangle)
langhundur m. longueur, rigmarole, screed
langhverfa f. megrim
langlífi n. longevity
langlífur adj. long-lived
langlínusamtal n. trunk call, (Am.) long-distance call
langloka f. longueur, rigmarole, screed
langlundargeð n. patience
langlyndur adj. long-suffering
langorður adj. verbose, wordy, prolix, longwinded
langreyður f. finback, rorqual, razorback
langrækinn adj. unforgiving, vindictive
langrækni f. vindictiveness, implacability
langsamlega adv. by far
langskip n. longship
langsleði m. bobsleigh
langsóttur adj. farfetched, recherché
langspil n. string instrument
langstökk n. long jump, (Am.) broad jump
langsum adv. lengthwise, lengthways, endways
langsög f. ripsaw
langt adv. far; long, late; **l. frá** nowhere near, wide of; **l. í frá** not by a long shot; **l. leiddur** far-gone; **l. of stór** much too big
langtíma- comb. long-range, long-term
langtum adv. by far, much
langur adj. long; (of height) tall
langvarandi adj. lasting, long-standing, lingering

langvinnur adj. prolonged, protracted; chronic
langvía f. guillemot, (Am.) Atlantic murre
langþjáður adj. long-suffering
langþráður adj. long-awaited
langþreyttur (á) adj. sick and tired (of)
langær adj. long-lived
lappa vt. patch, mend
lappa upp á vt. patch up, paper over, revamp
lappajaðrakan m. bar-tailed godwit
Lappi m. Laplander/Lapp
Lappland n. Lapland
lapþunnur adj. wishy-washy
larfar m.pl. rags
lasburða adj. feeble, poorly, sickly
lasinn adj. ill, unwell, indisposed
laska vt. damage
laskaermar f.pl. raglan
lasleiki m. ailment, malaise, disease
lassaróni m. ragamuffin
last n. blame, censure
lasta vt. blame, rebuke
lastabæli n. cesspit
lastafullur adj. dissolute, rakish
lastari m. detractor, faultfinder
lastmæli n. detraction, reproach
latína f. Latin; **snúa á latínu** Latinize
latínumaður m. Latinist
latínuskotinn adj. Latinate
latneskt letur n. roman type
latneskur adj. Latin
latning f. discouragement, dissuasion
latur adj. lazy, slothful, indolent
lauf n. leaf; club (in cards)
laufaskurður m. fretwork
laufeyðir m. defoliant
laufeyjarlykill m. primrose
lauffall n. defoliation
laufgaður adj. leaved
laufgast vi. come into leaf, (Am.) leaf out
laufglói m. oriole
laufgræna f. chlorophyll
lauflétttur adj. light as air, airy
laufmold f. leaf mould
laufskáli m. bower, pergola
laufskrúð n. foliage, leafage
laufskurðarsög f. fret saw
laufsveigur m. festoon
laufsög f. jigsaw

laug → lausnargjald

laug f. hot spring; pool; bath
lauga vt. bathe, wash
laugardagur m. Saturday
laugun f. bathing; ablution
lauklaga adj. bulbous
laukur m. onion; bulb
laum n. secrecy; **í laumi** in secret, furtively
laumast vi. sneak, slink, creep, prowl, skulk
laumast burt vi. sneak/slope off
laumufarþegi m. stowaway
laumulegur adj. stealthy, secretive, surreptitious
laumuspil n. hanky-panky
laun f. secrecy; **á l.** in secret, on the sly
laun n.pl. wages, salary, pay; reward; renumeration
launa vt. reward, recompense; pay (wages)
launaávísun f. paycheque
launaður adj. salaried, paid; **vel l.** remunerative
launadagur m. payday
launadeila f. wage/labour dispute
launadeild f. labour dispute
launaflokkur m. wage bracket, (Am.) pay grade
launafríðindi n.pl. fringe benefits
launafrysting f. wage freeze
launahækkun f. pay rise, (Am.) pay raise
launajöfnuður m. parity of wages, wage equality
launakjör n.pl. wage terms
launakostnaður m. labour cost
launamaður m. wage earner
launamunur m. wage differential
launaseðill m. pay slip
launaskrá f. payroll
launaskrið n. wage slide/drift
launastigi m. wage/pay scale
launatekjur f.pl. earned income
launaumslag n. pay packet, (Am.) pay envelope
launauppbót f. wage supplement
launhelgar f.pl. mysteries
launmorð n. assassination
launmorðingi m. assassin
launmyrða vt. assassinate

launráð n.pl. plot, treachery
launsátur n. ambush
launung f. secret; secrecy, privacy, concealment
launþegi m. wage earner, (salaried) employee
laus adj. loose; free; vacant, unoccupied
laus og liðugur adj. footloose and fancyfree
laus staða f. opening, vacancy (in business)
lausafarmur m. bulk cargo
lausafé n. personal estate/property, mov(e)ables
lausafjármunir m.pl. liquid assets/ resources, mov(e)ables
lausafjárstaða f. cash position
lausagangshraði m. idle speed
lausagangsskrúfa f. idle-speed adjusting screw
lausagangur m. idling
lausaleiksbarn n. illegitimate child, lovechild
lausamaður m. freelance, jobber
lausamjöðm f. cross-buttock aloft (trick in wrestling)
lausamjöll f. powder snow
lausamunir m.pl. goods and chattels
lausasala : í lausasölu by the piece
lausaskuld f. floating debt
lausastigi m. stepladder
lausavigt : í l. in bulk
lausavirki n. redoubt
lausavísa f. quatrain, epigram
lausblaðabók adj. loose-leaf notebook
lausblaðamappa f. ring binder
lauslátur adj. promiscuous, licentious, libertine
lauslega adv. loosely
lauslegur adj. cursory, passing, sketchy; loose
lauslæti n. promiscuity, licentiousness, laxity
lauslætisdrós f. prostitute, hussy
lausmáll adj. indiscreet
lausmælgi f. indiscretion
lausn f. liberation, emancipation; release, discharge; solution, answer; relief
lausnarbeiðni f. resignation
lausnargjald n. ransom

lausnarhnappur m. escape key
lausnarhraði m. escape velocity
lausnari m. redeemer
lausn deilu f. conflict resolution
lausráðinn adj. jobbing
laust áklæði n. slipcover
laust mál n. prose
lausung f. promiscuity, rakishness; falseness
laut f. hollow
lautarferð f. picnic
lax m. salmon
laxaseiði n. young salmon, parr, smolt
laxeldi n. salmon farming/ranching
laxerandi lyf n. purgative
laxerolía f. castor oil
laxveiði f. salmon fishing
laxveiðiá f. salmon river
lá vt. blame, reproach
ládeyðutími m. off-season
láð n. land
láðs- og lagar- comb. amphibious
láðs- og lagarfarartæki n. amphibian
lág f. hollow
lágaðall m. gentry
lágfiðla f. viola
lágfjara f. low tide/water
lággeisli m. low beam
lággróður m. undergrowth
lágkirkja f. Low Church
lágkirkjumaður m. Low Churchman
lágkúra f. banality
lágkúrulegur adj. banal, low-minded
láglaunafólk n. the poorly paid
láglendi n. lowlands
láglitur m. minor suit (in card games)
lágljós n.pl. (á bíl) dipped light
lágmark n. minimum, rock bottom
lágmarkseinkunn f. passing mark (in an exam)
lágmarksgjald n. minimum charge
lágmarkslaun n.pl. minimum wage
lágmarksverð n. minimum/knockdown price
lágmenningar- comb. lowbrow
lágmessa f. Low Mass
lágmynd f. relief, bas-relief
lágnætti n. midnight
lágreistur adj. low-rise
Lágskoti m. Lowlander

lágskurðarmynd f. relief, bas-relief
lágspenna f. low voltage
lágstafur m. lower-case (character)
lágstétt f. lower class
lágstæður adj. subscript
lágtíðni f. low frequency
lágur adj. low; small, short
lágvaxinn adj. short (of stature)
lágvísir m. subscript
lágþiljur f.pl. wainscot
lágþrýstingur m. depression
lágþrýstisvæði n. low-pressure area
lágþýska f. Low German
láhnit n. horizontal coordinate, abscissa
lán n. loan; borrowing; good luck; **fá e-ð að láni (hjá)** borrow s-g (from); **að/í láni** on loan; **l. í óláni** blessing in disguise
lána vt. lend
lánabeiðni f. loan request
lánamörk n.pl. credit limit, (Am.) credit line
lánardrottinn m. creditor
lánasamningur m. loan agreement
lánasjóður m. credit fund, loan fund
lánastjórnun f. credit management
lánastarfssemi f. loan business
lánastofnun f. loan society
lánaumsókn f. credit application
lánlaus adj. luckless
lánsamur adj. lucky, fortunate; successful
lánsfé n. loan capital
lánsfjármarkaður m. credit market
lánsfjármögnun f. debt financing
lánsfrestur m. extension of a loan
lánshæfni f. credit rating
lánskjaravísitala f. credit terms index
lánskjör n.pl. credit terms
lánskort n. credit card
lánsorð n. loanword
lánstími m. credit period, m. term of credit
lánstraust n. credit (status/rating), credit rating
lántakandi m. borrower, debtor
lánsumsókn f. loan application
lánsumsækjandi m. loan applicant
lánveitandi m. creditor, lender
lánveiting f. loan granting
lánþegi m. borrower, debtor

láréttur adj. horizontal, level
lárpera f. avocado, alligator pear
lárviðarkrýndur adj. laureate
lárviðarrós f. oleander
lárviðarskáld n. poet laureate
lárviður m. laurel
lás m. lock; **taka úr l.** unlock
lásasmiður m. locksmith
lásbogi m. crossbow
láspinni m. lockpin
lásró f. locknut
lát n. break, let-up; death, demise
láta vt. put, place; let, permit
láta af vt. stop doing
láta af hendi vt. hand over, part with
láta á móti sér vt. do against one's will
láta á sér skilja vt. hint at, intimate
láta bera á vt. show off
láta e-n gera e-ð vt. make s-y do s-g
láta eiga sig vt. leave/let alone
láta fylgja með vt. enclose (with a letter); throw in
láta ganga vt. hand (a)round
láta gera e-ð vt. have s-g done
láta illa vi. act wildly, horse around
láta illa yfir vt. disapprove of
láta í ljós(i) vt. express, indicate
láta í té vt. provide, furnish, render
láta í veðri vaka vt. hint at, intimate
láta lausan vt. release
láta lítið á sér bera vi. keep a low profile
láta mikið með vt. lionize
láta mikið yfir vt. praise
láta reka vi. (of a ship) lie to
láta renna af sér v. sober up
láta rætast vt. carry out, realize
láta sér nægja vt. content oneself with
láta sig vi. give in, yield
láta sjá sig vi. put in/make an appearance
láta til sín taka vt. assert oneself
láta undan v. give/cave in; back down
láta uppi vt. disclose, unbosom
láta vel að vt. caress
láta vel af vt. speak well of
láta viðgangast vt. condone
láta vita vt. inform; advise
látalæti n.pl. affectation, pretence, playacting
látast v. pretend, feign; die, decease

látast vera vt. pose as, pass oneself off as
látbragð n. gesture, gesticulation; mime
látbragðsgáta f. charades
látbragðsleikari m. mime (artist)
látbragðsleikur m. (panto)mime, dumb show
látinn adj. dead, deceased; **vel/illa l.** of good/evil report; **vant við l.** engaged, occupied
látlaus adj. plain, informal; continuous, incessant
látleysi n. plainness, informality, chastity
látún n. brass
látæði n. behaviour; gesture
lávarðadeild (breska þingsins) f. House of Lords
lávarðartign f. lordship
lávarður m. lord
leðja f. mud, mire, ooze
leður n. leather
leður- comb. leathery
leðurbaka f. leatherback
leðurblaka f. bat
leðurfeiti f. dubbin
leðurhanski m. gauntlet
leðurlíki n. leatherette
leðurreim f. thong
leðurútiskór m. (shoe) brogue
leg n. womb, uterus
lega f. position; illness, lying (in bed); lay (of the land); bearing (in a machine)
legáti m. legate
leggbjörg f. gaiter, shinguard
legghlíf f. gaiter, puttee
legghlífar f.pl. leggings
leggja vt. lay, put, place; down, defeat; build
leggja vi. ice up, freeze over
leggja að jöfnu vt. equate
leggja að velli vt. get the better of, defeat
leggja af vi. lose weight; vt. stop doing
leggja af mörkum vt. contribute
leggja af stað vi. set off/forth, leave, depart
leggja aftur vt. close
leggja á vi. ring off, hang up
leggja bíl v. park (a car)
leggja fram vt. put forth, propose, submit; donate

leggja fram tilboð v. make an offer
leggja frá landi vi. set/shove off from the shore
leggja frá sér vt. put aside/down
leggja fyrir v. put away/by, save
leggja hendur á vt. manhandle
leggja inn vt. deposit (money)
leggja í púkkið vt. chip in
leggja lag sitt (við) vi. consort (with)
leggja með bréfi vt. enclose (with a letter)
leggja niður vt. abolish, shut down
leggja niður fyrir sér vt. consider carefully
leggja niður vinnu vt. down tools
leggja orð í belg vt. put in a remark, chime in
leggja rækt við vt. cultivate
leggja saman vt. add/sum up; fold
leggja sig vi. lie down, kip (down)
leggja sig allan fram vt. give one's all, lean over backwards, be at pains/take (great) pains with
leggja sig fram vt. exert oneself
leggja sig niður við vt. stoop/descend to
leggja stund á vt. go in for
leggja til vt. propose, recommend
leggja til hliðar vt. put aside; reserve, pigeonhole
leggja undir vt. wager, gamble, risk, stake
leggja undir sig vt. conquer (land); subjugate
leggja upp vi. set off, sally forth/out
leggja upp laupana vi. give/fold up
leggja út vt. lay/shell out (money); interpret
leggja út í vt. venture, take the risk of
leggjalangur adj. leggy
leggjarbragð n. outside stroke (trick in wrestling)
leggjast niður vi. lie down
leggjast (upp) að vi. (of a ship) berth
leggur m. leg; stem, stalk
leggöng n.pl. vagina
legháls m. cervix
leghringur m. pessary
leghöll f. mausoleum
legkaka f. placenta
legnám n. hysterectomy
legpípa f. fallopian tube, oviduct
legsteinn m. gravestone, tombstone
legubekkur m. couch, divan, sofa
legudagar m.pl. lay days (of a ship)
legudeildarsjúklingur m. inpatient
legugjald n. (charge) anchorage
legupláss n. berth (in a harbour)
legusár n. bedsore
leið f. way, route; means
leiða vt. lead; conduct
leiða af vt. come of, result from
leiða af sér vt. entail, result in
leiða hjá sér vt. ignore, fob off
leiða í ljós vt. reveal, bring forth
leiða til vt. lead (up) to, result in
leiðabók f. bus timetable/schedule
leiðamynd f. flowchart
leiðandi adj. leading, foremost; conductive
leiðangur m. expedition
leiðangursher m. expeditionary force
leiðari m. leading article, editorial; conductor
leiðarlag n. marker horizon
leiðarljós n. lodestar, loadstar; beacon
leiðarlok n.pl. destination
leiðarmerki n. marker
leiðarminni n. leitmotive
leiðarsteinn m. lodestone, loadstone
leiðarstjarna f. lodestar, loadstar; pole star
leiðarvísir m. manual, guide
leiðast vi. walk hand in hand; be bored
leiðbeina vt. guide, direct; instruct, teach
leiðbeinandi m. guide; instructor, mentor
leiðbeining f. guidance, instruction
leiði m. boredom, listlessness
leiði n. grave (mound)
leiðindamál n. nasty business
leiðindaskjóða f. bore, wet blanket
leiðindaverk n. chore
leiðindi n.pl. boredom, tediousness; trouble
leiðinlegur adj. boring, tedious, tiresome
leiðinn adj. conductive
leiðni f. conductivity, conductance
leiðrétta vt. correct, put right
leiðrétting f. correction, emendation
leiðsla f. pipe(line); conduit; ecstasy
leiðslustokkur n. culvert

leiðsögn → leikmenn

leiðsögn f. guidance, lead
leiðsögufiskur m. pilot fish
leiðsöguhandbók f. guide book
leiðsöguhundur m. guide dog
leiðsögumaður m. (travel) guide
leiðsögustef n. leitmotive
leiðtogafundur m. summit talk
leiðtogi m. leader
leiður adj. bored, tired, dispirited
leifakássa f. hotchpotch, (Am.) hodgepodge
leifar f.pl. remains, rest; leftovers
leiftra vi. flash, sparkle
leiftrandi adj. refulgent, lurid, lambent
leiftur n. flash, gleam, glint
leifturárás f. lightning attack
leifturárásir f.pl. shock tactics
leifturhraði m. lightning speed
leifturljós n. flashlight; flashgun
leifturstríð n. blitzkrieg
leiftursýn f. glimpse
leiga f. hire, rent, lease; **til leigu** for hire
leigja vt. hire, rent, lease; charter
leigja út vt. hire out, rent
leigjandi m. tenant, lodger
leigubifreið f. taxi
leigubílastæði n. taxi rank, (Am.) taxi stand
leigubíll m. taxi, (Am.) cab
leigubílstjóri m. taxidriver, (Am.) cabdriver
leiguflug n. charter flight
leiguflugfélag n. charter airline
leiguflutningaskip n. tramp steamer
leigugjald n. rent(al)
leiguhúsnæði n. lodging(s), digs
leiguhæfur adj. rentable
leiguíbúð f. rented flat/(Am.) apartment
leigujörð f. leasehold land
leigulaus adj. rent-free
leiguliði m. tenant
leigumiðlari m. house agent
leigurithöfundur m. hack writer
leigusali m. renter, lessor
leigusamningur m. lease
leigutaki m. hirer, lessee; charterer
leigutekjur f.pl. rental income
leigutímabil n. tenancy
leiguupphæð f. rental
leiguvagn m. hackney carriage

leigubý n. hireling
leika vi. play; act
leika á vt. trick, dupe, outsmart
leika sér vi. play, sport, frisk
leika sér að vt. play/fool with
leika sér við vt. play/toy with
leika undir vt. (in music) accompany
leikaraskapur m. melodrama, dramatics, antics
leikari m. actor, player, performer
leikbókmenntir f.pl. drama(tic literature)
leikbrúða f. puppet, marionette
leikbrúðugerð f. puppetry
leikbrúðustjórnandi m. puppeteer
leikbrúðusýning f. puppet show
leikbúningar m.pl. wardrobe
leikdómur m. drama review
leikendur m.pl. cast (of actors)
leikfang n. toy, plaything
leikfangabangsi m. teddy (bear)
leikfangabúð f. toyshop
leikfangabyssa f. popgun
leikfélagi m. playmate, playfellow
leikfimi f. gymnastics, physical education/training
leikfimibolur m. leotard
leikfimihestur m. pommel/vaulting horse
leikfimisalur m. gymnasium
leikfimiskennari m. gym teacher
leikfimiskór m.pl. gym shoes
leikgagnrýnandi m. theatre critic
leikgerð f. dramatization
leikgrind f. playpen
leikherbergi n. playroom, (Am.) recreation room
leikhlé n. half time
leikhljóð f.pl. sound effects
leikhús n. theatre, playhouse
leikhúsfélag n. repertory company
leikhúsgestur m. theatregoer, playgoer
leikhúskíkir m. opera glasses
leikhússtjóri m. theatre director
leikinn adj. skilful, dexterous, accomplished
leikkona f. actress
leiklist n. drama(tic art), acting
leiklistarskóli m. dramatic academy, conservatory
leikmaður m. layman; player
leikmenn m.pl. laity

leikmunavörður m. prop(erty) man
leikmunir m.pl. properties, props
leikmynd f. stage design, set, décor
leikmyndahönnuður m. stage designer
leikni f. dexterity, skill, proficiency
leikrit n. play, drama
leikritahöfundur m. dramatist, playwright
leikrænn adj. dramatic
leikskóli m. nursery school, kindergarten
leikskrá f. programme
leikslok n.pl. end of play; **að leikslokum** finally
leiksoppur m. plaything, puppet
leikstjóri m. director (of a play)
leiksvið n. stage; arena
leiksýning f. performance
leiktími m. playtime
leiktjaldamálari m. scenepainter
leiktjöld n.pl. scenery
leiktúlkun f. dramatization
leikur m. play; match, game; move; acting
leikvangur m. stadium
leikvöllur m. playground; recreation ground
leikæfing f. rehearsal
leir m. clay; earthenware
leirbað n. mud bath; mudpack (for the face)
leirbrot n. (pot)sherd, shard
leirburður m. bad verse, doggerel
leirdúfuskotfimi f. trapshooting
leirgedda f. catfish
leirhver m. mud spring, solfatara
leirkeragerð f. pottery
leirkerahjól n. potter's wheel
leirkerasmiðja f. (workshop) pottery
leirkerasmiður m. potter
leirkítti n. lute
leirlist f. (art) ceramics, pottery
leirmold f. loam
leirmunir m.pl. (articles) ceramics, pottery
leirsandur m. loam
leirskáld n. poetaster, rhymester
leirskífuskotkeppni f. skeet shooting
leirslabbi m. bream
leirsteinn m. shale
leirsteinshús n. adobe
leirtau n. crockery, china, dishes
leirur f.pl. mudflats
leirvörur f.pl. earthenware, crockery
leit f. search, quest; round-up (of sheep)
leita (að) vt. search/look/seek (for)
leita á e-m vt. frisk s-y
leita á e-n vt. make passes at s-y
leita eftir vt. ask for
leita fyrir sér vt. look around, try to find
leita ráða hjá vt. consult
leita til vt. turn to; call (up)on
leita uppi vt. search out, run down
leitandi adj. (of education) heuristic
leitarflokkur m. search party
leitari m. viewfinder (of a camera)
leitarljós n. searchlight
leitarmaður m. searcher
leitast við vt. try
leiti n. hill; **á næsta l.** nearby
leitir f.pl. autumn round-up (of sheep)
leka vi. leak; drip; **fara að l.** spring a leak
lekandi m. gonorrhea, clap
leki m. leak(age); drip
lektari m. lectern (in a church)
lektor m. lecturer, assistant professor
lektorsstaða f. lectureship
lekur adj. leaky
lemja vt. beat, strike, thrash, pound
lemstra vt. maim, mutilate
lend f. loin
lenda vt. land; end up, hit
lenda í vt. get mixed up in, come up against
lenda saman vi. clash
lendar n.pl. loins
lendaskýla f. loincloth, G-string
lendastykki n. rump, sirloin
lendaverkur m. lumbago
lending f. landing; touchdown
lendingarstaður m. landing place
lendingarsvæði n. landing field/strip
lengd f. length; **á lengdina** longways, longwise; **í fullri l.** fulllength; **þegar til lengdar lætur** in the long run
lengdarbaugur m. meridian
lengdargráða f. longitude
lengdarmál n. long/linear measure
lengdarmál á sjó n. mariners' measure
lengi adv. long, for a long time
lenging f. extension, prolongation
lengja f. strip; carton

lengja vt. lengthen, extend, prolong
lengja eftir vt. long/pine for
lengjast vi. get longer, elongate
lengra adv. farther
lengst adv. farthest
lengstum adv. mostly, most of the time
lensa f. lance
lenska f. custom
lensport n. scupper
lensuriddari m. lancer; picador
lepja vt. lap (up)
leppa vt. be a puppet for; pin (in chess)
leppalúði m. bogey man
leppar m.pl. rags, togs
leppríki n. satellite state/nation
leppstjórn f. puppet government
leppur m. patch; figurehead, dummy; pin
lerki n. larch
lesa v. read; study; gather, pick, cull
lesa (e-m e-ð) fyrir v. dictate (s-g to s-y)
lesa sér til (um) vt. read up (on)
lesa sig upp vt. climb/shin up
lesa undir próf v. cram for an exam, swot up
lesa upp vt. recite, rehearse
lesa upphátt vt. read aloud
lesandafjöldi m. readership
lesandi m. reader
lesbía f. lesbian, dike
lesbískur adj. lesbian
lesblinda f. dyslexia, word blindness
lesborð n. reading desk
lesefni n. reading matter, literature
lesgreinir m. scanner
leslampi m. reading lamp
lesmál n. text
lesmessa f. Low Mass
lesminni n. read-only memory, ROM
lespúlt n. reading desk
lesstofa f. reading room, study
lest f. train; hold (in a ship)
lesta vt. load
lestarferja f. train ferry
lestarhleri m. hatch
lestarop n. hatchway
lestarrými n. tonnage
lestarstjóri m. engine driver
lestrar- og skriftarkunnátta f. literacy
lestrarbók f. reader
lestrargler n. reading glass

lestrarhestur m. bookworm
lestrarsalur m. reading room
lestun f. loading
lestur m. reading; study, perusal
leti f. laziness; **liggja í l.** laze about
letiblóð n. lazybones, sluggard, lounger
letidýr n. sloth
letihaugur m. sloth, idler, dawdler
letilegur adj. lazy
letingi m. lazybones, dead beat
letja vt. dissuade, discourage
letjandi adj. dissuasive, disheartening
letra vt. write; engrave; carve;
Letti m. Latvian, Lett
Lettland n. Latvia
lettneskur adj. Latvian, Lettish
letur n. type; character
leturgerð f. (type) font, typeface
leturgrafari m. engraver
leturgröftur m. engraving
leturhumar m. Norway lobster, crayfish
leturkrónuprentari m. daisy wheel printer
leturprentun f. letterpress
leturtákn n. graphic symbol
lexía f. lesson
leyfa vt. allow, permit; vouchsafe, warrant
leyfi n. permission; permit, licence; holiday
leyfilegur adj. allowable, permissible
leyfisbréf n. special licence
leyfishafi m. licensee, grantee
leyfisleysi : í l. without permission
leyfissvipting f. disqualification
leyfisveitandi m. grantor
leyfisveiting f. authorization
leyna vt. hide, conceal
leynd f. secrecy; **með l.** secretly
leyndardómsfullur adj. mysterious
leyndardómur m. mystery
leyndarmál n. secret
leyndarráð n. privy council
leyndastur adj. in(ner)most
leyndur adj. secret, hidden, latent
leyni n. hiding place; **í l.** secretly
leynilegur adj. secret, covert, clandestine, hush-hush
leynilögregla f. secret police
leynilögreglumaður m. detective, sleuth
leynilögreglusaga f. detective story

leynimakk n. intrigue, machination, skulduggery
leyninúmer n. unlisted number
leyniskjal n. confidential document
leyniskytta f. sniper
leynivínsali m. bootlegger
leyniþjónusta f. secret service
leyniþjónustumaður m. secret agent
leysa vt. loosen; untie; free; solve
leysa af vt. relieve, stand in for
leysa af hólmi vt. replace, supersede
leysa frá störfum vt. fire, discharge
leysa út vt. ransom; redeem
leysa vanda v. solve a problem
leysanlegur adj. soluble; solvable
leysast v. be solved; unravel
leysast upp vt. dissolve; disband
leysigeisli m. laser beam
leysikorn n. lysosome
leysing f. thaw; ablation (of a glacier)
leysingi m. freedman
leysir m. laser; solvent; thinner
leysni f. solubility; resolution
leyti n. respect, part; time; **að mestu l.** mostly; **að einhverju/nokkru l.** partly; **að þessu/sumu/mörgu/engu/öðru l.** in this/some/many/no/other respects; **(ég) fyrir mitt l.** (I) for one, personally; **að öllu l.** altogether; **um þetta l.** at about this time
lélegur adj. poor, inferior, low-grade, shoddy
lénsdrottinn m. overlord
lénsherra m. liege lord, overlord, seigneur
lénskur adj. feudal
lénsmaður m. liege man, feudatory, vassal
lénsskipulag n. feudal system, feudalism
léreft n. linen, laundry
létta vt. lighten; relieve, alleviate
létta á sér vt. relieve oneself
létta sig vi. lose weight
létta til vi. (of weather) clear up
létta undir með e-m vt. give s-y a hand
léttasótt f. labour (of giving birth)
léttast vi. lose weight, become lighter
léttbátur m. pinnace
léttfættur adj. light-footed
léttgeggjaður adj. slightly mad, pixilated
léttir m. relief, alleviation; help
léttklæddur adj. lightly dressed
léttleiki m. lightness
léttlyndi n. cheerfulness; frivolity
léttlyndur adj. cheerful, light-hearted
léttmjólk f. low-fat milk
léttostur m. low-fat cheese
léttróttækur maður m. pinko
léttræsing f. warm boot
léttstígur adj. tripping
léttur adj. light; easy; cheerful
léttúð f. frivolity, levity; looseness
léttúðardrós f. trollop
léttúðugur adj. frivolous; immoral, wanton
léttvægur adj. unimportant, airy
lið n. crowd; troops; team; help
liða vt. divide; wave, curl, frizzle
liða í sundur vt. work apart
liðabólga f. (rheumatoid) arthritis
liðaður adj. curly
liðagigt f. (rheumatoid) arthritis
liðagras n. foxtail
liðamót n.pl. joint; **með l.** jointed
liðamótalaus adj. double-jointed
liðamótalíkan n. lay figure
liðast vi. wind, meander, snake
liðast sundur vi. fall to pieces
liðband n. ligament
liðfelldur adj. elliptical
liðfætla f. arthropod
liðgerð f. phrase structure
liðhlaup n. desertion, defection; dislocation
liðhlaupi m. deserter; **gerast l.** desert
liðin tíð f. perfect tense (in grammar)
liðinn adj. past, bygone; defunct
liðka vt. make flexible
liðka sig vi. loosen/limber up
liðlangur adj. livelong
liðleskja f. laggard, slouch, passenger
liðormur m. annelid
liðpoki m. synovial sac
liðsandi m. team spirit
liðsauki m. reinforcements, contingent
liðsflutningaskip n. troopship, troop carrier
liðsflutningavél f. troop carrier
liðsforingi m. officer, lieutenant
liðsinna vt. assist, accommodate

liðsinni → listdómur

liðsinni n. assistance, help, aid
liðskipting f. segmentation
liðskiptur adj. articulate, jointed
liðskjarni m. cadre
liðskönnunarsvæði n. parade ground
liðsmaður m. follower, supporter
liðssöfnun f. recruitment, mobilization, muster
liðsveit f. battalion
liðtenging f. articulation
liðtognun f. sprain
liðugur adj. nimble, agile, supple, lithe
liður m. joint; item, segment; **fara úr liði** be dislocated; **úr liði** out of joint
liðveisla f. assistance, support
liðþjálfi m. sergeant
lifa v. live, be alive, exist; experience
lifa af v. survive, recover, come through
lifa saman vi. coexist
lifandi adj. alive, living, animate
lifandi eftirmynd f. spitting image
lifna vi. come to life, revive
lifna við vi. cheer/perk up
lifnaður m. way of life
lifrarbólga f. hepatitis
lifrarkæfa f. liver pâté
lifrarmosi m. liverwort
lifrarpylsa f. liver sausage, (Am.) liverwurst
lifur f. liver
liggja vi. lie; be located
liggja að vt. adjoin, skirt, neighbour on
liggja á v. brood, incubate; be in a hurry
liggja á hleri vi. eavesdrop
liggja fyrir vi. lie in bed; be on hand; be expected
liggja fyrir e-m vt. ambush s-y
liggja meðfram vt. border, fringe
liggja niðri vi. be inactive
liggja út af vi. lie flat/down
liggja úti vi. sleep rough, camp, bivouac
liggja yfir vt. pore over
liggjandi m. slack water; adj. supine, recumbent
lilja f. lily
lim n. foliage
limaburður m. bearing, poise, port, posture
limgarður m. hedgerow
limgerði n. hedge(row)
limgerðisgirðing f. quickset hedge

limlesta vt. mutilate, maim, mangle
limlesting f. mutilation
limra f. limerick
limur m. limb; member
limviður m. boxwood
lina vt. soften, loosen; alleviate
linast vi. go soft; droop, flag
lind f. spring, well, waterhole, fountain(head)
lindarpenni m. fountain pen
lindastelkur m. common sandpiper
lindá f. spring-fed river
lindi m. belt, girdle; ribbon
lindifura f. pitch pine
linditré n. linden, lime tree
lindýr n. mollusc
linka f. feebleness, flaccidity, laxity
linkind f. lenience, mercy
linkol n.pl. bituminous coal
linna vi. stop, cease, let up
linnulaus adj. ceaseless, incessant
linnulaust adv. without a break, continuously
linsa f. lens
linsoðinn adj. soft-boiled
linsubaun f. lentil
linsukíkir m. refracting telescope
linun f. abatement, palliation
linur adj. soft, flabby; weak, flaccid
lipur adj. nimble, supple, agile; tactful
lipurð f. agility; finesse, complaisance
lirfa f. larva, caterpillar, grub, maggot
lirfuhýði n. cocoon
lirfustig n. larval stage
list f. art
listaháskóli m. academy of art
listahátíð f. art festival
listakona f. female artist
listamaður m. artist
listasafn n. art museum/gallery; art collection
listasaga f. art history
listasalur m. art gallery
listaskóli m. art school
listasvið n. division of fine arts
listaverð n. list price
listaverk n. work of art
listdans m. ballet
listdanssamning f. choreography
listdómur m. critique

listfengi n. artistry
listfengur adj. artistic
listflug n. aerobatics
listfræðingur m. art historian
listgáfa f. artistic talent
listi m. list; catalogue; lath
listiðn f. handicrafts
listiðnaður m. arts and crafts, applied art
listlíki n. kitsch
listmálari m. painter, artist
listmunur m. object of art, objet d'art
listrænn adj. artistic
listskautahlaup n. figure skating
listsnilli f. artistry
listsýning f. art exhibition
listun f. listing
listunnandi m. art lover, aesthete
lita vt. colour; dye
litað gler n. stained glass
litaður adj. coloured; nonwhite
litafræði f. chromatics
litanía f. litany
litaraft m. complexion
litarefni n. colourant, dyestuff
litarháttur m. pigmentation, skin colour
litarklessa f. blotch
litasamsetning f. colour scheme
litaspjald n. palette
litast um vi. look around/about
litast upp vi. lose colour, fade
litastokkur m. paint box
litaval n. colour scheme
Litáen n. Lithuania
litblinda f. colour blindness
litblindur adj. colour-blind
litblær m. hue, tinge, shade, tone
litbrigði n.pl. nuance, iridescence
litekta adj. colourfast
litfestir m. fixative (of colours)
litgreining f. colour analysis
lithimna f. iris (of the eye)
lithverfur adj. iridescent
litkatré n. lychee, litchi
litkrít f. pastel; crayon
litlaus adj. colourless; drab, nondescript
litli vísir m. hour hand (on a clock)
litlifingur m. little finger, (Am.) pinkie
litmynd f. colour photo(graph)
litningaþráður m. chromatid
litningur m. chromosome

litógrafía f. lithography
litríkur adj. colourful; flamboyant
litróf n. spectrum
litrófssjá f. spectroscope
litsjónvarp n. colour television
litskrúð n. rich colours
litskrúðugur adj. colourful; motley
litskyggna f. colour slide
litun f. colouring, dying
litur m. colour, hue; dye; suit (of cards)
Líbani m. Lebanese
Líbanon n. Lebanon
líbanskur adj. Lebanese
líða vt. tolerate; suffer
líða vi. glide, float; (of time) pass, go by
líða hjá vi. pass off, cease
líða út af vi. faint, pass out
líðan f. (state of) health, condition
líf n. life; **á lífi** alive; **draga fram lífið** scrape a living; **gera e-m lífið leitt** give s-y a rough time; **vera úti á lífinu** gallivant; **úti á lífinu** on the racket
lífbátur m. lifeboat
lífbein n. pubic bone
lífbelti n. life belt
lífdagar m.pl. life span
lífeðlisfræði f. physiology
lífeðlisfræðilegur adj. physiological
lífeðlisfræðingur m. physiologist
lífefnafræði f. biochemistry
lífefnafræðilegur adj. biochemical
lífefnafræðingur m. biochemist
líferni n. way of life, living, habits
lífeyrir m. pension, annuity
lífeyriskerfi n. contributory pension scheme
lífeyrissjóður m. pension fund
lífeyristrygging f. annuity insurance
lífeyrisþegi m. pensioner
lífflótti m. escapism
líffræði f. biology
líffræðilegur adj. biological
líffræðingur m. biologist
líffæraflutningur m. transplant
líffærafræði f. anatomy
líffærafræðilegur adj. anatomical
líffærafræðingur m. anatomist
líffærakerfi n. tract (of organs)
líffærastarfsemi f. organic function
líffæri n. organ

lífga → líkfylgd

lífga vt. resuscitate; stimulate
lífga upp á vt. liven/perk up
lífga við vt. revive
lífgjafi m. rescuer, lifesaver
lífgjöf f. rescue
lífglaður adj. happy, cheerful
lífhimna f. peritoneum
lífhimnubólga f. peritonitis
lífhrynjandi m. biorhythm
lífhvolf n. biosphere
líflaus adj. lifeless, inanimate; stuffy
líflát n. execution
lífláta vt. execute, kill
líflátsdómur m. death penalty/sentence
líflegur adj. lively, vivacious
lífleysi n. deadness, inanimateness
líflína f. lifeline
lífrænn adj. organic
lífsbarátta f. struggle for existence
lífseigur adj. tenacious (of life)
lífsferill m. life history, life cycle
lífsfjör n. vitality, vigour, pep
lífsgleði f. joie de vivre
lífsgæðakapphlaup n. rat race
lífsgæði n.pl. good things of life
lífsháski m. danger of one's life
lífshvöt f. libido
lífshætta f. mortal danger
lífshættir m.pl. way of life
lífshættulegur adj. deadly, fatal
lífsjurt f. parsnip
lífskeið n. life history
lífskjör n.pl. standard of living
lífskraftur m. vitality, verve
lífsleiði m. depression, ennui
lífsleiður adj. world-weary
lífslíkur f.pl. life expectancy
lífsmark n. sign of life
lífsmáti m. life style
lífsnauðsynjar f.pl. necessities of life
lífsnauðsynlegur adj. vital, indispensable
lífsnautnaseggur m. hedonist
lífsregla f. principle, precept, maxim
lífsreynsla f. experience of life
lífsskilyrði n.pl. living conditions
lífsskoðun f. view of life
lífsspeki f. worldly wisdom, philosophy
lífsstarf n. life's work, career
lífsstíll m. life style
lífstíð f. lifetime
lífstíðar- comb. lifelong
lífstíðardómur m. life sentence
lífstíðarfangi m. lifer
lífstykki n. corset, foundation garment
lífsviðurværi n. livelihood, means of subsistence
lífsvísindi n.pl. life sciences
lífsþreyttur adj. world-weary
lífsþróttur m. vitality, vigour, sap
lífsþægindi n.pl. creature comforts, luxuries
líftaktur m. biorhythm
líftóra f. breath of life
líftrygging f. life insurance
líftryggja vt. take out a life-insurance policy
lífvana adj. lifeless, inanimate
lífvera f. organism
lífvænleg laun n.pl. living wage
lífvænlegur adj. viable
lífvænleiki m. viability
lífvörður m. bodyguard; lifeguard
lík n. dead body, corpse, cadaver
líka vt. like, be pleased with; relish, enjoy
líka adv. also, too, as well
líkami m. body
líkamlegur adj. physical, bodily, corporal, sensual
líkamnast vi. materialize
líkamning f. materialization
líkamsárás f. assault (and battery), mugging
líkamsbygging f. anatomy, physique, constitution
líkamsfegurð f. pulchritude
líkamshiti m. blood heat
líkamshreysti f. physical fitness
líkamsrækt f. physical training, body building
líkamsstaða f. posture
líkamsstærð : í fullri l. life-size(d)
líkamsvefur m. tissue
líkamsvöxtur m. anatomy, physique, build
líkamsþróttur m. stamina
líkan n. model
líkbrennsla f. cremation
líkbrennsluhús n. crematorium
líkbörur f.pl. bier
líkfylgd f. funeral procession, cortège

líkhringing f. passing bell
líkhræðsla f. necrophobia
líkhús n. mortuary, (Am.) morgue
líki n. form, shape; likeness, similitude
líkindasönnun f. circumstantial evidence
líkindi n.pl. likelihood, probability
líking f. similarity; simile, metaphor; equation
líkingamál n. figure of speech
líkingasaga f. allegory
líkja eftir vt. imitate; simulate
líkja við vt. compare/liken to
líkjast vt. resemble, look like, take after
líkjör m. liqueur
líkkista f. coffin, (Am.) casket
líkkistuklæði n.pl. pall
líkklukka f. passing bell
líkklæði n.pl. shroud, winding sheet
líklegur adj. likely, probable, plausible
líkmaður m. pallbearer
líkn f. mercy; charity; care
líkna vt. nurse, care for
líknarbelgur m. amnion, caul; (in a car) air bag
líknardráp n. mercy killing, euthanasia
líknarlund f. philanthropy
líknarstofnun f. charity (society)
líknarstunga f. quietus
líkneski n. statue, sculpture, image
líknsamur adj. merciful, compassionate
líkræða f. funeral oration, eulogy
líkræningi m. body snatcher
líkskoðari m. coroner
líkskoðun f. autopsy, postmortem
líksmurning f. embalmment
líksmurningarmaður m. embalmer
líkunnandi m. necrophiliac
líkur f.pl. probability, odds
líkur adj. like, similar
líkvagn m. hearse
líkvaka f. wake
líkþorn n. corn (on the foot)
líkþrá f. leprosy
líkþrár adj. leprous
lím n. glue, adhesive, cement
líma vt. glue, paste, stick
límabaun f. lima bean
límband n. adhesive tape
límkenndur adj. sticky, gluey, gummy
límmiði m. label, sticker

límonaði n. lemonade
lín n. linen
lína f. line; rope, string
língresi n. redtop, bent
líning f. wristband
línolía f. linseed oil
línóleumgólfdúkur m. linoleum
línplanta f. flax
línskaf n. lint
línsterkja f. starch
línubeinn adj. rectilinear
línubil n. line interval, spacing
línudansari m. ropedancer, ropewalker
línuleg jafna f. linear equation
línumaður m. line(s)man
línuprentari m. line printer
línurit n. diagram, graph, chart
línuritapappír m. graph paper
línusetjari m. linotype
línuskil n.pl. line break
línuskiptastafur m. line feed character
línuveiðar f.pl. trawling (with a line)
líparít n. rhyolite
lípasi m. lipase
lípíð n. lipid
lírukassaleikari m. organ grinder
lírukassi m. barrel/street organ, hurdy-gurdy
líta á vt. look at; examine
líta eftir vt. look after; inspect
líta inn v. call in
líta inn (hjá) vt. look/drop in (on)
líta niður á vt. look down on
líta upp til vt. look up to, respect
líta yfir vt. look through; survey
lítið adv. little; **l. eitt** a trifle
lítilfjörlegur adj. insignificant, meagre, paltry
lítill adj. little, small; petty, nominal
lítillátur adj. condescending, modest, gracious
lítillega adv. a bit, in a small way
lítillækka vt. humiliate
lítillækkandi adj. derogatory
lítillækkun f. humiliation
lítillæti n. condescension, modesty, humility
lítilmagni m. underdog
lítilmenni n. ignoble character

lítilmennska f. small-mindedness, smallness
lítilmótlegur adj. contemptible, base, menial
lítilræði n. trifle, mite, bagatelle
lítils háttar adj. insignificant; adv. slight
lítilsigldur adj. insignificant, paltry, low
lítilsvirða vt. disdain, snub, look down on
lítilsvirðandi adj. derogatory, pejorative
lítilsvirðing f. disdain, contempt; **með lítilsvirðingu** slightingly, sneeringly, in vain
lítiltölva f. minicomputer
lítilvægi n. inconsequentiality, insignificance
lítilvægur adj. unimportant, petty, dispensable
lítri m. litre, (Am.) liter
ljár m. scythe
ljóð n. poem, verse
ljóðabók f. book of poems
ljóðabréf n. epistle
ljóðasafn n. collection of poems
ljóðhvíld f. caesura
ljóðlist f. poetry
ljóðlína f. line of poetry, verse
ljóðmál n. poetic language
ljóðræna f. lyricism
ljóðrænn adj. lyrical
ljóðrænt skáld n. lyr(ic)ist
ljóðskáld n. poet
ljóðstafir m.pl. alliteration
ljóðsögulegur adj. epic
ljóður m. fault, flaw
ljóma vi. shine, gleam
ljómandi adj. shiny; splendid, brilliant
ljómi m. splendour, luminescence, lustre
ljón n. lion; Leo
ljónslappi m. alpine lady's mantle
ljónslegur adj. leonine
ljónsmunnur m. antirrhinum
ljónynja f. lioness
ljóri m. skylight
ljós n. light; illumination; **koma í l.** appear
ljós adj. light, bright; clear; fair
ljósakróna f. chandelier
ljósapera f. light bulb
ljósaröð n. footlights (of a stage)
ljósaskipti n.pl. twilight, nightfall
ljósaskiptir m. dipper switch
ljósaskreyting m. illuminations
ljósastaur m. lamppost
ljósastilling f. headlight aiming
ljósastæði n. light socket
ljósatími m. lighting-up time (of cars)
ljósálfur m. Brownie
ljósár n. light year
ljósberi m. alpine catchfly
ljósblár adj. powder blue
ljósbrot n. refraction
ljósbrotsstuðull m. index of refraction
ljósbrúnn adj. hazel
ljóseðlisfræði f. optics
ljósfjólublár adj. lavender
ljósfræðilegur adj. optical
ljósfælni f. negative phototropism, photophobia
ljósgeisli m. ray/shaft of light
ljósgrýti n. rhyolite
ljósgrænn adj. pea green
ljósgulbrúnn adj. fawn
ljósgulur adj. primrose yellow, (of hair) flaxen
ljóshraði m. speed of light
ljóshvolf n. photosphere
ljóshærður adj. fair-haired, blond
ljóshöfðaönd f. American wigeon
ljóska f. blonde
ljóskastari m. projector, searchlight
ljósker n. lantern
ljósleiðari m. optical fibre
ljósleitni f. positive phototropism
ljósleitur adj. fair, blond
ljóslifandi adj. vivid, true to life
ljósmerki n. light signal
ljósmerkjasendir m. heliograph
ljósmóðir f. midwife
ljósmynd f. photo(graph)
ljósmynda vt. photograph
ljósmyndari m. photographer
ljósmyndavél f. camera
ljósmyndun f. photography
ljósmæðraskóli m. school for midwives
ljósmælir m. exposure meter, photometer
ljósnemi m. (photo)electric cell, magic eye
ljósnæmislag n. (photographic) emulsion
ljósnæmur adj. photosensitive
ljósolía f. paraffin oil, (Am.) kerosene

ljósop n. aperture; pupil (of the eye)
ljósopsloki m. shutter (of a camera)
ljóspurpuraraudur adj. mauve
ljósraudhærdur adj. ginger
ljósrit n. photocopy, photostat, xerox
ljósrita vt. photocopy, photostat, xerox
ljósritun f. photocopying
ljósritunarvél f. photocopier
ljósröfun f. photoelectric effect
ljóssetningarvél f. phototypesetter
ljósskanni m. optical scanner
ljósstafalesari m. optical character reader
ljóst yfirbragd n. fairness
ljósta vt. smite, strike, hit
ljósta saman v. collide
ljóstillífun f. photosynthesis
ljóstra upp vt. reveal, disclose
ljóstvistur m. light emitting diode
ljósvaki m. ether
ljósþrádatækni f. fibre optics
ljótleiki m. ugliness
ljótur adj. ugly, unsightly, ungainly
ljúffengur adj. delicious, succulent, savoury
ljúfmenni n. kind person, darling
ljúfmennska f. kindness, affability, geniality
ljúfmeti n. delicacy
ljúfsár adj. bittersweet
ljúfur adj. gentle, tender; amiable, sweet
ljúga vi. lie, tell a lie
ljúgvitni n. perjurer; **bera l.** perjure oneself
ljúka vt. finish, complete, conclude
ljúka sér af vt. finish doing s-g
ljúka upp vt. open; unlock
ljúka við vt. finish, accomplish
loddari m. charlatan, conjurer, fake
loða saman vi. hang together, cohere
loða við vt. stick/adhere to
lodbrýndur adj. beetle-browed
loddýraveidimadur m. trapper
lodfeldur m. fur
lodfíll m. mammoth
lodinn adj. hairy, furry, shaggy; fuzzy
lodna f. capelin
lodselur m. fur seal
lodskinn n. fur, pelt
lodskinnasali m. furrier
lodskinnastaska f. sporran
lodvídir m. woolly willow
lof n. praise, acclaim, tribute
lofa vt. praise; permit, allow; promise
lofgerd f. eulogy, panegyric, encomium
lofnarblóm n. lavender
loford n. promise, pledge, assurance
lofordsígildi n. quasi promise
lofræda f. eulogy, panegyric, rhapsody
lofrædufly tjandi m. eulogist
lofsamlegur adj. complimentary, laudatory
lofsverdur adj. praiseworthy, laudable, commendable
lofsyngja vt. eulogize, glorify, extol
lofsöngur m. hymn, paean, rhapsody
loft n. air; sky; ceiling
loftaflfrædi f. aerodynamics
loftárás f. air raid
loftbardagi m. dogfight
loftbelgsfari m. balloonist
loftbelgur m. balloon
loftbor m. pneumatic drill
loftbóla f. bubble
loftbréf n. airletter
loftbrunnur m. airshaft
loftbrú f. airlift
loftbyssa f. airgun, popgun
loftdís f. sylph
loftfar n. aircraft; airship, dirigible, blimp
loftfimleikalína f. tightrope
loftfimleikamadur m. acrobat, aerialist
loftfimleikar m.pl. acrobatics
loftfimleikaróla f. trapeze
loftfylltur adj. pneumatic
loftgódur adj. airy
loftgöng n.pl. airshaft, airway
lofthád lífvera f. aerobe
lofthádur adj. aerobic
lofthelgi f. airspace
lofthemill m. airbrake
lofthjúpur m. aerospace, atmosphere
lofthradi m. airspeed
lofthrædsla f. acrophobia, vertigo
lofthæd f. headroom
loftkastali m. castle in the air, house of cards
loftkenndur adj. gaseous, airy, aerial, ethereal
loftknúinn adj. pneumatic
loftkældur adj. air-cooled

loftkæling f. air-cooling
loftlagsbelti n. (climatic) zone
loftlaus adj. airless, stuffy
loftleiðis adv. by air
loftmagn n. ullage (of a container)
loftmótstaða f. air resistance, drag
loftnet n. aerial, (Am.) antenna
loftnippill m. bleed nipple
loftop n. vent
loftpúði m. aircushion
loftpyttur m. airpocket
loftrakamælir m. hygrometer, psychrometer
loftraki m. humidity
loftrás f. air duct, flue
loftryk n. lithometeor
loftrými n. headroom
loftræsa vt. ventilate
loftræsitæki n. ventilator, air-conditioner
loftræsting f. ventilation, air-conditioning
loftræstur adj. ventilated, air-conditioned
loftrönd f. frieze (along a wall)
loftsiglingafræði f. aeronautics
loftsía f. air-filter
loftskeytamaður m. radio operator, telegrapher
loftskeytasendir m. radio transmitter
loftskeyti n. radiogram; **senda l.** radio
loftskip n. airship, dirigible, zeppelin
loftskrúfa f. bleed screw
loftslag n. climate
loftslagsfræði f. climatology
loftsteinn m. meteorite, falling star
loftstífla f. airlock
loftstraumur m. jet stream
loftstreymi n. airflow
lofttegund f. gas
lofttóm n. vacuum
lofttæmdur adj. vacuum-packed
loftvarnabyrgi n. air-raid shelter
loftvarnabyssa f. anti-aircraft (gun)
loftvarnir n.pl. air defence
loftveiki f. airsickness
loftveikur adj. airsick
loftvera f. aerobe
loftvog f. barometer, weatherglass
loftþéttur adj. airtight, hermetic
loftþjappa f. (air) compressor
loftþrýstingur m. atmospheric pressure, air pressure
loftþynning f. rarefaction
loga vi. burn, flame, blaze
logandi adj. on fire, ablaze, afire
logarauður adj. lurid
loggorta f. (ship) lugger
logi m. flame, blaze
logn n. calm (of weather)
lognast út af vi. fall asleep; die (away)
lognbelti n. doldrums
logndauður adj. becalmed
logsjóða vt. weld
logsuða f. welding
logsuðugas n. acetylene
logsuðutæki n. acetylene torch
lok n. lid, cover
lok n.pl. end; **að lokum** in the end, finally
loka f. bolt, shutter; valve (in the heart)
loka vt. close, shut, bar
loka- comb. closing, final, ultimate
loka af vt. seal off; barricade
loka fyrir vt. shut/switch/cut off
loka inni vt. lock up/away, confine
loka úti vt. debar from
lokaður adj. closed, shut
lokafrestur m. deadline
lokagreiðsla f. payoff, final peyment
lokakeppni f. run-off
lokaorð n. epilogue, peroration
lokapróf n. final examination
lokaritgerð f. thesis
lokasprettur m. home stretch
lokasteinn m. keystone
lokatilboð n. final offer
lokauppgjör n. showdown
lokaúrræði n. sheet anchor
lokaútkall n. final boarding
lokaverð n. closing price
lokaþáttur m. finale
lokaæfing f. dress rehearsal
lokhljóð n. plosive, stop, occlusive
loki m. valve, stopcock, turncock
lokka vt. entice, allure, seduce, coax
lokkandi adj. enticing, seductive
lokkun f. enticement, seduction
lokkur m. curl, tress
lokræsi n. sewer, drain
loks(ins) adv. at last, finally
lokun f. closing, lockup; shutdown
lokunartími m. closing time

lonníettur f.pl. lorgnette, pince-nez
lopapeysa f. (wool) sweater
lopi m. unspun wool
loppa f. paw
los n. looseness, slackness
losa vt. loosen; untie; unload; empty
losa e-n undan e-u vt. relieve s-y of s-g
losa sig við vt. get rid of, ditch, discard, dump
losa um vt. undo, ease
losanlegur adj. extricable
losaralegur adj. loose, disjointed, sloppy
losna vi. come loose/unstuck
losna við vt. get rid of; avoid having to do
lost n. shock
lostafullur adj. lustful, lecherous, lewd
lostalaus adj. platonic
lostapyntari m. sadist
lostasemi f. lasciviousness, lewdness
lostavekjandi adj. aphrodisiac
losti m. lust, prurience
lostinn adj. stricken
lostæti n. delicacy, dainty, titbit
lostætur adj. delicious, dainty, luscious
losun f. unloading; disposal; release
lota f. sequence, round; breath
lotinn í herðum adj. round-shouldered, stooping
lotning f. veneration, reverence, awe
lotningarfullur adj. reverential
lotningarlaus adj. irreverent
lotningarverður adj. venerable, reverend
lotubundinn adj. periodic(al)
lotukerfi n. periodic table
lotutími m. return period
ló f. fluff, pile, nap
lóa f. golden plover
lóð f. building site, lot, premises
lóð n. weight; sounding line; sinker, plumb
lóða vt. solder; sound
lóðafar n. oestrus, (Am.) estrus
lóðbolti m. soldering iron
lóðbretti n. spirit level
lóðhnit n. vertical coordinate
lóðlampi m. blowtorch, blowlamp
lóðlína f. perpendicular; plummet (line)
lóðmálmur m. solder
lóðréttur adj. vertical, perpendicular
lóðsa vt. pilot, navigate

lófaklapp n. applause
lófalesari m. palmist, chiromancer
lófalestur m. palmistry, chiromancy
lófaspámaður m. chiromancer
lófatak n. applause
lófi m. palm (of the hand)
lóga vt. slaughter, put away/down
lógaritmi m. logarithm
lójurt f. pussytoes
lómur m. red-throated diver/(Am.) loon
lón n. lagoon
lótusblóm n. lotus
lótusæta f. lotus-eater
lóuþræll m. dunlin
lubbalegur adj. shaggy
lubbi m. shock (of hair)
lufsast vi. (of ears) lop
lufsulegur adj. dishevelled, frumpish
luggari m. (ship) lugger
lukka f. luck; happiness
lukkast vi. succeed, come off
lukkudýr n. mascot
lukkupottur : detta í lukkupottinn hit the jackpot
lukt f. lantern
luktarkarl m. lamplighter
luma á vt. keep up one's sleeve
lumbra vt. beat, thrash, baste
lumma f. small pancake
lummulegur adj. tacky, crummy, lousy
lund f. temperament, humour
lundafar n. mentality
lundastykki n. tenderloin
lunderni n. temperament, disposition
lundi m. puffin
lundir f.pl. fillet
lundur m. grove
Lundúnabúi m. Londoner
Lundúnir f.pl. London
lunga n. lung
lungnablæð f. pulmonary vein
lungnabólga f. pneumonia
lungnafiskur m. lungfish
lungnakvef n. bronchitis
lungnapípa f. bronchus
lungnapípur f.pl. bronchial tubes
lungnaslagæð f. pulmonary artery
lungnatæring f. phthisis (of the lungs)
lungnaþemba f. emphysema
lungu n.pl. lights (used as food)

lunning f. gunwale, gunnel
luntalegur adj. surly, glum, moping
luralegur adj. clumsy
lurkur m. club, cudgel
lúalegur adj. weary; mean, scurvy
lúberja vt. beat/up, clobber, wallop
lúða f. halibut
lúðrablástur m. reveille
lúðrasveit f. brass band
lúðraþytur m. fanfare
lúður m. horn, trumpet
lúðurþeytari m. bugler
lúga f. hatch; scuttle (in a ship); wicket
lúi m. weariness, exhaustion
lúinn adj. tired, weary, worn out
lúka f. hand; handful
lúkar m. forecastle
lúkning f. completion
lúlla vi. sleep
lúmskur adj. insidious, sly
lúpína f. lupine
lúpulegur adj. shame-faced
lúr m. nap, doze
lúra vi. take a nap, doze off
lús f. louse; bug; pinch
lúsablesi m. louse, lousy bastard
lúsaegg n. nit (of a louse)
lúsalyng n. crowberry
lúskra á vt. beat/bash up, work over
lúsugur adj. lousy
lúta f. lute
lúta vi. stoop, bend; bow
lúta höfði vt. droop one's head
lúta í lægra haldi vi. knuckle under, be defeated
lúterskur adj. Lutheran
lúterstrú f. Lutheranism
lúterstrúarmaður m. Lutheran
lútuleikari m. lutanist, lutenist
lútur m. base, alkali, lye
lúxus m. luxury
lúxus- comb. luxurious, opulent, posh
lúxusbifreið f. limousine
lyf n. medicine, drug
lyfjablóm n. salvia
lyfjabúð f. chemist's, pharmacy, (Am.) drugstore
lyfjaflaska f. vial, phial
lyfjafræði f. pharmacology
lyfjafræðilegur adj. pharmaceutical
lyfjafræðingur m. pharmacologist
lyfjagerð f. pharmacy
lyfjagras n. butterwort
lyfjameðferð f. medication
lyfjaskammtur m. dose
lyfjaskrá f. pharmacopoeia
lyfjatækniskóli m. pharmatechnical school
lyfleysa f. placebo
lyflækningadeild f. medical ward
lyflækningar f.pl. internal medicine
lyfsalavog f. apothecaries' weight
lyfsali m. chemist, pharmacist, (Am.) druggist
lyfseðill m. (medical) prescription
lyfta f. lift, (Am.) elevator
lyfta vt. lift, raise, hoist; jack up (a car)
lyfta sér upp vt. recreate oneself
lyftari m. forklift (truck)
lyftiarmur m. boom
lyftiduft n. baking powder, leavening
lyftingaíþróttir f.pl. weight lifting
lyftingamaður m. weight lifter
lyftingar f.pl. weight lifting
lyftistöng f. lever
lyftuvörður m. liftman
lygalaupur m. storyteller
lygamælir m. lie detector
lygari m. liar
lygasaga f. tall story, lie
lygavefur m. labyrinth of lies
lygi f. lie, untruth, falsity
lygilegur adj. incredible, unbelievable
lyginn adj. lying, untruthful, mendacious
lygn adj. calm, serene, windless; still
lygri m. logarithm
lykilaðstaða f. key position
lykilatriði n. key item, keystone
lykill m. key
lykilmaður m. key person, linchpin
lykilorð n. keyword; password, countersign
lykilsaga f. roman à clef
lykja f. ampule
lykkja f. loop; stitch (in knitting); noose
lykkjufall n. ladder (in a stocking)
lykkjuspor n. chain stitch
lyklabarn n. latchkey child
lyklaborð n. keyboard (of a typewriter)
lyklahringur m. key ring

lyklakippa f. bunch of keys
lykt f. smell, odour, scent
lykta v. smell
lyktareyðir m. deodorant
lyktarlaus adj. odourless, scentless
lyktarskyn n. sense of smell
lyktarskynfæri n. olfactory organ
lykteyðandi adj. deodorant
lyktir f.pl. end, conclusion
lyktnæmur adj. sensitive to smell
lymska f. cunning, insidiousness
lymskur adj. cunning, insidious, tricky
lynda : láta sér l. resign oneself to, acquiesce
lynda við vt. get on well with, relate well to
lyndiseinkunn f. character
lyndisljóð n. lyric
lyng n. heather
lyngheiði f. heath, moorland, fell
lynghæna f. quail
lyngrjúpa f. red grouse, (Am.) moorhen
lyngvaxinn adj. heathery
lyppast niður vi. collapse, break down
lyst f. appetite
lysta v. desire, want; please
lystarlaus adj. having no appetite
lystaukandi adj. appetizing
lystauki m. appetizer, aperitif
lysthafandi m. interested party
lystibátur m. cabin cruiser
lystigarður m. pleasure ground
lystisemdir f.pl. pleasures
lystisnekkja f. yacht
lystugur adj. greedy, hungry; tasty
lýðfrjáls adj. democratic
lýðfræði f. demography
lýðháskóli m. folk high school
lýðhylli f. popularity
lýðréttindi n.pl. civil liberties
lýðræði n. democracy
lýðræðislegur adj. democratic
lýðræðisríki n. (country with) democracy
lýðræðissinnaður adj. democratic
lýðræðissinni m. democrat
lýðskrum n. demagoguery
lýðskrumari m. demagogue, rabble-rouser
lýður m. people; mob, rabble, hoi polloi
lýðveldi n. republic
lýðveldislegur adj. republican
lýðveldissinni m. republican
lýðveldisstjórnarfar n. republicanism
lýja vt. tire, wear down/out
lýjandi adj. tiring, wearisome, backbreaking
lýjast vi. get tired
lýra f. lyre
lýrískur adj. lyric(al)
lýrufugl m. lyrebird
lýruleikari m. lyrist
lýsa f. whiting
lýsa vt. light; describe; show; expose (a film)
lýsa yfir vt. declare, proclaim; avow
lýsandi adj. luminous; descriptive; demonstrative
lýsing f. lighting, illumination; description
lýsingarháttur m. participle (in grammar)
lýsingarháttur nútíðar m. present participle
lýsingarháttur þátíðar m. past/perfect participle
lýsingarorð n. adjective
lýsingarorðssagnfylling f. predicative adjective
lýsingarorðs- comb. adjectival
lýsingartími m. exposure (time of a film)
lýsingur m. hake
lýsir m. modifier
lýtalaus adj. flawless
lýtalækningar f.pl. plastic surgery
lýtalæknir m. plastic surgeon
lýti n. deformity, disfigurement, blemish
læða f. female cat, tabby
læðast vi. sneak, slink, creep, skulk
læðupokalegur adj. (of a look) hangdog, ashamed
læðupokast vi. pussyfoot
læðupoki m. sneaky person, sneak
lægð f. hollow, depression; low, cyclone
lægi n. anchorage
lægja v. abate, mollify; (of weather) blow over
lægri adj. lower; inferior; subordinate
lægstur adj. lowermost; minimum, minimal
lækjarspræna f. rill, runnel
lækjasóley f. marsh marigold
lækka v. lower; reduce; come down

lækka flugið → löggjafarvald

lækka flugið vi. descend
lækka í tign vt. demote, degrade, downgrade
lækkun f. lowering; reduction; decline
lækna vt. cure, heal
læknablóðsuga f. medicinal leech
læknadeild f. faculty of medicine
læknakandidat m. houseman, (Am.) intern
læknakólfur m. rose mallow, hibiscus
læknandi adj. curable; curative
læknanemi m. medic
læknanlegur adj. curable, remediable
læknaskóli m. medical school
læknastokkrós f. marshmallow
læknavísindi n.pl. medical science, medicine
lækning f. cure, remedy; therapy
lækningafræði f. therapeutics
lækningar f.pl. therapy
lækningastofa f. clinic
læknir m. doctor, physician
lækniseftirlit n. medical attendance
læknisfræði f. medicine
læknisfræðilegur adj. medical
læknishjálp f. medical attendance
læknishnífur m. scalpel
læknismeðferð f. therapy, treatment
læknisráð n. remedy
læknisskoðun f. medical/physical examination
læknissprauta f. hypodermic, syringe
læknisstofa f. surgery
læknistöng f. forceps
læknisvottorð n. health certificate
lækur m. brook, stream, (Am.) creek
læmingi m. lemming
læra vt. learn, study
læra utanbókar vt. learn by heart, memorize
lærdómur m. learning, scholarship, erudition
lærður adj. learned, scholarly, erudite
læri n. thigh; leg; apprenticeship
lærifaðir m. mentor
lærisneið f. cutlet
lærisveinn m. disciple
lærkriki m. groin
lærleggur m. thigh bone, femur
lærlingur m. apprentice, trainee

læs adj. able to read, literate
læsa vt. lock
læsa inni vt. lock up/away
læsi n. literacy
læsilegur adj. legible; readable
læsileiki m. legibility; readability
læsing f. lock
læti n.pl. fuss, tumult, commotion, noise
lævirki m. (sky)lark
lævís adj. artful, designing, insidious
lævísi f. artfulness, craftiness, slyness
lævíslegur adj. furtive, underhanded
löð f. die (pl. dies)
löðra vi. foam
löðrandi adj. lathery; dripping
löðrunga vt. biff, slap, smack
löðrungur m. biff, box, slap
löður n. foam, lather
löðurmennska f. poltroonery
lög n.pl. law, statute
lögaldur m. legal age, majority
lögbann n. injunction
lögbirtingablað n. (official) gazette
lögboðinn adj. statutory, mandatory, prescribed
lögbók f. statute book
lögbókandi m. notary public, (Br.) Commissioner of Oaths
lögbrjótur m. law-breaker, offender, transgressor
lögbrot n. offence, infringement, violation
lögerfingi m. legal heir, next of kin
lögfesta vt. legalize
lögfróður maður m. jurist
lögfræði f. law, jurisprudence
lögfræðideild f. faculty of law
lögfræðilegt álit n. legal advice
lögfræðilegur adj. legal, juridical
lögfræðingur m. lawyer; jurist
lögg f. drop, noggin
lögga f. cop, bobby, fuzz
löggilda vt. legalize, authorize, validate
löggilding f. authorization, validation
löggiltur endurskoðandi m. chartered accountant, (Am.) certified public accountant
löggiltur skjalaþýðandi m. authorized translator
löggjafarvald n. legislative power/authority

löggjafarþing n. legislature, congress, legislative assembly
löggjafi m. legislator, law-giver/law-maker
löggjöf f. legislation, law-making
löggæsla f. law enforcement, police
löggæslumaður m. law enforcer, peace officer
löghald n. sequestration, seizure
lögheimila vt. legalize
lögheimili n. (lawful) domicile, permanent address, legal residence
löghlýðinn adj. law-abiding
löghyggja f. determinism
löglaus adj. lawless
löglegur adj. legal, lawful
löglegur gjaldmiðill m. legal tender
löglegur (hámarks)hraði m. regulation speed
lögleiða vt. enact; legalize
lögleiðing f. enactment
lögleysa f. lawlessness
lögmaður m. barrister, solicitor, (Am.) attorney
lögmannalisti m. law list
lögmannsréttindi : fá l. be called to the Bar
lögmannsskrifstofa f.pl. chambers (of a barrister)
lögmannsstarf n. law practice
lögmannsþóknun f. legal fee, retainer
lögmál n. law (of nature), principle
lögmál Móse n. Mosaic law
lögmæti n. legality, validity, lawfulness
lögmætur adj. legal, lawful, legitimate
lögráðamaður m. legal guardian
lögregla f. police
lögregluforingi m. superintendent
lögreglukona f. policewoman
lögreglukylfa f. truncheon, (Am.) nightstick
lögreglulið n. constabulary
lögreglumaður m. policeman
lögreglurassía f. police raid
lögregluríki n. police state
lögreglusamþykkt f. police regulations
löreglupsæjari m. informer, nark
lögreglustjóri m. chief of police, (Am.) sheriff
lögreglustöð f. police station
lögregluvarðstjóri m. (police) inspector

lögregluvarðstofa f. police substation
lögregluþjónn m. police constable/officer
lögræðisaldur m. legal age, minority
lögsaga f. jurisdiction
lögskipaður adj. statutory, legal, prescribed
lögsókn f. (legal) action, prosecution
lögspeki f. jurisprudence
lögsækja vt. sue, prosecute
lögtak n. distraint
lögulegur adj. shapely
lögun f. shape, form; brew
lögur m. liquid, fluid
lögvísi f. jurisprudence
lögvörn f. legal defence
löm f. hinge
lömun f. paralysis, palsy, lameness
lömunarveiki f. polio(myelitis)
löndun f. landing, unloading
löndunarháfur m. landing net
löndunarkostnaður m. landing charges
löngum adv. mostly, as a rule
löngun f. desire, longing, yearning
löngunarfullur adj. longing, yearning, wistful
löngutöng f. middle finger
löpp f. foot; paw
löskun f. mutilation
löstur m. vice, fault
lötra vi. saunter, plod, walk slowly
löturhægt adv. at a snail's pace

M

maddama f. matron
maðkaður adj. wormy, maggoty, (of meat) flyblown
maðkafluga f. bluebottle, blowfly
maðkétinn adj. worm-eaten
maðkhola f. wormhole
maðkur m. worm, maggot
maðra f. bedstraw
maður m. man; husband; person; **á mann** per head/capita
magabelti n. girdle
magabólga f. gastritis
magabragð n. rear hip-throw (in wrestling)

magadans m. belly dance
magadansmær f. belly dancer
magafylli f. bellyful, skinful
magagróf f. solar plexus
magakrampi m. colic
magalenda vi. belly-land
magalending f. belly landing
magapína f. stomachache
magasafi m. gastric juice
magasár n. gastric ulcer
magasín n. magazine
magaskellur m. belly flop
magasýrulyf n. antacid
magaverkur m. stomachache, bellyache, gripes
magaæfing f. sit-up
magi m. stomach, belly
magn n. quantity, amount, magnitude
magna vt. strengthen, amplify
magnaður adj. powerful, intense
magnafsláttur m. quantity/bulk discount
magnari m. amplifier
magnbundinn adj. quantitative
magnesíum n. magnesium
magnesíumoxíð n. magnesia
magnfarmgjald n. bulk rate
magngreining f. quantitative analysis
magnlaus adj. powerless, languid, languorous
magnleysi n. faintness, enfeeblement, languor
magnpöntun f. bulk order
magur adj. lean, thin, gaunt, skinny
mahóníviður m. mahogany
maí m. May; **1. maí** May Day
maís m. maize, (Am.) corn
maísíld f. shad
maískólfur m. (corn)cob
maíssterkja f. cornflour, (Am.) cornstarch
maístöng f. maypole
majónes n. mayonnaise
majónsósa f. mayonnaise
majór m. major, field officer
maka vt. smear, daub
maka krókinn vt. line one's pocket
maka sig v. pair; (of animals) couple, mate
makalaus adj. unparalleled
maki m. spouse, consort; equal
makindalegur adj. indolent, snug

makindi n.pl. comfort; **í makindum** at ease
makka vi. plot, scheme
makkaróna f. macaroni
makki m. mane
makleg málagjöld n.pl. just deserts, retribution, nemesis
maklegur adj. well-earned, deserving, worthy
makríll m. mackerel
mal n. purr (of a cat)
mala v. grind, crush, pulverize, mill; defeat, clobber, drub, trounce; chatter; purr
Malakkaskagi m. Malay Peninsula
malarborinn adj. gravelly, shingly
malari m. miller
malaría f. malaria
malarkambur m. gravel bank, drumlin
Malasía f. Malaysia
malbik n. asphalt, tarmac
malbika vt. asphalt, macadamize
malda í móinn vi. demur, have objections
malla vi. simmer
malli m. tummy
malt n. malt
maltgerðarmaður m. maltster
maltneskur adj. Maltese
maltsykur m. maltose
maltöl n. malt extract
malur m. haversack
malurt f. wormwood, sagebrush
malurtarbrennivín n. absinth
mamma f. mother, mum(my), (Am.) mom(my)
mammon m. mammon
mammút m. mammoth
mana vt. dare, challenge, defy
Manarbúi m. Manx(man)
manarköttur m. Manx cat
mandarína f. mandarin (orange)
mandaríni m. (official) mandarin
mandla f. almond
manfugl m. lovebird
manga v. hawk, peddle; flirt
mangan n. manganese
mangari m. monger, trafficker
manna vt. man, staff
mannabyggð f. inhabited region

mannafli m. labour force, manpower; crew
mannafæla f. timid person, loner
mannagildra f. mantrap
mannalegur adj. handsome; cocky
mannalæti n.pl. bravado
mannamissir m. casualties, losses
mannamót n. gathering, meeting
mannapi m. anthropoid (ape)
mannasiðir m.pl. manners
mannaskipti n.pl. turnover
mannast vi. mature
mannát n. cannibalism
mannbjörg f. rescue of people
mannblendinn adj. outgoing
mannbroddur m. crampon, climbing iron
manndómur m. manliness, manhood
manndráp n. manslaughter, homicide
manndráps- comb. homicidal, murderous
manneðli n. human nature
manneskja f. human being, person
mannfall n. casualties, losses
mannfár adj. undermanned, understaffed
mannfélag n. society
mannfjandi m. brute, bleeder, devil
mannfjöldi m. crowd (of people); population
mannfjölgun f. population growth
mannfræði f. anthropology
mannfræðilegur adj. anthropological
mannfræðingur m. anthropologist
mannfyrirlitning f. misanthropy
mannfýla f. wretch, rascal, scoundrel
manngerð f. character
manngerving f. anthropomorphism
manngjöld n.pl. blood money, wer(e)gild
manngreinarálit : fara ekki í m. be no respecter of persons
manngrúi m. throng
manngæska f. philanthropy, charity
mannhatari m. misanthrope, misanthropist
mannhatur n. misanthropy
mannhestur m. centaur
mannkostir m.pl. qualities, virtues, calibre
mannkyn n. mankind, humanity
mannkynssaga f. world history
mannkærleiki m. philanthropy, human kindness

mannlaus adj. deserted, desolate
mannlegur adj. human
mannleysa f. ne'er-do-well, quitter
mannlíf n. human life
mannlýsing f. character description, portrait
mannmargur adj. crowded
mannop n. manhole
mannorð n. reputation
mannraunir f.pl. hardships, rigours
mannrán n. abduction, kidnapping
mannréttindi n.pl. human rights
mannræningi m. kidnapper
mannsaldur m. generation; lifetime
mannsbarn n. human being, person
mannshugur m. human mind, psyche
mannskaði m. loss of (human) life
mannskapur m. labour force, manpower; crew
mannskratti m. rascal, scoundrel, devil
mannskæður adj. destructive, internecine, fatal
mannslát n. death
mannspil n. face/picture/court card
mannsæmandi adj. decent, fit for a human being
mannsævi f. human life
mannsöfnuður m. crowd, congregation
manntal n. census
manntegund f. type of person, character
mannúð f. humanity, goodness; philanthropy
mannúðarstefna f. humanitarianism
mannúðlegur adj. humane, merciful; humanitarian
mannvera f. human being
mannvinur m. philanthropist
mannvirðing f. honour, rank, status
mannvirki n. building, structure
mannvit n. sense
mannvitsbrekka f. bluestocking
mannvonska f. malice, wickedness
mannþröng f. crowd, throng
mannæta f. cannibal, man-eater
mansal n. slave trade/traffic
mansétta f. cuff, wristband
manséttuhnappur m. cuff link
mansöngur m. love song, serenade
mappa f. folder, ring binder
mar n. bruise, contusion

mara f. nightmare, incubus
marabústorkur m. marabou(t)
mararhetta f. limpet
maraþonhlaup n. marathon
marbendill m. merman
marblettur m. bruise
marengs n. meringue
margbreytilegur adj. various, miscellaneous
margbrotinn adj. complicated, sophisticated
margendurtaka vt. reiterate
margfalda vt. multiply
margfaldari m. multiplier
margfaldur adj. multiple
margfalt adv. many times
margfeldi n. product; multiple
margflata adj. polyhedral
margflötungur m. polyhedron
margfætla f. centipede
margföldun f. multiplication
margföldunarstofn m. multiplicand
margföldunartafla f. multiplication table
margháttaður adj. multifarious
marghleypa f. revolver
marghliða adj. many-sided, multilateral
marghyrndur adj. polygonal, multiangular
marghyrningur m. polygon
marglitur adj. parti-coloured, polychrome
marglytta f. jellyfish
margmenni n. crowd, mob
margmennur adj. populous, multitudinous
margorður adj. verbose; wordy, longwinded
margraddaður adj. plyphonic; **m. söngur** part-singing
margræðni f. ambiguity
margræður adj. ambiguous
margsaga : verða m. contradict oneself
margsamsettur adj. multiplex
margsinnis adv. repeatedly
margskonar adj. of many kinds, various
margslunginn adj. complex, complicated
margtugginn adj. commonplace, hackneyed, well-worn
margur adj. many, a lot; much
margvíslegur adj. multifarious, varied, sundry

margþvældur adj. stale, trite, threadbare
margþættur adj. manifold, multiplex, multiple
margæs f. brent goose, (Am.) brant
marhálmur m. eelgrass
marhnútur m. sea scorpion, father lasher
María guðsmóðir f. Our Lady, Madonna
María mey f. Blessed Virgin
marínera vt. marinate
maríubjalla f. ladybird, (Am.) ladybug
Maríubæn f. angelus
maríuerla f. white wagtail
maríugler n. isinglass
maríuklukka f. bellbine
maríulauf n. aspidistra
maríulilja f. Madonna lily
maríulykill m. strict primrose, primula
maríustakkur m. lady's mantle
maríusvunta f. sea lettuce
maríutása f. mackerel sky, cirrocumulus
maríuvöndur m. field gentian
maríúana n. marijuana
mark n. mark, sign; earmark; target; goal
marka vt. make a mark on; earmark
markaðsathugun f. market study
markaðsbúskapur m. market economy
markaðsfærsla f. marketing
markaðsgengi n. parity of exchange
markaðsgreining f. market(ing) analysis
markaðskönnun f. market survey
markaðsmettun f. market saturation
markaðsrannsókn f. market(ing) research
markaðsráðgjafi m. marketing consultant
markaðssóknarstefna f. marketing strategy
markaðssetja vt. market
markaðssetning f. marketing
markaðssveiflur f.pl. market fluctuation
markaðssvæði n. fairground
markaðsúttekt f. market appraisal/assessment
markaðsverð n. market/going price
markaðsþróun f. market trend
markaðsöfl n.pl. market forces
markaður m. market; marketplace, fair
markalaus adj. scoreless
markgreifadæmi n. margraviate
markgreifafrú f. marchioness, margravine

markgreifatign f. marquisate
markgreifi m. marquis, margrave
markhópur m. target group, target market
markhyggja f. teleology
marklaus adj. null; insignificant
markleysa f. nonsense
markleysi n. invalidity
marklína f. goal line
markmið n. goal, aim, objective, purpose
markstöng f. goalpost
marksúla f. wicket (in cricket)
marktækt úrval n. representative selection
marktækur adj. significant
markverður adj. remarkable, important
markviss adj. systematic, purposeful, businesslike
markvörður m. goalkeeper, goalie
marmari m. marble
marmelaði n. marmalade
marr n. creak, scrunch; crunch
marra vi. creak, grate; crunch
mars m. March
Marsbúi m. Martian
marséra vi. march
marsipan n. marzipan
marskálkur m. marshal
marsvín n. guinea pig
martröð f. nightmare, incubus
marvaði : troða marvaðann tread water
marxismi m. Marxism
marxisti m. Marxist
marþyrnir m. seaholly
mas n. chitchat, chatter, blarney
masa vi. chatter, prattle, gossip
masari m. prattler, gasbag
masókismi m. masochism
masókisti m. masochist
masókískur adj. masochistic
massi m. mass
mastódon m. mastodon
mastur n. mast
masúrki m. mazurka
mat n. evaluation, rating; assessment
mata vt. feed
matarafgangar m.pl. leftovers
matarbirgðir f.pl. food supplies, provisions
matarbiti m. bite (of food), morsel

matarboð : fara í m. be invited out to eat
matarbúr n. pantry
matareitrun f. food poisoning
matarfat n. platter
matargerð f. cooking, cuisine
matargerðarlist f. gastronomy, cuisine
matargestur m. diner
matari m. feeder
matarkúr m. (slimming) diet
matarleifar f.pl. scaps (of food)
matarlím n. gelatine, isinglass
matarlyst f. appetite
matarolía f. cooking/salad oil
matarsalt n. common salt
matarskammtur m. helping, serving; ration
matarskáli m. (Am.) mess hall
matarskápur m. (food cupboard) safe
matarstell n. dinner set/service
matartími m. mealtime
mataruppskrift f. recipe
mataræði n. diet, fare
matast vi. eat
matbaun f. marrowfat pea
matbúa vt. prepare (a meal), cook
matbúr n. larder
matfrekur adj. voracious, greedy
matföng n.pl. victuals
matgráðugur adj. gluttonous, greedy
matgrægði f. gluttony, voracity
mathákur m. glutton, gobbler, greedy-guts
matjurt f. potherb
matjurtagarður m. kitchen garden
matmaður m. (big) eater, gourmand
matmálstími m. mealtime
matprjónn m. chopstick
matreiða vt. prepare (food), cook
matreiðsla f. cooking, cookery
matreiðslubók f. cookery book, cookbook
matreiðslumaður m. cook
matreiðslumál n. cookery measure
matrósaföt n.pl. sailor suit
matsalur m. dining hall, refectory, canteen, mess
matsatriði n. matter of opinion
matseðill m. menu, bill of fare
matshæfur adj. rateable

matskeið f. tablespoon
matsmaður m. appraiser, valuer, assessor
matsveinn m. cook
matsverð n. assessed price, valuation, estimated value
matsölustaður m. restaurant, cafeteria
mattur adj. mat, (Am.) matte
matur m. food
matvandur adj. dainty, fussy, particular
matvæli n.pl. provisions, edibles, eatables
matvörubúð f. grocery
matvörukaupmaður m. grocer
matvörur f.pl. groceries
matvöruverslun f. grocery
mauk n. mush, purée, pulp
maula vt. munch
maur m. ant
maurakláði m. scabies
maurasýra f. formic acid
mauraþúfa f. anthill
mauraæta f. anteater
maurildi n. noctiluca
má út vt. wipe out, efface, obliterate
máður adj. faded
máfur m. (sea)gull
mágkona f. sister-in-law
mágur m. brother-in-law
mál n. language; speech; matter, affair; lawsuit, case; measurements, dimensions
mála vt. paint
mála sig vt. make oneself up
máladeild f. division of languages
málaferli n.pl. lawsuit, legal proceedings
málaflokkur m. group of languages; set of issues
málafærslumaður m. advocate, counsel, barrister
málalengingar f.pl. prolixity, padding
málaliði m. mercenary
málalok n.pl. ending, conclusion
málamaður m. linguist
málamiðlun f. compromise; mediation
málamynd : til málamynda pro forma
málamynda- comb. nominal, token, perfunctory
málarahnífur m. palette knife
málaralímband n. masking tape
málaratrönur f.pl. easel
málarekstur m. litigation, legal proceedings

málari m. painter, decorator
málaskóli m. language school
málatilbúnaður m. pleadings
málavextir m.pl. facts, circumstances
málaþrasari m. quibbler
málband n. tape measure
málbein : vera liðugt um málbeinið have the gift of gab, be a smooth talker
málbeiting f. language performance
máldagi m. agreement, muniments
málefnalegur adj. factual, objective
málefni n. matter, issue, concern
málfar n. (language) usage, phraseology
málflutningur m. pleading, presentation, court proceedings
málfrelsi n. freedom of speech
málfræði f. grammar
málfræðilegur adj. grammatical
málfræðingur m. grammarian
málfræðivilla f. syntax error
málfundafélag n. debating society
málfyrning f. archaism
málgagn n. organ (of public opinion)
málgefinn adj. talkative, loquacious
málhafi m. informant
málhelti f. speech impediment
málhreimur m. accent, intonation; tone
málhreinsun f. (linguistic) purism
málhreinsunarstefna f. policy of purism
málhvíld f. pause (in speech)
málhæfni f. articulateness
málkennd f. feeling for language(s)
málkunnugur : vera m. (e-m) be on speaking terms with
mállaus adj. dumb, mute, speechless
mállýska f. dialect
mállýskubundinn adj. dialectal
málmblanda f. alloy
málmblástursshljóðfæri n.pl. (musical instruments) brass
málmbræðsla f. smelter
málmbræðslumaður m. (person) smelter
málmbræðsluofn m. blast furnace
málmfræði f. metallurgy
málmfræðingur m. metallurgist
málmgjöll f. cymbal
málmgrindur f.pl. grating
málmgripir m.pl. metalwork
málmgrýti n. ore
málmhálsmen n. torque

málmhleifur m. ingot
málmhljóð n. clang
málmhúð f. plating
málmhúða vt. plate
málmkenndur adj. metallic
málmleitarmaður m. prospector
málmleysingi m. metalloid, nonmetal
málmloftvog f. aneroid barometer
málmpappír m. foil
málmplata f. plate
málmristumynd f. engraving
málmsmiður m. metalworker, smith
málmsmíð(i) f. metalwork(ing)
málmsteypumót n. mould, (Am.) mold
málmsteypumótari m. moulder
málmsteypusmiðja f. foundry
málmstöng f. ingot
málmur m. metal
málmvinnsla f. metallurgy
málmvinnslufræðingur m. metallurgist
málmyndunarfræði f. transformational grammar
málmþynna f. foil, sheet of metal
málmæð f. lode
málning f. paint; paintwork (of a car)
málningarpensill m. paintbrush
málningarrúlla f. paint roller
málningarúðari m. air brush
málnotkun f. (language) usage
málpípa f. mouthpiece
málrómur m. (tone of) voice
málrækt f. cultivation of one's native language
málsaðili m. (legal) party, litigant
málsaga f. history of language
málsatvik n.pl. merits (of a case)
málsbót f. saving grace, extenuation
málsbætur f.pl. mitigating circumstances
málsgrein f. sentence; paragraph, clause
málsgögn n.pl. presents, file, dossier
málsháttur m. proverb, saying, adage
málshöfðun f. legal proceedings
málskostnaður m. legal costs, court costs
málsmeðferð f. court procedure
málskrúð n. verbiage, turgidity
málskrúðsmaður m. rhetorician
málsmeðferð f. court procedure
málsmetandi adj. authoritative
málsnilld f. eloquence

málsókn f. legal proceedings, lawsuit
málsreifun f. pleadings
málstaður m. cause; **hafa góðan málstað** be in the right; **taka málstað (e-s)** stick up for (s-y)
málstefna f. language policy
málstofa f. seminar
málsvari m. advocate, proponent, defender
málsverður m. meal
málsvörn f. defence, plea, advocacy
máltaka f. language acquisition
máltilfinning f. feel for a language
máltíð f. meal
máltæki n. phrase, byword; proverb
málugur adj. talkative, loquacious
málun f. painting
málvenja f. (language) usage
málvenjubundinn adj. idiomatic
málver n. language laboratory
málverk n. painting
málvernd f. preservation of language
málvilla f. solecism, linguistic error
málvitund f. feeling for a language
málvísindalegur adj. linguistic
málvísindamaður m. linguist
málvísindi n.pl. linguistics
málvöndun f. (linguistic) purism
málvöndunarmaður m. purist
málþóf n. obstructionism, (Am.) filibuster
málþófsmaður m. obstructionist, (Am.) filibuster
málæði n. loquacity, garrulity
málæðismaður m. jabberer, gasbag
mánabrúður f. rose geranium, pelargonium
mánaðardagur m. date
mánaðarlaun n.pl. monthly salary
mánaðarlegur adj. monthly
mánaðarmót n.pl. end of the month
mánaðarrit n. monthly (publication)
mánaðaryfirlit n. monthly statement
mánageisli m. moonbeam
mánasigð f. crescent, lune
mánasteinn m. moonstone
mánaþröstur m. ouzel, ousel
máni m. moon
mánudagur m. Monday
mánuður m. month

mári m. Moor
máriskur adj. Moorish; (of style) Moresque
más n. pant, puff, gasp
msa vi. pant, puff, wheeze
mát f. measurement; callipers; checkmate
máta vt. try on; checkmate (in chess)
mátar m.pl. mates, friends
máti m. way, manner, fashion
máttarstoð f. mainstay
máttarstólpi m. pillar, buttress
máttfarinn adj. weak, exhausted
máttlaus adj. weak, powerless
máttleysi n. weakness, limpness
máttleysislega adv. lamely
máttugur adj. powerful, potent
máttur m. power, strength; ability, might
mátulegur adj. suitable; adequate; deserved
mátunarherbergi n. fitting room
mávur m. (sea)gull
með prp. with, by (means of); together with
meðal n. medicine, drug; means
meðal prp. among; **m. annars** among other things, (Lat.) inter alia; **m. annarra orða** by the way, in passing; **á m. okkar** in our midst
meðal- comb. average, medium, mean, medial
meðalaglas n. phial
meðaleinkunn f. grade-point average
meðalganga f. intercession
meðalgöngumaður m. mediator, paraclete
meðalhóf n. middle course, moderation
meðaljón m. middlebrow, John Doe
meðalkafli m. hilt (of a sword)
meðalkostnaður m. average cost
meðallag n. average
meðalmaður m. average man
meðalmennska f. mediocrity
meðalstór adj. medium-sized
meðalstærð f. medium size
meðaltal n. average, mean; **að meðaltali** on average
meðalvegur m. middle course
meðan conj. while, as long as; adv. **á m.** in the meanwhile
meðatkvæði n. aye, pro, suffrage

meðaumkun f. compassion, pity, pathos
meðárita vt. countersign
meðáritun f. countersignature
meðbróðir m. brother (pl. brethren)
meðdómari m. fellow judge, assessor
meðeigandi m. business partner, joint owner
meðferð f. treatment
meðferðis : hafa e-ð m. bring s-g along
meðfram prp. along; adv. partly
meðframbjóðandi m. running mate (in politics)
meðfæddur adj. innate, inherent, instinctive
meðfærilegur adj. manageable, tractable
meðfærileiki m. manageability, tractability
meðganga f. pregnancy, gestation
meðganga vt. confess, admit
meðgöngutími m. gestation period; incubation (of a disease)
meðhjálpari m. sexton, parish clerk, deacon
meðhöndla vt. treat
meðhöndlun f. handling, treatment
meðlag n. (child) maintenance
meðlimur m. member
meðlæti n. luck, success, prosperity
meðmælabréf n. letter of recommendation
meðmælandi m. reference, referee
meðmælaverður adj. commendable
meðmæli n.pl. recommendation
meðmæltur : vera m. be in favour of
meðreiðarmaður m. outrider
meðrök n.pl. pros
meðsekur adj. accessory (to a crime)
meðstjórnandi m. committee member
meðtaka vt. take in, understand
meðtalinn adj. included; counting
meðundirritari m. cosignatory
meðundirritun f. countersignature
meðvindur m. tailwind
meðvitaður adj. conscious, aware
meðvitund f. consciousness, awareness; **koma e-m til meðvitundar** bring s-y (a)round; **koma til meðvitundar** come (a)round; **missa m.** faint
meðvitundarlaus adj. unconscious, senseless

meðvitundarleysi n. unconsciousness, insensibility
mega v. be allowed, may; must have to
megabæti n. megabyte
megahertz n. megahertz
megarið n. megacycle
megatonn n. megaton
megin n. larger/main part
megin : báðum m. from/on both sides; **hérna m.** on this side; **hinum m.** on the other side
megin- adj. main, principal, primary, cardinal
meginatriði n. main thing, linchpin, core; **í meginatriðum** on the whole; in principle
megineldstöð f. central volcano
meginferli n. main process
meginhluti m. main part, bulk
megininntak n. burden, gist (of a matter)
meginkostur m. principal advantage
meginland n. continent, mainland
meginlandsárbítur m. continental breakfast
meginmál n. main issue; body (of a text)
meginregla f. principle, maxim
meginstefna fyrirtækis f. corporate strategy
meginstraumur m. mainstream, main current
meginþráður m. keynote
meginþungi m. brunt
megn n. main part; strength
megna v. be able to, be capable of
megnugur adj. capable
megra sig vi. slim, diet
megrast vi. lose weight
megrun f. slimming
megrunarkúr m. (slimming) diet
megurð f. gauntness, emaciation
meiða vt. hurt, injure
meiðsli n. injury
meiður m. runner (on a sled)
meiðyrðamál n. libel suit
meiðyrði n. libel, slander
mein n. harm, damage; disease
meina v. mean; think, believe
meina e-m e-ð vt. hinder s-y from doing s-g
meinafræði f. pathology

meinafræðilegur adj. pathological
meinafræðingur m. pathologist
meinatæknir m. lab technician
meindýr n. vermin, pest
meindýraeitur n. pesticide
meindýraeyðir m. exterminator
meinfýsi f. malice, spite, venom
meinfýsinn adj. malicious, evil-minded
meinhæðinn adj. sneering, scoffing
meinhægur adj. good-natured, gentle
meining f. meaning; opinion; plan
meinlaus adj. harmless; gentle
meinlegur adj. harmful; sarcastic, tart
meinleysi n. gentleness; innocence
meinleysingi m. good-natured fellow
meinloka f. obsession; misconception
meinlætalifnaður m. austerity, aseticism
meinlætamaður m. ascetic
meinlæti n. mortification
meinsemd f. malignancy; evil
meinsæri n. perjury; **fremja m.** forswear oneself
meinsærismaður m. perjurer
meintur adj. alleged, putative
meinyrði n. sarcasm, scurrility
meinyrtur adj. sarcastic, scurrilous
meiósa f. meiosis, reduction division
meir(a) adv. more
meiri adj. more, bigger
meiriháttar adj. major; fantastic
meirihlutaálit n. majority opinion
meirihlutahagsmunir m.pl. majority interest
meirihluti m. majority
meisa f. titmouse
meistaragráða f. master's (degree)
meistaralegur adj. masterly, classic
meistaratign f. championship
meistaraverk n. masterpiece
meistari m. master, champion; maestro
meitill m. chisel
meitla vt. chisel, carve, hew
mektarmaður m. worthy, VIP (= very important person)
melablóm n. gravel cress
melasól f. arctic poppy
melassi m. molasses, treacle
melda vi. meld (in card games)
melgras n. lyme grass

mella f. prostitute, floozy, (Am.) hooker
melludólgur m. pimp, pander, ponce
mellumamma f. procuress
melóna f. melon
melónutré n. papaya, pawpaw
melspíra f. marlinespike
melta vt. digest
melta með sér vt. ponder, chew over
meltanlegur adj. digestible
meltikorn n. lysosome
melting f. digestion
meltingarfæri n.pl. digestive organs
meltingartruflun f. indigestion, dyspepsia
meltingarvegur m. alimentary canal, digestive tract
meltingarörvandi adj. digestive
melur m. gravel bed; lyme grass; moth
menga vt. pollute, contaminate
mengaður adj. polluted, impure
mengi n. set (in mathematics)
mengjafræði f. set theory
mengjar f.pl. remains, relics
mengun f. pollution, contamination
mengunarský n. smog
mengunarvaldur m. pollutant
menning f. culture, civilization
menningarlegur adj. cultural
menningarsaga f. cultural history
menningarsnauður maður m. lowbrow, philistine
menningarviti m. highbrow, egghead, pundit
mennskur adj. human
mennt f. education; skill
mennta vt. educate
mennta sig vt. get an education
menntaður adj. educated, learned; cultivated
menntafjandi m. obscurantist
menntagyðja f. muse
menntamaður m. educated man; intellectual
menntamannaflótti m. brain drain
menntamál n.pl. educational matters, education
menntamálaráðherra m. minister of education
menntamálaráðuneyti n. ministry of education (and culture)
menntaskóli m. (secondary) grammar school
menntastéttin f. intelligentsia
menntastofnun f. educational institution
menntun f. education; culture
menntunarleysi n. illiteracy
mentól n. menthol
mentólbættur adj. mentholated
menúett m. minuet
mergbein n. marrowbone
mergð f. multitude, mass, crowd
mergill m. marl
mergjaður adj. marrowy; pithy, juicy
merglaus adj. marrowless; pithless
mergruni m. pernicious anemia
mergur m. marrow; **brjóta til mergjar** analyse; **mergurinn málsins** core of the matter
meri f. mare; bitch
merja vt. crush, squash, pound
merja sig vt. bruise oneself
merki n. sign, mark; signal
merkiblek n. marking ink
merkikerti n. bighead, whippersnapper
merkilegheit n.pl. pomposity
merkilegur adj. remarkable; important; strange; **gera sig merkilegan** put on airs; **m. með sig** haughty
merkimiði m. label, tag, tab
merking f. meaning; marking
merkingarblær m. connotation
merkingarfræði f. semantics
merkingarfræðingur m. semanticist
merkingarlaus adj. meaningless
merkingarsvið n. semantic field
merkis- comb. notable, important
merkismaður m. notable (person)
merkispersóna f. big shot, bigwig
merkisskjöldur m. escutcheon
merkisstaður m. showplace, sights
merkissvipur m. haughty look, airs
merkiþáttur m. (diacritical) marker
merkja vt. mark, tag; mean, signify; notice
merkja við vt. tick off
merkjamál n. code (of signs)
merkjanlegur adj. noticeable, discernible, perceptible
merkjasendingakerfi n. semaphore
merkjavörður m. signalman, signaller

merkur adj. important; distinguished
merlingur m. marlin
merskúm n. meerschaum
mertrippi n. filly
meskalín n. mescalin(e)
messa f. divine service, mass; vi. say mass
messa yfir vt. talk to, scold
messansegl n. mizzen
messansigla f. mizzenmast
Messías m. Messiah
messuhandbók f. missal
messuskrúði m. vestment
messuvín n. communion wine
mest adv. most
mestallur adj. almost all
mestmegnis adv. for the most part, largely
mestur adj. biggest, greatest; **að mestu leyti** for the most part; **í mesta lagi** at most
met n. record; scales
met- comb. record-breaking, bumper
meta vt. evaluate, appraise, assess; **kunna að m.** appreciate; **m. mikils** esteem, treasure
metafasi m. metaphase
metan n. methane
metanól n. methanol, wood alcohol
methafi m. recorder holder, champion
metingur m. rivalry
metnaðargirni f. ambition
metnaðargjarn adj. ambitious
metnaðarmál n. matter of honour
metnaður m. ambition, pride
metorð n.pl. rank, high position
metorðagjarn maður m. social climber, high-flier
metorðamaður m. man of distinction
metorðasvipting f. degradation
metrakerfi n. metric system
metri m. metre, (Am.) meter
metsölubók f. best seller
metta vt. satiate; saturate
mettanlegur adj. satiable; saturable
mettun f. satiety; saturation
mettunarmark n. saturation point
mettur adj. satiate, full
mexíkanahattur m. sombrero
mexíkanskur adj. Mexican
Mexíkó n. Mexico

Mexíkóbúi m. Mexican
mey adj. virgin, maiden
meydómur m. virginity, maidenhood
meyfæðing f. virgin birth, parthenogenesis
meyja f. girl, maiden; Virgo
meyjarhaft n. maidenhead, hymen
meyjarlegur adj. virginal
meyjarlilja f. Madonna lily
meyr adj. tender; softhearted
meysir m. maser
meþódistatrú f. Methodism
meþódisti m. Methodist
mél n.pl. (snaffle) bit (of a bridle)
mél n. (corn)meal; **brjóta í m.** smash to bits
mið n. middle; sight, aim
mið- comb. central; median, medial
miða v. aim; **miðað við** compared with, relative to, considering
miða að vt. aim for; conduce to(wards)
miða á vt. take aim at
miða áfram vi. progress, proceed, come along
miðabókhald n. slip bookkeeping
miðaldasaga f. medieval history
miðaldir f.pl. Middle Ages
miðaldra adj. middle-aged
miðasala f. box office; booking office, ticket office
miðasali m. booking clerk
miðasjálfssali m. ticket machine
miðavörður m. ticket collector; conductor (on a bus)
miðbaugur m. equator
miðbik n. middle
miðborg f. city centre
miðbylgja f. medium wave
miðbær m. town centre; **í miðbænum** downtown
miðdegi n. midday, noon
miðdegishvíld f. siesta
miðdegisverðarboð n. dinner party
miðdegisverður m. dinner; **borða miðdegisverð** dine
miðdepill m. centre; bull's-eye; hub, pivot
miðeyra n. middle ear
miðflokkamaður m. centrist
miðflóttaafl n. centrifugal force
miðfælinn adj. centrifugal

miðhandarbein n. metacarpal
miðheili m. midbrain
miðhvolf n. mesosphere
miðhvörf n.pl. mesopause
miði m. slip (of paper), note; ticket
miðill m. medium, psychic; vehicle
miðilsdá n. trance
miðilsfundur m. séance
miðja f. middle, centre
miðja vegu adv. midway
Miðjarðarhaf n. Mediterranean (Sea)
miðjarðarlína f. equator
miðjumaður m. centrist, middle-of-the-roader, moderate
miðkeila f. kingpin
miðla vt. communicate; spread
miðla málum v. mediate, compromise
miðlanlegur adj. communicable
miðlari m. broker
miðlífsöld f. Mesozoic
miðlína f. median (line)
miðlun f. communication; mediation
miðlunartillaga f. compromise proposal
miðlungi adv. moderately
miðlungs- comb. average, middling, mediocre
miðlungsgóður adj. of sorts/a sort, so-so
miðlungsmaður m. mediocrity, average person
miðlungssterkt adv. mezzo forte
miðlungsstór adj. medium-sized
miðlægur adj. central; median, medial
miðmynd f. middle voice
miðnætti n. midnight
miðnætursól f. midnight sun
miðpunktur m. centre, midpoint
miðseymi n. piping (of cloth)
miðskips adv. (a)midships
miðskipsmaður m. midshipman
miðskóli m. middle/secondary school
miðsóknarafl n. centripetal force
miðsóknarhröðun f. centripetal acceleration
miðstétt f. middle class
miðstig n. comparative (degree)
miðstjórn f. central committee
miðstýring f. centralization
miðstýringarstefna f. centralism
miðstöð f. centre; nerve centre
miðstöðvarhitun f. central heating

miðstöðvarofn m. radiator
miðsumar n. midsummer
miðsúla f. newel post
miðsvæðis adv. central
miðsækinn adj. centripetal
miðtaugakerfi n. central nervous system
miður adj. middle, midmost
miður sín adj. sick at heart, down in the dumps
miðvallarspilari m. halfback
miðverk n. central processing unit
miðvesturríki Bandaríkjanna n.pl. Middle West, Midwest
miðvikudagur m. Wednesday
mikið adj. & adv. a lot, a great deal
mikilfenglegur adj. magnificent, imposing, grand
mikilfengleiki m. magnificence, grandeur
mikilhæfur adj. capable, talented
mikill adj. large, big; great; much
mikillátur adj. self-important, pretentious
mikilleiki m. greatness
mikillæti n. self-importance, pomposity
mikilmenni n. great man, luminary
mikilmennska f. pomposity, haughtiness
mikilmennskubrjálæði n. superiority complex
mikils metinn adj. prestigious, reputable
mikilsháttar adj. important; superior
mikilsmegandi adj. influential
mikilsverður adj. important
mikilvirkur adj. efficient, productive
mikilvægi n. importance, significance
mikilvægur adj. important, significant
Mikjálsmessa f. Michaelmas
mikla vt. magnify
miklast af vt. pride oneself of
miklu adv. much
milda vt. soften, tone down, mitigate
mildi f. lenience, clemency; gentleness
mildilega adv. mildly, gently
mildur adj. mild, gentle, genial, clement
miljarður m. thousand millions, milliard, (Am.) billion
miljón f. million
miljónamæringur m. millionaire
miljónasti num. millionth
milletkorn n. millet
milli m. millionaire
milli prp. between

millibil n. interval, interim; space
millifærsla f. (credit) transfer
milliganga f. interposition, negotiation
milligöngumaður m. intermediary, go-between
millihæð f. mezzanine
millikælir m. intercooler
millilandaflug n. international flight(s)
millilandaskip n. oceangoing vessel
millilending f. stopover
millliliðalaus adj. firsthand, immediate
milliliður m. middleman, intermediary
millipils n. petticoat
milliréttur m. entrée
milliríkjasamningur m. (international) treaty, international agreement
milliríkjaviðskipti n.pl. international trade
millirödd f. alto (voice)
millisamtala f. subtotal
millispil n. interlude; intermezzo
millistétt f. middle class
millistig n. intermediate stage, interphase
millistykki n. adapter
millitannhjól n. idle wheel
millitilvísun f. cross-reference
millitíð f. meantime; **í millitíðinni** meanwhile
millitónn m. halftone
millivefur m. interstitial tissue
millivegalengd f. middle distance
milliveggur m. partition
millivigt f. middleweight
millivísun f. cross-reference
milliþáttur m. interlude; intermezzo
milliþilja f. bulkhead
milliþungavigt f. mid heavyweight
millíbar n. millibar
millífærsla f. transfer payment
millígram n. milligram(me)
millílítri m. millilitre
millímetri m. millimetre
milliríkjaviðskipti n.pl. international trade
milta n. spleen
miltisbrandur m. anthrax
minjagripur m. souvenir, keepsake, memento
minjar f.pl. remnants, relics
minjasafn n. museum
minkur m. mink
minn, (mín, mitt) prn. my, mine

minna adv. less
minna á vt. remind of
minnast vt. remember, recollect; commemorate
minnast á vt. mention, touch (up)on
minni n. memory, recall; toast; motif
minni adj. less, smaller; lesser
minniháttar adj. minor, small-time
minnihlutahópur m. minority (group)
minnihluti m. minority
minnimáttarkennd f. inferiority complex
minning f. remembrance; **til minningar um** in memory of
minningar- adj. monumental
minningarathöfn f. memorial service
minningarhátíð f. commemoration, jubilee
minningarsjóður m. memorial fund
minnisatriði n. memorandum, reminder
minnisblað n. note, memo
minnisbók f. notebook, pocketbook
minnishjálp f. mnemonics
minniskefli n. tally
minnisleysi n. forgetfulness, amnesia
minnislisti m. checklist
minnismerki n. monument, memorial
minnispeningur m. medal(lion)
minnispunktar m.pl. notes, notation
minnisrýmd f. storage capacity
minnisstæður adj. memorable
minnistap n. amnesia
minnistákn n. mnemonic (symbol)
minnistækni f. mnemonics
minnisvarði m. monument, memorial
minnisverðir hlutir m.pl. memorabilia
minnisverður adj. noteworthy, memorable
minnka v. decrease, diminish; reduce, cut down
minnkanlegur adj. reducible
minnkun f. decrease, reduction; disgrace
minnstur adj. least; **að minnsta kosti** at least
minnugur adj. mindful (of)
misbeita vt. misuse, misapply
misbeiting f. abuse, misapplication
misbjóða vt. offend, outrage; displease
misbrestur m. imperfection; inadequacy
misfarast vi. miscarry, be lost
misfella f. flaw

misferli n. misdemeanour, misconduct
misgáningur m. mistake
misgengi n. fault (in geology)
misgerð f. wrongdoing, offence
misgerðamaður m. wrongdoer, offender
misgjörð f. misdeed
misgóður adj. uneven, not equally good
misgrip n.pl. mistake
misheppnaður adj. unsuccessful, abortive
misheppnast vi. fail, flop
misheyrast v. mishear
mishljómur m. dissonance, discord(ance)
mishverfur adj. asymmetric(al)
mishæfing f. maladjustment
misindismaður m. delinquent, perpetrator
misjafn adj. uneven, unequal
miskabætur f.pl. damages
misklíð f. disagreement, discord, quarrel
miskunn f. mercy
miskunna sig yfir vt. take pity on
miskunnarbæn f. kyrie eleison
miskunnarlaus adj. merciless, ruthless, cruel
miskunnarleysi n. ruthlessness, cruelty
miskunnsamur adj. merciful, gracious
miskunnsemi f. mercy, compassion
miskveikja vi. backfire
misleitur adj. heterogeneous
mislesa vt. misread
mislingar m.pl. measles
mislitur adj. variegated, motley
mislíka vt. dislike, disapprove of
mislyndi n. moodiness
mislyndur adj. moody, temperamental
misminni n. lapse of memory
mismuna vt. discriminate against
mismunadrif n. differential gear
mismunandi adj. different, divergent
mismunun f. discrimination, favouritism
mismunur m. difference, disparity
mismæli n. slip of the tongue
misnefna vt. misname
misnota vt. misuse, abuse
misnotkun f. misuse, abuse
misreikna vt. miscalculate
misrétti n. injustice
misrita vt. misspell
misritun f. misspelling
misræmi n. discrepancy, incongruity

missa vt. lose; drop
missa af vt. miss (out on)
missa niður vt. drop; spill
misseravindur m. monsoon (wind)
misseri n. semester; six months
missir m. loss
misskilja vt. misunderstand
misskilningur m. misunderstanding
misstíga sig v. lose one's footing
missýnast v. see wrongly, be mistaken
missýning f. delusion
missætti n. disagreement, rift
mistakast vi. fail, founder, fall through
mistalning f. miscount
mistelja vt. miscount
mistilteinn m. mistletoe
mistilþröstur m. mavis
mistur n. mist, haze, fog
mistúlka vt. misinterpret
mistök n.pl. mistake, flop, slip-up
misvindi n. gustiness
misvísandi adj. misleading
misvægi n. imbalance
misþyrma vt. maltreat; beat/rough up
misþyrming f. mistreatment, torture
mitti n. waist(line)
mittislindi m. sash
mittisskýla f. loincloth
mittisstrengur m. waistband
mixtúra f. potion
míga vi. piss
mígandi fullur adj. pissed (up)
mígren n. migraine
míla f. mile (= 1609 m.)
mílumælir m. mil(e)ometer
mílusteinn m. milestone
mílustöng f. milepost
mínaretta f. minaret
mínus m. minus
mínúta f. minute
mínútuvísir m. minute hand
mítósa f. mitosis
mítur n. mitre
mjaðjurt f. meadowsweet
mjaðmarbein n. hipbone
mjaðmarbelti n. suspender belt
mjaðmargrind f. pelvis
mjaðmarhnykkur m. full/half buttock (trick in wrestling)
mjaðmarliður m. hip joint

mjaðmarmikill adj. broad in the beam
mjaka vt. budge
mjakast vi. crawl, edge, nose
mjakast áfram vi. jog (along), wear on
mjaldur m. white whale
mjallhvítur adj. snow-white
mjalli : ekki með öllum mjalla not all there, out of one's mind
mjaltakona f. milkmaid
mjaltamaður m. milker, cowman
mjaltastúlka f. dairymaid
mjaltavél f. milking machine
mjaltir f.pl. milking
mjálm n. mew, miaow, (Am.) meow
mjálma vi. mew, miaow, (Am.) meow
mjódd f. narrowness
mjóhryggs- comb. lumbar
mjóhryggur m. small of the back
mjóhundur m. greyhound
mjókka v. narrow
mjókka upp v. taper
mjólk f. milk
mjólka v. milk
mjólkurafurðir f.pl. dairy products
mjólkurbrúsi m. milk churn
mjólkurbú n. dairy, creamery
mjólkurbúð f. dairy (shop), creamery
mjólkurduft n. milk powder, dried milk
mjólkurferna f. milk carton
mjólkurhristingur m. milk shake
mjólkurhyrna f. milk carton
mjólkurísbúð f. milk bar
mjólkurkenndur adj. milky, lacteous
mjólkurkirtill m. mammary gland
mjólkurkýr f. milch cow; f.pl. dairy cattle
mjólkurmyndun f. lactation
mjólkurpóstur m. milkman
mjólkurpóstvagn m. milk float
mjólkursafi m. latex (of plants)
mjólkursamlag n. dairy farmers' co-operative
mjólkursteinn m. alabaster
mjólkursúkkulaði n. milk chocolate
mjólkursykur m. lactose
mjólkursýra f. lactic acid
mjólkurtönn f. milk/primary tooth, (Am.) baby tooth
mjór adj. thin, slim; narrow
mjósleginn adj. thin, lank
mjúklega adv. gently

mjúkmáll adj. soft-spoken, smooth-spoken
mjúkur : koma sér í mjúkinn hjá rub shoulders with, play up to
mjúkur adj. soft; gentle; pliant; tipsy
mjöðm f. hip
mjöður m. mead, must, (alcoholic) drink
mjög adv. very
mjöl n. flour, meal
mjölbananajurt f. (Musa paradisiaca) plantain
mjöll f. (fresh) snow
mjölvi m. starch
moðhaus m. scatterbrain
moðvolgur adj. lukewarm
moka vt. shovel; dig
mokkasía f. moccasin
mokstur m. shovelling
mola vt. smash
molaberg n. clastic rock
molakaffi n. coffee with lump sugar
molasykur m. lump sugar, loafsugar
mold f. earth, soil, humus
moldarhnaus m. clod (of earth)
moldrok n. dust storm
moldvarpa f. mole
moldvörpuhaugur m. molehill
moli m. piece; crumb; lump;
  í mola to bits
moll m. minor key
molla f. mugginess, stifling heat
mollulegur adj. muggy, frowsty, breathless
molna vi. crumble, disintegrate
molnanleiki m. friability
molnun f. fragmentation, disintegration
molskinn n. moleskin
Mongóli m. Mongolian
mongólismi m. mongolism, Down's Syndrome
Mongólía f. Mongolia
mongólíti m. mongol(oid)
mongólskur adj. Mongolian
mont n. conceit; bragging, boasting
monta sig vi. swagger, show off
monta sig af vt. boast of
monthani m. braggart, smart aleck, show-off
montinn adj. conceited, boastful, snooty
montrass m. boaster, bighead, stuffed shirt

mora af vt. abound/crawl/swarm/teem with
morandi af adj. alive/rife with, shot through with
morð n. murder
morðfíkinn adj. homicidal
morðfýsi f. bloodthirstiness, blood lust
morðingi m. murderer
morðkvendi n. murderess
morðóður adj. amok
morfín n. morphia, morphine
morgun- og hádegismatur m. brunch
morgunbænir f.pl. Morning Prayer, matins
morgundagur m. tomorrow
morgunfrú f. pot marigold
morgunhani m. early riser
morgunlatur maður m. late riser
morgunleikfimi f. daily dozen
morgunmatur m. breakfast
morgunn m. morning; **á morgun** tomorrow; **á morgnana** in the mornings; **í morgun** this morning; **um morguninn** in the morning; **til morguns** until tomorrow
morgunógleði f. morning sickness
morgunsár : í morgunsárið at the crack of dawn
morgunsloppur m. dressing gown
morgunsvæfur adj. sleepy in the mornings
morguntíðir f.pl. Morning Prayer, matins
morgunverður m. breakfast; **léttur m.** continental breakfast
morkinn adj. rotten, decayed
mormónatrú f. Mormonism
mormóni m. Mormon, Latter-day Saint
morsstafróf n. Morse Code
mortél n. mortar
mosagróinn adj. moss-grown, mossy
mosaplanta f. bryophyte
mosavaxinn adj. moss-grown, mossy
mosi m. moss
moska f. mosque
moskítófluga f. mosquito
moskusdýr n. musk deer
moskusilmefni n. musk
moskusrós f. musk rose, mallow
moskusuxi m. musk ox
Moskva f. Moscow
Moskvubúi m. Muscovite
motta f. mat
móauðugur adj. peaty
móberg n. tuff, palagonite
módelsmiður m. modeller
módelsmíði f. modelling
móða f. haze, mist; steam; wide river
móðga vt. offend, insult
móðgaður adj. affronted, miffed
móðgandi adj. offensive, abusive
móðgast vi. take offence
móðgun f. offence, insult, injury
móðgunargjarn adj. resentful
móðir f. mother
móðueyðir m. defogger
móður m. fighting spirit; **missa móðinn** lose heart
móður adj. breathless, out of breath
móðurást f. motherly love
móðurborg f. metropolis
móðurbróðir m. uncle
móðurfyrirtæki n. holding company, parent company
móðurhlutverk n. motherhood, maternity
móðurkviður m. womb, uterus
móðurlaus adj. motherless
móðurlegur adj. motherly, maternal
móðurlíf n. uterus, womb
móðurmál n. mother tongue, native language
móðurmorð n. matricide
móðurmorðingi m. (murderer) matricide
móðursjúkur adj. hysteric(al)
móðursystir f. aunt
móðursýki f. hysteria
móðursýkiskast n. hysterics
móðurtölva f. central computer
móeygur adj. brown-eyed
móhella f. loess
mói m. tussocky moor
mók n. slumber, drowse
móka vi. slumber, doze
mókenndur adj. peaty
móköggull m. peat
mólekúl n. molecule
mólitur adj. light brown, hazel
mómýri f. peat bog
mónoxíð n. monoxide
mónó adj. mono(phonic)

mór m. peat, turf
mórall m. scruple, remorse; morale; morality
mórauður adj. rust brown
mórber n. mulberry
mósaík f. mosaic
móselvín n. moselle
móska f. nebulosity, nebulousness
mót n. meeting; tournament, meet; mould
móta vt. form, shape; model; format
mótaðili m. opponent; opposite party
mótald n. modem
mótandi adj. formative
mótasmiður m. moulder
mótatkvæði n. opposing vote
mótbára f. objection
mótefni n. antidote; antibody
mótefnisvaki m. antigen
móteitur n. antitoxin
mótel n. motel
mótetta f. motet (in music)
mótfallinn adj. averse, opposed
mótherji m. opponent, adversary
móti prp. towards; facing; against
mótíf n. motif; subject
mótlæti n. adversity, tribulation
mótmæla vt. protest, object; contradict
mótmælaaðgerðir f.pl. demonstration
mótmælandi m. Protestant; objector, dissident
mótmælaseta f. sit-in
mótmælendatrú f. Protestantism
mótmæli n.pl. protest, remonstrance, outcry
mótor m. motor, engine
mótorbátur m. motorboat, powerboat
mótorhjól n. motorcycle, motorbike
mótsagnakenndur adj. contradictory, inconsistent
mótsagnalaus adj. consistent
mótsamsæri n. counterplot
mótsetning f. opposite, contrast, antithesis
mótsnúinn adj. antagonistic
mótspilari m. partner
mótspyrna f. resistance, opposition
mótstaða f. opposition, resistance
mótstæðilegur adj. resistible
mótstöðuafl n. (power of) resistance
mótstöðulaus adj. nonresistant
mótstöðuleysi n. nonresistance
mótsögn f. contradiction, paradox
móttaka f. reception
móttakandi m. recipient, addressee
móttækilegur adj. receptive, responsive
móttækileiki m. receptivity, predisposition
móttökuhæfur adj. receivable
móttökustjóri m. receptionist
móttökutæki n. receiver
mótuð forritun f. structured programming
mótun f. formation, moulding; **í m.** in the making
mótunarleir m. plasticine
mótvindur m. headwind
mótvirðisfé n. counterpart money
mótvirðissjóður m. counterpart fund
mótvægi n. counterbalance, counterpoise
mótþróafullur adj. insubordinate, rebellious
mótþróalaus adj. nonresistant
mótþróaleysi n. nonresistance
mótþrói m. defiance, resistance
mubla f. piece of furniture
muðla vi. munch
muldra vi. mumble, mutter
muldur n. mutter, murmur
mulinn adj. ground
mulning f. pulverization
mulningur m. crushed stones; detritus
muna vt. remember, recollect; vi. be different
munaðargjarn adj. luxurious, voluptuous
munaðarlaus adj. orphaned
munaðarleysingi m. orphan
munaðarleysingjahæli n. orphanage
munaðarlífi n. luxury, sensuality
munaðarseggur m. man of pleasure, sensualist
munaður m. luxury
mund f. hand; time; **í sama m.** simultaneously; **um þessar mundir** currently; **um þær mundir** about that time
munda vt. aim, point
munkahetta f. ragged robin
munkaklaustur n. monastery, friary
munkakufl m. cowl
munkaregla f. monastic order
munklífi n. monasticism

munkur m. monk
munnbiti m. mouthful
munnharpa f. harmonica, mouth-organ
munnhöggvast v. quarrel
munni m. mouth, orifice
munnleg geymd f. oral tradition/ transmission
munnlega adv. orally, verbally, by word of mouth
munnlegur adj. oral, verbal
munnmæla- adj. traditional
munnmælasaga f. folktale
munnmæli n.pl. rumour; folklore
munnskol n. mouthwash
munnsopi m. mouthful, sip
munnstykki n. mouthpiece; cigarette holder
munnsöfnuður m. profane language
munntóbakstugga f. quid
munnur m. mouth
munnvatn n. saliva, spit(tle)
munnvatnskirtill m. salivary gland
munnvatnsseyting f. salivation
munnþurrka f. serviette, napkin
munstur n. pattern
munu v. shall, will; **ég mun** I shall
munur m. difference; object, thing
munúðargirni f. lasciviousness
munúðarhóll m. (Lat.) mons veneris
mura f. cinquefoil
mussa f. smock, tunic
must n. (liquid) must
mustarður m. mustard
musteri n. temple
musteristré n. maidenhair tree
múður n. objection, protest
múffa f. muff, sleeve
múgur m. crowd; mob, rabble
múgæsing f. mass hysteria
múgæsingamaður m. rabble-rouser, demagogue
múhameðskur adj. Mohammedan, Islamic
múhameðstrú f. Mohammedanism, Islam
múhameðstrúarmaður m. Mohammedan, Islamite
múkki m. fulmar, (Am.) northern fulmar
múlasni m. mule
múlatti m. mulatto

múlbinda vt. muzzle, gag
múldýr n. mule
múli m. cape, promontory, mull (in Scotland)
múll m. muzzle, halter
múlreki m. muleteer
múmía f. mummy
múndering f. rig-out, getup
múr m. wall
múra vt. mortar, plaster
múraður adj. loaded, well-heeled, rich
múraraiðn f. masonry
múrari m. mason, plasterer, bricklayer
múrbretti n. mortarboard
múrbrjótur m. battering ram
múrbrún f. cornice
múrhleðsla f. masonry, brickwork
múrhúða vt. mortar, plaster
múrhúðun f. plastering
múrhúðunarnet n. lathing
múrkrúna f. coping
múrmeldýr n. marmot
múrskeið f. trowel
múrsteinaverksmiðja f. brickfield
múrsteinn m. brick
múrsteinsbrot n. brickbat
múrveggur m. brick wall, brickwork
múrverk n. masonry
mús f. mouse
músagildra f. mousetrap
músarbragð n. footlift (in wrestling)
músareyra n. Alpine mouse-ear
músargrár adj. (of hair) mousy
músarrindill m. wren, (Am.) winter wren
músasmári m. shamrock
músaveiðari m. mouser
músík f. music
músíkalskur adj. musical
múskat n. nutmeg
múskathýði n. mace
múskatvín n. muscatel
múslimi m. Muslim
mússulín n. muslin
músvákur m. buzzard
múta f. bribe; vt. bribe, corrupt
mútugjöf f. bribe, payola
mútur f.pl. bribery; breaking of the voice
mútuþægur adj. venal, (Am.) on the take
mygla f. mould, (Am.) mold; vi. mould, mildew

myglaður adj. mouldy, mildewy, musty
myglubragð n. mustiness
myglulykt f. mouldy smell
mykja f. dung, ordure, droppings
mykjuhaugur m. dunghill, muckheap
mylja vt. grind, crush, pound, pulverize
mylla f. mill
mylluhjól n. millwheel
myllusmiður m. millwright
myllusteinn m. millstone
myllustífla f. milldam
myllutjörn f. millpond
mylsna f. crumbs
mynd f. form; photo(graph), picture
mynda vt. form; photograph
myndablað n. pictorial
myndabók f. picture book
myndagáta f. rebus
myndamót n. (photographic) plate
myndan n. morpheme
myndanfræði f. morphology, (Am.) morphemics
myndanfræðilegur adj. morphological
myndapóstkort n. picture postcard
myndarlegur adj. handsome; skilful; industrious
myndasaga f. strip cartoon, comic strip
myndaskreyting f. illuminations (in a book)
myndast v. be formed
myndastytta f. statue
myndatexti m. caption
myndavél f. camera
myndband n. videotape
myndbandstæki n. video recorder
myndbreyting f. metamorphosis
myndbreytt berg n. metamorphic rock
myndbrjótur m. iconoclast
mynddepill m. pixel
myndefni n. illustrative material
myndhverfur adj. metaphorical
myndhvörf n.pl. metaphor
myndhöggvari m. sculptor; sculptress
myndlampi m. cathode ray tube
myndlaus adj. amorphous
myndletur n. pictography, hieroglyphics
myndleturstákn n. pictograph, hieroglyph
myndlist f. visual arts

myndlista- og handíðaskóli m. school for arts and crafts
myndlistarmaður m. artist, painter
myndlistarsalur m. (art) gallery
myndlistaskóli m. school of fine arts
myndlíking f. metaphor
myndmál n. imagery (in literature)
myndristumaður m. engraver
myndrænn adj. pictorial, graphic, figurative
myndsamblöndun f. montage
myndsegulband n. videotape
myndsegulbandstæki n. video recorder
myndsenditæki n. telefax equipment
myndskeyti n. telefax
myndskreyta vt. illustrate
myndskreyting f. illustration
myndskreytingamaður m. illustrator
myndskrúðugur adj. picturesque
myndskurður m. carving
myndskygging f. shading
myndugleiki m. authority, presence
myndun f. formation
myndvarpi m. overhead projector
myndvefnaður m. tapestry
myndögn f. pixel
mynni n. mouth, opening
mynstur n. pattern, design
mynt f. coin; currency;
  í sömu m. in kind
mynta f. mint
mynteining f. monetary unit
myntfræði f. numismatics
myntfræðingur m. numismatist
myntsafnari m. numismatist
myntslátta f. coinage, mintage
myntsöfnun f. numismatics
myrða vt. murder, assassinate
myrkfælinn adj. afraid of the dark
myrkravinur m. obscurantist
myrkur n. dark(ness)
myrkur adj. dark; gloomy; obscure
myrkvaklefi m. darkroom
myrkvi m. eclipse
myrkvun f. blackout
myrra f. myrrh
myrta f. myrtle
mysa f. whey
mysingur m. soft brown cheese
mysuostur m. whey cheese

mý n. midge, blackfly
mýbit n. midge/blackfly bite
mýfluga f. midge; gnat
mýkingarefni n. softener
mýkja vt. soften
mýkjandi adj. emollient
mýkt f. softness; litheness
mýraber n. cranberry
mýragas n. marsh gas, methane
mýrakalda f. malaria
mýraköldumý n. anopheles
mýrarljós n. will-o'-the-wisp
mýrarvilpa f. quag(mire)
mýrasóley f. grass of parnassus
mýrastakkur m. lousewort, red rattle
mýri f. marsh, bog, swamp
mýrlendi n. moorland
mýrlendur adj. marshy, boggy, swampy
mæddur adj. distressed, laden (with)
mæða f. troubles; sorrow
mæða vt. trouble; tire out; make breathless
mæðgin n.pl. mother and son
mæðgur f.pl. mother and daughter
mæði f. shortness of breath; exhaustion
mæðilegur adj. plaintive
mæðinn adj. short-winded
mæðiveiki f. sheep rot
mæðradagur m. Mothering Sunday, (Am.) Mother's Day
mæðradeild f. antenatal clinic
mæðraveldi n. matriarchy
mæðulegur adj. sad, downcast, woebegone
mægðir f.pl. affinity by marriage
mæla v. speak, talk; measure, gauge
mæla með vt. recommend
mælaborð n. instrument panel, dashboard
mælanlegur adj. measurable
mælast til vt. ask for, request
mælgi f. garrulity, loquacity, prolixity
mæli n. voice
mælibogi m. protractor
mælieining f. unit of measurement
mælikvarði m. standard, criterion; scale
mæling f. measurement
mælingafræði f. mensuration
mælipípa f. pipette
mælir m. meter, indicator
mælistika f. yardstick
mælitæki n. measuring device, gauge
mælivídd f. dimension
mælska f. eloquence
mælskufræði f. rhetoric
mælskufræðingur m. rhetorician
mælskukeppni f. oratorical contest
mælskulist f. oratory
mælskumaður m. orator
mælskur adj. eloquent
mæna f. spinal cord
mæna á vt. stare at
mæna yfir vt. tower over
mænir m. ridge (of a roof); monitor; mynah
mænisás m. ridgepole, rooftree
mænubólga f. myelitis
mænuheili m. hindbrain
mænusótt f. infantile paralysis, polio(myelitis)
mær f. maiden
mærð f. praise; prolixity, verbosity
mærðarfullur adj. flattery, unctuous, gushing
mæta v. meet; appear, turn up
mætavel adv. very/full well
mæting f. attendance; check-in time
mætur f.pl. fancy, liking; **hafa miklar m. á** prize highly, have a predilection for
mætur adj. respected, distinguished
mögla vi. grumble
möglunarlaust adv. without complaint, resignedly
mögnun f. amplification
mögulega adv. possibly
mögulegur adj. possible, feasible
möguleiki m. possibility
mök n.pl. (sexual) intercourse
mökkur m. cloud (of dust/smoke)
mökun f. copulation
möl f. gravel, pebbles
mölbrjóta vt. smash to pieces
mölétinn adj. moth-eaten
mölfluga f. moth
mölkúla f. mothball
mölmý n. sand fly
Möltubúi m. Maltese
mölur m. moth
mölva vt. smash to bits, pulverize

mölvarinn adj. mothproof
mölverja vt. mothproof
mömmudrengur m. mollycoddle
mön f. mane
möndludeig n. marzipan
möndull m. axis
mör f. (lamb) suet
mörður m. marten; ferret; weasel
mörgæs f. penguin
mörk f. forest; 250 grammes
möskvastærð f. mesh measure
möskvi m. mesh; reticulation
möttull m. mantle
mötun f. feeding
mötuneyti n. cafeteria, canteen, refectory

N

nabbi m. pimple, blotch
naðra f. adder, viper, serpent, snake
nafar m. gimlet, auger
naflagras n. Iceland koenigia
naflastrengur m. umbilical cord
nafli m. navel, belly button
nafn n. name
nafna f. namesake (of a woman)
nafnakall n. roll call
nafnalisti m. list of names
nafnaskrá f. mailing list
nafnbót f. title, honour
nafndagur m. nameday
nafndráttur m. monogram
nafnfrægur adj. well-known, famous
nafngift f. namegiving, denomination; name
nafngildi n. nominal value
nafngreina vt. mention by name
nafnháttarmerki n. infinitive particle
nafnháttur m. infinitive
nafnhvörf n.pl. metonymy
nafni m. namesake (of a man)
nafnkunnur adj. famous, noted
nafnlaus adj. nameless, anonymous
nafnleynd f. anonymity
nafnliður m. noun/nominal phrase
nafnnúmer n. ID number, (Am.) social security number
nafnorð n. noun, substantive

nafnskilti n. nameplate
nafnskírteini n. identity card, ID card
nafnspjald n. visiting card, business card
nafntogaður adj. illustrious, renowned
nafnverð n. nominal/par/face value
nafnvextir m.pl. nominal interest rate
naga v. gnaw
nagdýr n. rodent
nagg n. bickering
naggrís f. guinea pig
naglaband n. cuticle
naglabursti m. nailbrush
nagladekk n. studded tyre
naglaklippur f.pl. nail cutters
naglalakk n. nail varnish, (Am.) nail polish
naglaskapur m. stinginess; beastliness
naglaskæri n.pl. nail scissors
naglaþjöl f. nail file
naglbítur m. (a pair of) pincers
nagli m. nail
naglrek n. nailset
nagtönn f. incisor
nakinn adj. naked, nude
namm interj. yumm(mie)
nammi n. goody, sweets
nandúfugl m. rhea
nappa vt. pilfer, nobble; catch
napur adj. biting cold, chilly; bitter
napurleiki m. acerbity, pungency
napuryrði n. cynicism
narra vt. trick, gull, cheat
narta í vt. nibble at
nasa v. sniff
nasahol n. nostril
nasasjón f. inkling
nashyrningsfugl m. hornbill
nashyrningur m. rhinoceros
nasismi m. Nazi(i)sm, National Socialism
nasisti m. Nazi, National Socialist
naskur adj. handy; astute, clever
natinn adj. gentle; meticulous; industrious
natni f. solicitude; accuracy; industry
natrín n. sodium
natúralismi m. naturalism
natúralisti m. naturalist
natúralískur adj. naturalistic
nauð f. trouble, predicament; n. nagging

nauða í vt. importune, keep after
nauðalíkur adj. as like as two peas (in a pod)
nauðasköllóttur adj. bald as a coot
nauðbeygður : vera n. til be obliged/forced to
nauðga vt. rape, ravish, violate
nauðgari m. rapist
nauðgun f. rape
nauðlenda v. make a forced landing
nauðlending f. emergency landing
nauðrakaður adj. clean-shaven
nauðsyn f. necessity, need
nauðsynlegur adj. necessary
nauðugur adj. unwilling, reluctant
nauðugur viljugur adj. willy-nilly
nauðung f. compulsion, constraint
nauðungar- comb. forced, compulsory, coercive
nauðungarsala f. forced sale
nauðungaruppboð n. forced auction
nauðungarvinna f. forced labour
nauður f. necessity
nauðvörn f. self-defence
nauðþurft f. subsistence
naumast adv. hardly, barely
naumindi : með nauminudum just barely, at a push
naumlega adv. narrowly, barely; meagerly
naumur adj. scarce, scant; stingy
naust n. boathouse
naut n. bull; Taurus
nautaat n. bullfight
nautaatsvöllur m. bullring
nautabani m. bullfighter
nautahirðir m. cowboy
nautakjöt n. beef
nautalundir f.pl. undercut
nautapest f. rinderpest
nautasteik f. beefsteak, roast beef
nautgripapest f. rinderpest, murrain
nautgriparæktandi m. cattle-raiser
nautgripaþjófur m. cattle-thief, (Am.) rustler
nautgripir m.pl. cattle
nautgripur m. ox, cow
nautn f. enjoyment, relish
nautnabraut f. primrose path
nautnalegur adj. sensual, voluptuous
nautnalíf n. hedonism, voluptuous life
nautnamaður m. hedonist
nautnaseggur m. sensualist, lecher
nautnasjúkur adj. lecherous
nautshaus m. blockhead, idiot
nautshúð f. cowhide
nautslegur adj. bovine
ná v. acquire, obtain, get; catch; reach
ná í vt. go and get, fetch; get hold of
ná samningi v. win a contract
ná sér vi. recover, recuperate
ná sér í vt. help oneself to (food)
ná sér niðri á vt. get back at, pay back
ná sínu fram v. carry one's point
ná yfir vt. cover, comprise, include, span
nábítur m. heartburn
nábúi m. neighbour
náð f. rest; mercy, grace
náða vt. pardon, reprieve
náðargáfa f. charisma
náðarhögg n. coup de grace
náðarmeðal n. sacrament
náðarval n. predestination
náðhús n. latrine, toilet
náðugur adj. peaceful; merciful
náðun f. pardon, amnesty
náfrændi m. close relative (male)
náfrænka f. close relative (female)
náfölur adj. deathly pale, ghastly
nágrannaland n. neighbouring country
nágrannalegur adj. neighbourly
nágranni m. neighbour
nágrenni n. neighbourhood, vicinity, locality
náhjúpur m. shroud, winding sheet
náhvalur m. narwhal
náhvítur adj. deathly pale, livid
náinn adj. close, intimate
nákominn adj. closely related
nákvæmlega adv. exactly, precisely
nákvæmni f. precision, accuracy, exactitude
nákvæmnismaður m. precisionist
nákvæmur adj. precise, accurate; thorough
nál f. needle; stylus; indicator; **á nálum** on tenterhooks/a knife-edge
nálablóm n. alyssum
náladofi m. pins and needles
nálaprentari m. dot matrix printer
nálaprilla f. needlecase

nálapúði m. pincushion
nálarauga n. eye of a needle
nálargat n. pinprick
nálastungulækningar f.pl. acupuncture
nálega adv. almost, proximately
nálgast v. approach
nálgun f. approximation
nálspor n. stitch
nálægð f. nearness, vicinity
nálægt adv. close by; about, approximately
nálægur adj. close, nearby; present
nám n. studies, learning
náma f. mine, pit
námfús adj. eager to learn, studious
námsár n. school year; n.pl. school days
námsbók f. textbook, schoolbook
námsbraut f. course/program of study
námsefni n. curriculum, syllabus
námsflokkur m. study group, course
námsfundur m. tutorial
námsgrein f. subject (of study)
námsgögn n.pl. teaching aids
námskeið n. course
námskeið í verslunarfræðum n. commercial course
námskostnaður m. tuition fees
námskrá f. curriculum guide
námslán n. study loan
námsleiði m. school fatigue
námsmaður m. student
námsráðgjafi m. adviser, tutor
námssamningur m. articles (of apprenticeship), indentures
námsskrá f. curriculum, syllabus
námsstefna f. symposium
námsstyrkur m. grant, scholarship
námsönn f. term
námugröftur m. mining
námuhestur m. pit pony
námumaður m. miner, pitman
námuop n. pithead
nánar adv. more accurately, more fully
nánari adj. closer, further
nánasarlegur adj. miserly, hard-fisted
nánasarskapur m. stinginess
nánast adv. almost, virtually
nánastur adj. closest, most intimate
nánd f. vicinity; nearness, proximity
nánös f. miser, skinflint, (Am.) cheapskate

nár m. corpse, cadaver
nári m. groin
náriðill m. necrophiliac
nátengdur adj. close related
nátt- comb. night, nocturnal
náttblinda f. night blindness
náttblindur adj. night-blind
náttborð n. bedside table
náttfall n. dew
náttfari m. night bird, nightjar
náttfugl m. nocturnal bird
náttföt n.pl. pyjamas, (Am.) pajamas
náttgali m. nightingale
náttrafn m. night owl, nighthawk
náttúfa f. nightcap
náttkjóll m. nightdress, (Am.) nightgown
náttljós n. nightlight
náttmyrkur n. shades (of evening)
náttskuggajurt f. nightshade
náttskyrta f. nightshirt
náttsloppur m. negligee
náttugla f. night owl
náttúra f. nature; character; sexual urge
náttúrlegur adj. natural
náttúruafurð f. natural product/produce
náttúruauðlindir f.pl. natural resources
náttúrufagur adj. scenic
náttúrufegurð f. natural beauty
náttúrufræði f. natural history
náttúrufræðilegur adj. naturalistic
náttúrufræðingur m. naturalist
náttúrufyrirbæri n. natural phenomenon
náttúrugreind f. mother wit
náttúrugripasafn n. museum of natural history
náttúruhamfarir f.pl. natural catastrophe, cataclysm
náttúrujafnvægi n. balance of nature
náttúrulegur adj. natural
náttúrulíf n. wildlife
náttúrulækningabúð f. health store
náttúrulækningar f.pl. naturopathy
náttúrulögmál n. law of nature
náttúruréttur m. natural law
náttúruskoðun f. nature study
náttúruúrval n. natural selection
náttúruvernd f. conservation of nature
náttúruverndarmaður m. conservationist
náttúruverndarráð n. council for nature conservation, (Br.) National Trust

náttúruvísindi n.pl. natural science
náttúruöfl n.pl. forces of nature
náungi m. fellow, chap, guy; neighbour
návist f. presence
návígi n. hand-to-hand fighting
náæta f. ghoul
neanderdalsmaður m. Neanderthal man
neðan adv. below, beneath; **fyrir n.** below
neðan á prp. on the bottom of
neðan frá adv. from below
neðan við prp. below
neðanjarðar adv. underground, subterranean
neðanjarðarlest f. underground, tube (train), (Am.) subway
neðanmálsgrein f. footnote
neðansjávar adv. undersea, submarine
neðansjávarfjall n. seamount
neðarlega adv. near the bottom
neðri adj. lower, farther below
neðstur adj. lowest, farthest below, lowermost
nef n. nose; beak, bill
nefbroddur m. tip of the nose
nefgleraugu n.pl. pince-nez
nefhljóð n. nasal (sound)
nefjun f. nasalization
nefkorr n. sniffle, snuffle
nefkvef n. rhinitis
nefmæli n. nasality
nefmæltur adj. nasal
nefna vt. name, call; mention
nefnari m. denominator
nefnd f. board, committee, commission
nefndarálit n. committee report
nefndarmaður m. committee(wo)man
nefnifall n. nominative (case)
nefnilega adv. namely, (Lat.) videlicet, viz.
nefrennsli n. running nose, rheum
nefskattur m. poll tax, capitation
neftota f. proboscis
neftóbak n. snuff
neftóbaksdós f. snuffbox
negla f. stopper, plug; vt. nail, hammer
negrasálmur m. negro spiritual
negri m. negro/Negro
negull m. clove
nei interj. no

neikvæður adj. negative
neikvætt rafskaut n. negative pole, cathode
neinn prn. no one, (not) any
neins staðar adv. (not) anywhere
neista vi. spark(le)
neisti m. spark
neita v. deny; refuse, say no to
neita sér um e-ð vt. deny oneself s-g
neitt prn. nothing, (not) anything
neitun f. denial; refusal; negation
neitunarorð n. negative
neitunarvald n. veto
nekt f. nakedness, nudity, bareness
nektardans m. striptease, strip show
nektardansmær f. stripper
nektarnýlenda f. nudist colony
nellika f. carnation
nema vt. learn, study; perceive; amount to
nema prp. except for; conj. unless
nema á brott vt. abduct, kidnap
nema brott vt. take away, remove
nema land vt. settle (a piece of land)
nema staðar vi. stop, halt
nema úr gildi vt. annul, repeal
nema við vt. touch
nemandi m. student, learner, pupil
nemendaráð n. student council
nemi m. student, trainee; detector, sensor
nenna vt. feel like, care to, bother
neon n. neon
neonljós n. neon lamp/light
neonljósaskilti n. neon sign
nepja f. chill, bitter cold
Neptúnus m. Neptune
nería f. oleander
nes n. headland, cape; ness
nesjamennska f. parochialism
nesti n. provisions (for travel etc.)
nestisferð f. picnic
net n. net(work)
netagerð f. netting
netagerðarmaður m. netmaker
netamaður m. netman
netaveiðar f.pl. net fishing
nethimna f. retina
netjuský n. altocumulus, mackerel sky
netmyndaður adj. reticulated
netnál f. netting needle

nettó adv. net
nettur adj. pretty; neat, handy
neyð f. distress; need, shortage
neyða vt. force, compel
neyðar- comb. emergency
neyðarakkeri n. sheet anchor
neyðarástand n. state of emergency
neyðarhemill m. communication card
neyðarhöfn f. port of refuge
neyðarkall n. distress signal
neyðarlegur adj. embarrassing; sarcastic
neyðarljós n.pl. hazard light
neyðarráðstöfun f. emergency measure
neyðarrenna f. escape chute
neyðartilvik n. (case of) emergency
neyðarúrræði n. last resort
neyðarútgangur m. emergency exit
neyðast til v. be forced to
neysla f. consumption
neysluvatn n. drinking water
neysluvenjur f. pl. consumer habits
neysluvörur f.pl. consumer goods, consumables
neysluþjóðfélag n. consumer society
neyta vt. consume; use
neytandasamtök n.pl. consumer organization, consumers' union
neytandi m. consumer; user
neytendaumbúðir f.pl. consumer packaging
neytendavild f. consumer preference
né conj. nor; **hvorki...n.** neither...nor
niða vi. (of a stream) murmur, purl
niðamyrkur n. pitch dark
niðaþoka f. pea souper
niðjatal n. list of descendants, genealogy
niðji m. descendant, offspring
niðra vt. disparage, defame, decry
niðrandi adj. derogatory, defamatory
niðri adv. below; down(stairs)
niðrun f. defamation, detraction
niður n. murmur, purling; drone
niður adv. down(wards)
niður í bæ adv. downtown
niðurbrotinn adj. shattered, crushed; heartbroken
niðurbældur adj. suppressed, pent-up
niðurbæling f. suppression, repression
niðurdreginn adj. depressed, low-spirited

niðurdrepandi adj. depressing, soul-destroying
niðurfall n. drain(pipe)
niðurferð f. descent
niðurfærsla f. reduction, lowering
niðurgangur m. diarrhoea
niðurgreiða vt. subsidize
niðurgreiðsla f. subsidy
niðurlag n. end, conclusion
niðurlagður adj. preserved
niðurleið f. descent; decline
niðurlot n.pl. exhaustion
niðurlútur adj. downcast, dejected
niðurlæging f. humiliation, debasement
niðurlægja vt. humiliate, mortify
Niðurlönd f.pl. Netherlands, Low Countries
niðurníddur adj. dilapidated, squalid
niðurníðsla f. neglect, disrepair
niðurrif n. demolition; subversion
niðurröðun f. arrangement, order
niðursetningur m. pauper
niðursjóða vt. preserve, tin, (Am.) can
niðurskurður m. reduction, cut(back), retrenchment
niðursoðin mjólk f. condensed milk
niðursoðnar vörur f.pl. preserves, (Br.) tinned goods
niðursokkinn í adj. absorbed in, preoccupied with
niðurstaða f. outcome, conclusion
niðurstreymi n. downdraught, airpocket
niðursuða f. canning
niðursuðudós f. tin, (Am.) can
niðursuðuverksmiðja f. cannery
niðursuðuvörur f.pl. preserves, (Am.) canned goods
niðurtalning f. countdown
nifteind f. neutron
nifteindasprengja f. neutron bomb
nikka f. accordion
nikka v. nod (one's head)
nikkel n. nickel
nikkelhúða vt. nickel-plate
nikótín n. nicotine
nirfill m. miser, penny pincher
nirfilslegur adj. miserly
nit f. nit (of a louse)
nitur n. nitrogen
nituroxíð n. nitrous oxide

nía f. nine (in cards); bus number nine
níð n. libel, defamation
níða vt. libel, defame, revile
níðast á vt. treat badly, kick about/around
níðbréf n. poison-pen letter
níðgreinahöfundur m. lampoonist
níðill m. detractor
níðingslegur adj. mean, vile, nefarious
níðingsverk n. foul deed, barbarity
níðingur m. villain, miscreant
níðskrif n. lampoon
níðskrifari m. lampoonist
níðvísa f. libellous verse
níðþröngur adj. skin-tight
níðþungur adj. weighty
níhílismi m. nihilism
nípa f. parsnip
níræður adj. nonagenarian, ninety years old
níska f. stinginess, niggardliness
nískur adj. stingy, niggardly, mean
nísta vt. pierce; **n. tönnum** gnash one's teeth
nístandi adj. biting; heartrending
nístingskuldi m. piercing cold, nip
nítján num. nineteen
nítjándi num. nineteenth
nítrat n. nitrate
nítróglýsserín n. nitroglycerin(e)
nítugasti num. ninetieth
níu num. nine
níundi num. ninth
níutíu num. ninety
njálgur m. pinworm
njóli m. garden dock
njósn f. reconnaissance, espionage
njósna v. spy, reconnoitre
njósnari m. spy, secret agent
njóta vt. enjoy; benefit from
nokkrir adj. & prn. a few; **þó n.** quite a few
nokkuð adj. & prn. some(thing), any(thing); adv. somewhat, quite, fairly
nokkur adj. & prn. some(body), any(body)
nokkurn tíma adv. ever
nokkurn veginn adv. approximately
nokkurs konar adj. a/some kind of, some sort of

nokkurs staðar adv. anywhere
norðan adv. from the north
norðanátt f. north wind
norðaustanstrekkingur m. northeaster
norðaustlenskur adj. northeastern
norðaustlægur adj. northeasterly
norðaustur n. northeast; adv. northeast(wards)
Norðlendingur m. Northerner (in Iceland)
norðlenskur adj. from the North
norðlægur adj. northerly
Norðmaður m. Norwegian
norðnorðaustur adj. & adv. north-northeast
norðnorðvestur adj. & adv. north-northwest
norður n. north; adv. north(wards)
norðurheimskaut n. North Pole
norðurheimskautsbaugur m. Arctic Circle
norðurheimskautssvæðið n. Arctic Zone
norðurhvel n. northern hemisphere
Norðuríshaf n. Arctic Ocean
Norðurland n. Northern Iceland
norðurlandamál n. Nordic language
norðurljós n.pl. northern lights, aurora borealis
Norðurlönd n.pl. Nordic Countries, Scandinavia
norðurpóll m. North Pole
Norðurríkjamaður m. (Am.) Northerner; Yankee
Norðursjór m. North Sea
norðvestanstrekkingur m. northwester
norðvestlenskur adj. northwestern
norðvestlægur adj. northwesterly
norðvestur n. northwest; adv. northwestwards
Noregur m. Norway
norm n. norm
normaldreifing f. normal distribution
normalkúrfa f. normal curve
Normanni m. Norman
normannskur adj. Norman
norn f. witch, hag
nornahár n. Pele's hair
nornajurt f. henbane
nornaketill m. cauldron
nornatár n.pl. Pele's tears

nornaveiðar f.pl. witch-hunt
norræn tvíkeppni f. Nordic events
norræna f. Old Norse
norrænn adj. Nordic, Scandinavian
norska f. Norwegian
norskur adj. Norwegian
nostra við vt. take great pains with
nostur n. meticulousness, fussiness
not n.pl. use
nota vt. use, apply
notaður adj. used, second-hand
notagildi n. utility (value), usefulness
notalegur adj. comfortable, cosy; friendly
notandi m. user
notast við vt. make shift with
notfæra sér vt. make use of, take advantage of
nothæfur adj. usable, applicable, workable
notkun f. use, application
notkunarleiðbeiningar f.pl. operating instructions
notkunarleysi n. disuse
notkunarreglur f.pl. directions for use, instructions
notuð flík f. reach-me-down, (Am.) hand-me-down
Nóbelsverðlaun n.pl. Nobel prize
Nóbelsverðlaunahafi m. Nobel laureate
nóg adv. enough, sufficient
nógur adj. enough, adequate
nón n. three o'clock in the afternoon
nónblóm n. scarlet pimernel
nót f. (seine) net
nóta f. note; bill; **með á nótunum** on the ball
nótnablöð n.pl. sheet music
nótnaborð n. keyboard
nótnagrind f. music stand
nótnahefti n. music book
nótnalykill m. clef
nótnatákn n. musical notation
nótt f. night; **að nóttu til** in the/at night; **á nóttunni** at night; **fram á n.** until late in the night; **í fyrrinótt** the night before; **í n.** tonight
nótur f.pl. (sheet) music
nóvember m. November
nudd n. rubbing, friction; massage
nudda vt. rub; massage

nuddari m. masseur; masseuse
nuddolía f. liniment
nuddstofa f. massage parlour
nugga vt. rub
nunna f. nun
nunnuklaustur n. nunnery, convent
nurla v. scrimp (and save); hoard
nurlari m. penny pincher; hoarder
nú n. the present; adv. now, at present; **nú á dögum/tímum** nowadays; **n. þegar** already
núa v. rub, chafe, massage
núa um nasir vt. hold against, reproach for
núðla f. noodle
núggat n. nougat
núgildandi adj. current, present
núgildandi verðlisti m. current price list
núliðin tíð f. present perfect, perfect tense
núll n. zero, nought, nil; nothing, nonentity
núllútkoma f. break-even point
númer n. number
númera vt. number
númeraröð f. numerical order
núna adv. now, at present
núningur m. friction, rubbing
nútíð f. present (tense)
nútíma- comb. modern, present-day
nútímalegur adj. modern, up-to-date
nútímalist f. modern art
nútíminn m. the present
núverandi adj. present, current
núvirði n. present value
núþáleg sögn f. preterite verb
nykra f. pondweed
nykrun f. mixed metaphor
nykurrós f. water lily
nyrðra adv. in the north
nyrðri adj. more northerly
nyrst adj. furthest north
nyrstur adj. northernmost
nyt f. use; **færa sér í n.** make use of
nytjaeðlisfræði f. applied physics
nytjahyggja f. utilitarianism
nytjaplanta f. crop
nytjar f.pl. utility
nytjavísindi n.pl. applied science
nytsamlegur adj. useful, serviceable
nytsemi f. usefulness, serviceability

nýafstaðinn adj. recent
nýár n. New Year
nýársdagur m. New Year's Day
nýbakaður adj. newly baked, fresh; just graduated
nýbreytni f. innovation, novelty
nýburi m. neonate
nýbúinn adj. just finished
Nýfundnaland n. Newfoundland
nýfæddur adj. newborn
nýgiftur adj. newly married
nýgræðingur m. rookie, tenderfoot
Nýja-Sjáland n. New Zealand
nýjabrum n. newfangledness
nýjastur adj. latest, up-to-date
nýjung f. innovation, novelty
nýklassík f. neoclassicism
nýklassískur adj. neoclassical
nýkominn adj. just arrived
nýlega adv. recently, lately
nýlegur adj. recent, almost new
nýlenda f. colony
nýlendubúi m. colonist
nýlendustefna f. colonialism
nýlendustjóri m. proconsul
nýlenduvörur f.pl. colonial goods
nýliði m. recruit, novice
nýlunda f. novelty
nýmjólk f. fresh milk
nýmæli n. novelty
nýnæmi n. s-g new
nýr adj. new, fresh; **að nýju** afresh, anew; **n. af nálinni** brand new; **upp á nýtt** again, all over
nýra n. kidney
nýríkur maður m. nouveau riche
nýrnabólga f. nephritis
nýrnahetta f. adrenal gland
nýrnaslagæð f. renal artery
nýrnasteinn m. nephritic stone
nýrnavél f. kidney machine
nýrómantík f. neoromanticism
nýsigögn n.pl. audio-visual aids
Nýsjálendingur m. New Zealander
nýsköpun f. innovation
nýstárlegur adj. novel, newfangled, original
nýsteinöld f. Neolithic
nýstirni n. nova
nýta vt. utilize, make use of

nýtanlegur adj. exploitable, usable
nýtilegur adj. serviceable, applicable
nýting f. exploitation; effective use
nýting afkastagetu f. capacity utilization
nýtinn adj. economical
nýtistefna f. functionalism
nýtísku- adj. modern
nýtískulegur adj. fashionable, modern, stylish
nýtni f. economy, thrift, efficiency
nýtur adj. usable; useful; fit, able
nýverið adv. recently
nývirki n. new construction
nýyrðasmiður m. neologist
nýyrði n. neologism
næða v. blow (a cold wind)
næði n. leisure; peace, quiet
næðingssamur adj. breezy, draughty
næðingur m. cold wind, draught
næfurþunnur adj. paper-thin, papery, filmy
nægð f. plenty
nægilegur adj. enough, adequate, sufficient
nægja v. be enough, suffice
nægjanlegur adj. enough, adequate, sufficient
nægjusamur adj. frugal, modest
nægjusemi f. frugality, contentment
nægt f. abundance, excess
nægtahorn n. cornucopia
nægur adj. enough, ample, plentiful
næla f. pin; brooch; vt. pin
næla sér í vt. get hold of
nælon n. nylon
næmi f. aptitude, flair; sensitivity
næmleiki m. sensitivity
næmur adj. apt, perceptive; sensitive
næpa f. turnip
næra vt. nourish
nærandi adj. nutritious
nærbuxur f.pl. underpants, briefs; knickers
nærfærni f. consideration, tact
nærföt n.pl. underwear, underclothes
nærgætinn adj. considerate, tactful
nærgætni f. consideration, thoughtfulness
nærgöngull adj. personal, importunate
næring f. nourishment, sustenance

næringarefni n. nutrient, foodstuff
næringarfræði f. nutrition, dietetics
næringarfræðingur f. nutritionist, dietician
næringargildi n. nutritive value
næringarmikill adj. nutrient
næringarríkur adj. nourishing, nutritious
næringarskortur m. nutritional deficiency, malnutrition
nærliggjandi adj. neighbouring, nearby
nærmynd f. close-up
nærpils n. petticoat, slip
nærri adv. & prp. near; almost
nærskorinn adj. close-fitting, tight
nærskyrta f. undervest, (Am.) undershirt
nærstaddur adj. present
nærsýni n. myopia, short-sightedness
nærsýnn adj. myopic, (Am.) nearsighted
nærtækur adj. handy; obvious
nærvera f. presence
næst adv. next; prp. next to
næsta : á næstunni in the near future; adv. very, quite
næstbestur adj. second-best
næstliðinn adj. last, previous
næstsíðastur adj. last but one
næstum adv. nearly, almost
næstur adj. next
nætur- comb. nocturnal
næturgagn n. chamber pot, jerry
næturgali m. nightingale
næturgisting f. overnight accommodation
næturhólf n. night safe
næturklúbbur m. nightclub
næturlag : að næturlagi at night
næturlangur adj. nightlong, overnight
næturlíf n. nightlife
næturljóð n. nocturne
næturvakt f. night shift
næturvörður m. night watchman
nöf f. hub; edge, brink
nögl f. fingernail
nöldra vi. grumble, growl, nag
nöldrari m. grumbler, nagger
nöldur n. grumbling, fault-finding
nöldursamur adj. querulous, quarrelsome
nölduseggur m. growler, curmudgeon
nöldursemi f. querulousness
nöldurskjóða f. growler, nagger

nöp : vera í n. við bear a grudge against
nös f. nostril
nötra vi. shake, tremble, shiver
nöturlegur adj. wretched; chilly, bleak

O

obbolítill adj. itsy-bitsy
obláta f. (sacramental) wafer
oblátubuðkur m. monstrance
oddatala f. odd number
oddbjörg f. ferrule
oddbogi m. lancet (arch)
oddhvass adj. pointed, peaked, spiky
oddi m. spit (of land)
oddnefur m. marlin
oddur m. point, tip
oddveifa f. pennon
oddviti m. reeve (of a district)
of adv. too (much)
ofan adv. down; **að o.** from above
ofan á prp. on (the) top (of)
ofan frá adv. from above
ofan við prp. above, over
ofanálag : í o. in addition
ofangreindur adj. above-mentioned
ofanígjöf f. reprimand, chastisement, snub
ofanvindur m. downdraught
ofar prp. higher (up), above
ofauki m. redundancy
ofaukinn adj. superfluous
ofát n. overeating, gluttony
ofbeldi n. violence
ofbeldisseggur m. hoodlum, thug
ofbirta f. dazzle
ofbjóða vt. overstrain
ofboð n. confusion, consternation
ofboðslega adv. awfully, frightfully
ofdekra vt. pamper, spoil, mollycoddle
ofdirfska f. audacity, foolhardiness
ofdrykkja f. heavy drinking, alcoholism
offita f. obesity, fatness
offjárfesting f. overinvestment
offjármagna v. overcapitalize
offramboð n. excess(ive) supply, glut
offramleiðsla f. overproduction, surplus production

offsetprentun f. offset (printing)
offylla vt. surfeit, glut
ofgera vt. overdo, strain
ofgnótt f. surfeit, profusion, plethora
ofhermi n. overstatement
ofhita vt. parboil
ofhlaða vt. overload, overcharge
ofhleðsla f. overload, overcharge
ofhvörf n.pl. hyperbole
ofjarl m. superior, overmatch
ofkeyra vt. overwork, overtax
ofkæla sig v. catch cold
oflátungslegur adj. ostentatious, pompous
oflátungur m. dandy, smart aleck
oflof n. flattery, adulation
oflofa vt. flatter, oversell
oflæti n. arrogance, presumption
oflætisfullur adj. arrogant, overbearing
ofmeta vt. overestimate, overrate
ofmetnaður m. arrogance, haughtiness
ofmetnast v. become arrogant
ofmælgi f. pleonasm
ofn m. stove; oven; furnace; radiator
ofneysla f. excessive consumption
ofnotaður adj. (of a saying) hackneyed
ofnýting f. overexploitation
ofnæmi n. allergy; **með o. (fyrir)** allergic (to)
ofreikna v. overcharge
ofreisa vt. stall
ofreyna sig v. overexert oneself
ofreynsla f. overexertion
ofris n. stall (of an aircraft)
ofríki n. tyranny, dictatorship
ofrísa vi. stall
ofræða f. eulogy
ofsabræði f. fury, rage
ofsaðning f. satiety, surfeit
ofsafenginn adj. violent, vehement, rowdy
ofsagleði f. ecstasy
ofsahart adv. slap-bang
ofsahiti m. fervour
ofsahraði m. breakneck speed
ofsahræðsla f. panic, funk
ofsakátur adj. elated, ebullient, overjoyed
ofsakláði m. nettle rash, hives
ofsakæti f. elation, ebullience
ofsalega adv. awfully, fantastically
ofsalegur adj. violent; tremendous
ofsareiði f. rage, furiousness
ofsarok n. violent storm
ofsatrúarmaður m. zealot, religionist
ofseðja vt. satiate, sate
ofsi m. violence, vehemence
ofskreyttur adj. frilly, baroque
ofskynjun f. hallucination
ofskynjunarlyf n. hallucinogen
ofsókn f. persecution
ofsóknarmaður m. persecutor
ofsóknaræði n. paranoia, persecution complex
ofstopafullur adj. aggressive, rabid
ofstopi m. aggression, insolence
ofstæki n. fanaticism, extremism
ofstækisfullur adj. fanatical
ofstækismaður m. fanatic, extremist, bigot
ofsækja vt. persecute
ofsögur f.pl. exaggeration
oft adv. often
oftar adv. more often
oftast adv. most often, generally
ofur- comb. over, extra, super
ofurást f. passionate love, blind passion
ofurefli n. superior strength, heavy odds
ofurhugi m. daredevil, swashbuckler
ofurkapp n. zeal, enthusiasm
ofurleiðari m. superconductor
ofurlið : bera ofurliði overpower, overwhelm
ofurmannlegur adj. superhuman
ofurmenni n. superman
ofurnæmur adj. hypersensitive
ofurseldur adj. in the power of; addicted to
ofurselja vt. relinquish, give up
ofurskammtur m. overdose
ofursti m. colonel
ofurtíðni f. ultrahigh frequency, UHF
ofurtölva f. supercomputer
ofurviðkvæmur adj. hypersensitive
ofurölvi adj. dead drunk
ofvaxinn adj. (of plants) overgrown
ofveiði f. overfishing
ofviðri n. violent storm, tempest
ofviti m. genius, prodigy
ofvæni n. suspense
ofvöxtur m. overgrowth, hypertrophy

ofþjaka → orðflokkur

ofþjaka vt. overburden, overweight
ofþreyta f. overexertion; vt. tire out, exhaust
og conj. and; **og svo framvegis** and so on/forth; adv. too, also
oj interj. phooey
ok n. yoke
okfruma f. zygote
okkar prn. our(s); (object form of we) us
okkur prn. (object form of we) us
okra v. practise usury
okrari m. usurer, profiteer
oktantala f. octane number
oktett m. octet
október m. October
okur n. usury, extortion
okurlánari m. usurer, (Am.) loan shark
okurleiga f. rack rent
okurverð n. exorbitant price
okurvextir m.pl. extortionate interest
olía f. oil, petroleum
olífa f. olive
olíuborpallur m. oilrig
olíubrák f. oil slick
olíudúkur m. oilcloth, oilskin
olíugeymir m. oil tank
olíuhreinsunarstöð f. oil refinery
olíukenndur adj. oily, oleaginous
olíukóngur m. oil baron
olíukvarði m. dipstick
olíukynding f. oil heating
olíukyntur adj. oilfired
olíulind f. oil well
olíumálverk f. oil painting
olíupanna f. sump
olíuríkur adj. (of rock strata) oil-bearing
olíusía f. oil filter
olíuskip n. oil tanker, oiler
olíusvæði n. oilfield
olíutankur m. oil tank
olíuviður m. olive (tree)
olíuþrýstingur m. oil pressure
olnboga sig v. elbow one's way
olnbogabarn n. unloved child; underdog
olnbogabein n. funny bone
olnbogabólga f. tennis elbow
olnbogarými n. elbowroom, leeway
olnbogaskot n. nudge, poke, dig
olnbogi m. elbow
op n. opening, gap

opið beinbrot n. compound fracture
opinber adj. public, official, civil
opinbera vt. reveal, disclose
opinberlega adv. publicly, in public
opinberun f. revelation, disclosure
opinber stjórnsýsla f. public administration
opineygður adj. wide-eyed
opingáttarstefna f. open-door policy
opinn adj. open
opinskár adj. outspoken, frank
opinskátt adv. openly, aboveboard
opin straumrás f. open circuit
opíumvalmúi m. opium poppy
opna vt. open
opna sig v. open out, bare one's soul
opnari m. opener
opnast v. open, be opened
opnauki m. foldout
opnun f. opening
opnunartími m. business hours
orð n. word, term
orða vt. mention; formulate
orðabók f. dictionary
orðabókafræði f. lexicography
orðabókarhöfundur m. lexicographer
orðabrengl n. malapropism
orðafar n. wording, choice of words
orðaflaumur m. volubility
orðaforði m. vocabulary, lexicon
orðagjálfur n. twaddle, grandiloquence
orðalag n. wording, turn of phrase
orðaleikur m. play on words, pun
orðamunur m. variant (reading)
orðaruglingur m. malapropism
orðarýnir m. spelling checker
orðaröð f. word order
orðasafn n. glossary
orðasamband n. phrase
orðaskak n. altercation
orðaskrum n. verbosity
orðatiltæki n. expression, idiom, saying
orðaval n. choice of words, diction
orðblinda f. dyslexia
orðbragð n. choice of words, language
orðfall n. loss for words
orðfár adj. reticent
orðfimi f. fluency
orðflokkagreina vt. parse
orðflokkur m. part of speech

orðflækjumaður m. quibbler
orðfæð f. reticence, laconism
orðfæri n. style, diction
orðheldinn adj. true to one's word
orðheldni f. reliability
orðhengilsháttur m. hair-splitting
orðheppinn adj. witty, eloquent, felicitous
orðlagður adj. famous, renowned
orðlaus adj. speechless, dumbfounded
orðlengja um vt. dilate (up)on
orðljótur adj. coarse, foul-mouthed
orðmynd f. word form
orðmyndun f. word formation
orðmyndunarfræði f. derivational morphology
orðréttur adj. verbatim, literal, word-for-word
orðrómur m. rumour, report, hearsay
orðræða f. discussion, discourse
orðsending f. memorandum, memo
orðsifjafræði f. etymology
orðsifjafræðingur m. etymologist
orðsifjar f.pl. etymology
orðskipan f. word order
orðskipting f. hyphenation
orðskviður m. proverb, saying
orðskýring f. word definition
orðspor n. reputation, repute
orðstír m. fame, glory, renown
orðstofn m. (word) stem
orðstöðulykill m. concordance
orðtak n. phrase, idiom
orðtakabók f. phrasebook
orðvar adj. discreet, tight-lipped
orðvending f. word wraparound
orf n. scythe
org n. screaming, roaring
orga vi. scream, howl, bawl
orgel n. organ
orgelleikari m. organist
orka f. power, energy
orka á vt. influence, affect
Orkneyjar f.pl. Orkney Islands
orkubreytir m. transducer
orkuforði m. power resources
orkugjafi m source of energy, power source
orkukorn n. mitochondrion
orkukreppa f. power shortage
orkuleysi n. powerlessness
orkulindir f.pl. energy resources
orkunýting f. power utilization
orkusala f. power sales
orkuver n. power station, (Am.) power plant
orkuvinnsla f. power production
orlof n. holiday, (Am) vacation
orlofsbúð f. holiday camp
orlofsfé n. holiday pay
orlofsgestur m. holidaymaker
orlofsstaður m. holiday resort
ormalyf n. vermifuge
ormur m. worm
orna sér v. warm oneself
orrahríð f. crossfire
orri m. black grouse
orrusta f. battle
orrustubeitiskip n. battle cruiser
orrustuflugmaður m. fighter pilot
orrustuflugvél f. fighter plane
orrustuskip n. battleship
orrustuvöllur m. battlefield
orsaka vt. cause, bring about
orsakabundinn adj. causal
orsakafræði f. etiology
orsakalögmál n. law of causation
orsakasamband n. causality
orsakasetning f. causal clause
orsakatenging f. causal conjunction
orsök f. cause; reason
ostaborgari m. cheeseburger
ostahleypir m. rennet
ostahnífur m. cheeseparer
ostakaka f. cheesecake
ostaskeri m. cheese slicer
ostefni n. casein
ostra f. oyster
ostur m. cheese
ota v. point, obtrude
otur m. otter
oxa(st) v. oxidize
oxíð n. oxide
oxun f. oxidization

Ó

ó interj. (an expression of pain) ouch
óa við vt. shudder at
óaðfinnanlegur adj. impeccable, irreproachable
óaðgengilegur adj. unacceptable; inaccessible
óaðgreinanlegur adj. indistinguishable
óaðgætinn adj. careless, inadvertent
óaðgætni f. carelessness, inadvertence
óaðskiljanlegur adj. inseparable
óafmáanlegur adj. indelible, ineffaceable
óafplánanlegur adj. inexpiable
óafritanlegur adj. copy-protected
óafsakanlegur adj. inexcusable
óafsalanlegur adj. inalienable
óafturkallanlegur adj. irrevocable, irretrievable
óafturkræfur adj. irredeemable, non-refundable
óafvitað adv. unconsciously, without knowing
óafvitandi adj. unawares, unknowing, unwitting
óaldarflokkur m. gang
óaldarlýður m. mob, rabble
óarðbær adj. unprofitable
óábyrgur adj. irresponsible
óáfengur adj. non-alcoholic
óákveðið adv. indefinitely
óákveðið fornafn n. indefinite pronoun
óákveðinn adj. undecided, irresolute, vague
óákveðinn greinir m. indefinite article
óákveðni f. indecision, vacillation
óálitlegur adj. inconspicuous, unimpressive
óánægður adj. dissatisfied, disaffected
óánægja f. discontent, disaffection
óárán f. bad year
óáreiðanlegur adj. unreliable, untrustworthy
óáreitinn adj. unaggressive
óáreittur adj. undisturbed
óárennilegur adj. formidable
óáríðandi adj. unimportant
óásjálegur adj. unsightly, ungainly
óáþreifanlegur adj. intangible, impalpable
óbeðinn adj. unasked, uninvited
óbein ræða f. indirect/reported speech
óbein sönnun f. circumstantial evidence
óbeinlínis adv. indirectly
óbeinn adj. indirect
óbeint andlag n. indirect object (in grammar)
óbeislaður adj. unbridled
óbeit f. dislike, disgust, loathing
óbetranlegur adj. incorrigible
óbeygður adj. unbowed
óbeygjanlegur adj. indeclinable
óbifandi adj. unshakable
óbifanlegur adj. immovable, solid as a rock
óbilandi adj. unfailing, indestructible
óbilgirni f. unreasonableness, obstinacy
óbilgjarn adj. unreasonable, uncompromising
óbjörgulegur adj. hopeless
óblandaður adj. unmixed, pure; dry
óblíður adj. rough, harsh, (of weather) inclement
óboðinn adj. uninvited
óboðinn gestur m. intruder; gatecrasher
óborganlegur adj. priceless; incomparable
óborinn adj. unborn
óbó n. oboe
óbóleikari m. oboist
óbót : berja til óbóta beat to a pulp
óbótamaður m. evildoer, criminal
óbótaskammir f.pl. vituperation
óbótaverk n. misdeed, crime
óbreytanlegur adj. invariable, unalterable
óbreytilegur adj. immutable
óbreytileiki m. immutability
óbreytt ástand n. (Lat.) status quo
óbreyttur adj. unchanged; simple, common
óbreyttur borgari m. civilian
óbreyttur hermaður m. private soldier, (Am.) enlisted man
óbreyttur ríkisborgari m. private citizen
óbreyttur tónn m. natural sign (in music)
óbrigðull adj. unfailing, infallible, reliable

óbrjótandi adj. unbreakable
óbrotinn adj. unbroken; plain
óbugaður adj. undaunted, dauntless
óbugandi adj. indomitable, resilient
óbundið ljóð n. free verse
óbundið mál n. prose
óbundinn adj. unbound; unattached, unmarried
óbyggðir f.pl. wilderness, desert
óbyggður adj. uninhabited, desert
óbyggilegur adj. uninhabitable
óbærilegur adj. unbearable, intolerable
óbætanlegur adj. irreparable, irreplaceable
ódagsettur adj. undated
ódauðlegur adj. immortal, undying
ódauðleiki m. immortality
ódaunn m. stench, reek, niff
ódáinsfæða f. ambrosia
ódáinsheimur m. Elysium
ódáinsveigar f.pl. nectar
ódeilanlegur adj. indivisible
ódrengilegur adj. dishonourable, mean
ódrengilegur leikur m. foul play
ódrengskapur m. baseness, scurviness
ódrepandi adj. indomitable
ódrukkinn adj. sober
ódugandi adj. incapable
óduglegur adj. inefficient
ódugnaður m. incompetence
ódulinn adj. overt
ódyggð f. vice, dishonesty
ódýr adj. cheap, inexpensive
ódæði n. atrocity, misdeed
ódæðismaður m. evildoer, criminal
ódæll adj. disobedient, unruly, wild
óðagot n. panic, fluster, hurry
óðal n. estate; freehold property, demesne
óðalsbóndi m. squire; freeholder
óðamála adj. talking fast, rattling away
óðar(a) adv. immediately
óðaverðbólga f. runaway inflation
óðfluga adv. rapidly, by leaps and bounds
óðinshani m. red-necked phalarope, (Am.) northern phalarope
óðjurt f. hemlock
óðum adv. fast
óður m. ode
óður adj. mad, crazy; furious, frantic
óeðli n. unnaturalness, abnormality
óeðlileg samkeppni f. unfair competition
óeðlilegur adj. unnatural; strained
óefað adv. without a doubt
óefni n. mess, trouble
óefniskenndur adj. immaterial
óeftirlíkjanlegur adj. inimitable
óeigingirni f. selflessness
óeigingjarn adj. selfless, unselfish
óeiginlegt brot n. improper fraction
óeiginlegur adj. figurative
óeining f. disunity, disunion
óeinlægni f. insincerity
óeinlægur adj. insincere
óeirðaseggur m. rioter, hooligan
óeirðir f.pl. riot, disturbances
óekta adj. fake, imitative, spurious
óeldfimur adj. non(in)flammable, incombustible
óendanlegur adj. endless, infinite, interminable
óendanleiki m. endlessness, infinity
óendurgoldinn adj. unrequited, unanswered
óendurkræfur adj. non-refundable, irredeemable
ófaglærður adj. unskilled
ófagmannlegur adj. unprofessional
ófarir f.pl. defeat, disaster
ófarnaður m. misfortune
ófáanlegur adj. unavailable, unobtainable
ófágaður adj. inelegant, crude, barbaric
ófeðraður adj. fatherless
ófeiminn adj. unabashed, impudent
ófélagslyndur adj. unsociable, antisocial
óféti n. scoundrel, wretch
ófiðraður adj. (of a bird) callow
óflekkaður adj. untarnished, blameless, pure
ófleygur adj. flightless
óforbetranlegur adj. incorrigible
óforgengilegur adj. imperishable
óformlegt samkomulag n. gentleman's agreement
óformlegur adj. informal, unceremonious, casual
óforsjáll adj. improvident, thoughtless
óforsjálni f. improvidence, lack of foresight
óforskammaður adj. impudent, insolent
óforsvaranlegur adj. inexcusable

óframfærinn adj. shy, timid, bashful, withdrawn
óframfærni f. backwardness, coyness, diffidence
óframkvæmanlegur adj. impracticable, inoperable
óframur adj. self-conscious, bashful
ófrágenginn adj. unfinished, in the rough
ófrávíkjanlegur adj. invariable, peremptory
ófrelsi n. constraint, lack of freedom
ófremdarástand n. bad state of affairs, plight
ófreskigáfa f. clairvoyance, second sight
ófreskja f. monster, gorgon
ófreskur adj. clairvoyant, second-sighted
ófriðarástand n. state of war, belligerency
ófriðarseggur m. troublemaker, agitator, firebrand
ófriðlegur adj. warlike, belligerent, sabre-rattling
ófriður m. war; unrest, discord
ófríður adj. plain, unsightly, ugly
ófrískur adj. pregnant
ófrjálslyndi n. illiberality, intolerance
ófrjálslyndur adj. illiberal, intolerant
ófrjór adj. sterile; infertile, unfruitful
ófrjósemi f. sterility; infertility, barrenness
ófrjósemisaðgerð f. sterilization
ófróðlegur adj. uninformative, uninteresting
ófróður adj. ignorant
ófrumbjarga lífvera f. heterotroph
ófrumlegur adj. unimaginative, conventional
ófrýnilegur adj. hideous, grim, ugly
ófræging f. defamation, slur
ófrægja vt. defame, discredit, vilify
ófullburða barn n. premature baby
ófullgerður adj. incomplete, unfinished
ófullkomin hjálparsögn f. modal auxiliary
ófullkominn adj. imperfect, defective
ófullkomleiki m. imperfection, shortcoming
ófullnægjandi adj. unsatisfactory, inadequate, substandard
ófullur adj. sober

ófullveðja adj. under-age, minor
ófús adj. unwilling, reluctant
ófyrirgefanlegur adj. unforgivable, inexcusable
ófyrirleitinn adj. impertinent, impudent, cool
ófyrirleitni f. impertinence, impudence, coolness
ófyrirséður adj. unforeseen, unlooked-for
ófyrirsjáanlegur adj. unforeseeable, unexpected
ófyrirsynja : að ófyrirsynju without reason
ófæddur adj. unborn
ófær adj. impassable; incapable; impossible
ófæra f. impassable route
ófærð f. impassability, heavy going
ógagn n. disservice, disfavour, harm
ógagndræpur adj. impermeable
ógagnrýninn adj. uncritical, indiscriminate
ógagnsæi n. opaqueness; opacity
ógagnsær adj. opaque
ógát f. carelessness; **af ó.** by mistake
ógeð n. disgust; antipathy
ógeðfelldur adj. disagreeable, unpleasant
ógeðslegur adj. disgusting, repulsive, odious
ógerður adj. undone
ógerilsneydd mjólk f. raw milk
ógerlegur adj. impracticable, impossible
ógerningur m. impossibility
ógestrisinn adj. inhospitable
ógiftur adj. unmarried, unwed, single
ógilda vt. annul, invalidate, void
ógilding f. annulment, invalidation
ógildingarskipun f. cancel command
ógildur adj. invalid, (null and) void
óglatt : vera ó. feel sick
ógleði f. nausea, sickness
ógleymanlegur adj. unforgettable
óglæsilegur adj. inelegant
ógn f. terror; a lot of; adv. how very
ógna vt. threaten, terrorize
ógnandi adj. menacing, minatory
ógnarbíldur m. scaremonger
ógnarlegur adj. terrible, awesome
ógnarstjórn f. reign of terror
ógnun f. threat, menace, intimidation

ógnvekjandi adj. menacing, forbidding, alarming
ógreiddir reikningar m.pl. accounts payable
ógreiddur adj. unpaid; uncombed, unkempt
ógreiðfær adj. difficult to pass
ógreiði m. disfavour, harm, damage
ógreiðvikinn adj. unhelpful
ógreinanlegur adj. indiscernible
ógreinilegur adj. unclear, indistinct
ógrynni n. immensity, myriad, mass
óguðlegur adj. irreligious, godless, profane
óguðrækinn adj. impious
ógurlega adv. awfully, immensely
ógurlegur adj. awful, terrible; tremendous
ógæfa f. misfortune, calamity, disaster
ógæftir f.pl. bad weather for fishing
ógæfusamur adj. unlucky, hapless, ill-starred
ógætilega adv. carelessly, rashly
ógætinn adj. careless, incautious
ógætni f. carelessness; indiscretion
ógöngur f.pl. impasse, morass, (Am.) logjam; **leiða í ó.** lead astray
óhaggaður adj. unchanged
óhagganlegur adj. immovable, unshakable, unswerving
óhagkvæmni f. impracticality
óhagkvæmur adj. impractical, uneconomical
óhagræði n. disadvantage
óhagstæður adj. unfavourable, disadvantageous
óhagstæður viðskiptajöfnuður m. trade deficit/gap
óhagsýni f. impracticality
óhagsýnn adj. impractical, uneconomical
óhamingja f. misfortune, bad luck; **til allrar óhamingju** unluckily/ unfortunately
óhamingjusamur adj. unhappy
óhandhægur adj. not handy, unwieldy, bulky
óhapp n. misfortune, mishap, accident
óháður adj. independent, autonomous
óháður þingmaður m. cross-bencher
óhátíðlegur adj. unceremonious, informal

óháttvís adj. indiscreet, tactless, misbehaved
óháttvísi f. indiscretion, tactlessness, gaucherie
óhefðbundinn adj. unorthodox, unconventional
óheflaður adj. uncouth, rude, boorish, lowbred
óheftur adj. unrestrained
óheiðarlegur adj. dishonest, crooked
óheiðarleiki m. dishonesty, insincerity
óheilbrigður adj. unhealthy
óheilindi n.pl. falseness, lack of sincerity
óheillakráka f. stormy petrel, jinx
óheillavænlegur adj. ominous, sinister, disastrous
óheillaþróun f. unfavourable development
óheilnæmur adj. insanitary
óheilsusamlegur adj. insalubrious
óheimill adj. unauthorized; illegal
óhemja f. tomboy, hoyden; madcap
óhemjandi adj. irrepressible
óhemju- comb. prodigious(ly)
óhemjuskapur m. wildness, impetuosity
óhentugur adj. unsuitable, impractical, inopportune
óheppilegur adj. unfortunate, disadvantageous
óheppinn adj. unfortunate, unlucky, luckless
óheppni f. bad luck, mischance, misadventure
óheyranlegur adj. inaudible
óheyrilegur adj. unheard of, exorbitant, excessive
óhikað adv. unhesitatingly
óhindraður adj. unchecked, clear
óhirða f. neglect, disorder
óhjákvæmilegur adj. inevitable, unavoidable
óliðhollur adj. ill-disposed, disadvantageous
óhljóð n.pl. shouting, cries, noise
óhljómur m. cacophony
óhlutbundinn adj. abstract
óhlutdrægni f. impartiality
óhlutdrægur adj. impartial, unbiased, fair-minded
óhlutstæður adj. abstract

óhlýðinn adj. disobedient, insubordinate
óhlýðnast v. disobey
óhlýðni f. disobedience, defiance
óhollur adj. unhealthy, unwholesome, insalubrious
óhóf n. excess, luxury; intemperance
óhóflegur adj. excessive
óhófsamur adj. extravagant, incontinent
óhreinindi n.pl. dirt, filth, grime, smutch
óhreinka vt. dirty, soil, stain, smudge
óhreinlyndi n. insincerity, duplicity
óhreinlyndur adj. insincere, disingenuous
óhreinlæti n. uncleanliness
óhreinn adj. unclean, dirty, filthy
óhreinskilinn adj. insincere, mealy-mouthed
óhreinskilni f. insincerity, duplicity
óhrekjandi adj. irrefutable, indubitable, impregnable
óhress adj. unhappy, indisposed, crummy
óhreyfanlegur adj. immovable, immobile
óhrjálegur adj. unsightly, shabby, bedraggled
óhróður m. slander, aspersion, vilification
óhræddur adj. unafraid, fearless, undaunted
óhuggandi adj. inconsolable, disconsolate
óhugnanlegur adj. horrifying, creepy, morbid
óhugsandi adj. inconceivable, impossible
óhugur m. dread, dismay, chill
óhultur adj. safe, secure
óhyggilegur adj. unwise, imprudent, inexpedient
óhæfa f. impropriety; enormity
óhæfilegur adj. improper, inappropriate
óhæfur adj. unsuitable; incompetent, unqualified
óhæfuverk n. infamy, outrage
óhætt adj. safe
óinnbundinn in quires
óinnleysanlegur adj. irredeemable
ójafn adj. uneven, unequal; odd
ójafna f. bump; irregularity
ójafnaður texti m. unjustified text
ójafnvægi n. imbalance
ójöfnuður m. injustice; inequality
ókannaður adj. unexplored, uncharted

ókarlmannlegur adj. unmanly
ókennilegur adj. unrecognizable; strange, weird
ókeypis adj. free of charge; adv. gratuitously
ókjör n.pl. immense quantity
ókleifur adj. impossible
óklæddur adj. undressed
óklæðilegur adj. unbecoming
óknyttir m.pl. mischief, knavery
ókostur m. disadvantage, drawback
ókringdur adj. unrounded
ókristilegur adj. unchristian; (of time) unearthly
ókræsilegur adj. unappetizing, disgusting
ókunnugur adj. unacquainted (with), unfamiliar (with)
ókunnur adj. unknown, obscure, strange
ókunnur maður m. stranger
ókurteis adj. impolite, discourteous
ókurteisi f. impoliteness, rudeness
ókurteislegur adj. unceremonious
ókvenlegur adj. (of a woman) mannish
ókvæðisorð n.pl. abuse, vituperation
ókyrr adj. unquiet, turbulent
ókyrrð f. unrest, turbulence
ól f. belt, strap, leash
ólag n. malfunction; disorder; **í ólagi** out of order; in a mess
ólaginn adj. awkward, maladroit
ólaglegur adj. not pretty, plain
ólagni f. awkwardness, inaptitude
ólaunaður adj. unpaid; honorary
ólán n. misfortune, adversity
ólánsamur adj. unfortunate, luckless
ólátabelgur m. madcap
ólátast v. romp, make a row
ólestur m. disorder, mess
óleyfi : í óleyfi without permission
óleyfilegur adj. unauthorized, prohibited
óleysanlegur adj. insoluble, inextricable
óleystur adj. indeterminable
óléttukjóll m. maternity dress
óléttur adj. pregnant
ólga f. swell, surge; fermentation; unrest
ólga v. swell, surge; ferment; seethe
ólifnaður m. debauchery
ólistrænn adj. inartistic
ólitaður adj. uncoloured
ólífa f. olive

ólífi n. death; **til ólífis** fatally
ólífrænn adj. inorganic
ólíft adj. unbearable
ólíkindalæti n.pl. dissimulation
ólíkindi n.pl. unlikelihood, improbability
ólíklegur adj. unlikely, improbable
ólíkur adj. unlike; different; **vera ó.** differ
óljós adj. unclear, indistinct, vague
ólmast v. rage, rave; romp; storm
ólmur adj. wild; keen on, raring
óloft n. heavy atmosphere, miasma
ólokið adj. unfinished
ólund f. bad mood, sullenness, bile
ólundarlegur adj. moody, sulky, glum
ólyfjan f. poison
ólyginn adj. truthful
ólykt f. stench, niff
ólympískur adj. Olympic
Ólympíuleikar m.pl. Olympic Games
ólympskur adj. Olympian
ólystugur adj. unappetizing, unsavoury
ólýsanlegur adj. indescribable, inexpressible
ólæknandi adj. incurable, irremediable
ólærður adj. uneducated, unschooled; lay
ólæs adj. illiterate
ólæsi n. illiteracy
ólæsilegur adj. illegible
ólæti n.pl. racket, hullabaloo, rumpus
ólöglegur adj. illegal, illicit, unlawful
ólögmætt verkfall n. wildcat strike
ólögráða maður m. minor
ólögræði n. minority, nonage
ólögulegur adj. shapeless; bad-looking
óma v. (re)sound, chime
ómagaaldur m. infancy
ómagahæli n. workhouse
ómagi m. dependant, encumbrance
ómak n. trouble, pains, bother; **ómaksins verður** worthwhile, worth the effort
ómaka v. trouble, inconvenience
ómaklegur adj. unearned, unjust; unworthy
ómakslaun n.pl. fee
ómannblendinn adj. unsociable, incommunicative
ómannlegur adj. inhuman
ómannúðlegur adj. inhumane
ómeðfærilegur adj. unmanageable, unwieldy
ómeðvitaður adj. unconscious
ómegð f. infancy; young
ómegin n. unconsciousness
ómeiddur adj. unhurt, unharmed, safe
ómeltanlegur adj. indigestible
ómeltur adj. undigested
ómengaður adj. unadulterated
ómenni n. scoundrel, worm
ómennska f. sloth, idleness
ómenntaður adj. uneducated
ómerkilegur adj. cheap, worthless; false, insincere
ómerkingur m. nobody, nothing; (Am.) maverick
ómerkjanlegur adj. imperceptible, indistinguishable
ómerkur adj. null and void
ómetanlegur adj. inestimable, invaluable, priceless
ómettaður adj. unsaturated
ómiðlanlegur adj. incommunicable
ómildaður adj. unmitigated
ómildur adj. astringent, severe
óminni n. forgetfulness, oblivion, blackout
óminnugur adj. unmindful, forgetful
ómissandi adj. indispensable, essential
ómótaður adj. unformed, immature, rough
ómótmælanlegur adj. indisputable
ómótstæðilegur adj. irresistible
ómóttækilegur adj. unsusceptible, impervious
ómstríður adj. dissonant
ómun f. resonance
ómunatíð f. time immemorial
ómur m. distant sound, echo
ómútuþægur adj. incorruptible
ómþýður adj. mellifluous
ómælanlegur adj. immeasurable
ómældur adj. unmeasured
ómögulegur adj. impossible
ómöguleiki m. impossibility
ónafngreindur adj. anonymous, nameless
ónauðsynlegur adj. unnecessary, redundant
ónáð f. disgrace, disfavour; **falla í ó.** be disgraced; **vera í ónáð (hjá e-m)** be out of favour (with s-y)
ónáða vt. disturb, trouble, annoy, bother
ónákvæmni f. inaccuracy

ónákvæmur adj. inaccurate, inexact
ónámfús adj. reluctant to learn, indocile
ónáttúra f. unnaturalness, perversity
ónáttúrulegur adj. unnatural, freak
ónefnanlegur adj. unmentionable
ónefndur adj. unnamed, anonymous
óneitanlega adv. indisputably, admittedly
óneitanlegur adj. undeniable, incontestable
óniðurgreiddur adj. unsubsidized
ónot n.pl. unpleasantness; chill, creeps
ónotaður adj. unused; unoccupied
ónothæfur adj. unusable, inapplicable
ónógur adj. inadequate, insufficient
ónytjungur m. good-for-nothing, ne'er-do-well
ónytsamlegur adj. unusable, impractical
ónýta vt. destroy, spoil, wreck; annul
ónýting f. annulment, invalidation
ónýtur adj. useless; broken; incompetent
ónæði n. disturbance, inconvenience
ónæmi n. immunity
ónæmisaðgerð f. immunization
ónæmisfræði f. immunology
ónæmisfræðingur m. immunologist
ónæmur adj. immune; insensitive; insensible
ónærgætinn adj. inconsiderate, tactless
ónærgætni f. inconsiderateness, bluntness
óopinber adj. unofficial, off-the-record
óorð n. disrepute, notoriety;
  koma óorði á discredit
óorðvar adj. indiscreet
óp n. cry, shout, yell, scream
ópall m. opal
ópera f. opera
óperetta f. operetta
ópersónulegur adj. impersonal
óperuhattur m. opera hat
óperuhús n. opera house
óperusöngvari m. operatic singer
ópíum n. opium
ópíumdropar m.pl. laudanum
ópólitískur adj. apolitical
óprenthæfur adj. unprintable
óprúttinn adj. unscrupulous
óprýða vt. disfigure, blemish
óprýði n. disfigurement, blemish
óraddaður adj. unvoiced, voiceless

órafmagnaður adj. (of a musical instrument) acoustic
óralangur adj. age-long
óraleið f. very long way
órannsakanlegur adj. inscrutable
órar m.pl. fantasy
óratími m. very long time, aeon
óratoría f. oratorio
óraunhæfur adj. impracticable
óraunsær adj. unrealistic
óraunverulegur adj. unreal, imaginary, illusionary
óravídd f. great expanse
óráð n. bad advice; delirium;
  með óráði delirious
óráðanlegur adj. indecipherable
óráðinn adj. undecided, hesitant; unsolved
óráðlegur adj. inadvisable, inexpedient
óráðstafað adj. not disposed of, available
óráðstal n. ravings
óráðvandur adj. dishonest
óráðvendni f. dishonesty
óráðþægni f. self-will
óregla f. disorder, confusion; intemperance
óreglulegur adj. irregular
óreglumaður m. drunkard
óreglusamur adj. intemperate
óreglusemi f. intemperance
óreiða f. disorder, mess;
  í óreiðu topsy-turvy
óreyndur adj. inexperienced, inexpert, green
órétti n. wrong, injustice
óréttlátur adj. unjust, unfair, iniquitous
óréttlætanlegur adj. unjustifiable
óréttlæti n. injustice
óréttmætur adj. unwarranted; illegal; unjust
órímaður adj. unrhymed
órjúfanlegur adj. impenetrable, indestructible
órofinn adj. unbroken
óró f. restlessness, uneasiness
óróafjöður f. hairspring (inside a watch)
óróaseggur m. rioteer, rowdy
óróast vi. get uneasy, fret
órói m. restlessness; unrest; mobile

órólegur adj. restless; uneasy, uncomfortable
óróleiki m. uneasiness; unrest, disturbance
óræð tala f. irrational number
óræður adj. inscrutable, unfathomable
óræður svipur m. poker face
órækt f. negligence; bad cultivation
óræktaður adj. (of land) uncultivated
órækur adj. incontestable, impregnable
órökréttur adj. illogical, irrational
órökstuddur adj. unfounded
órökvís adj. illogical, fallacious
ós m. estuary, mouth (of a river)
ósa vi. (of a lamp) smoke
ósagður adj. untold
ósaltaður adj. unsalted
ósamboðinn adj. unworthy
ósambærilegur adj. incomparable, disparate
ósamdóma adj. of different opinions
ósamfelldur adj. discontinuous, intermittent
ósamhljóða adj. not identical, conflicting
ósamhljóma adj. inharmonious, discordant
ósamhverfur adj. asymmetric(al)
ósamkomulag n. disagreement, controversy
ósamkvæmni f. inconsistency, incongruity
ósamkvæmur adj. inconsistent, incongruous
ósamlyndi n. disagreement, disharmony
ósammála adj. out of accord;
  vera ó. disagree
ósamrýmanlegur adj. incompatible, irreconcilable
ósamræmi n. inconsistency, discrepancy
ósamstæður adj. non-matching, scrappy
ósamþykkur adj. dissident;
  vera ó. disagree
ósannfærandi adj. inconclusive
ósanngirni f. unfairness, unreasonableness
ósanngjarn adj. unfair, unjust, invidious
ósannindi n.pl. untruth, falsehood, lie
ósannsögli f. untruthfulness, mendacity
ósannsögull adj. untruthful, mendacious
ósannur adj. untrue, false
ósátt f. disagreement, quarrel;
  í ósátt at odds

ósáttfús adj. intransigent, uncompromising
ósáttur adj. unreconciled
óseðjandi adj. insatiable, voracious
ósegjanlegur adj. unspeakable, inexpressible
ósekja : að ósekju without grounds
ósennilegur adj. unlikely, improbable
ósennileiki m. improbability
óséður adj. unseen
ósérplæginn adj. selfless, self-sacrificing
ósérplægni f. selflessness, altruism
óshólmar m.pl. delta
ósiðaður adj. uncultivated, barbaric
ósiðlegur adj. indecent, immoral
ósiðmenntaður adj. uncivilized, barbaric
ósiðmenntaður maður m. barbarian
ósiðsamur adj. indecent, dissolute
ósiðsemi f. indecency, immorality
ósiður m. bad habit
ósigraður adj. undefeated, unbowed
ósigrandi adj. invincible, indomitable
ósigur m. defeat
ósjaldan adv. often
ósjáanlegur adj. indiscernible, invisible
ósjálfbjarga adj. helpless, dependent
ósjálfráður adj. involuntary, instinctive
ósjálfstæði n. dependence
ósjálfstæður adj. dependent
ósk f. wish, request
óska v. wish, want
óskaddaður adj. unhurt; undamaged, intact
óskaðlegur adj. harmless
óskalag n. musical request
óskammfeilinn adj. insolent, shameless, unblushing
óskammfeilni f. insolence, impertinence, sauciness
óskapast vi. get worked up, brawl, storm
óskaplega adv. extremely, enormously
óskaplegur adj. horrible, dreadful
óskapnaður m. chaos; deformity, monster
óskáldlegur adj. prosaic
óskeikull adj. infallible, unerring
óskemmdur adj. undamaged; unspoilt
óskertur adj. intact; entire, whole
óskháttur m. optative (mood)
óskhyggja f. wishful thinking

óskila- comb. unclaimed, lost
óskilamunir m.pl. lost property
óskilgetinn adj. illegitimate
óskilgreinanlegur adj. indefinable
óskiljanlegur adj. incomprehensible
óskilyrtur adj. unconditional
óskipaður adj. unoccupied
óskiptanlegur adj. indivisible; inconvertible
óskiptur adj. undivided, integral
óskipulegur adv. disorderly, haphazard
óskírlífi n. unchastity
óskírlífur adj. unchaste
óskoraður adj. unlimited, total, plenary
óskóaður adj. (of a horse) unshod
óskólagenginn adj. unschooled
óskráður adj. unlisted, ex-directory
óskuldbundinn adj. uncommitted
óskundi m. damage, harm, mischief
óskurðtækur adj. inoperable
óskyldur adj. unrelated
óskynjanlegur adj. imperceptible
óskynsamlegur adj. unwise, inadvisable, injudicious
óskýr adj. unclear, obscure
óskýrast vi. blur, dim
óskýrmæltur adj. inarticulate
ósköp n.pl. an awful lot; adv. very
ósléttur adj. uneven, bumpy, rough
óslitinn adj. unbroken, continuous
óslítandi adj. indestructible
óslökkvandi adj. inextinguishable
ósmekklegur adj. tasteless
ósnertanlegur adj. untouchable
ósnortinn adj. untouched, unmoved, unaffected
ósnyrtilegur adj. untidy, unkempt, dishevelled
ósoðinn adj. uncooked, raw
ósómi m. disgrace, impropriety
ósón n. ozone
ósónlag n. ozone layer, ozonosphere
ósóttur adj. unclaimed
óspar adj. unstinted, lavish
ósparsamur adj. thriftless, unsparing
óspektir f.pl. riot, disorder, hooliganism
óspennandi adj. uninteresting
óspillanlegur adj. incorruptible
óspilltur adj. uncorrupted, unspoilt
óspjallaður adj. inviolate, virgin
óstaðfestur adj. unconfirmed
óstand n. bad shape
óstarfhæfur adj. unfit for work; out of order
óstilltur adj. restless
óstjórn f. chaos; misgovernment; mismanagement
óstjórnlega adv. tremendously
óstjórnlegur adj. unruly, wild; excessive
óstuddur adj. unsupported
óstundvís adj. unpunctual
óstundvísi f. lack of punctuality
óstyrkur adj. infirm, weak
óstyttur adj. unabridged
óstýrilátur adj. disobedient, indocile, wild
óstýrilæti n. naughtiness, obstreperousness
óstöðugleiki m. instability, inconstancy, fickleness
óstöðugur adj. unsteady, unstable; changeable
óstöðvandi adj. unstoppable; incessant
ósvaraður adj. unanswered
ósvarandi adj. unanswerable
ósveigjanlegur adj. inflexible, unbending
ósveigjanleiki m. inflexibility, rigidity
ósvikinn adj. genuine, authentic
ósvífinn adj. impudent, cheeky, saucy
ósvífni f. insolence, impertinence, boldness
ósýnilegur adj. invisible
ósýnileiki m. invisibility
ósýrður adj. (of bread) unleavened
ósæð f. aorta
ósæmilegur adj. improper, indecent, dishonourable
ósærandi adj. invulnerable
ósættanlegur adj. irreconcilable
ósöluhæfur adj. unsaleable, unmarketable
ótakmarkað umboð n. carte blanche
ótakmarkaður adj. unlimited; unreserved
ótal adj. innumerable, countless
ótaminn adj. untamed, undomesticated
óteljandi adj. innumerable, countless
óteljanlegur adj. uncountable
ótilgreindur adj. unspecified, indefinite
ótilhlýðilegur adj. improper, indecent, undue
ótilkvaddur adj. unasked, unprompted
ótilneyddur adj. voluntary

ótiltekinn adj. unspecified, indefinite
ótiltækur adj. unavailable, inaccessible
ótíð f. spell of bad weather
ótíðindi n.pl. bad news
ótímabær adj. untimely, inopportune
ótíndur adj. inveterate, out-and-out
ótrauður adj. intrepid, undaunted
ótraustur adj. unsafe, insecure, unreliable
ótrú f. distrust
ótrúlegur adj. unbelievable, incredible
ótrúmennska f. unfaithfulness, infidelity
ótrúr adj. unfaithful, disloyal
ótrúrækinn adj. irreligious
ótryggð f. unfaithfulness, disloyalty
ótryggur adj. unreliable, precarious
ótt adv. fast
óttalaus adj. fearless, intrepid
óttalega adv. terribly
óttalegur adj. fearful; awful, frightful
óttasleginn adj. panic-stricken, frightened
óttast vt. be afraid of, fear
ótti m. fear, dread, apprehension
óttusöngur m. matins
ótukt f. rascal
ótuktarlegur adj. mischievous, nasty
ótvíræður adj. unequivocal, indubitable, decisive
ótækur adj. unacceptable, inadmissible
ótæmandi adj. inexhaustible
ótölusettur adj. unnumbered
óumbeðinn adj. unasked, uncalled-for
óumbreytanlegur adj. unchangeable, immutable
óumdeilanlegur adj. indisputable, unquestionable
óumdeildur adj. undisputed
óumflýjanlegur adj. inevitable, inescapable, unavoidable
óumræðilegur adj. unspeakable, indescribable
óundirbúinn adj. unprepared, extemporaneous
óunninn adj. raw, crude
óupplagður adj. indisposed, crummy
óuppleysanlegur adj. indissoluble, insoluble
óupplýstur adj. uneducated, unenlightened
óuppnæmur adj. cool-headed, blasé
óupprætanlegur adj. ineradicable

óuppsegjanlegur adj. irrevocable, binding
óuppskipaður adj. (of goods) undischarged
óútkljáður adj. undecided
óútreikanlegur adj. incalculable, unpredictable
óútskýranlegur adj. inexplicable, unaccountable
óvanalegur adj. unusual, rare, abnormal
óvandaður adj. dishonest; sloppy, shoddy
óvandlátur adj. uncritical, indiscriminate
óvandvirkni f. sloppy work, carelessness
óvandvirkur adj. sloppy, messy, careless
óvani m. bad habit
óvanur adj. unaccustomed, inexperienced
óvar adj. inattentive; **koma að óvörum** surprise
óvarfærinn adj. incautious, careless
óvarinn adj. unprotected, exposed
óvarkár adj. careless, incautious
óvart adv. inadvertently
óvátryggður adj. uninsured
óveður n. stormy weather, storm
óveganlegur adj. imponderable
óvelkominn adj. unwelcome, undesirable
óvenjulegur adj. unusual, uncommon
óverðskuldaður adj. unearned, undeserved
óverðugur adj. unworthy
óverjandi adj. indefensible, inexcusable
óverndaður adj. unprotected
óverulegur adj. insignificant, negligible, petty
óvéfengjanlegur adj. incontestable, incontrovertible
óviðbjargandi adj. irremediable
óviðbúinn adj. unprepared
óviðeigandi adj. inappropriate, unsuitable, improper
óviðfelldinn adj. unpleasant, disagreeable
óviðjafnanlegur adj. incomparable, unequalled, peerless
óviðkomandi adj. irrelevant, extraneous, impertinent
óviðkunnanlegur adj. unpleasant, disagreeable
óviðráðanlegur adj. uncontrollable, irrepressible

óviðunandi adj. unacceptable
óvild f. ill will, animosity, rancour
óvilhallur adj. impartial, unbiased, disinterested
óviljandi adj. involuntary, inadvertent, accidental
óvinátta f. enmity, hostility, bad blood
óvingast (við) v. fall out (with)
óvingjarnlegur adj. unfriendly, unkind
óvinnandi adj. invincible; unfeasible
óvinnufær adj. disabled
óvinsamlegur adj. unfriendly, hostile
óvinur m. enemy
óvinveittur adj. hostile
óvirða vt. disgrace, disdain; violate
óvirðing f. disrespect, irreverence
óvirkni f. inactivity, passiveness
óvirkur adj. inactive, passive
óviss adj. uncertain, precarious
óvissa f. uncertainty, suspense
óvistlegur adj. uncomfortable, bleak
óvit n. senselessness; nonsense, folly
óvitandi adj. ignorant, oblivious, unaware
óviti m. baby, infant
óvitur adj. unwise, imprudent
óviturlegur adj. injudicious, ill-advised, foolish
óvíða adv. in not many places
óvígð sambúð f. common-law marriage
óvís adj. uncertain
óvopnaður adj. unarmed
óvæginn adj. unsparing, merciless, severe
óvæntur adj. unexpected, unforeseen, sudden
óvær adj. restless, nervous
óværð f. restlessness, fretfulness
óvættur m./f. ogre(ss), monster
óyfirstíganlegur adj. insurmountable, insuperable
óyggjandi adj. unmistakable, undeniable
óyndi n. malaise, ennui
óþarfi m. luxury item, frills
óþarflega adv. unnecessarily, unduly
óþarfur adj. unnecessary, superfluous
óþefur m. stench, stink
óþekkjanlegur adj. unrecognizable, beyond recognition
óþekkt f. disobedience, naughtiness
óþekktarangi m. brat, scamp, imp
óþekktarormur m. perisher, rascal
óþekktur adj. unknown, unidentified, nameless
óþekkur adj. unruly, naughty, fractious
óþéttur adj. leaky
óþjálfaður adj. unskilled; unschooled
óþjáll adj. unwieldy, cumbersome
óþjóðalýður m. rabble, riff-raff
óþjóðlegur adj. unpatriotic
óþokkabragð n. nasty trick
óþokkalegur adj. mean; shabby
óþokkaskapur m. ruffianism, beastliness
óþokki m. ruffian, beast, blackguard
óþolandi adj. unbearable, intolerable
óþolinmóður adj. impatient, edgy
óþolinmæði f. impatience
óþreyja f. impatience
óþreyjufullur adj. impatient, anxious
óþreytandi adj. indefatigable, untiring, unflagging
óþrifabæli n. cesspool
óþrifalegur adj. dirty, grubby, sordid
óþrifnaður m. uncleanliness, shabbiness
óþrjótandi adj. inexhaustible, endless
óþroskaður adj. unripe, immature
óþrotlegur adj. inexhaustible, endless
óþurrkur m. damp weather
óþverralegur adj. unsavoury, sordid, base
óþverratal n. indecent talk, smut
óþverri m. impurity, filth, dirt
óþvingaður adj. uninhibited, freewheeling
óþyrmilegur adj. hard, merciless
óþýðanlegur adj. untranslatable
óþýðleiki m. harshness, gruffness
óþýður adj. harsh, gruff, rasping
óþægð f. disobedience, naughtiness
óþægilegur adj. uncomfortable, unpleasant
óþægindi n.pl. discomfort, inconvenience
óþægur adj. disobedient, indocile, unruly
óæðri adj. inferior, subordinate
óæðri forritunarmál n. low-level language
óæfður adj. untrained, inexperienced
óæskilegur adj. undesirable
óætur adj. uneatable, inedible
óöruggur adj. insecure
óöryggi n. insecurity

P

pabbi m. dad(dy), father
padda f. toad, insect, (Am.) bug
Pakistani m. Pakistani
pakistanskur adj. Pakistani
pakk n. riff-raff
pakka vt. pack, wrap
pakkaður adj. packaged
pakkaferð f. package tour
pakka inn vt. wrap/parcel up
pakka saman vi. give up, quit
pakkhús n. warehouse, storehouse
pakki m. parcel; package, packet
pakkning f. gasket
pakksakkur adj. full to bursting
palladómar m.pl. prejudice
pallbíll m. pickup van
pallborðsumræður f.pl. panel discussion
palletta f. palette, pallet
pallíetta f. sequin, spangle
pallur m. platform, stand
Panamaskurður m. Panama Canal
pandabjörn m. panda
panflauta f. panpipes
panill m. panel(ling)
panna f. pan; sump (of an engine)
panta vt. order; book, reserve
pantsetja vt. pawn, pledge
pantur m. pawn, pledge
papírus m. papyrus
pappaaskja f. (cardboard) carton
pappakassi m. cardboard box
pappi m. cardboard
pappír m. paper
pappírskilja f. paperback, (Am.) pocketbook
pappírsskrun n. paper throw
pappírstætari m. paper shredder
pappírsverksmiðja f. paper mill
pappírsörk f. sheet of paper
paprika f. paprika, red pepper, capsicum
par n. pair, couple; par (in golf)
para f. crackling (of roast pork)
para sig v. mate, (of animals) couple
paradís f. paradise
parafínolía f. paraffin oil
parafínvax n. paraffin wax
parbiti m. parity bit
pardusdýr n. panther, leopard
parusköttur m. ocelot
parhús n. semidetached house
parís m. hopscotch
Parísarbúi m. Parisian
parísarhjól n. Ferris wheel
parket n. parquet
parprófun f. parity check
parruk n. periwig, peruke
partí n. party; shipment
partur m. part, section, segment, piece
passa v. look after; fit
passa sig vi. be careful
passa sig á vt. beware of
passa upp á vt. keep an eye on
passasamur adj. conscientious; careful
passi m. passport
passíublóm n. passionflower
passíusunnudagur m. Passion Sunday
passlegur adj. fitting, suitable
pasturslítill adj. weak, feeble
pat n. gesticulation
pata vi. gesticulate
patentlausn f. cure-all, panacea
pati m. inkling
patríarki m. patriarch
patrísei m. patrician
patróna f. cartridge
patta vt. stalemate
pattaralegur adj. plump, podgy
pattstaða f. stalemate
paufast vi. fumble along
páfablessun f. beatification
páfaboð n. papal edict
páfabréf n. pontifical letter, bull
páfadómur m. Holy See, papacy
páfaembætti n. pontificate
páfagauksveiki f. psittacosis, parrot fever
páfagaukur m. parrot; **eins og p.** parrot fashion
páfakjörsfundur m. conclave
páfakóróna f. tiara
páfalegur adj. papal
páfastóll m. Holy See, papacy
páfavilla f. popery
páfi m. pope
páfugl m. peacock
páka f. timpani, kettledrum

pákuleikari m. timpanist
pálmablað n. frond (of a palm)
pálmaolía f. palm oil
pálmasunnudagur m. Palm Sunday; **vikan fyrir pálmasunnudag** f. Passion Week
pálmi m. palm (tree); **standa með pálmann í höndunum** carry off/bear the palm
pápi m. papa, pappy, (Am.) pop(pa)
pápisti m. papist
pápíska f. popishness, popery
pápískur adj. popish, Romish
pár n. scrawl, squiggle
pára v. scrawl, scribble
páskadagur m. Easter Sunday
páskaegg n. Easter egg
páskafasta f. Lent
páskafrí n. Easter holidays
páskahátíð (gyðinga) f. Passover
páskalegur adj. paschal
páskalilja f. daffodil
páskar m.pl. Easter; **annar í páskum** Easter Monday; **laugardagur fyrir páska** Holy Saturday
páskavika f. Eastertide
pedali m. pedal
peð n. midget; pawn (in chess)
pekinghundur m. pekinese
pelabarn n. bottle-baby, nurs(e)ling
pelargónía f. rose geranium
pelastikk m. bowline (knot)
peli m. flask; feeding bottle
pelíkani m. pelican
Pelopsskagi m. Peloponneus
pels m. fur coat
pempía f. prig, milksop, old maid
pempíulegur adj. squeamish; affected
pendúll m. pendulum
peningaávísun f. money order
peningagildi n. monetary value
peningagjöf f. pecuniary gift
peningagorgeir m. purse pride
peningahagfræði f. monetarism
peningahalli m. shortfall
peningakerfi n. monetary system
peningakistill m. coffer
peningalánari m. moneylender
peningalegur adj. pecuniary, financial
peningamarkaður m. money market
peningamálastefna f. monetary policy
peningamont n. purse pride
peningaormur m. money-grubber
peningar m.pl. money
peningaseðill m. bank note
peningasending f. remittance
peningaskápur m. safe, strongbox
peningaskúffa f. till
peningastefna f. monetarism
peningastofnun f. financial institution
peningaveski n. wallet, (Am.) billfold
peningur m. coin, penny; livestock
penn adj. prim, neat, respectable
pennaglöp n.pl. slip/lapse of the pen
pennahnífur m. penknife
pennastöng f. penholder
pennateikning f. pen-and-ink sketch
pennavinur m. pen friend, (Am.) pen pal
pennavíg n.pl. polemics
penni m. pen
pensill m. paintbrush
pensillín n. penicillin
pera f. pear; (light) bulb
pergament n. vellum, parchment
perla f. pearl; bead; beauty
perlufesti f. pearl necklace
perluhænsn n.pl. guinea fowl
perlukafari m. pearl diver
perlumið n.pl. pearl fishery
perlumóðir f. mother-of-pearl
perluskel f. nacre
perluskraut n. beading
perlusnekkja f. nautilus
permanent n. permanent wave; **setja p. í** perm
Persaflói m. Persian Golf
Persi m. Persian
persneskur adj. Persian
persóna f. person, individual; character
persónudýrkun f. personality cult
persónufornafn n. personal pronoun
persónugera vt. personify
persónugerving f. personification, impersonation
persónugervingur m. personification, incarnation
persónuháttur m. finite form (of a verb)
persónulega adv. personally, individually
persónulegir munir m.pl. personal property, paraphernalia

persónulegur adj. personal, private
persónuleiki m. personality, character
persónuskilríki n.pl. identity papers, credentials
persónusköpun f. characterization
persónustaðfesting f. identification
persónutöfrar m.pl. charisma, charm, magnetism
perumjöður m. perry
perustæði n. light socket, lamp socket
Perúmaður m. Peruvian
perúskur adj. Peruvian
pervisinn adj. puny, skinny
pest f. illness; plague; stench, pong
pestarbæli n. pesthole
pexa v. wrangle, squabble
peysa f. jersey, pullover, sweater
peysuföt n.pl. Icelandic woman's national costume
peysusett n. twin set
pési m. pamphlet, brochure
pétursbeita f. wattle (of a fish)
pétursbudda f. sea purse
péturselja f. parsley
péturskip n. sea purse
pikka v. peck, prick, prod,
pikkólóflauta f. piccolo
pikles m. pickles; trouble
pilla f. pill, tablet
pilludós f. pillbox
pils n. skirt
pilsvargur m. vixen, battleaxe, scold
piltur m. lad, young man
pinkill m. bundle, packet
pinni m. pin, peg, stick
pipar m. pepper
piparfugl m. toucan
piparkaka f. ginger nut, gingerbread, (Am.) gingersnap
piparkvörn f. pepper mill
piparmenta f. (plant) peppermint
piparmey f. spinster, old maid
piparmeyjarlíf n. spinsterhood
piparmynta f. (sweet) peppermint
piparrót f. horseradish
piparstaukur m. pepperbox, pepperpot
piparsveinn m. bachelor
pipra v. pepper; remain unmarried
pirra vt. irritate, annoy, peeve
pirraður adj. irritated, stroppy

pirrandi adj. irksome, niggling
pirringur m. irritation, pinprick
pissa vi. piss, pee, piddle
pissa undir v. wet one's bed
pissfullur adj. pissed (up)
pistill m. epistle, missive
píanó n. piano
píanóleikari m. pianist
píanóstóll m. music stool
pífa f. ruffle, frill
píka f. pussy, cunt
píla f. arrow, dart
pílagrímsferð f. pilgrimage
pílagrímur m. pilgrim
pílári m. baluster, pale
pílviður m. willow
pína f. torment; vt. torment, torture
pínkulítill adj. itsy-bitsy
pínlegur adj. embarrassing
pínu- comb. very small, mini, midget
pínulítill adj. tiny, minuscule, lilliputian
pínupils n. miniskirt
píp n. peep, pip; nonsense, hot air
pípa f. pipe, tube
pípa v. bleep, beep, hoot
pípuhattur m. top hat
pípuhreinsari m. pipe cleaner
pípukirtill m. exocrine gland
pípukragi m. ruff
pípukrít f. pipe clay
pípulagningar f.pl. plumbing
pípulagningarmaður m. plumber, pipe fitter
pípulögn f. plumbing, piping
pípuorgel n. pipe organ
pípusár n. fistula
pípustandur m. pipe rack
píra augun vi. squint
píramídi m. pyramid
píranafiskur m. piranha
píska út vt. run ragged
pískra vi. whisper
pískur n. whisper(ing); m. whip, beater
písl f. suffering, torment, torture
píslarbekkur m. rack
píslarblóm n. passionflower
píslarvottur m. martyr
píslarvætti n. martyrdom
pjakkur m. pointed stick; rogue
pjatla f. patch, rag

pjatt n. foppishness, vanity
pjatta sig vt. primp, prink
pjattrófa f. dandy, fop
pjatttuðra f. reticule
pjátur n. pewter
pjönkur f.pl. luggage, (Am.) baggage
plaga vt. plague
plagg n. document
plakat n. placard, poster
plan n. open space, lot; plan; level
plana vi. (of an aeroplane) plane down
planki m. plank
planta f. plant; vt. plant
planta út v. plant out, prick out/off
plantekra f. plantation
plast(efni) n. plastic
plastsprengja f. plastic bomb
plastvöruiðnaður m. plastics (industry)
plat n. trick, hoax
plata f. plate, sheet; record
plata vt. trick, deceive, cheat
platína f. platinum
platónskur adj. platonic
plága f. plague; nuisance
plágueyðir m. pesticide
pláneta f. planet
pláss n. space, room; village
plásslítill adj. cramped
plástra vt. plaster
plástur m. (sticking) plaster, (Am.) bandaid
plebbi m. pleb(eian)
plestinn adj. plastic
plett n. plating
pletta vt. plate
plexígler n. perspex
plísera vt. pleat
plokka vt. pluck (a bird)
plokkfiskur m. fish stew
plógfar n. furrow
plóghefill m. match-plane
plógherfi n. (machine) cultivator
plógmaður m. ploughman
plógskeri m. ploughshare
plógur m. plough
plóma f. plum
plómukoníak n. slivovitz
pluma sig vel vi. do well
pluss n. plush
plús m. plus (sign); advantage

plúshleðsla f. positive charge
plúton n. plutonium
plæging f. ploughing, (Am.) plowing
plægja v. plough, till, (Am.) plow
plægjanlegur adj. arable
plögg n.pl. papers; clothing
plöntulús f. plant louse, aphid
plöntumygla f. mildew
plöntuskófla f. trowel
plöntusvif n. phytoplankton
plötujárn n. sheet metal
plötukenning f. plate tectonics
plötusnúður m. disc jockey
plötuspilaranál f. stylus
plötuspilari m. record player, turntable
plötuumslag n. (record) sleeve
pokabjörn m. koala bear
pokabuxur f.pl. knickerbockers, plus fours
pokadýr n. marsupial
pokafylli f. sackful
pokahlaup n. sack race
pokahorn : eiga í pokahorninu
    have up one's sleeve
pokarotta f. opossum
pokastrigi m. sackcloth, sacking, burlap
poki m. bag, sack; pouch
polki m. polka
polli m. bollard; small boy, youngster
pollur m. pool, puddle
Polynesi m. Polynesian
Polynesía f. Polynesia
polynesískur adj. Polynesian
pompa vi. plump, plonk, plunk
ponta f. pulpit, rostrum; snuff horn
popp n. pop music; popcorn
poppari m. pop musician
popphátíð f. pop festival
popphljómsveitapía f. groupie
poppkorn n. popcorn
popplist f. pop art
poppstjarna f. pop star
popptónleikar m.pl. pop concert
porra upp vt. cheer up
port n. gateway; yard
porteröl n. porter (beer)
portlandsement n. portland cement
portrettlist f. portraiture
portrettmálari m. portraitist
Portúgali m. Portuguese
portúgalskur adj. Portuguese

portvín n. port (wine)
portæð f. portal vein
portæðakerfi n. portal system
posi m. small bag
postilla f. collection of sermons
postulabréf n. epistle
postuli m. apostle
postulín n. porcelain, china
postulínsleir m. kaolin
pota v. prod, poke
pottablóm n. pot plant
pottaska f. potash
pottaskrúbba f. scourer
pottbrot n. potsherd
pottréttur m. casserole
pottsteik f. pot roast
pottur m. pot; litre; pool (of money)
pottþéttur adj. airtight, watertight; foolproof
póker m. (card game) poker
pólflatur adj. oblate
pólhnit n.pl. polar coordinate
pólhæð f. latitude
pólitík f. politics
pólitíkus m. politico
pólitískur adj. political
póll m. pole
Pólland n. Poland
pólónesa f. polonaise
pólskur adj. Polish
pólskur þjóðdans m. polonaise
pólstjarna f. pole star
Pólstjarnan f. North Star, Polaris
pólun f. polarization, polarity
pólvelta f. precession
Pólverji m. Pole
pómaði n. pomade
póstávísun f. postal order, (Am.) money order
póstbátur m. mailboat, packet boat
póstburðargjald n. postal rate
póstfhólf n. post office box. P.O. box
pósthús n. post office
póstkassi m. postbox, letterbox, (Am.) mailbox
póstkort n. (picture) postcard
póstkrafa f. collect on delivery, COD
póstleggja vt. post, (Am.) mail
póstmeistari m. postmaster
póstnúmer n. postcode, (Am.) zip code
póstpoki m. postbag, (Am.) mailbag
póstpöntun f. post office order, (Am.) mail order
póstsamgöngur f.pl. postal service
póstsendar auglýsingar f.pl. direct mail advertising
póststimpill m. postmark
póstur m. post, (Am.) mail; postman, (Am.) mailman
póstverslun f. mail-order house
póstþjónusta f. postal service
pótintáti m. panjandrum
pragmatískur adj. pragmatic
prakkaralegur adj. roguish
prakkaraskapur m. prank; rascality, roguishness
prakkarastrik n. prank, trick, devilment
prakkari m. prankster, urchin, imp
prammi m. barge, lighter
pranga inn á vt. fob off on, foist on
pranga út v. palm off
prangari m. tout, mountebank
predika vi. preach, pontificate
predikari m. evangelist
predikun f. homily, sermon
predikunarfræði f. homiletics
prelátaveldi n. prelacy
preláti m. prelate
prent n. print
prenta vt. print
prentað mál n. printed matter/papers
prentari m. printer, typographer
prentfrelsi n. freedom of the press
prenthæfur adj. fit to be printed, printable
prentiðn f. typography
prentletur n. type (in printing)
prentleyfi n. imprimatur
prentlist f. typography
prentlærlingur m. printer's devil
prentmál n. letterpress
prentmyndabúð f. print shop
prentskipun f. print command
prentsmiðja f. printing office/house
prentsverta f. printing ink
prentun f. print(ing)
prentverk n. printing
prentvél f. printing press
prentvilla f. misprint, printing error
pressa f. (printing) press

pressa vt. press, iron (clothes)
pressumót n. die (pl. dies)
pressun f. pressing (of clothes)
prestaflibbi m. dog collar
prestakall n. parish, benefice, living
prestaskóli m. seminary
prestastefna f. synod
prestastétt f. clergy
prestastúka f. presbytery (in a church)
prestlegur adj. pastoral, priestly
prestshempa f. cassock
prestssetur n. vicarage, parsonage
prestur m. clergyman, priest, minister
prestvígsla f. ordination
pretta vt. trick, chisel, hoodwink
prettir m.pl. skulduggery, shenanigans
prettur f. trick, swindle
prettvís adj. guileful, fraudulent
prettvísi f. guile, fraudulence
prédika vt. preach
prédikari m. preacher
prédikun f. preaching, sermon
prédikunarstóll m. pulpit
prik n. stick, staff
prins m. prince
prinsessa f. princess
príla vi. climb, clamber
prímati m. primate
prímtala f. prime number
prímúla f. primula, primrose
prímúlubastarður m. polyanthus
príor m. prior
príorinna f. prioress
prísa vt. praise, laud
prísund f. prison
prjál n. gaudiness; tinsel
prjón n. knitting; (of a horse) prance
prjóna v. knit; (of a horse) prance, rear
prjónaskapur m. knitting
prjónavél f. knitting machine
prjónavoð f. jersey wool
prjónavörur f.pl. knitted goods, knitwear
prjónles n. hand-knit(ted) garments, knitting
prjónn m. knitting needle; pin
prolli m. prole
próf n. examination, test
prófa vt. try; examine, test
prófarkalesa vt. proofread
prófarkalesari m. proofreader
prófarkalestur m. proofreading
prófasi m. prophase
prófastur m. dean, provost
prófdómari m. examiner, moderator
prófessor m. professor
prófkjör n.pl. primary (election)
prófmál n. test case
prófraun f. (acid) test
prófskírteini n. diploma, certificate
prófsteinn m. touchstone
prófun f. test(ing)
prófverkefni n. examination paper
próförk f. proof sheet
prókúra f. procuration
prómill n. thousandth
prósent n. per cent
prósenta f. percent(age)
prósi m. prose
prótín n. protein
prufukeyrsla n. shakedown
prufupöntun f. sampling order
prufutaka f. screen test
prump n. fart; nonsense
prumpa vi. fart
prúðbúinn adj. dressed (up) to the nines
prúðmannlegur adj. gentlemanly, courteous
prúðmenni n. gentleman
prúðmennska f. gentility
prúður adj. polite, well-behaved
Prússi m. Prussian
Prússland n. Prussia
prússneskur adj. Prussian
prútta vi. haggle, bargain
prýða vt. decorate, adorn, beautify
prýði f. adornment; excellence
prýðilegur adj. splendid, excellent
puð n. drudgery, grind
puða v. drudge, plod, fag
puða við v. peg away at
puðari m. plodder
pukra vi. sneak, whisper
pukrast með vt. be secretive about
pukur n. secretiveness
pukurslegur adj. stealthy, secretive
pumpa f. pump; vt. pump
pund n. pound
pundskerfi n. avoirdupois

punga út v. fork out
pungbindi n. jockstrap
pungrotta f. male chauvinist
pungur m. scrotum; pouch
punkta niður vt. jot down
punktalína f. dotted line
punktaprentari m. matrix printer
punktar m.pl. notes
punktsjóða vt. spotweld
punktur m. point; dot; full stop, (Am.) period
punta vt. decorate, trim
punta sig v. doll up
puntsvín n. porcupine
purpurarauður adj. purple
pussa f. pussy, vulva
puttalingur m. hitchhiker
putti m. finger; **ferðast á puttanum** hitchhike
pú interj. pooh
púa v. puff, whiff; boo
púði m. cushion, pillow
púðra vt. powder
púður n. powder
púðurdós f. compact (for face powder)
púðurgeymsla f. powder magazine (on a warship)
púðurhorn n. powder horn/flask
púðurkerling f. firecracker
púðurkvasti m. powder puff
púðurskot n. blank cartridge
púðursykur m. brown sugar
púðurtunna f. powder keg
púffermar f.pl. puff sleeves
púkalegur adj. dowdy, camp
púki m. devil, imp
púkk n. roadbed, road metal, rubble
púl n. drudgery, toil, donkeywork
púla vi. drudge, toil, grind, slave
púls m. pulse
púlt n. writing desk
púma f. puma, mountain lion, (Am.) cougar
púns n. punch, toddy
púnverskur adj. Punic
púpa f. chrysalis, pupa
púrra f. leek
púrtítani m. puritan
púrtítanskur adj. puritanical
púrtvín n. port (wine)

púsla v. do a jigsaw puzzle
púsluspil n. jigsaw puzzle
pússa vt. polish, furbish
pússa saman vt. marry
pússning f. polishing; plaster(ing)
pústgrein f. exhaust manifold
púströr n. exhaust pipe
pústur n. clout, blow
púta f. hen; prostitute
pútnahús n. brothel
pútnamamma f. procuress, bawd
pútt n. putt
pútta v. putt
púttari m. putting iron
púttflöt f. putting green
pylsa f. sausage, hot dog, frankfurter
pylsuvagn m. hot-dog stand
pynda vt. torture, torment
pynding f. torture, torment
pyngja f. purse
pynta vt. torture, torment
Pyrrosarsigur m. Pyrrhic victory
pyttla f. hip flask
pyttur m. pit
Pýreneafjöll f.pl. Pyrenees
pýtonslanga f. python
Pýþagórasarregla f. Pythagorean theorem
pæja f. a piece of crumpet
pækill m. pickle, brine
pækilsaltaður adj. pickled
pækla vt. pickle, souse
pæla vt. dig up, hoe
pæla gegnum v. wade through
pæla í vt. think about, speculate
pæling f. speculation, idea
pöddufullur adj. dead-drunk
pökk f. puck (in ice hockey)
pökkun f. packing, packaging
pökkunarlisti m. packing list
pönkari m. punk
pönkrokk n. punk rock
pönnukaka f. pancake, crêpe
pönnukökupanna f. griddle
pönnuskaft n. panhandle
pönnuspaði m. palette knife
pöntun f. order; booking, reservation
pöntunarfélag n. cooperative purchasing society
pöntunarseðill m. order form

þöróttur adj. prankish, mischievous
þörupiltur m. prankster, rascal
þössun f. supervision, care

R

rabarbari m. rhubarb
rabb n. chat, small talk
rabba vi. chat, natter
rabbíni m. rabbi
radda vt. voice
raddbandaglufa f. glottis
raddbandalokhljóð n. glottal stop
raddbönd n.pl. vocal cords
raddhermir m. voice synthesizer
raddlaus adj. voiceless
raddstyrkur m. lungpower
radíaldekk n. radial tyre
radísa f. radish
radíus m. radius
raða vt. put in order, arrange; grade
raðbundinn adj. sequential
raðeining f. module, kit
raðhús n. terraced house
raðnúmer n. serial number
raðsá vt. (sow seeds) drill
raðsending f. serial transmission
raðsmíði f. serial production
raðspil n. jigsaw puzzle
raðtala f. ordinal (number)
raf n. amber
raf- comb. electric(al)
rafall m. dynamo, generator
rafeind f. electron
rafeinda- comb. electronic
rafeindalampi m. vacuum tube, valve
rafeindasmásjá f. electron microscope
rafeinda-stjórnkerfi n. computer control system
rafeindastýrður blöndungur m. (Am.) feedback carburetor
rafeindatækni f. electronics
rafgeymir m. battery, accumulator
rafgreina vt. electrolyze
rafgreining f. electrolysis
rafhlaða f. battery
rafhleðsla f. electric charge
rafhúða vt. electroplate

rafhvolf n. ionosphere
rafiðnfræðingur m. electrical technician
rafkerfi n. electrical system
rafkerti n. sparking plug
rafknúinn adj. electrically powered, electric
rafkveikja f. electric ignition
raflagnateikning f. wiring diagram
raflausn f. electrolyte
rafleiðni f. conduction
rafleiðsla f. electric wire, cable
rafleiðslukerfi n. wireloom
rafljós n. electric light
raflost n. electric shock
raflostalækningar f.pl. electric shock therapy
raflostameðferð f. shock treatment/ therapy
raflýsa vt. light by electricity
raflögn f. wiring (system)
rafmagn n. electricity
rafmagna vt. electrify
rafmagns- comb. electric(al)
rafmagnshitapúði m. electric heating pad
rafmagnsinnstunga f. (electrical) outlet
rafmagnskvörn f. food processor
rafmagnsofn m. electric heater
rafmagnsorgel n. electronic organ
rafmagnsorka f. electric power
rafmagnsrakvél f. electric razor/shaver
rafmagnssnúra f. electric cord, flex
rafmagnsstóll m. electric chair, hot seat
rafmagnstæki n. electrical appliance
rafmagnsveita f. communal power grid
rafmagnsverkfræði f. electrical engineering
rafmagnsverkfræðingur m. electrical engineer
rafmælir m. electric meter
rafmætti n. electric potential
raforka f. electric power
raforkuforði m. power resources
raforkuver n. power station/plant
rafrás f. electric circuit
rafrýmd f. capacitance
rafsegulfræðilegur adj. electromagnetic
rafsegulgeislar m.pl. gamma rays
rafsegull m. electromagnet
rafsjá f. electroscope

rafsjóða vt. weld
rafskaut n. electrode
rafspenna f. electric potential, voltage
rafstraumur m. electric current
rafstöð n. power station/plant
rafsuða f. electric welding
rafsundra vt. electrolyze
rafsundrun f. electrolysis
rafsvið n. electric field
raftækni f. electronics
raftæknilegur adj. electronic
rafvaki m. electrolyte
rafveita f. communal power grid
rafvirki m. electrician
rafvæða vt. electrify
rafvæðing f. electrification
raggeit f. coward, chicken, sissy
ragmennska f. cowardice, faint-heartedness
ragna v. curse
ragur adj. chicken, faint-hearted
raka vt. rake; shave
rakadrægur adj. absorbent
rakagjafi m. humidifier
rakakrem n. moisturizing cream
rakalaus adj. groundless; moistureless
rakamælir m. psychrometer
rakarastofa f. barber's shop
rakari m. barber
rakastig n. humidity
rakatæki n. humidifier
rakavarinn ajd. damp-resistant
rakblað n. razor blade
rakbursti m. shaving brush
raketta f. rocket; firework
rakhnífur m. (cutthroat) razor
raki m. damp(ness), moisture
rakinn adj. unmitigated, out-and-out, absolute
rakka niður vt. run down, revile
rakki m. dog
rakkrem n. shaving cream
rakleiðis adv. directly, straight on
rakna vi. unravel
rakna við vi. regain consciousness, pull round
raksápa f. shaving soap
rakspíri m. aftershave lotion
rakstraumur m. direct current, DC
rakstur m. shave, shaving; raking

rakur adj. damp, moist; (of air) humid
rakvél f. (safety) razor, shaver
rall n. spree, binge; rally
ramba vi. stagger; seesaw, oscillate
rammasamningur m. framework agreement
rammbyggður adj. strong, solid
rammi m. frame
rammlegur adj. strong, solid
rammleiki m. strength; **af eigin rammleik** by one's own bootstraps
rammskakkur adj. quite wrong; cockeyed
rammur adj. bitter, pungent; strong, herculean
rampur m. ramp
ranabjalla f. boll weevil
ranaormur m. ribbon worm, nemertean
ranga f. reverse (side)
rangali m. long, narrow passageway
rangeyg(ð)ur adj. cross-eyed
rangfæra vt. misrepresent, distort
rangfærsla f. misrepresentation, distortion
rangheiti n. misnomer
rangherma vt. misrepresent, distort
ranghermi n. misstatement; misquotation
ranghugmynd f. misconception, delusion
ranghverfa f. seamy side
ranghverft adv. inside out
rangindi n.pl. wrong, injustice
ranglátur adj. unjust, unfair, iniquitous
ranglega adv. wrongly, incorrectly; unjustly
ranglæti n. injustice
rangminni n. lapse of memory
rangnefna vt. miscall
rangnefni n. misnomer
rangsleitinn adj. unjust, unfair
rangsleitni f. injustice
rangsnúa vt. pervert
rangstæður adj. offside (in sports)
rangsælis adv. anticlockwise, (Am.) counterclockwise
rangtrúaður adj. heterodox
rangtrúnaður m. heterodoxy
rangtúlka vt. misinterpret, misconstrue
rangtúlkun f. misinterpretation, misconstruction

rangur adj. wrong; false, incorrect; **hafa rangt fyrir sér** be (in the) wrong, be mistaken; **gera (e-m) rangt til** wrong (s-y); **hafa rangt við** cheat
rani m. trunk (of an elephant); proboscis
ranka við vi. come to
ranka við sér vi. come to one's senses
rannsaka vt. investigate, examine; research
rannsókn f. investigation; research, study
rannsóknaraðferð f. research method
rannsóknardómari m. examining magistrate, inquisitor
rannsóknarleiðangur m. research expedition, exploration
rannsóknarlögregla f. department of criminal investigation
rannsóknarmaður m. researcher
rannsóknarnefnd f. working party, fact-finding committee
rannsóknarréttur m. inquisition
rannsóknarstofa f. laboratory
rannsóknarverkefni n. research project
rappa vt. roughcast (a wall)
rasa vi. stumble; rush
rasa út vi. blow off steam; sow one's wild oats
rasi m. race (of men)
rask n. disturbance; dislocation
raska vt. disturb; dislocate
raspa vt. rasp, grate
raspur m. rasp, grater
rass m. arse, rump
rassgat n. arsehole
rassía f. police raid
rasskinn f. buttock
rassskella vt. spank
rassvasi m. back pocket
rata v. find one's way
ratleikur m. orienteering
ratsjá f. radar
ratsjárskjár m. radar screen
ratsjárstöð f. tracking station
ratsjárviti m. radio beacon
ratvísi f. sense of direction
rauða f. egg yolk
rauðagras n. madder
Rauðahaf n. Red Sea
rauðarfi m. pimpernel
rauðaxlastarli m. red-winged blackbird

rauðber n. redcurrant
rauðberjalyng n. mountain cranberry, cowberry
rauðbrúnn adj. russet; (of a horse) bay; (of hair) auburn
rauðbrystingur m. (bird) knot
rauðglóandi adj. red-hot
rauðgreni n. red spruce
rauðhjörtur m. hart
rauðhærður adj. red-haired, red-headed
rauðhöfðaönd f. wid(g)eon
Rauði hálfmáninn m. Red Crescent
Rauði krossinn m. Red Cross
rauðir hundar m.pl. German measles, rubella
rauðkál n. red cabbage
rauðlaukur m. onion
rauðleitur adj. reddish, ruddy; (of hair) sandy
rauðliði m. Red
rauðmagi m. (male) lumpfish
rauðrefur m. red fox
rauðrófa f. beetroot
rauðrófusúpa f. orsch(t)
rauðskinni m. redskin
rauðsmári m. red clover
rauðspretta f. plaice
rauðstakkur m. redcoat
rauðstélsvákur m. red-tailed hawk
rauður adj. red
rauðvín n. red wine, claret
rauf f. opening; slot, slit
raula v. hum, croon
raun f. experience; trouble; trial; truth; **í r. og veru** in truth/reality/effect, actually; **í rauninni** in fact/as a matter of fact
raunalegur adj. unhappy, sad, lachrymose
raunamæddur adj. unhappy, careworn, lugubrious
raunar adv. indeed, as a matter of fact
raungildi n. real value
raunhyggja f. empiricism, positivism, realism
raunhæfur adj. practical, effective, concrete
raunsannur adj. factual
raunspeki f. positivism
raunsæi n. realism
raunsæismaður m. realist, pragmatist

raunsæisstefna f. realism (in literature)
raunsær adj. realistic, pragmatic
rauntala f. real number
rauntekjur f.pl. real income
rauntími m. real time
raunverulega adv. really, actually
raunverulegur adj. real, actual
raunveruleiki m. reality, actuality
raunvextir m.pl. real interest
raunvísindadeild f. faculty of natural sciences
raunvísindi n.pl. natural/empirical sciences
raup n. boasting, rodomontade
raupa v. boast, brag
raupsamur adj. boastful, magniloquent
rausa v. jabber, prate (about)
rausn f. generosity, open-handed
rausnarlegur adj. generous, lavish
raust f. voice
rautt blóðkorn n. red blood cell, red corpuscle
rábandshnútur m. reef knot, (Am.) square knot
rádýr n. roe, deer
ráð n. advice, tip; means, way; plan; council; **gera r. fyrir** assume, suppose
ráða vt. advise; command; decide; solve
ráða af vt. infer from, deduce
ráða fram úr vt. puzzle out, solve
ráða frá vt. dissuade from
ráða í vt. make a guess about
ráða í vinnu vt. employ, engage, hire
ráða sig til vt. sign up for
ráða við vt. cope with, manage
ráða yfir vt. control; dominate, boss
ráðabrugg n. intrigue, scheming, machination
ráðagerð f. plan, scheme
ráðagóður adj. shrewd, clever
ráðahagur m. match, marriage
ráðalaus adj. at a loss, perplexed, irresolute
ráðaleitun f. consultation
ráðaleysi n. indecision, shilly-shally
ráðamaður m. person in authority
ráðandi adj. ruling, predominant, prevailing
ráðast á vt. attack, assault, charge
ráðast inn í vt. invade

ráðast í vt. take on, wade into
ráðdeild f. thrift, economy
ráðdeildarsamur adj. thrifty, prudential
ráðfæra sig við vt. consult
ráðgast við vt. confer with
ráðgáta f. enigma, puzzle, brain-teaser
ráðgefandi adj. advisory, consulting
ráðgefandi verkfræðingur m. consulting engineer
ráðgera vt. plan
ráðgjafafyrirtæki n. consulting service, consulting firm
ráðgjafanefnd f. privy council
ráðgjafi m. adviser, counsellor, consultant
ráðgjarn adj. authoritarian
ráðgjöf f. consultation
ráðgjöf fyrir lántakendur f. credit counselling service
ráðherra m. (cabinet) minister
ráðherraembætti n. ministry, portfolio
ráðhús n. town hall, (Am.) city hall
ráðlegging f. advice
ráðleggingar f.pl. words of advice
ráðleggja vt. advise
ráðlegur adj. advisable
ráðleysi n. irresolution, perplexity; squandering
ráðning f. solution; employment; punishment
ráðningarskrifstofa f. employment agency
ráðríki n. imperiousness, high-handedness
ráðríkur adj. authoritarian, bossy, domineering
ráðrúm n. liberty of action, leeway
ráðsettur adj. staid; prudent
ráðskast með vt. order/boss about/around
ráðskona f. housekeeper; matron
ráðsmaður m. household manager, steward; councillor
ráðsnilld f. resource(fulness), adroitness
ráðstafa vt. arrange, allocate
ráðstefna f. conference, convention, council
ráðstefnugestur m. conferee, attandee
ráðstefnusalur m. conference centre
ráðstefnustaður m. conference venue
Ráðstjórnarríkin n. the Soviet Union, the USSR

ráðstöfun f. measure; **gera ráðstafanir** take steps; **til ráðstöfunar** at one's disposal
ráðstöfunarfé n. disposable fund(s)
ráðstöfunartekjur f.pl. disposable income
ráðunautur m. adviser, counsellor, consultant
ráðuneyti n. ministry, (Am.) state department
ráðvandur adj. honest, scrupulous
ráðvendni f. honesty, integrity
ráðvilltur adj. bewildered, bemused
ráðþrota adj. helpless, perplexed
ráfa um vi. wander around, ramble
rák f. stripe, streak, band
rákóttur adj. striped, streaky, striated
ráma í vt. have a vague recollection of
rámur adj. hoarse, husky
rán n. robbery, plundering
rándýr n. beast of pray, predator
rándýr adj. very expensive
ránfíkinn adj. rapacious
ránfugl m. predatory bird, raptor
ránfuglskló f. talon
rángirni f. ravenousness, rapacity
rángjarn adj. ravenous, predatory
ránlífi n. predation (of animals)
ránsfengur m. booty, plunder, loot
ránsferð f. raid, foray
rántíta f. reduviid
rányrkja f. exploitation
rápa vi. gad/walk about, bum around
rás f. course, groove, track, channel; run, sprint; **taka á r.** start running
rásegl n. lugsail
rásmark n. starting point/post
rástalning f. countdown
redda vt. fix, find a way
reddari m. troubleshooter
reður m. penis, phallus
reðurfylld f. erection
refahundur m. foxhound
refalæða f. vixen
refapi m. lemur
refasmári m. lucerne, (Am.) alfalfa
refaveiðar f.pl. foxhunt
reffilegur adj. stately, grand
refhvörf n.pl. oxymoron
refsa vt. punish

refsbróðir m. jackal
refsiaðgerð f. reprisal
refsiaðgerðir f.pl. sanctions
refsiákvæði n. penalty clause
refsifangahópur m. chain gang
refsifangi m. convict
refsifræði f. penology
refsifræðingur m. penologist
refsileysi n. impunity
refsilög n.pl. penal laws/code
refsing f. punishment, penalty
refsinorn f. nemesis, harpy
refsinæmi n. punishability, culpability
refsiverður adj. punishable, culpable
refsivinna f. penal servitude
refur m. fox
regla f. rule; order
reglubróðir m. friar, brother (pl. brethren)
reglubundinn adj. regular
reglubundnar flugferðir f.pl. air service
reglufastur adj. of regular habits
reglufesta f. regularity; formalism
reglugerð f. directive, regulations
reglulega adv. regularly; really, extremely
reglulegur adj. regular
regluleysi n. irregularity
reglumaður m. abstainer
reglusamur adj. orderly; abstinent
reglusemi f. orderliness; abstinence
reglust(r)ika f. ruler, straightedge
regn n. rain
regnbogasilungur m. rainbow trout
regnbogi m. rainbow
regndropi m. raindrop
regnfrakki m. raincoat
regnheldur adj. rainproof
regnhlíf f. umbrella
regnkápa f. raincoat
regnmælir m. pluviometer, rain gauge
regnsamur adj. pluvious, rainy
regnskógur m. rain forest
regnskúr f. rainfall, shower
regntími m. rain season
regnvatn n. meteoric water, rainwater
regnvatnstunna f. water butt
regnveður n. rainstorm
regnþykkni n. nimbostratus
reið f. riding, ride

reiða vt. transport on horseback; give a ride; pay
reiða sig á vt. rely on, trust
reiðarslag n. knockdown blow, thunderbolt, shock
reiðast vi. become angry
reiðbuxur f.pl. riding breeches
reiðföt n.pl. riding habit
reiðgata f. bridle path
reiðhestur m. saddle horse
reiðhjól n. bicycle
reiði f. anger, wrath; m. rigging
reiðigirni f. irascibility
reiðigjarn adj. irascible, hot-tempered
reiðikast n. fit of anger, flare-up
reiðilegur adj. angry-looking, glowering
reiðilestur m. fulmination, declamation
reiðileysi n. negligence, carelessness
reiðisvipur m. scowl
reiðkona f. horsewoman, rider
reiðmaður m. horseman, rider
reiðmennska f. horsemanship, riding
reiðmennsku- comb. equestrian
reiðskjóti m. mount, saddle horse
reiðstígvél n.pl. jackboot
reiðubúinn adj. ready, prepared, willing
reiðufé n. ready money, cash
reiður adj. angry, cross
reiðvegur m. bridle path
reifa vt. swaddle, swathe; sum up
reifabarn n. infant, baby
reigingslegur adj. snooty, snotty, stuck-up
reika vi. wander, roam, rove
reikisteinn m. meteoroid
reikistjarna f. planet
reikna vt. calculate, reckon
reikna með vt. expect, reckon on
reikna út vt. calculate, work out
reiknanlegur adj. calculable
reiknifall n. arithmetic function
reiknigrind f. abacus
reiknihestur m. number cruncher
reikningsaðgerð f. arithmetic operation
reikningseyðublað n. account form, billhead
reikningsjöfnuður m. balance
reikningsmaður m. arithmetician, reckoner
reikningsskekkja f. miscalculation
reikningsskil n.pl. statement of account; clearing
reikningstafla f. ready reckoner
reikningsuppgjör n. status; reckoning
reikningsverð n. invoice value
reikningsyfirlit n. statement
reikningur m. mathematics, arithmetic; bill; account
reiknistokkur m. slide rule
reiknisögn f. algorithm
reiknivangur m. spreadsheet program(me)
reikniverk n. arithmetic unit
reiknivél f. calculator
reiknivísi f. calculus
reikull adj. unsteady; staggering
reim f. band, belt; (shoe)lace
reima vt. lace
reimarstrekkjari m. bell tensioner
reimleiki m. haunting
reimt adj. haunted
reipi n. rope
reiprennandi adv. fluently
reiptog n. tug of war
reisa vt. raise; erect, construct
reisigilli n. topping-out ceremony; **halda r.** top out
reisn f. dignity; grandeur
reisulegur adj. stately, grand
reisupassi m. marching orders, (Am.) walking papers; **gefa reisupassann** send packing
reitur m. plot; (flower)bed; square
rek n. drift(age); **á reki** adrift
reka f. shovel, spade
reka v. drive (away); expel, fire, discharge, dismiss; run, operate; drift, float
reka á eftir vt. hasten, urge on
reka í gegn vt. run through, stab
reka í vörðurnar vi. stutter, falter
reka lestina v. bring up the rear
reka sig á vt. bump into
reka við vi. break wind, fart
rekakkeri n. sea anchor
rekald n. wreckage, flotsam
rekast á v. collide with; come across
rekaviður m. driftwood
rekavörur f.pl. flotsam
reki m. flotsam and jetsam
rekistefna f. fuss

rekís m. drift ice
rekísbreiða f. ice field/floe
rekja vt. trace, track; relate, expound
rekja sundur vt. disentangle
rekja upp vt. unravel
rekjanlegur (til) adj. attributable (to)
rekkja f. bed
rekkjunautur m. bedfellow, bedmate
reknet n. drift net
reknetabátur m. (boat) drifter
rekstrarafkoma f. operating result
rekstraráætlun f. operating budget
rekstrarbókhald n. managerial accounting
rekstrarfé n. working capital
rekstrarhagfræði f. business management, microeconomics, business economics
rekstrarhagnaður m. operating profit
rekstrarhalli m. operating loss
rekstrarkostnaður m. operational/running costs
rekstrarlán n. operating credit
rekstrarleyfi n. operating license
rekstrarráðgjöf f. management consulting
rekstraryfirlit n. operating summary
rekstur m. management, operating; driving, herding
rektor m. principal, headmaster; vice chancellor
rella f. fuss; whirligig, windmill; small aeroplane
rella v. pester, grizzle, complain
rellinn adj. fretful, peevish
rellublys n. catherine wheel
rembast við vt. strain at, work hard at
rembingskoss m. smacker
rembingur m. arrogance
remma f. rankness, acerbity
rengja vt. dispute, doubt, challenge
rengla f. runner (of a plant)
renglulegur adj. lanky, spindly, gangling
renna f. chute; gutter
renna vi. slide, slip, skid; run, flow
renna vt. turn (on a lathe); pour, let flow
renna niður vt. swallow
renna sér vi. slide, glide
renna upp fyrir vt. dawn (up)on
renna út vi. run out, expire
renna út í sandinn vi. peter/fizzle out
renna við hjá vt. drop in on
rennandi vatn n. running water
rennblautur adj. dripping wet
rennbleyta vt. soak, drench, douse
rennibekkur m. lathe, machine tool
rennibraut f. playground slide
rennigluggi m. sash window
rennihnútur m. slipknot
rennihurð f. sliding door
rennikrani f. gantry
rennilás m. zip (fastener), (Am.) zipper
rennilegur adj. slender; streamlined
rennilykkja f. running noose
rennimát n. sliding callipers
renningur m. slip, strip; runner
rennismiður m. turner
rennistigi m. escalator, moving staircase
renniviðnám n. rheostat
rennsli n. flow, running; drip(ping)
renta f. interest
renta sig v. yield interest
retórómanska f. Rhaeto-Romantic
retórómanskur adj. Rhaeto-Romantic
revía f. revue
revíuleikhús n. music hall
rexa í vt. nag at; make a fuss about
reyðarhvalur m. rorqual
reyfarakaup n.pl. bargain, snip
reyfari m. thriller, penny dreadful
reyfi n. fleece
reykelsi n. incense
reykelsisstöng f. joss stick
reykháfshetta f. cowl
reykháfspípa f. chimneypot
reykháfur m. chimney; funnel, smokestack
reyking f. smoke-curing
reykingaklefi m. smoking compartment, smoker
reykingar f.pl. smoking; **r. bannaðar** no smoking
reykingarmaður m. smoker
reykja v. smoke
reykjanlegur adj. smokable
reykjarmóða f. smog
reykjarslæða f. wisp (of smoke)
reyklaus adj. smokeless
reyklaus klefi m. nonsmoker
reykskynjari m. smoke detector

reyktóbak n. pipe tobacco
reyktur adj. smoked
reykur m. smoke
reykvískur adj. of/from Reykjavík
reyna vt. try, attempt; test; experience
reyna á vt. put to the test
reyna á sig v. exert oneself
reyna e-n vt. put s-y through his paces
reyna fyrir sér með vt. try one's hand at
reyna sig við v. take on, challenge
reyna til við vt. make approaches to
reyna við vt. give a try
reynast v. turn out, prove
reynd f. experience; reality
reyndar adv. as a matter of fact, in fact
reyndur adj. experienced, skilled, expert
reyniber n. rowanberry
reynir m. mountain ash, rowan
reynsla f. experience; practice; trial; **að fenginni reynslu** a posteriori; **án reynslu** a priori; **til reynslu** on trial
reynsluakstur m. test drive, road test
reynsluflug n. test/trial flight
reynsluflugmaður m. test pilot
reynslulaus adj. inexperienced
reynslulausn f. parole
reynsluleysi n. inexperience
reynslutaka f. film test
reynslutími m. trial period; probation; noviciate
reynsluþekking f. working knowledge
reyr m. cane, reed
reyra vt. tie up hard; constrict
reyta vt. pluck (a bird)
reyta saman vt. scrape together
reytingur m. scattering, smattering, sprinkling
reytur f.pl. belongings
réna vi. decrease, diminish, wear/fall off
rénun f. decrease; **í r.** on the decline
rétt f. fold, pen; corral
rétt adv. correctly; just
rétt áðan adv. just now
rétta f. right side (of material)
rétta vt. straighten; give, hand; extend
rétta af v. true up
rétta úr sér v. stretch oneself, draw oneself up
rétta við vt. right, put back on its feet

réttarfar n. legal procedure; justice
réttarfarslög n.pl. procedural law
réttarhald n. trial, legal hearing
réttarhlé n. court recess
réttarkerfi n. legal system
réttarlæknisfræði f. forensic medicine, medical jurisprudence
réttarmorð n. judicial murder, miscarriage of justice
réttarprófun f. court hearing
réttarrannsókn f. judicial inquiry, inquest
réttarsalur m. courtroom
réttarsátt f. court settlement
réttarskjal n. legal document
réttarstaða f. legal status
réttarvenjur f.pl. trial proceedings
réttarþjónn m. bailiff, sergeant-at-arms
rétthentur adj. right-handed
rétthyrndur adj. right-angled, rectangular
rétthyrningur m. rectangle, oblong
réttilega adv. rightly, justly, deservedly
réttindalaus adj. unqualified; without a driving licence
réttindi n.pl. right(s); licence
réttir f.pl. round-up (of sheep in autumn)
réttkjörinn adj. duly elected
réttlátur adj. just, righteous
réttlínumaður m. party liner
réttlæta vt. justify
réttlætanlegur adj. justifiable
réttlæti n. justice
réttlæting f. justification
réttmæti n. legality, validity
réttmætur adj. well-deserved; lawful; just
réttritun f. orthography, spelling
réttsýni f. righteousness
réttsýnn adj. righteous
réttsælis adv. clockwise
rétttrúaður adj. orthodox
rétttrúnaður m. orthodoxy
réttur m. court of law; right; course, dish; **fyrir rétti** on trial; **leiða fyrir rétt** bring to trial; **svara til saka fyrir rétti** stand trial; **vera í rétti** be in the right
réttur adj. right, correct, proper; true; straight; **hafa rétt fyrir sér** be right
réttur hnútur m. reef knot, (Am.) square knot
réttur tvíliður m. trochee

réttvísi f. justice
rhesusþáttur m. Rhesus factor, Rh factor
ribbaldi m. ribald, tough, (Am.) goon
riddarakross m. Knight's Cross
riddaralegur adj. chivalrous, gentlemanly
riddaralið n. cavalry
riddaraliði m. trooper
riddaraliðsflokkur m. squadron
riddaralögregla f. mounted police
riddaramennska f. chivalry, gallantry
riddarasaga f. (chivalric) romance
riddaraspori m. larkspur
riddari m. knight
riða f. scrapie
riða vi. totter, wobble, dodder; tremble
riðill m. heat, round; squad
riðla vt. disarray, dislocate
riðlast vi. break ranks, become disorganized
riðstraumsrafall m. alternator
riðstraumur m. alternating current
riðulömun f. shaking palsy
riðuveiki f. scrapie
riðvaxinn adj. thickset, stocky, chunky
rif n. rib; reef
rifa f. gap, crack, chink; rip, tear
rifbein n. rib
riffill m. rifle
riffilskytta f. rifleman
rifflaður adj. ribbed, fluted
rifgata vt. perforate
rifgötun f. perforation
rifja upp vt. brush up, revise, recollect
rifjasteik f. chop (of meat), cutlet
rifjárn n. grater
rifna vi. tear, rip open, split
rifrildi n. quarrel, squabble, broil
rifsber n. redcurrant
rifta vt. rescind, revoke, invalidate
riftun f. rescission, annulment
riftunarákvæði n. disclaimer
rigna v. rain
rigning f. rain
rigningarvatn n. rainwater
rigsa vi. strut, stalk, swagger
rikka vt. scull (a boat)
rim f. rung
rimill m. bar, rail, lath
rimlagirðing f. railing, picket fence
rimlagrind f. grate; grille; lattice; trellis
rimlahandrið n. balustrade
rimlahlið n. cattle grid
rimlakassi m. crate
rimlatjald f. venetian blinds
rimma f. quarrel, skirmish
rimpa vt. stitch
ringlaður adj. bewildered, confused
ringulreið f. chaos, disorder, pandemonium
ris n. attic, loft; climax
risabjarg n. megalith
risaeðla f. dinosaur
risafura f. giant sequoia
risagleraugnaslanga f. king cobra
risalíkneski n. colossus
risapanda f. panda
risaslanga f. anaconda
risasprengja f. blockbuster
risastór adj. gigantic, king-size
risavaxinn adj. gigantic, colossal
risaþota f. jumbo jet, jetliner
risgengi n. reverse fault
risgjöld n.pl. topping-out ceremony
rishæð f. attic
risi m. giant
risíbúð f. garret
rislágur adj. crestfallen
rismynd f. (high) relief, relievo
rismæltur adj. retroflex(ed)
risna f. hospitality, munificence
risnufé n. entertainment allowance
rispa f. scratch; vt. scratch
rissa vt. sketch
rissblokk f. sketchpad, (Am.) scratchpad
rissmynd f. sketch
risspappír m. scrap paper, (Am.) scratch paper
rist f. grid; instep (of a foot); toaster
rista vt. carve, cut; (of a ship) draw; toast
ristarbein n. tarsal (bone)
ristilbólga f. colitis
ristill m. colon; shingles, herpes zoster
ristisög f. ripsaw
risþak n. peaked/saddle roof
rit n. literary work
rita f. kittiwake, (Am.) black-legged kittiwake
rita v. write
ritari m. secretary
ritaskrá f. bibliography

ritblý n. graphite
ritdeila f. polemic
ritdeilumaður m. polemicist
ritdómari m. reviewer, critic
ritdómur m. review, critique
ritfangaverslun f. stationer's shop
ritfrelsi n. freedom of the press
ritföng n.pl. writing materials, stationery
ritgerð f. essay, thesis, composition
ritgerðahöfundur m. essayist
rithandarfræði f. graphology
rithandarsérfræðingur m. graphologist
rithöfundur m. writer, author
rithönd f. handwriting
ritill m. editor program
ritjálkur m. hack writer
ritlaun n.pl. (author's) royalties
ritlist f. penmanship
ritmál n. written language
ritminni n. random access memory, RAM
ritnefnd f. editorial board
ritningargrein f. scripture
ritröð f. series
ritsafn n. collected works
ritsenda vt. telex
ritsetja vt. edit
ritsetning f. text editing
ritsími m. telegraph
ritskoða vt. censor
ritskoðun f. censorship
ritstjóri m. editor
ritstjórn f. editing, editorship
ritstjórnargrein f. leader, (Am.) editorial
ritstuldur m. plagiarism
ritstýra vt. edit
ritstörf n.pl. authorship
rittákn n. graphic symbol, character
ritun f. writing, composition
ritvarinn adj. write-protected
ritvél f. typewriter
ritvélapappír m. typing paper
ritvilla f. lapse of the pen, typographic error
ritvinnsla f. word/text processing
ritþjófur m. plagiarist
ríða vt. ride; fuck; knot; weave
rífa vt. tear, rip
rífa niður vt. pull down, demolish
rífast vi. quarrel, bicker
ríflegur adj. ample, copious; generous

rígbinda vt. tie tightly
ríghalda vt. hold firmly, clutch
rígur m. stiffness, crick; discord
ríki n. state, kingdom; government
ríkidæmi n. affluence, opulence, riches
ríkisafskipti n.pl. state intervention
ríkisafsögn f. abdication
ríkisarfi m. crown prince(ss)
ríkisábyrgð f. state guarantee
ríkisbanki m. national bank
ríkisborgararéttur m. citizenship
ríkisborgari m. citizen
ríkiserindreki m. diplomat
ríkiserindrekstur m. diplomacy
ríkisfang n. nationality
ríkisféhirðir m. (Br.) Paymaster General
ríkisfjármál n.pl. state finances
ríkisfyrirtæki n. state enterprise
ríkiskassi m. (national) treasury, public purse
ríkislán n. government loan
ríkisrekstur m. state management
ríkisréttur m. public law
ríkissaksóknari m. public prosecutor, (Br.) Director of Public Prosecutions, (Am.) Attorney General
ríkissjóður m. (national) treasury, public purse
ríkisskattstofa f. Inland Revenue Office, (Am.) Internal Revenue Service
ríkisskuldabréf n. government bond, treasury bond
ríkisskuldir f.pl. national/public debt
ríkisstarfsmaður m. civil/public servant
ríkisstjóri m. regent, (Am.) governor
ríkisstjórn f. government, cabinet
ríkisstjórnarfundur m. cabinet meeting
ríkisstyrkur m. government subsidy
ríkistekjur f.pl. revenue
ríkisútboð n. government tender
ríkisvald n. state power, executive power
ríkisvíxill m. treasury bill
ríkja vi. rule, reign; prevail, dominate
ríkjabandalag n. confederation
ríkjandi adj. ruling; prevailing, dominant
ríkjasamband n. confederation, union
ríkmannlegur adj. opulent, lush, rich
ríkulegur adj. copious, abundant, plentiful
ríkur adj. rich, wealthy; powerful

rím n. rhyme
ríma f. Icelandic ballad; vi. rhyme
rísa vi. rise
rísa á fætur vi. get up
rísa upp vi. stand up
rísstarli m. reedbird, bobolink
rjátla vi. totter, dodder
rjóða vt. smear, daub
rjóður n. clearing, glade
rjóður adj. ruddy, flushed, sanguine
rjómabolla f. cream puff
rjómabú n. creamery
rjómaís m. ice cream
rjómakaka f. cream cake
rjómi m. cream
rjúfa vt. break open; disconnect; breach
rjúka vi. smoke, steam; blow away; rush
rjúka burt vi. rush/charge off
rjúka upp vi. flare up
rjúpa f. ptarmigan
roðasteinn m. ruby, carbuncle
roði m. redness, rubicundity
roðna vi. turn red, blush, flush
rof n. break, opening; discontinuity; erosion
rofa til vi. (of weather) clear up
rofi m. switch, toggle key
rofinn adj. interrupted; discontinuous
rofjárn n. jemmy, (Am.) jimmy
rofna v. be broken, be cut off
rogast með vt. struggle with
rogginn adj. be puffed up, cocksure
rok n. whole gale, storm
roka f. squall, blast (of wind)
rokgjarn adj. evaporable, volatile
rokk n. rock (and roll), rock'n'roll
rokka vi. oscillate
rokkari m. rock musician
rokkur m. spinning wheel
rokna- comb. great, tremendous, whacking
rola f. slowcoach, milksop
rolla f. ewe, sheep
romm n. rum
rommí n. rummy
romsa f. rigmarole, patter
romsa upp v. reel off, patter
ropa v. belch, burp
ropi m. belch, burp

rosabaugur m. halo, corona
rosalegur adj. violent; tremendous
roskinn adj. middle-aged, elderly
rostafenginn adj. arrogant, blustery
rosti m. arrogance, bluster; **lækka í e-m rostann** take the wind from/out of s-y's sails, cut s-y down to size
rostungur m. walrus
rot n. unconsciousness
rota vt. knock out, stun
rotgjarn adj. perishable
rothögg n. knockout
rotinn adj. rotten, putrid; corrupt
rotkylfa f. cosh
rotna vi. rot, decay, putrefy
rotnun f. rot, decay, decomposition
rotta f. rat
rottueitur n. raticide, ratsbane
rotvarnarefni n. preservative, conserving agent
rotvörn f. preservation, antiseptic
rotþró f. septic tank
ró f. tranquillity; quiet; (metal) nut
róa v. row; sail out to fish
róa vt. calm, comfort, soothe
róandi adj. calming, soothing, restful
róandi lyf n. tranquillizer, sedative
róast vi. calm (down), cool down/off
róðrarfélag n. rowing club
róðrarmaður m. oarsman
róðrarstjóri m. steersman
róðukross m. crucifix, rood
róður m. rowing; fishing voyage
rófa f. tail (of dog or cat); turnip
rófubein n. tail bone, coccyx
rófustag n. crupper
rógbera vt. slander, backbite
rógberi m. slanderer, mudslinger
rógburður m. slander, defamation
rógsherferð f. smear/whispering campaign
rógur m. slander, vilification
ról n. saunter; **vera kominn á r.** be up and about
róla f. swing
rólegur adj. calm, cool, collected; slow
róluvöllur m. playground
rólyndi n. calmness, equanimity
rólyndur adj. calm, even-tempered, phlegmatic

róma vt. praise
rómaður adj. celebrated
rómansk-amerískur adj. Latin American
Rómanska Ameríka f. Latin America
rómanskt mál n. Romance language
rómantík f. romanticism
rómantíska stefnan f. the Romantic Movement
rómantískur adj. romantic
rómantískur stíll m. Romanesque style
rómur m. voice
Rómverji m. Roman
rómversk-kaþólskur adj. Roman Catholic
rómverskur adj. Roman
róni m. wino
rós f. rose; **undir r.** obliquely
rósakál n. brussels sprouts
rósasilki n. brocade
rósaviður m. rosewood
rósavín n. rosé
rósaþyrnir m. hawthorn
rósber n. rose hip
rósemi f. calmness, composure, serenity
rósóttur adj. flowered, floral
rósrauður adj. rose-red, rosy
róstusamur adj. unruly, tumultuous, disorderly
rót f. root
rót n. disturbance; **koma róti á** agitate
róta vt. move
róta í vt. grub in, rummage through
rótarangi m. rootlet, sucker
rótarávextir m.pl. root crop
rótarbjörg f. root cap
rótarhnýði n. tuber
rótari m. road manager, roadie
rótarlegur adj. malicious, spiteful
rótarmerki n. root/radical sign
rótarskot n. runner (of a plant)
rótarstofn m. radicand
rótarstöngull m. rhizome
róteind f. proton
rótgróinn adj. deep-rooted, deep-seated
rótlaus adj. rootless, uprooted
rótleysingi m. rolling stone
róttæklingur m. radical, left-winger
róttækur adj. radical, left-wing; drastic
rubba af vt. do hastily, polish off
ruddalegur adj. rude, coarse, lowbred
ruddaskapur m. rudeness, coarseness, discourtesy
ruddi m. boor, brute, ribald, slob
rugg n. rocking, rolling
rugga v. rock, roll, wobble
rugguhestur m. rocking horse
ruggustóll m. rocking chair
rugl n. nonsense; mess-up; derangement
rugla v. confuse; mess up; talk rubbish
ruglaður adj. bewildered; deranged, cracked
ruglari m. scrambler
ruglast vi. go insane; get mixed up
ruglingslega adv. confusedly, disorderly
ruglingslegur adj. chaotic, incoherent
ruglingur m. confusion, disarray
ruglukollur m. addlehead, scatterbrain
rukka vt. collect
rukkari m. bill collector
rulla f. role; mangle
rumska vi. wake up slightly, stir
rumur m. big fellow, hulk
runa f. row, series, sequence
runka sér v. masturbate
runni m. bush, shrub
runntítla f. hedge sparrow
runugeymsla f. serial access storage
runuskrá f. sequential file
runuvinnsla (tölvu) f. batch processing
rupla vt. plunder, ransack, loot
rusl n. rubbish, garbage, (Am.) trash
rusla til v. make a mess, clutter (up)
rusladallur m. litterbin, (Am.) litterbag
ruslahaugur m. scrap heap
ruslakarfa f. wastepaper basket, (Am.) wastebasket
ruslakompa f. lumber-room, (Am.) storage room
ruslaralýður m. rabble, ragtag and bobtail
ruslatunna f. dustbin, (Am.) garbage/trash can
rusti m. rustic, boor, lout
rutl n. derangement
rúberta f. rubber (in card games)
rúbín m. ruby
rúða f. window pane
rúðugler n. window glass
rúðunet n. grid
rúðurammi m. window frame

rúðusprauta f. windshield washer
rúðuþurrka f. windscreen wiper, (Am.) windshield wiper
rúgbrauð n. rye bread; minibus
rúgmjöl n. rye flour
rúgur m. rye
rúlla f. roll; v. roll
rúllubretti n. skateboard
rúllugardína f. roller blind, (Am.) window shade
rúlluhandklæði n. roller towel
rúllukragapeysa f. polo-neck sweater
rúllukragi m. polo neck, turtleneck
rúlluskautar m.pl. roller skates
rúllustigi m. escalator, moving staircase
rúlluterta f. Swiss roll, (Am.) jam roll
rúm n. bed; space
rúm- comb. cubic
rúma vt. contain, hold
rúmábreiða f. bedspread, counterpane
Rúmeni m. Romanian
Rúmenía f. Romania
rúmenskur adj. Romanian
rúmfastur adj. bedridden
rúmfræði f. geometry
rúmföt n.pl. bed linen, bedclothes
rúmgóður adj. roomy, spacious
rúmgrind f. bedstead
rúmhelgur dagur m. weekday, working day, (Am.) workday
rúmlega f. confinement (to bed)
rúmlega adv. more than, well over
rúmlest f. vessel/register ton
rúmliggjandi adj. bedfast
rúmmál n. volume, cubic measure
rúmmálsfræði f. solid geometry
rúmmálsgjöld n. volume charge
rúmmetri m. cubic metre
rúmsjá f. stereoscope
rúmsjór m. open sea
rúmstokkur m. bedside
rúmstólpi m. bedpost
rúmstæði n. bedstead
rúmtak n. volume, capacity
rúmteppi n. bedspread, coverlet
rúmtjald n. canopy
rúmur adj. spacious, roomy
rún f. rune
rúnaletur n. runic writing
rúnarista f. runic inscription

rúning f. sheepshearing
rúningur m. sheepshearing
rúnna af vt. round off
rúnstykki n. bread roll
rúntur m. round
rúsína f. raisin
rúsínubúðingur m. plum pudding
rúskinn n. suede
Rússakeisari m. czar, tsar, tzar
rússi m. freshman, fresher
Rússi m. Russian
rússíbani m. roller coaster
Rússland n. Russia
rússneskur adj. Russian
rúst f. ruin; **leggja í r.** devastate
rústa vt. ruin, wreck
rúta f. coach, bus; route
ryð n. rust, corrosion
ryðfastur adj. rustbound
ryðfrír adj. rustproof, rustless
ryðga vi. rust, oxidize
ryðgaður adj. rusted, rusty
ryðja vt. clear; empty
ryðjast v. crowd, press
ryðjast í gegn vt. push through
ryðmyndun f. oxid(iz)ation
ryðolía f. penetrating oil
ryðvarinn adj. rustproof
ryðverja vt. rustproof
ryk n. dust
rykbursti m. duster
rykfallinn adj. dusty
rykfrakki m. trench coat
rykhlíf f. dustsheet
rykkilín n. surplice
rykkja vt. pull, tug; shirr
rykkja í vt. jerk, pluck/twitch at
rykkjóttur adj. jerky, spasmodic, fitful
rykkorn n. mote (of dust)
rykkur m. jerk, yank, twitch, tug
ryksuga f. vacuum cleaner
rykugur adj. dusty
rymja vi. grunt, bray, bellow
rysja f. sapwood
ryskingar f.pl. scuffle, brawl, broil
rytjulegur adj. paltry, tattered, wretched
rýja f. rag
rýja vt. shear; **r. inn að skinni** clean out
rýma vt. vacate, clear out
rýma fyrir vt. make room for

rými n. space, room
rýmingarsala f. clearance sale
rýmka vt. expand, extend
rýmka til v. make room
rýna í vt. scrutinize; peer at
rýr adj. meagre, scant, slender, sparse
rýra vt. diminish, reduce, impoverish
rýrð f. derogation; impairment
rýriskipting f. reduction division, meiosis
rýrna vi. diminish, shrink, deteriorate
rýrnun f. shrinkage, deterioration, decrease
rýta vi. grunt, squeal
rýtingur m. dagger
ræð tala f. rational number
ræða f. speech, address
ræða vt. discuss, debate
ræðari m. rower, oars(wo)man
ræðinn adj. talkative, communicative, chatty
ræðismaður m. consul
ræðismannsskrifstofa f. consulate
ræðumaður m. speaker, orator
ræðupúlt n. pulpit, lectern
ræðustóll m. rostrum
ræfill m. wretch, layabout, ragamuffin
ræfilslegur adj. wretched, miserable
ræflarokk n. punk rock
rægja vt. slander, vilify
rækilega adv. thoroughly
rækilegur adj. thorough, intensive
rækja f. shrimp, prawn
rækja vt. perform, pursue
rækt f. cultivation; attention, care
rækta vt. cultivate; breed, raise
ræktanlegur adj. arable
ræktarlaus adj. faithless, impious
ræktarsemi f. loyalty, devotion
ræktun f. cultivation; breeding
ræktunarhæfni f. green fingers, (Am.) green thumb
ræll m. (Scottish dance) reel
ræma f. band, slip, strip; hoarseness
ræna vt. rob, plunder, pillage
ræningi m. robber, plunderer
rænulaus adj. unconscious; apathetic
ræpa f. diarrhoea, runs
ræsa vt. start, activate; wake up; drain
ræsi n. drain, gutter
ræsidiskur m. startup disk
ræsir m. self-starter
ræsisbrunnur m. manhole
ræskja sig v. clear one's throat
ræsta vt. clean (house)
ræsting f. (house)cleaning
ræstingakona f. char(woman), daily help
rætast v. be fulfilled, come true
rætinn adj. malicious, spiteful
rödd f. voice
röddun f. voicing
röð f. row; order; file (of people); series
röðull m. sun
röðun f. ordering; grouping, line-up
röggsamur adj. active, energetic; resolute
rök n.pl. arguments, reasoning
rökaðgerð f. logical/Boolean operation
rökdeila f. polemic
rökfastur adj. logical
rökfesta f. firm argumentation
rökflækja f. casuistry
rökfræði f. logic
rökfræðingur m. logician
rökfærsla f. argumentation, reasoning
rökgreiningarheimspeki f. analytic philosophy
rökhenda f. syllogism
rökhyggja f. rationalism
rökhyggjumaður m. rationalist
rökkrókamaður m. casuist
rökkur n. dusk, twilight
rökkva vi. grow dark
röklegur adj. logical, discursive
rökleiðsla f. reasoning
rökleysa f. irrationality, inconsequence
rökrás f. logical device
rökréttur adj. logical, consequent
rökræða v. reason, argue, debate
rökræðugarpur m. dialectician
röksemd f. argument
röksemdafærsla f. argumentation
rökstuddur adj. well-founded
rökstuðningur m. reasoning; reasons
rökstyðja vt. find arguments for, reason
rökverk n. logic unit
rökvilla f. illogical reasoning, fallacy
rökvís adj. logical, analytical
rölt n. stroll, saunter
rölta vi. stroll, saunter, amble
rönd f. edge, border; strip, streak
röndóttur adj. striped, stripy, streaky

röndungur m. mullet
röntgengeisli m. X-ray
röntgenmynd f. X-ray (photograph), radiograph
röntgentæknir m. radiographer
rör n. pipe, tube; drinking straw
rösklegur adj. brisk, dapper, quick
röskun f. distraction, perturbation
röskur adj. energetic; brisk, quick
röst f. rough water, rip
röstun f. halftone
rövl n. nonsense; fuss, protest
rövla v. talk nonsense; protest

S

sabbatsár n. sabbatical year
sabbatsdagur m. Sabbath
saddur adj. full, replete, satisfied
sadisti m. sadist
saðsamur adj. nourishing, filling
safali m. sable
safaríkur adj. succulent, juicy
safaviður m. sapwood
saffískur adj. sapphic
safi m. juice; sap (in a plant)
safír m. sapphire
safn n. collection; museum; flock of sheep
safna vt. collect
safna saman vt. gather, round up
safnaðarsöngur m. plainsong
safnaðaröldungur m. presbyter
safnari m. collector
safnast saman vi. gather, assemble, accumulate
safnband n. assembly line
safngler n. converging lens
safngripur m. museum piece
safnhaugur m. compost
safnheiti n. collective noun
safnrit n. anthology; omnibus volume
safnvörður m. custodian
safnþró f. cesspool
saft f. (fruit) juice
sag n. sawdust
saga f. story; history; saga
saga v. saw

saga sundur vt. saw up
saga út vt. fret
saggafullur adj. dank, mildewy
saggi m. damp(ness)
sagnadans m. folk ballad
sagnaminni n. saga motif
sagnaritari m. chronicler, annalist
sagnaritun f. historiography
sagnarnafnorð n. verbal noun, gerund
sagnarsamband n. phrasal verb
sagnaskáld n. novelist
sagnbeyging f. conjugation
sagnfesta f. oral tradition
sagnfræði f. history
sagnfræðilegur adj. historical
sagnfræðingur m. historian
sagnfylling f. predicate, complement
sagnliður m. verbal phrase
sagnorð n. verb
sagógrjón n.pl. sago
sagtenntur adj. serrated
saka vt. accuse; blame; injure
sakadómur m. criminal court
sakamaður m. criminal, convict
sakamannabekkur m. dock (in a court of law)
sakamál n. criminal case
sakamálasaga f. detective story, whodunit
sakaráburður m. charge, incrimination
sakargift f. charge, accusation
sakaruppgjöf f. amnesty; pardon
sakaskrá f. criminal records, charge sheet, penal register
sakbending f. identification parade
sakbitinn adj. guilty
sakborningur m. defendant, culprit
sakfella vt. convict, condemn
sakfelling f. conviction, condemnation
sakhæfur adj. compos mentis
sakir prp. because of
sakka f. sinker; plumb (bob)
sakkarín n. saccharin
saklaus adj. innocent; harmless
sakleysi n. innocence; guileness
sakleysingi m. innocent
sakleysislegur adj. innocent-looking
sakna vt. miss; fail to find
saknæmi n. culpability
saknæmt athæfi n. criminal conduct

saknæmur adj. culpable, criminal
sakramenti n. sacrament
saksókn f. criminal prosecution
saksóknari m. public prosecutor
sala f. sale; **til sölu** for sale
salamandra f. salamander
salarkynni n.pl. premises, apartments
salat n. lettuce; salad
salatolía f. salad oil
salatsósa f. salad dressing
salerni n. toilet, WC
salernispappír m. toilet paper/tissue
sali m. seller, vendor
salla vt. shatter, pulverize; sprinkle
sallarólegur adj. undisturbed, unflappable
salmíak n. sal ammoniac
salmonella f. salmonella
salmonellusýking f. salmonellosis
salt n. salt
salta vt. salt; postpone
saltari m. psalter
saltbaukur m. saltcellar, (Am.) saltshaker
saltbinda vt. salify
saltblokk f. saltlick
salteríum n. psaltery
saltfiskur m. salt fish
saltkjöt n. salted/cured meat
saltlausn f. saline
saltmælir m. salinometer
saltnáma f. saltworks
saltpétur m. saltpetre
saltpéturssýra f. nitric acid
saltpéturssýrlingur m. nitrous acid
saltsíld f. pickled herring
saltstautur m. saltcellar, (Am.) saltshaker
saltstöng f. pretzel
saltstöpull m. salt drome
saltsýra f. hydrochloric acid
saltur adj. salty, saline
saltvatn n. brine
saltvatns- comb. saltwater
salur m. hall, assembly room
sam- comb. fellow, collective
saman adv. together; **til samans** altogether
samanbera v. compare; **samanber** compare, cf.
samanburðarhópur m. control group

samanburðarmálfræði f. comparative linguistics
samanburður m. comparison
samanlagður adj. total, all
samanrekinn adj. stocky, sturdy
samansafn n. collection, accumulation
samansafnaður adj. concentrated, collective
samansaumaður adj. tightfisted, cheeseparing
samanskroppinn adj. shrunken
samanstanda af vt. consist of
samantekt f. compilation
samanþjappaður adj. compact, concise
samábyrgð f. collective responsibility
samábyrgðarkennd f. esprit de corps
samása kapall m. coaxial cable
samband n. connection, contact; relationship; union; **hafa s. (við)** communicate (with); **í sambandi við** in connection with; **ná sambandi** get through (on the phone); **stinga í s.** plug in; **taka úr sambandi** disconnect
sambandslýðveldi n. federal republic
sambandsríki n. federal state
sambandsstjórnarstefna f. federalism
sambland n. mixture, blend, medley
sambástur m. conspiracy, plot
samboðinn adj. worthy (of)
samborgari m. fellow citizen
sambreiskingur m. conglomeration; portmanteau word
sambræðsla f. amalgamation, fusion
sambúð f. cohabitation; **vera í s.** cohabit, shack up
sambýliskona f. co-hab, common-law wife
sambýlismaður m. co-hab, common-law husband
sambærilegur adj. comparable, analogous, commensurable
samdeilir m. common divisor
samdráttur m. contraction; decrease; recession
samdægurs adv. on the same day
sameiginlega adv. in common, jointly
sameiginlegur adj. common, joint, mutual
sameign f. joint property; joint ownership

sameignar- comb. communal
sameignarfélag n. partnership
sameignarstefna f. communism
sameina vt. unite, combine, join
sameinaður adj. united, combined, joined
sameinast vi. unite, merge, coalesce
sameind f. molecule
sameindalíffræði f. molecular biology
sameining f. union, unification; merger
Sameinuðu þjóðirnar f.pl. the United Nations
sameyki n. team
samfagna vt. congratulate
samfallandi adj. coincident(al)
samfangi m. fellow prisoner
samfara adj. concurrent with, incident to
samfarir f.pl. sexual intercourse
samfastur adj. joined, linked
samfeldi n. common multiple
samfella f. continuum
samfelldni f. continuity
samfelldur adj. continuous, uninterrupted
samfellublöð n.pl. fanfold paper
samferða : verða e-m s. travel with s-y
samferðamaður m. fellow traveller
samfestingur m. overalls, cat/jump suit
samfélag n. community, society
samfélags- comb. communal, social
samfélagsfræði f. civics
samfélagskennd f. public spirit
samfleytt adv. uninterrupted; running, on end
samflot n. convoy, consort
samfundur m. encounter, meeting
samfylgd f. company; companionship
samfylking f. popular front; alignment
samfögnuður m. congratulations
samgangur m. communication, intercourse
samgleðjast v. congratulate, felicitate
samgróinn adj. rooted in; ingrained
samgróningur m. adhesion
samgöngukerfi n. transport system, transportation
samgöngumálaráðherra m. minister of transport
samgöngur f.pl. transport, communications
samgönguráðuneyti n. ministry of transport

samhangandi adj. coherent, continuous
samheitaorðabók f. thesaurus
samheiti n. synonym
samheldni f. unity, solidarity
samhengi n. context; coherence; perspective
samhengislaus adj. disjointed, incoherent, fragmentary
samhentur adj. in agreement, united
samherji m. team-mate, comrade-in-arms
samhjálp f. collective aid, symbiosis, mutualism
samhliða adj. parallel
samhljóð n. consonant (sound)
samhljóða adj. unanimous; identical
samhljóði m. consonant (letter)
samhljómur m. harmony, consonance
samhraðall m. synchrotron
samhryggð f. condolence, commiseration
samhryggjast vt. condole with, commiserate with
samhverfa f. symmetry; syncline
samhverfur adj. symmetric(al)
samhygð f. togetherness, sympathy
samhæfa vt. coordinate, adapt
samhæfing f. coordination
Sami m. Laplander/Lapp
sami prn. same; **koma í sama stað niður** amount/come to the same thing; **einn og (hinn) s.** one and the same; **sama sem** almost, nearly
samjafna vt. compare
samjöfnuður m. comparison
samjöfnun f. equation
samkennd f. fellow feeling, sympathy
samkeppni f. competition, rivalry
samkeppnishæfni f. competitiveness
samkeppnishæft verð n. competitive prices
samkeppnishæfur adj. competitive
samkeppnishömlur f.pl. restrictive practices
samkeppnisstaða f. competitive position
samkjafta v. close one's mouth; **s. ekki** talk nineteen to the dozen
samkoma f. meeting, gathering, assembly
samkomuhús n. meeting-house, assembly hall
samkomulag n. agreement, deal; accord

samkomustaður m. meeting-place
samkrull n. jumble, amalgam
samkunda f. meeting, congregation
samkunduhús n. chapter house; synagogue
samkvæmi n. party
samkvæmiskjóll m. evening gown
samkvæmisklæðnaður m. evening dress
samkvæmislíf n. social life
samkvæmispáfi m. budgerigar
samkvæmni f. consistency; congruity
samkvæmt prp. according to, in compliance with
samkyn n. common gender
samkynhneigð f. homosexuality
samlaga vt. assimilate; integrate
samlaga sig vt. adapt to
samlagning f. addition
samlagningarmerki n. plus (sign)
samlagningarvél f. adding-machine
samlagsfélag n. limited partnership
samlandi m. fellow countryman, compatriot
samleitinn adj. concurrent
samleitni f. concurrence
samliggjandi adj. adjoining, adjacent
samlífi n. coexistence; cohabitation
samlíking f. comparison; simile
samloðun f. cohesion, coherence
samloka f. sandwich; bivalve (of shellfish)
samlyndi n. concord, union, togetherness
samlæsing f. central door-lock, central door locking system
samlæti n. companionship
samlögun f. assimilation, integration
sammála adj. unanimous, in agreement; **vera s.** agree
sammiðja adj. concentric
samnafn n. common noun
samnefnari m. common denominator
samneyta vt. associate with
samneyti n. company, society, intercourse
samning f. composition, writing
samningagerð f. negotiation, bargaining
samningamaður m. negotiator
samninganefnd f. negotiating committee
samningaskilmálar m.pl. contract terms
samningaviðræður f.pl. negotiations, contract talks
samningsaðili m. contractor, signatory

samningsaðstaða f. bargaining position
samningsákvæði n. provision of a contract
samningsbundinn adj. contractual
samningsréttur m. bargaining rights
samningsrof n. breach of contract
samningsskilmálar m.pl. terms of contract
samningsstyrkur m. bargaining power
samningsumleitun f. preliminary negotiations
samningur m. agreement, contract, deal
samnorrænn adj. joint Nordic
samnotakerfi n. multi-user system
samofinn hugbúnaður m. integrated software
samráð n. consultation
samrás f. integrated circuit
samrekkja vt. sleep with
samrekstur m. joint operation
samrit n. duplicate
samróma adj. unanimous
samrunasprengja f. fusion bomb
samruni m. fusion; merger; coalition
samrýma vt. reconcile
samrýmanlegur adj. reconcilable, compatible
samrýmast vt. conform to
samræða f. conversation; dialogue
samræði n. lovemaking, sexual intercourse
samræðumaður m. conversationalist
samræðunámskeið n. seminar
samræður adj. synonymous
samræma vt. standardize, coordinate, normalize
samræmast vt. be in agreement with, tie in with
samræmdur adj. conforming to rules, uniform
samræmi n. harmony, conformity, correspondence; **í s. við** corresponding with, according to
samræming f. standardization, coordination
samræmt próf n. co-ordinated state examination
samsafn n. agglomeration, collection, batch

samsala f. joint sales organization
samsama sig vt. identify with
samsekt f. complicity
samsekur adj. accessory (to a crime)
samsemd f. identity
samsetning f. assembly, construction; composition
samsett orð n. compound (word)
samsettur adj. compound, composite
samsinna vt. agree, approve (of)
samsinnaður adj. like-minded
samsíða adj. parallel
samsíðungur m. parallelogram; rhomboid
samskeiða adj. concurrent
samskeyti n.pl. joint, junction, seam
samskil n.pl. occluded front
samskiptamál n. lingua franca
samskipti n.pl. relations, intercourse
samskonar adj. the same as, similar
samskot n.pl. collection of contributions, whip-round
samskotabaukur m. moneybox
samsláttur m. percussion
samspil n. interplay
samspil atvika n. conjuncture
samstaða f. solidarity
samstafa f. syllable
samstarf n. cooperation, collaboration
samstarfsmaður m. colleague, co-worker
samsteypa f. coalition; conglomerate
samsteypustjórn f. coalition government
samstilla vt. coordinate
samstilling f. coordination, harmony
samstilltur adj. coordinated, concerted, harmonious
samstofna orð n. cognate (word)
samstundis adv. immediately, straight away
samstæða f. pair; set
samstæður adj. matching; harmonic
samsuða f. concoction
samsull n. hotchpotch, pigwash, jumble
samsvara vt. correspond to, be equal to; harmonize
samsvörun f. correspondence; harmony, proportion
samsæri n. conspiracy, plot, collusion
samsærismaður m. conspirator, plotter, schemer

samsæta f. isotope
samsæti n. dinner, banquet, party
samsöfnun f. concentration
samsömun f. identification
samt adv. still, yet; **s. sem áður** nevertheless
samtaka adj. united; **s. nú!** all together now
samtal n. conversation
samtals adv. altogether, in all; **vera s.** total
samtenging f. conjunction; hook-up; concatenation
samtengja vt. join, connect
samtíð f. contemporary times
samtíða adj. contemporary
samtímamaður m. contemporary
samtími m. the present; age
samtímis adv. simultaneously, at the same time
samtíningur m. miscellany, mixed bag, gleanings
samtjónsgreiðslur f.pl. general average disbursements
samtrygging f. mutual insurance
samtvinna(st) v. intertwine
samtök n.pl. association, organization; **bindast samtökum** unite, join forces
Samtök Ameríkuríkja n.pl. Organization of American States, OAS
Samtök olíuútflutningsríkja n.pl. Organization of Petroleum Exporting Countries, OPEC
samur adj. same, identical; unchanged
samúð f. sympathy, compassion
samúðarfullur adj. sympathetic, compassionate
samúðarkveðja f. condolences
samveldi n. commonwealth
samvera f. being together, companionship
Samverji m. Samaritan; **miskunnsamur S.** good Samaritan
samverkamaður m. colleague
samviðnám n. impedance
samvinna f. cooperation, collaboration
samvinnufélag n. cooperative society
samvinnuhópur m. collective
samvinnuhreyfing f. cooperative movement

samvinnuþýður adj. cooperative, acquiescent
samvirkur adj. collective, joint
samviska f. conscience
samviskubit n. pang of conscience, scruple, remorse
samviskulaus adj. unscrupulous, unprincipled
samviskusamur adj. conscientious, scrupulous
samviskusemi f. conscientiousness, scrupulousness
samyrkjubú n. collective farm; kibbutz; commune
samþjappaður adj. compressed; concise, succinct
samþjöppun f. compression, condensation; compactness
samþykki n. consent, approval
samþykkja v. agree; approve; consent; accept
samþykkjandi m. acceptor (of a bill)
samþykkt f. resolution, ordinance
samþykkt verð n. accepted value
samþýðanlegur adj. compatible
samþætta vt. integrate
samþætting f. integration
sandalda f. sand dune
sandali m. sandal
sandaurar m.pl. outwash (of a glacier)
sandblása vt. sandblast
sandbleyta f. quicksand
sandborinn adj. sandy
sandbylur m. sandstorm, dust storm
sandelviður m. sandalwood
sanderla f. sanderling
sandeyri f. sandbar
sandflúra f. lemon sole
sandgárar m.pl. ripple marks
sandgryfja f. bunker (in golf), (Am.) sand trap
sandgrynningar f.pl. sandbank
sandhjálmur m. marram grass
sandhóll m. sand hill/dune
sandhverfa f. (flat fish) turbot
sandkaka f. pond cake
sandkassi m. sandpit, (Am.) sandbox
sandkastali m. sandcastle
sandkoli m. (flat fish) dab
sandlóa f. ringed plover

sandmaðkur m. lugworm
sandmiga f. blunt gaper
sandpappír m. sandpaper, emery paper
sandreyður f. sei whale
sandrif n. sandbar, reef, shoal
sandskel f. sand gaper
sandsteinn m. sandstone, freestone
sandstrókur m. dust devil
sandströnd f. beach
sandur m. sand
sanka að sér vt. scrape together, hoard
sanka saman vt. collect, heap
sanna vt. prove, demonstrate
sannanlegur adj. provable, demonstrable
sannarlega adv. really, truly, certainly
sannfæra vt. convince, persuade
sannfærandi adj. convincing, persuasive
sannfæring f. conviction, persuasion
sannfæringarkraftur m. persuasiveness, cogency
sanngirni f. reasonableness, fairness, equity
sanngjarn adj. reasonable, fair
sannindi n.pl. truth
sannkallaður adj. real, true
sannleiki m. truth
sannleikur m. truth
sannmæli n. truth; **láta e-n njóta sannmælis** give s-y his/her due
sannorður adj. truthful, veracious
sannprófa vt. verify, check
sannprófun f. verification, (cross)check
sannreyna vt. verify, check
sannsýni f. reasonableness
sannsögli f. truthfulness, veracity
sannsögslyf n. truth serum
sannsögull adj. truthful, veracious
sannur adj. true, real, genuine
sannvirði n. real value
sansa vt. get some sense into
sansar m.pl. senses; **taka sönsum** listen to reason
sar m. czar, tsar, tzar
sardína f. sardine, pilchard
sarga vt. rasp
sarpur m. crop, maw
satan m. Satan
satans- adj. satanic
satín n. satin
satínlíki n. sateen

satínviður m. satinwood
satírískur adj. satirical
satíruhöfundur m. satirist
satt adv. true; **s. að segja** to tell the truth
Satúrnus m. Saturn
satýri m. satyr
sauðahús : af sama sauðahúsi of the same ilk
sauðamergur m. mountain azalea
sauðargæra f. sheepskin
sauðburður m. lambing season
sauðdrukkinn adj. plastered
sauðfé n. sheep
sauðfjárrækt f. sheep herding
sauðkind f. sheep
sauðmeinlaus adj. harmless as a lamb
sauður m. wether; fool
sauðvingull m. sheep fescue
sauðþrár adj. bullheaded
sauma v. sew
sauma að vt. put the screws on
sauma út v. embroider
saumakarfa f. workbasket
saumaklúbbur m. sewing circle
saumakona f. seamstress
saumar m.pl. sewing
saumaskapur m. needlework, sewing
saumastofa f. sewing room
saumavél f. sewing machine
saumavörur f.pl. haberdashery
saumnál f. sewing needle
saumspretta f. rip
saumur m. seam; nails
saur m. excrement; filth
saurblað n. flyleaf
saurga vt. defile, befoul, tarnish
saurgun f. defilement, desecration
saurlát n. defecation, bowel movement
saurlifnaður m. lechery, debauchery
saurlífisseggur m. lecher, debauchee
saurlífur adj. adulterous, rakish
saurugur adj. filthy, impure
sautján num. seventeen
sautjándi num. seventeenth
sax n. chopper
saxa vt. chop, hack, hash
Saxi m. Saxon
saxneskur adj. Saxon
saxófónleikari m. saxophonist
saxófónn m. saxophone

sá vt. sow
sá prn. that/the one; such
sáð n. seed; semen
sáðfruma f. sperm
sáðgangsrof n. vasectomy
sáðlát n. ejaculation
sáðrák f. furrow, drill
sáðrás f. seminal duct
sáðrásarúrnám n. vasectomy
sáðreitur m. seedbed
sáðskipti n.pl. crop rotation
sáðvökvi m. seminal fluid
sál f. soul; mind; person
sála f. soul
sálarástand n. state of mind
sálardrepandi adj. soul-destroying
sálarfriður m. peace of mind
sálarkvöl f. anguish
sálarlíf n. psyche, inner life
sálarrannsóknir f.pl. psychic research
sálartrú f. animism
sálarþrek n. fortitude
sálast vi. die
sáld n. sieve, riddle
sálda vt. sieve, sift
sáldra vt. scatter, strew, sprinkle
sáldþrykk n. silk-screen printing
sálfræði f. psychology
sálfræðilegur adj. psychological
sálfræðingur m. psychologist
sálga vt. kill
sálgreina vt. psychoanalyse
sálgreining f. psychoanalysis
sálgreinir m. psychoanalyst
sálkanna vt. psychoanalyse
sálkönnuður m. psychoanalyst
sálkönnun f. psychoanalysis
sállækning f. psychotherapy
sálmabók f. hymnbook
sálmakver n. psalmbook
sálmaskáld n. psalmist, hymnist
sálmur m. psalm, hymn
sálnaflakk n. metempsychosis
sálnatrúarmaður m. animist
sálrænn adj. psychic, mental
sálubót f. edification
sáluhjálp f. salvation
sáluhlið n. lichgate, lychgate
sálumessa f. requiem
sálusorgun f. pastoral care

sána f. sauna
sápa f. soap
sápubera vt. soap
sápukúla f. soap bubble
sápulöður n. soapsuds
sápuspænir m.pl. soap flakes
sár n. wound; adj. painful, sore; bitter
sárabindi n. roller bandage
sárabætur f.pl. amends, sop
sárakanni m. probe
sáralín n. lint
sáran adv. bitterly
sárasótt f. syphilis, French box
sáraumbúðir f.pl. bandage
sárbæna vt. beg, implore
sárfættur adj. footsore
sárgrætilegur adj. deplorable, sickening
sárindi n.pl. pain, hurt, smart
sárna við vt. repine at, be offended by
sárreiður adj. indignant
sársaukafullur adj. painful
sársaukastingur m. pang, prickle
sársauki m. pain, ache, hurt
sársvangur adj. famished
sátt f. agreement, reconciliation
sáttagerð f. settlement, agreement
sáttanefnd f. court of conciliation
sáttasemjari m. mediator, conciliator, peacemaker
sáttaumleitun f. mediation, interposition
sáttfús adj. forgiving, placable
sáttfýsi f. peaceableness, placability
sáttmáli m. agreement, contract, pact
sáttmálsörk f. Ark of the Covenant
sáttur adj. reconciled; agreed
sebrabraut f. zebra crossing
sebrahestur m. zebra
sebúuxi m. zebu
sedrusviður m. cedar
seðill m. note; banknote, (Am.) bill
seðja vt. satiate, fill; gratify
seðjandi adj. gratifying, satisfying
seðlabanki m. central bank
seðlabúnt n. bankroll
seðlaveski n. wallet, notecase
sef n. reed
sefa vt. soothe, calm
sefandi adj. placatory, conciliatory; sedative
sefasjúkur adj. hysteric(al)
sefast vi. calm down
sefasýki f. hysteria
sefhæna f. moorhen, water hen
sefjun f. hypnotism, mesmerism
sefkveikskerti n. rushcandle
sefun f. appeasement, pacification
sefþvari m. bittern
segastífla f. thrombosis
segja v. say; tell
segja af sér vi. resign; abdicate
segja e-ð fyrir vt. foretell, predict
segja frá vt. tell, narrate, recount, relate
segja fyrir um vt. give instruction about
segja skilið við vt. part with, depart from
segja til sín v. identify oneself
segja til um vt. give the word about
segja upp v. fire, dismiss; resign; break off with
segja upp samningi v. terminate a contract
segl n. sail
seglbátur m. sailing boat, (Am.) sailboat
seglbretti n. windsurfer
seglbúnaður m. rig
segldúkur m. sailcloth, canvas, tarpaulin
seglgarn n. packthread, twine
seglskip n. sailing ship, windjammer
seglun f. magnetization
seguláttaviti m. magnetic compass
segulband n. magnetic tape; **taka upp á s.** tape
segulbandsspóla f. cassette
segulbandstæki n. tape recorder; tape deck
segulbóluminni n. bubble memory
seguldiskastöð f. magnetic disk unit
seguldiskur m. magnetic disk
segulfrávik n. magnetic anomaly
segulfræði f. magnetics
segulhvolf n. magnetosphere
seguljárnsteinn m. lodestone, magnetite
segulkortagerð f. geomagnetic mapping
segulkveikja f. magnetoignition
segull m. magnet
segulljós n. aurora
segulmagn n. magnetism
segulmagna vt. magnetize
segulmagnaður adj. magnetic
segulmælir m. magnetometer

segulmögnun f. magnetization
segulnagli m. swivel
segulnál f. magnetic needle
segulnorður n. magnetic north
segulrafall m. magneto
segulrás f. magnetic circuit
segulskaut n. magnetic pole
segulskekkja f. magnetic deviation
segulskífa f. diskette
segulstál n. magnet
segulstormur m. magnetic storm
segulstraumfræði f. magnetohydrodynamics
segulsvið n. magnetic field
seiða vt. enchant, charm; put a spell on
seiðaeldi n. fish fry rearing
seiði n. fry, spawn, fish fry
seiðkarl m. sorcerer
seiðkona f. sorceress
seiðmagn n. mystique
seiður m. sorcery, magic
seigfljótandi adj. (of a liquid) viscous
seigla f. tenacity, resilience, persistence
seiglast við vi. soldier on
seigur adj. tenacious, resilient, enduring; (of meat) sinewy, tough; (of a liquid) viscous
seilast v. stretch out
seilast eftir vt. reach out for, grasp at
seilast inn á vt. encroach (up)on
seilast í vt. dip into
seiling f. reach, grasp
seimur m. sound; **draga seiminn** drawl
seinastur adj. last
seinfarinn adj. difficult to pass
seinfær adj. sluggish
seinfærni f. slowness
seinheppinn adj. unlucky
seinka vt. delay; put back
seinkun f. delay
seinlátur adj. dilatory, sluggish
seinlæti n. slowness, sluggishness
seinn adj. slow; late, tardy
seinna adv. later, afterwards
seinni adj. later; slower
seint adv. late
seintekinn adj. reserved; time-consuming
seinvirkur adj. slow-working
seinþroska adj. backward
sekkja vt. sack

sekkjapípa f. bagpipe
sekkjapípulag n. pibroch
sekkjapípuleikari m. piper
sekkjapíputónn m. skirl
sekkur m. sack, bag, poke; **kaupa köttinn í sekknum** buy a pig in a poke
sekt f. guilt; fine
sekta vt. fine
sektarkennd f. sense of guilt
sektarlamb n. scapegoat
sektartrygging f. bail
sekur adj. guilty
sekúnda f. second
sekúndubrot n. split second
sekúnduvísir m. second hand
selbiti m. flip, fillip
selflytja vt. transport piece by piece
selgresi n. ribgrass, ribwort
selja f. sallow
selja vt. sell; hand over
selja upp vi. vomit
seljandi m. seller
seljanlegur adj. saleable, marketable, realizable
seljast á v. be sold for, fetch
seljast upp vt. be sold out
seljurót f. celery
selló n. (violon)cello
sellófan n. cellophane
sellóleikari m. cellist
sellulósi m. cellulose
selsemgull n. pinckbeck
selskapsmaður m. man about town
selskinn n. sealskin
selta f. salinity, saltiness
seltumælir m. salinometer
selur m. seal
selveiðimaður m. sealer
sem conj. as, as if
sem prn. who, which, that
semball m. harpsichord
sement n. cement
semikomma f. semicolon
semingur m. reluctance; **með semingi** reluctantly
semja vt. compose, write; settle; get on
semja af sér vt. bargain away
semja sig að vt. adapt to
semja við vt. negotiate with

sena f. scene; **stela senunni** steal the show
senda vt. send, dispatch
senda eftir vt. send for
senda frá sér vt. emit; release
senda út vt. issue; transmit
sendandi m. sender, dispatcher
sendast v. run errands
sendast yfir vt. jump over
sendibíll m. delivery van
sendiboði m. messenger, carrier; emissary
sendibréf n. letter
sendiferð f. errand
sendiferðabíll m. delivery van
sendifulltrúi m. delegate; chargé d'affaires
sendiför f. mission
sendiherra m. ambassador
sendikennari m. guest lecturer
sendill m. errand boy
sendinefnd f. delegation, deputation
sending f. shipment; dispatching; transmission
sendingardagur m. shipping date
sendingarkostnaður m. forwarding expense, delivery charge
sendinn adj. sandy
sendir m. transmitter
sendiráð n. embassy
sendiráðsritari m. attaché
sendistöð f. radio transmitter
sendisveinn m. errand boy
sendisveit f. delegation, mission
senditæki n. transmitter, sender
sendlingur m. purple sandpiper
senn adv. soon
sennilega adv. probably
sennilegur adj. probable, likely, presumable
sennileiki m. probability, likelihood
sent n. cent
sentígramm n. centigram(me)
sentílítri m. centilitre
sentímetri m. centimetre
sepi m. lobe, tab; polypus
seppi m. doggy, pooch
september m. September
serða vt. fuck
serenaða f. serenade
serimónía f. ceremony
sería f. series
Serki m. Saracen
serkjaskinn n. morocco
serkneskur adj. Saracenic
serkur m. kaftan
sermi(sbóluefni) n. serum
servíetta f. napkin, serviette
servíettuhringur m. napkin ring
sess m. seat; niche
sessa f. cushion
sessunautur m. person sitting next to one, seatmate
set n. sediment
set : færa sig um s. move over
seta f. sitting, session; seat
setbekkur m. couch
setberg n. sedimentary rock
setgerð f. lithology
setja vt. put, place
setja á biðlista v. waitlist
setja á sig vt. memorize
setja fram vt. put forward, express, formulate
setja inn vt. put in prison
setja saman vt. assemble, fabricate; compose
setja út á vt. criticize
setjari m. (person) typesetter
setjast vi. sit down; (of the sun) set
setjast að vi. settle down
setjast um vt. beleaguer
setjast upp vi. sit up
setmyndun f. sedimentation
setning f. sentence; opening (of a meeting)
setningafræði f. syntax
setningafræðilegur adj. syntactic
setningar- adj. inaugural
setningargerð f. syntax
setningarskipun f. syntactic construction
setningarvél f. (machine) typesetter
sett n. set
settaug f. sciatic nerve
settaugarbólga f. sciatica
settlegur adj. prim (and proper), staid
settur adj. appointed temporarily, acting
setulið n. occupation forces; garrison
setusalur m. saloon
setustofa f. living room, lounge

setuverkfall n. sit-down strike
setvatn n. connate water
sex num. six
sexburi m. sextuplet
sexfaldur adj. sixfold
sexhleypa f. six-shooter
sexhyrnd stjarna f. hexagram
sexhyrningur m. hexagon
sexliðaháttur m. hexameter (in poetry)
sextant m. sextant
sextán num. sixteen
sextándapartsnóta f. semiquaver, (Am.) sixteenth note
sextándi num. sixteenth
sextánskur adj. hexadecimal
sextett m. sextet
sextíu num. sixty
sextugasti num. sixtieth
sextungur m. sextant
seyði n. broth; extract
seyðingur m. obtuse pain
seyður : á seyði brewing, going on, afoot
seyta vt. secrete
seyti n. secretion
seytla vi. trickle, seep, ooze
seytt rúgbrauð n. steamed brown bread
séður adj. practical; thrifty; astute
sélegur adj. handsome
séní n. genius
séns m. chance, opportunity
sér prn. oneself
séra m. the Reverend
sératkvæði n. dissenting vote
sérbyggður adj. purpose-built
sérdeilis adv. especially
séreign f. separate estate
séreinkenni n. special characteristic, individuality
sérflokkur m. special class
sérfróður adj. specialistic, expert
sérfræðilegur adj. professional, expert
sérfræðingur m. specialist, expert
sérfræðiþekking f. expertise
sérgáfa f. talent
sérgóður adj. selfish, egoistical; smug
sérgrein f. speciality
sérgæði n.pl. selfishness; smugness
sérgæðingur m. egotist
sérhagsmunir m.pl. private interest

sérhanna v. customize
sérhannaður adj. custom-made, tailor-made
sérhlífinn adj. evasive, shirky
sérhljóð n. (sound) vowel
sérhljóði m. (letter) vowel
sérhver prn. every (one)
sérhyggja f. individualism
sérhæfa sig í vt. specialize in
sérhæfing f. specialization
sérkenni n. special feature, characteristic
sérkennilegur adj. peculiar, quaint, unique
sérkennsla f. remedial teaching
sérlega adv. especially
sérlegur adj. special
sérleyfi n. exclusive licence, franchise
sérleyfishafi m. licencee, concessionaire
sérlundaður adj. eccentric, odd
sérlyf n. proprietary/patent medicine
sérmenntun f. special training
sérnafn n. proper noun
sérnám n. specialized training/studies
sérplæginn adj. egoistical, self-seeking
sérplægni f. egoism, selfishness
sérprentun f. offprint
sérréttindi n.pl. special rights, privilege
sérrí n. sherry
sérsaumaður adj. made-to-measure
sérsmíðaður adj. purpose-built
sérstaða f. special status
sérstafur m. special character
sérstaklega adv. especially, particularly
sérstakur adj. separate; particular; peculiar
sérstæður adj. unusual
sérsvið n. special field, speciality
sértak n. abstract
sértákn n. special character
sértekning f. abstraction
sértrúarflokkur m. sect, denomination
sértrúarstefna f. sectarianism
sértækur adj. abstract
sérunninn adj. custom-made
sérútgáfa f. special edition
sérvara f. speciality
sérverslun f. speciality shop
sérviska f. eccentricity; quirk
sérvitringur m. eccentric, crackpot, weirdo

sérvitur adj. eccentric, cranky
sérþekking f. specialized knowledge
sérþjálfaður hermaður m. commando
sérþjálfuð sveit f. task force
sérþjálfun f. special training
siða vt. bring up; civilize
siðaður adj. well brought up; civilized
siðalögmál n. moral law/principle
siðameistari m. master of ceremonies
siðaprédikari m. moralist
siðareglur f.pl. protocol
siðaskipti n.pl. Reformation
siðavandur adj. moralizing
siðblindur adj. amoral; psychopathic
siðbæta vt. improve morally, regenerate
siðfágaður adj. civilized, urbane, polite
siðfágun f. good manners, refinement
siðferði n. morality, morals
siðferðilegur adj. moral, ethical
siðferðisprédikun f. moralization
siðferðisþrek n. moral strength, morale
siðfræði f. ethics, moral philosophy
siðfræðilegur adj. ethical
siðgæði n. morality; virtue
siðlaus adj. immoral
siðleysi n. immorality
siðmenning f. civilization
siðmenntaður adj. civilized
siðprúður adj. well-bred, refined
siðprýði f. good behaviour, refinement
siðsamur adj. chaste, decorous, decent
siðsemi f. chastity, decency, propriety
siðspilla vt. deprave, corrupt
siðspillandi adj. pestiferous, pestilent(ial)
siðspilling f. depravity, corruption
siðspilltur adj. perverse, corrupt, rotten
siður m. custom
siðvenja f. custom, convention, tradition
sifjar f.pl. relations (by marriage)
sifjaspell n.pl. incest
sig n. subsidence; descent of a cliff face (by rope), rappel
sig prn. oneself
siga á vt. sick on, set (up)on
sigdalur m. rift valley
sigdæld f. graben
sigð f. sickle, reaping hook
sigðkornablóðleysi n. sickle-cell anaemia
sigðnefur m. ibis
sigg n. hard skin, callus
sigggróinn adj. callous
sigketill m. caldera
sigla f. mast, spar
sigla vi. sail, navigate; go abroad
sigling f. sailing; sea voyage
siglinga- comb. maritime, seafaring, nautical
siglingadómur m. maritime court
siglingafræðingur m. navigator
siglingaleið f. seaway, waterway
siglingaljós n. navigational/running light
siglingalög n.pl. maritime law
siglutoppur m. masthead
siglutré n. mast
signa sig v. cross oneself
signet n. signet, seal
sigra v. win; defeat, beat
sigrast á vt. overcome, surmount
sigrihrósandi adj. triumphant
sigta vt. sift, sieve, filter
sigta á vt. aim at; zero in on
sigti n. sieve, strainer; sight (on a gun)
sigur m. victory, conquest
sigurgleði f. triumphant joy
sigurmark n. winning post
sigurstig n. match point
sigurstranglegur adj. odds-on
sigursæll adj. victorious, triumphant
sigurtákn n. trophy
sigurvegari m. conqueror; winner, champion
sigurviss adj. certain of victory
sigurvænlegastur adj. front-running
Sikiley f. Sicily
Sikileyingur m. Sicilian
sikileyskur adj. Sicilian
sikksakka vi. zigzag
silakeppur m. sluggard, slowcoach
silalegur adj. sluggish, laggard
silast vi. plod along
silfraður adj. silvery
silfur n. silver
silfurafmæli n. silver jubilee
silfurberg n. Iceland spar
silfurblað n. oleaster
silfurborðbúnaður m. silver (for the table)
silfurbrúðkaup n. silver wedding
silfurmávur m. herring gull
silfurmunir m.pl. cutlery, (Am.) silverware

silfurpappír m. silver paper/foil
silfurplett n. silver plate
silfurskotta f. (insect) silverfish
silfursmiður m. silversmith
silki n. silk
silkiapi m. marmoset
silkihanskar : taka á með silkihönskum handle with kid gloves
silkiprentun f. silk-screen printing
silkirækt f. sericulture
silungur m. trout
simpansi m. chimpanzee
sin f. sinew, tendon
sina f. withered grass
sinadráttur m. cramp (of a muscle)
sinaseigur adj. (of a person) wiry
sindra vi. sparkle, scintillate
sindur n. cinder, slag, scoria
sinfónía f. symphony
sinfónískur adj. symphonic
sink n. zinc
sinkhúða vt. galvanize
sinkhúðun f. galvanization
sinn n. time, occasion; **einu sinni** one time; once upon a time; **ekki einu sinni** not even; **fyrst um s.** for the time being; **stöku sinnum** now and again
sinn prn. his, her, their
sinna f. interest
sinna vt. care for; attend to
sinnaður adj. minded, inclined
sinnep n. mustard
sinni n. disposition; opinion
sinnisveiki f. mental disorder
sinnulaus adj. apathetic, lethargic, indifferent
sinnuleysi n. apathy, lethargy, indifference
sinóttur adj. stringy
sippa vi. jump rope
sippuband n. skipping-rope, jump rope
sirkill m. compasses, dividers
sirkus m. circus
sirkussýningarstjóri m. ringmaster
sisona adv. just like that
sitja vi. sit
sitja á sér vt. restrain oneself
sitja fyrir v. model, pose; ambush, waylay
sitja hjá v. abstain

sitja inni vi. be in prison
sitja um vt. try to catch; besiege
sitja yfir í prófi vt. invigilate an exam
sitjandi m. buttocks, posterior, behind
sitthvað prn. various things; different things
sía f. filter; sieve; vt. filter, sift
síafbrotamaður m. recidivist
síamsköttur m. Siamese cat
síamstvíburi m. Siamese twin
síast í gegnum vt. permeate/percolate through
síaukinn adj. ever-growing
Síbería f. Siberia
síberískur adj. Siberian
Síberíubúi m. Siberian
síblæði n. haemophilia
síbreytilegur adj. kaleidoscopic, protean, mobile
sídd f. length
síða f. side, flank; page
síðan adv. then, since then; conj. since
síðar adv. later
síðar nærbuxur f.pl. long johns
síðari adj. latter, second; longer
síðari daga heilagur m. Latter-day Saint
síðarnefndur : sá síðarnefndi the latter
síðast adv. last
síðastaleikur m. (children's game) tag
síðastliðinn adj. last
síðastur adj. last; **að síðustu** finally
síðbuxur f.pl. slacks
síðbúinn adj. late, overdue, tardy
síðdegi n. afternoon
síðdegis adv. in the afternoon
síðdegislokun f. early closing (day)
síðdegissýning f. matineé
síðfrakki m. frock coat
síðgrískur adj. Hellenistic
síðhærður adj. long-haired
síðir : um s. finally, eventually
síðjakki m. tailcoat, cutaway
síðkast : upp á síðkastið lately, latterly
síðla adv. late
síðri adj. worse, inferior
síðufótur m. page footer
síðuhaus m. page header
síðumerkja vt. paginate
síður adj. long; full-length; adv. less
síðuskil n.pl. page break

síðuskipti → sjálfblekungur 294

síðuskipti n.pl. form feed
síðuskipting f. pagination
síðustu forvöð n.pl. deadline, high time
síðustu sakramentin n.pl. the last rites
sífelldur adj. constant, continual, incessant
sífreri m. permafrost
síga vi. sink; subside
sígaretta f. cigarette
sígarettukveikjari m. cigarette lighter
sígarettumunnstykki n. cigarette holder
sígarettupakki m. cigarette packet
sígarettuveski n. cigarette case
sígaunamál n. Romany
sígauni m. gipsy, (Am.) gypsy
sígildur adj. classic(al), timeless
sígrænn adj. evergreen
síki n. ditch, dike; canal
síkka v. lengthen; grow longer
sílamávur m. lesser black-backed gull
síld f. herring
síldartorfa f. shoal of herring
síldveiðar f.pl. herring fishing
síli n. fry
síll m. (brad)awl
sílogi m. pilot light/burner
sílófónn m. xylophone
síma v. telephone
símaat n. prank telephone call
símaborð n. switchboard
símafundur m. teleconference
símahlerun f. wiretapping
símaklefi m. telephone booth
símanúmer n. telephone number
símasjálfsali m. pay telephone, Am.) pay station
símaskrá f. telephone directory/book
símastaur m. telegraph pole/post
símatími m. phone-in, (Am.) call-in
símatúlkur m. modem
símavændiskona f. call girl
símavörður m. operator, telephonist
símhringing f. telephone call
sími m. telephone
símiljumjöl n. semolina
símrita vt. telegraph
símritari m. telegrapher
símritun f. telegraphy
símskeyti n. telegram, cable;
  senda s. telegraph

símstöð f. central telephone office, telephone exchange
símsvari m. telephone answering machine
símtal n. telephone call
símtól n. receiver
sín prn. oneself
síngjarn adj. self-seeking, self-interested
sínkur adj. stingy, close-fisted
sínus m. sine
sírena f. siren, hooter
síritunarhnappur m. repeat key
síróp n. syrup
síst adv. least, worse
sístur adj. worst, least capable
sítróna f. lemon
sítrónubúðingur m. lemon curd
sítrónudrykkur m. lemonade
sítrónupressa f. lemon squeezer
sítrónusvaladrykkur m. lemon squash
síungur adj. ageless
sívalningur m. cylinder
sívalur adj. cylindrical, round
sjakali m. jackal
sjal n. shawl
sjaldan adv. seldom, rarely
sjaldgæfur adj. rare, unusual
sjatna vi. subside
sjá v. see; spot, discern; understand
sjá að sér vi. come to one's senses
sjá af vt. spare, lose
sjá eftir vt. regret, miss
sjá fram á vt. foresee
sjá fyrir vt. anticipate; provide for
sjá fyrir sér vt. imagine, visualize
sjá um vt. take care of, supervise
sjá við vt. outwit; take precautions against
sjáaldur n. pupil (of the eye)
sjáandi m. seer; adj. (of a person) sighted
sjáanlegur adj. visible, observable
sjálf n. self, ego
sjálfbirgingsháttur m. self-conceit, self-righteousness
sjálfbirgingslegur adv. self-opinionated, vain
sjálfbjarga adj. self-supporting, self-sufficient
sjálfblekungur m. fountain pen

sjálfboðaliði m. volunteer
sjálfboðavinna f. voluntary work
sjálfelskur adj. self-centred
sjálfgefinn adj. self-evident
sjálfgildi n. default value
sjálfhelda f. tight corner, deadlock
sjálfhrakinn adj. self-contradictory
sjálfhverfa f. autism
sjálfhverfur adj. egocentric; autistic
sjálfhælinn adj. vainglorious, boastful
sjálfir prn. themselves
sjálfjátaður adj. self-confessed
sjálfkrafa adj. spontaneous; adv. automatically
sjálflímandi adj. self-adhesive
sjálflyftandi adj. (of flour) self-raising
sjálflýsandi adj. phosphorescent, luminous
sjálfmenntaður adj. self-educated, self-taught
sjálfráða adj. of age; **verða s.** come of age
sjálfráður adj. free, independent
sjálfrennandi brunnur m. artesian well
sjálfræði n. freedom; majority
sjálfrækur adj. self-contradictory
sjálfsafgreiðsla f. self-service
sjálfsafneitun f. self-denial, abnegation
sjálfsagður adj. self-evident, matter-of-course
sjálfsagi m. self-discipline, temperance
sjálfsagt adv. naturally, sure, no doubt
sjálfsali m. slot machine, (Am.) vending machine
sjálfsatbeini m. self-help
sjálfsathugun f. self-examination, introspection
sjálfsákvörðunarréttur m. self-determination
sjálfsálit n. self-esteem, conceit
sjálfsánægður adj. self-satisfied, self-complacent
sjálfsánægja f. self-satisfaction, self-importance
sjálfsást f. narcissism
sjálfsáverki m. self-inflicted wound
sjálfsbjörg f. self-preservation
sjálfsblekking f. self-deception, delusion
sjálfsdáðir : af sjálfsdáðum of one's own accord

sjálfsdekur n. self-indulgence, ego trip
sjálfsdýrkandi m. narcissist
sjálfsdýrkun f. egotism
sjálfseign f. freehold property
sjálfseignarbóndi m. freeholder
sjálfseignarstofnun f. private institution
sjálfselska f. egotism, selfishness
sjálfselskur adj. egotistical, selfish
sjálfsforræði n. autonomy
sjálfsfórn f. self-sacrifice
sjálfsfremd f. self-assertion
sjálfsfróun f. masturbation, self-abuse
sjálfshjálp f. self-help
sjálfshrifning f. narcissism
sjálfshugull adj. introspective
sjálfshyggjumaður m. egotist
sjálfskapaður adj. self-imposed
sjálfskeiðungur m. clasp knife, jackknife
sjálfskipaður adj. self-appointed, self-styled
sjálfskipting f. automatic transmission
sjálfskoðun f. self-examination, introspection
sjálfskuldarábyrgð f. suretyship
sjálfskýrandi adj. self-explanatory
sjálfsmeðaumkun f. self-pity
sjálfsmorð n. suicide
sjálfsniðurlæging f. self-abasement
sjálfsnægtir f.pl. self-sufficiency
sjálfspilandi píanó n. player piano
sjálfspínslir : stunda s. mortify the flesh
sjálfspíslarhvöt f. masochism
sjálfsprottinn adj. spontaneous; self-grown
sjálfssefjun f. autosuggestion
sjálfsskoðun f. self-examination
sjálfsskyggn adj. introspective
sjálfsstjórn f. self-government, autonomy; self-control
sjálfstillandi adj. self-adjusting
sjálfstraust n. self-confidence, self-reliance
sjálfstýribúnaður m. servomechanism
sjálfstýring f. servomechanism, automatic pilot
sjálfstæði n. independence; autonomy
Sjálfstæðisflokkur m. Independence Party
sjálfstæðismaður m. conservative

sjálfstæður adj. independent, autonomous
sjálfstæður atvinnurekstur m. self-employment
sjálfstæður rekstur m. private practice
sjálfstætt (all) on one's own
sjálfsverndun f. self-preservation
sjálfsvirðing f. self-respect
sjálfsvorkunn f. self-pity
sjálfsvörn f. self-defence
sjálfsþótti m. self-conceit
sjálfsþurftarbúskapur m. autarky
sjálfsþæging f. self-indulgence
sjálfsþæginn adj. self-indulgent
sjálfsævisaga f. autobiography, memoirs
sjálfsögun f. self-discipline
sjálfsöruggur adj. self-confident, self-assured
sjálfsöryggi n. self-confidence, self-assurance
sjálftrekkjandi adj. (of a wristwatch) self-winding
sjálftreystinn adj. self-reliant
sjálfumglaður adj. self-complacent, smug
sjálfumgleði f. self-righteousness, self-satisfaction
sjálfur prn. myself
sjálfvalinn adj. of one's own choice
sjálfviljugur adj. voluntary, freewill
sjálfvirkni f. automation
sjálfvirkur adj. automatic
sjálfyfirlýstur adj. self-confessed
sjást yfir vt. overlook, leave out, pass by
sjávarafli m. fish catch
sjávarafurðir f.pl. fish(ery) products
sjávarbakki m. seafront, waterfront
sjávarbotn m. seabed
sjávardýr n. sea animal
sjávarflötur m. surface of the sea
sjávarföll n.pl. tide
sjávargyðja f. Nereid
sjávarhættir m.pl. maritime folkways
sjávarlíffræði f. marine biology
sjávarlíffræðingur m. marine biologist
sjávarmál n. sea level
sjávarmöl f. shingle (on the seashore)
sjávarpláss n. fishing village
sjávarréttir m.pl. seafood
sjávarsíða f. seaside
sjávarströnd f. seacoast, seashore

sjávarútvegsráðherra m. minister of fisheries
sjávarútvegur m. fishing industry
sjerrí n. sherry
sjoppa f. small shop; tuck shop (at a school)
sjoppumatur m. junk food
sjoppureyfari m. penny dreadful
sjóari m. fisherman
sjóast v. get/find one's sea legs
sjóbirtingur m. sea/salmon trout
sjóbíll m. snowmobile
sjóblindur adj. snow-blind
sjódekk n. snow tyre, (Am.) snow tire
sjódómur m. maritime court
sjóða v. boil; cook; weld
sjóða niður v. tin, (Am.) can
sjóða saman vt. cook up, concoct
sjóða upp úr v. boil over
sjóðbók f. cash book
sjóðheitur adj. piping hot
sjóðreikningur m. cash account
sjóður m. fund; kitty
sjóðþurrð f. deficit
sjóferð f. voyage; **hefja s.** put (out) to sea
sjóflugvél f. seaplane, flying boat
sjóflutningar m.pl. waterborne transport
sjófugl m. seabird
sjófugladrit n. guano
sjófær adj. seaworthy; navigable
sjófærni f. seaworthiness; navigability
sjógarpur m. sea dog
sjóhattur m. sou'wester (hat)
sjóher m. navy
sjóhraustur : vera s. be a good sailor
sjóklár adj. shipshape
sjóklæði n.pl. oilskins
sjókort n. sea chart, maritime chart
sjóleiðis adv. by sea
sjóliðabuxur f.pl. bell-bottoms
sjóliðaföt n.pl. sailor suit
sjóliði m. sailor, seaman, marine
sjóliðsforingi m. naval officer, commander, commodore
sjómaður m. fisherman, seaman, sailor
sjómannadagur m. Fisherman's Festival
sjómannajakki m. reefer
sjómannakex n. ship/pilot biscuit, hard tack

sjómannaskóli m. merchant marine school
sjómennska f. seamanship, seafaring, sailing
sjómíla f. nautical mile (= 1852 m.)
sjón f. sight; vision; spectacle
sjóna f. retina
sjónarhorn n. point of view, angle
sjónarhóll m. point of view, standpoint
sjónarmið n. point of view, viewpoint, aspect
sjónarsvið n. range of vision; horizon
sjónarvottur m. eyewitness
sjónauki m. telescope; field glasses, binoculars
sjóndapur adj. purblind
sjóndeildarhringur m. horizon
sjóngler n. eyeglass, lens
sjónglerjafræði f. optometry
sjónglerjafræðingur m. optometrist
sjónhimna f. retina
sjónhverfing f. optical illusion
sjónhverfingamaður m. conjurer, juggler
sjónhverfingar f.pl. magic, legerdemain
sjónlaus adj. sightless, blind
sjónleiksauglýsing f. playbill
sjónleikur m. drama
sjónleysi n. blindness
sjónlistir f.pl. visual arts
sjónlína f. line of sight
sjónmál n. eyeshot, sight
sjónminni n. photographic memory
sjónpípa f. periscope
sjónrænn adj. visual
sjónskarpur adj. lynx-eyed
sjónskekkja f. astigmatism
sjóntaug f. optic nerve
sjóntækjafræðingur m. optician
sjónvarp n. television (set)
sjónvarpa vt. televise, telecast
sjónvarpsauglýsing f. television commercial
sjónvarpstæki n. television set
sjónvarpsútsending f. telecast
sjónvarpsþáttur m. television programme
sjónvilla f. optical illusion
sjópoki m. duffle bag
sjópóstur m. surface mail
sjópróf n. maritime inquiry
sjór m. sea, seawater

sjórán n. piracy
sjóréttur m. maritime law
sjóræningi m. pirate, buccaneer
sjóræningjaflagg n. Jolly Roger
sjósetning f. launching (of a boat)
sjóskíði n.pl. water skis
sjósvala f. leach's petrel
sjóvátrygging f. marine insurance
sjóveiki f. seasickness
sjóveikur adj. seasick; **vera s.** be a bad sailor
sjúga v. suck; **gefa að s.** suckle, nurse
sjúga í sig vt. absorb
sjúga upp í nefið vi. sniff
sjúkdómafræði f. pathology
sjúkdómafræðingur m. pathologist
sjúkdómseinkenni n. symptom
sjúkdómsgreina vt. diagnose
sjúkdómsgreining f. diagnosis
sjúkdómsmeðferð f. therapy
sjúkdómsmynd f. syndrome
sjúkdómssaga f. case history
sjúkdómur m. illness, disease
sjúklegur adj. sickly; morbid; pathological
sjúkleiki m. sickness, illness, malady
sjúklingur m. patient
sjúkrabifreið f. ambulance
sjúkrabætur f.pl. health insurance benefit
sjúkrabörur f.pl. stretcher
sjúkradagpeningar m.pl. sickness benefit
sjúkrafæði n. diet
sjúkrahús n. hospital, infirmary
sjúkrakassi m. first-aid kit
sjúkraklefi m. sickbay
sjúkraliði m. assistant nurse, (Am.) practical nurse
sjúkralisti m. sick list
sjúkrapeningar m.pl. sick pay
sjúkrasaga f. case history
sjúkrasamlag n. health insurance plan
sjúkrastofa f. sickroom, dispensary, infirmary
sjúkratrygging f. health insurance
sjúkravitjun f. doctor's visit, sick call
sjúkraþjálfari m. physiotherapist, physical therapist
sjúkraþjálfun f. physiotherapy, physical therapy
sjúkur adj. ill, sick

sjúskaður adj. sleazy
sjúss m. drink, dram, measure
sjö num. seven
sjöa f. seven (in cards); bus number seven
sjöhyrningur m. heptagon
sjötíu num. seventy
sjötnun f. subsidence
sjötti num. sixth
sjötugasti num. seventieth
sjöundi num. seventh
skadda vt. damage; injure, hurt
skaða vt. damage; injure, hurt
skaðabótakrafa f. claim for damages, damage claim
skaðabótamál n. damage suit
skaðabótaskylda f. liability for damages
skaðabótaskyldur adj. liable for damages
skaðabætur f.pl. damages, (financial) compensation, indemnity
skaðast á vt. suffer damage through
skaðbrenna vt. scald
skaði m. damage; loss; injury
skaðlaus adj. harmless; uninjured
skaðlegur adj. harmful, injurious
skaðræði n. harm, detriment; peril
skaðsamlegur adj. harmful, dangerous
skaðvaldur m. bane, blight, pest
skaðvænn adj. baneful, destructive
skafa f. scraper; v. scrape; (of snow/sand) drift
skaffa vt. procure, provide
skafjárn n. parer
skafl m. snowdrift
skaflajárnaður adj. roughshod
skafrenningur m. drifting snow
skaft n. handle; shaft; haft
skaftgleraugu n.pl. lorgnette
skaftpáfi m. parakeet
skaftpottur m. saucepan
skaga fram/út vi. jut out, protrude
skagi m. peninsula
skaka vt. shake
skakka v. settle (a dispute); differ
skakkafall n. reverse, loss, defeat
skakkt horn n. oblique angle
skakkur adj. wrong, incorrect; lop-sided
skakkur ferhyrningur m. trapezoid, (Am.) trapezium
skali m. scale, register
skalla vt. head (a ball)
skallaörn m. bald eagle, American eagle
skalli m. baldness; header (in football)
skamma vt. scold, rebuke, tell off
skammarbréf n. letter of reproach, stinker
skammarlegur adj. shameful, disgraceful
skammarræða f. harangue, tirade, philippic
skammarverðlaun n.pl. booby prize
skammaryrði n. invective, abuse
skammast sín v. be ashamed of oneself, feel cheap
skammbyssa f. revolver, pistol, (Am.) handgun
skammdegi n. winter darkness, short days
skammdrægur adj. short-range
skammgóður adj. short-lived
skammhlaup n. short circuit
skammir f.pl. scolding, going-over, ticking(s) off
skammlífur adj. short-lived
skammstafa vt. abbreviate
skammstafanaorð n. acronym
skammstöfun f. abbreviation
skammsýni f. short-sightedness, (Am.) near-sightedness
skammsýnn adj. short-sighted, (Am.) near-sighted
skammta vt. share out, allot; ration
skammtafræði f. quantum mechanics
skammtakenning f. quantum theory
skammtari m. dispenser, hopper
skammtíma- comb. short-term, short-range
skammtímaskuld f. floating debt
skammtímaskuldir f.pl. current liabilities, floating debt
skammtur m. portion, helping; ration; dose; quantum; **af skornum skammti** in short supply
skammur adj. short; brief; **innan skamms** in a little while; **skömmu síðar** shortly afterwards; **til skamms tíma** until recently
skammvinnur adj. transient, momentary
skammær adj. short-lived; deciduous
skandera vt. scan (a poem)

skandering f. scansion
Skandinavi m. Scandinavian
Skandinavía f. Scandinavia
skandinavískur adj. Scandinavian
skanki m. shank
skanni m. scanner
skap n. temper, mood, humour
skapa vt. create; form, shape
skapadómur m. doom
skapadula f. G-string
skapahár n. pubic hair
skapalón n. copying template
skapandi adj. creative, originative
skapari m. creator
skapbráður adj. quick-tempered, irascible, fiery
skapbrestur m. character flaw
skapbrigði n.pl. change of mood
skapferli n. temperament
skapfesta f. strength of character
skapfestulaus adj. weak-kneed
skapgerð f. character, personality
skapgerðarlýsing f. characterization
skapgóður adj. good-natured, easygoing
skapillska f. bad temper, petulance
skapillur adj. bad-tempered, petulant
skaplegur adj. acceptable, reasonable
skaplyndi n. nature, temper
skapraun f. annoyance, irritation, chagrin
skaprauna vt. annoy, irritate, vex
skapraunandi adj. provoking
skapsmunir m.pl. temperament
skapstilling f. imperturbability
skapstirður adj. bad-tempered, crusty
skapstór adj. temperamental; proud
skapstyggur adj. hot-tempered, irritable
skar n. burnt wick; flickering light; dodderer
skara fram úr v. excel, surpass, outclass
skarast vi. overlap
skarð n. gap; nick; (mountain) pass
skarð í vör n. harelip; **með s. í v.** harelipped
skarfakál n. scurvywort
skarfur m. cormorant, sea raven; rascal
skarhefill m. match-plane
skari m. mass, swarm, crowd
skarifífill m. autumnal hawkbit
skarkali m. racket, din, hurly-burly
skarkári m. poltergeist

skarkoli m. plaice
skarlatssótt f. scarlet fever
skarn n. manure; garbage
skarni m. fertilizer (made from garbage)
skarpeygur adj. sharp-eyed
skarpgreindur adj. sharp-witted
skarplega adv. sharply, clearly
skarplegur adj. shrewd, discerning
skarpskyggn adj. shrewd, perceptive, eagle-eyed
skarpskyggni f. shrewdness, discernment, astuteness
skarpur adj. sharp; shrewd, acute
skarpvitur adj. sharp-witted, clever
skart n. ornament, finery
skarta vt. show off, sport
skartbúast vi. primp, prink
skartgripasali m. jeweller
skartgripir m.pl. jewellery
skaröxi f. adze
skass n. shrew, termagant, hag
skata f. skate, ray
skatta vt. tax
skattaálagning f. tax assessment; taxation
skattabyrði f. tax load/burden
skattaráðgjafi m. tax consultant
skattálagning f. tax assessment
skattframtal n. income tax return
skattfrádráttur m. tax deduction
skattfrjáls adj. tax-free, tax-exempt
skattgreiðandi m. taxpayer
skattheimta f. tax collection
skattheimtumaður m. tax collector
skatthol n. bureau, chest of drawers
skattlagning f. taxation
skattland n. tributary (country)
skattleggja vt. tax
skattprósenta f. tax rate
skattskrá f. tax register
skattskylda f. tax liability
skattskyldur adj. taxable
skattskýrsla f. (income) tax return
skattstigi m. tax scale/table
skattstjóri m. tax director
skattstofa f. tax office, (Br.) Inland Revenue Office
skattsvik n.pl. tax evasion
skatttekjur f.pl. tax revenue
skattundanþága f. tax exemption, tax relief

skattur m. tax; toll
skattvin f. tax haven
skaufi m. cock, penis
skaut n. lap; sheet (of a sail); headdress
skauta vi. skate; vt. polarize
skautahlaup n. skating
skautahlaupari m. skater
skautavöllur m. skating rink
skautbúningur m. Icelandic ceremonial costume for women
skautfruma f. polar body
skauthnit n.pl. polar coordinate
skauti m. ice skate
skautun f. polarization, polarity
skautunarsía f. polarizer
ská adv. askew, sideways
skáblað n. begonia
skábraut f. inclined plane, ramp
skábönd n.pl. bias binding
skáhalli m. obliquity, cant
skáhallur adj. slanting, oblique, diagonal
skáhorn n. oblique angle
skái m. inclination; bevel
skák f. (game of) chess; strip (of land)
skáka vt. check (in chess); outsmart, outwit
skákborð n. chessboard, (Am.) checkerboard
skákmaður m. chess player
skákmeistari m. chess master
skákmót n. chess tournament
skál f. bowl, basin; interj. cheers
skála v. touch glasses
skála fyrir vt. drink a toast to
skálahemlar m.pl. drum brakes
skáld n. poet
skálda v. write poetry; make up, romance
skáldaleyfi n. poetic licence
skáldamál n. poetic language
skáldanafn n. nom de plume
skáldgáfa f. poetic talent
skáldgyðja f. muse
skáldkona f. (female) poet, poetess
skáldlegur adj. poetic
skáldsaga f. novel
skáldsagnahöfundur m. novelist
skáldskaparfræði f. poetics
skáldskapur m. poetry; fiction
skáldverk n. work of poetry/fiction
skáletra vt. italicize
skáletraður adj. italic
skáletur n. italics
skálgi m. (fish) roach
skáli m. lodge, cabin; pavilion
skálína f. oblique line, diagonal
skálka vt. batten down
skálkasaga f. picaresque novel
skálkaskjól n. pretext; **vera s. fyrir** front for
skálktré n. batten
skálkur m. rogue, rascal
skálm f. trouser leg
skálma vi. stride, step out
skán f. film, skin, scale
skápur m. cupboard, cabinet, (Am.) closet
skár adj. somewhat better
skárri adj. a little better
skáskjóta vt. tilt, cock
skáskjóta sér vi. sidle
skásnið n. traverse
skástoð f. strut (in a framework)
skástrendingur m. oblique prism
skástrik n. oblique stroke, slash mark, solidus
skástur adj. the best
skátaforingi m. scoutmaster
skátamót n. jamboree (of boy scouts)
skáti m. boy scout
ske vi. happen, occur, take place
skefjalaus adj. unrestrained, unchecked
skefjar : halda í skefjum restrain; bottle up
skefti n. butt; haft
skegg n. beard
skeggjaður adj. bearded
skegglaus adj. clean-shaven, beardless
skeggræða v. discuss, chat, palaver
skeið f. spoon
skeið n. period, spell; run; race
skeiða vi. (of a horse) amble
skeiðahnífur m. sheath knife
skeiðar f.pl. sheath, scabbard
skeiðhestur m. ambler, pacer
skeiðklukka f. stopwatch
skeiðvöllur m. racecourse, (Am.) racetrack
skeiðönd f. shoveler
skeifa f. horseshoe
skeifugörn f. duodenum

skeika vi. err; be mistaken
skeikull adj. fallible
skeina f. scratch, graze; abrasion
skeina sig v. wipe one's bottom
skeinuhættur adj. dangerous
skekkja f. error; deviation
skekkja vt. bend out of shape, distort
skekkjast vi. get warped
skekkjuboð n. error message
skekkjumörk n.pl. margin of error
skel f. (sea)shell; crust
skeldýr n. shellfish
skeleggur adj. energetic; assertive
skelfa vt. frighten, terrify
skelfilegur adj. frightful, appalling, awful
skelfing f. horror, consternation; **skelfingu lostinn** horrorstricken, horrorstruck; **vera gripinn skelfingu** panic
skelfiskur m. shellfish
skelfletta vt. shell
skeljafræði f. conchology
skeljafræðingur m. conchologist
skelkaður adj. frightened
skelkur m. fear, alarm
skella f. spot, patch
skella v. slam; slap; throw over; crash
skella saman v. collide; clash; clap
skella skollaeyrum við vt. turn a deaf ear to
skella upp úr vi. burst out laughing
skellihlátur m. peal of laughter, belly laugh
skellihlæja vi. roar with laughter, guffaw
skellinaðra f. rattlesnake; motorscooter
skellur m. smack; crash; loss, blow
skelmir m. trickster; rogue
skemill m. footstool
skemma f. storehouse
skemma vt. damage; spoil
skemmast v. be damaged; go bad
skemmd f. damage; rot; decay
skemmdarvargur m. vandal
skemmdarverk n. sabotage; vandalism
skemmdarverkamaður m. saboteur
skemmdur adj. damaged; spoiled, rotten
skemmta vt. entertain, amuse
skemmta sér v. enjoy oneself
skemmtanaiðnaður m. show business
skemmtanaskattur f. entertainment tax

skemmtiatriði n. number, act
skemmtiferð f. excursion, trip, outing
skemmtiferðamaður m. tourist, excursionist
skemmtiferðaskip n. luxury liner
skemmtiganga f. walk, stroll
skemmtigarður m. pleasure ground, park
skemmtikraftur m. entertainer
skemmtilegur adj. interesting; entertaining; funny
skemmtinefnd f. entertainment committee
skemmtisigling f. cruise
skemmtisnekkja f. cabin cruiser
skemmtun f. enjoyment; amusement; party
skemur adj. shorter
skenkja v. pour out; donate
skenkur m. sideboard, buffet
skens n. taunt, raillery
skensa vt. taunt, tease
skepna f. creature; beast, brute
skepnufóður n. fodder, forage, provender
skepnulegur adj. beastly
skepnuskapur m. beastliness; bestiality
skeppa f. bushel (Br. 36,37 l., Am. 35,24 l.)
sker n. rock, skerry
skera vt. cut, slice
skera í sundur vt. cut in two; dissect
skera niður vt. slice; reduce; slaughter
skera upp v. operate on; reap, harvest
skera út v. carve, whittle
skerandi adj. piercing, high-pitched, shrill
skerast vi. intersect, cross
skerast í leikinn v. intervene, step in
skerbjögun f. shear strain
skerða vt. reduce, curtail, diminish
skerðing f. reduction, curtailment, cut
skerfur m. contribution; share, part
skeri m. cutter
skermur m. screen; (lamp)shade
skerpa f. acuteness, acumen; vigour
skerpa vt. sharpen, whet; increase
skerpustillir m. contrast control
skerspenna f. shear stress
skessa f. giantess, ogress
skessubragð n. somersault throw (in wrestling)

skessuketill m. pothole
skessutak n. side-drop (in wrestling)
skeyta saman vt. join, assemble; splice
skeyti n. telegram; missile
skeytingarlaus adj. careless; indifferent
skeytingarleysi f. indifference, disregard
skiki m. strip, patch (of land)
skikka til vt. set to do, set a task
skikkja f. robe, gown, mantle
skil n.pl. division, boundary
skila vt. give back, return
skilaboð n.pl. message
skilagrein f. statement (of accounts)
skildagi m. condition, stipulation
skildingur m. shilling (= 1/20 of £1)
skilgetinn adj. (of a child) legitimate
skilgreina vt. define
skilgreining f. definition
skilja v. understand; separate; divorce
skilja á milli vt. distinguish, differentiate
skilja eftir vt. leave behind
skilja í sundur vt. take apart; disunite
skilja undan vt. make an exception of
skilja við vi. depart, die
skiljanlegur adj. intelligible, understandable
skiljast vt. understand
skiljast að vi. separate, part
skilmáli m. term, condition, stipulation
skilmerkilegur adj. understandable, clear-cut
skilnaðarkveðja f. valediction
skilnaðarskál f. parting cup
skilnaður m. separation, parting; divorce
skilningarvit n.pl. sense organs
skilningsgeta f. capacity for learning
skilningsgóður adj. intelligent, quick
skilningsleysi n. incomprehension
skilningsríkur adj. understanding, sympathetic
skilningssljór adj. dull, purblind, stupid
skilningur m. understanding; meaning, sense
skilorðsbundinn adj. conditional
skilorðsdómur m. probation, suspended sentence
skilorðsfangi m. probationer
skilríki n.pl. identity papers
skilrúm n. partition; bulkhead
skilti n. sign

skilveggur m. party wall, partition
skilvinda f. centrifuge, separator
skilvirkur adj. effective, efficient
skilvitlegur adj. cognitive
skilvís adj. trustworthy
skilyrði n. condition, provision
skilyrðislaus adj. unconditional, absolute
skilyrðissetning f. conditional clause
skilyrtur adj. conditional
skima v. look out (for); (of a camera) pan
skin n. shine, brightness, luminosity
skinhelgi f. sanctimoniousness, pharisaism
skinhelgur adj. sanctimonious, pharisaic(al)
skinhoraður adj. skinny, emaciated
skinka f. ham
skinkusneið f. rasher
skinn n. skin, hide; fur
skinna f. washer
skinnasali m. furrier
skinnband n. leather binding
skinnbók f. vellum, parchment
skinnhandrit n. vellum, parchment
skip n. ship, boat, vessel
skipa vt. order, command
skipa fyrir vt. give an order, boss about/around
skipa niður vt. arrange, organize
skipa upp vt. unload, discharge
skipa út vt. put on board
skipaafgreiðsla f. shipping office
skipaeigandi m. shipowner
skipafélag n. shipping line
skipaflutningar m.pl. shipping
skipakví f. dock
skipalest f. convoy (of ships)
skipalægi n. anchorage, harbourage
skipamiðlari m. shipbroker
skipan f. order, arrangement
skipaskurður m. (ship) canal, seaway
skipasmiður m. shipbuilder, shipwright
skipasmíðastöð f. shipyard, dockyard
skipasmíði f. shipbuilding
skipastóll m. merchant fleet; tonnage
skipaumferð f. waterborne traffic
skipaútgerð f. shipping (company)
skipaverkfræði f. marine engineering
skipbrot n. shipwreck
skipbrotsmaður m. castaway
skipgengur adj. navigable

skipherra m. captain, commodore
skipsbátur m. cutter, pinnace, tender, dinghy
skipsfarmur m. shipload
skipsfélagi m. shipmate
skipsfjöl f. shipboard; **stíga á s.** go on board
skipshöfn f. crew (of a ship)
skipskæna f. jolly boat
skipstapi m. shipwreck
skipstjóri m. captain, skipper, master mariner
skipstjórnarréttindi n.pl. master's certificate
skipstökulaun n.pl. prize money
skipsþerna f. stewardess
skipta vt. divide; share out; change
skipta sér af vt. interfere, mess with, butt in
skipta um vt. change, replace
skipta við vt. do business with
skiptaforstjóri m. liquidator, executor
skiptamál n. probate case
skiptameðferð f. receivership
skiptanlegur adj. divisible, exchangeable
skiptaráðandi m. administrator, executor
skiptaréttur m. probate court, court of bankruptcy
skiptast á vt. exchange, swap; take turns at
skipti n. (ex)change; time; **til skiptis** by turns
skiptiborð n. switchboard, telephone exchange
skiptihnappur m. shift key
skiptilás m. shift lock, caps lock
skiptilykill m. (monkey) wrench
skiptimiði m. transfer (ticket)
skiptimynt f. (small) change, coins
skiptinemi m. exchange student
skipting f. division; parting
skiptirofi m. change-over switch
skiptispor n.pl. points (on a railway)
skipulag n. organization; plan; design
skipulagður adj. organized, orderly
skipulagning f. organization, planning
skipulagsbreyting f. organizational change
skipulagslaus adj. disorganized, chaotic
skipulagsleysi n. disorganization

skipulagsskrá f. charter
skipuleggja vt. organize, plan
skipuleggjandi m. organizer, planner
skipulegur adj. orderly, systematic, businesslike
skipun f. order, command; arrangement; appointment
skipverji m. crew member
skirrast við vt. shrink from
skissa f. sketch
skita f. diarrhoea
skitna v. become dirty
skitna út v. get dirty
skíðabraut f. ski run
skíðabrekka f. ski slope
skíðabuxur f.pl. ski pants
skíðaferð f. skiing trip, ski tour
skíðaflugvél f. ski plane
skíðafæri n. skiing conditions
skíðalyfta f. ski lift
skíðamaður m. skier
skíðaskáli m. skiing lodge
skíðaskór m. ski boot
skíðastafur m. ski stick, (Am.) ski pole
skíðastökk n. ski jump
skíðastökkspallur m. ski slide
skíðgarður m. stockade, hoarding
skíði n. ski; baleen
skíðishvalur m. whalebone whale
skífa f. dial; disc, (Am.) disk
skífurit n. pie chart
skíma f. glimmer, gleam
skína vi. shine, gleam
skínandi adj. shining, glossy, radiant
skíra vt. baptize, christen; purify
skíragull n. pure gold
skírdagur m. Maundy Thursday, Holy Thursday
skíri n. shire
skírlífi n. chastity, virtue
skírlífisbrot n. fornication
skírlífur adj. chaste, virtuous
skírn f. baptism, christening
skírnarfontur m. (baptismal) font
skírnarnafn n. Christian name, first name
skírnarvottorð n. certificate of baptism
skírnarvottur m. godparent
skírskota til vt. refer to; appeal to
skírskotun f. reference; appeal
skírteini n. certificate, diploma; voucher

skíta vi. shit, crap
skíta út vt. make dirty, smear; run down
skítabrúnn adj. muddy brown
skítblankur adj. stony broke
skítbretti n. mudguard
skíthæll m. vermin, turd, (Am.) heel
skítkast n. mudslinging, slanging match
skítsama : vera s. not care a fig, give a damn
skítugur adj. dirty, filthy, grimy
skítur m. dirt, filth; shit, excrement
skjal n. document, deed
skjalafalsari m. forger of documents
skjalamappa f. dossier, portfolio
skjalapappír m. legal bond (paper)
skjalaritari m. draughtsman, draftsman
skjalasafn n. archives
skjalaskápur m. filing cabinet
skjalataska f. briefcase, attaché case
skjalavistun f. filing
skjalavörður m. filing clerk, archivist
skjalaþýðandi m. state-registered translator
skjaldarmerki n. coat of arms
skjaldarmerkjafræði f. heraldry, blazonry
skjaldbaka f. tortoise, turtle
skjaldflétta f. nasturtium
skjaldkirtill m. thyroid (gland)
skjaldkirtilsauki m. goitre
skjaldlaga adj. (of leaves) peltate
skjaldlús f. scale insect
skjalfestur adj. on record, documentary
skjall n. flattery, compliment
skjalla vt. flatter, adulate
skjatti m. sac
skjádeiling f. split screen
skjágluggi m. viewport
skjálfa vi. shake; shiver; tremble
skjálfandi adj. shaky, shivery, tremulous
skjálftamiðja f. epicentre
skjálfti m. shaking, shiver, tremor, quake
skjár m. screen, display device; window
skjástöð f. video/visual display terminal
skjátlast vi. be mistaken, err
skjáver n. terminal room
skjóða f. bag, pouch
skjól n. shelter, cover; protection
skjóla f. bucket, pail
skjólbelti n. windbreak
skjólgóður adj. (of clothing) warm
skjólleysi n. exposure
skjólstæðingur m. client; protégé
skjór m. magpie
skjóta vt. shoot; fire (a gun)
skjóta inn vt. interject; insert
skjóta til vt. relegate to
skjóta undan vt. put away, hide
skjótast vi. hurry, rush, dart
skjótlega adv. quickly
skjótleiki m. quickness, hastiness
skjótráður adj. quick-witted
skjótt adv. soon, promptly
skjóttur adj. (of horses) piebald, skewbald
skjótur adj. quick, swift, speedy
skjögra vi. stagger, stumble, falter
skjögur n. stagger, shamble, vacillation
skjöldóttur adj. (of cattle) mottled, spotted
skjöldur m. shield
skoða vt. take a look at; examine
skoða sig um v. take a look around
skoðanafrelsi n. freedom of opinion
skoðanakönnun f. (public) opinion poll, opinion survey
skoðanamunur m. difference of opinion
skoðanaskipti n.pl. exchange of points of view
skoðun f. opinion; examination
skoðunarferð f. sightseeing tour; field trip
skoðunarlæknir m. medical examiner
skoðunarmaður m. surveyor
skoðunarvottorð n. certificate of inspection, (Br.) M.O.T.
skokk n. trot; jogging
skokka vi. trot; jog
skokkur m. pinafore dress
skola vt. rinse, wash
skola niður vt. wash down, swallow
skollaber n. dogwood
skollaleikur m. blind man's buff; monkey business
skollaþvengur m. sea lace
skolli m. devil
skolp n. sewage; dishwater
skolpleiðsla f. waste/drain pipe
skolpræsi n. sewer, drain
skolskál f. bidet
skoltur m. jaw-bone, chop
skolun f. rinse

skondinn adj. quaint, amusing
skonnorta f. schooner, fore-and-aft rig
skonrok n. ship/pilot biscuit, hard tack
skonsa f. cubbyhole; scone, crumpet
skop n. humour, ridicule
skopast að vt. make fun of, scoff, deride
skopatriði n. skit
skoplegur adj. comical, funny, amusing
skopleikur m. comedy
skopmynd f. caricature; cartoon
skopmyndateiknari m. caricaturist; cartoonist
skoppa v. skip, bounce; spin like a top
skopparakringla f. spinning top, peg top
skopskyn n. sense of humour
skopstæla vt. parody, spoof
skopstæling f. parody, travesty
skor f. score (20); department
skora f. nick, notch, groove
skora v. (gain points) score
skora á vt. challenge, dare, exhort
skora á hólm vt. challenge to a duel
skorast undan vt. decline, excuse oneself from
skordýr n. insect
skordýraeitur n. insecticide
skordýrafræði f. entomology
skordýrafræðingur m. entomologist
skordýrafæla f. insect repellent
skordýraæta f. insectivore
skorða f. prop; vt. prop, shore up
skorinorður adj. outspoken, blunt
skorkvikindi n. insect
skorningur m. gully; rut
skorpa f. crust; burst of work
skorpinn adj. shrivelled, wizened
skorpna vi. shrivel up, wither
skorpulifur f. cirrhosis
skorpuútbrot n.pl. psoriasis
skorsteinn m. chimney(stack)
skorta vt. lack, want
skortíta f. bug
skortur m. lack, shortage, privation
skosk húfa f. glengarry
skosk voð f. plaid
skoska f. Scottish, Scots (language)
skoskt slátur n. haggis
skoskt viskí n. Scotch (whiskey)
skoskur adj. Scottish, Scots; Scotch
skoskur rottuhundur m. Scottish terrier

skoskur ræll m. Highland fling
skoskur ullardúkur m. tartan
skot n. shot; bullet; corner, nook
skotapils n. kilt
skotbaðmull f. gun cotton
skotbakki m. shooting gallery
skotbardagi m. gunfight
skotbyrgi n. bunker, dugout
skoteldur m. firework
skotfimi f. marksmanship
skotfimur maður m. marksman, sharpshooter
skotflaug f. ballistic missile
skotfæri n. range, gunshot; n.pl. ammunition
skotgat f. loophole
skotgeta f. firepower
skotglaður adj. trigger-happy
skotgröf f. trench
skotheldur adj. shotproof, bulletproof
skothríð f. gunfire, fusillade, salvo
skothylki n. cartridge
Skoti m. Scotchman, Scot
skotinn : vera s. í have a crush on
Skotland n. Scotland
skotliði m. musketeer
skotlína f. line of fire
skotmark n. target; **auðvelt s.** sitting duck
skotmál n. (rifle) range
skotpallur m. launching pad
skotrauf f. embrasure; porthole
skotsár n. gunshot wound
skotsilfur n. pocket money
skotskífa f. target
skotspónn m. target; subject (of ridicule); **frétta það á skotspónum** hear it on the grapevine
skotsvæði n. launching site
skott n. tail, boot (of a car)
skottulækningar f.pl. charlatanism, quackery
skottulæknir m. charlatan, quack
skotturn m. turret
skotveiðikofi m. shooting lodge/box
skotvopn n. firearm
skotvopnafræði f. ballistics
skotæfingasalur m. shooting gallery
skotæfingasvæði n. rifle range
skóáburður m. shoepolish
skóburstari m. shoeblack, bootblack

skóbursti m. shoe brush
skóbúð f. shoeshop
skóf f. lichen
skófatnaður m. footwear
skófla f. shovel, spade
skógarbúi m. woodsman
skógarhænsni n. grouse
skógarhögg n. felling (of trees), logging
skógarhöggsmaður m. logger, lumberjack, woodsman
skógarlaukur m. rocambole
skógarlilja f. (flower) robin
skógarmörður m. pine marten
skógarrjóður n. clearing, glade
skógarsnípa f. woodcock
skógarsóley f. anemone, pasqueflower
skógarvörður m. forest warden, forester
skógarþröstur m. redwing
skógarþykkni n. thicket
skóglendi n. woodland
skógrækt f. forestry; reforestation
skógræktarmaður m. forester
skógræktarsvæði n. plantation
skógur m. forest, wood; **skógi vaxinn** forested
skóhlífar f.pl. overshoes, galoshes
skóhorn n. shoehorn
skólaár n. school year
skólabarn n. school child
skólabíll m. school bus
skólabók f. schoolbook
skólabókardæmi n. object lesson
skólabróðir m. (male) schoolmate
skólabygging f. schoolhouse
skólaferðalag n. field trip
skólafélagi m. schoolmate, schoolfellow
skólafrí n. school holiday
skólaganga f. school attendance
skólagjald n. school fees
skólahús n. schoolhouse
skólalið n. school team
skólalóð f. school premises
skólamál n.pl. educational matters
skólameistari m. principal; headmaster
skólanefnd f. school board
skólapiltur m. schoolboy
skólasetning f. school opening (ceremony)
skólaskylda f. compulsory education
skólaslit n.pl. end of term

skólaspeki f. scholasticism
skólaspekingur m. schoolman
skólastjórastaða f. principalship
skólastjóri m. principal; headmaster
skólastjórn f. governing body (of a school)
skólastofa f. classroom
skólastúlka f. schoolgirl
skólasystir f. (female) schoolmate
skólatafla f. blackboard
skólataska f. schoolbag, school satchel
skólauppsögn f. end-of-term celebration
skóleistur m. last
skóli m. school
skólp n. dishwater; slop
skór m. shoe
skóreim f. shoelace, (Am.) shoestring
skósíður adj. (of a garment) full-length
skósmiður m. shoemaker, cobbler
skósmíði f. shoemaking
skósóli m. sole (of a shoe)
skósveinn m. lackey, minion
skósverta f. shoepolish, blacking
skótau n. footwear
skóþvengur m. shoelace, (Am.) shoestring
skraddari m. tailor
skraf n. small talk, chitchat
skrafa vi. chat, natter, twitter
skrafhreifinn adj. chatty, communicative
skrafskjóða f. chatterbox, babbler
skran n. rubbish, junk
skransafnari m. scavenger
skransali m. ragman
skrapa vt. scrape
skrapatól n. has-been
skratti m. devil
skrattinn m. Old Nick, Old Harry
skraufþurr adj. bone-dry
skraut n. ornament, decoration
skrautblómarækt f. floriculture
skrautbóla f. stud
skrautfjöður f. plume
skrauthlið n. portal
skrauthné n. console
skrauthúðun f. incrustation (of jewels)
skrauthverfur adj. euphemistic
skrauthvörf n.pl. euphemism
skrautlegur adj. decorative; colourful, showy
skrautlisti m. moulding, (Am.) molding

skrautmunur m. ornament
skrautpunktur m. wood millet
skrautritari m. calligrapher
skrautritun f. calligraphy
skrautræma f. frieze (along a wall)
skrautrönd f. piping (on a cake)
skrá f. door lock; catalogue, list; file
skrá inn/út v. check in/out
skrá sig v. enrol, sign on
skráargat n. keyhole
skráma f. scratch; vt. scratch, scrape
skráning f. registration; check-in
skráningarnúmer n. registration number (of a car)
skráningarskírteini n. registration book (of a car)
skráningarskrifstofa f. register/registry office
skráningartími m. check-in time
skrápdýr n. echinoderm
skrársnið n. file layout
skrásetja vt. register; record
skrásetjari m. registrar; recorder
skrásetning f. registration
skráveifa f. mischief; scarecrow
skráþurr adj. bone-dry
skref n. (foot)step
skrefbót f. crutch, crotch, gusset
skrefmælir m. pedometer
skreið f. stockfish
skreiðast vi. drag oneself on, slither
skrekkur m. scare; **sleppa með skrekkinn** get off/escape scotfree
skrensa vi. skid
skreppa saman vi. shrink
skreppa (yfir í) vi. pop (over to)
skreppuhjól n. ratchet wheel
skreyta vt. decorate, adorn
skreyting f. decoration, adornment
skreytinn adj. untruthful
skreytistíll m. euphuism
skreytni f. embellishment, exaggeration
skrið n. crawling; movement
skriða f. landslide, avalanche
skriðbuxur f.pl. rompers
skriðdrekasveit f. panzer division
skriðdreki m. tank
skriðdýr n. reptile
skriðdýrafræði f. herpetology
skriðföt n.pl. playsuit

skriðjurt f. creeper
skriðjökull m. glacier (tongue), icefall
skriðsund n. crawl
skriðuhlaup n. landslide
skriðþungi m. momentum
skrif n.pl. writings
skrifa v. write
skrifa hjá sér vt. make a note of
skrifa undir vt. sign
skrifa utan á vt. address (a letter)
skrifaður adj. written
skrifari m. scribe
skrifast á við vt. correspond with
skrifblokk f. writing pad
skrifborð n. desk
skrifbretti n. clipboard
skriffinnska f. bureaucracy, red tape
skriffinnskutíll m. gobbledygook
skriffinnur m. bureaucrat
skriffæri n.pl. writing utensils
skriffföng n.pl. stationery
skrifkrampi m. writer's cramp
skriflega adv. in writing
skriflegt umboð n. written authorization
skriflegur adj. written
skriflegur samningur m. written contract
skrifletur n. script
skrifli n. piece of junk, carcass
skrifpappír m. writing paper, notepaper
skrifræði n. bureaucracy
skrifstofa f. office
skrifstofublók f. pen pusher
skrifstofubygging f. office block
skrifstofumaður m. office worker, clerk
skrifstofustjóri m. office manager
skrifstofustjórnun f. office management
skrifstofutími m. office hours
skrifstofuveldi n. bureaucracy
skrifstofuvinna f. paperwork
skrift f. handwriting, penmanship
skrifta v. confess
skriftabarn n. penitent
skriftaprestur m. confessor
skriftastóll m. confessional
skriftir f.pl. confession; paperwork
skrika vi. slip, slide
skrikkraftur m. skidding force
skrikvörn f. skid control
skrimta vi. subsist, scrape through a living
skringilegur adj. queer; funny, droll

skríða vi. creep, crawl
skríða fyrir vt. cringe, grovel, truckle to
skríða saman vi. recover
skríkja vi. giggle, titter, chortle
skríll m. mob, rabble, riffraff
skrílsháttur m. plebeianism
skrímsli n. monster
skrín n. casket, coffer, box
skrípablað n. comics, (Am.) comic book
skrípaleikur m. farce, burlesque
skrípalæti n.pl. buffoonery, antics
skrípamynd f. caricature
skrípi n. monster; strange figure
skrítinn adj. strange, funny, peculiar, odd
skrítla f. joke
skrjáf n. rustle
skrjáfa vi. rustle
skrjóður m. jalopy, (Am.) flivver
skrofa f. manx shearwater
skrokkur m. body; hull
skróp n. truancy, absenteeism
skrópa vi. play truant, (Am.) play hooky
skrópari m. truant, shirker, malingerer
skrópfarþegi m. no-show passenger
skrudda f. old book
skruðningur m. rumble, din
skrugga f. thunderclap
skrum n. boasting, rodomontade
skruma vi. boast, brag
skrumauglýsing f. blurb
skrumskæla vt. parody
skrumskæla sig v. make a face
skrumskæling f. parody
skrun n. scrolling
skruna vi. scroll
skrúbba vt. scrub
skrúbbur m. scrubbing brush
skrúð n. decoration, ornamentation
skrúðfylking f. cavalcade
skrúðganga f. procession, parade, pageant
skrúðgarður m. flower garden
skrúðgarðyrkja f. landscape gardening
skrúðhús n. sacristy, vestry
skrúðhúsvörður m. sacristan
skrúði m. regalia, panoply, livery
skrúðmáll adj. magniloquent, grandiloquent
skrúðmælgi f. magniloquence, grandiloquence
skrúfa f. screw; propeller; v. screw
skrúfa frá v. turn on, open
skrúfa fyrir v. turn off, close
skrúfblýantur m. propelling pencil
skrúfbolti m. bolt
skrúfgangur m. thread (of a screw)
skrúfjárn n. screwdriver
skrúfklemma f. clamp
skrúflína f. helix
skrúflínulaga adj. helical
skrúflykill m. spanner, (Am.) wrench
skrúfstykki n. vice
skrúfuhverfill m. turboprop
skrúfuþota f. turbojet, propjet
skrykkjóttur adj. twisty; jerky
skrýða vt. decorate; robe
skrýtinn adj. strange, funny, peculiar, odd
skrýtla f. joke
skræfa f. coward, chicken
skrækja vi. screech, shriek
skræklóa f. killdeer
skrækskaði m. jay
skrækur m. screech, shriek; adj. shrill
skræla vt. peel, skin
skrælingi m. barbarian
skrælingjaháttur m. barbarism
skrælna vi. shrivel, parch, scorch
skræpóttur adj. motley, gaudy
skrök n. lie, fib
skröksaga f. lie, fairy-tale
skrökva vi. lie, fib
skrölt n. rattle, clatter, clank
skrölta vi. rattle, jangle, lumber
skröltormur m. rattlesnake, (Am.) rattler
skröltvagn m. rattletrap
skrönglast vi. jolt, slither
skuggahlið f. seamy side; drawback
skuggahverfi n. slum, (Am.) skid row
skuggalegur adj. dark, shady; sinister, uncanny
skuggamynd f. silhouette; slide
skuggamyndaplata f. lanternslide
skuggamyndavél f. slide projector
skuggaráðuneyti n. shadow cabinet
skuggastafagluggi m. liquid crystal display
skuggi m. shadow, shade
skuggsæll adj. shadowy
skuld f. debt

skulda v. owe
skuldaábyrgð f. debt guarantee
skuldabréf n. bond, debenture
skuldabréfahafi m. bondholder
skuldabréfaútboð n. bond offering
skuldabréfavextir n.pl. bond interest
skuldainnheimta f. debt collection
skuldajöfnun f. liquidation, debt equalization
skuldareigandi m. creditor
skuldarviðurkenning f. promissory note, IOU (I owe you)
skuldaskil n.pl. debt settlement
skuldastaða f. debt position
skuldastýring f. debt management
skuldasöfnun f. debt accumulation
skuldaþol n. debt capacity
skuldbinda vt. oblige, obligate
skuldbinda sig v. commit oneself
skuldbindandi adj. promissory, binding
skuldbinding f. obligation; commitment
skuldbundinn adj. indebted; beholden
skuldfæra vt. debit
skuldfærsla f. debit (entry)
skuldugur adj. in debt, indebted
skuldum hlaðinn adj. debt-ridden
skuldunautur m. debtor
skulu v. shall, will; **ég skal** I shall
skunda vi. hurry, rush, hotfoot
skunda af stað vi. sally forth/out
skunkur m. skunk
skupla f. scarf
skurðaðgerð f. operation, operative treatment
skurðarborð n. operating table
skurðbretti n. cutting-board
skurðflötur m. section
skurðgoð n. idol, fetish
skurðgoðadýrkandi m. idolater; idolatress
skurðgoðadýrkun f. idolatry, fetishism
skurðgrafa f. excavator, power shovel
skurðgröftur m. ditch-digging
skurðhnífur m. scalpel
skurðlækningar f.pl. surgery
skurðlæknir m. surgeon
skurðpunktur m. (point of) intersection
skurðstofa f. operating theatre
skurðtækur adj. operable
skurður m. ditch, canal; cut; incision

skurfa f. scurf
skurn f. eggshell
skussabragð n. side-whirl (in wrestling)
skussi m. blunderer, good-for-nothing
skutbíll m. estate car, (Am.) station wagon
skutla f. shuttle; airbus; chick
skutla vt. throw; harpoon; give a ride
skutluþjónusta f. shuttle service
skuttogari m. stern trawler
skutull m. harpoon
skutulönd f. pochard
skutur m. stern
skúfbylgja f. shear wave
skúffa f. drawer
skúffaður adj. disappointed
skúfgras n. (Scripus) bulrush
skúfspenna f. shear stress
skúfun f. shear strain
skúfur m. tassel, tuft
skúfönd f. tufted duck
skúmur m. great skua
skúr f. shower (of rain)
skúr m. shed
skúra v. scrub, scour
skúraský n. cumulonimbus
skúring f. scrub, scour
skúringakona f. charwoman
skúrkur m. villain, rogue
skúti m. small cave
skvaldra vi. prattle, chatter
skvaldrari m. prattler, magpie
skvaldur n. babble of voices
skvampa vi. splash, plash, plop
skvap n. flab
skvapholda adj. flabby
skvetta f. splash, dash, dollop
skvetta vt. splash, slosh, slop
skvísa f. bird, chick, dish, piece of crumpet
skyggja v. darken, become dark; shadow, shade
skyggja á vt. obscure; overshadow, outshine
skyggn adj. clairvoyant, second-sighted
skyggnast um vi. take a look around, peer
skyggni f. clairvoyance, prescience
skyggni n. visibility; visor; porch house
skyggnukíkir m. viewer
skyggnuvél f. slide projector

skylda f. duty, obligation; vt. oblige
skyldfólk n. relatives, relations
skyldleiki m. kinship, relationship, affinity
skyldmenni n. relative, relation
skyldu- comb. compulsory, mandatory
skyldugur adj. obliged; obligatory
skyldulið n. family, kindred
skyldunám n. compulsory education
skyldur adj. related; obliged
skyldurækinn adj. conscientious, dutiful
skyldurækni f. conscientiousness, dutifulness
skyldustarf f. stint (of work)
skyldutrygging f. mandatory insurance
skylmast vi. fence
skylmingamaður m. fencer, swordsman
skylmingar f.pl. fencing, swordplay
skylmingasverð n. rapier, épée
skylmingaþræll m. gladiator
skyn n. sense; understanding; knowledge
skyndi- comb. sudden, instant, crash, snap
skyndiárás f. raid, blitz, swoop
skyndiárásarsveit f. commando
skyndibitastaður m. snack bar, fast-food eating place, (Am.) fast-food restaurant
skyndihjálp f. first aid
skyndihvöt f. impulse
skyndilega adv. suddenly, abruptly
skyndilegur adj. sudden, abrupt
skyndimynd f. snapshot
skynding f. hastiness, promptness
skyndipróf n. quiz
skynfæri n. sense organ, senses
skynja vt. sense, perceive; understand
skynjanlegur adj. sensible, perceptible
skynjari m. sensor, detector
skynjun f. perception, sensation
skynlaus adj. insensate, brute
skynnæmi n. percipience
skynrænn adj. sensuous
skynsamlegur adj. sensible, reasonable, wise
skynsamur adj. sensible, intelligent, bright
skynsemi f. sense, reason; intelligence
skynsemishyggja f. rationalism
skynsemishyggjumaður m. rationalist
skyntaug f. sensory nerve

skynvilla f. hallucination; illusion
skynvilluvaldandi adj. hallucinogenic
skynörvandi adj. psychedelic
skyr n. milk curds
skyrbjúgur m. scurvy
skyrhákarl m. white shark meat
skyrpa v. spit
skyrta f. shirt
skyrtublússa f. shirtwaister, (Am.) shirtwaist
skyrtubrjóst n. shirtfront
skyrtuermi f. shirtsleeve
skyrtukragi m. neckband
skyrtulaf n. shirt-tail
skyssa f. blunder, boob, slip-up
skytta f. marksman; shuttle (in a loom)
ský n. cloud
skýfall n. cloudburst
skýhnoðri m. cloudlet
skýjaborgir f.pl. castles in the air
skýjabólstur m. cloud bank
skýjaður adj. cloudy, overcast
skýjaglópur m. dreamer, visionary
skýjagöndull m. rotor cloud
skýjakljúfur m. skyscraper
skýjalaus adj. cloudless, unclouded
skýjarek n. cloud rack
skýjasöllun f. cloud seeding
skýjaþykkni n. overcast
skýla f. swimming trunks; headscarf
skýla vt. shelter; protect, shield
skýli n. shelter; shed
skýlissvalir f.pl. loggia
skýluklútur m. headscarf; bandanna
skýr adj. clear; plain; bright, smart
skýra vt. explain, clarify, elucidate
skýra frá vt. give an account of, describe
skýranlegur adj. explicable, accountable
skýring f. explanation; definition
skýringarmynd f. (explanatory) diagram, figure
skýringarsetning f. explanatory clause
skýringartenging f. explanatory conjunction
skýringartexti m. legend
skýrmæltur adj. articulate
skýrsla f. report, account
skýrslutaka f. debriefing
skýstrokkur m. tornado, (Am) twister
skýstrókur m. tornado, waterspout

skæður adj. harmful, virulent; forceful
skækja f. prostitute, harlot, drab
skækjulifnaður m. prostitution, harlotry
skæla vi. cry, weep, bawl
skæla sig v. pull faces
skælbrosa vi. grin, smirk
skældur adj. awry; distorted
skæni n. membrane
skær adj. bright, shining, lucid
skæra f. skirmish
skæratak n. snip
skæri n.pl. (pair of) scissors
skæruhernaður m. guerilla warfare
skæruliði m. guerilla, partisan
skætingur m. backchat,
(Am.) back talk, sass
sköflungur m. shin(bone), tibia
skögultanni m. mastodon
skögultönn f. bucktooth, tusk
sköllóttur adj. bald
skömm f. shame, disgrace
skömmóttur adj. abusive, shrewish
skömmtun f. rationing
skömmtunarmiði m. coupon
skömmustulegur adj. shamefaced, ashamed
sköp n.pl. fate, destiny; private parts
sköpulag n. shape, form, build, figure
sköpun f. creation, making
sköpunargáfa f. creativity
sköpunarsaga f. Genesis
sköpunarverk n. creation
skör f. edge; **láta til skarar skríða (gegn)** take action, strike, crack down (on)
skörðóttur adj. jagged; serrated
skörulegur adj. energetic; emphatic
skörun f. overlap
skörungsskapur m. nobleness; vigour
skörungur m. poker; energetic person, hero
sköttun f. taxation
skötuselur m. anglerfish, monkfish
slabb n. slush
Slafi m. Slav
slafneskur adj. Slav(ic), Slavonic
slafra v. slurp
slag n. blow; stroke, apoplexy; **alls slags** all kinds of; **á slaginu** on the dot
slaga vi. stagger, reel, lurch
slagari m. pop song
slagbrandur m. bolt, bar
slaghamar m. sledgehammer
slagharpa f. piano(forte)
slagi m. damp(ness)
slagklukka f. repeating watch, repeater
slagkraftur m. forcefulness, punch
slagorð n. slogan, catchword
slagsmál n.pl. fight, brawl, fray, set-to
slagssíða : fá slagsíðu begin to list
slagstjarna f. pulsar
slagtog : vera í slagtogi með knock about/around with
slagur m. fight, scuffle; trick (at cards)
slagúr n. repeating watch, repeater
slagveður n. rainstorm
slagverkshljóðfæri n. percussion instrument
slagverksleikari m. percussionist
slagæð f. artery
slagæðlingur m. arteriole
slaka v. slack(en), ease; pass
slaka á v. ease, loosen; relax
slaka til v. make concessions, compromise
slaka út v. pay out
slaki m. slack
slakna vi. become slack, slacken
slakur adj. slack; poor, inadequate
slampast á vt. stumble across
slampast áfram vi. muddle along
slanga f. snake; hose(pipe)
slangra vi. stroll; stagger
slangur n. slang; scattering, sprinkling
slangurkenndur adj. slangy
slangurrím n. rhyming slang
slanguryrði n. slang word
slapa vi. (of ears) lop
slapahattur m. slouch hat
slapandi adj. floppy
slapeyrður adj. lop-eared
slappa af vi. relax, unbend, unwind
slappleiki m. indisposition; limpness
slappur adj. indisposed, poorly; weak, limp
slark n. revelry; rough trip
slarka vi. revel
slarkari m. reveller, roué
slarkfenginn adj. bacchanalian
slarkfær adj. satisfactory

slasa vt. injure, hurt
slasast vt. be injured
slatti m. batch, sprinkling
slaufa f. bow
slaufugatnamót n.pl. interchange, cloverleaf
slaufusvigi m. brace { }
slá f. bar, rail, bolt; poncho
slá v. strike, beat, hit; mow
slá af v. deduct; reduce; knock off
slá í gegn vi. break through, succeed
slá niður v. knock down; relapse
slá saman vt. combine
slá sér saman vi. band together
slá um (lán) vt. touch for (a loan)
slá út v. improve on, cap; blow out
slá út af laginu vt. throw off balance, stagger
sláandi adj. striking, arresting
slánalegur adj. gangling, weedy
sláni m. gangling fellow, weed
slást vi. fight
slást í för með v. join, string along with
slátra vt. slaughter, butcher
slátrari m. butcher, slaughterer
slátrun f. slaughter, butchery
sláttumaður m. mower, reaper
sláttur m. beat(ing); haymaking
sláttuvél f. mowing machine, mower
slátur n. innards, offal; blood sausage
sláturhús n. slaughterhouse, abattoir
sleðahundur m. husky
sleði m. sledge, sleigh, toboggan
slef n. salivation; saliva
slefa f. saliva, slobber; vi. salivate, dribble
slefberi m. scandalmonger, gossip
sleggja f. sledgehammer
sleggjudómur m. prejudgement
sleggjukast n. hammer throw
sleginn adj. stricken, smitten
sleif f. wooden spoon, paddle
sleifarlag n. slovenliness, sloppiness
sleikibrjóstsykur m. lollipop
sleikifingur m. index finger
sleikja f. lick; v. lick
sleikja sig upp við vt. suck up to
sleikja út um v. lick one's lips/chops
sleikjó n. lolly
sleikjubrjóstsykur m. lollipop
sleikjulegur adj. grovelling, obsequious

sleipur adj. slippery, slithery, slick
sleitulaust adv. uninterrupted
slembilukka f. stroke of luck
slembitala f. random number
slembiúrtak n. random sample
slemma f. slam (in cards)
slen n. languor, malaise
slengja vt. sling, slap, throw
slenja f. dragonfly
slepja f. slime; hypocrisy
slepjulegur adj. slimy
sleppa v. let go, release; omit; escape, get away
sleppa sér vi. blow one's top/stack, freak out
sletta f. splash; foreign word; v. splash
sletta sér fram í vt. butt in on
sletta úr klaufunum v. paint the town red
slettast vi. splash, spatter
slettireka f. busybody, meddler
slétta f. plain, prairie
slétta vt. level, smooth
sléttbakur m. Greenland/right whale
sléttleiki m. smoothness
sléttlendi n. plain, lowlands
sléttprjón n. garter stitch
sléttur adj. level, flat; smooth; equal, even
slétturúmfræði f. plane geometry
sléttuúlfur m. prairie wolf, coyote
sliga vt. overburden, overweight
sligast undan vt. break down from
slikja f. lustre, tinge
slikjusilki n. satin
slikk : fá fyrir s. buy dirt cheap; **láta fyrir s.** barter away
slinkur m. lurch
slippur m. shipyard, dockyard
sliskja f. skid
slit n. wear and tear; rupture; severance
slitgigt f. osteoarthritis
slitinn adj. worn out, threadbare
slitlag n. protective covering; paving
slitna vi. wear out; snap, tear, break
slitróttur adj. intermittent, discontinuous
slitur n. shred, fragment
slitþolinn adj. heavy-duty
slíðra vt. sheathe
slíður n. sheath, scabbard; holster

slíkur adj. such
slím n. slime, mucus
slímáll m. hagfish
slímhúð f. mucous membrane
slímhúðarþroti m. catarrh
slímkenndur adj. slimy, mucous
slípa vt. polish, grind; whet
slíta v. break, snap; wear (out); end
slítandi adj. backbreaking; nerve-racking
sljákka vi. calm down, relent
sljóeygður adj. bleary-eyed
sljóleiki m. dullness; bluntness
sljór adj. dull, apathetic; blunt; stupid
sljótt horn n. obtuse angle
sljóvga vt. blunt, dull; stupefy
sljóvgandi adj. lethargic
slokkna vi. (of fire) go out
slokknaður adj. (of fire) extinct
slokra v. slurp
slompaður adj. drunk, slewed
sloppur m. dressing gown; bathrobe
slota vi. subside, cease, let up
slóð f. track, path, trail
slóði m. path; deadbeat, lubber
slóðir f.pl. area; **á næstu slóðum** round (about)
slóg n. intestines (of fish)
slógdraga vt. gut (fish)
slór n. loafing, procrastination
slóra vi. loaf, loiter, tarry
slóreðla f. slowworn
slóttugur adj. cunning, crafty, sly, shifty
slubbulegur adj. sloppy
slugsari m. slacker
slumpur m. fairly large amount, chunk
slunginn adj. cunning, crafty, sly, shifty
slurkur m. swig
slúðra vi. gossip; drivel
slúður n. gossip; drivel
slúðurberi m. scandalmonger, telltale
slúðurdálkur m. gossip column
slúðurgjarn adj. gossipy
slúta yfir vi. (of a cliff) overhang
slydda f. sleet
slyngur adj. clever; skilful; astute
slyppur adj. empty-handed
slys n. accident
slysabætur f.pl. compensation
slysadeild f. casualty ward, (Am.) emergency ward

slysagjarn adj. accident-prone
slysalaust adv. scot-free
slysalegur adj. unlucky, accidental
slysatrygging f. accident insurance
slysavarðstofa f. casualty ward, (Am.) emergency ward
slysavarnafélag n. life saving association
slysavarnir f.pl. accident prevention
slysni f. misadventure, mishap; **af s.** by accident
slyttast vi. slouch, flop
slæða f. veil; scarf
slæða vt. drag, dredge
slæðingartæki n. grapnel, grappling hook/iron
slæðingur m. scattering, sprinkling
slægð f. cunning, craftiness, slyness
slægja vt. gut
slægjast eftir vt. seek/long for
slægur adj. cunning, crafty, artful
slægur hestur m. kicker
slæmur adj. bad, poor
slæpast vi. loaf, loiter, bum around/about
slæpingi m. idler, loafer, loiterer
slæpingjaháttur m. idleness, laziness
slæva vt. blunt, dull; stupefy
slökkva vt. put out, extinguish; switch off
slökkvari m. switch
slökkvibifreið f. fire engine
slökkvilið n. fire brigade, (Am.) fire department
slökkviliðsmaður m. fireman
slökkvistöð f. fire station
slökkvitæki n. fire extinguisher
slökun f. relaxation; détente
slökunarstefna (stórveldanna) f. détente
slönguhamur m. slough (of a snake)
slönguklemma f. hose clip
slöngulaus adj. (of tyres) tubeless
slöngulokkur m. ringlet
slöngutemjari m. snake charmer
slöngutengi n. hose connection
slöngva vt. sling, hurl, catapult
slöngvisæti n. ejector seat (in an aircraft)
slöngvivaður m. sling, lasso
slöttólfast vi. galumph
smakka v. taste
smala vt. gather; round up
smalamál n. assembly language

smalamennska f. round-up (of sheep)
smalastúlka f. shepherdess
smali m. shepherd
smaragður m. emerald
smart adj. stylish, trendy, chic
smá vt. disdain; disgrace, dishonour
smáatriði n. detail
smáauglýsing f. classified/small ad
smáálfur m. pixy
smábarn n. infant, toddler, tot
smábarnabeisli n. leading reins
smábarnalegur adj. infantile
smábarnaskór m. bootee
smábátahöfn f. marina
smábein n. ossicle
smáblaðra f. vesicle
smáblettur m. speckle, fleck
smáborgaralegur adj. bourgeois
smáborgari m. petty bourgeois
smábóndi m. smallholder, peasant, crofter
smábreyting f. modification
smábýli n. smallholding
smábændastétt f. peasantry
smábær m. one-horse town
smáböggull m. packet
smádót n. knick-knack, odds and ends
smádropi m. droplet, globule
smáeyja f. islet
smáfiskur m. fry, whitebait
smáfloti m. flotilla
smágat n. puncture
smágerður adj. fine, delicate
smágirni n. small intestine
smágrein f. twig, sprig
smágúrka f. gherkin
smáheimur m. microcosm
smáhestur m. pony
smáhirsla f. small box, tidy
smáhnúður m. nodule
smáhola f. pore
smáhópur m. bevy
smáhvíld f. breather
smáhæð f. hummock
smáiðnaður m. cottage industry
smákaka f. biscuit, (Am.) cookie
smákaupmaður m. retailer, shopkeeper
smáklípa f. dab
smákorn n. speck, granule
smákornóttur adj. globular
smákúla f. globule; pellet
smálamb n. lambkin
smálest f. metric ton
smáletur n. fine print
smálíkneski n. statuette
smám saman adv. bit by bit, gradually
smámaur m. mite
smámál n. pushover
smámenni n. small fry, nonentity
smáminnka vi. tail away/off, taper
smámolar m.pl. smithereens
smámunasamur adj. pedantic, finicky, fussy
smámunaseggur m. nitpicker, stickler
smámunasemi f. pedantry
smámunir m.pl. trifle, trivia, peanuts
smámynd f. miniature
smámæli n. lisp
smán f. disgrace, shame, dishonour
smána vt. disgrace, dishonour, degrade
smánarblettur m. smirch, tarnish, stigma
smánarlegur adj. shameful, disgraceful
smánaryrði n. insult, abuse
smáneisti m. sparkle
smáorð n. particle (in grammar)
smápakki m. packet
smápeningar m. small change
smár adj. small
smáramynstur n. trefoil (pattern)
smáréttur m. ramekin
smári m. clover; transistor; trefoil
smárifrildi n. slight quarrel, tiff
smáræði n. trifle, bagatelle, peppercorn
smásaga f. short story
smásagnahöfundur m. short story writer
smásala f. retail trade
smásali m. retail dealer, retailer
smásálarlegur adj. small-minded, petty, ungenerous
smásjá f. microscope
smásjóður m. petty cash
smáskak n. joggle
smáskammtalækningar f.pl. homoeopathy
smáskammtalæknir m. homoeopath
smáskammtur m. pinch, lick
smásmigill m. pedant, pedagogue
smásmugulegur adj. pedantic, petty, nitpicking
smásmygli f. pedantry, pettiness, punctilio

smásopi m. sip
smásteinn m. pebble
smástirni n. asteroid, minor planet; starlet
smástjarna f. starlet
smástreymi n. neap tide
smástund f. short while
smástykki n. scrap
smásynd f. peccadillo
smásær adj. microscopic
smásöluverð n. retail price
smásöluverslun f. retail trade; retail shop
smátækur adj. close-fisted, stingy
smátölva f. minicomputer
smáugla f. owlet
smáupphæð f. small amount, pittance
smávaxandi adj. cumulative
smávaxinn adj. small, puny, (of a woman) petite
smávegis adv. slightly, a little bit, a trifle
smávindill m. cheroot (cigar)
smávægilegur adj. minor, slight, insignificant
smávörur f.pl. small goods, (Am.) notions
smáyfirsjón f. peccadillo
smáþarmar m.pl. small intestine
smáþjóð f. small nation
smáþjófnaður m. petty larceny, pilferage
smáþjófur m. pilferer
smáþorp n. hamlet
smáþvottur m. smalls (for washing)
smáögn f. small portion
smeðjulegur adj. fawning, mealy-mouthed; unctuous
smekklaus adj. tasteless, indecent
smekklás m. latch
smekklegur adj. tasteful, in good taste
smekkleysi n. tastelessness, bad taste
smekkmaður m. connoisseur; gourmet
smekksatriði n. matter of opinion
smekksvunta f. pinafore, pinny
smekkur m. taste; bib, feeder
smekkvís adj. tasteful, aesthetic
smella f. press-stud, popper, (Am.) snap fastener
smella v. snap, smack; click
smellinn adj. funny, witty, nifty
smellur m. crack, click; smash hit, hit song
smelta vt. enamel, glaze
smergill m. emery
smetti n. mug, phizog
smeygja vt. slip, slide
smeygja sér undan vt. didge
smeykur adj. fearful; **hvergi s.** nothing daunted
smiðja f. forge, smithy; workshop
smiðjubelgur m. bellows
smiðjumór m. marl
smiðshögg n. copingstone, copestone
smiður m. carpenter; craftsman; constructor
smink n. greasepaint
smit n. infection; contagion
smita vt. infect
smitandi adj. infectious, contagious, catching
smitast af vt. catch
smithætta f. danger of infection/contagion
smitnæmi n. infectiousness
smitsjúkdómur m. infectious disease, contagion
smitun f. infection; contagion
smíð f. construction; structure
smíða vt. make, build, construct
smíðajárn n. wrought iron
smíðatól n.pl. tools
smíðavél f. machine tool
smíði f. handiwork, construction
smíðisgripur m. handiwork, artifact
smjaðra vt. flatter
smjaðra fyrir vt. suck up to, fawn (up)on
smjaðrari m. flatterer, groveller
smjaður n. flattery, adulation
smjaðurslegur adj. ingratiating
smjatt n. smack
smjatta v. smack (one's lips)
smjúga vi. slip
smjör n. butter
smjörbaun f. lima bean
smjörgras n. alpine bartsia
smjörhnífur m. spreader
smjörklípa f. pat/knob of butter
smjörlíki n. margarine
smjörpappír m. greaseproof paper
smokka v. slip
smokkfiskur m. cuttlefish, squid
smokkur m. condom, prophylactic; squid
smotterí n. trifle
smóking m. dinner jacket, (Am.) tuxedo

smuga f. narrow passage, chink; loophole
smurbrauð n. open sandwich
smurbyssa f. grease gun, lubricator
smurkanna f. oilcan, oiler
smurkoppur m. grease cup/nipple, zerk
smurning f. lubrication, oiling; unction
smurningskerfi n. lubrication system
smurningsolía f. lubricating oil, dope, lubricant
smurolía f. lubricating oil, dope, lubricant
smurostur m. processed cheese, cheese spread
smursprauta f. grease gun, lubricator
smygl n. smuggling; contraband
smygla vt. smuggle
smyglari m. smuggler
smyglvarningur m. contraband
smyrill m. merlin, (Am.) pigeon hawk
smyrja vt. lubricate, oil; butter; anoint
smyrjari m. oiler, lubricator
smyrlingur m. mummy
smyrsl n. salve, ointment
smyrslingur m. blunt gaper
smæð f. smallness; insignificance
smækka v. grow smaller; reduce
smækkun f. reduction
smækkunarorð n. diminutive (in grammar)
smækkunarviðskeyti n. diminutive suffix
smælingi m. insignificant person, pauper
smælki n. trifles; small potatoes
smökkun f. tasting, gustation
smölun f. gathering, round-up
snafs m. drink, snort, shot
snagatré n. clothes tree
snaggaralegur adj. quick, brisk, vigorous
snagi m. peg, hook, hanger
snakillska f. peevishness
snakk n. small talk, drivel
snakka vi. drool, drivel
snapa v. beg, sponge, (Am.) freeload
snapa saman vt. gather, collect
snapagestur m. hanger-on
snapi m. scrounger
snar adj. quick, fast; important
snara f. snare; noose; lasso
snara vt. snare; lasso; translate
snara út vt. pay out, plank down (money)

snarbrattur adj. precipitous, craggy
snarhrokkinn adj. frizzy
snari m. reamer; translating program(me)
snark n. crackle, sizzle, splutter
snarka vi. crackle, frizzle, sputter
snarl n. snack
snarlega adv. quickly, fast
snarpur adj. sharp; energetic; (of weather) brisk
snarráður adj. quick-witted
snarrótarpuntur m. tufted hairgrass
snarræði n. presence of mind
snarsnúast vi. whirl, twirl, reel
snarvitlaus adj. off one's rocker, raving mad
snarvölur m. tourniquet
snatt n. small errands
snattbíll m. run-about
snatur : í snatri in a hurry
snauður adj. poor, destitute
snauta burt vi. buzz off, scat
snautlegur adj. drab, dreary
snáði m. (a boy) shaver
snáfa burt vi. get lost
snákur m. snake, serpent, viper
snápur m. nosy parker
snefilefni n. trace element
snefill m. trace, grain, rap, iota, shred
sneið f. cut, segment; slice; taunt
sneiða vt. slice
sneiða að vt. insinuate
sneiða hjá vt. avoid, shun, bypass, sidestep
sneiðingur m. ramp
sneisafullur adj. brimful
snekkja f. yacht
snekkjudrif n. worm gear
snekkjusigling f. yachting
snemma adv. early
snepill m. scrap, snip; rag
snerill m. doorknob
snerpa f. swiftness, agility; pickup
snerta vt. touch; concern; move
snertiflötur m. area of contact
snertilinsa f. contact lens
snertill m. tangent
snertilægur adj. tangential
snertimark n. touchdown (in rugby)
snerting f. touch; contact
snertipunktur m. point of contact

snertirofi m. contact breakers
snertiskjár m. touch-sensitive screen
snertiskyn n. (sense of) touch
snertur m. trace, bit, touch
sneyða vt. deprive (of)
sneypa f. shame, disgrace
sneypa vt. scold, reprimand
sneyptur adj. shamefaced, abashed
sneypuför f. fiasco
sneypulegur adj. shamefaced, ashamed
snið n. form; cut (of clothes); pattern; section
sniðbrún f. bevel
sniðganga vt. avoid, shun, cold-shoulder
sniðgengi n. lateral/transform/wrench fault
sniðglíma f. cross buttock (trick in wrestling)
sniðill m. pruning knife
sniðmát n. mitre box; template
sniðstafur m. layout character
sniðugur adj. clever, funny, nifty, patent
snifsi n. scrap, snippet
snigilbor m. auger
snigildrif n. worm gear
snigill m. snail
sniglast vi. crawl, loiter
snikka vt. cut, prune
snikkari m. cabinet-maker, joiner
snilld f. genius; brilliance; virtuosity
snilldarbragð n. masterstroke, coup
snilldarlegur adj. masterly, brilliant
snilldarverk n. masterpiece, tour de force
snilli f. genius; brilliance; expertise
snilligáfa f. genius, ingenuity
snillingur m. genius; virtuoso, master
snitta f. canapé
snittbakki m. die (pl. dies)
sníða vt. cut (out), pattern
sníkill m. parasite
sníkja v. scrounge, cadge, sponge (on)
sníkjudýr n. parasite; sponger, (Am.) freeloader
sníkjudýrafræði f. parasitology
sníkjudýrafræðingur m. parasitologist
sníkjulífi n. parasitism
sníkjuplanta f. parasitic plant
sníkjupúki m. scrounger, cadger
sníkjur f.pl. scrounging, cadging
sníkjuvespa f. ichneumon fly

snípa f. sandpiper
snípur m. clitoris
snípustrútur m. kiwi
snjall adj. bright, smart; ingenious
snjallræði n. clever idea, coup
snjáður adj. shabby, threadbare
snjáldur n. snout
snjáldurmús f. shrew
snjóa vi. snow
snjóbolti m. snowball
snjóflóð n. avalanche
snjóflygsa f. snowflake
snjóhengja f. cornice
snjóhjólbarði m. snow tyre
snjóhlébarði m. snow leopard, ounce
snjóhús n. igloo, snowhouse
snjókarl m. snowman
snjókoma f. snowfall
snjókorn n. snowflake
snjóplógur m. snowplough
snjór m. snow
snjóskafl m. snowdrift
snjóteptur adj. snowbound
snjótittlingur m. snow bunting
snjóugur adj. snow-covered, snowy
snjóþrúga f. snowshoe
snobb n. snobbery; snobb
snobba fyrir vt. be snobbish about; fawn on
snobbaður adj. snobbish, snooty
snoðklippa vt. crop, cut short
snoppa f. snout, muzzle
snoppunga vt. cuff
snoppungur m. cuff, slap on the face
snortinn adj. touched, affected
snotur adj. pretty, neat, cute
snóker m. snooker
snubbóttur adj. abrupt, curt
snudda f. dummy, (Am.) pacifier
snudda vi. snoop about, prowl
snuð n. dummy, (Am.) pacifier; swindle
snuða vt. deceive, cheat, diddle
snuðra vi. poke/nose about
snuðra uppi vt. dig/ferret/smell out
snuðrari m. nosy parker, prowler
snupra f. snub; vt. reprimand, rebuke
snurða f. kink, hitch; trouble
snurðóttur adj. full of knots, kinky
snurðulaust adv. without a hitch, like clockwork

snurfusa vt. trim, prettify
snurfusa sig v. titivate oneself
snurpunót f. purse seine (net)
snúa v. turn (over); twist; face
snúa á vt. play a trick on, outwit; translate into
snúa e-m vt. order about/around; change s-y's mind
snúa fram v. face forward
snúa sér að vt. get down to, proceed to
snúa sér undan v. turn one's face the other way
snúa sig vt. sprain (one's ankle)
snúa sig út úr vt. wriggle out of
snúa upp á vt. twist, wring
snúa upp á sig vi. put on airs
snúa út úr fyrir v. twist s-y's words
snúa við v. turn inside out; return
snúast vi. go round, rotate
snúast fyrir vt. run errands for
snúast gegn vt. turn against
snúast í vt. turn into; be busy doing
snúast um vi. centre (up)on, deal with
snúðáttaviti m. gyrocompass
snúðsjá f. stroboscope
snúðugur adj. abrupt, curt; haughty
snúður m. twist; bun; rotor; gyroscope
snúðvala f. spheroid
snúðvísir m. gyroscope
snúinn adj. winding; difficult
snúningadrengur m. office boy
snúningalipur adj. helpful, obliging
snúningar m.pl. errands
snúningsás m. axis of rotation, shaft
snúningshlið n. turnstile
snúningshraðamælir m. trachometer
snúningshraði m. revolutions per minute
snúningspallur m. turntable
snúningssjá f. stroboscope
snúningur m. turn(ing), revolution
snúra f. line, cord
snúrustaur m. clothes pole
snúss n. snuff; chewing tobacco
snússa sig v. take snuff
snyrta vt. tidy up, trim; decorate
snyrta sig v. tidy oneself up, freshen up
snyrtiborð n. dressing table, (Am.) dresser
snyrtifræðingur m. beautician
snyrtiherbergi n. powder room, toilet
snyrtilegur adj. neat, trim; tidy
snyrtimenni n. neat/tidy person
snyrtimennska f. neatness; tidiness
snyrting f. beauty care; toilet, lavatory
snyrtir m. beautician
snyrtistofa f. beauty salon/parlour, (Am.) beauty shop
snyrtitaska f. vanity case
snyrtivörur f.pl. cosmetics
snýta sér v. blow one's nose
snæða v. eat
snælda f. spindle; cassette
snæleiftur n. sheet lightning
snælína f. snowline
snæljós n. sheet lightning
snær m. snow; **snævi þakinn** snow-covered
snæri n. string, cord
snæugla f. snowy owl
snöggklipptur adj. cut short, short-haired
snöggklæddur adj. lightly dressed
snögglega adv. suddenly, abruptly
snöggsjóða vt. boil quickly
snöggsteiktur adj. (of meat) rare
snöggur adj. quick, snappy
snöggvast adv. (just) for a moment
snökt n. sob, whimper
snökta vi. sob, whimper
snörl n. snuffle; snore
snörla vi. snuffle; snore
snös f. edge (of a cliff); protrusion
soð n. stock; broth
soðhlaup n. gelatine
soðinn adj. boiled, cooked
soðkaka f. dumpling
soðna vi. boil, cook
soðning f. fish for boiling
soðsteikja vt. braise
sofa v. sleep; **fara að s.** go to bed
sofa fram eftir vi. sleep/lie in
sofa hjá vt. sleep with, knock about/around with
sofa úr sér vi. sleep off
sofa yfir sig vi. oversleep
sofandi adj. asleep, sleeping; dormant
sofna vi. fall asleep
sofnaður adj. asleep
sog n. sucking; suction
soga vt. suck; pump
sogblettur m. red mark produced in lovemaking, (Am.) hickey

sogdæla f. suction pump
sogfiskur m. remora
soggrein f. manifold
sogpípa f. siphon, sucker
sogskál f. sucking disk, sucker
sogæð f. lymphatic vessel
sogæðavökvi m. lymph
sojabaun f. soya bean
sokkaband n. garter
sokkabandabelti n. girdle, suspender
sokkabandsár n.pl. salad days, youth
sokkabuxur f.pl. tights, (Am.) pantyhose
sokkaleistur m. foot (of a stocking)
sokkavörur f.pl. hosiery
sokkineygður adj. hollow-eyed
sokkur m. stocking; sock
soldán m. sultan
soldið adv. & prn. a little
soltinn adj. hungry, famished, starved
sonar- eða dótturdóttir f. granddaughter
sonar- eða dóttursonur m. grandson
sonnetta f. sonnet
sonur m. son
sopi m. sip, mouthful, draught
soppa f. batter (for cooking)
soralegur adj. filthy
sorg f. sorrow, grief; mourning
sorgarbúningur m. mourning (clothes)
sorgarlag n. funeral march
sorgarleikur m. tragedy
sorgarljóð n. elegy, lament
sorgarsaga f. mournful tale, sad business
sorglegur adj. sad, tragic, pathetic
sorgmæddur adj. mournful, sorrowful
sori m. sediment, dregs; slag, sludge; scum
sorp n. refuse, rubbish, garbage, trash
sorpbíll m. dustcart, (Am.) garbage truck
sorpblað n. penny dreadful, rag
sorphaugur m. refuse dump, scrap heap, tip
sorphreinsun f. refuse collection, sanitation
sorphreinsunarmaður m. refuse collector, dustman
sorprenna f. refuse chute, sewer
sorprit n. pulp magazine; junk literature
sorptunna f. dustbin, (Am.) garbage can
sort f. sort, kind, description
sortera vt. sort out, classify

sorti m. blackness; thick fog; blizzard
sortna vi. become black, blacken
sortulyng n. bearberry (bush)
sovéskur adj. Soviet
Sovétríkin n.pl. the Soviet Union, the USSR
sóa vt. squander, waste
sódavatn n. soda/mineral water
sódómska f. sodomy
sóða út vt. dirty, mess up
sóðalegur adj. dirty, squalid; untidy, messy
sóðaskapur m. slovenliness, squalor, mess
sóði m. sloven, slob, (Am.) hog
sófi m. sofa
sókn f. attack, offensive; parish
sóknaraðili m. plaintiff, suitor
sóknarbarn n. parishioner
sóknarkirkja f. parish church
sóknarmaður m. striker (in football)
sóknarmark n. fishing effort quota
sóknarprestur m. parson, pastor, vicar
sól f. sun; catherine wheel, pinwheel
sóla vt. (re)sole; remould, retread, (Am.) recap
sóla sig v. sun oneself, bask
sólargeisli m. sunbeam
sólarhlað n. solar cell
sólarhringur m. calendar day, 24 hours
sólarhæð f. altitude of the sun
sólarlag n. sunset, sundown
sólarljós n. sunlight
sólarmegin adv. on the sunny side
sólarolía f. suntan oil
sólarorka f. solar energy
sólarsinnis adv. clockwise
sólarupprás f. sunrise
sólbað n. sunbath; **liggja í sólbaði** sunbathe
sólbaðstofa f. solarium, tanning salon
sólbakaður adj. sunbaked, sundrenched
sólbaugur m. ecliptic
sólbekkur m. windowsill
sólber n. black currant
sólbjartur adj. sunny
sólblettur m. sunspot
sólbrenndur adj. sunburnt
sólbruni m. sunburn
sólbrúnka f. suntan

sólbrúnn adj. sunburnt, (sun)tanned
sólböð n.pl. heliotherapy
sóldögg f. sundew
sóley f. buttercup
sólfarsvindur m. land and sea breeze
sólfirð f. aphelion
sólfífill m. sunflower
sólginn í adj. greedy for, addicted to
sólgleraugu n.pl. sunglasses, shades
sólhjálmur m. pith helmet, topi, topee
sólhlíf f. parasol, sunshade
sólhvörf n.pl. solstice
sóli m. sole (of a shoe)
sólkerfi n. solar/planetary system
sólkóróna f. corona (of the sun)
sóllækningar f.pl. heliotherapy
sólmiðjukenning f. heliocentric theory
sólmyrkvi m. solar eclipse
sólnánd f. perihelion
sólolía f. suntan oil
sóló n. solo; adj. solo
sólrafall m. solar cell
sólriti m. heliograph
sólríkur staður m. sunspot
sólselja f. dill
sólsetur n. sunset, sundown
sólsjá f. helioscope
sólskin n. sunshine
sólskífa f. sundial
sólskríkja f. snow bunting
sólskyggni n. sunshade, sun visior
sólskýli n. solarium
sólstingur m. sunstroke
sólstóll m. deck chair
sólstöður f.pl. solstice
sóltjald n. awning, sunblind; windbreak
sólunda vt. squander, waste, fritter away
sólúr n. sundial
sómafólk n. decent people
sómakær adj. decent, respectable, honourable
sómasamlegur adj. satisfactory, presentable
sómatilfinning f. sense of decency
sómi m. honour, distinction
sónn m. pip, dialling tone, (Am.) dial tone
sópa vt. sweep
sópran m. soprano
sópur m. broom

sóríasis n. psoriasis
sósa f. sauce, gravy
sósíaldemókrati m. social democrat
sósíalismi m. socialism
sósíalisti m. socialist
sósíalískur adj. socialistic
sósíalrealismi m. social realism
sósukanna f. sauce boat, gravy boat
sót n. soot
sótari m. chimney sweep(er)
sótflygsa f. smut (of soot)
sótsveppasýki f. (disease of corn) smut
sótt f. sickness, illness
sóttarsæng f. sickbed
sóttheitur adj. feverish
sótthiti m. fever, pyrexia
sótthreinsa vt. disinfect; fumigate
sótthreinsandi adj. disinfectant, germicidal
sótthreinsun f. disinfection
sótthreinsunarefni n. disinfectant, germicide
sótthvörf n.pl. crisis (in a serious illness)
sóttkveikja f. bacterium, germ
sóttkví f. quarantine
sóttnæmi f. infectiousness, contagiousness
sóttnæmur adj. infectious, contagious, catching
sóttvarnandi adj. antiseptic
sótugur adj. sooty, smutty
sótvondur adj. furious, in a rage
sóun f. squandering, waste, dissipation
spað n. pieces of meat
spaðabátur m. hydrofoil, hydroplane
spaðahjól n. paddle wheel
spaði m. spade; spatula
spaklega adv. cleverly; quietly
spakmæli n. aphorism, adage, maxim, saying
spakur adj. wise, sage; quiet; tame
spaltapróförk f. galley proof
span n. rush, speed; induction
spana v. rush, speed; induce; provoke
spandera vt. spend
spangóla vi. howl
spanhitun f. induction heating
spankefli n. induction coil
spanna yfir vt. span, cover
spanskgræna f. verdigris, patina

spanskreyr m. rattan
spanspóla f. induction coil
spanstuðull m. inductance
spanviðnám n. inductive reactance
spar á adj. sparing with
spara v. save, economize
spara við sig vt. use sparingly
sparð n. droppings
sparðatíningur m. nitpicking
sparibaukur m. piggybank, moneybox
sparibúast vi. dress up
sparifé n. savings
sparifjáreigandi m. depositor, saver
sparifot n.pl. Sunday clothes
sparigrís m. piggybank
sparimerki n. (national) savings stamp
sparipeningar m.pl. savings
sparisjóðsbók f. bankbook, passbook
sparisjóðsreikningur m. deposit account, (Am.) savings account
sparisjóður m. savings bank
spariskírteini n. savings certificate
spark n. kick, boot
sparka vt. boot; fire, dismiss
sparlega adv. economically, sparingly
sparnaður m. economy, thrift; savings
sparneytinn adj. economical, thrifty
sparsamur adj. economical, frugal
sparsemi f. economy, thrift, parsimony
sparsl n. filler
sparsla v. fill (holes)
spartverskur adj. spartan
spastískur adj. spastic
spaug n. joke, jest, pleasantry
spauga vi. joke, jest
spaugari m. humorist
spaugilegur adj. funny, laughable
spaugsamur adj. jocular, humorous
spaugsemi f. jocularity, jocoseness
spá f. prophecy; forecast
spá v. prophesy, predict
spádómsgáfa f. second sight
spádómslegur adj. apocalyptic, sibylline
spádómur m. prophecy, prediction
spákaupmaður m. speculator
spákaupmennska f. speculation
spákona f. fortune-teller, prophetess
spákvistur m. divining/dowsing rod
spámaður m. fortune-teller, prophet
spámannlegur adj. prophetic(al)

Spánn m. Spain
spánnýr adj. brand-new
spánskur adj. Spanish
Spánverji m. Spaniard
spáprestur m. augur, oracle
spásagnarlist f. augury
spássía f. margin
spássíuglósur f.pl. marginalia
spássíugrein f. marginal comment
spásögn f. prognostication
spegilkíkir m. reflecting telescope
spegill m. mirror, looking glass, reflector
spegilmynd f. mirror image, reflection
spegilmyndavél f. reflex camera
spegilsjónauki m. reflecting telescope
spegilsléttur adj. smooth as a mirror, glassy
spegla vt. mirror, reflect
spegla sig v. look at oneself in a mirror
speglun f. reflection
speki f. wisdom
spekileki m. brain drain
spekingslegur adj. wise, learned
spekingur m. sage, thinker
spekt f. tranquillity; tameness
spekúlera v. speculate
speldi n. flap; epiglottis
spelka f. splint
spellvirki n. sabotage; m. saboteur
spendýr n. mammal
spendýrafræði f. mammalogy
spendýrafræðingur m. mammalogist
spengilegur adj. slender, slim
speni m. teat, tit
spenna f. clasp, buckle; tension; stress; voltage
spenna v. clasp, buckle; tighten; flex (muscles)
spenna frá vt. unbuckle, unhitch, unharness
spennandi adj. exciting, thrilling, breathtaking
spenningur m. excitement, tension
spenniskífa f. lockwasher, spring washer
spennistöð f. transformer plant, substation
spennitreyja f. straitjacket
spennitöng f. pliers
spennivídd f. span

spenntur adj. tense, excited; anxious
spennubreytir m. transformer, power pack
spennufall n. potential drop
spennumunur m. potential difference
sperðill m. (smoked) sausage
spergilkál n. broccoli
spergill m. asparagus
sperra f. rafter, joist
sperra vt. cock (up)
sperra sig v. put oneself up; exert oneself
sperrast við vt. struggle with
sperrileggur m. fibula
sperringur m. exertion; perkiness
sperrtur adj. self-assured, perky
spes adj. special
spé n. ridicule, mockery
spéhræddur adj. sensitive to ridicule
spékoppur m. dimple
spéspegill m. distorting mirror
spik n. fat, blubber
spikfeitur adj. fat, porky, obese
spil n. playing card; game; capstan, winch
spila v. play
spilaborð n. card/gaming table
spilaborg f. cardhouse
spiladós f. musical box, (Am.) music box
spilagaldur m. card trick
spilahrappur m. cardsharp
spilakassi m. fruit machine; one-armed bandit
spilapeningur m. chip, counter
spilastokkur m. deck/pack (of cards)
spilateningur m. die (pl. dice)
spilavíti n. casino, disorderly house
spilda f. strip, tract, reach (of land)
spilla vt. ruin; corrupt; contaminate
spilla fyrir vt. mar; detract from
spilling f. corruption; contamination
spillingarbæli n. den of iniquity
spilltur adj. spoiled; corrupt, decadent
spilun f. playback
spindilbolti m. kingpin
spindill m. spindle
spinna v. spin; ad-lib, improvise
spinna upp vt. fabricate, trump/vamp up
spígspora vi. swagger, strut
spínat n. spinach
spíra f. spire; sprout; vi. sprout, germinate

spírall m. spiral, coil
spíralrennibraut f. helter-skelter (in a fairground)
spíri m. spirits, alcohol
spíritismi m. spiritualism
spíritisti m. spiritualist
spíritus m. spirits, alcohol
spírun f. germination
spíss m. injector
spítali m. hospital
spítt n. speed; amphetamine
spjald n. card; cover; sign, board
spjaldaskammtari m. card feed
spjaldbein n. sacrum
spjaldskrá f. card index/file
spjall n. small talk, chat
spjalla vi. chat, converse; vt. spoil
spjara sig vi. manage, cope
spjarir f.pl. clothes, togs
spjátrungsháttur m. foppishness
spjátrungslegur adj. foppish, jaunty
spjátrungsskapur m. jauntiness
spjátrungur m. fop, dandy, coxcomb, prig
spjót n. spear, javelin
spjótkast n. javelin throw
spjótskaft n. pikestaff
spjótsoddur m. spearhead
spjöll n.pl. damage, ruination
spjör f. garment
splitt n. splits; **fara í s.** do the splits
splitti n. cotter pin
splittvír m. locking wire
splundra vt. shatter
splunkunýr adj. brand-new
splæsa vt. splice
splæsa e-u á e-n vt. treat s-y to s-g
spons n. bung, spigot, tap
sponsgat n. bunghole
spor n. footprint; step; track; trail; groove
spora út vt. leave tracks on
sporahjól n. rowel
sporbaugur m. ellipse
sporbraut f. elliptical path, orbit
sporðblaðka f. caudal fin, fluke
sporðdreki m. scorpion; Scorpio
sporðreisast vi. tip over
sporður m. tail (of fish)
sporgöngumaður m. successor, follower
sporhundur m. bloodhound

spori m. spur
sporjárn n. chisel
sporna við vt. oppose, counteract
sporskipta- og merkjastöð f. signal box, (Am.) signal tower
sporskiptir m. switch (at railway points)
sporslur f.pl. perquisites, perks
sport n. sports
sportbíll m. sports car
sportfatnaður m. sportswear
sportjakki m. sports jacket
sportmaður m. sportsman
sporvagn m. tram, (Am.) streetcar
sporvagnsstjóri m. motorman (of a tram)
sporöskjulaga adj. oval, elliptical
sposkur adj. ironic, sarcastic
spott n. ridicule, derision
spotta v. sneer, mock, scoff
spottandi adv. tauntingly
spotti m. piece of string; short stretch
spói m. whimbrel
spóka sig vi. stroll, saunter
spóka sig í vt. show off, sport
spóla f. spool, reel; roll (of film)
spóla v. wind, spool, reel; spin round
spónaplata f. fibreboard
spónlagning f. veneering
spónleggja vt. veneer
spónn m. chip, shaving; veneer
spraka f. halibut
spranga vi. strut, swagger
sprauta f. syringe; vt. inject; spray
sprautast vi. spurt, spout
sprautulakk n. spray lacquer
sprek n. kindling
sprell n. prank
sprellikarl m. jumping jack
sprelllifandi adj. alive and kicking
sprengidagur m. Shrove Tuesday
sprengiefni n. explosive
sprengifimur adj. explosive
sprengigildra f. booby trap
sprengigígur m. maar
sprengigos n. phreatic eruption
sprengihetta f. blasting cap
sprengihlaup n. gelignite
sprengihleðsla f. priming; warhead, payload
sprengihreyfill m. internal combustion engine

sprengikúla f. (explosive) shell
sprenging f. explosion, blast; detonation
sprengioddur m. warhead
sprengipúður n. gunpowder
sprengirými n. combustion chamber
sprengistjarna f. supernova
sprengiþráður m. fuse
sprengja f. bomb; vt. explode, blast, detonate
sprengjuárás f. bomb attack, - bombardment
sprengjubrot n. shrapnel
sprengjuflugvél f. bomber (aircraft)
sprengjuheldur adj. bombproof, shellproof
sprengjuleitartæki n. mine detector
sprengjulost n. shellshock
sprengjurými n. bomb bay
sprengjustjóri m. bombardier, bomber
sprengjuvarpa f. mortar, howitzer
sprenglærður adj. very learned, erudite
sprengmóður adj. breathless, panting
spretta f. (rate of) growth; vi. grow, sprout
spretta af hesti vt. unsaddle a horse
spretta upp vt. rip (open)
sprettlaup n. sprint, dash
sprettlaupari m. sprinter
sprettur m. sprint; burst of energy, spurt
spreyta sig á vt. have a shot/crack at
sprikl n. wriggle, kicking
sprikla vi. wriggle, kick about
springa vi. burst, crack; explode
springa út vi. bloom, bud
springdýna f. spring mattress
spritt n. methylated spirits
sproti m. (off)shoot; twig, spray, sprig
sprunga f. crack, gap, chink; fissure; crevice
sprungugos n. fissure eruption
sprungukerfi n. fissure swarm
sprútt n. booze
sprúttsali m. bootlegger
sprækur adj. spry, lively
spræna f. runnel, creek; jet, gush; vi. pee
spunaflug n. tailspin
spunamaur m. red spider
spunavél f. jenny, mule
spuni m. spinning; improvisation; tailspin

spurnarending f. question tag
spurnarfornafn n. interrogative pronoun
spurnarsetning f. interrogative clause/sentence
spurnartenging f. interrogative conjunction
spurning f. question, query
spurningakeppni f. quiz, panel game
spurningakver n. catechism
spurningalisti m. questionnaire
spurningarmerki n. question mark
spurningaþáttur m. quiz show
spursmál n. question, problem
spurull adj. inquisitive
spúa v. spew, spout; vomit; erupt
spúla vt. flush, hose, sluice
spúnn m. spinner
spyrða saman vt. tie together, partner up
spyrill m. interviewer, questioner
spyrja vt. ask, question, query
spyrja út úr vt. examine, quiz
spyrjandi m. questioner; adj. inquiring, quizzical
spyrjast fyrir um vt. inquire about
spyrna f. kick; v. kick
spýja f. vomit; vt. spit, spew
spýta f. piece of wood, stick
spýta vt. spit; squirt
spýta í v. step on the gas
spýtast vi. spurt, jet (out)
spægipylsa f. salami
spæjari m. sleuth, detective; spy
spæla vt. put down, (Am.) piss off; fry
spældur adj. humiliated, (Am.) pissed off
spæling f. put-down, humiliation
spæna vt. whittle (away)
spæna í sig vt. gobble up
spænir m.pl. kindling
spænskur adj. Spanish
spærlingur m. Norway pout
spæta f. woodpecker
spölkorn n. short stretch
spölur m. short distance, stretch
spöng f. brace; patch of ice
spönn f. span (= 22,5 cm.)
spörfugl m. passerine, sparrow
staddur adj. situated
staða f. situation; position; status; stand(ing)
staðaldur : að staðaldri constantly
staðalfrávik n. standard deviation
staðalhús n. prefabricated house
staðall m. standard, norm
staðalstærð f. regulation size
staðaltími m. standard time
staðarákvörðun f. position; **gera s.** take one's bearings
staðarfall n. locative case
staðarheiti n. place name
staðarorka f. potential energy
staðartími m. local/standard time
staðartími Greenwich m. Greenwich Mean Time
staðbundinn adj. local(ized), regional; topical
staðdeyfing f. local anaesthetic
staðfastur adj. steadfast, headstrong
staðfesta f. determination, constancy, firmness
staðfesta vt. confirm, verify; certify; ratify
staðfesting f. confirmation; approval; ratification
staðfestingarfé n. earnest money, handsel
staðfestulaus adj. inconstant, unsettled
staðfestuleysi n. instability, giddiness
staðfræði f. topography
staðfræðilegur adj. topographical
staðfugl m. resident bird
staðfæra vt. localize
staðfæring f. localization
staðgengill m. deputy, substitute, proxy, surrogate
staðgóður adj. solid, substantial
staðgreiða v. pay cash
staðgreiðsla f. cash payment; pay-as-you-earn
staðgreiðsluafsláttur m. cash discount
staðgreiðslukerfi n. pay-as-you-earn system
staðgreiðsluverð n. cash price
staðgreina vt. localize, locate
staðgreining f. localization
staðhæfa vt. state, claim, allege, assert
staðhæfing f. statement, allegation, assertion
staðhættir m.pl. local conditions, lie of the land
staðla vt. standardize; prefabricate

staðlaus adj. unfounded
staðleysa f. nonsense, absurdity
staðna vi. stagnate
staðnaður adj. stagnant; (of a person) stale
staðnæmast vi. stop, halt
staðráðinn adj. determined; **vera s. í** be bent (up)on
staðreynd f. fact
staðrétta vt. justify (text)
staðsetja vt. place, locate, position; deploy
staðsetning f. placement; location; deployment
staðsettur adj. situated
staðtölulega adv. statistically
staðtölur f.pl. statistics
staður m. place, spot, location, locality, point; **í staðinn (fyrir)** in return (for)
staður adj. mulish, restive
staðvindur m. trade wind, trades, monsoon
stafa v. spell (out)
stafa af v. be caused by, result from
stafagerð f. type(face)
stafalogn n. dead calm
stafamengi n. character set
stafaprentari m. serial printer
stafgerill m. bacillus
stafgólf n. bay (in a building)
stafla vt. pile up, stack, stow
stafli m. pile, stack
stafmerki n. diacritical mark, diacritic
stafn m. bow, prow
stafnlíkan n. figurehead (of a ship)
stafnljár m. grapnel, grappling hook/iron
stafrím n. alliteration
stafróf n. alphabet
stafrófs- adj. alphabetical
stafrófskver n. primer, speller
stafrófsröð f. alphabetical order
stafræn eldsneytisinnspýting f. digital fuel injection (DFI)
stafrænn adj. digital
stafsetja vt. spell; digitize
stafsetning f. spelling, orthography
stafsetningarpróf n. orthographic examination
staftöluorð n. alphanumeric
stafur m. stick, staff, rod, cane; character

stafþjálni f. proportional spacing
stafþjöppun f. kerning
stag n. guy rope, stay
staga vt. darn
stagast á vt. harp on
stagbættur adj. patchy
stagl n. reiteration, rote
staglkenndur adj. repetitive
staglsamur adj. repetitious
staka f. quatrain, ditty
stakheiti n. countable noun
stakhenda f. blank verse
stakka v. stack
stakkaskipti n.pl. change
stakkur m. coat; stack, rick
staksettur adj. discrete
staksteinn m. stepping-stone
stakstæður adj. sporadic
stakur adj. single; odd; unique
staldra við vi. pause, stop for a while
stalla f. female friend
stallur m. shelf, ledge; pedestal, mount; manger
stam n. stammering, stuttering
stama vi. stammer, stutter, falter
stamur adj. clammy, damp
stand n. condition
standa v. stand; be written; last, go on
standa af sér vt. outlive
standa andspænis vt. confront, encounter
standa á höfði vi. do a headstand
standa á höndum vi. do a handstand
standa á sér vi. misfire
standa á öndinni vi. be out of breath, pant
standa fyrir vt. be responsible for; represent; hinder
standa gegn vt. oppose, counter
standa með vt. support, stand by, stick with
standa sig vi. do well
standa sig vel/illa vi. put up a good/bad show
standa undir vt. live up to
standa upp vi. rise (to one's feet)
standa út vi. stick out
standa við v. abide by; stay, stop
standa yfir v. last, go on; keep watch over

standast vt. resist, withstand; measure up to; pass
standklukka f. grandfather clock
standlampi m. standard lamp
standsetja vt. repair, fix up, renovate
standsetning f. decoration, overhaul
standur m. stand; rack
stanga vt. butt; gore
stangarstökk n. pole vault
stangarstökkvari m. pole-vaulter
stangast á við vt. contradict, conflict with
stangaveiðar f.pl. angling
stangaveiðifélag n. angling club
stangaveiðimaður m. angler
stangl : á stangli here and there, scattered
stans n. brief stop
stansa v. stop, halt
stanslaus adj. uninterrupted, nonstop
stapi m. rock; table mountain; cape, promontory
stapp n. stamping; mashing; quarrel
stappa f. mash; pulp; v. stamp; mash
stara v. stare, gaze
starblinda f. cataract
starf n. work; job, profession
starfa v. work; function
starfandi adj. working, acting, practising
starfhæfur adj. workable, working
starfrækja vt. operate, manage, run
starfræksla f. operation, management
starfsaðferð f. technique
starfsaldur m. period of employment
starfsamur adj. active, busy, industrious
starfsánægja f. job satisfaction
starfsáætlun f. work schedule/plan
starfsbróðir m. colleague
starfsemi f. activity, operation; diligence
starfsferill m. career
starfsfólk n. staff, personnel
starfsfræðsla f. vocational guidance
starfsgrein f. profession, vocation, trade
starfshópur m. work group, task force
starfshæfni f. qualification, competence
starfshættir m.pl. practices, methods, procedure
starfskjör n.pl. working conditions
starfskraftur m. work capacity; worker
starfslið n. personnel, staff, work force
starfslok n.pl. retirement (from work)
starfslýsing f. job description
starfsmaður m. employee, worker
starfsmannastjóri m. personnel manager
starfsmat n. job evaluation
starfsmenn m.pl. personnel, staff
starfsmenntun f. occupational education
starfsorka f. work capacity
starfsráðgjöf f. vocational guidance
starfsreynsla f. job experience
starfsskilyrði n.pl. working conditions
starfsstétt f. walk of life, profession
starfsstjórn f. caretaker government
starfssvið n. field of work
starfsþrek n. work stamina
starfsöryggi n. job security
stargresi n. sedge
starri m. starling
startari m. self-starter
startkaplar m.pl. jump cables
statisti m. extra, walk-on
statíf n. stand, rack
staukur m. dredger
staulast vi. shamble, totter
staup n. shot glass; dram
staupa sig v. have a drink, tipple
staur m. pole, post; caber
staurabýli n. lake dwelling
stauragirðing f. stockade, palisade
staurahnyðja f. pile driver
staurakast n. tossing the caber
staurblankur adj. stony broke, skint
staut n. difficulties, bother
stauta v. read stutteringly, spell out
stautur m. pestle
stál n. steel
stálgrár adj. iron-grey
stálhraustur adj. fit as a fiddle
stáliðjuver n. steelworks, steel mill
stállunga n. iron lung, respirator
stálminni n. retentive memory
stálpaður adj. grown-up, adolescent
stálpast vi. grow up
stálsleginn adj. as sound as a bell
stálull f. steel wool, scourer,
stálvír m. steel cable
stáss n. finery
stássstofa f. drawing room
státa af vt. brag about
steðji m. anvil

stef n. refrain; theme; stanza; subroutine
stefna f. direction, course; policy; aim; movement; trend; summons, indictment
stefna v. head; summon, subpoena
stefna að vt. aim at
stefna á vt. make for, bear down (up)on
stefna til v. make toward(s)
stefnandi m. plaintiff
stefndur m. (the) accused, defendant
stefni n. prow, stem
stefnuákvörðun f. sight, aim
stefnubreyting f. change of direction/policy
stefnufastur adj. purposeful
stefnufesta f. single-mindedness
stefnuframkvæmd f. strategy implementation
stefnugreining f. strategic analysis
stefnuháður adj. directional
stefnulaus adj. aimless, adrift
stefnulína f. rhumb (line)
stefnuljós n. indicator light, winkers, (Am.) blinkers
stefnumark n. aim, goal
stefnumarkandi áætlunargerð f. strategic planning
stefnumót n. appointment, date, rendezvous
stefnumótandi ákvörðun f. policy decision
stefnumótun f. strategy formulation
stefnumótunaraðili m. policymaker
stefnuskrá f. policy, platform, programme
stefnutillaga f. policy proposal
stefnuyfirlýsing f. manifesto, policy statement
steggur m. drake; tomcat
steik f. steak, roast
steikarflot n. dripping
steikarpanna f. frying pan, griddle, (Am.) skillet
steikarrist f. gridiron
steikarteinn m. skewer, spit
steikja vt. roast; fry; grill
steikjandi adj. very hot, torrid
steiktur adj. roast; **of lítið s.** underdone
steinabláber n. huckleberry
steinafræði f. mineralogy
steinaldin n. stone fruit
steinaríki n. mineral kingdom

steinasafnari m. rock hound
steinaslípari m. lapidary
steinbeð n. rock garden, rockery
steinbítur m. wolffish, catfish, rock salmon
steinblindur adj. as blind as a bat
steind f. mineral
steindafræði f. mineralogy
steindafræðilegur adj. mineralogical
steindafræðingur m. mineralogist
steindasamsetning f. lithology
steindauður adj. stone-dead, as dead as mutton
steindepill m. wheatear
steindepla f. rock speedwell
steindrangur m. monolith
steindys f. cairn
steinefni n. mineral
steinfellumynd f. mosaic
steingeit f. mountain goat, ibex; Capricorn
steingervast v. fossilize
steingerving f. fossilization, petrification
steingervingafræði f. paleonthology
steingervingafræðingur m. paleonthologist
steingervingur m. fossil
steingrár adj. dapple-grey
steinhissa adj. amazed, astounded, dumbfounded
steinhljóð n. absolute quiet
steinhús n. concrete house
steinhvelfing f. grotto
steinhæð f. rock garden, rockery
steinhæðarplanta f. rock plant
steinhögg n. stonework
steinhöggvari m. stonemason
steinkista f. sarcophagus
steinkvatn n. toilet water
steinlaus adj. seedless
steinleggja vt. cobble, pave
steinleir m. stoneware
steinn m. stone; **í steininum** in the nick; **stinga í steininn** send down, (Am.) send up (to prison); **milli steins og sleggju** between Scylla and Charybdis
steinolía f. paraffin oil, (Am.) kerosene
steinprenta vt. lithograph
steinprentari m. lithographer
steinprentun f. lithography

steinprentunar- adj. lithographic
steinrenna vt. petrify
steinruni m. petrification
steinrunninn adj. fossilized; petrified
steinsalt n. rock salt
steinselja f. parsley
steinskrift f. sans serif
steinsmiður m. stonemason
steinsmíði f. stonework
steinsnar n. stone's throw
steinsofandi adj. sound asleep
steinsteypa f. concrete, cement
steinsuga f. lamprey
steinsúla f. monolith
steintau n. stoneware
steintegund f. mineral
steinull f. rock wool
steinvala f. pebble
steinþegja v. be as silent as the grave
steinöld f. Stone Age
stela vt. steal
stela frá e-m vt. rob s-y of s-g
stela undan vt. embezzle
stelast til v. do in secret
stelkur m. redshank
stell n. service, set
stelling f. pose, posture, stance
stelpa f. girl
stelpugopi m. tomboy, hoyden
stelpulegur adj. girlish
stelpuskjáta f. chit, hussy
stelpustrákur m. sissy
stelputryppi n. tomboy, hoyden
stelsjúkur maður m. kleptomaniac
stelsýki f. kleptomania
stelvís adj. thieving
stemma v. stop; agree with, tally
stemma stigu við vt. prevent, put the stopper(s) on
stemmning f. mood, atmosphere
stensill m. stencil
stepp n. tap dancing
steppa f. steppe
steppdansa vi. tap dance
steppuantilópa f. oryx
stereó n. stereo (set); adj. stereophonic
sterkbyggður adj. sturdy
sterkja f. starch
sterklega adv. strongly
sterklegur adj. strong, full-bodied
sterkur adj. strong, powerful
sterkur gjaldmiðill m. hard currency
sterlingspund n. pound sterling
stertur m. ponytail
steypa v. cast, found; pour concrete; overturn
steypa af stóli v. dethrone, depose, overthrow
steypa saman vt. merge
steypa sér vi. dive, plunge
steypa um koll vt. topple, overturn
steypast vi. nosedive, plunge
steypibað n. shower
steypiregn n. torrential rain, cloudburst
steypireyður f. blue whale
steypuhræra f. mortar
steypuhrærivél f. concrete mixer
steypujárn n. cast iron; reinforcement
steypumót n. cast, mould, matrix
steypumöl f. gravel, aggregate
steypuprentaður adj. stereotyped
steypustöð f. concrete mixing plant
steyputrog n. (concrete) hod
steypuvinna f. concrete work
steyta vt. grind, pestle; **s. hnefann** make a fist
steytill m. pestle, mortar
stél n. tail (of a bird)
stélvængur m. tailplane
stétt f. (social) class; trade; pavement
stéttabarátta f. class struggle
stéttamállýska f. social dialect
stéttamunur m. class difference
stéttarfélag n. trade/labour union
stéttarhella f. flagstone
stéttarsamband n federation of trade unions
stéttarskiptingur m. parvenu
stéttlaus adj. classless
stéttleysingi m. outcaste, untouchable
stéttskipting f. class division
stéttskiptur adj. class-divided
stéttvís adj. class-conscious
stéttvísi f. class-consciousness
stiftisalur m. bradawl
stig n. stage; degree; level, plane; point
stigafjöldi m. score
stigagangur m. stairwell; companionway (of a ship)
stigahandrið n. banisters

stigalyfta f. escalator
stigamaður m. bandit, highwayman
stigamennska f. banditry
stigapallur m. landing (of a flight of stairs)
stigarim f. rung (of a ladder)
stigaspjald n. scorecard
stigastólpi m. newel post
stigatafla f. scoreboard
stigateljari m. scorekeeper, scorer
stigbeyging f. comparison; gradation
stigbreyta(st) v. (in grammar) compare
stighækkandi adj. progressive
stighækkun f. progressive increase
stigi m. ladder; staircase, stairs
stigmagna(st) v. escalate
stigmerking f. graduation
stigminnkandi adj. regressive
stigmunur m. difference of degree
stigmylla f. treadmill
stigmögnun f. escalation
stigskipt kerfi n. hierarchy
stigstærð f. scalar
stigull m. gradient
stigvaxandi adj. gradual, incremental
stigveldi n. hierarchy
stika f. yard (= 0,9144 m.)
stika v. stride, stalk; pace out
stikilsbein n. mastoid bone
stikilsber n. gooseberry
stikilsbólga f. mastoiditis
stikkfrí adj. free (of all responsibility)
stikkorð n. cue, prompt
stikkpilla f. suppository
stikkprufa f. random sample; spot test
stikla f. stepping-stone
stiklunám n. programmed learning
stikna v. roast, fry, frizzle
stilkur m. stem, stalk; pedicel
stilkæxli n. polyp(us)
stilla vt. calm; adjust, tune
stilla af vt. orientate, (Am.) orient
stilla inn á vt. attune to; tune in (to)
stilla saman vt. harmonize; synchronize
stilla sér upp v. pose; line up
stilla sig v. restrain oneself
stilla sig um vt. refrain from
stilla út vt. display
stillandi adj. placatory
stillanlegur adj. adjustable

stillast vi. calm down
stilling f. calm, composure; adjustment
stillir m. regulator
stillíró f. adjusting nut
stilliskrúfa f. setscrew, adjusting screw
stilltur adj. calm, quiet; windless
stimamjúkur adj. helpful, complaisant; urbane
stimpast á móti v. defend oneself
stimpast við vt. tussle with
stimpilgjald n. stamp duty
stimpilhringur m. piston ring
stimpilklukka f. time clock
stimpilkort n. time card/sheet
stimpill m. stamp; postmark; piston
stimpilpúði m. inkpad, inking pad
stimpilstöng f. piston rod
stimpingar f.pl. tussle
stimpla vt. stamp
stinga vt. prick, stab, sting; slip
stinga af v. slope off; give s-y the slip
stinga á sig vt. pocket
stinga gat á vt. pierce, puncture
stinga inn vt. run in, arrest
stinga sér vi. dive, plunge
stinga sig á vt. prick oneself on
stinga undan vt. retain for oneself
stinga upp vt. dig
stinga upp á vt. suggest, propose
stinga við vi. limp, hobble
stingandi adj. prickly, spiky, piercing
stingsaumur m. lockstitch
stingsverð n. foil (used in fencing)
stingur m. pang, stitch, twinge; sting
stinnastör f. stiff sedge
stinnhvolf n. lithosphere
stinningsgola f. moderate breeze
stinningskaldi m. strong breeze
stinnur adj. stiff, rigid
stirðbusalegur adj. stiff, angular
stirðlega : taka s. react unfavourably to
stirðleiki m. stiffness; stubbornness
stirðna vi. become stiff, stiffen (up)
stirður adj. stiff; morose; (of style) laboured
stirfinn adj. morose; intractable
stirfni f. grumpiness; stubbornness
stirndur adj. starry
stía f. pen, sty
stífa vt. stiffen; starch

stífaður adj. starchy
stífkrampi m. tetanus, lockjaw
stífla f. dam; blockage, stoppage, obstruction
stífla vt. dam; block/stop up, clog, jam
stíflugarður m. dam, dike, levee, weir
stíflun f. blockage, stoppage, obstruction
stífna vi. become stiff, stiffen (up)
stífni f. stubbornness, rigidity
stífur adj. stiff; inflexible; stubborn
stíga vi. step; rise
stíga af baki v. dismount (a horse)
stíga á bak v. mount (a horse)
stíga ofan á vt. tread on
stíga upp vi. rise, ascend, go up
stígandi m. crescendo; adj. rising
stígur m. path, track
stígvél n. boot
stígvélahanki m. bootstrap
stíla vt. formulate; address
stílabók f. notebook, copy book
stílbragð n. rhetorical device, figure of speech
stílfræði f. stylistics
stílfæra vt. stylize
stílfærsla f. stylization
stílisti m. stylist
stíll m. style; composition, class essay
stílrænn adj. stylistic
stílsnillingur m. stylist
stíma vi. sail, steam
stímabrak n. struggle, difficulty
stírur : með stírurnar í augunum sleepy, drowsy
stjaka báti vt. punt a boat
stjaka við vt. give a shove, jostle
stjaki m. candlestick; pole
stjaksetja vt. impale
stjana við vt. pamper, spoil
stjarfakrampi m. tetanus, lockjaw
stjarfi m. stiffness, rigidity; petrification
stjarfur adj. stiff; **s. af** transfixed with
stjarna f. star; asterisk (*)
stjarneðlisfræði f. astrophysics
stjarnfræðilegur adj. astronomical
stjá : á stjái up and about, on the move
stjóri m. anchor line; boss, top dog
stjórn f. leadership, command; management; administration; government; control
stjórna v. rule, govern; manage; control
stjórnandi m. leader; conductor; producer
stjórnarandstaða f. opposition (in politics)
stjórnarbylting f. revolution
stjórnardeild f. bureau, secretariat
stjórnarerindreki m. diplomat
stjórnarfar n. regime, form of government
stjórnarflokkur m. government party
stjórnarformaður m. chairman of the board
stjórnarfrumvarp n. ministerial bill
stjórnarfundur m. board/executive meeting
stjórnarfyrirkomulag n. regime, form of government
stjórnarhættir m.pl. regime, form of government
stjórnarkreppa f. government crisis
stjórnarmyndun f. formation of a government
stjórnarnefnd f. board of governors
stjórnarráð n. ministry offices
stjórnarskipulag n. regime, form of government
stjórnarskrá f. constitution
stjórnarstefna f. government policy
stjórnartíð f. term of office
stjórnborð n. control/instrument panel, console
stjórnborði m. starboard
stjórneining f. operator console
stjórnendur m.pl. directors, management
stjórnklefi m. cockpit; cab
stjórnkænska f. statesmanship
stjórnlaus adj. out of control; uncontrollable
stjórnleysi n. anarchy
stjórnleysingi m. anarchist
stjórnleysisstefna f. anarchism
stjórnmál n.pl. politics
stjórnmálabarátta f. political campaign
stjórnmálaflokkur m. political party
stjórnmálafræði f. political science
stjórnmálafræðingur m. political scientist
stjórnmálalegur adj. political
stjórnmálamaður m. politician, statesman

stjórnmálasamband n. diplomatic relations
stjórnmálavafstur n. politicking
stjórnpallur m. bridge (of a ship)
stjórnsamur adj. peremptory, authoritative
stjórnstöð f. nerve centre
stjórnsýsla f. administration
stjórntæki n. control unit
stjórnturn m. control tower; conning tower
stjórntæki n.pl. controls
stjórnun f. management
stjórnunararmur m. operation lever
stjórnunarfræði f. management theory
stjórnunarhæfileikar m.pl. administrative ability, management ability
stjórnunarnámskeið n. management course
stjórnunarráðgjafi m. management consultant
stjórnunarráðunautur m. management consultant
stjórnviska f. statesmanship
stjórnvitringur m. statesman
stjórnvöld n.pl. authorities, government
stjórnvölur m. tiller (of a boat)
stjúpa f. stepmother; garden pansy
stjúpbarn n. stepchild
stjúpbróðir m. stepbrother
stjúpdóttir f. stepdaughter
stjúpfaðir m. stepfather
stjúpi m. stepfather
stjúpmóðir f. stepmother
stjúpsonur m. stepson
stjúpsystir f. stepsister
stjúpsystkini n.pl. stepbrother(s) and stepsister(s)
stjörnu- comb. astral, stellar
stjörnuathugunarstöð f. observatory
stjörnubirta f. starlight
stjörnubjartur adj. starlit, starry
stjörnufífill m. aster
stjörnufræði f. astronomy
stjörnufræðingur m. astronomer
stjörnufullur adj. roaring drunk
stjörnuhrap n. shooting star, meteor
stjörnuhreyfill m. radial engine
stjörnuhæð f. altitude (of a star)
stjörnukíkir m. astronomical telescope
stjörnukort n. star atlas
stjörnulíf n. stardom
stjörnuljós n. sparkler
stjörnumerki n. constellation; asterisk (*)
stjörnuskrúfjárn n. Phillips screwdriver
stjörnuspákort n. horoscope
stjörnuspámaður m. astrologer
stjörnuspeki f. astrology
stjörnuspekingur m. astrologer
stjörnuturn m. observatory
stjörnuver n. planetarium
stjörnuþoka f. galaxy, nebula
stoð f. post; pillar, support
stoða vi. help, avail, be of use
stoðblað n. bract
stoðvefur m. connective tissue, stroma
stofa f. living room
stofn m. trunk; (live)stock; stem (of a word)
stofna vt. found, establish, set up
stofna í hættu vt. place in jeopardy, compromise
stofna til vt. incur, instigate, start
stofnanamál n. officialese, gobbledygook
stofnandi m. founder
stofnenska f. Basic English
stofnfé n. initial capitalization
stofnfélagi m. founder member, (Am.) charter member
stofnfjármagn n. initial investment
stofnfundur m. inaugural meeting
stofnkostnaður m. initial/preliminary expenses
stofnlán n. initial loan
stofnleiðsla f. mains
stofnsetja vt. found, establish
stofnsjóður m. initial capital/funding
stofnskrá f. charter
stofnun f. institute, foundation; establishment
stofnöryggi n. main fuse
stofublóm n. indoor/house plant
stofufangelsi n. house arrest
stofuglóð f. azalea
stofuhiti m. room temperature
stofukommi m. parlour pink, pinko
stofuorgel n. reed organ, harmonium
stofustúlka f. parlour maid
stokka (spil) vt. shuffle (cards)

stokkbólginn adj. swollen
stokkfreðinn adj. frozen stiff
stokkroðna vi. blush deeply
stokkrósaætt f. mallow family
stokkur m. box; channel, shaft; deck (of cards)
stokkönd f. mallard
stolt n. pride
stoltur adj. proud; **vera s. af** take pride in
stopp n. stop; stuffing, padding
stoppa v. stop; stuff, pad; darn (socks)
stoppistöð f. bus stop
stoppunál f. darning needle
stopull adj. irregular, casual
storka vt. defy, challenge; provoke; taunt
storkandi adj. provocative
storkna vi. solidify, coagulate
storknun f. solidification, coagulation
storkuberg n. igneous rock
storkun f. defiance, challenge, provocation
storkur m. stork
stormasamur adj. stormy, gusty, blustery
stormblússa f. windcheater, (Am.) windbreaker
stormgöng n.pl. wind tunnel
stormjárn n. window clasp
stormlukt f. hurricane lamp
stormmáfur m. common gull, (Am.) mew gull
stormsvala f. storm(y) petrel
stormsveitarmaður m. storm trooper
stormur m. storm, strong gale
stóð f. pack of horses, stud
stóðhestur m. stallion, stud
stóísk ró f. stoicism
stóískur adj. stoic(al)
stóískur maður m. stoic
stóll m. chair
stólpahús n. pile dwelling
stólpi m. pillar, post, pile
stólpípa f. enema
stólræða f. homily, sermon
stór adj. big, large; tall; great
Stóra-Bretland n. Great Britain
stórabóla f. smallpox
stórafrek n. tour de force
stóratá f. big toe
stórbaugur m. great circle
stórbátur m. longboat
stórbokki m. arrogant person
stórborg f. metropolis
stórborgarbúi m. metropolitan
stórbóndi m. owner of a large farm, (Am.) rancher
stórbrotinn adj. magnificent, spectacular, grand
stórbruni m. conflagration
stórbýli n. large farm, (Am.) ranch
stórdeild f. corps
stóreflis adj. large, enormous
stóreignamaður m. big property owner
stóreygur adj. pop-eyed
stórfelldur adj. large-scale, whacking
stórfenglegur adj. magnificent, stupendous
stórfínn adj. ripping, groovy, (Am.) neat
stórflóð n. cataclysm
stórflutningaskip n. bulk carrier
stórfurðulegur adj. mind-boggling, extraordinary
stórfylki n. brigade
stórfylkisforingi m. brigadier
stórfyrirtæki n. large enterprise
stórgerður adj. coarse, rugged
stórgirni n. large intestine
stórgripaskör f. cowcatcher
stórgripur m. cattle
stórgrýti n.pl. large rocks
stórgræða vi. make a killing
stórhríð f. snowstorm, blizzard
stórhuga adj. grandiose
stórhveli n. leviathan
stórhvelja f. jellyfish
stórhýsi n. large building; mansion
stórhættulegur adj. very dangerous
stóri vísir m. minute hand
stóriðja f. large-scale industry, heavy industry
stórkarlahlátur m. horselaugh
stórkaupmaður m. wholesale merchant, wholesaler
stórklikkaður adj. nutty as a fruitcake
stórkostlegur adj. splendid, superb, smashing
stórlax m. big shot, bigwig, magnate
stórlega adv. greatly, wildly
stórlyndur adj. magnanimous
stórmarkaður m. supermarket

stórmál n. important matter
stórmeistari m. grand master
stórmenni n. great person; distinguished people
stórmennska f. generosity; arrogance, orotundity
stórmennskubrjálæðingur m. megalomaniac
stórmennskuæði n. megalomania
stórmerki n. wonder, prodigy
stórræði n. great venture
stórsigla f. mainmast
stórsigur m. triumph, landslide (victory)
stórsjór m. rough sea; big wave
stórskáld n. major poet
stórskemmtilegur adj. screamingly funny
stórskorinn adj. coarse, rough-hewn
stórskotaárás f. bombardment
stórskotalið n. artillery
stórskotaliði m. gunner
stórskotaliðsfylki n. (army unit) battery
stórskrítinn adj. very strange, weird
stórslátrun f. hecatomb
stórslys n. disaster, catastrophe
stórslysalegur adj. catastrophic
stórstag n. (rope) mainstay
stórstreymi n. spring tide
stórsveitarforingi m. air commodore
stórsvig n. giant slalom
stórtækur adj. generous; grandiose
stórtölva f. mainframe computer
stórum adv. much
stórvaxinn adj. tall, large
stórveisla f. banquet
stórveldi n. superpower
stórverslun f. large shop, store
stórviðburður m. blockbuster, bombshell
stórvirki n. herculean task, monument
stórvægilegur adj. important, major
stóryrtur adj. vituperative; **vera s.** bluster, rant
stórþjófnaður m. grand larceny
stramma sig af v. pull oneself together, sober up
strand n. stranding; **í strand(i)** aground
stranda vi. run aground; stop
strandbaðstaður m. seaside resort
strandbolti m. beach ball
stranddögg f. rosemary
strandfatnaður m. beachwear
strandferðaskip n. packet boat, coaster
strandferðir f.pl. coastal traffic
strandfesta f. beachhead
strandfugl m. shore bird
strandgras n. seakale
strandgæsla f. coast guard
strandgæslubátur m. (revenue) cutter
strandgæslumaður m. coastguard
strandlengja f. coastline, seaboard
strandrisafura f. redwood
strangheiðarleiki m. rectitude
strangi m. bolt (of cloth)
strangt tekið adv. properly speaking
strangur adj. strict; rigorous, severe
straubolti m. (flat)iron
straubretti n. ironing board
straufrír adj. drip-dry, wash-and-wear, non-iron
strauja v. iron (clothes)
straujárn n. (flat)iron
straumbreytir m. converter, transformer
straumefni n. fluid
straumfræði f. hydrodynamics
straumgárar m.pl. ripple marks
straumhnykkur m. surge (of electric current)
straumhvörf n.pl. crisis, transformation
straumiða f. whirlpool
straumlínulagaður adj. streamlined
straumloki m. cut-out
straummælir m. ammeter
straumrof n. short circuit
straumrofi m. switch (of electric circuit), power switch
straumröst f. rapids
straumstillir m. current regulator
straumstyrkur m. amperage
straumtrissa f. trolley
straumur m. current, tide
straumönd f. harlequin duck
strax adv. at once, right away, immediately
strax og conj. as soon as
strá n. blade, straw
strá vt. spread, scatter, strew
strádrepa vt. massacre, slaughter
stráfella vt. massacre, mow down
stráhattur m. straw hat, leghorn
strákapör n.pl. pranks, escapade
strákur m. boy, lad

strásykur m. granulated/caster sugar
stráþak n. thatch
streð n. hard work, grind
streða við vt. peg away at
streita f. stress
streitast á móti vt. resist
streitast við vt. slave away at
strekkingur m. strong breeze
strekkja vt. pull taut, tense
strekktur adj. taut, tense, tight
strembinn adj. difficult; obscure
strendingslaga adj. prismatic
strendingur m. prism
strendur adj. prismatic, angular
strengbraut f. ropeway
strengbreyta f. string variable
strengdur adj. taut; (of the face) drawn
strengja vt. pull taut; string up
strengjabaun f. runner/scarlet bean, (Am.) string bean
strengjabrúða f. marionette
strengjahljóðfæri n. stringed instrument
strengjahljómsveit f. string orchestra
strengjóttur adj. (of a leaf) venous
strengur m. string; cord; cable; rapids
stresstaska f. attaché case
streyma vi. flow, stream
streyma inn/að vi. roll in
strigakjaftur m. loudmouth, heckler
striganál f. packing needle
strigapoki m. gunnysack
strigaskór m.pl. plimsolls, gym shoes, (Am.) sneakers
strigi m. sackcloth, sacking, burlap
strigsa vi. strut, swagger
strik n. line, stroke (of a pen)
strika v. draw a line; walk fast, stride
strika undir vt. underline
strika út vt. cross out, delete
strikalur m. scriber
strikalykill m. bar code
striklota : í striklotu in one go, uninterruptedly
striknín n. strychnine
strikteikning f. line drawing
strimill m. ribbon, tape, slip (of paper)
stripl n. nudism, naturism; exhibitionism
striplast vi. walk around naked
striplingur m. nudist, naturist
strit n. toil, drudgery, donkeywork

strita vi. toil, drudge, labour, fag
stritast við vt. struggle with
stríð n. war; trouble
stríða vt. tease, needle, rib
stríða gegn vt. go against; battle against
stríðala vt. fatten up
stríðandi adj. conflicting
stríðhærður adj. wire-haired, shaggy
stríðinn adj. impish, puckish, mischievous
stríðni f. raillery, banter; mischievousness
stríðnispúki m. tease, pixy
stríðsaðili m. belligerent
stríðsár n.pl. war years
stríðsdans m. war dance
stríðsfangi m. prisoner of war, POW
stríðsfákur m. warhorse
stríðsfíkn f. bellicosity
stríðsglæpur m. war crime
stríðshanski m. gauntlet, gage
stríðshrjáður adj. war-torn
stríðsmaður m. warrior, combatant, brave
stríðsskaðabætur f.pl. reparations
stríðsterta f. big cream layercake
stríðsvagn m. chariot
stríðsæsingamaður m. warmonger
stríðsæsingar f.pl warmongering
stríðsöxi f. battleaxe, poleaxe
stríður adj. radip, swift; (of hair) bristly
strípa f. stripe (in hair)
strípaður adj. stark naked
strípalingur m. exhibitionist
strípihneigð f. exhibitionism
strjálbýli n. thinly populated area, rural area
strjálbýll adj. sparsely populated
strjáll adj. scattered, sparse
strjúka v. stroke, caress; run away, escape
strjúka af vt. wipe off
strjúka með vt. run off with
strjúkast við vt. brush against
stroffa f. sling (of rope)
strok n. flight, escape, desertion
stroka f. light touch, stroke, brush
stroka út vt. rub out, erase
strokhljóðfæri n. stringed instrument
strokkur m. (butter) churn; cylinder
strokkvartett m. string quartet
strokleður n. rubber, (Am.) eraser
stroksýnispróf n. smear test

strokufangi m. escaped convict
strokumaður m. deserter, escapee
strokuþræll m. runaway slave, maroon
strompur m. chimney(stack), smokestack
strókur m. column (of smoke); spout, jet
strunsa vi. stride, flounce
strúktúralismi m. structuralism
strútur m. ostrich
strý n. tufty hair
strýkja vt. flog, thrash
strýta f. cone; pyramid; mountain peak
strýtumyndaður adj. conical
stræka vi. stop working, strike
stræka á vt. refuse to do
stræti n. street
strætisvagn m. bus
strætó m. bus
strönd f. beach; seashore; coast
stubbur m. stub, stump; fag end, butt (of a cigarette); counterfoil; shorty, shrimp
stuð n. bump; (electric) shock; **vera í stuði** feel one's oats, all geared up (to)
stuða vt. shock
stuðari m. bumper, (Am.) fender
stuðla v. alliterate
stuðla að vt. promote, encourage, advance
stuðlaberg n. columnar basalt
stuðlaður adj. alliterative
stuðlasetning f. alliteration
stuðlun f. alliteration
stuðningskennsla f. remedial teaching, supplementary instruction
stuðningsmaður m. supporter, backer, proponent
stuðningur f. support, backing, aid
stuðpúði m. shock absorber, buffer
stuðull m. alliterative sound; coefficient
stugga burt vt. shoo off
stuggur m. aversion, fear
stuldur m. theft, larceny
stulta f. stilt
stumra yfir vt. give first aid, nurse
stuna f. sigh, moan, groan
stund f. hour; time, while; **á stundinni** at once, on the spot; **fyrir stundu** a while ago; **um s.** for a while; **öllum stundum** all the time
stunda vt. pursue, cultivate
stundafjöldi m. number of hours

stundaglas n. hourglass, sandglass
stundakennari m. part-time teacher
stundakennsla f. part-time teaching
stundarfjórðungur m. quarter of an hour
stundarfriður m. truce
stundarkorn n. moment
stundarléttir m. reprieve
stundarsakir : um s. temporarily
stundaskrá f. timetable (in a school)
stundatafla f. timetable (in a school)
stundlegur adj. temporal; **s. friður** a moment's peace
stundum adv. sometimes, occasionally
stundvís adj. punctual, prompt
stundvísi f. punctuality
stundvíslega adv. punctual, on time, sharp
stunga f. stab, thrust, prod, prick
stungulyf n. hypodermic (injection)
stungumý n. gnat, mosquito
stungusaumur m. quilting
stungusár n. stab (wound)
stunguskammtur m. injection
stunguskófla f. spade
sturlaður adj. deranged, psychotic
sturlun f. derangement, psychosis
sturta f. shower; tip-bin (on a truck)
sturta vt. tip out, dump; pour
sturta í sig vt. pour down one's throat, knock back
sturtubifreið f. dumptruck, m. dumper (truck)
stuttaralega adv. curt, brusque, impatiently
stuttbuxur f.pl. shorts
stuttbylgja f. short wave
stutterma bolur m. tee shirt, T-shirt
stuttnefja f. Brünnich's guillemot, (Am.) thick-billed murre
stuttorður adj. brief, concise; curt
stuttsokkur m. ankle sock
stuttur adj. short; small; **fyrir stuttu** a short while ago; **s. og laggóður** short and sweet; **s. í spuna** curt, brusque; **í stuttu máli** in brief/short
stuttþekjubjalla f. rove beetle
stúdent m. high school graduate; (undergraduate) student
stúdentagarður m. hall of residence, (Am.) dormitory

stúdentspróf n. matriculation examination, (Br.) advanced level, A level (examination)
stúdera vt. study
stúfur m. stub, stump; fag end
stúka f. box; grandstand
stúka af vt. partition/curtain off
stúlka f. girl
stúlkubarn n. moppet, puss
stúra vi. mope
stúrinn adj. downcast, dejected
stúss n. bustle, fuss
stússa vi. be busy, bustle
stússa við vt. busy oneself with
stúta vt. bump off, kill
stúta sig v. take a swig
stútur m. nozzle, spout; bottleneck
stybba f. reek, fumes, miasma
styðja vt. support, favour, endorse
styðja á vt. press (a button)
styðja sig við vt. lean (up)on
styðjast við vt. use as a source
styggð f. shyness; stampede; anger
styggja vt. frighten off; insult, pique
styggjast af vt. take offence at, resent
styggur adj. shy, timid; grouchy
stykki n. piece, unit
stykkjavara f. piece goods
stykkjavörusending f. parcel shipment
stynja vi. groan, moan, sigh
stynja upp vt. gasp/stammer out
styr m. dispute, argument
styrja f. sturgeon
styrjuhrogn n.pl. caviar
styrjöld f. war
styrking f. reinforcement, fortification
styrkja vt. strengthen; support; subsidize
styrkjandi adj. cordial, bracing
styrkleiki m. strength, potency, intensity
styrktarfélag n. sponsoring organization
styrktarkona f. supporter, patroness
styrktarmaður f. supporter, patron
styrktarsjóður m. relief fund, endowment
styrkur m. strength; scholarship, grant; subsidy
styrkur adj. vigorous, unfaltering
styrkveitandi m. grantor
styrkþegi m. grantee
stytta f. statue, effigy

stytta vt. shorten, abbreviate; abridge
stytta sér leið v. cut corners
stytta sér leið yfir vt. cut across
stytta sér stundir v. pass the time
stytting f. abbreviation; abridgement
stýfa vt. shorten, truncate; lop; clip
stýra vt. steer; manage, direct; govern
stýri n. steering wheel; helm, tiller; rudder; handlebars (of a bicycle)
stýriflaug f. guided/cruise missile
stýrifræði f. cybernetics
stýrihæfni f. manoeuvrability, (Am.) maneuverability
stýrikerfi n. operating system, control system
stýrilátur adj. manoeuvrable, (Am.) maneuverable
stýrimaður m. first mate (on a ship)
stýrimannaskóli m. school of navigation
stýrisblað n. rudder
stýrisendi m. tie rod end
stýrishjól n. steering wheel, helm, tiller
stýrishús n. wheelhouse, pilot house
stýrislaus adj. rudderless
stýrismaður m. helmsman, coxswain, steersman
stýrisstöng f. steering column, helm, tiller
stýristafur m. control character
stýristautur m. joystick
stýritákn n. control character
stýrivél f. servomotor
stæði n. parking lot; standing room
stæðilegur adj. imposing, strapping
stækja f. stench; thick smoke
stækka v. grow large; enlarge, magnify
stækkari m. enlarger, magnifier
stækkun f. enlargement, blow-up
stækkunargler n. magnifying/reading glass
stækur adj. rank, stinking; fanatic(al)
stæl- comb. hip, modish
stæla f. argument, quarrel
stæla vt. toughen up; imitate, mimic
stæla við vt. argue with
stælgæi m. hipster
stæling f. toughening; imitation, pastiche
stælinn adj. quarrelsome
stæll m. style, fashion; **vera með stæla** act up

stællegur adj. stylish, snappy, saucy
stæltur adj. springy, hefty, wiry
stæra sig af vt. boast about, glory in
stærð f. size, dimensions
stærðargráða f. order of magnitude
stærðfræði f. mathematics, maths, (Am.) math
stærðfræðideild f. division of mathematics
stærðfræðilegur adj. mathematical
stærðfræðingur m. mathematician
stærilátur adj. proud, arrogant, bumptious
stærilæti n. pride, arrogance, bumptiousness
stærisjúkur adj. megalomaniacal
stærisýki f. megalomania
stöð f. station
stöðluð ímynd f. stereotype
stöðlun f. standardization
stöðnun f. stagnation
stöðugleiki m. stability, permanence
stöðuglyndi n. steadfastness, resolution
stöðuglyndur adj. steadfast, resolute, firm
stöðugt adv. constantly, perpetually
stöðugur adj. steady; constant; steadfast
stöðuhækkun f. promotion
stöðuljós n.pl. parking lights
stöðulækkun f. demotion
stöðumælasekt f. parking fine/ticket
stöðumælir m. parking meter
stöðurafmagn n. static electricity
stöðutákn n. status symbol, ensign
stöðuval n. choice of occupation
stöðuvatn n. lake
stöðuveiting f. appointment (to a job)
stöðva vt. stop; interrupt, suppress
stöðvarstjóri m. stationmaster
stöðvast vi. stop, stall; cease
stöðvun f. stop(ping), halt, discontinuance
stöðvunarmerki n. stop sign
stökk n. jump, leap, bound; gallop
stökkbretti n. springboard, divingboard
stökkbreyting f. mutation; major change
stökkbreytivaldur m. mutagen
stökkbrigði n. mutant
stökkdýr n. hopper
stökkgrein f. field event

stökkhjörtur m. springbok
stökkmús f. jumping mouse, jerboa
stökkpallur m. springboard
stökkur adj. brittle, crisp, fragile
stökkva vi. jump, leap, spring; gallop
stökkva burt vt. chase away
stökkvari m. jumper
stöndugur adj. wealthy, well-to-do
stöng f. pole, rod; bar
stöngull m. stalk (of a plant)
stöplarit n. histogram
stöpull m. pillar; bollard
stör f. sedge
subba f. slattern, slut, drab, slob
subbulegur adj. slovenly, sloppy, slipshod
subbuskapur m. slovenliness, shabbiness
suddi m. drizzle, mizzle
suð n. humming; whining
suða f. boiling; welding; buzzing
suða vi. hum, burr, buzz; whine
suðaustanstrekkingur m. southeaster
suðaustlenskur adj. southeastern
suðaustlægur adj. southeasterly
suðaustur n. southeast; adv. southeastwards
Suðaustur-Asíubandalagið n. Southeast Asian Treaty Organization, SEATO
suðlægur adj. southerly
suðrænn adj. southern; tropical
suðsuðaustur adj. & adv. south-southeast
suðsuðvestur adj. & adv. south-southwest
suðuhella f. hotplate
suðumark n. boiling point
suðupottur m. boiler, kettle, cauldron
suðupunktur m. boiling point
suður n. south; adv. south(wards)
Suðureyingur m. Hebridean
Suðureyjar f.pl. Hebrides
suðureyskur adj. Hebridean
suðurheimskautsbaugur m. Antarctic Circle
suðurheimskautssvæðið n. the Antarctic
suðurheimsskaut n. South Pole
suðurhvel (jarðar) n. southern hemisphere
Suðuríshaf n. Antarctic Ocean
Suðurland n. Southern Iceland
suðurljós n.pl. aurora australis
suðurpóll m. South Pole
suðurskaut n. South Pole

S Suðurskautsland → súkkulaði 338

Suðurskautsland n. Antarctica
suðurströnd f. south(ern) coast
suðutæki n. gas/camping stove, cooker
suðvestanstrekkingur m. southwester
suðvestlenskur adj. southwestern
suðvestlægur adj. southwesterly
suðvestur n. southwest; adv. southwestwards
suðvesturland n. Southwest Iceland
sukk n. debauchery; extravagance
sukka vi. go on a binge, revel
sukksamur adj. dissipated, bacchanalian
sull n. slop, slosh
sulla vi. slop, splash (around)
sulla saman vi. mix
sulta f. jam; vt. preserve
sultarlaun n.pl. hand-to-mouth salary
sultur m. hunger, famine, starvation
sultutau n. jam
sumar n. summer
sumarauki m. Indian summer
sumarbúðir f.pl. camp school
sumarbústaður m. summer house
sumardvalarstaður m. summer resort
sumarfrí n. summer holiday, (Am.) vacation
sumargrænn adj. deciduous
sumarlag : að sumarlagi during the summer
sumarlegur adj. summery
sumarleyfi n. summer holiday, (Am.) vacation
sumarleyfisstaður m. summer resort
sumarskáli m. summerhouse
sumartími m. summertime, (Am.) daylight saving time
sumarvertíð f. summer fishing season
sumbl n. booze-up
sumir prn. some people
summa f. sum
sumpart adv. partly
sumur prn. some
sund n. swimming; channel, strait; alley
sundbolti m. beach ball
sundbolur m. bathing suit, swimsuit
sundbuxur f.pl. swimming trunks
sundfatnaður m. beachwear
sundfit n.pl. web; **með s.** webbed, -webfooted

sundfugl m. natatorial/water bird
sundföt n.pl. bathing costume, swimsuit
sundhandknattleikur m. water polo
sundhani m. phalarope
sundhetta f. bathing cap
sundhöll f. indoor swimming pool
sundkútar m.pl. waterwings
sundla vi. feel dizzy
sundlaug f. swimming pool
sundmaður m. swimmer
sundmagalím n. isinglass
sundmagi m. swim bladder, airbladder
sundra vt. disperse, scatter; disrupt
sundrandi adj. disruptive
sundrun f. disintegration, break-up
sundrung f. disunity, discord
sundskjaldbaka f. turtle
sundskýla f. swimming trunks
sundur adv. apart; **í s.** asunder
sundurgata með vt. riddle with
sundurgerð f. affectation
sundurgerðarmaður m. dandy
sundurgreina vt. analyse, differentiate
sundurgreinandi adj. analytical
sundurgreining f. analysis, differentiation
sundurlaus adj. incoherent, disjointed
sundurleitinn adj. divergent
sundurleitur adj. diverse, varied, motley
sundurliða vt. itemize, break down
sundurliðun f. itemization, breakdown
sundurlima vt. dismember; disjoint
sundurlyndi n. discord, disagreement
sundurorða : verða s. quarrel
sundurtæting f. laceration
sundurþykki n. discord, misunderstanding
sundurþykkja f. dissension, rift
sunnan adv. from the south
sunnanmaður m. Southerner
sunnanverður adj. on the south side
sunnátt f. south(erly) wind
Sunnlendingur m. Southerner (in Iceland)
sunnlenskur adj. southern
sunnudagur m. Sunday
surtarbrandur m. lignite
sussa á vt. hush; shush
súð f. sloping ceiling; ship's side
súgur m. draught, (Am.) draft (of air)
súkkulaði n. chocolate

súla f. pillar, column; gannet
súld f. drizzle
súlnagöng n.pl. colonnade, portico
súlnaröð f. peristyle
súlufótur m. pedestal, plinth
súluhöfuð n. capital (of a pillar)
súlukóngur m. albatross
súlurit n. bar graph, histogram
súma vi. zoom
súmlinsa f. zoom lens
súpa f. soup; v. sip, drink
súpukjöt n. meat for making soup
súpuskál f. soup tureen
súputeningur m. stock cube
súr adj. sour, acid; surly, bitter
súra f. (plant) dock
súraldin n. (fruit) lime
súraldinsafi m. limejuice, limeade
súrál n. alumina
súrdeig n. leaven
súrefni n. oxygen
súrefnisbinda vt. oxygenate, oxygenize
súrefnisgríma f. oxygen mask
súrefnistjald n. oxygen tent
súrhey n. (en)silage
súrkál n. sauerkraut
súrkrás f. pickle; piccalilli
súrmatur m. sour meats
súrmeti n. sour meats
súrmjólk f. buttermilk, junket
súrna vi. turn sour
súrra vi. hum, burr
súrrealismi m. surrealism
súrsa vt. pickle; souse
súrsað kál n. sauerkraut
súta vt. tan, curry; mourn
sútari m. tanner
sútun f. tanning (of hides)
sútunarstöð f. tannery
svað n. mud, slush
svaðilför f. dangerous journey
svakafenginn adj. coarse, rough-and-tumble
svakalega adv. awfully, mighty
svakalegur adj. terrible, awful; uncouth
svala f. swallow, petrel
svala vt. satisfy; quench
svaladrykkur m. soft/cooling drink
svali m. cool(ness)
svalir f.pl. balcony; circle (in a theatre)

svall n. debauchery, riotous living
svalla vi. revel, carouse
svallari m. reveller, rake
svallhátíð f. saturnalia
svallsamur adj. dissolute, raffish
svallveisla f. orgy, revel, bacchanal
svalur adj. cool
svampdýr n. poriferan
svampgúmmí n. foam rubber
svampterta f. sponge cake
svampur m. sponge
svangur adj. hungry
svanur m. (whooper) swan
svar n. answer, reply, response
svara v. answer, reply, respond
svara fyrir vt. be responsible for
svara fyrir sig vt. answer back; fight back
svara til vt. correspond to, measure up to
svarafátt adj. at a loss for an answer
svaramaður m. best man
svarbrúnn adj. umber
svarðmosi m. peat moss
svarf n. filings, abrasion
svarfa vt. file, abrade
svarfefni n. abrasive
svarinn adj. sworn, dyed-in-the-wool
svarinn óvinur m. mortal enemy
svarri m. shrike
Svarta María f. Black Maria
svartagull n. black gold
Svartahaf n. Black Sea
svartamarkaður m. black market
svartamyrkur n. pitch dark(ness)
svartaraf n. jet
svartaþoka f. heavy fog, pea souper
svartálfur m. goblin
svartbakur m. great black-backed gull
svartblár adj. navy blue
svartfugl m. auk
svarthol n. dungeon, oubliette
svarthvítur adj. black and white
svartidauði m. bubonic plague; Icelandic schnapps
svartigaldur m. black magic/art, necromancy
svartkráka f. carrion crow
svartlist f. graphic arts
svartolía f. fuel oil
svartskjóttur adj. (of a horse) piebald
svartsýni f. pessimism

svartsýnismaður m. pessimist
svartsýnn adj. pessimistic
svartur adj. black
svartviður m. ebony
svartþröstur m. blackbird
sveðja f. machet(e)
svefn m. sleep
svefnbekkur m. studio couch
svefndá n. coma; **í svefndái** comatose
svefnganga f. sleepwalking
svefngengill m. sleepwalker
svefnherbergi n. bedroom
svefnhöfgi m. drowsiness, sleepiness
svefnklefi m. sleeper (on a train)
svefnlaus adj. sleepless, wakeful
svefnleysi n. sleeplessness, insomnia
svefnlyf n. soporific, opiate
svefnmús f. dormouse
svefnpilla f. sleeping pill
svefnpláss n. berth
svefnpoki m. sleeping bag
svefnpurka f. sleepyhead, late riser
svefnsalur m. dormitory
svefnsófi m. sofa bed, studio couch
svefnsýki f. sleeping sickness, lethargy
svefnvagn m. sleeping car, sleeper, wagon-lit
svei interj. pooh, tut, pshaw, pish
sveif f. crank, winch
sveifarás m. crankshaft
sveifarhús n. crankcase
sveifgras n. meadow grass
sveifill m. oscillator
sveifla f. swing; oscillation
sveifla v. swing, sway; fling
sveiflast vi. vibrate, fluctuate, oscillate
sveiflugjafi m. oscillator
sveifluhjól n. flywheel
sveifluhljóð n. (speech sound) trill
sveiflur f.pl. fluctuations
sveiflurit n. oscillogram
sveifluriti m. oscillograph
sveiflusjá f. oscilloscope
sveiflustjarna f. pulsating star
sveiflusvið n. range of oscillation, sweep
sveifluvídd f. amplitude
sveigaflúr n. arabesque; scrollwork
sveigja f. bend, curve; elasticity; v. bend; turn

sveigjanlegur adj. flexible, pliable, malleable
sveigjanleiki m. flexibility; elasticity
sveigur m. wreath; curve, bend
sveigur diskur m. flexible/floppy disk
sveima vi. hover; roam
sveimhugi m. dreamer, romanticist
sveimur m. swarm; **á sveimi** in the air
sveinbarn n. infant boy
sveinn m. boy; journeyman
sveinspróf n. journeyman's examination
sveipa vt. wrap up, cover
sveipur m. curl; gust of wind
sveit f. country, rural area; district, province; brigade, team; **fara á sveitina** go on the parish
sveitabær m. farm
sveitadurgur m. bumpkin, yokel, (Am.) hick
sveitafólk n. country people
sveitakona f. countrywoman
sveitalegur adj. rustic, provincial, countrified
sveitalíf n. rustication
sveitalífslýsing f. pastoral, idyll (in a poem)
sveitalífstónsmíð f. pastorale
sveitalubbi m. bumpkin, rustic, (Am.) hick
sveitamaður m. countryman, farmer; rustic
sveitamannslegur adj. rustic, countrified
sveitamál n. patois
sveitamenning f. rural culture
sveitamennska f. provinciality, rusticity
sveitarfélag n. (civil) parish, municipality
sveitarómagi m. pauper
sveitarstjóri m. head of a local government
sveitarstjórn f. local authority/ government
sveitarstjórnarmaður m. alderman (of a county council)
sveitarstyrkur m. parochial relief
sveitasetur n. villa, grange
sveitasiðir m.pl. provincialism
sveitast vi. work hard, toil, strain
sveitastjórn f. municipal authority
sveitasæla f. (rural) idyll
sveitó adj. uncultivated, provincial
sveittur adj. sweaty, sweating

sveitungi m. fellow parishioner
svekkja vt. pester, rile (Am.) piss off
svekktur adj. disillusioned, (Am.) pissed off
svelgja v. gulp
svelgja í sig vt. gulp down, quaff
svelgjast á vt. choke on
svelgur m. eddy, whirlpool, maelstrom
svell n. ice
svella vi. swell (up)
svelta vi. starve
svelti n. hunger, starvation
svengja vi. feel hungry
sveppaeyðir m. fungicide
sveppafræði f. mycology
sveppafræðingur m. mycologist
sveppkenndur adj. fungoid, fungous
sveppur m. mushroom, fungus
sveppæxli n. polypus
sver adj. thick; thickset
sverð n. sword
sverðfetill m. baldric
sverðfimi f. swordsmanship
sverðköttur m. sabre-toothed tiger
sverðlilja f. orrisroot, iris
sverðtenntur adj. sabre-toothed
sverðtönnungur m. sabre-toothed tiger
sverfa vt. file, rasp
sverja v. swear, vow, take an oath
sverja af sér vt. deny
sverja fyrir vt. abjure, disavow, disclaim
sverma fyrir vt. romance with
sverta f. black(ing); vt. blacken; defame
svertingi m. Negro
svertingjahundur m. nigger
svertingjakona f. Negress
sveskja f. prune
svið n. field; stage; division of study
svið n.pl. singed sheep's head
sviðalykt f. burnt smell
sviði m. burning sensation, smart
sviðna v. be singed/scorched/parched
sviðsetja vt. stage
sviðsetning f. staging, mise-en-scène
sviðsetningarhandrit n. scenario
sviðshrollur m. stage fright
sviðslistamaður m. artiste
sviðsljós n. limelight, spotlight
sviðsmaður m. sceneshifter, showman
sviðsmynd f. scene (in a play)

sviðsskrekkur m. stage fright
svif n. plankton; glide, flight
svifaseinn adj. sluggish, tardy
svifbátur m. hovercraft
svifbitabrú f. cantilever bridge
svifbrú f. viaduct
svifdiskur m. Frisbee
svifdrekaflug n. hang-gliding
svifdreki m. hang-glider
svifflug n. glider flight, gliding
sviffluga f. glider, sailplane
svifflugmaður m. (person) glider
svifhugi m. dreamer, romanticist
svifnökkvi m. hovercraft
sviftifall n. ablative
svig n. slalom
svigi m. round bracket, parenthesis
svigna vi. sway, bend, buckle, sag
svigrúm n. breathing space, chance, room
svik n.pl. betrayal, treachery, deceit, fraud
svikahrappur m. charlatan, cheat, rogue
svikari m. traitor; impostor
svikinn adj. false, phoney, bogus
svikóttur adj. deceitful, perfidious; unreliable
svikráð n.pl. double cross
sviksamlegur adj. deceitful, fraudulent
sviksamur adj. deceitful, disloyal
sviksemi f. deceit, unfaithfulness
svikull adj. treacherous, crooked; unfaithful
svil n.pl. soft roe, milt
svili m. husband of one's wife's sister
svilkona f. wife of one's husband's brother
svima vi. feel dizzy
svimi m. dizziness, giddiness, vertigo
svindl n. cheating; swindle
svindla vi. cheat
svindla á vt. deceive, con
svindlari m. swindler, cheat, impostor, fraud
svipa f. whip, scourge
svipa til vt. look like, resemble, take after
svipaður adj. (rather) similar
svipast um vi. have a look around, look about
svipast um eftir vt. look around/out for

svipbrigðalaus adj. expressionless, inexpressive
svipbrigðalítill adj. poker-faced
svipbrigði n.pl. facial expressions
svipfar n. phenotype
svipharður adj. hard-featured
sviplaus adj. characterless, featureless
sviplegur adj. sudden, abrupt
svipmikill adj. expressive, imposing
svipmót n. appearance, look
svipmynd f, snapshot
svipstund f. moment
svipta vt. deprive of; jerk, pull
svipting f. deprivation
sviptingar f.pl. fight, scuffle
sviptinorn f. harpy
sviptur adj. bereft (of)
svipudýr n. flagellate
svipuhögg n. whiplash
svipungur m. flagellate
svipuól f. lash, thong
svipur m. look, expression; appearance; resemblance; apparition, phantom
Sviss n. Switzerland
svissa á v. turn the ignition key, switch on
Svisslendingur m. Swiss
svisslykill m. ignition key
svissneskur adj. Swiss
svitabólur f.pl. prickly heat
svitahola f. pore
svitahrollur m. cold sweat
svitakóf n. sweat bath; **vera í svitakófi** swelter
svitalyktareyðir m. deodorant
sviti m. sweat, perspiration
svitna vi. sweat, perspire
svíða v. singe, scorch; smart, sting, ache
svíðingsháttur m. stinginess, niggardliness
svíðingur m. miser, niggard, skinflint
svífa vi. glide, hover, soar
Svíi m. Swede
svíkja vt. betray, cheat, deceive, trick
svíkja út úr vt. defraud
svíkjast um vt. shirk, malinger, neglect
svín n. pig; **éta eins og s.** make a pig of oneself; **lifa eins og s.** pig it
svína á vt. (of a driver) cut in on
svína út vt. get all dirty
svínabú n. piggery

svínafeiti f. lard
svínakjöt n. pork
svínamatur m. pigwash
svínarí n. filthy business
svínaskammrif n.pl. spareribs
svínasteik f. roast pork
svínastía f. pigsty, (Am.) pigpen
svínasulta f. brawn, (Am.) headcheese
svínsleður n. pigskin
svínslegur adj. hoggish
svínslæri n. ham
svínslöpp f. (pig's foot) trotter
svíta f. suite (of rooms)
svívirða f. shame, infamy; vt. disgrace, dishonour
svívirðilegur adj. disgraceful, outrageous
svívirðing f. disgrace, outrage, ignominy
svívirðingar f.pl. abuse, insults, brickbat
Svíþjóð f. Sweden
svo adv. so; (next) then; (like this) thus
svo að conj. so that
svo af ber adv. outstandingly
svo til adv. well-nigh
svofelldur adj. like this
svohljóðandi adj. following
svokallaður adj. so-called
svoleiðis adv. in that way, thus
svolgra vt. guzzle, quaff, swill
svoli m. bruiser, oaf, lout
svolítill adj. small, little; a little; **svolítið** a little bit, somewhat
svona adv. like that, thus; about
svonefndur adj. so-called
svunta f. apron; counterfoil, stub
svæðameðferð f. zone therapy
svæðamót n. zone tournament
svæði n. area, region, zone
svæðisbundinn adj. local, regional, sectional
svæðisnúmer n. trunk code, area code
svæðissímtal n. local call
svæfa vt. put to sleep; anaesthetize
svæfandi adj. narcotic, soporific
svæfing f. general anaesthetic, anesthetization
svæfingarlyf n. anaesthetic
svæfingarlæknir m. anaesthetist
svækja f. mugginess
svæla f. thick smoke, fumes
svæla út vt. smoke out, fumigate

svæsinn adj. violent; fanatical, hard-core
svöðusár n. gash, laceration
svölugleða f. kite
svölun f. relief, satisfaction
svölurót f. milkweed
svörður m. turf
svörfun f. erosion
svörun f. response, reaction, feedback
sybbinn adj. sleepy, drowsy
syðri adj. more southerly
syðstur adj. southernmost
syfja f. sleepiness; vi. grow sleepy
syfjaður adj. sleepy, drowsy
syfjulegur adj. drowsy, slumberous
sykra vt. sugar
sykur m. sugar
sykurkar n. sugar basin/bowl
sykurlíki n. saccharin
sykurmaís m. sweet corn
sykurmoli m. lump/cube of sugar
sykurpúði m. marshmallow
sykurreyr m. sugar cane
sykurrófa f. sugar beet
sykursjúkur adj. diabetic
sykursýki f. diabetes
sykursýkissjúklingur m. diabetic
sylgja f. buckle, clasp
sylla f. ledge
synd f. sin; pity; **segja e-m til syndanna** give s-y a piece of one's mind, lecture s-y
synda vi. swim
syndabót f. penance
syndaflóð n. deluge, flood
syndafyrirgefning f. absolution
syndari m. sinner
syndaselur m. profligate, rascal
syndga vi. sin
syndlaus adj. sinless
syndsamlegur adj. sinful, unholy, wicked
syndsemi f. sinfulness
syndugur adj. sinful
syngja v. sing
synja vt. refuse, rebuff, turn down
synjun f. refusal, rebuff, rejection
syrgja v. mourn, grieve, lament
syrgjandi m. mourner, the bereaved
syrpa f. potpourri (of music)
systir f. sister

systkinabörn n.pl. first cousins, cousins-german
systkini n.pl. brother(s) and sister(s), siblings
systraregla f. sisterhood
systurdóttir f. niece
systurfélag n. associate company
systurskip n. sister ship
systursonur m. nephew
sýfilis m. syphilis
sýki f. illness, disease
sýkill m. germ, bacillus
sýking f. infection
sýkja vt. infect
sýklaeyðandi adj. germicidal
sýklaeyðir m. antiseptic
sýklahernaður m. germ/biological warfare
sýklavörn f. asepsis
sýkn adj. innocent, guiltless
sýkna vt. acquit, absolve
sýknun f. acquittal
sýktur adj. infected, diseased, cankerous
sýn f. sight; vision; **til sýnis** on view
sýna vt. show; exhibit; perform
sýna fram á vt. prove, manifest
sýnast v. pretend; appear, seem
sýndardómstóll m. kangaroo court
sýndarhliðrun f. parallax
sýndarhögg n. feint
sýndarmenni n. pretender, bluffer, poseur
sýndarmennska f. charlatanism, pretension
sýndaryfirborð n. facade
sýndur hægt adj. (of films) slow-motion
sýni n. sample, specimen
sýniforrit n. demonstration programme
sýnilegur adj. visible, apparent
sýning f. exhibition; show, performance
sýningargripur m. showpiece, exhibit
sýningarherbergi n. projection room (in a cinema)
sýningarkassi m. showcase
sýningarsalur m. showroom
sýningarskápur m. showcase
sýningarskrá f. programme, (Am.) program
sýningarstjóri m. stage manager; projectionist

sýningarstúlka f. model
sýningarsvæði n. exhibition grounds
sýningartjald n. pavilion, marquee
sýningarvél f. projector
sýnisbók f. anthology; omnibus volume
sýnishorn n. sample, specimen, (Am.) giveaway
sýnishorn úr næstu mynd n. trailer (for a new film)
sýnishornabók f. sample (pattern) book
sýnishornapöntun f. sampling order
sýra f. acid; sour whey
Sýrland n. Syria
sýrupróf n. acid test
sýrustig n. acidity
sýsla f. administrative district, county
sýsla við vt. work on
sýslumaður m. district magistrate, sheriff
sýslumörk n.pl. district limits
sæbjúga f. holothurian, sea cucumber
sæbúi m. merman
sædýrasafn n. aquarium
sæða vt. inseminate
sædögg f. rosemary
sæði n. seed; sperm, semen
sæðing f. insemination
sæfari m. seafaring man, navigator, voyager
sæfífill m. sea anemone
sæfroða f. sea foam
sægur m. crowd, host, swarm
sækja vt. fetch, collect; attend, go to
sækja að vt. attack; haunt
sækja á vi. gain ground
sækja fram vi. advance, forge ahead
sækja um vt. apply for
sækjandi m. prosecutor; suitor; petitioner
sækjast eftir vt. strive for, aspire
sækóróna f. jasmine
sækýr f. sea cow, manatee
sæla f. happiness, bliss
sældarhyggja f. hedonism
sælgæti n. sweets, (Am.) candy; delicacy
sælgætisbúð f. candy store; tuck shop (at a school)
sælilja f. sea lily
sæljón n. sea lion
sælkeraverslun f. delicatessen
sælkeri m. gourmet, epicure
sæll adj. happy; fortunate, blessed
sællegur adj. happy-looking
sællífi n. life of luxury, hedonism
sælubraut f. primrose path
sæludagar m.pl. halcyon days
sæluhús n. refuge hut, rest house, hospice
sæluríki n. utopia, millennium
sæluríkur adj. blissful, beatific
sæluvíma f. euphoria, rapture
sæma vt. honour; suit, become
sæmandi adj. becoming, fitting, appropriate
sæmd f. honour, dignity
sæmilega adv. fairly, all right
sæmilegur adj. fairly good, reasonable
sæng f. duvet, continental quilt
sænga saman vi. sleep together
sængurföt n.pl. bed linen, bedding
sængurlega f. confinement, lying-in
sængurver n. duvet cover
sænskur adj. Swedish
sær m. ocean, sea
særa vt. wound; hurt; trim
særa fram vt. invoke, conjure up
særa út vt. exorcise
særandi adj. cutting, hurtful, offensive
særanlegur adj. vulnerable
særindi n.pl. soreness
særing f. exorcism, invocation
særingamaður m. exorcist, magus
særingaþula f. exorcism, incantation
særok n. sea spray
særými n. displacement
sæsleði m. water scooter
sæstjarna f. starfish
sæta vt. undergo
sætabrauð n. pastry
sætagangur m. gangway
sætaröðun f. seating arrangement
sætaskipti n.pl. change of place
sætavísa f. usherette
sætavísir m. usher
sætbeiskur adj. bittersweet
sæti n. seat; decimal place; haystack
sætindasali m. confectioner
sætindi n.pl. sweets, (Am.) candy
sætisgildi n. place value
sætisól f. seat/safety belt

sætistala f. atomic number
sætistalnaritun f. positional notation
sætleiki m. sweetness
sætt f. reconciliation; settlement
sætta vt. reconcile
sætta sig við vt. settle for, accept
sættagerð f. settlement, agreement
sættandi adj. conciliatory
sættanlegur adj. reconcilable
sættargerð f. agreement, settlement
sættast vi. come to terms, make up
sættast á vt. reach a settlement of
sættir f.pl. rapprochement
sætuefni n. sweetener
sætuhnúður m. yam
sætur adj. sweet; cute
söðla vt. saddle
söðlasmiður m. saddler
söðlasmíði f. saddlery
söðulklæði n. caparison
söðull m. sidesaddle
söðulvirki n. saddletree
söfnuður m. congregation; crowd
söfnun f. collection
söfnunarsvæði n. catchment area
sög f. saw
sögn f. story; report; verb; bid (in card games)
sögubók f. storybook
söguburður m. gossip
sögufrægur adj. historic, fabled
söguhetja f. hero, protagonist
söguhyggja f. historicism
sögulegur adj. historical; interesting
söguljóð n. epic (poem)
sögumaður m. storyteller, narrator
sögunarbúkki m. sawhorse
sögunarmaður m. sawyer
sögunarverksmiðja f. sawmill
sögusagnir f.pl. gossip, rumbling
sögusmetta f. telltale, newsmonger
sögustefna f. historicism
sögusvið n. scene (of action), locale
sögusögn f. hearsay
söguþráður m. plot, story line
sök f. charge; fault; reason
sökk n. blood sedimentation
sökkull m. plinth
sökkva v. sink
söknuður m. nostalgia, regret
sökudólgur m. culprit
sökum prp. because of, on account of, owing to
sökunautur m. accomplice
söl n.pl. dulse
sölna vi. wither, wilt
sölsa undir sig vt. arrogate to oneself
söltun f. salting
söluaðferð f. sales tactics
söluágóði m. proceeds
söluárangur m. sales results
sölubás m. stall
sölubúð f. shop, store
söludeild f. sales department
sölufólk n. sales force
sölufulltrúi m. sales representative
sölugengi n. selling rate (of exchange)
sölugreining f. sales analysis
söluharka f. hard sell
söluherferð f. sales campaign/drive
söluhorfur f.pl. sales prospects
söluhrun n. sales slump
söluhylli f. sales appeal
söluhæfur adj. saleable, marketable
sölukona f. saleswoman
sölukostnaður m. marketing cost
sölukynning f. sales promotion
sölulaun n.pl. sales commission
söluleyfi n. sales concession
sölumaður m. salesman, sales representative
sölumagn n. sales volume
sölumarkmið n.pl. sales goal
sölumennska f. salesmanship
sölumiðstöð f. trading centre
sölumótstaða f. sales resistance
sölumöguleikar m.pl. sales potential
sölunet n. sales network
söluræða f. sales pitch/talk/chat
sölusamband n. trading organization
sölusamningur m. sales contract, bill of sale
söluskattur m. sales tax
söluskilmálar m.pl. sales terms
söluskrumari m. mountebank
söluskýli n. booth
sölustaður m. place/point of sale
sölustjóri m. sales/marketing manager
sölustjórn f. sales management
sölusvæði n. sales area, sales territory

sölutekjur f.pl. sales revenue
sölutoppur m. peak sales
sölutorg n. marketplace
sölutregða f. tight market
söluturn m. kiosk
sölutækni f. salesmanship, sales pitch/talk/chat
söluvarningur m. merchandise, wares
söluvelta f. sales turnover
söluverð n. price
söluverðmæti n. sales value
söluyfirlit n. sales survey
söluþróun f. sales trend
söluörvun f. sales promotion
sölvahrútur m. sea slater
sömuleiðis adv. likewise, also, item
söngfugl m. songbird, songster
söngheiti n.pl. sol-fa
sönghneigður adj. musical
söngkennari m. teacher of singing, music master
söngkona f. (female) singer
söngl n. chant, singsong
söngla v. hum, croon
sönglag n. melody
söngleikhús n. opera house
söngleikur m. musical (comedy)
söngles n. recitative
sönglist f. art of singing, music
söngmaður m. (male) singer
söngrænn adj. lyric
söngskemmtun f. musical entertainment, concert
söngskrá f. programme
söngstjóri m. choirmaster
söngsveit f. chorus
söngtextahöfundur m. songwriter, lyricist
söngtexti m. lyrics, words
söngtifa f. cicada
söngtími m. singing lesson
söngur m. singing; song
söngva(kvik)mynd f. musical comedy
söngvari m. singer, vocalist
söngvasafn n. minstrelsy
söngvinn adj. musical
sönnun f. proof
sönnunarbyrði f. burden of proof
sönnunargagn n. court exhibit, piece of evidence
sönnur f.pl. proof
sötra vt. slurp

T

tað n. dung, manure, ordure
taða f. hay
taðuxi m. scarab
tafarlaus adj. instantaneous, immediate
tafarlaust adv. immediately, promptly
tafl n. chess game
tafla f. (black)board; pill, tablet; table, list
taflborð n. chessboard
taflfélag n. chess club
taflmaður m. chess player; chess piece
tafsa vi. splutter, sputter
tafsamur adj. time-consuming; dilatory
tagi n. kind; **af sama t.** of the same kind
tagl n. horsetail; ponytail, bob
taglhnýtingur m. tagger-on
taglstýfður adj. bobtailed
tak n. hold, grip, grasp, clutch; stitch, pang; **ná taki á** catch hold of; **til taks** available; on standby
taka f. seizure; take, scene
taka vt. take; seize; accept; hold, contain
taka að sér vt. take charge of; undertake
taka á móti vt. receive; greet
taka á sig vt. take on responsibility for
taka burt vt. remove, withdraw
taka eftir vt. notice, observe, note
taka fram yfir vt. prefer s-g to s-g
taka fyrir vt. harass, pick on; put a stop to
taka í gegn vt. scold, dress down; overhaul
taka í sundur vt. take apart, dismantle
taka niður vt. dismount
taka saman vt. put together; compile
taka sig á v. pull oneself together, shape up
taka undir með vt. chime in with
taka upp vt. lift; record; adopt; occupy
taka upp úr vt. unpack
taka utan af vt. unwrap
taka utan um vt. embrace
taka út v. withdraw; suffer
taka við v. take over; receive

taka við af vt. replace, succeed
takast v. succeed (in doing), manage (to do)
takk interj. thank you; **já, takk** yes, please
takkaskór m. studded shoe
takkaskæri n.pl. pinking scissors/shears
takki m. push button, key
takla vt. tackle
takmark n. aim, goal, purpose, objective
takmarka vt. limit, restrict
takmarkaður adj. limited, restricted
takmarkalaus adj. unlimited, boundless, infinite
takmarkandi adj. restrictive
takmörk n.pl. limits
takmörkun f. limitation, restriction
takmörkun kjarnorkuvopna f. nuclear disarmament; nonproliferation
takteinar : á takteinum ready at hand
taktfastur adj. rhythmic(al), metronomic
taktískur adj. tactical
taktmælir m. metronome
taktstik n. bar (in music)
taktur m. rhythm, tempo, beat; behaviour
taktvísir m. time signature (in music)
tal n. talk, conversation; speech
tala f. number, figure; speech
tala v. talk, speak
tala til vt. address; persuade
talfrelsi n. free speech
talfæri n.pl. organs of speech
talhlýðinn adj. easily persuaded
talía f. block and tackle, pulley
talkennari m. speech therapist
talkennsla f. speech therapy
talkpúður n. talcum (powder)
talkúm n. talcum
talmál n. spoken language; colloquialism
talmynd f. talkie
talnaband n. rosary, beads
talnabreyta f. numeric variable
talnafasti m. constant
talnafræði f. arithmetic
talnagrind f. abacus
talnalás m. combination lock
talnalestur m. numeration
talnareikningur m. arithmetic
talnaritun f. number representation

talnaruna f. arithmetic progression
talnaskiki m. numeric keypad
talnaspá f. numerology
talnaspámaður m. numerologist
talnaspeki f. numerology
talnaspekingur m. numerologist
talning f. count(ing); census
talriti m. dictaphone
talsamband n. radio and telephone connection
talsamsetning f. voice synthesis
talsháttur m. phrase, idiom
talsímavörður m. telephone operator
talsmaður m. spokesman; advocate
talsmáti m. manner of speaking, locution
talstöð f. transceiver, radio-telephone
talstöðvarbíll m. radio car
talsverður adj. considerable, substantial
tamborína f. tambourine, drum majorette
taminn adj. tame; trained; broken in
tamning f. training (of animals), breaking in
tamningamaður m. (animal) trainer
tamur adj. familiar
tandurhreinn adj. spick-and-span, spotless
tangarfæðing f. forceps delivery
tangarhald n. firm hold, tight grasp
tangerína f. tangerine
tangi m. spit (of land)
tankbíll m. tanker (truck)
tankskip n. oil tanker
tankur m. tank
tannbein n. dentine
tannberg n. alveolar ridge
tannbergshljóð n. alveolar (sound)
tannbursti m. toothbrush
tannduft n. tooth powder
tannfylling f. filling
tannhjól n. cogwheel
tannhljóð n. dental (sound)
tannhold n. gums (of the mouth)
tannholdsbólga f. pyorrhoea, gingivitis, periodontitis
tannhreinsiduft n. tooth powder
tannhreinsikrem n. dentifrice
tannhvalur m. toothed whale
tannkrem n. toothpaste
tannkýli n. gumboil

tannlæknadeild f. faculty of dentistry
tannlækningar f.pl. odontology, dentistry
tannlæknir m. dentist, dental surgeon
tannlæknisfræði f. odontology
tannlæknisstofa f. dental clinic
tannpína f. toothache
tannréttingar f.pl. orthodontics
tannréttingarspangir f.pl. braces (inside the mouth)
tannrótarígerð f. pyorrhoea
tannskemmd f. tooth decay, caries
tannsmíði f. dental mechanics
tannsteinn m. tartar
tannstöngull m. toothpick
tanntaka f. teething
tannumhirða f. dental care
tannvefsbólga f. pyorrhoea alveolaris, periodontitis
tannþráður m. dental floss
tap n. loss
tapa v. lose
tappa af vt. tap
tappagat n. bunghole
tappaspor n. mortice, mortise
tappatogari m. corkscrew
tappi m. cork, stopper, plug
taprekstur m. deficit
tapsár maður m. bad loser
tarfur m. bull, ox; buck
tarína f. tureen
taska f. (hand)bag; suitcase
tattóvera vt. tattoo
tattóvering f. tattoo (on the skin)
tau n. linen; laundry
taug f. nerve; rope, line; **fara í taugarnar á e-m** irritate s-y, give s-y the pip; **fara á taugum** crack up
taugaáfall n. nervous breakdown, shock, crackup
taugabilaður adj. nervous, unbalanced
taugabilun f. nervousness
taugaboð n. nerve impulse
taugabólga f. neuritis
taugafruma f. nerve cell, neuron
taugafræði f. neurology
taugafræðingur m. neurologist
taugagas n. nerve gas
taugagikt f. neuralgia
taugahnútur m. ganglion
taugahrúga f. bundle of nerves
taugahvot n. neuralgia
taugakerfi n. nervous system
taugaóstyrkur adj. nervous, jittery, highstrung
taugapína f. neuralgia
taugasími m. axon
taugasjúkdómafræðingur m. neurologist
taugasjúkdómafræði f. neurology
taugasjúkdómur m. nervous disease
taugasjúklingur m. nervous patient, neurotic
taugaslen n. neurasthenia
taugaspenna f. jitters
taugaspenntur adj. nervous, jittery, highstrung
taugastrengur m. nerve cord
taugastöð f. nerve centre
taugatitringur m. nervous excitement, twitter
taugatrekkjandi adj. nerve-racking
taugatrekktur adj. uptight, strung (up)
taugavefur m. grey matter (of the brain)
taugaveiki f. typhoid (fever)
taugaveikibróðir m. paratyphoid fever
taugaveiklaður adj. neurotic; nervous, jumpy
taugaveiklun f. neurosis; nervousness
taugaþráður m. nerve fibre, axon
taugaþroti m. neuritis
taugungur m. neuron, nerve cell
taugvagn m. trolley bus, (Am.) trolley car
taumhald : hafa t. á keep a tight rein on, curb
taumhveiti n. leghorn
taumlaus adj. unbridled, unrestrained, unchecked
taumleysi n. abandonment, licentiousness
taumur m. leash, rein; **gefa e-m lausan tauminn** give s-y free rein to, give s-y (plenty of) rope; **taka í taumana** interfere, step in
taut n. muttering
tauta vi. mutter
taxti m. (price) rate, charge
tá f. toe; **á tánum** on tiptoe
tábragð n. step-on toes (in wrestling)
táfýla f. smell of sweaty feet
tág f. wicker
tágakarfa f. wicker basket

tágamura f. silverweed
tágavörur f.pl. basketry, basketwork
tákn n. sign, symbol, token
tákna vt. symbolize; represent; mean
táknbinda vt. encode
táknfræði f. semiotics
táknfræðilegur adj. semiotic
táknkerfi n. notation; symbolism
táknmál n. sign language; symbolism
táknmynd f. symbol, emblem
táknróf n. code (of signs); character set
táknrænn adj. symbolic; typical
táknsaga f. allegory
táknstrengur m. symbol string
táknsæisstefna f. symbolism
táknsögulegur adj. allegoric(al)
tálbeita f. decoy, lure
táldraga vt. seduce; deceive
táldrægur adj. guileful
táldúfa f. stool pigeon
tálga vt. whittle, carve, cut
tálkn n. gill
tálknamandra f. axolotl
tálknarauf f. gill slit
tálknmunni m. lancelet
tálkvendi n. seductress
tálma vt. obstruct, block, hinder
tálmi m. obstacle, hindrance, stoppage
tálmun f. prevention, retardation
tálmynd f. illusion
táningaaldur m. teens
táningsstelpa f. teenybopper
táningur m. teenager
tánögl f. toenail
táp n. liveliness, vigour, verve
tápmikill adj. energetic, lusty
tár n. tear; small drink, nip, tot
tárablóm n. fuchsia
táradalur m. vale of tears
táragas n. teargas
táragöng f. nasolacrimal duct
tárakirtill m. lachrymal gland
tárast vi. shed tears
tárfella vi. weep
tárvotur adj. watery, tearful
tátuteiknun f. turtle graphics
te n. tea
tebolli m. teacup; cup of tea
tedós f. tea caddy
tedúkur m. tea cloth

tefja vt. delay, hold up; hinder
tefla v. play chess; **t. á tvær hættur**
take a risk, dice with death
tefla fram vt. field; trot out
tefla fram gegn vt. pit against
tefla gegn vt. match against
tegund f. type, kind, sort; species
tegundargreining f. qualitative analysis
tegundaúrval n. assortment
tegurreikningur m. integral calculus
tehetta f. tea cosy
tehlé n. tea break
teigur m. strip of grassland; tee
teikn n. portent; sign
teikna v. draw, sketch
teiknari m. draughtsman; plotter
teikniborð n. drawing board
teiknibók f. sketchbook
teiknibóla f. drawing pin,
(Am.) thumbtack
teiknihorn n. setsquare
teiknikennsla f. drawing lessons
teiknikol n. charcoal
teiknimynd f. animated cartoon
teiknimyndasyrpa f. comic strip,
(Br.) strip cartoon
teikning f. drawing; draughtsmanship
teiknistofa f. design studio
teiknun f. draughtsmanship
teinar m.pl. rails, tracks
teinn m. rod, spit; stripe
teinóttur adj. pinstriped
teinréttur adj. straight as an arrow;
sitja t. sit bolt upright
teinungur m. shoot, sprout
teinæringur m. ten-oared boat
teista f. black guillemot
teitur adj. cheerful, gay
teketill m. teapot
tekex n. cheese biscuit, cracker
tekinn adj. haggard, drawn; peaky
tekjuafgangur m. surplus, profit
tekjudálkur m. credit side
tekjuhalli m. deficit
tekjuhlið f. credit side
tekjuliður m. item of income
tekjulind f. source of income
tekjumáttur m. earning power
tekjur f.pl. income, earnings; revenue
tekjuskattur m. income tax

tekjuskipting f. income distribution
tekjustofn m. source of income
tekjutrygging f. income guarantee
tekjuöflun f. income acquisition
tekk n. teak
telex(skeyti) n. telex
telja v. count; consider, think
telja af vt. dissuade from; give up (for lost)
telja á vt. persuade
telja eftir vt. begrudge
telja með vt. count in, include
telja saman vt. count up; add up, total
telja um fyrir vt. reason with
teljandi adj. numberable; considerable
teljanlegur adj. countable, numberable
teljari m. counter, meter; numerator
telpa f. (young) girl
temja vt. tame; train; break in (a horse)
temja sér vt. make a habit of
templari m. teetotaller
tempra vt. regulate, temper, soften
tempraður adj. (of climate) temperate
tendra vt. light, ignite; kindle, arouse
tengdadóttir f. daughter-in-law
tengdafaðir m. father-in-law
tengdaforeldrar m.pl. parents-in-law, in-laws
tengdafólk n. in-laws
tengdamóðir f. mother-in-law
tengdasonur m. son-in-law
tengdir f.pl. relationship through marriage
tengdur adj. connected, related (by marriage)
tengi n. interface, coupling
tengibretti n. interface card
tengidós f. junction box, terminal box
tengiforrit n. linkage editor
tengihlutir m.pl. fittings
tengikaplar m.pl. jump cables
tengikló f. (electric) plug
tengiliður m. link, connection; halfback, contact man
tengill m. link; (electric) outlet, socket
tenging f. link-up, connection; conjunction
tengiorð n. connective (word)
tengirás f. interface
tengivagn m. trailer

tengja vt. connect, join; relate (to)
tengsl n.pl. connection; (inter)relationship
tengsli n.pl. clutch
teningslaga adj. cubic
teningsmál n. cubic measure
teningur m. cube; die (pl. dice)
tennis m. tennis
tennisolnbogi m. tennis elbow
tennisspaði m. tennis racket
tennisvöllur m. tennis court
tenór m. tenor
tenórtúba f. euphonium
tepoki m. tea bag
tepottur m. teapot
teppa vt. block, obstruct, hold up
teppaleggja vt. carpet
teppi n. carpet; blanket, cover
tepra f. prude, prig
teprulegur adj. prudish, priggish; affected
tepruskapur m. prudery, priggishness; affectation
termíti m. termite, white ant
terpentína f. turpentine
terta f. tart, pie (covered with pastry)
tertíertímabil n. Tertiary period
tertuhnífur m. cake slice
tesía f. tea strainer
teskeið f. teaspoon
testell n. tea service (set)
testofa f. tearoom
tetur n. rag; poor soul, wretch
textafræði f. philology
textafræðilegur adj. philological
textafræðingur m. philologist
textarýni f. textual criticism
textaskrun n. (text) scrolling
textaskýring f. annotation; exegesis
texti m. text
teyga vt. gulp down, swig
teygja f. rubber band; elasticity
teygja v. stretch (out)
teygja sig v. stretch (oneself)
teygja sig eftir vt. reach out for
teygja úr sér v. stretch (oneself)
teygjanlegur adj. elastic, rubbery
teygjanleiki m. elasticity
teygjuband n. elastic/rubber band
teygjubyssa f. catapult, (Am.) slingshot

teygjudýr n. amoeba
teygjurykking f. shirring
teygur m. gulp, swig
teyma vt. lead by the reins
tékkareikningur m. current account, (Am.) checking account
tékkhefti n. chequebook, (Am.) checkbook
tékkheftisstofn m. counterfoil
Tékki m. Czech
tékki m. cheque, (Am.) check
tékkneskur adj. Czech
tif n. ticking; tripping; quiver
tifa vi. tick; trip, patter; quiver
tifróa vi. scull
tifróður m. scull(ing)
tifræðari m. sculler
tifstjarna f. pulsar
tiftími m. cycle time
tiginmannlegur adj. dignified, lordly
tiginn adj. noble, aristocratic
tign f. nobility; grandeur; rank
tigna vt. honour; worship
tignarlegur adj. majestic, splendid, grand
tignarmaður m. dignitary
tignarmerki n. insignia
tignarsprotaberi m. beadle
tiktúra f. whim, quirk
til prp. to, towards; (of time) up to, until; (of purpose) for, to; **til baka**; back; **til einskis** for nothing; **til og frá** to and fro; **til þess að** in order to/that, so as to
tilbeiðsla f. worship, adoration
tilbiðja vt. worship, adore, idolize
tilboð n. offer, bid; **gera t. í** tender for
tilboðsgjafi m. bidder
tilbót f. addition
tilbreyting f. change, diversion
tilbreytingarlaus adj. monotonous, uniform
tilbreytingarleysi n. monotony, repetitiousness
tilbreytni f. change, diversion
tilbrigði n. variation
tilburðir m.pl. behaviour; endeavour
tilbúa vt. make, prepare
tilbúin flík f. reach-me-down (garment)

tilbúinn adj. ready; prepared; ready-to-wear, ready-made; artificial; fictional
tilbúinn áburður m. artificial fertilizer
tilbúningur m. fabrication, fiction
tildra f. turnstone, (Am.) ruddy turnstone
tildrög n.pl. events leading to s-g, causes
tildur n. affectation, foppishness
tildurrófa f. affected person, poseur
tilefni n. cause, occasion, reason, motive
tilefnislaus adj. causeless, unprovoked, unfounded
tileinka vt. dedicate; attribute
tileinka sér vt. adopt, learn
tileinkun f. dedication; attribution
tileygður adj. squint-eyed
tilfallandi adj. incidental, adventitious
tilfallinn : vel t. well-suited
tilfelli n. case, incident, occurrence
tilfinnanlegur adj. considerable, substantial, severe
tilfinning f. sensation; feeling, sentiment; hunch
tilfinningadeyfð f. apathy
tilfinningagildi n. sentimental value
tilfinningalaus adj. insensible; callous, unfeeling
tilfinningalegur adj. emotional, sentimental
tilfinningaleysi n. analgesia; anaesthesia; callousness
tilfinningalíf n. emotional life, emotions
tilfinningamaður m. emotional person, sentimentalist
tilfinninganæmi n. sensitivity; sentimentality
tilfinninganæmur adj. sensitive, softhearted
tilfinningar f.pl. feelings, emotions
tilfinningaríkur adj. emotional, soulful, intense
tilfinningasamur adj. sentimental
tilfinningasemi f. sentimentalism, emotionalism
tilfinningasljór adj. insensitive, impassive
tilfinningavella f. (sentimental) mush
tilfinningaþrunginn adj. emotive, (of speech) impassioned
tilflutningur m. transfer(ence)
tilfæra vt. state, mention, quote

tilfæringar f.pl. device, gadget; difficulties, bother
tilfærsla f. displacement, shift, transfer
tilgangslaus adj. purposeless, futile
tilgangsleysi n. futility, pointlessness
tilgangur m. purpose, goal, aim; intention
tilgáta f. hypothesis, supposition, surmise
tilgátukenndur adj. conjectural
tilgerð f. affectation, pretence, play-acting
tilgerðarlaus adj. unaffected, unpretentious
tilgerðarlegur adj. affected, genteel, mannered
tilgreina vt. specify, state; name
tilgreining f. specification
tilhald n. flashiness; pomp
tilhaldssamur adj. flashy, ostentatious
tilheyra v. belong (to); be fitting
tilheyrandi m. listener
tilhlaup n. run-up
tilhliðrun f. transfer, shift; compliance
tilhliðrunarsamur adj. compliant, yielding
tilhlutun f. agency; intervention
tilhlýðilega adv. properly, duly
tilhlýðilegur adj. fitting, proper
tilhlökkun f. anticipation
tilhneiging f. inclination, tendency, trend
tilhugalíf n. courtship
tilhugsun f. idea, thought
tilhæfulaus adj. unfounded, baseless
tilhögun f. arrangement, set-up
tilkall n. claim, pretension
tilkeyra vt. run in (an engine)
tilkeyrsla f. run-in
tilkippilegur adj. ready, game
tilkoma f. appearance, advent, coming
tilkomulítill adj. unimpressive, nondescript
tilkomumikill adj. impressive, spectacular
tilkostnaður m. expenditure, expenses
tilkynna vt. announce, declare; inform; report
tilkynning f. announcement; notice
tilkynningarskyldur adj. (of a disease) notifiable
tilkynningatafla f. notice board, (Am.) bulletin board

tillag n. contribution
tillaga f. proposal, proposition; motion
tillátsemi f. compliance, pliability
tilleiðanlegur adj. persuadable, inducible
tilli m. dick, penis
tillit n. regard, respect; consideration; **án tillits til** without respect to; **með tilliti til** in view of, considering; **taka t. til** take into account; show consideration for
tillitsemi f. consideration, deference
tillitslaus adj. inconsiderate, thoughtless
tillitsleysi n. inconsiderateness
tillitssamur adj. considerate, tactful
tillærður adj. acquired
tilmæli n.pl. request
tilnefna vt. appoint, nominate
tilnefning f. nomination
tilraun f. attempt, try; experiment
tilraunadýr n. research animal, guinea pig
tilraunaglas n. test tube
tilraunalíkan n. pilot model
tilraunapróf un f. test run
tilraunastarfsemi f. experimentation
tilraunastig n. experimental stage
tilraunastofa f. laboratory
tilraunasvæði n. proving ground
tilreiðsla f. preparation
tilreykja vt. burn in (a pipe)
tilræði n. assault, attempt
tilsettur adj. appointed, fixed
tilskilja vt. demand as a condition, stipulate
tilskipa vt. order, decree
tilskipun f. directive, decree, mandate
tilslökun f. concession
tilstand n. fuss, tumult, commotion
tilstilli n. aid, assistance, agency
tilstyrkur m. aid, assistance, support
tilsvar n. answer, reply, retort
tilsvarandi adj. corresponding
tilsýndar : sjá t. see from a distance
tilsögn f. instruction; guidance
tiltaka vt. specify, state, name; appoint
tiltakanlegur adj. remarkable, outstanding
tiltakast vi. come off, turn out
tiltala f. proportion
tiltekinn adj. particular, specific; fixed

tiltekt f. tidying up, mop-up; whim
tiltrú f. trust, confidence, reliance
tiltæki n. whim, quirk, fad; act(ion)
tiltækilegur adj. convenient, expedient
tiltækur adj. available, ready
tiltök n.pl. possibility
tiltökumál n. surprise, wonder
tiltölulega adv. relatively, comparatively
tilurð f. origin, creation, conception
tilvalinn adj. appropriate, felicitous
tilvera f. existence; world
tilverknaður m. agency; **fyrir tilverknað e-s** through/by agency of
tilveruréttur m. raison d'etre
tilvik n. incident; case
tilviljanakenndur adj. accidental, incidental, random
tilviljun f. coincidence, chance; **af t.** by chance
tilviljunarkenndur adj. accidental, incidental, haphazard
tilvinnandi adj. worthwhile
tilvist f. existence
tilvistarlegur adj. existential
tilvistarstefna f. existentialism
tilvitnun f. quotation, quote; reference
tilvitnunarmerki n. quotation mark
tilvísun f. reference
tilvísunarfornafn n. relative pronoun
tilvísunarsetning f. relative clause
tilvísunartákn n. reference mark
tilvonandi adj. future, prospective
tilþrif n.pl. good effort
tilþrifalaus adj. dull, colourless, undistinguished
tilþrifamikill adj. energetic, spirited, dashing
tilætlaður adj. intended, planned
tilætlun f. purpose, goal; intention
tilætlunarsamur adj. demanding, insistent
tilætlunarsemi f. pushiness, insistence
timbraður adj. hung over
timbur n. timber, wood, (Am.) lumber
timburhús n. wooden house
timburmenn m.pl. hangover
timburstífla f. log-jam
timburþil n. hoarding
tin n. tin, pewter
tindahjól n. sprocket wheel

tindáti m. tin/toy soldier
tindilfættur adj. light-footed
tindóttur adj. peaked; pronged, jagged
tindra vi. twinkle, sparkle
tindur m. peak, summit; prong, tine
tinhúða vt. tin
tinna f. flint
tinnubyssa f. flintlock (gun)
tinþynna f. tinfoil
tipla vi. tiptoe
tippi n. prick, dick, (Am.) pecker
titilblað n. title page
titilhlutverk n. title role
titill m. title
titillag n. theme song
titilsíða f. title page
titla vt. address, style
titra vi. quake, quiver, vibrate, shiver
titrandi adj. quavery, tremulous, vibrant
titringur m. quivering, vibration, tremor
tittlingur m. bunting; prick, cock, penis
tittur m. pin, peg; tack; shorty, shrimp
tí n. tee; **setja (golfkúlu) á tí** tee up; **slá (golfkúlu) af tíi** tee off
tía f. ten (in cards); bus number ten
tíbrá f. mirage
tíð f. time, period; weather; tense
tíðabindi n. sanitary towel/napkin
tíðagerð f. liturgy
tíðahringur m. menstrual/oestrous cycle
tíðahvörf n.pl. menopause
tíðalok n.pl. menopause
tíðarandi m. spirit of the times
tíðarfar n. weather conditions
tíðarsetning f. temporal clause (in grammar)
tíðartenging f. temporal conjunction (in grammar)
tíðatappi m. tampon
tíðindalítill adj. uneventful
tíðindi n.pl. news, tidings; event
tíðir f.pl. menstruation; mass
tíðka vt. be in the habit of
tíðkast vi. be customary
tíðni f. frequency
tíðnimótari m. radio-frequency modulator
tíðnimótun f. frequency modulation
tíðnisvið n. waveband
tíðum adv. often
tíður adj. frequent

tígrisdýr n. tiger
tígrisköttur m. ocelot
tígulegur adj. majestic, dignified, imposing
tíguleiki m. stateliness, gracefulness
tígull m. rhombus; diamond (in cards)
tígulsteinn m. tile
tík f. (female dog) bitch
tíkall m. ten krónur piece
tíkarlegur adj. base, mean, dishonourable
tíkarspeni m. pigtail
tíma vt. have the heart to do; **t. ekki** be too stingy to afford, be scant in spending
tímaáætlun f. timetable, schedule, time frame
tímabelti n. time zone
tímabil n. period, era
tímabundinn adj. temporary, provisional; busy
tímabær adj. timely, opportune, ripe
tímadeildur adj. time-sharing
tímaeyðsla f. waste of time
tímafrekur adj. time-consuming
tímahjól n. camshaft gear
tímahrak : **í tímahraki** pushed for time
tímakaup n. hourly wage, hourly work
tímakaupsmaður m. hourly employee
tímamerki n. time signal
tímamót n.pl. turning point, milestone
tímamótaskref n. breakthrough
tímamælingarfræði f. horology
tímamælir m. chronometer; timekeeper
tímamörk n.pl. deadline
tímanlega adv. in good time
tímarit n. periodical, magazine, review, journal
tímaröð f. chronological order
tímasetja vt. date, time; schedule
tímasetning f. dating, timing
tímaskeið n. period, age
tímaskekkja f. anachronism
tímaskiptur adj. time-sharing
tímaskyn n. sense of time
tímasparandi adj. timesaving
tímasprengja f. time bomb
tímastillir m. time switch
tímastilltur þurrkurofi m. interval windshield wiper switch
tímatal n. calendar, chronology
tímatalsfræði f. chronology
tímatalsfræði jarðar f. geochronology
tímatalslegur adj. chronological
tímatöf f. time lag
tímavinna f. work paid by the hour
tímavörður m. timekeeper
tímgast vi. propagate, multiply; thrive
tímgun f. propagation, procreation
tímgunarhringur m. oestrous cycle, (Am.) estrous cycle
tími m. time; hour; lesson, class
tína vt. pick, gather
tínast burt vi. drop off one by one
tíræður adj. centenarian
tíska f. fashion, vogue, style, trend
tískufrömuður m. trendsetter
tískufyrirbæri n. fad, craze
tískugengi n. smart set
tískulegur adj. fashionable, chic
tískusýning f. fashion show
tískuverslun f. boutique
tíst n. twitter, chirp; squeak
tísta vi. twitter, chirp; squeak
títa f. sandpiper
títt adv. often, frequently
títuprjónn m. pin
títuprjónshaus m. pinhead
títuprjónsoddur m. pinpoint
tíu num. ten
tíunda vt. relate, rehearse
tíundi num. tenth
tíuveldi n. scientific notation
tívolí n. funfair, (Am.) amusement park
tíæringur m. ten-oared boat
tjakka vt. jack up (a car)
tjakkur m. jack
tjald n. tent; curtain; screen
tjalda v. pitch a tent; camp
tjaldabak : **að tjaldabaki** offstage
tjaldborg f. camp
tjaldbotn m. groundsheet
tjaldbúðir f.pl. camp
tjaldhiminn m. flysheet, canopy
tjaldhæll m. tent peg
tjaldmaður m. camper
tjaldskör f. fly (of a tent)
tjaldstæði n. place to camp
tjaldsúla f. tent pole
tjaldsvæði n. campground, campsite
tjaldur m. oystercatcher, sea pie

tjaldþak n. awning
tjalli m. Englishman, (Am.) limey
tjara f. tar; nonsense
tjarga vt. tar
tjasla vt. patch up
tjá : á tjá og tundri in a mess, chaotic
tjá vt. express, utter; report, inform
tjáning f. expression
tjáningarfrelsi n. freedom of expression
tjáningarkraftur m. expressiveness
tjása f. wisp
tjáskipti n.pl. communication
tjástíll m. expressionism
tjásulegur adj. wispy
tjóa vi. be of use, help
tjóðra vt. tether
tjóður n. tether, (Am.) lariat
tjón n. loss, damage
tjónabætur f.pl. damages, indemnity
tjónamat n. valuation of damage
tjónamatsmaður m. (insurance) adjuster, assessor
tjónka við vt. keep under control
tjúllaður adj. cuckoo
tjútt n. jitterbug
tjörn f. pond
tjörubera vt. tar
tog n. pull, tug; tow; coarse wool
toga vt. pull, draw, tug; trawl
toga í vt. pull at/on
toga út vt. pull out, extract
togari m. trawler
togast á um vt. fight over
togbraut f. funicular railway
togbrautarvagn m. cable car
togbretti n. aquaplane
toghlerar m.pl. trawl doors
togkraftur m. (force) pull
toglyfta f. ski tow
togna v. stretch; sprain (a joint)
tognun f. sprain
togstreita f. tug (of war), conflict
tolla v. stay (put); stick, adhere
tolla vt. impose customs duties on
tollafgreiða vt. clear (goods) through customs
tollafgreiðsla f. customs clearance
tollbúð f. customs house
tollflokkun f. customs classification
tollfrjáls adj. duty-free, tax-free

tollgjald n. customs duty
tollgæslubátur m. revenue cutter
tollheimtumaður m. tax collector
tollhlið n. (Am.) turnpike
tolli m. thole
tollinnsiglun f. customs bond
tollleit f. customs search
tollmúr m. tariff barrier
tollpóststofa f. customs post office
tollprósenta f. duty rate
tollreikningur m. customs invoice
tollskjöl n.pl. customs documents
tollskoðun f. customs check/inspection
tollskrá f. customs tariff
tollskrárnúmer n. customs tariff number
tollskyldur adj. dutiable, declarable
tollskýli n. tollbooth
tollskýrsla f. bill of entry, customs declaration
tollstjóraembætti n. customs department
tollstöð f. customs house
tollur m. customs (duty)
tollvegur m. (Am.) turnpike road
tollvörður m. customs officer
tollvörugeymsla f. bonded warehouse
tollyfirvöld n.pl. customs authorities
tollþjónn m. customs officer
tombóla f. raffle
tomma f. inch (2,54 sm)
tommustokkur m. inch rule
tonn n. (metric) ton
toppfígúra f. figurehead
toppfundur m. summit meeting/talk
toppgrind f. roof rack
topplykill m. box spanner
toppskarfur m. shag
toppstarf n. plum job
toppur m. top; summit, peak; forelock
toppveifa f. pennant
toppönd f. red-breasted merganser
torbræddur adj. refractory
torf n. turf, sod
torfa f. piece of turf, sod; shoal (of fish)
torfenginn adj. difficult to obtain, tight
torfær adj. difficult to pass, impassable
torfæra f. obstacle
torfærubifreið f. off-road vehicle
torfærukeppni f. cross-country (race)
torg n. square, marketplace
torga vt. eat (up)

torkennilegur adj. difficult to recognize, weird
torlæsi n. dyslexia
tormeltur adj. difficult to digest, indigestible
tormerki n.pl. difficulties
tornæmur adj. dull, slow-witted
torræðni f. abstruseness, opacity, opaqueness
torræður adj. abstruse, enigmatic, oracular
torskilinn adj. abstruse, obscure, baffling
torsóttur adj. difficult to reach
tortíma vt. destroy, ravage, devastate
tortímanlegur adj. destructible, perishable
tortíming f. destruction, annihilation
tortryggilegur adj. suspicious, suspect, shady
tortrygginn adj. suspicious, mistrustful
tortryggja vt. suspect, distrust
tortryggni f. suspicion, mistrust(fulness)
torvelda vt. make difficult, impede
torveldur adj. difficult, hard, arduous
torýfill m. scarab
tosa vt. pull, tug
tossi m. dunce
tota f. end, tip
totta vt. suck; puff at, whiff
tó f. patch of grass; n. wool; rope
tóbak n. tobacco
tóbaksdós f. snuffbox; box of snuff
tóbakshorn n. petunia
tóbakssali m. tobacconist
tófa f. fox, vixen
tófugras n. brittle bladder-fern
tól n. tool, implement
tólf num. twelve
tólffótungur m. caterpillar
tólfti num. twelfth
tólg f. tallow; dripping(s)
tóm n. vacuum; emptiness; leisure
tómamengi n. empty/null set
tómarúm n. vacuum; emptiness
tómatsósa f. ketchup
tómatur m. tomato
tómhentur adj. empty-handed
tómlátur adj. apathetic, indifferent
tómlegur adj. empty, cheerless
tómleiki m. emptiness

tómlæti n. apathy, indifference
tómstund f. spare time, leisure
tómstundagaman n. hobby
tómstundaheimili n. recreation centre
tómstundaiðja f. leisure activity, hobby
tómstundastarf n. extracurricular activities
tómstundasvæði n. recreation ground
tómur adj. empty, vacant, blank; pure
tóna vi. sing mass, chant
tónband n. soundtrack
tónbil n. interval
tónblær m. timbre
tónelskur adj. musical
tónfall n. intonation
tónflutningur m. transposition
tónflytja vt. transpose (in music)
tónfræði f. musicology
tónhæð f. pitch
tónik n. tonic water
tónjafnari m. equalizer
tónkvísl f. tuning fork
tónleikahús n. concert hall
tónleikar m.pl. concert
tónleikasalur m. music hall
tónlist f. music
tónlistarfélag n. musical/philharmonic society
tónlistarglamur n. muzak
tónlistarkennari m. music teacher
tónlistarmaður m. musician
tónlistarskóli m. school of music, conservatory
tónn m. tone, note; tone of voice
tónskáld n. composer
tónsköpun f. musical creation
tónsmíð f. composition
tónsproti m. baton
tónstigi m. gamut, scale
tónstilling f. modulation
tóntegund f. (musical) key, tonality
tónverk n. piece of music, composition
tónvís adj. musical
tónvísindi n.pl. musicology
tóra vi. vegetate, linger
traðka v. trample, stamp
traðka á vt. trample (up)on, walk over
traf n. fringe; bandage
trafali m. obstacle; nuisance
traktor m. tractor

tralla vi. sing; gad about
tralli m. gadabout
trampólín n. trampoline
trana f. (bird) crane
trana sér fram v. push oneself forward
trans m. trance
trantur m. trap, gob
trapisa f. trapezium, (Am.) trapezoid
trappa f. stepladder; step (of a stair)
trassa vt. neglect
trassafenginn adj. negligent, careless
trassaskapur m. negligence, dereliction (of duty)
trassi m. sloppy person
trauðla adv. barely, hardly
traust n. trust; confidence; support
traustatak : taka traustataki take without permission
traustleiki m. strength; reliability
traustsyfirlýsing f. vote of confidence
traustur adj. reliable; solid; safe, secure
tráss : í trássi við in violation of
trefill m. scarf, muffler
trefjaefni n. fibrin
trefjagler n. fibreglass
trefjaplata f. fibreboard
trefjar f.pl. fibres
trefjóttur adj. fibrous; frayed
trega vt. mourn
tregablandinn adj. plaintive
tregða f. reluctance; inertia
tregðulögmál n. law of inertia
treggáfaður adj. slow-witted, dull
tregi m. sorrow, sadness, pathos
treglega adv. reluctantly; slowly
tregur adj. reluctant; dull, dense, stupid
treina sér vt. make last, eke out
trekkja vt. wind (up); attract, draw
trekkur m. draught (of air)
trekt f. funnel
treyja f. blazer; cardigan
treysta vt. trust; strengthen
treysta á vt. rely/depend on
treysta fyrir vt. entrust/confide to
treysta sér til vt. feel up to
tré n. tree; wood
tréblásturshljóðfæri n. woodwind
tréflís f. splinter
tréfótur m. peg leg

tréhamar m. mallet
tréna vi. become wooden
tréni n. cellulose
trérista f. woodcut
tréskór m. clog (shoe), sabot
tréskurður m. woodcarving
trésmiður m. carpenter, joiner
trésmíðameistari m. master carpenter
trésmíði f. carpentry; woodwork
tréspil n. xylophone
tréspírítus m. wood/methyl alcohol, methanol
trétappi m. spigot
tréverk n. woodwork
triljón f. (Br.) trillion (= miljón miljónir miljóna)
trilla f. small motorboat; trolley; trill (in music)
trimm n. exercise, jogging
trimma vi. exercise, jog
trippi n. young horse
trissa f. pulley
trínitatis f. Trinity Sunday
tríó n. trio
trítl n. pitter-patter
trítla vi. patter, skitter
trjábolur m. tree trunk, bole, log
trjábörkur m. bark
trjágrein f. branch, bough, limb
trjágöng n.pl. alley, avenue
trjákvoða f. wood pulp, resin
trjálundur m. grove
trjástofn m. tree trunk, bole, stock
trjáviður m. timber
trjóna f. snout, proboscis; prow
troða vt. trample; stuff, pack, cram
troða á vt. trample on; humiliate
troða inn á vt. force (up)on
troða inn í vt. squeeze into
troða marvaða v. tread water
troða sér inn í vt. barge/intrude into
troða sér upp á vt. foist on
troða undir vt. trample underfoot
troða upp vi. perform
troðast vi. push forward; crowd
troðast fram fyrir vi. jump the queue
troðfullur adj. chock-full, crowded
troðfylla vt. cram full, overcrowd
troðinn adj. jam-packed; (of a path) beaten

troðningur m. jostling, congestion; (foot)path
trog n. trough
troll n. trawl
tromma f. drum
trommukjuði m. drumstick
trommuleikari m. drummer
trommusláttur m. drumbeat
tromp(spil) n. trump (card)
trompa vi. trump
trompet m. trumpet
trompetleikari m. trumpeter
tromplitur m. trumps
trosna vi. fray, ravel up
tróð n. padding, stuffing
Tróverji m. Trojan
tróverskur adj. Trojan
trufla vt. disturb; distract
truflaður adj. (mentally) disturbed, deranged
truflandi adj. bothersome; distractive
truflanir f.pl. static
truflun f. disturbance; distraction
trukkur m. lorry, (Am.) truck
trumba f. drum
trumbusláttur m. drumbeat
trunta f. nag
trú f. faith, confidence; belief; religion
trúa vt. believe; trust
trúa á vt. believe in, have faith in
trúa fyrir vt. entrust with; confide to
trúaður adj. religious
trúanlegur adj. credible
trúanleiki m. credibility
trúaratriði n. article of faith, fetish
trúarbrögð n.pl. religion
trúarhræsni f. pharisaism
trúarjátning f. confession (of faith), creed
trúarkenning f. doctrine, teaching; dogma
trúarklofningur m. schism
trúarlegur adj. religious, spiritual
trúarleiðtogi m. hierarch, high priest
trúarofsi m. zealotry
trúarofstæki n. religious fanaticism
trúarregla f. cult
trúarsetning f. doctrine, teaching; dogma
trúarsöfnuður m. communion
trúarvakning f. revivalism
trúarvakningarmaður m. revivalist
trúbadúr m. troubadour
trúboð n. mission
trúboði m. missionary
trúður m. clown, buffoon, harlequin
trúfastur adj. faithful, true-hearted
trúflokkur m. denomination, sect
trúfrelsi n. religious liberty
trúfræði f. theology; dogmatics
trúfræðsla f. catechism
trúgirni f. credulousness, gullibility
trúgjarn adj. credulous, gullible
trúhneigður adj. religious
trúhræsni f. sanctimoniousness
trúlaus adj. irreligious, impious, atheistic
trúlegur adj. plausible, probable
trúleysi n. faithlessness, impiety, atheism
trúleysingi m. unbeliever, atheist
trúlofa sig vi. become engaged
trúlofaður adj. engaged, betrothed
trúlofast vt. become engaged to
trúlofun f. engagement, betrothal
trúmaður m. believer
trúmál n.pl. religious questions
trúmennska f. devotion, loyalty, fidelity
trúnaðarbrella f. confidence trick
trúnaðarbréf n. diplomatic credentials
trúnaðarbrot n. breach of confidence, infidelity
trúnaðarlæknir m. company doctor
trúnaðarmaður m. confidant; shop steward
trúnaðarmaður verkalýðsfélags m. business agent (Br.)
trúnaðarmál n. confidential matter, secret
trúnaðarsvindl n. confidence trick
trúnaðartraust n. confidence, reliance
trúnaðarvinur m. bosom friend, confidant
trúnaður m. trust, faith, confidence
trúr adj. faithful, loyal, true
trúrækinn adj. religious, godly, devout
trúrækni f. religiousness, piety
trúskiptingur m. convert, proselyte
trúss n. baggage
trúverðugleiki m. credibility, plausibility
trúverðugur adj. trustworthy, credible
trúvilla f. heresy; heterodoxy
trúvillingur m. heretic
tryggð f. faithfulness, loyalty, devotion
tryggðablóm n. chrysanthemum

tryggðapantur m. love token
trygging f. guarantee, security; insurance; collateral
tryggingabætur f.pl. insurance benefits
tryggingafræðingur m. (insurance) actuary
tryggingarfé n. earnest money, handsel, collateral
tryggingarfélag n. insurance company
tryggingarhæfur adj. insurable
tryggingariðgjald n. insurance premium
tryggingarkrafa f. insurance claim
tryggingarsamningur m. insurance contract
tryggingarskilmálar m.pl. insurance terms
tryggingarskírteini n. insurance policy
tryggingarskjöl n.pl. insurance documents
tryggingarstofnun f. social insurance department
tryggingartímabil n. insurance period
tryggingarupphæð f. insurance coverage
tryggja vt. insure; safeguard, secure
tryggjanlegur adj. insurable
trygglyndur adj. faithful, true-blue
tryggur adj. faithful, loyal; safe
trylla vt. drive crazy, craze
tryllast vi. blow one's top; flip
tryllingslegur adj. wild, fantastic
tryllingur m. wildness, fury
tryllitæki n. (Am.) hot rod
trylltur adj. wild, violent; furious
trymbill m. drummer
trýni n. snout, muzzle
tröð f. avenue
tröll n. troll, ogre, giant
tröllaepli n. muskmelon
tröllahvönn f. hogweed, keck
tröllasaga f. folktale about trolls; tall story
tröllasúra f. rhubarb
tröllatré n. eucalyptus
tröllatrú f. blind faith
tröllaukinn adj. gigantic, herculean
trölleðla f. dinosaur
tröllkona f. giantess
tröllríða vt. pest, overburden
tröllskessulegur adj. ogreish
tröllslegur adj. gigantic, ogreish
tröllvaxinn adj. colossal, gigantic

trönuber n. cranberry
trönur f.pl. trestles; easel
tröppur f.pl. staircase, stairs
tsetsefluga f. tsetse/tzetze fly
tuddaskapur m. rowdiness
tuddi m. bull; bully
tuða vi. nag, grumble, mouth
tuðra f. pouch, reticule
tugabrot n. decimal fraction
tugabrotskomma f. decimal point
tugakerfi n. decimal system/numeration
tugastafur m. decimal
tugatal : í tugatali by the dozen
tugatala f. decimal numeral
tugatölustafur m. decimal digit
tugga f. chew, cud
tugthús n. house of correction
tugthúslimur m. jailbird, (Br.) lag
tugur m. ten; decade
tugþraut f. decathlon
tukta til vt. discipline, punish
tuldra vi. mutter, mumble
tuldur n. muttering, murmuring
tundur n. tinder; explosive
tundurdufl n. mine
tundurduflabelti n. minefield
tundurduflaslæðari m. minesweeper
tundurskeyti n. torpedo
tundurspillir m. destroyer
tunga f. tongue; language; spit (of land)
tungl n. moon
tunglár n. lunar year
tunglbjartur adj. moonlit
tunglferja f. lunar module
tunglfiskur m. sunfish
tungljurt f. moonwort
tunglkoma f. new moon
tunglmánuður m. lunar month
tunglmyrkvi m. lunar eclipse
tunglóður adj. moonstruck, lunatic
tunglskin n. moonlight
tunglskinslaus adj. moonless
tungubrjótur m. tongue twister
tungubroddshljóð n. lingual (sound)
tungukróna f. ray flower
tungulipur adj. silver-tongued, glib
tungumál n. language
tungutak n. speech
tunna f. barrel, cask; drum
tunnugjörð f. hoop

tunnustafur m. stave (of a barrel)
turn m. tower
turnfálki m. kestrel
turnspíra f. spire, steeple
turnugla f. screech owl
turtildúfa f. turtledove
tusk n. tussle
tuska f. rag
tuskast vi. horse around
tuskudúkka f. rag doll
tuskulegur adj. ragged; feeble, sickly
tuskusali m. ragman
tussa f. cunt
tuttugasti num. twentieth
tuttugu num. twenty
túba f. bass horn, tuba; tupe
túða f. nozzle, jet
túli m. mouth, gob, trap
túlipani m. tulip
túlka vt. interpret; explain, expound
túlkun f. interpretation; reading
túlkunarfræði f. hemeneutics
túlkur m. interpreter
tún n. hayfield, homefield
túnbrá f. rayless chamomile
túndra f. tundra
túnfiskur m. tuna
túnfífill m. dandelion
túnsúra f. green sorrel
túnvingull m. red fescue
túnætissveppur m. meadow mushroom
túr m. trip; period; **vera á t.** menstruate
túristi m. tourist
túss n. India ink
tússpenni m. felt-tip(ped) pen
tútna út vi. swell, round out, balloon
tútta f. teat, (Am.) nipple
tveggja alda afmæli n. bicentenary, (Am.) bicentennial
tveggja dyra fólksbíll m. coupé
tveggja flokka adj. bipartisan, bipartite
tveggja sæta farartæki n. two-seater
tveir num. two
tvennd f. pair, brace
tvenndarleikur m. doubles
tvennskonar adj. two kinds (of)
tvennur f.pl. two pairs; adj. two
tvinna vt. twist, twine, interweave
tvinnakefli n. reel of thread
tvinni m. thread, yarn

tvinntala f. complex number
tvist n. (dance) twist
tvista vi. twist
tvistur m. two, deuce (in cards); bus number two; cotton waste; diode
tvisvar adv. twice
tvíátta adj. duplex
tvíbaka f. rusk
tvíbendni f. ambivalence
tvíbentur adj. ambivalent
tvíblöðungur m. folio
tvíbolungur m. catamaran
tvíbreiður adj. double, double-size(d)
tvíbroddur m. circumflex
tvíburi m. twin; Gemini
tvíbýli n. farmstead for two households
tvídans m. pas de deux
tvíeggjaður adj. double-edged
tvífari m. double
tvífætla f. biped
tvígengisvél f. two-stroke/ (Am.) two-cycle engine
tvíhenda f. couplet
tvíhjól n. bicycle, bike
tvíhleyptur adj. (of a gun) double-barrelled
tvíhliða adj. two-way, bilateral
tvíhljóð n. diphthong
tvíhnepptur adj. double-breasted
tvíhyggja f. dualism
tvíhöfði m. biceps
tvíkvíslaður adj. bifurcate
tvíkvæni n. bigamy
tvíkvænismaður m. bigamist
tvíkynja adj. bisexual; hermaphroditic
tvíkynjungur m. hermaphrodite
tvíliðaleikur m. doubles
tvíliður m. trochee
tvílitningur m. diploid
tvílyftur strætisvagn m. double-decker
tvímála adj. bilingual
tvímálmur m. bimetal
tvímenningsreiðhjól n. tandem
tvímælalaust adv. undoubtedly, without doubt
tvínóna vi. hesitate
tvípunktur m. colon (:)
tvíraddaður adj. of two voices
tvírása adj. stereophonic
tvírit n. duplicate, copy

tvíræðni f. ambiguity
tvíræður adj. ambiguous
tvísaga : verða t. contradict oneself
tvískipting f. bisection; bifurcation; dichotomy
tvískiptur adj. two-piece; bipartite; dual
tvískiptur skjár m. split screen
tvísköttun f. double taxation
tvíslá f. parallel bars
tvístefnuvegur m. dual carriageway
tvístirni n. binary star
tvístíga vi. hang back, shilly-shally
tvístra vt. disperse, scatter
tvístrun f. dispersal
tvístæðubiti m. parity bit
tvístæðuprófun f. parity check
tvísýna f. uncertainty, precariousness, hazard
tvísýnn adj. critical, precarious, dubious
tvísýringur m. dioxide
tvísögli f. contradiction
tvísöngur m. duet
tvítaka vt. repeat
tvítal n. dialogue
tvítala f. dual number (in grammar)
tvítekning f. repetition; tautology
tvítugur adj. twenty years old
tvítyngdur adj. bilingual
tvíundakerfi n. binary system
tvíundakóti m. binary code
tvíundarleikur m. mixed doubles
tvíundatölustafur m. binary digit
tvívarahljóð n. bilabial
tvívegis adv. twice
tvívíður adj. two-dimensional
tvíyfirfara vt. crosscheck
tvíþekja f. biplane
tvíþættur adj. twofold; double-barrelled
tvíær planta f. biennial plant
tvöfalda vt. double; duplicate
tvöfaldur adj. double, twice as much; two-faced
tvöfalt gler n. double glazing
tvöfeldni f. duplicity, deceitfulness
tvöföldun f. doubling, reduplication
tyfta vt. chasten
tyftunarmeistari m. martinet
tyggigúmmí n. chewing/bubble gum
tygging f. mastication, chew
tyggja vt. chew, masticate

tyggjó n. chewing/bubble gum
tygi : vera í tygjum við have a relationship with, carry on with
tygja sig vi. prepare for departure
tylft f. dozen
tylftardómur m. petty jury
tylla sér vi. sit down, perch
typpi n. button; prick, (Am.) pecker
tyrfa vt. cover with turf, turf
tyrfinn adj. abstruse, recondite
Tyrki m. Turk
Tyrkland n. Turkey
tyrkneskur adj. Turkish
týna vt. lose
týnast vi. be lost, perish
týndi hlekkurinn m. the missing link
týndi sonurinn m. the prodigal son
týndur adj. lost, missing
týpa f. type; character
týra f. faint light, glimmer
týtuber n. cowberry
tæfa f. vixen; bitch
tæki n. tool; implement; apparatus, appliance
tækifæri n. opportunity, chance
tækifæriskjóll m. maternity dress
tækifærisljóð n. occasional poem
tækifærismynd f. snapshot
tækifærissinnaður adj. opportunistic
tækifærissinni m. opportunist
tækifærisstefna f. opportunism
tækjabúnaður m. apparatus, equipment
tækjasamstæða f. console
tækjastjóri m. operator
tækla vt. tackle
tækling f. tackle (in football)
tækni f. technique; technology
tækniatriði n. technicality, technical detail
tæknibeiting f. technique
tæknibrellur f.pl. special effects
tæknibylting f. technological revolution
tækniframfarir f.pl. technological advance
tæknifrjóvgun f. artificial insemination
tæknifræði f. technology
tæknifræðilegur adj. technological
tæknifræðingur m. technologist
tækniháskóli m. technical college, polytechnic

tæknikrati m. technocrat
tæknikunnátta f. technical knowledge
tæknilegur adj. technical
tæknimaður m. technician
tæknimál n. jargon
tæknimenntun f. technical education, technical training
tækninám n. technical training
tækninýjung f. technological innovation
tæknisérfræðingur m. technical expert
tækniskóli m. technical college, polytechnic
tæknisnillingur m. virtuoso
tæknisvið n. division of technical education
tækniteiknari m. draughtsman, draftsman
tækniupplýsingar f.pl. technical data
tækniveldi n. technocracy
tækniveldissinni m. technocrat
tækniþróun f. technological development
tækniöld f. age of technology
tæla vt. entice, seduce; deceive
tælandi adj. enticing, seductive
tæling f. enticement, seduction
tæma vt. empty; use up, exhaust; vacate
tæmandi adj. full-scale, exhaustive
tæming f. emptying; depletion; evacuation
tæpa á vt. hint at, scratch the surface
tæpitunga f. lisp; baby talk; vague words
tæplega adv. scarcely, hardly, barely
tæpur adj. scant, narrow; critical
tær adj. clear, pure, limpid
tæra vt. corrode, erode
tærast upp vi. waste away
tæring f. corrosion; consumption, tuberculosis
tærleiki m. clearness, pureness, limpidity
tæta vt. tear up
tæta sundur vt. tear apart; lacerate
tætari m. shredder
tætingslegur adj. messy, higgledy-piggledy
tætla f. shred, rag; **í tætlur** to bits
tættur adj. tattered, ragged
töðugjöld n.pl. harvest festival/home
töf f. delay, hold-up; brief stop

töffari m. tough guy
töfflur f.pl. heelless slippers, mules
töflulaga adj. tabular
töfluleit f. table lookup
töflureiknir m. spreadsheet (programme)
töfra vt. bewitch; fascinate, enchant
töfra fram vt. conjure up
töfraandi m. genie
töfrabrögð n.pl. conjuring tricks, hocus-pocus
töfradrykkur m. magic potion; philtre
töfraformúla f. magic formula; nostrum; panacea
töfragripur m. talisman, charm
töfraljómi m. glamour
töfralæknir m. witchdoctor, medicine man
töframaður m. magician, conjurer, wizard
töfrandi adj. charming, enchanting; glamorous
töfrar m.pl. magic, enchantment; charm
töfrasproti m. magic wand
töfraþula f. incantation, spell
töfrun f. captivation, fascination
töggur m. determination, guts
tökuorð n. loanword
tölfræði f. statistics
tölfræðieftirlit n. statistical control
tölfræðigreining f. statistical analysis
tölfræðileg flokkun f. statistical breakdown
tölfræðilegur adj. statistical
tölfræðingur m. statistician
tölt n. slow trot
tölta vi. (of a horse) trot slowly
tölublað n. issue, number (of a paper)
töludálkur m. column of figures
tölugildi n. numerical value
tölukjarni m. fixed-point part, mantissa
tölulegur adj. numerical
tölulæsi n. numeracy
töluorð n. numeral
tölusetja vt. number
tölustafastrengur m. numeric string
tölustafur m. numeral, digit
töluverður adj. considerable, sizeable
tölva f. computer
tölvari m. computer operator
tölvuborð n. computer console

tölvubúnaður m. computer equipment
tölvuforrit n. computer program
tölvuforritari m. computer programmer
tölvufræði f. computer science
tölvugögn n.pl. computer data
tölvuhermun f. computer simulation
tölvuhugbúnaður m. computer software
tölvukerfi n. computer system
tölvukubbur m. chip
tölvuleit f. computer search
tölvulæsi n. computer literacy
tölvunet n. computer network
tölvuprentari m. computer printer
tölvurefur m. hacker
tölvuskjár m. computer screen
tölvuskrá f. computer file
tölvustafur m. byte
tölvustjórnkerfi n. computer control system
tölvustudd kennsla f. computer assisted instruction (CAI)
tölvustudd stjórnun f. computer-aided control
tölvustudd verkfræðivinna f. computer-aided engineering
tölvustýrð eldsneytisinnspýting f. electronic fuel injection
tölvustýrð kveikja f. computer controlled ignition
tölvustýrður adj. computer controlled
tölvuteikning f. computer graphics
tölvutækni f. computer technology
tölvuútskrift f. computer printout
tölvuvit n. artificial intelligence
tölvuvæða vt. computerize
tölvuvæðing f. computerization
tölvuþjónusta f. computer service
töng f. (a pair of) pincers, pliers, nippers
tönn f. tooth; prong, tine; **taka tennur** teethe
tönnlast á vt. go on about, hammer in
törn f. period of action, turn, bout
tötralegur adj. tattered, ragged, shabby
tötrar m.pl. tatters, rags

U

ufs f. overhang (of a roof)
ufsagrýla f. gargoyle
ufsi m. coalfish, saithe, pollack
uggi m. fin
ugglaus adj. unsuspecting
ugglaust adv. undoubtedly
uggur m. anxiety, fear
uggvekjandi adj. redoubtable, formidable
uggvænlegur adj. disquieting, ominous
ugla f. owl
ugluungi m. owlet
ugluvæl n. hoot (of an owl)
ull f. wool
ullar- comb. woollen, wool
ullarfatnaður m. woollens
ullarfeiti f. lanolin
ullarflík f. woollen garment, woolly
ullargarn n. wool, worsted
ullarlagður m. flock (of wool)
ullarlús f. mealybug
ullarpeysa f. sweater
ullarvoð f. duffle
ullarvörur f.pl. woollens
um prp. about, concerning; (of movement) through, around, across, by way of, via; (of place) throughout, over, around; (of time) during, for, in, at; **um leið** straight away; simultaneously; **um leið og** as soon as; **um síðir** eventually; **um (það bil)** about, approximately, roughly; **um það leyti** at about that time, thereabout(s)
umbera vt. tolerate, put up with
umbjóðandi m. principal
umboð n. authority; mandate; proxy; agency
umboðsfyrirtæki n. agency
umboðslaun n.pl. commission (on sales)
umboðsmaður m. representative; agent; attorney; proxy
umboðsmaður alþingis m. parliamentary commissioner, ombudsman
umboðssala f. sale or return; **í umboðssölu** on consignment

umboðssali m. commission salesman
umboðsskrifstofa f. agency
umboðsvald n. power of attorney
umboðsveiting f. accreditation
umbót f. reform, amendment
umbótasinni m. reformer, reformist, innovator
umbótastefna f. reformism
umbreyta vt. transform, convert
umbreytanlegur adj. convertible
umbreyting f. transformation; metamorphosis
umbrot n. convulsion; n.pl. upheaval
umbun f. reward, remuneration
umbuna vt. reward, remunerate
umburðarbréf n. circular; **u. páfa** encyclical (letter)
umburðarleysi n. intolerance
umburðarlyndi n. tolerance, forbearance
umburðarlyndur adj. tolerant, broadminded
umbúðakassi m. packing case
umbúðalaus adj. clear, plain, bald
umbúðapappír m. wrapping paper
umbúðastrigi m. hessian
umbúðir f.pl. wrappings; bandage
umbylta vt. revolutionize, turn upside down
umbylting f. revolution, shake-up
umbætur f.pl. reforms, improvements
umdeilanlegur adj. debatable, disputable
umdeildur adj. controversial, contentious
umdæmi n. district, region; (Am.) precinct
umdæmissaksóknari m. district attorney
umfaðma vt. embrace, embosom
umfang n. extent, scope, range, magnitude
umfangsmikill adj. extensive, massive
umfeðmingsgras n. tufted vetch
umferð f. traffic; circulation; round (in sport)
umferðardómstóll m. police court
umferðareyja f. traffic island
umferðarhnútur m. traffic jam
umferðarljós n. traffic light/signal
umferðarlög n.pl. (Br.) Highway Code
umferðarmerki n. traffic sign
umferðarmiðstöð f. (bus) terminal
umferðarréttur m. right of way
umferðarskilti n. traffic sign
umferðarteppa f. traffic jam
umferðartugabrot n. repeating decimal
umferðarvit n. road sense
umferðaræð f. thoroughfare
umferðaröngþveiti n. traffic jam
umferðaröryggi n. road safety
umferma vt. transship
umfjöllun f. discussion, coverage
umflýja vt. avoid, escape
umflýjanlegur adj. avoidable
umfram- comb. excess, redundant, superfluous
umfram prp. beyond, besides, above; adv. extra
umframarður m. extra dividend
umframfarangur m. excess baggage
umframfjöldi m. overspill
umframgeta f. excess capacity
umframmagn n. overflow, overrun
umframtími m. overrun
umfremd f. redundancy
umföðmun f. embrace
umgangast vt. associate with, rub shoulders with
umgangur m. comings and goings; round (of drinks)
umgengni f. company; behaviour; orderliness
umgerð f. frame(work), case, casing
umgjörð f. frame(work), case, casing
umheimur m. external/outside world
umhella vt. decant
umhirða f. care, tending
umhirðulaus adj. uncared-for, neglected
umhlaða vt. transship
umhlaup n. wraparound
umhleðsla f. transshipment
umhleypingar m.pl. changeable weather
umhugsun f. deliberation, reflection
umhugsunarlaust adv. without thinking
umhverfi n. surroundings, environment, environs
umhverfis prp. around
umhverfis- comb. environmental
umhverfissóði m. litterlout, (Am.) litterbug
umhverfisvernd f. protection of the environment
umhverfisverndarmaður m. environmentalist

umhyggja f. care, concern, attention
umhyggjusamur adj. solicitous, kind, attentive
umkominn adj. capable (of); entitled (to)
umkomulaus adj. helpless; lonely
umkomuleysi n. helplessness; loneliness
umkringja vt. encircle, surround; beset
umkvörtun f. complaint, grievance
uml n. mumble, murmuring
umla vi. mumble, murmur
umlykja vt. encircle, enclose, surround
umlýsing f. reverse/inverse video
ummál n. circumference, perimeter, girth
ummerki n. trace, indication
ummynda vt. transform, convert
ummyndun f. transformation; metamorphism
ummæli n.pl. comment, statement
umorða vt. paraphrase, reword, rephrase
umorðun f. paraphrase; periphrasis
umplanta vt. transplant (a plant)
umpóla v. depolarize
umraða vt. rearrange, permute
umráð n.pl. disposal; **til umráða** at one's disposal; **hafa u. yfir** be in charge of, occupy
umráðamaður m. possessor
umráðaréttur m. custody; tenure, occupancy
umreikna vt. convert (money)
umreikningur m. conversion
umrenningur m. vagabond, tramp, bum, (Am.) hobo
umrita vt. rewrite, rephrase, modify
umrót n. upheaval, turbulence
umræddur adj. in question, under discussion
umræða f. discussion, debate; reading (of a bill)
umræðuefni n. topic, issue (of discussion)
umræðufundur m. conference, forum; teach-in
umröðun f. rearrangement, permutation
umsagnarliður m. predicate (in grammar)
umsaminn adj. agreed (upon)
umsamning f. adaptation
umsátur n. siege
umsemja vt. adapt

umsemjanlegur adj. negotiable
umsjá f. care, charge, custody
umsjón f. care, supervision; support
umsjónarmaður m. supervisor, superintendent; monitor
umskapa vt. recreate, transform
umskera vt. circumcise
umskipti n.pl. change, transition, reversal
umskiptingur m. changeling
umskurður m. circumcision
umslag n. envelope; cover
umsnúa vt. turn upside down; distort
umsókn f. application
umsóknareyðublað n. application form
umstang n. bustle, fuss; effort, bother
umsvif n.pl. activity
umsvifalaust adv. without further ado
umsækjandi m. applicant, candidate
umsögn f. comment; review; predicate
umtal n. mention, talk, publicity
umtalsefni n. topic, issue
umtalsverður adj. considerable, sizeable
umturna vt. play havoc with. disarrange, upset
umvandari m. moralist
umvefja vt. wrap up (in)
umvöndun f. reprimand, moralization
umvöndunarræða f. preaching
umvöndunarsamur adj. remonstrative, preachy
umyrðalaust adv. without objection
umþóttunartími m. period of adjustment
umönnun f. care, charge, nursing
una v. be content/satisfied with; stay
unaðslegur adj. delightful, delectable, wonderful
unaður m. delight, ecstasy, joy, pleasure
undafífill m. hawkweed
undan adv. & prp. from under, from beneath; **á undan** first, before; in advance; ahead of
undanbragð n. subterfuge, dodge
undanbragðamaður m. dodger
undanbrögð n.pl. evasion, prevarication, shuffle
undandráttur m. deferment (of payment); evasion
undanfarandi adj. preceding, previous; preparatory

undanfari m. forerunner, precursor, prelude
undanfarið adv. lately
undanfarinn adj. previous, past
undanfæri n. way out, escape
undanfærsla f. evasion, demur
undangenginn adj. previous, foregoing
undanhald n. retreat, withdrawal, pull-back
undankeppni f. preliminary round
undankoma f. escape, getaway, rescue
undanlátssamur adj. yielding, indulgent, flexible
undanlátssemi f. compliance, permissiveness
undanrás f. heat (in sports)
undanrenna f. skim(med) milk
undanskilinn adj. excluding; **að undanskildum** with the exception of, apart from, short of
undanskilja vt. except, exclude; exempt
undantaka vt. except, exclude; **að undanteknum** with the exception of, save, saving
undantekning f. exception
undantekningarákvæði n. exemption clause
undantekningarlaust adv. without exception, invariably
undanúrslit n.pl. semifinal
undanþága f. exemption, immunity
undanþeginn adj. exempt (from)
undarlegur adj. strange, odd, bizarre; **þótt undarlegt megi virðast** curiously enough
undinn adj. crooked, convoluted; winding
undir prp. under, below, beneath
undir eins adv. at once, immediately
undiralda f. (ground) swell; undercurrent
undirbjóða vt. underbid, undercut
undirborga vt. underpay
undirborgun f. underpayment
undirburður m. bedding
undirbúa vt. prepare, arrange
undirbúnings- comb. preparatory, preliminary
undirbúningslaust adv. impromptu, extempore
undirbúningsnám n. propaedeutics

undirbúningsvinna f. groundwork, spadework
undirbúningsæfing f. pipe opener
undirbúningur m. preparation
undirdekk n. saddlecloth
undirdjúp n.pl. deep, abyss
undireins adv. instantly, at once
undirferli n. intrigue, double-dealing, deceit
undirfluglíðsforingi m. pilot officer
undirforingi m. petty officer
undirforrit n. subroutine
undirförull adj. devious, insidious, designing
undirföt n.pl. underwear
undirgangur m. tunnel; din
undirgefinn adj. submissive, subservient
undirgefni f. resignation, subservience
undirgróður m. undergrowth
undirgöng n.pl. tunnel, subway
undirhaka f. double chin
undirheimar m.pl. underworld, infernal regions
undirhershöfðingi m. major general
undirhyggja f. deceitfulness
undirkjóll m. undergarment, slip
undirlag n. substratum, underlay
undirlagður : **u. af** in the throes of; riddled with
undirleikari m. accompanist
undirleikur m. accompaniment
undirleitur adj. bashful
undirlendi n. lowland
undirliðsforingi m. second lieutenant
undirliðþjálfi m. corporal
undirlægja f. lackey, underling, vassal
undirlægjuháttur m. subservience, servility
undirmaður m. subordinate, inferior
undirmáls- comb. substandard
undirmeðvitund f. subconscious(ness)
undirnefnd f. subcommittee
undirofursti m. field officer
undiroka vt. oppress, subjugate, subdue
undirokaður adj. downtrodden, subject
undirokun f. oppression, subjugation
undirorpinn adj. subject to
undirpils n. petticoat, slip
undirréttur m. lower court
undirrita vt. sign

undirritaður adj. undersigned
undirritun f. signature
undirróður m. incitement, fomentation
undirrót f. root cause, reason
undirskál f. saucer
undirskilinn adj. implicit, implied, tacit
undirskipaður adj. subordinate
undirskipun f. subordination
undirskrifa vt. sign
undirskrift f. signature
undirstaða f. base, foundation; basis
undirstraumur m. undercurrent
undirstrika vt. underline, underscore; emphasize
undirstúka f. hypothalamus
undirstykki n. facing (of a garment)
undirstöðu- comb. basic, elementary, rudimentary
undirstöðuatriði n. basic point, fundamental
undirtektir f.pl. reception
undirtónn m. undertone
undirtylla f. underling, inferior, functionary; **vera u. e-s** play/be second fiddle to s-y
undirtök : hafa undirtökin have the upper hand
undirvagn m. undercarriage, chassis
undirverktaki m. subcontractor
undirvitund f. subconscious(ness)
undra vt. amaze, surprise
undrabarn n. child prodigy, whiz kid
undraland n. wonderland
undralyf n. patent medicine, panacea, nostrum
undrandi adj. astonished, puzzled, surprised
undrast v. be amazed/surprised at
undraverður adj. amazing, astonishing, marvellous
undrun f. amazement, astonishment, surprise
undur n. wonder, marvel; miracle
undurfagur adj. exquisite, stunning
undursamlegur adj. wonderful; miraculous
unga út vt. hatch; incubate
ungahópur m. clutch (of chickens)
ungbarn n. infant, baby
ungbarnadauði m. infant mortality
ungdómur m. youth
ungdæmi n. salad days, youth
ungfiskur m. small fish, fry
ungfrú f. miss
unghani m. cockerel
unghéri m. leveret
unghæna f. pullet
ungi m. young; nestling; cub
unglegur adj. youthful
unglingaafbrot n.pl. juvenile delinquency
unglingaást f. puppy love
unglingadómstóll m. juvenile court
unglingaskóli m. upper primary school
unglingsár n.pl. teens, adolescence
unglingspiltur m. young male, youth
unglingur m. adolescent, juvenile, teenager
ungmennafélag n. youth association
ungmenni n. young person, youth
ungmey f. maiden
ungmeyjarlegur adj. maidenlike, maidenly
ungnaut n. young bull, steer
ungpía f. young girl
ungur adj. young
Ungverjaland n. Hungary
Ungverji m. Hungarian
ungverskur adj. Hungarian
ungviði n. suckling, pup
ungæðisháttur m. childishness, infantility
ungæðislegur adj. childish, puerile, jejune
unna vt. love, adore
unnandi m. lover, devotee, fancier
unninn adj. processed; wrought; abstracted
unnusta f. fiancée, sweetheart
unnusti m. fiancé, sweetheart
unnvörpum adv. in large numbers
uns conj. until, till
upp adv. up, upwards
upp á við adv. upwards; uphill
upp frá því adv. from then on, there-after
uppalandi m. pedagogue, mentor
uppábúinn adj. dressed up
uppáferð f. sexual intercourse, fuck
uppáhald n. favourite, pet, preference
uppáhalds- comb. favourite

uppákoma f. accident; spectacle; happening
uppáleggja vt. order, direct
uppáskrift f. signature
uppástunga f. proposal, proposition
uppátæki n. caper, prank
uppáþrengjandi adj. intrusive, obtrusive
uppblásanlegur adj. inflatable
uppblásinn adj. bloated
uppblástur m. wind erosion; inflation
uppblásturssvæði n. dust bowl
uppboð n. auction
uppboðshaldari m. auctioneer
uppboðshamar m. gavel
uppboðssalur m. saleroom, (Am.) salesroom
uppbót f. recompense, compensation; bonus
uppbótar- comb. supplementary, complementary
uppbrettur adj. turned up; (of a nose) retroussé
uppbrot n. turn-up; revers (of a coat)
uppburðarlaus adj. timid, shy, diffident
uppburðarleysi n. timidity, diffidence
uppbyggilegur adj. constructive; wholesome
uppbygging f. construction, build-up; structure
uppdópaður adj. dopey
uppdráttur m. sketch; plan; map
uppdubbaður adj. dressed (up) to the nines
uppeftir adv. uphill, upwards
uppeldi n. upbringing; breeding
uppeldisbarn n. foster child
uppeldisbróðir m. stepbrother
uppeldisfræði f. pedagogy, pedagogics
uppeldisfræðilegur adj. pedagogic(al)
uppeldisfræðingur m. educationalist
uppeldissvið n. division of social services
uppeldissystir f. stepsister
uppétinn adj. eaten up
uppfinning f. invention
uppfinningagáfa f. inventiveness
uppfinningamaður m. inventor
uppfinningasamur adj. inventive
uppflettiorð n. headword
uppfræða vt. enlighten, educate, edify
uppfullur : vera u. af be full of, brim over with
uppfylla vt. fulfil; consummate
uppfylling f. filling; fulfilment; consummation
uppfærsla f. production, presentation
uppganga f. ascent, climb; ascension; stairway
uppgangsbær m. boom town
uppgangstímar m.pl. time of prosperity
uppgangur m. upswing, boom; stairway; vomit
uppgefinn adj. exhausted, overtired
uppgerð f. pretence, playacting, sham, simulation
uppgerðar- comb. pretended, forced; hypocritical
uppgerðarbros n. forced smile
uppgjafahermaður m. veteran
uppgjafarnemi m. dropout
uppgjafarstefna f. defeatism
uppgjöf f. surrender, capitulation
uppgjör n. stocktaking; showdown
uppgrip n.pl. plenty, abundance
uppgröftur m. excavation; exhumation
uppgufanlegur adj. evaporable
uppgufun f. evaporation, vaporization
uppgötva vt. discover; detect
uppgötvun f. discovery; detection
upphaf n. beginning; origin
upphaflega adv. originally
upphaflegur adj. original
upphafning f. elevation; elation; idealization
upphafs- comb. original, initial, primary
upphafsleikur m. gambit (in chess)
upphafsmaður m. originator, instigator, author
upphafsspark n. kick-off (in football)
upphafsstaður m. starting point
upphafsstafaheiti n. acronym
upphafsstafur m. capital letter, initial
upphandleggsbein n. humerus
upphátt adv. aloud, out loud
upphefð f. exaltation; honour, prestige
upphefja vt. exalt, elevate; promote
upphenging f. suspension
upphitun f. heating; warming up
upphlaup n. riot

upphleyptur adj. raised, embossed, in relief
upphlutur m. bodice
upphringing f. telephone call
upphrópun f. exclamation; interjection
upphrópunarmerki n. exclamation mark
upphryggjaður adj. razor-backed
upphugsa vt. think up, formulate, invent
upphæð f. amount, sum
upphækkun f. elevation; raised platform
uppi m. yuppie
uppi adv. above, upstairs
uppihald n. (up)keep, maintenance
uppihaldskostnaður m. living expenses
uppiskroppa (með) adj. pushed (for), short (of)
uppistaða f. backbone, staple
uppistand n. fuss, ructions
uppivöðslusamur adj. aggressive, overbearing
uppivöðsluseggur m. rowdy, brawler
uppivöðslusemi f. rowdiness, obstreperousness
uppíloft adv. (flat) on one's back
uppkast n. draft, outline; sketch
uppkoma f. emergence, outbreak, outburst
uppkominn adj. grown-up
uppköst n.pl. vomiting
upplag n. disposition, character; impression
upplagður adj. feeling fit, geared up
uppland n. midland, interior
upplausn f. solution; disruption, chaos
uppleið f. way up; **á u.** on the rise
upplesari m. reciter
upplestur m. recital; dictation
uppleysanlegur adj. soluble
upplifa vt. experience
upplifun f. experience
upplitaður adj. washed-out, faded
upplitast vi. discolour, fade
upplitsdjarfur adj. bold, unabashed
upplitun f. discolouration
upplífga vt. stimulate, cheer (up)
upplífgandi adj. refreshing
uppljóma vt. illuminate, light up
uppljómun f. illumination
uppljóstrari m. informer, squealer, (Am.) stool pigeon

uppljóstrun f. disclosure; betrayal
uppljúka vt. open
upploginn adj. invented, mendacious
upplyfting f. entertainment; uplift
upplýsa vt. illuminate, light; enlighten, inform; elucidate, explain; educate
upplýsandi adj. informative
upplýsing f. illumination; enlightenment
upplýsingabanki m. information bank
upplýsingaborð n. information desk
upplýsingaflæði n. information flow
upplýsingafulltrúi m. public relations officer
upplýsingagildi n. informational value
upplýsingagreining f. information analysis
upplýsingaheimt f. information retrieval
upplýsingakerfi n. information system
upplýsingaleit f. information retrieval
upplýsingamiðstöð f. information bureau
upplýsingar f.pl. information, data
upplýsingastjórnun f. information processing
upplýsingaöflun f. information acquisition
upplýstur adj. illuminated, lit up; educated
upplönd n.pl. hinterland
uppmæling f. piecework
uppnám n. commotion, confusion, turmoil; **í uppnámi** agitated, upset, excited
uppnefna vt. nickname, dub
uppnefni n. nickname
uppreisn f. uprising, rebellion, revolt
uppreisnaróður m. sedition
uppreisnargjarn adj. rebellious, mutinous
uppreisnarleiðtogi m. ringleader
uppreisnarmaður m. rebel, insurrectionist
uppreisnarseggur m. malcontent, mutineer
upprennandi adj. emergent, coming
uppréttur adj. upright, erect, stand-up
upprifinn adj. exuberant, high-spirited
upprifjun f. revision, review
upprifjunarnámskeið n. refresher course
upprisa f. resurrection

upprunafræði f. cosmogony
upprunalegur adj. original
upprunastaður m. place of origin, provenance
uppruni m. origin, source; roots; descent
uppræta vt. uproot, eradicate
uppræting f. eradication, extirpation
upproðun f. line-up
upproðunarstöð f. marshalling yard (of trains)
uppsagnarbréf n. letter of resignation; notice to quit
uppsagnarfrestur m. term of notice
uppsagnargreiðsla f. severance pay
uppsala f. vomiting
uppsegjanlegur adj. terminable
uppseldur adj. sold out, out of stock; out of print
uppsetning f. installation; staging, production
uppsetningarkostnaður m. installation costs
uppsetningarmaður m. fitter (of machines)
uppsett verð n. asking price
uppsigling : í uppsiglingu in progress, afoot
uppskafningur m. upstart; snob; palimpsest
uppskár adj. known; **gera uppskátt** reveal
uppskera f. harvest, crop; v. harvest; reap
uppskerubrestur m. crop failure
uppskeruhátíð f. harvest festival/home
uppskerutungl n. harvest moon
uppskipun f. unloading (of ships)
uppskipunargjöld n.pl. terminal/handling charges
uppskipunarmaður m. stevedore
uppskrift f. recipe; formula; transcription
uppskrúfaður adj. bombastic, stilted; exorbitant
uppskurður m. operation
uppslag n. revers (of a coat)
uppsláttarbók f. dictionary
uppsláttarorð n. headword
uppsláttarrit n. reference book
uppsláttur m. great advantage; construction work
uppsóp n. sweepings

uppspretta f. spring, well, fountain; source
uppspuni m. fabrication, fable, myth
uppsteytur m. trouble; **vera með u.** raise the roof
uppstig n. riser (of a step)
uppstigning f. ascension
uppstigningardagur m. Ascension Day, Holy Thursday
uppstilling f. arrangement; display, array
uppstokkun f. reshuffle; readjustment
uppstokkun stjórnenda f. management shake-up
uppstoppaður adj. stuffed
uppstoppari m. taxidermist
uppstoppun f. taxidermy (of animals)
uppstreymi n. rising current of air
uppstrokinn adj. dressed/spruced up
uppstökkur adj. hot-tempered, irascible
uppsuða f. rehash
uppsveifla f. upbeat
uppsveitir f.pl. upcountry
uppsöfnuð gjöld n.pl. cumulative charges
uppsöfnun f. accrual
uppsögn f. dismissal, lay-off; resignation
upptaka f. recording; adoption; seizure
upptakari m. opener
upptaktur m. upbeat
upptalning f. enumeration; recitation
upptekinn adj. busy, occupied; preoccupied
upptendra vt. inflame, excite
upptendraður adj. afire, aflame
upptrekktur adj. wound up; overwrought, overstrung
upptugga f. pleonasm
upptækur : gera upptækan confiscate, impound
upptök n.pl. source; **eiga u. sín** originate
upptökuheimili n. community home
upptökumaður m. recording engineer
upptökutæki n. dictaphone
upptökuver n. film studio, set
uppurinn adj. exhausted
uppvakning f. awakening; evocation
uppvakningur m. zombie
uppvask n. washing up
uppvaxtarár n.pl. adolescence

uppveðraður adj. elated, high-spirited
uppvís adj. found out, exposed (as)
uppvægur adj. excited, agitated
uppvöxtur m. growing up, youth
uppþornaður adj. dried out, desiccated, sapless
uppþot n. riot, uproar, tumult
uppþvottaklefi m. scullery
uppþvottaklútur m. dishcloth
uppþvottastúlka f. scullery maid
uppþvottavatn n. dishwater
uppþvottavél f. dishwasher
uppþvottur m. washing-up
uppörva vt. encourage, pep up
uppörvandi adj. cheering, cheery
uppörvun f. encouragement, boost
urð f. scree, rocky slope; boulders
urðarmáni m. ball lightning
urðarrani m. medial moraine
urg n. grating sound, rasp
urgur m. surliness, grumpiness
urmull m. great number
urpt f. clutch (of eggs); brood
urr n. growl, snarl
urra vi. growl, snarl
urriði m. brown/sea trout
urt f. plant
urta f. female seal
urtönd f. teal
usli m. damage; **gera usla** wreak havoc
uss interj. shush; tut, pooh
utan á prp. on the outside of
utan frá adv. from outside
utan við prp. outside
utan við sig adj. absent-minded; bewildered
utan yfir prp. over
utanað adv. by heart
utanaðkomandi adj. outside, external; foreign, strange
utanáskrift f. address (on an envelope)
utanborðsmótor m. outboard motor
utanbókar adv. by heart
utanbókarlærdómur m. learning by rote
utanbæjar adv. outside the town
utanflokksþingmaður m. cross-bencher
utanför f. journey abroad
utangarðsmaður m. outsider, misfit, down-and-out

utangátta adj. absent-minded, moony
utanhúss adv. out of doors
utankirkjumaður m. dissenter, recusant
utanlands adv. abroad
utanlandsferð f. trip abroad
utanríkismál n.pl. foreign/external affairs
utanríkisráðherra m. minister of foreign affairs, (Br.) Foreign Minister, (Am.) Secretary of State
utanríkisráðuneyti n. ministry of foreign affairs, (Br.) Foreign Office, (Am.) State Department
utanríkisstefna f. foreign policy
utanríkisverslun f. foreign/external trade
utanríkisþjónusta f. diplomatic service
utanskólanemandi m. external student
utanveltu adj. out of touch
utanverður adj. external
utar adv. farther/further out
uxahali m. oxtail
uxakerra f. oxcart
uxakleggi m. gadfly
uxi m. ox, bullock

Ú

úa af vt. swarm/teem with
úða vt. spray, atomize; spraypaint
úðabrúsi m. aerosol
úðari m. sprayer, atomizer, sprinkler
úðasprauta f. sprayer, atomizer, sprinkler
úði m. drizzle; spray
úðunardós f. aerosol bomb
úff interj. phew
úfinn adj. ruffled; uneven, rough; (of sea) choppy
úfmæltur adj. uvular
úfur m. uvula
úldinn adj. rotten, putrid
úldna vi. rot, putrefy; (of eggs) addle
úlfabaunir f.pl. lupin
úlfakreppa f. dilemma
úlfaldi m. camel; **gera úlfalda úr mýflugu** make a mountain out of a molehill
úlfur m. wolf
úlfúð f. animosity, enmity
úlnliðsbein n. carpal

úlnliður m. wrist
úlpa f. windcheater, (Am.) windbreaker
únsa f. ounce (28,35 g), fluid ounce (28,41 ml)
úr n. watch
úr prp. out of, from; of
úr því að conj. since, now that
úran n. uranium
úrbeina vt. bone; fillet
úrbót f. amelioration, improvement
úrdráttur m. understatement, litotes
úrelding f. obsolescence
úreltur adj. out of date, obsolete, archaic
úrfelli n. downpour (of rain)
úrfelling f. omission; ellipsis; elision
úrfellingarmerki n. apostrophe (')
úrgangur m. garbage, refuse, waste; leftovers
úrhelli n. downpour, downfall
úrhrak n. outcast, pariah; offscourings
úrillur adj. bad-tempered, disgruntled
úrkast n. rejects, refuse, waste
úrkeðja f. fob chain
úrklippa f. clipping, cutting (from a paper)
úrklippubók f. scrapbook
úrklippumynd f. cut-out
úrkoma f. precipitation
úrkomumælir m. pluviometer, precipitation gauge
úrkomusamur adj. pluvious, showery
úrkomuský n. nimbus
úrkostur m. choice, alternative
úrkula vonar adj. hopeless
úrkynjaður adj. degenerate, decadent
úrkynjast vi. degenerate
úrkynjun f. degeneration, decadence
úrlausn f. solution; aid, assistance
úrlausnarefni n. task
úrlendisréttur m. extraterritorial rights
úról f. watchstrap, (Am.) watchband
úrræðagóður adj. resourceful, inventive
úrræðalaus adj. helpless, shiftless
úrræðaleysi n. helplessness, fecklessness
úrræði n. solution, resort, remedy
úrskeiðis : fara ú. go wrong
úrskurða vt. decide, rule, decree
úrskurður m. decision; verdict, ruling
úrslit n.pl. outcome, result; final (contest)
úrslita- comb. decisive, crucial, critical
úrslitaatkvæði n. casting vote
úrslitakostir m.pl. ultimatum
úrslitaleikur m. final (contest)
úrsmiður m. watchmaker
úrsmíði f. horology
úrsnari m. reamer
úrsteina vt. stone, (Am.) pit
úrsögn f. resignation; secession
úrtak n. sample
úrtakskönnun f. spot check, sample survey
úrtölumaður m. defeatist
úrtölur f.pl. discouragement, dissuasion
úrval n. variety, assortment, selection
úrvals- comb. high-class, choice, vintage
úrvalslið n. picked team
úrvalsrit n. anthology
úrvinda adj. exhausted, washed-out
úrvinnsla f. process, execution
úrvötnun f. dehydration
úrþvætti n. scum
út adv. out; outside
út af prp. because of, on account of
út á við adv. externally, outwardly
út í frá adv. from outside
út í gegn adv. throughout, through and through
útata vt. soil, smear, dirty
útataður adj. smudgy, dedaubed
útbelgdur adj. turgid, swollen
útbía vt. soil, besmirch, dirty
útblásinn adj. inflated; swollen
útblástur m. exhaust; exhalation
útblástursgrein f. exhaust manifold
útblástursmengun f. exhaust emission
útblástursrör n. exhaust pipe
útboð n. invitation to submit tenders
útborg f. suburb
útborga v. pay out; **fá útborgað** get paid
útborgun f. disbursement; down payment
útborgunardagur m. payday
útbreiddur adj. widespread, prevalent; outspread
útbreiða vt. spread, distribute, circulate
útbreiðsla f. distribution, circulation
útbreiðslustjóri m. promotion manager
útbrot n. outbreak; eruption, rash, blotch
útbrotataugaveiki f. typhus
útbrotaveiki f. eruptive disease

útburður m. delivery; eviction, ejectment (of tenants); exposure (of a baby)
útbúa vt. equip, rig (out); prepare
útbúnaður m. equipment, outfit, tackle
útbyrðis adv. overboard
útbýta vt. distribute, hand/dole out
útdauður adj. extinct
útdeila vt. distribute; administer
útdraganlegur adj. telescopic
útdráttur m. summary, précis, abstract; abridgement
úteftir adv. & prp. outwards, further out
úteygur adj. pop-eyed, goggle-eyed
úteyra n. auricle (of the ear)
útfall n. ebb
útfararhringing f. knell
útfararsálmur m. funeral lament, dirge
útfararsiðir m.pl. funeral rites
útfararstjóri m. funeral director, undertaker
útfararstofnun f. funeral parlour, funeral home
útfararsöngur m. threnody
útfarinn adj. experienced
útfelling f. precipitation; precipitate (in chemistry)
útfiri n. ebb, reflux
útfjólublár adj. ultraviolet
útflutningsbætur f.pl. export subsidy
útflutningsgjald n. export duty
útflutningstekjur f.pl. export earnings
útflutningsvara m. export commodity
útflutningsverðmæti n.pl. value of export
útflutningur m. export(ation); exports
útflúr n. ornament(ation)
útflytjandi m. exporter; emigrant
útfrymi n. ectoplasm
útfylla vt. fill out/in
útfæra vt. work out, execute; expand
útför f. funeral
útgangur m. way out, exit
útgáfa f. publication; edition, issue; version
útgáfufyrirtæki n. publishing house
útgáfuréttur m. copyright
útgefandi m. publisher
útgeimur m. outer space
útgeisla vt. radiate
útgeislun f. radiation

útgerð f. management of a vessel; fishing company
útgerðarmaður m. shipowner
útgjaldaliður m. item of expenditure
útgjöld n.pl. expenses, expenditure
útgufun f. evaporation, transpiration
útgöngubann n. curfew
útgönguleið f. way out, exit
útgöngusálmur m. recessional (hymn)
úthaf n. ocean
úthafset n. pelagic sediment
úthafshryggur m. oceanic ridge
úthafskarfi m. ocean perch
úthafsloftslag n. maritime climate
úthafssiglinga- comb. oceangoing, seagoing
úthafsveiðar f.pl. pelagic fishing
úthald n. endurance, stamina
úthaldsgóður adj. energetic, persevering
úthaldslaus adj. without endurance/stamina
útheimta vt demand, require, necessitate
úthella vt. pour out, shed
útherji m. winger
úthlið f. exterior, outside
úthluta vt. allocate, allot, apportion
úthlutun f. allocation, allotment, distribution
úthrópa vt. bandy about
úthugsaður adj. calculated, deliberate
úthúða vt. revile, vituperate, excoriate
úthúðun f. vituperation, excoriation
úthús n. outhouse, outbuilding
úthverfa f. reverse (of a cloth)
úthverfi n. suburb
úthverfur adj. turned inside out; extroverted
úthverfur maður m. extrovert
úthýsa vt. refuse to give shelter
úthýsi n. outhouse, outbuilding
úthöf n.pl. high seas
úti adv. outside, outdoors, in the open
úti- comb. outdoor, open-air, exterior
útibú n. branch office
útibússtjóri m. branch manager
útidyr f.pl. front door
útidyralykill m. latchkey
útidyratrappa f. doorstep
útigangur : **vera á útigangi** live rough
útihátíð f. outdoor festival, fete

útihljómleikar m.pl. prom(enade concert)
útihurð f. front door
útihús n. outhouse, outbuilding
útikamar m. privy, (Am.) outhouse
útlánaáhætta f. credit risk
útlánahömlur f.pl. credit control
útilega f. camping; **fara í útilegu** go camping
útileikhús n. open-air theatre
útiloka vt. exclude; rule out, prohibit
útilokaður adj. out of the question, impossible
útilokun f. exclusion; preclusion
útilokunaraðferð f. process of elimination
útisalerni n. privy, (Am.) outhouse
útiskemmtistaður m. funfair, (Am.) amusement park
útistandandi adj. outstanding, receivable
útistandandi skuldir f.pl. accounts receivable
útisundlaug f. open-air swimming pool, lido
útitekinn adj. weather-beaten, sun-burnt
útitónleikar m.pl. open-air concert
útivist f. outdoor life
útjaðar m. outskirts, edge
útjaskaður adj. run-down, jaded; commonplace
útkast n. ejection
útkastari m. bouncer
útkeyrður adj. worn out, exhausted, dead-beat
útkirtill m. exocrine gland
útkjálki m. remote place, backwater
útkljá vt. settle, decide, clinch
útkoma f. outcome, result; sum total
útlagi m. outlaw, exile, expatriate
útland n. foreign country; **fara til útlanda** go abroad/overseas; **í útlöndum** abroad
útlán n. loan
útlánsgeta f. lending capacity
útlánsvextir m.pl. interest rate on loans
útlát n.pl. outlay, expenses
útlegð f. exile, banishment
útlegðardómur m. proscription
útlegging f. interpretation; translation
útleggja vt. interpret; translate

útlendingaeftirlit n. immigration authorities, Alien's Office
útlendingahatur n. xenophobia
útlendingahersveit f. foreign legion
útlendingahræðsla f. xenophobia
útlendingur m. foreigner, alien
útlendur adj. foreign, alien; exotic
útlenska f. foreign language
útlimir m.pl. extremities, hands and feet
útlista vt. expound, explicate, expand on
útlistun f. explication, elucidation
útlit n. appearance, look; outlook
útlitsgallaðar vörur f.pl. second-class goods, seconds
útlína f. outline, contour
útlínumynd f. diagram; silhouette
útlægur adj. exiled, outlawed
útlærður adj. qualified, skilled, trained
útmá vt. wipe out, efface
útmála vt. depict, describe
útmánuðir m.pl. last months of winter
útnefna vt. nominate, appoint
útnefning f. nomination, appointment
útprentun f. printout; hard copy
útrás f. outlet, vent; sortie
útreið f. treatment; ride
útreiðar f.pl. horseback riding
útreikna vt. calculate, compute
útreikningur m. calculation, computation
útrennsli n. outflow; outlet, drain
útrétta vt. get things done, run errands
útréttingar f.pl. errands
útréttur adj. outspread, outstretched
útrunninn adj. run out, expired
útrýma vt. exterminate, eliminate
útrýming f. extermination, eradication
útsala f. bargain/clearance sale
útsaumur m. embroidery; needlework, needlecraft
útselur m. grey seal
útsendari m. emissary, envoy, agent
útsending f. broadcast; **í útsendingu** on the air; **ljúka útsendingu** go off the air
útsendingarlisti m. mailing list
útsendingarstjóri m. dispatcher
útsetja vt. arrange, orchestrate
útsetning f. arrangement, orchestration
útsjónarsamur adj. provident, resourceful
útsjónarsemi f. practicality, resourcefulness

útskaf n. erasure
útskipun f. loading (of ships), shipment
útskot n. protrusion; corner; lay-by
útskotsgluggi m. bay/oriel window
útskrifa v. graduate; discharge
útskrift f. graduation; listing; hard copy
útskurðarsög f. jigsaw, fret saw
útskurður m. carving, fretwork
útskúfa vt. expel, cast out; excommunicate
útskúfaður adj. outcast, left out in the cold
útskúfun f. expulsion; excommunication
útskýra vt. explain, explicate
útskýrandi m. interpreter; adj. explanatory
útskýranlegur adj. explicable, definable
útskýring f. explanation, elucidation
útsláttarkeppni f. knockout contest
útsláttarrofi m. circuit breaker
útsláttarsamur adj. dissolute; extravagant
útsláttur m. blowout (of a fuse)
útslitinn adj. worn out, decrepit, effete
útsmoginn adj. devious, calculating, shrewd
útsog n. riptide, backwash
útsprunginn adj. full-blown
útstandandi adj. protruding, protrusive
útstilling f. window display
útstillingamaður m. window-dresser
útstreymi n. outflow, effusion, effluent
útstrikun f. deletion
útstæður adj. protuberant; salient
útstöð f. (computer) terminal
útsuður n. south west
útsvar n. municipal tax
útsýni n. view
útsýnisstaður m. beauty spot
útsæði n. seed potatoes
útsölustaður m. sales outlet
útsöluverð n. retail price; sale price
úttak n. output
úttakstæki n. output device
úttaugakerfi n. peripheral nervous system
úttekt f. withdrawal (of money); appraisal
úttektarbréf n. letter of credit
úttektarmiði m. voucher
úttroðinn adj. stuffed
útundan adj. left out; underprivileged

útungun f. incubation, hatching
útungunarvél f. incubator
útúrdúr m. digression
útúrsnúningur m. distortion, quibble
útvalinn adj. chosen, (s)elect
útvallarmaður m. outfielder
útvarðstöð f. forward observation post; outpost
útvarp n. radio; **í útvarpi** on the radio
útvarpa vt. broadcast, transmit
útvarpsauglýsing f. commercial (on the radio)
útvarpsdagskrá f. radio programme
útvarpskíkir m. radio telescope
útvarpslampi m. radio tube
útvarpsleikrit n. radio play
útvarpssalur m. studio
útvarpssending f. broadcast, radio transmission
útvarpstíðni f. radio frequency
útvarpstruflanir f.pl. atmospherics
útvarpstæki n. radio set
útvarpstöð f. radio station
útvarpsviðtæki n. radio receiver
útvarpsþulur m. radio announcer
útvatnaður adj. washy
útvega vt. provide; obtain, procure
útvegsmaður m. fishing vessel owner
útvegsvörur f.pl. fishing supplies
útvegun f. provision; procurement
útvegur m. fishing; means
útvensl n.pl. exogamy
útvíðar buxur f.pl. bell-bottoms
útvíkka vt. widen, expand; dilate
útvíkkanlegur adj. expandable
útvíkkun f. expansion, extension; dilation
útvortis adj. external
útvöllur m. outfield
útvörður m. outpost; outrider
útvöxtur m. outgrowth; excrescence
útþensla f. expansion
útþenslustefna f. expansionism
útþrá f. wanderlust
útþurrkun f. erasure, obliteration
útþynna vt. dilute; adulterate
útþynning f. dilution; adulteration
útþynntur adj. dilute, washy
útæxlun f. exogamy
útöndun f. exhalation
útþynning f. dilution; adulteration

útþynntur adj. dilute, washy
útæxlun f. exogamy
útöndun f. exhalation

V

vað n. ford
vaða f. school (of fish)
vaða vi. wade, slosh, slop
vaða að vt. make for, attack
vaða áfram vi. rush/rip along
vaða elginn vi. ramble, maunder
vaðall m. prattle, drivel
vaðfugl m. grallatorial/shore bird
vaðmál n. homespun cloth
vaðstígvél n.pl. wellington boots, gumboots
vaðtjörn f. paddling pool, (Am.) wading pool
vafaatriði n. disputable point
vafalaus adj. doubtless
vafalaust adv. without doubt, undoubtedly
vafasamur adj. doubtful, dubious; precarious
vafasamur ávinningur m. mixed blessing
vaffla f. waffle
vafi m. doubt, uncertainty
vafningalaus adj. unhesitant, prompt
vafningar m.pl. evasions, circumlocutions
vafningsjurt f. liana, climber
vafningsviður m. ivy
vafningur m. coil, spiral; convolution
vafplanta f. liana, creeper
vafra vi. mill about/around
vafstur n. bother, preoccupation
vafþráður m. tendril
vagga f. cradle
vagga v. rock, sway; waddle
vagl n. cataract (on the eye)
vagn m. wagon, carriage, cart
vagnhestur m. carthorse, hackney
vagnól f. trace
vagnstjóri m. bus driver; waggoner
vaka f. waking state; vigil, eve
vaka vi. be/stay awake; (of fish) surface
vaka eftir vt. wait up for
vaka fram eftir vi. stay awake late, sit up

vaka yfir vt. keep watch over, guard
vakandi adj. awake; watchful
vaki m. hormone
vakka vi. wander about, cruise
vakna vi. wake up, awaken
vakning f. awakening; revival
vakningarprédikari m. revivalist
vakningarsamkoma f. revival meeting
vakt f. watch, shift; **vinna á vöktum** work shifts, work in/by relay(s)
vakta vt. watch, guard, patrol
vaktaálag n. shift differential
vaktavinna f. shift work
vaktavinnumaður m. shift worker
vaktmaður m. watchman, guard
vaktskjár m. monitor screen
val n. choice; selection; alternative; optional (subject), (Am.) elective (subject)
valbrá f. nevus
vald n. power; authority; force
valda v. cause, generate, bring about; manage, be equal to; (in chess) guard
valdabarátta f. power struggle
valdajafnvægi n. balance of power
valdaklíka f. caucus
valdalaus adj. powerless
valdamaður m. man of great authority, potentate
valdamikill adj. of great authority; high-level
valdarán n. coup d'état, usurpation
valdaránstilraun f. revolutionary attempt, putsch
valdaræningi m. usurper
valdastreita f. power struggle
valdataka f. takeover; accession
valdbeiting f. use of force, coercion
valdboðshneigð f. authoritarianism
valdboðssinni m. authoritarian
valdboðsstefna f. authoritarianism
valddreifing f. decentralization
valdhafar m.pl. authorities
valdhafi m. ruler
valdníðsla f. misuse of power
valdsmaður m. person in authority
valdsmannslegur adj. authoritative, commanding
valdsvið n. jurisdiction, domain
valdsvipting f. dethronement

valfrelsi n. freedom of choice
valfrjáls adj. optional, (Am.) elective
valgrein f. optional subject, (Am.) elective subject
valhnota f. walnut
valhopp n. gallop, canter
valhoppa vi. gallop, canter
valinkunnur adj. honourable
valinn adj. chosen, picked, select(ed)
valkyrja f. Valkyrie; amazon
vallabía f. wallaby
vallarmaður m. fieldsman, fielder
vallarsveifgras n. common meadow grass
vallarsvæði n. hippodrome
vallhumall m. common yarrow
vallhæra f. many-headed woodrush
valmúi m. poppy
valmynd f. menu
valmyndastýrt forrit n. menu-driven programme
vals m. waltz; roller
valslöngva f. catapult
valtari m. steamroller
valtur adj. wobbly, unsteady, wonky
valur m. gyrfalcon
valþröng f. dilemma
vambi m. (Australian animal) wombat
vambmikill adj. potbellied, paunchy, porky
vamm n. fault, flaw; shame, disgrace
vammlaus adj. reproachless, spotless
vampíra f. vampire
vana vt. castrate, geld, neuter
vanabindandi adj. addictive
vanabinding f. addiction; fixation
vanabundinn adj. habitual; conventional
vanaður maður m. eunuch
vanagangur m. routine
vanalega adv. usually, generally
vanaverk n. routine
vanda vt. do/prepare carefully
vanda sig vi. take pains
vanda um við vt. remonstrate with, reprimand
vandaður adj. elaborate, well made; honest
vandalaus adj. easy, simple; not related
vandalítill adj. easy, simple, open-and-shut
vandamaður m. relative, relation

vandamál n. problem, difficulty
vandasamur adj. difficult
vandaverk n. difficult task, hard row to hoe
vandfarinn adj. difficult to pass/negotiate
vandfenginn adj. difficult to obtain/get
vandfundinn adj. difficult to obtain/find, rare
vandfýsinn adj. fastidious, fussy, choosy
vandfýsni f. fastidiousness, particularity
vandi m. problem, difficulty; habit
vandkvæði n.pl. problem, complication; obstacle
vandlátur adj. fastidious, particular, choosy
vandlega adv. carefully, thoroughly
vandlætari m. moralizer
vandlæting f. moralizing
vandlætingasamur adj. moralizing, strict
vandmeðfarinn adj. touchy, trick
vandrataður adj. hard to find/follow
vandráðinn adj. hard to solve, problematic
vandræðaástand n. difficult situation
vandræðabarn n. problem child
vandræðagemlingur m. troublemaker
vandræðalegur adj. abashed, embarrassed; embarrassing
vandræðamál n. difficult matter, hot potato
vandræðast með vt. have trouble with
vandræðast yfir vt. complain about
vandræðaunglingur m. violent youth, tearaway
vandræði n.pl. difficulty, trouble, embarrassment
vandséður adj. hard to see
vandskilinn adj. hard to understand
vandsvarað adj. hard to answer
vandur adj. difficult; particular
vandvirkni f. care(fulness), meticulousness
vandvirkur adj. careful, painstaking, meticulous
vanefna vt. default
vanefnd f. noncompliance
vanefni n. scantiness, insufficiency
vanfær adj. pregnant; incapable
vanga vt. dance cheek-to-cheek with
vangakirtill m. parotid gland
vangamynd f. profile

vangaskegg n. whiskers
vangasvipur m. profile
vangaveltur f.pl. speculations
vangá f. oversight, carelessness
vangefinn adj. mentally retarded
vangeta f. inability, incompetence, incapacity
vangi m. cheek
vangoldinn adj. overdue
vanhaga um vt. be short of, want, need
vanheill adj. sickly
vanheilsa f. poor health
vanhelga vt. desecrate, profane, violate
vanhelgun f. desecration, profanation, sacrilege
vanhirtur adj. uncared-for, neglected
vanhugsaður adj. ill-considered, imprudent
vanhvörf n.pl. understatement
vanhæfni f. incompetence, disqualification
vanhæfur adj. incompetent, disqualified
vani m. custom, habit
vanilla f. vanilla
vanillusósa f. custard
vanka vt. stun
vankaður adj. giddy, light-headed, muzzy
vankantar m.pl. shortcoming, drawbacks
vankunnandi adj. ignorant
vankunnátta f. ignorance
vanlíðan f. indisposition
vanmat n. underestimate
vanmáttarkennd f. inferiority complex
vanmáttugur adj. powerless, helpless
vanmáttur m. weakness, helplessness
vanmeta vt. underestimate, underrate
vanmetinn adj. thankless
vannýttur adj. undeveloped
vannærður adj. undernourished
vannæring f. malnutrition, nutritional deficiency
vanreikna vt. undercharge
vanrækja vt. neglect, disregard
vanræksla f. negligence, neglect
vanræktur adj. neglected, uncared-for
vansi m. shame, disgrace
vanskapaður adj. misshapen, deformed
vanskapnaður m. freak of nature
vanskapningur m. monstrosity, monster
vanskil n.pl. default, nonpayment; **í vanskilum (með)** in arrears (with); **láta lán fara í v.** default on a loan
vanskilamaður m. defaulter
vansköpun f. malformation
vanstilling f. lack of self-control
vanstilltur adj. unruly; badly adjusted
vansæll adj. unhappy, miserable
vansæmandi adj. dishonourable, inglorious
vansæmd f. disgrace, degradation, disrepute
vant við látinn adj. busy, occupied
vanta v. lack, be missing; need
vantraust n. distrust, mistrust
vantraustsyfirlýsing f. vote of censure
vantreysta vt. distrust, mistrust
vantrú f. disbelief; lack of confidence
vantrúaður adj. unbelieving, sceptical
vantrúarmaður m. unbeliever
vanur adj. experienced, skilled; accustomed; used; **vera v. að gera e-ð** be in the habit of doing s-g; **vera v. e-u** be accustomed to s-g; **(ég) var v. að gera e-ð** (I) used to do s-g
vanvirða f. dishonour; vt. dishonour, debase
vanþakklátur adj. ungrateful; thankless
vanþakklæti n. ingratitude, thanklessness
vanþekking f. ignorance
vanþóknun f. disapproval, displeasure
vanþroskaður adj. immature, underdeveloped, backward
vanþroski m. immaturity, underdevelopment
vanþróaður adj. underdeveloped; developing
vanþörf f. no need, needlessness
var n. lee, shelter
var adj. aware, conscious; **gera vart við sig** make one's presence known; **v. um sig** one one's guard; **verða v. við** become aware of
vara f. commodity, article
vara vi. continue, last; endure
vara- comb. spare, extra, substitute
vara sig vi. be careful, watch/look out
vara sig á vt. be on one's guard against
vara við vt. warn of, caution against, alert to

varaaðmíráll m. rear admiral
varaáburður m. lip-salve
varaáætlun f. contingency plan
varadekk n. spare tyre
varaeintak n. backup (copy)
varafarþegi m. standby passenger
varaforði m. reserve, stockpile
varaformaður m. vice-chairman
varaforseti m. vice-president
varaher m. (military) reserves, militia
varahljóð n. labial (sound)
varahlutabók f. parts catalogue
varahlutalisti m. parts list
varahlutur m. spare part
varalestur m. lip-reading
varalið n. (military) reserves; reserve team
varaliðsmaður m. reservist, militiaman
varalitur m. lipstick
varamaður m. substitute
varanlegur adj. permanent, lasting, perpetual
varanleiki m. permanence, durability, endurance
vararæðismaður m. vice-consul
varasamur adj. tricky, treacherous; careful
varasjóður m. reserve fund; nest egg
varaskeifa f. substitute, stand-in
varast vt. guard against, forbear (from), avoid
varaþurrkur m. chapped lips
varða f. cairn
varða vt. concern, affect; **hvað (e-ð) varðar** as regards; **v. miklu** be important
varðandi prp. concerning
varðbátsstjóri m. (navy) quartermaster
varðberg n. look-out; **á varðbergi** on the alert
varðeldur m. campfire
varðengill m. cherub
varðflokkur m. patrol
varðhald n. custody
varðherbergi n. guardroom
varðhringur m. cordon
varðhundur m. watchdog
varðhús n. guardhouse
varði m. memorial, monument
varðmaður m. guard, sentry, watchman
varðmannsskýli n. sentry box
varðpallur m. crow's nest
varðskip n. coast guard ship, patrol boat, cruiser
varðstaður m. place of duty, post
varðstjóri m. watch/duty officer
varðstofa f. guardhouse
varðstöð f. observation post
varðturn m. watchtower; crow's nest
varðveisla f. safekeeping; preservation
varðveita vt. keep (safe), preserve; cherish
varfærinn adj. careful, cautious; conservative
varfærni f. care, caution; deliberation
vargur m. aggressive person, hothead
varhugaverður adj. risky, hazardous
vari m. precaution; **til vara** in reserve
varkár adj. careful, cautious, wary
varkárni f. care(fulness), caution
varla adv. scarcely, hardly, barely
varlega adv. carefully; **fara v.** take care
varmaaflfræði f. thermodynamics
varmaburður m. convection
varmadæla f. heat pump
varmaeining f. calorie
varmaleiðni f. conduction
varmamyndandi adj. calorific
varmanýting f. thermal efficiency
varmarafstöð f. thermal power station
varmenni n. villain, miscreant
varmennska f. baseness, turpitude
varmi m. heat
varna vt. prevent/debar from
varnaðarorð n. word of warning
varnaður m. warning
varnagli m. cotter pin; precaution, safeguard
varnaraðili m. defendant
varnarbandalag n. defence alliance
varnargarður m. embankment; breakwater; dyke; revetment
varnarlaus adj. defenceless, vulnerable
varnarleysi n. defencelessness, vulnerability
varnarlið n. defence force
varnarmaður m. defender (in football)
varnarrit n. (written defence) apologia
varnarræða f. apologia, apology
varnarstaða : í varnarstöðu on the defensive
varnarstefna f. defensive strategy

varningur m. commodities, merchandise, wares
varp n. egg-laying; nesting ground; cast
varpa f. trawling net
varpa vt. throw, fling, hurl, cast
varpa fram vt. project; propose; interject
varpa frá sér vt. brush aside/away, shrug off/away
varpa útbyrðis vt. jettison
varpfugl m. (bird) layer
varpstaður m. nesting ground
varptími m. nesting season
varsla f. care, keeping; watch, patrol
vart adv. scarcely, hardly, barely
varta f. wart
vartappi m. (plug) fuse
vartari m. (fish) bass
varúð f. (pre)caution, care(fulness)
varúðarráðstöfun f. preventive measure, precaution
varúlfur m. werewolf
vasabók f. notebook; paperback, (Am.) pocketbook
vasabókhald n. slip bookkeeping
vasadiskó n. walkman
vasahnífur m. pocketknife
vasaklútamynd f. tearjerker
vasaklútur m. (pocket) handkerchief
vasaljós n. (electric) torch, (Am.) flashlight
vasapeli m. hip flask
vasapeningar m.pl. pocket money, (Am.) allowance
vasast í vt. be busy doing
vasatölva f. (pocket) calculator
vasaútgáfa f. pocket edition
vasaviðtæki n. beeper
vasaþjófur m. pickpocket
vaselín n. petroleum jelly, (Am.) petrolatum
vasi m. pocket; vase
vaska upp v. do the dishes
vaskaborð n. draining board
vaskafat n. washbasin, (Am.) washbowl
vaskaskinn n. chamois, chammy, buff (leather)
vaskleiki m. gallantry; energy, zest
vaskur m. sink; washbasin
vaskur adj. gallant, valiant; vigorous
vatn n. water; lake
vatnabuffall m. water buffalo
vatnadís f. nymph, naiad
vatnafræði f. hydrology
vatnagangur m. inundation
vatnahestur m. hippopotamus, river horse
vatnakarfi m. carp
vatnakrabbi m. crayfish
vatnalilja f. water lily
vatnalíffræði f. limnology
vatnalíffræðingur m. limnologist
vatnaplanta f. aquatic plant
vatnarotta f. coypu
vatnarottuskinn n. nutria
vatnaskil n.pl. watershed
vatnaskíði n.pl. water skis
vatnasvið n. catchment area, (drainage) basin
vatnavextir m.pl. flood
vatnsafl n. hydroelectric power, waterpower
vatnsaflsfræði f. hydraulics
vatnsaflsstöð f. hydroelectric power station
vatnsbakki m. waterside
vatnsberi m. water carrier; Aquarius
vatnsblanda vt. water down
vatnsborð n. water level
vatnsból n. waterhole, watering place
vatnsbyssa f. water cannon
vatnsdæla f. water pump
vatnselgur m. flooding, spate
vatnsfall n. watercourse, cascade
vatnsfarvegur m. waterway
vatnsfælinn adj. water-repellent
vatnsfælni f. hydrophobia
vatnsgeymir m. (water)tank; reservoir, cistern
vatnsgjald n. water rate
vatnsglas n. water glass; glass of water
vatnsgufa f. water vapour
vatnshani m. hydrant; tap, (Am.) faucet
vatnsheldur adj. waterproof, impervious, impermeable
vatnshæð f. water level
vatnsís m. sorbet
vatnskanna f. ewer
vatnskassi m. radiator; cistern
vatnskenndur adj. watery
vatnskex n. water biscuit
vatnskrani m. tap, (Am.) faucet

vatnskældur adj. water-cooled
vatnslás m. trap
vatnsleiðsla f. water pipe; aqueduct
vatnsleysi n. lack of water, aridity
vatnslitakassi m. paint box
vatnslitamynd f. watercolour (painting)
vatnslitir m.pl. watercolour (paints)
vatnsmeðferð f. hydrotherapy
vatnsmelóna f. watermelon
vatnsmerki n. watermark (on paper)
vatnsmilla f. watermill
vatnsmýkingarefni n. water softener
vatnsnafli m. pennywort
vatnsnotkun f. water consumption
vatnsorka f. hydro(electric) power/energy, waterpower
vatnsósa adj. waterlogged, watery
vatnsrás f. watercourse, race (of water)
vatnsreykjarpípa f. hookah, hubble-bubble
vatnsrækt f. hydroponics
vatnssalerni n. water closet
vatnsskattur m. water rate
vatnsskál f. finger bowl
vatnsskorpa f. water surface
vatnsslanga f. hosepipe
vatnssopi m. sip of water
vatnssorfinn adj. waterworn
vatnssósa adj. sodden, soggy
vatnsstokkur m. sluiceway, flume
vatnstunna f. water butt
vatnstæmdur adj. concentrated (of liquids)
vatnsveita f. waterworks, water supply
vatnsveitubrú f. aqueduct
vatnsveitukerfi n. waterworks (system)
vatnsverjandi adj. water-repellent
vatnsvirkjun f. hydroelectric power station
vatnsþéttur adj. watertight
vatnsþró f. cistern
vatnsþrýstingur m. water pressure
vatt n. watt; cotton wool
vattera vt. quilt
vattering f. quilting
vattrúlla f. tampon
vattteppi n. quilt (cover)
vax n. wax
vaxa vi. grow; increase; (of the moon) wax
vaxa upp úr vt. outgrow

vaxandi adj. in the ascendant; crescent
vaxbera vt. wax
vaxdúkur m. oilcloth, oilskin
vaxkaka f. honeycomb
vaxlitur m. crayon
vaxmynd f. wax figure
vaxmyndasafn n. waxworks, wax museum
vaxtabyrði f. interest burden
vaxtagjöld f.pl. interest expense
vaxtakjör n.pl. interest terms
vaxtakostnaður m. interest costs
vaxtamunur m. interest margin
vaxtaprósenta f. interest rate
vaxtargeta f. growth potential
vaxtargrind f. espalier
vaxtarhlutfall n. growth rate
vaxtarhringur m. growth ring, annual
vaxtarlag n. physique, build, figure
vaxtarrækt f. body building
vaxtarstaður m. habitat
vaxtarverkir m.pl. growing pains
vaxtastefna f. bank-rate policy
vaxtatekjur f.pl. interest income
vaxtavextir m.pl. compound interest
vá f. danger; interj. gosh
vátrygging f. (casualty) insurance
vátryggingarbætur f.pl. insurance benefit
vátryggingarfélag n. insurance company
vátryggingariðgjald n. insurance premium
vátryggingarkrafa f. insurance claim (bill)
vátryggingarmiðlari m. insurance broker
vátryggingarskírteini n. insurance policy
vátryggingartaki m. policyholder, the insured
vátryggingarverð n. insured value
vátryggja vt. insure; **v. gegn** indemnify from
vátryggjandi m. underwriter, insurer
veð n. security, collateral; mortgage; **í veði** at stake; **leggja að veði** pawn, gage
veðbók f. mortgage register
veðbókarvottorð n. mortgage certificate, abstract of title
veðbréf n. mortgage bond
veðdeild f. mortgage department
veðfé n. bet

veðhafi m. mortgagee; pledgee
veðhlaup n. race
veðhlaupabraut f. racecourse, running track
veðhlaupahestur m. racehorse
veðhæfur adj. mortgageable; pledgeable
veðja v. bet, wager
veðja við e-n um e-ð vt. make a bet with s-y about s-g
veðlán n. collateral loan
veðlánabúð f. pawnshop, popshop
veðlánari m. pawnbroker
veðmangari m. bookmaker, bookie, turf accountant
veðmál n. bet, wager
veðraður adj. weather-beaten
veðrahvolf n. troposphere
veðrahvörf n.pl. tropopause
veðrandi adj. erosive
veðrast v. weather, erode
veðrátta f. weather (conditions), climate
veðreiðaknapi m. jockey
veðreiðamót n. race meeting, races
veðreiðar f.pl. horse racing
veðréttur m. mortgage; lien
veðrun f. weathering, erosion
veðsetja vt. mortgage; pawn, pledge
veðsettur adj. pawned, in pawn/hock
veðskuld f. mortgage debt
veðskuldabréf n. mortgage deed
veðskuldari m. mortgagor
veðtryggður adj. collateral
veður n. weather; storm; **fá v. af** get wind of; **gera v. út af** make a fuss about
veðurathugun f. meteorological observation
veðurathugunarmaður m. weather observer
veðurathugunarstöð f. weather station
veðurbarinn adj. weather-beaten
veðurblíða f. mild weather, clemency, geniality
veðureðlisfræði f. physical meteorology
veðurfar n. weather (conditions), climate
veðurfarsfræði f. climatology
veðurfregnir f.pl. weather report
veðurfrétt f. weather report
veðurfræði f. meteorology
veðurfræðilegur adj. meteorological
veðurfræðingur m. meteorologist, weatherman
veðurglöggur adj. weather-wise
veðurhorfur f.pl. weather outlook/forecast
veðurhæð f. wind force
veðurkanni m. radiosonde
veðurkort n. weather chart/map
veðurlag n. weather (conditions), climate
veðurlýsing f. weather report
veðurofsi m. bluster (of a storm)
veðurskeyti n.pl. weather report
veðurskip n. ocean weather station
veðurspá f. weather forecast
veðurstofa f. meteorological office, weather bureau
veðurtepptur adj. weather-bound, stormbound
veðurviti m. weather vane
veðþoli m. pledger
vefa v. weave
vefari m. weaver
vefengja vt. dispute, contest, challenge
vefja vt. wrap, wind, coil, roll
vefja inn vt. wrap up
vefja saman vt. roll up
vefja sig utan um vt. coil around
vefja um vt. wrap/wind around
vefja upp vt. wind up
vefjafræði f. histology
vefjafræðingur m. histologist
vefjarhöttur m. turban
vefjasýnistaka f. biopsy
vefnaðariðnaður m. textile industry
vefnaðarvara f. cloth, material, drapery
vefnaðarvörubúð f. draper's shop, (Am.) dry goods shop
vefnaðarvörukaupmaður m. draper
vefnaðarvörur f.pl. textiles, (Am.) dry goods
vefnaður m. weaving; fabric, textile
vefrænn adj. organic
vefstóll m. loom
vefur m. weave, web; tissue
vega v. weigh, scale; consider; slay
vega á móti vt. set off against, offset
vegamót n.pl. crossroads, street intersection
vega og meta vt. size up, ponder, consider
vega salt vi. seesaw

vega sig upp v. pull oneself up
vega upp á móti vt. counterbalance, counterpoise
vegabréf n. passport
vegabréfaskoðun f. passport control
vegabréfsáritun f. visa
vegaeftirlitsbíll m. patrol car
vegaeftirlitsmaður m. patrolman
vegagerð f. road construction/works
vegahótel n. motel, roadhouse
vegakerfi n. road network
vegakort n. road map
vegakrá f. roadhouse
vegalaus adj. homeless
vegalengd f. distance
vegalögreglubíll m. Panda car
vegamaður m. roadman, road mender
vegamál n.pl. road administration
vegamálastofnun f. department of highways
vegamót n.pl. crossroads, intersection, junction
vegandi m. slayer
veganesti n. provisions for a journey
vegarbrún f. roadside, wayside
vegarfi m. common mouse-ear
vegarkantur m. roadside, wayside
vegartálmi m. roadblock, barricade
vegasalt n. seesaw
vegavilltur adj. lost
vegavinna f. road construction/works
vegbrú f. flyover, (Am.) overpass
vegfarandi m. passerby
veggbolti m. handball (played in a walled court)
veggbrún f. cornice
veggfóðra vt. (wall)paper
veggfóðrari m. paperhanger
veggfóður n. wallpaper
vegghetta f. coping
veggjakrot n. graffiti
veggjalús f. (bed)bug
veggjatennis m. (squash) rackets
vegglampi m. pin-up lamp
veggmálverk n. mural (painting)
veggskjöldur m. plaque, medallion
veggskot n. niche
veggskreyting f. mural (decoration)
veggskvísa f. pin-up (girl)
veggspjald n. poster, placard, bill, notice
veggstöpull m. buttress, pilaster
veggtennis m. (squash) rackets
veggteppi n. tapestry
veggtjöld n.pl. hangings
veggur m. wall
veghefill m. road grader
vegið meðaltal n. weighted average
vegkantur m. hard shoulder
veglaus adj. trackless
veglegur adj. magnificent; bounteous
vegleysa f. trackless terrain
veglyndi n. magnanimity, high-mindedness
veglyndur adj. magnanimous, generous
vegmóður adj. wayworn
vegna vi. fare, get along, come off
vegna prp. because of, on account of, due to
vegna vel vi. do well; prosper
vegna þess að conj. because, since, for
vegrið n. crash barrier
vegsama vt. glorify, praise
vegsemd f. glory, honour
vegsummerki n.pl. traces, signs
vegsömun f. glorification
vegur m. road, way; side; possibility; **á vegum e-s** under the auspices/aegis of; **engan veginn** by no means; **koma í veg fyrir** prevent; **nokkurn veginn** more or less; **vera í þann veginn að** be about to
vegvísir m. road sign, signpost, fingerpost
vei interj. wow, goody; alas, woe
veiða vt. catch, hunt; fish
veiða upp úr vt. worm out of
veiðar f.pl. hunting, fishing
veiðarfæri n.pl. fishing tackle/gear
veiði f. catch; bag, game, kill
veiðibjalla f. great black-backed gull, seagull
veiðidýr n. game
veiðieftirlitsmaður m. game warden
veiðifálki m. gerfalcon
veiðiferð f. hunting/fishing trip
veiðigræjur f.pl. fishing gear/tackle
veiðihár n. whisker
veiðihjól n. fishing reel
veiðihorn n. hunting horn
veiðihundur m. hound, retriever, beagle, harrier

veiðihús n. hunting lodge
veiðileiðangur m. safari
veiðileyfi n. hunting/fishing licence
veiðimaður m. hunter; angler
veiðimannakofi m. hunting lodge
veiðimálastjóri m. director of freshwater fisheries
veiðireglur f.pl. game laws
veiðistöng f. fishing rod
veiðisvæði n. hunting/fishing ground
veiðitími m. hunting/fishing season
veiðivörður m. gamekeeper
veiðiþjófnaður m. poaching
veiðiþjófur m. poacher
veif : annað veifið now and again, periodically
veifa f. pennant, flag; vt. wave; swing
veigalítill adj. insubstantial, flimsy, slender
veigamikill adj. significant, weighty, solid
veigra sér við vt. shrink from, boggle at
veigrunarorð n. euphemism
veikburða adj. weak, frail, infirm
veikbyggður adj. weak, frail, fragile
veikgeðja adj. weak-minded, characterless
veiki f. disease
veikindafrí n. sick leave
veikindalisti m. sick list
veikindi n.pl. illness
veikja vt. weaken; impoverish
veikjast vi. fall ill, be taken ill
veikjast af vt. come down with
veikla vt. debilitate; enervate
veiklaður adj. weak, sickly
veiklast vi. grow weak, weaken
veikleikamerki n. sign of weakness
veikleiki m. weakness, frailty, soft spot
veiklulegur adj. sickly, pallid, unhealthy
veiklun f. weakness, debility
veiklundaður adj. weak-willed
veiklyndi n. lack of willpower
veikur adj. ill, sick; weak
veila f. weakness, defect, flaw
veill adj. weak, delicate
veimiltíta f. weakling
vein n. scream, shriek, squall
veina vi. scream, shriek, wail
veira f. virus
veirufræði f. virology
veirufræðingur m. virologist
veisla f. party; feast, banquet
veislumatur m. grand meal, spread
veislusalur m. banqueting hall
veislustjóri m. master of ceremonies, toastmaster
veita vt. grant, award, give; pipe
veita sér vt. indulge oneself (in)
veitandi m. host
veitast að vt. attack
veiting f. bestowal; conferment; appointment
veitingaborð n. buffet
veitingahús n. restaurant
veitingakona f. hostess, landlady, restaurateur
veitingamaður m. host, landlord, restaurateur
veitingar f.pl. food and drink, refreshments
veitingasalur m. restaurant
veitingastaður m. restaurant
veitingavagn m. restaurant/dining car (on a train)
vekja vt. wake up, awaken, arouse
vekja máls á vt. broach (a topic), bring up, mention
vekjaraklukka f. alarm clock
vektor m. vector
vel adv. well, fine
vel að sér í adj. well versed in, knowledgeable about
vel á minnst adv. incidentally, by the way
vel hífaður adj. well-oiled, drunk
vel kýldur adj. (of a man) well-hung
vel lesinn adj. well-read
vel máli farinn adj. well-spoken
vel mæltur adj. well-spoken
vel sagður adj. (of a phrase) well-turned
vel settur adj. well-off
vel til fallinn adj. appropriate, suitable
vel til hafður adj. well-groomed
vel upp alinn adj. well-bred
vel þekktur adj. well-known
veldi n. power, authority; rule
veldissproti m. mace, sceptre
veldistákn n. regalia
veldisvísir m. exponent, index
velferð f. welfare, wellbeing
velferðarríki n. welfare state
velgengni f. prosperity; success

velgerðarkona f. benefactress, patroness
velgerðarmaður m. benefactor, patron
velgerningur m. good deed, beneficence
velgja f. nausea; warmth; vt. warm (up)
velgjulegur adj. nauseating, cloying; queasy
velgjörðarmaður m. helper, friend
velja vt. choose, select
velja úr vt. select from, single out
velkja vt. crumple, crease
velkjast vt. be tossed about
velkominn adj. welcome; **bjóða v.** welcome
vella f. slush; vi. well, bubble
vellauðugur adj. very rich, wealthy
vellingur m. milk soup (with rice)
vellíðan f. wellbeing, comfort
vellulegur adj. sickly; mushy, namby-pamby
vellyktandi n. perfume
vellystingar f.pl. luxury
velmegandi adj. well-to-do, prosperous
velmegun f. prosperity, affluence
velmeintur adj. well-meaning, well-intentioned
velmetinn adj. well-thought-of, respected
velskur adj. Welsh
velsæmi n. decency, propriety, decorum
velsæmisvörður m. chaperon
velta f. roll(ing); lurch; turnover
velta v. roll; overturn
velta á vt. hinge/pivot on
velta fyrir sér vt. consider, mull/chew over
velta um koll v. knock over; tumble over
veltast v. (be) toss(ed) about
veltiás m. rockshaft
veltibragð n. reaping throw (in wrestling)
veltingur m. roll(ing)
veltiútgjöld n.pl. current expenses
veltuás m. fulcrum
veltufé n. working/floating capital
veltufjármunir m.pl. current assets
veltuskuld f. floating debt
velunnari m. well-wisher, sympathizer, patron
velvild f. goodwill, benevolence
velviljaður adj. well-meaning, benevolent
velþóknun f. approval, gusto
vembill m. gastrula

venda v. turn around
venda við/út vt. turn inside out
vendihnappur m. return key
vendilkráka f. turncoat
vending f. carriage return
vendipunktur m. turning point
vendistafur m. carriage return character
venja f. custom, practice; habit
venja vt. accustom; train, condition
venja af vt. wean from
venja sig af vt. break a habit of, unlearn
venja undan vt. wean
venja við/á vt. accustom to
venjast vt. get used to
venjubundinn adj. customary, conventional
venjuleg deiling f. long division
venjulega adv. usually; **eins og v.** as usual
venjulegur adj. usual, ordinary, regular, normal
vensl n.pl. affinity (by marriage)
venslaður adj. related (by marriage)
ventill m. valve
venushár n. maidenhair fern
venusvagn m. aconite
vepja f. lapwing, pewit
ver n. pillowcase; fishing station/outpost
vera f. being, creature; stay; reality
vera v. be; act as; stay
vera á móti vt. oppose
vera áfram vi. remain, continue
vera án vt. be/do/go without
vera eftir vi. remain
vera eftir sig vt. feel exhausted
vera fyrir vi. be in the way
vera í vt. wear
vera með vt. join in, take part; wear, carry
vera til vi. exist; be ready
vera til taks vi. stand by, stay ready
vera við vi. be present
veraldargengi n. material success
veraldargæði n.pl. material pleasures
veraldarhyggja f. materialism, secularism
veraldarhyggjumaður m. materialist, secularist
veraldarsaga f. world history
veraldarvanur adj. worldly-wise, sophisticated

veraldlegur adj. worldly, mundane; secular
verbúð f. fisherman's hut
verð n. price; cost, charge
verða vi. become, grow; must, have to; happen
verða að vt. change/turn into
verða af vt. miss
verða á v. slip up, do s-g wrong
verða á brott v. disappear
verða á eftir (með) v. fall behind (with)
verða fyrir vt. come in for, experience, suffer
verða til vi. come into being, originate
verða um/af v. become of
verða undir v. succumb, be defeated
verðandi f. emergence; adj. in embryo, budding
verðandi móðir f. mother-to-be
verðaukning f. price increase
verðbil n. price range
verðbólga m. inflation (of prices)
verðbólguáhrif n.pl. inflationary effects
verðbólgustig n. inflation rate
verðbólguvaldandi adj. inflationary
verðbréf n.pl. securities
verðbréfamarkaður m. stock market/exchange
verðbréfamiðlari m. stockbroker
verðbréfasali m. securities dealer, broker
verðbætur f.pl. price-increase compensation
verðfall n. slump, n. price drop
verðflokkur m. price range/category
verðfrysting f. price fixing
verðgildi n. (monetary) value
verðhámark n. price ceiling
verðhjöðnun f. deflation
verðhrun n. slump
verðhækkun f. price increase, mark-up
verðkönnun f. price survey
verðlag n. price level
verðlagning f. pricing
verðlagsákvæði n. price regulation
verðlagseftirlit n. price control
verðlagsgrundvöllur m. pricing base
verðlagsvísitala f. price level index
verðlaun n.pl. prize, award; reward
verðlauna vt. give a prize; reward
verðlaunafé n. prize money; bounty

verðlaunagetraun f. price quiz
verðlaunagripur m. trophy, award
verðlaunahafi m. prize winner; medallist; laureate
verðlaus adj. valueless, worthless
verðlágmark n. price floor
verðleggja vt. price, rate
verðleiki m. merit, credit; **af eigin verðleikum** in one's own right; **að verðleikum** worthily
verðlistaverð n. list price
verðlisti m. price list
verðlækkun f. price decline, markdown
verðmat n. assessment (of value)
verðmerking f. price labelling
verðmerkja vt. affix price tags
verðmeta vt. assess, appraise
verðmiði m. price tag
verðmunir m.pl. valuables
verðmunur m. price difference
verðmyndun f. price determination, price structure, price formation
verðmæti n. value
verðmætisaukning f. capital gain
verðmætur adj. valuable
verðrýrnun f. depreciation
verðskulda vt. deserve, merit, earn
verðskuldaður adj. deserved, well-earned
verðstríð n. price war
verðstöðvun f. price freeze
verðsveifla f. price fluctuation
verðtrygging f. indexation
verðtryggja vt. index-link
verðugur adj. worthy, deserving
verður adj. worth
verðvísitala f. price index
vergangur m. begging
vergirni f. nymphomania
vergjörn kona f. nymphomaniac
vergur adj. total, gross
verja f. contraceptive, condom; shield
verja vt. defend; protect, cover; spend
verjandi m. defender; counsel for the defence
verjandi adj. justifiable, tenable
verjanlegur adj. defensible, tenable
verjast v. defend oneself
verk n. work; task; job
verka v. work, function; have an effect; clean; cure

verka fisk v. cure fish
verkafólk n. working people, labourers
verkahringur m. scope (of work); purview
verkakona f. female worker
verkakvennafélag n. women's labour/trade union
verkalýðsfélag n. labour/trade union
verkalýðsflokkur m. labour party
verkalýðshreyfing f. labour/trade union movement
verkalýðsleiðtogi m. labour leader
verkalýðssamtök n.pl. organized labour
verkalýður m. working class, proletariat
verkamaður m. worker, labourer
verkamannabústaðir m.pl. housing for workers
verkamannavinna f. manual labour
verkaskipting f. division of labour
verkbann n. lock-out
verkbeiðni f. work order
verkefnabók f. workbook
verkefnasamtök n.pl. consortium
verkefni n. task, assignment, project; mission
verkefnisstjórn f. project steering committee
verkeyðandi adj. painkilling, analgesic
verkfall n. strike
verkfallsbrjótur m. strikebreaker, blackleg, scab
verkfallsmaður m. striker
verkfallssjóður m. strike fund
verkfallsvörður m. picket; picket line
verkfræði f. engineering
verkfræðideild f. faculty of engineering
verkfræðingur m. (civil) engineer
verkfræðistarfsemi f. engineering
verkfærakassi m. tool kit, toolbox
verkfærasett n. kit
verkfæri n. tool, implement, instrument
verkhyggja f. pragmatism
verkja vi. ache, hurt
verkjakast n. attack of pain
verkjalyf n. painkiller, anodyne, analgesic
verkkunnátta f. skill, know-how, craftsmanship
verklag n. work procedure
verklaginn adj. skilful, dexterous
verklagni f. skill, dexterity

verklatur adj. work-shy
verklegar framkvæmdir f.pl. construction projects
verklegur adj. technical; vocational; competent
verklýsing f. job description
verkmaður m. workman
verkmenning f. technical skills
verknaður m. act, deed
verknám n. vocational training
verknámsskóli m. vocational school
verkritatækni f. critical path method
verksamningur m. contract
verksmiðja f. factory, works, plant, mill
verkstjóri m. foreman, overseer
verkstjórn f. (work) supervision
verkstýra f. forewoman
verkstæði n. workshop; garage, service station
verksummerki n.pl. traces, signs, evidence
verksvið n. sphere of activity; purview
verksvit n. know-how
verktaki m. contractor, developer
verkteikning f. working drawing
verktækni f. technique
verkun f. effect, influence; cleaning
verkur m. pain, ache
verkþjálfun f. manual training
verma vt. warm, heat
vermireitur m. hotbed
vernd f. protection; patronage
vernda vt. protect, preserve, safeguard
verndardýrlingur m. patron saint
verndarengill m. guardian angel
verndarfylgd f. convoy
verndargripur m. talisman, amulet, charm
verndarhjúpur m. cocoon
verndari m. protector, guardian; patron
verndarkona f. protectress; patroness
verndarlaus adj. without protection, defenceless
verndarlitun f. protective colouring
verndarstefna f. protectionism
verndarsvæði n. protectorate; sanctuary
verndartollasinni m. protectionist
verndartollastefna f. protectionism
verndartollur m. protective tariff
verndarvængur : undir verndarvæng under the aegis of

verndarvættur m. attendant spirit, daemon
verndun f. protection, preservation
verpa vt. throw; **v. eggjum** lay eggs
verpill m. cube
verpilrót f. cube root
verr adv. worse
verri adj. worse; **til hins verra** for the worse
vers n. verse (in a hymn)
versla v. trade, deal; shop
versla með vt. trade/deal in
verslanakeðja f. multiple/chain store
verslanamiðstöð f. shopping centre, (Am.) mall
verslun f. shop; commerce, trade
verslunarbanki m. commercial bank
verslunarbann n. embargo
verslunarbréf n. business letter
verslunareinokun f. monoply trade
verslunarferð f. business trip
verslunarfélag n. trading company
verslunarfloti m. mercantile fleet
verslunarfulltrúi m. commercial attaché
verslunargata f. shopping street
verslunarhalli m. trade deficit
verslunarhverfi n. business quarter
verslunarhættir m.pl. trading practices
verslunarjöfnuður m. balance of trade
verslunarkeðja f. multiple/chain store
verslunarleyfi n. trade licence
verslunarmaður m. businessman; shop assistant
verslunarmannafélag n. commercial workers' union
verslunarmiðstöð f. shopping centre; emporium
verslunarnefnd f. trade commission
verslunarráð n. chamber of commerce
verslunarrekstur m. trade, (running of) business
verslunarréttur m. commercial law
verslunarsamband n. business connection
verslunarsamningur m. trade agreement
verslunarskóli m. business college
verslunarstefna f. commercialism
verslunarstjóri m. shop manager
verslunarstöð f. trading post
verslunarvara f. commodity, merchandise
versna vi. get worse, worsen, deteriorate

verstur adj. worst
verstöð f. fishing station
vertíð f. fishing season
verufræði f. ontology
verulegur adj. real; substantial
veruleikaflótti m. escapism
veruleiki m. reality
verustaður m. dwelling place
veröld f. world
verönd f. veranda(h), terrace, (Am.) porch
vesaldarlegur adj. miserable, piteous, peaky
vesaldómur m. misery, wretchedness; feebleness
vesalingur m. wretch, poor devil, unfortunate
vesall adj. miserable, wretched, poor
vesen n. trouble, inconvenience
vesenast v. make a fuss
veski n. wallet; handbag
veslast upp vi. waste/pine away, languish
vespa f. wasp, hornet; motor scooter
vessabóla f. (water) blister
vessaæð f. lymphatic vessel
vessi m. lymph; fluid
vestan adv. from the west
vestanátt f. west(erly) wind
vestanhafs adv. in North America
vestanverður adj. on the west side
vestanvindabelti n. roaring forties (in the Atlantic)
vestanvindur m. west wind, zephyr
vestar adv. farther/further west
vestast adv. farthest/furthest west
vestasti adj. westernmost
vesti n. waistcoat, (Am.) vest
vestlægur adj. westerly
vestnorðvestur adj. west-northwest
vestra adv. in the west, in North America
vestri m. western (film), horse opera
vestrænn adj. western
vestsuðvestur adv. west-southwest
vestur n. west; adv. westwards
Vestur-Indíur f.pl. West Indies
Vesturálfa f. (North) America
vesturátt f. easterly direction
vesturheimskur adj. American, Yank(ee)
Vesturheimur m. (North) America, New World
vesturhvel (jarðar) n. western hemisphere

Vesturland n. West Iceland
Vesturlandabúi m. Occidental
vesturlenskur adj. western
Vesturlönd n.pl. the West, Occident
vesturströnd f. west(ern) coast
vesturveldi n.pl. the Western powers
vesæll adj. wretched, miserable, beggarly
vesöld f. wretchedness, misery; illness
vetfang n. instant; **í einu vetfangi** in a flash
vetni n. hydrogen
vetnissprengja f. hydrogen bomb, H-bomb
vetra vi. become winter
vetraáætlun f. winter schedule
vetrarblóm n. purple saxifrage
vetrarbraut f. galaxy
Vetrarbrautin f. the Milky Way
vetrarbúningur m. winter dress
vetrardagur m. winter's day
vetrardvali m. hibernation
vetrarfrakki m. overcoat
vetrargosi m. snowdrop
vetrarhjólbarði m. winter tyre
vetraríþróttir f.pl. winter sports
vetrarlag : **að vetrarlagi** in winter
vetrarlegur adj. wintery
vetrarsólhvörf n.pl. winter solstice
vetrarstokkrós f. hollystock
vetrarvertíð f. winter fishing season
vetrungur m. yearling
vettlingur m. mitten
vettugi : **virða að v.** ignore
vettvangskönnun f. field study
vettvangsrannsókn f. field research, fieldwork
vettvangur m. field, area; scene, site
vetur m. winter
veturgamall adj. yearling
veturseta f. winter sojourn; **hafa vetursetu** winter
vextir m.pl. interest
véfengja vt. question, challenge, contest
véfrétt f. oracle
vél f. engine, motor; machine
véla vt. deceive; seduce, ensnare
vélabrögð n.pl. artfulness, guile, wiles
vélamaður m. engineer, machinist
vélarafköst n.pl. engine performance

vélarafl n. mechanical power, machine power
vélarbilun f. engine failure
vélarblokk f. engine block
vélarhlíf f. bonnet, (Am.) hood
vélarhlutir m.pl. (motor) parts, machine parts
vélarhús n. engine bay
vélarmál n. machine language
vélarrúm n. engine room
vélarrými n. engine compartment
vélarstimpill m. piston
vélarstjórnkerfi n. engine control system
vélasalur m. machine shop
vélasamstæða f. set of machines, machinery
vélaverkfræði f. mechanical engineering
vélaverkfræðingur m. mechanical engineer
vélaverkstæði n. machine (work)shop
vélaviðhald n. machine maintenance
vélaþétti n. gasket
vélbátur m. motorboat
vélbúa vt. motorize, mechanize
vélbúnaður m. machinery, mechanism; hardware
vélbyssa f. machine-gun
vélflauta f. siren, horn
vélfræði f. engineering, mechanics
vélfræðilegur adj. mechanical
vélfræðingur m. mechanical engineer
vélfærafræði f. robotics
vélhjól n. motorcycle
vélhyggja f. (doctrine of) mechanism
vélinda n. oesophagus, gullet, maw
vélknúið ökutæki n. motor vehicle
vélknúinn adj. motor-driven, mechanical
vélmenni n. robot; automaton
vélráð n. treachery, deceit
vélrita v. type
vélritaður adj. typewritten
vélritaður texti m. typescript
vélritari m. typist
vélritun f. typing, typewriting
vélræði n. treachery, deceit
vélrænn adj. mechanical
vélskófla f. power shovel, excavator
vélskóli m. engineering school
vélsleði m. snowmobile
vélsmiðja f. machine (work)shop

vélsmiður m. mechanic, fitter
vélsmíði f. machine construction
vélstjóri m. engineer, machinist
vélsög f. power saw
véltækni f. technology
vélunninn adj. machine-made
vélvirki m. engine fitter, mechanic
vélvæða vt. mechanize, motorize
vélvæðing f. mechanization
vémynd f. icon
vér prn. we
við prn. we
við prp. with, to, at; near, by, beside
við og við adv. now and then, on occasion
viða að sér vt. gather, glean, scrounge
viðamikill adj. extensive
viðarbolur m. tree trunk
viðarbútur m. block of wood
viðarhöggsmaður m. lumberjack, (Am.) lumberman
viðarkenndur adj. ligneous, wooden
viðarkol n.pl. charcoal
viðarkolamoli m. briquet(te)
viðarkvoða f. mastic
viðauki m. addition, supplement; appendix
viðbein n. collarbone, clavicle
viðbjóðslegur adj. disgusting, revolting, repulsive
viðbjóður m. disgust, loathing, repulsion
viðbót f. addition, extra, supplement; **til viðbótar við** in addition to
viðbótar- comb. additional, extra, supplementary
viðbótarefni n. additive
viðbótarfjármagn n. injection of capital
viðbótargreiðsla f. surcharge
viðbótarkraftur m. complimentary force
viðbótarskattur m. surtax
viðbragð n. jolt, start; reaction, reflex
viðbragðsfljótur adj. quick to react, alert
viðbragðsstoð f. starting block
viðbragðstími m. reaction time
viðbrenndur adj. burnt
viðbrigði n.pl. change
viðbrigðinn adj. jumpy, skittish
viðbrögð n.pl. reaction; feedback
viðburðaríkur adj. eventful
viðburðasnauður adj. uneventful
viðburður m. event, incident, occurrence

viðbúinn adj. prepared, ready
viðbúnaður m. preparation(s); preparedness
viðbygging f. extension, annexe
viðbætir m. supplement, appendix; insert
viðdvöl f. stay, sojourn, (Am.) layover
viðeigandi adj. suitable, proper, appropriate
viðfangsefni n. subject matter; task, assignment
viðfangsforrit n. application program
viðfelldinn adj. likeable, affable, congenial
viðfelldni f. affability
viðgangast : láta e-ð v. tolerate s-g
viðgerð f. repair, renovation
viðgerðarkostnaður m. cost of repairs; repair costs
viðgerðarmaður m. repairer; restorer; fitter (of machines)
viðgerðarverkstæði n. service station
viðhafa vt. use, employ
viðhafnar- comb. ceremonial, formal, gala
viðhafnardregill m. red carpet
viðhafnarklæðnaður m. full dress
viðhafnarleysi n. informality
viðhafnarræða f. oration
viðhafnarsiður m. ceremonial
viðhafnarstofa f. drawing room
viðhafnarútgáfa f. de luxe edition
viðhafnarþvottur m. ablution
viðhald n. maintenance, upkeep; lover, paramour
viðhalda vt. maintain; preserve
viðhaldskostnaður m. maintenance costs, maintenance expenses
viðhaldssamningur m. maintenance contract
viðhaldsvinna f. maintenance work
viðhlítandi adj. appropriate; sufficient
viðhorf n. attitude, angle; opinion, sentiment
viðhöfn f. ceremony, formality, pomp
viðkoma f. growth, fertility; feel, contact; stop; transit; **með viðkomu á** by way of, via
viðkoma vt. concern; **að því er mér viðkemur** as far as I am concerned, for my part

viðkomandi adj. relevant, in question
viðkomufarþegi m. transit passenger
viðkomuhöfn f. port of call
viðkomustaður m. stop
viðkunnanlegur adj. agreeable, congenial, likeable
viðkvæði n. refrain (in verse)
viðkvæmni f. touchiness; sensitivity; delicacy
viðkvæmnismaður m. sentimentalist
viðkvæmur adj. touchy; sensitive; delicate
viðkvæmur fyrir adj. susceptible to
viðkynning f. acquaintance(ship)
viðlag n. chorus, refrain, burden
viðlagasjóður m. emergency/relief fund
viðlátinn adj. present
viðleitni f. endeavour, effort
viðlíka adj. & adv. similar(ly)
viðlíking f. simile
viðloðandi adj. adherent
viðloðun f. adhesion; viscosity
viðmið n. norm
viðmiðun f. standard, criterion, reference
viðmiðunarhópur m. control group
viðmiðunarreglur f.pl. guidelines
viðmót n. manner
viðmótsþýður adj. pleasant, agreeable, suave
viðmælandi m. interlocutor
viðnám n. resistance; resistor; impedance
viðnámslaus adj. resistless
viðnámsþrek n. power of resistance
viðra vt. air; ventilate
viðra sig vt. go out for a breath of fresh air
viðráðanlegur adj. controllable, manageable, docile
viðreisn f. reconstruction, restoration
viðrekstur m. fart
viðriðinn adj. involved (in)
viðrini n. hermaphrodite; worm, wretch
viðrun f. airing, ventilation
viðræða f. conversation
viðræðufundur m. conference, consultation
viðræðumaður m. interlocutor
viðræður f.pl. negotiations, talks
viðsemjandi m. contracting party
viðsjáll adj. elusive, glib; dangerous

viðsjálsgripur m. shuffler
viðsjár f.pl. conflict, quarrels
viðsjárverður adj. shifty, troublesome; risky
viðskeyti n. suffix
viðskilnaður m. separation; departure
viðskiptaafsláttur m. trade discount
viðskiptabanki m. commercial bank
viðskiptabann n. boycott
viðskiptabréf n. business letter; commercial document
viðskiptadeild f. faculty of economics and business administration
viðskiptafélagi m. business associate
viðskiptafrelsi n. freedom of trade
viðskiptafræði f. business administration
viðskiptafræðingur m. graduate in business administration
viðskiptafulltrúi m. trade representative
viðskiptafulltrúi (sendiráðs) m. commercial attaché
viðskiptafærni f. business skill
viðskiptagreining f. business analysis
viðskiptaháskóli m. business college
viðskiptaheiti n. trade name
viðskiptahorfur f.pl. business prospects
viðskiptahrun n. business collapse
viðskiptahættir m.pl. trade practices
viðskiptajöfur m. (business) tycoon
viðskiptajöfnuður m. trade balance, balance of trade
viðskiptakjör n.pl. terms of trade
viðskiptamaður m. customer
viðskiptamannabók f. customers' account ledger
viðskiptamarkmið n. business objective
viðskiptamenntun f. business education
viðskiptaráðuneyti n. ministry of trade, (Br.) Board of Trade, (Am.) Department of Commerce
viðskiptareikningur m. credit account
viðskiptasamningur m. trade agreement, (business) deal
viðskiptasamstarf n. business relations
viðskiptasiðfræði f. business ethics
viðskiptaskilyrði n. business conditions
viðskiptaskrá f. trade directory
viðskiptasvið n. division of business education

viðskiptatengsl n.pl. business relations, business contacts
viðskiptavelta f. turnover
viðskiptavild f. goodwill
viðskiptavinur m. customer
viðskiptavit n. business acumen
viðskipti n.pl. business (transactions), commerce; **eiga v. við** do/transact business with, trade/deal with
viðskotaillur adj. irritable, snappish, stroppy
viðspyrna f. foothold; resistance
viðstaddur adj. present
viðstöðulaus adj. constant, incessant
viðstöðulaust adv. uninterrupted, at a stretch
viðtaka f. reception; acceptance
viðtakandi m. recipient; acceptor; addressee; payee
viðtal n. interview; conversation, talk
viðtalstími m. consultation hours
viðtekinn adj. accepted, received; orthodox
viðtengdur adj. on-line, adv. on-line
viðtengingarháttur m. subjunctive mood
viðtæki n. radio; tuner
viðtökukvittun f. chit
viðtökusímtal n. collect phone call
viðunandi adj. acceptable, satisfactory, decent
viðunandi sönnun f. satisfactory proof
viðundur n. marvel, wonder; freak
viður m. wood
viðureign f. conflict, struggle
viðurkenna vt. acknowledge; admit; accept
viðurkenndur adj. acknowledge, recognized
viðurkenning f. acknowledgement, recognition; admission
viðurlag n. apposition
viðurlög n.pl. sanctions
viðurnefni n. nickname; epithet
viðurstyggð f. disgust, abomination; anathema
viðurstyggilegur adj. disgusting, abominable, repellent
viðurvist f. presence, attendance
viðurværi n. food, sustenance
viðutan adj. absent-minded, distracted

viðvaningslegur adj. amateurish, dilettante
viðvaningur m. beginner, novice; dilettante
viðvarandi adj. continual, lasting
viðvart : gera v. inform, tip off
viðvik n. small errand/service
viðvistarskrá f. school attendance register
viðvíkja vt. concern; **hvað mér viðvíkur** as far as I am concerned, for my part
viðvíkjandi prp. concerning, regarding
viðvörun f. warning, caution
viðvörunarljós n. caution lamp
viðþolslaus adj. in unbearable pain
vifta f. fan
viftureim f. fan belt
vigt f. scales (for weighing); weight
vigta v. weigh
vigur f. vector
vik n. small service; recess; deviation; **eiga ekki hægt um vik** be not easy for; **gera erfitt um vik** make things hard for
vika f. week; **eftir (nákvæmlega) viku** this day week; **eftir rétt rúma viku** tomorrow week; **fyrir rúmri viku** yesterday week; **vikum saman** week in, week out
vikadrengur m. errand boy
vikapiltur m. bellboy, page
vikivaki m. Icelandic round dance
vikna v. be moved to tears
viktoríanskur adj. Victorian
vikublað n. weekly (paper)
vikudagur m. weekday
vikulegur adj. weekly, hebdomadal
vikulok n.pl. weekend
vikur m. pumice, lapilli
vikurit n. weekly (magazine)
vil n. advantage, benefit
vild f. will; **að v.** at will
vildarkjör n.pl. favourable conditions
vildarvinur m. intimate friend
vilhallur adj. biased, tendentious
vilja vt. want, wish, will
vilja heldur vt. prefer
vilja til vi. happen, come about
viljafastur adj. strong-minded, determined

viljafesta f. strength of will, determination
viljalaus adj. weak-minded, spineless
viljaleysi n. lack of will power, slothfulness
viljandi adj. & adv. deliberate(ly), intentional(ly)
viljastyrkur m. willpower
vilji m. will, intention; desire, wish, request
viljugur adj. willing, ungrudging; spirited
villa f. mistake, error; aberration
villa vt. deceive, misguide
villa um fyrir vt. mislead
villandi adj. misleading; delusive
villandi vísbending f. red herring
villast vi. get lost
villast á vt. mistake for
villibráð f. game
villidýr n. wild animal, beast
villidýrasafn n. menagerie
villiepli n. crab apple
villigata f. wrong track; **leiða á villigötur** lead astray, misguide
villigöltur m. wild boar
villihestur m. mustang, bronco
villiköttur m. wildcat
villimaður m. savage
villimannslegur adj. barbarian, savage
villimennska f. barbarism; barbarity
villingur m. imp, scamp
villisvín n. wild boar, (Am.) razorback
villtur adj. wild; savage; lost
villuboð n. error message
villufrávik n. margin of error
villukenning f. heresy
villulaus adj. faultless, perfect
villuráfandi adj. errant, lost
villutrú f. heresy
villutrúarmaður m. heretic
vilpa f. swamp, slough
vilsa f. pus
vilyrði n. half promise
vin f. oasis
vina f. girl friend
vinafólk n. friends
vinalaus adj. friendless
vinalegur adj. friendly
vinaleysi n. friendlessness
vinarbragð n. friendly gesture
vinarþel n. friendly nature
vinaslit n.pl. estrangement

vinátta f. friendship
vinda f. windlass, capstan; mangle; reel
vinda vt. wind; wring, twist; mangle
vinda ofan af vt. unwind; unroll
vinda sér í vt. proceed to
vindátt f. wind direction
vindbelgur m. windbag; braggart
vindblásinn adj. windswept
vindborði m. windward
vindborinn adj. airborne
vindgangur m. flatulence
vindgöng n.pl. wind tunnel
vindhani m. weathercock, weather vane
vindharpa f. aeolian harp
vindhlíf f. windshield
vindhviða f. gust, squall, blast (of wind)
vindhögg n. failure to hit, miss
vindill m. cigar
vindingur m. twist, warp; contortion
vindkljúfur m. spoiler
vindlaust dekk n. flat (tyre)
vindlingasía f. filter tip
vindlingur m. cigarette
vindmylla f. windmill
vindmælir m. wind gauge, anemometer
vindpoki m. windsock
vindrella f. windmill, (Am.) pinwheel
vindset n. aeolian deposit
vindský n. scud
vindstaða f. wind direction
vindstig n. wind force
vindstormur m. windstorm
vindstrengur m. jet stream
vindsæng f. air mattress, airbed
vindubrú f. drawbridge
vindur m. wind
vindustigi m. spiral staircase
vinfastur adj. steadfast, loyal, true
vinfengi n. friendship
vingast við vt. make friends with; fraternize with
vingjarnlegur adj. friendly, amiable
vingjarnleiki m. friendliness, kindliness
vingsa vt. swing
vingull m. fescue (grass)
vinka v. wave (to)
vinkiljárn n. angle iron
vinkill m. right angle; setsquare
vinkilskrúfjárn n. bent screwdriver
vinkona f. (female) friend

vinna f. work, labour; job, employment
vinna v. work; perform; win; process
vinna að vt. work (up)on
vinna á v. gain ground; break open
vinna á móti vt. counteract, neutralize
vinna gegn vt. work/react against
vinna saman vi. collaborate, team up
vinna sér inn vt. earn
vinna sig upp vi. rise from the ranks
vinna upp vt. catch up on, make up for
vinna úr vt. process; extract
vinnandi adj. working; achievable
vinningshlutfall n. odds
vinningur m. prize, winnings; gain, profit
vinnsla f. processing, production
vinnsluaðferð f. processing method
vinnslufær adj. processable
vinnslukostnaður m. process costing
vinnslustöð f. processing plant
vinnuaðferð f. work method, procedure
vinnuafköst n.pl. labour efficiency
vinnuafl n. manpower, labour
vinnuaflsfrekur adj. labour-intensive
vinnuálag n. work load, workload
vinnubekkur m. workbench
vinnuborð n. worktable
vinnubók f. workbook
vinnubrögð n.pl. procedure; (Lat.) modus operandi
vinnubuxur f.pl. dungarees
vinnudagur m. working day, (Am.) workday
vinnudeila f. labour dispute
vinnueintak n. rushes (of a film)
vinnuferðalangur m. commuter
vinnuferill m. duty cycle
vinnufíkill m. workaholic
vinnuflokkur m. work crew
vinnufólk n. farmhands, domestics
vinnuframleiðni f. work productivity
vinnufælinn adj. work-shy
vinnufælni f. ergophobia
vinnufær adj. able-bodied
vinnuföt n.pl. work(ing) clothes
vinnugalli m. boiler suit, overalls
vinnugæði m.pl. work quality
vinnuherbergi n. workroom
vinnukona f. cleaning lady, help; (female) farm labourer; windscreen wiper, (Am.) windshield wiper

vinnukort n. time card/sheet
vinnulaus adj. unemployed
vinnulota f. stint (of work)
vinnumaður m. farmhand, farm labourer
vinnumarkaður m. labour market
vinnumiðlun f. labour exchange
vinnupallur m. scaffold(ing)
vinnusamningur m. work contract
vinnusamur adj. industrious
vinnusálfræðingur m. industrial psychologist
vinnusjúkdómur m. occupational disease
vinnusjúklingur m. workaholic
vinnuskylda f. work quota
vinnusloppur m. smock, overall
vinnusparandi adj. labour-saving
vinnustaður m. place of work; shop floor
vinnustofa f. (work)shop; studio, atelier
vinnustund f. manhour
vinnustúlka f. (house)maid
vinnustöðvun f. strike
vinnuteikning f. working drawing
vinnutilhögun f. work arrangement
vinnutími m. working hours
vinnuumhverfi n. work environment
vinnuveitandi m. employer
vinnuvistfræði f. ergonomics
vinnuþjarkur m. workhorse, plodder, demon
vinnuþrek n. capacity for work, energy
vinnuþræll m. dogsbody, drudge, fag, hack
vinsa úr vt. weed out; disentangle
vinsamlegur adj. friendly, amicable; gracious
vinsemd f. friendliness, amicability
vinskapur m. friendship
vinstri adj. left; left-hand;
  til v. on the left
vinstriflokkur m. left-wing party
vinstrijafna vt. left-justify
vinstrimaður m. left-winger
vinstrisinnaður adj. leftist
vinstrisinni m. leftist
vinstur f. abomasum; tripe
vinsældakönnun f. popularity poll
vinsældalisti m. hit parade
vinsældir f.pl. popularity
vinsæll adj. popular; fashionable
vinur m. friend

vinur í velgengni m. fair-weather friend
vinveittur adj. friendly (to)
vippa vt. swing, fling
vipra f. twitch
virða vt. respect; value
virða að vettugi vt. ignore, disregard
virða fyrir sér vt. contemplate
virðast vi. seem, appear, look like
virði n. value, worth
virðing f. respect, esteem, honour, homage
virðingarfullur adj. respectful, deferential
virðingarfyllst adv. (yours) respectfully
virðingarlaus adj. irreverent
virðingarleysi n. disrespect, irreverence
virðingarsess m. place of honour
virðingarverður adj. respectable, honourable
virðisaukaskattur m. value-added tax, VAT
virðulegur adj. dignified, venerable
virðuleiki m. dignity
virka vi. work, function, act
virki n. fort(ress), stronghold
virkilega adv. really, honestly
virkilegur adj. real, actual
virkisbrekka f. escarpment
virkisflöt f. esplanade
virkisgarður m. rampart, bulwark
virkisgröf f. moat, fosse
virkisstaur m. palisade
virkisturn m. turret
virkisútskot n. bastion
virkja vt. harness, utilize; activate
virkjun f. harnessing; power plant; activation
virkni f. activity
virkur adj. active, functional; effective
virkur dagur m. weekday
virtur adj. distinguished, prestigious
visinn adj. dried out, shrunken; crippled
viska f. wisdom
viska út vt. wipe out
viskí n. whisk(e)y
viskusteinn m. philosopher's stone
viskustykki n. tea towel, dishcloth
viskutré n. bodhi tree, pipal
visna vi. wilt, wither, dry up
visnun f. atrophy; phthisis
viss adj. certain, sure
vissa f. certainty; **með vissu** for certain

vissulega adv. certainly
vist f. stay; (domestic) service; whist
vista vt. find a place for; file; save
vistfræði f. ecology
vistfræðilegur adj. ecological
vistfræðingur m. ecologist
vistheimili n. institution, home
vistir f.pl. (food) provisions, victuals
vistkerfi n. ecosystem
vistlegur adj. cosy, comfortable, snug
vistmaður m. inmate
vit n. sense; intelligence; knowledge; **koma vitinu fyrir e-n** bring s-y to his senses; **missa vitið** crack up; **viti sínu fjær** distraught
vita v. know; face
vita af vt. be aware of
vita á vt. portend, point to(wards)
vita fyrir vt. foresee
vita um vt. be aware of
vita (út) að vt. look onto, look out to
vitað mál n. foregone conclusion
vitagagnslaus adj. completely useless
vitamálastjórn f. (port and) lighthouse authority
vitandi vits adv. knowingly
vitanlega adv. of course
vitaskip n. lightship, lighthouse tender
vitaskuld adv. of course
vitavörður m. lighthouse keeper
vitfirring f. madness, insanity
vitfirringahæli n. madhouse, loony bin
vitfirringur m. madman, maniac
vitfirrtur adj. insane, maniacal
vitgrannur adj. empty-headed, rattlebrained
viti m. lighthouse; beacon; sign, omen
vitiborinn adj. intelligent
vitja vt. visit; check
vitjun f. visit(ation), call
vitkast vi. become sensible
vitlaus adj. mad, insane; stupid; wrong
vitlaus í adj. potty about
vitlausa beinið n. funny bone
vitlausrahæli n. madhouse
vitleysa f. foolishness; nonsense; mistake
vitleysingahæli n. nuthouse
vitleysingur m. idiot; lunatic
vitna v. testify
vitna í vt. quote, cite

vitna til vt. make a reference to
vitna um vt. be a sign of, witness
vitnaleiðsla f. examination of witnesses
vitnastefna f. subpoena
vitnastúka f. witness box, (Am.) stand
vitneskja f. knowledge
vitni n. witness, testimony
vitnisburður m. testimony; testimonial
vitnisburður nemanda m. school report
vitorð n. connivance; **vera í vitorði með** connive with; **í vitorði um** privy to
vitorðsmaður m. accomplice, accessory
vitringarnir þrír m.pl. the Magi
vitringur m. sage
vitrun f. revelation, vision
vitrænn adj. rational, sensible, cognitive
vitskertur adj. insane, demented
vitsmunalegur adj. intellectual
vitsmunalíf n. intellect
vitsmunir m.pl. intellect
vitstola adj. frenetic, crazy
vitund f. awareness; knowledge; a little bit, modicum, shade, whit; **ekki v.** not a bit
vitundarlaus adj. unconscious
vitundarvottur m. (eye)witness
vitur adj. wise, sagacious
viturlegur adj. sensible, wise
vía f. maggot
víbrafónn m. vibraphone
vídd f. width; dimension; expanse, spread
víddarmælir m. callipers, (Am.) calipers
víð : á v. og dreif far and wide
víða adv. wide(ly), far and wide
víðavangshlaup n. cross-country race
víðavangshlaupari m. cross-country runner, harrier
víðavangur m. open country
víðátta f. expanse, vastness
víðáttufælni f. agoraphobia
víðáttumikill adj. expansive, vast, spacious
víðfeðmur adj. wide; extensive, comprehensive
víðfrægur adj. well-known, famous
víðfrægur maður m. celebrity
víðförull adj. widely travelled
víðir m. willow
víðitág f. wicker, whithy
víðkunnur adj. widely known, famous
víðlendur adj. expansive, wide
víðlesinn adj. well-read
víðmynd f. panorama
víðreistur adj. widely travelled
víðsvegar adv. far and wide
víðsýni n. panorama; broadmindedness
víðsýnn adj. broadminded, liberal
víðtækur adj. extensive, far-reaching
víður adj. wide; loose, baggy; vast
víf n. wife, woman
vífilengjur f.pl. prevarication, evasions
víg n. killing, slaying
vígahnöttur m. meteor, fireball, shooting star
vígahugur m. pugnacity; **í vígahug** on the warpath
vígalegur adj. warlike
vígamóður m. fighting spirit, pugnacity
vígbúnaðarkapphlaup n. arms race
vígbúnaður m. armaments
víggirða vt. fortify
víggirðing f. fortification
víggröf f. sap
víghani m. gamecock
vígi n. fortress
vígja vt. consecrate, dedicate; inaugurate
víglína f. front
vígorð n. battle/war cry; slogan
vígreifur adj. brave, game
vígsla f. opening ceremony; consecration
vígtönn f. canine tooth, fang
vígvöllur m. battlefield
vík f. creek, cove, inlet
víkingur m. Viking
víkja vi. move, fall back, recede
víkja að vt. advert to, mention
víkja af leið v. turn aside; sheer
víkja e-u að e-m vt. give s-y s-g
víkja frá vt. depart from; give up
víkja sér að vt. accost, approach
víkja sér undan vt. dodge, shirk, duck, parry
víkja til hliðar v. move aside; shunt
víkja undan vi. retreat
víkjandi adj. recessive
víkka vt. widen, expand
víkkun f. expansion
víma f. intoxication; **í vímu** intoxicated
vímugjafi m. intoxicant
vín n. wine; alcohol
vínandi m. alcohol, spirits

Vínarborg f. Vienna
vínarbrauð n. Danish pastry
vínarpylsa f. frankfurter
vínárgangur m. vintage
vínber n. grape
vínberjaklasi m. bunch of grapes
vínbindindi n. temperance
vínbúð f. off-licence, (Am.) liquor store
vínekra f. vineyard
vínföng n.pl. alcoholic beverages
vínglundur n. cheap wine, plonk
vínhneigður adj. bibulous
vínkanna f. carafe
vínkaupmaður m. wine-merchant, vintner
vínkjallari m. wine-cellar
vínlisti m. wine-list
vínrækt f. viticulture
vínstaup n. wineglass
vínsteinn m. tartar (of wine barrels)
vínstúka f. bar
vínsvelgur m. winebibber
vínuppskera f. vintage
vínveitingahús n. licensed restaurant
vínveitingasalur m. saloon/lounge bar
vínviður m. vine
vínþjónn m. wine-waiter
víóla f. viola
vír m. wire
víravirki n. filigree
vírbogi m. wicket (in croquet)
vírklippur f.pl. wirecutters
vírlykkja f. staple
vírnet n. wire gauge
vírus m. virus
vís adj. sure, certain; wise
vís til adj. liable to; capable of
vísa f. stanza, ditty; way
vísa v. show; face
vísa á vt. point out; direct to
vísa á bug vt. reject, repudiate, overrule
vísa brott vt. expel
vísa frá vt. dismiss, reject, warn off
vísa í vt. quote, cite
vísa til vt. refer to
vísbending f. indication, hint, clue
vísdómstönn f. wisdom tooth
vísdómur m. wisdom
vísifingur m. index finger, forefinger
vísindafélag n. academy
vísindagrein f. (branch of) science

vísindakenning f. theory
vísindaleg nákvæmni f. mathematical precision
vísindalegur adj. scientific
vísindamaður m. scientist
vísindarit n. scientific work
vísindaskáldskapur m. science fiction
vísindaskáldverk n. science fiction
vísindi n.pl. science
vísir m. hand, pointer, indicator
vísitala f. index (number)
vísitala framfærslukostnaðar f. cost of living index
vísitölubinding f. indexation
vísitölubundinn adj. index-linked
vísla f. weasel
vísnavinafundur m. (Am.) hootenanny
víst adv. probably
vísubotn m. second half of a quatrain
vísun f. allusion
vísundur m. buffalo; bison
vísuorð n. line (of verse)
vísvitandi adj. intentional; adv. deliberately
víta vt. reprimand, rebuke
vítahringur m. vicious circle
vítakast n. penalty throw
vítamín n. vitamin
vítamínsprauta f. shot in the arm
vítapunktur m. penalty spot
vítaspyrna f. penalty kick
vítateigur m. penalty area
vítaverður adj. reprehensible, inexcusable; culpable
víti n. hell, inferno; penalty kick/throw
vítissóti m. caustic soda
vítisvél f. infernal machine
vítt adv. far and wide
vítur f.pl. reprimand, censure
víxilgreiðandi m. drawee
víxill m. bill (of exchange), draft
víxl n. alternation; **á v.** alternately
víxla vt. exchange; interchange; rotate
víxlanlegur adj. interchangeable
víxlari m. moneychanger
víxláhrif n.pl. interaction, interplay
víxlfrjóvga vt. cross-fertilize
víxlfrjóvgun f. cross-fertilization
víxlgengi n. wrench/transform fault
víxlháður adj. interdependent

víxlhnappur m. toggle key
víxlrím n. alternate rhyme
víxltengdur adj. interdependent
víxlun f. interchange; rotation; transposition
víxlverkandi adj. interactive
víxlverkun f. interaction
vodki m. vodka
voð f. fabric, cloth, textile
voða adv. awfully, very
voðalega adv. awfully
voðalegur adj. awful, terrible, gruesome
voði m. jeopardy, peril, danger
vofa f. ghost, spirit, apparition, spook
vofa yfir v. threaten, menace, overhang
voff n. bark
voffi m. doggie
vog f. scales, weighing machine; Libra
vog og mál n.pl. weights and measures
voga vt. dare; risk
vogarafl n. leverage
vogarás m. fulcrum
vogarskál f. scale (for weighing)
vogarstangarás m. fulcrum
vogarstöng f. lever
vogrek n. driftage
vogrís m. sty (on the edge of the eyelid)
vogun f. risk, venture
vogur m. creek, cove, inlet
vola vi. whine, whimper, pule
voldugur adj. powerful, mighty; massive
volgna vi. grow warm
volgur adj. lukewarm, tepid
volk n. hardship (on trips)
volt n. volt
volæði n. misery, wretchedness
von f. hope; expectation
vona vt. hope
vonandi adj. hopefully
vonarglæta f. fighting chance
vonarpeningur m. nonstarter
vonarvölur : koma á vonarvöl reduce to beggary
vonast eftir vt. expect, await
vonbrigði n.pl. disappointment; **valda vonbrigðum** disappoint; **verða fyrir vonbrigðum** be disappointed
vondaufur adj. disheartened, downhearted
vondur adj. bad, evil; angry; poor

vongóður adj. hopeful, confident
vonlaus adj. hopeless, despondent; futile
vonlaus leit f. wild-goose chase
vonlaust fyrirtæki n. forlorn hope
vonleysi n. hopelessness, despair
vonleysingi m. defeatist
vonleysistónn m. defeatism
vonska f. anger; wickedness
vonskast út af vt. be angry about
vonsvikinn adj. disappointed, disillusioned
vopn n. weapon, arms
vopna vt. arm
vopnabúnaður m. weaponry, armament
vopnabúr n. arsenal, armoury
vopnað rán n. hold-up
vopnaður adj. armed
vopnahlé n. armistice, truce, cease-fire
vopnasmygl n. gunrunning
vopnasmyglari m. gunrunner
vopnaverksmiðja f. arsenal
vopnavörður m. armourer
vopnlaus adj. unarmed
vor n. spring
vor prn. our(s)
vorboði m. harbinger of spring; winter aconite
vorhreingerning f. spring-clean
vorjafndægur n. vernal equinox
vorkenna vt. pity, feel sorry for
vorkunn f. pity, sympathy, commiseration
vorkunnsamur adj sympathetic, compassionate
vorlag : að vorlagi in the spring
vorlegur adj. vernal
vormisseri n. spring term, (Am.) spring semester
vortími m. springtime
vorvertíð f. spring fishing season
vorönn f. spring term, (Am.) spring semester
vosbúð f. hardship (in bad weather)
voteygur adj. (of eyes) watery
vothey n. silage
votheysturn m. silo
votlendi n. swampy ground, marsh
votlendur adj. swampy, marshy
votta vt. attest, certify
votta fyrir : það vottar f. there are traces of

vottfesta vt. attest to; notarize (a document)
vottfesting f. attestation
vottorð n. certificate
vottur m. (eye)witness; trace; bit, modicum
vottur Jehóva m. Jehovah's Witness
votur adj. wet, damp, moist
votviðrasamur adj. rainy, wet
voveiflegur adj. tragic; violent; sudden
væður adj. fordable
væflast vi. fool around, piss about/round
vægð f. mercy, grace; leniency
vægðarlaus adj. merciless, ruthless
vægðarleysi n. remorselessness, ruthlessness
vægi n. weight, significance
vægja v. spare; give in, yield, relent
vægur adj. lenient; mild, slight
væla vi. whine, wail, cry
væluskjóða f. crybaby, crier
væminn adj. gooey, cloying; sentimental
væmni f. sentimentality, mush
væna um vt. impute to, accuse of
vænd : í vændum in the offing, in store/prospect
vændi n. prostitution, harlotry
vændis(húsa)hverfi n. red-light district
vændishús n. brothel, disorderly house
vændiskona f. prostitute, (Am.) hooker
vængaldin n. samara
vængbarð n. flap (of an aircraft)
vængbroddur m. pinion (of a bird)
vænghaf n. wingspread; wingspan (of an aircraft)
vængjaborð n. gateleg table
vængjaður adj. winged
vængjagluggar m.pl. French windows
vængjahurð f. swing door
vængstúfur m. rudimentary wing
vængstýfa vt. pinion
vængur m. wing; **stíga í vænginn við** romance with, make a pass at
vænkast vi. look brighter, improve
vænlegur adj. promising
vænn adj. kind, good; solid; chunky; **þykja vænt um** like, be attached to, cherish
vænta vt. expect, await
væntanlega adv. probably, presumably
væntanlegur adj. expected; prospective, future
væntumþykja f. affection, attachment
vær adj. calm, tranquil
værukær adj. indolent
væsandi adj. sibilant
væskill m. weakling
væta f. moisture; rain; vt. moisten
vætla vi. ooze, trickle, seep
vætt f. hundredweight (Br. = 50,8 kg., Am. = 45,3 kg.)
vættur f. supernatural being
vætukarsi m. watercress
vöðla saman vt. crumple up
vöðlur f.pl. waders
vöðuselur m. harp seal
vöðvabólga f. fibrositis, muscular rheumatism
vöðvakarl m. muscleman
vöðvakippur m. tic (of a muscle)
vöðvakrampi m. spasm, cramp
vöðvakrepptur adj. muscle-bound
vöðvamikill adj. muscular, athletic
vöðvarýrnun f. muscular dystrophy
vöðvastyrkur m. muscularity, brawn
vöðvastæltur adj. muscular, brawny, sinewy
vöðvi m. muscle
vöfflujárn n. waffle iron
vöfflusaumur m. smocking
vöflulaus adj. (of words/events) pat
vöggustofa f. nursery, crèche
vögguvísa f. lullaby
vök f. hole in the ice; polynya
vökna vi. get wet
vökull adj. wide-awake
vökva vt. water; irrigate
vökvaaflfræði f. hydrodynamics
vökvabremsa f. fluid/power brake
vökvafræði f. hydraulics
vökvagjöf f. transfusion
vökvahemill m. fluid/power brake
vökvahemlar m.pl. hydraulic brakes
vökvakerfi n. hydraulic system
vökvaræktun f. hydroponics
vörureikningur m. commericial invoice
vörusendandi m. consignor
vökvastýri n. power steering
vökvastöðufræði f. hydrostatics
vökvaþrýstingur m. hydraulic pressure

vökvi m. liquid, fluid
vökvun f. watering; irrigation
vökvunarkanna f. watering can
völ f. choice; alternative
völlur m. field
völsi m. phallus
völtur f.pl. pivot
völuberg n. conglomerate (rock)
völundarhús n. labyrinth, maze
völva f. sibyl, prophetess, predictor
vömb f. stomach, potbelly; rumen; tripe
vöndun f. care, meticulousness
vöndur m. broom, rod
vöntun f. deficiency, shortage, scarcity
vönun f. castration, emasculation
vör f. lip; landing (for a boat)
vörður m. guard, watchman, custodian
vörður laganna m. minion of the law
vörn f. defence
vörpun f. projection
vörslumaður m. possessor
vörtusvín n. wart hog
vörubirgðir f.pl. stock, stock-in-trade
vörubíll m. lorry, (Am.) truck
vörubílstjóri m. lorry driver, (Am.) truck driver
vörubílsfarmur m. truckload
vörubílspallur m. truck bed
vöruflutningabíll m. commercial vehicle, lorry, (Am.) truck
vöruflutningaflugvél f. freighter
vöruflutningagámur m. container
vöruflutningalest f. goods train, (Am.) freight train
vöruflutningaprammi m. lighter
vöruflutningar m.pl. shipping, haulage, goods transport
vöruflutningavagn m. railway truck, waggon
vörugeymsla f. warehouse, storehouse; stockroom
vörugjald n. excise tax
vöruheiti n. trade name
vöruhús n. department store
vörukaupalán n. purchase credit
vörulisti m. catalogue
vörumerki n. trademark, brand (name)
vörumiði m. label, price tag
vörupartí n. job lot
vörupöntun f. purchase order, indent

vörur f.pl. wares, goods, merchandise
vörureikningur m. invoice
vörur í neytendaumbúðum f.pl. packaged goods
vörurýrnun f. merchandise shrinkage
vörusending f. shipment (of goods), consignment
vöruskemma f. warehouse, storehouse
vöruskemmdir f.pl. breakage (of goods)
vöruskiptahalli m. trade deficit
vöruskiptajöfnuður m. balance of trade
vöruskipti n.pl. barter; truck
vöruskjöl n.pl. shipping documents
vörusvik n.pl. adulteration
vörusýning f. trade fair
vörutalning f. stocktaking; inventory
vörutegund f. type of goods, brand
vörutollur m. import duty
vöruúrval n. product range; assortment
vöruútstilling f. (advertising) display
vöruvagn m. van (of a train)
vöruverð n. commodity price
vöruvíxill m. trade bill
vöxtur m. growth, increase; stature

Y

ybba sig vi. be rude
ydda vt. sharpen
yddari m. (pencil) sharpener
yðar prn. your(s)
yfir prp. over, above, across
yfir- comb. head, chief, supreme
yfirbiskup m. patriarch
yfirbjóða vt. overbid, outbid, overcall
yfirboðari m. boss, superior
yfirborð n. surface
yfirborðslegur adj. superficial
yfirborðsmennska f. superficiality
yfirborðsþekking f. sciolism
yfirborga vt. overpay
yfirborgun f. overpayment
yfirbóka vt. overbook
yfirbókun f. overbooking
yfirbót f. penitence, expiation; redress
yfirbragð n. appearance, visage; pretext
yfirbreiðsla f. covering; tarpaulin

yfirbuga vt. overwhelm, overcome, subdue
yfirbugaður adj. beaten, defeated, crushed
yfirburðaaðstaða f. vantagepoint
yfirburðasigur m. runaway victory
yfirburðir m.pl. superiority
yfirbygging f. superstructure; bodywork
yfirdraga vt. overdraw
yfirdráttur m. overdraft
yfirdrepsskapur m. hypocrisy
yfirdrifinn adj. overblown, exaggerated; sufficient
yfirdrottnari m. lord paramount
yfirfall n. overflow
yfirfara vt. crosscheck; overhaul
yfirferð f. going-over, check; overhaul; passage
yfirferðarmerki n. tick (√)
yfirfljótandi adj. profuse, exuberant
yfirfrakki m. overcoat, topcoat
yfirfullur adj. overcrowded, congested
yfirfæra vt. transfer; convert
yfirfæranlegur adj. transferable
yfirfærsla f. transfer; conversion
yfirgangssamur adj. aggressive, high-handed
yfirgangsseggur m. bully, hector
yfirgangur m. aggression; **sýna yfirgang** infringe (up)on
yfirgefa v. leave, abandon, forsake
yfirgefinn adj. abandoned, derelict, forlorn
yfirgengilegur adj. excessive; crass, shocking
yfirgír m. overdrive
yfirgnæfa vt. tower over; predominate; talk down
yfirgnæfandi adj. overwhelming, preponderant, crushing
yfirgrip n. scope, comprehension
yfirgripsmikill adj. extensive, wide-ranging
yfirhending f. major premise (in logic)
yfirhershöfðingi m. commander in chief, generalissimo
yfirhestavörður m. equerry
yfirheyra vt. interrogate, debrief
yfirheyrsla f. interrogation
yfirhjúkrunarkona f. (nurse) sister

yfirhúð f. epidermis; cuticle
yfirhylming f. concealment, cover-up
yfirhöfn f. overcoat
yfirhönd : **hafa/fá yfirhöndina** have/get the upper hand
yfirkennari m. senior teacher, deputy headmaster
yfirklór n. whitewash
yfirlandstjóri m. governor general
yfirleitt adv. on the whole, generally
yfirlestur m. read-through; talking-to, scolding
yfirlið n. faint, fit, swoon
yfirliðþjálfi m. sergeant major
yfirlit n. summary, survey; synopsis; syllabus
yfirlitsfundur m. briefing session
yfirlitsgrein f. feature (story)
yfirlitskönnun f. reconnaissance
yfirlitsmynd f. panorama
yfirlýsa vt. overexpose (a film)
yfirlýsing f. declaration, announcement
yfirlýstur adj. avowed, professed
yfirlýstur tilgangur m. ostensible reason
yfirlýst verð n. declared value
yfirlæknir m. senior physician
yfirlæti n. ostentation, arrogance
yfirlætisfullur adj. condescending, orotund
yfirlætislaus adj. unassuming, modest
yfirlögregluþjónn m. chief constable
yfirmaður m. boss, superior; officer
yfirmatsveinn m. chef
yfirmáta adv. supremely, wildly
yfirmenn m.pl. top brass
yfirmerki n. diacritical mark
yfirnáttúrulegur adj. supernatural
yfirpóstmeistari m. postmaster general
yfirprenta vt. overprint
yfirráð n. authority, rule, power
yfirráðasvæði n. territory; no-go area
yfirrödd f. descant
yfirseta f. midwifery; invigilation
yfirsetukennari m. invigilator (of an exam)
yfirsetukona f. midwife
yfirsjást vt. overlook
yfirsjón f. oversight, error, mistake
yfirskegg n. moustache

yfirskilvitlegur adj. extrasensory, transcendental
yfirskin n. pretence, pretext, cover
yfirskipherra m. commodore
yfirskrift f. heading, title, caption
yfirskyggja vt. overshadow
yfirsláttur m. overstriking
yfirspenntur adj. overwrought
yfirstaðinn adj. over and done with
yfirstandandi adj. current
yfirsterkari adj. superior
yfirstétt f. upper class
yfirstíga vt. overcome, surmount; exceed
yfirstjórn f. (chief) management
yfirstrika vt. cross out
yfirstærð f. outsize
yfirsýn f. bird's eye view; perspective; grasp
yfirtaka f. takeover; vt. take over
yfirtónn m. overtone, harmonic
yfirtroðsla f. violation, infraction
yfirumsjón f. supervision, superintendence
yfirvald n. magistrate
yfirvaraskegg n. moustache
yfirvarp n. pretext, excuse, put-off
yfirvega vt. consider, reflect
yfirvegaður adj. measured, careful; level-headed
yfirvegun f. deliberation; sangfroid
yfirvigt f. excess weight; overweight
yfirvinna f. overtime; vt. overcome
yfirvofandi adj. imminent, impending
yfirvöld n.pl. authorities
yfirþjónn m. head waiter; butler
yfirþyrmandi adj. overwhelming, staggering
yfrinn adj. copious, ample, plentiful
yggla sig vi. frown, scowl, lour
ykkar prn. your(s)
ykkur prn. yourselves
ylfingur m. junior boy scout, cub
ylhýr adj. warm, mild
ylja vt. warm up
yllir m. elder (tree)
ylur m. warmth
ylvolgur adj. lukewarm, tepid
ymja vi. resound, echo
ympra á vt. touch on, hint at

yndi n. delight, happiness; (loveable person) dear; **hafa y. af** take delight in, relish
yndisfagur adj. charming, gorgeous
yndislegur adj. delightful, lovely
yndisþokki m. charm, grace(fulness)
ynging f. rejuvenation
yngismær f. maid
yngja vt. rejuvenate
yngjast upp vi. become young again
yppta öxlum v. shrug (one's shoulders)
yrða á vt. speak to, address
yrðing f. proposition, expression
yrðlingur m. (fox) cub
yrja vi. drizzle
yrjóttur adj. spotted, speckled
yrkisefni n. topic, subject
yrkja vt. till; write poetry
ys m. bustle; din, row
yst adv. farthest out, most remote
ysta vi. curdle
ystingur m. curd(s)
ystur adj. outermost, most extreme
ytri adj. further out; exterior, external
yxna adj. (of cows) in heat

Ý

ýfa vt. roughen, rumple, ruffle; provoke
ýfingar f.pl. feud, dispute
ýfinn adj. rumpled, tousled, bristly
ýja að vt. hint at
ýkinn adj. exaggerative
ýkja v. exaggerate, embellish, dramatize
ýkja adv. particularly
ýkjur f.pl. exaggeration, overstatement
ýkjusaga f. tall story, yarn
ýkjuverk n. extravaganza
ýktur adj. exaggerated, overblown, melodramatic
ýla vi. howl, whine; fizzle
ýlda f. putrefaction, decay
ýlduefni n. ptomaine
ýlfra vi. howl, whine, yelp
ýmis prn. different, various
ýmislegur adj. different, various
ýmiss konar adj. different, assorted, sundry

ýmist conj. ýmist ... eða either ... or
ýmsir prn. various people
ýra v. spray, atomize; drizzle
ýringur m. drizzle
ýróttur adj. flecked
ýsa f. haddock
ýta f. bulldozer
ýta vt. push, shove, thrust
ýta á vt. press
ýta á eftir vt. hurry
ýta til hliðar vt. brush aside/away
ýta undir vt. encourage, prompt, further
ýta við vt. shove, prod
ýtarlegur adj. detailed, exhaustive
ýting f. push, shove, thrust
ýtinn adj. pushy, insistent, aggressive
ýtinn maður m. go-getter
ýtrastur : til hins ýtrasta to the/one's utmost
ýviður m. yew

Þ

það prn. it, that; there
þaðan adv. from there; þ. í frá from then on
þagga niður vt. hush up; suppress
þagga niður í vt. silence, muzzle, gag
þagmælska f. discretion, reticence
þagmælskur adj. discreet, close-lipped
þagna vi. fall silent, lapse into silence
þagnaður adj. silent
þagnargjald n. hush money
þak n. roof
þakbrún f. eaves
þakgarður m. roof garden
þakgluggi m. skylight
þakgrind f. roof rack (on a car)
þakhella f. roofing slate
þakherbergi n. attic, garret, loft
þakinn adj. covered
þakíbúð f. penthouse
þakka vt. thank
þakkargjörð f. thanksgiving
þakkarskuld f. indebtedness, obligation; standa í þ. við be indebted to
þakkir f.pl. thanks; kærar þ. much obliged

þakklátsemi f. thankfulness, gratefulness
þakklátur adj. thankful, grateful
þakklæti n. thankfulness, gratitude
þakrenna n. gutter
þakrennustútur m. gargoyle
þakskegg n. eaves, overhang
þakskífa f. roofing slate, shingle, pantile
þaksmiður m. roofer
þaksperra f. rafter
þallarætt f. pine family
þamba vt. swig down, guzzle, gulp
þang n. kelp, seaweed, wrack
þangað adv. there; þ. til until then
þangað til conj. until, till
þangdoppa f. flat periwinkle
Þanghaf n. Saragasso Sea
þaninn adj. outspread, taut, tense
þankagangur m. train of thought, mentality
þankastrik n. dash
þanki m. thought, idea; í þungum þönkum pensive, in brown study
þannig adj. that kind of, such
þannig adv. thus, in that way, so
þanþol n. elasticity, resilience
þar adv. there
þar að auki adv. in addition, furthermore
þar af leiðandi adv. therefore, consequently
þar eð conj. since, as, because
þar sem conj. since, as; adv. where
þar til conj. until, till
þarfagangur m. rectum; cloaca
þarfaþing n. useful thing
þarflaus adj. useless, unnecessary
þarflegur adj. useful
þarfnast vt. need, require
þarfur adj. useful
þari m. kelp, seaweed
þarlendur adj. native, indigenous
þarmahreyfing f. peristalsis
þarmur m. intestine, gut, bowel
þarna adv. there; þessi þ. that one
þarnæstur adj. next but two
þau prn. they
þaullesa vt. read carefully, peruse
þaulreyndur adj. highly experienced, veteran
þaulsætinn adj. apt to sit long; vera þ. um of outstay/overstay one's welcome

þá adv. at that time, then
þáframtíð f. future perfect
þágufall n. dative
þáliðin tíð f. pluperfect, past perfect
þáskildagatíð f. perfect conditional
þátíð f. past tense, preterite
þáttagreining f. qualitative analysis
þáttaskil n.pl. landmark, milestone, turning point
þátttaka f. participation
þátttakandi m. participant
þáttur m. part, factor; strand; act; episode; **taka þátt í** take part in/participate in
þáverandi adj. at that time
þefa vi. smell, sniff
þefa af vt. sniff at
þefa uppi vt. smell/nose out, track down
þefdýr n. skunk
þeffæri n. olfactory organ
þefillur adj. malodorous, smelly
þefrunni m. privet
þefur m. smell, odour
þefvísi f. good sense of smell
þefvísla f. polecat
þegar conj. when, as; adv. at once, instantly
þegar í stað adv. immediately, instantly
þegja vi. be silent, keep quiet
þegjandalegur adj. silent, taciturn
þegjandi adj. silent, tacit
þegn m. subject; citizen
þegnréttur m. civil rights
þegnskapur m. public spirit, loyalty
þegnskylda f. civic duty
þei interj. hush
þeir prn. they
þeirra prn. (poss. form of they) their
þekja f. roof; vt. cover
þekking f. knowledge
þekkingarkerfi n. expert system
þekkingarleysi n. ignorance
þekkja vt. know; recognize
þekkjanlegur adj. recognizable
þekkjast vi. be acquainted with one another
þekktur adj. well-known
þel n. fine wool; disposition, temper
þeldökkur adj. dark-skinned
þelgóður adj. heartwarming

þema n. theme
þenja vt. stretch, expand; strain
þenja sig vi. pontificate, rant
þensla f. expansion; strain, tension
þerna f. maidservant; stewardess; tern
þerra vt. dry, wipe (away)
þerripappír m. blotting paper, blotter
þerrir m. dry weather
þess prn. its
þess vegna adv. therefore, consequently
þessháttar adj. & adv. of that sort, like that, such
þessi prn. this/that
þessir prn. pl. these/those
þesskonar adj. & adv. of that sort, like that, such
þeyta vt. hurl, fling; whip; blow
þeytari m. whisk, beater
þeytast vi. rush, whirl, whisk
þeytigos n. plinean eruption
þeytingur m. rush, scud, scurry
þeytivinda f. centrifuge; vt. spin-dry
þeyttur rjómi m. whipped cream
þéna vt. earn
þéna á vt. profit from
þér prn. you
þéra vt. address with an honorific form of 'you'
þétta vt. make tight; condense; compress
þéttbyggður adj. densely populated, populous
þéttbýli n. densely populated area, urban area
þéttiefni n. sealant, sealer; filler
þéttihampur m. oakum
þétting f. condensation; consolidation
þéttir m. condenser, capacitor
þéttkenndur adj. fairly intoxicated
þéttleiki m. density
þéttskipaður adj. crowded, serried
þéttur adj. dense, thick; leakproof, tight
þéttvaxinn adj. thickset, beefy
þið prn. pl. you
þiðna vi. thaw, melt
þiggja vt. accept
þiggjandi m. recipient
þil n. panelling; partition
þilfar n. deck (on a ship)
þilfarsfarmur m. deck cargo
þilja vt. panel, board

þilja af vt. partition off
þind f. diaphragm, midriff
þindarlaust adv. untiringly, incessantly
þing n. parliament; congress; meeting
þinga vi. hold a meeting
þingbundinn adj. constitutional
þingdeild f. (legislative) chamber
þingfrestun f. prorogation
þingfundur m. parliamentary session
þingfylgi n. support in parliament
þinghelgur adj. privileged
þinghlé n. prorogation
þinghús n. parliamentary building
þingkosningar f.pl. parliamentary elections
þinglegur adj. parliamentary
þinglýsa vt. register, notarize (a document)
þinglýsing f. registration, notarization
þingmaður m. member of parliament, MP
þingmálaskrá f. legislative calendar
þingnefnd f. select committee
þingræði n. representative parliament
þingsalur m. (legislative) chamber
þingsályktun f. parliamentary resolution
þingsköp n.pl. parliamentary procedure
þingsæti n. seat (in parliament)
þingumræða f. reading (of a bill)
þingvörður m. sergeant-at-arms
þinn prn. your
þinur m. fir
þistilfinka f. goldfinch
þistill m. thistle
þíða f. thaw; vt. thaw; defrost
þíður adj. thawed, melted; warm
þíðviðri n. thaw
þjaka vt. torment, pester; oppress
þjakaður adj. distressed, anguished
þjakandi adj. depressing, agonizing
þjappa vt. press, pack, ram down
þjappa saman vt. compress, compact; condense
þjappi m. compressor; ramrod
þjark n. squabble, arguing
þjarka vi. squabble, quarrel
þjarma að vt. beat up; put the screws on
þjá vt. pain, plague, distress
þjáður adj. in pain; anguished
þjálfa v. train, exercise

þjálfaður adj. skilled, practised
þjálfari m. trainer, coach
þjálfun f. training, exercise
þjálfunaráætlun f. training program
þjáll adj. malleable; pliant, supple
þjáning f. suffering, pain, affliction
þjáningarbróðir m. fellow sufferer
þjást af vt. suffer suffer
þjóð f. nation, people
Þjóðabandalagið n. the League of Nations
þjóðaratkvæðagreiðsla f. referendum, plebiscite
þjóðardramb n. chauvinism
þjóðareign f. public property
þjóðaréttur m. international law
þjóðarhagur m. national welfare/interests
þjóðarmorð n. genocide
þjóðarplága f. public nuisance
þjóðarréttur m. national dish; national law
þjóðarsál n. national spirit
þjóðarsorg f. public mourning
þjóðartekjur f.pl. gross national income
þjóðbanki m. national bank
þjóðbraut f. highway, main road, thoroughfare
þjóðbúningur m. national dress
þjóðdans m. folk dance
þjóðerni n. nationality
þjóðerniskennd f. nationalism
þjóðernisrembingur m. chauvinism
þjóðernissinnaður adj. nationalistic
þjóðernissinni m. nationalist
þjóðernisstefna f. nationalism
þjóðfáni m. national flag
þjóðfélag n. society, community
þjóðfélagsfræði f. sociology
þjóðfélagslegur adj. social
þjóðfélagsstétt f. social class, walk of life
þjóðfélagsvísindi n.pl. social sciences
þjóðflokkur m. tribe
þjóðfrelsi n. national sovereignty
þjóðfræði f. ethnology, folklore
þjóðfræðilegur adj. ethnological; ethnic(al)
þjóðfræðingur m. ethnologist
þjóðfrægur adj. nationally famous, well-known
þjóðfylking f. popular front

þjóðgarður m. national park
þjóðhagfræði f. macroeconomics
þjóðhagsspá f. economic forecast
þjóðhagsyfirlit n. economic survey
þjóðhátíðardagur m. independence day
þjóðháttafræði f. folklore studies
þjóðháttafræðingur m. folklorist
þjóðhollur adj. patriotic
þjóðhættir m.pl. folk customs, folkways
þjóðhöfðingi m. head of state, sovereign
þjóðkirkja f. state church, established church
þjóðkunnur adj. well-known, nationally famous
þjóðkvæði n. ballad
þjóðlag n. folk song
þjóðlegur adj. ethnic, national
þjóðleikhús n. national theatre
þjóðlýsing f. ethnography
þjóðmenning f. national culture
þjóðminjasafn n. national museum
þjóðníðingur m. public enemy
þjóðnýta vt. nationalize
þjóðnýting f. nationalization
þjóðráð n. good advice
þjóðrembingur m. chauvinism, jingoism
þjóðrembulegur adj. chauvinistic, jingoistic
þjóðréttarfræði f. international law
þjóðríki n. nation, state
þjóðrækinn adj. patriotic
þjóðrækni f. patriotism
þjóðsaga f. folktale, legend
þjóðsagnafræðingur m. folklorist
þjóðsagnapersóna f. legendary character
þjóðskáld n. national poet
þjóðskipulag n. social order/system
þjóðskjalasafn n. state archive
þjóðskjalavörður m. state archivist
þjóðskrá f. national register
þjóðskrum n. chauvinism, jingoism
þjóðskrumari m. chauvinist, jingo(ist)
þjóðstjórn f. national/popular government
þjóðsögulegur adj. legendary, fabled
þjóðsöngur m. national anthem
þjóðtrú f. folk belief
þjóðtunga f. national language, vernacular
þjóðvegur m. main road, highway
þjóðveldi n. free state, commonwealth
Þjóðverji m. German
þjóðvísa f. folk song
þjóðþing n. national assembly
þjófabjalla f. burglar alarm
þjófalykill m. skeleton key
þjófnaðarvörn f. theft precaution
þjófnaður m. theft, larceny
þjófóttur adj. thievish, light-fingered
þjófsnautur m. receiver (of stolen goods), fence
þjófstart n. false start
þjófstarta vi. jump the gun
þjófur m. thief
þjóhnappur m. buttock
þjóna vt. serve; wait on
þjónkun f. servility
þjónn m. waiter; servant
þjónssæti n. dickey seat, (Am.) rumble seat
þjónusta f. service; maid
þjónustufólk n. servants
þjónustufyrirtæki n. (public) utility
þjónustugjald n. service charge
þjónustugreinar f. service industries
þjónustustorkur m. adjutant bird
þjónustustúlka f. housemaid; waitress
þjónustutími m. tour (of duty)
þjóra vi. booze, carouse
þjórfé n. tip, gratuity
þjóstur m. brusqueness
þjóta vi. rush, dash; whistle
þjótak n. sciatica
þjöl f. file, rasp
þjöppun f. compression
þjösnalegur adj. coarse, brutal
þjösni m. boor, roughneck; hothead
þoka f. fog, mist, haziness
þoka v. move slowly
þokast áfram vi. advance, develop
þokabót : í þ. on (the) top (of), to boot
þokkadís f. nymph; charming (young) woman, doll
þokkafullur adj. graceful
þokkalaus adj. graceless
þokkalegur adj. fairly good; nice; tidy, neat
þokki m. grace, charm
þokubakki m. fogbank
þokufullur adj. foggy, misty, hazy

þokukenndur adj. nebulous, vague, obscure
þokuljós n. fog lamp (of a car)
þokulúður m. foghorn
þokumóða f. thick mist, haze
þokuský n. stratus
þokuslæðingur m. patchy fog
þokusúld f. damp fog
þol n. endurance, stamina; perseverance
þola vt. bear, (with)stand; tolerate; suffer
þolandi adj. bearable, tolerable
þolanlegur adj. bearable, endurable; reasonable
þolfall n. accusative (case)
þolgóður adj. persevering, stout
þolgæði f. endurance, fortitude
þolinmóður adj. patient
þolinmæði f. patience
þolinn adj. persevering; resistant
þolleikfimi f. aerobics
þolmynd f. passive (voice)
þolpróf n. ergometrics
þolraun f. ordeal, baptism of fire
þor n. courage, spunk, spine
þora vt. dare, venture
þorn n. thorn; the letter 'þ'
þorna vi. dry, become dry
þorna upp vi. shrivel (up)
þornurt f. Russian thistle
þorp n. village
þorparaskapur m. rascality, roguery
þorpari m. rascal, villain, bandit
þorpsbúi m. villager
þorrablót n. banquet of Icelandic delicacies
þorramatur m. traditional Icelandic food
þorri m. majority; fourth month of winter
þorskalýsi n. cod-liver oil
þorskur m. cod; fool
þorsti m. thirst
þota f. jet (plane); toboggan
þotuflugmaður m. jet pilot
þotuhreyfill m. jet engine
þotulið n. jet set
þó adv. still, yet
þó að conj. although, even though
þóf n. protracted quarrel, squabble
þófaraleir m. fuller's earth
þófi m. pad
þófta f. thwart (in a boat)

þóknast vt. please, satisfy, suit
þóknun f. fee, gratuity, remuneration
þóknunarhriflyf n. placebo
þórseðla f. brontosaurus
þórshani m. grey phalarope, (Am.) red phalarope
þótt adv. even though, although
þóttafullur adj. arrogant, proud
þótti m. arrogance, haughtiness
þramma vi. plod, trudge; stamp
þras n. squabble, wrangle
þrasa vi. squabble, bicker
þrasgjarn adj. quarrelsome, cantankerous
þrauka vi. hold out, endure, persevere
þraut f. puzzle, riddle; test, trial
þrautalaus adj. painless
þrauthugsaður adj. deep-laid
þrautir f.pl. pain; hardship
þrautreyndur adj. well-tried
þrautseigja f. endurance, perseverance
þrautseigur adj. dogged, persevering
þrá f. longing, desire, yearning
þrá vt. long for, desire, crave
þráast við vi. be obstinate
þrábeiðni f. urgent plea
þrábiðja vt. importune
þráðarauga n. eyelet
þráðarkefli n. bobbin
þráðbeinn adj. dead straight
þráðhaft n. centromere
þráðlaus adj. wireless
þráðormur m. nematode, roundworm
þráður m. thread; strand; wire; theme
þráfalda vt. nest
þráfaldlega adv. repeatedly
þráhyggja f. obsession, fixation, monomania
þrái m. obstinacy, stubbornness, mulishness
þrákálfur m. pigheaded person, recalcitrant
þrákelkinn adj. obstinate, pigheaded, cussed
þrákelkni f. obstinacy, stubbornness
þrákelknislega adv. obstinately, wilfully
þrálátur adj. persistent, chronic; stubborn
þrána vi. grow rancid
þránaður adj. rancid
þrándur í götu m. stumbling block, obstacle

þrár adj. obstinate, mulish; rancid
þrásinnis adv. repeatedly
þráskák f. perpetual check
þrástagast á vt. rub in
þrásækni f. insistence
þrátefli n. deadlock
þrátt fyrir prp. in spite of, despite
þrátta vi. quarrel, bicker
þráttarhyggja f. dialectic(s)
þref n. squabble, quarrel
þrefa vi. squabble, bicker
þrefalda vt. triple; triplicate
þrefaldur adj. threefold, triple
þrefari m. disputant
þreifa á vt. touch, feel
þreifa sig áfram v. feel one's way
þreifiangi m. feeler, palp
þreifing f. touch; palpation
þrek n. endurance; energy, vigour
þrekaður adj. worn out, exhausted
þrekinn adj. beefy, stout, portly
þreklaus adj. weak, feeble
þreklegur adj. bouncing, brawny
þrekleysi n. feebleness, debility; cowardice
þrekmikill adj. energetic, strong, sappy
þrekmælingar f.pl. ergometrics
þrekraun f. ordeal
þrekvaxinn adj. heavy-set, burly, sturdy
þrekvirki n. great feat, herculean task
þremenningur m. second cousin, cousin once removed
þrengingar f.pl. hardship, tribulation; difficulty
þrengja vt. narrow, take in; delimit
þrengjast vi. get narrower
þrengsli n.pl. lack of room; crowd; narrowness
þrenna f. hat trick (in football)
þrenning f. trinity
þrenningarfjóla f. wild pansy
þrenningarhátíð f. Trinity Sunday
þrennur adj. three(fold)
þrep n. step; stage
þreskivél f. threshing machine; combine harvester
þreskiþúst f. flail
þreskja vt. thresh
þrettán num. thirteen
þrettándi num. thirteenth
þrettándinn m. Twelfth Day, Epiphany

þrevetur adj. three years old
þreyja vt. hold out, endure; long for
þreyta f. fatigue, weariness, exhaustion
þreyta vt. tire, wear out; bore; compete
þreytandi adj. tiring; tedious, boring
þreytandi vinna f. hackwork
þreytast vi. get tired
þreyttur adj. tired; **verða þ. á** get tired of
þreytulegur adj. looking tired
þriðja rót f. cube root
þriðja stigs adj. (of burns) tertiary
þriðji num. third
þriðjudagur m. Tuesday
þriðjungur m. (one) third
þrif n.pl. cleaning; thriving
þrifalegur adj. clean, neat, hygienic
þrifinn adj. cleanly, neat, tidy
þriflegur adj. neat, tidy; plump, rotund
þrifnaður m. cleanliness, tidiness
þristur m. three (in cards); bus number three
þrisvar adv. three times
þríburi m. triplet
þrífa vt. clean; grasp, seize
þrífa eftir vt. reach out for
þrífa í vt. grab at
þrífa til vt. grab for
þrífast vi. thrive, grow, prosper
þríforkur m. trident
þrífótur m. tripod
þríhjól n. tricycle
þríhliða adj. trilateral; tripartite
þríhyrndur adj. triangular, three-cornered
þríhyrningur m. triangle
þríhyrnt segl n. lateen sail
þríhöfði m. triceps
þríleikur m. trilogy
þríliða f. rule of three
þríliður m. dactyl
þrílitur adj. tricoloured
þrír num. three
þrírit n. triplicate
þrískiptur adj. triple; tripartite
þrískiptur taktur m. triple time (in music)
þrístjóri m. triumvir
þrístökk n. triple jump, hop, step, and jump
þrítugasti num. thirtieth

þrítugur adj. thirty years old
þrívegis adv. three times
þríveldistala f. cube (number)
þrívíddarmyndsjá f. stereoscope
þrívíður adj. three-dimensional, 3-D
þrjátíu num. thirty
þrjóska f. obstinacy, stubbornness
þrjóskast áfram vi. muddle through
þrjóskast við vi. be obstinate, persist
þrjóskufullur adj. defiant, stubborn, wilful
þrjóskur adj. obstinate, stubborn, pigheaded
þrjóta vi. run out, be used up
þrjótur m. rogue, blackguard, bugger
þroska vt. mature, develop
þroskaður adj. mature; ripe, mellow
þroskaheftur adj. retarded/handicapped
þroskaleysi n. immaturity
þroskandi adj. creative
þroskast vi. mature, develop; ripen
þroskavænlegur adj. perfectible, promising
þroski m. maturity; development; ripeness
þroskun f. maturation, ageing
þrot n. lack, shortage; **kominn í þ. með** short of, pushed for
þrotabú n. bankrupt estate
þroti m. inflammation, swelling
þrotlaus adj. inexhaustible, incessant
þró f. cistern
þróa vt. develop; work out, plan
þróaður adj. advanced
þróast vi. develop, evolve; progress
þróttlaus adj. weak, feeble, pithless
þróttleysi n. weakness, enfeeblement
þróttmikill adj. vigorous, hefty, sturdy
þróttur m. vigour, energy, stamina
þróun f. development; evolution; progress
þróunarferill m. course of development
þróunarhjálp f. development aid
þróunarkenning f. theory of evolution
þróunarríki n. developing country
þróunarsálfræði f. genetic psychology
þróunarskeið n. stage of development
þrugl n. gibberish, nonsense
þruma f. thunder; vi. thunder; declaim
þrumufleygur m. thunderbolt
þrumugnýr m. thunderclap

þrumulostinn adj. thunderstruck
þrumuræða f. declamation, harangue, tirade
þrumuveður n. thunderstorm
þrunginn adj. filled/fraught with; swollen
þrusk n. rustle
þrúga f. grape
þrúga vt. weigh down
þrúgandi adj. repressive, languorous
þrúgur f.pl. snowshoes
þrúgusykur m. glucose
þrútinn adj. bloated, swollen, inflamed
þrútna vi. swell (up)
þrykkja vt. print
þrýsta vt. press, squeeze; force
þrýsta að sér vt. hug
þrýsta á um vt. press for
þrýsta niður vt. depress
þrýsta saman vt. press together, compress
þrýstihlaða vt. pressurize
þrýstihnappur m. push button
þrýstihópur m. pressure group
þrýstihverfill m. turbojet
þrýstijöfnunarhólf n. airlock
þrýstiloft n. compressed air
þrýstiloftsflugvél f. jet aircraft/plane
þrýstiloftshreyfill m. (ram)jet engine
þrýstiloftsknúinn adj. jet-propelled
þrýstiloftssprauta f. airgun
þrýstimælir m. pressure gauge, manometer
þrýstingur m. pressure
þrýstinn adj. plumb, chubby, rotund
þrýstirit n. barograph
þrýstirofi m. push button
þrýstistöng f. strut (in a framework)
þræða vt. thread; follow
þræða saman vt. tack, sew
þræðingarnál f. bodkin
þræla vi. slave, toil
þræla út vt. pile work on
þræla við vt. slave away at
þrælabúðir f.pl. slave camp
þrælahald n. slavery
þrælapískari m. slave driver
þrælasala f. slave trade/traffic
þrælasali m. slaver
þrælaskip n. slave ship
þrælavinna f. slavery, hard labour

þrælbundinn adj. slavish; chained (to)
þrældómur m. slavery; drudgery
þrælka v. enslave; slave away
þrælkun f. slavery, bondage; drudgery
þrælkunarvinna f. hard labour
þræll m. slave; scoundrel
þrællundaður adj. subservient, obsequious
þrælmenni n. brute, villain
þrælmennska f. brutishness, vileness
þrælslegur adj. brutal, vile
þrælslund f. subservience, servility
þrælsótti m. subservience, servility
þræsinn adj. rancid
þræta f. quarrel, dispute; vi. argue, dispute
þræta fyrir vt. deny
þrætubókarlist f. dialectic(s)
þrætuepli n. apple of discord, vexed question
þrætugjarn adj. quarrelsome, argumentative
þröng f. throng, crowd; scrape, fix
þröngstræti n. alley
þröngsýni f. narrow-mindedness
þröngsýnn adj. narrow-minded
þröngt adv. closely, close together
þröngur adj. narrow; close-fitting, tight; cramped
þröngva sér upp á vt. obtrude upon
þröngva til vt. force, reduce to
þröngva upp á vt. force/impose on
þröskuldur m. threshold; bottleneck, obstacle
þröstur m. thrush
þukl n. fingering; heavy petting
þukla vt. finger, feel
þula f. enumeration, patter; nursery rhyme
þulur m. announcer; commentator
þumalfingur m. thumb
þumalfingursregla f. rule of thumb
þumall m. thumb
þumalnögl f. thumbnail
þumlungur m. inch (2,54 sm.)
þungagjald n. weight charge
þungamiðja f. centre of gravity, hub, pivot
þungarokk n. heavy rock
þungbúinn adj. gloomy; dark; overcast, cloudy

þungbær adj. onerous, burdensome, grievous
þungi m. weight; burden, load; ponderousness
þunglamalegur adj. ponderous, clumsy
þunglega adv. unfavourably; ominously
þunglyndi n. melancholia, moodiness
þunglyndur adj. melancholy, depressed
þungmeltur adj. stodgy
þungun f. pregnancy
þungunarpróf n. pregnancy test
þungur adj. heavy; laborious, difficult
þungvopnaður adj. heavy-armed
þunnasteik f. sirloin
þunnur adj. thin; sparse; stupid; hung-over
þurfa v. need, require; have to
þurfamannahús n. almshouse, workhouse
þurfandi adj. needy, indigent, necessitous
þurftarfrekur adj. needy; greedy, gluttonous
þurr adj. dry, arid; **upp úr þurru** unprovoked
þurrafúi m. dry rot
þurrastormur m. windstorm
þurrausa vt. use up, exhaust
þurrð f. lack, shortage
þurrefni n. solid material, solids
þurrhreinsun f. dry cleaning
þurrka f. (hair) dryer; dish towel; windscreen wiper
þurrka vt. dry (off); wipe
þurrka af vt. wipe (off), dust
þurrka upp vt. wipe up, dry the dishes; mop up
þurrka út vt. efface, expunge; rub out, erase
þurrkar m.pl. drought
þurrkari m. dryer
þurrkasvæði n. drought area
þurrkmælir m. psychrometer
þurrskápur m. airing cupboard
þurrkublað n. windshield wiper blade
þurrkur m. dry weather, aridity
þurrkví f. dry dock, graving dock
þurrlegur adj. curt, dry
þurrlendi n. dry land/ground
þurrviðrasamur adj. arid
þurrviðri n. dry weather, aridity

þurs m. giant; numskull, dunce
þursaberg n. sediment breccia, sedimentary agglomerate
þursabit n. lumbago
þursaskegg n. Belleard's kobresia
þusa vi. jabber, babble
þú prn. you
þúfa f. tussock
þúfutittlingur m. meadow pipit
þúsund n. & num. one thousand
þúsundasti num. thousandth
þúsundáraríki n. millennium
þúsundfaldur adj. thousandfold
þúsundfætla f. millipede
þúsundkall m. a one thousand krónur bill
þúsundþjalasmiður m. jack-of-all-trades, handyman
þvaðra vi. babble, jabber; talk nonsense; gossip
þvaður n. chatter; nonsense, rubbish; gossip
þvag n. urine
þvaga f. huddle, crowd; mess, chaos
þvagáll m. ureter
þvagblaðra f. (urinary) bladder
þvagpípa f. ureter
þvagrás f. urethra
þvagsýrugigt f. gout
þvagteppa f. retention of urine
þvalur adj. clammy
þvarga vi. quarrel, argue, bicker
þvegill m. mop, swab
þveita vt. excrete; hurl, fling
þveiti n. excretion
þvengmjór adj. thin as reed
þvengur m. (shoe)lace, thong
þver adj. obstinate, bullheaded; transverse
þverá f. tributary
þverband n. crossbar
þverbiti m. crossbeam, traverse (beam)
þverbrestur m. transverse chink; flaw
þverbylgja f. shear wave
þverflauta f. flute
þvergata f. crossroad
þverhaus m. pigheaded person, mule
þverhnípi n. precipice
þverhníptur adj. precipitous, sheer
þverhreyfing f. proper motion (of a star)
þverhönd f. handbreadth

þverkirkja f. transept
þverklippa vt. bang
þverlamaður adj. paraplegic
þverlega adv. firmly, flatly
þverlyndur adj. cross-grained, argumentative
þverlægur adj. transverse, cross
þverlömun f. paraplegia
þvermál n. diameter
þvermóðska f. obstinacy, contrariness
þvermóðskufullur adj. perverse, recalcitrant
þverneita vt. deny flatly
þverra vi. dwindle, run out
þvers adv. across, crosswise
þversagnarkenndur adj. paradoxical
þverskallast vi. be obstinate
þverskallast við vt. reject, turn down
þverskip n. transept
þverskurður m. cross-section
þverslaufa f. bow tie
þverslá f. crossbar
þversnið n. cross-section
þverstreymi n. crosscurrent
þverstæða f. paradox
þversum adv. across, crosswise
þversögn f. paradox
þvert á móti adv. on the contrary
þvert yfir adv. & prp. right across
þvertaka fyrir vt. refuse absolutely; deny flatly
þvertré n. crossbeam
þverúð f. obstinacy, insubordination
þverveggur m. traverse (in a trench)
þvervegur : á þverveginn breadthways
þveröfugt adv. the other way round
þveröfugur adj. directly opposite; completely wrong
þvinga f. clamp; vt. force; pinch; distress
þvinga fram vt. exact, extort from
þvinga upp vt. prize, prise
þvingaður adj. strained, inhibited
þvingandi adj. compulsive; repressive
þvingun f. compulsion, coercion, intimidation
því adv. therefore; why; conj. because
því að conj. because
því miður adv. unfortunately; interj. alas
því næst adv. then, thereupon, subsequently

þvílíkur adj. what a(n)
þvíumlíkur adj. of such kind, such
þvo vt. wash
þvo sér vt. wash (oneself), freshen up
þvo upp vi. wash up, do the dishes
þvogla vi. mumble, burble
þvoglulegur adj. inarticulate
þvottabali m. washtub
þvottabjörn m. raccoon
þvottaborð n. washstand
þvottabretti n. washboard
þvottaduft n. washing/soap powder
þvottaefni n. detergent
þvottahús n. laundry
þvottakarfa f. laundry basket
þvottakefli n. mangle
þvottakjallari m. laundry room
þvottaklemma f. clothes peg, (Am.) clothes pin
þvottakona f. washerwoman
þvottakústur m. mop
þvottapoki m. facecloth, face flannel
þvottaskál f. washbasin, washstand
þvottaskinn n. chammy (leather)
þvottasnúra f. clothesline
þvottasódi m. washing soda
þvottavél f. washing machine, washer
þvottavinda f. wringer
þvottheldur adj. fast colour, washable
þvottur m. washing, laundry
þvæla f. drivel, piffle, nonsense
þvæla v. drivel, gabble; crumple
þvælast fyrir vi. get in the way
þvælast um vi. run/knock around, wander/piss about
þvældur adj. crumpled; hackneyed
þvættingur m. nonsense, bunkum, bilge, balderdash
þybbast við vt. stubbornly resist
þybbinn adj. chubby, plump, roly-poly
þykja v. feel, like; be considered; take offence
þykja fyrir vt. feel sorry about
þykja gott vt. like, relish
þykja vænt um vt. be fond of
þykjast v. pretend
þykjusta f. make-believe
þykkja f. anger, resentment
þykkleiki m. massiveness
þykkna vi. thicken

þykkna upp vi. become overcast
þykkni n. concentrate
þykkskinnungur m. pachyderm
þykkt f. thickness, depth
þykktarmælir m. callipers, (Am.) calipers
þykkur adj. thick; dense; stout, fat
þykkvalúra f. lemon sole
þykkvamálsfræði f. solid geometry
þykkvaxinn adj. stocky, stout
þylja (upp) vt. rattle/reel off, patter, recite
þyngd f. weight
þyngdarafl n. gravity, gravitation
þyngdaraflsmælir m. gravimeter
þyngdarlaus adj. weightless
þyngdarlögmál n. law of gravity
þyngdarpunktur m. centre of gravity
þyngdarsvið n. gravitational field
þyngja vt. weight (down); make harder
þyngjast vi. put on weight
þyngsli n.pl. weight; burden; lethargy
þynna f. film, foil, sheet (of metal)
þynna vt. water down, dilute
þynnast vi. thin out
þynnir m. thinner
þynnka f. thinness; hangover
þyrildýr n. rotifer
þyrill m. rotor
þyrla f. helicopter, chopper
þyrla vt. whirl, swirl, churn
þyrluflugvöllur m. heliport
þyrlulendingarsvæði n. helipad
þyrma vt. spare, show mercy to
þyrniplóma f. sloe
þyrnir m. (white)thorn
þyrnirós f. burnet rose
þyrnirunni m. thorn bush, briar, gorse
þyrnóttur adj. thorny, prickly
þyrpast vi. crowd together, throng
þyrpast saman vi. gather, huddle, cluster
þyrping f. crowd, mass, cluster
þyrsta vi. thirst be thirsty
þyrstur adj. thirsty
þys m. din, row, rumpus
þytur m. whistling, whirr, swish
þý n. menial
þýða vt. translate; mean; be of use
þýðandi m. translator; compiler
þýðast vt. attach oneself to
þýðing f. translation; importance; usefulness

þýðingarforrit n. compiler
þýðingarlaus adj. useless; unimportant
þýðingarmikill adj. meaningful, significant
þýðingartexti m. subtitles (of a film)
þýðlyndur adj. gentle, meek
þýðmæltur adj. soft-spoken
þýður adj. gentle, mild; dulcet
þýfður adj. tussocky
þýfga vt. accuse of theft
þýlundaður adj. servile, slavish
þýlyndi n. subservience
þýlyndur adj. subservient
þýska f. German (language)
Þýskaland n. Germany
þýskur adj. German
þæfa vt. full, nap
þæfast við vt. quarrel with
þægð f. obedience, docility; favour
þægilegur adj. comfortable; pleasant, sweet
þægindi n.pl. comfort, convenience
þægur adj. obedient, docile
þögn f. silence, stillness; reticence
þögull adj. silent, quiet; taciturn
þökk f. thanks
þön : vera á þönum be on the go/trot
þöngulhaus m. bonehead, numskull, clod
þörf f. need, use; necessity
þörungur m. alga

Æ

æ adv. always; interj. ouch
æð f. vein, blood vessel; artery
æða vi. rush; (of wind) bluster
æðahersli n. arteriosclerosis
æðahnútur m. varicose vein
æðakerfi n. vascular system
æðaklemma f. tourniquet
æðakölkun f. arteriosclerosis
æðardúnn m. eiderdown
æðarfugl m. eider
æðarkolla f. eiderduck
æðarkóngur m. king eider
æðasláttur m. pulse
æðastíflun f. embolism

æði n. rage, fury; craze
æði adv. rather, quite
æðikollur m. hothead
æðimargur adj. very many
æðisgenginn adj. violent; fantastic, terrific
æðiskast n. fit of rage, frenzy, rampage
æðislegur adj. fantastic, far-out, groovy
æðra forritunarmál n. high-level language
æðri adj. superior, higher
æðrulaus adj. fearless, stoical
æðruleysi n. resignation, stoicism
æðruorð f. word of fear; complaint
æðrutónn m. plaintive sound
æðstiprestur m. high priest, hierarch, pontiff
æðstur adj. highest, supreme, top
æður f. eider
æfa vt. practise; train; exercise; rehearse
æfa sig vi. practise; exercise, work out
æfður adj. trained, practiced; skilled
æfing f. practice, training; drill; rehearsal
æfingagalli m. sweat suit, tracksuit
æfingapoki m. punch(ing) ball, (Am.) punching bag
æfur adj. furious, irate
ægilega adv. awfully, extremely
ægilegur adj. awful, formidable
ægir m. ocean
æja vi. make a halt, stop (over); wail
æla f. puke; v. vomit, puke
æpa v. scream, shriek, yell, shout
æpandi adj. shameless, brassy, loud
ær f. ewe
ær adj. crazy, insane; frenzied
æra f. honour, reputation
æra vt. drive crazy; deafen
æringi m. jester
ærinn adj. considerable
ærlegur adj. honest, sincere; proper
ærsl n.pl. romp, frolic, horseplay
ærsladraugur m. poltergeist
ærslafenginn adj. rollicking, frisky
ærslafullur adj. frolicsome, prankish
ærslagangur m. racket, uproar
ærslaleikur m. farce, slapstick
ærslast vi. frolic, lark, frisk
ærulaus adj. dishonourable
ærumeiða vt. slander, defame

ærumeiðandi adj. slanderous, libellous
ærumeiðing f. slander, libel, defamation
æruverður adj. venerable
æsa vt. excite, stir up; incite; arouse
æsa sig vi. get excited, fume, flap
æsa til vt. instigate, foment
æsa upp vt. incite; enrage, infuriate
æsandi adj. exciting, thrilling
æsar : út í æ. in detail
æsast vi. hot up
æsifenginn adj. sensational
æsifregn f. sensation
æsifréttablað n. tabloid
æsifréttamennska f. yellow journalism
æsilegur adj. sensational
æsilyf n. psychedelic (drug)
æsing f. excitement; agitation; irritation
æsingamaður m. agitator; sensationalist
æsingaskrif n.pl. sensationalism
æsingur m. excitement, fury; tumult
æsispennandi adj. exciting, thrilling
æska f. youth; young people
æskilegur adj. desirable
æskja vt. wish, desire
æskuár n.pl. childhood (years), youth
æskubrek n.pl. aberration of youth, wild oats
æskulýður m. young people, youth
æstur adj. excited; upset; fervent
æta vt. etch
æti n. food; feed
ætiefni n. caustic
ætihvönn f. angelica
ætilegur adj. edible
æting f. etching
ætiþistill m. artichoke
ætíð adv. always
ætla vt. intend, plan; think, believe
ætla til vt. mark out for
ætlast fyrir vt. have in mind, plan
ætlast til af vt. expect of
ætlun f. intention, purpose, plan
ætt f. family (line); tribe
ættadeila f. blood feud
ættaður adj. descended (from)
ættarkuml n. totem
ættarmeiður m. family tree
ættarmót n. family meeting; family resemblance
ættarnafn n. family name, surname

ættarsaga f. family saga
ættartafla f. genealogical chart
ættartala f. genealogical table; pedigree
ættartré n. family/genealogical tree
ættasamfélag n. tribal society
ættastríð n. blood feud
ættbálkur m. tribe, clan
ætterni n. origin, descent
ættfaðir m. progenitor, patriarch
ættfeðrastjórn f. patriarchy
ættflokkasamfélag n. tribalism
ættflokkur m. tribe, clan
ættfólk n. relatives, relations, folks
ættfróður adj. knowledgeable about genealogy
ættfræði f. genealogy
ættfræðilegur adj. genealogical
ættfræðingur m. genealogist
ættgengi n. heredity
ættgengur adj. hereditary; heritable
ættgöfgi f. nobility
ættgöfugur adj. noble, highborn, highbred
ættingi m. relative, (blood) relation
ættjarðarást f. patriotism
ættjarðarkvæði n. patriotic poem
ættjarðarvinur m. patriot
ættjörð f. native country, fatherland
ættkvísl f. genus; tribe
ættland n. native country, motherland
ættleggur m. lineage; í beinan ættlegg lineal
ættleiddur adj. adoptive
ættleiða vt. adopt
ættleiðing f. adoption
ættliður m. generation
ættmenni n. relative, relation
ættmóðir f. matriarch
ættsmár adj. lowborn
ættstofn m. stem, stock
ættvíg n. blood feud, vendetta
ætur adj. edible, eatable
ævaforn adj. primordial, immemorial
ævagamall adj. very old, ancient
ævarandi adj. perennial, everlasting
ævareiður adj. furious, irate
ævi f. life(time)
æviágrip n. memoir, (Am.) résumé
ævidagar m.pl. lifetime, life span
æviferill m. curriculum vitae

ævilangur adj. lifelong
ævilíkur f.pl. life expectancy
ævilok n.pl. death
æviminning f. obituary
æviminningar f.pl. memoirs, autobiography
ævinlega adv. unfailingly, always
ævintýraferð f. odyssey
ævintýraheimur m. fairyland
ævintýrakona f. adventuress
ævintýraland n. never-never land
ævintýralegur adj. adventurous
ævintýramaður m. adventurer
ævintýri n. adventure; fairy-tale
ævisaga f. biography, memoir
æviskeið n. life span
æviskrá f. biographical dictionary
ævistarf n. life work
ævisöguritari m. biographer
æxlast vi. reproduce, breed, propagate
æxli n. neoplasm, tumour
æxlun f. reproduction, propagation
æxlunarfæri n.pl. reproductive organs

Ö

Ödipusarduld f. Oedipus complex
öðlast vt. obtain, acquire, get
öðlingur m. noble person; worthy
öðru hverju adv. now and then, occasionally
öðru hvoru adv. now and then, once in a while
öðruvísi adj. different; adv. differently, otherwise
öðuskel f. horse mussel
öfgafullur adj. fanatical, immoderate
öfgakenndur adj. extreme, exaggerated
öfgamaður m. fanatic, extremist
öfgar f.pl. extreme(s), exaggeration
öfgastefna f. fanaticism, extremism
öfgaverk n. extravaganza
öflugur adj. powerful, mighty
öflun f. acquisition, procurement
öfughneigð f. perversion
öfugmæli n. false statement
öfugstreymi n. reverse flow; whirl; retrogression

öfugt adv. backwards; the wrong way round
öfuguggaháttur m. perversion
öfuguggi m. pervert
öfugur adj. reverse; backwards; the wrong way round; inside out; wrong; queer
öfugur broddur m. grave accent
öfugur tvíliður m. iamb
öfugþróun f. retrogression
öfund f. envy, jealousy
öfunda e-n af e-u vt. envy/ begrudge s-y s-g
öfundsjúkur adj. envious, jealous
öfundsverður adj. enviable
öfundsýki f. envy, jealousy
öggur m. gudgeon
ögn f. particle; trifle; adv. a little bit
ögra vt. provoke, taunt; challenge
ögrandi adj. provocative; challenging
ögrun f. defiance; challenge
ögun f. discipline; regimentation
ögur n. rocky inlet
ökklahringur m. anklet, bangle
ökklasíður adj. maxi
ökkli m. ankle
ökufantur m. reckless driver, road hog
ökuferð f. drive
ökufær adj. roadworthy; passable
ökuhraði m. (driving) speed
ökuhæfur adj. roadworthy
ökukennari m. driving instructor
ökuleyfi n. driving licence, (Am.) driver's licence
ökuljós n. headlight, headlamp
ökumaður m. driver, motorist
ökuníðingur m. careless driver, road hog
ökupróf n. road test
ökuskírteini n. driving licence, (Am.) driver's licence
ökutæki n. vehicle
öl n. ale, beer
öld f. century; age
öldrun f. ageing, senescence
öldrunarfræði f. gerontology
öldrunarfræðilegur adj. gerontological
öldrunarfræðingur m. gerontologist
öldrunarlækningar f.pl. geriatrics
öldudalur m. trough of a wave; eclipse
öldufaldur m. crest of a wave

öldugangur m. swell, surge
öldukambur m. crest of a wave
öldungadeild f. senate; department of adult education
öldungadeildarþingmaður m. senator
öldungakirkjumaður m. Presbyterian
öldungakirkjuprestur m. presbyter
öldungaráð n. senate
öldungaráðsmaður m. senator
öldungis adv. fully, completely
öldungur m. old man; gaffer
ölföng n.pl. alcoholic beverages
ölgerð f. brewery; brewing
ölgerðarmaður m. brewer
ölkelda f. mineral spring, spa
ölkelduvatn n. mineral water
ölkrá f. pub
ölkrús f. beer mug; mug of beer
ölmusa f. alms, charity
ölmusumaður m. beggar
ölstofa n. tavern
ölvaður adj. intoxicated, drunk
ölvíma f. intoxication, inebriation
ölvun f. drunkenness, intoxication
ölvunarakstur m. drunken driving
ölæði n. drunkenness, inebriety
ömmubróðir m. great-uncle, granduncle
ömmusystir f. great-aunt, grandaunt
ömurlegur adj. pitiful; dreary; awful, lousy
ömurleiki m. wretchedness; gloom, dolefulness
önd f. duck
önd f. soul; breath; (breath of) life
öndun f. breathing, respiration
öndunarfæri n.pl. respiratory organs
öndunarhjálp f. artificial respiration
öndunarkerfi n. respiratory system
öndunarpípa f. snorkel
öndunarsýnistæki n. breathalyser
öndunarvegur m. respiratory tract
öndunarvél f. respirator
öndvegi n. seat of honour
öndvegis comb. first-class, excellent
öndvegisstarf n. plum job
öndvegisverk n. magnum opus
öndverður adj. opposing; early; á öndverðum meiði (við) at odds/variance (with); frá öndverðu from the beginning

öng f. narrowness; scrape, fix
önghljóð n. fricative
öngla saman vt. scrape together
öngstræti n. narrow street, alley
öngull m. fishhook
öngvit n. unconsciousness, faint
öngþveiti n. pandemonium; difficulties
önn f. term; work
önuglyndi n. grumpiness, crossness
önugur adj. morose, surly, peevish
ör f. arrow, dart
ör n. scar
ör adj. excitable; rapid; generous
örbirgð f. destitution, penury
örbylgja f. microwave
örbylgjuleysir m. maser
örbylgjuofn m. microwave oven
örðóttur adj. scabrous
örðugleiki m. difficulty
örðugur adj. arduous, burdensome
öreiga adj. bankrupt
öreigastétt f. proletariat
öreigi m. proletarian, prole
öreind f. (elementary) particle
örendur adj. dead, lifeless
örfilma f. microfilm
örgeðja adj. hotheaded, temperamental
örgjörvi m. microprocessor
örk f. sheet (of paper); quire; ark
örkuml n.pl. mutilation
örkumlamaður m. invalid, cripple
örkvarði m. micrometer
örkvisi m. weakling
örla á vi. begin to appear
örlagaríkur adj. fateful
örlagastund f. crucial moment, zero hour
örlagatrú f. fatalism
örlátur adj. generous, open-handed
örlítill adj. infinitesimal, minute
örlyndi n. generosity; impulsiveness
örlæti n. generosity, lavishness
örlög n.pl. fate, destiny, fortune
örmagna adj. exhausted, overtired
örmagnast vi. become exhausted, languish
örmyndaspjald n. microfiche
örmögnun f. exhaustion, frazzle
örn m. eagle
örnefni n. place name

örorka → öxl

örorka f. disability, invalidism
örorkubætur f.pl. disability pension
örsjaldan adv. once in a blue moon, very rarely
örsmár adj. infinitesimal, minute, tiny
örsmæð f. minuteness
örsmæðarreikningur m. calculus
örsnauður adj. necessitous, needy
ört adv. rapidly, fast
örtröð f. crowd, throng
örtölva f. microcomputer
örtölvukubbur m. microchip
örugglega adv. certainly; with assurance
öruggur adj. reliable; safe; certain; confident
örva vt. stimulate; excite; vitalize
örvadrífa f. volley
örvamælir m. quiver
örvandi lyf n. stimulant
örvandi pilla f. pep pill
örvaroddur m. arrowhead
örvasa adj. decrepit
örvefur m. scar tissue
örvera f. microorganism
örverpi n. runt, pipsqueak
örverufræði f. microbiology
örverufræðilegur adj. microbiological
örverufræðingur m. microbiologist
örvhentur adj. left-handed
örvhentur maður m. left-hander, lefty, southpaw
örvilnaður adj. desperate, despondent
örvilnun f. despair, desperation
örvinglast vi. despair
örvinlast vi. despair
örvita adj. out of one's senses
örviti m. imbecile, mooncalf
örvona maður m. goner
örvun f. stimulation; incentive, spur
örvænta vt. despair
örvænting f. despair, desperation
örvæntingarfullur adj. desperate, frantic
öryggi n. safety; reliability; assurance; fuse
öryggisákvæði n. security clause
öryggisbelti n. safety belt, seat belt
öryggisbúnaður m. safety equipment
öryggiseftirlit n. safety inspection
öryggisgeymsla f. strongroom, safety vault
öryggisgler n. safety glass
öryggisgrind f. guardrail
öryggisgæsla f. protective custody
öryggishjálmur m. crash helmet
öryggishólf n. safe-deposit box
öryggislás m. safety lock
öryggisleysi n. insecurity
öryggisloki m. escape valve
öryggislögregla f. secret police
öryggisnæla f. safety pin
öryggisráð n. security council
öryggisráðstöfun f. security measure, safety precaution
öryggisregla f. safety regulation
öryggisrofi m. safety switch
öryggisró f. locknut
öryggisstuðull m. safety factor
öryggistálmi m. crash barrier
öryggisútbúnaður m. safety device, safety equipment
öryggisventill m. safety valve
öryggisvörður m. security guard
öryggisþáttur m. safety factor
öryrki m. disabled person, invalid
örþreyttur adj. exhausted, jaded, gone
örþrifaráð n. last resort
örþunnur adj. very thin, sheer
öræfi n.pl. wilderness, wilds
ös f. crowd, crush, rush
öskra vi. scream, yell, roar
öskubakki m. ashtray
öskubíll m. dustcart, (Am.) garbage truck
Öskubuska f. Cinderella
öskudagur m. Ash Wednesday
öskufall n. shower of ash
öskugur adj. ashy
öskuhaugur m. rubbish dump, (Am.) trash dump
öskuillur adj. livid
öskukarl m. dustman, (Am.) garbage collector
öskur n. scream, yell, roar
öskutunna f. dustbin, (Am.) garbage can/bin
öskuvondur adj. furious
ösla v. wade, slosh, trudge
ösp f. aspen, poplar
ötull adj. energetic, zealous, plodding
öxi f. axe, chopper, cleaver
öxl f. shoulder; (mountain) ridge

Óreglulegar sagnir
Irregular verbs

R means that the verb can also be regular.
R þýðir að sögnin beygist líka reglulega.

Nafnháttur	Þátíð	Lýsingarháttur þt.
bear	bore	born(e): *fæða, ala*
beat	beat	beaten: *slá, sigra*
become	became	become: *verða*
begin	began	begun: *byrja*
bend	bent	bent: *beygja (sig)*
bet, R	bet	bet: *veðja*
bid	bid	bid: *bjóða í*
bind	bound	bound: *binda, festa*
bite	bit	bitten: *bíta*
bleed	bled	bled: *blæða*
blow	blew	blown: *blása, feykja*
break	broke	broken: *brjóta, brotna*
breed	bred	bred: *ala upp*
bring	brought	brought: *koma með*
broadcast, R	broadcast	broadcast: *útvarpa*
build	built	built: *byggja*
burn, R	burnt	burnt: *brenna*
burst	burst	burst: *springa*
buy	bought	bought: *kaupa*
catch	caught	caught: *ná í, grípa*
choose	chose	chosen: *velja*
come	came	come: *koma*
cost	cost	cost: *kosta*
creep	crept	crept: *skríða, læðast*
cut	cut	cut: *skera*
deal	dealt	dealt: *fást við, versla*
dig	dug	dug: *grafa*
do	did	done: *gera*
draw	drew	drawn: *teikna, draga*
dream, R	dreamt	dreamt: *dreyma*
drink	drank	drunk: *drekka*
drive	drove	driven: *aka, reka*
dwell	dwelt	dwelt: *dveljast, búa*

óreglulegar sagnir

eat	ate	eaten: *borða*
fall	fell	fallen: *falla, detta*
feed	fed	fed: *mata, fæða*
feel	felt	felt: *líða, finnast*
fight	fought	fought: *berjast, slást*
find	found	found: *finna(st)*
flee	fled	fled: *flýja*
fly	flew	flown: *fljúga*
forbid	forbade	forbidden: *banna*
forget	forgot	forgotten: *gleyma*
forgive	forgave	forgiven: *fyrirgefa*
freeze	froze	frozen: *frjósa, frysta*
get	got	got(ten): *fá, verða*
give	gave	given: *gefa*
go	went	gone: *fara*
grind	ground	ground: *mala, mylja*
grow	grew	grown: *vaxa, rækta*
hang, R	hung	hung: *hanga, hengja*
have	had	had: *hafa, eiga*
hear	heard	heard: *heyra*
hide	hid	hidden: *fela, geyma*
hit	hit	hit: *slá, rekast á*
hold	held	held: *halda*
hurt	hurt	hurt: *meiða*
keep	kept	kept: *geyma, halda*
kneel, R	knelt	knelt: *krjúpa*
knit, R	knit	knit: *tengja, binda*
know	knew	known: *vita*
lay	laid	laid: *leggja*
lead	led	led: *leiða*
lean, R	leant	leant: *halla (sér)*
leap, R	leapt	leapt: *hlaupa, stökkva*
learn	learnt	learnt: *læra*
leave	left	left: *yfirgefa, fara*
lend	lent	lent: *lána*
let	let	let: *láta, leigja*
lie, R	lay	lain: *liggja*
light	lit	lit: *kveikja*
lose	lost	lost: *týna*
make	made	made: *búa til, gera*
mean	meant	meant: *meina, halda*
meet	met	met: *hitta*
pay	paid	paid: *borga*
put	put	put: *láta, setja*
quit, R	quit	quit: *yfirgefa, fara*
read	read	read: *lesa*
rid	rid	rid: *losa, losna*
ride	rode	ridden: *ríða*
ring	rang	rung: *hringja*
rise	rose	risen: *rísa, koma upp*
run	ran	run: *hlaupa*
say	said	said: *segja e-ð*
see	saw	seen: *sjá*

óreglulegar sagnir

seek	sought	sought: *leita*
sell	sold	sold: *selja*
send	sent	sent: *senda*
set	set	set: *setja*
shake	shook	shaken: *hrista*
shine	shone	shone: *skína*
shoot	shot	shot: *skjóta*
show	showed	shown: *sýna*
shut	shut	shut: *loka*
sing	sang	sung: *syngja*
sink	sank	sunk: *sökkva*
sit	sat	sat: *sitja*
sleep	slept	slept: *sofa*
slide	slid	slid: *renna*
slit	slit	slit: *rífa, rista*
smell, R	smelt	smelt: *lykta*
speak	spoke	spoken: *tala*
speed, R	sped	sped: *geysast*
spell, R	spelt	spelt: *stafa*
spend	spent	spent: *eyða*
spill, R	spilt	spilt: *hella niður*
split	split	split: *kljúfa, klofna*
spoil, R	spoilt	spoilt: *skemma, spilla*
spread	spread	spread: *dreifa*
spring	sprang	sprung: *stökkva*
stand	stood	stood: *standa*
steal	stole	stolen: *stela*
stick	stuck	stuck: *festa(st)*
stride	strode	stridden: *skálma, stika*
strike	struck	struck: *slá*
strive	strove	striven: *keppast við*
swear	swore	sworn: *sverja, bölva*
sweep	swept	swept: *sópa*
swim	swam	swum: *synda*
swing	swung	swung: *sveifla(st)*
take	took	taken: *taka*
teach	taught	taught: *kenna*
tear	tore	torn: *rífa*
tell	told	told: *segja e-m e-ð*
think	thought	thought: *hugsa*
throw	threw	thrown: *kasta*
thrust	thrust	thrust: *þrýsta, ýta*
tread	trod	trodden: *stíga á*
understand	understood	understood: *skilja*
upset	upset	upset: *æsa*
wake	woke	woken: *vekja, vakna*
wear	wore	worn: *vera í, klæðast*
weave	wove	woven: *vefa*
weep	wept	wept: *gráta, skæla*
win	won	won: *vinna, sigra*
wind	wound	wound: *bugðast*
write	wrote	written: *skrifa*

Ensk íslensk orðabók

og íslensk-ensk orðabók

Orðabókaútgáfan
2000

© Orðabókaútgáfan ehf.

1. útgáfa 1991
2. útgáfa 2000, stækkuð, endurbætt og orðaforði aukinn

Ritstjóri: Sævar Hilbertsson

Prentun og bókband: Prentsmiðjan Grafík hf.

Kápa: Gott fólk McCann-Erickson

Bók þessa má ekki afrita með neinum
hætti, án skriflegs leyfis útgefanda.

ISBN 9979-835-19-2 kilja
ISBN 9979-835-20-6 innbundin

Orðabækur Orðabókaútgáfunnar:

Ensk-íslensk / íslensk ensk vasaorðabók svört
Ensk-íslensk / íslensk ensk orðabók gul
Ensk-íslensk / íslensk ensk orðabók grá
Ensk-íslensk / íslensk ensk orðabók blá
Ensk-íslensk orðabók rauð
Íslensk-ensk orðabók rauð

Dönsk-íslensk / íslensk-dönsk orðabók gul

Sænsk-íslensk / íslensk-sænsk orðabók gul

Þýsk-íslensk / íslensk-þýsk orðabók gul

Frönsk-íslensk / íslensk-frönsk orðabók gul

Spænsk-íslensk / íslensk-spænsk orðabók gul

Ítölsk-íslensk / íslensk-ítölsk orðabók gul

Formáli

Í tilefni af árinu 2000 gefur Orðabókaútgáfan út nýja enska orðabók. Hér er um að ræða orðabók með hraðvirku uppflettikerfi sem uppfyllir þarfir nútímafólks í hraða samfélagsins. Í orðabókinni eru uppflettiorð valin í samræmi við nýjustu enskar og amerískar orðabækur. Með þessari nýju stækkuðu og endurbættu útgáfu var sérstök áhersla lögð á að fjölga orðum í tengslum við tækni, vísindi, tölvur, viðskipti og ferðalög auk almennra orða. Uppflettiorðin eru um það bil 72.000 ensk og íslensk orð og valdar eru algengustu þýðingar orðanna.

Við hönnun orðabókarinnar var sérstaklega hugað að framsetningu uppflettiorðanna og þýðinganna á blaðsíðunni. Þannig er fyrsta og síðasta orð hverrar síðu haft efst á síðunni og stækkaður fyrsti stafurinn. Skemmri tími fer því í að fletta upp orðum. Letur er mjög læsilegt og undantekning er að orði sé skipt á milli lína. Þess vegna nema augun allt orðið á einu augnabliki. Fremst í bókinni eru skýringar á málfræðiskammstöfunum og í lok hvors hluta fyrir sig er skrá yfir óreglulegar enskar sagnir.

Tvær útgáfur eru af þessari bók þ.e. hefðbundin harðspjaldaútgáfa og kiljuútgáfa, svokölluð veltiorðabók. Veltiorðabókin er þannig uppbyggð að bókinni er velt til þess að fletta upp í hinum hluta hennar. Þess vegna er alltaf flett upp í fyrstu 500 blaðsíðunum af tæplega 1000 síðum.

Ég veit ekki til þess að veltiorðabók hafi komið áður út hérlendis né erlendis og vona því að möguleikar hennar og hraðvirka uppflettiskerfisins nýtist vel í hraða nútímaþjóðfélags.

Reykjavík 15. maí 2000
Steinarr Guðjónsson
útgefandi

Ensk íslensk orðabók

Skammstafanir
Abbreviations

adj.	adjective	lýsingarorð
adv.	adverb	atviksorð
Am.	American English	bandarísk enska
Br.	British	breska
conj.	conjunction	samtenging
e-ð	something	eitthvað (nominative) and accusative)
e-u	-	einhverju (dative)
e-r	somebody	einhver (nominative)
e-n	-	einhvern (accusative)
e-m	-	einhverjum (dative)
e-s	somebody/something	einhvers (genitive)
f.	feminine noun	kvk. nafnorð
interj.	interjection	upphrópun
Lat.	Latin	latína
m.	masculine noun	kk. nafnorð
n.	neuter	hvk. nafnorð
num.	numeral	töluorð
p.	past tense	þátíð
pl.	plural	fleirtala
pp.	past participle	lýsingarháttur þátíðar
prn.	pronoun	fornafn
prp.	preposition	forsetning
s-g	something	eitthvað
s-y	somebody	einhver
v.	verb	sagnorð
vi.	verb intransitive	áhrifslaus sögn
vt.	verb transitive	áhrifssögn
/	or	eða

A

a, an óákveðinn greinir
aback adv. aftur á bak; **taken a.** furðu lostinn, agndofa
abacus talnagrind f., reiknigrind f.
abandon taumleysi n.; vt. yfirgefa; hætta við, hverfa frá; **a. oneself to** gefa sig á vald
abandoned adj. yfirgefinn, (depraved) gjörspilltur
abandonment fráhvarf n.; taumleysi n.; niðurlæging f.
abase vt. auðmýkja, niðurlægja
abasement auðmýking f., lítillækkun f.
abash vi. koma úr jafnvægi
abashed adj. sneyptur, vandræðalegur
abate v. minnka, lækka, draga úr; lægja
abatement minnkun f., lækkun f., linun f., rýrnun f.
abattoir sláturhús n.
abbess abbadís f.
abbey klaustur n.
abbot ábóti m.
abbreviate vt. stytta; skammstafa
abbreviation stytting f.; skammstöfun f.
abdicate v. segja af sér, leggja niður völd
abdication (ríkis)afsögn f., afsölun f.
abdomen kviðarhol n., magi m.; afturbolur m.
abdominal adj. kviðar-; afturbols-
abduct vt. ræna, nema á brott
abduction brottnám n., mannrán n.
aberrance afbrigði n.
aberrant adj. afbrigðilegur
aberration frávik n.; skekkja, villa f.
abet vt. aðstoða, styðja, hvetja
abetment aðstoð f., stuðningur m., hvatning f.
abettor hlutdeildarmaður m., vitorðsmaður m.
abeyance biðstaða f.; **in a.** óútkljáður
abhor vt. hrylla við, hafa andstyggð á
abhorrence viðbjóður m., andstyggð f.
abhorrent adj. viðbjóðslegur, andstyggilegur
abide v. (tolerate) þola, umbera
abide by v. standa við, efna við; hlíta

abiding adj. ævarandi, varanlegur
ability geta f., hæfileiki m.
abject adj. aumur, lítilmótlegur, fyrirlitlegur
abjuration afneitun (með eiði) f.
abjure vt. sverja fyrir; forðast, neyta ekki
ablation (of a glacier) leysing f., bráðnun f.
ablative (in grammar) sviftifall n.
ablaut hljóðskipti n.pl.
ablaze adv. logandi, í björtu báli; uppljómaður
able adj. fær, duglegur; **be a. to** geta + past participle
able-bodied adj. hraustur, vinnufær; fullgildur
ablution (viðhafnar)þvottur m., laugun f.
ably adv. kunnáttusamlega
abnegation (sjálfs)afneitun f.
abnormal adj. afbrigðilegur, óvanalegur
abnormality afbrigðileiki m., frábrigði n.
aboard adv. & prp. um borð (í)
abode (lög)heimili n.
abode v. (p., pp. **abide**)
abolish vt. afnema, fella úr gildi
abolition afnám n., útrýming f.
abolitionist afnámssinni m.
abomasum vinstur f.
A-bomb atómsprengja f.
abominable adj. andstyggilegur, viðbjóðslegur
abominable snowman snjómaðurinn ógurlegi m.
abominate vt. hafa andstyggð/viðbjóð á
abomination andstyggð f., viðbjóður m., óbeit f.
aboriginal frumbyggi m.; adj. upprunalegur, frum-
aborigine frumbyggi m.
abort v. hætta við; leysast höfn, láta fóstri
abortion fósturlát n.; fóstureyðing f.
abortive adj. árangurslaus, misheppnaður; ófullburða
abound vi. vera til í miklum mæli; mora (af = **with**)
about adv. & prp. um, (nearly) hér um bil, (round about) í kringum; **be a. to** vera í þann veginn að; **be up and a.** vera kominn á ról

about-face (Am.) kúvending f.;
v. kúvenda
above adv. uppi; að ofan; fyrir ofan;
prp. ofan við; yfir; ofar; **a. all**
fyrst og fremst
above-mentioned adj. framangreindur,
fyrrnefndur
aboveboard adj. heiðarlegur;
adv. opinskátt
abrade vt. svarfa, slíta; skráma, hrufla
abrasion svarf n.; skráma f., skeina f.
abrasive svarfefni n.; adj. hrjúfur
abreast adv. samsíða, hlið við hlið;
keep a. of fylgjast með; halda í við
abridge vt. stytta, draga saman
abridgement stytting f., útdráttur m.
abroad adv. erlendis; út um allt,
á kreiki
abrogate vt. afnema, ógilda
abrogation afnám n., ógilding f.
abrupt adj. skyndilegur,
(of behaviour) snöggur
abruptness snöggleiki m.;
höstugheit n.pl.
ABS, anti-lock brake system hemlakerfi
með læsivörn n.
abscess ígerð f.; graftarkýli n.
abscissa láhnit f., x-hnit f.
abscission afskurður m.
abscond vi. hlaupast á brott, strjúka
absence fjarvera f., fjarvist f.
absence of mind fjarhygli f.
absent adj. fjarverandi
absentee fjarstaddur maður m.
absenteeism (tíðar) fjarvistir f.pl.,
skróp n.
absent-minded adj. viðutan, fjarhuga
absent-mindedness fjarhygli f.,
gleymni f.
absent oneself v. vera fjarverandi;
láta sig vanta
absinth malurtarbrennivín n.
absolute adj. alger, fullkominn;
afdráttarlaus; algildur
absolutely adv. algerlega, fullkomlega;
endilega
absolute zero alkul n.
absolution syndafyrirgefning f., aflausn f.
absolutism alræðisstjórn f.,
einræðisstjórn., einveldi n.

absolve vt. veita aflausn, fyrirgefa; sýkna
absorb vt. drekka í sig, gleypa; gera e-n
niðursokkinn
absorbent gleypið efni n.; adj. gleypinn;
rakadrægur
absorbing adj. hrífandi, heillandi
absorption ísog n., gleyping f.;
hrifning f.
abstain vi. halda sig frá; sitja hjá
abstainer bindindismaður m.,
reglumaður m.
abstemious adj. hófsamur; hóflegur
abstemiousness hófsemi f.;
bindindissemi f.
abstention hófsemi f.; hjáseta (við
atkvæðagreiðslu) f.
abstinence bindindi n.
abstract samantekt f., útdráttur m.;
adj. óhlutstæður, óhlutbundinn;
vt. vinna, skilja frá
abstracted adj. viðutan, fjarhuga;
unninn (úr e-u)
abstract of title veðbókarvottorð n.
abstraction óhlutstætt hugtak n.;
fjarhygli f.; (úr)nám n.
abstractionist abstraktlistamaður m.
abstract noun hugmyndaheiti n.,
óhlutstætt nafnorð n.
abstruse adj. torskilinn, torráður, tyrfinn
abstruseness torræðni f., tyrfni f.
absurd adj. fáránlegur, fjarstæður
absurdity fjarstæða f., fásinna f.
abundance gnægð f.; allsnægtir f.pl.
abundant adj. kappnógur, ríkulegur
abuse misnotkun f.; misþyrming f.,
(in words) svívirðing f.; vt. misnota;
misþyrma, (scold) atyrða, skamma
abusive adj. móðgandi, meinyrtur;
hrottafenginn
abut on vi. liggja (upp) að, vera áfast við
abysmal adj. hyldjúpur, botnlaus;
ömurlegur
abyss hyldýpi n., gjá f.
acacia akasía f., akasíutré n.
academic adj. akademískur, háskóla-;
bóklegur
academy akademía f.; háskóli m.; æðri
menntastofnun f.; vísindafélag n.
accede vi. samþykkja, fallast á;
taka við (embætti)

accelerate v. flýta fyrir; auka hraða(nn)
acceleration hröðun f., hraðaaukning f.
accelerator eldsneytisgjöf f.; (einda)hraðall m.
accelerator pedal eldsneytisfetill m.
accent áhersla f., (mark) áherslumerki n.; (way of speaking) hreimur m.; vt. leggja áherslu á
accentuate vt. leggja (aukna) áherslu á; gera áberandi
accept v. þiggja; sætta sig við; viðurkenna
acceptable adj. aðgengilegur, bærilegur, viðunandi
acceptance viðtaka f.; samþykki n., viðurkenning f.
accepted adj. viðtekinn, viðurkenndur
accepted value samþykkt verð n.
acceptor viðtakandi m.; samþykkjandi m.
access aðgangur m.; aðkomuleið f.
accessible adj. aðgengilegur
accession valdataka f., embættistaka f.; aðföng n.pl.
accessory aukabúnaður m., fylgihlutur m.; vitorðsmaður m.
accidence beyging f.; beygingarfræði f.
accident slys n.; **by a.** af slysni/tilviljun
accidental adj. slysalegur, óviljandi
accidentally adv. af slysni/tilviljun
accident prevention slysavarnir f.pl.
accident-prone adj. slysagjarn
acclaim fögnuður m.; lof n.; vt. fagna, hylla
acclamation fagnaðarlæti n.pl.
acclimatization aðhæfing f., aðlögun f.
acclimatize v. venjast framandi veðurfari; aðlaga(st)
acclivity bratti m., halli (upp á móti) m.
accolade dubbun riddara f.; lof n., hrós n.
accommodate vt. hýsa; liðsinna; laga (að/eftir = **to**)
accommodating adj. greiðvikinn, hjálpsamur
accommodation húsnæði n., aðbúnaður m.; greiði m., hagræði n.; aðlögun; (compromise) málamiðlun f.
accompaniment fylgifiskur m., (in music) undirleikur m.

accompanist undirleikari m.
accompany vt. fylgja, (in music) leika undir (hjá)
accomplice vitorðsmaður m., sökunautur m.
accomplish vt. afreka, framkvæma, ljúka (við)
accomplished adj. leikinn, fær; fullgerður, aflokinn
accomplishment framkvæmd f., afrek n.; kunnátta f.
accord samkomulag n.; **in/out of a. (with)** sammála/ósammála; í samræmi/ósamræmi (við); **of one's own a.** óbeðinn, sjálfviljugur; **with one a.** samhljóða, einróma
accord v. vera í samræmi við; veita, láta njóta
accordance samræmi n.; **in a. with** í samræmi við
according as conj. að svo miklu leyti sem
accordingly adv. samkvæmt því; þess vegna
according to prp. samkvæmt, eftir, í samræmi við
accordion harmónika f., dragspil n.
accost vt. ávarpa, víkja sér að; abbast upp á
account reikningur m., (report) frásögn f., lýsing f.; **by/from all accounts** samkvæmt öllum heimildum; **on a. of** vegna; **on no a.** alls ekki; **on one's own a.** á eigin ábyrgð; v. telja, álíta
accountable adj. ábyrgur (fyrir = **for**); skýranlegur
accountancy bókhald n.; endurskoðun f.
accountant bókhaldari m., bókari m.; endurskoðandi m.
account day greiðsludagur m.
account for v. gera grein fyrir, útskýra
accounting bókhald n., fjárhagsuppgjör n.
accounts payable ógreiddir reikningar m.pl.
accounts receivable útistandandi skuldir f.pl.
accoutrements útbúnaður (hermanns) m.
accredit vt. veita umboð; viðurkenna, löggilda

accreditation umboðsveiting f.; viðurkenning f.
accredit with vt. eigna
accretion samsöfnun f., vöxtur m.
accrual uppsöfnun f.
accrue vi. safnast upp
accumulate v. safna(st) saman, hlaða(st) upp
accumulation samansafn n.; samansöfnun f.
accumulator rafgeymir m.; safnari m.
accuracy nákvæmni f.
accurate adj. nákvæmur
accursed adj. bölvaður
accusation ásökun f.
accusative (in grammar) þolfall n.; adj. þolfalls-
accuse vt. kæra, ásaka (um = **of**)
accused sakborningur m., ákærði m.
accuser ákærandi m.
accusingly adv. ásakandi; í ásökunartón
accustom vt. venja (við/ á = **to**); **be accustomed to** vera vanur e-u; eiga e-u að venjast
accustomed adj. vanalegur, venjulegur; vanur
ace ás m.; afburðamaður m., kappi m.; **within a. of** hársbreidd frá
acentric adj. án miðju; ekki í miðpunkti
acerb adj. beiskur, súr; hvass, napur
acerbity beiskja f., remma f.; napurleiki m.
acetic acid edikssýra f.
acetylene kolvetnisgas n., logsuðugas n.
acetylene torch logsuðutæki n.
ache verkur m.; vi. verkja
achievable adj. framkvæmanlegur, vinnandi
achieve vt. afreka, framkvæma; ávinna sér
achievement afrek n., framkvæmd f.
Achilles' heel Akkilesarhæll m.; veikleiki m.
Achilles' tendon hásin f., hælsin f.
acid sýra f.; adj. súr; beittur, napur
acid test sýruprófun f.; eldraun f., prófsteinn m., þolraun n.
acidify vt. sýra, gera súran

acidity súrleiki m.; sýrustig n.
acknowledge vt. viðurkenna, játa; staðfesta
acknowledgement viðurkenning f.; staðfesting f.
acme hápunktur m., hámark n.
acne gelgjubólur f.pl., graftarþrymlar m.pl.
acolyte altarisþjónn m.; aðstoðarmaður m.
aconite venusvagn m., freyjublóm n.
acorn akarn n.
acoustic adj. hljóðeðlisfræðilegur; hljómburðar-; (of a musical instrument) órafmagnaður
acoustic coupler hljóðtengi n.
acoustic guitar kassagítar m.
acoustics hljóðeðlisfræði f.; hljómburður m.
acquaint vt. kynna; **be acquainted (with s-y)** vera (e-m) kunnugur, þekkja
acquaintance kunningsskapur m., (person) kunningi m.; **make the a. of** komast í kynni við, kynnast
acquiesce vi. láta sér lynda, samþykkja
acquiescence samþykki n.; undirgefni f.
acquiescent adj. samvinnuþýður, auðsveipur
acquire vt. fá, öðlast, afla, ná
acquired adj. áunninn; tillærður
acquisition öflun f.; fengur m.
acquisitive adj. ágjarn, gráðugur; öflunar-, söfnunar-
acquit vt. sýkna
acquit oneself v. standa sig (vel/illa)
acquittal sýknun f.
acre ekra f. (= 0,4 hektarar)
acrid adj. beiskur, rammur; bitur
acrimonious adj. beiskur; hatrammur
acrimony beiskja f.; heift f.
acrobat (loft)fimleikamaður m.
acrobatics (loft)fimleikar m.pl.
acronym gripla f., upphafsstafaheiti n.
acrophobia lofthræðsla f.
across adv. (þvert) yfir; þversum, í kross; prp. (þvert) yfir; handan við, hinum megin
across-the-board adj. yfir alla línuna, allsherjar-
act (deed) verknaður m., athöfn f., (law)

lög n.pl., (of a play) þáttur m., (insincere behaviour) látalæti n.pl., uppgerð f.
act v. (do) aðhafast, gera; hefjast handa, (behave) hegða/haga sér, (function normally) virka, hafa áhrif, (in a play) leika
act as v. vera, gegna (tilteknu hlutverki)
acting leikur m.; leiklist f.; adj. starfandi, settur
action aðgerð f., verknaður m.; gangur m., (legal) lögsókn f., (chain of events) atburðarás f., (fighting) bardagi m., orrusta f.; **take a.** grípa til aðgerða
actionable adj. sem varðar við lög, saknæmur
activate vt. ræsa, koma í gang; virkja, örva
activation örvun f., virkjun f.
activator efnahvati m.
active adj. virkur; athafnasamur
active voice germynd f.
activism aðgerðastefna f.
activist aðgerðasinni m.
activity athafnasemi f., virkni f.; starfsemi f.
act on v. fara eftir, (fram)fylgja; orka á
actor leikari m.
actress leikkona f.
actual adj. raunverulegur, virkilegur; núverandi
actuality raunveruleiki m.; staðreynd f.
actually adv. raunverulega, í raun og veru
actuary tryggingafræðingur m.
actuate vt. koma af stað, ýta undir, hvetja
act up v. láta illa, vera með stæla
acumen skarpskyggni f., skerpa f.
acupuncture nálastungulækningar f.pl.
acute adj. hvass, skarpur; ákafur, bráður
acute accent broddur m. (')
acuteness hvassleiki m., skerpa f.; skarpskyggni f.
AD (Anno Domini) á því herrans ári, eftir Krist
ad auglýsing f.
adage spakmæli n., málsháttur m.
Adam ; **not know s-y from A.** vita engin deili á e-m
adamant adj. ósveigjanlegur, gallharður

Adam's apple adamsepli n., barkakýli n.
adapt vt. aðlaga (sig); umsemja
adaptability aðlögunarhæfni f.
adaptable adj. aðlögunarhæfur, aðhæfanlegur
adaptation aðlögun f.; umbreyting f.; umsamning f.
adapter millistykki n.
add v. bæta við, (together) leggja saman
addendum (pl. **addenda**) viðauki m.
adder (eitur)naðra f., snákur m.
addict fíkniefnasjúklingur m., fíkill m.
addicted to adj. ofurseldur, háður, sólginn í
addiction fíkn f., vanabinding f.
addictive adj. vanabindandi
adding-machine samlagningarvél f.
addition samlagning f.; viðbót f.; **in a. (to)** til viðbótar (við), þar að auki
additional adj. viðbótar-, auka-
additionally adv. til viðbótar, aukalega
additive íblöndunarefni n., viðbótarefni n.
addle v. rugla(st), (of eggs) úldna
addlehead ruglukollur m., aulabárður m.
addlepated adj. ringlaður, ruglaður
address (speech) ávarp n., ræða f.; vt. ávarpa
address (of a person) heimilisfang n., (on an envelope) utanáskrift f.; vt. skrifa utan á, árita
addressee viðtakandi m., móttakandi m.
address oneself to v. snúa sér að, taka til við
address to v. beina til
adduce vt. tilgreina, vitna til, vísa í
add up v. leggja saman; koma heim og saman
add up to v. nema samtals; jafngilda, vera sama og
adenoids kokeitlar m.pl., hálskirtlar m.pl.
adept snillingur m.; adj. leikinn (í = **at/in**)
adequacy nægjanleiki m.; hæfni f.
adequate adj. nógur, nægilegur; hæfur
adherence (við)loðun f.; hollusta f., fylgi n.
adherent flokksmaður m., fylgismaður m.; adj. viðloðandi

adhere to vt. loða (við); fylgja, styðja
adhesion viðloðun f.; samgróningur m.; fylgi n.
adhesive lím n.; adj. límkenndur, límborinn
adhesive plaster heftiplástur m.
adhesive tape límband n.
ad hoc (Lat.) adv. í sérstöku augnamiði
adieu kveðja f.
ad infinitum (Lat.) adv. að eilífu, endalaust
adipose adj. fitukenndur, fitu-
adipose tissue fituvefur m.
adjacent adj. samliggjandi; aðlægur, aðliggjandi
adjectival adj. lýsingar-, lýsingarorðs-
adjective lýsingarorð n.
adjoin v. liggja að; liggja saman
adjoining adj. aðliggjandi; samliggjandi
adjourn v. fresta (fundi); færa sig
adjournment frestun f., fundarhlé n.
adjudge vt. (award) úrskurða, dæma (e-m e-ð)
adjudicate v. dæma (í máli); sitja í dómnefnd
adjudication dómur m.; seta í dómnefnd f.
adjudicator dómari m.; dómnefndarmaður m.
adjunct aukahlutur m., (in grammar) ákvæðisorð n.
adjuration særing f.; innileg bæn f.
adjure vt. særa, heita á; sárbæna
adjust vt. stilla, lagfæra; aðlaga(st)
adjustable adj. stillanlegur, breytilegur
adjuster (insurance) tjónamatsmaður m.
adjusting nut stilliró f.
adjusting screw stilliskrúfa f.
adjustment stilling f., lagfæring f.; að- lögun f.; (of a dispute) jöfnun f., sátt f.
adjutant aðstoðarforingi m., aðjútant m.
adjutant bird aðjútantstorkur m., þjónustustorkur m.
ad lib (Lat) adv. af munni fram, óundirbúið
ad-lib adj. undirbúningslaus; vi. mæla af munni fram; spinna
adman auglýsingamaður m.
administer v. stjórna; framkvæma; (hand out) útdeila

administer to v. annast, hlúa að, sjá fyrir
administration stjórn f., stjórnsýsla f.; framkvæmd f.; útdeiling f.
administrative adj. stjórnar-; stjórnunar-
administrative ability stjórnunar- hæfileikar m.pl.
administrator stjórnandi m.; bústjóri m., skiptaráðandi m.
admirable adj. aðdáunarverður; prýðilegur
admiral aðmíráll m., flotaforingi m.
Admiralty flotamálaráðuneyti n.
admiration aðdáun f.
admire vt. dást að
admirer aðdáandi m.
admissible adj. leyfilegur, heimill; lögmætur
admission aðgangur m., (cost) aðgangs- eyrir m., (confession) játning f., viðurkenning f.
admit v. hleypa inn, (confess) játa
admittance aðgangur m.; **No a.** aðgangur bannaður
admittedly adv. óneitanlega, að vísu
admonish vt. áminna, vara við
admonition áminning f., viðvörun f.
ad nauseam (Lat.) adv. þar til manni verður óglatt
ado fjaðrafok n., umstang n.; **without much/more/further a.** án frekari/ nokkurrar tafar
adobe (house) leirsteinshús n.
adolescence gelgjuskeið n., unglingsár n.pl.
adolescent unglingur m., táningur m.
adopt vt. ættleiða; taka upp, tileinka sér
adoption ættleiðing f.; upptaka f.
adoptive adj. ættleiddur; kjör-
adorable adj. dásamlegur, indæll
adoration tilbeiðsla f., dýrkun f.; aðdáun f.
adore vt. tilbiðja, dýrka; vera stórhrifinn af
adorer tilbiðjandi m., dýrkandi m.
adorn vt. skreyta, prýða
adornment skreyting f., skraut n.
adrenal gland nýrnahetta f.
adrenaline adrenalín n.
Adriatic Sea Adríahaf n.

adrift adj. á reki, stefnulaus, stjórnlaus
adroit adj. snjall, leikinn, úrræðagóður
adroitness fimi f., ráðsnilld f.
adulate vt. skjalla, smjaðra fyrir
adulation skjall n., smjaður n.
adulator skjallari m., smjaðrari m.
adult adj. fullorðinn
adult education fullorðinsfræðsla f.
adulterate vt. spilla, falsa, útþynna
adulteration mengun f., útþynning f.; vörusvik n.pl.
adulterer hórkarl m.
adulteress hórkona f.
adulterous adj. saurlífur, hór-, hórdóms-
adultery hjúskaparbrot n., hórdómur m.
adulthood fullorðinsár n.pl., fullorðinsaldur m.
adumbrate vt. (foreshadow) boða, vera fyrirboði um
adumbration fyrirboði m.
advance framrás f., (fram)sókn f.; **in a.** fyrirfram; á undan; adj. sem fer á undan; fyrirfram-
advance v. fara/sækja fram, (develop) miða, þokast áfram, (help forward) flýta fyrir, stuðla að, (increase) fara hækkandi, (money) borga fyrirfram
advanced adj. þróaður, (modern) nútímalegur; framhalds-; **a. in years** aldurhniginn
advanced level (Br.) stúdentspróf n.
advancement framfarir f.pl., efling f.; upphefð f.
advance payment fyrirframborgun f.
advances umleitanir f.pl., þreifingar f.pl.
advantage kostur m., yfirburðir m.pl.; hagur m., gagn n.; **have the a.** standa betur að vígi; **take a. of s-y** misnota, blekkja e-n; **take a. of s-g** notfæra sér e-ð; **to a.** til heilla
advantageous adj. hagstæður, gagnlegur
advent (til)koma f.
Advent aðventa f.; endurkoma Krists f.
Adventist aðventisti m.
adventitious adj. utanaðkomandi, tilfallandi
adventure ævintýri n.; hættuspil n.
adventurer ævintýramaður m.; braskari m.
adventuress ævintýrakona f.; glæfrakvendi n.
adventurous adj. ævintýralegur; djarfur, hættulegur
adverb atviksorð n.
adverbial atviksliður m.; adj. atviksorðs-
adversary andstæðingur m., mótherji m.
adverse adj. andstæður, óhagstæður, fjandsamlegur
adversity mótlæti n., andstreymi n.; ógæfa f.
advert auglýsing f.
advertise v. auglýsa
advertisement auglýsing f.; auglýsingastarfsemi f.
advertiser auglýsandi m.
advertising auglýsingar f.pl., auglýsingastarfsemi f.
advertising campaign auglýsingaherferð f.
advertising medium auglýsingamiðill m.
advert to vi. víkja að, minnast á, drepa á
advice ráð n., ráðlegging f.
advisability réttmæti n., skynsemi f.
advisable adj. ráðlegur, skynsamlegur
advise v. ráðleggja, (inform) láta vita, kunngera
advisedly adv. að vel athuguðu máli
adviser (náms)ráðgjafi m., ráðunautur m.
advisory adj. ráðgefandi, ráðgjafar-
advocacy málsvörn f., boðun f., stuðningur m.
advocate talsmaður m., málsvari m.; vt. berjast fyrir
adze skaröxi f.
Aegean Sea Eyjahaf n.
aegis hlífiskjöldur m.; **under the a. of** undir verndarvæng e-s, á vegum e-s
aeolian deposit vindset n., fokset n.
aeolian harp vindharpa f.
aeon eilífð f., óratími m.
aerate vt. bæta lofti í; láta loft leika um
aerial loftnet n.; adj. loftkenndur, loft-
aerialist loftfimleikamaður m.
aerial ropeway kláfur m., kláfferja f.
aerobat listflugmaður m.
aerobatics listflug n.
aerobe loftvera f., lofthað lífvera f.
aerobic adj. lofthaður, loftþurfi

aerobics þolleikfimi f.
aerodrome (lítill) flugvöllur m.
aerodynamics loftaflfræði f.
aeronautical education flugmenntun f.
aeronautics loftsiglingafræði f.
aeroplane flugvél f.
aerosol úði úr úðunardós m.
aerosol bomb úðunardós f.
aerospace lofthjúpur jarðar m.,
  geimurinn m.
aesthete fagurkeri m., listunnandi m.
aesthetic adj. fagurfræðilegur; smekkvís
aestheticism fegurðarstefna f.,
  fegurðardýrkun f.
aesthetics fagurfræði f.
aetiology orsakafræði f.
afar adv. langt í burtu; **from a.** úr fjarska
affability ljúfmennska f., viðfelldni f.
affable adj. alúðlegur, viðfelldinn
affair mál n., (happening) atvik n.,
  uppákoma f.
affect vt. (influence) hafa áhrif á;
  koma við, snerta
affect vt. (pretend) þykjast,
  (use) hafa dálæti á
affectation tilgerð f., látalæti n.pl.
affected adj. hrærður, snortinn; sýktur;
  tilgerðarlegur
affection ástúð f., ást f.,
  (disease) sýking f.
affectionate adj. ástúðlegur; ástríkur
affectionately adv. ástúðlega; **Yours a.**
  þinn ástkæri
affidavit eiðsvarin yfirlýsing f.
affiliate v. tengja(st); sameina(st)
affiliation samband n., tengsl n.pl.
affiliation order faðernisúrskurður m.
affinity skyldleiki m., vensl n.pl.
affirm v. staðfesta, lýsa yfir
affirmation staðfesting f., yfirlýsing f.
affirmative adj. jákvæður
affix (in grammar) aðskeyti n.;
  vt. festa (við)
afflict vt. þjaka, kvelja, hrella
affliction böl f., hörmung f., sorg f.
affluence allsnægtir f.pl., auðlegð f.
affluent adj. auðugur, ríkulegur
afford vi. hafa efni á, mega við,
  (grant) veita
afforest vt. breyta í skóglendi

afforestation skógrækt f., skóggræðsla f.
affray óspektir f.pl., uppþot n.
affront lítilsvirðing f.; vt. móðga, smána
Afghan Afgani m.; adj. afganskur
aficionado (pl. **aficionados**) ákafur
  áhugamaður m.
afield adv. **far a.** langt í burtu,
  að heiman
afire adv. í logum, logandi;
  upptendraður
aflame adv. í logum, logandi;
  upptendraður
afloat adv. fljótandi, á flot(i)
afoot adv. í uppsiglingu; á seyði
aforesaid adj. áðursagður, fyrrnefndur
afraid adj. hræddur (við/um = **of**)
afresh adv. að nýju, á ný, aftur
Africa Afríka f.
African Afríkubúi m.; adj. afrískur
Afrikaans afríkanska f.
Afrikaner Búi m.
aft adv. aftur í skut, afturá
after adv. eftir á, síðar; prp. eftir, á eftir;
  a. all þrátt fyrir allt; conj. eftir að;
  adj. seinni, síðari; aftari, aftur-
afterbirth fósturfylgja f.
afterburner afturbrennari
  (í þotuhreyfli) m.
aftercare eftirmeðferð f.
aftereffect eftirköst n.pl.
afterglow endurskin n.; kvöldroði m.
afterlife (pl. **-lives**) framhaldslíf n.;
  nýtt líf n.
aftermath afleiðingar f.pl., eftirköst n.pl.
afternoon eftirmiðdagur m.; **in the a.**
  síðdegis, eftir hádegi; **this a.** síðdegis í
  dag; **tomorrow a.** eftir hádegi á
  morgun
afters eftirréttur m., ábætir m.
aftershave lotion (lotion) rakspíri m.
aftertaste eftirbragð n., eftirkeimur m.
afterthought bakþanki m.
afterwards adv. eftir á, seinna
again adv. aftur; **now and a.** annað
  veifið, stöku sinnum; **time and time a.**
  hvað eftir annað
against prp. á móti, gegn; upp að/við;
  over a. andspænis
agape adv. upp á gátt, galopinn;
  gapandi

agate agat m.
age aldur m., (period) tímaskeið n., öld f., (long time) óratími m.; **be/come of a.** vera/verða fullveðja; v. eldast; gera gamlan; þroska(st)
age bracket aldursbil n.; aldurshópur m.
aged adj. gamall, aldurhniginn; þroskaður
age group aldurshópur m.; aldursskeið n.
ageing öldrun f.; þroskun f.
ageless adj. síungur, ævarandi
age limit aldurstakmark n.
age-long adj. óralangur
agency umboð n., umboðsskrifstofa f., (influence) atbeini m., áhrif n.pl; **through/by a. of** fyrir tilverknað e-s
agenda (of a meeting) dagskrá f.
agent umboðsmaður m., fulltrúi m.; orsakavaldur m.
agent provocateur leynilegur útsendari m., flugumaður m.
agglomerate samsafn n., hrúgald n.; v. safna/hrúga saman
agglomeration samsöfnun f.; samsafn n., benda f.
agglutinate v. skeyta/líma(st) saman
agglutination samloðun f., samlíming f.; kekkjun f.
aggrandizement aukning f., efling f.; upphefð f.
aggravate vt. gera enn verra; ergja, skaprauna
aggravation íþynging f.; erting f., skapraun f.
aggregate heildarupphæð f.; **in the a.** alls, samtals; adj. heildar-; v. nema alls; safna saman
aggregation samansafn n.; hópur m., þyrping f.
aggression árásarhneigð f., yfirgangur m.; árás f.
aggressive adj. árásargjarn; áleitinn, ýtinn
aggressiveness árásargirni f.; ágengni f., frekja f.
aggressor árásaraðili m.
aggrieve vt. angra, særa
aggro (aggression) yfirgangur m.
aghast adj. agndofa; dauðskelkaður; stórhneykslaður

agile adj. lipur, fimur; kvikur
agility lipurð f., fimi f., snerpa f.
agitate v. (shake) hrista (upp í), (disturb) valda kvíða, koma róti á; reka áróður (fyrir = **for**)
agitated adj. í uppnámi, kvíðafullur
agitation hristingur m.; uppnám n.; áróður m.
agitator áróðursmaður m., æsingamaður m.
aglow adj. geislandi, ljómandi
agnostic efasemdarmaður m.; adj. efasemda-
agnosticism efasemdahyggja f.
ago adv. fyrir; **3 years ago** fyrir þremur árum
agog adj. ákafur, spenntur, óþreyjufullur
agonize v. kvelja(st), þjást
agonized adj. kvala-, angistar-
agonizing adj. kveljandi, þjakandi
agony angist f., kvöl f.
agoraphobia víðáttufælni f.
agrarian adj. landbúnaðar-, jarðræktar-, bænda-
agree v. (consent) fallast á, samþykkja, (have the same opinion) vera sammála, koma sér saman (um = **on**), (be happy together) koma vel saman
agreeable adj. þægilegur, geðfelldur; samþykkur
agreement samkomulag n., samningur m.
agree with v. vera í samræmi við, (suit) henta, eiga við, (in grammar) sambeygjast, laga sig eftir
agricultur(al)ist búfræðingur m., (farmer) bóndi m.
agricultural adj. landbúnaðar-, jarðyrkju-
agricultural produce landbúnaðarafurðir f.pl.
agriculture landbúnaður m., jarðyrkja f.
agrology jarðvegsfræði f.
agronomist jarðræktarfræðingur m.
agronomy jarðræktarfræði f.
aground adj. strandaður; adv. í strand(i); **run a.** stranda
ahead adv. á undan; framundan; áfram
aid hjálp f.; vt. aðstoða, hjálpa
aide aðstoðarmaður m.
aide-de-camp aðstoðarforingi m.

AIDS alnæmi n., eyðni f.
ail v. ama, angra, ganga að; vera lasinn
aileron hallastýri n.
ailment lasleiki m., krankleiki m.
aim mið n., (purpose) takmark n., markmið n.; v. miða (á = **at**); stefna/miða að e-u
aimless adj. tilgangslaus, út í bláinn
aimlessly adv. stefnulaust, án tilgangs
air loft n.; by a. flugleiðis; **in the a.** á sveimi; í óvissu; **on the a.** í útsendingu; **go off the a.** ljúka útsendingu; vt. viðra
air bag líknarbelgur (í bifreið) m.
airbase herflugstöð f.
airbed vindsæng f.
airbill (Am.) flugfarmskírteini n.
airbladder sundmagi m.
airborne adj. vindborinn, (in flight) á flugi
airbrake lofthemill m.
air brush málningarúðari m.
airbus skutla f.
air commodore stórsveitarforingi m.
air-conditioned adj. loftræstur
air-conditioner loftræstibúnaður m.
air-conditioning loftræsting f.
air-cooled adj. loftkældur
air-cooling loftkæling f.
aircraft loftfar n., flugtæki n.pl.
aircraft accident flugslys n.
aircraft carrier flugvélamóðurskip n.
aircraft engine flughreyfill m.
aircraft fleet flugfloti m.
aircraft maintenance engineer flugvirki m.
aircrew flugáhöfn f.
air current loftstraumur m.
aircushion loftpúði m.
airdrop fallhlífaaðflutningur m.
air duct loftrás f.
airfield flugvöllur m.
air-filter loftsía f.
airflow loftstreymi n.
air force flugher m.
airgun loftbyssa f.; þrýstiloftssprauta f.
air hostess flugfreyja f.
airily adv. glaðlega, fjörlega
airing viðrun f.
airing cupboard þurrkskápur m.

airlane reglubundin flugleið f.
airless adj. loftlaus
airletter loftbréf n.; flugpóstsbréf n.
airlift loftbrú f.; vt. flytja um loftbrú
airline flugfélag n.
airliner farþegaflugvél f.
airlock loftstífla f.; þrýstijöfnunarhólf n.
airmail flugpóstur m.
air mail charge flugpóstgjald n.
airman (pl. **-men**) flugliði m.
air mattress vindsæng f.
air parcel post bögglaflugpóstur m.
airplane (Am.) flugvél f.
airpocket loftgat n., loftpyttur m.; niðurstreymi n.
air pollution loftmengun f.
airport flughöfn f., flugstöð f.
air pressure loftþrýstingur m.
air pump loftdæla f.
air raid loftárás f.
air-raid shelter loftvarnabyrgi n.
air rescue centre flugbjörgunarmiðstöð f.
air rescue unit flugbjörgunarsveit f.
air resistance loftmótstaða f.
airs merkissvipur m.; **put on a.** gera sig merkilegan
air service reglubundnar flugferðir f.pl.
airshaft loftbrunnur m., loftgöng n.pl.
airship loftskip n., loftfar n.
air sick adj. flugveikur, adj. loftveikur
airsickness loftveiki f.
airspace lofthelgi f.
airspeed lofthraði m., flughraði m.
airstrip flugbraut f.
air terminal flugumferðarmiðstöð f., flugafgreiðsla f.
airtight adj. loftþéttur; pottþéttur, óhrekjandi
air-traffic controller flugumferðarstjóri m.
airway flugleið f., (airshaft) loftgöng n.pl.
air waybill flugfarmskírteini n.
airworthiness flughæfi n.
airworthy adj. flughæfur, flugfær
airy adj. loftgóður; loftkenndur; léttvægur
aisle gangur m.; hliðarskip (í kirkju) n.
ajar adv. (of a door) í hálfa gátt
akimbo adv. **with arms a.** með hendur á mjöðmum

akin adj. skyldur; svipaður, keimlíkur
alabaster mjólkursteinn m., alabastur m.
alacrity fjör n., ákafi m., fúsleiki m.
alarm viðvörun f., (sudden fear) skelfing f.; vt. skelfa, hræða; vara við hættu
alarm clock vekjaraklukka f.
alarming adj. ógnvekjandi, skelfilegur
alarmist hrakspámaður m.
alas interj. því miður, vei
albatross albatrosi m.
albeit conj. (enda) þótt
albino (pl. **albinos**) hvítingi m., albínói m.
album albúm n.
albumen (of an egg) eggjahvíta f.
alchemist gullgerðarmaður m.
alchemy gullgerðarlist f.
alcohol alkóhól n., vínandi m.
alcoholic áfengissjúklingur m.; adj. áfengur
alcoholism áfengissýki f.
alcove krókur m., útskot n.
alder elri n.
alderman (pl. **-men**) sveitarstjórnarmaður m.
ale öl n.
alert viðvörun f.; hættuástand n.; **on the a.** á varðbergi; adj. árvakur; viðbragðsskjótur; vt. skipa í viðbragðsstöðu, (warn) vara við
alertness árvekni f.; snerpa f.
A level (Br.) stúdentspróf n.
alexia lesblinda f.
alfalfa (Am.) refasmári m.
alfresco adj. & adv. undir berum himni, úti
algae þörungar m.pl.
algebra algebra f., bókstafareikningur m.
algebraic(al) adj. algebru-
Algerian Alsírbúi m.; adj. alsírskur
Algiers Algeirsborg f.
algorithm reiknisögn f., algrím n.
alias dulnefni n.; adv. að öðru nafni
alibi fjarvistarsönnun f.; afsökun f.
alien útlendingur m.; adj. útlendur; framandi
alienable adj. afsalanlegur, afhendanlegur
alienate vt. gera fráhverfan/afhuga; afsala, afhenda

alienation fráhverfing f.; firring; afsal n.
Alien's Office útlendingaeftirlit n.
alight vi. stíga út úr/af/niður
alight adj. logandi, (lit up) upplýstur; ljómandi
alight (up)on v. rekast á, finna af tilviljun
align v. raða í beina röð; (láta) flútta (við)
alignment (beinlínu)röðun f.; samfylking f.
alike adj. eins, líkir; adv. eins, jafnt
alimentary adj. næringarríkur
alimentary canal meltingarvegur m.
alimony framfærslueyrir m. (eftir skilnað hjóna)
alive adj. lifandi, á lífi; **a. to** vakandi fyrir; **a. with** morandi af, krökkur af; **a. and kicking** sprellifandi, í fullu fjöri
alkali basi m., lútur m.
alkaline adj. basískur, alkalískur
all aleiga f.; **give one's a.** leggja sig allan fram
all adj. & prn. allur; **above a.** umframt allt; **a. in a.** að öllu samanlögðu; **at a.** yfirleitt, nokkuð; **not at a.** alls ekki; **for a. (that)** þrátt fyrir; þó að; **once (and) for a.** í eitt skipti fyrir öll
all adv. algjörlega, alveg; **a. the** þeim mun; **a. alone** aleinn; **a. along** meðfram öllum; alltaf; **a. but** næstum því; **a. of** ekki minna en; **a. the same** engu að síður; **a. told** alls; **not a. there** ekki með öllum mjalla
all-important adj. mjög mikilvægur
all in adj. (worn out) útkeyrður, dauðþreyttur
all-in adj. með öllu, heildar-
all-out adj. öflugur, rækilegur, (total) allsherjar-
all over adv. út um allt, (at an end) búinn, á enda, (in every part) lifandi kominn, (again) upp á nýtt
all-purpose adj. til allra nota
all right adj. í lagi, (unharmed) ómeiddur, (healthy) við góða heilsu, (satisfactory) ágætur; adv. sæmilega, (I agree) allt í lagi, (certainly) vissulega
all-round adj. fjölhæfur
allay vt. sefa, stilla, róa
allegation ásökun f., staðhæfing f.
allege vt. staðhæfa, fullyrða

alleged → alternative

alleged adj. meintur
allegedly adv. að því er fullyrt er
allegiance hollusta f., tryggð f.
allegoric(al) adj. táknsögulegur, allegórískur
allegory líkingasaga f., táknsaga f.
allergic adj. með ofnæmi (fyrir = **to**), ofnæmis-
allergy ofnæmi n.
alleviate vt. lina, létta, minnka
alleviation léttir m., linun f.; bót f.
alley þröngstræti n., húsasund n.; trjágöng n.pl.
alley cat flækingsköttur m.
alliance bandalag n.; samband n.
allied adj. bandalags- ; skyldur, tengdur
Allies Bandamenn m.pl.
alligator krókódíll m.
alligator pear (avocado) lárpera f.
alliteration stuðlun f., stafrím n.
alliterative adj. stuðlaður, í ljóðstöfum
allocate vt. ráðstafa, úthluta, skammta
allocation (fjár)veiting f., úthlutun f.
allot vt. úthluta, skammta
allotment úthlutun f.; skammtur m.
allow v. leyfa, heimila, (make possible) gera e-m kleift, (give) veita, skammta, (admit) viðurkenna
allowable adj. leyfilegur
allowance (fjár)styrkur m., (Am.; pocket money) vasapeningar m.pl., (price discount) afsláttur m.; **make an a. for/ make allowances for** taka tillit til; taka með í reikninginn
allow for v. taka tillit til, gera ráð fyrir
allow of v. gefa tilefni til, bjóða upp á
alloy málmblanda f.
allspice allrahanda (krydd) n.
allude to vi. vitna/vísa óbeint til
allure aðdráttarafl n.; vt. lokka; laða að sér
allurement freisting f.
alluring adj. freistandi, heillandi, töfrandi
allusion óbein tilvitnun f.
allusive adj. byggður á tilvísunum
alluvial adj. myndaður af árframburði
alluvium árset n., árframburður m.
ally bandamaður m.; v. sameina(st), mynda bandalag

almanac almanak n.
almighty adj. almáttugur; rosalegur, ógurlegur
almond mandla f.
almoner (in a hospital) félagsráðgjafi m.
almost adv. næstum, nærri því
alms ölmusa f., ölmusugjöf f.
almshouse þurfamannahæli n., fátækraheimili n.
aloe blaðlilja f.
aloft adv. á loft(i), hátt upp(i)
alone adj. einn (sér), einsamall, aleinn
along prp. eftir, meðfram; adv. áfram; **all a.** alltaf, allan tímann; **a. with** með, ásamt
alongside adv. & prp. við hliðina á; upp að
aloof adj. fálátur, fáskiptinn; adv. utan við, afsíðis, í fjarlægð (frá)
aloofness fálæti n., fáskiptni f.
aloud adv. upphátt; hástöfum
alpenhorn alpalúður m.
alpenstock fjallgöngustafur m., broddstafur m.
alphabet stafróf n.
alphabetical adj. stafrófs-; **in a. order** í stafrófsröð
alphanumeric staftöluorð n.; adj. alstafa-
alpine adj. Alpa-, Alpafjalla-; háfjalla-
alpine bistort kornsúra f.
Alps Alpafjöll n.pl.
already adv. (nú) þegar
alright adv. allt í lagi
also adv. einnig, líka
altar altari n.
altarpiece altaristafla f., altarisbrík f.
alter v. breyta(st)
alterable adj. breytanlegur; breytilegur
alteration breyting f.
altercation þræta f., deila f., orðaskak n.
altercate v. deila, rífast
alter ego önnur hlið á manni f.; trúnaðarvinur m.
alternate adj. sem skiptist á; annar hver; v. skiptast á, víxlast; sveiflast (milli = **between**)
alternately adv. á víxl, til skiptis
alternating current (A.C.) riðstraumur m.
alternative val n., kostur m.; adj. annar (mögulegur)

alternator riðstraumsrafall m.
although conj. enda þótt, þó að
altimeter hæðarmælir m.
altitude hæð f. (yfir sjávarmáli); stjörnuhæð f.
alto altrödd f.
altocumulus (pl. **altocumuli**) netjuský n.
altogether adv. að öllu leyti, alveg; samtals, í heild
altostratus (pl. **altostrati**) gráblika f.
altruism fórnfýsi f., ósérplægni f.
altruist fórnfús maður m., óeigingjarn maður m.
altruistic adj. óeigingjarn, fórnfús
altruistically adv. af fórnfýsi, af ósérplægni
alumina súrál n.
aluminium ál n.
aluminium foil álpappír m.
alveolar tannbergshljóð n.
always adv. alltaf, ætíð, ávallt
alyssum nálablóm n.
am v. (pr. **be**)
a.m. adv. (ante meridiem) f.h., fyrir hádegi
amalgam blanda f., samkrull n.; kvikasilfurblanda f.
amalgamate v. blanda(st), sameina(st)
amalgamation sambland n.; samband n., samsteypa f.
amass vt. raka saman, safna, hrúga upp
amateur áhugamaður m.; adj. áhuga-, áhugamanna-
amateurish adj. viðvaningslegur, klaufalegur
amateurism áhugamennska f.
amatory adj. ásta(r)-, ástamála-
amaze vt. koma á óvart, vekja furðu hjá
amazement furða f., undrun f.
amazing adj. furðulegur, undraverður
Amazon Amasonfljót n.; amasóna f., skjaldmær f.
amazon valkyrja f.
ambassador sendiherra m., ambassador m.
ambassadorial adj. sendiherra-, ambassadors-
amber raf n.; adj. rafgulur, gulbrúnn
ambergris (hval)ambur n., ambra f.

ambidextrous adj. jafnvígur á báðar hendur
ambience (hlýlegt) umhverfi n., blær m.
ambient adj. sem umlykur, umlykjandi
ambiguity tvíræðni f.; margræðni f.
ambiguous adj. tvíræður, vafasamur, óviss
ambition metnaður m., framagirni f.
ambitious adj. metnaðarfullur, framagjarn; djarfur
ambivalence tvíbendni f.
ambivalent adj. tvíbentur, á báðum áttum
amble skeið n.; vi. skeiða, rölta
ambler skeiðhestur m.
ambrosia guðafæða f.; lostæti n.
ambulance sjúkrabifreið f., sjúkrabíll m.
ambulate v. ganga um
ambulatory teacher farkennari m.
ambush launsát f.; vt. ráðast á úr launsátri
ameliorate vt. bæta; vi. batna
amelioration umbót f., úrbót f.; bati m.
amenable adj. móttækilegur; ábyrgur (gagnvart)
amend v. laga(st), bæta, breyta
amendment umbót f., lagfæring f.; lagabreyting f.
amends sárabætur f.pl.; **make a. for** bæta fyrir
amenity þægindi n.pl.; viðkunnanleiki m.
America Ameríka f.
American Ameríkumaður m.; adj. amerískur
American eagle skallaörn m.
American Indian indíáni m., rauðskinni m.
American widgeon ljóshöfðaönd f.
amethyst ametyst n., blákvars n.
amiability vingjarnleiki m., ljúfmennska f.
amiable adj. elskulegur, vingjarnlegur
amicability vinsemd f., bróðerni n.
amicable adj. vinsamlegur, friðsamlegur
amid prp. innan um, (á) meðal
amidships adv. miðskips, miðskipa
amino acid amínósýra f.
amiss adv. skakkt, úr lagi; **take a.** taka illa upp

amity → anchor 20

amity vinátta f., friðsemd f.
ammeter ampermælir m., straummælir m.
ammonia ammóníak n.
ammunition skotfæri n.pl., skotföng n.pl.
amnesia minnisleysi n., minnistap n.
amnesty almenn sakaruppgjöf f.
amnion líknarbelgur m.
amoeba teygjudýr n., amaba f.
amok adj. morðóður; **run a.** tryllast
among(st) prp. (á) meðal, innan um; í sameiningu
amoral adj. siðlaus, siðblindur
amorality siðleysi n., siðblinda f.
amorous adj. ásthneigður, ástar-
amorphous adj. myndlaus, formlaus
amortize vt. greiða niður (skuld)
amount magn n.; (peninga)upphæð f.
amount to v. vera samtals, nema, jafngilda
amour ástarsmband n.; ástmaður m., ástkona f.
ampere amper n.
ampersand táknið & (= og)
amphibian froskdýr n.; láðs- og lagarfarartæki n.
amphibious adj. froskdýra-; láðs- og lagar-
amphitheatre hringleikahús n.; fyrirlestrasalur m.
ample adj. nægur, ríflegur, (large) rúmgóður
amplification aukning f., mögnun f.; nánari skýring f.
amplifier magnari m.
amplify vt. auka, magna, stækka; skýra nánar
amplitude gnægð f.; (sveiflu)vídd f., breidd f.
ampoule ampúla f., lykja f.
ampule ampúla f., lykja f.
amputate vt. taka (lim) af, aflima
amputation aflimun f.
amuk adj. morðóður; **run a.** tryllast
amulet verndargripur m.
amuse vt. skemmta
amusement skemmtun f., ánægja f.; dægrastytting f.
amusement park (Am.) útiskemmtistaður m., tívolí n.

amusing adj. skemmtilegur; fyndinn
anachronism tímaskekkja f.
anaconda risaslanga f.
anaemia blóðleysi n.
anaemic adj. blóðlaus, blóðlítill
anaesthesia tilfinningaleysi n.; deyfing f.
anaesthetic svæfingarlyf n., deyfingarlyf n.
anaesthetist svæfingarlæknir m., deyfingarlæknir m.
anaesthetize vt. svæfa, deyfa
anal adj. endaþarms-; bakraufar-
anal fin gotraufaruggi m.
analgesia tilfinningaleysi n., sáraukaleysi n.
analgesic verkjalyf n.; adj. kvalastillandi
analogous adj. hliðstæður, sambærilegur
analogue hliðstæða f., líking f.; adj. flaumrænn
analogue computer flaumræn tölva f.
analogy hliðstæða f., líking f., samsvörun f.
analyse vt. (sundur)greina; brjóta til mergjar
analysis (pl. -**ses**) (sundur)greining f., athugun f.
analyst efnagreinir m.; sálkönnuður m.
analytic geometry hnitarúmfræði f.
analytic philosophy rökgreiningarheimspeki f.
analytical adj. (sundur)greinandi; rökvís
analytical psychology greiningarsálfræði f.
anaphase anafasi m.
anarchic(al) adj. stjórnlaus, stjórnleysis-
anarchism stjórnleysisstefna f.; stjórnleysi n.
anarchist stjórnleysissinni m.; -stjórnleysingi m.
anarchy stjórnleysi n.; óstjórn f.
anathema bannfæring f.; fordæmdur maður m.; viðurstyggð f.
anatomical adj. líffærafræðilegur
anatomist líffærafræðingur m.
anatomy líffærafræði f.; líkamsbygging f.
ancestor forfaðir m., ái m.
ancestral adj. forfeðra- ættfeðra-
ancestry forfeður m.pl.; ætterni n.
anchor akkeri n.; v. festa/leggjast við akkeri

anchorage skipalægi n., (money) legugjald n.
anchorite einsetumaður m., einbúi m.
anchovy ansjósa f., kryddsíld f.
ancient fornmaður m.; adj. forn; gamaldags
ancient history fornaldarsaga f.
ancients fornþjóðir f.pl., menningarþjóðir fornaldar f.pl.
ancillary aðstoðarmaður m.; adj. hjálpar-; minniháttar
and conj. og; **a. so forth/on** og svo framvegis
andiron hlóðagrind f.
anecdote gamansaga f.; atvikssaga f.
anemia (Am.) blóðleysi n.
anemometer vindmælir m.
anemone skógarsóley f., anemóna f.
aneroid barometer málmloftvog f.
anesthesia (Am.) tilfinningaleysi n.; deyfing f.
anesthesiologist svæfingarlæknir m.; deyfingarfræðingur m.
anesthesiology svæfingalækningar f.pl.; deyfingarfræði f.
anesthetization svæfing f.; deyfing f.
anew adv. að nýju, upp á nýtt, aftur
angel engill m.
angelfish litskrúðugir hitabeltisfiskar m.pl.
angelica hvönn f.
angelus (María)bæn f.; klukknahringing til bænar f.
anger reiði f.; v. reita til reiði; reiðast
angina pectoris hjartakveisa f.
angiosperm dulfrævingur m.
angle horn n.; sjónarmið n., viðhorf n.; **at. an a.** á ská; vt. beygja, gera beygju á; færa á ská
angle vi. veiða á stöng; fiska (eftir = **for**)
angle iron vinkiljárn n., kverkjárn n.
angler stangveiðimaður m.
anglerfish skötuselur m.
angleworm ánamaðkur m.
Anglican biskupakirkjumaður m.; adj. biskupakirkju-
anglicize v. aðlaga(st) ensku/enskum háttum
angling stangveiðar f.pl.
Anglomania Bretadýrkun f.
Anglophile Bretavinur m., Bretadýrkandi m.
Anglophilia Bretaást
Anglophobe Bretahatari m.
Anglophobia Bretahatur n.
Anglo-Saxon Engilsaxi m., (language) engilsaxneska f.; adj. engilsaxneskur
angry adj. reiður
anguish angist f., sálarkvöl f.
anguished adj. angistarfullur; þjáður, þjakaður
angular adj. hyrndur, strendur; beinaber; stirðbusalegur
animadversion aðfinnsla f., gagnrýni f.
animadvert (up)on v. finna að, gagnrýna; fara orðum um
animal dýr n.; adj. dýrslegur; líkamlegur
animal husbandry búfjárrækt f.
animalism dýrseðli n., skepnuháttur m.
animal kingdom dýraríkið n.
animate adj. lifandi; líflegur; vt. lífga, fjörga
animated adj. líflegur, fjörlegur; kátur
animated cartoon teiknimynd f.
animation fjör n., kæti f.; fjörgun f.
animism sálartrú f.; andatrú f.
animist sálnatrúarmaður m.; andatrúarmaður m.
animosity fjandskapur m., hatur n.
anise anísjurt f.
aniseed anísfræ n.
ankle ökkli m.; ökklaliður m.
ankle sock stuttsokkur m.
anklet ökklahringur m., ökklafesti f.
annalist annálahöfundur m.; sagnaritari m.
annals annálar m.pl., árbækur f.pl.
anneal vt. herða, tempra
annelid liðormur m.
annex viðbygging f.; viðauki m.; vt. innlima; bæta við
annexation innlimun f.
annihilate vt. gereyða, tortíma
annihilation gereyðing f., tortíming f.
anniversary afmæli n., árlegur hátíðisdagur m.
annotate vt. skýra texta
annotation textaskýring f.; athugasemd f., glósa f.
announce vt. tilkynna, kunngera

announcement → antibody

announcement tilkynning f.; yfirlýsing f.
announcer kynnir m., þulur m.
annoy vt. ónáða, skaprauna
annoyance gremja f., skapraun f.
annoying adj. gremjulegur, ónæðissamur
annual árbók f.; einær jurt f.;
 adj. árlegur
annual árhringur m., vaxtarhringur m.
annual general meeting ársfundur m.,
 aðalfundur m.
annual report ársskýrsla f.
annuity árleg greiðsla f.; lífeyrir m.
annuity insurance lífeyristrygging f.
annul vt. ógilda, nema úr gildi
annular adj. hringlaga; hólklaga;
 með hringum á
annular finger baugfingur m.
annular saw hólksög f.
annulment ógilding f., ónýting f.
annum (Lat.) ár n.; **per a.** á ári
annunciation tilkynning f., birtun f.,
 boðun f.
Annunciation Day boðunardagur Maríu
 m. (5. mars)
anode (positive) forskaut n., jáskaut n.
anodyne verkjalyf n.; adj. kvalastillandi
anoint vt. smyrja, bera olíu á
anointment smurning f.; smyrsl n.
anomalous adj. frábrugðinn,
 afbrigðilegur
anomaly frávik n.; afbrigði n.
anon adv. skjótt, brátt; **ever and. a.**
 við og við
anonymity nafnleysi n., nafnleynd f.
anonymous adj. nafnlaus, ónafngreindur
anopheles mýraköldumý n.
anorak anorakkur m.
another adj. & prn. annar
answer svar n.; v. svara
answerable adj. svaranlegur,
 (responsible) ábyrgur
answer back v. svara fullum hálsi;
 svara fyrir sig
answer for v. svara (til saka) fyrir;
 ábyrgjast
ant maur m.
antacid magasýrulyf n.
antagonism óvild f., fjandskapur m.
antagonist andstæðingur m.,
 fjandmaður m.

antagonistic adj. fjandsamlegur,
 mótsnúinn
antagonize vt. egna upp á móti sér
Antarctic suðurheimskautssvæðið n.
antarctic adj. suður(heim)skauts-
Antarctic Circle suðurheimskauts-
 baugur m.
Antarctic Ocean Suðuríshafið n.
anteater mauraæta f.
antecedence undanfari m.
antecedent undanfarandi atvik n.;
 adj. undanfarandi
antecedents forsaga f., (ancestors)
 forfeður m.pl.
antechamber forherbergi n.; biðstofa f.
antedate v. dagsetja aftur í tímann;
 gerast á undan
antediluvian adj. eldri en syndaflóðið;
 eldgamall
antelope antilópa f.
antenatal adj. (sem gerist) fyrir fæðingu,
 fyrirburðar-
antenatal clinic mæðradeild f.
antenna (pl. **antennae**) fálmari m.
antenna (Am.; pl. **antennas**) (aerial)
 loftnet n.
anterior adj. fremri; fyrri
anteroom forherbergi n.; biðstofa f.
anthem kirkjusöngur m.;
 lofsöngur m.
anther frjóhnappur m.
anthill maurabúfa f., maurabú n.
anthology sýnisbók f., úrvalsrit n.
anthracite harðkol n., gljákol n.
anthrax miltisbrandur m.
anthropoid (ape) mannapi m. ;
 adj. (of an animal) líkur mönnum,
 mann-, (of a person) apalegur
anthropological adj. mannfræðilegur,
 mannfræði-
anthropologist mannfræðingur m.
anthropology mannfræði f.
anthropomorphism manngerving f.
anthropophagy mannát n.,
 mannakjötsát n.
anti- and-, gagn-, mót-, á móti
anti-aircraft (gun) loftvarnabyssa f.;
 adj. loftvarna-
antibiotic fúkalyf n.; adj. fúkalyfs-
antibody mótefni (gegn sýklum) n.

anticipate vt. búast við, sjá fyrir; verða á undan
anticipation tilhlökkun f., eftirvænting f.
anticlimax koðnun f., vonbrigði n.pl.; hnígandi f.
anticlockwise adv. rangsælis, andsælis
antics skrípalæti n.pl.
anticyclone hæð f., háþrýstisvæði n.
antidote mótefni (gegn eitri) n.
antifreeze frostlögur m.
antigen (mótefnis)vaki m.
antiglare filter glampadeyfir m.
antihero andhetja f.
antimatter andefni n.
antipathetic adj. andsnúinn, frábitinn; ósamrýmanlegur
antipathy andúð f., óbeit f.
antipodes gagnstæðir staðir m.pl.; andfætlingar m.pl.
antiquarian fornmunasali m.; adj. fornmuna-
antiquarian bookseller fornbókasali m.
antiquary forn(minja)fræðingur m.; fornmunasali m.
antiquated adj. gamaldags, úreltur, úr sér genginn
antique forngripur m.; adj. forn; antík-; gamaldags
antiquities fornmunir m.pl., fornleifar f.pl.
antiquity fornöld f.; hár aldur m., fyrnd f.
antirrhinum ljónsmunnur m.
anti-Semitism gyðingahatur n.
antiseptic sýklaeyðir m.; adj. sóttvarnandi
antisocial adj. andfélagslegur; ófélagslyndur
antithesis (pl. -ses) andstæða f., gagnstæða f.
antithetic(al) adj. andstæður, gagnstæður
antitoxin móteitur n.
antitrust auðhringavarnir f.pl.
antler hjartarhorn n.
antonym andheiti n.
anus endaþarmsop n.
anvil steðji m.
anxiety kvíði m., uggur m.; ákafi m.
anxious adj. kvíðinn, áhyggjufullur; óþreyjufullur

any adj. & prn. nokkur, (in negative sentences) neinn; (sér)hver, allir; hvaða... sem (er)
anybody prn. nokkur, (in negative sentences) neinn; hver...sem er, sérhver, allir
anyhow adv. einhvern veginn; engu að síður, hvað sem öðru líður, samt; hvort eð er
anyone prn. nokkur, (in negative sentences) neinn; hver...sem er, sérhver, allir
anything prn. nokkuð, (in negative sentences) neitt; hvaða...sem er, allt; **like a.** allt hvað af tekur; **a. but** allt annað en, síður en svo
anyway adv. engu að síður, hvað sem öðru líður, samt
anywhere adv. nokkurs staðar, (in negative sentences) neins staðar; nokkuð, neitt; hvar/hvert sem (er)
aorta aðalslagæð f., ósæð f.
apace adv. hratt, skjótt
apart adj. aðskilinn; adv. (í) sundur, hvor frá öðrum; afsíðis; **a. from** að undanskildum, burtséð frá
apartheid aðskilnaðarstefna f.
apartment salarkynni n.pl., (Am.) íbúð f.
apartment house (Am.) fjölbýlishús n., blokk f.
apathetic adj. sinnulaus; tilfinningalaus
apathy sinnuleysi n.; tilfinningadeyfð f.
ape mannapi m.; vt. apa eftir, herma eftir
aperitif lystauki m., fordrykkur m.
aperture (ljós)op n., gat n., rifa f.
apex toppur m., hámark n.
aphelion sólfirð f.
aphid plöntulús f., blaðlús f.
aphorism spakmæli n., kjarnyrði n.
aphrodisiac frygðarauki m.; adj. lostavekjandi
apiarist býflugnabóndi m.
apiary hunangsflugnabú n.
apices (pl. **apex**)
apiculture býflugnarækt f.
apish adj. apalegur; fábjánalegur
aplomb sjálfsöryggi n., sjálfstraust n.
apocalypse opinberun f.; alheimsumrót n.

apocalyptic adj. opinberunar-, spádómslegur
apocryphal adj. vafasamur, óviðurkenndur, falskur
apogee jarðfirð f.
apolitical adj. ópólitískur
apologetic adj. afsakandi, afsökunar-
apologia varnarræða f.; varnarrit n.
apologize vi. biðjast afsökunar
apology afsökun f.; varnarræða f.
apoplectic adj. heilablóðfalls-; bálreiður
apoplexy heilablóðfall n.
a posteriori (Lat.) adj. & adv. að athuguðu máli; að fenginni reynslu
apostle postuli m.
apostrophe úrfellingarmerki n. (')
apothecaries' fluid measure lagarmál lyfsala n.
apothecaries' weight lyfsalavog f.
apothecary lyfsali m., apótekari m.
appal vt. hræða, skelfa
appalling adj. hræðilegur, skelfilegur
apparatus tæki n., tækjabúnaður m.
apparel fatnaður m.; vt. klæða, færa í föt
apparent adj. augljós, greinilegur; sýnilegur
apparently adv. auðsæilega, greinilega; sýnilega
apparition vofa f., svipur m.; sýn f.
appeal (earnest reqwest) ákall n., (attraction) skírskotun f., (to a higher court) áfrýjun; vi. ákalla, sárbæna; skírskota, höfða (til); áfrýja
appealing adj. hjartnæmur, hrífandi; biðjandi
appear vi. koma í ljós, birtast; virðast, sýnast
appearance (coming) framkoma f., (look) útlit n.; **put in/make an a.** mæta, láta sjá sig
appearances ytra útlit n.; **keep up a.** láta ekki bera á neinu
appease vt. sefa, stilla, friða
appeasement sefun f., friðun f., fróun f.
appellant áfrýjandi m.; adj. áfrýjunar-
appellate court áfrýjunardómstóll m.
append vt. auka við, bæta við
appendage viðauki m., viðbætir m.
appendicitis botnlangabólga f.

appendix viðauki m., viðbætir m.; botnlangi m.
appertain to v. heyra til/undir
appetite (matar)lyst f., löngun f.
appetizer lystauki m., fordrykkur m.
appetizing adj. lystaukandi, girnilegur
applaud v. klappa lof í lófa; hrósa
applause lófaklapp n.; fagnaðarlæti n.pl.
apple epli n.; **the a. of one's eye** augasteinn e-s, eftirlæti n.; **a. of discord** þrætuepli n.
applejack (Am.) eplabrennivín n.
appliance tæki n., áhald n.
applicable adj. nýtilegur, nothæfur; viðeigandi
applicant umsækjandi m.
application umsókn f., (use) notkun f., beiting f.
application form umsóknareyðublað n.
application program viðfangsforrit n.
applied adj. hagnýttur, nytja-
applied physics nytjaeðlisfræði f.
applied science nytjavísindi n.pl.
apply v. sækja (um = **for**), (use) nota, beita, (be relevant) eiga við, gilda
appoint vt. skipa í embætti, útnefna; ákveða
appointment (to a job) skipun f., (meeting) stefnumót n.
apportion vt. úthluta, deila niður, skipta
apposite adj. sem hæfir, viðeigandi; hnitmiðaður
apposition (in grammar) viðurlag n.
appraisal (verð)mat n., virðing f., úttekt f.
appraise vt. (verð)meta, virða
appraiser matsmaður m.
appreciable adj. merkjanlegur; töluverður
appreciate v. kunna að meta, (understand) sýna skilning á
appreciation mat n., (gratefulness) þakklæti n.
appreciative adj. þakklátur
apprehend vt. taka fastan, fanga, (fear) óttast
apprehension (fear) kvíði m., ótti m., beygur m., (arrest) handtaka f., (understanding) skilningur m.

apprehensive adj. kvíðinn, áhyggjufullur
apprentice lærlingur m.; v. taka í læri; setja í læri
apprenticeship iðnnám n., læri n.; lærlingsár n.pl.
appro samþykki n.; **on a.** til reynslu
approach aðkoma f., (way) aðkomuleið f., (manner) aðferð f., tök n.pl.; v. nálgast
approachable adj. aðgengilegur; viðmótsgóður
approbation samþykki n., viðurkenning f.; lof n.
appropriate adj. viðeigandi, sæmandi; vt. veita fé til, (steal) eigna sér, taka ófrjálsri hendi
appropriation fjárveiting f.; ólögmæt eignaupptaka f.
approval samþykki n.; velþóknun f.
approve v. samþykkja, fallast á; staðfesta
approximate adj. áætlaður; v. komast/fara nærri; áætla
approximately adv. hérumbil, nokkurn veginn
approximation nálgun f.; áætlun (nærri lagi) f.
apricot apríkósa f., eiraldin n.
April apríl m.
April fool maður sem hleypur apríl m., aprílglópur m.
April Fools' Day 1. apríl m.
a priori (Lat.) adj. & adv. að óathuguðu máli; án reynslu
apron svunta f., (stage) forsvið n.
apropos adj. vel við eigandi; adv. á velviðeigandi hátt
apropos of prp.viðvíkjandi; úr því minnst er á
apse kórskans m.
apt adj. líklegur til, gjarn á, (clever) laginn; greindur, (well suited) vel til fundinn, viðeigandi; hnitmiðaður
aptitude hneigð f.; hæfileiki m., hæfni f.; næmi f.
aptly adv. viðeigandi, hnyttilega
aqualung köfunarlunga n.
aquamarine akvamarín n.; sægrænn litur m.
aquaplane togbretti n.
aquarium fiskabúr n.; sædýrasafn n.
Aquarius Vatnsberinn m.; vatnsberi m.
aquatic adj. vatns-, vatna-, lagar-
aquatic plant vatnaplanta f.
aqueduct vatnsleiðsla f.; vatnsveitubrú f.
aquiline nose arnarnef n., kónganef n.
Arab Arabi m.; adj. Araba-; Arabíu-
arabesque arabeska f., sveigaflúr n.
Arabian Arabi m.; adj. arabískur
Arabic arabíska f.; adj. arabískur
arable adj. plægjanlegur; ræktanlegur
arachnid áttfætla f.; adj. áttfætlu-
arbitrage gengismunur m.
arbitrary adj. geðþóttalegur, gerræðislegur; valinn af handahófi, handahófs-, tilviljunar-
arbitrate v. fella gerðardóm; útkljá með gerðardómi
arbitration gerðardómur m.
arbitrator gerðar(dóms)maður m.
arboretum grasafræðigarður m.
arbour forsælustaður m., forsælureitur m.
arc (hring)bogi m.
arcade bogagöng n.pl., hvolfgöng n.pl.
arch bogi m.; v. gera boglaga; mynda boga
arch adj. kankvís, glettinn; þóttafullur
archaeological adj. fornleifafræðilegur
archaeologist fornleifafræðingur m.
archaeology fornleifafræði f.
archaic adj. fornfálegur, gamaldags, úreltur
archaism fornyrði n.; málfyrning f.
archangel erkiengill m.
archbishop erkibiskup m.
archdeacon erkidjákni m.
arched adj. boginn, hvelfdur
archer bogamaður m., bogaskytta f.
archery bogfimi f.
archetype frumgerð f.; fullkomin ímynd f.
archipelago eyjaklasi m.; eyjahaf n.
architect arkitekt m., húsameistari m.
architectural adj. byggingarlistar-
architecture arkitektúr m., byggingarlist f.
archives skjalasafn n.; skjalageymsla f.
archway bogagöng n.pl.
arctic adj. norður(heim)skauts-, -norðurpóls-; ískaldur

arctic circle norðurheimskautsbaugur m.
Arctic Ocean Norðuríshafið n.
arctic poppy melasól f.
arctic skua kjói m.
arctic tern kría f.
Arctic Zone norðurheimskautssvæðið n.
ardent adj. ákafur, eldheitur
ardour ákafi m., brennandi áhugi m.
arduous adj. erfiður, torveldur; illfær, brattur
are v. (pr. **be**)
are ari m. (= 100 fermetrar)
area (land)svæði n., (field) svið n., vettvangur m., (surface measure) flatarmál n.
area code svæðisnúmer (síma) n.
arena leiksvið n.; leikvöllur m.; vettvangur m.
Argentinian Argentínumaður m.; adj. argentínskur
arguable adj. verjanlegur, (doubtful) umdeilanlegur
argue v. deila, þræta; færa rök fyrir; rökræða
argument (dispute) deila f.; röksemd f.; breytistærð f.
argumentation röksemdaleiðsla f.; kappræður f.pl.
argumentative adj. þrætugjarn, deilu-; röksemda-
aria aría f., einsöngsverk n.
arid adj. þurr, þurrviðrasamur; andlaus
aridity þurrkur m., vatnsleysi n.; andleysi n.
Aries Hrúturinn m.; hrútur m.
arise vi. koma fram; hljótast (af = **from**); rísa upp
arisen v. (pp. **arise**)
aristocracy aðall m.; aðalsveldi n.
aristocrat aðalsmaður m., höfðingi m.
aristocratic adj. aðals-; aðalveldis-; tignarlegur
arithmetic (talna)reikningur m., talnafræði f.
arithmetic(al) adj. (talna)reiknings-
arithmetic(al) progression jafnmunaruna f.
arithmetic function reiknifall n.
arithmetician reikningsmaður m., reikningsmeistari m.

arithmetic operation reikningsaðgerð f.
arithmetic unit reikniverk n.
ark örk f., (a large ship) kláfur m.
Ark of the Covenant sáttmálsörkin f.
arm armur m., handleggur m., (of a garment) ermi f.; **at an arm's length** í hæfilegri fjarlægð; **with open arms** tveimur höndum
arm herdeild f.; v. vopna(st), hervæða(st)
armada herskipafloti m.
armadillo (pl. **armadillos**) beltisdýr n.
armament herafli m.; hergögn n.pl.; hervæðing f.
armchair hægindastóll m., armstóll m.
armed adj. vopnaður
armed forces herafli m.
armful fang(fylli) n.
armhole handvegur m.
armistice vopnahlé n.
armour brynja f., herklæði n.pl.; brynvörn f.
armoured adj. brynjaður; brynvarinn
armourer brynjusmiður m.; vopnavörður m.
armoury hergagnabúr n., vopnabúr n.
armpit handarkriki m., holhönd f.
armrest brík f.
arms vopn n.pl.; **up in a.** í uppreisnarhug; æstur
arms race vígbúnaðarkapphlaup n.
army (land)her m.; hersing f., herskari m.
army manoeuvres heræfingar f.pl.
aroma ilmur m.
aromatic adj. ilmandi, angandi, ilm-
arose v. (p. **arise**)
around adv. um; í hring; nálægt; um (það bil), í kringum; **get a. to** komast til, koma sér að
around prp. í kringum, umhverfis; í grennd við; um
arouse vt. vekja; hvetja
arraign vt. draga fyrir dóm, ákæra
arraignment ákæra f., sök f.
arrange v. (put in order) raða, hagræða (prepare) undirbúa, gera ráðstafanir, (music) útsetja
arrangement niðurröðun f., hagræðing f.; tilhögun f.; ráðstafanir f.pl.; útsetning f.

array (order) fylking f., (display) uppstilling f., (clothes) skart n., (hátíðar)búningur m.; vt. skipa í fylkingu, (dress) klæða, búa
arrears ógreiddar skuldir f.pl.; **in a. (with)** kominn í vanskil (með)
arrest handtaka f.; vt. taka fastan, handtaka; stöðva
arresting adj. sem vekur athygli, sláandi
arrival koma f.
arrival hall komuskáli m.
arrival report komutilkynning f.
arrive vi. koma (á áfangastað)
arrive at v. komast að, ná
arrogance hroki m., dramb n.
arrogant adj. hrokafullur, drambsamur
arrogate v. sölsa undir sig, heimta
arrow ör f., píla f.
arrowhead örvaroddur m.
arse rass m., sitjandi m.; hálfviti m., asni m.
arsenal vopnabúr n.; vopnaverksmiðja f.
arsenic arsenik n.
arsenic(al) adj. arsenikblandaður, arsenik-
arson íkveikja f.
arsonist brennuvargur m.
art list f., (cunning) kænska f.
art collection listasafn n.
artefact smíðisgripur m.
arterial adj. slagæðar-; megin-, aðal-
arteriole slagæðlingur m.
arteriosclerosis æðakölkun f., æðahersli n.
artery slagæð f.; aðalsamgönguæð f.
artesian well sjálfrennandi brunnur m.
art exhibition listsýning f.
artful adj. kænn, klókur; lævís
artfulness kænska f., klókindi n.pl.; lævísi f.
art gallery listasalur m., listasafn n.
art history listasaga f.
arthritic adj. gigtveikur; liðagigtar-, liðabólgu-
arthritis liðagigt f., liðabólga f.
arthropod liðfætla f., liðdýr n.
artichoke ætiþistill m., körfukál n.
article hlutur m., (of writing) grein f., (in grammar) greinir m.; vt. taka í læri
articles (of apprenticeship) (náms)samningur m.
articulate adj. skýr, skýrmæltur; lið-
skiptur; v. bera (skýrt) fram; tengja(st) með liðamótum
articulateness skýrleiki m.; málhæfni f.
articulation framsögn f.; hljóðmyndun f.; liðtenging f.
articulatory adj. hljóðmyndunar-
artifact smíðisgripur m.
artifice bragð n., kænska f.; hugvitssemi f.
artificial adj. tilbúinn, gervi-; tilgerðarlegur
artificial intelligence gervigreind f., tölvuvit n.
artificiality ónáttúruleiki m.; tilgerð f., uppgerð f.
artificial respiration öndunarhjálp f.
artificial satellite gervitungl n., gervihnöttur m.
artillery stórskotalið n.; fallbyssur f.pl.
artisan handverksmaður m., iðnaðarmaður m.
artist listamaður m.
artiste sviðslistamaður m.
artistic adj. listrænn, listfengur, lista-
artistically adv. listrænt, á listrænan hátt
artistry listfengi n., listsnilli f.
artless adj. náttúrulegur; hrekklaus, saklaus
artlessly adv. hreinskilnislega, blátt áfram
artlessness hreinskilni f., barnsleiki m.
art museum listasafn n.
arts and crafts (hand)listiðnaður m.
art school listaskóli m.
arty adj. fullur af listasnobbi
as conj. eins og, (when) þegar, um leið og, (because) þar sem, þar eð; **as...as** eins...og; **as it is** eins og er, að svo stöddu; **as it were** ef svo má segja; **as yet** enn sem komið er
as adv. eins og, (for example) svo sem; **as compared with** í samanburði við; **as opposed to** andstætt; **as different from** ólíkt; **as distinguished from** til aðgreiningar frá; **I thought as much!** grunaði ekki Gvend!
as prp. sem; **as against** miðað við; **as for** að því er varðar; **as from** frá og með
asbestos asbest n.
ascend v. fara upp; rísa, hækka, stíga; **a. the throne** setjast í hásæti, koma til ríkis

ascendancy yfirráð n.pl., völd n.pl.
ascendant ; **in the a.** ríkjandi; vaxandi, á uppleið
ascension uppganga f.; ris n., hækkun f.
Ascension Day uppstigningardagur m.
ascent uppganga f.; ris n., hækkun f.
ascertain vt. komast að, fá fullvissu um
ascertainable adj. kannanlegur, rannsakanlegur
ascetic meinlætamaður m.; adj. sjálfsafneitandi
ASCII bandarískur táknastaðall m.
ascribe to vt. eigna; kenna, þakka
ascription eignun f.
asepsis gerlaleysi n.; sýklavörn f.
aseptic ad. gerlalaus, dauðhreinsaður
aseticism meinlætalifnaður m.
asexual adj. kynlaus
asexual reproduction kynlaus æxlun f.
ash aska f., (tree) askur m.
ashamed adj. skömmustulegur; **be a. (of)** skammast sín (fyrir)
ashen adj. öskugrár, fölur; úr askviði, eski-
ashore adv. að landi; í land(i)
ashtray öskubakki m.
Ash Wednesday öskudagur m.
ashy adj. öskugur; öskugrár, fölur
Asia Asía f., Austurálfa f.
Asian Asíubúi m.; adj. asískur, Asíu-
aside innskot n., aukaathugasemd f.; adv. til hliðar; afsíðis; **a. from** fyrir utan, að frátöldu
as if/though conj. (rétt) eins og
asinine adj. asnalegur, asna-
ask v. spyrja; biðja (um = **for**), (invite) bjóða
askew adj. skáhallur, skakkur; adv. skáhallt, á ská
asking price uppsett verð n.
aslant adv. skáhallt; prp. á ská yfir
asleep adj. sofandi, sofnaður; **fall a.** sofna
asparagus spergill m., aspars m.
asparkle adv. gneistandi, geislandi
aspect svipur m., útlit n.; sjónarmið n.
aspen ösp f., espitré n.
asperity hranaskapur m., harka f.; grófleiki m.

aspersion óhróður m., rógur m.; **cast a. (up)on** niðra
asphalt asfalt n., malbik n.; vt. malbika
asphyxiate v. kafna; kæfa
asphyxiation köfnun f.
aspic (kjöt)hlaup n.
aspidistra maríulauf n.
aspirant metorðamaður m.; frambjóðandi m.; umsækjandi m.
aspirate h-hljóð n.; vt. fráblása/áblása (hljóð)
aspiration fráblástur m., (strong desire) mikil löngun f.
aspire vi. þrá, sækjast eftir
aspirin aspirín n.; verkjalyf n.
ass asni m., (arse) rass m.
assail vt. ráðast á, gera áhlaup á
assailant árásarmaður m.
assassin (laun)morðingi m.
assassinate vt. (laun)myrða
assassination (laun)morð n.
assault árás f., áhlaup n.; vt. ráðast á
assault and battery líkamsárás f., ofbeldi n.
assay könnun f.; vt. kanna, prófa, meta
assemble v. koma saman, safna(st) saman; setja saman
assembler smali m., grunnmálsþýðandi m.
assembly samkoma f., fundur m.; samsetning f.
assembly language smalamál n., grunnmál n.
assembly line færiband n.
assent samþykki n.; **by common a.** með samþykki allra; **with one a.** samhljóða; vt. samþykkja
assert vt. fullyrða, halda (fast) fram
assertion staðhæfing f., fullyrðing f.
assertive adj. ákveðinn, einbeittur; sjálfbirginn
assert oneself v. standa fast á sínu, láta til sín taka
assess vt. meta, ákveða upphæð
assessment mat n., (tax) skattálagning f.
assessor matsmaður m.; meðdómari m.
asset (advantage) kostur m.
assets eign f., fjármunir m.pl.
assiduity iðni f., kostgæfni f.
assiduous adj. iðinn, athafnasamur

assign vt. ætla, úthluta, (name) tiltaka, (appoint) tilnefna, útnefna, (property) framselja
assignee framsalshafi m.
assignment úthlutun f.; verkefni n.; framsal n.
assignor framseljandi m.
assimilate v. samlaga(st); tileinka sér
assimilation samlögun f.; tileinkun f.
assist v. aðstoða, hjálpa
assistance aðstoð f., hjálp f.
assistant aðstoðarmaður m., hjálparmaður m.
associate félagi m.; v. sameina; umgangast
association félag n.; samtök n.pl.; samband n.
Association Football knattspyrna f., fótbolti m.
assonance hálfrím n.
assorted adj. margs konar, ýmiss konar; flokkaður
assortment úrval n.; flokkun f.
assuage vt. sefa, lina, draga úr
assuagement sefur f.; svölun f.
assume vt. gera ráð fyrir, (take up) taka að sér
assumed v. haldið, ætlað
assumption forsenda f., ætlun f., hugmynd f.; taka f.
assurance sjálfstraust n.; fullvissun f., loforð n.
assure vt. fullvissa
assured adj. sjálfsöruggur; vís, tryggur
assuredly adv. vissulega, áreiðanlega
aster stjörnufífill m.
asterisk stjörnumerki n., stjarna f. (*)
astern adv. aftur í skut; aftur á bak; **fall a. of** dragast aftur úr; **a. of** fyrir aftan
asteroid smástirni n.
asthma asma n., andarteppa f.
asthmatic adj. með andarteppu, asma-
astir adv. á fótum, á ferli; á ferð og flugi
astonish vt. gera hissa/undrandi
astonishing adj. undraverður, furðulegur
astonishment undrun f., furða f.
astound vt. gera agndofa/steinhissa
astral adj. stjarn-, stjörnu-
astray adv. afvega, á villigötur
astride adv. klofvega; prp. klofvega á

astringency samherping f.
astringent herpiefni n.; adj. herpandi; (severe) ómildur
astrobiology geimlíffræði f.
astrogeologist geimjarðfræðingur m.
astrogeology geimjarðfræði f.
astrologer stjörnuspekingur m.
astrological adj. stjörnuspekilegur, stjörnuspeki-
astrology stjörnuspeki f., stjörnuspáfræði f.
astronaut geimfari m.
astronomer stjörnufræðingur m.
astronomical adj. stjarnfræðilegur; himinhár, gífurlegur
astronomy stjörnufræði f.
astrophysics stjarneðlisfræði f.
astute adj. kænn, séður, slyngur
astuteness skarpskyggni f., kænska f., hyggindi n.pl.
asunder adv. í sundur
asylum hæli n., griðarstaður m.
asymmetric(al) adj. ósamhverfur, mishverfur
at prp. í, á, við, hjá
atavism áavísi f., áalíking f.
ate v. (p. **eat**)
atelier vinnustofa f.
atheism trúleysi n., guðleysi n.
atheist trúleysingi m., guðleysingi m.
atheistic(al) adj. trúlaus
atherosclerosis fituhrörnun slagæða f.
athlete íþróttamaður m.
athlete's foot fótasveppur m.
athletic adj. íþróttamannalega vaxinn; íþrótta-
athletics (frjálsar) íþróttir f.pl.
athwart prp. þvers yfir; þvert á
Atlantic murre (Am.) langvía f.
Atlantic Ocean Atlantshaf n.
atlas landabréfabók f., atlas m.
atmosphere gufuhvolf n.; andrúmsloft n.
atmospheric adj. andrúmslofts-, loft-
atmospheric pressure loftþrýstingur m.
atmospherics útvarpstruflanir f.pl.
atoll hringey f., baugey n.
atom atóm n., frumeind f.; agnarögn f., snefill m.
atomic adj. atóm-, frumeindar-, kjarnorku-

atomic age atómöld f.
atomic bomb atómsprengja f., kjarnorkusprengja f.
atomic energy kjarnorka f.
atomic number sætistala f.
atomic pile kjarnakljúfur m., kjarnaofn m.
atomic weight atómþungi m.
atomize vt. úða, ýra; leysa upp í frumeindir
atomizer úðari m., úðasprauta f.
atone vi. bæta (fyrir = **for**)
atonement bætur f.pl., friðþæging f.
atop prp. ofan á, upp(i) á
atrium (of the heart) framhólf n., gátt f.
atrocious adj. grimmilegur, hryllilegur; agalegur
atrocity grimmd f., grimmdarverk n.; hörmung f.
atrophy visnun f., rýrnun f.; v. visna upp, rýrna
attach v. festa við, tengja; **be attached to** þykja vænt um; **a. importance to** telja mikilvægt
attaché sendiráðsritari m.
attaché case skjalataska f., stresstaska f.
attachment tenging f., (affection) væntumþykja f.
attack árás f.; (sjúkdóms)áfall n.; vt. ráðast á
attacker árásarmaður m.
attain v. ná, öðlast, fá
attainable adj. sem unnt er að ná; fáanlegur
attainment árangur m.; hæfileiki m., atgervi n.
attempt tilraun f.; vt. reyna, gera tilraun (til)
attend v. (go to) sækja, mæta, (serve) annast, sinna, sjá um, (give thought to) veita athygli
attendance aðsókn f., mæting f.; **be in a. (on)** annast
attendant fylgdarmaður m.; vörður m., gæslumaður m.
attention eftirtekt f., athygli f.; umhyggja f.
attentive adj. eftirtektarsamur; umhyggjusamur
attentively adv. af eftirtekt, gaumgæfilega

attenuate v. þynna(st); mjókka; grenna(st); rýrna
attenuation þynning f.; mjókkun f.; megurð f.; rýrnun f.
attest v. votta, vottfesta; sýna, bera vott um
attestation vottfesting f.; vitnisburður m.
attic rishæð f.; þakherbergi n.
attire búningur m., klæðnaður m.; vt. búa, klæða
attitude afstaða f., viðhorf n.; stelling f.
attitudinize vi. setja sig í stellingar, vera með tilgerð
attorney fulltrúi m., umboðsmaður m.; (Am.) lögmaður m.
attorney general dómsmálaráðherra m.; (Am.) ríkissaksóknari m.
attract vt. draga að sér, (attention) vekja
attraction aðdráttarafl n.; aðlöðun f.
attractive adj. aðlaðandi, geðslegur; aðdráttar-
attributable adj. rekjanlegur (til = **to**)
attribute eiginleiki m.; einkenni n., tákn n.
attribute to vt. eigna; rekja til; kenna e-u um e-ð
attribution eignun f., tileinkun f.; eiginleiki m.
attributive (in grammar) einkunn f.
attrition núningur m., (núnings)slit n.
attune vt. stilla (inn á = **to**), samræma
atypical adj. afbrigðilegur, frábrugðinn
aubergine eggaldin n.; eggaldinjurt f.
auburn adj. (of hair) jarpur, rauðbrúnn
auction uppboð n.; vt. bjóða upp
auctioneer uppboðshaldari m.
audacious adj. djarfur, áræðinn; ósvífinn
audacity (of)dirfska f.; ósvífni f.
audibility heyranleiki m.
audible adj. heyranlegur
audience áheyrendur m.pl., (reception) áheyrn f.
audio adj. heyrn(ar)-, hljóð-; hljómflutnings-
audio frequency heyranleg tíðni f., heyrnarsvið n.
audiometer heyrnarmælir m.
audio-visual aids nýsitæki n.pl., nýsigögn n.pl.
audit endurskoðun f.; vt. endurskoða

audition hæfnispróf n., áheyrnarpróf n., áheyrn f.; v. prófa hæfni; fara í hæfnispróf
auditor endurskoðandi m., (hearer) áheyrandi m.
auditorium áheyrandasalur m.
auditory adj. heyrnar-
auger snigilbor m., nafar m.
aught prn. nokkuð, (in negative sentences) nokkuð; **for a. I know/care** mín vegna
augment v. auka(st), bæta við sig, stækka
augmentation aukning f., stækkun f., vöxtur m.
augur spáprestur m.; v. spá; boða, vita á
augury spásagnarlist f.; fyrirboði m.
August ágúst m.
august adj. göfuglegur, tignarlegur
auk svartfugl m.
aunt föðursystir f., móðursystir f.
au pair erlend barnfóstra (á heimili) f.
aura ára f., geislahjúpur m.; blær m.
aural adj. eyrna-; heyrnar-
aureole (geisla)baugur m.
auricle (ear) úteyra n., (heart) framhólf n.
auriferous adj. gullauðugur
aurora segulljós n.pl.
aurora australis suðurljós n.pl.
aurora borealis norðurljós n.pl.
auscultation hlustun f.
auspices; **under the a. of** á vegum, undir vernd
auspicious adj. heillavænlegur; hagstæður
Aussie Ástralíubúi m.
austere adj. strangur; nægjusamur; íburðarlaus
austerity strangleiki m.; meinlætalifnaður m.
Australia Ástralía f.
Australian Ástralíubúi m.; adj. ástralskur
Austria Austurríki n.
Austrian Austurríkismaður m.; adj. austurrískur
autarchy alræði n., alveldi n.; sjálfstjórn f.
autarky sjálfsþurftarbúskapur m.
authentic adj. áreiðanlegur; ósvikinn, ekta

authenticate vt. staðfesta, sanna
authentication staðfesting f., sönnun f.
authenticity áreiðanleiki m.; upprunaleiki m.
author (rit)höfundur m.; upphafsmaður m.
authoress kvenrithöfundur m.
authoritarian valdboðssinni m.; adj. ráðríkur, ráðgjarn
authoritarianism valdboðshneigð f., valdboðsstefna f.
authoritative adj. opinber; valdmannslegur; áreiðanlegur
authorities yfirvöld n.pl., hið opinbera n.
authority (yfir)vald n., (yfir)ráð n.; heimild f.
authorization leyfisveiting f.; löggilding f.
authorize vt. heimila, veita leyfi; löggilda
authorized translator löggiltur skjalaþýðandi m.
authorship ritstörf n.pl., (identity) höfundardeili n.pl.
autism einhverfa f., sjálfhverfa f.
autistic adj. einhverfur, sjálfhverfur
autobiographic(al) adj. sjálfsævisögulegur
autobiography sjálfsævisaga f.
autocracy einveldi n., alræði n.
autocrat einvaldur m., alræðisherra m.
autocratic adj. einvaldur, alræðis-; ráðríkur
autograph eiginhandaráritun f.; vt. árita
automate vt. gera sjálfvirkan
automatic adj. sjálfvirkur; ósjálfráður
automatic formatting sjálfvirk textauppsetning f.
automatic pilot sjálfstýring f.
automatic transmission sjálfskipting f.
automation sjálfvirkni f.
automaton vélmenni n.
automobile (Am.) bifreið f., bíll m.
autonomous adj. sjálfstæður, óháður
autonomy sjálfsstjórn f., sjálfsforræði n.
autopsy líkskoðun f., krufning f.
autotroph frumbjarga lífvera f.
autumn haust n.
autumnal adj. haustlegur, haust-
autumnal equinox haustjafndægur n.pl.
auxiliary adj. aðstoðar-, hjálpar-, vara-

auxiliary slot aukabás m.
auxiliary verb hjálparsögn f.
avail gagn n., not n.pl.; **of no/little a.** gagnslaus/gagnslítill; **to no a.** til einskis; v. gagna, koma að notum; **a. oneself of** notfæra sér, færa sér í nyt
availability fáanleiki m., tiltækileiki m.
available adj. tiltækur, fáanlegur, á boðstólum
avalanche skriða f., hlaup n.; snjóflóð n.
avant-garde framúrstefnumenn m.pl.; adj. framúrstefnu-
avarice ágirnd f., (fé)græðgi f.
avaricious adj. ágjarn, fégjarn
avenge vt. hefna, koma fram hefndum fyrir
avenger hefnandi m.
avens (plant) biskupshattur m.
avenue breiðstræti n., tröð f.; trjágöng n.pl.
aver vt. staðhæfa, fullyrða
average meðaltal n.; meðallag n.; **on the a.** að meðaltali; adj. meðal-; í meðallagi; v. taka meðaltal af; vera að meðaltali
averse adj. fráhverfur, mótfallinn
aversion óbeit f., andúð f.
avert vt. afstýra; beina burt, snúa undan
aviary fuglasafn n., fuglabúr n.
aviation flug n., flugmál n.pl.
aviator flugmaður m.
avid adj. gráðugur, sólginn; ákafur
avidity græðgi f., ágrind f.; áköf löngun f.
avocado (pl. **avocados**) lárpera f.
avocation aukastarf n., tómstundastarf n.
avocet bjúgnefja f.
avoid vt. forðast, komast hjá
avoidable adj. hjákvæmilegur, umflýjanlegur
avoidance hjákvæmd f., hjásneiðing f.
avoirdupois engilsaxneskt vogarkerfi n., pundskerfi n.
avow vt. játa, viðurkenna, lýsa yfir
avowal viðurkenning f., játning f., yfirlýsing f.
avuncular adj. umhyggjusamur, velviljaður
await vt. vænta, bíða eftir; vera í vændum

awake adj. vakandi; vi. vakna; vt. vekja
awaken to v. vekja/vakna til meðvitundar um
awakening vakning f.
award verðlaun n.pl.; vt. úthluta, veita
aware adj. (með)vitandi; **be a. of** vita um, vera ljóst
awareness (með)vitund f.; skilningur m.
awash adj. marandi; undir vatni
away adv. burt, í burtu
awe ótti m., lotning f.; vt. fylla lotningu
awe-inspiring adj. tilkomumikill, mikilfenglegur
awesome adj. ógnvekjandi, ógnarlegur
awestricken adj. óttasleginn; gagntekinn lotningu
awestruck adj. óttasleginn; gagntekinn lotningu
awful adj. ógurlegur, skelfilegur
awfully adv. agalega, voðalega
awhile adv. (í) stutta stund, stundarkorn
awkward adj. klaufalegur; vandræðalegur, óþægilegur
awkwardness klaufaskapur m.; vandræði n.pl.
awl alur m., síll m.
awning tjaldþak n., sóltjald n.
awry adj. skakkur, skældur, snúinn; adv. skakkt, á ská; **go a.** fara úrskeiðis
axe öxi f.; vt. höggva með öxi; skera niður
axial adj. áslægur
axiom frumregla f.; frumsenda f.
axiomatic adj. auðsær; frumsendu-
axis (pl. **axes**) möndull m., öxull m.; ás m.
axle öxull m., ás m.
axleload öxulþungi m.
axolotl tálknamandra f.
axon taugasími m., taugaþráður m.
aye meðatkvæði n.; **The ayes have it** tillagan er samþykkt; adv. já
azalea glóðarrós f., stofuglóð f.
azimuth áttarhorn n.
azure heiðblár litur m.; adj. himinblár

B

baa jarm n., jarmur m.; vi. jarma
babble v. babla, hjala
babbler þvaðrari m., skrafskjóða f.
babe barn n., (Am.) skvísa f.
babel ringulreið f., glundroði m.
baboon bavían m., hundapi m.
baby ungbarn n., reifabarn n.
baby carriage (Am.) barnavagn m.
babyhood frumbernska f., barndómur m.
babyish adj. barnalegur, kjánalegur
baby-minder dagmamma f., barnfóstra f.
baby-sit vi. gæta barna, vera barnapía
baby-sitter barnapía f., barnfóstra f.
baby talk barnamál n.; tæpitunga f., gælumál n.
baby tooth (Am.; pl. - **teeth**) mjólkurtönn f., barnatönn f.
baccalaureate B.A. gráða f.
bacchanal drykkjuveisla f., svallveisla f.
bacchanalian adj. sukksamur, slarkfenginn
bachelor piparsveinn m.
bachelorhood einlífi n.
bachelor's degree fyrsta háskólagráða f.
bacillus (pl. **bacilli**) staflaga baktería f., stafgerill m.
back bak n.; **break the b. of s-g** ljúka erfiðasta hluta e-s; **turn one's b. on** snúa baki við; **be glad to see the b. of** vera feginn að losna við; adj. aftur-, bak-, (old) gamall, (of money) ógreiddur, (in phonetics) baklægur, uppmæltur; adv. aftur (á bak), til baka; v. bakka, (support) styðja, (bet on) veðja á, (a bill) ábekja, (line) setja bak á, fóðra, (of the wind) snúa sér, breyta um stefnu
backache bakverkur m.
back away v. hörfa; hrökklast aftur
backbench sæti óbreyttra þingmanna n.
backbencher venjulegur þingmaður m.
backbite vt. baktala, rægja, rógbera
backbone hryggur m.; uppistaða f.; skapfesta f.
backbreaking adj. lýjandi, erfiður
backchat skætingur m.
backcloth bakhengi n., baktjald n.

back crawl baksund n.
backdate vt. gera afturvirkt
back door bakdyr f.pl
back down v. draga í land, láta undan
backdrop bakhengi n.; bakgrunnur m., baksvið n.
backer stuðningsmaður m.
backfire aukasprenging f.; v. miskveikja; mistakast
backgammon kotra f.
background bakgrunnur m., baksvið n., (information) forsaga f.; **in the b.** lítt sýnilegur; í skugganum
background music fylgihljómlist f.
backhand bakhönd f., (stroke) bakhandarhögg n.
backhanded adj. bakhandar-; (ambiguous) vafasamur
backhander bakhandarhögg n., (bribe) mútur f.pl.
backing stuðningur m., hjálp f.
back issue gamalt eintak n.; gamaldags hlutur m.
backlash bakslag n.; afturkippur m.
backlog ófrágengin verkefni n.pl.
backmost adj. aftasti
back off (Am.) v. draga í land, láta undan
back onto v. snúa bakhliðinni að
back out v. hætta við, draga sig til baka
backpack (Am.) bakpoki m.; v. fara í útilegu
back passage (rectum) endaþarmur m.
backpedal vi. hemla; draga í land, standa ekki við
back seat aftursæti n.; **take a b.** vera í skugganum, mæta afgangi, láta hlut sinn (fyrir = **to**)
backside rass m.
backslide vi. hrasa, falla aftur í (villu/synd)
backslider frávillingur m.
backspace (key) hophnappur m.; vi. bakka
backspin baksnúningur m. (á bolta eða kúlu)
backstage adj. baksviðs-, baktjalds-; adv. að tjaldabaki
backstair(s) adj. leynilegur; slúður-, kjaftasögu-

backstroke baksund n.
back talk (Am.) skætingur m.
backtrack vi. fara aftur sama veg til baka; draga í land
backup varabúnaður m., (copy) varaeintak n.
back up v. styðja; afrita, gera varaeintak af
backward adj. (behind in development) vanþróaður; seinþroska, (shy) óframfærinn
backwards adv. aftur á bak; **know s-g b.** kunna e-ð utanbókar; **b. and forwards** fram og tilbaka
backwash kjalsog n., útsog n., eftirköst n.pl.
backwater straumlaus staður m., kíll m.; útkjálki m.
backwoods óruddir skógar m.pl.; útkjálki m.
backwoodsman (pl. -men) eyðiskógamaður m.
backyard bakgarður m.
bacon reykt flesk n., beikon n.
bacteriologist gerlafræðingur m.
bacteriology gerlafræði f.
bacterium (pl. **bacteria**) baktería f., gerill m.
bad hið illa n.; **go to the b.** fara í hundana; **to/for the b./worse** til hins verra; **to the b.** (in debt) í skuld; adj. slæmur, vondur; **go b.** skemmast
bad blood óvinátta f., hatur n.
badge (barm)merki n.; einkennismerki n.
badger greifingi m.; vt. erta, egna, hrella
badinage gamansemi f., skemmtun f.
badly adv. illa, illilega
badminton badminton n., hnit n.
badness illska f., vonska f.
badly-off adj. illa stæður, fátækur; illa staddur
bad-tempered adj. geðvondur
baffle vt. gera ráðþrota, rugla (í ríminu)
baffling adj. torskilinn, óskiljanlegur
bag poki m., (leather) taska f., (kill) fengur m., veiði f.; **in the b.** klappað og klárt; **a b. of bones** horrengla f.; **bags of** glás af; v. láta í poka, (catch) veiða, fanga; krækja sér í, (hang loosely) gúlpa(st)

bag and baggage adv. með allt sitt hafurtask
bagatelle lítilræði n., smáræði n.
baggage (Am.) farangur m.
baggage handling farangursafgreiðsla f.
baggage insurance farangurstrygging f.
baggage room (Am.) farangursgeymsla f.
baggage screening farangursskoðun f. (í skjá)
baggage service farangursþjónusta f.
baggy adj. víður, gúlpandi
bagman (pl. -men) farandsali m.
bagpipes sekkjapípur f.pl.
bail sektartrygging f.; **go b. for** ganga í veð fyrir
bail out v. fá lausan gegn tryggingu; losa úr vandræðum; (a boat) ausa (bát)
bailiff fógetafulltrúi m.; réttarþjónn m.
bait beita f.; v. beita; egna, erta
baize grænn ullardúkur m., filtdúkur m.
bake v. baka(st)
baker bakari m.
baker's dozen bakaradúsín n., bakaratylft f. (= 13)
bakery bakarí n., brauðgerðarhús n.
baking powder lyftiduft n.
balance (scales) vog f., (equilibrium) jafnvægi n., (difference) mótvægi n., (poise) hugarró f.; v. vega; halda (í) jafnvægi; vera jafnvægur; (an account) jafna (reikning)
balanced adj. í jafnvægi, jafnvægur
balanced diet hollt mataræði n.
balance of nature náttúrujafnvægi n.
balance of payments greiðslujöfnuður m.
balance of power valdajafnvægi n.
balance of trade viðskiptajöfnuður m.
balance sheet efnahagsreikningur m.
balcony svalir f.pl.
bald adj. sköllóttur; nakinn, umbúðalaus
bald eagle skallaörn m.
balderdash þvættingur m., bull n.
baldly adv. hreinskilnislega, umbúðalaust
baldness skalli m., hárleysi n.
baldric axlarfetill m., sverðfetill m.
bale baggi m.; vt. binda í bagga
bale out v. stökkva í fallhlíf, (a boat) ausa (bát)

baleful adj. illur, meinlegur
balk bjálki m.; hindrun f.; v. hindra, koma í veg fyrir, (hesitate) hika við, færast undan
ball bolti m., knöttur m., kúla f.; **on the b.** með á nótunum; **play b. (with)** ganga til samvinnu (við); v. hnoða(st) í bolta/kúlu
ball (dance) dansleikur m., ball n.; **have a. b.** skemmta sér konunglega
ballad þjóðkvæði n., sagnadans m.
ballast kjölfesta f.; vt. setja kjölfestu í
ball bearing kúlulega f.
ballerina ballettdansmær f.
ballet ballett m., listdans m.
ballistic adj. skotfræðilegur, skot-
ballistic missile skotflaug f.
ballistics skot(vopna)fræði f.
ball lightning urðarmáni m.
balloon loftbelgur m.; blaðra f.; vi. tútna út
balloonist loftbelgsfari m., loftbelgsstjóri m.
ballot kjörseðill m.; (leynileg) atkvæðagreiðsla f.; vi. greiða atkvæði, kjósa
ballot box kjörkassi m.
ballot paper kjörseðill m.
ballpoint (pen) kúlupenni m.
ballroom danssalur m.
balls (testicles) eistu n.pl; interj. þvættingur
ballyhoo gauragangur m., læti n.pl.
balm (ilm)smyrsl n., græðismyrsl n.
balmy adj. mildur; (Am.) klikkaður, geggjaður
baloney (Am.) þvættingur m., vitleysa f.
balsam ilmsmyrsl n., græðismyrsl n.
Baltic Sea Eystrasalt n.
Baltic States Eystrasaltslönd n.pl.
baluster pílári m., rimill m.
balustrade (rimla)handrið n.
bamboo (pl. **bamboos**) bambusreyr m.
bamboozle vt. rugla, (cheat) blekkja, svíkja
ban bann n.; vt. banna, bannfæra
banal adj. hversdagslegur, lágkúrulegur
banality hversdagsleiki m., lágkúra f.
banana banani m., bjúgaldin n.

band band n., ræma f., borði m.; rönd f., rák f.; (of waves) tíðnibil n.; vt. setja band á; brydda
band (of people) hópur m., flokkur m., gengi n., (of musicians) hljómsveit f.
bandage sáraumbúðir f.pl.; vt. binda um (sár)
Band-Aid (Am.) plástur m.
bandan(n)a skýluklútur m.
bandbox hattaaskja f.
bandeau (pl. **bandeaux**) ennisband n.
bandit stigamaður m., ræningi m.
banditry stigamennska f.
bandmaster hljómsveitarstjóri m.
bandoleer (bandolier) axlarfetill m.
bandsman (pl. **-men**) hljómsveitarmaður m.
bandstand hljómsveitarpallur m., svið n.
band together v. hópast saman, slá sér saman
bandwagon hljómsveitarvagn m.; **jump on the b.** elta tískuna, gera eins og aðrir
bandy vt. skiptast á (orðum/pústrum), kýta við
bandy about v. úthrópa; lenda á milli tannanna á fólki
bandy-legged adj. hjólbeinóttur
bane skaðvaldur m., bölvun f.
baneful adj. skaðvænn, skaðlegur
bang högg n., skellur m.; hvellur m.; skarkali m.; **with a b.** af miklum krafti; adv. með hvelli, (right) beint; v. berja, lemja, hamra; smella, skella(st)
bang þverklippt hár n.; vt. þverklippa
banger (sausage) bjúga f., (firework) flugeldur m., (old car) beygla f., drusla f., bílgarmur m.
bang into v. rekast á
bangle armband n.; ökklahringur m.
bang up v. beygla, skemma
banish vt. dæma í útlegð; hrekja brott
banishment útlegð f.; brottrekstur m.
banisters stigahandrið n.
banjo banjó n.
bank (along a river) árbakki m., (of earth) garður m., hryggur m., (slope) brekka f., halli m.
bank banki m.; v. leggja í banka; skipta við banka

**bank account bankareikningur m.
bankbook** bankabók f., sparisjóðsbók f.
bank commission bankaþóknun f.
bank draft bankavíxill m.
banker bankastjóri m.
banker's card bankakort n.
banker's draft bankavíxill m.
banker's indemnity bankatrygging f., bankaábyrgð f.
banker's order föst pöntun f.
bank holiday almennur frídagur m.
banking bankarekstur m., bankastarfsemi f.
bank note peningaseðill m., bankaseðill m.
bank president (Am.) bankastjóri m.
bank rate bankavextir m.pl., afföll n.pl.
bank robber bankaræningi m.
bank robbery bankarán n.
bankroll seðlabúnt n.
bankrupt gjaldþrotamaður m.; adj. gjaldþrota; öreiga; vt. gera gjaldþrota, setja á höfuðið
bankruptcy gjaldþrot n.
bank up v. hrúga(st) upp, hranna(st) upp
bank (up)on v. reiða sig á, treysta á
banner (gunn)fáni m.; áróðursborði m.
banner headline heilsíðufyrirsögn f.
banns lýsing f.; **publish the b.** lýsa með hjónaefnum
banquet stórveisla f.; v. halda/sitja samsæti
bantam bantamhænsni n.pl.
bantamweight (boxer) hnefaleikari í dvergvigt m.
banter stríðni f., glens n.; v. gantast, glettast
baobab (tree) apabrauðstré n.
baptism skírn f.; **b. of fire** eldskírn f., þolraun f.
baptismal adj. skírnar-
Baptist baptisti m.; skírari m.
baptize vt. skíra; ausa vatni
bar aflangt stykki n., stöng f., (rail) slá f., slagbrandur m., (barrier) hindrun f., fyrirstaða f., (in a law court) dómgrindur f.pl., (in music) taktur m.; taktstik n., (a room with a counter) bar m.; vínstúka f.; vt. skjóta loku fyrir,

(block) teppa, loka, (prohibit) banna, útiloka
bar prp. að frátöldum, nema; **b. none** undantekningalaust
Bar lögmannsstaða f.; lögmannastétt f.; **be called to the B.** fá lögmannsréttindi
barb krókur m., gaddur m., broddur m.
barbarian barbari m., skrælingi m.; adj. villimannslegur
barbaric adj. ósiðmenntaður; ófágaður, grófur
barbarism villimennska f., skrælingjaháttur m.
barbarity villimennska f., grimmd f.; níðingsverk n.
barbarize vt. setja villumennskubrag á, spilla
barbarous adj. grimmdarlegur; óheflaður, grófur
barbecue útigrill n.; vt. grilla, glóða
barbed adj. með göddum, gaddaður; hvass
barbed wire gaddavír m.
barber rakari m., hárskeri m.
barber's shop rakarastofa f.
barcarole bátsmannasöngur m.
bar code strikalykill m.
bard skáld n., söngvari m.
bare adj. ber, nakinn; vt. afhjúpa, sýna
bareback(ed) adj. berbakaður; adv. berbaka, berbakt
barefaced adj. óskammfeilinn, blygðunarlaus
barefoot(ed) adj. & adv. berfættur
bareheaded adj. & adv. berhöfðaður
barely adv. naumlega, naumast, varla
bareness klæðaleysi n., nekt f.; íburðarleysi n.
bargain samkomulag n.; kjarakaup n.pl., reyfarakaup n.pl., **into a b.** í kaupbæti; **drive a hard b.** setja harða kosti; v. semja (við e-n) um e-ð, prútta
bargain away v. semja af sér; láta fyrir lítið
bargain for v. gera ráð fyrir, reikna með
bargaining power samningsstyrkur m.
barge (vöruflutninga)prammi m.
barge in(to) v. troða sér inn (í)
bar graph súlurit n., graf n.

baritone (singer) barítónsöngvari m.
bark (of a dog) gelt n.; vi. gelta
bark (trjá)börkur m.; vt. barkflétta; skráma, hrufla
bark (sailing ship) barkur m., barkskip n.
barker auglýsingakallari m.
barley bygg n.
barmaid barþerna f.
barman (pl. **-men**) barþjónn m.
barmy adj. klikkaður, geggjaður
barn hlaða f.
barnacle hrúðurkarl m.
barnacle goose (pl. - **geese**) helsingi m.
barn dance hlöðuball n.
barn swallow (Am.) landsvala f.
barnyard bæjarhlað n.
barograph þrýstirit n.
barometer loftvog f., loftþyngdarmælir m.
barometric adj. loftvogar-, loftþrýstings-
baron barón m., (Am.) auðjöfur m.
baroness barónsfrú f., barónessa f.
baronet barónett m.
baronetcy barónettstign f.
baronial adj. höfðinglegur; baróns-, baróna-
barony barónstign f.
baroque barokkstíll m.; adj. í barokkstíl; ofskreyttur
barque barkur m., barkskip n.
barrack v. gera hróp að, baula á
barracks hermannaskáli m., braggi m.
barrage stórskotahríð f.; demba f; v. halda uppi stórskotahríð; láta e-u rigna yfir
barred adj. með rimlum fyrir
barrel tunna f., (of a rifle) hlaup n., (great quantity) kynstur n., býsn n.pl.; vt. setja á tunnu
barrel organ lírukassi m.
barren adj. ófrjór; hrjóstrugur
barrenness ófrjósemi f.; hrjóstrugleiki m.
barricade víggirðing f.; vegartálmi m.; vt. loka (af)
barrier hindrun f.; skil n.pl., mörk n.pl.
barring prp. nema
barrister málafærslumaður m.; hæstaréttarlögmaður m.
barrow (hand)börur f.pl.; handvagn m.
barrow's goldeneye húsönd f.

bartender barþjónn m.
barter vöruskipti n.pl.; vöruskiptaverslun f.; v. láta í skiptum (fyrir = **for**); stunda vöruskipti
barter away v. láta fyrir lítið/slikk
bas-relief lágskurður m.; lágskurðarmynd f.
basalt basalt n., blágrýti n.
base undirstaða f., grunnur m., grundvöllur m., (centre) bækistöð f., (military) herstöð f.
base adj. lítilmótlegur, ódrengilegur; óæðri
baseball hafnabolti m., hornabolti m.
baseboard (Am.) gólflisti m.
baseless adj. ástæðulaus, tilhæfulaus
basement íbúðarkjallari m.
baseness varmennska f., ódrengskapur m.
base (up)on v. grundvalla á, byggja á
bash roknahögg n.; vt. slá heiftarlega, kýla
bashful adj. feiminn, óframfærinn
basic adj. undirstöðu-, grundvallar-
Basic English stofnenska f.
basically adv. í grundvallaratriðum
basics undirstöðuþættir m.pl., aðalatriði n.pl.
basilica basilíka f.; höfuðkirkja f.
basin skál f.; dæld f.; vatnasvæði n.
basis (pl. **bases**) undirstaða f., grunnur m.
bask vi. baða sig, sóla sig
basket (tága)karfa f.
basketball körfubolti m.
basketry körfugerð f.; tágavörur f.pl.
basket weaving körfugerð f.
basketwork tágavörur f.pl., körfuvörur f.pl.
basking shark beinhákarl m.
bass bassi m.; bassarödd f.; adj. bassa-
bass (fish) vartari m., aborri m.
bass drum bassatrumba f.
basset horn basetthorn n.
bass horn túba f.
bassist bassaleikari m.
bassoon fagott n.
bassoonist fagottleikari m.
bassviol kontrabassi m.

bastard bastarður m.; lausaleiksbarn n.; (term of abuse) drullusokkur m., kvikindi n.; adj. óskilgetinn; óekta, svikinn
baste vt. (sew) sauma lauslega, þræða, (meat) dreypa feiti á (kjöt), (thrash) lúskra, lumbra á
bastion virkisútskot n.; brjóstvörn f.
bat knatttré n., kylfa f.; v. slá, lemja
bat leðurblaka f.; **as blind as a b.** steinblindur
bat vt. (wink) depla; **not b. an eyelid** láta sér hvergi bregða
batch hópur m., samsafn n.; slatti m.
batch processing runuvinnsla (tölvu) f.
bath bað n.; baðvatn n.; baðker n.; v. baða (sig)
bathe v. baða (sig); fara í sund
bath mat baðmotta f.
bathing böðun f., laugun f.
bathing cap baðhetta f., sundhetta f.
bathing costume sundbolur m.
bathing place baðstaður m.
bathing suit sundbolur m., baðföt n.pl.
batholith berghleifur m.
bathometer dýptarmælir m.
bathrobe baðsloppur m.
bathroom baðherbergi n.
baths (almennings)baðhús n., heilsulind f.
bathtub (Am.) baðker n., baðkar n.
bathymetry dýptarmælingar f.pl.
bathysphere köfunarkúla f.
batik batík n.; batíkefni n.
batman (pl. **-men**) einkaþjónn liðsforingja m.
baton tónsproti m.; stafur m.
bats adj. geggjaður, klikkaður
batsman (pl. **-men**) kylfir m.
battalion herfylki n.; liðsveit f.
batten battingur m.; skálktré n.
batten down vt. rígbyrgja, skálka (lestarop)
batter v. slá, hamra; beygla, dælda, skemma
batter hrært deig n., soppa f.; (Am.) kylfir m.
battering ram múrbrjótur m.
battery (electric cell) rafhlaða f., (army unit) stórskotaliðsfylki n., (assault) líkamsárás f., barsmíð f.
battle orrusta f., bardagi m.; vi. stríða (gegn = **against**), berjast (við = **with**)
battleaxe stríðsöxi f.; skass n., pilsvargur m.
battle cruiser orrustubeitiskip n.
battle cry heróp n.; slagorð n., vígorð n.
battlefield orrustuvöllur m., vígvöllur m.
battlements brjóstvirki n.
battle royal erfið barátta f., harkaleg deila f.
battleship orrustuskip n., herskip n.
batty adj. brjálaður, klikkaður
baud bot n., bitatíðni f.
baulk bjálki m.; hindrun f.; v. hindra, koma í veg fyrir, (hesitate) hika við, færast undan
bauxite báxít n.
bawd pútnamamma f.; hórmangari m.
bawdiness klámfengni f.
bawdy adj. klúr, klámfenginn; klæminn
bawl v. öskra, orga, grenja, skæla
bay (along a coast) flói m., fjörður m.
bay (of a hound) gelt n., hundgá f; **hold/keep at b.** halda í skefjum; v. gelta (að = **at**)
bay (colour) rauðbrúnn litur m.; adj. jarpur
bay (tree) lárviður m.
bay (in a building) stafgólf n.; útskot n.; deild f.
bayonet byssustingur m.; vt. stinga með byssusting
bayou (Am.) bjúgvatn n.
bay window útskotsgluggi m.
bazaar (góðgerðar)basar m.
bazooka flugskeytabyssa f.
BBC (British Broadcasting Corporation) breska ríkisútvarpið n.
BC (Before Christ) f. Kr., fyrir Krist
be v. vera
beach fjara f., (sand)strönd f.; vt. draga á land
beachcomber slæpingi m., (wave) holskefla f.
beach ball strandbolti m., sundbolti m.
beach buggy (fjöru)torfærubíll m.
beachhead strandfesta f.; fótfesta f.
beachwear strandfatnaður m., sundfatnaður m.
beacon viti m.; leiðarljós n.
bead perla f.; dropi m.; **draw a b. (on)** miða (á)

beading perluskraut n.; perluskreyting f.
beadle kirkjuþjónn m.; tignarsprotaberi m.; háskólaþjónn m.
beads hálsfesti f., perlufesti f.; talnaband n.
beady adj. (of an eye) stingandi, hvass
beagle (smávaxinn) veiðihundur m., bikkill m.
beak (of a bird) goggur m., fuglsnef n.
beak (judge) lögregludómari m., (headmaster) skólastjóri m.
beaker bikar m., bikarglas n.
beam (of wood) bjálki m., biti m., þvertré n.; **broad in the b.** mjaðmamikill
beam (of light) geisli m., (look) glaðlegt tillit, (smile) hýrt bros n.; **on/off b.** á réttri/rangri leið; v. geisla, skína, ljóma
beaming adv. ljómandi; brosandi
bean baun f.; **full of beans** hress og kátur; **spill the beans** ljóstra upp leyndarmáli
beanpole baunastöng f.; horrengla f.
beanstalk baunastilkur m., baunastöngull m.
bear björn m., bjarndýr n.; durgur m., durtur m.
bear v. bera, (endure) þola; **b. in mind** hafa í huga; **b. the brunt** bera hitann og þungann
bearable adj. þolanlegur, bærilegur
bearberry sortulyng n.
beard skegg n.; vt. bjóða e-m byrginn
bearded adj. með skegg, skeggjaður
beardless adv. skegglaus
bear down v. bera ofurliði; leggja sig fram (við = **with**)
bear down (up)on v. (move towards) stefna á, nálgast
bearer flytjandi m.; burðarmaður m.; handhafi m.
bearing fas n., framkoma f., (relation) þýðing f., gildi n.; **have a b. on** varða, koma við
bearings afstaða f., stefna f.; **get one's b.** átta sig
bear out v. styðja, staðfesta
bearskin bjarnarfeldur m., (cap) bjarnarskinnshúfa f.

bear up v. harka af sér, láta ekki hugfallast
bear (up)on v. varða, snerta, koma við
bear with v. hafa þolinmæði með
beast skepna f., dýr n.; óþokki m.
beastliness skepnuskapur m., óþokkaskapur m.
beastly adj. skepnulegur, dýrslegur; hræðilegur
beast of burden burðardýr n., dráttardýr n.
beast of pray rándýr n.
beat (single stroke) slag n., (regular sound) sláttur m., (of a policeman) eftirlitssvæði n.; **out of/off one's b.** utan við (þekkingar)svið e-s
beat adj. uppgefinn; **dead b.** dauðuppgefinn
beat v. slá, berja, lemja, (defeat) sigra; **b. about the bush** fara kringum hlutina; **b. time** slá takt; **b. the/a retreat** (gefa merki um að) hörfa; **b. it!** hypjaðu þig!
beat down v. koma (verði) niður; fá til að lækka (verð)
beaten adj. (of metal) hamraður, (of a path) troðinn, (defeated) yfirbugaður, sigraður; örmagna
beater þeytari m., pískur m.; hrærari m.
beatific adj. sæluvekjandi, sæluríkur
beatification (páfa)blessun f.
beatify vt. taka í tölu blessaðra
beating flenging f., (defeat) ósigur m.
beatitude (al)sæla f., blessunarsæla f.
Beatlemania bítlaæði n.
beatnik bítnikki m.
beat out v. hamra (lag); slökkva (eld)
beat up v. (bash up) lúskra á, lúberja
beau spjátrungur m., (boyfriend) kærasti m.
beau ideal hin fullkomna fyrirmynd f.; æðsta hugsjón f.
beauteous adj. fallegur, fagur
beautician snyrtifræðingur m., snyrtir m.
beautiful adj. fallegur, fagur; dásamlegur
beautify vt. fegra, gera fallegan, prýða
beauty fegurð f.; perla f., gersemi f.
beauty parlour snyrtistofa f.
beauty queen fegurðardrottning f.
beauty salon snyrtistofa f.
beauty shop (Am.) snyrtistofa f.

beauty spot fegurðarblettur m.;
útsýnisstaður m.
beaux-arts fagrar listir f.pl.
beaver bifur m., bjór m.; bifurskinn n.
becalmed adj. (of a sailing ship)
(sem liggur) logndauður
because conj. (af) því að,
vegna þess að
because of prp. vegna, sökum, út af
beckon v. benda, gefa bendingu
become v. verða, (suit) sæma, hæfa;
klæða
become of v. verða um/af
becoming adj. viðeigandi, sæmandi;
klæðilegur
bed rúm n., (base) undirstaða f., (bottom)
botn m., (in a garden) beð n.; vt.
(plant) gróðursetja, (embed) festa,
koma kyrfilega fyrir (í = **in**)
bedaubed vt. klína út,
útata (með = **with**)
bedbug veggjalús f.
bedclothes rúmföt n.pl.
bedding sængurfatnaður m.;
undirburður m.
bed down v. búa (e-m) svefnstað;
leggjast til svefns
bedeck vt. þekja skrauti,
skreyta (með = **with**)
bedevil vt. hrjá, kvelja, æra; rugla
bedevilment kvöl f., kvalræði n.;
ringulreið f.
bedew vt. döggva, væta (með = **with**)
bedfast adj. rúmliggjandi
bedfellow rekkjunautur m.; samherji m.,
félagi m.
bedim vt. myrkva, deyfa, dempa;
slá móðu á
bedlam gauragangur m.; kleppur m.
bed linen koddaver og lök n.pl.
bedmate rekkjunautur m.
bedouin bedúíni m.; hirðingi m.
bedpan hægðaskál f., bekken n.
bedpost rúmstólpi m.
bedraggled adj. illa til reika, útataður;
óhrjálegur
bedridden adj. rúmfastur, karlægur
bedrock berggrunnur m.;
kjarni (málsins) m.
bedroom svefnherbergi n.

bedside rúmstokkur m.; adj. náttborðs-;
sjúkrabeðs-
bedsitter eins herbergis íbúð f.,
leiguherbergi n.
bedsore legusár n.
bedspread rúmábreiða f., rúmteppi n.
bedstead rúmstæði n., rúmgrind f.
bedstraw (plant) maðra f.
bedtime háttatími m.
bee býfluga f.; **have a b. in one's
bonnet** (about) vera með dellu,
vera gagntekinn af
beech (tree) beyki(tré) n.
beef nautakjöt n., (power) kraftur m.,
(complaint) kvörtun f.; vi. kvarta (undan
= **about**)
beef (pl. **beeves**) holdanaut n.
beefburger hamborgari m.
beef cattle holdanaut n.pl.
beefeater (líf)vörður m.
beefsteak (beinlaus) nautasteik f.
beefy adj. þrekinn, þéttvaxinn;
kröftugur
beef up (Am.) v. efla, styrkja, auka
beehive býflugnabú n.
beeline beinasta leið f.; **make a b. for**
skunda rakleitt til
beep píp n.; vi. pípa, tísta
beeper vasaviðtæki n., kalltæki n.
beer bjór m., öl n.
beestings broddur m., ábrystir f.pl.
beeswax bývax n.
beet (vegetable) rófa f.
beetle (insect) bjalla f.
beetle (wooden hammer) tréhnallur m.,
tréhnyðja f.
beetle-browed adj. brúnamikill;
loðbrýndur
beetling adj. slútandi, framskagandi
beetroot rauðrófa f.
befall v. henda, koma fyrir; atvikast
befitting adj. viðeigandi, sæmandi
before adv. áður, fyrr; prp. fyrir, á
undan; fram(mi) fyrir; **b. long**
innan tíðar; conj. áður en
beforehand adv. fyrir fram
befoul vt. ata út; saurga, flekka
befriend vt. vingast við; hjálpa,
liðsinna
befuddle vt. gera ringlaðan

beg v. betla, (ask) biðja, sárbæna, (allow oneself) leyfa sér; **go begging** ganga ekki út
beget vt. geta (afkvæmi); geta af sér, valda
beggar betlari m.; vt. koma á vonarvöl; **b. (all) description** verða ekki með orðum lýst
beggarly adj. bláfátækur; aumur, vesæll
beggary örbirgð f.; **reduce to b.** komast á vonarvöl
begging betl n.
begin v. byrja, hefja(st); **to b. with** í fyrsta lagi
beginner byrjandi m.; viðvaningur m.
beginning byrjun f., upphaf n.
beg off v. afsaka (sig), færast undan
begonia skáblað n.
begot v. (p. **beget**)
begotten v. (pp. **beget**)
begrudge vt. öfunda e-n af e-u
beguile v. tæla, ginna; hafa ofan fyrir (sér)
begun v. (p. **begin**)
behalf ; **on b. of** fyrir hönd e-s, af e-s hálfu
behave vi. haga sér, hegða sér (vel)
behaviour hegðun f., framkoma f.
behaviourism atferlisstefna f.
behaviourist atferlissinni m.
behead vt. afhöfða, hálshöggva
behest boð n., skipun f., fyrirmæli n.
behind sitjandi m., rass m.; adv. að baki, á eftir (áætlun); prp. (á) bak við, á eftir
behindhand adv. (of) seinn (á sér), á eftir (áætlun)
behold vt. veita athygli, sjá
beholden adj. í þakkarskuld (við = **to**), skuldbundinn
beige drappaður litur m.; adj. drapplitaður
being (existence) tilvera f., (human) mannvera f.; **come into b.** verða til; adj.; **for the time b.** fyrst um sinn
belated adj. (delayed) síðbúinn
belch ropi m.; strókur m.; v. ropa; gjósa upp
beleaguer vt. setjast um; umkringja
belfry klukkuturn m.
Belgian Belgi m.; adj. belgískur
Belgium Belgía f.
belie vt. gefa ranga hugmynd um; bregðast (vonum)
belief trú f.; trúarkenning f.; skoðun f.
believable adj. trúlegur
believe v. trúa (á = **in**); halda, álíta
believer maður sem trúir (á e-ð) m.; trúmaður m.
belittle vt. gera lítið úr
bell bjalla f., klukka f.; **as sound as a b.** stálsleginn; í toppstandi; **ring a b.** minna á
bellbine maríuklukka f.
bell-bottoms sjóliðabuxur f.pl., útvíðar buxur f.pl.
bellboy vikapiltur m., hótelþjónn m.
belle fegurðardís f.
belles-lettres fagurbókmenntir f.pl.
bellflower bláklukka f.
bellhop (Am.) vikapiltur m., hótelþjónn m.
bell housing kúplingshús n.
bellicose adj. herskár, bardagafús; deilugjarn
bellicosity stríðsgirni f., stríðsfíkn f.; deilugirni f.
belligerency ófriðarástand n.; bardagafýsn f.
belligerent stríðsaðili m.; adj. herskár, ófriðsamur
bellow baul n., öskur n.; v. baula, öskra
bellows físibelgur m., smiðjubelgur m.
bell push bjölluhnappur m.
bell tensioner reimarstrekkjari m.
belly kviður m., magi m., bumba f.
bellyache magaverkur m.; vi. nöldra, kvarta
belly button nafli m.
belly dance magadans m.
belly dancer magadansmær f.
belly flop magaskellur m.
bellyful magafylli n., kviðfylli n.
belly-land vi. magalenda, lenda á maganum
belly landing magalending f.
belly laugh skellihlátur m., hláturroka f.
belly out v. belgja(st), bunga(st) út
belong v. eiga að vera, eiga heima
belongings eigur f.pl., persónulegir munir m.pl.

belong to v. tilheyra, vera eign (e-s)
beloved ástvinur m.; adj. ástkær; ástsæll
below adv. niðri; að neðan; prp. neðan við; fyrir neðan; niður fyrir; undir
belt belti n., ól f., reim f.; vt. festa (með belti/ól), gyrða, (thrash) hýða; kýla
belting hirting f., ráðning f.
beltway (Am.) hringvegur m., hringbraut f.
bemoan vt. syrgja, harma, gráta
bemused adj. ruglaður, ringlaður, utan við sig
bench bekkur m., (of a judge) dómarasæti n.
benchmark test afkastapróf n.
bend beygja f., sveigja f., bugða f.; **around the b.** klikkaður; v. beygja, sveigja; bogna, svigna; **be bent (up)on** vera staðráðinn í
bends (disease) kafaraveiki f.
beneath adv. fyrir neðan; neðanundir; niðri; prp. undir, fyrir neðan
benediction blessun f., blessunarorð n.
benefaction góðgerð f., góðverk n.
benefactor velgerðamaður m.
benefactress velgerðakona f.
benefice prestakall n., brauð n.
beneficence góðvild f.; velgerningur m.
beneficent adj. góðviljaður, góðgerðasamur; hollur
beneficial adj. gagnlegur, heillavænlegur
beneficiary arfþegi m.; greiðsluþegi m.; bótaþegi m.
benefit hagur m., hagsbót f.; v. gagna; hafa hag af
benevolence góðvild f.; velgjörð f.
benevolent adj. góðviljaður, góðgjarn
benighted adj. óupplýstur, fáfróður
benign adj. góðlegur, ljúfur; góðkynjaður
benignity góðleiki m., ljúfmennska f.
bent hneigð f., tilhneiging f.; adj. boginn
bent (grass) língresi n.
bent screwdriver vinkilskrúfjárn n.
bequeath vt. ánafna, færa í arf
bequest ánöfnun f.; dánargjöf f., arfur m.
berate vt. ávíta, húðskamma
bereave vt. svipta/ræna (e-n e-u)
bereaved adj. syrgjandi
bereavement ástvinamissir m.; einstæðingsskapur m.

bereft adj. sviptur
beret alpahúfa f.
berry ber n.
berserk berserkur m.; **go b.** ganga berserksgang, tryllast
berth svefnpláss n., koja f., (in a harbour) legupláss n., skipalægi n.; **give s-y/s-g a wide b.** halda sig fjarri e-m/eu; v. (of a ship) leggjast (upp) að
beseech vt. grátbæna, sárbæna
beset vt. ásækja, hrjá; umkringja
beside prp. við hliðina á, hjá, við; í samanburði við; **b. the point** efninu óviðkomandi; **b. oneself** ekki með sjálfum sér, frá sér
besides adv. (þar) að auki; prp auk; fyrir utan
besiege vt. sitja um; þyrpast utan um, umkringja
besmear vt. káma, óhreinka
besmirch vt. óhreinka, flekka
besotted adj. sljór; forheimskaður (af = **with**)
bespoke adj. (of clothes) sérsaumaður
best adj. bestur; adv. best; vt. sigra, hafa betur en
bestial adj. dýrslegur, kvikindislegur
bestiality skepnuskapur m.; grimmd f.
bestir oneself v. hreyfa sig, herða sig
best man (pl. - **men**) svaramaður m.
bestow vt. veita, gefa
bestowal veiting f., gjöf f.
bestride vt. sitja klofvega á; standa klofvega yfir
best seller metsölubók f.; metsöluhöfundur m.
bet veðmál n.; veðfé n.; v. veðja
betoken vt. merkja, þýða, tákna
betray vt. svíkja; segja frá; koma upp um
betrayal svik n.pl.; uppljóstrun f.
betrayer svikari m.
betroth vt. heitbinda, lofa
betrothal heitbinding f., trúlofun f.
betrothed hjónaefni n.pl.; adj. heitbundinn
better adj. betri; adv. betur; v. bæta; batna
between adv. (inn) á milli; prp. (á) milli
bevel skái m., snið n.; vt. gera sniðbrún á

bevel gear keilutannhjól n.
beverage drykkur m.
bevy (smá)hópur m.
beware v. vara sig, gæta sín (á = **of**)
bewilder vt. rugla, gera ringlaðan
bewildered adj. ruglaður, ráðvilltur, ráðþrota
bewildering adj. ruglandi, yfirþyrmandi
bewilderment ruglingur m.; fát n.
bewitch vt. töfra, heilla
beyond adv. fyrir handan; lengra (í burtu); prp. handan við; fram yfir; utan við; fyrir utan, auk
bias skálína f.; hlutdrægni f., (tendency) tilhneiging f., hneigð f.; vt. gera hlutdrægan
bias binding skábönd n.pl.
bias(s)ed adj. hlutdrægur; fordómafullur
bib smekkur m.
Bible biblía f.
biblical adj. biblíulegur, biblíu-
bibliographer bókfræðingur m.
bibliographical bókfræðilegur
bibliography bókfræði f.; heimildaskrá f.; ritaskrá f.
bibliophile bókavinur m., bókaunnandi m.
bibulous adj. vínhneigður, drykkfelldur
bicentenary 200 ára afmæli n.
bicentennial (Am.) 200 ára afmæli n.; adj. tveggja alda (afmæli)
biceps tvíhöfði m.
bicker vi. deila, rífast, þrátta
bicycle reiðhjól n., tvíhjól n.; vi. hjóla
bid (til)boð n., (in card games) sögn f., (attempt) tilraun f.; v. bjóða, (order) skipa; segja
biddable adj. (of a person) hlýðinn, þægur
bidder bjóðandi m., tilboðsgjafi m.
bidding (order) boð n., skipun f.
bide vt. bíða e-s; **b. one's time** bíða tækifæris
bidet skolskál f.
biennial plant tvíær planta f.
bier líkbörur f.pl.
biff löðrungur m.; vt. löðrunga
bifocals gleraugu með tvískipt sjóngler n.pl.

bifurcate adj. tvíkvíslaður; v. skipta(st) í tvennt
bifurcation tvískipting f.
big adj. stór, mikill
bigamist tvíkvænismaður m.
bigamous adj. (sem er) sekur um tvíkvæni, tvíkvænis-
bigamy tvíkvæni n.
big deal (Am.) interj. það var þá (merkilegt)
Big Dipper (Am.) Karlsvagninn m.
bighead montrass m., merkikerti n.
bight bugt f., flói m.; lykkja f.
bigot ofstækismaður m., kreddumaður m.
bigoted adj. hleypidómafullur, þröngsýnn
bigotry þröngsýni f., einstrengingsháttur m.
big shot stórlax m., frammámaður m.
bigwig stórlax m., merkispersóna f.
bijou (pl. **bijoux**) gimsteinn m.; gersemi f.
bike reiðhjól n.; vi. hjóla
bikini bíkini n.
bilabial tvívarahljóð n.
bilateral adj. tvíhliða
bilberry aðalbláber n.; aðalbláberjalyng n.
bile gall n.; ólund f., geðvonska f.
bilge kjalsog n., (water) kjölvatn n., (foolish talk) þvættingur m., della f.
bilingual adj. tvítyngdur; tvímála
bilious adj. gallveikur; önugur, skapvondur
bilk vt. svíkja (fé) af, pretta
bill goggur m., nef n.; vi. nugga saman nefjum; **b. and coo** kyssast og kjassast
bill (charge) reikningur m., (notice) veggspjald n., (draft of a law) frumvarp n., (Am.; note) seðill m.; vt. senda reikning, (advertise) auglýsa
billboard (Am.) auglýsingaskilti n.
billet húsaskjól n.; vt. vista (hermann)
billet-doux ástarbréf n.
billfold (Am.) peningaveski n.
billiards biljarður m., knattborðsleikur m.
billion (Br.) biljón m. (= miljón miljónir), (Am.) miljarður m. (= þúsund miljónir)
bill of entry tollskýrsla f., aðflutningsskýrsla f.

bill of exchange víxill m.
bill of fare (menu) matseðill m.
bill of health heilbrigðisvottorð n.
bill of lading farmskírteini n., farmbréf n.
bill of sale sölusamningur m.
billow bylgja f.; v. bylgjast; þenjast út
billowy adj. bylgjóttur; svellandi
billy goat geithafur m.
bimetal tvímálmur m.
bimonthly adj. hálfsmánaðarlegur
bin kassi m., kista f., byrða f.
binary adj. tvöfaldur, tví-; tvíunda-
binary code tvíundakóti m.
binary digit tvíundatölustafur m., biti m.
binary search helmingaleit f.
binary star tvístirni n.
binary system tvíundakerfi n.
bind v. binda
bind over vt. skuldbinda e-n (með dómi)
bindery bókbandsstofa f.
binding (bók)band n., binding f.; adj. (skuld)bindandi
binge fyllirístúr m.; æði n., flipp n.
bingo bingó n.
binnacle kompásskýli n.
binoculars sjónauki m., kíkir m.
biochemical adj. lífefnafræðilegur
biochemist lífefnafræðingur m.
biochemistry lífefnafræði f.
biographer ævisöguritari m.
biography ævisaga f.; ævisagnaritun f.
biological adj. líffræðilegur
biological warfare sýklahernaður m.
biologist líffræðingur m.
biology líffræði f.
biopsy vefjasýnistaka f: vefjasýnisskoðun f.
biorhythm lífhrynjandi m., líftaktur m.
biosphere lífhvolf n.
bipartisan adj. tveggja flokka
bipartite adj. tvískiptur; tveggja flokka
biped tvífætla f.; adj. tvífættur
biplane tvíþekja f.
birch birki n., birkitré n.
bird fugl m.
bird-brained adj. vitgrannur, heimskur
birddog (Am.) fuglaveiðihundur m.
bird fancier fuglaræktandi m., fuglavinur m.

bird of passage farfugl m.
bird sanctuary verndarsvæði fugla n.
birdseed fuglafræ n.
bird's eye view útsýni úr lofti n.; yfirsýn f.
bird watcher fuglaskoðari m.
biro (pl. **biros**) bírópenni m.
birth fæðing f.; **give b. to** fæða, ala
birth control takmörkun barneigna f.; getnaðarvarnir f.pl.
birthday fæðingardagur m.; afmælisdagur m.
birthday party afmælisveisla f.
birthmark fæðingarblettur m.
birthplace fæðingarstaður m.
birthrate fæðingartala f.
birthright frumburðarréttur m.
biscuit kex n., kexkaka f.
bisect vt. skipta í tvennt, tvískipta
bisection tvískipting f.
bisexual adj. tvíkynja; með kynhneigð til beggja kynja
bishop biskup m.
bishopric biskupsdæmi n.; biskupsdómur m.
bison vísundur m.
bistro (pl. **bistros**) (lítill) matsölustaður m.
bit (of a bridle) mél n.pl., bitill m.
bit biti m., moli m., (short time) stundarkorn n.; **bits and pieces** dót n.; **b. by b.** smám saman; **not a b.** ekki minnstu vitund; **to bits** í mola; í tætlur; **a b. (of)** svolítið, dálítið
bitch tík f.; tæfa f., meri f.
bite bit n.; (matar)biti m.; v. bíta
biting adj. napur, nístandi
bitter (beer) bitter m.; adj. beiskur; sár; hatrammur; **to the b. end** uns yfir lýkur
bitter cress hrafnaklukka f.
bitterly adv. beisklega; napurlega
bittern (bird) sefþvari m.
bitterness beiskja f., biturleiki m., biturð f.
bitters bitterbrennivín n.
bittersweet adj. sætbeiskur; ljúfsár
bitty adj. pínulítill, örsmár
bitumen jarðbik n.
bituminous adj. bikkenndur, jarðbiks-
bituminous coal linkol n.pl.

bivalve (of shellfish) samloka f.
bivouac bráðabirgðanáttstaður m.;
  vi. liggja úti
biweekly adj. hálfsmánaðarlegur
bizarre adj. undarlegur, fáránlegur
blab v. (tell a secret) kjafta frá
blabber v. (talk foolishly) blaðra
blabbermouth blaðurskjóða f.,
  kjaftatífa f.
black svartur litur m., sverta f.;
  adj. svartur; vt. sverta, gera
  svartan; setja á svartan lista
black art svartigaldur m.
blackball vt. greiða atkvæði gegn
blackberry brómber n., bjarnarber n.
blackbird svartþröstur m.
blackboard (skóla)tafla f.
black box flugriti m.
blackcurrant sólber n.
blacken v. sverta; sortna,
  (speak evil of) ófrægja
black eye glóðarauga n.
black gold svartagull n.
black grouse orri m.
blackguard óþokki m., þrjótur m.
black guillemot teista f.
blackhead fílapensill m., gelgjunabbi m.
black-headed gull hettumáfur m.
black ice (on a road) ísing f.
blacking (skó)sverta f.
black lead grafít n.
blackleg verkfallsbrjótur m.;
  v. gerast verkfallsbrjótur
black-legged kittiwake (Am.) rita f.
blacklist svartur listi m.;
  vt. setja á svartan lista
black magic svartigaldur m.
blackmail fjárkúgun f.; vt. kúga fé af e-m
blackmailer fjárkúgari m.
Black Maria Svarta María f.,
  lögreglubíll m.
blackness sorti m., myrkur n.
blackout myrkvun f.; óminni n.
black pudding blóðpylsa f.
Black Sea Svartahaf n.
blacksmith járnsmiður m.
black-tailed godwit jaðrakan m.
bladder (þvag)blaðra f.
blade blað n.; (gras)strá n.
blame sök f.; vt. álasa, áfellast, kenna um

blameless adj. ámælislaus, saklaus
blameworthy adj. ámælisverður
blanch v. gera hvítt, bleikja; fölna
bland adj. blíður, mjúkur; bragðdaufur
blandishments kjassmæli n., smjaður n.
blandness blíða f., mildi f., mjúkleiki m.
blank eyða f.; eyðublað n.; **draw a b.**
  hafa ekkert upp úr krafsinu; adj. auður,
  tómur; sviplaus
blank cartridge púðurskot n.
blanket teppi n., ábreiða; vt. breiða yfir,
  þekja
blanket approval allsherjarsamþykki n.
blank verse stakhenda f.
blare gjallandi m., þytur m.;
  v. gjalla, þjóta
blarney smjaður n.; mas n.;
  v. skjalla; masa
blasé adj. veraldarvanur, óuppnæmur
  (fyrir = **about**)
blaspheme v. guðlasta; bölva
blasphemer guðlastari m.
blasphemous adj. guðlastandi, guðlasts-
blasphemy guðlast n.; bölv n.
blast (of wind) vindhviða f., roka f.,
  (explosion) sprenging f.; **at full b.**
  af fullum krafti; vt. sprengja;
  eyðileggja
blasted adj. fjárans, bölvaður
blast furnace málmbræðsluofn m.
blasting cap hvellhetta f., sprengihetta f.
blast-off flugtak n.
blatant adj. óskammfeilinn,
  blygðunarlaus; hávær
blaze logi m., bál n.; bjarmi m.;
  v. skíðloga; ljóma
blaze (white mark) blesa f.; v.; **b. a trail**
  marka slóð, ryðja braut
blaze abroad vt. básúna, breiða út
blaze away v. skjóta í sífellu;
  spyrja án afláts
blazer léttur jakki m., treyja f.
blazes (hell) helvíti n.
blazon (coat of arms) skjaldarmerki n.
blazonry skjaldarmerkjafræði f.
bleach bleikiefni n.; v. bleikja(st)
bleak adj. hráslagalegur, óvistlegur;
  gleðisnauður
bleary-eyed adj. sljóeygður,
  sljór til augnanna

b   bleat → bloodguilty

bleat jarm n., jarmur m.; v. jarma
bleed v. blæða; taka e-m blóð; láta e-n blæða
bleeder blæðari m.; mannfjandi m., drullusokkur m.
bleeding adj. (bloody) fjandans, bölvaður
bleeding heart hjartablóm n.
bleed nipple loftnippill m.
bleed screw loftskrúfa f.
bleep píp n.; vi. pípa
blemish lýti n., galli m.; vt. lýta, skemma
blench vi. hrökkva undan, hörfa undan
blend blanda f., sambland n.; v. blanda(st) (saman)
bless vt. blessa; helga, vígja; **be blessed with** eiga e-u að fagna, vera gæddur
blessed adj. heilagur; sæll, hamingjusamur
Blessed Sacrament altarissakramenti n.
Blessed Virgin María mey f.
blessing blessun f.; **b. in disguise** lán í óláni n.
blight gróðurvisnun f.; skaðvaldur m.; vt. spilla, eyðileggja, gera að engu
blimp loftskip n., loftfar n.
blind gluggatjald n., rúllugardína f., (deception) yfirskin n., átylla f.; adj. blindur; **turn a b. eye (to s-g)** látast ekki sjá (e-ð); vt. blinda
blind alley blindgata f.
blind date stefnumót pars sem hefur ekki sést áður n.
blinders (Am.; blinkers) augnblaðka f.
blindfold bindi fyrir augun n.; adj. með bundið fyrir augun; vt. binda fyrir augun á
blind man's buff blindingsleikur m., skollaleikur m.
blindness blinda f., blindni f., sjónleysi n.
blind turning blindbeygja f.
blink blikk n., depl n.; **on the b.** bilaður, í ólagi; v. blikka, depla augum; horfa framhjá
blinkers (Am.) stefnuljós n.pl.
blip (sound) píp n., (spot) depill m.
bliss alsæla f.; himnasæla f.
blissful adj. (al)sæll; sæluríkur
blissfulness alsæla f., fullkomin hamingja f.

blister (vessa)bóla f., blaðra f. v. fá á sig blöðrur; valda blöðrum á
blistering adj. brennheitur; harðorður, hlífðarlaus
blithe adj. glað(leg)ur, kátur
blitz skyndiárás f.; vt. gera leiftursókn (að)
blitzkrieg leiftursríð n.
blizzard hríðarbylur m.
bloated adj. uppblásinn, þrútinn; hrokafullur
bloater léttsöltuð og léttreykt síld f.
blob dropi m., klessa f., sletta f.
bloc blokk f., samtök n.pl.
block blökk f., drumbur m.; bálkur m., samstæða f., (of flats) íbúðablokk f., (obstruction) stífla f.; vt. loka, stífla; hindra, hamla
blockade herkví f.; hafnbann n.; vt. setja í herkví
blockage stíflun f.; stífla f., fyrirstaða f.
block and tackle talía f., blökk f.
blockbuster risasprengja f.; bomba f., stórviðburður m.
blockhead aulabárður m., grasasni m.
block in/out v. rissa upp
block lava apalhraun n.
block letters (capital form) blokkskrift f.
bloke (fellow) náungi m.
blond ljóshærður maður m.; adj. ljóshærður
blonde ljóshærð kona f., ljóska f.; adj. ljóshærð
blood blóð n.; ætt f., uppruni m.
blood bank blóðbanki m.
bloodbath blóðbað n., blóðsúthelling f.
blood brother fóstbróðir m.
blood cell blóðfruma f., blóðkorn n.
blood clotting blóðstorknun f., blóðkekkjun f.
blood corpuscle blóðfruma f., blóðkorn n.
blood count blóðrauðamæling f.; blóðrauðastyrkur m.
bloodcurdling adj. ógnvekjandi, skelfandi
blood donor blóðgjafi m.
blood feud ættastríð n., ættvíg n.pl.
blood group blóðflokkur m. .
bloodguilty adj. sekur um morð/manndráp

blood heat líkamshiti m., blóðhiti m.
bloodhound blóðhundur m., sporhundur m.
bloodless adj. blóðlaus, fölur; án blóðsúthellingar
bloodletting blóðtaka f., (bloodshed) blóðbað n.
blood lust blóðþorsti m., morðfýsi f.
bloodmobile blóð(söfnunar)bíll m.
blood money blóðpeningar m.pl.; manngjöld n.pl.
blood plasma blóðvökvi m.
blood platelet blóðflaga f.
blood poisoning blóðeitrun f.
blood pressure blóðþrýstingur m.
bloodred adj. blóðrauður
blood relation ættingi m., skyldmenni n.
blood serum blóðvatn n.
bloodshed blóðsúthelling f., blóðbað n.
bloodshot adj. blóðhlaupinn, blóðstokkinn
blood sport drápsíþrótt f.
bloodstain blóðblettur m.
bloodstained adj. blóðlitaður, blóðflekkaður
bloodstock hreinræktað hestakyn n.
bloodstream blóðrás f.
bloodsucker blóðsuga f.
blood test blóðrannsókn f.
bloodthirstiness blóðþorsti m., drápsgirni f., grimmd f.
bloodthirsty adj. blóðþyrstur, grimmur
blood transfusion blóðgjöf f.
blood type blóðflokkur m.
blood vessel æð f.
bloody adj. blóðugur; bölvaður, helvískur
bloody-minded adj. (obstructive) þrjóskur, þver
bloom blómi m.; vi. blómstra, standa í blóma
bloomer glappaskot n., gloría f.
bloomers (kven)nærbuxur f.pl.; íþróttabuxur f.pl.
blooming adj. (bloody) bölvaður, fjárans
blossom blóm n.; blómi m.; vi. blómgast, blómstra
blot blettur m.; lýti n.; vt. bletta, flekka; þerra
blot out vt. afmá, þurrka út, (cover) hylja
blotch útbrot n.; (litar)klessa f.

blotter þerripappír m.; (Am.) kladdi m., skrá f.
blotting paper þerripappír m.
blouse (pl. **blouses**) blússa f.
blow blástur m.; gustur m., vindhviða f.; v. blása, feykja; fjúka; **b. hot and cold** tvístiga; **b. one's nose** snýta sér; **b. one's one trumpet/horn** hæla sjálfum sér; **b. one's top/stack** verða öskuvondur, sleppa sér
blow högg n.; áfall n.; **at/with one b.** í einu átaki; **come to blows** lenda í handalögmáli; **strike a b. for/against** berjast fyrir/gegn
blow-by-blow account nákvæm lýsing f.
blower blásari m., (telephone) sími m.
blowfly maðkafluga f.
blowgun blásturspípa f.
blowhard (Am.) gortari m., raupkjaftur m.
blow in v. detta inn, birtast óvænt
blowlamp blásturslampi m., lóðlampi m.
blow off v. hleypa út; **b. o. steam** rasa út
blowout sprenging f., (of a fuse) útsláttur m.; sprungið öryggi n., (feast) átveisla f.
blow out v. slökkva (á); slokkna, (burst) springa, hvellspringa (á hjólbarða); sprengja, (of electrical machinery) slá út
blow over v. (of weather) lægja, ganga yfir
blowtorch lóðlampi m.
blow-up sprenging f., (anger) reiðikast n., (enlarged photograph) stækkun f., stækkuð ljósmynd f.
blowy adj. (windy) hvass
blowzy adj. (of a woman) druslulegur, sóðalegur
blubber (hval)spik n.
blubber grátur m., væl n.; v. hágráta, hrína
bludgeon kylfa f., barefli n.; vt. berja
bludgeon into v. neyða (e-n) til (e-s)
blue blár litur m., **the b.** (sky) himinninn m., (sea) sjórinn m.; **a bolt from the b.** þruma úr heiðskíru lofti; **out of the b.** öllum að óvörum
blue adj. blár, (sad) dapur, hnugginn

bluebell → bobolink **48**

bluebell bláklukka f.
blueberry bláber n.
blue-blooded adj. af aðalsætt, aðalborinn
bluebottle fiskifluga f., maðkafluga f.
blue cheese gráðaostur m.
blue-collar adj. bláflibba-
blue-collar worker iðnverkamaður m.
blue halibut grálúða f.
bluejacket dáti (í flotanum) m.
blue moon langur tími m.; **once in a b. m.** örsjaldan
blueness blámi m.
blue-pencil vt. leiðrétta, strika út; ritskoða
blueprint teikning f., áætlun f.
blues blústónlist f.; dapurleiki m.
bluestocking blásokka f., bláhosa f.; mannvitsbrekka f.
bluethroat blábrystingur m.
blue whale bláhvalur m., steypireyður f.
blue whiting kolmunni m.
bluff blekking f.; **call someone's b.** láta e-n standa við stóru orðin; v. blekkja; **b. it out** ljúga sig út úr e-u
bluff (cliff) hamar m., klettur m.; adj. þverhníptur, brattur, (of a person) hispurslaus
bluffer blekkingamaður m., sýndarmenni n.
bluffness bratti m.; hispursleysi n., hreinskilni f.
bluish adj. bláleitur
blunder axarskaft f., skyssa f.; v. gera glappaskot, hlaupa á sig, (move unsteadily) skjögra, staulast
blunderer klaufi m., skussi m.
blunt adj. sljór, (of a knife) bitlaus, (of a person) hispurslaus; vt. sljóvga, slæva, gera bitlausan
blunt gaper smyrslingur m., sandmiga f.
bluntly adv. hispurslaust, afdráttarlaust
bluntness sljóleiki m., bitleysi n.; ónærgætni f.
blur þoka f., móða f.; v. gera óskýran; óskýrast
blurb káputexti m., (skrum)auglýsing f.
blurt out v. fleipra út úr sér
blush kinnroði m.; **at first b.** við fyrstu sýn, fljótt á litið; vi. roðna; skammast sín

bluster (veður)ofsi m.; rosti m.; v. (of wind) æða, hamast, (speak loudly) vera stóryrtur/með rosta
blusterer hávaðabelgur m., rostafenginn maður m.
blustery adj. stormasamur; rostafenginn
boa constrictor kyrkislanga f.
boar (villi)göltur m.
board borð n., fjöl f., (committee) nefnd f., (meals) fæði n., matur m.; **on b.** um borð; **go by the b.** detta upp fyrir; **across the b.** yfir alla línuna; v. þilja, klæða, (go on board) stíga um borð, (supply with/get meals) hafa/vera í fæði
board and lodging fæði og húsnæði n.(pl)
boarder kostgangari m.; heimavistarnemandi m.
boarding card brottfararspjald n.
boarding house matsöluhús n., gistihús n.
boarding pass brottfararspjald n.
boarding school heimavistarskóli m.
board meeting stjórnarfundur m.
board of governors stjórnarnefnd f.
boards (stage) leiksvið n., fjalir f.pl.
boast grobb n., mont n.; v. gorta; stæra sig af
boaster grobbari m., montrass m.
boastful adj. montinn, grobbinn
boat bátur m.; vi. ferðast á báti
boat hook bátshaki m., krókstjaki m.
boat race kappróður m., kappsigling f.
boathouse bátaskýli n.
boatman (pl. **-men**) bátseigandi m.
boatswain bátsmaður m.
bob hnykkur m.; hneiging f.; v. hnykkjast upp og niður/til eða frá, (a curtsy) hneigja sig
bob stuttklippt hár n.; tagl n.; v. (cut) klippa (hár) stutt; stýfa (tagl)
bob (pl. **bob**) skildingur m. (= 1/20 of £1)
bobbin þráðarkefli n., þráðarspóla f.
bobby lögga f.
bobby pin (Am.) hárspenna f.
bobbysocks (Am.) ökklasokkar m.pl., hálfsokkar m.pl.
bobcat gaupa f.
bobolink (reedbird) rístarli m.

bobsleigh langsleði m.; vi. renna sér á langsleða
bobtailed adj. taglstýfður; halaklipptur
bob up v. skjóta(st) upp; birtast óvænt
bode v. (portend) boða, vita á
bodhi tree (indverskt) viskutré n.
bodice upphlutur m.
bodily adj. líkamlegur; adv. í heild; í eigin persónu
bodkin dragnál f., þræðingarnál f.
body líkami m., skrokkur m.
body building líkamsrækt f.
bodyguard lífvörður m.
body politic ríki n., ríkisheild f.
body snatcher líkræningi m.
bodywork yfirbygging f.
Boer Búi m.
boffin (scientist) vísindamaður m.
bog fen n., mýri f.
bog bilberry bláber n.
bog down v. sitja fastur, komast ekkert áfram
bogey man (pl. - **men**) boli m., leppalúði m.
boggle at v. hika við, veigra sér við, færast undan
boggy adj. fenjóttur, mýrlendur
bogus adj. svikinn, falskur
bohemian bóhem m.; adj. óhefðbundinn, frjálslegur
boil suða f.; v. sjóða; ólga
boil (under the skin) graftarkýli n.
boil away v. halda áfram að sjóða; gufa upp
boil down v. sjóða niður, gera þykkara; draga saman
boil down to v. vera einfaldlega/í einu orði sagt
boiler suðupottur m.; gufuketill m.
boiler suit vinnugalli m.
boiling point suðumark n., suðupunktur m.
boil over v. sjóða upp úr; rjúka upp
boisterous adj. fyrirgangssamur, hávær; ofsafenginn
boisterousness fyrirgangur m., hávaði m.; ofsi m.
bold adj. djarfur; frekur, ósvífinn; greinilegur
boldface feitletur n.

boldness dirfska f., áræðni f.; ósvífni f.
bole (trunk) trjábolur m., trjástofn m.
Bolivian Bólivíumaður m.; adj. bólivískur
boll fræbelgur m.
bollard (bryggju)polli m., stöpull m.
boll weevil ranabjalla f.
bolster bólstur n., hægindi n., púði m.
bolster up vt. styrkja, styðja
bolt (for a door) hurðaloka f., (metal pin) skrúfbolti m., (of lightning) elding f., (escape) brotthlaup n.; flótti m.; **make a b. for it** taka á rás; v. skjóta loku fyrir; (festa með) bolta; taka á rás, (of a horse) fælast, (swallow hastily) gleypa, háma í sig
bolt vt. (sift) sigta, sálda
bolt upright adv. **sit b. u.** sitja teinréttur
bomb sprengja f.; v. varpa sprengjum (á)
bombard vt. gera sprengjuárás á; láta dynja á
bombardier sprengjustjóri m.
bombardment sprengjuárás f., stórskotaárás f.
bombast skrúðmælgi n., orðagjálfur n.
bombastic adj. íburðarmikill, uppskrúfaður
bomb bay sprengjurými n.
bomb disposal squad sprengjusérfræðingasveit f.
bomber sprengjuflugvél f.; sprengjustjóri m.
bombproof adj. sprengjuheldur
bombshell bomba f., stórviðburður m.
bona fide adv. í góðri trú, í sakleysi
bonanza (Am.) gullnáma f., stórgróðafyrirtæki n.
bonbon brjóstsykur m.
bond skuldabréf n., (agreement) sáttmáli m.; tengsl n.pl.; vt. tengja saman; setja í tollgeymslu
bondage ánauð f., þrælkun f.
bonded goods vörur í tollgeymslu f.pl.
bonded warehouse tollvörugeymsla f.
bondholder skuldabréfahafi m.
bond interrest skuldabréfavextir m.pl.
bond offering skuldabréfaútboð n.
bonds fjötrar m.pl., hlekkir m.pl.
bone bein n.; vt. úrbeina
bone-dry adj. skráþurr, skraufþurr

bonehead bjáni m., þöngulhaus m.
bone-idle adj. (bone-lazy) húðlatur, blóðlatur
bone meal beinamjöl n.
boner (Am.) fáránleg skyssa f.
bone up on v. lesa (námsgrein) af kappi, lesa upp
bonfire brenna f.; bál n.
bongo (drum) bongótromma f.
bonkers adj. geggjaður, klikkaður
bonnet hattur m., (of a car) vélarhlíf n.
bonny adj. fríður, vænn; hraustlegur
bonsai (pl. bonsai) dvergtré n.
bonus bónus m., bónusgreiðsla f.
bony adj. beinaber, (of food) fullur af beinum
boo v. púa; æpa að, hrópa niður
boob (foolish mistake) axarskaft n., skyssa f.; vi. verða á í messunni, klikka
boobs (woman's breasts) bobbingar m.pl.
booby (silly person) auli m., flón n., kjáni m.
booby prize skammarverðlaun n.pl.
booby trap (sprengi)gildra f.
book bók f.; vt. bóka; panta
bookable adj. sem hægt er að bóka/panta
bookbinder bókbindari m.
bookbindery bókband n.; bókbandsvinnustofa f.
bookcase bókaskápur m.
book club bókaklúbbur m.
bookend bókastoð f.
bookie veðmangari m.
booking bókun f.; pöntun f.
booking clerk miðasali m.
booking office (far)miðasala f.
bookkeeper bókhaldari m., bókari m.
bookkeeping bókhald n., bókfærsla f.
booklet bæklingur m., pési m.
bookmaker veðmangari m.
bookmark(er) bókamerki n.
bookmobile (Am.) bókabíll m.
books bókhaldsbækur f.pl.; **in someone's good/bad/black b.** vera í náðinni/ónáð hjá e-m
bookseller bóksali m.
bookshop bókabúð f., bókaverslun f.
bookstall bóksöluturn m., (table) bóksöluborð n.
bookstand útstillingarborð n. (fyrir bækur)
bookstore (Am.) bókabúð f.
book token (bóka)gjafakort n.
book value bókfært verð n.
bookworm bókaormur m., lestrarhestur m.
Boolean operation rökaðgerð f.
boom (long pole) bóma f., (lyfti)armur m.
boom (sound) dynur m., drunur f.pl., (rapid growth) uppgangur m.; efnahagsvöxtur m.; v. dynja, drynja; vera í uppgangi, eflast
boomerang bjúgverpill m., bogtré n.
boom town uppgangsbær m.
boon blessun f., lán n.
boon companion góðvinur m., góðkunningi m.
boor búri m., ruddi m.
boorish adj. ruddalegur, óheflaður
boost uppörvun f.; aukning f.; lyfting f.; vt. efla, styrkja, (increase) auka, (raise) lyfta
booster (person) hvatamaður m., ötull stuðningsmaður m.
booster injection endurbólsetning f.
booster rocket fyrsta þrep eldflugar n.
boot stígvél n., (kick) spark n., (of a car) farangursgeymsla f., skott n.; vt. sparka, (a computer) ræsa
boot ; **to b.** til viðbótar, að auki, í þokkabót
bootblack skóburstari m.
booted adj. í stígvélum, stígvélaður
bootee smábarnaskór (úr ull) m.
booth (sölu)skýli n., klefi m., bás m.
bootlace (skó)reim f.
bootlegger leynivínsali m.
bootless adj. (useless) til einskis, gagnslaus
bootstrap stígvélahanki m.; **by one's own bootstraps** af eigin rammleik; vt. ræsa (tölvu)
booty herfang n.; ránsfengur m.
booze brennivín n.; **on the b.** á fylliríi; vi. þjóra
boozer fyllibytta f., (pub) knæpa f.
booze-up svallveisla f., drykkjuveisla f.
boozy adj. fullur, ölvaður; drykkfelldur blautur

boracic acid bórsýra f.
border brún f., jaðar m., rönd f., (between two countries) landamæri n.pl.; v. liggja meðfram
borderer landamærabúi m.
borderland landamærasvæði n.
borderline landamæri n.pl.; mörk n.pl.; adj. jaðar-
border (up)on v. liggja að; nálgast, jaðra við
bore v. (p. **bear**)
bore (hole) borhola f., (of a gun barrel) hlaupvídd f.; v. bora, gera holu; grafa sér leið
bore leiðindapúki m., leiðindaskjóða f.; vt. (make weary) gera leiðan, valda (e-m) leiða, þreyta
boredom leiðindi n.pl., leiði m.
boric acid bórsýra f.
boring adj. leiðinlegur, þreytandi
born adj. fæddur; v. (pp. **bear**)
boron bór n.
borough kaupstaður m., bær m., borg f.
borrow v. fá að láni (hjá = **from**)
borrower lántakandi m.
borsch(t) rauðrófusúpa f.
borstal betrunarstofnun f.
bosom brjóst n., barmur m.
bosom friend trúnaðarvinur m.
boss húsbóndi m.; yfirmaður m.; vt. stjórna, ráða (yfir)
boss about/around v. skipa fyrir, ráðskast með
boss-eyed adj. rangeygður
bossy adj. ráðríkur, afskiptasamur
bosun bátsmaður m.
botanical adj. grasafræði-, gras(a)-
botanist grasafræðingur m.
botanize vi. stunda gróðurrannsóknir
botany grasafræði f.
botch klúður n., handavömm f.; vt. klúðra
both adj. & prn. báðir; conj. **both...and** bæði...og
bother ómak n., fyrirhöfn f., ónæði n.; v. ónáða, trufla; angra, (take trouble) ómaka sig, hafa fyrir
bothersome adj. þreytandi; truflandi
bottle flaska f.; vt. setja á flösku
bottle-feed vt. gefa að drekka með pela

bottleneck flöskuháls m.; þröskuldur m., teppa f.
bottlenose andarnefja f.
bottle up v. byrgja inni, bæla niður, halda í skefjum
bottom botn m.; **at b.** í rauninni, innst inni; **get to the b.** of komast til botns í; **from the b. of one's heart** af öllu hjarta; **Bottoms up!** Skál í botn!
bottom drawer brúðarkistill m.
bottomless adj. botnlaus, hyldjúpur
boudoir dyngja f.
bough trjágrein f.
bought v. (p., pp. **buy**)
boulder hnullungur m.
boulder clay jökulruðningur m.
boulevard breiðstræti n.
bounce hopp n. skopp n.; v. skoppa; endurkasta(st); hossa(st), (of a cheque) skrifa gúmítékka
bounce back v. (recover) ná sér fljótt (eftir áfall)
bouncer beljaki m., útkastari m.
bouncing adj. þreklegur; hraustlegur
bound (jump) stökk n., hopp n.; v. stökkva, hoppa
bound adj. (skuld)bundinn, (determined) ákveðinn (í = **on**); **be b. to** hljóta; **I'll be b!** það skal ég ábyrgjast!; v. (p., pp. **bind**)
bound vt. (limit) afmarka, (be the boundary of) mynda landamæri við, liggja að
boundary (tak)mörk n.pl.; landamæri n.pl.
bound (for) adj. á leið/förum (til)
boundless adj. takmarkalaus, endalaus
bounds (tak)mörk n.pl.; **out of b.** utan leyfilegra marka; á bannsvæði
bound up in adj. upptekinn af, niðursokkinn í
bound up with adj. tengdur, í samhengi við
bounteous adj. örlátur; veglegur
bountiful adj. gjafmildur; ríkulegur
bounty örlæti n.; vegleg gjöf f.; verðlaunafé n.
bouquet blómvöndur m., (smell of wine) vínilmur m.
bourgeois (smá)borgari m.; adj. (smá)borgaralegur

bourgeoisie borgarastétt f.,
smáborgarar m.pl.
bout lota f., törn f., (of illness) kast n.
boutique (lítil kven)tískuverslun f.
bovine adj. nautslegur, nauta-;
heimskur, sljór
bow (for arrows) bogi m.;
vt. strjúka boga yfir
bow hneiging f.; v. hneigja (sig), beygja;
b. and scrape bugta sig og beygja
bow (of a ship) bógur m., kinnungur m.;
stafn n.
bowdlerize v. ritskoða
bowel þarmur m., görn f.
bowel movement hægðir f.pl., saurlát n.
bowels innyfli n.pl, iður n.pl.
bower laufskáli m., garðhús n.
bowl (container) skál f.
bowl (keilu)kúla f.; v. kasta keilukúlu;
leika keiluspil
bowl along v. renna áfram, líða áfram
bowlegged adj. hjólbeinóttur
bowler keiluspilari m.,
(in cricket) kastari m.
bowler hat harðkúluhattur m.
bowline bóglína f., (knot) pelastikk m.
bowling keiluspil n., keila f.
bowling alley keiluspilsbraut f.;
keiluspilshús n.
bow out v. draga sig til baka
bowl over v. fella um koll,
(surprise) koma á óvart
bowls keiluspil n., keila f.
bowsprit bugspjót n.
bow tie þverslaufa f.
bow to v. beygja sig fyrir, láta undan
bow window bogadreginn
útskotsgluggi m.
box kassi m., box n., (enclosed space)
stúka f., (television) imbakassi m.;
vt. setja í kassa
box löðrungur m.; v. boxa, leika hnefa-
leik; **b. someone's ears** gefa e-m utan
undir
box in/up v. loka inni; byrgja inni í sér
box spanner topplykill m.
box wagon járnbrautarvöruvagn m.
boxing hnefaleikar m.pl., box n.
Boxing Day (Br.) annar dagur jóla m.
boxing glove boxhanski m.

box number pósthólfsnúmer n.;
auglýsinganúmer n.
box office aðgöngumiðasala f.
boxwood limviður m.
boy drengur m., strákur m.
boycott viðskiptabann n.; vt. sniðganga
boyfriend kærasti m.
boyhood drengsaldur m.,
bernska (drengs) f.
boyish adj. drengjalegur, ungæðislegur
boy scout skáti m.
bra (brassiere) brjóstahaldari m.
brace stoð f., stytta f.; slaufusvigi m. { };
v. (support) styðja, styrkja, (stimulate),
hressa, lífga, (prepare for) búa (sig)
undir
brace borsveif f.; **b. and bit** borsveif og
bor n.pl.
brace (pair) par n., tvennd f.; samstæða f.
bracelet armband n.
braces (over the shoulders) axlabönd
n.pl., (inside the mouth) (tannréttingar)
spangir f.pl.
brace up v. herða sig upp
bracing adj. hressandi; styrkjandi
bracken burkni m.; burknagróður m.
bracket krappi m., (hillu)brík f., festing f.;
hornklofi m. [ ], (group) hópur m.; vt.
setja í hornklofa; skipa í tiltekinn hóp
brackish adj. (of water) ísaltur
bract (blóm)stoðblað n., háblað n.
bradawl stiftisalur m., síll m.
brag vi. gorta, raupa, stæra sig
braggart gortari m., grobbhani m.
Brahman (Brahmin) brahmani m.
braid (hár)flétta f.; brydding f.;
vt. flétta; brydda
braille blindraletur n.
brain heili m.
brainchild hugarfóstur n.
brain drain menntamannaflótti m.,
atgervisflótti m.
brainless adj. heimskur, vitlaus
brainpan heilabú n., (cranium)
hauskúpa f.
brains gáfur f.pl., vit n.; **pick someone's
b.** hnupla hugmyndum frá e-m;
beat/rack one's b. brjóta heilann
brainstorm augnabliksbrjálæði n.,
(Am.) hugdetta f.

brainstorming hugflæði n.
brains trust hugmyndabanki m.
brain-teaser ráðgáta f.
brain trust (Am.) hugmyndabanki m.
brain wave innblástur m., hugdetta f.
brainwash vt. heilaþvo
brainwashing heilaþvottur m.
brainy adj. gáfaður, greindur, klár
braise vt. soðsteikja
brake bremsa f., hemill m.; v. bremsa, hemla
brake disk hemladiskur m.
brake fluid hemlavökvi m.
brake lamp hemlaljósker n.
brake lining hemlaborði m.
brake master cylinder höfuðdæla f.
brake pad hemlaklossi m.
brake system hemlakerfi n.
bramble klungur n.
bran (hveiti)klíð n.
branch (trjá)grein f., kvísl f., (office) útibú n.; vi. skjóta greinum; greinast, kvíslast
branch manager útibússtjóri m.
branch out v. færa út kvíarnar
brand (name) vörumerki n.; (vöru)tegund f., (wood) eldibrandur m., (mark) brennimark n.; vt. brennimerkja
brandish vt. bregða, sveifla (vopni)
brand-new adj. spánnýr, splunkunýr
brandy koníak n.
brant (Am.) margæs f.
brash adj. framhleypinn; fljótfær, hvatvís
brass látún n.; látúnsmunur m., (musical instruments) málmblásturshljóðfæri n.pl., (money) aurar m.pl., klink n., (impudence) ósvífni f.
brass band lúðrasveit f., hornaflokkur m.
brassiere brjóstahaldari m.
brass knuckles (Am.) hnúajárn n.
brass tacks ; **get down to b. t.** koma sér að efninu
brassy adj. látúns-; æpandi, skerandi; ósvífinn
brat óþekktarormur m.
bravado mannalæti n.pl.
brave stríðsmaður m.; adj. hugrakkur, hugaður; vt. horfast í augu við, mæta; bjóða (e-u) birginn
bravery hugrekki n.
bravo fagnaðaróp n.; interj. bravó

brawl hávaðarifrildi n.; ryskingar f.pl.; vi. óskapast, rífast hástöfum; fljúgast á
brawler uppivöðsluseggur m.; áflogahundur m.
brawn vöðvar m.pl., vöðvastyrkur m.; svínasulta f.
brawny adj. vöðvastæltur, kraftalegur
bray (of a donkey) hrín n.; v. hrína; gjalla
brazen adj. látúns-; gjallandi; óskammfeilinn; v. **b. it out** þykjast ekki vita upp á sig skömmina
brazier (container) glóðarker n.
Brazil Brasilía f.
Brazilian Brasilíumaður m.; adj. brasilískur
breach brot n., rof n., (opening) skarð n., rauf f.; vt. rjúfa, gera skarð í
breach of the peace óspektir f.pl., uppþot n.
bread brauð n.; lífsviðurværi n.
breadbasket brauðkarfa f.; kornforðabúr n.
breadboard brauðbretti n.
breadcrumb brauðmoli m.; brauðmylsna f.
breadfruit brauðaldin n.; brauðaldintré n.
breadline biðröð (við matarúthlutun) f.; **on the b.** bláfátækur
bread roll brauðsnúður m., rúnstykki n.
breadth breidd f.; víðfeðmi f.
breadthways adj. & adv. á breiddina, á þverveginn
breadwinner fyrirvinna f.
break brot n., (broken place) sprunga f., brestur m., (interval) hlé n., (change) umskipti n.pl., (chance) tækifæri n.; **without a b.** linnulaust; v. brjóta; brotna; **b. the bank** sprengja bankann; **b. even** koma sléttur út; **b. new/fresh ground** ryðja nýjar brautir; **b. step** fara úr (göngu)takti; **b. wind** leysa vind
breakable adj. brjótanlegur; brothættur
breakage brot n.; brestur m.; brotskemmdir f.pl.
breakaway klofningur m.; fráhvarf n.; upphlaup n.
break away v. slíta sig lausan (frá = from)

breakdown bilun f., vélarbilun f.;
áfall n.; sundurliðun f.
break down v. brjóta niður, (fail to work)
bila, (fail) misheppnast, (suppress)
brjóta á bak aftur, (collapse) brotna
saman, bugast, (analyse) sundurliða
breaker brotsjór m., holskefla f.
break-even point núllútkoma f.
breakfast morgunverður m.;
vi. borða morgunverð
break-in innbrot n., (of a horse)
tamning f.
break in v. brjótast inn, (interrupt) grípa
fram í, (a horse) temja
break into v. brjótast inn í
breakneck adj. hættulegur; **at b. speed**
á ofsahraða
break of v. venja e-n af e-u
break off v. (end abruptly) hætta
(skyndilega), slíta, (pause) taka hlé,
(stop speaking) þagna
break-out flótti (úr fangelsi) m.; útrás f.
break out v. brjótast út (úr = **of**),
(become covered with) verða útsteyptur
(í = **in**)
breakthrough framrás f.;
tímamótaskref n.
break through v. brjótast gegnum;
slá í gegn, ná árangri
break-up sundrun f.; upplausn.;
aðskilnaður m.
break up v. brjóta/brotna niður, (come to
an end) leysa(st) upp, (divide) skipta(st)
niður
breakwater brimbrjótur m.,
hafnargarður m.
bream leirslabbi m., vatnakarfi m.
breast brjóst n., bringa f.
breastbone bringubein n.
breastfeed vt. hafa (barn) á brjósti
breaststroke bringusund n.
breath andadráttur m.; **below/under**
one's b. í hálfum hljóðum; **catch**
one's b. grípa andann á lofti; ná
andanum; **in the same b.** í sömu
andrá; **out of b.** lafmóður
breathalyse v. taka öndunarsýni
breathalyser öndunarsýnistæki n.;
blaðra f.
breathe v. anda, (whisper) hvísla

breather (short pause for rest) smáhvíld f.
breathing andardráttur m., öndun f.
breathing space svigrúm n.; hlé n.
breathless adj. með öndina í hálsinum;
lafmóður; mollulegur
breathtaking adj. hrífandi; spennandi
breccia þursaberg n., brotaberg n.
breech (of a gun) hleðsluhólf n.
breeches (hné)buxur f.pl.
breeches buoy björgunarstóll m.
breech-loader afturhlaðningur m.,
afturhlaðin byssa f.
breed kyn n.; ætterni n.; v. ala (upp);
rækta, (reproduce) æxlast, (train) þjálfa,
mennta
breeder ræktunarmaður m.,
(animal) kynbótaskepna f.
breeding æxlun f.; rækt f., ræktun f.;
uppeldi n.
breeding season fengitími m.
breeze gola f.; (Am.) barnaleikur m.;
in a b. auðveldlega; vi. kula;
svífa, fljúga
breezy adj. næðingssamur; hressilegur,
glaðvær
brent goose margæs f.
brethren (pl. of **brother**) meðbræður
m.pl., reglubræður m.pl.
brew brugg n.; lögun f.; v. brugga; laga
brewery brugghús n., ölgerð f.
briar hvítlyngsrót f.; hvítlyng n.
bribe múta f.; vt. múta
bribery mútur f.pl., mútugjöf f.;
mútuþægni f.
bric-a-brac skrautmunir m.pl.; glingur n.
brick múrsteinn m.
brickbat múrsteinsbrot n.; svívirðing f.
brickfield múrsteinaverksmiðja f.
bricklayer múrhleðslumaður m.,
múrari m.
brick up/in v. múra upp í; múra inni
brickwork múrhleðsla f., múrveggur m.
bridal adj. brúðar-, brúðkaups-
bridal dress brúðarkjóll m.
bride brúður f.
bridegroom brúðgumi m.
bridesmaid brúðarmær f.
bridge brú f.; vt. brúa
bridge (card game) bridds n., bridge n.
bridgehead brúarsporður m.; fótfesta f.

bridle beisli n.; v. beisla; hafa taumhald á
bridle path reiðvegur m., reiðgata f.
brief ágrip n., yfirlit n., (instructions) fyrirmæli n.pl.; **hold a b. for** vera talsmaður e-s, styðja; adj. stuttur; **in b.** í stuttu máli; vt. setja e-n inn í e-ð, kynna e-m e-ð
briefcase skjalataska f.
briefing session yfirlitsfundur m.
briefs stuttar nærbuxur f.pl.
brier hvítlyngsrót f.; hvítlyng n.
brigade stórfylki n.; flokkur m., sveit f.
brigadier stórfylkisforingi m.
brigand stigamaður m., ræningi m.
bright adj. bjartur, skær; skarpur, skynsamur
brighten up v. verða/gera bjartari; hýrga(st)
brightness birta f.
brightness control birtustillir m.
brilliancy ljómi m., skin n.; snilld f.
brilliant demantur m.; adj. ljómandi; afburðasnjall
brilliantine hárgljái m., hárfeiti f.
brim barmur m.; hattbarð n.; vi. vera barmafullur
brim over v. vera fleytifullur; vera uppfullur (af = **with**)
brimstone brennisteinn m.
brindled adj. bröndóttur
brine saltvatn n., pækill m.
bring v. koma með, færa, flytja
bring about v. koma til leiðar, valda, (a boat) snúa
bring around/round v. koma til meðvitundar, (persuade) sannfæra, fá á sitt mál, (a boat) snúa
bring back v. skila, (to the mind) vekja (minningar), (restore) koma á/taka upp aftur
bring down v. fella, (reduce) lækka; skjóta niður
bring down on v. kalla yfir (sig)
bring forth v. ala, fæða; leiða í ljós
bring forward v. leggja fram, (advance) færa fram, flýta
bring in v. (earn) gefa í tekjur, (introduce) innleiða, kynna, (ask to come to one's help) kalla til; **b. in a verdict** kveða upp úrskurð

bring off v. flytja á brott, (succeed in) takast (e-ð)
bring on v. (cause) valda, orsaka
bring out v. koma fram með; laða/kalla fram
bring over v. fá á sitt mál/band, sannfæra
bring through v. hjálpa e-m yfir/í gegnum
bring to v. koma til meðvitundar, (stop) stöðva
bring under v. (subdue) bæla niður, (include) fella undir
bring up v. ala upp, (call attention to) vekja máls á, (cause to stop) stöðva skyndilega, (be sick) kasta upp, æla
brink brún f., barmur m., nöf f.
briny adj. brimsaltur; **the b. deep** sjórinn m.
briquet(te) (mótaður) viðarkolamoli m.
brisk adj. rösklegur; (weather) hressandi, snarpur
brisket bringukollur m.
bristle burst f., broddur m.; vi. ýfast, rísa
bristle with v. yggla sig; vera fullur/krökkur af
bristly adj. broddóttur, stríður, ýfinn
Britain Bretland n. (England, Skotland og Wales)
Britannia Bretland n., Breska heimsveldið n.
British (the B.) Bretar m.pl.; adj. breskur
British Commonwealth (of Nations) Breska samveldið n.
British Isles Bretlandseyjar f.pl.
British Rail Breska járnbrautarfélagið
Briton (Forn-)Breti m.
brittle adj. brothættur, stökkur
broach vt. (a topic) færa í tal, vekja máls á
broad adj. breiður; víðáttumikill, (liberal) víðsýnn, frjálslyndur, (general) grófur, almennur; **in b. outline** í grófum dráttum; **in b. daylight** um hábjartan dag
broad bean hestabaun f.
broadcast útvarpsþáttur m.; v. útvarpa; bera út
broad daylight hábjartur dagur m.
broaden v. breikka, víkka
broad jump (Am.) langstökk n.

broadminded adj. víðsýnn, umburðarlyndur
broadmindedness víðsýni f., umburðarlyndi n.
brocade rósasilki n.; glitvefnaður m.; vt. glitvefa
broccoli spergilkál n., brokkólí n.
brochure (kynningar)bæklingur m., pési m.
brogue (írskur) málhreimur m.
brogue (shoe) leðurútiskór m.; golfskór m.
broil v. glóðarsteikja, grilla; stikna
broil (quarrel) rifrildi n.; ryskingar f.pl.
broiler (Am.) grill n., (chicken) holdakjúklingur m., (very hot day) steikjandi sólardagur m., (noisy quarreler) áflogahundur m.
broke adj. blankur, auralaus; v. (p. **break**)
broken adj. brotinn, slitinn, bilaður
broken-hearted adj. harmi sleginn, sorgmæddur
broken reed óáreiðanlegur maður m., gallagripur m.
broker miðlari m.
brolly (umbrella) regnhlíf f.
bromine bróm n.
bronchial tubes lungnapípur f.pl.
bronchitis berkjukvef n., lungnakvef n.
bronchus (pl. **bronchi**) berkja f., lungnapípa f.
bronco (pl. **broncos**) villihestur m.
brontosaurus (pl. **-sauri**) þórseðla f.
bronze brons n.; adj. bronsaður; bronslitaður
Bronze Age bronsöld f.
bronze medal bronsverðlaun n.pl., brons n.
brooch brjóstnál f.
brood urpt f.; barnahópur m.; v. liggja á, klekja út, (think about s-g bad) grufla, velta fyrir sér
brood over v. gera sér áhyggjur af; grúfa (sig) yfir
broody adj. þunglyndur, (of hens) eggsjúkur
brook lækur m.
brook vt. þola, umbera, líða
broom sópur m., (plant) gullsópur m., gífill m.

broomstick kústskaft n.
broth (kjöt)seyði n., soð n.; kjötsúpa f.
brothel vændishús n., pútnahús n.
brother (pl. **brothers**) bróðir m.; (pl. **brethren**) meðbróðir m., reglubróðir m.
brotherhood bræðralag n.; bróðerni n.
brother-in-law (pl. **brothers-in-law**) mágur m.
brotherly adj. bróðurlegur
brother(s) and sister (s) systkin n.pl.
brothers-german albræður m.pl.
brought v. (p., pp. **bring**)
brouhaha hávaði m., gauragangur m.
brow (eyebrow) augabrún f., (forehead) enni n.
browbeat vt. hræða, ógna, kúga
brown brúnn litur m., brúnka f.; adj. brúnn; v. brúnlita(st), brúna(st);
 browned off fullsaddur/hundleiður á
Brownie ljósálfur m., kvenskáti m.
brown rice hýðishrísgrjón n.pl.
brown study heilabrot n.pl.; **in b. s.** í þungum þönkum
brown sugar púðursykur m.
brown trout urriði m.
browse beit f.; glugg n.; vi. vera á beit, bíta, (read) blaða í (bók), glugga í
bruise mar n.; marblettur m.; v. merja(st)
bruiser (tough, brutal man) hrotti m., svoli m.
brunch morgun- og hádegismatur m.
brunette dökkhærð kona f.
Brünnich's guillemot stuttnefja f.
brunt meginþungi m.; **bear the b.** bera hitann og þungann
brush bursti m.; burstun f., (light touch) stroka; v. bursta; strjúka burt, (touch lightly) strjúkast við
brush aside/away v. ýta til hliðar; varpa frá sér
brush-off hunsun f., höfnun f., frávísun f.
brush off v. (reject) hunsa, sniðganga
brush up (on) v. rifja upp, hressa upp á
brusque adj. hranalegur, stuttur í spuna
brussels sprouts rósakál n.
brutal adj. grimmur, hrottalegur, grófur
brutality grimmd f., hrottaskapur m.
brutalize vt. misþyrma, fara illa með

brute skepna f.; hrotti m., ruddi m.; adj. skynlaus; dýrslegur, grimmur; ótaminn, villtur
brutish adj. dýrslegur, ómannlegur; grófur, óheflaður
bryophyte mosaplanta f., mosi m.
bubble (loft)bóla f.; vi. mynda bólur, freyða; krauma
bubble gum kúlutyggjó n., tyggigúmmí n.
bubble memory segulbóluminni n.
bubbly (champagne) kampavín n.; adj. freyðandi
bubonic plague svartidauði m.
buccaneer sjóræningi m.
buck hafur m.; hrútur m.; tarfur m.; (Am.) dollari m.
buck v. (of a horse) ausa, (oppose) standa gegn
buck ; **pass the b.** **(to s-y)** koma e-u yfir á annan
buck up v. herða á, (cheer up) hressa(st) við
bucket fata f.; **kick the b.** geispa golunni; vi. (rain) hellirigna, (move) rykkjast áfram
bucketful fötufylli n.; glás f., hellingur m.
buckle sylgja f., spenna f.; v. festa (með sylgju), spenna, (bend) dælda(st); bogna, svigna
buckle down v. hefjast handa (við = **to**)
buckskin hjartarleður n.
bucktooth (pl. -**teeth**) skögultönn n.
buckwheat bókhveiti n.
bucolic adj. hjarðmanna-, sveitalífs-
bud brum n.; blómhnappur m.; **nip in the b.** kæfa í fæðingu; vi. bruma, bera brum; springa út
Buddhism búddatrú f.
Buddhist búddatrúarmaður m.; adj. búddatrúar-
budding adj. verðandi, tilvonandi
buddy félagi m., kunningi m.
budge v. hagga(st), bifa(st)
budgerigar gári m., samkvæmispáfi m.
budget fjárhagsáætlun f.; vi. gera fjárhagsáætlun
buff (colour) daufgulur litur m., (leather) buffalsleður n.; vaskaskinn n.; **in the b.** allsber; **strip to the b.** berstrípast; adj. gulbrúnn, dumbgulur; vt. fægja með vaskaskinni
buffalo buffall m., (bison) vísundur m.
buffer höggdeyfir m.; stuðpúði m.
buffer storage biðminni n.
buffet (blow) (hnefa)högg n.; áfall n., skellur m.; v. lemja(st), (struggle against) berjast gegn
buffet veitingaborð n., (cold food) kalt borð n., (sideboard) skenkur m., borðstofuskápur m.
buffoon trúður m., loddari m.; fífl n.
buffoonery skrípalæti n.pl., fíflalæti n.pl.
bug skortíta f.; veggjalús f., (Am.) padda f., (germ) sýkill m., (defect) galli m.; agnúi m., (for listening) hlerunartæki n.; vt. koma fyrir hlerunartæki, (Am.; annoy) pirra, ergja
bugaboo (Am.; pl. -**boos**) grýla f., (ímynduð) óvættur f.
bugbear grýla f., (ímynduð) ógn f.
bugger þrjótur m., (sodomite) kynvillingur m.
bugle herlúður m.
bugler lúðurþeytari m.
build sköpulag n.; líkamsvöxtur m.; v. byggja, smíða
builder (hús)byggjandi m.; byggingameistari m.
building (hús)bygging f.
building code byggingarreglugerð f.
building committee byggingarnefnd f.
building loan byggingalán n.
building material byggingarefni n.
building society byggingafélag n.
building trades byggingariðnaður m.
build on v. (an additional building) byggja við
build-up uppbygging f.; aukning f.
build up v. byggja(st) upp; efla(st), magna(st)
build (up)on v. byggja á, grundvalla á
built v. (p., pp. **build**)
built-in adj. innbyggður; meðfæddur
bulb blómlaukur m., (light) ljósapera f.
bulbous adj. lauklaga; þrútinn, gildur
bulge bunga f., bumba f.; v. bunga út, gúlpa(st)

bulk magn n., umfang n., (main part) meginhluti m.; **in b.** í stórum einingum; í lausavigt; vi. **b. large** taka mikið rúm; vega þungt
bulk cargo lausafarmur m.
bulk carrier stórflutningaskip n.
bulkhead skilrúm n., milliþilja f.
bulk order magnpöntun f.
bulk rate magnfarmgjald n.
bulky adj. fyrirferðarmikill; óhandhægur
bull naut n., tarfur m.; karldýr n., (nonsense) bull n., þvaður n.; **take the b. by the horns** takast á við vandann
bull (letter from the Pope) páfabréf n., bulla f.
bull rout marhnútur m.
bulldog bolabítur m.
bulldoze vt. ýta (með jarðýtu); þvinga
bulldozer jarðýta f.
bullet byssukúla f.
bulletin fréttatilkynning f.; fréttapistill m.
bulletin board (Am.) tilkynningatafla f.
bulletproof adj. skotheldur
bullfight nautaat n.
bullfighter nautabani m.
bullfinch dómpápi m.
bullfrog (stórvaxinn) froskur m.
bullheaded adj. sauðþrár, þrjóskur, þver
bullion gullstengur f.pl., silfurstengur f.pl.
bullock uxi m., geldneyti n.
bullring nautaatsvöllur m.
bull's-eye miðdepill (á skotskífu) m.; mark n.
bully yfirgangsseggur m., hrekkjusvín n.; vt. kúga
bulrush sef n., (Scripus) skúfgras n., (Typha) dúnhamar m.
bulwark virkisgarður m.; vörn f., vernd f.
bum umrenningur m., slæpingi m., (buttock) rass m.
bum around/about v. slæpast
bumblebee hunangsfluga f.
bum off v. sníkja/ betla af e-m
bump högg n., dynkur m., (swelling) kúla f.; ójafna f.; adv. beint; v. reka(st) í/á; hossast
bumper höggdeyfir m., stuðari m.; fleytifullt glas n.; adj. ríkulegur; afburða-, met-

bumpkin sveitalubbi m., búri m.
bump off v. (kill) kála, stúta
bumptious adj. hrokafullur, stærilátur
bumptiousness hroki m., stærilæti n.
bumpy adj. ójafn, holóttur; hossandi, hristings-
bun bolla f., brauðsnúður m., (of hair) hárhnútur m.
bunch búnt n., knippi n., (group) hópur m.; **b. of grapes** vínberjaklasi m.; **b. of flowers** blómvöndur m.; **b. of keys** lyklakippa f.
bunch up v. búnta; safna(st) saman
bundle böggull m., búnt n., knippi n.; **b. of nerves** taugahrúga f.; vt. vefja í böggul; hrúga
bundle off v. rjúka burt; senda/drífa burt
bundle up v. pakka saman, (dress warmly) dúða
bung spons n., tappi m.; vt. sponsa, (throw) fleygja
bungalow einlyft íbúðarhús n.
bunghole sponsgat n., tappagat n.
bungle klúður n.; v. klúðra; fúska
bungler klúðrari m., klaufi m.
bung up v. (block) stífla, teppa
bunk koja f.; vi. sofa (í koju), gista
bunker (in a ship) eldsneytisgeymir m.; kolalest f., (shelter) skotbyrgi n., (in golf) sandgryfja f.
bunk off v. (play truant) skrópa
bunk(um) (nonsense) þvaður n., þvættingur m.
bunny kanína f.
bunting (bird) tittlingur m.
buoy bauja f., dufl n.; v. merkja með dufli
buoyancy flotkraftur m.; léttlyndi n.
buoyant adj. flothæfur; léttlyndur, glaðvær
buoy up v. halda á floti; uppörva, hvetja
bur (seed case) krókaldin n.
burble vi. gjálfra; þvogla, þvaðra
burden byrði f., álag n.; vt. klyfja; íþyngja
burden (of a song) viðlag n.; megininntak n.
burden of proof sönnunarbyrði f.

burdensome adj. þungbær, örðugur
bureau skatthol n., (Am.) kommóða f., dragkista f., (office) skrifstofa f.; stjórnardeild f.
bureaucracy skrifstofuveldi n.; skriffinnska f.
bureaucrat kerfiskarl m.; embættismaður m.
burglar innbrotsþjófur m.
burglar alarm þjófabjalla f.
burglarize (Am.) v. brjótast inn (í)
burglary innbrot n.
burgle v. brjótast inn (í)
burial greftrun f.; jarðarför f.
burial ground grafreitur m.
burlap (poka)strigi m.
burlesque skrípaleikur m.; vt. skopstæla, háðfæra
burly adj. þrekvaxinn, kraftalegur
burn brunasár n.; brunablettur m.; v. brenna; loga
burn away v. loga glatt; brenna upp
burn down v. brenna til grunna; deyja út, kulna
burner brennari m.
burning adj. brennandi, (of feelings) ákafur
burnish v. fægja, fága
burn out v. brenna út, kulna; eyðast í eldi; brenna upp
burnt offering brennifórn f.
burn up v. blossa upp, glæðast; brenna (upp)
burp ropi m.; vi. ropa
burr (seed case) krókaldin n.
burr (hum) suð n., súrr n.; vi. suða, súrra
burrow greni n.; v. grafa (sér) greni/göng
bursar (háskóla)gjaldkeri m.
burst sprenging f., (outbreak of effort) hviða f., kast n.; vt. sprengja; vi. springa, bresta
burst in (up)on v. ryðjast inn á/í
burst into v. ryðjast/brjótast inn í; taka (til við) að
burst out v. (laughing/crying) skella upp úr/bresta í grát
bury vt. grafa, fela; jarðsetja, greftra
bus strætisvagn m.; áætlunarbíll m., rúta f.
busby bjarnarskinnshúfa f.

bush runni m.; kjarr n.
bushel skeppa m. (Br. 36,37 l., Am. 35,24 l.)
Bushman (pl. -**men**) búskmaður m.
bushy adj. kjarróttur, (of hair) loðinn
business viðskipti n.pl., (company) fyrirtæki n., (task) viðfangsefni n., verk n.; **get down to b.** koma sér að kjarna málsins; **mean b.** vera alvara; **none of your b.** kemur þér ekki við
business acumen viðskiptavit n.
business agent (Br.) trúnaðarmaður verklýðsfélags m.
business analysis viðskiptagreining f.
business associate viðskiptafélagi m.
business card nafnspjald n.
business collapse viðskiptahrun n.
business college verslunarskóli m.; viðskiptaháskóli m.
business conditions viðskiptaskilyrði n.
business contacts viðskiptatengsl n.pl.
business cycle hagsveifla f.
business economics rekstrarhagfræði f.
business education viðskiptamenntun f.
business ethics viðskiptasiðfræði f.
business hours afgreiðslutími m.
businesslike adj. skipulegur, markviss, fumlaus
businessman (pl. -**men**) kaupsýslumaður m.
business management fyrirtækjastjórnun f.
business objective viðskiptamarkmið n.
business partner meðeigandi m.
business prospects viðskiptahorfur f.pl.
business relations viðskiptatengsl n.pl., viðskiptasamstarf n.
business skill viðskiptafærni f.
businesswoman (pl. -**women**) kaupsýslukona f.
bus stop biðstöð f.
bust brjóstmynd f.; brjóstmál n., (bosom) barmur m.
bust (failure) misheppnað fyrirtæki n., (revelry) drykkjusvall n., (arrest) handtaka f.; adj. brotinn; bilaður; **go b.** fara á hausinn; v. brjóta, mölva; handtaka
buster (fellow) lagsmaður m.
bustle umstang n., stúss n.; v. vera á þeysingi

busy adj. upptekinn; annasamur; fjölfarinn
busybody slettireka f.
busy oneself v. vera önnum kafinn; sökkva sér niður í
but conj. en, (rather; instead) heldur; **but then** en á hinn bóginn; **not only...but also** ekki aðeins...heldur einnig
but prp. nema; að frátöldum; **but for** án; last b. one næstsíðastur; next b. two þarnæstur
but adv. ekki nema, aðeins; **anything b.** allt annað en; **all b.** hér um bil
butcher slátrari m.; kjötkaupmaður m.; vt. slátra
butcher's shop kjötbúð f.
butchery slátrun f.; sláturhús n.
butler yfirþjónn (á heimili) m., bryti m.
butt (end) skaft n., skefti n., (of a cigarette) stubbur m., (target) skotspónn m., (large barrel) áma f.
butt stang n.; v. stanga, reka horn í
butter smjör n.; vt. smyrja
buttercup (brenni)sóley f.
butterfingers glopra f.; klaufi m.
butterfly fiðrildi n.
butterfly stroke flugsund n.
buttermilk áfir f.pl.; súrmjólk f.
butter up v. (flatter) skjalla e-n
butterwort lyfjagras n.
butt in v. skipta sér af, sletta sér fram í
buttock þjóhnappur m., rasskinn f.
buttocks sitjandi m., rass m.
button hnappur m.; v. hneppa
buttonhole hnappagat n.
buttress veggstöpull m.; máttarstólpi m.; vt. styðja, styrkja
buxom adj. (of a woman) bústinn, barmmikill
buy kaup n.pl.; v. kaupa
buyer kaupandi m.
buying spree kaupæði n.
buy off v. kaupa af sér, múta
buzz suð n., niður m., (telephone call) símhringing f.; v. suða, (move rapidly) þjóta
buzzard músvákur m.; kalkúngammur m.
buzzer (dyra)bjalla f.; kalltæki n.
buzz off v. hypja sig, snauta burt
by prp. (near) við, hjá, (past) framhjá, (by way of) um, eftir (of time) fyrir, ekki síðar en, (in accordance with) samkvæmt, (with numbers) sinnum; deilt með
by adv. (near) hjá, (past) framhjá; **by and by** hvað úr hverju, senn hvað líður; **by and large** að mestu leyti, yfirleitt
bye-bye interj. bless
by(e)law bæjarsamþykkt f.; aukalög n.pl.
by-election aukakosning f.
by-product aukaafurð f.
bygone liðin tíð f.; adj. liðinn
bypass hliðarbraut f.; vt. fara framhjá, sneiða hjá
bypath hliðarvegur m.
bystander vegfarandi m., sjónarvottur m.
byte tölvustafur m., bæti n.
byword máltæki n.; **become a b.** verða alræmdur
byzantine adj. (complicated) margbrotinn, flókinn

C

cab (Am.; taxi) leigubíll m.
cabaret kabarett m.
cabbage hvítkál n.
cabdriver (Am.) leigubílsstjóri m.
caber staur m.; **tossing the c.** staurakast n.
cabin klefi m., káeta f.; kofi m.
cabin boy káetudrengur m.
cabin cruiser lystibátur m., skemmtisnekkja f.
cabinet skápur m.; ráðuneyti n., ríkisstjórn f.
cabinetmaker húsgagnasmiður m.
cabinet meeting ríkisstjórnarfundur m.
cabinet minister ráðherra m.
cable kaðall m., strengur m., (telegram) símskeyti n.; v. senda símskeyti
cable car klafferja f., togbrautarvagn m.
cable casing barki m.
cablegram símskeyti n.
cable's length kapallengd f. (Br. 185,18 m., Am. 219,46 m.)
cabriolet blæjubíll m.

cacao (bean) kakóbaun f., (tree) kakótré n.
cachalot búrhvalur m., búrhveli n.
cache felustaður m.; geymdur forði m.; vt. fela
cackle gagg n.; vi. gagga; hneggja af hlátri
cacophonous adj. óþýður, ósamhljóma
cacophony hljómharka f., óhljómur m.
cactus kaktus m., kaktusplanta f.
cadaver lík n., nár m.
caddie golfsveinn m.
cadence hljóðfall n., taktur m.
cadet kadett m.
cadge v. sníkja, betla
cadger sníkjupúki m., betlari m.
cadre liðskjarni m.
caesarian section keisaraskurður m.
caesura ljóðhvíld f., braghvíld f.
cafeteria kaffitería f.
café kaffihús n., (vín)veitingahús n.
caffeine koffeín n.
caftan (a tunic) serkur m.
cage búr n.; vt. setja í búr
cagey adj. varfærinn, slóttugur
cairn steindys f., varða f.
cajole vt. ginna með fagurmælum, lokka til e-s
cake kaka f.; **a piece of c.** barnaleikur m.; v. maka, smyrja, þekja; storkna, harðna
calamitous adj. óheillavænlegur, hörmulegur
calamity ógæfa f., hörmung f.
calcification kölkun f., kalkmyndun f.
calcify v. kalka(st), harðna
calcination kalkbrennsla f.
calcite kalkspat n.
calculable adj. (út)reiknanlegur; áreiðanlegur
calculate v. reikna (út)
calculated adj. úthugsaður, veginn
calculating adj. útsmoginn
calculation (út)reikningur m.; áætlun f.
calculator reiknivél f., vasatölva f.; reikningsmaður m.
calculus örsmæðarreikningur m., reiknivísi f.
caldera askja f., sigketill m.
calendar almanak n., dagatal n.; tímatal n.

calendar day sólarhringur m.
calendar month almanaksmánuður m.
calendar year almanaksár n.
calf (pl. **calves**) kálfur m., (of the leg) kálfi m.
calibrate v. fínstilla; kvarða
calibre hlaupvídd f., þvermál n.; (quality) hæfileikar m.pl., (mann)kostir m.pl.
calipers (Am.) mát n.; víddarmælir m.; þykktarmælir m.
caliph kalífi m.
caliphate kalífadæmi n.
calk skafl m., (on a boot) hælbroddur m.; vt. setja skafla á; járnbenda (skó)
call kall n., (visit) heimsókn f.; **pay a c. (on s-y)** líta inn (til e-s), **at/on c.** á vakt; til taks; v. kalla (á), (name) nefna
call box almenningssímaklefi m.
call by v. koma við
call down v. biðja e-m e-s; (Am.; scold) skamma
call for v. kalla á; krefjast; (koma að) sækja
caller (visitor) gestur m.
call girl símavændiskona f.
calligraphy skrautritun f.
call-in (Am.) símatími m., bein lína f.
call in v. líta inn, (request the return of) innkalla
calling köllun f., (profession) starf n., atvinna f.
callipers mát n.; víddarmælir m.; þykktarmælir m.
call off v. aflýsa, fresta, hætta við
callosity sigg n.
callous adj. sigggróinn; harðbrjósta
callousness tilfinningaleysi n., kaldlyndi n.
call out v. kalla út; skipa e-m að hefja verkfall
callow adj. ófiðraður, fiðurlaus; óreyndur
call-up herkvaðning f.
call up v. (bring back to mind) rifja upp, vekja, (summon for military service) kveðja í herinn, (Am.; telephone) hringja til/í
call (up)on v. heimsækja; leita til, biðja; kalla á
callus sigg n.
calm logn n.; adj. lygn; rólegur; vt. róa

calm down → canteen 62

calm down v. róa(st), sefa(st), kyrra(st)
calmness rólyndi n.; kyrrð f., ró f.
calorie kaloría f., hitaeining f.
calorific adj. varmamyndandi; hitaeiningar-
calumniate vt. baknaga, ófrægja, níða
calumny rógur m., óhróður m.; rógburður m.
Calvinism kalvínstrú f.
Calvinist kalvínstrúarmaður m.
calyx blómbikar m., bikarblöð n.pl.
cam kambur m., kambhjól n.
camber bunga f.
camel úlfaldi m.
cameo (pl. **cameos**) (upphleyptur) gimsteinn m.
camera myndavél f.; **in c.** fyrir luktum dyrum
camomile baldursbrá f.
camouflage felulitur m.; vt. felulita; dulbúa
camp (tjald)búðir f.pl.; herbúðir f.pl.; vi. tjalda; liggja úti; **go camping** fara í útilegu
camp adj. púkalegur, (homosexual) kynhverfur; kvenlegur
campaign herferð f.; vi. fara herferð, herja
campaigner hermaður m.; baráttumaður m.
camper tjaldmaður m., (Am.) hjólhýsi n.
campfire varðeldur m.
campground tjaldsvæði n.
camphor kamfóra f.
campsite tjaldsvæði n.
campus háskólalóð f., háskólasvæði n.
camshaft kambás m.
camshaft gear tímahjól n.
can v. geta; mega; **I can** ég get
can dunkur m., brúsi m., (Am.) dós f.; vt. setja í dós, sjóða niður
Canadian Kanadabúi m.; adj. kanadískur
canal skurður m.; rás f., farvegur m.
canary kanarífugl m.
cancel v. afboða, afpanta; ógilda; strika út
cancel command ógildingarskipun f., frestunarskipun f.
cancellation aflýsing f., afpöntun f.; ógilding f.
cancellation charge afpöntunargjald n.

cancellation insurance forfallatrygging f.
cancer krabbamein n., krabbi m.
Cancer Krabbinn m.; krabbi m.
cancerous adj. krabbameins-
candelabrum kertastjaki m.
candid adj. einlægur, heiðarlegur
candidacy (Am.) framboð n.
candidate frambjóðandi m.; umsækjandi m.
candidature framboð n.
candle kerti n.
candlestick kertastjaki m.
candlewick kertiskveikur m.
candour hreinskilni f., heiðarleiki m.
candy (Am.) brjóstsykur m., sælgæti n.
candy store sælgætisbúð f.
cane reyr m.; göngustafur m.; vt. flengja (með priki)
canine hundur m.; adj. hundslegur; hund(a)-
canine tooth augntönn f., vígtönn f.
canister dós f., hylki n.
canker átusár n.; meinsemd f.; vt. valda drepi í
cankerous adj. drepkenndur; sýktur
cannabis hampur m.; kannabis n.
canned goods niðursuðuvörur f.pl.
cannery niðursuðuverksmiðja f.
cannibal mannæta f.
cannibalism mannát n.
canning niðursuða f.
cannon fallbyssa f.
cannonade stórskotahríð f.
cannot, can't v. geta ekki; mega ekki
canny adj. kænn; hagsýnn
canoe eintrjáningur m., eikja f., barkarbátur m.
canon (law) kirkjuréttur m.; kórbróðir m., kanúki m.
canonize vt. taka í dýrlingatölu
can opener (Am.) dósahnífur m.
canopy tjaldhiminn m., rúmtjald n.
cant (hypocrisy) hræsni f., (jargon) fagmál n.
cant (ská)halli m.; v. halla(st)
cantankerous adj. geðstirður; þrasgjarn
cantata (pl. **cantatas**) kantata f.
canteen mötuneyti n.; (container) brúsi m.

canter valhopp n.; v. valhoppa
canticle sálmur m.
cantilever bridge svifbiti m., (bridge) svifbitabrú f.
canton kantóna f., fylki n.
canvas strigi m., segldúkur m.
canvass atkvæðasmölun f.; v. safna atkvæðum; (examine) grannskoða, (consider) ræða
canyon (ár)gljúfur n., gil n.
cap húfa f., hetta f.; vt. setja húfu/hettu á, (improve on) slá út, bæta um betur
capability hæfileiki m.; máttur m., geta f.
capable adj. hæfur, fær (um = **of**); vís (til = **of**)
capacious adj. víður, rúmgóður
capacitance (raf)rýmd f.
capacitor þéttir m.
capacity rúmtak n.; geta f., hæfileiki m.; staða f.
capacity for learning skilningsgeta f.
capacity level afkastastig n.
capacity utilization nýting afkastagetu f.
caparison söðulklæði n.
cape höfði m., (garment) herðaslá f.
capelin loðna f.
caper hopp n., (prank) uppátæki n., brella f., (crime) glæpur m.; v. hoppa, ærslast
capillary háræð f.; hárpípa f.
capillary attraction hárpípukraftur m.
capital (city) höfuðborg f., (stock) höfuðstóll m.; fjármagn n., (of a pillar) súluhöfuð n.; adj. höfuð-; dauða-; (excellent) ágætur, frábær
capital letter upphafsstafur m., hástafur m.
capitalism auðvald n.; auðvaldsskipulag n.
capitalist auðjöfur m.; auðvaldssinni m.
capitalist(ic) adj. auðvaldssinnaður, auðvalds-
capitalize v. fjármagna; breyta í fé; rita með hástöfum
capitalize on v. færa sér í nyt, hagnast á
capital punishment dauðarefsing f.
capitation nefskattur m.
capitulate vt. gefast upp (með skilyrðum)

capitulation uppgjöf f.
capnut hetturó f.
capon geldhani m.
caprice duttlungar m.pl.
capricious adj. duttlungafullur, dyntóttur
Capricorn Steingeitin f.; steingeit f.
capsicum paprika f.
capsize v. hvolfa(st)
capstan (akkeris)vinda f., gangspil n.
capsule hylki n., (of a plant) fræbelgur m.
captain (navy) kapteinn m., (army) höfuðsmaður m., (team) fyrirliði m., (ship) skipstjóri m., (aircraft) flugstjóri m.
caption yfirskrift f.; myndatexti m.
captious adj. aðfinnslusamur, þrasgjarn
captivate vt. töfra, heilla, hrífa
captivation töfrun f., heillun f., hrifning f.
captive fangi m.; adj. fanginn, í haldi; hernuminn
captivity fangavist f., hald n.; ánauð f.
captor fangari m.
capture handtaka f.; föngun f.; vt. handtaka, fanga
car bíll m., bifreið f.; vagn m.
carafe karafla f., vínkanna f.
caramel karamella f.; adj. karamellu-
caravan ferðamannalest f.; hjólhýsi n.
caraway kúmen n.
carbohydrate kolvetni n.
carbon kolefni n.
carbonate karbónat n.; vt. metta með koltvísýringi
carbonation kolsýrumettun f.
carbon black kinrok n.
carbon copy kalki(pappírs)afrit n.
carbon dating aldursákvörðun með geislakolum f.
carbon dioxide koltvísýringur m., koldíoxíð n.
carbonic acid kolsýra f.
carbonization kolun f.
carbonize vt. kola, breyta í kol
carbon monoxide kolsýringur m., kolmónoxíð n.
carbon paper kalkipappír m.
carboy gleráma f., glerbrúsi m.
carbuncle (blóð)kýli n.; roðasteinn m.

carburettor blöndungur m.
carcass hræ n.; skrokkur m.
carcinogen krabbameinsvaldandi efni n., krabbavaki m.
card (nafn)spjald n.; **playing cards** spil n.pl.
card (for combing wool) kambur m.; vt. kemba
cardboard pappi m.; adj. pappa-, úr pappa
cardboard box pappakassi m.
card feed spjaldaskammtari m.
cardhouse spilaborg f.
cardiac adj. hjarta-
cardiac arrest hjartaslag n.
cardiac valve hjartaloka f.
cardigan golftreyja f., (hneppt) peysa f.
cardinal kardináli m., (colour) hárauður litur m.; adj. höfuð-, aðal-, megin-, grundvallar-; hárauður
cardinal number höfuðtala f.
cardinal point höfuðátt f.
card index spjaldskrá f.
cardiogram hjartalínurit n.
cardiograph hjartariti m.
cardiologist hjartasérfræðingur m.
card punch götunarvél f., gatari m.
cardsharp spilahrappur m.
care (að)gát f., gætni f., (supervision) umsjón f., (worry) áhyggja f., kvíði m.; **take c.** fara varlega; **take c. of** sjá um; gæta; **c. of** hjá; vi. standa ekki á sama, vera ekki sama
careen v. halla(st)
career lífsstarf n.; starfsferill m., (violent speed) fleygiferð f.; vi. æða, þjóta
care for v. kæra sig um, (like) þykja gott, (like to have) vilja, (look after) sjá um, annast
carefree adj. áhyggjulaus
careful adj. varkár, gætinn; vandvirkur; vandaður
carefulness varkárni f., gætni f.; vandvirkni f.
careless adj. kærulaus; óvandvirkur; óvandaður
carelessness hirðuleysi n., ógætni f.; óvandvirkni f.
caress blíðuhót n.pl.; vt. gæla við, strjúka, kjassa

caret innskotsmerki n.
caretaker umsjónarmaður m.
caretaker government bráðabirgðastjórn f.
careworn adj. raunamæddur, dapur
car ferry bílaferja f.
cargo farmur m.
cargo space farmrými n.
car hire bílaleiga f.
caricature skopstæling f.; skopmynd f.; vt. skopstæla
caricaturist skopmyndateiknari m.
caries (tann)skemmd f.
car mania bíladella f.
carmine fagurrauður litur m.; adj. fagurrauður
carnage blóðbað n.
carnal adj. holdlegur
carnation nellikka f., drottningarblóm n.
carnival kjötkveðjuhátíð f.
carnivore kjötæta f.; rándýr n.
carnivorous adj. kjötetandi, kjötætu-; rándýrs
carol fagnaðarsöngur m.; jólasöngur m.
carotid artery hálsslagæð f.
carousal drykkjusvall n.
carouse vt. svalla
carousel (Am.) hringekja f.
carp (freshwater fish) vatnakarfi m.
carp vt. karpa, finna að, gagnrýna
carpal úlnliðsbein n.; adj. úlnliðs-
car park bílastæði n., bílageymsla f.
carpenter trésmiður m.
carpenter's bench hefilbekkur m.
carpentry trésmíði f.
carpet (gólf)teppi n.; vt. teppaleggja
carport bílskýli n.
car rental (Am.) bílaleiga f.
carriage (hest)vagn m.; (transport) flutningur m., (cost) flutningsgjald n.
carriage return vending f.
carriage return character vendistafur m.
carriageway akbraut f.
carrier flutningsaðili m., farmflytjandi m.
carrier bag innkaupapoki m.
carrier pigeon bréfdúfa f.
carrion hræ n.
carrion crow svartkráka f.
carrot gulrót f.
carry (of a gun) skotmál n., (portage)

carryall → castle

flutningur m.; v. bera, halda á; flytja;
c. the day hrósa sigri; **c. one's point**
ná sínu fram; **c. weight (with)** vera
þungur á metunum (hjá)
carryall (stór) burðarpoki m.
carry away v. hrífa, æsa; **get carried a.**
gleyma sér
carry back v. færa aftur (í tímann)
carrycot burðarrúm n.
carry forward v. flytja (samtölu)
carry off v. (win) hreppa (verðlaun), (do successfully) takast (e-ð), (kill) verða e-m að bana
carry on v. (continue) halda áfram
carry on with v. vera í tygjum við
carry out v. framkvæma, ljúka
carry-over flutt upphæð f.; afgangur m., arfur m.
carry over v. vera eftir; haldast; flytja (samtölu)
carry through v. fleyta yfir, halda gangandi; framkvæma
carsick adj. bílveikur
cart kerra f., vagn m.; vt. flytja á kerru/vagni
cartage (land)flutningur m.; flutningsgjald n.
carte blanche ótakmarkað umboð n., fjálsar hendur f.pl.
cartel haftasamtök n.pl., einokunarhringur m.
carter kerruekill m., keyrari m.
cartilage brjósk n.
cartilaginous adj. brjóskkenndur, brjósk-
cartographer kortagerðarmaður m.
cartography kortagerð f.
carton pappakassi m.; pappaaskja f.
cartoon skopmynd f., (animated) teiknimynd f.
cartoonist skopmyndateiknari m.
cartridge (skot)hylki n., (in a record player) hljóðdós f.
cartwheel kerruhjól n.; hliðarstökk n.; **turn cartwheels** fara á handahlaupum
carve vt. skera (út), rista; búa (sér) til
carving útskorið verk n.; útskurður m.
cascade vatnsfall n., foss m.; vi. fossa, flæða
case tilfelli n., (in a court of law) mál n., (in grammar) fall n.; **in c.** til vonar og vara; ef ske kynni (að); **in that c.** fyrst svo er; **in any c.** í öllu falli
case (box) kassi m.; hulstur n., (frame) umgjörð f.
case history sjúkrasaga f., sjúdómssaga f.
casein ostefni n.
case law fordæmisréttur m.
casement (window) hjaragluggi m.
cash reiðufé n.; vt. koma í verð, innleysa
cash account sjóðreikningur m.
cash-and-carry adj. staðgreiðslu-
cash desk afgreiðsluborð n.
cash discount staðgreiðsluafsláttur m.
cashier gjaldkeri m.
cash in on v. notfæra sér, græða á
cashmere kasmírull f.
cash price staðgreiðsluverð n.
cash register búðarkassi m.
casing hlíf f., fóðring f.; umgjörð f., karmur m.
casino (pl. **casinos**) spilavíti n.
cask áma f., tunna f.
casket askja f., skrín n.; (Am.) líkkista f.
Caspian Sea Kaspíahaf n.
casserole skaftpottur m.; pottréttur m.
cassette segulbandsspóla f.; (filmu)hylki n.
cassock prestshempa f.
cast kast n., varp n., (mould) steypumót n.; afsteypa f., (set of actors) leikendur m.pl.; v. kasta, varpa; steypa í móti; skipa (leikara) í hlutverk
castanets handskellur f.pl., kastaníettur f.pl.
cast about for v. leita fyrir sér um
castaway skipbrotsmaður m.
cast away vt. fleygja; gera skipreika
cast down vt. gera niðurdreginn
caste erfðastétt f.; (þjóðfélags)stétt f.
castellated adj. byggður með kastalasniði
caster hjól n.; kryddstaukur m.
caster sugar strásykur m.
castigate vt. refsa, hirta; ávíta
castigation refsing f., hirting f.; ávítur f.pl.
casting afsteypa f.; hlutverkaskipan f.
casting vote úrslitaatkvæði n.
cast iron steypujárn n.
castle kastali m., (in chess) hrókur m.; vi. hróka

cast off v. fleygja (af sér), (of a ship) leysa landfestar, (in knitting) fella af
cast on v. (in knitting) fitja upp
castor oil laxerolía f.
cast out v. reka út, (expel) útskúfa
castrate vt. gelda, vana
castration gelding f., vönun f.
casual ígripavinnumaður m.; adj. tilviljunarkenndur, óvæntur, (careless) skeytingarlaus, (informal) óformlegur, frjálslegur, (irregular) stopull
casual clothes hversdagsklæðnaður m.
casualties mannfall n., mannamissir m.
casualty fórnarlamb n., (accident) slys n., (death) banaslys n., (loss) missir m., tap n.
casualty insurance vátrygging f.
casualty ward slysadeild f.
casuist rökkrókamaður m.
casuistry rökflækja f., rökkrókar m.pl.
cat köttur m.
cataclysm stórflóð n., náttúruhamfarir f.pl.
catacomb katakomba f., grafhvelfing f.
catafalque viðhafnarpallur m.
catalepsy dástjarfi m.
catalogue skrá f., listi m.; vt. skrá, færa á skrá
catalyst (efna)hvati m.
catamaran tvíbolungur m.
catapult teygjubyssa f.; valslöngva f.; vt. slöngva
cataract (vatnsmikill) foss m., (on the eye) vagl n.
catarrh slímhúðarþroti m.; kvef n.
catastrophe hamfarir f.pl.; stórslys m., hörmung f.
catastrophic adj. stórslysalegur, hörmulegur, ógæfu-
catcall baul n., blístur n.; vi. baula, blístra
catch grip n., (of fish) veiði f., afli m., (hook) hespa f.; læsing f., (hidden difficulty) gildra f.; v. grípa; veiða; **c. cold** fá kvef; **c. hold of** ná taki á; fanga; **c. sight of** koma auga á
catch at v. (reyna að) grípa í/eftir
catching adj. (of a disease) smitandi; grípandi
catchment area vatnasvið f., söfnunarsvæði n.

catch on v. verða vinsæll, (understand) skilja
catch up on v. vinna e-ð upp
catch up with v. ná, hlaupa uppi
catchword slagorð n., kjörorð n.
catchy adj. grípandi; auðlærður
catechism spurningakver n.; trúfræðsla f.
catechize vt. spyrja (fermingarbörn); þaulspyrja
categorical adj. afdráttarlaus, skilyrðislaus
categorize vt. flokka, draga í dilka
category flokkur m., tegund f.; frumhugtak n.
cater v. útvega veitingar
caterer veitingamaður m.
cater for/to v. koma til móts við, fullnægja
caterpillar fiðrildislirfa f., tólffótungur m.
caterpillar tractor beltadráttarvél f.
caterwaul kattarvæl n.
catfish steinbítur m.; leirgedda f.
catgut girni n.
catharsis (pl. -ses) búkhreinsun f.; geðhreinsun f.
cathedral dómkirkja f.
catherine wheel sól f., rellublys n.
cathode bakskaut n., neikvætt rafskaut n.
cathode ray tube bakskautslampi m., myndlampi m.
Catholic kaþólskur maður m.; adj. rómversk-kaþólskur
catholic adj. almennur, víðtækur; víðsýnn
Catholicism kaþólska f.
catnap hænublundur m.
cat-o'-nine-tails hnútasvipa f.
cat's cradle (game) fuglafit f.
cat suit (aðskorinn) samfestingur m.
cattle nautgripir m.pl.
cattle grid rimlahlið n.
cattle-raiser nautgriparæktandi m.
catty adj. kvikindislegur, meinlegur; lævís
catwalk (mjór) gangvegur m., göngubrú f.
caucus flokkstjórnarfundur m.; valdaklíka f.
caudal fin sporðblaðka f.
caught v. (p., pp. **catch**)
cauldron suðupottur m.; nornaketill m.
cauliflower blómkál n.
causal adj. orsakabundinn, orsaka-

causal conjunction orsakatenging f.
causality orsakasamband n.
causative (in grammar) orsakarsögn f.
cause orsök f., (reason) tilefni n., (principle) málstaður m.; vt. orsaka, valda
causeless adj. ástæðulaus, tilefnislaus
causeway upphækkaður vegur m.
caustic ætiefni n.; adj. ætandi; meinyrtur, stingandi
caustic soda vítissóti m.
cauterize vt. brenna fyrir (sári)
caution varúð f., gætni f., (warning words) áminning f.; viðvörun; vt. áminna; vara við
caution lamp viðvörunarljós n.
caution signal hættumerki n.
cautionary adj. aðvörunar-, varnaðar-
cautious adj. varkár, gætinn
cavalcade skrúðfylking f.
cavalier riddari m.; adj. riddaralegur; þóttafullur
cavalry riddaralið n.
cave hellir m.
cave-in hrun n.; niðurbrot n.
cave in v. falla saman, hrynja; fella, láta hrynja; beygla, dælda, (yield) láta undan, gefa sig
caveman (pl. -men) hellisbúi m.
cavern (stór) hellir m.
cavernous adj. helllóttur; holóttur, holur
caviar(e) kavíar m.; styrjuhrogn n.pl.
cavity hola f., holrúm n.
cavort vi. ærslast, hoppa og skoppa
caw krunk n.; v. krunka
cease v. hætta, stöðva(st) enda
cease-fire vopnahlé n.
ceaseless adj. linnulaus, látlaus, sífelldur
cedar sedrusviður m.
cede vt. láta af hendi, afsala sér
cedilla (under a letter) krókur m. (cç)
ceiling loft (í herbergi) n.
celebrate vt. halda hátíðlegan; lofsyngja
celebrated adj. alþekktur, rómaður
celebration hátíðahald n., fagnaður m.
celebrity orðstír m.; víðfrægur maður m.; dægurstjarna f.
celerity (speed) hraði m.
celery seljurót f., blaðselja f.
celestial adj. himneskur, guðdómlegur; himin-
celestial body himinhnöttur m., himintungl n.
celibacy einlífi n.; skírlífi n.
celibate einlífismaður m.; einhleypingur m.
cell klefi m.; hólf n.; fruma f.
cellar (geymslu)kjallari m.
cell division frumuskipting f.
cellist sellóleikari m.
cell membrane frumuhimna f.
cello (pl. **cellos**) selló n., knéfiðla f.
cellophane sellófan n.
cellular tissue frumuvefur m.
cellulose beðmi n., sellulósi m.
Celsius scale Celsíuskvarði m.
Celtic (language) keltneska f.; adj. keltneskur
cement sement n., steinsteypa f.; fyllingarefni n.; vt. binda með sementi; sementsbera; líma
cement-mixer steypu(hræri)vél f.
cemetery kirkjugarður m., grafreitur m.
cenotaph minnisvarði m.; tómt grafhýsi n.
censor ritskoðandi m.; vt. ritskoða
censorious adj. gagnrýninn, dómharður
censorship ritskoðun f.
censure ámæli n., vítur f.pl.; vt. álasa, lasta
census manntal n.; talning f.
cent sent n. (= 1/100 úr dollar);
per c. af hundraði
centaur kentár m., mannhestur m., elgfróði m.
centenarian tíræður maður m.; adj. tíræður
centenary aldarafmæli n.; adj. aldar-; aldarafmælis-
centennial (Am.) aldarafmæli n.; adj. aldar-; aldarafmælis-
centigrade scale Celsíuskvarði m.
centigram(me) sentígramm n.
centilitre sentílítri m.
centimetre sentímetri m.
centipede margfætla f.
central adj. miðlægur; miðsvæðis, mið-; aðal-, höfuð-
central computer móðurtölva f.
central door-lock samlæsing f.

central door locking system → chalk 68

central door locking system samlæsingarkerfi n.
central heating miðstöðvarhitun f.
centralism miðstýringarstefna f.
centralization söfnun að miðju f.; miðstýring f.
centralize vt. safna(st) að miðju; koma á miðstýringu
central nervous system miðtaugakerfi n.
central processing unit miðverk n., miðstöðvareining f.
central volcano megineldstöð f.
centre miðja f., miðpunktur m.; miðstöð f.; v. setja/vera í miðju; safna(st) um/í miðpunkt
centreboard laus kjölur m.
centre of gravity þyngdarpunktur m., þungamiðja f.
centre (up)on v. beina(st) að, snúast um
centrifugal adj. miðfælinn, miðflótta-
centrifugal force miðflóttakraftur m.
centrifuge skilvinda f.; þeytivinda f.
centriole deilikorn n.
centripetal adj. miðsækinn, miðsóknar-
centripetal acceleration miðsóknarhröðun f.
centripetal force miðsóknarkraftur m.
centrist miðjumaður m., miðflokkamaður m.
centromere þráðhaft n.
centrosome geislaskaut n.
century öld f.
ceramics leirkerasmíð f., leirlist f.; leirmunir m.pl.
cereal korn n., kornmeti n.; kornflögur f.pl.
cerebellum hnykill m., litli heili m.
cerebral adj. heila-; andlegur, vitsmunalegur
cerebral hemorrhage heilablóðfall n.
cerebrum hvelaheili m.
ceremonial viðhafnarsiður m., kurteisisvenja f.; adj. formlegur, hátíða- viðhafnar-
ceremonious adj. formfastur; hátíðlegur, viðhafnarlegur
ceremony athöfn f.; viðhöfn f., serimónía f.
cert (certainty) öruggt mál n.
certain adj. vís, öruggur; viss, ákveðinn

certainly adv. vissulega; áreiðanlega
certainty öruggt mál n.; (full)vissa f.
certifiable adj. sannanlegur, (mad) geðveikur
certificate vottorð n., skírteini n.
certified adj. löggiltur, (mad) úrskurðaður geðveikur
certified mail (Am.) ábyrgðarpóstur m.
certified public accountant (Am.) löggiltur endurskoðandi m.
certify v. votta, staðfesta; ábyrgjast
certitude (full)vissa f.
cervix (leg)háls m.
cessation stöðvun f., hlé n., lát n.
cession afsölun f., afsal n.; afhending f.
cesspit forarþró f.; lastabæli n.
cesspool safnþró f.; óþrifabæli n.
chafe sárindi (af núningi) n.pl.; v. núa, nudda; særast við núning; ergja, gera graman
chaff hismi n.; fánýti n., rugl n.
chaff (banter) glettni f.; vt. glettast við
chaffinch bókfinka f.
chagrin gremja f., skapraun f.; vt. ergja, skaprauna
chain keðja f.; vt. festa með keðju; hlekkja
chain armour hringabrynja f.
chain gang keðjugengi n., refsifangahópur m.
chain letter keðjubréf n.
chain mail hringabrynja f.
chain reaction keðjuverkun f.; keðjuhvörf n.pl.
chain-smoke v. keðjureykja
chain-smoker keðjureykingamaður m.
chain stitch keðjuspor n., lykkjuspor n.
chain store keðjuverslun f.; verslanakeðja f.
chair stóll m.; vt. (a meeting) stýra (fundi)
chair lift stóllyfta f.
chairman formaður m., (of a meeting) fundarstjóri m.
chairperson fundarstjóri m., fundarstýra f.
chalet alpakofi m., fjallakofi m.
chalice kaleikur m., bikar m.
chalk ka!ksteinn m.; krít f.; vt. kalka, kríta (á)

chalky adj. kalkkenndur; krítarkenndur
challenge áskorun f.; vt. skora á (hólm); storka, ögra, (ask for facts) vefengja, rengja
chamber herbergi n., (legislative) þingsalur m.; þingdeild f.; (enclosed space) hólf n.
chamber music kammertónlist f.
chambermaid herbergisþerna f.
chamber of commerce verslunarráð n.
chamber orchestra kammerhljómsveit f.
chamber pot næturgagn n., koppur m.
chambers vistarverur f.pl., (of a barrister) lögmannsskrifstofa f.
chameleon kameljón n.
chammy (leather) vaskaskinn n., þvottaskinn n.
chamois gemsa f., (leather) vaskaskinn n.
champ v. bryðja, japla (á); **c. at the bit** bryðja mélin; brenna í skinninu
champ (champion) meistari m., sigurvegari m.
champagne kampavín n.
champion meistari m., methafi m., (of a cause) talsmaður m., forvígismaður m.; vt. berjast fyrir, verja
championship meistaratign f., (competition) meistarakeppni f., (support) stuðningur m., barátta f.
chance tilviljun f., (possibility) möguleiki m. (opportunity) tækifæri n., (risk) áhætta f.; **by c.** af tilviljun; adj. óvæntur; v. vilja til, henda, (risk) hætta á
chancel (of a church) kirkjukór m.
chancellor kanslari m., (of a university) heiðursrektor m.
Chancellor of the Exchequer fjármálaráðherra (Bretlands) m.
chance (up)on v. rekast á af tilviljun
chancy ad. áhættusamur, tvísýnn
chandelier ljósakróna f.
change breyting f., (um)skipti n.pl.; (coins) skiptimynt f., (of clothes) fataskipti n.pl.; **for a c.** til tilbreytingar; v. breyta(st), skipta (um); skipta um föt, hafa fataskipti
changeability breytileiki m.
changeable adj. breytilegur; breytanlegur
changeling umskiptingur m.

changeover umskipti n.pl.
change-over switch skiptirofi m.
channel sund n.; áll m.; farvegur m.; (boð)leið f.; rás f.; vt. grafa sér farveg; beina í farveg
chant söngur m.; söngl n.; v. syngja; tóna
chaos ringulreið f., óstjórn f.
chaotic adj. skipulagslaus, á tjá og tundri
chap (fellow) náungi m.
chap (crack in the skin) sprunga f.; v. springa, þorna upp; valda sprungum, þurrka upp
chap skoltur m.; **lick one's chaps** sleikja út um
chapel kapella f.; guðþjónusta (í bænhúsi) f.
chaperon velsæmisvörður m.; v. vera velsæmisvörður (e-s)
chapfallen adj. daufur í dálkinn, hnugginn
chaplain kapelluprestur m.; herprestur m.
chapter kafli m., kapítuli m., (religious group) kórbræður m.pl., (Am.) félagsdeild f.
chapter house samkunduhús (kórbræðra) n.
char v. (kol)brenna, svíða; sviðna
char ræstingakona f.; vi. vinna við ræstingar
char (fish) bleikja f., (tea) te n.
character eðli n.; skapgerð f., persónuleiki m.; persóna f., manngerð f., (moral strength) siðferðisþrek n., (in writing) rittákn n., stafur m.
character set táknróf n., stafamengi n.
characteristic eiginleiki m.; einkenni n.; adj. einkennandi
characterization skapgerðarlýsing f.; persónusköpun f.
characterize vt. einkenna, auðkenna
characterless adj. sviplaus, daufur; veikgeðja
charade skrípaleikur m.
charades látbragðsgáta f.
charcoal viðarkol n.pl.; teiknikol n.pl.
charge (accusation) ákæra f., (attack) árás f., (cost) verð n., gjald n., (care) umsjá f., umönnun f; **free of c.** ókeypis; **in c. of** ábyrgur fyrir; **take c. of** sjá um,

chargeable → checkerboard 70

annast; v. (accuse) ákæra, (attack) ráðast á, (for a service) setja upp (verð); skrifa (á reikning e-s)
chargeable adj. sem sætt getur ákæru, (of money costs) sem færa má á reikning e-s
charge account (Am.) reikningsviðskipti n.pl.
chargé d'affaires sendifulltrúi m.
charge off v. afskrifa, færa á kostnað; rjúka burt
charge sheet sakaskrá f.
charge up to v. heimfæra undir, telja stafa af
charge with v. (give as a task) fela (e-m e-ð)
charging time hleðslutími m.
chariot (tvíhjóla) stríðsvagn m.
charisma persónutöfrar m.pl.; náðargáfa f.
charismatic adj. gæddur persónutöfrum/náðargáfu
charitable adj. kærleiksríkur, (generous) örlátur
charity mannkærleikur m.; góðgerðarstarf n., (society) góðgerðarstofnun f., líknarstofnun f.
charlatan svikahrappur m., loddari m.; skottulæknir m.
charlatanism sýndarmennska f.; skottulækningar f.pl.
charm (yndis)þokki m., (persónu)töfrar m.pl., (object) töfragripur m.; v. töfra, heilla
charming adj. hrífandi, aðlaðandi, yndislegur
charr (fish) bleikja f.
chart sjókort n., (graph) línurit n.; vt. kortleggja
charter stofnskrá f.; leigutaka f.; vt. veita (sér)réttindi, (hire) taka á leigu
charter airline leiguflugfélag n.
chartered accountant löggiltur endurskoðandi m.
charter flight leiguflug n.
charter member (Am.) stofnfélagi m.
charter party (lease) leigusamningur m.
charwoman (pl. -**women**) ræstingakona f., skúringakona f.
chary adj. varfærinn, aðgætinn

chase eftirför f.; bráð f.; v. veita eftirför, elta
chase vt. (engrave) skreyta (málm); reka
chase about v. vera á þönum
chase down/up v. elta uppi; reyna að hafa uppi á
chaser (drink) skoldrykkur m., skolsopi m.
chasm jarðsprunga f., gjá f.; hyldýpi n.
chassis (pl. **chassis**) undirvagn m., (bíl)grind f.
chaste adj. hreinlífur; siðsamur; látlaus
chasten vt. aga, tyfta; hreinsa
chastise v. refsa, hirta; ávíta, skamma
chastisement hegning f., ráðning f.; ofanígjöf f.
chastity skírlífi n.; siðlæti n.; látleysi n.
chat spjall n., hjal n.; vi. rabba, skrafa
chat up v. kjafta e-n til; fá til við sig
chattels lausafé n.
chatter þvaður n., mas n.; vi. blaðra, masa; glamra
chatterbox skrafskjóða f.
chatty adj. skrafhreyfinn, ræðinn
chauffeur (einka)bílstjóri m.
chauvinism (þjóð)rembingur m.
chauvinist (þjóð)skrumari m.
cheap adj. ódýr; ómerkilegur, billegur; **dirt c.** hundódýr; **feel c.** skammast sín
cheapen vt. gera ódýran; lítillækka
cheap-jack adj. ódýr, lélegur, ómerkilegur
cheapskate (Am.) nirfill m., nánös f.
cheat svindlari m., svikari m., (dishonest trick) svindl n., svik n.pl.; v. svindla, svíkja
check stöðvun f., hindrun f.; hemill m.; athugun f., (sann)prófun f., (receipt) geymslunúmer n., (Am.; bill) reikningur m.; (Am; cheque) ávísun f., (Am.; tick) hakmerki n., (in chess) skák; v. (stop) stöðva, hindra, (control) hemja, hafa hemil á, (inspect) athuga, fara yfir, prófa
check (pattern) köflótt mynstur n.; köflótt efni n.
checkbook (Am.) ávísanahefti n., tékkhefti n.
checked adj. köflóttur
checkerboard (Am.) skákborð n., dammborð n.

checkers → chickweed

checkers (Am.) dammtafl n.
check-in skráning f., innritun f.; afgreiðsluborð n.
check in v. innrita (sig), skrá sig inn
checking account (Am.) ávísanareikningur m.
check-in time skráningartími m., mæting f.
checklist gátlisti m., minnislisti m.
checkmate mát f.; vt. máta; gersigra
check-out brottfarartími m.; afgreiðsluborð n.
check out v. skrá sig út; yfirfara (vandlega)
checkpoint eftirlitsstöð f.
checkroom (Am.) fatageymsla f.
checkup (læknis)skoðun f., athugun f., könnun f.
check up on v. spyrjast fyrir um; sannprófa
cheek kinn f., vangi m.; ósvífni f.
cheekbone kinnbein n.
cheeky adj. ósvífinn, hortugur
cheep tíst n.; vi. tísta
cheer fagnaðarlæti n.pl.; hvatningaróp n., uppörvun f.; gleði f.; v. fagna; hvetja, uppörva
cheerful adj. glaðvær, kátur; glaðlegur, bjartur
cheerfulness glaðværð f., gleði f.
cheering adj. uppörvandi, gleðilegur
cheerio interj. bless
cheerleader (Am.) klappstýra f.
cheerless adj. daufur, gleðisnauður, drungalegur
cheers interj. skál
cheer up v. gleðja(st), kæta(st), hressa(st)
cheery adj. glaðvær, kátur; uppörvandi
cheese ostur m.
cheeseburger ostaborgari m.
cheesecake ostakaka f.
cheesecloth (baðmullar)grisja f.
cheese off vt. gera hundleiðan
cheeseparer ostahnífur m.
cheeseparing níska f.; adj. nískur, samansaumaður
cheese slicer ostaskeri m.
cheetah blettatígur m.
chef (yfir)matsveinn m.
chef d'oeuvre meistaraverk n.

chemical efni n.; adj. efnafræðilegur
chemical engineer efnaverkfræðingur m.
chemical engineering efnaverkfræði f.
chemical industry efnaiðnaður m.
chemical pathway efnaferli n.
chemical reaction efnahvarf n., efnabreyting f.
chemical warfare (eitur)efnahernaður m.
chemist efnafræðingur m.; apótekari m., lyfsali m.
chemistry efnafræði f.
chemist's shop apótek n., lyfjabúð f.
cheque ávísun f., tékki m.
chequebook ávísanahefti n., tékkhefi n.
cheque card bankakort n.
chequer vt. skipta í ferninga, gera köflótt
chequered adj. köflóttur, mislitur
cherish vt. þykja vænt um; varðveita, hlúa að
cheroot (cigar) smávindill m.
cherry kirsuber n., (tree) kirsuberjatré n., (colour) kirsuberjarauður litur; adj. kirsuberjarauður
cherub varðengill m.; engilbarn n.
chervil (garða)kerfill m.
chess skák f., tafl n.
chessboard skákborð n., taflborð n.
chessman (pl. -men) taflmaður m.
chess master skákmeistari m.
chest bringa f., (box) kista f.
chestnut kastanía f., (nut) kastaníuhneta f., (horse) jarpur hestur m.; adj. kastaníubrúnn
chest of drawers kommóða f., dragkista f.
cheval glass hverfispegill m.
chew tygging f.; tugga f.; v. tyggja
chewing gum tyggigúmmí n.
chew out (Am.) v. skamma, veita ofanígjöf
chew over v. velta fyrir sér, íhuga, melta
chic glæsileiki m.; adj. tískulegur, fínn
chick hænuungi m., (girl) skvísa f., skutla f.
chicken kjúklingur m., hænsni n., (coward) raggeit f., skræfa f.; adj. kjarklaus, ragur
chicken-hearted adj. huglaus, ragur
chicken pox hlaupabóla f.
chickweed haugarfi m.

chicory → chop 72

chicory kaffifífill m.; kaffifífilsrót f.
chide v. ávíta, skamma
chief höfðingi m.; foringi m.; adj. fremstur, aðal-
chief constable yfirlögregluþjónn m.
chief justice dómsforseti m.; forseti hæstaréttar m.
chiefly adv. aðalega, einkum
chieftain höfðingi (ættflokks) m.; leiðtogi m.
chilblain kuldabólga f.
child (pl. **children**) barn n.
childbirth barnsburður m., barnsfæðing f.
childhood barnæska f., bernska f.
childish adj. barnslegur; barnalegur
childlike adj. barnslegur
child prodigy undrabarn n.
chill kuldi m., nepja f.; (kulda)hrollur m., óhugur m.; adj. kaldur, napur; v. kæla; kólna
chilli rauður pipar m., sílepipar m.
chilly adj. hrollkaldur, kuldalegur, napur
chime klukkuspil n.; klukknahljómur m.; v. hringja (klukkum); óma, kveða við
chime in v. taka undir, leggja orð í belg
chimney reykháfur m., skorsteinn m.
chimneypot reykháfspípa f.
chimneystack hár reykháfur m., strompur m.
chimney sweep(er) sótari m.
chimpanzee simpansi m., mannapi m.
chin haka f.
China Kína n.
china postulín n., leirtau n.
Chinese Kínverji m., (language) kínverska f.; adj. kínverskur
chink (crack) rifa f., sprunga f.
chink glamur n.; v. klingja, hringla
chinook (in the Rocky Mountains) hnúkaþeyr m.
chip flís f.; biti m.; tölvukubbur m.; **have a c. on one's shoulder** vera uppstökkur; sækjast eftir illdeilum; v. flísa(st); sneiða
chip in v. skjóta inn (í samræður); leggja í púkkið
chipmunk (jarð)íkorni m.
chips franskar kartöflur f.pl., (Am.) kartöfluflögur f.pl.

chiromancer lófalesari m., lófaspámaður m.
chiromancy lófalestur m., lófaspá f.
chiropodist fótsnyrtir m.
chiropody fótsnyrting f.
chiropractic hnykklækningar f.pl.
chiropractor hnykklæknir m., kírópraktor m.
chirp kvak n.; tíst n.; v. kvaka; tísta
chirpy adj. glaðvær, fjörugur
chirrup kvak n.; tíst n.; v. kvaka; tísta
chisel meitill m.; sporjárn n.; vt. meitla, (trick) pretta
chiseller svindlari m., svikahrappur m.
chit (young child) krakki m.; (stelpu)skjáta f., (short note) (viðtöku)kvittun f.
chitchat skraf n., mas n.
chivalrous adj. riddaralegur
chivalry riddaramennska f.
chive graslaukur m.
chivy vt. hrella, hrjá, jagast í
chlorine klór n.
chloroform klóróform n.; vt. svæfa með klóróformi
chlorophyll blaðgræna f., laufgræna f.
choc-ice rjómaís með súkkulaðibráð m.
chock-a-block adj. & adv. troðfullur, troðinn
chock-full adj. troðfullur, troðinn
chocolate súkkulaði n.
choice val n., (right of choosing) (úr)kostur m., (variety) úrval n.; adj. úrvals-, fyrsta flokks
choir (kirkju)kór m.
choirmaster kórstjóri m., söngstjóri m.
choke kæfing f.; köfnun f., (of a car engine) innsog n.; v. kæfa; kafna; stífla(st)
choke back v. kreista niður, halda niðri í sér
choke off v. stöðva, taka fyrir
cholera kólera f.
cholesterol kólesteról n., blóðfita f.
choose v. velja, (decide) kjósa, vilja (heldur)
choosy adj. vandlátur, vandfýsinn
chop högg n., (of meat) kóteletta f., rifjasteik f.; v. höggva; saxa, brytja (smátt)
chop skoltur m.; **lick one's chops** sleikja út um

chopfallen adj. daufur í dálkinn, dapur
chopper (kjöt)öxi f., (helicopter) þyrla f.
choppers (teeth) tennur f.pl., geiflur f.pl.
choppy adj. (of sea) úfinn, krappur, (of wind) óstöðugur
chopstick matprjónn m.
choral adj. kór-, kórsöngs-
chord strengur m.; (sam)hljómur m.
chore (hús)verk n.; leiðindaverk n.
choreographer danshöfundur m.
choreography ballettgerð f., listdanssamning f.
chorister kórsöngvari m.
chortle hneggjandi hlátur m.; vi. skríkja af hlátri
chorus kór m.; kórverk n.; söngsveit f.; viðlag n.; vt. kveða einum rómi; syngja í kór
chorus girl dansmey f., kórstúlka f.
Christ Kristur m.
christen vt. skíra; gefa nafn, nefna
Christendom kristindómur m., kristni f.
christening skírn f., skírnarathöfn f.
Christian kristinn maður m.; adj. kristinn; kristilegur
Christian name skírnarnafn n., fornafn n.
Christianity kristin trú f., kristni f.
Christmas jól n.pl.
Christmas card jólakort n.
Christmas carol jólasálmur m., jólalag n.
Christmas cracker jólaknall n.
Christmas Day jóladagur m.
Christmas Eve aðfangadagskvöld n.
Christmas present jólagjöf f.
Christmas rush jólaös f.; jóla(kaup)æði n.
Christmastide jólahátíð f.
Christmastime jólatími m.
Christmas tree jólatré n.
chromatics litafræði f.
chromatid litningaþráður m.
chrome króm n.; krómlitur m.; vt. króma, krómhúða
chromium króm n.
chromosome litningur m.
chronic adj. langvinnur, þrálátur, ólæknandi
chronicle annáll m.; vt. færa í annál; skrá
chronicler annálsritari m.
chronological adj. tímatalslegur; í tímaröð

chronology tímatalsfræði f.; tímatal n.
chrysalis (pl. -ses) púpa f.; púpuhýði n.
chrysanthemum tryggðablóm n., krýsantema f.
chubby adj. bústinn, þybbinn
chuck vt. kasta, henda, fleygja
chuck kjafi m., greip f., (steak) bógstykki n.
chuckle hláturkjölt n.; v. hlæja góðlátlega/lágt
chug más n.; vi. mása (áfram), ganga með skellum
chum félagi m., kunningi m.
chummy adj. kumpánlegur, vingjarnlegur
chump klumpendi m., (of wood) drumbur m., (fool) þöngulhaus m.
chunk klumpur m., (fairly large amount) slumpur m.
chunky adj. kubbslegur, riðvaxinn
church kirkja f.
churchgoer kirkjugestur m.
churchyard kirkjugarður m.
churl durtur m., dóni m.
churlish adj. kauðalegur, durtslegur, önugur
churn strokkur m., (can) mjólkurbrúsi m.; v. strokka; þyrla, þeyta upp; iða, ólga
churn out v. ryðja út úr sér, fjöldaframleiða
chute fallrenna f.; rennibraut f.
chutney kryddað ávaxtamauk n.
CIA (Central Intelligence Agency) Leyniþjónusta Bandaríkjanna f.
cicada söngtifa f.
CID (Criminal Investigation Department) breska rannsóknarlögreglan f.
cider eplasafi m.
cigar vindill m.
cigarette sígaretta f., vindlingur m.
cigarette case sígarettuhulstur n., sígarettuveski n.
cigarette holder sígarettumunnstykki n.
cigarette lighter (sígarettu)kveikjari m.
cinch barnaleikur m., (s-g certain) enginn vafi m.
cinder glóðarmoli m.; sindur n.; hraungjall n.
cinema kvikmyndahús n., bíó n.
cinema projector kvikmyndasýningarvél f.

cinematography → clandestine 74

cinematography kvikmyndalist f., kvikmyndagerð f.
cinnamon kanill m.
cinquefoil mura f.
cipher dulmál n., (zero) núll n.; vt. snúa á dulmál
circa prp. um (það bil), á að giska
circle hringur m., (of people) hópur m., (in a theatre) svalir f.pl.; vi. fara í hring(i)
circuit hringrás f., umferð f.; rafrás f.
circuit breaker útsláttarrofi m., sjálfvirkur straumrofi m.
circuitous adj. krókóttur, bugðóttur
circular dreifibréf n.; adj. hringlaga, kringlóttur
circularize vt. senda dreifbréf (til)
circular saw hjólsög f.
circulate v. streyma (í hring), berast (út); dreifa
circulation hringrás f., blóðrás f.; umferð f.; dreifing f.
circulatory system blóðrásarkerfi n.
circumcise vt. umskera
circumcision umskurn f., umskurður m.
circumference ummál n.; hringferill m.
circumflex (accent) tvíbroddur m. (ˆ)
circumnavigate vt. sigla umhverfis (jörðina)
circumnavigation sigling umhverfis (e-ð); hnattsigling f.
circumstances kringumstæður f.pl., aðstæður f.pl.
circumstantial evidence líkindasönnun f., óbein sönnun f.
circumvent vt. fara í kringum, sniðganga; umkringja
circumvention sniðganga f.; umkringing f.
circus fjölleikaflokkur m.; fjölleikasýning f.; fjölleikahús n.
cirque jökulskál f., hvilft f.
cirrhosis skorpulifur f.
cirriped hrúðurkarl m.
cirrocumulus (pl. -**cumuli**) máríutása f.
cirrostratus (pl. -**strati**) blika f.
cirrus (pl. -**cirri**) klósigar f.pl.
cistern vatnsgeymir m.; klósettkassi m.
citadel borgarvirki n.
citation tilvitnun f.; skírskotun f., (summons) stefna f.

cite vt. vitna í, vísa til; stefna
citizen (ríkis)borgari m.
citizenship ríkisborgararéttur m.
city borg f.
city counsel borgarstjórn f.; bæjarstjórn f.
city hall (Am.) ráðhús n.; borgaryfirvöld n.pl.
civic adj. borgaralegur, borgara-
civics samfélagsfræði f.
civil adj. borgaralegur, (polite) kurteis
civil aviation almenningsflug n.
civil defence almannavarnir f.pl.
civil engineer bygginga(r)verkfræðingur m.
civil engineering bygginga(r)verkfræði f.
civilian óbreyttur borgari m.; adj. borgaralegur
civility kurteisi f.
civilization siðmenning f., þjóðmenning f.
civilized adj. siðmenntaður; háttvís
civil law einkamálaréttur m.
civil parish hreppur m., hreppsfélag n.
civil rights borgararéttindi n.pl.
civil servant opinber starfsmaður m., ríkisstarfsmaður m.
civil service opinber störf n.pl.; opinberir starfsmenn m.pl.
civil war borgarastríð n.
clack glamur n.; orðagjálfur n.; vi. glamra; þvaðra
claim krafa f., (assertion) fullyrðing f.; v. krefjast, heimta; staðhæfa, fullyrða
claimant kröfuhafi m.
claim damages v. krefjast skaðabóta
clairvoyance skyggni f., ófreskigáfa f.
clairvoyant skyggn maður m.; adj. dulskyggn, ófreskur
clam samloka f., skelfiskur m.
clamber klöngur n.; vi. klöngrast
clammy adj. þvalur, rakur, stamur
clamorous adj. hávaðasamur, hávær (í kröfum)
clamour háreysti n.; v. hrópa (á), heimta
clamp þvinga f., (skrúf)klemma f.; v. þvinga saman
clamp down on v. herða eftirlit með
clan ættflokkur m., ættbálkur m.
clandestine adj. leynilegur

clang glymur m., málmhljóð n.;
v. (láta) glymja
clank skrölt n.; v. (láta) glamra
clap klapp n.; v. klappa, skella saman
clap (gonorrhea) lekandi m.
clarification (nánari) útskýring f.
clarify v. (út)skýra; hreinsa, skíra (vökva)
clarinet klarínett n.
clarity skýrleiki m.; hreinleiki m.,
tærleiki m.
clash skellur m., (fight) átök n.pl.,
ágreiningur m.; v. skella (saman);
lenda saman, rekast á
clasp sylgja f., spenna f.; faðmlag n;
v. spenna saman; taka fast um,
faðma fast að sér
clasp knife sjálfskeiðungur m.,
vasahnífur m.
class tegund f., flokkur m., (social group)
stétt f., (in education) bekkur m.;
kennslustund f.
class-conscious adj. stéttvís
classic klassískt verk n.; adj. klassískur,
sígildur, meistaralegur; alþekktur,
frægur
classical adj. klassískur, sígildur, gullaldar-
classical scholar fornmennta-
fræðingur m.
classicism klassík f.; fornmenntir f.pl.
classics fornklassískar bókmenntir f.pl.
classification flokkun f., niðurröðun f.
classified adj. flokkaður,
(secret) leynilegur
classified ad smáauglýsing f.
classify vt. flokka, raða niður í flokka
classless adj. stéttlaus
classmate bekkjarfélagi m.
classroom kennslustofa f., skólastofa f.
class struggle stéttabarátta f.
classy adj. flottur
clastic rock molaberg n.
clatter glamur n., skrölt n.;
v. (láta) glamra (í)
clause ákvæði n., grein f.,
(in grammar) setning f.
claustrophobia innilokunarkennd f.
clavicle viðbein n.
claw kló f.; klauf f.; vt. klóra
claw hammer klaufhamar m.
clay leir m.

clean hreinsun f.; adj. hreinn; snyrtilegur;
adv. gersamlega, hreinlega; v. hreinsa,
þrífa
clean-cut adj. snyrtilegur,
(definite) afdráttarlaus
cleaner hreingerningamaður m.;
hreinsiefni n.
cleaner's efnalaug f., hreinsun f.
cleanliness hreinlæti n., þrifnaður m.
cleanly adj. hreinlegur; adv. hreinlega,
snyrtilega
clean out v. hreinsa út úr, tæma;
rýja inn að skinni
cleanse vt. hreinsa, þvo, snyrta
cleanser hreinsiefni n., þvottaefni n.
clean-shaven adj. skegglaus,
nauðrakaður
cleanup hreinsun f.
clean up v. hreinsa til í,
(make money) stórgræða
clear adj. bjartur, skýr; hreinn; augljós;
óhindraður; v. birta til; hreinsa, ryðja
clearance hreinsun f., rýming f., (of ves-
sels) tollafgreiðsla f., (space) bil n.
clearance sale rýmingarsala f., útsala f.
clear away v. fjarlægja
clear-cut adj. skýr, skilmerkilegur
clear-headed adj. skýr, skarpur
clearing skógarrjóður n.;
reikningsskil n.pl.
clearinghouse kröfuskiptastaður m.
clearly adj. greinilega; bersýnilega
clearness tærleiki m.; skýrleiki m.
clear off v. hreinsa upp, (go away)
hypja sig
clear out v. henda út, rýma, (go away)
koma sér burt
clear-sighted adj. glöggskyggn; raunsær
clear up v. (tidy up) laga til, koma reglu
á, (explain), upplýsa, skýra, (of weather)
rofa til
cleavage klofningur m.,
(of rocks) kleyfni f.
cleave v. kljúfa, skipta; klofna
cleaver (kjöt)öxi f.
cleave to v. halda fast við; loða við
clef (nótna)lykill m.
cleft klauf f., sprunga f., rifa f.;
adj. klofinn
cleft palate holgómur m.

clematis ilmsóley f.
clemency mildi f., miskunn f.; (veður)blíða f.
clement adj. mildur, miskunnsamur; blíður
clench vt. kreppa (saman), grípa fast um, kreista
cleptomania stelsýki f.
clergy prestastétt f., klerkastétt f.
clergyman prestur m., klerkur m.
clerical adj. presta-, klerka-; ritara-, skrifstofu-
clerk skrifstofumaður m., ritari m.
clever adj. snjall, flinkur; gáfaður; handlaginn
cleverness leikni f.; greind f.; dugnaður m.
cliché klisja f., gömul tugga f., þvæld setning f.
click smellur m.; v. smella (saman); skella
client skjólstæðingur m.; viðskiptavinur m.
clientele skjólstæðingar m.pl.; viðskiptavinir m.pl.
cliff klettaveggur m., hamar m.
cliffhanger tvísýn keppni f.; æsispennandi þáttaröð f.
climactic adj. hápunkts-, hástigs-
climate loftslag n.; veðurfar n.
climatic adj. loftlags-
climatology loftslagsfræði f.; veðurfarsfræði f.
climax hápunktur m., hástig n.; v. ná hámarki
climb klifur n.; hækkun f.; v. klifra; hækka
climb down v. klifra niður; láta undan, draga í land
climber fjallgöngumaður m., (plant) klifurjurt f.
climbing iron mannbroddur m.
clinch hnykking f.; v. hnykkja á; útkljá, enda
cling festing f.; v. halda sér fast við/í; loða (við)
clinic heilsugæslustöð f.; lækningastofa f.
clinical adj. klínískur; læknastofu-; vísindalegur
clink hringl n.; v. klingja; glamra
clink (prison) fangelsi n.

clip (bréfa)klemma f.; vt. hefta, klemma saman
clip klipping f.; vt. (cut) klippa, rýja, stytta
clipboard klemmuspjald n., skrifbretti n.
clippers klippur f.pl., skæri n.pl.
clipping úrklippa f.; afklippa f.
clique klíka f.
clitoris snípur m.
cloaca (pl. **cloacae**) þarfagangur m., (got)rauf f., (sewer) skolpræsi n.
cloak skikkja f., (cover) hjúpur m.; yfirskin n.; vt. hylja; leyna, fela
cloakroom fataherbergi n., fatageymsla f.
clobber vt. lemja, lúberja, (defeat) mala, sigra
clock klukka f.; v. taka tímann á, tímamæla
clockwise adj. & adv. réttsælis, sólarsinnis
clockwork gangverk n.; **like c.** snuðrulaust
clod moldarhnaus m.; þöngulhaus m., auli m.
clog stífla f., fyrirstaða f., (shoe) tréskór m., klossi m.; v. stífla(st); hindra, tálma
cloister klaustur n.; klausturlíf n.
clone einrækt f.; vt. einrækta, klóna
close lok n.pl., endir m.; adj. náinn, (near) nálægur; adv. nálægt; þétt (saman); **c. to/by** nærri, í grennd (við); v. loka(st); enda, ljúka (við)
close call naum undankoma f.
close down v. loka endanlega, hætta rekstri
close-fisted adj. nískur
close-fitted adj. aðskorinn, þröngur
close in v. nálgast; þrengjast
close-lipped adj. fámáll, þagmælskur
close season friðunartími m.
close shave/thing naum undankoma f.
closet (Am.) (fata)skápur m.; geymsla f.
close-up nærmynd f.
close up v. loka endanlega; færa(st) þéttar saman
closing lokun f.; adj. loka-, enda-
closure lokun f.; umlukt svæði n.
clot (blóð)kökkur m.; bjáni m.; v. hlaupa; kekkjast
cloth fataefni n., dúkur m.; klútur m.
clothe vt. klæða, fata, (cover) sveipa, hjúpa

clothes föt n.pl.
clothes hanger herðatré n.
clothesline þvottasnúra f.
clothes peg þvottaklemma f.
clothespin (Am.) þvottaklemma f.
clothes tree snagatré n., fatastandur m.
clothing fatnaður m.
cloud ský n.; v. hylja skýjum; verða skýjaður
cloudburst skýfall n., steypiregn n.
cloudiness dumbungur m.
cloudless adj. heiður, heiðríkur, skýjalaus
cloudlessness heiðríkja f.
cloudlet skýhnoðri m.
cloud rack skýjarek n.
cloud seeding skýjasöllun f.
cloudy adj. skýjaður, þungbúinn; dimmur, óljós
clove negull m.; negultré n.
clove (small section) geiri m., rif n.; blað n.
clove v. (p. **cleave**)
clove hitch hestahnútur m.
cloven v. (pp. **cleave**)
clover smári m.; **in c.** alsæll, á grænni grein
cloverleaf smáralauf n.; slaufugatnamót n.pl.
clown trúður m.; v. vera með trúðslæti, fíflast
clownish adj. fíflalegur, kjánalegur
cloying adj. væminn, velgjulegur
club (society) klúbbur m., (wooden stick) kylfa f., (in cards) lauf n.; vt. (hit) berja
clubfoot klumbufótur m.
club together v. taka sig saman, mynda klúbb
cluck (hænu)gagg n.; vi. gagga, klúkka
clue vísbending f., ábending f.
clue in v. kynna e-m málin, gefa vísbendingu
clump þyrping f., (lump) klumpur m.; vi. hlaupa í kekki, (walk heavily) ganga klunnalega, plampa
clumsiness klunnaháttur m., klaufaskapur m., klaufska f.
clumsy adj. klunnalegur, klaufalegur
clung v. (p., pp. **cling**)
cluster þyrping f., klasi m.; vi. þyrpast saman

clutch grip n., tak n., (in a car) kúpling f.; vt. grípa um, ríghalda (í); þrífa, hremma
clutch (of eggs) urpt f.; (unga)hópur m.
clutch disc kúplingsdiskur m.
clutter ringulreið f.; **in a c.** á rúi og stúi; vt. rusla til í, setja í bendu
coach áætlunarbíll m., (farþega)vagn m., (trainer) þjálfari m.; v. þjálfa, æfa; búa undir próf
coagulate v. hlaupa; hleypa; (láta) storkna
coagulation storknun f.; hlaup n.
coal kol n.pl.
coalesce v. renna/vaxa saman, sameina(st)
coalescence samruni m.
coalface kolastál n.
coalfish ufsi m.
coal gas kolagas n.
coalition sameining f., samruni m.; bandalag n.
coalition government samsteypustjórn f.
coalmine kolanáma f.
coalscuttle kolafata f., kolaskjóla f.
coal seam kolalag n.
coal tar koltjara f.
coarse adj. grófur, stórgerður; grófyrtur, klúr
coarsen v. gera grófan; verða grófur
coarseness grófleiki m.; ruddaskapur m.
coast (sjávar)strönd f.; **the c. is clear** öllu er óhætt; v. fara með ströndum; renna undan halla, líða áfram
coastal adj. strand-
coaster (ship) strandferðaskip n.
coastguard strandgæslumaður m.
coast guard strandgæsla f., landhelgisgæsla f.
coastline strandlína f., strandlengja f.
coat frakki m.; kápa f.; vt. húða, þekja
coat hanger herðatré n.
coating lag n., húð f.; frakkaefni n.
coat of arms skjaldarmerki n.
coat of mail hringabrynja f.
coax v. tala e-n til, lokka, ginna
coaxial cable samása kapall m.
cob (male swan) álftarsteggur m., (horse) sterkbyggður hestur m., (nut) heslihnot f., (corn) maískólfur m.

cobble malarhnullungur m.;
  vt. steinleggja
cobbler skósmiður m.; klaufi m.
cobblestone götusteinn m., götugrjót n.
cobra gleraugnaslanga f.
cobweb kóngulóarvefur m.
cocaine kókaín n.
coccyx (pl. **coccyges**) rófubein n.
cochlea (of the ear; pl. **cochleae**)
  kuðungur m.
cock (male chicken) hani m., (of a gun)
  bógur m., (tap) krani m., (penis) skaufi
  m.; vt. sperra, (a gun) spenna, (tilt)
  halla, skáskjóta
cock (pile of hay) drýli n.;
  vt. setja upp í drýli
cock-a-doodle-doo gaggalagó n.;
  hanagal n.
cockcrow hanagal n.
cockerel unghani m.
cockeyed adj. rangeygður; rammskakkur;
  vitlaus
cockfight hanaslagur m., hanaat n.
cockle hjartaskel f., (small boat)
  bátskæna f.
cockpit stjórnklefi m., flugmannsklefi m.
cockroach kakkalakki m.
cockscomb hanakambur m.
cocksure adj. of viss með sig; handviss
cocktail hanastél n., kokkteill m.
cock-up klúður n.
cocoa kakó n.
cocoon lirfuhýði n.; verndarhjúpur m.
cod (fish) þorskur m.
coddle vt. dekra við, (cook) sjóða vægt
code (of laws) lagasafn n., (of signs)
  merkjamál n., táknróf n.; dulmál n.;
  break a c. finna dulmálslykil;
  vt. breyta í merkjakerfi
codify vt. kerfisbinda
cod-liver oil þorskalýsi n.
coeducation blandað skólakerfi n.
coeducational adj. blandaður,
  fyrir bæði kynin
coefficient stuðull m., tala f.
coerce vt. þvinga, neyða
coercion þvingun f., valdbeiting f.;
  harðstjórn f.
coercive adj. þvingunar-, nauðungar-
coexist vi. lifa saman (í sátt og samlyndi)

coexistence friðsamleg sambúð f.;
  samlífi n.
coffee kaffi n.
coffee bar kaffistofa f., kaffihús n.
coffee mill kaffikvörn f.
coffeepot kaffikanna f.
coffee roaster kaffibrennari m.
coffer (peninga)kistill m.,
  (skartgripa)skrín n.
coffin líkkista f.
cogency sannfæringarkraftur m.
cogent adj. sannfærandi; knýjandi, brýnn
cogitate v. íhuga, hugleiða
cogitation íhugun f., umhugsun f.
cognac koníak n.
cognate samstofna orð n.; adj. skyldur,
  samstofna
cognition vitsmunir m.pl.; hugarstarf n.,
  hugsun f.
cognitive adj. skilvitlegur, vitrænn,
  vitsmuna-
cognizance ; **take c. of** taka eftir;
  viðurkenna
cognomen ættarnafn n.,
  (nickname) viðurnefni n.
cogwheel tannhjól n.
cohabit vi. búa saman; vera í sambúð
cohabitation samlífi n.; sambúð f.
cohere vi. loða saman; vera í samhengi
coherence samloðun f.; samhengi n.,
  samræmi n.
coherent adj. samloðandi;
  samhangandi
cohesion samloðun f.; samloðunar-
  kraftur m.
coil vafningur m.; spóla f., kefli n., spírall
  m.; v. vefja(st), hringa sig, hringa(st)
coin mynt f., peningur m.; vt. slá mynt
  móta
coinage myntslátta f.; mynt f.,
  (new word) nýyrði n.
coincide vi. vera á sama tíma; samsvara,
  falla saman
coincidence tilviljun f.; samræmi n.,
  samsvörun f.
coincident adj. samfallandi, samtíma-;
  samsvarandi
coincidental adj. af tilviljun, tilfallandi
coitus samfarir f.pl., kynmök n.pl.
coke kox n.; vt. vinna kox úr kolum

col fjallaskarð n.
cold kuldi m., (illness) kvef n.; **(be left) out in the c.** (vera) útskúfaður; adj. kaldur; kuldalegur; adv. (completely) algjörlega
cold-blooded adj. með kalt blóð; tilfinningalaus; kulvís
cold boot (of a computer) alræsing f.
cold cream húðkrem n., hreinsikrem n.
cold-cuts (Am.) kjötálegg n.
cold front kuldaskil n.pl.
cold-hearted adj. kaldlyndur, kaldgeðja
cold shoulder kuldalegt viðmót n.
cold-shoulder vt. hunsa, forðast, sniðganga
cold snap kuldakast n.
cold sore áblástur m., frunsa f.
cold store kæligeymsla f., kælir m.
cold sweat svitahrollur m., kuldahrollur m.
coldness kuldi m.; fálæti n.
coleslaw hrátt kálsalat n.
colic magakrampi m., (iðra)kveisa f.
colitis ristilbólga f.
collaborate vi. vinna saman; gerast landráðamaður
collaboration samvinna f., samstarf n.
collaborator samstarfsmaður m.; landráðamaður m.
collage klippimynd f.
collapse hrun n., fall n.; v. hrynja, falla saman
collapsible adj. fellanlegur, samanbrjótanlegur
collapsible chair fellistóll m., klappstóll m.
collar flibbi m.; kragi m.; vt. (seize) góma, stöðva, (without permission) taka traustataki
collarbone viðbein n.
collarstud flibbahnappur m.
collate vt. bera saman (texta); flokka skipulega
collateral veð n., trygging f.; adj. veðtryggður; auka-
colleague samstarfsmaður m., starfsfélagi m.
collect v. safna(st) saman, (as a hobby) safna, (fetch) sækja, ná í, (money) innheimta, rukka, (regain control of) koma skipulagi á; jafna sig

collect (Am.) adj. & adv. greiðist af viðtakanda; **call c.** hringja á kostnað viðtakanda
collected adj. rólegur, stilltur
collection safn n.; söfnun f., (of money) fjársöfnun f.
collective samvinnuhópur m.; adj. sameiginlegur, samansafnaður; samvinnu-; heildar-
collective farm samyrkjubú n.
collective noun safnorð n., safnheiti n.
collector safnari m.; innheimtumaður m., rukkari m.
collect phone call viðtökusímtal n.
college háskóli m.; framhaldsskóli m.
collegiate adj. háskóla-; framhaldsskóla-
collide vi. rekast á; stangast á
collier kolanámumaður m., (ship) kolaskip n.
colliery kolanáma f.
collision árekstur m.
colloquial adj. úr daglegu máli, talmáls-
colloquialism talmál n.; orð(atiltæki) úr mæltu máli n.
collusion leynimakk n., samsæri n.
colon ristill m.; tvípunktur m. (:)
colonel ofursti m.
colonial nýlendubúi m.; adj. nýlendu-
colonialism nýlendustefna f.
colonist nýlendubúi m.; landnemi m.
colonization nýlendustofnun f.; landnám n.
colonize vt. stofna nýlendu; nema land
colony nýlenda f.
Colorado beetle kartöflubjalla f.
colossal adj. risavaxinn; feiknarlegur
colossus risalíkneski n.; risi m., ferlíki n.
colour litur m.; v. lita(st)
colourant litarefni n.
colour bar kynþáttaaðskilnaður m.
colour-blind adj. litblindur
colour blindness litblinda f.
coloured adj. litaður
colourfast adj. litekta
colourful adj. litskrúðugur, litríkur
colouring litarefni n., (of the skin) hörundslitur m.
colourless adj. litlaus, daufur
colours einkennislitir m.pl., (flag) (einkennis)fáni m.; **with flying c.** með

glæsibrag; **show one's true c.** sýna sitt rétta eðli
colour scheme litaval n.; litasamsetning f.
colour slide litskyggna f.
colt foli m.
coltish adj. gáskafullur; baldinn
coltsfoot hóffífill m.
column súla f., (of a page) dálkur m., (row) röð f.
columnar basalt stuðlaberg n.
columnist dálkahöfundur m.
coma (svefn)dá n., dauðadá n.
comatose adj. í svefndái, í dauðadái
comb greiða f.; kambur m.; v. greiða; kemba; leita vandlega; **c. one's hair** greiða sér
combat bardagi m.; v. berjast við/gegn
combatant bardagamaður m.; stríðsmaður m.
combative adj. bardagafús, bardagagjarn
combination samsetning f., (of people) samtök n.pl.
combination lock talnalás m.
combine samtök n.pl.; v. sameina(st); samlaga(st)
combine harvester þreskivél f.
comb out v. hreinsa út/til í; grisja
combustible eldfimt efni n.; adj. eldfimur
combustion brennsla f.; bruni m.
combustion chamber brennsluhol n., sprengirými n.
come vi. koma, (appear) birtast, (reach) ná
come (a)round v. (revive) komast til meðvitundar, ná sér, jafna sig, (change opinions) láta segjast
come about v. vilja til, bera við
come across v. rekast á, hitta óvænt
come along v. miða áfram, (happen) koma (upp), (try harder) reyna betur (hurry) flýta sér
come apart v. detta sundur
come away (from) v. losna (frá/af)
comeback endurkoma f., afturkoma f.; snjallt svar n.
come back v. koma aftur, (to memory) rifjast upp
come back at v. svara e-m fullum hálsi (með = **with**)

come between v. koma(st) upp á milli; spilla
come by v. komast yfir, fá
comedian gamanleikari m.; grínisti m.
comedienne gamanleikkona f.; grínisti m.
comedown hrap n.; fall úr sessi n.
come down v. falla (niður), hrynja; lækka; **c. d. in favour of/on the side of** (ákveða að) styðja
come down on v. (rebuke) ávíta, skamma; ráðast á
come down to v. (reach to) ná niður að, (be reduced to) vera einfaldlega, (be handed down) ganga mann fram af manni; **c. d. to earth** komast niður á jörðina
come down with v. veikjast af
comedy gamanleikur m.; grín n.
come forward v. gefa sig fram, bjóða sig fram
come in v. koma inn, (of the sea) falla að, (become fashionable) komast í tísku; **c. in handy** koma að gagni, koma sér vel
come in for v. (receive) verða fyrir
come in on v. (take part in) taka þátt í
come into v. (gain) eignast, (by inheritance) erfa
comely adj. snotur, fríður, laglegur
come of v. (result from) leiða af, hljótast af, (be descended from) koma frá, vera af
come off v. (become unfastened) losna af, (take place) eiga sér stað, (succeed) heppnast, lukkast, (fare) vegna; ljúka; **c. o. it!** láttu ekki svona! hættu þessu!
come on v. (develop) þróast; taka framförum, (start) færast yfir, koma, (of an actor) koma inn
come out v. koma út, (appear) koma í ljós, birtast, (become known) vera gerður opinber
come out at v. (reach a total) vera samtals
come out for v. lýsa yfir stuðningi við
come out in v. steypast út í
come out with v. gera heyrinkunnugt; skýra frá
come over v. ná til, (change sides) snúast til liðs við

comet halastjarna f.
come through v. fara í gegn; berast, (recover) lifa af
come to v. (come round) komast til meðvitundar
come under v. falla/flokkast undir, (receive) verða fyrir
come up v. koma upp, (arise) koma fram; bera á góma
come up against v. lenda í, mæta e-u
come up to v. ná upp í/að, (equal) vera í samræmi við
come up with v. koma (fram) með, (draw level with) draga uppi
come upon v. rekast á/finna af tilviljun
come-on (Am.) freisting f.; tálbiti m., agn n.
comfort huggun f., (ease) þægindi n.pl.; vt. hugga
comfortable adj. þægilegur; áhyggjulaus
comic grínisti m., (book) teiknimyndablað n., skrípablað n.; adj. fyndinn, skoplegur
comical adj. fyndinn, broslegur, skrítinn
comic book (Am.) teiknimyndablað n., skrípablað n.
comic opera gamanópera f.
comics skrípablöð n.pl., (strips) teiknimyndasyrpur f.pl.
comic strip teiknimyndasyrpa f.; myndasaga f.
coming (til)koma f.; **comings and goings** umgangur m.; adj. komandi, næsti; upprennandi
comma komma f. (,)
command (leadership) stjórn f., (order) (fyrir)skipun f.; v. stjórna, vera yfir; (fyrir)skipa
commandant liðsforingi m.
commandeer vt. gera e-ð upptækt (í þágu hers)
commander yfirmaður m.; sjóliðsforingi m.
commander in chief yfirhershöfðingi m.
commanding adj. valdmannslegur, (chief) æðsti; stjórnandi
commandment boðorð n.; fyrirskipun f.
commando sérþjálfaður hermaður m.; skyndiárásarsveit f.

commemorate vt. minnast; vera til minningar um
commemoration minningarhátíð f.; **in c. of** til minningar um
commemorative adj. minningar-, minnis-
commence v. hefja(st), byrja
commencement byrjun f., upphaf n.
commend vt. hrósa, mæla með; fela á hendur
commendable adj. lofsverður; meðmælaverður
commendation lof n., hrós n.; meðmæli n.pl.
commendatory letter meðmælabréf n.
commensurable adj. sambærilegur; sammælanlegur
commensurate adj. (equal) jafn, (fitting) samsvarandi
comment athugasemd f.; vi. gera athugasemd (on = við)
commentary skýring f., lýsing f.; athugasemd f.
commentate v. gera athugasemdir (við = **on**); lýsa
commentator fréttaskýrandi m.; þulur m.
commerce verslun f., viðskipti n.pl., kaupsýsla f.
commercial sjónvarpsauglýsing f., (on radio) útvarpsauglýsing f.; adj. viðskipta-, verslunar-
commercial attaché viðskiptafulltrúi (sendiráðs) m.
commercial aviation atvinnuflug n.
commercial course námskeið í verslunarfræðum n.
commercial invoice vörureikningur m.
commercialism verslunarstefna f., kaupsýsla f.
commercialize vt. gera að söluvöru
commercial law verslunarréttur m.
commercial vehicle vöruflutningabíll m.
commiserate with v. samhryggjast, hafa samúð með; vorkenna
commiseration samhryggð f., samúð f.; vorkunn f.
commission umboð(sstarf) n., (on sales) umboðslaun n.pl., (body of persons) (stjórnskipuð) nefnd f., (offical paper) skipunarbréf n.; **out of c.** óstarfhæfur, bilaður; vt. veita umboð/heimild

commissionaire (einkennisbúinn) dyravörður m.
commissioner (stjórnar)nefndarmaður m.; umboðsstjórnandi m.
Commissioner of Education fræðslumálastjóri m.
Commissioner of Oaths (Br.) lögbókandi m., nótaríus m.
commit vt. fremja, drýgja; **c. to memory** læra utanbókar; **c. to paper/print/ writing** festa á blað; **c. oneself** skuldbinda sig
commitment skuldbinding f.; hollusta f.
committee nefnd f.
commodity (verslunar)vara f.
commodore sjóliðsforingi m.; (yfir)skipherra m.
common adj. sameiginlegur; almennur, algengur
common denominator samnefnari m.
common divisor samdeilir m.
commoner alþýðumaður m., ótiginn maður m.
common forget-me-not gleym-mér-ei f.
common fraction almennt brot n.
common gender samkyn n.
common goldeneye hvinönd f.
common good almannaheill f.
common gull stormmáfur m.
common law fordæmisréttur m.
common-law marriage óvígð sambúð f.
common loon (Am.) himbrimi m.
commonly adv. almennt, yfirleitt; alþýðulega
Common Market Efnahagsbandalag Evrópu n.
common multiple samfeldi n.
common noun samnafn n.
commonplace gömul tugga f.; adj. hversdagslegur, algengur; margtugginn, útjaskaður
common property almenningseign f.
common sandpiper lindastelkur m.
common scoter hrafnsönd f.
common sense heilbrigð skynsemi f., brjóstvit n.
common stock certificate (Am.) hlutabréf n.
commonwealth þjóðfélag f.; samveldi n., ríkjasamband n.

Commonwealth (of Nations) Breska samveldið n.
commotion gauragangur m., uppnám n., læti n.pl,
communal adj. samfélags-, almennings-; sameignar-
commune samyrkjubú n., kommúna f.; sveitarfélag n.
commune vi. tala í trúnaði (við = **with**)
communicable adj. miðlanlegur, (of a disease) smitandi
communicant altarisgestur m.
communicate v. miðla, skýra frá; hafa samband (við = **with**)
communication (boð)miðlun f., boðskipti n.pl., (message) boð n., boðsending f.; samband n.
communication card neyðarhemill m.
communications fjarskipti n.pl., samgöngur f.pl.
communicative adj. skrafhreifinn, ræðinn
communion (religious group) trúarsöfnuður m., (intercourse) samneyti n.; samskipti n.pl.
communiqué (opinber) fréttatilkynning f.
communism kommúnismi m., sameignarstefna f.
communist kommúnisti m.; adj. kommúnískur
community samfélag n.; sameiginleiki m.; sameign f.
community centre félagsmiðstöð f.; félagsheimili n.
community home upptökuheimili n.
commute v. (exchange) skipta, hafa skipti á, (change) breyta (dómi), milda, (travel regularly) ferðast til og frá vegna vinnu
commuter vinnuferðalangur m.
compact (agreement) samningur m., samkomulag n., (for face powder) púðurdós f.
compact adj. þéttur, samanþjappaður, fyrirferðarlítill, (of writing) stuttorður; vt. þjappa saman
compact disc (CD) geisladiskur m.
compact pack ice hafþök n.pl.
compactness þéttleiki m.; samþjöppun f.; lítil fyrirferð f.
companion félagi m., förunautur m.

companionship félagsskapur m.; samfylgd f., samneyti n.
companionway (of a ship) stigagangur m.
company félag n.; félagsskapur m.
company planning áætlanagerð fyrirtækis f.
company policy stefna fyrirtækis f.
comparable adj. sambærilegur
comparative (degree) miðstig n.; adj. samanburðar-; tiltölulegur; hlutfallslegur
compare v. bera saman, líkja/jafna (við/saman), (in grammar) stigbreyta(st); stigbeygja(st); **beyond c.** óviðjafnanlegur
compare with v. vera sambærilegur, standast samanburð (við)
comparison samanburður m., samlíking f.; stigbreyting f.
compartment (small) hólf n., (larger) klefi m.
compass áttaviti m., (range) svið n., takmörk n.pl.
compasses sirkill m., hringfari m.
compassion samúð f., meðaumkun f.
compassionate adj. samúðarfullur, brjóstgóður
compass rose áttavitaskífa f.
compatible adj. samþýðanlegur; samrýmanlegur
compatriot samlandi m.
compel vt. neyða, þvinga (fram)
compelling adj. sannfærandi
compendium ágrip n.
compensate v. bæta (upp); umbuna
compensation (skaða)bætur f.pl.; umbun f.
compere kynnir m.; stjórnandi m.; vt. kynna; stjórna
compete v. keppa (gegn/við = **against/with**)
competence (starfs)hæfni f., geta f.; valdsvið n.
competent adj. hæfur, fær; fullnægjandi
competition (sam)keppni f.
competitive adj. samheppnishæfur; samkeppnis-
competitiveness samkeppnishæfni f.

competitive position samkeppnisstaða f.
competitive prices samkeppnishæft verð n.
competitor keppandi m., keppinautur m.
compilation samantekt f.; samantekið rit n.
compile vt. taka/safna saman; þýða
compiler þýðandi m., þýðingarforrit n.
complacency sjálfsánægja f.; andvaraleysi n.
complacent adj. sjálfumglaður; andvaralaus
complain v. kvarta (um = **of**)
complainant kærandi m., stefnandi m.
complaint kvörtun f.; umkvörtunarefni n.
complaisance ljúfmennska f., lipurð f.; eftirlátssemi f.
complaisant adj. stimamjúkur, þægilegur; eftirlátur
complement uppfylling f., (in grammar) sagnfylling f.; vt. fylla, bæta upp, mynda heild með, fullkomna
complementary adj. (upp)fyllingar-, uppbótar-
complete adj. heill, fullkominn; vt. ljúka við
completely adv. fullkomlega, algjörlega
completion (enda)lok n.pl., lúkning f.; fullkomnun f.
complex samstæða f., heild f.; geðflækja f., meinloka f.; adj. samsettur; flókinn, margslunginn
complex fraction brotabrot n.
complexion yfirbragð n., útlit n.; litarháttur m.
complexity margbreytileiki m.; flækja f.
complex number tvinntala f.
complex of buildings húsasamstæða f.
compliance undanlátssemi f., hlýðni f.; **in c. with** samkvæmt
compliant adj. eftirlátur, hlýðinn
complicate vt. flækja, rugla; gera erfiðari viðfangs
complicated adj. flókinn, margbrotinn, margslunginn
complication flækja f., vandkvæði n.pl.; fylgikvilli m.
complicity samsekt f.
compliment hrós n., skjall n., gullhamrar m.pl.; vt. hrósa, lofa, skjalla

complimentary adj. lofsamlegur, (given free) gefins, ókeypis
complimentary force viðbótarkraftur m.
complimentary ticket boðsmiði m.
comply vt. fylgja, hlýða, fara eftir (skipun)
component hluti m., eining f., (efnis)þáttur m.
comport v. hegða (sér), koma fram; samræmast
comportment hegðun f., framkoma f.
compose v. setja saman, semja; stilla (sig)
composed adj. stilltur, rólegur
composer tónskáld n.
composite adj. samsettur
composite family körfublómaætt f.
composition samsetning f., gerð f.; samning f., (piece of music) tónverk n., (essay) ritgerð f.
compos mentis (Lat.) adj. andlega heilbrigður
compost safnhaugur m.; safnhaugamold f.
composure stilling f., ró f.
compound blanda f., efnasamband n., (word) samsett orð n., (of buildings) afgirt húsaþyrping f., búðir f.pl.; adj. samsettur; v. blanda, setja saman
compound carburetor fjölhólfablöndungur m.
compound fracture opið beinbrot n.
compound interest vaxtavextir m.pl.
comprehend vt. skilja, (include) fela í sér
comprehensibility skiljanleiki m.
comprehensible adj. skiljanlegur
comprehension skilningur m.; yfirgrip n., umfang n.
comprehensive adj. yfirgripsmikill; alhliða, heildar-
comprehensive high school fjölbrautaskóli m.
compress grisjuþófi m.; vt. þrýsta saman, þjappa saman
compression (sam)þjöppun f.
compressor loftþjappa f., þjappi m.
comprise vt. ná yfir, samanstanda af; mynda
compromise málamiðlun f., samkomulag n.; v. slaka til, fara bil beggja, miðla málum; stofna í hættu

compromise proposal miðlunartillaga f.
comptroller fjármálafulltrúi m.; gjaldkeri m.
compulsion nauðung f.; árátta f.
compulsive adj. nauðungar-; áráttukenndur, óviðráðanlegur
compulsory adj. skyldubundinn, skyldu-, nauðungar-
compulsory education skyldunám n.
compunction samviskubit n.; iðrun f.
computation útreikningur m.; útkoma f.
computer tölva f.
computer assisted instruction (CAI) tölvustudd kennsla f.
computer console tölvuborð n.
computer control system tölvustjórnkerfi n.
computer controlled adj. tölvustýrður
computer data tölvugögn n.pl.
computer equipment tölvubúnaður m.
computer file tölvuskrá f.
computer graphics tölvuteiknun f.
computerization tölvuvæðing f.
computerize vt. tölvuvæða
computer literacy tölvulæsi n.
computer network tölvunet n.
computer operator tölvari m.
computer printer tölvuprentari m.
computer printout tölvuútskrift f.
computer program tölvuforrit n.
computer programmer tölvuforritari m.
computer screen tölvuskjár m.
computer search tölvuleit f.
computer service tölvuþjónusta f.
computer science tölvufræði f.
computer simulation tölvuhermun f.
computer software tölvuhugbúnaður m.
computer system tölvukerfi n.
computer technology tölvutækni f.
comrade (flokks)félagi m.
comradeship félagsskapur m.; vinátta f.
con gagnrök n.pl.; mótatkvæði n.; adv. á móti
con (confidence trick) svindl n.; vt. svindla á
concatenation hlekkjun f., samtenging f.
concave adj. íhvolfur, íholur
concavity íhvolfa f.; íhvolfur flötur m.
conceal vt. fela, leyna, halda leyndu

concealment → condescending

concealment leynd f., launung f.; felur f.pl.
concede vt. viðurkenna, játa; láta undan, gefa (e-m e-ð) eftir; gefast upp
conceit mont n., sjálfsálit n.
conceited adj. montinn, hégómlegur
conceivable adj. hugsanlegur
conceive v. hugsa upp, fá (hugmynd), (become pregnant) verða barnshafandi; koma undir
concentrate v. safna(st) (á einn stað); einbeita (sér)
concentrated adj. samansafnaður; einbeittur, (of liquids) þéttur, vatnstæmdur, óblandaður
concentration samsöfnun f., samdráttur m.; einbeiting f.
concentration camp fangabúðir f.pl.
concentric adj. sammiðja
concept hugtak n.; (heildar)hugmynd f.
conception hugmynd f., skilningur m.; hugarfóstur n.; tilurð f., sköpun f.; getnaður m.
conceptual adj. hugtakslegur, hugtaka-
conceptualize vt. gera sér hugmynd um
concern mál(efni) n., (anxiety) áhyggja f., kvíði m., (business) fyrirtæki n., (share) hlutur m., hlutdeild f.; **it's no c. of yours** það kemur þér ekki við; vt. varða, snerta; valda kvíða
concerned adj. áhyggjufullur; hlutaðeigandi, viðriðinn
concerning prp. viðvíkjandi, varðandi, um
concert hljómleikar m.pl., (harmony) samhljómur m., (agreement) samkomulag n.; **in c.** sameiginlega, saman; á hljómleikum
concerted adj. sameiginlegur, samstilltur, samtaka
concerto (pl. **concertos**) konsert m.
concession eftirgjöf f., tilslökun f., ívilnun f.
conch kuðungur m.
conchologist skeljafræðingur m.; skeljasafnari m.
conchology skeljafræði f.; skeljasöfnun f.
concierge húsvörður m.; dyravörður m.
conciliate vt. fá á sitt band, sætta; friða, blíðka

conciliation sætt f.; friðun f., blíðkun f.
conciliator sáttasemjari m.; friðarstillir m.
conciliatory adj. sættandi; friðandi, sefandi
concise adj. samþjappaður, hnitmiðaður
conclave páfakjörsfundur m.; einkafundur m.
conclude v. ljúka, enda; álykta
conclusion endir m., (decision) ályktun f., niðurstaða f.; **jump to a c.** álykta fljótfærnislega
conclusive adj. endanlegur, úrslita-
concoct vt. sjóða saman; brugga
concoction samsuða f.; brugg n.
concomitant fylgifiskur m.; adj. samfara(ndi)
concord samkomulag n., samlyndi n.; samhljómur m.
concordance samræmi n., samsvörun f.; (orð)stöðulykill m.
concordant adj. samræmur, samsvarandi
concourse samstreymi n., samrennsli n., mót n.pl.
concrete (stein)steypa f.; adj. steinsteyptur; áþreifanlegur, hlutstæður; raunhæfur
concrete mixer steypuhrærivél f.
concubine hjákona f., frilla f.
concur vi. vera sammála; gerast samtímis, fara saman
concurrence samþykki n.; samvinna f.; samleitni f.
concurrent adj. samverkandi; samskeiða, samtímis-; samhljóða; samleitinn
concuss vt. valda heilahristingi hjá
concussion heilahristingur m.; högg n., skjálfti m.
condemn vt. (for)dæma, sakfella; dæma óhæfan
condemnation fordæming f.; sakfelling f.
condensation þétting f.; samþjöppun f.
condense v. þétta(st), þjappa(st) saman; draga saman
condensed milk niðursoðin mjólk f.
condenser (gufu)þéttir m.
condescend vi. láta svo lítið (að), (in a bad sense) sýna (e-m) yfirlæti, (stoop) lúta svo lágt (að)
condescending adj. lítillátur; yfirlætisfullur

condescension lítillæti n.; yfirlæti n., lítilsvirðing f.
condiment krydd n.; bragðbætir m.
condition ástand n., ásigkomulag n., (term of agreement) skilyrði n.; **out of/in c.** illa/vel á sig kominn; **on c. that** með því skilyrði að condition vt. þjálfa, styrkja; venja, móta; **be conditioned by** ákvarðast af, stjórnast af
conditional adj. skilorðsbundinn, skilyrtur
conditional clause (in grammar) skilyrðissetning f.
conditioner skilyrði n., (hair) hárnæring f.
condolence vottun samhryggðar f., samúðarkveðja f.
condole with v. samhryggjast
condom smokkur m., verja f.
condone vt. fyrirgefa; láta viðgangast
conduce to(wards) v. stuðla að, ýta undir, miða að
conduct hegðun f.; stjórn f., stjórnun f.; v. haga/hegða sér; stýra, stjórna
conduction (raf)leiðni f.; varmaleiðni f.
conductive adj. leiðandi, leiðinn, leiðni-
conductivity (eðlis)leiðni f.
conductor stjórnandi m., (on a bus) miðavörður m.
conduit leiðsla f., rás f.
cone keila f.; strýta f.; köngull m.
confabulate vi. ræða saman, skrafa
confection sætmeti n., sætindi n.pl.
confectioner kökusali m., sætindasali m.
confectionery sætindi n.pl.; sælgætisgerð f., (shop) sælgætisverslun f.
confederacy (ríkja)samband n., (ríkja)bandalag n.
confederate (state) bandalagsríki n., (person) bandamaður m., (accomplice) sökunautur m.; adj. sambands-,bandalags-; v. mynda bandalag; sameinast
confederation sambandsmyndun f.; (ríkja)bandalag n.
confer v. veita, sæma, (talk together) ráðgast (við)
conferee ráðstefnugestur m.
conference (umræðu)fundur m.; ráðstefna f.
conference centre ráðstefnusalur m., fundarherbergi n.
conference venue ráðstefnustaður m.
conferment veiting f.
confess v. játa, viðurkenna; skrifta
confessedly adv. samkvæmt eigin játningu
confession játning f.; skriftir f.pl.; trúflokkur m.
confessional skriftastóll m.
confessor skriftaprestur m.; játari m., játandi m.
confidant trúnaðarvinur m.
confidence traust n.; trúnaður m., (secret) trúnaðarmál n.
confidence man (pl. - **men**) svikahrappur m., svindlari m.
confidence trick trúnaðarbrella f., trúnaðarsvindl n.
confident adj. öruggur, fullviss; sjálfsöruggur
confidential adj. leynilegur, trúnaðar-
confidential file leyniskjöl n.pl.
confidentially adv. í trúnaði
confide in v. treysta á; trúa fyrir leyndarmáli
confide to v. trúa fyrir, treysta fyrir
confiding adj. grunlaus, hrekklaus
confine vt. takmarka; loka inni; leggjast á sæng
confined to bed adj. rúmfastur
confinement innilokun f.; fangavist f.; sængurlega f.
confines (tak)mörk n.pl., endamörk n.pl.
confirm vt. staðfesta; ferma
confirmation staðfesting f.; ferming f.
confirmed adj. staðfestur, varanlegur, forhertur
confiscate vt. gera upptækan, taka eignarnámi
confiscation eignaupptaka f., eignarnám n.
conflagration stórbruni m., eldsvoði m.
conflict átök n.pl., barátta f.; árekstur m., ágreiningur m.; vi. stangast á (við)
conflicting adj. ósamkvæmur, ósamhljóða, stríðandi
conflict resolution lausn deilu f.
conform v. laga sig að, fylgja; samræmast
conformable adj. (obedient) eftirlátur, auðsveipinn, (in agreement) sam-

kvæmur, í samræmi, (of beds of rock) samfelldur
conformity fylgispekt f., hlýðni f.; samræmi n.
confound vt. rugla, gera forviða; rugla saman
confounded adj. forviða, (damned) bannsettur
confraternity bræðralag n.
confront vt. standa andspænis, horfast í augu við
confrontation ágreiningur m., árekstur m., átök n.pl.
confuse vt. rugla (saman)
confusedly adv. ruglingslega; í fáti
confusion ruglingur m., óreiða f.; fát n., uppnám n.
confute vt. hrekja, afsanna
congeal v. breyta(st) í storku
congenial adj. viðkunnanlegur, viðfelldinn
congenital adj. meðfæddur, áskapaður
conger eel hafáll m.
congest v. stífla(st); yfirfylla(st)
congested adj. stíflaður; yfirfullur
congestion stíflun f.; þröng f., troðningur m.
conglomerate samsteypa f., (rock) völuberg n.; adj. samsettur; sundurleitur; v. safna(st) saman (í eina heild), steypa saman
conglomeration samansafn n., sambreiskingur m.
congratulate vt. óska til hamingju, samfagna
congratulations hamingjuóskir f.pl., samfögnuður m.
congratulatory adj. heillaóska-, hamingjuóska-
congregate v. safna(st) saman
congregation (mann)söfnuður m.; samkoma f.
congress löggjafarþing n., þjóðþing n.; ráðstefna f.
congruent adj. samsvarandi; kongrúent, aljafn, eins
congruity samsvörun f.; samræmi n., samkvæmni f.
congruous adj. samsvarandi; (sem er) við hæfi, viðeigandi

conic adj. keilu-; strýtu-
conical adj. keilulaga; strýtumyndaður
conic section keilusnið n.
conifer barrtré n.
conjectural adj. tilgátukenndur, getgátu-
conjecture ágiskun f.; v. giska á, geta sér til
conjugal adj. hjúskapar-, hjónabands-
conjugate v. (of a verb) beygja(st)
conjugation sagnbeyging f.; beygingarflokkur sagna m.
conjunction (in grammar) samtenging f.; sameining f.; samspil n.; **in c. with** í sameiningu við, ásamt
conjunctive (sam)tenging f.; adj. (sam)tengjandi, tengi-
conjuncture samspil atvika n.; hættuástand n., tvísýna f.
conjure v. galdra, töfra; leika töfrabrögð
conjurer töframaður m., sjónhverfingamaður m.
conjure up v. vekja upp, særa fram; kalla fram í hugann
conk vt. (strike) lemja, berja
conk out vi. detta út af, sofna, (break down) bila
con man (pl. - **men**) svikahrappur m., svindlari m.
connate water setvatn n.
connect v. tengja(st); setja í samband við
connection (sam)tenging f.; samband m., tengsl n.pl.; **in c. with** í sambandi við, varðandi, viðvíkjandi
connective (in grammar) tengiorð n.; adj. tengi-
conning tower (of a submarine) stjórnturn m.
connivance hylming f., þegjandi samþykki n.; vitorð n.
connive at v. hylma yfir, loka augunum fyrir
connive with v. vera í leynimakki/vitorði með
connoisseur kunnáttumaður m., smekkmaður m.
connotation aukamerking f., merkingarblær m.
connote vt. (of words) fela í sér, gefa í skyn
conquer vt. leggja undir sig; sigra(st á)

conqueror sigurvegari m.
conquest sigur m.; landvinning f., hertaka f.
conscience samviska f.
conscientious adj. samviskusam(leg)ur
conscientiousness samviskusemi f.; vandvirkni f.
conscious adj. með (fullri) meðvitund; meðvitandi, meðvitaður, (intentional) vísvitandi
consciousness (með)vitund f.
conscript herskyldur maður m.; vt. kveðja í herinn
conscription herkvaðning f.
consecrate vt. helga; vígja
consecration helgun f.; vígsla f., vígsluathöfn f.
consecutive adj. samfelldur, hver á fætur öðrum
consensus (of opinion) samhjóða álit n.
consent samþykki n.; v. samþykkja, fallast á
consequence afleiðing f., (importance) mikilvægi n.
consequent adj. sem leiðir af, þar af leiðandi; rökréttur
consequential adj. sem leiðir af, (important) mikilvægur
consequently adv. þess vegna, þar af leiðandi
conservation verndun f.; varðveisla f.
conservationist náttúruverndarmaður m.
conservatism íhaldssemi f.
conservative íhaldssamur maður m.; adj. íhaldssamur, (modest) hófsamur, (careful) varfærinn
Conservative íhaldsmaður m.; adj. íhalds-
conservatory blómaskáli m., gróðurhús n.; listaskóli m.
conserve vt. vernda, varðveita; sjóða niður (ávexti)
consider vt. íhuga, hugleiða; álíta, telja
considerable adj. töluverður, umtalsverður, heilmikill
considerate adj. hugulsamur, nærgætinn
consideration íhugun f.; íhugunarefni n.; tillit n., nærgætni f.; **in c. of** (on account of) vegna, (in return for) í staðinn fyrir; **take into c.** taka tillit til, gera ráð fyrir
considering prp. miðað við, með tilliti til; conj. þegar tillit er tekið til þess að; adv. eftir atvikum
consignment vörusending f., flutningur m.
consignor vörusendandi m.
consistency samræmi n., samkvæmni f.; þéttleiki m.
consistent adj. samkvæmur (sjálfum sér); mótsagnalaus
consist in v. vera fólginn í, felast í
consist of v. samanstanda af, vera settur saman úr
consolation huggun f., hughreysting f.
consolation prize aukaverðlaun n.pl.
console vt. hugga, hughreysta
console skrauthné n.; stjórnborð n.; tækjasamstæða f.
consolidate v. styrkja(st); þétta(st); sameina(st)
consolidation styrking f.; þétting f.; sameining f.
consommé (tært) kjötseyði n.
consonant (letter) samhljóði m., (sound) samhljóð n.
consort maki m., (ship) samflotsskip n., fylgdarskip n.; **in c. (with)** ásamt, með; vi. leggja lag sitt (við = **with**), umgangast
consortium (verkefna)samtök n.pl.
conspicuous adj. áberandi, auðséður; eftirtektarverður
conspiracy samsæri n.
conspirator samsærismaður m.
conspire v. gera samsæri (gegn); leggjast á eitt
constable lögregluþjónn m.
constabulary lögreglulið n.
constancy stöðugleiki m.; staðfesta f., tryggð f.
constant talnafasti m.; adj. stöðugur; staðfastur
constellation stjörnumerki n.; glæsihópur m.
consternation skelfing f., ofboð n., felmtur n.
constipation hægðatregða f., harðlífi n.
constituency kjördæmi n.; kjósendur m.pl.

constitute vt. gera, mynda,
(appoint) útnefna, skipa
constitution (of laws) stjórnarskrá f.,
(of a body) líkamsbygging f.,
(of a thing) samsetning f.
constrain vt. nauðbeygja, þvinga,
neyða
constraint þvingun f., nauðung f.;
ófrelsi n.
constrict vt. þrengja að, takmarka;
reyra (saman)
constriction samdráttur m., herping f.;
herpingur m.
construct vt. reisa, smíða, búa til
construction smíði n.pl., bygging f.,
samsetning f., (meaning) túlkun f.,
útlegging f., (of a sentence) setningargerð f., setningarbygging f.
construction industry byggingariðnaður m.
constructive adj. uppbyggjandi,
uppbyggilegur, jákvæður
constructor smiður m.
construe v. skýra, túlka,
(in grammar) greina
consul ræðismaður m., konsúll m.
consulate ræðismannsskrifstofa f.;
ræðismannsstaða f.
consul general aðalræðismaður m.
consult v. leita ráða hjá; fletta upp í
consultant ráðgjafi m., ráðunautur m.
consultation ráðaleitun f.;
viðræðufundur m.
consultative adj. ráðgefandi
consulting engineer ráðgefandi
verkfræðingur m.
consulting firm ráðgjafafyrirtæki n.
consult with v. ráðfæra sig við,
ráðgast við
consumables neysluvörur f.pl.
consume v. neyta, (use up) eyða,
(destroy) gjöreyða
consumer neytandi m.
consumer habits neysluvenjur f.pl.
consumer packaging neytendaumbúðir f.pl.
consumer preference neytendavild f.
consumers' union neytendasamtök n.pl.
consummate adj. fullkominn;
vt. fullkomna; uppfylla

consummation fullkomnun f.;
uppfylling f.
consumption neysla f.,
(disease) berklaveiki f.
consumptive berklasjúklingur m.;
adj. berklaveikur
contact snerting f., viðkoma f.; samband
n.; v. snerta(st); ná sambandi við, ná í
contact flight sjónflug n.
contact lens augnlinsa f., snertilinsa f.
contact man tengiliður m.
contagion smit n., smitun f.;
smitsjúkdómur m.
contagious adj. smitandi
contain vt. innihalda; rúma, taka;
hemja, hafa hemil á
container ílát n.; (vöruflutninga)
gámur m.
containerize v. hlaða gáma
container leasing gámaleiga f.
container ship gámaskip n.
container train gámalest f.
contaminate vt. menga, óhreinka, spilla
contamination mengun f., óhreinkun f.,
spilling f.
contemplate vt. virða fyrir sér; hugleiða,
áforma
contemplation umhugsun f., hugleiðing
f.; áform n.pl.
contemplative adj. hugsandi, hugsi,
íhugandi
contemporary samtímamaður m.;
jafnaldri m.; adj. samtíða, samtíma-;
jafnaldra, jafngamall
contempt fyrirlitning f.; lítilsvirðing f.
contemptible adj. fyrirlitlegur,
auvirðilegur
contemptuous adj. forsmáandi,
fyrirlitningar-
contend v. berjast, keppa,
(claim) staðhæfa
contender keppinautur m.; áskorandi m.
content ánægja f.; adj. ánægður, sæll,
(willing) fús, reiðubúinn; vt. gera til
geðs; **c. oneself** with láta sér nægja
contented adj. ánægður, sæll;
ánægjulegur
contentedly adv. af ánægju, ánægjulega
contention þræta f., deila f.;
staðhæfing f.

contentious adj. þrætugjarn; umdeildur
contentment ánægja f., gleði f.; gleðiefni n.
contents innihald n., inntak n.
contest barátta f., keppni f., deila f.; v. keppa/deila (um/við), (dispute) vefengja, rengja
contestant keppandi m.; vefengjandi m.
context samhengi n.
contiguous adj. aðlægur, samliggjandi, nálægur
continence hófsemi f., bindindissemi f.
continent (heims)álfa f.; meginland n.
continent adj. hófsamur, bindindissamur
continental adj. (heims)álfu-; meginlands-
continental breakfast meginlandsárbítur m., léttur morgunverður m.
continental drift landrek n.
continental quilt sæng f.
continental shelf landgrunn n.
continental slope landgrunnshalli m.
contingency óvissa f., óvissuástand n.
contingency plan varaáætlun f.
contingent liðsauki m., liðsafli m.; sendinefnd f.; adj. óviss, hugsanlegur; óvæntur, ófyrirséður
contingent (up)on adj. háður (e-u), undir (e-u) kominn
continual adj. stöðugur, tíður, iðulegur
continuation (á)framhald n.
continue v. halda áfram
continuity (óslitið) samhengi n., samfelldni f.
continuous adj. stöðugur, látlaus, samfelldur
contort vt. afskræma, afmynda; vinda, snúa
contortion afskræming f., aflögun f.; vindingur m.
contour útlína f.; vt. draga útlínur (e-s)
contour line (jafn)hæðarlína f.
contour map hæðarlínukort n.
contraband smygl n.; adj. smyglaður; ólöglegur
contraception getnaðarvarnir f.pl.
contraceptive getnaðarvörn f.; verja f.; adj. getnaðarvarnar-
contract samningur m.; v. gera samning um, (an illness) sýkjast af, fá, (cause to) become smaller in size) draga(st) saman, herpa(st) saman
contractile adj. herpanlegur
contract talks samningaviðræður f.pl.
contract terms samningsskilmálar m.pl.
contraction samdráttur m., (of a word) stytting f.
contractor verktaki m.; samingsaðili m.
contract out of v. neita að taka þátt í (samkomulagi)
contractual adj. samnings-
contradict vt. mótmæla, andmæla; stangast á við
contradiction mótmæli n., andmæli n.; mótsögn f.
contradictory adj. gagnstæður; mótsagnakenndur; þrasgjarn
contrail flugslóð f.
contraption tæki n., útbúnaður m.
contrarily adv. þvermóðskulega
contrariness þvermóðska f.
contrary gagnstæða f., mótsetning f.; **on the c.** þvert á móti; **to the c.** á annan veg; þrátt fyrir; adj. (of a person) einþykkur, þverlyndur, (of weather) óhagstæður, and-, mót-
contrary to prp. gegn, gagnstætt, á móti
contrast andstæða f., mótsetning f.; v. bera saman; stangast á (við), stinga í stúf (við)
contrast control skerpustillir m.
contravene v. brjóta gegn/í bága við; andmæla
contravention brot n.; andmæli n.; **in c. of** þvert gegn
contribute v. gefa, láta af hendi rakna; stuðla að
contribution framlag n., skerfur m.
contributory adj. sem stuðlar að; greiddur með framlögum launþega og atvinnurekanda
contributory pension scheme lífeyriskerfi n.; lífeyrissjóður m.
contrite adj. yfirbugaður af iðrun, iðrunarfullur
contrition sár iðrun f.; eftirsjá f.
contrivance hugvitssemi f.; uppfinning f., tæki n.
contrive v. finna/hugsa upp; leggja á ráðin um

control stjórn f., (management) stjórnun f., (check) eftirlit n.; takmörkun f.; v. stjórna, ráða yfir; hafa stjórn/hemil á
control character stýritákn n., stýristafur m.
control group viðmiðunarhópur m., samanburðarhópur m.
controllable adj. viðráðanlegur; stýranlegur
controller stjórnandi m.; fjármálafulltrúi m.
controls stjórntæki n.pl., stýribúnaður m.
control system stýrikerfi n.
control tower flugturn m.
control unit stjórntæki n.
controversial adj. umdeildur, (of persons) þrætugjarn
controversy deila f., ágreiningur m., missætti n.
contumacy þrjóska f., þvermóðska f.
conundrum (ráð)gáta f.
convalesce vi. ná sér eftir veikindi
convalescence (aftur)bati m.
convection hitauppstreymi n., varmaburður m.
convene v. koma saman; kalla saman, boða
convener fundarboðandi m.
convenience þægindi n.pl.; hentugleiki m.
convenient adj. þægilegur, hentugur, handhægur
convent (nunnu)klaustur n.
convention siðvenja f., regla f., (agreement) sáttmáli m., samkomulag n., (meeting) ráðstefna f., þing n.
conventional adj. venjulegur, hefðbundinn; ófrumlegur
converge v. stefna saman, beina(st) að (einum punkti)
converging lens safnlinsa f., safngler n.
conversant adj. vel heima (í = **with**), kunnugur (e-u)
conversation samtal n., viðræður f.pl.
conversational adj. samtals-, viðræðu-; ræðinn
conversationalist góður samræðumaður m.
converse vi. ræða saman, spjalla (saman)
converse andstæða f.; adj. andstæður, gagnstæður
conversion (um)breyting f., ummyndun f.; trúskipti n.pl.
convert trúskiptingur m.; v. (um)breyta(st); snúa(st)
converter (straum)breytir m.
convertible (car) blæjubíll m.; adj. (um)breytanlegur, (of money) innleysanlegur, skiptanlegur
convertible coupe blæjubíll m.
convex adj. kúptur, ávalur
convey vt. flytja, bera; gefa til kynna; afsala
conveyance flutningur m.; flutningstæki n.; afsal n.
conveyer belt færiband n.
convict sakfelldur maður m.; refsifangi m.; vt. sakfella, dæma sekan
conviction sakfelling f.; sannfæring f., fullvissa f.
convince vt. sannfæra
convivial adj. glaðvær; félagslyndur
conviviality glaðværð f.; félagslyndi n.
convocation samanköllun f.; samkunda f.
convoke vt. kalla saman
convoluted adj. undinn; flókinn, margslunginn
convolution vafningur m.; flækja f.
convoy verndarfylgd f., (of ships) skipalest f.; vt. fylgja til verndar
convulse vt. skekja, hrista; láta engjast
convulsion krampi m.; umbrot n.pl., umrót n.
convulsive adj. krampakenndur
coo (dúfu)kurr n.; v. kurra; hjala
cook kokkur m.; matreiðslumaður m.; v. matreiða, elda, sjóða, (tamper with) hagræða, falsa
cooker eldavél f.; eldunartæki n.
cookery matreiðsla f., eldamennska f.
cookery book matreiðslubók f.
cookery measure matreiðslumál n.
cookie kex n., (Am.) smákaka f., (fellow) náungi m.
cook up v. sjóða saman, skálda upp
cool svali m., (composure) ró f., stilling f.; adj. svalur, (calm) rólegur, (impudent) frakkur, ófyrirleitinn, (of behaviour) kuldalegur; v. kæla; kólna

coolant kælivökvi m., kæliefni n.
cool down/off v. róa(st)
cool-headed adj. kaldur og rólegur, óuppnæmur
cooling fan kælivifta f.
cooling system kælikerfi n.
coolly adv. rólega; kuldalega, fálega
coolness svali m.; ró f.; ófyrirleitni f.; fáleiki m.
coop (hænsna)búr n., stía f.
cooper beykir m.
cooperate vi. vinna saman
cooperation samvinna f.; stuðningur m., hjálp f.
cooperative samvinnufélag n.; kaupfélag n.; adj. samvinnuþýður, samvinnu-
co-opt vt. velja sér aðstoðarmann
coop up v. setja í (hænsna)búr; loka inni
coordinate hliðstæða f.; hnit n.pl.; adj. hliðstæður; hnita-, hnit-; vt. samstilla, samræma
coordinate system hnitakerfi n.
coordination samstilling f., samræming f.
coot bleshæna f.; **bald as a c.** nauðasköllóttur
cop (policeman) lögga f.; vt. (catch) grípa, góma
copartner meðeigandi m.
copartnership sameignarfélagsskapur m.
cope vi. ráða (við/fram úr = **with**); bjarga sér
copestone hettusteinn m., krúnusteinn m.; smiðshögg n.
copier (machine) fjölritunartæki n.
copilot aðstoðarflugmaður m.
coping múrkrúna f., vegghetta f.
copingstone hettusteinn m., krúnusteinn m.; smiðshögg n.
copious adj. ríflegur, ríkulegur; afkastamikill
copper kopar m., eir m., (coin) koparpeningur m.; adj. eirrauður, rauðbrúnn; vt. koparhúða
copper-bottomed adj. pottþéttur, öruggur
copulate vi. hafa samfarir; eðla sig
copulation samfarir f.pl.; mökun f., eðlun f.
copy eftirlíking f.; afrit n., (specimen) eintak n.; v. líkja eftir; afrita, fjölfalda

copybook forskriftarbók f.
copycat apaköttur m., hermikráka f.
copy-protected adj. óafritanlegur, aðgangsverndaður
copyright höfundarréttur m., útgáfuréttur m.
coquetry daður n., dufl n.
coral kórall m.; adj. kóral-; rauðbleikur
cord snúra f., snæri n.; strengur m.; vt. binda
cordage kaðlaknippi n.
cordial ávaxtadrykkur m., (liqueur) líkjör m.; adj. hjartanlegur, alúðlegur; hressandi, styrkjandi
cordiality innileiki m., alúð f.
cordon varðhringur m.; herkví f.
cordon off v. slá varðhring um, afkróa
corduroy rifflað flauel n.
core kjarni m.; mergur m., meginatriði n.; **to the c.** algerlega; **rotten to the c.** gjörspilltur
Corinthian order kórinþískur byggingarstíll m.
cork korkur m.; (kork)tappi m.; vt. setja (kork)tappa í
corkscrew tappatogari m.
cormorant skarfur m.
corn korn n., (Am.) maís m., (Eng.) hveiti n., (Skot.) hafrar m.pl.; vt. salta (kjöt)
corn líkþorn n.; **tread on someone's corns** særa tilfinningar e-s; móðga e-n, styggja e-n
corncob maískólfur m.
corncrake engirella f.
cornea hornhimna f., glæra f.
corner horn n.; krókur m., skot n.; (of the world) heimshluti m.; **(just) around the c.** (rétt) handan við hornið; á næstu grösum; **cut corners** stytta sér leið; **be in a tight c.** vera aðþrengdur; **turn the c.** komast yfir það versta; v. króa af, koma í vanda, (of a vehicle) taka beygjur
corner kick hornspyrna f.
cornerstone hornsteinn m., hyrningarsteinn m.
cornet kornett n.; kramarhús n.
cornfield kornakur m.
cornflour maíssterkja f.

cornice múrbrún f., veggbrún f.; (snjó)hengja f.
Cornish adj. frá Cornwall/Kornbretalandi, kornískur
corn pone (Am.) maísbrauð n.
cornstarch (Am.) maíssterkja f.
cornucopia nægtahorn n.
corny adj. hallærislegur, væminn; útjaskaður
corolla blómkróna f.
corollary eðlileg afleiðing f.; ályktun f.; fylgiregla f.
corona (sól)króna f.; rosabaugur m.
coronary kransæðastífla f.; adj. kransæða-
coronary thrombosis (pl. -ses) kransæðastífla f.
coronation krýning f.; krýningarathöfn f.
coroner dánardómstjóri m., líkskoðari m.
corporal undirliðþjálfi m.; adj. líkamlegur
corporate adj. sameiginlegur, hóp-, fyrirtækis-
corporate strategy meginstefna fyrirtækis f.
corporation (hluta)félag n., fyrirtæki n., (town council) bæjarstjórn f., (large belly) ístra f.
corporeal adj. líkamlegur; efnislegur, áþreifanlegur
corps sérdeild f.; stórdeild f.; flokkur m.
corpse lík n., nár m.
corpulence fita f., feitlagni f.
corpulent adj. holdugur, gildur, feitur
corpus skrokkur m.; ritsafn n., heildarsafn n.
corpuscle blóðkorn n., blóðfruma f.
corral (gripa)rétt f.; vt. reka (gripi) í rétt
correct adj. réttur, (proper) viðeigandi; vt. leiðrétta, laga; setja ofan í við, refsa
correction leiðrétting f.; ofanígjöf f., refsing f.; **house of c.** betrunarhús n., tugthús n.
corrective adj. (betrum)bætandi, leiðréttandi
correctness réttleiki m.; nákvæmni f.
correlate v. vera/setja í samhengi; tengja
correlation samhengi n.; samsvörun f., fylgni f.
correspond vi. (be in harmony) vera í samræmi (við = **with/to**), (be equal to) samsvara, vera sambærilegur (við = **to**), (exchange letters) eiga bréfaskipti (við = **with**), skrifast á
correspondence samræmi n.; bréfaviðskipti n.pl.; bréf n.
correspondence school bréfaskóli m.
correspondent bréfritari m., (newspaper) fréttaritari m.; adj. í samræmi; samsvarandi, hliðstæður
corresponding adj. samsvarandi, hliðstæður
corridor gangur m.
corroborate vt. staðfesta, styðja, styrkja
corroboration staðfesting f.; frekari sönnun f.
corroborative adj. til frekari sönnunar, staðfestandi
corrode v. tæra(st), eyða(st)
corrosion tæring f., eyðing f.; ryð n.
corrosive adj. eyðandi; hvass, bitur, harkalegur
corrugate v. gára, riffla; gera báróttan, bylgja
corrugated cardboard bylgjupappír m.
corrugated iron bárujárn n.
corrugation gárun f., hrukkun f.; gára f., hrukka f.
corrupt adj. (sið)spilltur, rotinn, óheiðarlegur; v. (sið)spilla(st); óhreinka(st); brengla(st)
corruption (sið)spilling f.
corset lífstykki n.
cortege heiðursfylgd f.; líkfylgd f.
cortex (heila)börkur m.
cosh rotkylfa f.
cosignatory meðundirritari m.
cosine kósínus m.
cosmetics snyrtivörur f.pl.
cosmic adj. alheims-; geim-
cosmic rays geimgeislar m.pl.
cosmogony heimsmyndunarfræði f., upprunafræði f.
cosmology heimsfræði f., heimsmyndarfræði f.
cosmonaut (sovéskur) geimfari m.
cosmopolitan heimsborgari m.; adj. heimsborgaralegur; alþjóðlegur, (al)heims-
cosmos alheimur m.
cosset gæludýr n.; vt. hampa, dekra við

cost kostnaður m.; **at all costs** hvað sem það kostar; **count the c.** vega og meta allan kostnað/kringumstæður; **to one's c.** af eigin reynslu; vi. kosta
co-star einn af tveimur/fleiri aðaleikurum; v. vera aðalleikari ásamt öðrum; hafa sem einn af aðalleikurum
costermonger götusali m.
costly adj. dýr; dýrmætur; kostnaðarsamur
costly article kostagripur m.
cost of living framfærslukostnaður m.
cost of living index vísitala framfærslukostnaðar f.
cost of production framleiðslukostnaður m.
cost of repairs viðgerðakostnaður m.
cost price kostnaðarverð n.
cost structure kostnaðarsamsetning f.
costume búningur m., (lady's suit) dragt f.
costume ball grímudansleikur m.
cosy adj. notalegur, þægilegur, vistlegur
cot barnarúm n., (Am.) beddi m.
co-tenancy sameign f.
cottage lítið íbúðarhús (til sveitar) n.
cottage cheese kotasæla f.
cottage industry heimilisiðnaður m.
cot(e) (hut) (gripa)kofi m., smáskýli n.
cotter pin splitti n., varnagli m.
cotton baðmull f., bómull f.; bómullarþráður m.
cotton gin bómullarfræskilja f.
cotton grass fífa f.
cotton mill baðmullarverksmiðja f.
cotton on (to) v. (understand) skilja, átta sig (á)
cottonseed oil baðmolía f., bómolía f.
cotton (up) to (Am.) v. koma sér í mjúkinn hjá
cotton waste tvistur m.
cottonwood ösp f.
cotton wool (hreinsuð) bómull f., vatt n.
cotyledon kímblað n.
couch sófi m., setbekkur m.; legubekkur m.
couch v. orða, setja fram, (of an animal) liggja í leyni
cougar (Am.) púma f., fjallaljón n.

cough hósti m.; v. hósta
cough mixture hóstamixtúra f., hóstasaft f.
could v. (p. **can**); **I could** ég gat
council ráð n.; ráðstefna f., þing n.
councillor fulltrúi í ráði m., ráðsmaður m.
counsel (advice) ráð n.; ráðagerð f., ráðlegging f.; (barrister) lögmaður m., málaflutningsmaður m.; vt. ráðleggja
counsellor ráðgjafi m., ráðunautur m.; (Am) lögfræðingur m.
count (nobleman) greifi m.
count talning f., (total) heildartala f.; v. telja, (include) telja(st) með, gilda; skipta máli
countable adj. teljanlegur
countable noun (in grammar) stakheiti n.
count against v. leggja (e-m e-ð) til lasts, mæla gegn
countdown rástalning f., niðurtalning f.
count down v. telja niður/aftur á bak
countenance andlit n., ásýnd f., (support) samþykki n.; vt. samþykkja, leggja blessun sína yfir
counter (table) búðarborð n., afgreiðsluborð n.
counter adv.; **c. to** andstætt, (þver)öfugt við; v. (oppose) standa/berjast gegn, svara
counteract vt. vinna á móti, sporna gegn; hamla
counter-argument gagnrök n.pl.
counterattack gagnárás f.; v. gera gagnárás
counterbalance mótvægi n.; vt. vega (upp) á móti
counter-bid gagntilboð n.
counterclaim gagnkrafa f.; v. gera gagnkröfu
counterclockwise adv. (Am.) rangsælis, andsælis
counterespionage gagnnjósnir f.pl.
counterfeit fölsun f.; adj. falsaður; vt. falsa
counterfoil (tékkheftis)stofn m., stubbur m.
counterintelligence gagnnjósnir f.pl.
countermand vt. afturkalla, ógilda
countermeasure gagnráðstöfun f.

counteroffer gagntilboð n.
counterpane rúmábreiða f.
counterpart hliðstæða f.; eftirmynd f.
counterplot mótsamsæri n.;
v. gera mótsamsæri
counterpoise mótvægi n.;
vt. vega (upp) á móti
counter-revolution gagnbylting f.,
andbylting f.
countersign einkennisorð n., lykilorð n.;
vt. meðárita
countersignature meðáritun f.,
meðundirritun f.
countess greifafrú f., greifynja f.;
jarlsfrú f.
count in v. telja/hafa með
countless adj. óteljandi, ótalmargir
count off (Am.) v. skipta með talningu/
í hópa
count out v. telja ekki með, sleppa;
úrskurða sigraðan
countrified adj. sveita(manns)legur
country land n., (opposed to town)
sveit f.
countryman (pl. **-men**) samlandi m.;
sveitamaður m.
countryside sveit f., landsbyggð f.
countrywoman (pl. **-women**) samlandi
m.; sveitakona f.
count up v. telja upp/saman
count (up)on v. reiða sig á, treysta á
county greifadæmi n.; sýsla f., hérað n.
county court héraðsdómstóll m.
coup snilldarbragð n., snjallræði n.
coup d'état valdarán n.
coup de grace náðarhögg n.,
banahögg n.
coupé tveggja dyra fólksbíll m.
couple par n.; **married c.** hjón n.pl.; **a c.
of (two)** tveir, (a few) fáeinir, nokkrir;
v. tengja (saman), (of animals) para sig,
maka sig
couplet tvíhenda f.
coupling tenging f., (link) tengi n.;
kúpling f.
coupon arðmiði m.; afklippumiði m.;
skömmtunarmiði m.
courage hugrekki n., kjarkur m.
courageous adj. hugrakkur,
kjarkmikill

courier hraðboði m., boðberi m.;
fararstjóri m.
course rás f., (path) stefna f., braut f., (of
land) völlur m., (of lessons) námskeið
n., (meal) réttur m.; **as a matter of c.**
eins og lög gera ráð fyrir; **in due c.**
þegar þar að kemur; **of c.** auðvitað;
run its c. hafa sinn gang; v. (of liquids)
streyma hratt, (chase) elta uppi
court (of law) dómsalur m.; dómstóll m.,
(royal) konungsgarður m.; hirð f.,
(courtyard) húsagarður m.; hallargarður
m., (area for certain games) völlur m.
court v. (of a man) biðla til, (try to
obtain) sækjast eftir, (risk) bjóða (hættu)
heim
court appointed adv. dómkvaddur
court card mannspil n.
court case dómsmál n.
court cost málskostnaður m.
court hearing réttarprófun f.
court inquiry dómsrannsókn f.
court of bankruptcy skiptaréttur m.
court of conciliation sáttanefnd f.
court procedure málsmeðferð f.
court proceeding málflutningur m.
court recess réttarhlé n.
court room réttarsalur m.
court settlement réttarsátt f.
courteous adj. kurteis, háttprúður
courtesan gleðikona f., vændiskona f.
courtesy kurteisi f.; kurteisisbragð n.;
by c. of með góðfúslegu leyfi (e-s);
með kveðju frá
courthouse (Am.) dómhús n.;
héraðsþinghús n.
courtier hirðmaður m.
courtly adj. hofmannlegur, kurteis
court martial herréttur m.; herréttarhöld n.pl.
court-martial v. dæma fyrir herrétti;
stefna fyrir herrétt
courtroom réttarsalur m.
courtship kvonbænir f.pl.; tilhugalíf n.
courtyard húsagarður m.; hallargarður m.
cousin (male) frændi m.,
(female) frænka f.
cousin once removed þremenningur m.
cousins-german systkinabörn n.pl.

cove vík f., vogur m.
covenant sáttmáli m.; samningur m.
cover hlífðaráklæði n.; ábreiða f., teppi n., (lid) lok n., (of a book) kápa f., (envelope) umslag n., (shelter) skýli n., skjól n.; **break c.** koma út úr fylgsni; **from c. to c.** spjaldanna á milli; **take c.** leita skjóls; **under c. (of)** í skjóli (e-s); v. þekja, hylja, breiða yfir, (protect) verja, skýla, (insure) (vá)tryggja, (travel) fara, komast
coverage umfang n., gildissvið n.; (frétta)umfjöllun f.
cover charge aðgangseyrir m.
covering yfirbreiðsla f.; ábreiða f.; lag n.
covering letter fylgibréf n.
coverlet rúmteppi n.
cover picture kápumynd f., forsíðumynd f.
covert adj. falinn, dulinn, leynilegur
cover-up yfirhylming f.
cover up v. fela, leyna; hylma yfir (með = **for**)
covet vt. ágirnast; ásælast
covetous adj. ágjarn, fíkinn
covetously adv. græðgislega
covetousness ágirnd f.
cow kýr f.
cow vt. kúga, hræða (til undirgefni)
coward hugleysingi m., raggeit f.
cowardice hugleysi n., ragmennska f.
cowardly adj. huglaus, ragur
cowberry týtuber n.; rauðberjalyng n.
cowboy kúreki m., nautahirðir m.
cowcatcher stórgripaskör f.
cower vi. hnipra sig saman, bæla sig niður
cowhand (Am.) kúasmali m., kúahirðir m.
cowherd kúasmali m., kúahirðir m.
cowhide nautshúð n.; nautsleður n.
cowl munkakufl m.; (reykháfs)hetta f.
cowman (pl. -**men**) mjaltamaður m., fjósamaður m.
co-worker samstarfsmaður m.
cowpox kúabóla f.
cowshed fjós n.
cowslip hófsóley f.
coxcomb spjátrungur m., tískutildrari m.
coxswain bátstjóri m., stýrimaður m.

coy adj. feiminn, óframfærinn
coyote sléttuúlfur m.
coypu vatnarotta f., bjórrotta f.
cozen vt. svíkja, pretta, blekkja
cozy (Am.) adj. notalegur, þægilegur, vistlegur
crab krabbi m., krabbadýr n.
crab apple villiepli n., (tree) villieplatré n.
crabbed adj. önugur; ógreinilegur, torskilinn
crabby adj. geðvondur, uppstökkur
crab louse (pl. - **lice**) flatlús f.
crack sprunga f., glufa f., (sound) hvellur m., smellur m.; **at the c. of dawn** í morgunsárið; **have a c. at** spreyta sig á; adj. frábær; v. springa, bresta; sprengja; **get cracking** hefjast handa
crackbrained adj. geggjaður; heimskulegur
crackdown (Am.) herferð f.
crack down on v. láta til skarar skríða gegn
cracked adj. (mad) klikkaður, ruglaður
cracker (te)kex n.; púðurkerling f., knall n.
crackers adj. klikkaður, snarvitlaus
crackle snark n.; skrjáf n.; vi. snarka; skrjáfa
crackling snark n., (skin of roast pork) para f.
crackpot sérvitringur m.; adj. furðulegur, klikkaður
cracksman (pl. -**men**) innbrotsþjófur m.
crackup taugaáfall n.
crack up v. missa vitið; fara á taugum
cradle vagga f.; vt. leggja í vöggu; halda í örmum sér
craft (hand)iðn f., (as a group) iðnstétt f., (skill) leikni f., færni f., (cunning) slægð f., (boat) far n., skip, bátur m.
craftiness slægð f., lævísi f.
craftsman handverksmaður m.
craftsmanship verkkunnátta f.
crafty adj. slægur, slóttugur, brögðóttur
crag klettur m., hamar m.
craggy adj. klettóttur, snarbrattur; stórskorinn
cram v. troða, troðfylla; lesa stíft, kúra

cram-full adj. troðfullur
cramp (of a muscle) vöðvakrampi m.; sinadráttur m.
cramp þvingun f., (iron) þvinga f., klemma f.; vt. þrengja að, þvinga, hefta, draga úr
cramped adj. þröngur, plásslítill; klessulegur
crampons mannbroddar m.pl.
cramps (in the stomach) magaverkir m.pl.
cranberry trönuber n., mýraber n.
crane (bird) trana f., (machine) krani m., hegri m.; v. lyfta með krana; **c. one's neck** teygja fram álkuna
crane fly hrossafluga f.
cranium hauskúpa f., höfuðskel f.
crank sveif f., (odd person) sérvitringur m.; vt. snúa sveif; snúa í gang (með sveif)
crankcase sveifarhús n.
crankshaft sveifarás m.
cranky adj. (odd) furðulegur, duttlungafullur, (unsteady) valtur, óstöðugur, (Am.; bad-tempered) geðillur, skapstirður
cranny sprunga f., rifa f., skora f.
crap kúkur m., saur m., (unwanted things) drasl n., (nonsense) bull n.; vi. kúka, skíta
crash brothljóð n., glamur n., (collapse) hrun n., fall n., (accident) árekstur m., (of a plane) brotlending f.; adj. skyndi-; v. skella; hrynja; lenda í árekstri; brotlenda, hrapa
crash barrier öryggistálmi m., vegrið n.
crash helmet öryggishjálmur m.
crash landing brotlending f.
crash-land v. brotlenda; hrapa
crass adj. grófur, (very great) yfirgengilegur
crate (rimla)kassi m.; vt. pakka í kassa
crater (eld)gígur m.
cravat hálsklútur m.
crave v. sárþarfnast, þrá; sárbæna um
craven adj. huglaus, ragur
craving þrá f., sterk löngun f.
crawl skrið n.; hægagangur m.; (way of swimming) skriðsund n.; v. skríða; sniglast, mjakast; mora/iða (af = **with**)
crayfish vatnakrabbi m.; leturhumar m.

crayon vaxlitur m.; vt. lita
craze (tísku)della f., æði n.; vt. æra, trylla
craziness brjálæði n.; vitleysa f.
crazy adj. brjálaður, sturlaður; brjálæðislegur
creak marr n., brak n.; vi. marra, braka
cream rjómi m., (cosmetic) krem n., áburður m.
creamery rjómabú n., mjólkurbú n.; mjólkurbúð f.
cream puff rjómabolla f.
creamy adj. rjómakenndur, rjóma-; rjómagulur
crease krumpa f., brot n.; v. krumpa(st), hrukka(st)
create vt. skapa, (cause) valda, (appoint) útnefna
creation sköpun f.; sköpunarverk n.
creative adj. skapandi, frjór; þroskandi
creator skapari m.
creature skepna f., kvikindi n.
creature comforts líkamleg þægindi n.pl., lífsþægindi n.pl.
crèche barnaheimili n.; vöggustofa f.
credence trúnaður m., trú f.
credentials persónuskilríki n.pl.; meðmælabréf n.
credibility trúverðugleiki m., trúanleiki m.
credible adj. trúverðugur; trú(an)legur
credit (trust) trúnaður m., (financial) lánstraust n., (good reputation) orðstír m., (honour) heiður m., viðurkenning f.; vt. trúa, treysta
creditability ágæti n., álitsauki m.
creditable adj. lofsverður, sómasamlegur
credit application lánaumsókn f.
credit account viðskiptareikningur m.
credit balance inneign f.
credit card greiðslukort n., kreditkort n.
credit control útlánahömlur f.pl
credit counseiling service ráðgjöf fyrir lántakendur f.
credit management lánastjórnun f.
credit market lánsfjármarkaður m.
credit note inneignarnóta f.
creditor lánardrottinn m., skuldareigandi m.
credit rating lánstraust n.; fjárhagsstaða f.

credit risk útlánaáhætta f.
credit side tekjuhlið f., tekjudálkur m.
credit to v. skrifa á reikning (e-s)
credit transfer millifærsla f.
credit with v. ætla/eigna e-m e-ð; færa e-m e-ð til tekna
credulity trúgirni f., auðtryggni f.
credulous adj. trúgjarn, auðtrúa
creed trúarjátning f.; trú f.
creek vogur m., vík f., (Am.) lækur m.
creep (unpleasant person) smjaðrari m.; kvikindi n.; vi. skríða; læðast, laumast
creeper skriðdýr n., (plant) skriðjurt f.
creeps hrollur m., ónotatilfinning f.
creepy adj. hrollvekjandi
cremate vt. brenna (lík)
cremation líkbrennsla f., bálför f.
crematorium líkbrennsluhús f., bálstofa f.
crepe krepefni n., (paper) kreppappír m.
crepe rubber hrágúmmí n.
crept v. (p., pp. **creep**)
crepuscular adj. rökkur(s)-, ljósaskipta-
crescent hálfmáni m., mánasigð f.; adj. vaxandi
crest kambur m.; fjaðraskúfur m.; hjálmskúfur m.
crestfallen adj. rislágur, hnugginn, dapur
crevasse jökulsprunga f., jökulgjá f.
crevice sprunga f., rifa f.
crew áhöfn f.; starfsmenn m.pl., mannafli m.
crew compartment áhafnarklefi m.
crew cut burstaklipping f.; adj. burstaklipptur
crewbus áhafnarbifreið f.
crib (manger) jata f., (Am.; cot) barnarúm n., (s-g copied dishonestly) ritstuldur m.; vt. (copy) stela
crick (háls)rígur m., (bak)rígur m.
cricket (game) krikket n., (insect) krybba f.
cricketer krikketleikari m.
crier kallari m.; væluskjóða f.
crime glæpur m., lögbrot n.; glapræði n.
criminal glæpamaður m.; adj. glæpsamlegur
criminal conduct saknæmt athæfi n.
criminology afbrotafræði f.
crimson adj. fagurrauður
cringe v. hnipra sig saman; skríða fyrir, flaðra
crinkle krumpa f., hrukka f.; v. krumpa
cripple bæklaður maður m.; vt. bækla; örkumla
crisis (pl. **crises**) sótthvörf n.pl.; straumhvörf n.pl., tímamót n.pl.; kreppa f., hættuástand n.
crisp kartöfluflaga f.; adj. stökkur, (of the air) ferskur, svalur, (clear) skýr, (quick) líflegur, fjörugur, (of hair) hrokkin- hærður
crisscross krossmunstur n.; adj. krossaður; adv. í kross, á víxl; þvers og kruss: v. krussa; ganga á víxl, fara í kross; gera krossmynstur í
criterion viðmiðun f., mælikvarði m.
critic gagnrýnandi m.
critical adj. gagnrýninn; tvísýnn, úrslita-
critical path method verkritatækni f.
criticism gagnrýni f.; aðfinnslusemi f.
criticize v. gagnrýna; finna að, setja út á
critique ritdómur m., listdómur m.; gagnrýni f.
croak kvakk n.; krunk n.; v. kvakka; krunka
crochet hekl n.; v. hekla
crochet-hook heklunál f.
crockery leirvörur f.pl., leirtau n.
crocodile krókódíll m.; krókódílaskinn n.
crocus dverglilja f., krókus m.
croft kot n., hjáleiga f.
crofter smábóndi m., hjáleigubóndi m.
crook krók(staf)ur m., (bend) bugða f., (dishonest person) þrjótur m.; v. beygja; krækja(st)
crooked adj. boginn, hlykkjóttur; svikull, óheiðarlegur
croon v. raula, söngla
crop uppskera f.; nytjaplanta f., (group) hópur m., (in birds) sarpur m., (hair cut very short) snoðklipping f.; v. (of ani- mals) kroppa, bíta, (cut short) snoð- klippa, (sow) sá (í), (bear a crop) gefa (af sér) uppskeru
crop out/up v. koma í ljós; skjóta óvænt upp kollinum
crop rotation sáðskipti n.pl.
croquet krokket n.
crosier bagall m., biskupsstafur m.

cross kross m.; krossmark n.; **on the c.** horn í horn, skáhallt yfir; adj. þverlægur, (angry) reiður, önugur; v. krossa; fara (þvert) yfir; skera(st); **c. one's mind** fljúga í hug
crossbar þverslá f.; þverband n.
crossbeam þverbiti m., þvertré n.
cross-bencher óháður þingmaður m., utanflokksþingmaður m.
crossbow lásbogi m.
crossbred adj. kynblandaður
crossbreed kynblendingur m.; v. kynblanda(st)
crosscheck sannprófun f.; v. (tví)yfirfara, sannprófa
cross-country (race) víðavangshlaup n.; torfærukeppni f.; adj. víðavangs- utan vega; adv. á víðavangi
crosscurrent þverstreymi n.; andstæð stefna f.
crossfire skothríð úr tveimur áttum f.; orrahríð f.
cross-examination gagnprófun f.; nákvæm yfirheyrsla f.
cross-examine vt. gagnspyrja (vitni); yfirheyra vandlega
cross-eyed adj. rangeyg(ð)ur
cross-fertilization víxlfrjóvgun f.
cross-fertilize vt. víxlfrjóvga
cross-grained adj. (of wood) flókatrefjaður; þver(lyndur)
crossing ferð yfir (haf) f.; skurðpunktur m.; vegamót n.pl.
cross-legged adj. & adv. með krosslagða fætur
crossness önuglyndi n.
cross out v. strika út, yfirstrika
cross-purposes; **at c.** með tvennt ólíkt í huga; **talk at c.** tala í kross; **be at c.** misskilja hvor annan
cross-question vt. gagnspyrja (vitni); yfirheyra vandlega
cross-reference millivísun f.
crossroad krossgata f., þvergata f.
crossroads vegamót n.pl., gatnamót n.pl.; krossgötur f.pl.
cross-section (þver)snið n.; þverskurður m.
cross-stitch krosssaumur m.
crosswind hliðarvindur m.

crosswise adv. þversum; í kross, á víxl
crossword (puzzle) krossgáta f.
crotch (of a tree) kvísl f., (human) klof n.; skrefbót f.
crotchet fjórðungsnóta f., (whim) duttlungur m.
crotchety adj. (bad-tempered) skapstyggur, úrillur
crouch hnipur n.; vi. hnipra sig saman
croup (disease) barkahósti m., (of a horse) lend f.
croupier féhirðir (við spilaborð) m.
crouton ristaður brauðteningur m.
crow kráka f.; **as the c. flies** stystu leið
crow (of a cock) hanagal n.; vi. gala
crowbar kúbein n., klaufjárn n.
crowberry lúsalyng n.
crowd mannfjöldi m., þvaga f.; hópur m.; v. safnast saman; troðast, ryðjast; (troð)fylla(st)
crowded adj. fjölmennur, mannmargur, troðfullur
crown kóróna f.; vt. krýna; heiðra; kóróna
crown prince krónprins m., ríkisarfi m.
crown princess krónprinsessa f., ríkisarfi m.
crow over v. hreykja sér af, guma af
crow's foot (pl. - **feet**) broshrukka f.
crow's nest varðturn m., varðpallur m.
crucial adj. áríðandi, úrslita-, örlaga-
crucible deigla f.; þolraun f.
crucifix róðukross m.
crucifixion krossfesting f.
cruciform adj. krosslaga, krossmyndaður
crucify vt. krossfesta
crude adj. óunninn, óhreinsaður; grófur
crudeness ruddaskapur m., rustaháttur m.
crudity ruddaskapur m.; ruddaleg athugasemd f.
cruel adj. grimmur, miskunnarlaus
cruelty grimmd f., miskunnarleysi n.
cruet kryddglas n., borðflaska f.
cruise skemmtisigling f.; eftirlitssigling f.; v. fara í (skemmti)siglingu; hringsóla, vakka, krusa
cruise control hraðastjórnun f. (í bíl)
cruise control system sjálfvirkt ökuhraðastillingarkerfi n.

cruise missile stýriflaug f.
cruiser beitiskip n., varðskip n.; lystibátur m.
cruising speed ganghraði m.
crumb (brauð)moli m., mylsna f.; ögn f., vottur m.
crumble v. mylja; molna; verða að engu
crummy adj. ómerkilegur, ógeðslegur; slappur, óhress
crumpet skonsa f.; **a piece of c.** skvísa f., pæja f.
crumple v. krumpa(st); böggla(st), vöðla(st)
crunch marr n., brak n.; v. bryðja; marra, braka
crupper reiði m., rófustag n.
crusade krossferð f.; herferð f.; v. fara í krossferð; berjast (fyrir/gegn = **for/against**)
crusader krossfari m.; baráttumaður m.
crush troðningur m., mannþröng f., (fruit drink) ávaxtasafi m.; **have a c. on** vera skotinn í; v. kremja(st), merja(st); knosa, mylja; bæla niður
crushing adj. alger, yfirgnæfandi; knosandi, stuðandi
crust (brauð)skorpa f.; skel f.
crustacean krabbadýr n.
crust over v. mynda skorpu/skel á; fá á sig skorpu/skel
crusty adj. skorpukenndur, (badtempered) skapstirður
crutch hækja f.; (crotch) klof n.; skrefbót f.
crux aðalatriði n.; ráðgáta f.
cry óp n., kall n.; v. æpa, kalla, (weep) gráta
crybaby væluskjóða f.
cry down v. gera lítið úr; lítilsvirða
crying adj. skelfilegur; átakanlegur
cry off v. draga sig til baka
cry out v. hrópa/öskra upp
cry out against v. mótmæla, hrópa á
cry out for v. grátbiðja um, hrópa á; þarfnast sárlega
crypt (graf)hvelfing f.
cryptic adj. dulinn, leynilegur; dularfullur
cryptography dulmálsvísindi n.pl.
crystal kristall m.
crystalize v. kristalla(st); skýrast; sykurhúða

crystalline adj. kristallaður; kristaltær; kristal-
crystallography kristallafræði f.
cry up v. úthrópa, gera mikið úr
cub húnn m., hvolpur m., ylfingur m.
Cuban Kúbumaður m.; adj. kúbanskur
cubbyhole greni n., hreysi n.; skonsa f.
cube teningur m.; verpill m., þríveldistala f.; vt. hefja í þriðja veldi
cube root verpilrót f., þriðja rót f., kúbikrót f.
cubic adj. teningslaga; tenings-, rúm-, kúbik-
cubic measure rúmmál n., teningsmál n.
cuckold kokkáll m.; vt. kokkála
cuckoo gaukur m.; adj. tjúllaður, brjálaður
cuckoo flower hrafnaklukka f.
cucumber (a)gúrka f.
cud (jórtur)tugga f.; **chew the c.** jórtra; velta fyrir sér
cuddle faðmlag n., knús n.; v. faðma(st); kela
cuddle up v. hjúfra sig saman, hringa sig
cuddly adj. kelinn, gælinn; krúttlegur
cudgel lurkur m., kyfla f.; vt. lemja með lurk
cue stikkorð n.; bending f., (in billiards) biljarðkjuði m.; vt. gefa stikkorð/bendingu
cuff (of a sleeve) ermalíning f., mansétta f.
cuff (light blow) snoppungur m.; vt. snoppunga
cuff link ermahnappur m., manséttuhnappur m.
cuirass brjóstverja f., bolhlíf f.
cuisine matargerð f.; matargerðarlist f.
cul-de-sac blindgata f.
culinary adj. matreiðslu-, matargerðar-
cull v. tína, lesa; velja (það besta)
culminate in v. ná hámarki
culmination hámark n.; hápunktur m.
culpability refsinæmi n.; saknæmi n.
culpable adj. vítaverður, refsiverður; saknæmur
culprit sökudólgur m.; sakborningur m.
cult trúarregla f.; dýrkun f.; dýrkendur m.pl.
cultivate vt. rækta; þroska (með sér), leggja rækt við

cultivated adj. (of a person) menntaður; fágaður
cultivation ræktun f.; rækt f., ástundun f.; menntun f.
cultivator ræktandi m., (machine) plógherfi n.
cultural adj. menningarlegur, menningar-
culture menning f.; menntun f., siðfágun f.; ræktun f.
cultured adj. menntaður, siðfágaður; ræktaður
culvert (hol)ræsi n.; leiðslustokkur m.
cumbersome adj. klunnalegur, óþjáll
cumin kúmen n.
cumulative adj. smávaxandi
cumulative charges uppsöfnuð gjöld n.pl.
cumulonimbus (pl. **-nimbi**) skúraský n.
cumulus (pl. **cumuli**) bólstraský n.
cuneiform fleygrúnir f.pl.; adj. fleyglaga
cunning kænska f.; adj. kænn, slóttugur; slyngur
cunt kunta f.; drullusokkur m., skíthæll m.
cup bolli m.; bikar m.; vt. gera bollalaga
cupboard skápur m.
cup final bikarúrslit n.pl.
cupful bollafylli n. (Br. 0,2841 l.; Am. 0,236 l.)
cupidity ágirnd f., (fé)græðgi f.
cupola hjálmhvelfing f., kúpull m.
cup tie bikarleikur m.
curable adj. læknanlegur, læknandi
curate aðstoðarprestur m.
curative (læknis)lyf n.; adj. læknandi, græðandi
curator safnvörður m.; forstöðumaður m.
curb beisliskeðja f.; hemill m.; (Am.) gangstéttarbrún f.; vt. halda aftur af, hafa taumhald á
curbstone (Am.) kantsteinn m.
curd ystingur m.; hlaupostur m.
curdle v. ysta, hleypa; hlaupa, þykkna
cure lækning f., meðferð f.; (meina)bót f.; v. lækna, græða; ráða bót á; verka (vöru)
cure-all allrameinabót f.
cure fish v. verka fisk
curfew útgöngubann n.
curio (pl. **curios**) fágæti n.
curiosity forvitni f.; fágæti n., furðuverk n.
curious adj. forvitinn; forvitnilegur; skrýtinn
curl krulla f., lokkur m.; v. krulla(st), liða(st)
curl up v. hringa sig, hnipra sig saman
curler krullupinni m.
curlew fjöruspói m.
curly adj. krullaður, liðaður; hrokkinn
curmudgeon nöldurseggur m.; nirfill m.
currant kúrenna f.; garðaber n.
currency gjaldeyrir m., gjaldmiðill m.; útbreiðsla f.
currency account gjaldeyrisreikningur m.
current straumur m.; stefna f., hneigð f.; adj. ríkjandi; yfirstandandi; (nú)gildandi
current account ávísanareikningur m.; hlaupareikningur m.
current assets veltufjármunir m.pl.
current balance innistæða á reikningi f.
current expenses veltiútgjöld n.pl.
current liabilities skammtímaskuldir f.pl.
currently adv. eins og er, um þessar mundir
current price list núgildandi verðlisti m.
current regulator straumstillir m.
curriculum námsskrá f.; námsefni n.
curriculum vitae æviágrip n.
currish adj. meinyrtur, hvefsinn; hundslegur
curry karrí n., (dish) karríréttur m.; vt. krydda
curry vt. (rub and clean) kemba; garfa/súta (skinn); **c. favour (with)** koma sér í mjúkinn (hjá)
curse formæling f.; bölvun f.; v. formæla, bölva
cursed adj. bölvaður; bannsettur
cursive adj. (of writing) samfelldur og hallandi
cursor bendill m., depill m.
cursory adj. skjótur, lauslegur, yfirborðslegur
curt adj. stuttorður, stuttaralegur
curtail vt. stytta; skerða; minnka
curtailment stytting f.; skerðing f.; minnkun f.

curtain (glugga)tjald n., gardína f.; fortjald n.
curtain call framkall n.
curtain off v. tjalda fyrir, stúka af
curts(e)y (of a woman) hnébeyging f.; vi. hneigja sig
curvaceous adj. íturvaxinn, vel vaxinn
curvature sveigja f., bogi m.; boglína f.
curve bugða f., sveigja f.; v. beygja(st)
curved adj. boginn, bogadreginn, bugðóttur
cushion púði m.; sessa f.; vt. draga úr, deyfa; bólstra
cushy adj. þægilegur, auðveldur, léttur
cusk (Am.; torsk) keila f.
cuss blótsyrði n., (person) náungi m.; v. blóta
cussed adj. (obstinate) þrákelkinn, þver, (cursed) bannsettur
cussedness þrákelkni f., þrjóska f.
custard eggjabúðingur m.; vanillusósa f.
custodian (safn)vörður m., gæslumaður m.; forráðamaður m.
custody gæsla f., umsjá f.; varðhald n.; forræði n.
custom (sið)venja f., siður m.
custom-made adj. sérunninn, sérhannaður
customary adj. venjubundinn; venjulegur, almennur
customer viðskiptavinur m.
customize v. sérhanna
customs (innflutnings)tollur m.; tollskoðun f.
customs authorities tollyfirvöld n.pl.
customs classification tollflokkun f.
customs clearance tollafgreiðsla f.
customs declaration tollskýrsla f.
customs documents tollskjöl n.pl.
customs duty tollgjald n.
customs house tollbúð f., tollstöð f.
customs inspection tollskoðun f.
customs invoice tollreikningur m.
customs officer tollþjónn m.
customs tariff number tollskrárnúmer n.
customs tariff tollskrá f.
cut skurður m., (wound) sár n., (of clothes) snið n., (reduction) niðurskurður m.; v. skera; **have one's hair c.** láta klippa sig

cut up v. höggva í spað, brytja, (judge severely) rakka niður, (distress) fá á, verða miður sín
cut across v. stytta sér leið yfir; stríða gegn
cutaway (tailcoat) síðjakki m., lafafrakki m.
cutback niðurskurður m.
cut back v. sníða af; draga úr, minnka
cut down v. skera/höggva niður, (reduce) draga úr, minnka, (kill) fella, leggja að velli
cute adj. sætur, snotur; snjall
cuticle naglaband n.; yfirhúð f.
cut in v. grípa inn (í); ryðjast inn (í)
cutlass bjúgsverð n., höggsverð n.
cutler hnífasmiður m.
cutlery hnífapör n.pl.; eggjárn n.
cutlet kóteletta f., lærisneið f.; buff n.
cut off v. skera af, (disconnect) rjúfa; loka fyrir, (isolate) einangra, útiloka, útskúfa
cut-out úrklippumynd f.; straumloki m.
cut out v. klippa (út), nema brott, (omit) sleppa, (stop) hætta, (of a motor) drepa á sér
cut-price adj. (seldur) á niðursettu verði
cut-rate (Am.) adj. (seldur) á niðursettu verði
cutter skeri m., klippari m.; klippur f.pl., (ship) kútter m.; skipsbátur m.; strandgæslubátur m.
cutthroat morðingi m.; adj. miskunnarlaus, harðsvíraður
cutthroat razor rakhnífur m.
cutting afklippa f., bútur m., (from a plant) afleggjari m., (from a paper) úrklippa f.; adj. skarpur, beittur; meinhæðinn, særandi
cuttlefish (tíarma) smokkfiskur m.
cyanide blásýrusalt n.
cybernetics stýrifræði f.
cycle hringrás f., hringur m., (bicycle) reiðhjól n.; vi. fara í hring, (ride a bicycle) hjóla
cycle time tiftími m.
cyclical adj. sveiflukenndur.
cyclist hjólreiðarmaður m.
cyclone hvirfilbylur m., fellibylur m.
cygnet álftarungi m.

cylinder → danger

cylinder sívalningur m., (in an engine) strokkur m.
cylinder piston stimpill m., bulla f.
cylindrical adj. sívalur, hólklaga
cymbal málmgjöll f.
cynic vantrúaður maður m., bölsýnismaður m.
cynical adj. tortrygginn; bituryrtur, napur
cynicism vantraust f., bölsýni f.; napuryrði n.
cypress kýprusviður m., grátviður m.
Cypriot Kýpurbúi m.; adj. frá Kýpur
Cyrillic alphabet kyrillískt letur n.
cyst blaðra f., belgur m.
cystitis blöðrubólga f.
cytology frumufræði f.
czar sar m., (Rússa)keisari m.
czarina keisaraynja (Rússlands) f.
Czech Tékki m., (language) tékkneska f.; adj. tékkneskur
Czechoslovak Tékkóslóvaki m.; adj. tékkóslóvaskur
Czechoslovakia Tékkóslóvakía f.

D

dab (touch) klapp n., (small amount) smáklípa, (fish) sandkoli m.; **be a d. at** vera duglegur í; v. snerta laust, klappa
dabble v. sulla, busla; gutla/fúska (við = **at/in**)
dabbler gutlari m., (duck) buslönd f.
dachshund greifingjahundur m.
dactyl þríliður m.
dad(dy) pabbi m.
daddy longlegs hrossafluga f.
daemon hálfguð m.; verndarvættur m.
daffodil páskalilja f.
daft adj. vitlaus, galinn; bjánalegur
daftness kjánaskapur m., heimska f.
dagger rýtingur m., laghnífur m.
dahlia dalía f., glitfífill m.
daily dagblað n.; adj. daglegur; adv. daglega
daily dozen morgunleikfimi f.
daily help ræstingakona f., húshjálp f.
daily round daglegt amstur n.
daintiness fínleiki m.; vandfýsni f.; lostæti n.
dainty lostæti n.; adj. fíngerður; matvandur, vandlátur
dairy mjólkurbú n., (shop) mjólkurbúð f.
dairy cattle mjólkurkýr f.pl.
dairymaid mjaltastúlka f.
dairyman (pl. -**men**) fjósamaður m.
dais pallur (við salarenda) m.
daisy freyjubrá f.; fagurfífill m.
daisy wheel printer leturkrónuprentari m.
dalliance daður n.
dally v. drolla, hangsa, slæpast
dally with v. daðra við, gæla við
dam stífla f.; vt. stífla; bæla niður, kæfa
damage skaði m., tjón n.; vt. skaða, skemma
damage claim skaðabótakrafa f.
damages skaðabætur f.pl., miskabætur f.pl.
damage suit skaðabótamál n.
dame (Am.; woman) kona f., kvenmaður m.
damn ; **not care/give a d.** vera skítsama; **not worth a d.** einskis virði; interj. fjandinn; adj. bölvaður; vt. fordæma; bölva; **be damned** vera dauðadæmdur
damnable adj. bölvaður; fordæmanlegur
damnation fordæming f., útskúfun f.; bölvun f.
damned adj. fordæmdur; bölvaður; adv. fjandi, fjári
damp raki m.; adj. rakur; v. gera rakan; dempa
dampen v. væta; dempa, draga úr, deyfa
damp(en) down v. dempa, draga úr, bæla niður
dampness raki m., væta f., saggi m.
damp-resistant adj. rakavarinn
dance dans m.; dansleikur m.; v. dansa
dancer dansari m.
dancing dans m.; adj. dansandi
dandelion (tún)fífill m.
dandified adj. upppússaður
dandruff flasa f.
dandy spjátrungur m., pjattrófa f.
Dane Dani m.
danger hætta f., háski m.

dangerous adj. hættulegur, háskalegur
dangle v. dingla, lafa
Danish (language) danska f.; adj. danskur
Danish pastry sérbakað vínarbrauð n.
Danish seine (net) dragnót f.
dank adj. rakur, saggafullur
danse macabre dauðadans m.
dapper adj. snyrtilegur, snotur; rösklegur
dapple-grey adj. apalgrár, steingrár
dappled adj. deplóttur, dröfnóttur
dare áskorun f.; v. þora, voga sér, (challenge) mana, skora á; **I dare say** ég tel víst
daredevil ofurhugi m.
daring áræði n.; bíræfni f.; adj. (fífl)djarfur
dark dimma f., myrkur n.; adj. dimmur; dökkur, (secret) hulinn, leyndur, leynilegur
Dark Ages hinar myrku miðaldir f.pl.
darkness dimma f., myrkur n.
darkroom myrkvaklefi m.
darling elska f., eftirlæti n.; adj. ástkær
darn stopp n., stögun f.; v. stoppa, staga
darn adj. bölvaður; adv. fjári, déskoti
darning needle stoppunál f.
dart kastpíla f., (quick movement) snögg hreyfing f.; v. skjóta(st), þjóta, (throw) kasta
dash (sudden rush) skjót hreyfing f., stökk n., (short race) sprettlaup n., (of liquid) skvetta f., gusa f., (small amount) ögn f., (mark) þankastrik n.; v. þjóta; slengja, þeyta (utan í = **against**)
dashboard mælaborð n.
dashing adj. glæsilegur, flottur
data gögn n.pl., upplýsingar f.pl.
data acquisition gagnasöfnun f.
data bank gagnabanki m.
data base gagnasafn n.
data base management system gagnasafnskerfi n.
data flow gagnastreymi n.
data processing gagnavinnsla f.
data storage gagnageymsla f.
data transmission gagnasending f.
date dagsetning f.; stefnumót n.; **out of d.** úr tísku, úreltur; **to d.** fram til þessa, hingað til; **up to d.** samkvæmt nýjustu tísku, í takt við tímann; v. dagsetja, tímasetja
date (fruit) daðla f., (palm) döðlupálmi m.
dated adj. dagsettur, (out of date) úreltur
date from/back to v. vera frá (tilteknum tíma)
date of arrival komudagur m.
date of departure brottfarardagur m.
date of deposit innleggsdagur m.
date of maturity gjalddagi m.
dative (case) þágufall n.; adj. þágufallsdaub** smurning f., mak n., (small bit) klína f., klípa f., (badly painted picture) klessumálverk n.; v. rjóða, maka, smyrja
dauber klessumálari m.
daughter dóttir f.
daughter-in-law (pl. **daughters-in-law**) tengdadóttir f.
daunt vt. draga kjark úr; hræða, skelfa; **nothing daunted** hvergi smeykur, ótrauður
dauntless adj. óbugaður, óhræddur
davit bátsugla f., davíða f.
Davy Jones's locker hin vota gröf f., hafsbotninn m.
dawdle v. drolla, slóra, hangsa
dawn dögun f.; upphaf n.; vi. daga, birta; hefjast
dawn (up)on v. verða (e-m) ljóst, renna upp fyrir
day dagur m.; **by d.** að degi til; **call it a d.** hætta, láta gott heita; **make a d. of it** gera sér dagamun; **the other d.** um daginn
daybreak dögun f., afturelding f.
day-care centre dagheimili n.
daydream dagdraumur m.; vi. dreyma dagdrauma **daylight** dagsljós n., dagsbirta f.; dögun f.
day labour dagvinna f.
daylight flying dagflug n.
daylight robbery okur n., hreinasta rán n.
daylight saving time (Am.) sumartími m.
daylong adj. daglangur
day nursery dagheimili n.
day return dagsmiði m.
day shift dagvakt f.

daytime dagtími m.; **in the d.** að degi til
daze ringlun f.; **in a d.** ringlaður, ruglaður, dasaður; vt. rugla, dasa; blinda
dazzle ofbirta f., glýja f.; vt. blinda; gera forviða
deacon djákni m.; meðhjálpari m.
dead adj. dauður, dáinn, (complete) algjör; adv. algjörlega, fullkomlega; **d. ahead** beint áfram
dead beat letingi m., ónytjungur m.
dead-beat adj. dauðuppgefinn, útkeyrður
dead centre miðpunktur m.; dauður punktur m.
deaden vt. (hljóð)deyfa, draga úr (styrk)
dead end blindgata f.
dead heat (in a race) jafntefli n.
deadline eindagi m., síðustu forvöð n.pl.
deadlock sjálfhelda f., þrátefli n.
deadly adj. banvænn, lífshættulegur; ósættanlegur; adv. ákaflega, mjög; dauða-
deadly sins dauðasyndirnar sjö f.pl.
dead march sorgargöngulag n.
deadness lífleysi n., deyfð f.
deadpan adj. svipbrigðalaus
dead wood dauður viður m.; fánýti n.
deaf adj. heyrnarlaus, heyrnarskertur, (unwilling to listen) sem daufheyrist við; **turn a d. ear to** skella skollaeyrum við
deafen vt. gera heyrnarlausan; æra með hávaða
deaf-mute daufdumbur maður m.
deafness heyrnarleysi n.
deal (pine wood) furuviður m., (fir wood) greniviður m.
deal (in business) (viðskipta)samningur m., (in a card game) gjöf f.; **a good/great d.** drjúgur skerfur; heilmikið; v. útbýta, deila, dreifa, (playing cards) gefa; **d. a blow** veita högg
dealer kaupmaður m.; dreifiaðili m., smásali m.
deal in v. (trade in) versla/höndla með
dealing (method of business) verslunarmáti m., (manner of behaving) breytni f., framkoma f.
dealings viðskipti n.pl.; samskipti n.pl.

deal with v. (trade with) eiga viðskipti við, (treat) meðhöndla, fara með, (be concerned with) snúast um, fjalla um
dean deildarforseti m.; prófastur m.
deanery prófastsdæmi n., prófastssetur n.
dear (loveable person) yndi n., gersemi f.; adj. (much loved) kær, (expensive) dýr, (as an address) kæri, elsku; háttvirti; interj. **d. me/oh d.** æ, æ; ja hérna, hvaða vandræði
dearly adv. innilega, heitt; dýrt
dearth hörgull m., skortur m.
death dauði m.; dauðsfall n.
deathbed dánarbeður m., banasæng f.
death blow banahögg n.; rothögg n.
death certificate dánarvottorð n.
death duty erfðafjárskattur m.
deathless adj. ódauðlegur, eilífur
deathlike adj. dauðalegur, dauða-
deathly adv. banvænn; dauðalegur, dauða-
death mask dánargríma f., helgríma f.
death penalty dauðarefsing f., líflátsdómur m.
death rate dánartíðni f., dánartala f.
death rattle dauðahrygla f., dauðakorr n.
death sentence líflátsdómur m., dauðarefsing f.
deathtrap dauðagildra f., banagildra f.
death throes helstríð n.
death warrant dauðadómur m.
debar from v. loka úti; varna, meina; banna
debase vt. lítillækka, vanvirða; rýra gildi
debasement niðurlæging f.; gildislækkun f.
debatable adj. umdeilanlegur; umdeildur
debate umræða f.; kappræða f.; v. (kapp)ræða um
debauch sukk n., svall n.; v. spilla, svalla, drabba
debauchery sukk n., ólifnaður m.; siðspilling f.
debenture skuldabréf n.
debilitate vt. veikja, veikla
debility þrekleysi n.; veiklun f.
debit skuldfærsla f.; vt. skuldfæra
debonair adj. vingjarnlegur; háttprúður
debrief vt. yfirheyra, taka skýrslu af

debriefing skýrslutaka f.
debris molar m.pl., brot n.pl.; brak n.
debt skuld f.
debt capacity skuldaþol n.
debt collection skuldainnheimta f.
debt collector innheimtumaður m.
debt equalization skuldajöfnuður m.
debt guarantee skuldaábyrgð f.
debt management skuldastýring f.
debtor skuldunautur m., lánþegi m.
debt position skuldastaða f.
debt-ridden adj. skuldum hlaðinn
debug vt. kemba, aflúsa; finna agnúa
debugger kembiforrit n.
debunk vt. afsanna, hrekja
debut frumraun f.
decade (ára)tugur m.
decadence úrkynjun f.; hnignun f., afturför f.
decadent adj. spilltur, úrkynjaður; hrörnandi
decaffeinated adj. koffeínlaus
decamp vi. fella tjald, flýja
decant vt. umhella
decanter borðflaska f., karaffla f.
decapitate vt. afhöfða, hálshöggva
decapitation aftaka f., hálshögg n.
decathlon tugþraut f.
decay rotnun f.; skemmd f.; vi. rotna, hrörna, hnigna
decease andlát n., dauði m.; vi. deyja
deceased adj. dáinn, látinn
deceit blekking f., svik n.pl.; undirferli n.
deceitful adj. svikull, fláráður; villandi
deceive vt. blekkja, svíkja, villa um fyrir
decelerate v. draga úr hraða
deceleration hraðaminnkun f.
December desember m.
decency velsæmi n., siðsemi f.; sómatilfinning f.
decent adj. (fitting) viðeigandi, sæmandi, (modest) siðsamur, hæverskur, (likeable) viðunandi
decentralization valddreifing f.
decentralize vt. draga úr miðstýringu, dreifa valdi
deception blekking f., svikabragð n.
deceptive adj. villandi, blekkjandi
decide v. gera út um, úrskurða, (resolve) ákveða

decided adj. ákveðinn; skýr, eindreginn
decidedly adv. ákveðið; tvímælalaust
deciduous adj. sumargrænn, skammær
decimal tugastafur m.; adj. tuga-
decimal digit tugatölustafur m.
decimal fraction tugabrot n.
decimalization breyting í tugakerfi f.
decimalize vt. breyta í tugakerfi
decimal numeral tugatala f.
decimal numeration tugakerfi n.
decimal place aukastafur m., sæti n.
decimal point tugabrotskomma f., tugabrotsskil n.pl.
decimate vt. eyða (tíunda hluta), útrýma (að mestu)
decipher vt. ráða (dulmál); ráða fram úr
decision ákvörðun f.; úrskurður m.; einbeitni f.
decision making ákvarðanataka f.
decision making process ákvarðanaferli n.
decisive adj. ótvíræður, afgerandi, úrslita-
deck þilfar n., dekk n., (of cards) spilastokkur m.
deck cargo þilfarsfarmur m.
deck chair þilfarsstóll m., sólstóll m.
deckhand háseti m.
deckle-edged adj. með skörðótta brún
deck with v. skreyta/prýða með
declaim v. tala með ákafa, þruma
declamation þrumuræða f., reiðilestur m.; ræðuhald n.
declarable adj. tollskyldur
declaration yfirlýsing f., tilkynning f.
declare v. tilkynna, lýsa yfir; fullyrða, staðhæfa
declared value yfirlýst verð n.
declare for/against v. lýsa stuðningi/andstöðu við
declension (in grammar) fallbeyging f.
decline hnignun f.; (verð)lækkun f.; **on the d.** í afturför; í rénun; v. afþakka, hafna; hnigna
declivity halli m., brekka f.
declutch vi. kúpla
decode vt. lesa úr (leyniletri); aftákna
decompose v. sundra(st); rotna, spilla(st)
decomposition sundrun f.; rotnun f.
décor leikmynd f.; innanhússkreyting f.

decorate vt. skreyta, prýða, (a house) standsetja, (give a mark of honour) sæma heiðursmerki
decoration skreyting f.; standsetning f.; heiðursmerki n.
decorative adj. skrautlegur, til skrauts, skraut-
decorator málari m.; veggfóðrari m.
decorous adj. háttprúður, siðsamur
decorum háttprýði f., velsæmi n.
decoy tálbeita f.; vt. ginna, tæla
decrease minnkun f., rýrnun f.; v. minnka, lækka
decree tilskipun f.; v. fyrirskipa; úrskurða
decrepit adj. útslitinn; ellihrumur
decrepitude hrörnun f.; (elli)hrumleiki m.
decry vt. hallmæla, niðra, ófrægja
dedicate vt. vígja; helga, tileinka
dedicated adj. hollur, dyggur; einlægur
dedication vígsla f.; tileinkun f.; hollusta f.
deduce vt. álykta, ráða (af); beita afleiðslu
deduct vt. draga frá, taka af
deductible adj. frádráttarbær
deductible expence frádráttarbær kostnaður m.
deduction frádráttur m.; afleiðsla f.
deductive adj. afleiðslu-
deed verk n., dáð f., (document) skjal n.
deed of conveyance afsal(sbréf) n.
deem vt. álíta, telja
deep adj. djúpur
deepen vt. dýpka; auka(st)
deep-freeze frystikista f., frystir m.; vt. djúpfrysta
deep-fried adj. djúpsteiktur
deep-laid adj. þrauthugsaður
deeply adv. innilega, ákaflega, djúpt
deepness dýpt f.; dýpi n.
deep-rooted adj. rótgróinn
deep-sea rosefish djúpkarfi m.
deep-seated adj. djúpstæður; rótgróinn
deer (pl. **deer**) hjartardýr n.
deface vt. afmynda; spilla, skemma
defacement afmyndun f.; eyðilegging f.
de facto adv. í raun og veru, raunverulega
defalcation fjárdráttur m.
defamation ófræging f., ærumeiðing f.

defamation of character ærumeiðing f., meiðyrði n.
defamatory adj. ærumeiðandi, niðrandi
defame vt. ófrægja, ærumeiða, niðra
default vanræksla f.; vanskil n.pl.; fjarvist f.; **in d. of** vegna skorts á; vi. vanrækja; standa ekki í skilum; mæta ekki, láta sig vanta
defaulter hirðuleysingi m.; vanskilamaður m.
default value sjálfgildi n., sjálfgefið gildi n.
defeat ósigur m.; vt. sigra; ónýta, gera að engu
defeatism uppgjafarstefna f.; vonleysistónn m.
defeatist vonleysingi m.; úrtölumaður m.
defecate vi. hafa hægðir
defecation hægðir f.pl., saurlát n.
defect galli m.; v. svíkjast undan merkjum
defection svik n.pl.; liðhlaup n.pl., flótti m.
defective adj. gallaður, ófullkominn; afbrigðilegur
defector svikari m.; flóttamaður m.
defence vörn f., vernd f.
defend vt. verja, vernda; réttlæta
defendant sakborningur m., varnaraðili m.
defender verjandi m., (in football) varnarmaður m.
defensible adj. verjanlegur; réttlætanlegur
defensive ; **be on the d.** vera í varnarstöðu; adj. varnar-
defensive strategy varnarstefna f.
defer vt. fresta; **d. to** fara eftir, lúta
deference virðing f., tillitssemi f.
deferential adj. virðingarfullur, tillitssamur
deferment frestun f.
defiance óhlýðni f., mótþrói m.; ögrun f., storkun f.; **in d. of** þvert ofan í; þrátt fyrir
defiant adj. ögrandi; þrjóskufullur, óhlýðinn
deficiency skortur m.; annmarki m.
deficiency disease hörgulsjúkdómur m.

deficient → delineate 108

deficient adj. ófullnægjandi; ónógur
deficit tekjuhalli m.; vöntun f.
defile (þröngt) skarð n.; vi. ganga í einfaldri röð
defile vt. (make unclean) óhreinka, saurga; spilla
defilement mengun f., saurgun f.
definable adj. útskýranlegur; skilgreinanlegur
define vt. (explain) útskýra; skilgreina, (show clearly) afmarka; auðkenna, lýsa
definite adj. skýr; ákveðinn, afdráttarlaus
definitely adv. ákveðið, afdráttarlaust; örugglega
definition skýring f.; skilgreining f.
definitive adj. endanlegur, loka-, úrslita-
deflate v. hleypa lofti úr; verða vindlaus, (a person) lækka rostann í, (money) draga úr verðbólgu
deflation lofttæming f.; (verð)hjöðnun f.
deflect v. beygja til hliðar, víkja frá
deflection hliðarbeygja f.; frávik n.
deflower vt. afmeyja
defogger móðueyðir m.
defoliant laufeyðir m.
defoliate vt. eyða laufi, aflaufga
defoliation lauffall n.
deforest (Am) vt. hreinsa af skógi, ryðja land
deform vt. afmynda, aflaga, afskræma
deformed adj. afmyndaður; vanskapaður
deformity afmyndun f.; lýti n.; bæklun f.
defraud vt. svíkja út úr (e-m), hafa af (e-m)
defray vt. borga, greiða (kostnað)
defrost vt. affrysta, þíða
defroster íseyðir m.; ísvari m.
deft adj. (fingra)fimur; leikinn
deftness (fingra)fimi f.; leikni f.
defunct adj. dáinn, látinn; liðinn
defy vt. bjóða byrginn, ögra; mana, skora á
degauss vt. afsegulmagna
degenerate afhrak n.; adj. úrkynjaður; vi. úrkynjast
degeneration úrkynjun f., afturför f.; hrörnun f.
degenerative adj. hrörnandi, hrörnunar-
degradation metorðasvipting f.; smán f., vansæmd f.

degrade vt. lækka í tign; niðurlægja, smána
degree gráða f., stig n.; háskólagráða f.
dehydrate v. þurrka, ná vatni úr; þorna
dehydration þurrkun f., úrvötnun f.
deify vt. taka í guðatölu; tigna sem guð
deign vi. þykja við hæfi, láta sér sóma
deism guðstrú f.
deity goð n.; guðseðli n.
dejected adj. niðurdreginn, hryggur
dejection hryggð f., dapurleiki m.
de jure adj. & adv. lögum samkvæmt, að réttu
delay töf f.; v. tefja, seinka, (postpone) fresta
delectable adj. hrífandi; unaðslegur
delegate (sendi)fulltrúi m.; vt. skipa sem fulltrúa; fela (e-m e-ð), fá í hendur
delegation fulltrúanefnd f.; skipun fulltrúa f.
delete vt. fella brott, strika út, eyða
delete key eyðingarhnappur m.
deleterious adj. hættulegur, skaðlegur
deletion brottfelling f., útstrikun f.
deliberate adj. úthugsaður, (intentional) vísvitandi, (careful) varfærinn; v. íhuga, velta fyrir sér
deliberately adv. vísvitandi, viljandi, af ásettu ráði
deliberateness gætni f., varkárni f.
deliberation umhugsun f.; umræða f.; varfærni f.
deliberative adj. umræðu-, rökræðu-
delicacy fínleiki m.; viðkvæmni f.; nærgætni f.; (food) lostæti n., ljúfmeti n.
delicate adj. fínlegur, (easily broken/hurt) viðkvæmur, (easily made ill) (heilsu)veill, (of food) ljúffengur, (tactful) tillitssamur, nærgætinn
delicatessen gómsætur matur m.; sælkeraverslun f.
delicious adj. ljúffengur; yndislegur
delight gleði f., yndi f.; v. gleðja(st); hafa yndi af
delightful adj. ánægjulegur; indæll
delimit(ate) vt. ákveða landamerki; afmarka
delimiter afmarkari m.
delineate vt. teikna, rissa, draga upp

delineation teikning f., uppdráttur m.; útlistun f.
delinquency afbrot n.; yfirsjón f., vanræksla f.
delinquent afbrotamaður m.; adj. sekur um afbrot
delirious adj. með óráði; frá sér numinn
delirium óráð f.; ofsi m., uppnám n.
delirium tremens brennisvínsæði n., drykkjuæði n.
deliver vt. bera út, dreifa, (hand over) afhenda, (set free) frelsa, (read aloud) flytja, (a child) fæða (barn); taka á móti (barni)
deliverance frelsun f., björgun f.
delivery útburður m.; afhending f.; (barns)fæðing f.
delivery charge sendingarkostnaður m.
deliveryman (Am.; pl. **-men**) sendill m.
delivery service heimsendingarþjónusta f.
dell dalverpi n.; kvos f., hvammur m.
delouse vt. aflúsa
delta delta f.; óseyri f.
delude vt. blekkja, tæla, villa um fyrir
deluge flóð n.; vt. flæða yfir; hella yfir
delusion ranghugmynd f., (sjálfs)blekking f.
delusive adj. blekkjandi, villandi
delve v. kafa (í); grafast fyrir um, rannsaka
demagogue lýðskrumari m., múgæsingamaður m.
demagoguery lýðskrum n.
demand krafa f.; eftirspurn f.; vt. krefjast, heimta
demand for payment greiðslukrafa f.
demanding adj. kröfuharður, erfiður
demarcate vt. afmarka; aðgreina
demarcation afmörkun f.; aðgreining f.
demean vt. lítillækka; **d. oneself** hegða sér
demeanour hegðun f., hátterni n., framkoma f.
demented adj. geðveikur, vitskertur
demerara (sugar) hrásykur m.
demersal fish botnfiskur m.
demesne óðal n.; yfirráðasvæði n.
demigod hálfguð m.
demilitarized zone hlutlaust belti n.

demise (death) andlát n., dauði m.
demist vt. eyða móðu af
demobilization afvopnun f.
demobilize vt. afvopna(st), senda (her) heim
democracy lýðræði n.; lýðræðisríki n.
democrat lýðræðissinni m.; jafnaðarmaður m.
democratic adj. lýðræðislegur; lýðræðissinnaður
democratize vt. koma á lýðræði (í); gera lýðræðislegan
demodulate vt. afmóta
demodulation afmótun f.
demography lýðfræði f.
demolish vt. rífa/brjóta niður; eyðileggja
demolition niðurrif n.; eyðilegging f.; kollvörpun f.
demon púki m., djöfull m.; vinnuþjarkur m.
demoniac(al) adj. djöfulóður; djöfullegur
demonism djöflatrú f.
demonstrable adl. sannanlegur; sýnilegur
demonstrate v. sýna, (prove) sanna; fara í kröfugöngu
demonstration sýning f.; sönnun f.; kröfuganga f.
demonstration programme sýniforrit n.
demonstrative adj. lýsandi; sönnunar-; opinskár
demonstrative pronoun ábendingarfornafn n.
demoralize vt. siðspilla; lama hugrekki
demote vt. lækka í tign
demotion stöðulækkun f.
demur undanfærsla f.; mótmæli n.; vi. færast undan; mótmæla, malda í móinn, vera mótfallinn
demure adj. hlédrægur, alvörugefinn; tilgerðarlegur
den greni n., bæli n.
denationalize vt. hætta þjóðnýtingu á
denial neitun f., synjun f.; afneitun f.
denims gallabuxur f.pl.
denizen íbúi m.
Denmark Danmörk f.
denomination nafn n.; nafngift f., (unit) eining f., gildi n., (religious group) sértrúarsöfnuður m.

denominator nefnari m.
denotation grunnmerking (orðs) f.; vísbending f.
denote vt. merkja, tákna, þýða; gefa til kynna
denounce vt. fordæma, ákæra; segja upp (samningi)
denouncement fordæming f.; útskúfun f.
dense adj. þéttur, (stupid) heimskur, tregur
densely populated adj. þéttbyggður, þéttbýll
densely populated area þéttbýli n.
density þéttleiki m.; eðlismassi m.
dent beygla f.; v. beygla(st), dælda(st)
dental adj. tann-; tannlæknis-
dental care tannumhirða f.
dental consonant tannhljóð n., tannbergsmælt hljóð n.
dental floss tannþráður m.
dental plate gervigómur m.
dental surgeon tannlæknir m.
dentifrice tann(hreinsi)krem n.
dentine tannbein n.
dentist tannlæknir m.
dentistry tannlækningar f.pl.
denture gervigómur m.
dentures gervitennur f.pl., falskar tennur f.pl
denudation rof n., landeyðing f.
denude vt. afklæða, sverfa utan af, svipta
denunciation fordæming f., sakfelling f.; uppsögn f.
deny vt. (af)neita, hafna; neita (sér) um
deodorant (svita)lyktareyðir m.; adj. lykteyðandi
deodorize vt. eyða/deyfa lykt (úr)
depart vi. fara, leggja af stað, (die) skilja við
depart from v. víkja frá, segja skilið við
department deild f., (ministry) ráðuneyti n.
Department of Commerce (Am.) viðskiptaráðuneyti n.
Department of State (Am.) utanríkisráðuneyti n.
Department of the Interior (Am.) innanríkisráðuneyti n.
Department of Transportation (Am.) samgönguráðuneyti n.

department store deildaskipt stórverslun f., vöruhús n.
departure brottför f.; frávik n., fráhvarf n.
departure hall brottfararsalur m.
departure lobby brottfararsalur m.
dependable adj. áreiðanlegur, traustur
dependant ómagi m.
dependence ósjálfstæði n., (trust) traust n.
dependency yfirráðasvæði n.
dependent ómagi m.; adj. ósjálfbjarga, ósjálfstæður
dependent clause (in grammar) aukasetning f.
depend (up)on v. þarfnast, vera undir (e-u) kominn, vera háður, (rely on) reiða sig á, treysta
depict vt. draga upp mynd af, lýsa
depiction lýsing f.
depilatory (cream) háreyðingarkrem n.
deplete vt. tæma, eyða, ganga á
depletion tæming f., eyðing f., gjörnýting f.
deplorable adj. hörmulegur, sorglegur; ömurlegur
deplore vt. harma, sjá eftir; þykja mjög leitt
deploy v. dreifa sér; senda (her) á vettvang
deployment dreifing f., staðsetning f.; ráðstöfun f.
depolarize v. umpóla
depopulate vt. fækka íbúum í; eyða byggð
depopulation íbúafækkun f.; eyðing byggðar f.
deport vt. vísa úr landi; **d. oneself** bera sig
deportation brottvísun f.; útlegð f.
deportment hegðun f., framkoma f.
depose v. steypa af stóli, víkja frá; votta
deposit (down payment) innborgun f., (layer) set n.; botnfall n.; vt. leggja frá sér, setja niður, (money) leggja inn (fé), (pay) greiða inn á
deposit account sparisjóðsreikningur m.
deposition brottvikning f.; vitnisburður m.

depositor sparifjáreigandi m.
deposit slip innleggsseðill m.
depot birgðageymsla f., (for military supplies) birgðastöð f., (Am.) járnbrautarstöð f.
deprave vt. siðspilla
depravity siðspilling f.; ódæði n., fólskuverk n.
deprecate vt. láta í ljós vanþóknun á, harma
deprecation vanþóknun f., andúð f.
depreciate v. rýra; rýrna, (of money) falla í verði
depreciation (verð)rýrnun f.; fyrning f., afskrift f
depress vt. þrýsta niður; þjaka, hryggja
depressed adj. niðurdreginn, dapur, þunglyndur
depressing adj. niðurdrepandi, þjakandi
depression lækkun f., (in the ground) hola f., dæld f., (low spirits) dapurleiki m., deyfð f., (system of winds) lægð f., (crisis) kreppa f.
deprivation svipting f.; skortur m.
deprived adj. afskiptur; bágstaddur
deprive of v. svipta (e-n e-u)
depth dýpt f., dýpi f.
depth charge djúpsprengja f.
deputation sendinefnd f.
depute vt. skipa staðgengil sinn; fela e-m e-ð
deputize vi. vera staðgengill/fulltrúi (e-s); (Am.) skipa staðgengil/fulltrúa sinn
deputy staðgengill m., fulltrúi m.
derail v. fara/setja út af sporinu
derange vt. rugla, raska; firra viti, sturla
derangement ruglingur m.; sturlun f., geggjun f.
derelict skipsrekald n.; adj. yfirgefinn, í eyði
dereliction (of duty) vanræksla f., trassaskapur m.
deride vt. spotta, hæða, skopast að
derision háð n., spott n.
derisive adj. hæðinn, háðskur; háðslegur
derivation afleiðsla f., (origin) uppruni m.
derivative afleitt orð n.; adj. afleiddur; ófrumlegur

derive from v. (come from) eiga rætur að rekja til, vera leiddur af, (obtain from) öðlast, fá, hljóta
dermatologist húðsjúkdómafræðingur m.
dermatology húðsjúkdómafræði f.
derogate from v. draga úr, gera lítið úr, rýra
derogation minnkun f., rýrð f.; lítilsvirðing f.
derogatory adj. lítillækkandi, niðrandi
derrick krani m.; borpallur m.
derring-do hreystiverk n.
descant (in music) fjölraddaður söngur m.; yfirrödd f.
descant (up)on v. syngja yfirrödd; fjölyrða um
descend v. fara niður; halla niður, lækka; **be descended from** vera kominn af
descendant afkomandi m.
descend to v. leggja sig niður við, leggjast (svo) lágt
descend (up)on v. koma að óvörum, (attack) ráðast á
descent niðurför f., niðurganga f., (family origins) uppruni m., ætterni n., (attack) skyndiárás f.
describe vt. lýsa, skýra frá
description lýsing f.; (sort) tegund f., sort f.
descriptive adj. lýsandi; talandi
descry vt. sjá í fjarska, greina
desecrate vt. vanhelga, saurga
desecration vanhelgun f., saurgun f.
desegregate vt. losa undan kynþáttamisrétti
desegregation afnám kynþáttaaðskilnaðar n.
desert eyðimörk f., auðn f.; adj. óbyggður, eyði-
desert v. yfirgefa, strjúka frá; gerast liðhlaupi
deserter liðlaupi m.; strokumaður m.
desertion brotthlaup n., strok n.; liðhlaup n.
deserts makleg málagjöld n.pl.
deserve v. verðskulda, eiga skilið
deservedly adv. réttilega, að verðleikum
deserving adj. maklegur, verðugur
desiccate v. þurrka upp; þorna upp

design skipulag n., hönnun f., (pattern) mynstur n., (purpose) ásetningur m.; v. hanna, teikna, (in the mind) hugsa upp, móta í huganum; ætla
designate adj. útnefndur; vt. merkja, benda á; tilnefna
designation útnefning f.; nafn n., titill m.
designedly adv. af ásettu ráði
designer hönnuður m.
designing adj. undirförull, lævís, séður
designs ráðabrugg n.; **have d. on** sitja um, sækjast eftir
desirability æskileiki m., ágæti n.
desirable adj. æskilegur; girnilegur
desire löngun f., ósk f.; v. girnast, óska sér
desirous adj. áfjáður, sólginn, fíkinn
desist vi. hætta, láta staðar numið
desk skrifborð n.; afgreiðsluborð n.
desolate adj. auður, mannlaus; eyðilegur, (of a person) einmana; vansæll; vt. leggja í auðn; hryggja
despair örvænting f.; vi. örvænta
desperado samviskulaus óþokki m.
desperate adj. örvæntingarfullur; vonlaus
desperation örvænting f., örvilnun f.
despicable adj. fyrirlitlegur, auvirðilegur
despise vt. fyrirlíta, hafa andstyggð á
despite prp. þrátt fyrir
despondency örvænting f., vonleysi n; uppgjöf f.
despondent adj. örvilnaður, vonlaus, kjarklaus
despot einræðisherra m.; harðstjóri m.
despotism einræðisvald n.; harðstjórn f.
dessert eftirréttur m., ábætir m.
destination ákvörðunarstaður m.
destine vt. ætla/skapa (e-m e-ð)
destiny örlög n.pl.; hlutskipti n.
destitute adj. blásnauður, bjargarlaus
destitution bláfátækt f., örbirgð f.
destroy vt. eyðileggja; tortíma, drepa
destroyer skemmdarvargur m., (warship) tundurspillir m.
destructibility eyðingarhæfni f.
destructible adj. eyðanlegur, tortímanlegur
destruction eyðilegging f.; tortíming f.
destructive adj. eyðileggjandi, skaðlegur, skaðræðis-
detach vt. losa (sundur), skilja (frá)
detachable adj. aftengjanlegur
detached adj. (of a house) aðskilinn, (of a person) hlutlaus
detachment aðskilnaður m.; hlutleysi n.
detail smáatriði n.; **in d.** nákvæmlega; vt. lýsa í smáatriðum; fela (e-m) sérverkefni
detailed adj. nákvæmur, ítarlegur
detain vt. tefja, seinka; hafa í haldi
detainee fangi m.
detect vt. uppgötva, finna; koma upp um
detection uppgötvun f.; fundur m.
detective leynilögreglumaður m.
detective story leynilögreglusaga f.
detector skynjari m., nemi m.
détente slökunarstefna (stórveldanna) f.
deter vt. hræða (frá = **from**); hindra, aftra
detergent þvottaefni n.; hreinsiefni n.
deteriorate v. hraka, versna; spilla(st), rýrna
deterioration hnignun f.; rýrnun f.
determination ákvörðun f.; staðfesta f., einbeitni f.
determine v. ákveða; ákvarða, (calculate) reikna út, (limit) takmarka(st); ráða(st)
determined adj. ákveðinn, staðfastur; einbeittur
determiner (in grammar) ákvæðisorð n.
determinism löghyggja f.; nauðhyggja f.
deterrent hemill m.; hindrun f.; adj. hamlandi, aftrandi; fyrirbyggjandi
detest vt. hafa ógeð á, hata
detestable adj. viðbjóðslegur, andstyggilegur
dethrone vt. steypa af stóli, setja af
dethronement valdsvipting f.
detonate v. sprengja; springa
detonation sprenging f.; hvellur m.
detonator hvellhetta f.
detour krókaleið f.; vt. krækja hjá
detract from v. draga úr, spilla fyrir, skaða
detraction niðrun f., lastmæli n., rógur m.
detractor lastari m., níðill m.
detriment skaði m., tjón n.; skaðræði n.

detrimental adj. skaðlegur
detritus bergmylsna f.; mulningur m.
deuce (a card of the value of) tvistur m.,
 (devil) fjandi m., skratti m., fjári m.
deuced adj. bölvaður, fjárans; adv. fjári,
 skollans
devaluation gengisfelling f.
devalue vt. fella gengi (gjaldmiðils)
devastate vt. eyða, tortíma, leggja í rúst
devastation eyðilegging f., tortíming f.
develop v. þróa(st), þroska(st), (in
 photography) framkalla(st), (make
 available for use) nýta
developer verktaki m., (in photography)
 framkallari m.
developing country þróunarríki n.
development þróun f.; þroski m.;
 framköllun f.; nýting f.
deviant afbrigðilegur maður m.;
 adj. afbrigðilegur
deviate vi. víkja (frá = **from**), bregða
 (út af)
deviation frávik n., fráhvarf n.; skekkja f.
deviationist klofningsmaður m.
device tæki n., útbúnaður m., (plan)
 áætlun f.; bragð n., brella f.; **leave s-y
 to his own d.** láta e-n eiga sig
devil djöfull m., fjandi m., púki m.
devilish adj. djöfullegur; kvikindislegur
devilment hrekkur m., prakkarastrik n.;
 fjör n.
devious adj. undirförull, útsmoginn;
 hlykkjóttur
devise vt. hugsa upp, láta sér detta í hug
devoid adj. gjörsneyddur, laus við;
 tómur af
devolution afhending f., framsal n.
devolve (up)on v. afhenda(st)
devote vt. helga; verja; fórna
devoted adj. trúr, hollur; hrifinn (af = **to**)
devotee unnandi m., aðdáandi m.;
 áhangandi m.
devotion tryggð f., hollusta f., (great
 fondness) dálæti n., ást f., (devoutness)
 trútrækni f.
devotional adj. guðrækilegur; trúar-;
 bæna-
devotions bænargjörð f.; bænir f. pl.
devour vt. gleypa í sig, (of a feeling)
 gagntaka

devout adj. heittrúaður, guðhræddur;
 einlægur
dew dögg f., náttfall n.
dewdrop daggardropi m.
dewlap hes n.
dewy adj. döggvotur, döggvaður
dexterity (hand)lagni f., leikni f.,
 (fingra)fimi f.
dexterous adj. (hand)laginn, leikinn,
 (fingra)fimur
diabetes sykursýki f.
diabetic sykursýkissjúklingur m.;
 adj. sykursjúkur
diabolic(al) adj. djöfullegur; djöful-,
 djöfla-
diacritical mark stafmerki n., yfirmerki n.
diagnose vt. (sjúkdóms)greina
diagnosis (pl. **-ses**) (sjúkdóms)greining f.
diagonal hornalína f., skálína f.;
 adj. skáhallur
diagram skýringarmynd f., útlínumynd f.
diagrammatic adj. skýringar-, útlínu-
dial skífa f.; vt. velja símanúmer; hringja
dialect mállýska f.
dialectal adj. mállýskubundinn,
 mállýsku-
dialectic(s) þrætubókarlist f.;
 þráttarhyggja f.
dialectical adj. díalektískur; þráttar-
dialectician rökfimur maður m.,
 rökræðugarpur m.
dialling tone sónn m.
dialogue samtal n.; tvítal n.
dial tone (Am) sónn m.
diameter þvermál n.; þverstrengur m.
diametrically adv. algjörlega,
 gjörsamlega
diamond demantur m.; tígull m.
diaper (Am.) barnableyja f.
diaphanous adj. (of cloth) gagnsær
diaphragm þind f.; himna f.;
 (pessary) hetta f.
diarist dagbókarhöfundur m.
diarrhoea niðurgangur m., ræpa f.
diary dagbók f.
diatom kísilþörungur m.
diatomaceous earth kísilleir m.,
 barnamold f.
diatomite kísilgúr m.
dibble gróðursetningarhæll m.

dice teningar m.pl.; teningaspil n.; (Am.) **no d.** kemur ekki til greina; v. spila með teningum; **d. with death** tefla á tvær hættur
dicey adj. áhættusamur, tvísýnn; vafasamur
dichotomy tvískipting f.; kvíslgreining f.
dicker vi. prútta, þjarka um verð
dickey seat opið aftursæti n.; þjónssæti n.
dictaphone upptökutæki n., talriti m.
dictate fyrirmæli n., boð n.; v. lesa fyrir; setja (skilmála), (give orders to) fyrirskipa
dictation upplestur m., fyrirlestur m.
dictator einræðisherra m., einvaldur m.
dictatorial adj. einræðis-; ráðríkur, stjórnsamur
dictatorship einræði n.; ráðríki n., ofríki n.
diction orðaval n., málfar n.; framsögn f.
dictionary orðabók f.; uppsláttarbók f.
dictum umsögn f., dómur m.
did v. (p. **do**)
didactic adj. fræðandi, fræðslu-; predikandi
didactics kennslufræði n.pl.
diddle vt. snuða, svíkja, pretta
die (pl. **dies**) (pressu)mót n.; snittbakki m.; löð f.; (pl. **dice**) spilateningur m.; **The d. is cast** teningnum er kastað
die vi. deyja, andast
die away/down v. dvína, dofna; fjara út
die-hard afturhaldsseggur m.; adj. ósveigjanlegur
die off v. týna tölunni
diesel engine dísilvél f.; dísilhreyfill m.
diesel fuel/oil gasolía f., dísilolía f.
diesel powered adj. dísilknúinn
diet mataræði n.; megrunarkúr m.; v. setja á matarkúr; vera á matarkúr, vera í megrun
dietetics næringarfræði f.
dietician næringarfræðingur f.
differ vi. vera ólíkur/frábrugðinn, (disagree) vera ósammála/ósamþykkur; **agree to d.** láta ágreining niður falla
difference (mis)munur m.; skoðanamunur m., ágreiningur m.; **make a d.** gera greinarmun (á = **between**);

skipta máli; **split the d.** mætast á miðri leið, fara bil beggja
different adj. ólíkur, frábrugðinn; mismunandi
differential mismunur m.; adj. mismunandi; aðgreinandi
differential calculus deildarreikningur m., diffurreikningur m.
differential gear mismunadrif n.
differentiate vt. skilja á milli, aðgreina; sundurgreina
differentiation aðgreining f.; sundurgreining f.; diffrun f.
differently adv. á annan hátt, öðruvísi
difficult adj. erfiður, vandasamur; vandgæfur
difficulty erfiðleiki m., vandi m.
diffidence óframfærni f., uppburðarleysi n.; feimni f.
diffident adj. óframfærinn, uppburðarlítill; feiminn
diffract vt. sveigja, beygja
diffraction (bylgju)beygja f.
diffuse adj. dreifður, útbreiddur, (using too many words) margorður, sundurlaus; v. dreifa(st), breiða(st) út
diffuseness samhengisleysi n., sundurlaus stíll m.
diffusion útbreiðsla f., dreifing f.
dig (quick push) olnbogaskot n., (site being excavated) fornleifauppgröftur m.; v. grafa (upp); stinga upp, pæla, (like) líka, falla, hugnast, (understand) skilja, fatta
digest útdráttur m., yfirlit n.; v. melta(st)
digestible adj. meltanlegur; auðmeltur
digestion melting f.
digestive adj. meltingarörvandi; meltingar-
digestive tract meltingarvegur m.
digger grafari m., (machine) grafa f.
dig in v. grafa (sig) niður í; koma sér fyrir
digging (upp)gröftur m.
dig into v. (examine thoroughly) rannsaka gaumgæfilega, (push into) reka/stinga/þrýsta/keyra í
digit tölustafur m.; fingur m.; tá f.
digital adj. stafrænn, tölustafa-; fingra-
digital fuel injection (DFI) stafræn eldsneytisinnspýting f.

digitize → dippet light

digitize vt. stafsetja
dignified adj. virðulegur, tiginmannlegur
dignify vt. göfga, gera virðulegan
dignitary tignarmaður m., höfðingi m.
dignity virðing f., sæmd f.; virðuleiki m., reisn f.
dig out v. gefa í botn
digress vi. fara út fyrir efnið
digression útúrdúr m.
digs (lodgings) leiguhúsnæði n.
dig up v. grafa upp; draga fram í dagsljósið
dike stíflugarður m., flóðgarður m., (ditch) síki n., skurður m., (lesbian) lesbía f.
dilapidated adj. niðurníddur, hrörlegur
dilate v. þenja(st) út, (út)víkka(st)
dilate (up)on v. fara nánar út í, orðlengja um
dilation þensla f., (út)víkkun f.
dilatory adj. svifaseinn, seinlátur; tafsamur
dildo gervigetnaðarlimur m.
dilemma klípa f., úlfakreppa f.; valþröng f.
dilettante listvinur m.; viðvaningur m., fúskari m.
diligence iðni f., kostgæfni f.
diligent adj. iðinn, kostgæfinn
dill sólselja f.
dillydally v. hangsa, slæpast
dilute adj. útþynntur; vt. þynna; deyfa, veikja
dilution útþynning f.; útþynnt efni n.
diluvial accumulation ísaldarruðningur m.
dim adj. óljós, daufur, (not bright) dimmur, drungalegur, (stupid) sljór, heimskur; v. deyfa, dofna, óskýrast; dekkja(st)
dime (Am.) 10 senta peningur m.
dimension (mæli)vídd f.
dimensions mál n.pl.; umfang n., stærð f.
diminish v. minnka, skerða, rýrna; gera lítið úr
diminution minnkun f., rýrnun f.; lítillækkun f.
diminutive (in grammar) smækkunarorð n., smækkunarliður m.; adj. örsmár, agnarlítill; smækkunar-
diminutive suffix smækkunarviðskeyti n.
dimmer birtudeyfir m.
dimple spékoppur m., (in the chin) hökuskarð n.
dimwit flón n., kjáni m.
din hávaði m., skarkali m.
dine v. borða miðdegisverð/kvöldverð
diner matargestur m., (on a train) veitingavagn m., (Am.) matstaður m., veitingastaður m.
dingdong bjölluhringing f., (fight) rifrildi n.
dinghy árabátur m.; skipsbátur m.
dingy adj. subbulegur, sóðalegur; skítugur
dining car (on a train) veitingavagn m.
dining room borðstofa f.
dining table borðstofuborð n.
dinner miðdegisverður m., kvöldverður m.
dinner jacket smókingjakki m.
dinner party miðdegisverðarboð n., kvöldverðarboð n.
dinner service matarstell n.
dinner set matarstell n.
dinosaur risaeðla f., trölleðla f.
diocese biskupsdæmi n.
diode tvistur m., díóða f.
dioxide tvísýringur m., díoxíð n.
dip dýfa f., dýfing f.; lækkun f., (downward slope) halli m., brekka f.; v. dýfa; lækka
diphtheria barnaveiki f.
diphthong tvíhljóð n.
dip into v. seilast í, (look into) glugga í
diploid tvílitningur m.; adj. tvílitna
diploma (próf)skírteini n.; heiðursskírteini n.
diplomacy ríkiserindrekstur m.; ráðsnilld f.
diplomat ríkiserindreki m.; ráðkænn maður m.
diplomatic adj. diplómata-; háttvís, nærgætinn
diplomatic relations stjórnmálasamband n.
diplomatic service utanríkisþjónusta f.
diplomatist háttvís og nærgætinn maður m.
dipped light lágljós n.fl. (á bíl)

dipper (vessel) skaftausa f.,
(bird) fossbúi m.
dipper switch ljósaskiptir m.
dipsomania drykkjusýki f., áfengissýki f.
dipstick (olíu)kvarði m.
dire adj. skelfilegur, (extreme) brýnn
direct adj. beinn, (frank) hreinskilinn;
afdráttarlaus; v. (manage) stjórna, stýra,
(show s-y how) leiðbeina, (order) skipa,
uppáleggja, (aim) stefna, beina
direct action bein aðgerð f.; verkfall n.
direct current jafnstraumur m.,
rakstraumur m.
direction (course) átt f., stefna f.,
(control) stjórn f.
directional adj. stefnu-; stefnuháður
directions leiðbeiningar f.pl.
directive tilskipun f., reglugerð f.;
adj. leiðbeinandi
directly adv. beint; beinlínis, (at once)
tafarlaust, strax, (soon) von bráðar,
innan skamms; conj. (as soon as) um
leið og, strax og
direct mail advertising póstsendar
auglýsingar f.pl.
directness hreinskilni f.; afdráttarleysi n.
direct object (in grammar) beint
andlag n.
director forstjóri m., (of a play)
leikstjóri m.
directorate forstjórastaða f.;
stjórnarnefnd f.
directorship forstjórastaða f.
directory (efnis)skrá f.
direct speech (in grammar) bein ræða f.
direful adj. hræðilegur, ægilegur
dirge jarðarfararsálmur m.,
útfararsálmur m.
dirigible loftskip n., loftfar n.
dirt óhreinindi n.pl., skítur m.,
(soil) aur m.
dirty adj. óhreinn, skítugur; sóðalegur;
v. óhreinka(st), skíta út; skitna
disability vanhæfni f., vanmáttur m.;
fötlun f.
disability pension örorkubætur f.pl.
disable vt. gera óvinnufæran; gera
vanhæfan
disabled adj. óvinnufær; fatlaður,
bæklaður

disablement fötlun f., bæklun f.,
hömlun f.
disadvantage ókostur m., óhagræði n.;
(be) at a d. (standa) illa að vígi; **to
someone's d.** e-m óhagstaður, e-m í
óhag, e-m til tjóns
disadvantageous adj. óhagstæður,
óheppilegur
disaffected adj. óánægður; fráhverfur
disaffection óánægja f., óvild f.
disafforest vt. hreinsa af skógi,
ryðja land
disagree v. greina á (um), vera ósam-
mála, (be unlike) vera ólíkur, stangast á,
(have a bad effect on) eiga illa (við),
fara illa (í)
disagreeable adj. óþægilegur;
ógeðfelldur
disagreement ágreiningur m., misklíð f.;
ósamræmi n.
disappear vi. hverfa, verða á brott
disappearance (brott)hvarf n.
disappoint vt. valda vonbrigðum,
bregðast
disappointed adj. vonsvikinn
disappointment vonbrigði n.pl.; áfall n.
disapprobation vanþóknun f.
disapproval vanþóknun f.; andmæli n.;
höfnun f.
disapprove v. vera á móti, mislíka;
andmæla; hafna
disarm v. afvopna(st); slá vopnin úr
höndum (e-s)
disarmament afvopnun f.; takmörkun
vígbúnaðar f.
disarrange vt. aflaga, rugla
disarrangement aflögun f., ruglingur m.
disarray ruglingur m., ringulreið f.;
vt. rugla, riðla
disassociate v. aðskilja(st),
rjúfa tengsl við
disaster ógæfa f., hörmung f.; stórslys n.
disastrous adj. hörmulegur,
átakanlegur
disavow vt. sverja fyrir; afneita
disband v. sundra(st), leysa(st) upp
disbar vt. svipta málflutningsleyfi
disbelief vantrú f., efi m.
disbelieve v. trúa ekki (á); vefengja,
rengja

disburse v. greiða út, ráðastafa fé
disbursement útborgun f., greiðsla f.
disc diskur m., skífa f.; kringla f.
discard vt. fleygja, losa sig við; hafna
discern vt. greina, koma auga á, sjá; aðgreina
discernible adj. greinanlegur, merkjanlegur
discerning adj. skarpskyggn, glöggur
discernment skarpskyggni f., dómgreind f.
discharge afferming f., losun f.; skot n.; lausn f., útskrifun; v. (unload) afferma, losa, (fire) hleypa af; leysa frá störfum, reka; útskrifa
disciple lærisveinn m.; fylgismaður m.
disciplinary adj. aga-, hegðunar-
discipline agi m., hlýðni f.; vt. aga, þjálfa; refsa
disc jockey plötusnúður m.
disclaim vt. neita, sverja fyrir; afsala sér
disclaimer riftunarákvæði n.
disclose vt. afhjúpa, koma upp um; leiða í ljós
disclosure afhjúpun f., uppljóstrun f.
discolour v. upplita(st); bletta(st)
discolouration upplitun f.; blettur m.
discomfit vt. koma í bobba, rugla; kollvarpa
discomfiture vandræði n.pl., bobbi m.; kollvörpun f.
discomfort óþægindi n.pl., (anxiety) kvíði m.
disconcert vt. koma úr jafnvægi; raska
disconnect vt. taka úr sambandi; slíta úr samhengi
disconnected adj. ótengdur, (of ideas) samhengislaus
disconsolate adj. óhuggandi, hnugginn; dapurlegur
discontent óánægja f.; vt. gera óánægðan
discontented adj. óánægður
discontinuance stöðvun f., slit n.pl., lokun f.
discontinue v. hætta, stöðva(st); leggja niður
discontinuity samhengisleysi n.; hlé n., rof n.
discontinuous adj. slitróttur, rofinn, ósamfelldur
discord(ance) ágreiningur m., misklíð f.; mishljómur m.
discordant adj. ósamstæður, sundurleitur; ósamhljóma
discotheque diskótek n.
discount afsláttur m.; vt. slá af (verði), veita afslátt (af); virða að vettugi, taka með fyrirvara
discount fare afsláttarfargjald n.
discourage vt. draga kjark úr; letja, aftra
discouragement úrtölur f.pl., fortölur f.pl.; hindrun f.
discourse ræða f., fyrirlestur m.; samtal n.
discourse (up)on v. ræða ítarlega um, fjalla um
discourteous adj. ókurteis, dónalegur
discourtesy ókurteisi n., ruddaskapur m.
discover vt. uppgötva, finna; komast að (raun um)
discovery uppgötvun f., fundur m.
discredit vansæmd f., skömm f., óorð n.; vantraust n.; vt. draga í efa; ófrægja, koma óorði á
discreditable adj. vansæmandi, ósæmilegur
discreet adj. þagmælskur; tillitssamur, háttvís
discrepancy ósamræmi n., misræmi n.; mótsögn f.
discrete adj. stakur, aðskilinn; samsettur; staksettur
discretion þagmælska f.; geðþótti m.; sjálfræði n.
discretionary powers ótakmörkuð völd n.pl.
discriminate v. taka afstöðu, gera upp á milli (e-s)
discriminate against v. mismuna, gera mishátt undir höfði
discriminate between v. greina á milli, gera greinarmun á
discriminating adj. skarpskyggn, glöggur; óréttlátur
discrimination skarpskyggni f.; mismunun f.; aðgreining f.

discriminatory adj. sem gengur á hlut e-s, óréttlátur
discursive adj. sundurlaus, reikandi; röklegur
discus kastkringla f.
discuss vt. ræða, fjalla um
discussion umræða f.; umfjöllun f.
disdain fyrirlitning f.; vt. fyrirlíta; lítilsvirða
disdainful adj. fullur fyrirlitningar; háðslegur
disease sjúkdómur m., lasleiki m., mein n.
disembark v. fara frá borði; skipa upp
disembarkation landganga f.; uppskipun f.
disembody vt. frelsa úr viðjum líkamans
disenchant vt. leysa úr álögum; svipta tálvonum; **become disenchanted with** verða fráhverfur e-u
disenchantment lausn úr álögum f.; vonbrigði n.pl.
disengage v. losa, aftengja; losna
disentangle v. greiða úr, leysa (flækju); vinsa úr
disfavour óvild f.; ónáð f.; ógreiði m., ógagn n.; vt. vera mótfallinn; hafa vanþóknun á
disfigure vt. óprýða; afmynda, afskræma
disfigurement óprýði n., lýti n.; afmyndun f.
disfranchise vt. svipta borgararéttindum
disgorge vt. æla; losa (sig við), tæma
disgrace skömm f., smán f.; vt. verða til skammar, óvirða, smána; **be disgraced** falla í ónáð
disgraceful adj. smánarlegur; svívirðilegur
disgruntled adj. önugur, úrillur; óánægður
disguise dulbúningur m.; vt. dulbúa; hylja, leyna
disgust andstyggð f.; vt. vekja viðbjóð
disgusting adj. ógeðslegur, viðbjóðslegur
dish fat n., diskur m., (food) réttur m., (pretty girl) skvísa f.; vt. (upset) klúðra, gera að engu
dishcloth uppþvottaklútur m.; viskustykki n.
dishearten vt. draga kjark úr; gera vondaufan
disheartened adj. kjarklaus; vondaufur, kvíðinn
dishes leirtau n.; **do the d.** þvo upp
dishevelled adj. ósnyrtilegur, lufsulegur
dishonest adj. óheiðarlegur, óráðvandur
dishonesty óheiðarleiki m., óráðvendni f.
dishonour vanvirða f., smán f.; vt. vanvirða, smána
dishonourable adj. smánarlegur, vansæmandi; svívirðilegur
dish out v. (distribute) dreifa
dishwasher uppþvottavél f., (person) uppvaskari m.
dishwater uppþvottavatn n.
dish up v. færa upp á fat; framreiða
dishy adj. (attractive) kynþokkafullur, myndarlegur
disillusion vt. svipta tálvonum; opna augun á
disillusioned adj. vonsvikinn, svekktur
disillusionment svpting tálvona f.; vonbrigði n.pl.
disinclination tregða f., ófýsi f., óvilji m.
disinclined adj. fráhverfur, tregur, ófús
disinfect vt. sótthreinsa
disinfectant sótthreinsunarefni n.; adj. sótthreinsandi
disinfection sótthreinsun f.
disingenuous adj. óhreinlyndur, falskur
disinherit vt. svipta arfi, gera arflausan
disinheritance arfsvipting f.
disintegrate v. sundra(st); molna; eyða(st)
disintegration sundrun f.; molnun f.; eyðing f.
disinter vt. grafa upp (lík)
disinterested adj. hlutlaus, óvilhallur; áhugalaus
disinterment uppgröftur (líks) m.
disjoint vt. sundurlima; setja úr skorðum
disjointed adj. sundurlimaður; sundurlaus, samhengislaus
disjunctive conjunction (in grammar) gagnstæðistenging f.
disk (Am.) diskur m., skífa f.; kringla f.
disk drive diskadrif n.
diskette (segul)skífa f., disklingur m.
dislike óbeit f.; vt. mislíka, geðjast ekki að
dislocate vt. fara úr liði; raska, riðla
dislocation liðhlaup n.; aflögun f., rask n.

dislodge → disputant

dislodge vt. færa úr stað, losa; reka burt
disloyal adj. ótrúr, sviksamur
disloyalty ótryggð f., sviksemi f.
dismal adj. dapurlegur, ömurlegur
dismantle vt. taka í sundur, rífa niður
dismay ótti m.; kvíði m.; vt. skelfa; fylla vonleysi
dismember vt. sundurlima; skipta
dismiss vt. segja upp, reka, (allow to go) hleypa út. leyfa að fara, (put away) vísa á bug
dismissal uppsögn f., brottrekstur m.; frávísun f.
dismount v. stíga/kasta af baki; taka niður
disobedience óhlýðni f., óþekkt f.
disobedient adj. óhlýðinn, óstýrilátur
disobey vt. óhlýðnast, neita að gegna
disorder ringulreið f., óregla f., (riot) óspektir f.pl., (illness) kvilli m.; vt. raska, rugla
disorderly adj. ruglingslegur; róstusamur
disorderly house búlla f., vændishús n., spilavíti n.
disorganization ringulreið f., skipulagsleysi n.
disorganize vt. rugla, raska, færa úr lagi
disorientate vt. rugla í ríminu; gera áttavilltan
disown vt. afneita, hafna, útskúfa
disparage vt. niðra, óvirða, smána
disparagement niðrun f.; lítillækkun f.
disparagingly adv. á niðrandi hátt, í niðrandi tón
disparate adj. ósambærilegur, (gjör)ólíkur
disparity (mis)munur m.
dispassionate adj. skapstilltur, yfirvegaður; hlutlaus
dispatch sending f., (message) boð n., tilkynning f., (promptness) flýtir m., skynding f.; vt. senda, (finish) ljúka af, afgreiða, (kill) ganga frá, drepa
dispatcher afgreiðslustjóri m., útsendingarstjóri m.
dispel vt. dreifa, hrekja burt
dispensable adj. lítilvægur, ónauðsynlegur
dispensary sjúkrastofa f., hjúkrunarherbergi n.

dispensation úthlutun f., dreifing f., (of Providence) ráðstöfun (forsjónarinnar) f., (permission to disobey) undanþága f.
dispense v. úthluta, dreifa; framfylgja
dispenser skammtari m., (machine) sjálfsali m.
dispense with v. komast af án; gera óþarfan
dispersal dreifing f., tvístrun f.
disperse v. dreifa(st), tvístra(st)
dispirited adj. niðurdreginn, leiður
displace vt. færa úr stað; leysa af hólmi
displaced person uppflosnaður/landflótta maður m.
displacement (til)færsla f.; særými n.
display sýning f.; vt. sýna
display device birtitæki n., birtir m.; skjár m.
displease vt. misbjóða, skaprauna
displeasure óánægja f.; skapraun f.
disposable adj. handbær, tiltækur; einnota
disposable income ráðstöfunartekjur f.pl.
disposal losun f.; ráðstöfun f., (control) stjórn f., umráð n.pl., (arrangement) niðurröðun f.; **at one's d.** handbær, til taks; til ráðstöfunar
dispose vt. raða niður, (settle) útkljá
dispose of v. losa sig við, losna við; afgreiða
dispose to v. gera hneigðan til; gera hlynntan e-u
disposition (arrangement) niðurröðun f., (character) lunderni n., eðlisfar n., (inclination) tilhneiging f., (disposal) umráð n.pl.
dispossess vt. svipta e-n eignarrétti
dispossession eignarsvipting f., útburður m.
disproof afsönnun f.; gagnrök n.pl.
disproportion ósamræmi f.; skakkt hlutfall n.
disproportionate adj. ósamsvarandi, í röngu hlutfalli
disprove vt. afsanna, hrekja
disputable adj. umdeilanlegur, vafasamur
disputant kappræðumaður m.; þrefari m.

dispute rökræða f.; deila f.; **beyond d.** tvímælalaust; v. rökræða, deila; vefengja, rengja
disqualification vanhæfni f.; vanhæfi n., hæfileikaskortur m.; leyfissvipting f.; brottvísun f.
disqualify vt. gera óhæfan, lýsa vanhæfan; svipta leyfi; dæma úr leik
disquiet óróleiki m., kvíði m.; vt. fylla óróleika
disquieting adj. uggvænlegur
disregard lítilsvirðing f., (neglect) skeytingarleysi, vanræksla f.; vt. gefa engan gaum; vanrækja
disrepair niðurníðsla f.; **in d.** í ólagi
disreputable adj. illræmdur; ósæmilegur
disrepute óorð n., vansæmd f.
disrespect virðingarleysi n.; ókurteisi f.
disrespectful adj. ókurteis, ruddalegur
disrobe v. afklæða(st)
disrupt vt. sundra; rjúfa, trufla
disruption sundrung f.; upplausn f.; truflun f.
disruptive adj. sundrandi; upplausnar-, niðurrifs-
dissatisfaction óánægja f.; ófullnægja f.
dissatisfactory adj. ófullnægjandi
dissatisfy vt. gera óánægðan
dissect vt. kryfja, skera sundur
dissection krufning f.
dissemble v. dylja, leyna; gera sér upp
disseminate vt. sá, dreifa, útbreiða
dissemination sáning f., dreifing f., útbreiðsla f.
dissension sundurþykkja f.; rifrildi n.
dissent ágreiningur m.; vi. vera ósammála
dissenter utankirkjumaður m.; andófsmaður m.
dissertation fræðiritgerð f.
disservice ógagn n., grikkur m., skaði m.
dissever vt. skera í sundur; aðskilja
dissidence andóf n.; ágreiningur m.
dissident andófsmaður m., mótmælandi m.; adj. ósamþykkur
dissimilar adj. ólíkur, öðruvísi, frábrugðinn
dissimilarity (mis)munur m.

dissipate v. dreifa(st), (squander) sóa, sólunda, (engage in foolish pleasures) drabba, svalla
dissipated adj. sukksamur, gjálífur
dissipation dreifing f.; sóun f.; gjálífi n., svall n.
dissociate v. aðskilja(st), rjúfa tengsl við
dissociation aðgreining f.; sambandsslit n.pl.
dissoluble adj. uppleysanlegur
dissolute adj. ósiðsamur, lastafullur, spilltur
dissolution slit n.pl., rof n.; sundrung f.
dissolve v. leysa(st) upp, bræða; binda enda á
dissonance mishljómun f.; ósamræmi n.
dissuade from v. telja af, ráða frá
dissuasion úrtölur f.pl.; latning f.
dissuasive adj. letjandi
distaff side kvenleggur m.
distance fjarlægð f., vegalengd f.
distant adj. fjarlægur, (of people) fjarskyldur
distaste óbeit f., ímugustur m.
distasteful adj. ógeðfelldur, óþægilegur
distil v. eima(st); drjúpa, falla í dropum
distillation eiming f.; eimaður vökvi m.
distillery eimingarhús n., áfengisgerð f.
distinct adj. greinilegur, skýr, (different) ólíkur, frábrugðinn, (separate) aðgreindur; sérstakur
distinction greinarmunur m.; auðkenni n.; sómi m.
distinctive adj. auðkennandi, aðgreinandi
distinctly adv. greinilega, augljóslega
distinguish v. greina sundur, aðgreina; skynja
distinguishable adj. (að)greinanlegur
distinguished adj. frægur, virtur; ágætur, prýðilegur
distinguish oneself v. vinna sér frægð, skara fram úr
distort vt. afskræma; rangfæra; bjaga
distortion afmyndun f.; afbökun f.; brenglun f.
distract vt. leiða athygli e-s frá e-u, trufla
distraction truflun f., (confusion of mind) hugarangist f.; sturlun f., (amusement) afþreying f.

distraint → docker

distraint lögtak n., fjárnám n.
distrain (upon) v. taka lögtaki
distraught adj. viti sínu fjær, sturlaður
distress böl n., ógæfa f.; þjáning f., (serious danger) neyð f., háski m.; vt. hryggja, þjá, fá á
distress signal neyðarkall n.
distribute vt. úthluta, dreifa
distribution úthlutun f., dreifing f.; útbreiðsla f.
distributor dreifingaraðili m., (in a car) kveikja f.
distributor rotor kveikjuhamar m.
district umdæmi n., (of a country) hérað n., sveit f., landsvæði n., (of a town) hverfi n.
district attorney (Am.) umdæmissaksóknari m.
district office of education fræðsluskrifstofa f.
distrust vantraust n.; vt. vantreysta; tortryggja
distrustful adj. tortrygginn
disturb vt. trufla, ónáða; rugla
disturbance truflun f., ónæði n.; ókyrrð f.
disunion aðskilnaður m.; óeining f., sundrung f.
disunite v. skilja(st) í sundur, sundra(st)
disunity óeining f., sundrung f.
disuse notkunarleysi n.; **fall into d.** verða úreltur
ditch skurður m.; v. (get rid of) losa sig við
dither fát n., pat n.; vi. fuma
ditto (pl. **dittos**) (hið) sama n., (copy) afrit n.; **say d. to** taka undir, vera sammála
ditty vísa f., staka f.; lagstúfur m.
diurnal adj. daglegur, dag(s)-, dægur-
divan dívan m., legubekkur m.
dive köfun f.; dýfa f.; vi. kafa, stinga sér
diver kafari m.
diverge (from) vi. skiljast; víkja (frá), bregða (út af)
divergence mismunur m., frávik n.; ágreiningur m.
divergent adj. mismunandi; sundurleitinn, dreifi-
diverging lens dreifigler n., dreifilinsa f.

divers adj. ýmsir, hinir og þessir
diverse adj. margvíslegur, fjölbreyttur
diversification auking á fjölbreytni f., fjölbreyting f.
diversify vt. auka fjölbreytni
diversion beining í aðra átt f.; dægrastytting f.
divert vt. beina í aðra átt, (amuse) hafa ofan af fyrir, skemmta, veita afþreyingu
divest of v. afklæða; svipta
divide v. deila, skipta(st), greina(st) niður
dividend (bonus) arður m., ágóði m.; deilistofn m.
dividers sirkill m.
divine adj. guðdómlegur, himneskur; v. spá; giska á
diviner spámaður m.
divine service guðsþjónusta f., messa f.
diving suit kafarabúningur m.
divingboard stökkbretti n.
divining rod spákvistur m.
divinity guðdómur m.; guð m.; guðfræði f.
divisible adj. deilanlegur
division deiling f., skipting f.; deild f.
divisional manager deildarstjóri m.
divisor deilir m.
divorce (hjóna)skilnaður m.; vt. skilja (við)
divorcée fráskilin kona f.
divulge vt. ljóstra upp, segja frá
dizziness svimi m.
dizzy adj. með svima; **I feel d.** mig svimar/sundlar
do (pl. **dos/do's**) (big party) veisla f., samkvæmi n., (cheat) svindl n., gabb n.; **dos and don'ts** boð og bönn n.pl.
do v. gera
do away with v. losa sig við, afnema, útrýma
do by v. gera við, koma fram við
docile adj. auðsveipur, þægur, viðráðanlegur
docility auðsveipni f., þægð f., hlýðni f.
dock skipakví f.; bryggja f.; v. leggja(st) að (bryggju)
dock (in a court of law) sakamannabekkur m., (plant) súra f.
dock vt. stýfa (tagl); skera niður, skerða
docker hafnarverkamaður m.

docket (summary) útdráttur m.;
fylgibréf n.
dockyard skipasmíðastöð f., slippur m.
doctor doktor m., (physician) læknir m.;
vt. lækna
doctorate doktorsgráða f.
doctrinaire kredduþræll m.;
adj. kreddufastur
doctrine kenning f.; kredda f.
document skjal n.; vt. styðja gögnum;
sanna
documentary adj. skjalfestur; heimilda-
documentation heimildasöfnun f.,
(proof) sönnun f.
dodder vi. skjögra(st); riða, skjálfa
dodderer hró n., skar n.
doddle barnaleikur m.
dodge hliðarstökk n.; undanbragð n.,
brella f.; v. stökkva til hliðar; víkja sér
undan
dodger bragðarefur m., undanbragða-
maður m.
doe hind f.
doeskin hjartarskinn n.
do for v. (keep house for) sjá um heimilið
fyrir, (manage) sjá sér fyrir, (ruin) ganga
frá; **be done for** vera búinn að vera
dog hundur m.; v. hundelta
dogcatcher hundafangari m.
dog collar hundaól f.; prestaflibbi m.
dog-eared adj. (of books) með
hundseyru
dogfight hundaslagur m.; loftbardagi m.
dogfish deplaháfur m.
dogged adj. þrár, þrautseigur
doggedness þrjóska f., þrautseigja f.
doggerel leirburður m., hnoð n.
doggy hvutti m., seppi m.
doghouse hundakofi m.; **in the d.**
í ónáð
dogma (trúar)kenning f.; kredda f.
dogmatic adj. kenningarlegur, trúfræði-
legur; kreddufastur, kreddubundinn;
kreddukenndur
dogmatics kenningafræði f., trúfræði f.
dogmatism kreddufesta f.; skoðana-
hroki m.
dogmatist kennisetningamaður m.,
kreddumaður m.
dog paddle hundasund f.

dogsbody vinnuþræll m.
dogwood skollaber n.
do in v. gera út af við, (kill) kála (e-m);
be done in vera búinn/dauð
uppgefinn
doings athafnir f.pl., gjörðir f.pl.;
dót n.
doldrums lognbelti n.; **in the d.** dapur,
niðurdreginn
dole (smá)skammtur m.; atvinnuleysis-
bætur f.pl.; **be/go on the d.** fá
atvinnuleysisbætur
doleful adj. dapurlegur, sorglegur
dolefulness dapurleiki m., ömurleiki m.
dole out v. útbýta (í smáskömmtum),
skammta
dolerite grágrýti n.
doll brúða f., dúkka f.
dollar dollari m., dalur m.
dollop klessa f., klína f., (of liquid)
skvetta f.
doll's house brúðuhús n., dúkkuhús n.
doll up v. punkta sig, dubba (sig) upp
dolorous adj. sorglegur, hörmulegur
dolour sorg f., harmur m.
dolphin höfrungur m., hnísa f.
dolt auli m., aulabárður m.
doltish adj. aulalegur, heimskur
domain landareign f.; (vald)svið n.,
vettvangur m.
dome hvelfing f.; hvolfþak n.
domed adj. kúptur, hvelfdur
domestic heimilishjú n.; adj. heimilis-,
fjölskyldu-, (not foreign) innlendur,
innanlands-
domestic animal húsdýr n.
domesticate vt. temja (dýr),
venja (við heimilislíf)
domesticity heimilislíf n., fjölskyldulíf n.
domestic science heimilisfræði f.
domestic trade innanlandsverslun f.;
(Am.) innanlandsviðskipti n.pl.
domicile bústaður m., (lög)heimili n.
dominance yfirráð n.pl., drottnun f.
dominant adj. ríkjandi, áhrifamestur
dominate v. ráða yfir, ríkja; gnæfa
yfir
domination yfirráð n.pl., völd n.pl.
domineer vi. drottna (yfir = **over**);
vera ráðríkur

dominion yfirráð n.pl; (sjálfs)stjórnarsvæði n.
donate vt. gefa, leggja fram
donation gjöf f., framlag n.
done v. (pp. **do**); adj. búinn, fullgerður
donkey asni m.
donkeywork strit n., púl n.
donor gefandi m.
doodle krot n.; vi. krota, pára, krassa
doom (skapa)dómur m., ill örlög f.pl.; vt. dæma
doomsday dómsdagur m.
door dyr f.; hurð f.; **next d.** í næsta hús(i); **show s-y the d.** vísa e-m á dyr; **show s-y to the d.** fylgja e-m til dyra
doorbell dyrabjalla f.
doorframe dyrakarmur m.
doorkeeper dyravörður m.
doorknob hurðarhúnn m.
doorknocker dyrahamar m.
doorlock hurðarskrá n.
doorman (pl. -**men**) dyravörður m.
doorplate dyraskilti n., hurðarskilti n.
doorpost dyrastafur m.
doorstep dyraþrep n., útidyratrappa f.
doorway dyragætt f., inngangur m.
do out v. taka í gegn, hreinsa út úr
do over v. endurnýja, gera upp
dope smurningsolía f., fernisolía, (a drug) eiturlyf n., dóp n., (information) upplýsingar f.pl., (fool) fífl n.; vt. gefa eiturlyf, dópa
dopey adj. uppdópaður, í vímu; úti á þekju
Doric order dórískur byggingarstíll m.
dormant adj. sofandi, í dvala; óvirkur
dormer window kvistgluggi m.
dormitory svefnsalur m., (Am.) heimavist f.
dormouse (pl. **dormice**) svefnmús f.
dorsal fin bakuggi m.
dose (lyfja)skammtur m.; vt. gefa í skömmtum
dossier málsgögn n.pl., skjalabunki m.; skjalamappa f.
dot punktur m., depill m.; **on the d.** á slaginu; vt. punkta, setja punkt (við/yfir)
dotage elliglöp n.pl., elliórar m.pl.
dote (up)on v. unna úr hófi fram, sjá ekki sólina fyrir

dot matrix printer nálaprentari m.
dotted line punktalína f.
dotty adj. geggjaður, klikkaður
double adj. tvöfaldur; v. tvöfalda(st)
double as v. vera staðgengill
double back v. (return) snúa við, (fold) brjóta upp á
double-barrelled adj. (of a gun) tvíhleyptur, (of a statement) tvíþættur, (of surnames) samsettur
double bass kontrabassi m.
double-breasted adj. tvíhnepptur
double chin undirhaka f.
double cross svik n.pl., svikráð n.pl.
double-cross vt. svíkja, efna ekki loforð við
double-dealer svikari m.; undirförull maður m.
double-dealing svik n.pl.; undirferli n.pl.
double-decker tvílyftur strætisvagn m.
double-density diskette tvíþéttur disklingur m., tvíþétta f.
double glazing tvöföld glerjun f.; tvöfalt gler n.
double-jointed adj. liðamótalaus; kattliðugur
double over v. (fold) brjóta upp á, (bend) fara í keng
doubles tvíliðaleikur m., tvenndarleikur m.
double-sided diskette tvíhliða disklingur m.
double-talk ruglumál n.; v. kjafta sig út úr
double up v. (bend) fara í keng, (fold) brjóta saman, (share) deila herbergi með öðrum
doubt efi m.; **without d.** vafalaust; v. efast um
doubtful adj. í vafa, efins; vafasamur
doubtless adv. vafalaust, (probably) sennilega
douche úðari m., sprauta f.; gusa f.
dough deig n., (Am. - money) peningur m.
doughnut kleinuhringur m.
do up v. (restore) gera upp, breyta, (tie up) ganga frá, (wrap) pakka inn, (fasten) hneppa, krækja, (tidy) flikka upp á, laga

dour adj. strangur, óvæginn; þrár; önugur
douse vt. dýfa í (vatn), rennbleyta; slökkva
dove dúfa f.; friðarsinni m.
dovecote dúfnakofi m., dúfnahús n.
dovekie (Am.) haftyrðill m.
dovetail geirnagli m.; geirnegling f.; v. geirnegla; falla vel saman, smella saman
dowager ekkja (af háum stigum) f.
dowdy adj. púkalegur, kauðalegur
dowel blindnagli m., blindingur m.
do with v. komast af með, nægja, (need) veita ekki af, (bear) þola, halda út
do without v. vera án, bjargast án
down prp. niður; adv. niður, niðri
down (feathers) dúnn m., (hair) hýjungur m.
down vt. (defeat) leggja, slá niður, (swallow) hvolfa í sig; **d. tools** leggja niður vinnu
down-and-out utangarðsmaður m.; adj. utangarðs-
downcast adj. dapur, hnugginn; niðurlútur
downdraught niðurstreymi n., ofanvindur m.
downfall (ruin) hrun n., (of rain) úrhelli n.
downgrade vt. lækka í tign; lítillækka
downhearted adj. dapur, hnugginn, vondaufur
downhill adv. niður á við; **go d.** hraka, hnigna
downhill skiing brun n.
down payment útborgun f.
downpour hellirigning f., úrhelli n.
downright adj. hreinn og beinn; ótvíræður, alger; adv. hreint og beint, blátt áfram
downs (hills) hæðir f.pl., (skóglaust) hálendi n.
Down's Syndrome mongólismi m.
downstage adj. framsviðs-; adv. á framsviði
downstairs adv. niður stiga; niðri, á neðri hæð
downstream adv. með straumnum, niður með á

down-to-earth adj. jarðbundinn, raunsær
downtown adv. niður í (mið)bæ
downtrodden adj. undirokaður, kúgaður
downwards adv. niður, niður á við
downy adj. dúnmjúkur; dún-
dowry heimanmundur m.
dowse vt. dýfa í (vatn), rennbleyta; slökkva
dowsing rod spákvistur m.
doze blundur m., lúr m.; vi. blunda, móka
dozen tylft f.; **dozens of** heilmikið af
drab adj. grábrúnn; drungalegur, litlaus
drab (slattern) subba f., (harlot) skækja f.
draft uppkast n., (of money) víxill m., (Am.) dragsúgur m., (conscription) herkvaðning f.; vt. gera uppkast að, (Am.) kveðja til herþjónustu
draftsman (pl. -men) (tækni)teiknari m.; skjalaritari m.
drafty (Am.) adj. næðingssamur
drag v. draga(st), drattast
dragon dreki m.; kvenvargur m., skass n.
dragonfly drekafluga f., slenja f.
dragoon riddari m.
dragoon into v. kúga/neyða til
dragster kvartmílubíll m.
drain (hol)ræsi n.; v. ræsa fram, þurrka upp; tæma
drainage afrennsli n.; framræsla f.; frárennsli n.
drainage basin vatnasvið n.
drain away/off v. veita burt (vökva); renna burt
drain cock aftöppunarkrani m.
draining board vaskaborð n.
drainpipe frárennslisrör n., niðurfall n.
drake andarsteggur m.
dram (apothecaries weight = 3,887 g., avoirdupois weight = 1,771 g.); sjúss m., staup n.
drama sjónleikur m.; áhrifamikill atburður m.
dramatic adj. leikrænn; stórbrotinn, átakanlegur
dramatics leiklist f.; leikaraskapur m., látalæti n.pl.
dramatist leikritaskáld n.

dramatization leikgerð f., leiktúlkun f.; ýkjur f.pl.
dramatize vt. færa í leikbúning; ýkja
drank v. (p. **drink**)
drape vt. tjalda; sveipa, hjúpa, klæða
draper vefnaðarvörukaupmaður m.
drapery vefnaðarvara f., (Am.) gluggatjöld n.pl.
drastic adj. harkalegur, róttækur
draught (of air) trekkur m., dragsúgur m., (of liquid) sopi m., teygur m., (of animals) dráttar-
draught beer ámubjór m.
draughts dammtafl n.
draughtsman (pl. -**men**) (tækni)teiknari m.; skjalaritari m.
draughty adj. næðingssamur
draw dráttur m., (in sports) jafntefli n.; vt. draga, (pictures) teikna, draga upp
drawback galli m., ókostur m., agnúi m.
draw back (from) v. hörfa (frá), hverfa frá
drawbridge vindubrú f.
drawer teiknari m., (in a table) skúffa f.
drawers (gamaldags) nærbuxur f.pl.
draw in v. draga inn, (become shorter) styttast, (pull to one side) koma inn (á biðstöð)
drawing teikning f.
drawing board teikniborð n.
drawing pin teiknibóla f.
drawing room viðhafnarstofa f., stássstofa f.
drawl dragmælt tal n.; v. draga seiminn
drawn adj. (of the face) strengdur, tekinn; v. (pp. **draw**)
draw on v. (put on) fara í, (come near in time) nálgast, (make use of) nota, ganga á
draw out v. (of days) lengjast, (prolong) draga(st) á langinn, (induce to talk) fá til að opna sig
draw up v. (form) setja saman, útbúa, (halt) nema staðar; **d. oneself up** rétta úr sér
dray flutningsvagn m.; ölvagn m.
dread ótti m.; v. óttast; kvíða fyrir
dreadful adj. hræðilegur, kvíðvænlegur
dream draumur m.; v. dreyma

dreamer dreymandi m.; draumóramaður m.
dreamy adj. dreymandi; draumkenndur, óljós
dreary adj. drungalegur, ömurlegur; leiðinlegur
dredge dýpkunartæki n.; v. dýpka, moka (upp); slæða
dredge vt. (scatter) strá, sáldra
dredger dýpkunarskip n.; staukur m., baukur m.
dredge up v. grafa upp; grafast fyrir um
dregs dreggjar f.pl., botnfall n.; sori m.
drench vt. rennbleyta, gera holdvotan
dress kjóll m.; v. klæða (sig)
dress circle (in a theatre) neðstu svalir f.pl
dress down v. (scold) skamma, taka í gegn
dresser (piece of furniture) eldhússkápur m., skenkur m.; (Am.) snyrtiborð n., (spegil)kommóða f.
dressing sáraumbúðir f.pl.; salatsósa f.
dressing gown morgunsloppur m.
dressing room búningsherbergi n.
dressing table snyrtiborð n.
dressmaker kjólasaumari m.; kjólameistari m.
dress material kjólaefni n.
dress rehearsal aðalæfing f., lokaæfing f.
dress up v. sparibúast; búa sig
dribble v. (láta) drjúpa, slefa
dried milk mjólkurduft n.
drift rek n.; stefnuleysi n., (of snow) skafl m., (of sand) alda f., (general meaning) meining f., inntak n.; v. reka, (of snow/sand) fjúka, skafa, (of persons) ráfa, flækjast
driftage rek n.; frávik n.; vogrek n.
drifter flakkari m., (boat) reknetabátur m.
drift ice rekís m.
drift net reknet n.
driftwood rekaviður m.
drill bor m.; æfing f.; v. bora, (train) æfa
drill (furrow) sáðrák f., (machine) raðsáningarvél f.; vt. raðsá
drink drykkur m.; v. drekka
drinkable adj. drekkandi, drykkjarhæfur
drinker sá sem drekkur m.; drykkjumaður m.

drinking water drykkjarvatn n.
drip dropi m., leki m.; v. drjúpa, leka
drip-dry adj. straufrír
dripping feiti f., safi m., steikarflot n.
dripping wet adj. rennblautur, gegnblautur
drive ökuferð f., (energy) dugnaður m., (stroke) högg n., (campaign) herferð f., (apparatus for driving) drif n.; v. aka, keyra; reka
drive at v. eiga við, meina
drive-in (cinema) bílabíó n.; adj. bíladrivel blaður n.; vt. blaðra, bulla
driver (of car) bílstjóri m., ökumaður m.
driver's licence (Am.) ökuskírteini n.
drive shaft drifás m.
driveway heimkeyrsla f., heimreið f.
driving licence ökuskírteini n.
drizzle úði m., súld f.; v. úða, sallarigna
droll adj. kostulegur, skoplegur
drollery kostuleg fyndni f.; skringilegheit n.pl.
dromedary drómedari m.
drone (male bee) karlbýfluga f., (parasite) afæta f., (low sound) niður m.; v. suða; masa, mala
drool vi. slefa, (talk foolishly) blaðra
droop lot n.; v. drjúpa; linast, dofna
drop (of liquid) dropi m., (a fall) fall n.; v. drjúpa; (láta) falla, missa; sleppa
drop in (on) v. líta inn (hjá)
droplet smádropi m.
drop light handlampi m., hundur m.
drop off v. minnka, dragast saman, (fall asleep) detta út af, sofna
dropout uppgjafarnemi m.; utangarðsmaður m.
drop out v. detta út (úr keppni); hætta (í skóla)
droppings dritur m., mykja f., tað n.
dross járnsori m.; úrgangur m.
drought þurrkar m.pl.
drove (of animals) hjörð f., (of people) múgur m., hópur m.
drown v. drekkja; drukkna
drowse dott n.; mók n.; v. dotta; móka
drowsiness svefnhöfgi m., syfja f.; deyfð f.
drowsy adj. syfjaður; syfjulegur

drub v. (beat) flengja, (defeat) bursta, mala
drubbing hýðing f.; burst n.
drudge vinnuþræll m.; vi. strita, púla
drudgery strit n., púl n., þrælavinna f.
drug (eitur)lyf n.; vt. gefa lyf; byrla eitur
drug addict eiturlyfjasjúklingur m.
drug dealer eiturlyfjasali m.
drug traffic eiturlyfjasala f.
druggist (Am.) lyfsali m.
drugstore (Am.) lyfjabúð f., apótek n.
drum tromma f.; tunna f.; v. slá trumbu
drumbeat trommusláttur m., trumbusláttur m.
drum brakes skálahemlar m.pl.
drumlin jökulalda f., malarás m.
drum majorette tamboría f.
drummer tommuleikari m.
drumstick trommukjuði m.
drunk drukkinn maður m.; adj. ölvaður, fullur
drunkard drykkjumaður m., fyllibytta f.
drunken driving ölvunarakstur m.
drunkenness ölvun f.
dry adj. þurr; **run d.** þorna; v. þurrka; þorna
dry cleaner's (shop) efnalaug f.
dry cleaning þurrhreinsun f.
dry dock þurrkví f.
dryer þurrka f.; þurrkari m.
dry goods (Am.) vefnaðarvara f., álnavara f.
dry measure rúmmál þurrefna n.
dry rot þurrafúi m.
dual adj. tvískiptur, tvíþættur, tvöfaldur
dual carriageway tvístefnuvegur m.
dub vt. slá til riddara; uppnefna; hljóðsetja
dubbin leðurfeiti f.
dubious adj. vafasamur, óviss, tvísýnn
duchess hertogaynja f.
duchy hertogadæmi n.
duck (bird) önd f., kolla f.
duck v. beygja sig, víkja sér undan; dýfa
duckbilled platypus breiðnefur m.
ducking kaffæring f.
duckling andarungi m.
duct göng n.pl., rás f.; pípa f.

ductile adj. linur, sveigjanlegur, (of a person) auðsveipur
dud cheque fölsuð ávísun f., innistæðulaus ávísun f.
dude (Am.) spjátrungur m.; borgarbúi m.
due réttur m., tilkall n.; **give s-y his due** láta e-n njóta sannmælis; adj. (payable) gjaldfallinn, (proper) tilhlýðilegur, (expected) væntanlegur; adv. beint
duel einvígi n.
duellist hólmgöngumaður m.
dues (félags)gjöld n.pl.; tollar m.pl.
duet dúett m., tvísöngur m.
due to prp. sökum, vegna
duffer aulabárður m., flón n.
duffle (duffel) grófur ullardúkur m., ullarvoð f.
duffle bag sjópoki m.
dug v. (p., pp. **dig**)
dug (udder) júgur n., (teat) brjóstvarta f.
dugout (boat) eintrjáningur m., (shelter) skotbyrgi n.
duke hertogi m.
dulcet adj. (of sounds) þýður, ómblíður; róandi
dull adj. sljór, (not sharp) bitlaus, (stupid) tregur, tornæmur, (of sound/colour) daufur; v. sljóvga, deyfa; taka bit úr
dullard auli m., heimskingi m.
dulse söl f.pl.
duly adv. tilhlýðilega; skilvíslega
dumb adj. mállaus, (silent) þögull
dumbbell handlóð n., (Am.) kjáni m.
dumbfound adj. orðlaus, hvumsa
dumb show látbragðsleikur m.
dummy gína f., (baby's d.) snuð n., (in bridge) blindur m., borð n., (figurehead) leppur m.; adj. (sham) gervi-, yfirskins; lepp-
dummy run æfing f.
dump sorphaugur m.; greni n.; vt. sturta, demba, losa sig við; selja á niðursettu verði
dumper (truck) sturtubíll m.
dumpling soðkaka f.; ávaxtabúðingur m.
dumps hugarangur n.; **down in the d.** niðurdreginn
dumptruck sturtubifreið f.
dumpy adj. stuttur og digur, kubbslegur
dunce tossi m., heimskingi m.
dunderhead aulabárður m., flón n.
dune sandalda f., sandskafl m.
dune buggy (sand)torfærubíll m.
dung mykja f., tað n.
dungarees vinnubuxur f.pl.; gallabuxur f.pl.
dungeon dýflissa f., svarthol n.
dunghill mykjuhaugur m.
dunk vt. dýfa (í vökva)
dunlin lóuþræll m.
duodenum skeifugörn f.
dupe ginningarfífl n.; vt. leika á, gabba
duplex adj. tvöfaldur; tvíátta
duplicate afrit n.; **in d.** í tvíriti; adj. (nákvæmlega) eins; tvöfaldur; vt. afrita; tvöfalda
duplication afritun f.; afrit n.; endurtekning f.
duplicator fjölritunarvél f.
duplicity tvöfeldni f., óhreinlyndi f.
durability varanleiki m., ending f.
durable adj. varanlegur, endingargóður
duration tímalengd f.; gildistími m.
duress þvingun f., nauðung f.; harðræði n.
during prp. meðan e-ð varir, á meðan, á, í
dusk húm n., rökkur n.
dust ryk n.; vt. þurrka af; strá, sáldra
dustbin ruslatunna f., sorptunna f.
dust bowl uppblásturssvæði n.
dustcart sorpbíll m.
dust cover bókarkápa f.
dust devil sandstrókur m.
duster rykbursti m., (cloth) afþurrkunarklútur m.
dust jacket bókarkápa f.
dustman (pl. **-men**) sorphreinsunarmaður m., öskukarl m.
dustpan fægiskúffa f.
dustsheet rykhlíf f.
dust storm moldrok n., sandbylur m.
dustup (quarrel) rifrildi n.
dust wrapper bókarkápa f.
dusty adj. rykugur, rykfallinn
Dutch hollenska f.; adj. hollenskur
Dutch courage brennivínskjarkur m.
Dutchman (pl. **-men**) Hollendingur m.
dutiable adj. tollskyldur
dutiful adj. skyldurækinn, hlýðinn

duty skylda f., (customs) tollur m.
duty cycle vinnuferill m.
duty-free adj. tollfrjáls
duvet (dún)sæng f.
dwarf dvergur m.; vt. draga úr vexti; skyggja á
dwarf birch fjalldrapi m.
dwarf pine dvergfura f.
dwell vt. dvelja, eiga heima, búa
dwelling bústaður m.; dvalarstaður m.
dwelling house íbúðarhús n.
dwell (up)on v. fjalla um; leggja áherslu á
dwindle v. dvína, þverra, minnka
dye litur m.; v. lita(st)
dyed-in-the-wool adj. svarinn, í húð og hár
dyer litunarmaður m.
dyestuff litarefni n.
dyke stíflugarður m., flóðgarður m., (ditch) síki n., skurður m., (lesbian) lesbía f.
dynamic adj. kraftmikill, atkvæðamikill
dynamics hreyfifræði f.
dynamism kraftur m., atorka f.
dynamite dýnamít n.; vt. sprengja (upp)
dynamo (pl. **dynamos**) rafall m.
dynasty konungsætt f.; valdamikil ætt f.
dysentery blóð(kreppu)sótt f.
dyslexia torlæsi n.; lesblinda f.
dyspepsia meltingartruflun f.

E

each adj. & prn. hvor, hver (um sig)
each other prn. hvor/hvor annan
eager adj. ákafur, kappgjarn
eagerness ákafi m., ákefð f., kapp n.
eagle örn m.
eagle-eyed adj. haukfránn, hvasseygur, skarpskyggn
eaglet arnarungi m.
ear eyra n., (of a cereal) ax n.
earache hlustarverkur m.
eardrum hljóðhimna f.
earl jarl m.
earlobe eyrnasnepill m.

early adj. fljótur; snemmbúinn; adv. snemma
early closing (day) síðdegislokun f.
early riser árrisull maður m., morgunhani m.
earmark eyrnamark n.; vt. marka; leggja til hliðar
earmuffs eyrnaskjól n.
earn vt. vinna sér inn, þéna; ávinna (sér); verðskulda
earnest ; **in e.** í alvöru; adj. alvarlegur, einlægur
earnest money staðfestingargjald n.
earning power tekjumáttur m.
earnings tekjur f.pl.
earphone heyrnartól n.; heyrnartæki n.
earplug eyrnatappi m.
earring eyrnalokkur m.
earshot heyrnarmál n., heyrnarsvið n.
earth jörð f., (soil) jarðvegur m., mold f.; vt. jarðtengja
earthbound adj. jarðbundinn
earth connection jarðtenging f.
earthenware leirvörur f.pl.
earthling jarðarbúi m., jarðnesk vera f.
earthly adj. jarðneskur, veraldlegur; mögulegur
earthquake jarðskjálfti m.
earth science jarðvísindi n.pl.
earth up v. gróðursetja, setja niður
earthwork torfgarður m.
earthworm ánamaðkur m.
earthy adj. veraldlega sinnaður, (coarse) grófur
earwax eyrnamergur m.
ease hægð f., næði n., ró f., (comfort) þægindi n.pl., vellíðan f.; **at e.** í makindum; áhyggjulaus; v. lina, létta; losa um, slaka á
easel málaratrönur f.pl.
easily adv. auðveldlega, (without doubt) tvímælalaust
east austur n., austurátt f.; adj. austur-, austan-
East (country) austurland n., austurhluti m.; (Asia) Austurlönd n.pl.
eastbound adj. sem stefnir austur, á austurleið
Easter páskar m.pl.
Easter egg páskaegg n.

Easter holidays páskafrí n.
easterly adj. austur-, austan-; austlægur
Easter Monday annar í páskum m.
eastern adj. austur-, austan-; austrænn; austurlenskur
Eastern Church gríska rétttrúnaðarkirkjan f.
Easterner austanmaður m., (Am.) austurríkjamaður m.; Austurlandabúi m.
eastern hemisphere austurhvel (jarðar) n.
easternmost adj. austasti
Easter Sunday páskadagur m.
Eastertide páskavika f.
East Germany Austur-Þýskaland n., Þýska alþýðulýðveldið n.
East Indies Austur-Indíur f.pl.
east-northeast adj. & adv. austnorðaustur
east-southeast adj. & adv. austsuðaustur
eastward adj. austur-
eastwards adv. austur, í austur, austur á bóginn
easy adj. auðveldur, léttur; þægilegur
easy chair hægindastóll m.
easygoing adj. léttlyndur, skapgóður; afslappaður
eat v. éta, borða
eatable adj. ætur
eatables matvæli n.pl.
eater matmaður m., átvagl n.
eaves þakbrún f., þakskegg n.
eavesdrop vi. hlera, liggja á hleri
ebb útfall n., fjara f.; vi. fjara út
ebony íbenholt n., svartviður m.
ebullience ofsakæti f., ákefð f.
ebullient adj. ofsakátur, fjörugur
eccentric sérvitringur m.; adj. sérvitur
eccentricity sérviska f., kenjar f.pl.
ecclesiastic klerkur m.
ecclesiastical adj. kirkjulegur; klerkalegur
echelon þrep n., þreplaga röð f.
echinoderm skrápdýr n.
echo bergmál n.; v. bergmála
eclipse myrkvi m.; öldudalur m., lægð f. vt. myrkva, skyggja á
ecliptic sólbaugur m.
ecological adj. vistfræðilegur
ecologist vistfræðingur m.
ecology vistfræði f.
economic adj. hagfræðilegur, efnahagslegur, (profitable) arðbær; hagstæður
economic aid efnahagsaðstoð f.
economical adj. hagsýnn, sparsamur; sparneytinn
economic cooperation efnahagssamstarf n.
economics hagfræði f.; efnahagsmál n.pl.
economic survey þjóðhagsyfirlit n.
economique post B-póstur m.
economist hagfræðingur m.
economize v. spara, skera niður útgjöld
economy hagkerfi n., efnahagslíf n., (thrift) sparsemi f.; sparnaður m.
economy class almennt farrými n.
ecosystem vistkerfi n.
ecstasy ofsagleði f.; algleymi n.
ecstatic adj. frá sér numinn, himinlifandi
ectoplasm útfrymi n.
ecumenical adj. alkirkjulegur, alkirkju-
eczema exem n., ofnæmisútbrot n.pl.
eddy hringiða f., svelgur m.; vi. hvirfla(st)
edge (of a knife) egg f., (border) rönd f., barmur m., jaðar m.; v. afmarka (með kanti), setja brún á, brydda; mjaka(st)
edgeways adv. á rönd, á ská, út á hlið
edgy adj. (nervous) óþolinmóður, uppstökkur
edible adj. ætur
edibles matvæli n.pl.
edict (opinber) tilskipun f.
edification uppbygging f.; sálubót f.
edifice bygging f.
edify vt. byggja upp, uppfræða
edit vt. búa til prentunar; ritstýra, ritsetja
edition útgáfa f.; upplag n.
editor ritstjóri m.
editorial ritstjórnargrein f.; adj. ritstjórnar-
editor program ritill m.
educate vt. mennta, fræða, kenna
educated guess skynsamleg ágiskun f., mat n.
education menntun f.; fræðsla f.
educational adj. mennta-, fræðslu-, kennslu-
educationalist uppeldisfræðingur m.
education council fræðsluráð n.

education district → ejection

education district fræðsluumdæmi n.
educator (teacher) kennari m.
educe vt. kalla fram, draga fram
EEC (= European Economic Community)
eel áll m.
eerie adj. hrollvekjandi; draugalegur
efface vt. þurrka út, afmá
efface oneself v. láta lítið á sér bera
effacement afmáun f., eyðing f.
effect áhrif n.pl., afleiðing f.; **give e. to** hrinda í framkvæmd; **in e.** í raun og veru; í gildi; **take e.** hrífa; ganga í gildi; **to the e.** í þá veru; vt. valda, stuðla að; framfylgja, framkvæma
effective adj. árangursríkur, áhrifamikill; virkur
effects (belongings) eigur f.pl.
effectual adj. áhrifaríkur
effectuate vt. koma til leiðar, framkvæma
effeminate adj. kvenlegur
effervesce vi. freyða, ólga, (of people) vera fjörugur
effervescence ólga f.; glaðværð f., kátína f.
effervescent adj. freyðandi, freyði-; fjörugur
effete adj. útslitinn, kraftlaus
efficacious adj. áhrifaríkur, gagnlegur
efficiency dugnaður m., atorka f.; nýtni f.
efficient adj. dugandi, mikilvirkur; áhrifaríkur
effigy (eftir)mynd f., stytta f.
efflorescence blómgun f.; blómaskrúð n.; blómaskeið n.
effluent útstreymi n., afrennsli n.; frárennsli n.
effort áreynsla f., fyrirhöfn f., (attempt) tilraun f.
effortless adj. áreynslulaus, auðveldur
effrontery ósvífni f., óskammfeilni f.
effulgence ljómi m., geisladýrð f.
effulgent adj. ljómandi, geislandi
effusion útstreymi n., útrennsli n.; úthelling f.
effusive adj. óhóflegur, ýktur, (emotional) tillfinningasamur, opinskár
effusive eruption flæðigos n.
eft kambsalamandra f.

EFTA (= European Free Trade Association)
e.g. (Lat. exempli gratia) t.d., til dæmis
egalitarian jafnréttissinni m.; adj. jafnréttis-
egalitarianism jafnréttisstefna f.
egg egg n.
eggbeater (Am.) eggjaþeytari m.
eggcup eggjabikar m.
egghead menningarviti m.
eggnog eggjapúns n., eggjahristingur m.
egg on v. eggja, hvetja
eggplant (Am.) eggaldin n.
eggshell eggjaskurn f.
egg whisk eggjaþeytari m.
ego (pl. **egos**) sjálf n.; sjálfsálit n.
ego trip sjálfsdekur n.
egocentric adj. sjálfselskur, eigingjarn; sjálfhverfur
egoism eigingirni f., sjálfselska f.
egoist eigingjarn maður m.; hrokagikkur m.
egoistic(al) adj. eigingjarn, sjálfselskur; montinn
egotism sjálfsdýrkun f.; sjálfselska f.
egotist sjálfshyggjumaður m.; sérgæðingur m.
egotistic adj. sjálfselskur; hrokafullur
egregious adj. svívirðilegur, hræðilegur
Egypt Egyptaland n.
Egyptian Egypti m.; adj. egypskur
eiderdown æðardúnn m.; dúnsæng f.
eiderduck æðarkolla f., æðarfugl m.
eight num. átta
eighteen num. átján
eighteenth num. átjándi
eighth num. áttundi
eighth note (Am.) áttundapartsnóta f.
eightieth num. áttugasti
eighty num. áttatíu
Einstein's theory of relativity afstæðiskenning Einsteins f.
either adj. & prn. annar hvor, (after a negative phrase) hvorugur; adv. heldur; conj. **either...or** annaðhvort...eða
ejaculate vt. hreyta út úr sér; spýta
ejaculation upphrópun f., (of sperm) sáðlát n.
eject v. kasta/reka út; skjóta(st) út
ejection útkast n., brottrekstur m.

ejectment (of tenants) útburður m.
ejector seat (in an aircraft) slöngvisæti n.
eke out v. auka, drýgja
elaborate adj. vandaður, ítarlegur; margbrotinn; vt. vinna vandlega; útfæra, skýra nánar
elaboration vandvirkni f., nákvæmni f.
elapse vi. líða (hjá)
elastic adj. teygjanlegur; sveigjanlegur
elastic band teygjuband n., teygja f.
elasticity teygjanleiki m., þanþol n.
elastomer gúmmílíki n.
elated adj. ofsakátur, í sjöunda himni; hreykinn
elation ofsakæti f.; stolt n., hreykni f.
elbow olnbogi m.
elbow grease erfiðisvinna f., púl n.
elbowroom olnbogarými n.
elder adj. eldri
elderly adj. aldraður, roskinn
elder tree yllir m.
eldest adj. elstur
elect adj. nýkjörinn; útvalinn; vt. kjósa
election kjör n., kosningar f.pl.
election returns kosningatölur f.pl.
electioneering kosningasmölun f., atkvæðasmölun f.
elective adj. atkvæðisbær, (of a position) sem kosið er til, (Am.) valfrjáls, val-
elective subject (Am.) valgrein f.
elector kjósandi m., (Am.) kjörmaður m.
electoral college kjörmannaráð n.
electoral roll kosningaskrá f.
electorate kjósendur m.pl.
electric adj. rafmagns-, raf-, (worked by electricity) rafknúinn, (exciting) spennandi, æsandi
electrical adj. (relating to electricity) rafmagns-
electrical engineering rafmagnsverkfræði f.
electric chair rafmagnsstóll m.
electric charge rafhleðsla f.
electric circuit rafrás f.
electric eye ljósnemi m.
electric field rafsvið n.
electric heating pad rafmagnshitapúði m.

electrician rafvirki m.
electric ignition rafkveikja f.
electric meter rafmælir m.
electronic fuel injection tölvustýrð eldsneytisinnspýting f.
electronic ignition system rafeindakveikja f.
electricity rafmagn n.; rafstraumur m.
electric potential rafspenna f., rafmætti n.
electric power rafmagnsorka f.
electric razor rafmagnsrakvél f.
electric shaver rafmagnsrakvél f.
electric shock therapy raflostalækningar f.pl.
electric welding rafsuða f.
electrify vt. rafmagna; rafvæða, (thrill) æsa, spenna upp
electrocardiogram hjartalínurit n.
electrocardiograph hjartarafriti m.
electrocute vt. aflífa með raflosti
electrode rafskaut n., elektróða f.
electroencephalogram heilalínurit n.
electroencephalograph heilarafriti m.
electrolysis rafgreining f., rafsundrun f.
electrolyte raflausn f., rafvaki m.
electrolyze vt. rafgreina, rafsundra
electromagnet rafsegull m.
electromagnetic adj. rafsegulfræðilegur, rafsegul-
electron rafeind f.
electronic adj. raftæknilegur, rafeinda-
electronic organ rafmagnsorgel n.
electronics raf(einda)tækni f.
electron microscope rafeindasmásjá f.
electroplate vt. rafhúða
electroscope rafsjá f.
electroshock therapy (Am.) raflostalækningar f.pl.
elegance glæsibragur m.; glæsimennska f.
elegant adj. glæsilegur, fágaður
elegy harmljóð n., sorgarljóð n.
element frumefni n.; partur m., þáttur m., hluti m.
elemental adj. náttúru-, frum-
elementary adj. undirstöðu-, byrjenda-
elementary particle öreind f.
elementary school grunnskóli m.

elements → embitterment

elements frumatriði n.pl., undirstöðuatriði n.pl., (forces of nature) náttúruöfl n.pl.,
elephant fíll m.
elephantiasis fílaveiki f., fílablástur m.
elephantine adj. fílslegur, klunnalegur
elevate vt. lyfta; hefja til metorða, upphefja
elevated adj. (upp)hækkaður; háleitur, háfleygur
elevation (upp)hækkun f., upphafning f.; hæð (yfir sjávarmáli) f.
elevator færiband n., (storehouse for grain) korngeymsla f., (of an aircraft) hæðarstýri n., (Am.) lyfta f.
eleven num. ellefu
eleventh num. ellefti
elf (pl. **elves**) álfur m.; púki m.
elfin adj. álfa-; stríðnislegur
elfish adj. (mischievous) hrekkjóttur
elicit vt. fá/kalla/laða/ fram
elide vt. sleppa staf, fella úr atkvæði
eligibility hæfni f., kjörgengi n.
eligible adj. ákjósanlegur; hæfur, kjörgengur
eliminate vt. útrýma, eyða, sleppa
elimination útrýming f., eyðing f., brottnám n.
elision úrfelling (stafs eða atkvæðis) f.
elite úrval n., blómi m.; heldra fólk n.
elk elgur m.
ellipse sporbaugur m.
ellipsis (pl. -**ses**) úrfelling (orðs eða orða) f.
elliptic(al) adj. sporöskjulaga; úrfellis-
elm álmur m., álmviður m.
elocution mælskulist f.; framsögn f.
elongate v. lengja(st), teygja(st)
elongation (fram)lenging f.
elope vi. laumast á brott, flýja að heiman
elopement brotthlaup n., strok n., flótti m.
eloquence mælska f., málsnilld f.
eloquent adj. mælskur; sem segir mikið, talandi
else adv. annars, að öðrum kosti; öðru vísi
elsewhere adv. annars staðar
elucidate vt. skýra, varpa ljósi á, upplýsa
elucidation útskýring f., útlistun f.
elude vt. komast hjá, sleppa undan
elusive adj. viðsjáll, bragðvís; torskilinn
Elysian adj. unaðslegur, sæluríkur, himneskur
Elysium ódáinsheimur m.; sælustaður m.
emaciate vt. megra; draga allan kraft úr
emaciation megurð f.; magnleysi n.
emanate from v. streyma út, geisla, koma (frá)
emanation útstreymi n., geislun f.
emancipate vt. leysa úr ánauð, frelsa
emancipation lausn f., frelsi n.
emasculate v. (castrate) gelda, (weaken) veikja
emasculation gelding f., vönun f.; veiklun f.
embalm v. smyrja (lík), (preserve) varðveita
embalmer líksmurningarmaður m.
embalmment líksmurning f.
embankment (upphlaðinn) kantur m.; flóðgarður m.
embargo (pl. -**goes**) hafnbann n.; verslunarbann n.
embark v. fara/setja um borð
embarkation útskipun f.
embark (up)on v. hefja, taka sér fyrir hendur
embarrass vt. koma í vandræði, setja úr jafnvægi
embarrassed adj. vandræðalegur, (shy) feiminn
embarrassing adj. vandræðalegur, óþægilegur
embarrassment vandræði n.pl., klípa f.; feimni f.
embassy sendiráð n., (deputation) sendinefnd f.
embattled adj. (fortified) víggirtur
embed vt. fella (inn í = **in**), festa/greypa (í)
embellish vt. skreyta, fegra; ýkja
embellishment skraut n., fegrun f.; skreytni f.
embers glæður f.pl.
embezzle vt. draga sér fé
embezzlement fjárdráttur m.
embitter vt. gera bitran, fylla gremju
embitterment biturleiki m., beiskja f.

emblazon vt. skreyta (með skjaldarmerki); víðfrægja
emblem tákn n., táknmynd f.
emblematic adj. táknrænn
embodiment holdtekja f., ímynd f.
embody vt. íklæða holdi, gefa hlutstæða mynd; vera ímynd e-s, (include) hafa að geyma, fela í sér
embolden vt. hvetja, uppörva
embolism æðastíflun f., blóðtappi m.
embosom vt. umfaðma, umlykja
emboss vt. gera upphleyptan, drífa
embower vt. umlykja með laufskrúði
embrace faðmlag n.; (um)föðmun f.; v. faðma (að sér), faðma(st), (accept willingly) taka opnum örmum, (contain) innihalda, fela í sér
embrasure skotrauf f., gluggaskot n., útskot n.
embrocation áburður m., smyrsl n.
embroider v. sauma út; skreyta, ýkja
embroidery útsaumur m.; ýkjur f.pl.
embroil vt. flækja(st) (í = **in**)
embryo fósturvísir m.; **in e.** á frumstigi, verðandi
embryology fósturfræði f.
embryonic adj. óþroskaður, ófullmótaður
emend vt. leiðrétta, lagfæra (texta)
emendation leiðrétting f., lagfæring f.
emerald smaragður m.; adj. (smaragðs)grænn
emerge vi. koma upp/fram, koma í ljós
emergence uppkoma f., framkoma f.
emergency neyðartilvik n., hættuástand n.
emergency exit neyðarútgangur m.
emergency fund viðlagasjóður m.
emergency landing nauðlending f.
emergent adj. upprennandi
emeritus adj. hættur störfum, á eftirlaunum
emery smergill m.
emery paper sandpappír m.
emigrant útflytjandi m.
emigrate vi. flytjast úr landi
emigration flutningur (fólks) úr landi m.
emigré pólitískur flóttamaður m.
eminence frægð f., upphefð f., (hill) hæð f.

eminent adj. framúrskarandi, frábær; frægur
eminently adv. einstaklega, sérstaklega
emissary útsendari m., sendiboði m.
emission útsending f., útgeislun f., útrennsli n.
emit vt. senda frá sér, gefa frá sér
emollient mýkjandi smyrsl n.; adj. mýkjandi
emolument laun n.pl., hagnaður m.
emotion tilfinning f.; geðshræring f.
emotional adj. tilfinningaríkur, hjartnæmur
emotionalism tilfinningasemi f., viðkvæmni f.
emotive adj. tilfinningaþrunginn
empathy innlifun f.; hluttekning f., samúð f.
emperor keisari m.
emphasis (pl. **-ses**) áhersla f.
emphasize vt. leggja áherslu á; undirstrika
emphatic adj. áherslumikill, eindreginn; skörulegur
emphatically adv. með áherslu, eindregið
emphysema (lungna)þemba f.
empire keisaradæmi n.; heimsveldi n.
empirical adj. raunvísindalegur, raun-, reynslu-
empirically adv. samkvæmt reynslu
empirical sciences raunvísindi n.pl.
empiricism raunhyggja f.; raunvísindalegar aðferðir f.pl.
empiricist raunhyggjumaður m.
emplacement staðsetning f., niðursetning f.
employ vinna f., þjónusta f.; vt. ráða til starfa, hafa í vinnu, (use) nota, beita
employable adj. (of a person) notandi, nothæfur
employee starfsmaður m.; launþegi m.
employer atvinnurekandi m., vinnuveitandi m.
employment (at)vinna f., (use) notkun f., beiting f.
employment agency ráðningarskrifstofa f.
emporium verslunarmiðstöð f., stórmarkaður m.

empower vt. fela vald, veita umboð; gera kleift
empress keisaradrottning f.; keisaraynja f.
emptiness tómleiki m., tóm n.
empty adj. tómur, auður; innantómur; v. tæma(st)
empty-handed adj. tómhentur
empty-headed adj. heimskur, vitgrannur
empty set tómamengi n.
empyreal adj. himneskur; háleitur
empyrean eldhiminn m., efsti og æðsti himinn m.
emulate vt. líkja eftir, keppa við
emulation kappgirni f., keppni f.
emulous adj. kappgjarn
emulsion fleyti n., þeyta f.; ljósnæmislag n.
enable vt. gera kleift; veita heimild; auðvelda
enact vt. lögleiða; (perform) leika, flytja
enactment lögleiðing f.; leikur m., flutningur m.
enamel glerungur m., (paint) lakkmálning f.; vt. smelta, glerungshúða, gljábrenna
enamelware gljábrenndir eldhúsmunir m.pl.
enamoured adj. heillaður, ástfanginn (af = **of**)
encamp v. tjalda, liggja í tjöldum
encampment tjaldbúðir f.pl.; viðlegustaður m.
encase vt. hjúpa, sveipa, þekja
encaustic adj. innbrenndur
encephalitis heilabólga f.
enchain vt. fjötra; gagntaka, hrífa
enchant vt. töfra, heilla, hrífa
enchanter galdramaður m.; heillandi maður m.
enchanting adj. hrífandi, töfrandi
enchantment töfrar m.pl., álög n.pl.; hrifning f.
enchantress galdranorn f.; töfrandi kona f.
encipher vt. umrita í dulmál, brengla
encircle vt. umkringja, umlykja
encirclement umkringing f., umlukning f.
enclave hólmlenda f., innskotssvæði n.
enclose vt. umlykja, (with a fence) girða, (with a letter) láta fylgja, leggja með (bréfi)
enclosure girðing f.; umgirt svæði n.; fylgiskjal n.
encode vt. umrita í dulmál; táknbinda
encomium lofræða f.
encompass vt. umkringja, umlykja; koma í kring
encore aukanúmer n.; interj. endurtaka, aftur
encounter (óvænt) mót n., fundur m., (fight) bardagi m.; vt. hitta, rekast á; standa andspænis
encourage vt. hvetja, uppörva; stuðla að
encouragement hvatning f., uppörvun f.; hvöt f.
encroachment ágangur m., yfirgangur m.
encroach (up)on v. ganga á, seilast inn á
encrust v. mynda skorpu á, húða, þekja, skreyta
encrypt vt. brengla, umrita í dulmál
encumber vt. íþyngja, hamla, teppa; troðfylla
encumbrance byrði f., kvöð f., (a person) ómagi m.
encyclical (letter) umburðarbréf páfa n.
encyclop(a)edia alfræðibók f.
encyclop(a)edic adj. fjölfræðilegur; yfirgripsmikill
end endi m., (finish) endir m.; **go off the deep e.** sleppa sér; **at a loose e.** á lausum kili, iðjulaus; **in the e.** að lokum; **on e.** upp á endann; samfleytt; v. enda, ljúka; binda enda á
endanger vt. stofna í hættu, hætta
endearing adj. hjartfólginn, geðþekkur
endearment blíðuhót n.; **term of e.** ástarorð n.
endeavour viðleitni f.; vi. kappkosta
endemic adj. (of diseases) landlægur
ending endir m., lok n.pl., niðurlag n.
endless adj. endalaus, óþrjótandi
endlessness óendanleiki m.
endocrine gland innkirtill m.
endorse vt. framselja, (support) styðja, fallast á
endorsee framsalshafi m.

endorsement → enlightenment

endorsement framsal n., ábeking f.; stuðningur m.
endorsement without resourse framsal án ábyrgðar n.
endorser framseljandi m., ábekingur m.
endow vt. gefa e-m fjármuni/eignir (sem tekjustofn); **be. endowed with** vera gæddur
endowment fjárgjöf f.; styrktarsjóður m., (qualities) hæfileikar m.pl., gáfur f.pl.
endue vt. búa, gæða
end up v. enda (sem), hafna að lokum
endurable adj. þolanlegur, bærilegur
endurance þrek n., þol n., þolgæði f.; varanleiki m.
endure v. (bear) þola, (last) vara, endast
enduring adj. varanlegur
endways adv. langsum; með endana saman
enema stólpípa f.
enemy óvinur m., fjandmaður m.
energetic adj. ötull, röskur; kröftugur
energy orka f., kraftur m., (vinnu)þrek n.
energy absorption höggdeyfing f.
enervate vt. veikja, veikla, lama
enfeeble vt. veikja, lama, gera þróttlausan
enfeeblement þróttleysi n., magnleysi n.
enfold vt. (enclose) faðma, (wrap up) sveipa, vefja
enforce vt. knýja fram, framfylgja, neyða
enforcement framkvæmd f.; þvingun f., þröngvun f.
enfranchise vt. veita borgaraleg réttindi; veita frelsi
engage v. (employ) ráða í vinnu, (order) panta, (lock together) grípa (saman), tengja(st), (bind oneself) skuldbinda sig; trúlofast, (take up) taka upp, (attack) ráðast á
engaged adj. (busy) upptekinn, (betrothed) trúlofaður
engage in v. gefa sig að, fást við, taka þátt í
engagement trúlofun f., (formal promise) skuldbinding f., (appointment) stefnumót n., (battle) bardagi m.
engagement ring trúlofunarhringur m.
engaging adj. aðlaðandi, viðfelldinn
engender vt. geta af sér, valda, orsaka

engine vél f.
engine bay vélarhús n.
engine block vélarblokk f.
engine compartment vélarrými n.
engine control system vélarstjórnkerfi n.
engine driver eimreiðarstjóri m., lestarstjóri m.
engineer verkfræðingur m., (on a ship) vélstjóri m., (Am.) eimreiðarstjóri m.; v. sjá um verklegar framkvæmdir; skipuleggja, hanna
engineering verkfræði f.; verkfræðistarfsemi f.
engine overhaul endurbygging hreyfils f.
engine performance vélarafköst n.pl.
England England n.
English Englendingar m.pl., (language) enska f.; adj. enskur
English Channel Ermarsund n.
Englishman (pl. **-men**) Englendingur m.
Englishwoman (pl. **-women**) ensk kona f.
engraft vt. ágræða, græða (kvist á stofn)
engrave vt. grafa, rista, skera (í)
engraver leturgrafari m., myndristumaður m.
engraving leturgröftur m.; málmristumynd f.
engross vt. gera niðursokkinn, altaka athygli e-s
engrossing adj. skemmtilegur, spennandi
engulf vt. gleypa; færa í kaf
enhance vt. auka, hækka, bæta við
enhancement aukning f., hækkun f.
enigma (ráð)gáta f.
enigmatic adj. dularfullur, torræður
enjoin vt. fyrirskipa, leggja ríkt á við
enjoy vt. njóta; **e. oneself** skemmta sér
enjoyable adj. ánægjulegur, skemmtilegur
enjoyment ánægja f., nautn f.; skemmtun f.
enkindle vt. kveikja, tendra, vekja
enlarge v. stækka; auka(st)
enlargement stækkun f.; aukning f.
enlarge (up)on v. fara nánar út í, fjölyrða um
enlighten vt. (upp)fræða, upplýsa
enlightenment fræðsla f., upplýsing f.

enlist v. ganga í her; tryggja sér, fá til starfa fyrir
enlisted man (Am.) óbreyttur hermaður m.
enlistment (her)skráning f., (her)ráðning f.
enliven vt. lífga (upp á), fjörga, glæða
enmesh vt. ánetja, flækja í
enmity óvinátta f., fjandskapur m.
ennoble vt. aðla; upphefja, göfga
enormity óhæfa f., ódæðisverk n.; feikn f., umfang n.
enormous adj. gífurlegur, óskaplegur
enough gnótt f., gnægð f.; adj. nógur, nægilegur; adv. nægilega, nógu; **oddly/curiously/strangely e.** þótt undarlegt megi virðast
enquire v. spyrjast fyrir um
enquiry fyrirspurn f.
enrage vt. æsa upp, espa, gera fokreiðan
enrapture vt. hrífa, heilla, gera frá sér numinn
enrich vt. auðga, (efna)bæta; skreyta
enrichment auðgun f., (efna)bæting f.; skreyting f.
enrol(l) v. skrá, innrita (sig)
enrol(l)ment skráning f., innritun f.
en route adv. á leiðinni
ensanguined adj. blóðugur, blóði drifinn
ensconce vt. koma sér vel fyrir
ensemble heild f., heildarsvipur m., (in music) samleikur m.; samleikshópur m.
enshrine vt. skrínleggja; geyma (sem helgan dóm)
enshroud vt. sveipa líkklæðum; hjúpa, hylja
ensign (þjóð)fáni m.; stöðutákn n.
enslave vt. hneppa í þrældóm, undiroka
enslavement þrælkun f., ánauð f.
ensnare vt. snara, veiða í snöru; véla
ensue vi. koma/fara á eftir, fylgja
ensuing adj. eftirfarandi
ensure v. tryggja
entail vt. hafa í för með sér, leiða af sér
entangle vt. flækja
entanglement flækja f., benda f.; víggirðing f.
enter v. koma/fara inn í; skrá, færa inn
enter for v. ganga í, skrá sig sem þátttakanda í

enter into v. hefja þátttöku í; verða hluti af
enteritis garnabólga f., iðrakvef n.
enterprise framtak n.; framtakssemi f.; fyrirtæki n.
enterprising adj. framtakssamur, áræðinn
entertain vt. halda samkvæmi, hafa boð inni; skemmta
entertainer skemmtikraftur m.
entertaining adj. skemmtilegur
entertainment skemmtun f., afþreying f.
enter (up)on v. hefja, taka til við; taka við
enthral(l) vt. gagntaka, hrífa, töfra
enthrone vt. setja í hásæti; hafa í hávegum
enthuse vi. vera yfir sig hrifinn (af = **over**)
enthusiasm ákafi m., eldmóður m.
enthusiast ákafur unnandi m., áhugamaður m.
enthusiastic adj. ákafur, stórhrifinn (af)
enthusiastically adv. af ákafa/eldmóði
entice vt. tæla, lokka
enticement tæling f., lokkun f.; tálbeita f.
entire adj. allur, heill, óskertur
entirely adv. fullkomlega, algjörlega
entirety heild f.; heilleiki m.
entitle vt. nefna, kalla; veita réttindi til
entity heild f., eining f.; (til)vera f.
entomb vt. jarðsetja, grafa (í grafhýsi)
entomologist skordýrafræðingur m.
entomology skordýrafræði f.
entourage fylgdarlið n., föruneyti n.
entrails innyfli n.pl., iður n.pl.; garnir f.pl.
entrance inngangur m.; innganga f.
entrance vt. heilla, töfra, dáleiða
entrance examination inntökupróf n.
entrance fee aðgangseyrir m.; inntökugjald n.
entrancement gagntekning f.; hrifning f.
entrant nýliði m.; skráður þátttakandi m.
entrap vt. veiða í gildru, (trick) gabba
entreat vt. grátbæna, sárbiðja
entreaty sárbeiðni f., innileg bæn f.
entrée aðgönguheimild f.; milliréttur m.
entrench vt. víggirða með skotgröfum; koma sér örugglega fyrir

entrepreneur → equivocation

entrepreneur frumkvæmdamaður m., athafnamaður m.
entrust vt. treysta/trúa fyrir, fela
entry innganga f.; inngangur m.; (inn)færsla f., skráning f.; **no e.** aðgangur bannaður
entwine vt. flétta, vefja, snúa
enumerate vt. telja (upp)
enumeration (upp)talning f.; listi m.
enunciate v. bera fram, (express) setja fram
enunciation framburður m., framsögn f.; framsetning f.
envelop vt. sveipa, hjúpa; hylja
envelope umslag n.; hjúpur m., hula f.
envenom vt. eitra, spilla; fylla hatri
enviable adj. öfundsverður
envious adj. öfundsjúkur
environment umhverfi n., aðstæður f.pl.
environmental adj. umhverfis-
environmentalist umhverfisverndarmaður m.
environs (of a town) umhverfi n., nágrenni n.
envisage vt. sjá fyrir (sér); búast við
envoy erindreki m.; sendifulltrúi m.
envy öfund f.; öfundarefni n.; vt. öfunda (af)
enzyme ensím n., hvati m.
epaulet(te) axlaskúfur m., axlaspæll m.
épée lagsverð n., skylmingasverð n.
ephemeral adj. skammvinnur, hverfull
epic söguljóð n.; adj. ljóðsögulegur; hetjulegur
epicentre skjálftamiðja f.
epicure sælkeri m.
epidemic farsótt f., faraldur m.
epidemiologist farsóttafræðingur m.
epidermis yfirhúð f., húðþekja f.
epiglottis barka(kýlis)lok n., speldi n.
epigram (poem) fyndnisstaka f., (saying) spakmæli n.
epigrammatic adj. kjarnyrtur, smellinn
epilepsy flogaveiki f.
epileptic flogaveikisjúklingur m.; adj. flogaveikur
epilogue eftirmáli m., lokaorð n.
episcopal adj. biskuplegur, biskups-, biskupa-
episode innskot m.; atvik n.; þáttur m.

episodic adj. innskotinn; sundurlaus
epistle sendibréf n.; ljóðabréf n.
epitaph grafskrift f.; eftirmæli n.
epithet viðurnefni n., auknefni n.
epitome ímynd (e-s) f.; ágrip n., útdráttur m.
epitomize vt. vera ímynd (e-s); stytta, draga saman
epoch tímabil n.; tímamót n.pl.
equability stöðugleiki m.; jafnlyndi n.
equable adj. jafn, stöðugur; jafnlyndur
equal jafningi m.; adj. jafn; **e. to** fær um; **be e. to the occasion** vera vandanum vaxinn; vt. vera jafn e-m; jafnast á við
equality jöfnuður m., jafnrétti n.
equalization jöfnun f.
equalize vt. jafna, gera jafnan
equalizer jöfnunarmark n.; tónjafnari m.
equanimity jafnaðargeð n., rólyndi n.
equate vt. leggja að jöfnu, jafna (við = **with**)
equation jafna f.; samjöfnun f., líking f.
equator miðbaugur m.
equatorial adj. miðbaugs-
equerry yfirhestavörður m.
equestrian reiðmaður m.; adj. reiðmennsku-
equiangular adj. jafnhyrndur
equidistant adj. jafnfjarlægur, jafnlangt (frá = **from**)
equilateral adj. jafnhliða
equilibrium jafnvægi n.
equine adj. hestlegur, hesta-
equinoctial adj. jafndægurs-, jafndægra-
equinox jafndægur n.pl.
equip vt. útbúa, búa (e-n e-u); undirbúa
equipment útbúnaður m., tæki n.
equipoise jafnvægi n.; mótvægi n.
equitable adj. sanngjarn, réttsýnn
equitation reiðmennska f., hestamennska f.
equities almenn hlutabréf n.pl.
equity sanngirni f., (law) sanngirnisréttur m.
equivalent jafngildi n.; adj. jafngildur, samsvarandi
equivocal adj. tvíræður, vafasamur
equivocate vi. tala tvírætt
equivocation tvírætt orðalag n.

era tímabil n.
eradicate vt. uppræta; útrýma
eradication upprætíng f.; útrýming f.
erase vt. þurrka út, stroka út, afmá
eraser strokleður n., (Am.) töfluþurrka f.
erasure útþurrkun f.; útskaf n.; eyða f.
erect adj. uppréttur, beinn; vt. reisa, byggja
erection reising f.; bygging f.; reðurfylld f.
ergo (Lat.) adv. þess vegna, þar af leiðandi
ergometrics þrekmælingar f.pl., þolpróf n.
ergonomics vinnuvistfræði f.
ergophobia vinnufælni f.
ermine hreysiköttur m.; hermilín n.
erode vt. veðra(st); eyða(st); tæra(st)
erosion veðrun f., svörfun f., rof n., eyðing f.
erosive adj. veðrandi; eyðandi; tærandi
erotic adj. erótískur, ásthneigður; kynæsandi
eroticism erótík f., ásthneigð f.; ástalíf n.
err vi. skjátlast, hafa rangt fyrir sér
errand erindi n.; sendiferð f.
errand boy vikadrengur m., sendill m.
errant adj. villuráfandi, flakkandi, farand-
erratic adj. reikull, óstöðugur
erratum (pl. **errata**) ritvilla f., prentvilla f.
erroneous adj. rangur, skakkur; ósannur
error villa f., skekkja f., yfirsjón f.
error message villuboð n., skekkjuboð n.
eructation ropi m.; rop n.
erudite adj. lærður, hámenntaður
erudition lærdómur m., fræðikunnátta f.
erupt vi. gjósa; brjótast út
eruption eldgos n., (on the skin) útbrot n.
eruptive adj. myndaður við eldgos, gos-
eruptive disease útbrotaveiki f.
erysipelas heimakoma f., ámusótt f.
erythrocyte rautt blóðkorn n.
escalate v. stigmagna(st), auka(st) stig af stigi
escalation stigmögnun f.
escalator rúllustigi m., stigalyfta f.
escapade ærsl n.pl., strákapör n.pl.

escape flótti m.; strok n.; undankoma f.; v. flýja; strjúka; sleppa (við), komast undan
escape chute neyðarrenna f.
escapee flóttamaður m., strokumaður m.
escape key lausnarhnappur m.
escapement (of a clock) gangráður m.
escape valve öryggisloki m.
escape velocity lausnarhraði m.
escapism veruleikaflótti m.
escarpment bratti m.; (virkis)brekka f.
eschew vt. forðast, sneiða hjá
escort fylgd f.; fylgdarlið n.; vt. fylgja
escritoire skatthol n.
escutcheon merkisskjöldur m.; **blot on the e.** blettur á mannorði m.
Eskimo (pl. -**mos**) eskimói m.
esophagus (pl. **esophagi**) vélinda n.
esoteric adj. heimullegur, dularfullur
espalier vaxtargrind f.
especial adj. sérstakur
especially adv. einkum, sérstaklega
espionage njósnir f.pl., njósnastarfsemi f.
esplanade göngusvæði n.; virkisflöt f.
espouse vt. (support) aðhyllast, taka upp; kvongast
esprit andríki n.
esprit de corps félagsandi m.; samábyrgðarkennd f.
espy vt. koma auga á, sjá
Esq. (= Esquire) herra m.
essay ritgerð f., (an attempt) tilraun f.; v. reyna
essayist ritgerðahöfundur m.
essence kjarni m., eðli n., undirstaða f.
essential frumskilyrði n.; grundvallaratriði n.; adj. eðlislægur, inngróinn, grundvallar-; (indispensable) ómissandi, nauðsynlegur
essentially adv. í meginatriðum, í eðli sínu
establish vt. stofnsetja, koma á fót; staðfesta
establishment stofnsetning f.; stofnun f.
Establishment hin ráðandi öfl n.pl.; kerfið n.
estate landareign f.; bú n., eignir f.pl.; stétt f.
estate agent fasteignasali m.
estate car skutbíll m.

esteem virðing f.; vt. virða, meta mikils; álíta
estimable adj. virðingarverður
estimate mat n., áætlun f.; v. meta, áætla
estimated value matsverð n.
estimate of repair áætlun um viðgerðarkostnað f.
estimation mat n., skoðun f., álit n.
Estonia Eistland n.
Estonian Eistlendingur m., (language) eistneska f.; adj. eistneskur
estrange vt. gera fráhverfan/frábitinn; aðskilja
estrangement fráhvarf n.; vinaslit n.pl.
estrate car skutbíll m.
estrogen (Am.) estrógen n., brímavaki m.
estrous cycle (Am.) tíðahringur m., tímgunarhringur m.
estrus (Am.) beiðing f., lóðafar n., eðlunarfýsn f.
estuary árós m., ármynni n.
etc. (et cetera) o.s.frv., og svo framvegis
etch v. æta; móta, marka
etching æting f.; ætimynd f.
eternal adj. eilífur; sífelldur, látlaus
eternity eilífð f.; eilífðartími m.
ether eter m.; ljósvaki m.; upphiminn m.
ethereal adj. loftkenndur, fíngerður; himneskur
ethic siðferði n., siðakerfi n.
ethical adj. siðferðilegur; siðfræðilegur
ethics siðfræði f., (moral rules) siðareglur f.pl.
ethnic(al) adj. þjóð(ernis)legur; þjóðfræðilegur
ethnographer þjóðfræðingur m.
ethnography þjóðlýsing f., þjóðfræði f.
ethnological adj. þjóð(hátta)fræðilegur
ethnologist þjóð(hátta)fræðingur m.
ethnology þjóð(hátta)fræði f.
etiology orsakafræði f.
etiquette kurteisissiðir m.pl.; siðareglur f.pl.
etymologist orðsifjafræðingur m.
etymology orðsifjafræði f.; orðsifjar f.pl.
eucalyptus tröllatré n.
Eucharist kvöldmáltíðarsakramenti n.
eulogist lofræðuflytjandi m.
eulogistic adj. lofræðu-, lofsamlegur

eulogize vt. lofa, lofsyngja, vegsama
eulogy lof n., lofræða f.
eunuch geldingur m., vanaður maður m.
euphemism veigrunarorð n., skrauthvörf n.pl.
euphemistic adj. skrauthverfur, hispurmæltur
euphonious adj. hljómfagur
euphonium barítonhorn n., tenórtúba f.
euphony hljómfegurð f.
euphoria sælutilfinning f., sæluvíma f.
euphoric adj. alsæll
euphuism skreytistíll m.
Europe Evrópa f.
European Evrópubúi m.; adj. evrópskur
European Economic Community Efnahagsbandalag Evrópu n.
European Free Trade Association Fríverslunarsamtök Evrópu n.pl.
eustachian tube kokhlust f.
euthanasia líknardráp n.
evacuate vt. flytja á brott; tæma
evacuation brottflutningur m.; tæming f., rýming f.
evade vt. komast hjá, sneiða hjá, forðast
evaluate vt. meta, virða; reikna út
evaluation (gildis)mat n.; útreikningur m.
evanescent adj. skammvinnur, hverfull
evangelic adj. guðspjalla-
evangelical adj. evangelískur, mótmælaenda-
evangelicalism kenningar evangelísku kirkjunnar f.pl.
evangelism guðspjallaboðun f.
Evangelist guðspjallamaður m.
evangelist boðberi fagnaðarerindisins m., predikari m.
evangelistic adj. evangelískur
evangelize v. boða fagnaðarerindið, predika
evaporable adj. uppgufanlegur, rokgjarn
evaporate v. (láta) gufa upp; hverfa, verða að engu
evaporated milk (þykk) dósamjólk f.
evaporation uppgufun f.
evasion undanfærsla f., undandráttur m., undanbrögð n.pl.
evasive adj. óákveðinn, loðinn, undanfærslu-

eve vaka f.; **on the e. of** rétt fyrir
even adj. jafn, flatur, sléttur, (regular) reglulegur, stöðugur; adv. jafnvel;
e. if/though (jafnvel) þó/þótt; **e. so.** samt, allt um það; v. jafna(st), slétta(st)
even-handed adj. óhlutdrægur, réttlátur
evening kvöld n.; **two evenings ago** í fyrrakvöld; **yesterday e.** í gærkvöld; **this e.** í kvöld; **tomorrow e.** annað kvöld
evening dress kvöldklæðnaður m., samkvæmisklæðnaður m.
evening gown kvöldkjóll m., samkvæmiskjóll m.
evening prayer aftansöngur m., kvöldtíðir f.pl.
evensong aftansöngur m., kvöldtíðir f.pl.
event atburður m.; atriði n.; **at all e.** að minnsta kosti; **in any e.** hvernig sem fer; **in that e.** ef svo fer; **in the e.** þegar til kastanna kom; **in the e. that/of** ef (svo fer að)
even-tempered adj. jafnlyndur, rólyndur
eventful adj. viðburðaríkur
eventual adj. endanlegur
eventuality hugsanlegur atburður m., möguleiki m.
eventually adv. loksins, um síðir
eventuate in v. enda í/á
ever alltaf, ætíð, (at any time) nokkurn tíma; **for e.** alltaf; **e. so** mjög, ákaflega
evergreen sígrænt jurt f.; adj. sígrænn
everlasting adj. eilífur, ævarandi; sífelldur
evermore adv. ætíð, ævinlega; **for e.** að eilífu
every adj. sérhver, hver (og einn); **e. now and then/again** (alltaf) öðru hverju; **in e. way** á allan hátt, að öllu leyti
everybody prn. allir, sérhver, hver og einn
everyday adj. daglegur; hversdagslegur
everyone prn. allir, sérhver, hver og einn
everything prn. allt, sérhvað, hvaðeina
everywhere adv. alls staðar, hvarvetna
evict vt. bera út (úr húsi)
eviction útburður m., brottrekstur m.
evidence sönnunargagn n.; (verksum) merki n., vísbending f.; **(be) in e.** (vera) áberandi

evident adj. augljós, skýr
evidently adv. augljóslega, greinilega
evil hið illa n.; mein n., böl n.; adj. vondur, illur; siðspilltur
evildoer illvirki m., ódæðismaður m.
evildoing illvirki n., ódæðisverk n.
evil-minded adj. illviljaður, meinfýsinn
evil-tempered adj. geðillur, skapvondur
evince vt. sýna, láta í ljós
eviscerate vt. taka innyfli úr, gera til
evocation (upp)vakning f., framköllun f.
evocative adj. sem kallar fram, sem minnir (á = **of**)
evoke vt. kalla fram, vekja, særa fram
evolution þróun f., framrás f., vöxtur m.
evolutionary adj. þróunar-
evolve v. þróa(st), þroska(st), vaxa
ewe ær f.
ewer (þvotta)vatnskanna f.
exacerbate vt. gera verri, auka á; æsa
exacerbation versnun f., áaukning f.; æsing f.
exact adj. nákvæmur; vt. þvinga fram; krefjast
exacting adj. krefjandi; kröfuharður, strangur
exaction heimting f., krafa f.
exactitude nákvæmni f., gjörhygli f.
exactly adv. nákvæmlega; einmitt
exactness nákvæmni f., gjörhygli f.
exaggerate v. ýkja, gera of mikið úr
exaggeration ýkjur f.pl., öfgar f.pl.
exalt vt. upphefja, lofa, hrósa
exaltation upphefð f.; hrifningarsæla f.
examination athugun f., skoðun f., (inquiry) rannsókn f., (test of knowledge) próf n.
examination paper prófritgerð f., prófverkefni n.
examine vt. athuga, skoða, rannsaka, prófa
examiner prófandi m.; eftirlitsmaður m.
example (for)dæmi n.; **for e.** til dæmis
exasperate vt. reita til reiði, angra
exasperation reiði f., gremja f.
excavate vt. grafa (upp), moka upp
excavation uppgröftur m.
excavator grafari m.; skurðgrafa f., vélskófla f.
exceed vt. vera meiri en, fara út fyrir

exceedingly → exemplify

exceedingly adv. ákaflega, geysilega
excel v. skara fram úr, bera af
excellence ágæti n.; yfirburðir m.pl.
Excellency hágöfgi f.
excellent adj. framúrskarandi, frábær
except prp. að frátöldum; conj. nema; vt. undanskilja
excepting prp. að frátöldum, að undanskildum
exception undantekning f.; **take e.** andmæla; móðgast
exceptionable adj. aðfinnsluverður
exceptional adj. óvenjulegur, afbrigðilegur
excerpt útdráttur m., ágrip n.
excess ofgnótt f.; óhóf n.; **in e. of** umfram, meira en; **to e.** í óhófi, úr hófi fram; adj. umfram-
excesses óhófsverk n., ódæðisverk n.
excessive adj. óhóflegur, of mikill; gegndarlaus
exchange skipti n.pl.; v. skipta(st) á
exchangeable adj. skiptanlegur
exchange rate (of money) gengi n.
exchange student skiptinemi m.
Exchequer fjármálaráðuneyti n.
exchequer ríkissjóður m.; fjárhagur m., fjármál n.pl.
excise vt. skera burt, fjarlægja
excise tax vörugjald n., framleiðslugjald n.
excision brottskurður m., brottnám n.
excitability bráðlyndi n.; viðkvæmni f.
excitable adj. bráður, uppstökkur; viðkvæmur
excite vt. espa, æsa, vekja
excited adj. æstur, í uppnámi, spenntur
excitement æsingur m., spenna f.; örvun f.
exciting adj. æsandi, spennandi
exclaim v. hrópa upp yfir sig, kalla upp
exclaim against v. mótmæla, fordæma
exclamation upphrópun f., kall n.
exclamation mark upphrópunarmerki n.
exclamatory adj. upphrópunar-
exclude vt. útiloka, undanskilja (frá = **from**)
exclusion útilokun f., brottvísun f.

exclusive einkaviðtal n.; adj. einangraður, einskorðaður, (sole) einka-, (very best) dýr, vandaður, fínn
exclusively adv. eingöngu, aðeins
exclusive of prp. að frátöldum, fyrir utan
excogitate vt. hugsa upp, finna upp
excommunicate vt. bannfæra, útskúfa
excommunication bannfæring f., útskúfun f.
excoriate vt. fleiðra, hrufla; úthúða
excoriation skeina f., fleiður n.; úthúðun f.
excrement saur m., saurindi n.pl.
excrescence útvöxtur m., hnúður m., æxli n.
excreta úrgangsefni n.pl.
excrete vt. þveita, skilja út (úrgangsefni)
excretion þveiti n.; þveitisefni n.
excruciating adj. kvalafullur; óbærilegur
exculpate vt. bera sök af, sýkna
exculpation sýknun f.
excursion skemmtiferð f., skoðunarferð f.
excursionist skemmtiferðamaður m.
excusable adj. afsakanlegur
excuse afsökun f.; vt. afsaka; **e. me** afsakið
ex-directory adj. óskráður, með óskráð símanúmer
execrable adj. andstyggilegur, viðbjóðslegur
execrate vt. fyrirlíta, (curse) bölva, formæla
execration andstyggð f., viðbjóður m.; formæling f.
execute vt. (carry out) framkvæma, (kill) lífláta
execution framkvæmd f.; aftaka f.
executioner böðull m., aftökumaður m.
executive framkvæmdastjóri m.; framkvæmdastjórn f.; adj. framkvæmda-
executive power framkvæmdavald n.
executor skiptaráðandi m., skiptaforstjóri m.
exegesis (pl. **-ses**) textaskýring f.
exemplary adj. fyrirmyndar-; (sem er) öðrum til varnaðar
exemplification skýring f.; dæmi n.
exemplify vt. skýra með dæmi; vera dæmi um

exempt vt. leysa undan; adj. undanþeginn, laus við
exemption undanþága f., (tax) skattfrádráttur m.
exercise æfing f.; notkun f.; v. æfa, (use) nota
exercises (Am.) athöfn f.
exert vt. beita, neyta, nota
exertion beiting f.; áreynsla f., átak n.
exert oneself v. beita sér, leggja sig fram
exhalation útöndun f., útblástur m.; gufa f.
exhale v. anda frá sér; gefa frá sér
exhaust útblástur m.; vt. (use up) þurrausa, tæma, (tire out) þreyta, gera örþreyttan
exhausted adj. búinn, uppurinn; örmagna, uppgefinn
exhaust emissions útblástursmengun f.
exhaustion tæming f.; örmögnun f., þreyta f.
exhaustive adj. tæmandi, ítarlegur
exhaust manifold útblástursgrein n., pústgrein n.
exhaust pipe útblástursrör n., púströr n.
exhibit sýningargripur m.; vt. sýna
exhibition sýning f.; **on e.** til sýnis
exhibitionism strípihneigð f.; stripl n.
exhibitionist strípalingur m.
exhibitor sýnandi m., sýningarmaður m.
exhilarate vt. gleðja, kæta, hressa
exhilaration gleði f., kæti f., glaðværð f.
exhort vt. hvetja, eggja; áminna
exhortation hvatning f., eggjun f.; áminning f.
exhumation uppgröftur m.
exhume vt. grafa upp (lík)
exigency brýn þörf f.; neyðarástand n.
exigent adj. aðkallandi, brýnn; kröfuharður
exiguous adj. örsmár, lítill; naumur
exile útlegð f., (person) útlagi m.; vt. gera útlægan
exist vi. vera til, lifa
existence tilvera f., tilvist f.; líf n.
existent adj. sem (nú) er til; núverandi
existential adj. tilvistarlegur, tilvistar-
existentialism tilvistarstefna f.
exit útgönguleið f.; útganga f.
exit visa ferðaleyfi n.

exocrine gland útkirtill m., pípukirtill m.
exodus brottför f.; (fólks)flótti m.
exogamy aðkvæni n., útvensl n.pl., útæxlun f.
exonerate vt. hreinsa (af áburði), bera sakir af
exoneration hreinsun (af áburði) f.; lausn f.
exorbitance hófleysi n., gegndarleysi n.
exorbitant adj. óheyrilegur, gegndarlaus
exorcise vt. særa út (illa anda)
exorcism særingar f.pl.; særingarþula f.
exorcist særingamaður m.
exotic adj. útlendur, framandi; heillandi
expand v. þenja(st) út, víkka, stækka
expandable adj. þenjanlegur, útvíkkanlegur
expand on v. auka við, útlista nánar
expanse víðátta f., óravídd f.
expansion (út)þensla f., víkkun f., aukning f.
expansionism útþenslustefna f.
expansive adj. þenjanlegur, (of a person) opinskár, (large) víðáttumikill
expatiate (up)on v. fjölyrða um
expatriate útlagi m.; vt. gera landrækan; vi. fara í útlegð, flýja land
expatriation brottrekstur m.; útlegð f.; landflótti m.
expect vt. búast við, vænta
expectancy eftirvænting f., von f.
expectant adj. eftirvæntingarfullur; væntanlegur
expectation eftirvænting f., von f.
expectorate v. hrækja, hósta upp úr sér
expediency hentugleiki m., tækifærisstefna f.
expedient úrræði n.; adj. ráðlegur, hentugur
expedite vt. flýta fyrir, hraða
expedition leiðangur m., (speed) flýtir m., hraði m.
expeditionary force leiðangursher m.
expeditious adj. fljótur, skjótur
expel vt. reka, vísa brott
expend vt. eyða, verja, nota
expendable adj. eyðanlegur, fórnanlegur
expenditure eyðsla f., tilkostnaður m.; útgjöld n.pl.

expense kostnaður m.
expense account kostnaðarreikningur m.
expenses útgjöld n.pl., kostnaður m.
expensive adj. dýr, kostnaðarsamur
experience reynsla f.; vt. reyna, upplifa
experienced adj. reyndur
experiment tilraun f.; vi. gera tilraun(ir)
experimental adj. tilrauna-
experimentation tilraunastarfsemi f.; tilraunir f.pl.
expert sérfræðingur m.; adj. reyndur, snjall
expertise sérfræðiþekking f.; sérfræðiálit n.
expert system þekkingarkerfi n.
expiate vt. afplána, bæta fyrir
expiation afplánun f., yfirbót f.
expiration endir m., gildislok n.pl; útöndun f.
expire vi. falla úr gildi, renna út, (die) andast
expiry endir m., gildislok n.pl.
explain vt. útskýra, gera grein fyrir
explain away v. eyða með útskýringum
explanation útskýring f.
explanatory adj. útskýrandi, skýringar-
expletive upphrópun f., blótsyrði n.
explicable adj. (út)skýranlegur
explicate vt. útskýra, útlista
explicit adj. skýr, afdráttarlaus; berorður
explode vi. springa, vt. sprengja
exploit hetjudáð f.; vt. hagnýta; arðræna
exploitation (hag)nýting f.; arðrán n.
exploration (land)könnun f., rannsókn f.
exploratory adj. könnunar-, rannsóknar-
explore vt. kanna, rannsaka
explorer (land)könnuður m.
explosion sprenging f.
explosive sprengiefni n., (of consonant sound) lokhljóð n.; adj. sprengifimur, (of a person) bráður
expo alþjóðleg (vöru)sýning f.
exponent talsmaður m., málsvari m.; veldisvísir m.
exponential adj. veldisvísis-, veldis-
export útflutningur m.; útflutningsvara f.; vt. flytja út
exportation útflutningur m.; útfluttar vörur f.pl.

exporter útflytjandi m.
expose vt. láta óvarinn, gera berskjaldaðan (fyrir = **to**), (make known) fletta ofan af, afhjúpa, (a baby) bera út, (a film) lýsa
exposed adj. óvarinn, berskjaldaður; sýnilegur
exposé (opinber) afhjúpun f.
exposition útlistun f., greinargerð f.; kynning aðstæðna f.; (show) alþjóðleg (vöru)sýning f.
expostulate (with) v. vanda um við, finna að við
expostulation umvöndun f., aðfinnsla f.
exposure skjólleysi n.; uppljóstrun f., afhjúpun f.; útburður m.; lýsing (filmu) f., lýsingartími m.
exposure meter ljósmælir m., birtumælir m.
expound vt. (út)skýra, útlista, túlka
express hraðsending f., hraðpóstur m.; adj. (explicit) skýr, eindreginn, (special) sérstakur, gagnger, (exact) nákvæmur, (going quickly) hraðfara, hrað-; vt. tjá, láta í ljósi; senda með hraði; pressa, kreista út
expression tjáning f., framsetning f., (phrase) orðatiltæki n., (look) svipur m.
expressionism expressjónismi m., tjástíll m.
expressionless adj. svip(brigða)laus
expressive adj. svipmikill, áhrifamikill
expressiveness sviprík n., tjáningarkraftur m.
expressly adv. skýrt; beinlínis, gagngert
express service hraðflutningar m.pl.
express train hraðlest f.
expressway (Am.) hraðbraut f.
expropriate vt. taka eignarnámi
expropriation eignarnám n.; eignarsvipting f.
expulsion brottrekstur m., brottvísun f.
expunge vt. strika út, þurrka út, afmá
expurgate vt. hreinsa (texta)
expurgation hreinsun f.
exquisite adj. frábær, undurfagur; næmur, hárfínn
exquisiteness frábærleiki m., ágæti n.; næmleiki m.

extant adj. sem (enn) er til
extemporaneous adj. óundirbúinn, skyndi-
extempore adj. fyrirvaralaus; adv. undirbúningslaust
extend v. ná, teygja sig, (increase) auka við, stækka; (fram)lengja, (the body) teygja (úr), rétta (fram), (offer) bjóða fram, veita
extension aukning f.; útvíkkun f.; framlenging f.; viðbygging f.; innanhússímanúmer n.
extension cord framlengingarsnúra f.
extensive adj. víðtækur, yfirgripsmikill
extensiveness víðátta f., stærð f.
extent umfang n., stærð f.; mark n.
extenuate vt. draga úr, milda, afsaka
extenuation afsökun f., málsbót f.
exterior ytra borð n., úthlið f.; adj. ytri, úti-
exterminate vt. gjöreyða, útrýma
extermination gereyðing f., útrýming f.
exterminator meindýraeyðir m.
external ytra borð n., yfirborð n.; adj. ytri, utanaðkomandi; útvortis; yfirborðs-
external auditor löggiltur endurskoðandi m.
external affairs utanríkismál n.pl.
external debt erlendar skuldir f.pl.
external equipment ytri búnaður m., jaðartæki n.pl.
externally adv. utan frá; út á við
externals útlit n., ytri maður m.
external student utanskólanemandi m.
external trade utanríkisverslun f.
external world umheimur m.
extinct adj. útdauður, (of fire) slokknaður
extinction útrýming f.; slokknun f.
extinguish vt. slökkva, kæfa; afmá, gereyða
extirpate vt. uppræta, gereyða
extirpation uppræting f., gereyðing f.
extol vt. lofsyngja, dásama
extort from v. kúga (e-ð) af (e-m), þvinga fram
extortion (fjár)kúgun f., þvingun f.
extortionate adj. óheyrilegur, okur-
extortioner (extortionist) fjárkúgari m., okurkarl m.

extra aukaþjónusta f., (an actor) aukaleikari m., (a special edition) aukablað n.; adj. viðbótar-, auka-; adv. sérstaklega, aukalega, (unusually) óvenjulega
extra crew aukaáhöfn f.
extract seyði n., kraftur m.; útdráttur m., kafli m.; vt. draga út, toga út; vinna (úr)
extraction útdráttur m., (origin) uppruni m., ætterni n.
extracurricular adj. utan námsskrár
extracurricular activities tómstundastarf n.
extradite vt. framselja; fá framseldan
extradition framsal n.
extramarital adj. utan hjónabands
extramural adj. utan veggja (stofnunar)
extraneous adj. utanaðkomandi; óviðkomandi
extraordinary adj. stórfurðulegur; óvenjulegur
extrapolate vt. framreikna, útreikna, áætla
extrasensory adj. yfirskilvitlegur
extrasensory perception hjáskynjun f., dulskynjun f.
extraterrestrial geimvera f.; adj. utan jarðar
extraterritorial rights úrlendisréttur m.
extravagance óhóf n., bruðl n.; öfgar f.pl.
extravagant adj. eyðslusamur; óhóflegur
extravaganza ýkjuverk n., öfgaverk n.
extreme útjaðar m., ystu mörk n.pl.; öfgar f.pl.; **to extremes** út í öfgar; **in the e.** feikilega; adj. ystur; feikilegur; öfgakenndur
extremely adv. ákaflega, fram úr hófi
extremism öfgastefna f., ofstæki n.
extremist öfgamaður m., ofstækismaður m.
extremities útlimir m.pl.
extremity hámark n.; neyð f., hörmungar f.pl.
extricable adj. losanlegur
extricate vt. losa, leysa, greiða úr
extrinsic adj. ytri, utanaðkomandi, óviðkomandi
extrovert úthverfur maður m.

extroverted → factual

extroverted adj. úthverfur, opinskár
extrude vt. þrýsta út, pressa út; móta
extrusion útþrýsting f., útpressun f.
extrusive rock gosberg n.
exuberance gnægð f.; gróska f.; fjör n., kæti f.
exuberant adj. ríkulegur, yfirfljótandi, (of plants) gróskumikill, (high-spirited) upprifinn
exude v. vætla; smita út frá sér
exult vi. fagna, vera himinlifandi
exultant adj. fagnandi, fagnaðar-
exultation fögnuður m., gleði f.
eye auga n.; vt. horfa á
eyeball auga n., augnknöttur m.
eyebright augnfró f.
eyebrow augabrún f.
eye-catching adj. áberandi, eftirtektarverður
eyecup augnbikar m.
eyeful augnayndi n.; **get an e.** fá að sjá nóg
eyeglass sjóngler n., einglyrni n.
eyeglasses gleraugu n.pl.
eyehole augntóft f.
eyelash augnhár n., brá f.
eyelet þráðarauga n., kósi m.
eyelid augnlok n.
eye-opener óvænt uppgötvun f., óvænt atvik n.
eyepiece augngler n., augnlinsa f.
eye shadow augnskuggi m.
eyeshot augsýn f., sjónmál n.
eyesight sjón f.
eyesore hörmungarsjón f., hryggðarmynd f.
eyestrain augnþreyta f.
eyetooth (pl. -**teeth**) augntönn f.
eyewash augnaskolvatn n.; fyrirsláttur m.
eyewitness sjónarvottur m.
eyot hólmi m., lítil eyja f.
eyrie (arnar)hreiður n.

F

fable dæmisaga f.; goðsaga f.; uppspuni m.
fabled adj. (sögu)frægur, þjóðsögulegur

fabric dúkur m., vefnaður m.; (upp)bygging f.
fabricate vt. búa til, spinna upp, setja saman
fabrication tilbúningur m., uppspuni m., samsetning f.
fabulous adj. (wonderful) ótrúlegur, stórkostlegur
facade framhlið f.; (sýndar)yfirborð n.
face andlit n.; v. snúa að, standa frammi fyrir
face card mannspil n.
facecloth þvottapoki m.
face cream andlitskrem n.
face flannel þvottapoki m.
faceless adj. nafnlaus, óþekktur
face-lift andlitslyfting f.
face out v. standast, láta ekki bugast af
face powder andlitspúður m.
facet (fægi)flötur m., hlið f.
facetious adj. gamansamur, fyndinn
face up to v. horfast í augu við; viðurkenna
face value nafnvirði n.
facial andlitssnyrting f.; adj. andlits-
facial tissue andlitsþurrka f.
facile adj. auðveldur, lipur; yfirborðslegur
facilitate vt. auðvelda, greiða fyrir
facilities aðstaða f.
facility auðveldleiki m., hægð f.; leikni f., geta f.
facing klæðning f.; undirstykki n.
facings uppslög n.pl., bryddingar f.pl.
facsimile nákvæm eftirlíking f.; fjarljósritun f.
facsimile machine bréfsími m., faxtæki n.
fact staðreynd f.; veruleiki m.; **in f./as a matter of f.** í rauninni, reyndar
fact-finding committee rannsóknarnefnd f.
faction flokksklíka f.; flokkadráttur m.
factious adj. klíkumyndunar-, flokkadrátta-
factitious adj. tilbúinn, uppgerðar-, gervi-
factor þáttur m.; stuðull m.; umboðsmaður m.
factory verksmiðja f.
factual adj. raunverulegur, raunsannur

faculty hæfileiki m., (university) háskóladeild f.
Faculty of Arts heimspekideild f.
Faculty of Dentistry tannlæknadeild f.
Faculty of Economics and Business Administration viðskiptadeild f.
Faculty of Engineering verkfræðideild f.
Faculty of Law lagadeild f.
Faculty of Medicine læknadeild f.
Faculty of Natural Sciences raunvísindadeild f.
Faculty of Social Sciences félagsvísindadeild f.
Faculty of Theology guðfræðideild f.
fad duttlungur m., (tísku)sérviska f.
faddish adj. duttlungafullur, sérvitur
fade v. upplita(st); fölna, visna, hjaðna
faded adj. (of garments) upplitaður
fade in v. skýrast smám saman
fade out v. dofna smám saman
faeces saur m.
fag strit n.; vinnuþræll m.; sígaretta f.; v. strita, puða; þreyta
fag end endi m., stubbur m., stúfur m.
fagged out adj. uppgefinn, útkeyrður
faggot (for burning) eldiviðarknippi n., (meat ball) kjötbolla f., (homosexual) hommi m.
fail v. mistakast, misheppnast; falla/fella (á prófi); bregðast, gefa sig, bila; skorta; láta hjá líða
fail ; without f. örugglega
failing galli m., veikleiki m.; prp. ef (e-ð) bregst
fail-safe adj. bilunarþolinn
failure bilun f., brestur m., brot n., óhapp n.
fain adv. fúslega, gjarnan
faint yfirlið n.; adj. veikur, máttfarinn, (not clear) daufur, óljós; v. missa meðvitund, (become weak) örmagnast, verða máttfarinn
faint-hearted adj. huglaus, ragur
faint-heartedness hugleysi n., ragmennska f.
fair markaður m., (exhibition) kaupstefna f.
fair adj. (just) sanngjarn, (honest) heiðarlegur, (fairly good) sæmilegur, allgóður, (of the weather) heiðskír, (of winds) hagstæður, (not dark) bjartur, ljós; adv. drengilega; beint
fairground markaðssvæði n.
fair-haired adj. ljóshærður
fairly adv. heiðarlega, (for the most part) sæmilega, þokkalega, (completely) gersamlega, hreinlega
fair-minded adj. óhlutdrægur, sanngjarn
fairness sanngirni f., réttsýni f.; ljóst yfirbragð n.
fair play drengilegt framferði n.
fair sex hið fríða kyn n., kvenfólkið n.
fair-spoken adj. blíðmáll, kurteis í tali
fairway greiðfær (skipa)leið f.
fair weather bjartviðri n.
fair-weather friend vinur í velgengni m.
fairy álfur m., (homosexual) hommi m.
fairyland álfheimar m.pl.; ævintýraheimur m.
fairy-tale álfasaga f.; ævintýri n., skröksaga f.
fait accompli gerður hlutur m.
faith trú f.
faithful adj. trúr, dyggur, áreiðanlegur
faithfully adv. einlæglega; **Yours f.** yðar einlægur
faithfulness tryggð f., trúfesti f.
faithless adj. ótrúr, óáreiðanlegur; trúlaus
faithlessness ótryggð f., sviksemi f.; trúleysi n.
fake eftirlíking f., fölsun f.; loddari m.; adj. falsaður, óekta; vt. falsa; gera sér upp
faker falsari m., svikari m.
falcon (veiði)fálki m.
falconer fálkaveiðari m.; fálkatemjari m.
falconry fálkaveiðar f.pl.; fálkatamning f.
fall fall n., bylta f.; hrun n.; v. falla, detta; **f. ill** veikjast; **f. in love (with)** verða ástfanginn (af)
fallacious adj. villandi; órökréttur, rangur
fallacy misskilningur m.; rökvilla f.
fall back v. (recede) hopa, hörfa, víkja
fall back (up)on v. (make use of) hverfa að, grípa til
fall behind (with) v. dragast aftur úr, verða á eftir (með)
fall down v. (fail) bregðast, duga ekki
fall for v. láta blekkjast af; verða ástfanginn af

fall guy (Am.) blórabögull m.; ginningarfífl n.
fallibility skeikulleiki m.
fallible adj. skeikull
fall in v. (get into line) skipa sér í röð, fylkja, (collapse) hrynja, (become payable) falla í gjalddaga
falling star hrapsteinn m., loftsteinn m.
fall into v. hefja, lenda í, (be divided into) skiptast í
fall in with v. (meet by chance) rekast á af tilviljun, (agree with) vera sammála, fallast á
fall off v. (decrease) minnka, dvína, réna
fallopian tube eggrás f., eggjaleiðari m., legpípa f.
fallout (geislavirkt) ofanfall n.
fall out v. víkja úr fylkingu, (happen) gerast, ske
fall out (with) v. rífast, óvingast (við)
fallow hvíldarland n.; adj. plægður en ósáinn
fallow deer dádýr n.
falls (waterfall) foss m.
fall through v. (fail) mistakast, verða að engu
fall to v. (begin) taka til við, byrja (be the duty of) koma í hlut
fall (up)on v. (attack) ráðast á
false adj. falskur, ósannur, rangur
false alarm (aðvörunar)gabb n.
false bottom falskur botn m., leynihólf n.
falsehood ósannindi n.pl.; fals n.
falseness fals n., fláræði n., undirferli n.
false pretences falskt yfirskin n.
false start þjófstart n.
false teeth falskar tennur f.pl, gervitennur f.pl.
falsification fölsun f.; fals n.
falsifier falsari m.
falsify vt. falsa, (lie) ljúga, bera ljúgvitni
falsity fals n.; ósannindi n., lygi f.
falter v. skjögra, hrasa; stama; hika
fame frægð f., orðstír m.
familiar adj. kunnuglegur, algengur, (informal) óformlegur, kumpánlegur, (close) náinn
familiarity vinfengi n., kunningsskapur m., (knowledge) kunnugleiki m., þekking f.; óformlegheit n.pl.

familiarize vt. gera alþekktan, venja við
familiarize with v. kynna (sér), setja (sig) inn í
familiar to adj. (e-m) vel kunnugur
familiar with adj. vel kunnugur, vel að sér í
family fjölskylda f., ættingjar m.pl.
family allowance barnabætur f.pl.
family fare fjölskyldufargjald n.
family name eftirnafn n., ættarnafn n.
family tree ættarmeiður m., ættartala f.
famine hungursneyð f., hallæri n.
famished adj. glorsoltinn
famous adj. frægur, nafntogaður
famously adv. (very well) frábærlega
fan blævængur m.; vifta f.; v. kæla (sig), blása á, (excite) æsa, magna, (spread out) breiðast út
fan (fanatical supporter) aðdáandi m., áhugamaður m.
fanatic ofstækismaður m., öfgamaður m.
fanatic(al) adj. ofstækisfullur, stækur
fanaticism ofstæki n., öfgar f.pl.; öfgastefna f.
fan belt viftureim f.
fancier áhugamaður m., unnandi m.
fanciful adj. frumlegur, óvenjulegur, (unreal) óraunverulegur, ímyndaður
fancy ímyndun f.; ímyndunarafl n., (unfounded opinion) óljós grunur m., (liking) dálæti n., mætur f.pl.; **take f. to** verða hrifinn af; adj. ímyndaður, (ornamental) skrautlegur, áberandi, (not plain) óvenjulegur, (of prices) svimandi hár, okur-, (of goods) úrvals-; vt. ímynda sér, gera ráð fyrir, (think) hugsa, (have a liking for) vera hrifinn af; langa í
fancy dress grímubúningur m.
fancy dress ball grímudansleikur m.
fancy-free adj. laus og liðugur, óbundinn
fancywork útsaumur m., glitsaumur m.
fanfare lúðraþytur m.; fagnaðarlæti n.pl.
fanfold paper samfellublöð n.pl.
fang vígtönn f., höggtönn f.
fanlight (over a door) hálfmánalagaður gluggi m.
fan mail aðdáendabréf n.
fantastic adj. stórfurðulegur; fjarstæður

fantasy → Father Christmas 148

fantasy ímyndunarafl n.; ímyndun f., hugarburður m.
FAO (Food and Agricultural Organization) Matvæla- og landbúnaðarstofnun Sameinuðu þjóðanna
far adj. fjarlægur; adv. langt (í burtu), fjarri
faraway adj. fjarlægur; fjarrænn, dreymandi
farce farsi m., ærslaleikur m.; skrípaleikur m.
farcical adj. farsakenndur, fáránlegur
fare fargjald n., (passenger) farþegi m., (food) fæða f.; vi. (get on) farnast, ganga
Far East Austurlönd fjær f.pl.
farewell kveðja f.; interj. farðu heill, vertu sæll
farfetched adj. langsóttur
far-flung adj. útbreiddur, (distant) fjarlægur
far-gone adj. langt leiddur; djúpt sokkinn
farinaceous adj. mjölkenndur
farm bújörð f.; (bónda)bær m.; v. búa, reka bú
farm out v. leigja út, láta vinna annars staðar
farmer bóndi m.
farmhand kaupamaður m.
farmhouse bóndabær m.
farming búskapur m., landbúnaður m.
farmyard bæjarhlað n.
Faroe Islands Færeyjar f.pl.
Faroese Færeyingur m., (language) færeyska f.; adj. færeyskur
far-off adj. fjarlægur
far-out adj. furðulegur; æðislegur
farrago hrærigrautur m., samsull n.
far-reaching adj. víðtækur
farrier járningamaður m.
farrow grísahópur m.; vi. (of a sow) gjóta
far-sighted adj. framsýnn, forsjáll; fjarsýnn
fart fretur n., viðrekstur m.; vi. freta, reka við
farther adj. fjarlægari; adv. lengra, nánar
farthest adj. fjarlægastur; adv. lengst í burtu
fascinate vt. töfra, heilla; dáleiða

fascinating adj. töfrandi, heillandi, hrífandi
fascination töfrun f.; töfrar m.pl.
fascism fasismi m.
fascist fasisti m.; adj. fasískur, fasista-
fashion tíska f., (manner) háttur m., máti m.; **after/in a f.** svona þokkalega; vt. móta, hanna; aðlaga
fashionable adj. (ný)tískulegur; vinsæll, tísku-
fashion show tískusýning f.
fast adj. (quick) fljótur, hraður, (firm) fastur; adv. fljótt, hratt; fast, rækilega
fast fasta f.; föstutíð f.; vi. fasta
fastback fleygbakur m. (lögun bifreiðar)
fast charge hraðhleðsla f.
fasten v. festa(st), loka(st), binda
fastener festing f.
fastening festing f.
fasten (up)on v. grípa, halda föstum; halda fast við
fast-food eating place skyndibitastaður m.
fast-food restaurant (Am.) skyndibitastaður m.
fastidious adj. vandfýsinn, vandlátur
fastidiousness vandfýsni n., gikksháttur m.
fast-moving goods hraðsöluvörur f.pl.
fastness (a safe place) skjól n., vígi n.
fat fita f.; **chew the f.** rabba, skrafa; adj. feitur, (thick) þykkur, (rich) auðugur, frjór
fatal adj. banvænn; örlagaríkur
fatal accident banaslys n.
fatalism forlagatrú f., örlagatrú f.
fatalist forlagatrúarmaður m.
fatalistic adj. forlagatrúar-
fatality (misfortune) ógæfa f., (death) banaslys n., (deadliness) banvæni n., (destiny) forlög n.pl.
fatally adv. lífshættulega, til ólífis
fate örlög n.pl.; hlutskipti n.pl.
fated adj. örlagabundinn, fyrirfram ákveðinn
fateful adj. örlagaríkur, afdrifaríkur
Fates örlagagyðjurnar f.pl.
fathead auli m., heimskingi m.
father faðir m.
Father Christmas jólasveinn m.

father figure föðurímynd f.
fatherhood föðurhlutverk n.
father-in-law (pl. **fathers-in-law**) tengdafaðir m.
fatherland föðurland n., ættjörð f.
father lasher marhnútur m.
fatherless adj. föðurlaus; ófeðraður
fatherly adj. föðurlegur, föður-
fathom faðmur m.; vt. mæla dýpi; skilja til hlítar
fathomless adj. botnlaus; óskiljanlegur
fatigue þreyta f.; vt. þreyta(st)
fatigue duty almenn hermannastörf n.pl.
fatigues áreynsla f., erfiði n.; hermannabúningur m.
fatness (of)fita f., feitlagni f.
fatten v. fita, fitna
fatty fitubolla f.; adj. feitur; fitugur, fitu-
fatuity heimska f., grunnhyggni f.
fatuous adj. heimskur, grunnhygginn
faucet (Am.) krani m., vatnshani m.
fault galli m., (mistake) villa f., (in geology) misgengi n.; **at f.** sekur; **find f. (with)** finna að, gagnrýna; **to a f.** um of; vt. finna að, gagnrýna, (of rocks) ganga á mis
faultfinder lastari m., hallmælandi m.
faultfinding aðfinnsla f., gagnrýni f.
faultless adj. gallalaus, óaðfinnalegur
faulty adj. gallaður, ámælisverður
fauna fána f., dýraríki n.
faux pas axarskaft n., glappaskot n.
favour greiði m.; góðvild f.; **in f. of** hlynntur, meðmæltur, (of a cheque) sem greiðist til; **be in/out of f. (with s-y)** vera í náð/ónáð (hjá e-m); **in one's f.** e-m í vil/hag; vt. styðja, efla, vera meðmæltur
favourable adj. vinsamlegur, hagstæður
favourably adv. vingjarnlega, á hagstæðan hátt
favourite uppáhald n., eftirlæti n.; adj. uppáhalds-, eftirlætis-
favouritism hlutdrægni f., mismunun f., hygli f.
fawn hindarkálfur m.; adj. ljósgulbrúnn
fawn (up)on v. flaðra upp um, smjaðra fyrir

fax myndskeyti n., sím(a)bréf n.
fax equipment myndsenditæki n., bréfasími m.
faze (Am.) v. trufla, angra, slá út af laginu
FBI = Federal Bureau of Investigation
fealty (drottin)hollusta f., trúnaður m.
fear ótti m., hræðsla f.; **for f. of** af ótta við; **in f. of** hræddur um; v. óttast, hræðast
fearful adj. skelfilegur, hræðilegur; hræddur
fearless adj. óttalaus, óhræddur
fearsome adj. ógurlegur, skelfilegur
feasibility möguleiki m.; hagkvæmni f.
feasibility study hagkvæmnisathugun f.
feasible adj. mögulegur, framkvæmanlegur
feast hátíð f.; veisla f.; v. halda (e-m) veislu
feat afrek(sverk) n., dáð f.
feather fjöður f.; vt. búa fjöðrum, fiðra
feather bed fiðurdýna f.
featherbrained adj. kjánalegur, hugsunarlaus
featherweight (boxer) hnefaleikari í fjaðurvigt m.
feathery adj. fiðraður; fisléttur, dúnmjúkur
feature lögun f., séreinkenni n., (story) yfirlitsgrein f., (film) aðalmynd f.; vt. einkenna; gera að aðalatriði; hafa (e-n) í aðalhlutverki
featureless adj. sviplaus
features andlit n., andlitsdrættir m.pl.
February febrúar m.
feces (Am.) saur m.
feckless adj. gagnlaus, úrræðalítill
fecklessness gagnleysi n., úrræðaleysi n.
fecund adj. frjór, frjósamur
fecundity frjósemi f., gróska f.
federal adj. sambands-; alríkis-
Federal Bureau of Investigation alríkislögregla Bandaríkjanna f.
federalism sambandsstjórnarstefna f.
federalist sambandsstjórnarsinni m.
federate v. mynda ríkjasamband/ bandalag
federation ríkjasamband n.; bandalag n.

Federation of Women's Institutes
Kvenfélagasamband n.
fed up (with) adj. dauðleiður (á)
fee gjald n., þóknun f.
feeble adj. máttfarinn, lasburða, veikur
feebleminded adj. treggáfaður; veikgeðja
feed fóður n.; fóðrun f., mötun f.; v. fæða, mata, ala, fóðra, (eat) éta
feedback afturverkun f.; svörun f., viðbrögð n.pl.
feedback carburetor rafeindastýrður blöndungur m.
feedbag (Am.) fóðurpoki m., hauspoki m.
feeder fóðrari m., matari m., (bib) smekkur m.
feed hole gripgat n.
feeding bottle (barna)peli m.
feed pitch gatabil n.
feed track gripröð f.
feel snerting f., viðkoma f.; **get the f. of** fá tilfinningu fyrir, venjast; v. (touch) snerta, þreifa á, (perceive) finna (fyrir/til), skynja, (experience) líða; **f. one's way** þreifa sig áfram; **f. like** langa til/í, vera í stuði til; nenna
feeler fálmari m., þreifiangi m.; þreifing f.; **put out feelers** kanna undirtektir
feel for v. finna til með, vorkenna
feeling tilfinning f., (opinion) álit n., skoðun f., (sympathy) samúð f.; adj. tilfinningaríkur, hjartnæmur; tilfinninganæmur, viðkvæmur
feel out v. kanna afstöðu (e-s)
feel up to v. treysta sér til, vera upplagður til
feet (pl. of **foot**)
feign vt. látast, þykjast, gera sér upp
feint sýndarhögg n.; látalæti n.pl., uppgerð f.; vi. gera sýndarárás; gera sér upp, látast
feldspar feldspat n.
felicitate vt. samfagna, samgleðjast
felicitation hamingjuósk f., heillaósk f.
felicitous adj. heppilegur, tilvalinn; hnyttinn
felicity hamingja f.; orðsnilld f., orðheppni f.
feline adj. kattarlegur, kattar-
fell feldur m., húð f., (moorland) (lyng)heiði f., (hill) fell n.
fell vt. fella, slá niður
fellow náungi m.; félagi m.; adj. sam-
fellow citizen samborgari m.
fellow countryman (pl. **-men**) samlandi m.
fellow feeling samkennd f., samúð f.
fellowship félagsskapur m., vinátta f.; félag n.
fellow sufferer þjáningarbróðir m.
fellow traveller samferðamaður m.
felon glæpamaður m., afbrotamaður m.
felonious adj. glæpsamlegur, grimmdarlegur
felony (alvarlegur) glæpur m.
felt v. (p., pp. **feel**)
felt flóki m., flókaefni n.
felt-tip(ped) pen tússpenni m.
female kvenmaður m., kona f.; kvendýr n.; adj. kvenkyns, kvenna-, kven-
feminine adj. kvenlegur, (in grammar) kvenkyns-
femininity kvenleiki m.; kveneðli n.
feminism kvenfrelsisstefna f.
feminist kvenfrelsissinni m.; adj. kvenréttinda-
femur lærleggur m.
fence girðing f., grindverk n.; vt. girða, (fight with a sword) skylmast; verjast svari
fencer skylmingamaður m.
fencing skylmingar f.pl.; girðingarefni n.
fender hlífðargrind f., stuðari m., (Am.) aurhlíf f.
fend for oneself v. sjá sér farborða
fend off v. bægja frá, bera af sér
feral adj. villtur, dýrslegur
ferment gerefni n.; ólga f.; v. gerja(st); ólga
fermentation gerjun f.; uppnám n.
fern burkni m.
ferocious adj. grimmur; ferlegur, hrikalegur
ferocity grimmd f., fólska f.; grimmdarverk n.
ferret fretta f., mörður m.
ferret out v. grafa upp; grafast fyrir um
ferroconcrete járnbent steinsteypa f.
ferrosilicon kísiljárn n.

ferrous adj. járn-
ferrule oddbjörg f., járnhólkur m.
ferry ferja f.; ferjustaður m.; v. ferja
ferryboat ferja f., ferjubátur m.
ferryman (pl. -**men**) ferjumaður m.
fertile adj. frjósamur, gróskumikill; frjóvgaður
fertility frjósemi f., gróska f.
fertilization frjóvgun f.
fertilize vt. frjóvga; bera áburð á
fertilizer (gróður)áburður m.
ferule reglustika f., refsistika f.
fervent adj. ákafur, brennandi, innilegur
fervid adj. ákafur, fjörugur, funheitur
fervour ákafi m., kapp n., ofsahiti m.
fescue vingull m.
festal adj. hátíðlegur, gleðilegur
fester vi. grafa í, valda ígerð; grafa um sig
festival hátíð f.; hátíðisdagur m.
festive adj. hátíðlegur, gleðilegur
festivity hátíðahald n.; glaðværð f., fjör n.
festoon blómafesti f.; vt. skreyta (með laufsveig)
fetch v. ná í, sækja, (attract) kalla fram, (be sold for) seljast á; **f. s-y a blow** reka e-m högg
fete útihátíð f.; vt. heiðra með hófi
fetid adj. daunillur
fetish skurðgoð n.; trúaratriði n.
fetishism skurðgoðadýrkun f.
fetlock hófskegg n.
fetter fjötur m.; vt. fjötra, hlekkja
fettle (líkamlegt) ástand n.
fetus fóstur n.
feud ættadeila f.; v. eiga í illdeilum
feudal adj. léns-, lénsskipulags-
feudalism lénsskipulag n.
feudatory lénsmaður m.; adj. léns-
fever (sótt)hiti m.; hitasótt f., (excitement) æsingur m.; **run a f.** vera með hita
fevered adj. sóttheitur; æstur, spenntur
feverish adj. sóttheitur; æstur, ofsalegur; (sótt)hita-
few adj. & prn. fáir; **a few** fáeinir, nokkrir; **quite a few** allmargir, þó nokkrir
fiancé unnusti m., heitmaður m.
fiancée unnusta f., heitmey f.
fiasco misheppnað tiltæki n., sneypuför f.
fib skrök n.; vi. skrökva, segja ósatt
fibre trefjaefni n., þráður m.; skapgerð f.
fibreboard trefjaplata f., spónaplata f.
fibreglass trefjagler n., glertrefjar f.pl.
fibre optics ljósþráðatækni f.
fibrous adj. trefjóttur, trefja-
fibula dálkur m., sperrileggur m., kálfabein n.
fickle adj. hverflyndur, óstöðugur
fickleness hverflyndi n., óstöðugleiki m.
fiction skáldskapur m.; tilbúningur m.
fictional adj. skáldskapar-
fictionalize vt. gera sögu úr, færa í söguform
fictitious adj. skáldaður, ímyndaður, ósannur
fictitious payee handhafi m., ótiltekinn greiðsluþegi m.
fiddle fiðla f.; **fit as a f.** bráðhress; vt. spila á fiðlu; fitla (við = **with**); falsa
fiddle-faddle bull n., þvaður n., hégómi m.
fiddler fiðlari m.; fiktari m.; svindlari m.
fiddling adj. smávægilegur, ómerkilegur
fidelity tryggð f., trúmennska f.; nákvæmni f.
fidget eirðarlaus maður m.; v. vera eirðarlaus, iða
fidgets eirðarleysi n., órói m.
fidgety adj. eirðarlaus, órólegur
field (arable land) akur m., (open area) völlur m., svæði n., (branch of knowledge) svið n., (place of operation) vettvangur m.; v. grípa/stöðva (bolta), (produce) tefla fram
field day heræfingadagur m.; athafnadagur m.
fielder vallarmaður m., leikmaður í útiliði m.
field event stökkgrein f.; kastgrein f.
fieldfare gráþröstur m.
field glasses sjónauki m., kíkir m.
field hospital bráðabirgða(her)spítali m.
field marshal hermarskálkur m.
field mouse (pl. - **mice**) hagamús f.
field officer (undir)ofursti m., majór m.
fieldsman (pl. -**men**) vallarmaður m.
field-test v. prófa (við raunverulegar aðstæður)

field trip → final offer 152

field trip skoðunarferð f., skólaferðalag n.
fieldwork vettvangsrannsókn f.; bráðbirgðavirki n.
fiend fjandi m., djöfull m.; dellukarl m.
fiendish adj. djöfullegur
fierce adj. grimmur, trylltur, æðislegur
fierceness grimmd f., ákafi m., ofsi m.
fiery adj. eldheitur, brennandi; (skap)bráður
fiesta helgihátíð f., frí n.
fife hljóðpípa f., flauta f.
fifteen num. fimmtán
fifteenth num. fimmtándi
fifth num. fimmti
fiftieth num. fimmtugasti
fifty num. fimmtíu
fifty-fifty adj. & adv. jafn(t)
fig (grá)fíkja f.; **not care a f.** vera skítsama
fight bardagi m., (fighting spirit) baráttugleði f., móður m.; v. berjast; **f. shy of** forðast; **f. it out** berjast til þrautar
fight back v. svara fyrir sig; berjast við
fighter bardagamaður m.; baráttumaður m.
fighter pilot orrustuflugmaður m.
fighter plane orrustuflugvél f.
fighting chance vonarglæta f.
fight off v. berja frá sér; halda frá sér
figment hugarburður m., ímyndun f.
figurative adj. óeiginlegur; myndrænn, táknrænn
figuratively adv. í óeiginlegri merkingu
figure (number) tala f., (diagram) (skýringar)mynd f., (shape) lögun f., sköpulag n., (human form) mannvera f.; persóna f.; v. (take part) koma fram, taka þátt, (believe) halda, hugsa
figured adj. (ornamented) mynstraður
figurehead (of a ship) stafnlíkan n.; toppfígúra f.
figure of speech líking f., líkingamál f.
figure on (Am.) v. treysta á, gera ráð fyrir
figure out (Am.) v. reikna út; skilja
figures (arithmetic) reikningur m.
figure skating listskautahlaup n.
filament (glóðar)þráður m.
filch vt. hnupla

file (steel tool) þjöl f.; vt. sverfa (með þjöl)
file (spjald)skrá f.; **on f.** flokkaður; (til) í skjalasafni; vt. skrá, vista (skjöl)
file (of people) röð f., halarófa f.; **in single f.** í einfaldri röð; vi. ganga í röð(um)
file layout skrársnið n.
filial adj. sonarlegur; dótturlegur
filibuster (Am.) málþóf n.; vi. halda uppi málþófi
filigree vírvirki n.
filing skjalavistun f.
filing cabinet skjalaskápur m., skjalageymsla f.
filing clerk skjalavörður m.
filings svarf n., sáldur n.
fill fylli n.; nægja f.; v. fylla(st), (hold a position) gegna (stöðu), (put in a position) ráða/skipa í (stöðu), (fulfill) uppfylla
fillet fiskflak n.; (beinlaus) kjötsneið f., lundir f.pl.; vt. flaka (fisk); úrbeina (kjöt)
fill-in íhlaupamaður m.
fill in v. færa inn, fylla út
filling (tann)fylling f.
filling station bensínstöð f.
fillip selbiti m.; hvatning f.
fill out v. belgja(st) út, tútna; (Am.) fylla út
fill up v. (troð)fylla(st)
filly mertrippi n., fylja f.
film filma f., himna f., lag n., (cinema) kvikmynd f.; v. kvikmynda(st), (cover) hylja(st)
film star kvikmyndastjarna f.
filmstrip filmuræma f., filmubútur m.
film test reynslutaka f.
filmy adj. næfurþunnur, gisinn; óskýr
filter sía f.; v. sía(st) (út = **out**)
filter tip (vindlinga)sía f.
filth skítur m., óþverri m.; klúryrði n.
filthy adj. óhreinn, skítugur, soralegur
fin uggi m.
final (contest) úrslit n.pl., úrslitaleikur m., (exam) lokapróf n.; adj. síðastur, endanlegur
final boarding lokaútkall n.
final offer lokatilboð n.

final payment lokagreiðsla f.
finale lokaþáttur m., endir m.
finality endanleiki m., óhagganleiki m.
finalize vt. ljúka, fullgera, ganga frá
finally adv. að lokum, loksins; endanlega
finance (ríkis)fjármál n.pl.; fjármálavísindi n.pl.; vt. fjármagna
finances fjárhagur m., efnahagur m.
financial adj. fjárhagslegur, fjármála-
financial administration fjármálastjórnun f.
financial aid fjárhagsaðstoð f.
financial affairs fjármál n.pl.
financial aid fjárhagsaðstoð f.
financial backing fjárhagsaðstoð f., fjárhagsstuðningur m.
financial compensation fjárbætur f.pl., skaðabætur f.pl.
financial contribution fjárframlag n.
financial crisis fjárhagskreppa f.
financial market fjármálamarkaður m.
financial obligation fjárskuldbinding f.
financial position fjárhagsstaða f.
financial resources fjármagn n.
financial revenue fjármagnstekjur f.pl.
financial review fjárhagsyfirlit n.
financier fjármálamaður m., fjármálaspekingur m.
finback langreyður f.
finch finka f.
find fundur m., uppgötvun f; v. finna(st)
finder finnandi m.; leitari m.
finding niðurstaða f., (decision) úrskurður m.
find out v. finna út, komast að; koma upp um
fine adj. fínn, ágætur, (slender) fíngerður, mjór; adv. (afbragðs)vel, frábærlega
fine (fé)sekt f.; vt. sekta
fine arts fagrar listir f.pl.
fine down v. hreinsa, þynna
finely adv. á fágaðan hátt, hárfínt; smátt
fineness fínleiki m.
fine print smáletur n.
finery skart n., skartklæðnaður m.
finesse fágun f., snilli f., lipurð f.
fine tuning fínstilling f.
finger fingur m.; vt. handfjatla, fitla við
finger alphabet fingramál n.
fingerboard gripbretti n., hljómborð f.

finger bowl þvottaskál f., vatnsskál f.
fingering fingrasetning f.
fingernail fingurnögl f.
fingerpost vegvísir m.
fingerprint fingrafar n.; vt. taka fingraför (e-s)
fingertip fingurgómur m.
finicky adj. vandfýsinn, smámunasamur
finish endir m.; v. ljúka við, enda, klára
finished adj. fullgerður, frágenginn; búinn að vera
finishing post endamark n.
finish off v. gera út af við, afgreiða
finish with v. ljúka, fullgera; segja skilið við
finite adj. endanlegur, takmarkaður
finite verb sögn í persónuhætti f.
fink (Am.) uppljóstrari m.; verkfallsbrjótur m.
Finland Finnland n.
Finn Finni m., Finnlendingur m.
finnan haddock reykt ýsa f.
Finnish (language) finnska f.; adj. finnskur
fiord fjörður m.
fir þinur m., fura f.
fire eldur m., (conflagration) bruni m., eldsvoði m., (shooting) skothríð f.; **catch f.** fara að loga; **on f.** logandi; v. brenna, kveikja í, (a gun) hleypa af, skjóta
fire alarm brunakall n.; brunaboði m.
firearm skotvopn n., byssa f.
fireball eldhnöttur m., vígahnöttur m.
firebomb eldsprengja f.
firebrand eldibrandur m., (agitator) ófriðarseggur m.
firebrick eldfastur mursteinn m.
fire brigade slökkvilið n.
firebug (arsonist) brennuvargur m.
fire clay eldtraustur leir m.
firecracker kínverji m., púðurkerling f.
fire damage brunatjón n.
fire department (Am.) slökkvilið n.
firedog hlóðagrind f.
fire drill brunaæfing f.
fire engine slökkvibifreið f., brunabíll m.
fire escape brunastigi m.; neyðarútgangur m.

fire extinguisher (hand)slökkvitæki n.
firefly eldfluga f., blysbjalla f.
fireguard arinhlíf f.
fire hydrant brunahani m.
fire insurance brunatrygging f.
fire irons skörungar m.pl.
firelight eldbjarmi m.
fireman (pl. **-men**) slökkviliðsmaður m.
fireplace eldstæði n.
fireplug (Am.) brunahani m.
firepower skotgeta f.
fireproof adj. eldtraustur; vt. gera eldtraustan
fire-raiser brennuvargur m.
fire-raising (arson) íkveikja f.
fire resistant adj. eldfastur
fire sale brunaútsala f.
fireside arinn m., (home) heimili n.
fire station slökkvistöð f.
firetrap dauðagildra f.
fire wall eldtraustur veggur m.
firewater eldvatn n., sterkt brennivín n.
firewood eldiviður m., brenni n.
firework skoteldur m., flugeldur m.
fireworks flugeldasýning f.; æsingur m., læti n.pl.
firing line fremsta víglína f.; eldlína f.
firing squad aftökusveit f.; heiðursvörður m.
firkin kvartil n., lítil tunna f.
firm adj. fastur (í sér), traustur, ákveðinn
firm (business company) firma n., fyrirtæki n.
firmament himinfesting f., himinhvel n.
firmly adv. (stað)fastlega, ákveðið
firmness (stað)festa f.; stöðugleiki m.; harka f.
firmware fastbúnaður m.
first byrjun f.; adj. fyrstur; adv. fyrst; í fyrsta lagi; **f. and foremost** fyrst og fremst
first aid skyndihjálp f., hjálp í viðlögum f.
first-aid kit sjúkrakassi m.
firstborn frumburður m.; adj. frumgetinn, elstur
first-class adj. fyrsta flokks; adv. á fyrsta farrými
first floor (Br.) önnur hæð f., (Am.) jarðhæð f.

firsthand adj. milliliðalaus; adv. frá fyrstu hendi
first lady (Am.) forsetafrú Bandaríkjanna f.
First Lord of the Admiralty (Br.) flotamálaráðherra m.
firstly adv. í fyrsta lagi
first name (fyrsta) skírnarnafn n.
first night frumsýningarkvöld n.
first-rate adj. fyrsta flokks; adv. frábærlega
firth (in Scotland) fjörður m.
firtree fura f., barrtré n.
fiscal adj. fjárhagslegur, efnahags-
fiscal year fjárhagsár n.
fish fiskur m.; v. fiska, veiða
fish catch fiskafli m.
fish dealer fisksölufyrirtæki n.
fish farming fiskeldi n.
fish feed fiskifóður n.
fish fry seiði n.
fish fry rearing seiðaeldi n.
fisheries fiskimið n.pl., fiskveiðar f.pl.
fisheries economics fiskihagfræði f.
fisherman (pl. **-men**) fiskimaður m.
fish finger fiskstautur m.
fishhook öngull m.
fishing (fisk)veiði f.
fishing-boat fiskibátur m.
fishing fleet fiskveiðifloti m.
fishing gear veiðarfæri n.pl.
fishing grounds fiskimið n.pl.
fishing industry fiskiðnaður m.
fishing jurisdiction fiskveiðilögsaga f.
fishing licence veiðileyfi n.
fishing limits fiskveiðitakmörk n.pl.
fishing line fiskilína f., færi n.
fishing net fiskveiðinet n.
fishing reel veiðihjól n.
fishing rod veiðistöng f.
fishing season verðtíð f.
fishing supplies útvegsvörur f.pl.
fishing tackle veiðigræjur f.pl.
fishing trawler togari m.
fishing village fiskibær m.
fish ladder fiskastigi m.
fish liver oil lýsi n.
fish market fiskmarkaður m.
fishmeal fiskimjöl n.
fishmonger fisksali m.

fish processing fiskvinnsla f.
fish processing firm fiskvinnslufyrirtæki n.
fish processing plant fiskvinnsluverksmiðja f.
fish processor fiskverkandi m.
fish products fiskafurðir f.pl.
fish rearing station fiskeldisstöð f.
fish salting fisksöltun f.
fish scales fiskhreistur n.
fish slice fiskspaði m.
fish stick (Am.) fiskstautur m.
fish stocks fiskistofnar m.pl.
fishwife (pl. **-wives**) fisksölukona f.
fishy adj. fisk-, (doubtful) grunsamlegur
fissile adj. kljúfanlegur, (kjarn)kleyfur
fission klofningur m., sundrun f.; skipting f.
fissionable adj. kjarnkleyfur
fissure gjá f., sprunga f., rifa f.
fissure eruption sprungugos n.
fissure swarm sprungusveimur m., sprungukerfi n.
fist hnefi m.
fistful hnefafylli f.
fistula fistill m., pípusár n.
fit adj. hæfur, viðeigandi, (in good health) frískur; v. hæfa, passa; máta á; koma fyrir
fit (outburst) kast n., kviða f.; yfirlið n.
fitful adj. rykkjóttur, slitróttur
fit in (with) v. (láta) passa (við)
fitment innrétting f.; húsbúnaður m.
fitness hæfni f., hæfileiki m.; (líkams) hreysti f.
fit out v. búa e-n/e-ð út
fitter (of clothes) fatamátari m., (of machines) uppsetningarmaður m.; viðgerðarmaður m.
fitting mátun f.; adj. viðeigandi, réttur
fitting room mátunarherbergi n.
fittings (út)búnaður m.; tengihlutir m.pl.
fit up (with) v. útbúa e-n/e-ð (með)
five num. fimm
fiver fimmpundaseðill m.
fix klípa f., vandræði n.pl.; v. festa, (decide) ákveða, (repair) laga, lagfæra
fixation festing f., (in psychology) árátta f., þráhyggja f.; vanabinding f.
fixative lím n., (of colours) litfestir m.

fixed adj. fastur, stöðugur; ákveðinn
fixed idea meinloka f., þráhyggja f.
fixedly adv. ákveðið, fast, hvasst
fixed-point part tölukjarni m.
fixed star fastastjarna f.
fixer festibað n., festivökvi m.
fixity festa f., stöðugleiki m.
fix on v. velja, ákveða (endanlega)
fixture fastur búnaður m.; fastur liður m.
fix up v. útvega, (repair) gera við, standsetja
fizz hviss n.; freyðandi drykkur m.; vi. hvissa
fizzle vi. hvína, ýla
fizzle out v. verða að engu, renna út í sandinn
flab skvap n., offita f.
flabbergast vt. gera orðlausan af undrun
flabby adj. slappur, skvapholda, (weak) veigalítill
flaccid adj. linur, slappur; kraftlaus
flaccidity linka f., slappleiki m.
flag flagg n.; vt. flagga; skreyta fánum; veifa
flag vi. hanga, lafa, (become weak) dofna, linast
flagellate (organism) svipungur m., svipudýr n.
flagellate vt. (flog) hýða, húðstrýkja
flagellation hýðing f., flenging f.
flagpole flaggstöng f.
flagrancy ósvífni f., blygðunarleysi n.
flagrant adj. óskammfeilinn; svívirðilegur
flagship flaggskip n.
flagstaff flaggstöng f.
flagstone hellusteinn m., stéttarhella f.
flail þreskiþúst f.; vt. þreskja
flair hæfileiki m., næmleiki m.
flake flaga f., flygsa f.; vi. flagna
flamboyance íburður m.
flamboyant adj. ljómandi, litríkur, áberandi; íburðarmikill, hástemmdur
flame logi m., bál n.; vi. loga, blossa
flame-thrower eldvarpa f.
flamingo flæmingi m., flamingói m.
flammable (Am.) adj. eldfimur
Flanders Flæmingjaland n.
flange flans m., (hjól)kragi m.

flank síða f., huppur m.; hlið f.; vt. standa við hliðina á, (attack) ráðast á frá hlið
flap blakt n., sláttur m.; smellur m.; speldi n., loka f., (of an aircraft) vængbarð n., (excitement) æsingur m.; v. blaka; blakta, slá(st) til; skella; æsa sig upp
flapjack (Am.) pönnukaka f.
flare blossi m.; blys n.; vi. blossa (upp)
flare-up blossi m., (of anger) reiðikast n.
flash glampi m., leiftur n.; v. glampa, leiftra
flashback endurlit n.
flashbulb flasspera f.
flashcube flasskubbur m.
flasher blikkljós n., (exhibitionist) maður með strípihneigð m., flassari m.
flashgun flass n., leifturljós n.
flashiness íburður m., flottheit n.pl.
flashlight leifturljós n., (Am.) vasaljós n.
flashy adj. íburðarmikill, glys-
flask flaska f.; peli m.; (hita)brúsi m.
flat flöt hlið f., (land) flatlendi n., (tyre) vindlaust dekk n., (dwelling) íbúð f.; adj. flatur, (smooth) sléttur, (dull) daufur; adv. (completely) algjörlega, (in music) falskt
flat-bottomed adj. flatbotnaður
flatfish flatfiskur m.
flat-footed adj. flatfættur, með ilsig; harðákveðinn
flatiron straujárn n.
flatlet lítil íbúð f., einstaklingsíbúð f.
flatly adv. ákveðið, eindregið
flat out adj. (exhausted) uppgefinn, útkeyrður; adv. á fullri ferð, (plainly) beint út, berum orðum
flat periwinkle (snail) þangdoppa f.
flat rate fast gjald n.
flat spin flatur spuni m., (confusion) fát n., fum n.
flatten v. fletja(st) (út = **out**)
flatter vt. skjalla; smjaðra
flatterer skjallari m.; smjaðrari m.
flattery smjaður n., oflof n.
flatulence vindgangur m.; belgingur m.
flaunt v. flagga, láta bera mikið á
flautist flautuleikari m.

flavour bragð n.; keimur m.; vt. bragðbæta; krydda
flavouring bragðefni n.; krydd n.
flavourless adj. bragðlaus, daufur
flaw galli m.; sprunga f., brestur m.
flawless adj. gallalaus, lýtalaus
flax hör f., línplanta f.
flaxen adj. (of hair) hörgulur, ljósgulur
flay vt. flá, flysja, (scold) húðskamma
flea fló f.
fleabag (Am.) flóabæli n.
flea market flóamarkaður m.
fleck (smá)blettur m.; ögn f.; vt. bletta
flecked adj. flekkóttur, ýróttur
fledgling nýfleygur fugl m.; viðvaningur m., nýliði m.
flee v. flýja, leggja á flótta
fleece reyfi n.; vt. rýja; féflétta
fleecy adj. ullar-, flóka-
fleet floti m., sjóher m.
fleeting adj. skammvinnur, hverfull
Flemish (language) flæmska f.; adj. flæmskur
flesh hold n., (meat) kjöt n.
fleshly adj. holdlegur, lostafenginn
flesh wound grunnt sár n.
fleshy adj. holdugur, feitur; kjöt-, hold-
flex (electric cord) rafmagnssnúra f.
flex vt. (limbs) beygja, (muscles) spenna
flexibility sveigjanleiki m., beygjanleiki m.
flexible adj. sveigjanlegur; undanlátssamur
flexible disk disklingur m., sveigur diskur m.
flexible hose barki m.
flibbertigibbet skrafskjóða f., kjaftaskúmur m.
flick létt högg n.; vt. slá létt, smella
flicker flökt n.; vi. flökta; flögra (um)
flick knife (pl. **-knives**) fjaðurhnífur m.
flicks kvikmynd f., (cinema) bíó n.
flier (pilot) flugmaður m., (Am.) flugrit n.
flight (running away) flótti m., (flying) flug n.
flight coupon áfangamiði m.
flight crew member flugliði m.
flight deck (flug)þilfar n.; stjórnklefi m.
flight engineer flugvélstjóri m.
flight kit flugtaska (flugmanns) f.

flightless → flowerpot

flightless adj. ófleygur
flight logbook flugleiðarbók f.
flight phobia flugfælni f.
flight plan flugáætlun f.
flight sergeant flugliðþjálfi m.
flight simulator fluglíkir m., flughermir m.
flight skill test flugpróf n.
flight training flugþjálfun f.
flighty adj. ístöðulaus, hvikull, léttúðugur
flimsy adj. þunnur; veigalítill, efnislítill
flinch vi. kveinka sér, veigra sér við, hopa
fling kast n., sveifla f.; v. varpa, sveifla
flint tinnusteinn m., tinna f.
flintlock (gun) tinnubyssa f.
flinty adj. gallharður, tinnu-
flip selbiti m.; v. smella, kasta, slá; tryllast
flippancy ósvífni f., óskammfeilni f.
flippant ósvífinn, óskammfeilinn
flipper (seal) hreifi m., (whale) bægsli n.
flip side (of a record) bakhlið f.
flip through v. fletta (hratt), blaða í
flirt daðrari m., daðurdrós f.; vi. daðra
flirtation daður n., dufl n.
flirtatious adj. daðurgjarn, ástleitinn
flit vi. flögra, fljúga; skjótast
flitch léttsöltuð svínssíða f.
flivver (Am.) bíltík f., skrjóður m., drusla f.
float flotholt n.; v. fljóta, reka; koma á flot
floating adj. (not fixed) fljótandi, breytilegur
floating bridge flotbrú f.
floating currency fljótandi gjaldmiðill m.
floating debt veltuskuld f., skammtímaskuld f., skammtímaskuldir f.pl.
floating dock flotkví f.
floating-point base hlaupakommustofn m.
flock flokkur m., hópur m., hjörð f.; vi. flykkjast
flock (wool) ullarlagður m., baðmullarhnoðri m.
flog vt. (whip) hýða, berja
flood flóð n.; v. flæða (yfir)
floodgate flóðgátt f.
floodlight flóðljós n.; vt. flóðlýsa
flood tide aðfall n., flóð n.

floor gólf n., (storey) hæð f.; vt. leggja gólf, (knock down) slá niður, (defeat) gersigra, (puzzle) rugla, gera ráðþrota
floorboard gólffjöl f.
floor cloth gólftuska f.
flooring gólfefni n., gólfklæðning f.
floor show sýning f., skemmtiatriði n.pl.
floorwalker (in a shop) eftirlitsmaður m.
floozy (prostitute) vændiskona f., mella f.
flop v. slyttast, hlamma sér, (fail) misheppnast
floppy adj. slapandi, linur; slappur
floppy disk disklingur m., sveigur diskur m.
flora flóra f., gróðurríki n.
floral adj. blóma-, blómsturfloriculture (skraut)blómarækt f.
floriculturist blómaræktarmaður m.
florid adj. íburðarmikill, skrautlegur, (red) rjóður
florin flórína f.
florist blómasali m.; **florist's (shop)** blómabúð f.
floss flos n.; flosþráður m.
flotilla (smá)floti m., flotasveit f.
flotsam reki m., rekavörur f.pl., góss n.
flotsam and jetsam rekald n., reki m.; drasl n.
flounce vi. strunsa, rigsa (út = **out of**)
flounce (on a garment) brydding f.; vt. brydda
flounder (a fish) flyðra f.
flounder vi. brölta, klöngrast; fipast
flour hveiti n.; vt. sáldra hveiti yfir
flourish skraut n., flúr n.; v. blómstra, dafna
flourmill kornmylla f., (machine) kornmölunarvél f.
floury adj. mjölugur, þakinn mjöli; mjölkenndur
flout vt. óvirða, hæða; hunsa, hafa að engu
flow rennsli n., straumur m.; vi. flæða, streyma
flowchart flæðirit n., leiðamynd f.
flower blóm n.; vi. blómgast, blómstra
flower arrangement blómaskreyting f.
flowerbed blómabeð n.
flower girl blómasölustúlka f.
flowerpot blómapottur m.

flowery adj. blómum þakinn; íburðarmikill, flúraður
flown v. (pp. **fly**)
flu (influenza) flensa f.
fluctuate vi. sveiflast, ganga í bylgjum
fluctuation bylgjugangur m., flökt n.; óstöðugleiki m.
flue loftrás f., pípa f.
fluency liðugleiki m.; mælska f., orðfimi f.
fluent adj. liðugur; mælskur; reiprennandi
fluff ló f.; kusk n., fis n.; dúnn m.; vt. hrista (upp í), (bungle) klúðra; verða á mismæli
fluffy adj. dúnkenndur; dúnmjúkur; fisléttur
fluid straumefni n.; vökvi m.; adj. fljótandi, (not fixed) óstöðugur, á reiki
fluid brake vökvabremsa f., vökvahemill m.
fluidity fljótanleiki m.; fljótandi ástand n.
fluid ounce únsa f. (Br.) 28,41 ml., (Am.) 29,57 ml.
fluke (anchor) akkerisflaug f., (hook) agnhald n., (whale's tail) (sporð)blaðka f., (worm) agða f., (good fortune) hundheppni f., (good stroke) heppnisskot n.
fluky adj. (lucky) hundheppinn
flume vatnsstokkur m.
flummery kjaftæði n., rugl n.
flunk (Am.) v. falla á prófi; fella
flunk(e)y þjónn m.; höfðingjasleikja f.
fluorescence flúrljómi m., flúrgeislun f.
fluorescent adj. flúrljómandi, flúr-
fluoridate vt. flúorbæta (drykkjarvatn)
fluoridation flúorbæting f.
fluoride flúoríð n.
fluorine flúor m., flúr n.
flurry gustur m., hviða f.; vt. rugla, fipa
flush adj. sem flúttar við, jafn, (prosperous) velmegandi, birgur; adv. (exactly) beint
flush flaumur m., straumur m., (of blood) roði m., (sudden increase) gróska f., blómi m., (in card games) einlit hönd f.; v. buna, (clean) spúla, skola, (turn red) roðna
flushed adj. gagntekinn (af = **with**)
flush from v. (birds) hrekja upp úr hreiðri
flush out v. hrekja út (úr fylgsni)
flush with adj. jafn (við), (money) efnaður, ríkur
fluster fum n., óðagot n.; vt. rugla, fipa
flute (þver)flauta f.
fluting rifflar m.pl., rásir f.pl.
flutist (Am.) flautuleikari m.
flutter blak n., flökt n., (excitement) æsingur m., (vibration) titringur m.; v. flögra; blakta; titra, skjálfa
flutterboard fleytikorkur m.
fluvial adj. ár-
flux straumur m., flóð n.; stöðug breyting f.
fly (insect) fluga f., (of a tent) tjaldskör f., (on a garment) (buxna)klauf f.
fly v. fljúga
fly agaric berserkjasveppur m.
fly at v. (attack) fljúga á, ráðast á
flyblown adj. (of meat) maðkaður
fly drive flug og bíll
flyer (pilot) flugmaður m., (Am.) flugrit n.
fly-fishing fluguveiði f.
flying flug n.; adj. fljúgandi; stuttur, hrað-
flying boat sjóflugvél f.
flying colours sigurfánar m.pl.; **with f. c.** með glæsibrag
flying fish flugfiskur m.
flying instruction flugkennsla f.
flying instructor flugkennari m.
flyleaf (pl. -**leaves**) saurblað n.
flyover vegbrú f., (Am.) hópflug n.
flypast hópflug n.
flysheet tjaldhiminn m.
flyspeck flugnaskítur m.
flyweight (boxer) hnefaleikari í fluguvigt m.
flywheel kasthjól n., sveifluhjól n.
foal folald n.; vi. kasta
foam froða f., löður n.; vi. freyða, löðra
foam rubber svampgúmmí n.
fob chain úrkeðja f.
fob off v. (wave aside) leiða hjá sér, hunsa
fob off on v. svíkja (e-ð) inn á (e-n)
fob off with v. pranga (e-u) inn á (e-n)
focal adj. brennidepils-
focal length brennivídd f.

focus brennidepill m.; v. beina að; stilla; skerpa
fodder skepnufóður n.
foe fjandmaður m., óvinur m.
foetus (spendýrs)fóstur n.
fog þoka f., mistur n.; vt. hylja þoku
fogbank þokubakki m.
fogbound adj. tepptur af þoku
fog(e)y karlfauskur m., karlugla f.
foggy adj. þokufullur; óskýr, óljós
foghorn þokulúður m.
fog lamp (of a car) þokuljós n.
foible breyskleiki m., brestur m., galli m.
foil (málm)þynna f., málmpappír m., (sword) stingsverð n.; vt. hindra, koma í veg fyrir
foist on v. troða (sér) upp á; pranga inn á
fold brot n., felling f.; v. brjóta saman; leggja(st) saman
fold (for sheep) fjárrétt f.; vt. reka í kvíar
folder bréfamappa f.
fold in(to) v. (mix into) blanda saman við
folding chair fellistóll m.
foldout brotið innlegg n., opnuauki m.
fold up v. (fail) hætta, leggja upp laupana
foliage laufskrúð n.
folio (pl. **folios**) arkarbrot n.; bók í arkarbroti f.
folk fólk n.; adj. þjóð-, alþýðu-
folk dance þjóðdans m.
folk etymology alþýðuskýring f.
folklore þjóðfræði f.; munnmæli n.pl.
folk music alþýðutónlist f.
folks ættfólk n.; fjölskylda f.; foreldrar m.pl.
folk song þjóðlag n.
folksy adj. alþýðulegur, vingjarnlegur
folktale þjóðsaga f., munnmælasaga f.
folkways þjóðhættir m.pl.
follicle hársekkur m.
follow v. fylgja, koma á eftir
follow about v. elta á röndum
follower (supporter) fylgismaður m., áhangandi m.
following hópur stuðningsmanna m.; fylgi n.; adj. næstur; eftirfarandi; prp. (á) eftir
follow out v. fylgja til lykta, fara út í ystu æsar

follow through v. fylgja í einu og öllu
follow-up árétting f., eftirrekstur m.
follow up v. fylgja eftir, fylgja fast fram
folly heimska f.; heimskupar n.
foment vt. ýta undir, æsa til; leggja heitan bakstur við
fomentation undirróður m., hvatning f.; heitur bakstur m.
fond adj. ástúðlegur, ástríkur, blíðlegur; **be f. of** þykja vænt um; vera hrifinn af
fondle vt. gæla við, kjassa
fondly adv. ástúðlega; af trúgirni
fondness ástúð f.; dálæti n., hrifning f.
font skírnarfontur m., (fount) leturgerð f.
food fæða f., matur m.
food additive aukefni n.
food poisoning matareitrun f.
foodstuff matvæli n.pl.; næringarefni n.
fool bjáni m.; v. fífla(st); blekkja
fool about/around v. slæpast; flangsast
fool away v. sóa (tíma)
foolery fíflalæti n.pl., asnaskapur m.
foolhardiness fífldirfska f.
foolhardy adj. fífldjarfur
foolish adj. heimskulegur, kjánalegur
foolishness heimska f., fíflaskapur m.
foolproof adj. fíflheldur, pottþéttur
fool's errand fýluferð f., erindisleysa f.
fool's gold glópagull n.
fool's mate heimaskítsmát n.
fool's paradise blekkingarsæla f.
fool with v. leika sér að, fikta við
foot (pl. **feet**) fótur m., (measure) fet n.; **on f.** (fót)gangandi; kominn af stað, í gangi; v. **f. it** ganga; **f. the bill** borga reikninginn
footage lengd í fetum f.
foot-and-mouth disease gin- og klaufaveiki f.
football fótbolti m., (game) knattspyrna f.
footballer knattspyrnumaður m.
football match knattspyrnuleikur m.
football pitch knattspyrnu(leik)völlur m.
football pools knattspyrnugetraunir f.pl.
footbrake fótbremsa f.
footbridge göngubrú f.
footer síðufótur m.
footfall fótatak n.
foothills hæðadrög n.pl.

foothold fótfesta f.
footing fótfesta f., (base) grunnur m., undirstaða f.
footle around v. slæpast
footle away v. sóa, fara léttúðlega með
footlights (of a stage) ljósaröð n.
footling adj. fánýtur, hégómlegur
footloose adj. laus og liðugur
footman (pl. **-men**) þjónn m.
footmark fótspor n.
footnote neðanmálsgrein f.
footpace gönguhraði m., hægagangur m.
footpath göngustígur m.
footprint fótspor n.
footrace kapphlaup n.
footslog vi. þramma
footsore adj. sárfættur
footstep (mark) fótspor n., (sound) fótatak, (distance) skref n.
footstool fótaskemill m., fótskör f.
footsure adj. fótviss
footway gangstígur m.
footwear skófatnaður m.
footwork fótaburður m., fótafimi f.
fop spjátrungur m., pjattrófa f.
foppish adj. spjátrungslegur, tilgerðarlegur
foppishness spjátrungsháttur m., pjatt n., tildur n.
for prp. fyrir, handa; sökum, vegna
for conj. vegna þess að, af því að
forage skepnufóður n.; fóðuröflun f.; vi. leita ætis
forasmuch as conj. þar sem; að því leyti sem
foray skyndiför f.; vi. fara í ránsferð
forbear v. varast, forðast; stilla sig um
forbearance umburðarlyndi n.; sjálfstjórn f.
forbearing adj. umburðarlyndur, þolinmóður
forbid vt. banna, fyrirbjóða
forbidden adj. forboðinn, bannaður, ólöglegur
forbidding adj. ógnvekjandi, fráhrindandi
force afl n., kraftur m., vald n.; vt. neyða

forced adj. nauðbeygður, nauðungar-; uppgerðar-
forced labour nauðungarvinna f.
forced landing nauðlending f.
forced smile uppgerðarbros n.
forceful adj. kröftugur, öflugur
forcemeat kryddað hakk n., fars n.
forceps læknistöng f.
forces herafli m.
force (up)on v. þröngva upp á, troða inn á
forcible adj. þvingunar-; kröftugur, sterkur
forcibly adv. með valdi; (strongly) kröftuglega
ford vað n.; vt. fara yfir á vaði
fore framhluti m., stafn m.; **to the f.** fram á sjónarsviðið, (present) við höndina; adj. fremri, fram-; adv. fram í; fram á; að framan
fore and aft adv. frá stefni aftur í skut
fore-and-aft rig skonnorta f.
forearm framhandleggur m.
forebear forfaðir m., ái m.
forebode vt. boða, vita á; finna á sér
foreboding hugboð n., (prediction) fyrirboði m.
forecast spádómur m., spá f.; vt. spá
forecastle hásetaklefi m., lúkar m.
foreclose v. ganga að veði
forefather forfaðir m.
forefinger vísifingur m.
forefront fremsti hluti m.; fylkingarbroddur m.
forego v. (precede) fara á undan
foregoing adj. undanfarandi; áðurnefndur
foregone adj. undanfarinn; fyrirfram ákveðinn
foregone conclusion vitað mál n.
foreground forgrunnur m.
forehand forhönd f., (stroke) forhandarhögg n.
forehead enni n.
foreign adj. erlendur, útlendur; framandi
foreign affairs utanríkismál n.pl.
foreign body aðskotahlutur m.
foreigner útlendingur m.
foreign legion útlendingahersveit f.

Foreign Office (Br.) utanríkis-
ráðuneyti n.
foreign policy utanríkisstefna f.
Foreign Secretary (Br.) utanríkis-
ráðherra m.
foreign trade utanríkisverslun f.
foreland höfði m., skagi m.
foreleg framfótur m.
forelock ennislokkur m., ennistoppur m.
foreman (pl. -**men**) verkstjóri m.;
formaður kviðdóms m.
foremost adj. fyrstur; fremstur;
adv. fyrst, á undan
forename skírnarnafn n.
forenoon morgunn m., árdegi n.
forensic medicine réttarlæknisfræði f.
foreordain vt. ákveða fyrirfram
foreplay (sexual activity) forleikur m.
forerunner fyrirrennari m.,
(warning) fyrirboði m.
foresail framsegl n., fokka f.
foresee vt. sjá fram á, vita fyrir
foreseeable adj. fyrirsjáanlegur
foreshadow vt. boða, vita á
foreshore flæðarmál n.
foreshorten vt. stytta (línur)
foresight framsýni f., forsjálni f.; forspá f.
foreskin forhúð f.
forest skógur m.
forestall vt. fyrirbyggja, afstýra;
vera á undan
forester skógarvörður m.;, skógræktar-
maður m.
forestry skógræktarfræði f.; skógrækt f.
foretaste forsmekkur m.
foretell vt. segja fyrir (um), spá
forethought fyrirhyggja f., forsjálni f.
forever adv. að eilífu; eilíft, alltaf
forewarn vt. vara við, gera viðvart
forewoman (pl. -**women**) verkstýra f.;
formaður kviðdóms m.
foreword formáli m., forspjall n.
forfeit fésekt f.; missir m.; vt. fyrirgera;
missa
forgather vi. koma saman, safnast saman
forge smiðja f.; vt. smíða, (make a copy
of) falsa
forge ahead v. sækja fram, berjast
áfram
forger falsari m.

forgery fölsun f.
forget v. gleyma
forgetful adj. gleyminn
forgetfulness gleymska f., minnisleysi n.
forget-me-not gleym-mér-ei f.
forging járnsmíðar f.pl.
forgive v. fyrirgefa
forgiveness fyrirgefning f.
forgiving adj. sáttfús
forgo vt. fórna, sleppa, vera án
fork gaffall m., kvísl f.; v. (divide) kvíslast
forked adj. klofinn, greinóttur
fork lift truck gaffallyftari m.
fork out v. punga út, borga út
forlorn adj. yfirgefinn, einmana;
vansæll
forlorn hope vonlaust fyrirtæki n.
form mynd f., lögun f., (paper) eyðublað
n.; v. mynda(st), móta(st); þróa
formal adj. formlegur, háttfastur;
reglulegur
formalism formfesta f., reglufesta f.
formalist formfestumaður m.
formality formfesta f., viðhöfn f.;
formsatriði n.
formalize vt. gera formlegt; móta
formally adv. formlega
format útlit n., snið n.; vt. móta;
forsníða
formation myndun f., mótun f.;
framsetning f.
formative adj. mótandi, myndunar-
former adj. fyrri, fyrrnefndur;
fyrrverandi
formerly adv. áður fyrr, forðum (daga)
form feed síðuskipti n.pl.
formic acid maurasýra f.
formidable adj. ægilegur, óárennilegur
formless adj. formlaus, ólögulegur
form letter dreifibréf n.
formula formáli m., forskrift f.,
(statement of a rule) formúla f.,
(set of directions) uppskrift f.
formulaic adj. samkvæmt uppskrift,
formúlu-
formulate vt. setja fram, orða, stíla;
hugsa upp
formulation (skipuleg) framsetning f.;
upphugsun f.
form up v. skipa sér í röð

fornicate → fowl

fornicate vi. drýgja hór
fornication skírlífisbrot n.; hórdómur m.
forsake vt. yfirgefa, hlaupast frá
forsooth adv. einmitt, (in truth) í sannleika sagt
forswear vt. sverja fyrir, afneita
forswear oneself v. fremja meinsæri; rjúfa eið sinn
fort virki n.
forte styrkur m., sterkasta hlið f.
forth adv. (á)fram; út; burt; **and so f.** og svo framvegis; **back and f.** fram og til baka
forthcoming adj. komandi, næstur, (ready) tiltækur
forthright adj. hreinn og beinn, hreinskilinn
forthwith adv. undir eins, samstundis
fortieth num. fertugasti
fortification víggirðing f.; styrking f., efling f.
fortify vt. víggirða; styrkja, efla, bæta
fortitude hugrekki n., þolgæði n., sálarþrek n.
fortnight tvær vikur f.pl., hálfur mánuður m.
fortress vígi n., virki n.
fortuitous adj. tilfallandi, óvæntur, tilviljunar-
fortunate adj. heppinn, lánsamur; heppilegur
fortunately adv. til allrar hamingju, sem betur fer
fortune (fate) örlög n.pl., (good luck) hamingja f., (wealth) auður m.; **a small f.** stórfé
fortune-teller spámaður m., spákona f.
forty num. fjörutíu
forty winks hænublundur m., kríublundur m.
forum torg n.; vettvangur m.; umræðufundur m.
forward adj. fram-, (well advanced) bráðþroska, (eager) frakkur, framhleypinn; (ready) reiðubúinn, fljótur, (modern) framsækinn, nútímalegur
forward vt. senda (áfram), framsenda; styðja
forward observation post útvarðstöð f.
forwarder (Am.) flutningamiðlari m.

forwarding framsending f.; flutningsmiðlun f.
forwarding agent flutningamiðlari m.
forwardness bráðþroski m.; framhleypni f.
forward(s) adv. áfram, fram á við, fram
fosse virkisgröf f., (moat) síki n.
fossil steingervingur m.; adj. steinrunninn
fossilization steingerving f.; stöðnun f.
fossilize v. steingervast; staðna
foster adj. fóstur-; vt. fóstra, ala upp; hlúa að
fought v. (p., pp. **fight**)
foul adj. óhreinn, sóðalegur, viðbjóðslegur; **fall f. of** komast í kast við, (of a ship) rekast á
foul-mouthed adj. klúryrtur, orðljótur
foul play ódrengilegur leikur m.; svik n.pl.
foul up v. klúðra, eyðileggja
found vt. stofna, stofnsetja, (build) reisa (á = **on**)
foundation stofnun f.; undirstaða f., grunnur m.
foundation garment lífstykki n.
foundation stone hornsteinn m.
founder v. sökkva, farast, (fail) mistakast
founder member stofnfélagi m.
founding father frumkvöðull m.
foundry málmsteypusmiðja f.
fount uppspretta f., lind f., (font) leturgerð f.
fountain gosbrunnur m.; uppspretta f.
fountainhead uppspretta f.
fountain pen lindarpenni m., sjálfblekungur m.
four num. fjórir
four-footed adj. fjórfættur, ferfættur
four-leaved clover fjórlaufasmári m.
four-letter word blótsyrði n., klámyrði n.
fourscore áttatíu
foursquare adj. traustur, staðfastur; ferhyrndur
fourteen num. fjórtán
fourteenth num. fjórtándi
fourth num. fjórði
fourth estate pressan f., blaðaheimurinn m.
four-wheel drive fjórhjóladrif n.
fowl (ali)fugl m.

fowling fuglaveiðar f.pl.
fowling piece fuglabyssa f.
fox tófa f., refur m.; vt. blekkja
foxhound refahundur m.
foxhunt refaveiðar f.pl.
foxtail (plant) liðagras n.
foxy adj. slægur, brögðóttur
foyer anddyri n.
fracas hávært rifrildi n.
fraction (tuga)brot n.
fractional adj. smár, lítilvægur; brota-
fractious adj. önugur, (unruly) baldinn, óþekkur
fractiousness önuglyndi n.; óstýrilæti n., óþekkt f.
fracture (bein)brot n.; sprunga f.; v. brjóta; brotna
fragile adj. brothættur, stökkur
fragility brothætta f., veikleiki m.
fragment brot n.; slitur n.; vi. fara í mola
fragmentary adj. sundurlaus, samhengislaus
fragmentation klofnun f., skipting f.; molnun f.
fragmentation bomb flísasprengja f.
fragrance ilmur m., angan f.
fragrant adj. ilmandi, angandi
frail adj. veikbyggður, veikburða; brothættur
frailty viðkvæmni f.; veikleiki m.
frame grind f., (body) líkamsbygging f., líkan m., (border) umgjörð f., rammi m.; v. móta(st) mynda(st); ramma inn; koma sök á (saklausan)
frame house grindarhús n.
frame of mind hugarástand n., geð n., skap n.
frame of reference viðmiðunarkerfi n., viðmið n.
frame-up samsæri n., svikabrögð n.pl.
framework burðargrind f.; frumdrög n.pl.
France Frakkland n.
franchise kosningaréttur m., (Am.) einkaumboð n.
frank adj. hreinskilinn, einlægur
frankfurter (vínar)pylsa f.
frankincense reykelsi n.
franking machine frímerkingarvél f.

franklin sjálfseignarbóndi m.
frankly adv. hreinskilnislega, blátt áfram
frankness hreinskilni f., einlægni f.
frantic adj. óður, hamstola; örvæntingarfullur
frappé adj. ísaður, kældur með ís
fraternal adj. bróðurlegur, bróður-, bræðra-
fraternity bróðerni n.; bræðralag n.
fraternize vi. umgangast, vingast (við = **with**)
fratricide bróður- eða systurmorð n.; bróður- eða systurmorðingi m.
fraud (fjár)svik n.pl., (person) svikari m.
fraudulence sviksemi f., prettvísi f.
fraudulent adj. sviksamlegur, prettvís
fraught with adj. fullur (af), þrunginn (e-u)
fray (fight) áflog n.pl., slagsmál n.pl.
fray v. slitna, trosna; þreyta(st)
frazzle örmögnun f.; **worn to a f.** örmagna
freak viðundur n., (furðu)fyrirbæri n., dyntur m.; adj. stórfurðulegur, ónáttúrulegur
freakish adj. stórfurðulegur; duttlungafullur
freak of nature vanskapnaður m., ferlíki n.
freak out v. fara yfir um, sleppa sér
freckle frekna f.
free adj. frjáls; óháður, laus, (without payment) ókeypis, frír; **f. and easy** óformlegur, afslappaður; vt. frelsa, leysa, láta lausan
freebooter (pirate) sjóræningi m.
freedman (pl. **-men**) frelsingi m., leysingi m.
freedom frelsi n., frjálsræði n.
free enterprise frjálst framtak n., einkaframtak n.
freehand adj. fríhendis-; adv. fríhendis
freehanded adj. örlátur, gjafmildur
freehold property sjálfseign f.; óðal n.
freeholder sjálfseignarbóndi m.
free kick (in football) aukaspyrna f.
freelance lausamaður m.; adj. lausa-mennsku-; adv. í lausamennsku; vi. starfa sjálfstætt

freeload → frigate 164

freeload (Am.) snap n.; v. sníkja, lifa á snöpum
freeloader (Am.) snapi m., sníkjudýr n.
freely adv. frjálslega, (willingly) fúslega
freeman (pl. -men) heiðursborgari m.
Freemason frímúrari m.
Freemasonry frímúrararegla f.
free of v. losa við, hreinsa af
free of charge adj. ókeypis
free port fríhöfn f.
free speech málfrelsi n., talfrelsi n.
free-spoken adj. berorður, opinskár
freestone sandsteinn m., kalksteinn m.
freestyle frjáls aðferð f.; adj. frjálsaðferðar-
freethinker fríhyggjumaður m.
free trade fríverslun f., frjáls verslun f.
free verse óbundið ljóð n.
freeway (Am.) hraðbraut f.
freewheel vi. fríhjóla
freewheeling adj. (heedless) óþvingaður, eyðslusamur
free will frjáls vilji m.; sjálfræði n.
freewill adj. sjálfviljugur
freeze frostakafli m.; v. frjósa; frysta
freeze-dry vt. frostþurrka
freeze out v. útiloka, bola burt
freezer frystikista f.; frystihólf n.
freeze up v. stirðna upp
freezing compartment frystihólf n., frystir m.
freezing point frostmark n.
freight fragt f., farmur m., (money) farmgjald n.; vt. hlaða, ferma; flytja/senda fragt
freight car (Am.) járnbrautarvagn m.
freighter fraktskip n.; vöruflutningaflugvél f.
freightliner vöruflutningalest f.
freight train (Am.) vöruflutningalest f.
French (language) franska f.; adj. franskur
French box fransós m., sárasótt f.
French chalk fatakrít f., klæðskerakrít f.
French fries (Am.) franskar kartöflur f.pl.
French leave brottför í leyfisleysi f.
Frenchman (pl. -men) Frakki m.
French windows dyragluggar m.pl, vængjagluggar m.pl.
Frenchwoman (pl. -women) frönsk kona f.

frenetic adj. ofsafenginn; æstur, vitstola
frenzied adj. óður, ær, hamstola
frenzy æði n., (attack) æðiskast n.
frequency tíðni f.
frequency modulation tíðnimótun f.
frequent adj. tíður; vt. sækja, stunda; vera oft í
frequently adv. oft, iðulega
fresco freska f.; freskumálun f.; vt. mála fresku
fresh adj. ferskur, nýr, (impudent) hortugur
fresh breeze kaldi m.
freshen v. hressa(st), lifna við
freshen up v. þvo sér, snyrta sig
fresher rússi m., byrjandi m., busi m.
fresh gale hvassviðri n.
freshman (pl. -men) rússi m., byrjandi m.
freshness ferskleiki m.
freshwater adj. ferskvatns-
fret óánægja f., ergelsi n.; v. ergja, skaprauna; vera órólegur, (wear away) nudda(st) (sundur)
fret vt. saga út, skreyta með laufaskurði
fretful adj. órólegur, ergilegur; rellinn
fretfulness óværð f., óróleiki m.
fret saw útskurðarsög f., laufskurðarsög f.
fretwork útskurður m., laufaskurður m.
Freudian Freudsinni m.; adj. freudískur
friability molnanleiki m.
friable adj. auðmulinn
friar förumunkur m., betlimunkur m.
friary munkaklaustur n.
fricative önghljóð n.; adj. önghljóðs-
friction núningur m.; núningsmótstaða f.; ágreiningur m.
Friday föstudagur m.
fridge ísskápur m., kæliskápur m.
friend vinur m., (helper) velgjörðarmaður m.
friendless adj. vinalaus
friendlessness vinaleysi n., einstæðingsskapur m.
friendliness vingjarnleiki m.; vinsemd f.
friendly adj. vingjarnlegur; vinveittur
friendship vinátta f., vinskapur m.
frieze (along a wall) loftrönd f., skrautræma f.
frigate freigáta f.

frigate bird → **frugality**

frigate bird freigátufugl m.
fright ótti m., hræðsla f.
frighten vt. hræða, skelfa
frightened adj. hræddur, óttasleginn
frightful adj. hræðilegur, skelfilegur
frigid adj. jökulkaldur, napur; kuldalegur
frigidity kuldi m.; káldlyndi n.
frigid zone kultabelti n.
frill pífa f., blúnda f., skrautlegging f.
frills óþarfa skraut n., krúsidúllur f.pl.
frilly adj. blúndulagður, pífu-; ofskreyttur
fringe kögur n.; jaðar m., rönd f.; vt. setja kögur á; liggja meðfram, umkringja
fringe benefits (launa)fríðindi n.pl.
frippery glingur n., fánýtt tildur n.
Frisbee svifdiskur m.
frisk v. ærslast, leika sér, (search) leita á e-m
frisky adj. fjörugur, ærslafullur
fritter sneið f., biti m.; vt. brytja, saxa
fritter away v. sóa, sólunda, bruðla
frivolity léttúð f.; hégómi m.
frivolous adj. léttúðugur; hégómlegur
frizz þéttkrullað hár n.; vt. þéttskrýfa, snarkrulla
frizzle v. (of hair) þéttskrýfa, liða(st)
frizzle snark n.; v. snarka, stikna
frizzy adj. (snar)hrokkinn
fro adv. frá; **to and f.** til og frá, fram og aftur
frock kjóll m.; kufl m., hempa f.
frock coat lafafrakki m., síðfrakki m.
frog froskur m.
frogman (pl. -**men**) froskmaður m.
frolic ærsl n.pl., kátína f.; vi. ærslast
frolicsome adj. ærslafullur, kátur
from prp. frá, af, úr, eftir
from above að ofan, ofan að
from behind aftan frá
from below neðan frá, að neðan
from beyond handan frá, að handan
from here héðan
from there þaðan
from under undan
from within að innan, innan frá
frond burknablað n.; pálmablað n.
front framhlið f., framendi m.; (fremsta) víglína f.; skil n.pl.; **in f.** á undan; fram í; **in f. of** fyrir framan; v. snúa að/á móti
frontage (of a house) framhlið f.
frontal adj. framhliðar-; ennis-
frontal bone ennisbein n.
front door útidyr f.pl, aðaldyr f.pl.
front for v. vera skálkaskjól fyrir
frontier landamæri n.pl.; (Am.) útmörk byggðar n.pl.
frontiers ónumin lönd n.pl.; ókannað svið n.
frontiersman (pl. -**men**) landnemi m., könnuður m., frumherji m.
front line framvarðarlína f., fremsta röð f.
front man (pl. - **men**) fyrirsvarsmaður m., leppur m.
front page forsíða f.
front-page adj. fréttnæmur, forsíðu-
front-running adj. fremstur, sigurvænlegastur
front tooth (pl. - **teeth**) framtönn f.
frost frost n., (period) kuldakast n.; v. héla, þekja hrími, (a cake) sykurhjúpa, setja krem á
frostbite kal n.
frostbitten adj. kalinn
frostbound adj. (pf the ground) frosinn
frosting (Am.) kökukrem n., glassúr m., sykurbráð n.
frosty adj. frostkaldur, hélaður, kuldalegur
froth froða f.; froðusnakk n.; vi. freyða
frothy adj. froðukenndur, (not serious) lítilvægur
frown gretta f.; vi. hleypa brúnum, yggla sig
frown (up)on v. líta á með vanþóknun
frowsty adj. (air) innilokaður, mollulegur
frowzy adj. (person) sóðalegur, subbulegur
frozen adj. frosinn; frystur
fructification aldinmyndun f.; ávöxtur m.
fructify v. frjóvga(st), bera ávöxt
fructose ávaxtasykur m.
frugal adj. sparsamur; einfaldur, fábrotinn
frugality sparsemi f.; einfaldleiki m., fábreytni f.

fruit ávöxtur m.; gróður m., (result) árangur m.; vi. bera ávöxt
fruitcake ávaxtakaka f.; **nutty as a f.** stórklikkaður
fruit cocktail (Am.) blandaðir ávextir m.pl.
fruiterer ávaxtasali m.
fruitful adj. frjósamur, árangursríkur
fruitfulness frjósemi f., gagnsemi f.
fruition (fulfilment) uppfylling f., framkvæmd f.
fruitless adj. (useless) árangurslaus
fruit machine (fjárhættu)spilakassi m.
fruit salad ávaxtasalat n.
fruity adj. með ávaxtakeim, sykursætur; væminn
frumenty hveitivellingur m.
frump (púkalega klædd) kerling f.
frumpish adj. púkalega klæddur, lufsulegur
frustrate v. hindra, ónýta; ergja
frustration hindrun f.; vonbrigði n.pl., skapraun f.
fry vt. steikja; vi. stikna
fry (pl. **fry**) smáfiskur m., ungfiskur m.
frying pan steikarpanna f.
fuchsia fúksía f., tárablóm n.
fuck dráttur m., uppáferð f.; v. ríða, serða
fucking adj. bölvaður; adv. andskotans
fuck off v. hypja sig burtu
fuck up v. klúðra
fuddle vt. rugla, gera sljóan
fuddy-duddy íhaldsfauskur m.
fudge vt. hroða saman; flaustra, klandra
fuel eldsneyti n.; v. taka/fylla eldsneyti
fuel direct injection bein innspýting f.
fuel oil brennsluolía f., svartolía f.
fuel tank eldsneytisgeymir m.
fugitive flóttamaður m.; adj. flótta-; skammær, hverfull
fulcrum vogar(stangar)ás m., veltuás m.
fulfil vt. fullnægja, uppfylla, efna
fulfilment fullnæging f., uppfylling f., efnd f.
full adj. fullur, (complete) allur, heill; **in f.** að fullu, alveg; **to the f.** til fullnustu; adv. (straight) beint; **f. well** mætavel
fullback bakvörður m.

full-blooded adj. hreinræktaður; kröftugur, hress
full-blown adj. útsprunginn, fullþroskaður
full-bodied adj. sterklegur, holdugur; bragðmikill
full dress fullur skrúði m.; viðhafnarklæðnaður m.
fuller þófari m.
fuller's earth þófaraleir m.
full-length adj. í fullri lengd, (of a garment) (skó)síður
full nelson hnakkatak (með báðum höndum) n.
fullness fylli n., fylling f.
full-scale adj. í fullri stærð; tæmandi, allsherjar-
full stop punktur m. (.)
full-time job heils dags vinna f.
fully adj. fullkomlega, (altogether) alls
fully-fledged adj. fleygur; fullgildur; fullmótaður
fully-grown adj. fullvaxinn, fullþroska
fulmar fýll m.
fulminate vi. ráðast harkalega (gegn = **against**)
fulmination fordæming f., reiðilestur m.
fulsome adj. smeðjulegur, falskur; væminn
fumble v. fálma, þreifa; gera klaufalega
fumbler klaufi m., klaufabárður m.
fume v. (seethe with anger) æsa sig, froðufella, (give off fumes) gefa frá sér stybbu
fumes stybba f., svæla f., mökkur m.
fumigate vt. svæla (út), sótthreinsa; eiturúða
fumigation svæling f.; eiturúðun f.
fun gaman n., skemmtun f.; **make f. of** gera grín að
function hlutverk n., (purpose) tilgangur m., (public ceremony) (hátíðar)athöfn f., (in mathematics) fall n.; vi. gegna hlutverki; starfa, virka
functional adj. hagnýtur; virkur, starfandi
functionalism nýtistefna f.
functionary undirtylla f.
function key aðgerðarhnappur m.
fund sjóður m., höfuðstóll m.; vt. fjármagna

fundamental undirstöðuatriði n.;
adj. grundvallar-,
fundamentalism biblíufesta f.,
bókstafstrú f.
fundamentalist bókstafstrúarmaður m.
fundamentally adv. í grundvallaratriðum
funds handbært fé n., eyðslufé n.
funeral jarðarför f., útför f.
funeral director útfararstjóri m.
funeral home útfararstofnun f.
funeral lament útfararsálmur m.
funeral oration líkræða f.
funeral parlour útfararstofnun f.
funeral pile bálköstur m.
funeral procession líkfylgd f.
funeral rites útfararsiðir m.pl.
funerary urn duftker n.
funereal adj. jarðarfararlegur; drungalegur
funfair útiskemmtistaður m., (farand)tívolí n.
fungicide sveppaeyðir m.
fungoid adj. sveppkenndur
fungous adj. sveppkenndur, sveppa-
fungus (pl. **fungi/funguses**) sveppur m.
funicular railway togbraut f.
funk ofsahræðsla f.; v. hræðast, guggna á, hörfa frá
funky (Am.) adj. (of jazz) angurvær, dapur
funnel trekt f.; reykháfur m.;
v. hella gegnum trekt
funnies (Am.) teiknimyndasögur f.pl.
funny adj. hlægilegur, fyndinn; skrítinn
funny bone vitlausa beinið n., olnbogabein n.
fur loðfeldur m., loðskinn n., pels m.
furbelow (on a dress) bryddingar f.pl.
furbish vt. fægja, pússa; fríska upp á
furious adj. trylltur, fokreiður, hamstola
furiousness ofsareiði f., hamsleysi n.
furl v. brjóta saman, (a sail) hefta
furlong = 201,168 m.
furlough heimfararleyfi n.
furnace (bræðslu)ofn m.
furnish vt. búa húsgögnum, (provide) útvega, láta í té
furnishings húsbúnaður m., innréttingar f.pl.
furniture húsgögn n.pl.

furore (almennt) fjaðrafok n., (rage) ofsabræði f.
furrier (loð)skinnasali m.; feldskeri m.
furrow plógfar n., (wrinkle) hrukka f.;
vt. plægja; hrukka
furry adj. loðinn, loðskinns-
fur seal loðselur m.
further adj. fjarlægari; frekari, nánari
further vt. efla, styrkja, ýta undir
furtherance efling f., styrking f.
further education framhaldsmenntun f.
furthermore adv. enn fremur, þar að auki
furthermost adj. fjarlægastur, fjærstur
furthest adj. fjarlægastur; adv. fjarlægast; frekast
furtive adj. flóttalegur; lævíslegur
furtively adv. laumulega, í laumi
fury ofsabræði f.; æsingur m.; grimmd f.
fuse sprengiþráður m., (wire) öryggi n.;
v. bræða saman
fuselage flugvélarbolur m.
fusible adj. (sam)bræðanlegur
fusillade skothríð f., kúlnahríð f.
fusing point bræðslumark n.
fusion (sam)bræðsla f., bráðnun f.; samruni m.
fusion bomb samrunasprengja f.
fuss læti n.pl., fjaðrafok n.;
v. gera veður út af, fuma
fussy adj. smámunasamur, vandfýsinn; nosturslegur
fusty adj. myglaður; gamaldags, úreltur
futile adj. gagnslaus, vonlaus, (worthless) fánýtur
futility gagnsleysi n.; tilgangsleysi n.
future framtíð f.; adj. væntanlegur, framtíðar-
future perfect (in grammar) þáframtíð f.
future tense (in grammar) framtíð f.
futurism framtíðarstefna f.
futurity ókomin tíð f., hið ókomna n.
fuzz loðna f., (hár)dúnn m., (police) lögga f.
fuzzy adj. loðinn, (not clear) óljós, óskýr

G

gab mælgi f.; **have the gift of g.** vera liðugt um málbeinið
gabble babl n., óskýrt tal n.; v. babbla, þvæla
gable gafl m.
gadabout slæpingi m., tralli m.
gadfly hrossakleggi m., uxakleggi m.; broddfluga f.
gadget græja f., tæki n.
gadgetry tækjabúnaður m., græjur f.pl.
gadwall gargönd f.
Gaelic (language) gelíska f.; adj. gelískur
gaff goggur m.; **blow the g.** segja frá leyndarmáli; vt. gogga (fisk)
gaffe háttvísibrot n., axarskaft n.
gaffer (an old man) öldungur m., karltetur n.
gag ginkefli n., (joke) brandari m.; v. múlbinda, kefla; þagga niður í
gaga adj. elliær; klikkaður, geggjaður
gage pantur m., veð n., (gauntlet) stríðshanski m.; vt. leggja að veði
gaggle gæsahópur m.
gaieties skemmtanir f.pl., hátíðahöld n.pl.
gaiety glaðværð f., kæti f., fjör n.
gaily adv. glaðlega, fjörlega
gain ábati m., gróði m.; v. fá, ná, öðlast
gainful adj. ábatasamur, arðsamur
gain ground v. sækja á, vinna á
gainsay vt. mótmæla, andmæla
gain (up)on v. draga uppi, nálgast
gait göngulag n., (of a horse) gangur m.
gaiter legghlíf f., leggbjörg f.
gala hátíð f.; adj. viðhafnar-, hátíðar-
galactic adj. vetrarbrautar-
galaxy vetrarbraut f., stjörnuþoka f.
gale hvassviðri n., stormur m.
gall gall n.; beiskja f.; ósvífni f.
gall sár n., fleiður n.; vt. (hurt) særa; erta, angra
gallant adj. hugrakkur, hetjulegur, (splendid) glæsilegur, tignarlegur
gallantry riddaramennska f., hugprýði f.
gall bladder gallblaðra f.
gallery myndlistarsalur m.; (efstu) svalir f.pl.
galley galeiða f.; eldhús n., kabyssa f.
galley proof spaltapróförk f.
Gallic adj. gallverskur, franskur
gallivant vi. vera úti á lífinu, djamma
gallon gallon n. (Br. = 4,546 l., Am. = 3,785 l.)
gallop stökk n., valhopp n.; v. stökkva, valhoppa
gallows gálgi m.
gallows bird gálgamatur m., þorpari m.
gallows humour gálgafyndni f.
gallstone gallsteinn m.
Gallup poll skoðanakönnun f.
galore adj. (in plenty) býsn af, í hrönnum
galoshes skóhlífar f.pl
galumph vi. hlunkast, slöttólfast
galvanic adj. galavaní-, gölvunar-, (sudden) skyndilegur, snöggur
galvanization galvanísering f., sinkhúðun f.
galvanize vt. galvanísera, sinkhúða; örva
gambit (in chess) gambítur m., upphafsleikur m.
gamble hættuspil n., áhætta f.; v. veðja (á), leggja undir, hætta
gamble away v. sóa (í fjárhættuspili)
gambler fjárhættuspilari m., braskari m.
gambling fjárhættuspil n.
gambol hopp og skopp n.; leikur m.; vi. hoppa og skoppa
game leikur m., (wild animals) veiðidýr n.pl., villibráð f.
game adj. (brave) djarfur, vígreifur, (willing) fús, reiðubúinn, (of a leg) haltur
gamecock víghani m.
gamekeeper veiðivörður m.
game laws veiðireglur f.pl.
gamete kynfruma f.
gametogenesis kynfrumumyndun f.
game warden veiðieftirlitsmaður m.
gaming table spilaborð n.
gamma rays gammageislar m.pl., rafsegulgeislar m.pl.
gammy adj. lamaður, óstarfhæfur, (of a leg) haltur
gamut tónstigi m., skali m.; svið n.
gamy adj. bragðmikill
gander gæsasteggur m.; **have a g.** líta á

gang hópur m., (óaldar)flokkur m.; klíka f.
gangling adj. renglulegur, slánalegur
ganglion taugahnoða f., taugahnútur m.
gangplank landgöngubrú f.
gangrene drep n., holdfúi m.; v. fyllast drepi
gangrenous adj. drepkenndur
gangster glæpamaður m., bófi m.
gang up on v. ráðst gegn, gera aðsúg að
gangway landgöngubrú f.; sætagangur m.
gannet súla f.
gantry gálgakrani f., rennikrani m.
gaol fangelsi m.
gaolbird tugthúslimur m.
gap skarð n., op n., gat n., sprunga f.
gape gláp n., gón n.; vi. gapa, góna
gapes geispakast n.
gap-toothed adj. gistenntur
garage bílskúr m., (for petrol) bensínsala f., (for repairs) bílaverkstæði n.
garb klæðnaður m.; v. klæða(st)
garbage sorp n., rusl n., úrgangur m.
garbage can (Am.) ruslatunna f., sorptunna f.
garbage collector (Am.) sorphreinsunarmaður m., öskukarl m.
garbage truck (Am.) sorpbíll m.
garble vt. rangfæra, afbaka
garden garður m.; vi. stunda garðyrkju
gardener garðyrkjumaður m.
gardening garðyrkja f., garðrækt f.
garden pansy stjúpublóm n., stjúpa f.
garden roller garðvaltari m.
gargantuan adj. risavaxinn, gífurlegur
gargle hálsskolun f.; v. skola kverkarnar
gargoyle ufsagrýla f., þakrennustútur m.
garish adj. óþægilega skær, skerandi
garland blómsveigur m.; vt. skreyta með blómsveig
garlic hvítlaukur m.
garment flík f., fat n.
garner vt. (collect) safna, setja í geymslu
garnet granat n., (colour) hárauður litur m.
garnish skreyting f.; vt. skreyta
garret þakherbergi n., risíbúð f.
garrison setulið n.; vt. setja niður herlið í
garrotte hálsjárn n.; vt. kyrkja (með hálsjárni)
garrulity mælgi f., málæði n.
garrulous adj. málgefinn, margorður
garter sokkaband n.
gas gas n., (Am.) bensín n.; v. kæfa með gasi; gaspra
gasbag málæðismaður m., masari m.
gas chamber gasklefi m.
gas cooker gaseldavél f.
gaseous adj. gaskenndur
gas guzzler (Am.) bensínhákur m.
gash svöðusár n.; vt. særa djúpu sári
gasholder gasgeymir m., gastankur m.
gasify vt. breyta í gas; vi. verða að gasi
gasket pakkning f., vélaþétti n.
gas mask gasgríma f.
gasoline (Am.) bensín
gasometer gasgeymir m., gastankur m.
gas oven gasofn m.
gasp andköf n.pl., más n.; v. taka andköf, mása
gasp out v. stynja upp
gas station (Am.) bensínstöð f.
gas stove gaseldavél f.
gassy adj. gaskenndur
gastric adj. maga-
gastric juice magasafi m.
gastric ulcer magasár n.
gastritis magabólga f.
gastronomic adj. matreiðslu-
gastronomy matargerðarlist f.
gastrula (pl. **gastrulae**) holfóstur n., vembill m.
gasworks gasstöð f., gasveita f.
gate hlið n.
gatecrash vt. koma óboðinn, gerast boðflenna
gatecrasher boðflenna f.
gatehouse hliðvarðarskýli n.
gatekeeper hliðvörður m.
gateleg table vængjaborð n.
gate money heildarupphæð aðgangseyris f.
gatepost hliðstólpi m.
gateway hlið n.; leið f.
gather vt. tína, safna saman, vi. safnast saman
gathering samkoma f.
gauche adj. óháttvís, klaufalegur

gaucherie óháttvísi f., klaufaskapur m.
gaucho (suður-amerískur) kúreki m.
gaud glingur n., prjál n.
gaudy adj. glyslegur; marglitur, skræpóttur
gauge (staðlað) mál n.; mælitæki n.; vt. mæla, meta
gaunt adj. horaður, (of a place) eyðilegur
gauntlet svipugöng n.pl.; **run the g.** verða fyrir heiftarlegri árás
gauntlet brynglófi m., leðurhanski m.; **take/pick up the g.** taka áskorun; **throw down the g.** skora á hólm
gauntness megurð f., holdleysi n.
gauze grisja f., slæða f.
gave v. (p. **give**)
gavel fundarhamar m., uppboðshamar m.
gawk vi. glápa, góna
gawky adj. klaufalegur, álappalegur
gay adj. kátur; litskrúðugur; hýr, kynhverfur
gaze starandi augnaráð n.; vi. stara, einblína
gazebo garðskáli m.
gazelle gasella f.
gazette lögbirtingablað n.
gazetteer landafræðiheitaskrá f.
gear (motor) gangskipting f., gír m.; **change g.** skipta um gír
gearbox gírkassi m.
geared up adj. upplagður, í stuði (til)
gear lever gírstöng f.
gear shift (Am.) gírstöng f.
gear stick gírstöng f.
gear to v. aðlaga, sníða við, laga eftir
gee (Am.) interj. ja hérna
geese (pl. of **goose**)
gee up interj. hott-hott
gee whiz (Am.) interj. ja hérna
geezer karlugla f., karltetur n.
Geiger counter Geigerteljari m., Geigernemi m.
geisha (girl) geisja f., japönsk lagsmær f.
gel hlaup n.; v. hlaupa, mynda hlaup
gelatine gelatín n., hlaupefni n.; soðhlaup n.
gelatinous adj. hlaupkenndur, gelatínsgeld vt. gelda, vana

gelding geldingur m., (horse) vanaður hestur m.
gelignite sprengihlaup n.
gem gimsteinn m., dýrgripur m.
Gemini (in the zodiac) Tvíburarnir m.pl.; tvíburi m.
gendarme (franskur) lögreglumaður m.
gender (in grammar) kyn n.
gene gen n., erfðavísir m.
genealogical adj. ættfræðilegur
genealogical chart ættartafla f.
genealogical tree ættartré n.
genealogist ættfræðingur m.
genealogy ættfræði f.; ættartala f.
general herhöfðingi m.; adj. almennur, allsherjar-
general anaesthetic svæfing f.
general cargo rate almennt farmgjald n.
general delivery (Am.) biðpóstur m.
general election almennar kosningar f.pl.
generalissimo yfirhershöfðingi m.
generality ; **the g. of** allur þorrinn, megnið af
generality almenn sannindi n.pl., almennt gildi n.
generalization alhæfing f.
generalize v. alhæfa
generally adv. almennt, venjulega, oftast
general practitioner heimilislæknir m.
general staff herforingjaráð n.
general strike allsherjarverkfall n.
generate vt. geta af sér, framleiða; valda
generation framleiðsla f., (of people) kynslóð f.
generation gap kynslóðabil n.
generative adj. skapandi; getnaðar-, æxlunar-
generator rafall m., dínamór m.
generic adj. ættkvíslar-; almennur, heildar-
generosity göfuglyndi n., örlæti n.
generous adj. göfuglyndur, örlátur
Genesis fyrsta Mósebók f., sköpunarsagan f.
genesis (pl. -**ses**) upphaf n., tilurð f., sköpun f.
genetic adj. erfðafræðilegur; gen-, gena-
genetic code erfðalykill m.
genetic engineering erfðatækni f.

geneticist → gestation period

geneticist erfðafræðingur m.
genetic psychology þróunarsálfræði f.
genetics erfðafræði f.
genial adj. elskulegur, indæll, (of weather) mildur, hlýr
geniality ljúfmennska f.; veðurblíða f., hlýindi n.pl.
genie töfraandi m.
genital adj. kynfæra-, getnaðar-
genitals ytri kynfæri n.pl.
genitive (case) eignarfall n.; adj. eignarfalls-
genius snilligáfa f., (a person) snillingur m.
genocide þjóðarmorð n.
genre tegund f., grein f.
genteel adj. tilgerðarlegur, teprulegur
gentian maríuvöndur m.
gentile villutrúarmaður m.; adj. (not Jewish) heiðinn, trúlaus
gentility fínheit n.pl., (yfirgengileg) prúðmennska f.
gentle adj. blíður, þægilegur, mildur
gentle breeze gola f.
gentlefolk(s) heldra fólk n.
gentleman (pl. -men) heiðursmaður m., prúðmenni n., herra m.
gentlemanly adj. prúðmannlegur, riddaralegur
gentleman's agreement óformlegt samkomulag n.
gentleness blíða f., mildi f.
gentlewoman (pl. -women) heldri kona f., frú f.
gently adv. mjúklega, blíðlega, varlega
gentry lágaðall m., heldra fólk n.
Gents karlaklósett n.
genuflect vi. knéfalla, krjúpa á kné
genuflection knébeyging f., knéfall n.
genuine adj. ósvikinn, ekta
genus (pl. **genera**) ættkvísl f., flokkur m., tegund f.
geocentric adj. jarðmiðju-
geochemist jarðefnafræðingur m.
geochemistry jarðefnafræði f.
geochronology tímatalsfræði jarðar f.
geodesist landmælingamaður m.
geodesy landmælingafræði f.
geodetic survey landmælingar f.pl.
geographer landfræðingur m.

geographical adj. landfræðilegur
geography landafræði f.
geological adj. jarðfræðilegur
geologist jarðfræðingur m.
geology jarðfræði f.
geomagnetic mapping segulkortagerð f.
geomagnetism jarðsegulmagn n., jarðsegulfræði f.
geometric(al) adj. rúmfræðilegur, rúmfræði-
geometric(al) progression hlutfallsruna f., kvótaruna f.
geometry rúmfræði f., flatarmálsfræði f.
geophysical adj. jarðeðlisfræðilegur
geophysicist jarðeðlisfræðingur m.
geophysics jarðeðlisfræði f.
geothermal adj. jarðhita-, jarðvarma-
geothermal heat jarðvarmi m.
geothermal power jarðhitaafl n., jarðhitaorka f.
geothermal power plant jarðhitaver n.
geranium geranía f., blágresi n.
gerfalcon (veiði)fálki m., valur m.
geriatric adj. öldrunar-, öldrunarlækninga-
geriatrics öldrunarlækningar f.pl.
germ örvera f., sýkill m.; kveikja f.; frjóangi m.
German (language) þýska f.; adj. þýskur
German (pl. **Germans**) Þjóðverji m.
germane adj. tengdur, varðandi, viðeigandi
Germanic (language) germanska f.; adj. germanskur
German measles rauðir hundar m.pl.
Germany Þýskaland n.
germicidal adj. sýklaeyðandi, sótthreinsandi
germicide sótthreinsunarefni n.
germinal adj. upprunalegur, frum-
germinate v. spíra, ála, skjóta frjóöngum
germination spírun f., álun f.
germ warfare sýklahernaður m.
gerontological adj. öldrunarfræðilegur
gerontologist öldrunarfræðingur m.
gerontology öldrunarfræði f.
gerund (verbal noun) sagnarnafnorð n.
gestation meðganga f.
gestation period meðgöngutími m.

gesticulate vi. pata, tjá sig með höndunum
gesticulation (handa)pat n., látbragð n.
gesture bending f., merki n.;
vi. gefa bendingu
get v. fá, ná í; **g. out of** bed fara á fætur; **g. lost** villast; snáfa burt; **g. the better of** sigra; **g. tired of** verða þreyttur á
get about v. ferðast um; breiðast út, spyrjast
get across v. ná til, koma til skila
get along v. fara af stað; ganga, vegna; koma saman
get around v. (avoid) koma sér hjá, fara í kringum
get at v. ná (til), komast að; gefa í skyn
getaway undankoma f., strok n., flótti m.
get away v. komast undan, flýja
get away with v. komast upp með
get back at v. ná sér niðri á, hefna sín á
get behind v. dragast aftur úr, vera á eftir
get by v. komast af; komast upp með
get down v. yfirgefa matborð, (swallow) kyngja, (write) skrá, skrifa, (depress) gera dapran
get down to v. taka til við, hefjast handa við
get in v. (election) vera kosinn, ná kosningu
get off v. leggja af stað; komast hjá refsingu, sleppa
get on v. komast áfram; koma saman, semja; eldast
get on for v. nálgast, líða að
get out of v. (difficulty) komast undan, sleppa, (bed) fara á fætur
get over v. komast yfir, (recover) ná sér
get through v. (examination) standast (próf); (on the phone) ná sambandi
get-together (óformleg) samkoma f., fundur m.
getup (clothes) búningur m., múndering f.
get up v. fara á fætur
gewgaw glys n., (barna)glingur n.
geyser goshver m.; vatnhitunardunkur m.
ghastly adj. náfölur; skelfilegur, hræðilegur

gherkin smágúrka f.
ghetto gyðingahverfi n.; borgarhverfi minnihlutahóps n.
ghost draugur m., vofa f., andi m.
ghostly adj. draugalegur, skuggalegur
ghost town draugabær m., eyðibær m.
ghoul náæta f.
ghoulish adj. viðbjóðslegur, hryllilegur
giant risi m., jötunn m.; adj. risastór, risa-
giantess tröllkona f., skessa f.
giant sequoia risafura f.
giant slalom stórsvig n.; stórsvigskeppni f.
gibber vi. þvaðra, bulla
gibberish bull n., hrognamál n.
gibbet (hengingar)gálgi m.
gibbon gibbonapi m.
gibbous adj. (of the moon) vaxandi
gibe háð n., spott n.; v. hæða(st að = at), spotta
giblets (of a bird) innmatur m.
giddiness svimi m.; staðfestuleysi n., léttlyndi n.
giddy adj. svimandi, óstöðugur; léttúðugur
gift gjöf f., (ability) gáfa f., hæfileiki m.
gifted adj. hæfileikaríkur, hæfur
gift-voucher gjafakort n.
gig (carriage) tvíhjóla léttivagn m.
gig (musician's job) gigg n., atvinnutilboð n.
gigantic adj. risastór, tröllslegur
giggle fliss n.; vi. flissa
gild vt. gylla, fegra
gilding gylling f.
gill (of a fish) tálkn n.pl.
gill (Br.) 0,142 l., (Am.) 0,118 l.
gills húðsepar m.pl.; **green about the g.** gugginn, fölleitur **gill slit** tálknaop n., tálknarauf f.
gilt gullhúð f., gylling f.
gilt-edged adj. gulltryggður
gimcrack glys n., glingur n.
gimlet nafar m., bor m.
gimmick brella f., kænskubragð n.
gin gin n., einberjabrennivín n.
gin (cotton) fræskilja f., (trap) gildra f.
ginger engifer n.; fjör n.; adj. ljósrauðhærður
ginger ale engiferöl n.

ginger beer engiferbjór m.
gingerbread piparkaka f., hunangskaka f.
gingerly adj. gætinn; adv. varlega, gætilega
ginger nut piparkaka f.
gingersnap (Am.) piparkaka f.
ginger up v. hleypa fjöri í
gingivitis tannholdsbólga f.
gipsy sígauni m., flakkari m.
giraffe gíraffi m.
gird vt. gyrða (sig)
girder burðarbiti m.
girdle belti n., magabelti n.; vt. gyrða
girl stúlka f., (lass) stelpa f.
girlfriend kærasta f., vinkona f.
girl guide kvenskáti m.
girlhood stúlkuár n.pl., æskuár n.pl.
girlie adj. með nöktum eða léttklæddum stúlkum
girlish adj. stelpulegur, stúlku-, stelpu-
girl scout (Am.) kvenskáti m.
girth ummál n.; kviðband n., kviðgjörð f.
gist aðalatriði n., kjarni m.
gist of the matter mergurinn málsins m.
give v. gefa; rétta, fá, afhenda; **g. birth** ala, fæða; **g. notice** segja upp, segja af sér stöðu; **g. regards to** biðja að heilsa; **g. way** víkja (úr vegi fyrir), hopa
give-and-take gagnkvæm tilslökun f.
giveaway uppljóstrun f., (Am.) sýnishorn n.
giveaway price gjafverð n.
give away v. (a secret) ljóstra upp, koma upp um
give back v. skila
given name (Am.) skírnarnafn n.
give in v. gefast upp, (hand in) skila
give onto v. snúa að
give out v. (come to an end) klárast
give over v. hætta, leggja niður; afhenda
give up v. gefast upp, (for lost) telja af
gizzard fóarn n., fuglsmagi m.
glacé adj. sykraður; gljáandi, gljá-
glacial adj. jökul-, ís-; jökulskeiðs-; jökulkaldur
glacial drift jökulset n., jökulruðningur m.
glacial erosion jökulrof n.
glacial period ísöld f.
glacial striae jökulrákir f.pl.

glacier (skrið)jökull m.
glacier breeze jökulgola f.
glacier burst jökulhlaup n.
glaciologist jöklafræðingur m.
glaciology jöklafræði f.
glad adj. glaður, ánægður; gleðilegur
gladden vt. gleðja
glade skógarrjóður n.
gladiator skylmingaþræll m.
gladiolus gladíóla f., jómfrúlilja f.
gladly adv. glaðlega, fúslega
gladness gleði f., ánægja f.
glad rags betri fötin n.pl.
glamorize vt. sveipa töfraljóma
glamorous adj. töfrandi, heillandi; glæstur
glamour töfraljómi m., töfrar m.pl.
glance snöggt tillit n.; v. líta snöggvast (á = at)
glance off v. strjúkast við
gland kirtill m.
glandular adj. kirtil-, kirtla-
glandular fever einkirningasótt f.
glandular function kirtlastarfsemi f.
glare glýja f.; hvasst augnaráð n.; v. skera í augun, blinda
glare at v. hvessa augun á
glaring adj. blindskær, skerandi; auðsær
glass gler n., (tumbler) glas n., (mirror) spegill m.; vt. glerja
glassblower glasblásari m., glersmiður m.
glasscutter glerskeri m.
glasses (for eyes) gleraugu n.pl.
glass fibre glertrefjar f.pl.
glasshouse (greenhouse) gróðurhús n., (prison) herfangelsi n.
glassware glervara f., glermunir m.pl.
glass wool glerull f.
glassworks glerverksmiðja f., glergerðarhús n.
glassy adj. gler-; spegilsléttur, (of eyes) sviplaus, stjarfur
glaucoma gláka f.
glaucous adj. (in colour) ljósblágrænn
glaucous gull hvítmáfur m.
glaze gljái m., glans m.; v. glerhúða, glerja
glazier glerskeri m., glersmiður m.
glazing glerjun f.; (rúðu)gler n.

gleam glampi m., glæta f.; vi. leiftra, skína
glean v. tína ax; safna saman, viða að sér
gleanings samtíningur m., fróðleiksmolar m.pl.
glee gleði f., kæti f.; þríraddaður söngur m.
glee club karlakór m.
gleeful adj. glaðvær, kátur, fjörugur
glen þröngur dalur m., gljúfur n.
glengarry skosk húfa f.
glib adj. tungulipur, sleipur, viðsjáll
glide svif n.; vi. renna, (in the air) svífa
glider sviffluga f., (person) svifflugmaður m.
gliding svifflug n.
glimmer skíma f., blik n.; vi. skína dauft, týra
glimmerings (small sign) vottur m.
glimpse leiftursýn f.; vt. sjá í svip, sjá bregða fyrir
glint glampi m., leiftur n.; vi. leiftra, blika
glisten vi. glitra, glóa
glitter ljómi m., glói m.; vi. glitra, glóa
gloaming húm n., rökkur n.
gloat vi. hlakka (yfir = **over**)
gloatingly adv. hlakkandi
global adj. alheims-; hnattlaga; víðtækur
global search hvarkvæm leit f.
globe hnöttur m., kúla f.
globetrotter heimshornaflakkari m.
globular adj. hnattlaga; dropóttur, smákornóttur
globule smádropi m., (globe) smákúla f.
glockenspiel klukkuspil n.
gloom dimma f., (of mind) drungi m.
gloomy adj. myrkur; hnugginn, niðurdrepandi
glorification vegsömun f.
glorify vt. vegsama, lofa, lofsyngja
glorious adj. dýrlegur, dásamlegur
glory dýrð f., vegsemd f., frægð f.
glory in v. gleðjast yfir; stæra sig af
gloss (brightness) gljái m., glans n.
gloss athugasemd f., útskýring f.; vt. útskýra
glossary orðalisti m., glósur f.pl., orðasafn n.
gloss over v. breiða yfir, hylja

gloss paint lakkmálning f.
glossy adj. gljáandi, skínandi, glans-
glottal stop raddbandalokhljóð n.
glottis raddbandaglufa f.
glove hanski m., fingravettlingur m.
glove compartment hanskahólf n.
glow ljómi m., bjarmi m.; vi. glóa, skína
glower vi. gefa illt auga, hvessa augun
gloweringly adv. reiðilega, með reiðisvip
glow plug glóðarkerti n. (í bílvél)
glowworm glóormur m.
glucose glúkósi m., þrúgusykur m.
glue lím n.; vt. líma
gluey adj. límkenndur, límugur
glum adj. þungbúinn, dapurlegur, ólundarlegur
glut offramboð n.; vt. offylla, metta
glutinous adj. límkenndur, seigur
glutton mathákur m., átvagl n.
gluttonous adj. (mat)gráðugur
gluttony ofát n., (mat)græðgi f.
GMT staðartími Greenwich m.
gnarled adj. kvistóttur, (of hands) hnýttur
gnash v. (one's teeth) gnísta tönnum
gnat stungumý n., mýfluga f.
gnaw v. naga, kroppa; þjaka, kvelja
gnome (in fairy stories) dvergur m.
gnu (wildebeest) gnýr m.
go för f.; þrek n., dugnaður m.; tilraun f.; **be on the go** vera á þönum; **have a go (at)** gera tilraun til; **at on go** í einni tilraun; **be full of go** vera atorkusamur
go v. fara; **go to bed** (fara að) hátta; **go slow** (as a form of strike) fara sér hægt; **go wrong** bila, mistakast
goad broddstafur m.; hvatning f.; vt. reka, hvetja
go-ahead grænt ljós n., leyfi n.; adj. framtakssamur
go against v. stríða gegn; vera í óhag
goal takmark n., markmið n., (football) mark n.
goalie markvörður m.
goalkeeper markvörður m.
goal line marklína f., endalína f.
go along with v. (agree with) fallast á, samþykkja
goalpost markstöng f.

go around v. (of an illness) vera í umferð, ganga
goat geit f.
go at v. ráðast á; vinna kappsamlega
goatee hökutoppur m.
goatherd geitahirðir m.
goatskin geitarskinn n.
gob (mouth) trantur m., túli m.
go back on v. svíkja, bregðast
gobbet (lump) kökkur m., köggull m.
gobble v. háma í sig, gleypa í sig
gobble (of a turkey) gagg n.; vi. gagga, klaka
gobbledygook stofnanamál n., skriffinnskustíll m.
gobbler mathákur m., (male turkey) kalkúnhani m.
go-between milligöngumaður m.
goblet glas (á fæti) n.; bikar m.
goblin svartálfur m., púki m.
goby (fish) kýtlingur m.
go-by skeytingarleysi n.; **give s-y/s-g the g.** virða að vettugi
go by v. líða, fara (fram)hjá, fara eftir, fylgja
go-cart barnakerra f.; göngugrind f.
God guð almáttugur m., drottinn m.
god guð m., goð m.
godchild (pl. **-children**) guðsonur m., guðdóttir f.
goddaughter guðdóttir f.
goddess gyðja f.
godfather guðfaðir m., skírnarvottur m.
god-fearing adj. guðhræddur
godforsaken adj. auður, eyðilegur; gleðisnauður
godhead guðdómur m.
godless adj. guðlaus, óguðlegur
godlike adj. guðlegur
godliness guðhræðsla f., trúrækni f.
godly adj. guðhræddur, trúrækinn
godmother guðmóðir m., skírnarvottur m.
godparent guðfaðir m., guðmóðir m.
gods (at a theatre) efstu svalir f.pl.
godsend himnasending f., guðsgjöf f.
godson guðsonur m.
godspeed interj. góða ferð
godwit jaðrakan m., jaðraki m.
go for v. ráðast á; stefna að, sækjast eftir; kunna að meta; gilda um

go-getter ýtinn og kappsamur maður m.
goggle vi. góna, stara, reka upp stór augu
goggle box imbakassi m.
goggle-eyed adj. úteygur; starandi af undrun
goggles hlífðargleraugu n.pl.
go in for v. leggja stund á, beita sér fyrir
going ; **(I am) going to** (ég) ætla að
going brottför f.; hraði m., gangur m., færð f.; adj. (in existence) sem er til; gildandi; starfandi
going-over yfirferð f., athugun f., (scolding) skammir f.pl.
going price gangverð n., markaðsverð n.
goings-on fyrirgangur m., læti n.pl.
goitre skjaldkirtilsauki m.
go-kart kappakstursskerra f.
gold gull n
gold-digger gullgrafari m.
golden adj. gullinn, gylltur, gullvægur
golden age gullöld f., blómaskeið n.
goldeneye hvinönd f.
golden jubilee gullafmæli n.
golden mean hinn gullni meðalvegur m.
golden plover heiðlóa f.
golden rule gullvæg regla f.
goldentuft bergnál f.
golden wedding gullbrúðkaup n.
goldfield gullnámusvæði n.
goldfinch þistilfinka f.
goldfish gullfiskur m. .
gold leaf blaðgull n., gullþynna f.
goldmine gullnáma f.
gold reserves gullbirgðir f.pl.
gold rush gullæði n.
goldsmith gullsmiður m.
gold standard gullfótur m., gullmyntarfótur m.
golf golf n.; vi. leika golf
golf club golfklúbbur m., (stick) golfkylfa f.
golf course golfvöllur m.
golfer kylfingur m., golfleikari m.
golf links golfvöllur m.
golly interj. ja hérna
gonad kynkirtill m.
gondola gondóll m., (for workmen) kláfur m.
gondolier gondólaræðari m.

gone → go under 176

gone v. (pp. **go**); adj. glataður, búinn, örþreyttur
goner örvona maður m., dauðans matur m.
gonorrhea lekandi m.
goo klístur n.
good gagn n., hagur m.; adj. góður
good afternoon interj. góðan dag
goodbye kveðja f.; interj. bless, vertu sæll
good evening interj. gott kvöld
good-for-nothing ónytjungur m.; adj. einskis nýtur
Good Friday föstudagurinn langi m.
good grief interj. hamingjan góða
good-humoured adj. glaðlyndur, skapgóður
goodish adj. dágóður; töluverður, þó nokkuð
good looks fríðleikur m., fegurð f.
good morning interj. góðan dag
good-looking adj. myndarlegur, laglegur
goodly adj. þokkalegur, (large) talsverður
good-natured adj. góðlyndur, gæflyndur
goodness góðsemi f., gæska f.; gæði n.pl.
good night interj. góða nótt
good-tempered adj. skapgóður
goods eigur f.pl., lausamunir m.pl.; vörur f.pl., farmur m.
goods train vöruflutningalest f.
goods wagon járnbrautarvagn m.
goodwill velvilji m., (in business) viðskiptavild f.
goody sælgæti n., nammi n.; interj. vei, gaman
goody-goody dyggðablóð n., gæðablóð n.
gooey adj. klístraður, (over-sweet) væminn
goof auli m., (Am.) klúður n.; v. klúðra
go off v. (explode) springa, (of food) skemmast, (lose skill) hraka
goofy adj. bjánalegur, klikkaður
goon auli m., glópur m., (Am.) ribbaldi m.
go on v. halda áfram; gerast; líða; haga sér
goosander gulönd f.
goose (pl. **geese**) gæs f.

gooseberry garðaber n.; **play g.** vera þriðja hjól
gooseflesh gæsahúð f.
goose pimples gæsahúð f.
goosestep gæsagangur m.; v. ganga gæsagang
go out v. fara út; enda; slokkna; detta út
go over v. athuga, skoða
go over to v. skipta um, skipta yfir í
gopher (a ratlike animal) jarðíkorni m.
Gordian knot Gordíonshnúturinn m.; **cut the G. k.** höggva á hnútinn
gore blóðlifrar f.pl.; vt. reka í gegn, stanga
gorge (ár)gljúfur n.; v. háma í sig, gleypa
gorgeous adj. yndisfagur, glæsilegur
gorgeousness yndisfegurð f., glæsileiki m.
gorgon ófreskja f., flagð n., kerlingarvargur m.
gorilla górilla f.; hrotti m., ruddi m.
gormandize vi. háma í sig, kýla vömbina
gorse þyrnirunni m.
gory adj. blóðugur, blóðstokkinn
gosh interj. je minn, vá
goshawk gáshaukur m.
go show passenger hoppfarþegi m.
gosling gæsarungi m.
go-slow (strike) hægagangur m.
gospel guðspjall n., fagnaðarboðskapur m.
gospel truth heilagur sannleikur m.
gossamer kóngulóarþráður m., næfurþunnt efni n.
gossip þvaður n., slúður n.; vi. masa, slúðra
gossip column slúðurdálkur m.
gossipy adj. slúðurgjarn, kjöftugur
got v. (p. & pp. **get**)
Goth goti m.
Gothic (language) gotneska f.; adj. gotneskur
go through v. fara í gegnum; hljóta samþykki; reyna, þola
go through with v. halda til streitu
gotten (Am.) v. (pp. **get**)
gouge holjárn n.; vt. hola, rista
gouge out v. (eyes) krækja augun úr
goulash gúllas n.
go under v. sökkva, fara á kaf; verða undir

go up v. hækka, stíga; rísa
gourd grasker n.
gourmand matmaður m., átvagl n.
gourmet sælkeri m., smekkmaður m.
gout þvagsýrugigt f.
govern v. stjórna, stýra, ráða
governance stjórn f., stjórnun f.
governess (einka)kennslukona f.
governing adj. stjórn-, stjórnunar-
governing body (of a school) skólastjórn f.
government (ríkis)stjórn f., stjórnun f.
governmental adj. (ríkis)stjórnar-, ráðuneytis-
government securities ríkisskuldabréf n.pl.
government tender ríkisútboð n.
governor landstjóri m., (Am.) ríkisstjóri m.
governor general yfirlandstjóri m.
governorship landstjóraembætti n., (Am.) ríkisstjóraembætti n.
go without v. vera án (e-s)
gown kvöldkjóll m., sloppur m., hempa f.
GPO (General Post Office) aðalpósthús n.
grab hrifs n., glefs n.; v. hrifsa, grípa
graben sigdalur m., sigdæld f.
grace (yndis)þokki m.; hylli f., náð f., (at meals) borðbæn f.; vt. heiðra, sæma; prýða, fegra
graceful adj. þokkafullur, yndislegur
gracefulness yndisþokki m., tíguleiki m.
graceless adj. þokkalaus, klunnalegur; ókurteis
Graces þokkagyðjurnar þrjár f.pl.
gracious adj. vinsamlegur, kurteis; lítillátur; miskunnsamur
graciously adv. vingjarnlega, náðarsamlega
graciousness vingjarnleiki m., góðsemi f.
gradation stigbreyting f., stig n., blæbrigði n.
grade röð f., flokkur m., tign f.; (mark) einkunn f., (class) bekkur m.; vt. flokka, raða
grade crossing (Am.) mót járnbrautarteina og akvegar n.pl.
grade school (Am.) barnaskóli m., grunnskóli m.
gradient halli m., hallagráða f., stigull m.
gradual adj. stigvaxandi, hægfara

gradually adv. smám saman, hægt og hægt
graduate útskrifaður nemandi m.; v. útskrifa(st)
graduate student framhaldsnemi m.
graduation brautskráning f.; stigmerking f., kvörðun f.
graffiti veggjakrot n.
graft (shoot) ágræðingur m.; ágræðsla f.; v. græða, festa við
graft (Am.) misferli n., svindl n.; ólöglegur gróði m.
grain (fræ)korn n.; ögn f., snefill m.; (unit of weight) 0,0648 grömm
grallatorial bird vaðfugl m.
grammar málfræði f.
grammarian málfræðingur m.
grammar school framhaldsskóli m., menntaskóli m.
grammatical adj. málfræðilegur, málfræðilega réttur
gram(me) gramm n.
grampus háhyrningur m.
granary kornhlaða f., kornforðabúr n.
grand adj. mikilfenglegur, stórbrotinn
grandaunt afa- eða ömmusystir f.
grandchild (pl. -children) barnabarn n.
granddad afi m.
granddaughter sonar- eða dótturdóttir f.
grandeur mikilfengleiki m., tign f.
grandfather afi m.
grandfather clock standklukka f., gólfklukka f.
grandiloquence skrúðmælgi f., orðagjálfur n.
grandiloquent adj. skrúðmáll, hástemmdur
grandiose adj. tilkomumikill, glæsilegur
grandiosity mikilfengleiki m., stórfengleiki m.
grandma amma f.
grand mal flogaveikikast n.
grand master stórmeistari m.
grandmother amma f.
grandparent afi m., amma f.
grand piano flygill m.
grand slam alslemma f.
grandson sonar- eða dóttursonur m.
grandstand stúka f., stúkusæti n.pl.
granduncle afa- eða ömmubróðir m.

grange sveitabýli n., sveitasetur n.
granite granít n.
granny amma f.
grant (fjár)veiting f., styrkur m.; vt. gefa, veita, heimila
grantee leyfishafi m., styrkþegi m.
grantor leyfisveitandi m., styrkveitandi m.
granular adj. kornóttur, kornkenndur
granulate v. kvarna(st), mala(st)
granulated sugar strásykur m.
granule smákorn n., ögn f.
granulocyte kornfruma f.
grape vínber n., þrúga f.
grapefruit greipaldin n.
grapevine vínviður m.; **hear it on the g.** frétta það á skotspónum
graph línurit n., graf n.
graphic adj. grafískur, myndrænn, letur-, rit-
graphical adj. sýndur á línuriti, línurita-
graphically adv. skýrt, ljóslega; með línuriti
graphic arts grafísk list f., dráttlist f.
graphics tablet hnitaborð n.
graphic symbol rittákn n., leturtákn n.
graphite grafít n., ritblý n.
graphologist rithandarsérfræðingur m.
graphology rithandarfræði f.
graph paper grafpappír m., línuritapappír m.
grapnel akkeri n., slæðingartæki n., stafnljár m.
grapple with v. glíma við, kljást við
grappling hook/iron akkeri n., slæðingartæki n., stafnljár m.
grasp tak n., grip n.; seiling f., skilningur m.; v. grípa, klófesta, (understand) skilja
grasp at v. grípa í / til, seilast eftir
grasping adj. ágjarn, gráðugur
grass gras n.
grasshopper engispretta f.
grassland graslendi n., beitiland n.; gresja f.
grass roots almenningur m., grasrótin f.
grass widow grasekkja f.
grass widower grasekkjumaður m.
grassy adj. grösugur, gras-
grate (arin)rist f., rimlagrind f.; v. raspa, mylja, gnísta; marra, ískra

grateful adj. þakklátur, (pleasant) þægilegur
gratefully adv. þakksamlega, af þakklæti
gratefulness þakklæti n., þakklátssemi f.
grater rifjárn n., raspur m.
gratification fullnæging f.; ánægja f., gleði f.
gratify vt. fullnægja, seðja, svala, gleðja
gratifying adj. ánægjulegur, seðjandi
grating (málm)grindur f.pl., rist f.
grating adj. marrandi, ískrandi, (of a noise) hrjúf
gratis adj. & adv. ókeypis, gefins
gratitude þakklæti n., þakklátssemi f.
gratuitous adj. tilefnislaus, ástæðulaus; ókeypis
gratuitously adv. óumbeðið; endurgjaldslaust, ókeypis
gratuity þóknun f., þjórfé n., (gift) gjöf f.
grave gröf f.; adj. alvarlegur, alvöruþrunginn
grave accent öfugur broddur m. (è)
gravedigger grafari m.
gravel möl f.; vt. bera möl á, (confuse) rugla í ríminu
gravelly adj. malarborinn; (of a voice) hrjúfur, rámur
gravely adv. alvarlega
gravestone legsteinn m.
graveyard grafreitur m.
gravimeter þyngdar(afls)mælir m.
graving (of a ship) botnhreinsun f.
graving dock þurrkví f.
gravitate to(wards) vi. sökkva; laðast að, dragast að
gravitation þyngdarafl n., aðdráttarafl n.
gravitational adj. þyngdarafls-, aðdráttarafls-
gravitational field þyngdarsvið n.
gravity þyngdarafl n., (seriousness) alvörugefni f., mikilvægi n.
gravy kjötsafi m., kjötsósa f.
gravy boat sósuskál f., sósukanna f.
gray (Am.) grár litur m.; adj. grár; v. grána
gray sea eagle (Am.) haförn m.
graze skeina f.; v. strjúkast við, skráma
graze vi. (of cattle) vera á beit; vt. halda á beit

grease feiti f.; vt. smyrja
grease cup smurkoppur m.
grease gun smurbyssa f., smursprauta f.
grease nipple smurkoppur m.
greasepaint smink n., andlitsfarði m.
greasy adj. fitugur, kámugur; háll, sleipur
greasy spoon (Am.) subbulegt veitingahús n.
great adj. mikill, stór, (splendid) stórkostlegur
great auk geirfugl m.
Great Bear Stóri björn m.
great black-backed gull svartbakur m., veiðibjalla f.
Great Britain Stóra-Bretland n. (England, Skotland og Wales)
great circle stórbaugur m.
greatcoat yfirfrakki m.
great cormorant (Am.) dílaskarfur m.
great-grandchild (pl. **-children**) barnabarnabarn n.
great-grandfather langafi m.
great-grandmother langamma f.
greatly adv. mjög, afar, stórlega
greatness mikilleiki m., stærð f.; mikilvægi n.
great northern diver himbrimi m.
great seal ríkisinnsigli n.
great skua skúmur m.
grebe (a bird) goði m.
Grecian (of style) adj. grískur
Grecophile Grikklandsvinur m.
Greco-Roman adj. grísk-rómverskur
Greece Grikkland n.
greed græðgi f., ágirnd f.
greedily adv. græðgislega, af áfergju
greediness græðgi f., ágirnd f.
greedy adj. gráðugur, ágjarn
greedy-guts mathákur m., átvagl n.
Greek Grikki m., (language) gríska f.; adj. grískur
green grænn litur m.; graslendi n.; adj. grænn; óþroskaður, óreyndur
green algae grænþörungar m.pl.
greenback (Am.) dollaraseðill m.
greenery (used for ornament) grænka f., grenigreinar f.pl.
green-eyed adj. (jealous) afbrýðisamur

green-eyed monster afbrýðisemin f., öfundsýkin f.
green fingers (skill in gardening) grænir fingur m.pl.
greengage (kind of plum) plóma f.
greengrocer grænmetis- og ávaxtasali m.
greenhorn græningi m., viðvaningur m.
greenhouse gróðurhús n.
greenhouse effect gróðurhúsáhrif n.pl.
greenish adj. grænleitur
Greenland Grænland n.
Greenland halibut grálúða f.
Greenland shark hákarl m.
Greenlander Grænlendingur m.
green light grænt ljós n.; leyfi n., heimild f.
greenness grænka f., grængresi n.; reynsluleysi n.
green pepper græn paprika f., spánskur pipar m.
greenroom (for actors) setustofa f., hvíldarherbergi n.
greens (blað)grænmeti n.
greensward grassvörður m.
green thumb (Am.) ræktunarhæfni f.
greet vt. fagna, heilsa, taka á móti
greeting kveðja f., ávarp n.
greetings árnaðaróskir f.pl., heillaóskir f.pl.
gregarious adj. hópsækinn, félagslyndur
gregariousness hjarðhvöt f.
Gregorian calendar gregoríanska tímatalið n.
gremlin púki m.
grenade handsprengja f.
grenadier fótgönguliði m.
grew (p. **grow**)
grey grár litur m.; adj. grár; v. grána
greybeard gráskeggur m., gamall maður m.
Grey Friar grámunkur m.
greyheaded adj. gráhærður, gamall
greyhound mjóhundur m.; (Am.) langferðabíll m.
greyish adj. gráleitur
greylag goose (pl. - **geese**) grágæs f.
grey matter (of the brain) taugavefur m., heili m.
grey phalarope þórshani m.
grey seal útselur m.

grid rist f., grind f., (rúðu)net n.
griddle steikarpanna f., pönnukökupanna f.
griddle cake pönnukaka f.
gridiron steikarrist f., (Am.) fótboltavöllur m.
grief sorg f., harmur m.
grievance umkvörtun f., gremjuefni n.
grieve vi. syrgja, harma; vt. hryggja
grievous adj. hörmulegur, sorglegur, þungbær
griffin griffín n., flugskrímsli n.
grill grill n., (food) glóðaður matur m.; v. glóða, glóðarsteikja
grille rimlagrind f., rimlar m.pl.
grillroom grill n., glóðarsteikingarstaður m.
grim adj. vægðarlaus, óbilgjarn, viðbjóðslegur
grimace gretta f.; vi. gretta sig
grime óhreinindi n.pl., gróm n.; vt. óhreinka
grim reaper maðurinn með ljáinn m., dauðinn m.
grimy adj. óhreinn, skítugur, óþrifalegur
grin glott n.; v. glotta, skælbrosa
grind leiðinlegt strit n., streð n., (Am.) kúristi m.; v. mala, mylja; kremja, merja; (teeth) gnísta
grind down v. kúga, undiroka
grinder (machine) kvörn f., (molar) jaxl m.
grindstone hverfisteinn m.
grip grip n., tak n.; v. grípa, ná taki á
gripe kvörtun f.; v. valda magaverk, (complain) kvarta
gripes innantökur f.pl., magaverkur m.
grip(pe) inflúensa f., flensa f.
gripping adj. athyglisverður, hrífandi
gripsack (Am.) ferðataska f.
grisly adj. viðbjóðslegur, hræðilegur
gristle (in meat) brjósk n.
grit grófur sandsteinn m.; (determination) þrautseigja f., kjarkur m.; vt. **g. one's teeth** gnísta tönnum
grits (Am.) grófmalað (maís)korn n.
gritty adj. sendinn, (brave) djarfur, hugaður
grizzle vi. (cry) skæla, væla, (complain) rella

grizzled adj. gráleitur; grásprengdur, gráhærður
grizzly adj. gráleitur, gráhærður
grizzly bear grábjörn m.
groan stuna f.; v. stynja, kveina, andvarpa
groat silfurmynt f., smápeningur m.
groats klíðislaust (og malað) korn n.
grocer matvörukaupmaður m., smákaupmaður m.
groceries matvörur f.pl., heimilisvörur f.pl.
grocery matvöruverslun f.
grog grogg n., romm (blandað vatni) n.
groggy adj. óstyrkur, valtur, (drunk) ölvaður
groin nári m., lærkriki m.
groom hestasveinn m., (bridegroom) brúðgumi m.; vt. gæta, hirða, (clean) snyrta, þrífa
groove gróp f., rás f., spor n.; vt. grópa, greypa, gera skoru í
groovy adj. stórfínn, frábær, æðislegur
grope v. þreifa (fyrir sér), fálma (eftir)
gross heildarupphæð f., gross n.; **in g.** í heilu lagi, (wholesale) í heildsölu; vt. fá í heildartekjur, hagnast
gross adj. (very fat) akfeitur, (thick) þykkur, þéttur, (vulgar) grófur, ruddalegur, klúr, (flagrant) áberandi, afleitur, (inexcusable) vítaverður, (total) brúttó, vergur, heildar-
grossly adv. ruddalega; stórkostlega, frámunalega
grotesque adj. kynlegur, afkáralegur, hlægilegur
grotto hellir m., steinhvelfing f.
grotty adj. óþverra-, subbu-, skítа-
grouch nöldur n., (Am.) nöldurseggur m.; vi. nöldra, jagast
grouchy adj. geðvondur, nöldrandi
ground v. (p., pp. **grind**); adj. malaður, mulinn
ground jörð f., grund f., (soil) jarðvegur, mold, (bottom) botn m., (of paint) grunnur m., grunnlitur m.
ground v. (base) grundvalla, byggja á, (of a boat) stranda, (a pilot/a plane) setja í flugbann, (earth) jarðtengja
groundage akkerisgjald n., festargjald n.

ground crew flugvallarstarfsmenn m.pl.
ground electrode jarðskaut n.
ground floor fyrsta hæð f., jarðhæð f.
ground glass ógagnsætt gler n.; glersalli m.
ground in v. (teach) kenna undirstöðuatriði
grounding undirstaða f., undirstöðuþekking f.
groundless adj. ástæðulaus
groundnut jarðhneta f.
ground plan grunnteikning f.
ground rule (Am.) grundvallarregla f.
grounds grugg n., dreggjar f.pl., korgur m., (reason) ástæða f., (site) lóð f., svæði n.
groundsel krossgras n.
groundsheet tjaldbotn m.
ground staff (flug)vallarstarfsmenn m.pl.
ground swell undiralda f.
ground terminal jarðtenging f.
ground water jarðvatn n., grunnvatn n.
groundwork undirbúningsvinna f., frumvinna f.
group hópur m., flokkur m.; v. flokka
groupie popphljómsveitapía f.
grouping flokkun f., röðun f.
group therapy hópmeðferð f., hópþjálfun f.
grouse (pl. **grouse**) skógarhænsni n.
grouse nöldur n.; vi. nöldra, kvarta
grove trjálundur m., trjáþyrping f.
grovel vi. liggja flatur, skríða, knékrjúpa (fyrir)
groveller smjaðrari m., hræsnari m.
grow vi. vaxa, (become) verða; vt. rækta
grower (a person) ræktunarmaður m.
growing pains vaxtarverkir m.pl., byrjunarerfiðleikar m.pl.
growl urr n., nöldur n.; v. urra, nöldra
growler nöldurseggur m., (iceberg) borgarísmoli m.
grown v. (pp. **grow**); adj. fullvaxta, fullorðinn
grown-up fullorðinn maður m.; adj. fullvaxta
grow out of v. vaxa upp úr; koma fram við, spretta af
growth vöxtur m., ræktun f., gróður m.; aukning f.

growth rate hagvaxtarprósenta f.
growth ring (of a tree) vaxtarhringur m.
growth strategy hagvaxtarstefna f.
grow up v. verða fullorðinn; verða til, þróast
grow (up)on v. ná tökum á
grub lirfa f., (food) matur m.; v. grafa (upp), róta; leita
grubby adj. óhreinn, skítugur
grudge óvild f., óbeit f.; vt. öfunda, telja eftir, horfa í
grudgingly adv. ófúslega, með tregðu
gruel (hafra)seyði n.
gruelling adj. strangur, óskaplega þreytandi
gruesome adj. hryllilegur, voðalegur
gruff adj. (voice) rámur, hás, (manner) óþýður, hastur
gruffly adv. höstuglega
gruffness óþýðleiki m., harka f.
grumble nöldur n., druna f.; v. nöldra, mögla; drynja
grumbler nöldrari m.
grumpiness geðvonska f., önuglyndi n.
grumpy adj. geðillur, fúllyndur
grunt rýt n.; v. rýta, rymja
G-string skapadula f., lendaskýla f.
guano gúanó n., (sjó)fugladrit n.
guarantee ábyrgð f., trygging f.; ábyrgðarhafi m.; vt. ábyrgjast
guarantor ábyrgðarmaður m.
guaranty ábyrgð f., trygging f.
guard vörður m.; v. vernda, gæta, vaka yfir
guard against v. vara sig á, varast
guarded adj. (of speech) varfærnislegur, gætinn
guardhouse varðhús n., varðstofa f.
guardian verndari m., (trustee) fjárhaldsmaður m.
guardian angel verndarengill m.
guardianship fjárhald n., umsjón f.
guard of honour heiðursvörður m.
guardrail handrið n., öryggisgrind f.
guardroom varðherbergi n., gæsluherbergi n.
guardsman (pl. **-men**) lífvörður m., (Am.) þjóðvarðliði m.
guard's van (of a train) aftasti lestarvagn m.

gubernatorial adj. landsstjóra-, ríkisstjóra-
gudgeon öggur m., vatnakarfi m.; beita f.; einfeldningur m.
guerilla skæruliði m.
guerilla warefare skæruhernaður m.
guess ágiskun f.; v. giska á, geta upp á
guesswork ágiskun f., tilgáta f.
guest gestur m.
guesthouse gestahús n., gistihús n.
guestroom gestaherbergi n.
guffaw hrossahlátur m.; vi. skellihlæja
guidance leiðsögn f., handleiðsla f.
guide leiðsögumaður m., fararstjóri m.; vt. fylgja, leiðbeina
guide book leiðsöguhandbók f., ferðahandbók f.
guided missile stýriflaug f.
guide dog leiðsöguhundur m., fylgdarhundur m.
guidelines viðmiðunarreglur f.pl.
guild gildi n., iðngreinasamtök f.pl.
guilder gyllini n.
guildhall fundarhús gildisbræðra n.; ráðhús n.
guildsman (pl. -**men**) gildisbróðir m.
guile kænska f., vélabrögð n.pl.; v. véla, tæla
guileful adj. táldrægur, fláráður
guileless adj. falslaus, heiðvirður
guillemot langvía f.
guillotine fallöxi f., (paper cutter) bréfskurðarhnífur m.; vt. hálshöggva í fallöxi
guilt sekt f., sök f., sektarkennd f.
guiltless adj. saklaus
guiltlessness sakleysi n.
guilty adj. sekur; sakbitinn
guinea gínea f., (now) 1 pund og 5 pence
guinea fowl perluhænsn n.pl.
guinea pig naggrís f., marsvín n.; tilraunadýr n.
guise búningur m., gervi n., (pretense) yfirskin n.
guitar gítar m.
guitarist gítarleikari m.
gulch (Am.) gljúfur n., árgil n.
gulden gyllini n.
gulf flói m.; gjá f., hyldýpi n.

Gulf Stream Golfstraumurinn m.
gulfweed flotþang n.
gull (seagull) mávur m.
gull flón n., ginningarfífl n.; vt. narra, blekkja
gullet vélinda n., (throat) kok n., háls m.
gullibility trúgirni n.
gullible adj. trúgjarn, auðtrúa
gully (gil)skorningur m.; vatnsrás f., ræsi n.
gulp teygur m.; munnfylli n.; v. svelgja, gleypa
gum gúmmí n., gúmmíkvoða f.; v. líma; klístrast
gumboil tannkýli n.
gumboot gúmmístígvél n.pl.
gumdrop (hlaupkennt) sælgæti n.
gummy adj. kvoðukenndur, límkenndur
gumption heilbrigð skynsemi f., dómgreind f.
gums (of the mouth) gómur m., tannhold n.
gum up v. klúðra
gun byssa f.
gunboat fallbyssubátur m.
gun carriage fallbyssuvagn m.
gun cotton skotbaðmull f.
gundog fuglaveiðihundur m.
gunfight skotbardagi m.
gunfighter frábær skytta f.
gunfire skothríð f.
gunge (ógeðslegt) jukk n.
gunlock byssulás m.
gunman (pl. -**men**) byssubófi m.
gunnel borðstokkur m., lunning f.
gunner stórskotaliði m., stórskotaliðsforingi m.
gunnery stórskotalist f.
gunnysack strigapoki m.
gunpoint byssuhlaup n., byssukjaftur m.
gunpowder (byssu)púður n.
gunrunner vopnasmyglari m.
gunrunning vopnasmygl n.
gunshot byssuskot n., (range) skotfæri n.
gunshot wound skotsár n.
gunshy adj. byssufælinn
gunsmith byssusmiður m.
gunstock byssuskefti m.

gunwale borðstokkur m., lunning f.
guppy (fish) gúbbi m.
gurgle gutl n., gjálfur n.; hjal n.; vi. gutla, skvampa; hjala
guru kennifaðir m., lærimeistari m.
gush buna f., gusa f.; vi. fossa, gusast; rausa fjálglega
gushing adj. (gushy) mærðarfullur, viðkvæmur
gusset (of a garment) geiri m., skrefbót f.; krappi m.
gust gustur m., vindhviða f.
gustation (tasting) smökkun f.
gustatory adj. bragð-
gustiness misvindi n.
gusto ánægja f., velþóknun f.
gusty adj. stormasamur, byljóttur
gut meltingarvegur m., þarmur m., görn f.; vt. gera til, slægja; eyðileggja að innan
gutless adj. huglaus, blauður
guts innyfli n.pl., (bravery) kjarkur m.
gutsy adj. hugaður, djarfur
gutter göturæsi n., (house) þakrenna f.; kjalvídd f.
gutter vi. (of a candle) renna í taumum
guttersnipe götubarn n.
guttural sound kokhljóð n.
guy gæi m., náungi m.; vt. gera gys að
guy rope stag n.
guzzle v. svolgra, háma
gymkhana íþróttakeppni f., íþróttamót n.
gymnasium íþróttahús n., leikfimisalur m.
gymnast fimleikamaður m.
gymnastic adj. leikfimi-, fimleika-
gymnastics leikfimi f., fimleikar m.pl.
gym shoes leikfimiskór m.pl.
gynaecologist kvensjúkdómafræðingur m.
gynaecology kvensjúkdómafræði f.
gyp (Am.) svindl n.; v. pretta, svindla
gypsum gifs n.
gypsy (Am.) sígauni m., flakkari m.
gyrate vi. hringsnúast
gyration (hring)snúningur m.
gyrfalcon (veiði)fálki m., valur m.
gyro (pl. **gyros**) snúður m., snúða f.
gyrocompass snúðáttaviti m., snúðviti m.
gyroscope snúður m., snúðvísir m.
gyves fjötrar m.pl.

H

haberdasher vefnaðarvörusali m., (Am.) herrafatasali m.
haberdashery (goods) saumavörur f.pl., (Am.) herraföt n.pl.
habiliment fatnaður m., klæðnaður m.
habit venja f., vani m.
habitable adj. byggilegur; íbúðarhæfur
habitat vaxtarstaður m., kjörlendi n.
habitation ívera f.; bústaður m., -dvalarstaður m.
habitual adj. venjulegur, vanabundinn
habituate to v. venja við, gera vanan
habitué tíður gestur m., fastagestur m.
hack v. (cut) hjakka, brytja, saxa
hack reiðhestur m., bikkja f.; vinnuþræll m.; (taxi) leigubíl; v. ríða hesti (eftir vegi); (Am.) aka leigubíl, harka
hacker tölvurefur m.
hacking cough harður hósti m.
hackles (bird) hnakkafjaðrir f.pl., (dog) burstir f.pl.
hackney reiðhestur m., vagnhestur m.
hackney carriage leiguvagn m., (taxi) leigubíll m.
hackneyed adj. ofnotaður, þvældur, margtugginn
hacksaw járnsög f.
hackwork þreytandi vinna f.
hack writer ritjálkur m., leigurithöfundur m.
had v. (p., pp. **have**)
haddock (pl. **haddock**) ýsa f.
Hades undirheimar m.pl., helvíti n.
haft skaft n., skefti n.
hag norn f., skass n.
hagfish slímáll m.
haggard adj. kinnfiskasoginn, gugginn
haggis skoskt slátur n.
haggle v. þrefa (um verð), prútta
hagiography helgisagnaritun f., helgisagnir f.pl.
hag-ridden adj. hrjáður, hrelldur

hail hagl n., haglél n.; v. hegla, gera haglél
hail fagnaðaróp n.; v. (greet) fagna, heilsa; kalla til
hail-fellow-well-met kumpánlegur maður m.
hail from (Am.) v. vera frá
hailing distance kallfæri n.; **within h. d. (of)** í kallfæri
hailstone haglkorn n., hagl n.
hailstorm haglhríð f., haglél n.
hair hár n.
hairbreadth hársbreidd f.
hairbrush hárbursti m.
haircut hárklipping f.
hairdo hárgreiðsla f.
hairdresser hárgreiðslumaður m.
hairdressing hárgreiðsla f.
hair dryer hárþurrka f.
hairgrip hárnál f.
hairless adj. hárlaus, snoðinn
hairline hársrætur f.pl.; adj. hármjór, hárnákvæmur
hairnet hárnet n.
hairpiece laus hártoppur m.
hairpin hárnál f.
hairpin bend kröpp beygja f., 180 gráðu beygja f.
hair-raiser hrollvekja f., hryllingssaga f.
hair-raising adj. hræðilegur, hryllilegur
hair-restorer hármeðal n.
hair roller hárrúlla f., krullupinni m.
hair's breadth hársbreidd f.
hair slide hárspenna f.
hair-splitting hártogun f., orðhengilsháttur m.
hairspray hárlakk n.
hairspring (inside a watch) óróafjöður f.
hairstyle hárgreiðsla f., klipping f.
hairstylist hárgreiðslumeistari m.
hair trigger næmur byssugikkur m.
hairy adj. loðinn, hárugur, (exciting) glæfralegur
hake lýsa f., lýsingur m.
halberd bryntröll n., atgeir m.
halcyon adj. rólegur, kyrrlátur, friðsæll
halcyon days friðsældartími m., sæludagar m.pl.
hale heill, hraustur; **h. and hearty** hress og sprækur

half (pl. **halves**) helmingur m.; adj. hálfur; adv. hálf-, hálfvegis
half-and-half adj. helminga-, jafn; adv. til helminga, jafnt
halfback miðvallarspilari m., tengiliður m.
half-baked adj. hálfbakaður, (not sensible) dómgreindarlítill
half-breed kynblendingur m.
half-brother hálfbróðir m.
half-caste kynblendingur m.
half-hearted adj. hálfvolgur, áhugalaus
half-heartedly adv. með hálfum huga
half-mast ; **at h.** í hálfa stöng
half nelson hnakkatak (með annarri hendi) n.
half-sister hálfsystir f.
half-timbered adj. grindmúraður
half time leikhlé n., hálfleikur m.
halftone millitónn m.; röstun f.
halfway adj. & adv. á miðri leið, hálfa leið
halfway measures hálfkák n.
half-wit hálfviti m.
half-witted adj. vangefinn; fávitalegur
halibut lúða f., heilagfiski n., flyðra f.
halitosis andremma f. andfýla f.
hall forstofa f., hol n.; salur m.
halliard falur m., dragreipi n.
hallmark gæðastimpill m., aðalsmerki n.
hall of residence stúdentagarður m.
hallow vt. helga, vígja
hallowed adj. heilagur, helgur
Halloween hrekkjavaka f., 31. október
hallucinate v. vera haldinn skynvillu
hallucination ofskynjun f., skynvilla f.
hallucinatory adj. skynvillu-, ofskynjunar-
hallucinogen ofskynjunarlyf n.
hallucinogenic adj. skynvilluvaldandi
hallway (Am.) forsalur m., anddyri n.
halo geislabaugur m., rosabaugur m.
halogen lamp halogen ljósker n.
halt stans n.; v. (stop) nema staðar, stansa
halter múll m.; snara f., hengingaról f.
halting adj. hikandi, á báðum áttum
halve vt. helminga
halyard falur m., dragreipi n.
ham svínslæri n., skinka f.; v. ofleika

ham actor vonlaus leikari (sem ofleikur) m.
hamburger hamborgari m.
ham-fisted adj. klaufskur, klaufalegur
ham-handed adj. klaufskur, klaufalegur
hamlet smáþorp n.
hammer hamar m., sleggja f.; v. hamra, negla
hammerhead hamarshaus m.
hammer in v. hamra á, tönnlast á
hammer out v. hamra til; lagfæra, jafna út
hammock hengirúm n.
hamper (basket) karfa f.
hamper v. hindra, tefja, íþyngja
hamster (gull)hamstur m.
hamstring hásin f.; hnésbótarsin f.; v. skera á hásin; lama
hamstrung v. (p., pp. **hamstring**)
ham up v. ofleika, ýkja
hand hönd f.; hlið f.; vísir m.; v. rétta, afhenda
hand (a)round v. rétta, láta ganga
hand back v. skila
handbag handtaska f.
handball handbolti m.; veggbolti m.
handbarrow handbörur f.pl.
handbill auglýsingamiði m., dreifimiði m.
handbook handbók f.
handbrake handbremsa f.
handbreadth þverhandarbreidd f., þverhönd f.
handcart handvagn m., handkerra f.
handcuff vt. handjárna
handcuffs handjárn n.pl.
hand down v. láta ganga (í erfðir); (Am.) opinbera, birta
handful handfylli n., hnefi m., lúka f.; lítilræði n.
handgun (Am.) skammbyssa f.
handhold handfesta f.
handicap fötlun f.; forgjöf f.; v. hindra; gefa í forgjöf
handicraft (skill) handlagni f., (art) handiðn f.
handicraftsman (pl. -**men**) handiðnaðarmaður m.
handiwork handavinna f.
handkerchief vasaklútur m.

handle handfang n.; v. handleika; fást við; stjórna; versla með
handlebars (of a bicycle) stýri n.
handler (of animals) dýraþjálfari m.
handling meðhöndlun f., afgreiðsla f.
handling charges afgreiðslugjöld n.pl., uppskipunargjöld n.pl.
hand luggage handfarangur m.
handmade adj. handunninn
handmaid(en) þjónustustúlka f., þerna f.
hand-me-down (Am.; garment) notuð flík f.
handout (of information) fréttatilkynning f., dreifirit n.
hand out v. dreifa, útbýta
hand over v. láta fá, afhenda, láta af hendi
hand-picked adj. handtíndur; úrvals-
handrail handrið n.
hands off interj. láttu vera
handsel (earnest money) tryggingarfé n., staðfestingarfé n.
handshake handaband n., handtak n.
handsome adj. myndarlegur, álitlegur; rausnarlegur
handstand handstaða f.; **do a h.** standa á höndum
hand-to-hand fighting návígi n.
hand-to-mouth salary sultarlaun n.pl.
handwork handavinna f.
handwoven adj. handofinn
handwriting (style) rithönd f., skrift f.
handy adj. (skilled) handlaginn, (useful) handhægur, (near) nálægur
handyman (pl. -**men**) þúsundþjalasmiður m.
hang vi. hanga, vt. hengja
hangar flugskýli n.
hang about/around v. slæpast, drolla
hang back v. hika, tvístíga
hangdog adj. (of a look) læðupokalegur, skömmustulegur
hanger snagi m., krókur m.; coat h. herðatré n.
hanger-on (pl. **hangers-on**) áhangandi m., snapagestur m.
hang-glider svifdreki m.
hang-gliding svifdrekaflug n.
hanging (punishment) henging f.

hanging indent(ation) hangandi
 inndráttur m.
hangings gluggatjöld n.pl.,
 veggtjöld n.pl.
hangman (pl. **-men**) böðull m.
hangnail annögl f.
hang on v. halda fast við,
 (wait) bíða
hang onto v. halda í, hanga á
hangout aðsetur n., dvalarstaður m.
hang out v. halda til
hangover timburmenn m.pl.;
 eftirköst n.pl.
hang over v. (remain) vera eftir,
 (threaten) vofa yfir
hang together v. (remain united) standa
 saman, (be consistent) hanga saman
hangup sálarflækja f., erfiðleikar m.pl.
hang up v. (a receiver) leggja á,
 (delay) tefja
hang (up)on v. veita nána athygli,
 (depend on) ráðast af
hank hönk f., hespa f.
hanker after/for v. þrá, girnast
hankering þrá f., löngun f.
hankie vasaklútur m.
hanky-panky laumuspil n., klækir m.pl.
Hanseatic League Hansasambandið n.
hansom cab tvíhjóla hestvagn m.
haphazard adj. tilviljunarkenndur,
 handahófslegur
haphazardly adv. af handahófi,
 óskipulega
hapless adj. óheppinn, ógæfusamur
haploid einlitningur m.
happen v. gerast, bera við, vilja til
happening atburður m., atvik n.;
 uppákoma f.
happen to v. koma fyrir, henda
happen (up)on v. rekast á
happily adv. hamingjusamlega,
 (fortunately) sem betur fer
happiness hamingja f., ánægja f.,
 gleði f.
happy adj. hamingjusamur, ánægður;
 heppilegur
happy-go-lucky adj. léttlyndur, kærulaus
harakiri kviðrista f.
harangue þrumuræða f., skammaræða
 f.; v. halda þrumuræðu

harass v. hrjá, hrella, ónáða stöðugt
harassment linnulausar árásir f.pl.;
 átroðningur m.
harbinger fyrirboði m., undanfari m.
harbour höfn f., (shelter) skjól n.;
 v. hýsa, skýla; ala í brjósti sér
harbourage skipalægi n., (shelter) skjól
 n., hæli n.
harbour dues hafnargjöld n.pl.
harbour master hafnarstjóri m.
harbour seal landselur m.
hard adj. harður, (difficult) erfiður;
 adv. harðlega; ákaflega, af kappi
hard and fast adj. (of rules)
 ósveigjanlegur, strangur
hardback innbundin bók f.
hard-bitten adj. þrákelkinn,
 ósveigjanlegur
hard-boiled adj. harðsoðinn; harðskeyttur
hardbound adj. (of books) innbundinn
hard by adv. nálægt, rétt hjá
hard cash beinharðir peningar m.pl.,
 reiðufé n.
hard copy útskrift f., útprentun f.
hard-core adj. ósveigjanlegur, rótgróinn;
 svæsinn
hardcover adj. (of books) innbundinn
hard currency sterkur gjaldmiðill m.
hard drink sterkur drykkur m.
hard drinker drykkjumaður m.
hard drugs (ávanabindandi) eiturlyf n.pl.
harden vt. herða, vi. harðna
harden to v. verða ónæmur fyrir
hard-featured adj. svipharður,
 hörkulegur
hard-fisted adj. (stingy) nískur,
 nánasarlegur
hardheaded adj. (in business) harður,
 séður
hard-hearted adj. harðbrjósta,
 tilfinningalaus
hardihood (boldness) dirfska f., áræði n.,
 þor n.
hardiness (endurance) þrautseigja f.,
 hreysti f.; dirfska f.
hard labour hegningarvinna f.,
 þrælkunarvinna f.
hard-liner harðlínumaður m.
hard luck óheppni f.
hardly adv. varla, naumast

hardness (eðlis)harka f.
hard of hearing adj. heyrnardaufur, heyrnarsljór
hard palate framgómur m.
hard sell söluharka f., ágeng sölumennska f.
hardship erfiðleikar m.pl., þrautir f.pl., harðrétti n.
hard shoulder (malbikaður) vegkantur m., útskot n.
hard tack skonrok n., sjómannakex n.
hardtop harðbakur m.
hard up adj. í kröggum, (money) blankur
hardware járnvara f., (computer) vélbúnaður m.
hardware store járnvöruverslun f.
hard-wearing adj. endingargóður
hardwood harðviður m.; adj. harðviðar-
hardy adj. harðfengur, harðger, hraustur
hare héri m.; **mad as a h.** bandóður
harebell bláklukka f.
harebrained adj. kærulaus, andvaralaus; heimskulegur
harelip skarð í vör n., héravör f.
harelipped adj. með skarð í vör
harem kvennabúr n.
haricot bean garðbaun f.
hark v. hlusta (á = **at**)
hark back v. snúa við, ná aftur; rifja upp
harlequin trúður m., loddari m., hrekkjalómur m.
harlequinade látbragðsleikur m.; skrípaleikur m.
harlequin duck straumönd f.
harlot hóra f., skækja f.
harlotry vændi n., skækjulifnaður m.
harm skaði m.; v. skaða, gera mein
harmful adj. skaðlegur
harmfulness skaðsemi f.
harmless adj. skaðlaus, meinlaus
harmlessness skaðleysi n.
harmonic yfirtónn m.; adj. harmónískur, hreinhljóma
harmonica munnharpa f.
harmonics hljómfræði f.
harmonious adj. samstilltur, samstæður; hljómfagur
harmonium stofuorgel n.
harmonize v. stilla saman, samræma; raddsetja

harmony samræmi n., samhljómur m.
harness aktygi n.pl.; v. leggja aktygi við; virkja, beisla
harp harpa f.
harp on v. stagast á, klifa á
harpist hörpuleikari m.
harpoon skutull m.; v. skutla
harpsichord semball m.
harpy sviptinorn f., refsinorn f.; hörkutól n.
harridan skass n., kvenvargur m.
harrier veiðihundur m., (runner) víðavangshlaupari m.
harrow herfi n.; v. herfa
harrowing adj. skelfilegur, átakanlegur
harry v. herja (á), ræna, eyða; hrjá
harsh adj. harður, hastur, hrjúfur
harshly adv. hörkulega, óþýðlega
harshness harka f., óþýðleiki m.
hart (rauð)hjörtur m.
harum-scarum adj. hvatvís, framhleypinn; adv. hvatvíslega
haruspex (innyfla)spámaður m.
harvest uppskera f., uppskerutími m.; v. skera upp
harvester uppskerumaður m., (machine) kornskurðarvél f.
harvest festival uppskeruhátíð f.
harvest home uppskeruhátíð f., töðugjöld n.pl.
harvest moon uppskerutungl n., hausttungl n.
has v. (pr. **have**)
has-been skrapatól n., forngripur m.
hash kjötkássa f.; (mess) samsull n., ruglingur m.; v. brytja, saxa
hashish hass n.
hash up v. rugla saman, hræra saman
hasp (for a door) hespa f.
hassle (Am.) þræta f.; v. rífast, deila
hassock hnjápúði m., (tussock) grasbrúskur m.
haste flýtir m.; flas n., flaustur n.; **make h.** flýta sér
hasten v. flýta (sér), reka á eftir
hastily adv. snöggt, í skyndi; hvatvíslega
hastiness skjótleiki m., skynding f.; fljótræði n.
hasty adj. skjótur, skyndilegur; fljótfærnislegur

hat hattur m.
hatband hattborði m.
hatch útungun f., klak n.; v. unga út, klekjast
hatch (opening) lúga m., hleri m., op n.
hatch back hlaðbakur m.
hatchery klakstöð f.
hatchet handöxi f.; **bury the h.** semja frið
hatchet man (Am.) leigumorðingi m., leiguþorpari m.
hatchway lúgugat n., lestarop n.
hate hatur n.; v. hata
hateful adj. andstyggilegur, hatursfullur
hatefulness heiftúð f., illvilji m.
hatpin hattprjónn m.
hatrack hattahilla f., hattahengi n.
hatred hatur n., fjandskapur m.
hatter hattagerðarmaður m., (seller) hattasali m.
hat trick (in football) þrenna f.
hauberk hringabrynja f.
haughtiness dramb n., hroki m.
haughty adj. drambsamur, hrokafullur
haul dráttur m., tog n.; v. draga, flytja
haulage vöruflutningar m.pl., (charge) flutningsgjald n.
haul off (Am.) v. reiða til höggs
haunch mjöðm f., (of an animal) lend f., afturpartur m.
haunt dvalarstaður m., athvarf n; v. sækja að, heimsækja oft, ásækja
haunted adj. haldinn reimleikum
haunteur hroki m., dramb n.
haunting adj. ásækinn
have v. hafa, (possess) eiga
have on (clothes) v. vera í
have to v. verða (að), mega til
haven hæli n., skjól n., athvarf n.
haversack ferðapoki m., malur m.
havoc eyðilegging f., tjón n.; **play h.** eyðileggja, umturna
haw humm n.; v. humma, hika
hawk haukur m., fálki m.
hawk v. (sell) falbjóða á götum úti; bera út kvitt
hawker (seller) götusali m., farandsali m.
hawk-eyed adj. haukeygur, fráeygur
hawking fálkaveiðar f.pl.

hawkish adj. hauklegur; herskár, harðsnúinn
hawsehole akkerisrauf f., festarop n.
hawser landfesti f., akkeristaug f.
hawthorn (rósa)þyrnir m.
hay hey n.; **make h.** heyja
haycock heysáta f., heystakkur m.
hay fever heymæði f.; frjókornaofnæmi n.
hayfork heykvísl f.
haymaker heyskaparmaður m., (Am.) kröftugt hnefahögg n.
hayrick heystakkur m., galti m.
haystack heystakkur m., galti m.
haywire heybindivír m.; **go h.** klikka, örvinglast
hazard áhætta f., tvísýna f.; v. hætta; áræða, þora
hazard light neyðarljós n.pl.
hazardous adj. áhættusamur, hættulegur
hazardousness áhættusemi f.
hazard signal hættumerki n.
haze þokumóða f., mistur n.
haze (Am.) v. níðast á, auðmýkja
hazel hesliviður m.; adj. ljósbrúnn, mólitur
hazelnut heslihnot f., heslihneta f.
haziness móða f., þoka f.; óskýrleiki m.
hazy adj. þokukenndur; ruglingslegur, óskýr
H-bomb vetnissprengja f.
he prn. hann
head höfuð n., haus m.; adj. efstur, fremstur; aðal-, forystu-; v. vera efstur, fara fyrir, stefna, stjórna
headache höfuðverkur m.; áhyggjuefni n.
headband ennisband n.
headboard höfuðgafl m.
headcheese (Am.) svínasulta f.
headdress höfuðbúnaður m.
header kollsteypa f.; kollspyrna f., skalli m.; síðuhaus m.
headfirst adv. á hausinn; fljótfærnislega
headgear höfuðbúnaður m.
headhunter hausaveiðari m.
heading yfirskrift f., titill m., haus m.
headlamp framljós n., ökuljós n.
headland höfði m.
headless adj. höfuðlaus; fyrirliðalaus

headlight framljós n., ökuljós n.
headlight aiming ljósastilling f.
headline fyrirsögn f.; v. setja fyrirsögn á
headlines fréttayfirlit n.
headlong adv. á höfuðið; hvatvíslega
head louse (pl. - **lice**) höfuðlús f.
headman (pl. -**men**) höfðingi m., foringi m.
headmaster skólastjóri m.
headmistress skólastýra f.
head of state þjóðhöfðingi m.
head off v. þjóga frá, koma í veg fyrir
head-on adj. & adv. með höfuðið fyrst, framan á
head-on collision framanákeyrsla f.
head over heels á hausinn; upp fyrir haus, gagntekinn
headphones heyrnartól n.
headpiece höfuðfat n., hjálmur m.
headquarters höfuðstöðvar f.pl., aðalskrifstofa f.
headrest höfuðpúði m., hnakkapúði m.
head restraint höfuðpúði m.
headroom lofthæð f., loftrými n.
headset heyrnartól n., eyrnatól n.
headship formennska f.; skólastjórastaða f.
headshrinker hausaveiðari m., (psychiatrist) geðlæknir m.
headstall (of a bridle) höfuðleður m.
headstand höfuðstaða f.; **do a h.** standa á höfði
head start forskot n.
headstone legsteinn m., (keystone) hornsteinn m.
headstrong adj. þrjóskur, staðfastur, ákafur
head waiter yfirþjónn m.
headwaters (of a river) árupptök n.pl.
headway framgangur m.; (of a ship) framskrið n.
headwind mótvindur m., andbyr m.
headword uppsláttarorð n., uppflettiorð n.
heady adj. fljótfær, óforsjáll; áfengur
heal v. lækna, græða, vi. gróa
heal-all (panacea) allra meina bót f., undralyf n.
healer græðari m., (mental) huglæknir m., andalæknir m.

health heilsa f., heilbrigði n., hreysti f.
health centre heilsugæslustöð f.
health certificate læknisvottorð n.
health food heilsufæði n.
healthful adj. heilnæmur, heilsubótar-
healthfulness heilnæmi n.
health resort hressingarstaður m., hvíldarstaður m.
health store náttúrulækningabúð f.
healthy adj. heilbrigður, hraustur; heilnæmur
heap hrúga f.; v. safna í hrúgu, sanka saman
hear v. heyra; frétta, fregna
hearer hlustandi m., áheyrandi m.
hearing heyrn f., (earshot) heyrnarmál n.
hearing aid heyrnartæki n.
hearing test heyrnarpróf n., heyrnarmæling f.
hearken v. hlýða á, hlusta á
hearsay orðrómur m., sögusögn f., kvittur m.
hearse líkvagn m.
heart hjarta n.; **by h.** utanbókar, utanað
heartache hugarangur n., tregi m.
heart attack hjartaslag n., hjartaáfall n.
heartbeat hjartsláttur m.
heartbreak hugarangur n., ástarsorg f.
heartbreaking adj. harmþrunginn, átakanlegur
heartbroken adj. niðurbrotinn, í ástarsorg
heartburn brjóstsviði m., nábítur m.; óánægja f.
heartburning adj. gremja f., sárindi n.pl.
heart disease hjartasjúkdómur m.
hearten vt. hughreysta, uppörva
heart failure hjartabilun f.
heartfelt adj. hugheill, einlægur
hearth arinn m., eldstæði n.; heimili n.
heartily adv. hjartanlega, innilega, ákaflega
heartiness einlægni f., alúð f.; ákafi m.
heartless adj. miskunnarlaus, harðbrjósta
heart rate hjartsláttartíðni f.
heartrending adj. átakanlegur, nístandi
heartsick adj. hugsjúkur, niðurbrotinn
heartstrings hjartarætur f.pl.; dýpstu tilfinningar f.pl.

heartthrob hjartaknúsari m., eftirlætisgoð n.
heart-to-heart adj. hreinskilinn, einlægur
heartwarming adj. hjartanlegur, þelgóður
heartwhole adj. einlægur, hreinskilinn; ósnortinn af ást
heartwood kjarnviður m.
hearty adj. hjartanlegur, hressilegur, glaðvær
heat hiti m., varmi m.; (in sports) lota f.; undanrás f; **on h.** eðlunarfús; v. hita; hitna
heated adj. heitur, reiður, æstur
heater hitari m., hitatæki n.
heath (lyng)heiði f., lyng n.
heathen heiðingi m., barbari m.; adj. heiðinn
heathendom heiðindómur m., heiðni f.
heathenish adj. heiðinn; ósiðmenntaður, skrælingja-
heathenism heiðni f., heiðingjaháttur m.
heather beitilyng n.
heathery adj. lyngvaxinn, lynggróinn
heating (upp)hitun f.
heat pump varmadæla f.
heat rash kláðaútbrot (vegna hita) n.pl.
heatstroke hitaslag n.
heat wave hitabylgja f.
heave lyfting f., átak n.; v. hífa, lyfta
heave v. (p., pp. **hove**) stöðva; **h. in sight** koma í augsýn
heaven himinn m., himnaríki n.
heavenly adj. himneskur; unaðs-, sælu-
heavenly body himintungl n.
heaven-sent adj. kærkominn
heavenward(s) adv. til himins
heave on v. (pull) draga, toga
heave to v. hleypa upp í vindinn, stöðva
heave up v. (vomit) kasta upp, kúgast
heavily adv. þunglega, þunglamalega
heavy adj. þungur, þunglamalegur; þungbær; þungbúinn
heavy-armed adj. þungvopnaður
heavy-duty adj. slitþolinn, sterkur
heavy-handed adj. klunnalegur; harkalegur, harður
heavy-hearted adj. hryggur, dapur í bragði
heavy industry stóriðja f.

heavy-laden adj. þungt hlaðinn, (worried) þjakaður
heavy petting ástaratlot n., þukl n., káf n.
heavy rock þungarokk n.
heavy-set adj. sterkbyggður, þrekvaxinn
heavyweight adj. þungavigtar-
hebdomadal adj. vikulegur
Hebraic adj. hebreskur
Hebrew Hebrei m., gyðingur m., (language) hebreska f.; adj. hebreskur
Hebridean Suðureyingur m.; adj. suðureyskur
Hebrides Suðureyjar f.pl.
hecatomb hundraðsfórn f., stórslátrun f.
heck interj. helvíti, déskoti
heckle v. grípa fram í fyrir
heckler gjammari m., strigakjaftur m.
hectare hektari m.
hectic adj. erilsamur, (feverish) rjóður, sóttheitur
hector yfirgangsseggur m.; v. (bully) kúga, hræða
hedge limgerði n.; v. girða; fara undan í flæmingi
hedgehog broddgöltur m.
hedgehop v. (in a plane) fljúga lágflug
hedge in v. umlykja, loka inni
hedgerow limgarður m., limgerði n.
hedge sparrow runntítla f.
hedonism sældarhyggja f.; sællífi n., nautnalíf n.
hedonist hedonisti m., lífsnautnaseggur m.
hedonistic adj. sældarhyggju-; sællífis-, nautna-
heed athygli f., gaumur m.; v. taka eftir, sinna
heedful adj. gætinn, tillitsamur
heedless adj. andvaralaus, gálaus
heedlessness skeytingarleysi n., gáleysi n.
heehaw (bray) rymur m., (loud laugh) hrossahlátur m.
heel hæll m.; v. hæla, (follow) fylgja fast á hæla e-m
heel over v. halla(st) á hliðina
hefty adj. stæltur, þróttmikill; þungur
hegemony forysta f., forræði n.
heifer kvíga f.

height → herbalist

height hæð f.; hátindur m., hámark n.
heighten v. hækka, styrkja(st), auka(st)
heinous adj. svívirðilegur, viðbjóðslegur
heir erfingi m.
heir apparent (pl. **heirs apparent**) óumdeildur arftaki m.
heiress (female) erfingi m.
heirloom erfðagripur m.
heist (Am.) rán n. stuldur m.; v. ræna, stela
held v. (p., pp. **hold**)
helical adj. gormlaga, skrúflínulaga
helicopter þyrla f., þyrilvængja f.
heliocentric theory sólmiðjukenning f.
heliograph sólriti m., ljósmerkjasendir m.
helioscope sólsjá f.
heliotherapy sóllækningar f.pl., sólböð n.pl.
helipad þyrlulendingarsvæði n.
heliport þyrluflugvöllur m.
helix gormlína f., skrúflína f.; hvirfing f.
hell helvíti n.
hellbent adj. harðákveðinn
hellcat kvenskass n., norn f.
Hellene Helleni m., Forn-Grikki m.
Hellenic adj. hellenskur, forngrískur
Hellenistic adj. hellenískur, síðgrískur
hellish adj. helvískur, bölvaður
helm (tiller) stýri n., stýrishjól n.
helmet (öryggis)hjálmur m.
helmsman (pl. **-men**) stýrismaður m.
helot (slave) þræll m.
help hjálp f.; v. hjálpa, aðstoða
helper hjálparmaður m., hjálparhella f.
helpful adj. hjálpsamur, hjálpfús; gagnlegur
helpfulness hjálpsemi f., gagnsemi f.
helping (portion) matarskammtur m.
helpless adj. hjálparlaus, ósjálfbjarga
helplessly adv. úrræðaleysislega
helplessness hjálparleysi n., úrræðaleysi n.
helpmate aðstoðarmaður m.; maki m.
help menu hjálparvalmynd f.
help oneself to v. (food) ná sér í, fá sér
helter-skelter adj. asafenginn; adv. í allar áttir; á ringulreið
helter-skelter (in a fairground) spíralrennibraut f.

helve (axar)skaft n.
hem (klæða)faldur m.; v. falda
hem (Am.) humm n.; ræskingarhljóð n.; v. humma, hika; ræskja sig
he-man (pl. **he-men**) karlmenni n., hraustmenni n.
hematology blóðfræði f.
hem in v. loka inni, umkringja
hemisphere hálfkúla f., jarðar(hálf)-hvel n.
hemline (klæða)faldur m.
hemlock óðjurt f., (poison) óðjurtarseyði n.
hemoglobin blóðrauði m.
hemophilia dreyrasýki f., síblæði n.
hemophiliac blæðari m., dreyrasýkissjúklingur m.
hemophilic adj. dreyrasjúkur
hemorrhage blæðing f.
hemorrhoids (Am.) gyllinæð f.
hemostasis blóðrásarstöðvun f.
hemp hampur m., (narcotic) hass n.
hemstitch húlföldun f., gatasaumur m.
hen hæna f.
henbane nornajurt f., hundabani m.
hence adv. (therefore) þess vegna; héðan (í frá)
henceforth adv. upp frá þessu, framvegis
henceforward adv. upp frá þessu, framvegis
henchman (pl. **-men**) fylgismaður m., handbendi n.
hencoop hænsnabúr n.
hen house hænsnahús n.
hen party kvennasamkvæmi n., kerlingapartí n.
henpecked adj. (of a man) kúgaður, undir hælnum
hep (Am.) adj. nýtískulegur
hepatitis lifrarbólga f.
heptagon sjöhyrningur m.
her prn. hana, henni, (possessive) hennar
herald kallari m., boðberi m.; v. boða, tilkynna
heraldic adj. skjaldarmerkja-
heraldry skjaldarmerkjafræði f.
herb kryddjurt f.
herbaceous adj. jurtar-, jurtakenndur
herbalist grasamaður m., grasalæknir m.

herbicide illgresiseyðir m.
herbivore jurtaæta f., grasbítur m.
herbivorous adj. jurtaætu-, grasætu-
herculean adj. rammur (að afli); tröllaukinn
herculean task þrekvirki n., stórvirki n.
herd hjörð f.; mannfjöldi m., skríll m.; v. reka hjörð, gæta; hópast saman
herdsman (pl. **-men**) hirðir m., smali m.
here adv. hér, hérna, (to here) hingað
hereabout(s) adv. hér í kring, hér nærri
hereafter framhaldslíf n.; adv. héðan í frá, hér eftir
hereby adv. hér með
hereditary adj. arfgengur, ættgengur
heredity arfgengi n., ættgengi n.
herein adv. á þessum stað, hér í
hereinafter adv. hér eftir, síðar
hereof adv. um þetta, varðandi þetta
heresy villutrú f., trúvilla f.
heretic villutrúarmaður m., trúvillingur m.
heretical adj. villutrúar-
hereto adv. hingað, að þessum stað
heretofore adv. hingað til, til þessa
hereunder adv. eftirfarandi, hér á eftir
hereupon adv. um þetta; hér eftir, strax á eftir
herewith adv. hér með
heritable adj. arfgengur, ættgengur
heritage arfleifð f., arfur m.
hermaphrodite tvíkynjungur m.
hermaphroditic adj. tvíkynja
hermetic(al) adj. (airtight) loftþéttur
hermit einsetumaður m.
hermitage einsetubýli n.
hernia (rupture) kviðslit n., haull m.
hero hetja f.
heroic adj. hetjulegur, hetju-
heroic age hetjuöld f., hetjusagnaöld f.
heroically adv. hetjulega
heroic couplet ensk tvíhenda f.
heroics (speech) digurmæli n., (action) hetjutilburðir m.pl.
heroin heróín n.
heroine kvenhetja f.
heroism hetjuskapur m., hetjudáð f.
heron hegri m.
hero worship hetjudýrkun f.
herpes simplex áblástur m.
herpes zoster (shingles) ristill m.
herpetology skriðdýrafræði f.
herring síld f.
herringbone síldarbein n., síldarbeinsmynstur n.
herring gull silfurmávur m.
hers prn. hennar
herself prn. hún sjálf, sig, sér
hertz rið á sekúndu n.
hesitance hik n., efablendni f.
hesitancy hik n., efablendni f.
hesitant adj. hikandi, efablandinn, óráðinn
hesitate v. hika, vera í vafa, vera óráðinn
hesitation hik n., efablendni f.
hessian umbúðastrigi m.
heterodox adj. villutrúar-, rangtrúaður; óhefðbundinn
heterodoxy trúvilla f., rangtrúnaður m.
heterogeneous adj. misleitur, ólíkur, sundurleitur
heterosexual adj. kynvís
heterotroph ófrumbjarga lífvera f.
heuristic adj. (of education) leitandi, leitar-
heuristic method brjóstvitsaðferð f.
hew v. höggva (til), meitla
hewn v. (pp. **hew**)
hex (Am.) álög n.pl.; v. galdra, leggja á
hexadecimal adj. sextánskur
hexagon sexhyrningur m.
hexagram sexhyrnd stjarna f., Davíðsstjarna f.
hexameter (in poetry) sexliðaháttur m.
heyday hátindur m., blómaskeið n.
hiatus rof n., gat n., eyða f.; hljóðgap n.
hibernate v. leggjast í vetrardvala
hibernation vetrardvali m.
hibiscus læknakólfur m.
hiccough hiksti m.; v. hiksta
hiccup hiksti m.; v. hiksta
hick (Am.) sveitamaður m., afdalabúi m.
hickory hikkoría f., harðhnota f.
hidden adj. falinn, hulinn, leyndur
hide v. fela (sig), leyna(st)
hide skinn n., gæra f., húð f.
hide-and-seek feluleikur m.
hideaway felustaður m., athvarf n.
hidebound adj. (of people) þröngsýnn, þvermóðskufullur

hideous adj. forljótur, herfilegur, hræðilegur
hideout felustaður m., fylgsni n.
hiding (beating) hýðing f., flenging f.
hiding felur f.pl.; **go into h.** fela sig
hiding place felustaður m.
hie oneself v. flýta sér, hraða sér
hierarch æðstiprestur m., trúarleiðtogi m.
hierarchical adj. stigveldis-, stigskipunar-; klerkaveldis-
hierarchy stigveldi n., stigskipt kerfi n.; klerkaveldi n.
hieroglyph helgirún f., myndleturstákn n.
hieroglyphics myndletur n.; hrafnaspark n.
hi-fi (set) hágæðahljómtæki n., græjur f.pl.
higgledy-piggledy adj. tætingslegur; adv. allt á ringulreið
high hátt mark n., hástig n.; (anticyclone) hæð f.; adj. hár; adv. hátt
highball (Am.) viskí n., koníak n. (blandað vatni)
high beam hágeisli m.
highborn adj. ættgöfugur, eðalborinn
highbred adj. ættgöfugur, (well-mannered) kurteis
highbrow menningarviti m.; adj. hámenningar-
high chair barnastóll m.
high-class adj. fyrsta flokks, úrvals-
high commissioner (of the Commonwealth) sendiherra m.
high court hæstiréttur m.
highest bidder adj. hæstbjóðandi
highfalutin adj. raupsamur, mikillátur
high-fidelity (set) hágæðahljómtæki n., græjur f.pl.; adj. hágæða-
high-flier metorðagjarn maður m., draumóramaður m.
high-flown adj. háfleygur, hástemmdur; óraunsær
high-flying adj. háfleygur; metnaðargjarn
high frequency hátíðni f.
High German háþýska f.
high-grade adj. fyrsta flokks, úrvals-
high-handed adj. yfirgangssamur, ráðríkur

high-handedness yfirgangur m., ráðríki n., hroki m.
high horse yfirlæti n.; **get on one's h.** setja sig á háan hest
high jinks læti n.pl., hasar m.
high jump hástökk n.
high jumper hástökkvari m.
highland hálendi n.
Highlander Háskoti m.
highlander hálendingur m.
Highland fling skoskur ræll m.
Highlands skosku hálöndin n.pl.
high-level adj. háttsettur, valdamikill
high-level language æðra forritunarmál n.
high-life skemmtanalíf fína fólksins n.
highlight lýstur flötur m.; hápunktur m.; v. varpa skæru ljósi á; auðkenna
highlighting auðkenning f.
highly adv. mjög, ákaflega, afar; hátt
high-minded adj. göfuglyndur, veglyndur; stoltur
high-mindedness göfuglyndi n., veglyndi n.; stolt n.
Highness hátign f.; **Your H.** yðar hátign
high noon hádegi n.; hátindur m.
high official háttsettur embættismaður m.
high quality hágæði n.
high-pitched adj. hár, skerandi, (of a roof) brattur
high-powered adj. kraftmikill, mjög mikilvægur
high-pressure adj. háþrýsti-, hæðar-; ýtinn, ágengur
high priest æðstiprestur m., leiðtogi m.
high relief rismynd f.
high-resolution adj. fíngerður, fínleysinn
high-rise háhýsi n.; adj. marga hæða, mjög hár
highroad þjóðvegur m., (easiest way) öruggasta leiðin f.
high school (almennur) framhaldsskóli m.
high school graduate (Am.) gagnfræðingur m.
high seas úthöf n.pl.
high season háannatími m., álagstími m.
high society fína fólkið n., fyrirfólkið n.
high-sounding adj. hástemmdur, háfleygur

high-spirited → hither and thither 194

high-spirited adj. hugrakkur, (lively) fjörmikill, líflegur
high-strung adj. taugaspenntur, taugaóstyrkur
high tea (léttur) kvöldverður m.
high technology, high tech hátækni f.
high tension háspenna f.
high-tension wires háspennuraftaugar f.pl.
high tide háflóð n., háflæði n.; hástig n.
high time síðustu forvöð n.pl.
high treason landráð n., föðurlandssvik n.pl.
high water (of a river) háflæði n.
high water mark háflæðimörk n.pl.; hátindur m., hámark n.
highway þjóðvegur m., (best way) beinasta leiðin f.
Highway Code umferðarlögin n.pl.
highwayman (pl. -men) stigamaður m.
hijack v. ræna (flutningatæki)
hijacker (flugvélar)ræningi m.
hijacking (flug)rán n.
hike gönguferð f.; v. ferðast gangandi, þramma
hike up (Am.) v. hækka, lyfta, (hitch up) kippa í, toga
hiker göngumaður m.
hilarious adj. gáskafullur, bráðskemmtilegur
hilarity kátína f., glaðværð f.
hill hæð f., hóll m.
hillbilly fjallabúi m., sveitamaður m.
hillock hóll m.
hillside hlíð f., brekka f.
hilltop hæðarbrún f., brekkubrún f.
hilly adj. hæðóttur
hilt (of a sword) meðalkafli m., handfang n.
him prn. (object form of **he**) hann, honum, hans
himself prn. (hann) sjálfur, sig, sér
hind adj. aftur-
hind (female deer) hind f., hjartarkolla f.
hindbrain afturheili m., mænuheili m.
hinder v. hindra, tálma, tefja
hindquarters (of an animal) afturhluti m.
hindrance hindrun f., tálmi m.
hindsight eftirhyggja f.
Hindu hindúi m.; adj. hindúatrúar-
Hinduism hindúatrú f.
hinge löm f., hjör f.; liður m.; aðalatriði n.
hinge (up)on v. velta á, vera undir (e-u) kominn
hint (vís)bending f.; vottur m., ögn f.
hint at v. gefa í skyn, ýja að
hinterland upplönd n.pl., dreifbýli n.
hip mjöðm f., lend f.
hip adj. nýtískulegur, flottur, stæl-
hipbone mjaðmarbein n.
hip flask vasapeli m., fleygur m.
hip joint mjaðmarliður m.
hippie hippi m.
hippodrome skeiðvöllur m., vallarsvæði n.
hippopotamus flóðhestur m.
hipster stælgæi m.; adj. mjaðma-
hire leiga f.; **for hire** til leigu
hire v. taka á leigu, leigja, ráða
hireling leiguþjónn m., leiguþý n.
hire out v. leigja (út), lána gegn gjaldi
hire-purchase afborgunarkaup n.pl.
hirer leigutaki m., leigjandi m.
hirsute adj. loðinn, hárugur; úfinn
hirudinean igla f., blóðsuga f.
his prn. hans
hiss hvæs n., blístur n.; v. hvæsa, blístra
hiss off v. baula niður, blístra
histogram súlurit n., stöplarit n.
histologist vefjafræðingur m.
histology vefjafræði f.
historian sagnfræðingur m.
historic adj. sögufrægur; sögulegur
historical adj. sögulegur; sagnfræðilegur, sögu-
historic(al) present frásagnarnútíð f.
historicism söguhyggja f., sögustefna f.
history saga f., sagnfræði f.; forsaga f.
histrionic adj. leiklistar-; uppgerðarlegur
histrionics leiklist f.; leikaraskapur m.
hit högg n.; v. slá, hitta, hæfa
hit-and-run driver bílstjóri sem hverfur af slysstað m.
hitch rykkur m., tog n., (impediment) fyrirstaða f., agnúi m.; v. festa (með krók), binda; ferðast á puttanum
hitchhike v. ferðast á puttanum
hitchhiker puttalingur m.
hitch up v. kippa í, rykkja, toga
hither and thither adv. hingað og þangað

hitherto adv. hingað til, allt til þessa
hit off v. herma eftir, ná vel
hit-or-miss adj. tilviljunarkenndur
hit out at v. ráðast á, gagnrýna harkalega
hit parade vinsældalisti m.
hit song (vinsælt) dægurlag n., smellur m.
hit (up)on v. finna, detta niður á
hive býflugnabú n.
hive off v. hverfa, gufa upp; kljúfa sig úr
hives ofsakláði m.
hoard forði m.; v. nurla (saman), hamstra
hoarder hamstrari m., nurlari m.
hoarding timburþil n., skíðgarður m.; auglýsingaskilti n.
hoarfrost hrím n., héla f.
hoarse adj. hás, rámur
hoarseness hæsi n., ræma f.
hoary adj. hvítur, grár
hoax gabb n., blekking f.; v. gabba
hobble v. haltra, stinga við; hefta
hobby tómstundaiðja f., áhugamál n.
hobbyhorse rugguhestur m.; hjartans mál n.
hobgoblin búálfur m., bæjarvættur m.
hobnob v. umgangast náið, skeggræða við
hobo (Am.) umrenningur m., flækingur m.
hock (in animals) hækilbein n., (wine) rínarvín n.; **in h.** (pawned) veðsettur, (prison) í fangelsi
hockey (ís)hokkí n.
hocus-pocus hókus-pókus m., töfrabrögð n.pl.
hod (steypu)trog n.
hodgepodge (Am.) samsull n., (leifa)kássa f.
hodman (pl. -**men**) handlangari m.
hoe hlújárn n.
hog (Am.) alisvín n.; sóði m.; átvagl n.
hoggish adj. svínslegur, gráðugur, (selfish) eigingjarn
Hogmanay (in Scotland) gamlárskvöld n.
hogshead áma f. (Br. = 238,5 l.; Am. = 234,5 l.)
hogwash (Am.) bull n., vitleysa f.
hogweed tröllahvönn f.
hoi polloi almúginn m., lýðurinn m.

hoist lyfting f., hífing f.; v. lyfta, hífa
hoity-toity adj. þóttafullur, stærilátur
hold hald n., tak n., festa f., (in a ship) lest f.; v. halda á, (contain) rúma, taka
hold against v. ásaka, núa um nasir
hold back v. halda aftur af; láta ekki uppi
hold by v. standa við; vera sammála
hold down v. halda niðri; kúga, bæla
holder (person) handhafi m., (container) ílát n.
hold forth v. þenja sig, láta móðan mása
holding (landar)eign f.
holding company móðurfyrirtæki n.
holdings (shares) hlutabréfaeign f.
hold off v. halda sig í fjarlægð; fresta
hold on v. (wait) hinkra, bíða, (continue) halda áfram
hold out v. halda út, (offer) bjóða, (last) endast
hold over v. (delay) fresta
hold-up (a delay) töf f., seinkun f.; vopnað rán n.
hold up v. tefja, seinka; ræna; taka sem fyrirmynd
hold with v. vera sammála, vera hlynntur
hole hola f., gat n.; v. gera gat á, hola
hole up (Am.) v. fara í felur
holiday helgidagur m., frídagur m.; (Br.) sumarfrí n.
holiday camp orlofsbúð f.
holidaymaker orlofsgestur m., maður í sumarfríi m.
holiday resort orlofsstaður m.
holiness heilagleiki m.
holler (Am.) hróp n., kall n.; v. hrópa, kalla
hollow hola f., dæld f.; adj. holur, (cheeks) kinnfiskasoginn, (not real) falskur, innantómur
hollow-eyed adj. sokkineygður, inneygður
hollow out v. hola innan
holly jólaviður m., kristþyrnir m.
hollystock vetrarstokkrós f.
holocaust brennifórn f.; gereyðing f., blóðbað n.
holograph eiginhandarrit n.; adj. eiginhandar-
holothurian sæbjúga f., brimbútur m.
holster (byssu)hulstur n., slíður n.

holy → honeymoon 196

holy adj. heilagur, helgur
Holy Communion altarissakramenti n.; altarisganga f.
Holy Ghost heilagur andi m.
Holy Grail gral n., heilagur bikar m.
Holy Land Landið helga, Palestína f.
Holy Saturday laugardagur fyrir páska m.
Holy See páfadómur m., páfastóll m.
Holy Sepulchre gröfin helga f.
Holy Spirit heilagur andi m.
Holy Thursday uppstigningardagur m., (before Easter) skírdagur m.
Holy Week dymbilvika f., kyrra vika f.
Holy Writ Heilög ritning f., Biblían f.
homage virðing f., hollustueiður m.
home heimili n.; adv. (at home) heima, (to home) heim, (from home) heiman
home appliances heimilistæki n.pl.
home brew heimabrugg n.
homecoming heimkoma f.
home computer heimilistölva f.
home economics (Am.) hússtjórnarfræði f., heimilisfræði f.
home for battered wives kvennaathvarf n.
home front heimavígstöðvar f.pl.
homegrown adj. heimaræktaður
home help heimilisþjónusta f., húshjálp f.
home in on v. stefna beint að
home insurance heimilistrygging f.
homeland ættjörð f., föðurland n.
homeless adj. heimilislaus
homelessness heimilisleysi n., húsnæðisleysi n.
homelike adj. heimilislegur, þægilegur
homely adj. heimilislegur, íburðarlaus; (Am.) fábrotinn
homemade adj. heimatilbúinn, heimaunninn
home office aðalskrifstofa f.
Home Office (Br.) innanríkisráðuneytið n.
home owner húseigandi m.
home owner's insurance heimilistrygging f.
home plate (in baseball) heimahöfn f.
home port heimahöfn f.
home rule heimastjórn f., sjálfstjórn f.
Home Secretary (Br.) innanríkisráðherra m.

home stretch lokasprettur m., endasprettur m.
home trade innanlandsviðskipti n.pl.
home truth óþægilegur sannleikur m.
Homeric adj. hómerskur, Hómers-; sögulegur, hetjulegur
Homeric laughter óstöðvandi hlátur m.
homesick adj. með heimþrá
homesickness heimþrá f.
homespun adj. heimaspunninn; einfaldur, óbrotinn
homestead býli n., búgarður m., (Am.) landnámsjörð f.
hometown heimabær m., heimaborg f.
homeward(s) adv. heimleiðis, heim á leið
homework heimavinna f., heimanámsefni n.
homey adj. (Am). heimilislegur, hlýlegur
homicidal adj. manndráps-; morðfíkinn
homicide manndráp n., (murderer) manndrápari m.
homiletics predikunarfræði f.
homily stólræða f., predikun f.
homing adj. ratvís, (missiles) sjálfstýrður
homing pigeon bréfdúfa f.
homoeopath hómópati m., smáskammtalæknir m.
homoeopathy smáskammtalækningar f.pl.
homogeneity einsleitni f.
homogeneous adj. einsleitur, samskonar, jafn
homogenize vt. gera einsleitan
homogenized milk fitusprengd mjólk f.
homosexual kynhverfingur m.; adj. kynhverfur
homosexuality samkynhneigð f., kynvilla f.
hone brýni n.; v. brýna, skerpa
honest adj. heiðarlegur, ráðvandur
honestly adv. heiðarlega; virkilega, í raun og veru
honesty heiðarleiki m., ráðvendni f.
honey hunang n., (darling) elskan f.
honeybee hunangsfluga f.
honeycomb vaxkaka f.; gatamynstur n.
honeydew hunangsdögg f.
honeyed adj. hunangssætur
honeymoon hveitibrauðsdagar m.pl., brúðkaupsferð f.

honeysuckle geitatoppur m.
honk v. garga; flauta, þeyta (bíl)lúður
honorarium þóknun f.
honorary adj. heiðurs-, ólaunaður
honorific adj. virðingar-, heiðurs-
honour heiður m., (esteem) virðing f.
honourable adj. heiðarlegur, virðingarverður
honourably adv. heiðarlega, sómasamlega
honour guard heiðursvörður m.
honour roll heiðurslisti m.
honours virðingarvottur m., heiðursveiting f.
hooch (Am.) brennivín n., heimabrugg n.
hood hetta f., (Am.) vélarhlíf f.
hooded seal blöðruselur m.
hoodlum bófi m., ofbeldisseggur m.
hoodwink v. pretta, blekkja
hoof hófur m., (cow) klaufir f.pl.
hoofbeat hófadynur m.
hook krókur m., (fish-) öngull m.; v. krækja í
hookah vatnsreykjarpípa f.
hooked adj. boginn, bjúgur; ánetjaður, háður
hooker (Am.) vændiskona f., mella f.
hook-nosed adj. með kónganef
hook-up samtenging f.
hookworm krókormur m.
hooky (Am) skróp n.; **play h.** skrópa í skóla
hooligan óeirðaseggur m., skemmdarvargur m.
hooliganism óspektir f.pl.; spellvirki n.
hoop (tunnu)gjörð f.; v. gyrða
hooping cough kíghósti m.
hoopla hringakast n.; hávaði m., gauragangur m.
hoopoe herfugl m.
hoot ugluvæl n.; flaut n.; v. væla; flauta, pípa
hoot down v. hrópa niður, baula niður
hootenanny (Am.) vísnavinafundur m., þjóðlagakvöld n.
hooter sírena f., (bíl)flauta f.; nef n.
hoover ryksuga f.; v. ryksuga
hooves (pl. of hoof)
hop hopp n., skopp n.; v. hoppa, skoppa
hop (a plant) humall m.

hope von f.; v. vona, vonast til
hope chest (Am.) brúðarkistill m.
hopeful adj. vongóður, (promising) efnilegur
hopefully adj. vonandi
hopeless adj. vonlaus, úrkula vonar
hopelessness vonleysi n., örvænting f.
hopper skammtari m., trekt f., (creature) stökkdýr n.
hop-picker humaltínari m., (machine) humaltína f.
hopscotch parís m., paradísarleikur m.
hop, skip, and jump (Am.) þrístökk n.
hop, step, and jump (triple jump) þrístökk n.
horde hjörð f., mergð f.; hirðingjasveit f.
horizon sjóndeildarhringur m., sjónarsvið n.
horizontal adj. láréttur; flatur, sléttur
horizontal coordinate láhnit n., x-ás m.
horizontally adv. lárétt
hormone hormón n., kirtlavaki m.
horn horn n.; lúður m.; (vél)flauta f.
hornbeam agnbeyki n.
hornbill horni m., nashyrningsfugl m.
hornblende hornblendi n.
horned adj. hyrndur, hornóttur
horned grebe (Am.) flórgoði m.
hornet vespa f., geitungur m.
horn in v. sletta sér fram í, blanda sér í
hornito (pl. **hornitos**) hraundrýli n.
horn of plenty (cornucopia) gnægtarhorn n.
hornpipe fjörugur dans m.
horn-rimmed glasses hornspangargleraugu n.pl.
horny adj. harður, (of a man) graður, kvensamur
horology úrsmíði m.; tímamælingarfræði f.
horoscope stjörnuspákort n.
horrendous adj. hryllilegur, hræðilegur
horrible adj. hryllilegur, hræðilegur
horrid adj. andstyggilegur, ömurlegur
horrific adj. skelfilegur, ógurlegur
horrify vt. hræða, skelfa
horror skelfing f., hryllingur m., viðbjóður m.
horror-stricken adj. skelfingu lostinn
horror-struck adj. skelfingu lostinn

hors-d'oeuvre forréttur m.
horse hestur m., hross n.
horse-and-buggy adj. fornfálegur, gamaldags
horse around v. tuskast; láta illa, vera óþekkur
horseback hestbak n.
horsebox hestaflutningakerra f.
horse chestnut hestakastanía f.
horsefly kleggi m.
horselaugh hrossahlátur m., stórkarlahlátur m.
horseman (pl. **-men**) hestamaður m., reiðmaður m.
horsemanship hestamennska f.
horsemeat hrossakjöt n.
horse mussel aða f., öðuskel f.
horse opera vestri m., kúrekamynd f.
horseplay ólæti n.pl., ærsl n.pl.
horsepower hestafl n.
horseracing kappreiðar f.pl.
horseradish piparrót f.
horse sense heilbrigð skynsemi f., brjóstvit n.
horseshoe skeifa f.
horseshoer járningamaður m.
horsetail tagl n.
horse trader (hesta)prangari m., braskari m.
horse-trading hrossakaup n.pl.
horsetrainer tamningamaður m.
horsewhip hestasvipa f., keyri n.; v. slá með svipu
horsewoman (pl. **-women**) hestakona f., reiðkona f.
horsy adj. áhugasamur um hesta
hortative adj. hvetjandi; brýnandi, áminnandi
horticultural adj. garðyrkju-
horticulturalist garðyrkjufræðingur m.
horticulture garðyrkjufræði f., garðyrkja f.
hose (vatns)slanga f.; v. sprauta (á), spúla
hose clip slönguklemma f.
hose connection slöngutengi n.
hosepipe (vatns)slanga f.
hosier sokkavörusali m.
hosiery sokkavörur f.pl.; prjónavörur f.pl.
hospice greiðastaður n., sæluhús n.
hospitable adj. gestrisinn

hospital spítali m., sjúkrahús n.
hospitality gestrisni f.
hospitalization innlögn á sjúkrahús f.
hospitalize vt. leggja inn á sjúkrahús
host gestgjafi m., veitingamaður m.; v. vera gestgjafi; sjá um, kynna
host (a great number) fjöldi m., sægur m., herskari m.
hostage gísl m.
hosteller gestur á farfuglaheimili m.
hostess gestgjafi m., veitingakona f.
hostile adj. óvinveittur, fjandsamlegur; óvina-
hostilities hernaðarátök n.pl.
hostility óvinátta f., fjandskapur m.
hostler (Am.) hestasveinn m.
hot adj. heitur, (taste) bragðsterkur
hot air píp n., þvaður n.
hotbed (of evil things) gróðrarstía f.
hot-blooded adj. blóðheitur, (passionate) ástríðufullur
hotchpotch samsull n., (leifa)kássa f.
hot dog pylsa (í pylsubrauði) f.
hot-dog stand pylsuvagn m.
hotel hótel n., gistihús n.
hotelier hótelhaldari m.
hotel accommodation gisting á hóteli f.
hotel register gestabók á hóteli f.
hotfoot adv. í snarhasti; v. skunda, flýta sér
hothead æðikollur m., skapbráður maður m.
hotheaded adj. bráðlyndur, örgeðja; fljótfær
hothouse gróðurhús n.
hot line beint símasamband n.
hotly adv. harðlega, af kappi
hotplate suðuhella f.
hotpot kjötkássa með grænmeti f.
hot potato hitamál n., vandræðamál n.
hot rod (Am.) tryllitæki n.
hot seat rafmagnsstóll m.; klípa f.
hot spring hver m.; laug f.
hot-tempered adj. bráðlyndur, uppstökkur
hot up v. æsast, glæðast
hot water erfiðleikar m.pl., klípa f.
hot-water bottle hitapoki m.
hound veiðihundur m.; v. veiða með hundum; hundelta

hour klukkustund f., tími m.
hourglass stundaglas n.
hour hand (on a clock) litli vísirinn m.
hourly adv. á klukkutíma fresti
hourly employee tímakaupsmaður m.
hourly work tímakaup n.
house hús n.; v. hýsa
house agent fasteignasali m.; leigumiðlari m.
houseboat húsbátur m.
houseboy vikapiltur m.
housebreaker innbrotsþjófur m.
housebroken (Am.) adj. (of pets) húsvaninn, vel vaninn
housecoat (worn by women) innisloppur m.
housecraft hússtjórn f.
housefly húsfluga f.
household heimilisfólk n.; heimilishald n.
household appliances búsáhöld n.pl.
household effects búslóð f.
householder húsráðandi m.
household word alþekkt orð n.
housekeeper ráðskona f., húsfreyja f.
housekeeping heimilishald n., bústjórn f.
housemaid þjónustustúlka f., vinnukona f.
houseman (pl. **-men**) læknakandidat m.
house martin bæjasvala f.
house mouse (pl. - **mice**) húsamús f.
house of cards spilaborg f.; loftkastali m.
House of Commons neðri málstofa (breska þingsins) f.
House of Lords lávarðadeild (breska þingsins) f.
House of Representatives fulltrúadeild (Bandaríkjaþings) f.
house-proud adj. húslegur
Houses of Parliament bresku þinghúsin n.pl.
house sparrow gráspör m.
housetop húsþak n.; **shout from the h.** básúna, breiða út
housetrained adj. (of pets) húsvaninn, vel vaninn
housewife húsmóðir f.
housewifely adj. húsmóðurlegur, húslegur
housewifery húsmóðurstarf n.; heimilishald n.
housework húsverk n., heimilisstörf n.pl.

housing húsnæði n.; (engine) hlíf f., hásing f.
housing association byggingarfélag n.
housing estate íbúðabygging f., bæjarblokk f.
housing project (Am.) íbúðabygging f., bæjarblokk f.
housing shortage húsnæðisskortur m.
hovel hreysi n., hjallur m.
hover v. sveima, svífa
hovercraft svifnökkvi m., svifbátur m.
how adv. hvernig; hversu, hve
howbeit adv. samt sem áður
however adv. (no matter how) hvernig sem, sama hve; (nevertheless) samt sem áður
howitzer sprengjuvarpa f.
howl gól n., ýlfur n.; v. (span)góla, væla
howler (silly mistake) glappaskot n., afglöp n.pl.
howling adj. (very great) stórkostlegur, dúndrandi
howsoever adv. hvernig sem; hversu ... sem
hoyden (tomboy) stelpugopi m., óhemja f.
hoydenish adj. (of a girl) ódæll, frenjulegur
hub hjólnöf f.; miðdepill m., þungamiðja f.
hubble-bubble vatnsreykjarpípa f.
hubbub kliður m., hávaði m.
hubcap hjólkoppur m.
hubris hroki m., dramb n.
huckleberry (steina)bláber n.
huckster (hawker) götusali m., farandsali m.
huddle þyrping f., þvaga f.; v. þyrpast saman; hnipra sig (saman)
hue litblær m., blæbrigði n.
hue and cry hróp og köll n.pl.
huff v. (puff) blása, mása
huff reiðikast n.; **go into h.** fara í fýlu
huffy adj. önuglyndur, fúll, fyrtinn
hug faðmlag n.; v. faðma, þrýsta að sér
huge adj. gríðarstór, feikilegur
hugely adv. gríðarlega, ákaflega
hugger-mugger (secrecy) leynd f., (disorder) ringulreið f.

hulk (gamall) skipskrokkur m.; rumur m., beljaki m.
hulking adj. þrekvaxinn, klunnalegur
hull (skips)skrokkur m.
hull (of grain) hýði n.; vt. afhýða, pilla
hullabaloo gauragangur m., ólæti n.pl.
hull insurance kaskótrygging f.
hum suð n.; v. suða; raula, söngla
human adj. mannlegur, mennskur, mann-
human being mannvera f., manneskja f.
humane adj. mannúðlegur
humanism húmanismi m.; (forn)menntastefna f.
humanitarian mannvinur m.; adj. mannúðlegur, mannúðar-
humanitarianism mannúðarstefna f.
humanities fornmenntir f.pl.; hugvísindi n.pl.
humanity mannkyn n.; manngæska f.
humanize v. gera mannúðlegan / mannlegan
humankind mannkyn n.
human rights (almenn) mannréttindi n.pl.
humble adj. auðmjúkur; lágt settur; fábrotinn; v. auðmýkja, lítillækka
humbug (trickery) gabb n., (nonsense) þvættingur; v. blekkja, gabba
humdrum adj. hversdagslegur, tilbreytingarlaus
humerus (pl. **humeri**) upphandleggsbein n.
humid adj. (of air) rakur
humidifier rakagjafi m., rakatæki n.
humidity (loft)raki k.; rakastig n.
humiliate v. auðmýkja, niðurlægja
humiliation auðmýking f., niðurlæging f.
humility hógværð f., lítillæti n., auðmýkt f.
hummingbird kólibrífugl m.
hummock smáhæð f., hóll m.
humorist grínisti m., spaugari m.
humorous adj. gamansamur, fyndinn
humour fyndni f., kímni f.; skap n., lund f.
hump hnúður m., kryppa f.; v. setja kryppu á
humpback krypplingur m., (whale) hnúfubakur m.

humpbacked adj. með herðakistil, hryggknýttur
humus moldarefni n., mold f.
hunch grunur m., hugboð n.; v. setja kryppu á
hunchback kroppinbakur m., krypplingur m.
hunchbacked adj. með kryppu, kúfuvaxinn
hundred hundrað n.; adj. hundrað
hundredfold adj. hundraðfaldur; adv. hundraðfalt
hundredth hundraðshluti m.; adj. hundraðasti
hundredweight vætt f.; (Br. = 50,8 kg., Am. = 45,3 kg.)
hunger hungur n., sultur m.
hunger for v. hungra eftir/í, þrá ákaft
hunger strike hungurverkfall n.
hungry adj. hungraður, svangur, soltinn
hunk (of meat) stórt stykki n., flykki n.
hunt veiði f., (search) leit f.; v. veiða (dýr)
hunt down v. elta uppi
hunter veiðimaður m., (dog) veiðihundur m.
hunt for v. (search) leita að
hunting veiði f., veiðar f.pl.
hunting ground veiðilendur f.pl.
hunting horn veiðihorn n.
hunting lodge veiðihús n., veiðimannakofi m.
huntress veiðikona f.
huntsman (pl. **-men**) veiðimaður m.; veiðistjóri m.
hurdle hindrun f., grind f.; v. stökkva yfir (grind)
hurdler grindahlaupari m.
hurdle-race grindahlaup n.
hurdy-gurdy lírukassi m.
hurl v. þeyta, fleygja, varpa
hurly-burly gauragangur m., skarkali m.
hurricane fellibylur m., fárviðri n.
hurricane lamp stormlukt f.
hurried adj. flausturslegur, gerður í skyndi
hurriedly adv. í flýti, fljótt
hurry flýtir m., hraði m.; v. flýta sér
hurt skaði m., sársauki m.; v. meiða, skaða

hurtful adj. skaðlegur, hættulegur; særandi
hurtle v. þeyta(st), geysa(st)
husband eiginmaður m.
husbandry (farming) búskapur m., búrekstur m.
hush þögn f., kyrrð f.; v. sussa á
hush-hush adj. leynilegur, trúnaðar-
hush money þagnargjald n.
hush up vt. þagga niður
husk hýði n., hismi n.; v. afhýða
husky adj. (voice) hás, rámur, (person) kraftalegur
husky eskimóahundur m., sleðahundur m.
hussy dækja f., lauslætisdrós f.
hustings kosningabarátta f., framboðsfundir m.pl.
hustle asi m., ys m.; v. flýta (sér); (Am.) svindla; selja sig
hustler hamhleypa f.; (Am.) svindlari m.; mella f.
hut kofi m., hreysi n.
hutch (kanínu)búr n.
hyacinth hýasinta f., goðalilja f.
hyaena híena f.
hybrid (kyn)blendingur m., bastarður m.
hybridization (kyn)blöndun f.
hybridize v. (kyn)blanda
hydrangea hortensía f., hindarblóm n.
hydrant brunahani m., vatnshani m.
hydraulic adj. vökva-
hydraulic brakes vökvahemlar m.pl.
hydraulics vökvafræði f., vatnsaflsfræði f.
hydraulic system vökvakerfi n.
hydrochloric acid saltsýra f.
hydrodynamics straumfræði f., vökvaaflfræði f.
hydroelectric power vatnsorka f., vatnsafl n.
hydrofoil spaðabátur m.
hydrogen vetni n.
hydrogen bomb vetnissprengja f.
hydrology vatnafræði f.
hydrometer flotmælir m.
hydrophobia hundaæði n., (fear of water) vatnsfælni f.
hydroplane (boat) hraðbátur m., spaðabátur m.
hydroponics vatnsrækt f., vökvaræktun f.
hydrostatics vökvastöðufræði f.

hydrotherapy vatnslækning f., vatnsmeðferð f.
hydrothermal adj. jarðhita-
hyena híena f.
hygiene heilsufræði f.; hreinlæti n.
hygienic adj. heilnæmur, (clean) þrifalegur
hygrometer (loft)rakamælir m.
hymen meyjarhaft n.
hymn sálmur m.; v. syngja sálm
hymnal sálmabók f.
hymnbook sálmabók f.
hymnist sálmaskáld n.
hyperbola gleiðbogi m., breiðbogi m.
hyperbole öfgar f.pl., ýkjur f.pl.; ofhvörf n.pl.
hyperbolic(al) adj. gleiðboga-; öfgafullur, ýkjukenndur
hypercritical adj. dómharður, óvæginn í dómum
hypermarket stórmarkaður m.
hypersensitive adj. ofurviðkvæmur, ofurnæmur
hypertension (high blood pressure) háþrýstingur m.
hyphen bandstrik n.
hyphenate v. tengja með bandstriki
hyphenation orðskipting f.
hypnosis dáleiðsla f., dásvefn m.
hypnotism dáleiðsla f., dáleiðing f.
hypnotist dávaldur m.
hypnotize vt. dáleiða
hypocentre skjálftaupptök n.pl.
hypochondria ímyndunarveiki f.
hypochondriac ímyndunarveikur maður m.; adj. ímyndunarveikur
hypocrisy hræsni f.
hypocrite hræsnari m.
hypocritical adj. hræsnisfullur, uppgerðar-
hypodermic (syringe) læknissprauta f., (injection) stungulyf n.; adj. sprautað undir húðina
hypotenuse (of a triangle) langhlið f.
hypothalamus undirstúka f., heiladyngjubotn m.
hypothecate v. veðsetja
hypothecation veðsetning f.
hypothesis (pl. -ses) tilgáta f., ágiskun f.

h hypothetical → ideological

hypothetical adj. reistur á tilgátu; skilyrtur, óviss
hysterectomy legnám n.
hysteria sefasýki f., móðursýki f.
hysteric(al) adj. sefasjúkur, móðursjúkur; æstur
hysterics móðursýkiskast n.

I

I prn. ég
iamb öfugur tvíliður m.
Iberian Íberi m.; adj. íberískur
ibex fjallageit f.
ibidem adv. á sama stað
ibis sigðnefur m.
ice ís m., klaki m.; v. ísa; (cake) smyrja kremi á
ice age ísöld f.
ice axe íshögg n., klakahögg n.
ice bag (Am.) íspoki m.
iceberg hafísjaki m., borgarísjaki m.
icebound adj. fastur í ís, ísgirtur
icebox kælikassi m., (Am.) ísskápur m.
icebreaker ísbrjótur m.
ice cap jökulhetta f.
ice cream rjómaís m.
ice cube ísmoli m., klaki m.
iced fish ísfiskur m.
iced water ísvatn n.
icefall falljökull m., skriðjökull m.
ice field (on the sea) rekísbreiða f.
ice floe (on the sea) rekísbreiða f.
ice hockey íshokkí n.
icehouse íshús n., ísgeymsla f.
Iceland Ísland n.
Iceland cyprine kú(f)skel f.
Icelander Íslendingur m.
Icelandic (language) íslenska f.; adj. íslenskur
Icelandic wrestling glíma f.
Iceland moss fjallagrös n.pl.
Iceland poppy garðasól f.
Iceland spar silfurberg n.
ice-lolly frostpinni m., íspinni m.
iceman (Am.; pl. -**men**) ís(sölu)maður m.
ice pack ísrek n., hafþök n.pl.; íspoki m.
ice pick ísalur m., ísfleinn m., ísstingur m.

ice sheet jökulbreiða f.
ice skate skauti m.
ice-skate v. skauta, fara á skautum
ice up v. frjósa, fá á sig ís, leggja
ice water ísvatn n.
ichneumon fly sníkjuvespa f.
ichthyologist fiskifræðingur m.
ichthyology fiskifræði f.
icicle grýlukerti n.
icing (on cakes) kökukrem n., (on wings) ísing f.
icing sugar flórsykur m.
icon helgimynd f., vémynd f.
iconoclast myndbrjótur m.
icy adj. ískaldur; háll, svellaður
ID card nafnskírteini n.
idea hugmynd f., hugboð n.
ideal hugsjón f.; adj. fullkominn, fyrirmyndar-
idealism hugsjónastefna f., (in art) hughyggja f.
idealist hugsjónamaður m.; óraunsæismaður m.
idealistic adj. hugsjóna-; óraunsæislegur
idealization fegrun f., gylling f., upphafning f.
idealize v. fegra, gylla, upphefja
ideally adv. fullkomlega; ef allt væri eins og best yrði á kosið
idem prn. (Lat.) sami (og á undan er getið)
identical adj. samur, nákvæmlega eins
identical twins eineggja tvíburar m.pl.
identification kennsl n.pl., (persónu)staðfesting f.
identification number kennitala f.
identification papers persónuskilríki n.pl.
identification parade sakbending f.
identify v. þekkja, bera kennsl á, staðfesta
identify oneself with v. samsama sig e-m fullkomlega
identify with v. tengja; leggja að jöfnu við; finna til samkenndar með
identity einleiki m., samsemd f.; fullkomið samræmi n.
identity card nafnskírteini n.
ideogram myndleturstákn n.
ideograph myndleturstákn n.
ideological adj. hugmyndafræðilegur

ideologist → illusionary

ideologist hugmyndafræðingur m.
ideology hugmyndafræði f.
idiocy fávitaháttur m., asnaskapur m.
idiom málfar n.; orðtak n., orðatiltæki n.
idiomatic adj. málvenjubundinn
idiosyncrasy sérkenni n., sérviska f., kækur m.
idiot fábjáni m., hálfviti m.
idiotic adj. fávitalegur, hálfvitalegur
idle adj. aðgerðarlaus, iðjulaus; latur; fánýtur; v. slæpast, slóra
idle speed lausagangshraði m.
idle away v. sóa (tímanum), eyða (til einskis)
idleness iðjuleysi n.
idler iðjuleysingi m., slæpingi m.
idle wheel millitannhjól n., fríhjól n.
idling lausagangur m.
idol skurðgoð n.; átrúnaðargoð n.
idolater skurðgoðadýrkandi m.; aðdáandi m.
idolatress (female) skurðgoðadýrkandi m.; aðdáandi m.
idolatrous adj. skurðgoðadýrkandi-, skurðgoðadýrkunar-
idolatry skurðgoðadýrkun f.; (persónu)dýrkun f.
idolize v. dýrka, tilbiðja, hefja á stall
idyll (in a poem) sveitalífslýsing f.; sveitasæla f.
idyllic adj. unaðslegur, friðsæll
i.e. (Lat. id est) það er að segja
if conj. ef, hvort, þótt
ifs and buts vífilengjur f.pl., fyrirsláttur m.
igloo (pl. **igloos**) snjóhús (eskimóa) n.
igneous rock storkuberg n.
ignite v. kveikja (á/í), tendra; kvikna
ignition kveiking f., kviknun f.; kveikjulás m.
ignition coil háspennukefli n.
ignition key svisslykill m.
ignoble adj. auvirðilegur, fyrirlitlegur
ignominious adj. smánarlegur, fyrirlitlegur
ignominy smán f., vansæmd f.; svívirðing f.
ignoramus fáfróður maður m.
ignorance fáfræði f., vanþekking f.
ignorant adj. fáfróður, fávís

ignore v. hunsa, gefa engan gaum, virða að vettugi
iguana græneðla f.
ill böl n., ólán n.; adj. veikur, sjúkur; illur, slæmur; adv. illa; varla, tæplega
ill-advised adj. óráðlegur, óviturlegur
ill at ease adj. órólegur, vandræðalegur
ill-bred adj. illa upp alinn, ókurteis
ill-disposed adj. illviljaður, óhliðhollur
illegal adj. ólöglegur, ólögmætur
illegal proceedings ólöglegt athæfi n.
illegality ólögmæti n.; lagabrot n.
illegible adj. ólæsilegur
illegitimate adj. óviðurkenndur, (child) óskilgetinn
ill-fated adj. dæmdur til að enda illa, óheilla-
ill-favoured adj. (ugly) ófríður, ljótur
ill-gotten gains illur fengur m.
illiberal adj. ófrjálssýnn, þröngsýnn; nískur
illiberality ófrjálslyndi n., þröngsýni n.; níska f.
illicit adj. ólöglegur, óleyfilegur
illimitable adj. óendanlegur, takmarkalaus
illiteracy ólæsi n., menntunarleysi n.
illiterate adj. ólæs og óskrifandi, ómenntaður
ill-mannered adj. dónalegur, ókurteis
ill-natured adj. illgjarn, andstyggilegur
illness sjúkdómur m., veikindi n.pl.
illogical adj. órökréttur, (not sensible) óskynsamlegur
ill-starred adj. ógæfusamur, ógæfu-
ill-tempered adj. geðillur, skapvondur
ill-timed adj. ótímabær, óviðeigandi
ill-treat v. misþyrma, fara illa með
ill-treatment misþyrming f., slæm meðferð f.
illuminate v. lýsa (upp); útskýra, varpa ljósi á
illumination lýsing f., birta f., ljós n.
illuminations ljósaskreyting f., (in a book) myndaskreyting f.
illusion skynvilla f., hugarburður m., tálmynd f.
illusionary adj. óraunverulegur, ímyndaður

illusionist → immutability

illusionist töframaður m., sjónhverfingamaður m.
illusive/illusory adj. villandi, blekkjandi
illustrate v. (make clear) skýra, (picture) myndskreyta
illustration útskýring f.; myndskreyting f.
illustrative adj. skýrandi, lýsandi, skýringar-
illustrator myndskreytingamaður m.
illustrious adj. frægur, nafntogaður
ill will óvild f., fjandskapur m.
image (í)mynd f., eftirmynd f.; líkneski n., stytta f.
imagery (in literature) myndmál n.
imaginable adj. hugsanlegur, mögulegur
imaginary adj. ímyndaður, óraunverulegur
imagination ímyndun f., ímyndunarafl n.
imaginative adj. hugmyndaríkur, hugvitssamur
imagine v. ímynda sér, hugsa sér
imbalance ójafnvægi n., misvægi n.
imbecile fáviti m., auli m.; adj. heimskulegur
imbecility heimska f., flónska f.
imbibe v. drekka (í sig), gleypa
imbroglio (pl. **imbroglios**) vandræði n.pl., flækja f.
imbue with v. innræta, innblása; metta, fylla, gegnsýra
imitate v. líkja eftir, stæla
imitation eftirlíking f., stæling f.; adj. óekta, gervi-
imitative adj. eftirlíkjandi, hermi-; óekta, gervi-
imitative word hljóðlíking f., hljóðgervingur m.
imitator eftirherma f., hermikráka f.
immaculate adj. hreinn, flekklaus, óaðfinnanlegur
immaculately adv. óaðfinnanlega
immanent adj. meðfæddur, eðlislægur
immaterial adj. lítilvægur; andlegur, óefniskenndur
immature adj. óþroskaður; barnalegur
immaturity vanþroski m., þroskaleysi n.
immeasurable adj. ómælanlegur, takmarkalaus
immediate adj. tafarlaus, milliliðalaus; nánastur

immediately adv. þegar í stað, strax; conj. jafnskjótt og
immemorial adj. ævaforn; **from time i.** frá ómunatíð
immense adj. gríðarstór, feikilegur
immensely adv. afar, ákaflega, gífurlega
immensity óendanleiki m.; ógrynni n., kynstur n.pl.
immerse v. sökkva (sér niður í), dýfa, kaffæra
immersion dýfing f., kaffæring f.
immigrant innflytjandi m.
immigrate v. gerast innflytjandi, flytja til (lands)
immigration innflutningur (fólks) m.
imminence yfirvofandi nálægð f.
imminent adj. yfirvofandi
immobile adj. óhreyfanlegur; hreyfingarlaus
immobility óhreyfanleiki m.; hreyfingarleysi n.
immobilize v. gera óhreyfanlegan, lama, skorða
immoderacy óhóf n., öfgar m.pl.
immoderate adj. hóflaus, óhóflegur, öfgafullur
immodest adj. óhæverskur; ósæmilegur, dónalegur
immodesty ókurteisi f., ósómi m., dónaskapur m.
immolate vt. fórna, fórnfæra
immolation fórnfæring f., fórn f.
immoral adj. ósiðlegur, siðlaus
immorality siðleysi n., ósiðsemi f.
immortal adj. ódauðlegur, eilífur
immortality ódauðleiki m.
immortalize v. gera ódauðlegan; afla ævarandi frægðar
immovable adj. óhreyfanlegur, blýfastur
immune adj. ónæmur (fyrir = **to**), undanþeginn (frá = **from**)
immunity ónæmi n.; undanþága f., friðhelgi f.
immunization ónæmisaðgerð f.
immunize v. gera ónæman (gegn = **against**)
immunologist ónæmisfræðingur m.
immunology ónæmisfræði f.
immure v. fangelsa, byrgja inni
immutability óbreytileiki m.

immutable adj. óbreytilegur
imp púki m.; óþekktarangi m., prakkari m.
impact árekstur m., högg n.; áhrif n.pl.
impacted adj. (of a tooth) innilokuð (tönn)
impact printer höggprentari m.
impair v. skaða(st), spilla(st), veikja(st)
impairment skemmd f., rýrð f.
impale v. reka í gegn; stjaksetja
impalpable adj. óáþreifanlegur; illskiljanlegur
impart v. veita, gefa, miðla, skýra frá
impartial adj. óhlutdrægur, hlutlaus
impartiality óhlutdrægni f., hlutleysi n.
impassability ófærð f.
impassable adj. ófær, torfær
impasse ógöngur f.pl., blindgata f.
impassioned adj. (of speech) tilfinningaþrunginn
impassive adj. ósnortinn, tilfinningasljór
impassivity tilfinningaleysi n., sljóleiki m.
impatience óþolinmæði f., óþreyja f.
impatient adj. óþolinmóður, óþreyjufullur
impeach v. draga í efa, ófrægja, (accuse) kæra
impeachment (á)kæra f., lögsókn f.
impeccable adj. óaðfinnanlegur, flekklaus
impecunious adj. félaus, févana, fátækur
impecuniousness auraleysi n., fátækt f.
impedance (sam)viðnám n.
impede v. hindra, torvelda, tálma
impediment fyrirstaða f., hindrun f., tálmi m.
impedimenta hafurtask n., farangur m.
impel v. þvinga, neyða, knýja
impending adj. yfirvofandi
impenetrable adj. órjúfanlegur, heldur; óskýranlegur
impenitent adj. iðrunarlaus, forhertur
imperative adj. áríðandi, brýnn; valdsmannlegur, skipunar-
imperative mood boðháttur m.
imperceptibility ógreinanleiki m., óskynjanleiki m.
imperceptible adj. ómerkjanlegur, óskynjanlegur
imperfect adj. ófullkominn, ófullgerður
imperfection ófullkomleiki m.; galli m., annmarki m.

imperfect tense ólokið horf (sagnar í þátíð) n.
imperial adj. keisaralegur, heimsveldis-
imperial gallon breskt gallon n. (= 4,546 l.)
imperialism heimsvaldastefna f.
imperialist heimsvaldasinni m.; adj. heimsvaldasinnaður
imperialistic adj. heimsvaldasinnaður, heimsvaldastefnu-
imperil v. stofna í hættu, hætta
imperious adj. skipunar-; hrokafullur, ráðríkur
imperishable adj. óforgengilegur, ævarandi
impermanence skammæi n., hverfulleiki m.
impermanent adj. skammvinnur, bráðabirgða-
impermeable adj. ógagndræpur, þéttur, vatnsheldur
impersonal adj. ópersónulegur
impersonate v. túlka, herma eftir; villa á sér heimildir
impersonation túlkun f., persónugerving f.
impertinence ósvífni f., dónaskapur m.
impertinent adj. ósvífinn, (irrelevant) óviðkomandi
imperturbability skapstilling f., rósemi f.
imperturbable adj. óhagganlegur, rólegur
impervious adj. (vatns)heldur, þéttur; ómóttækilegur
impetuosity ákafi m., bráðlyndi n., hvatvísi f.
impetuous adj. ákafur, bráður, hvatvís
impetus drifkraftur m.; hvati m., örvun f.
impiety guðleysi n., trúleysi n.; virðingarleysi n.
impingement árekstur m.; yfirgangur m., átroðsla f.
impinge (up)on v. hitta, rekast á; sýna yfirgang
impious adj. óguðrækinn, trúlaus; ræktarlaus
impish adj. púka-; hrekkjóttur, stríðinn
implacable adj. ósættanlegur, óbilgjarn, svarinn

implant v. (mind) innræta, (body) græða í
implantation innræting f.; ígræðsla f.
implement áhald n., tæki n.; v. framkvæma
implicate v. gera meðsekan, flækja í mál, bendla við
implication bendlun f.; vísbending f., ályktun f.
implicit adj. undirskilinn, (absolute) skilyrðislaus, algjör
implicitly adv. óbeint; fortakslaust, skilyrðislaust
implied adj. undirskilinn, óbeinn
implore v. sárbæna, grátbiðja um
imploringly adv. sárbænandi, grátbiðjandi
implosion innsprenging f., hrun n.
imply v. benda til, gefa í skyn, þýða
impolite adj. ókurteis, dónalegur
impoliteness ókurteisi f., dónaskapur m.
impolitic adj. óskynsamlegur, óhyggilegur
imponderable óvissuþáttur m.; adj. óveganlegur
import innflutningur m.; v. flytja inn
importance mikilvægi n., þýðing f.
important adj. mikilvægur, áríðandi; háttsettur
importation innflutningur m.
import barrier innflutningshindrun f.
import charges innflutningsgjöld n.pl.
import duty innflutningstollur m.
importer innflytjandi m., innflutningsfyrirtæki n.
import licence innflutningsleyfi n.
import transactions innflutningsviðskipti n.pl.
importunate adj. ágengur, frekur; aðkallandi
importune v. þrábiðja, nauða í, kvabba á
importunity ágengni f., frekja f., kvabb n.
impose v. leggja á, þröngva (upp á), trana (sér) fram
imposing adj. tígulegur, mikilfenglegur
imposition álagning f.; ágengni f., frekja f.
impossibility ómöguleiki m., ógerleiki m.
impossible adj. ómögulegur, óhugsandi
impostor svikari m., svindlari m.
imposture svik n.pl., svindl n., blekking f.
impotence vanmáttur m., getuleysi n.
impotent adj. vanmáttugur, (of a man) getulaus
impound v. gera upptækan; loka inni, byrgja inni
impoverish v. gera snauðan; rýra, veikja, ganga nærri
impracticability óframkvæmanleiki m.
impracticable adj. óraunhæfur, ógerlegur, ónothæfur
impractical adj. óhentugur, óhagkvæmur
impracticality óhagkvæmni f., óhagsýni f.
imprecation bölbænir f.pl., formæling f.
impregnable adj. óvinnandi; óhrekjandi, órækur
impregnate v. gera barnshafandi, barna; gegnsýra, metta
impresario (pl. **impresarios**) umboðsmaður (skemmtikrafta) m.
impress v. þrýsta, gera far í; koma fyrir sjónir
impression far n., mót n., merki n.; áhrif n.pl.
impressionable adj. áhrifagjarn, hrifnæmur
impressionism impressjónismi m.
impressive adj. áhrifamikill, tilkomumikill
imprimatur prentleyfi n.; blessun f.
imprint merki n.; v. stimpla, merkja, þrýsta
imprison v. fangelsa; hafa í varðhaldi
imprisonment fangelsun f.; fangelsisvist f.
improbability ósennileiki m., ólíkindi n.pl.
improbable adj. ósennilegur, ólíklegur
impromptu adj. óundirbúinn; adv. undirbúningslaust
improper adj. óviðeigandi, ósæmilegur; rangur
improper fraction óeiginlegt brot n.
impropriety ótilhlýðileiki m.; ósómi m., óhæfa f.
improve v. bæta, laga; vi. batna, lagast
improvement endurbót f., lagfæring f., framför f.
improve (up)on v. bæta við, auka við, fara fram úr
improvidence óforsjálni f., fyrirhyggjuleysi n.

improvident adj. óforsjáll, fyrirhyggjulaus
improvisation spuni m.
improvise v. spinna, gera undirbúingslaust
imprudence hugunarleysi n., fyrirhyggjuleysi n.
imprudent adj. óhyggilegur, vanhugsaður, óvitur
impudence ófyrirleitni f., dónaskapur m.
impudent adj. ósvífinn, framhleypinn
impugn v. vefengja, efast um
impulse högg n., kippur m.; (skyndi)hvöt f.
impulsion áeggjan f., hvatning f., hvöt f.
impulsive adj. hvatvís, fljótfær; hvatvíslegur
impulsiveness hvatlyndi n., örlyndi n.
impunity refsileysi n.; **with i.** að skaðlausu
impure adj. óhreinn, mengaður; saurugur
impurity óhreinleiki m., mengun f.; óþverri m.
imputation aðdróttun f., ásökun f., áburður m.
impute to v. eigna, kenna um, væna um
in prp. í, á; adv. inni
inability vangeta f., vanhæfni f.
inaccessible adj. óaðgengilegur; ótiltækur
inaccuracy ónákvæmni f.; skekkja f.
inaccurate adj. ónákvæmur
inaction aðgerðarleysi n.
inactive adj. óvirkur; aðgerðarlaus
inactivity óvirkni f.; aðgerðarleysi n.
inadequacy skortur m., vöntun f., misbrestur m.
inadequate adj. ófullnægjandi, ónógur
inadmissible adj. óleyfilegur, óhæfur, ótækur
inadvertence óaðgæsla f., gáleysi n.; yfirsjón f.
inadvertent adj. óaðgætinn, gálaus; óviljandi
inadvertently adv. óvart, óviljandi
inadvisable adj. óráðlegur, óskynsamlegur
inalienable adj. óafsalanlegur
inane adj. innantómur, aulalegur
inanimate adj. lífaus, lífvana; dauður
inanimateness lífleysi n.

inanition þróttleysi n.
inanity grunnhyggni f.; kjánaskapur m.
inapplicable adj. ónothæfur, óhæfur; óviðeigandi
inappropriate adj. óhentugur; óviðeigandi
inapt adj. óheppilegur; óviðeigandi
inaptitude vanhæfni f., ólagni f., klaufska f.
inarticulate adj. óskýrmæltur, þvoglulegur; mállaus
inartistic adj. ólistrænn, ósmekklegur
inasmuch as conj. þar eð, þar sem
inattention eftirtektarleysi n.
inattentive adj. eftirtektarlaus; áhugalaus
inaudible adj. óheyranlegur
inaugural adj. setningar-, vígslu-
inaugurate v. setja í embætti; vígja, opna
inauguration innsetning f.; vígsla f., opnun f.
inauspicious adj. óheillavænlegur, óhagstæður
inboard adj. innanborðs-; adv. innanborðs
inborn adj. meðfæddur, áskapaður
inbred adj. meðfæddur, eðlislægur; innræktaður
inbreeding innrækt f.
incalculable adj. óútreikanlegur, ómetanlegur
incandescent adj. (hvít)glóandi, geislandi
incandescent lamp ljósapera f.
incantation særingarþula f., töfraþula f.
incapability vangeta f., óhæfni f., ódugnaður m.
incapable adj. óhæfur, ódugandi, ófær (um = **of**)
incapacitate v. gera óhæfan, gera ófæran (til = **for**)
incapacity vanhæfni f., vangeta f., vanmáttur m.
incarcerate v. fangelsa, setja í fangelsi
incarceration fangelsun f., innilokun f.
incarnate adj. holdi klæddur; v. íklæða holdi; gera að veruleika
incarnation holdgun f., holdtekja f.; persónugervingur m.
incautious adj. óvarfærinn, ógætinn

incendiary → inconclusive

incendiary adj. íkveikju-, brennu-; æsinga-
incendiary bomb íkveikjusprengja f.
incense reykelsi n.; reykelsisilmur m.
incense v. (make angry) gera bálvondan
incentive hvatning f., hvöt f.; frumkvæði n.
incentive scheme afkastahvetjandi (launa)kerfi n.
inception upphaf n., byrjun f.
incertitude óvissa f., vafi m.
incessant adj. linnulaus, sífelldur, stöðugur
incest sifjaspell n., blóðskömm f.
incestuous adj. sekur um sifjaspell, blóðskammar-
inch þumlungur m., tomma f. (2,54 sm.)
inchoate adj. nýbyrjaður; ófullkominn
inch rule tommustokkur m.
incidence tíðni f., útbreiðsla f.; aðfall n.
incident atvik n., atburður m., tilvik n.
incident to adj. samfara, nátengdur, sem fylgir
incidental adj. tilviljunarkenndur, tilfallandi
incidental expenses tilfallandi kostnaður m.
incidentally adv. af tilviljun, (by the way) vel á minnst
incinerate v. brenna til ösku
incineration brennsla f.
incinerator brennsluofn m.
incipience byrjun f., byrjunarstig n.
incipient adj. byrjunar- á byrjunarstigi
incise v. skera í, rista í
incision skurður m., rista f.
incisive adj. (hár)beittur, hvass, skarpur
incisor framtönn f.; nagtönn f.
incite v. hvetja, egna, æsa upp
incitement hvatning f., örvun f.; undirróður m.
incivility ókurteisi f., ruddaskapur m.
inclemency harka f., grimmd f.
inclement adj. (of weather) óblíður, harður
inclination halli m., skái m.; tilhneiging f. (til = **to**)
incline v. halla(st); hafa löngun til
inclined adj. skáhallur; hneigður
inclined plane skáflötur m., skábraut f.

include v. fela í sér, ná yfir, taka með
including prp. að meðtöldum
inclusion meðtalning f.
inclusive adj. innifalinn, meðtalinn
inclusive price heildarverð n.
incognito adj. & adv. (sem fer) huldu höfði
incoherence samhengisleysi n., rugl n.
incoherent adj. samhengislaus, ruglingslegur
incombustible adj. óeldfimur, eldtraustur
income tekjur f.pl.
income acquisition tekjuöflun f.
income guarantee tekjutrygging f.
income tax tekjuskattur m.
income tax return skattframtal n.
incoming adj. komandi, (sem er) á innleið
incommensurable adj. ósambærilegur
incommensurate adj. í röngu hlutfalli; ófullnægjandi
incommode v. ónáða, gera ónæði
incommodious adj. óhentugur, óþægilegur
incommunicable adj. ómiðlanlegur, ósegjanlegur
incommunicado adj. einangraður; adv. í einangrun
incommunicative adj. fámáll, dulur, ómannblendinn
incomparable adj. óviðjafnanlegur, einstæður
incompatibility ósamrýmanleiki m., ósamræmi n.
incompatible adj. ósættanlegur, ósamrýmanlegur
incompetence vanhæfni f., hæfnisskortur m.
incompetent adj. óhæfur, atgervislaus
incomplete adj. ófullkominn, ófullgerður
incompleteness ófullkomleiki m., ávöntun f.
incomprehensibility óskiljanleiki m.
incomprehensible adj. óskiljanlegur
incomprehension skilningsleysi n.
inconceivable adj. óhugsandi, ótrúlegur
inconclusive adj. ófullnægjandi, ósannfærandi

incongruity → indefinite

incongruity ósamræmi n., misræmi n.
incongruous adj. óviðeigandi, ósamkvæmur
inconsequence rökleysa f., samhengisleysi n.
inconsequent adj. órökréttur, ósamkvæmur
inconsequential adj. lítilvægur, ómerkilegur
inconsequentiality lítilvægi n.
inconsiderable adj. lítilfjörlegur, lítilvægur
inconsiderate adj. tillitslaus, hugsunalaus
inconsiderateness tillitsleysi n., ónærgætni f.
inconsistency ósamræmi n., ósamkvæmni f.
inconsistent adj. ósamkvæmur, mótsagnakenndur
inconsolable adj. óhuggandi
inconspicuous adj. óálitlegur, lítt áberandi
inconstancy óstöðugleiki m.; hviklyndi n.
inconstant adj. óstöðugur, breytilegur; hviklyndur
incontestable adj. óvefengjanlegur, órækur
incontinent adj. óhófsamur; óskírlífur
incontrovertible adj. óvefengjanlegur, óhrekjanlegur
inconvenience óþægindi n.pl., ónæði n.; v. valda óþægindum, ónáða
inconvenient adj. óþægilegur, bagalegur
inconvertible adj. óskiptanlegur, óinnleysanlegur
incorporate v. fella inn, innlima, sameinast
incorporation innlimun f.; sameining f., samruni m.
incorporeal adj. andlegur; óáþreifanlegur
incorrect adj. rangur, skakkur, óviðeigandi
incorrigible adj. óbetranlegur, forhertur
incorruptible adj. óspillanlegur; ómútuþægur
increase aukning f.; v. auka(st)
increasingly adv. í sívaxandi mæli
incredible adj. ótrúlegur, lygilegur
incredulity vantrú f., tortryggni f.
incredulous adj. vantrúaður, tortrygginn
increment vöxtur m., hækkun f., aukning f.
incremental adj. stigvaxandi, vaxtar-
incriminate v. bendla við glæp, ásaka
incrimination sakaráburður m., ákæra f.
incrustation hrúðurmyndun f., (of jewels) skrauthúðun f.
incubate v. liggja á, unga út
incubation útungun f., (of a disease) meðgöngutími m.
incubator útungunarvél f., hitakassi m.
incubus mara f., martröð f.
inculcate v. innræta, brýna fyrir
inculcation innræting f., innprentun f.
inculpate v. ásaka, álasa, bera sakir á
incumbency skylda f., byrði f.; embætti n., embættistíð f.
incumbent adj. skyldur, skyldugur; núverandi, ríkjandi
incur v. kalla yfir sig, baka sér, stofna til
incurable adj. ólæknandi, ólæknanlegur
incursion innrás f., áhlaup n.
indebted adj. skuldugur, skuldbundinn, þakklátur
indebtedness (þakkar)skuld f.
indecency ósiðsemi f., ósómi m., dónaskapur m.
indecent adj. ósæmilegur, smekklaus; ótilhlýðilegur
indecipherable adj. ólesanlegur, óráðanlegur
indecision óákveðni f., hik n., ráðaleysi n.
indecisive adj. óákveðinn, hikandi; tvíræður
indeclinable adj. (in grammar) óbeygjanlegur
indecorous adj. ósæmilegur, óviðeigandi, dónalegur
indeed adv. örugglega, vissulega; raunar
indefatigable adj. óþreytandi, þrautseigur
indefeasible adj. óhagganlegur, óafmáanlegur
indefectible adj. óskeikull, óbrigðull; gallalaus
indefensible adj. óverjandi, óverjanlegur
indefinable adj. óskilgreinanlegur
indefinite adj. óákveðinn; óljós, ótiltekinn

indefinite article óákveðinn greinir m.
indefinitely adv. um óákveðinn tíma; óákveðið, óljóst
indefinite pronoun óákveðið fornafn n.
indelible adj. óafmánanlegur, varanlegur
indelicacy ókurteisi f., ruddaskapur m.
indelicate adj. ókurteis, grófur, ruddalegur
indemnification (vá)trygging f.; (skaða)bætur f.pl.
indemnify v. (vá)tryggja (gegn = **from**); borga skaðabætur
indemnity (vá)trygging f.; (skaða)bætur f.pl.
indent (purchase order) vörupöntun f., vörubeiðni f.; v. gera skörð í, (a line) draga inn, (order) panta
indentation skerðing f.; skarð n.; (of a line) inndráttur m.
indented adj. skörðóttur; beyglaður; inndreginn
indenture (náms)samningur m.; v. fara á samning; taka í læri
independence sjálfstæði n.
Independence Day þjóðhátíðardagur m.
independent adj. sjálfstæður, óháður
independent clause (in grammar) aðalsetning f.
indescribable adj. ólýsanlegur
indestructible adj. óslítandi, óbilandi, varanlegur
indeterminable adj. óljós, óleystur, óráðinn
indeterminate adj. óákveðinn, óljós, óviss
index (atriða)skrá f., registur n., (exponent) veldisvísir m.; v. gera skrá (yfir), taka með í skrá
indexation vísitölubinding f.
index finger (forefinger) vísifingur m.
indexing flokkun f., skráning f.
index-linked adj. vísitölubundinn, vísitölutryggður
index number vísitala f.
index of refraction ljósbrotsstuðull m.
India Indland n.
Indian Indverji m., (American) indíáni m.; adj. indverskur; indíána-
Indian corn maís m.
Indian file einföld röð f.; adv. í einfaldri röð

Indian reservations verndarsvæði indíána n.pl.
Indian summer sumarauki m., haustblíða f.
India paper biblíupappír m.
india rubber hrágúmmí n.
indicate v. benda á, láta í ljós, gefa til kynna
indication vísbending f., merki n.
indicative mood (in grammar) framsöguháttur m.
indicative of adj. sem er til marks um
indicator vísir m., nál f.; mælir m.
indicator light (on a car) stefnuljós n., gaumljós n.
indices (pl. of **index**)
indict v. ákæra, stefna
indictable adj. vítaverður, refsiverður
indictment ákæra f., stefna f.
indifference afskiptaleysi n., tómlæti n.
indifferent adj. áhugalaus, skeytingarlaus; lakur
indigenous adj. innfæddur; meðfæddur, eðlislægur
indigent adj. fátækur, þurfandi
indigestible adj. ómeltanlegur, tormeltur
indigestion meltingartruflun f.
indignant adj. sárreiður, gramur, hneykslaður
indignation gremja f., hneykslun f., reiði f.
indigo indígóblár litur m.; adj. dimmfjólublár
indirect adj. óbeinn
indirect object (in grammar) óbeint andlag n.
indirect speech (in grammar) óbein ræða f.
indiscernible adj. ógreinanlegur, ósjáanlegur
indiscipline agaleysi n.
indiscreet adj. ógætinn, óháttvís; óorðvar
indiscretion ógætni f., óháttvísi f.; lausmælgi f.
indiscriminate adj. óvandlátur, ógagnrýninn
indiscriminately adv. án greinarmunar, af handahófi
indispensable adj. ómissandi, lífsnauðsynlegur

indisposed → inescapable

indisposed adj. óupplagður, lasinn; ófús, tregur
indisposition slappleiki m.; tregða f.
indisputable adj. óumdeilanlegur, tvímælalaus
indissoluble adj. óuppleysanlegur, varanlegur
indistinct adj. óljós, ógreinilegur
indistinguishable adj. óaðgreinanlegur, ómerkjanlegur
individual einstaklingur m.; adj. einstakur; einstaklingsbundinn
individualism einstaklingshyggja f.
individualist einstaklingshyggjumaður m.
individuality einstaklingseðli n.; sér(ein)kenni n.
individualize v. gera persónulegan, einkenna
individually adv. hver fyrir sig, persónulega
indivisible adj. ódeilanlegur, óskiptanlegur
indocile adj. óþægur, óstýrilátur; ónámfús
indoctrinate v. innræta
indoctrination innræting f.
Indo-European adj. indóevrópskur
indolence leti f., deyfð f.
indolent adj. latur, værukær
indomitable adj. óbugandi, ósigrandi
indoor adj. inni-, innanhúss-
indoors adv. inn; innanhúss, inni
indubitable adj. óhrekjandi, ótvíræður
induce v. hvetja, telja á, (cause) valda, orsaka
inducement hvatning f., hvöt f.
induct v. setja inn, vígja; kynna
inductance spanstuðull m.
induction innsetning f.; kynning f.
induction coil spankefli n., spanspóla f.
induction heating spanhitun f.
inductive adj. span-; aðleiðslu-
inductive reactance spanviðnám n.
inductive reasoning aðleiðsla f.
indulge v. láta undan, veita sér; dekra við
indulgence eftirlátssemi f., dekur n.; munaður m.
indulgent adj. undanlátssamur; umburðarlyndur
inclurate v. herða; harna

industrial adj. iðnvæddur, iðnaðar-; (at)vinnu-
industrial consultant iðnráðgjafi m.
industrial democracy atvinnulýðræði n.
industrial design iðnhönnun f.
industrial development iðnþróun f.
industrial dispute vinnudeila f.
industrial espionage iðnaðarnjósnir f.pl., fyrirtækjanjósnir f.pl.
industrial estate iðnaðarsvæði n.
industrialist iðnrekandi m., iðjuhöldur m.
industrialize v. iðnvæða(st)
industrialization iðnvæðing f.
industrial nation iðnþróað ríki n.
industrial psychologist vinnusálfræðingur m.
industrial revolution iðnbylting f.
industrial waste iðnaðarúrgangur m.
industrial worker iðnverkamaður m.
industrious adj. iðinn, vinnusamur
industry iðnaður m.; atvinnugrein f.; (hard work) iðni f.
inebriate drykkjumaður m.; v. gera ölvaðan
inebriation ölvun f., ölvíma f.
inebriety drykkjuskapur m., ölæði n.
inedible adj. óætur
ineffable adj. ósegjanlegur, ólýsanlegur
ineffaceable adj. óafmáanlegur
ineffective adj. árangurslaus, gagnslaus
ineffectual adj. áhrifalaus, duglaus, ófær
inefficiency dugleysi n., vanmáttur m.
inefficient adj. afkastalítill, óduglegur
inelastic adj. óteygjanlegur, ósveigjanlegur
inelegant adj. óglæsilegur, ófágaður
ineligible adj. ekki kjörgengur; óhæfur
ineluctable adj. óhjákvæmilegur, óumflýjanlegur
inept adj. óviðeigandi, (awkward) klaufalegur
inequality mismunur m., ójöfnuður m.
inequitable adj. ranglátur, ósanngjarn
inequity ranglæti n., óréttlæti n.
ineradicable adj. óupprætanlegur
inert adj. hreyfingarlaus, aðgerðalaus
inert gas eðalgas n., óvirkt gas n.
inertia tregða f., aðgerðaleysi n.
inescapable adj. óumflýjanlegur, óhjákvæmilegur

inessential adj. ónauðsynlegur
inestimable adj. ómetanlegur, ómælanlegur
inevitable adj. óumflýjanlegur, óhjákvæmilegur
inexact adj. ónákvæmur
inexcusable adj. óafsakanlegur, ófyrirgefanlegur
inexhaustible adj. ótæmandi, óþrjótandi, þrotlaus
inexorable adj. ósveigjanlegur, miskunnarlaus
inexpedient adj. óhagkvæmur; óráðlegur, óhyggilegur
inexpensive adj. ódýr
inexperience reynsluleysi n., reynsluskortur m.
inexperienced adj. óreyndur, reynslulaus
inexpert adj. fákænn, óreyndur
inexpiable adj. óafplánanlegur
inexplicable adj. ó(út)skýranlegur, dularfullur
inexpressible adj. ólýsanlegur, ósegjanlegur
inexpressive adj. svipbrigðalaus, sviplítill
inextinguishable adj. óslökkvandi, óslökkvanlegur
inextricable adj. óleysanlegur, flókinn
infallibility óskeikulleiki m., óbrigðulleiki m.
infallible adj. óskeikull, óbrigðull
infamous adj. illræmdur, svívirðilegur
infamy skömm f., svívirða f.; óhæfuverk n.
infancy bernska f., bernskuár n.pl.
infant ungbarn n., smábarn n.
infanticide barnsmorð n., (person) barnamorðingi m.
infantile adj. smábarnalegur; barns-, barna-
infantile paralysis barnasótt f., mænusótt f.
infantility barnaskapur m., ungæðisháttur m.
infant mortality ungbarnadauði m., ungbarnadánartíðni f.
infant prodigy undrabarn n.
infantry fótgöngulið n.
infantryman (pl. -**men**) fótgönguliði m.
infatuated adj. yfir sig hrifinn, blindaður af ást

infatuation hamslaus hrifning f., blind ást f.
infect v. smita, sýkja
infection smitun f., smit n., sýking f.
infectious adj. smitandi, smitnæmur
infectiousness smitnæmi f., sóttnæmi f.
infelicitous adj. óheppilegur, klaufalegur
infer v. álykta, draga ályktun
inference ályktun f.
inferior undirmaður m.; adj. lægri, lakari, óæðri
inferiority complex minnimáttarkennd f., vanmáttarkennd f.
infernal adj. djöfullegur, helvískur, vítis-
infernal machine vítisvél f., sprengja f.
infernal regions undirheimar m.pl., helvíti n.
inferno (hel)víti n.
infertile adj. ófrjór, ófrjósamur
infertility ófrjósemi f.
infest v. herja á, ásækja, leggja undir sig
infidel heiðingi m.; adj. heiðinn
infidelity ótryggð f., ótrúmennska f., trúnaðarbrot n.
infighting innbyrðis deilur f.pl.
infiltrate v. sía(st) inn (í); lauma(st) inn á
infinite adj. óendanlegur, takmarkalaus
infinitesimal adj. örsmár, örlítill
infinitive nafnháttur m.; adj. nafnháttar-
infinity óendanleiki m.
infirm adj. óstyrkur, hrumur, veikburða
infirmary sjúkrahús n., sjúkrastofa f.
infirmity hrumleiki m., heilsubrestur m.
inflame v. æsa(st) upp, upptendra(st)
inflamed adj. (body) bólginn, þrútinn
inflammable adj. eldfimur; uppstökkur, bráður
inflammation (swelling) bólga f., þroti m.
inflammatory adj. æsandi, æsingar-; bólguvaldandi
inflatable adj. uppblásanlegur
inflatable restraint öryggispúði m., líknarbelgur m.
inflate v. blása upp, belgja(st) út
inflation uppblástur m., (of prices) verðbólga f.
inflationary adj. verðbólguvaldandi, verðbólgu-
inflationary effects verðbólguáhrif n.pl.

inflect v. (word) beygja(st), (voice) breyta raddblæ
inflection beyging f.; raddblær m., hrynjandi f.
inflexibility ósveigjanleiki m., stífni f.
inflexible adj. ósveigjanlegur, stífur
inflexion beyging f.; raddblær m., hrynjandi f.
infliction íþynging f., byrði f., refsing f.
inflict (up)on v. leggja á, íþyngja, valda, baka, veita
inflow innstreymi n., innrennsli n.
influence áhrif n.pl.; v. hafa áhrif á
influential adj. áhrifamikill, mikilsmegandi
influenza inflúensa f., flensa f.
influx innstreymi n., aðstreymi n.; straumur m.
inform v. upplýsa, skýra frá
inform against/(up)on v. koma upp um, vísa á
informal adj. óformlegur, óhátíðlegur, látlaus
informality viðhafnarleysi n., látleysi n.
informant heimildarmaður m.
information upplýsingar f.pl.
information acquisition upplýsingaöflun f.
informational brochure kynningarbæklingur m.
informational value upplýsingagildi n.
information analysis upplýsingagreining f.
information bank upplýsingabanki m.
information bureau upplýsingamiðstöð f.
information desk upplýsingaborð n.
information flow upplýsingaflæði n.
information management upplýsingastjórnun f.
information management system upplýsingakerfi n.
information processing upplýsingavinnsla f.
information retrieval upplýsingaleit f.
information system upplýsingakerfi n.
informative adj. upplýsandi, fræðandi
informer uppljóstrari m.
infraction (laga)brot n.
infra dig adv. fyrir neðan virðingu e-s
infrared adj. innrauður

infrastructure grunngerð f., skipulagsgerð f.
infrequent adj. fátíður, sjaldgæfur
infringement yfirgangur m.; (lög)brot n.
infringe (up)on v. ganga á rétt e-s, sýna yfirgang
infuriate v. æsa upp, gera bálreiðan
infuse vi. liggja í bleyti; vt. leggja í bleyti
infuse into/with v. blása í brjóst, fylla (af)
infusion blöndun f.; uppáhelling f.; (liquid) seyði n.
ingenious adj. hugvitssamur, snjall
ingenuity hugvitssemi f., snilli f.
ingenuous adj. hreinskilinn, einlægur, hrekklaus
ingenuousness hreinskilni f., einlægni f., hrekkleysi n.
ingest v. láta ofan í sig, neyta
ingestion neysla f., át n.
inglenook arinkrókur n., arinskot n.
inglorious adj. smánarlegur, vansæmandi
ingot málmstöng f., málmhleifur m.
ingrained adj. samgróinn, rótgróinn
ingratiate oneself (with) v. koma sér í mjúkinn (hjá), smjaðra (fyrir)
ingratiating adj. smjaðurslegur
ingratitude vanþakklæti n.
ingredient efni n., (efnis)þáttur m.
ingress innganga f.; inngönguleyfi n.
in-group lokaður hópur m., klíka f.
ingrown adj. (of toenails) innvaxinn
inhabit v. búa í, lifa í; byggja
inhabitable adj. byggilegur; íbúðarhæfur
inhabitant íbúi m.
inhale v. anda að sér
inhaler innöndunarstautur m., úðari m.
inharmonious adj. ósamhljóma; sundurleitur
inhere in v. búa í, vera meðfæddur
inherent adj. meðfæddur, áskapaður, eðlislægur
inherit v. erfa, fá í arf
inheritance arfur m., arfleifð f.
inhibit v. hamla, aftra; bæla, þvinga
inhibited adj. bældur, þvingaður
inhibition hindrun f., hömlur f.pl.; bæling f.
inhospitable adj. ógestrisinn, kaldranalegur

inhuman adj. miskunnarlaus, grimmur
inhumane adj. ómannúðlegur, grimmur
inhumanity miskunnarleysi n., grimmd f.
inimical adj. fjandsamlegur, skaðlegur
inimitable adj. óeftirlíkjanlegur, óviðjafnanlegur
iniquitous adj. óréttlátur, ranglátur, vondur
iniquity óréttlæti n., ranglæti n., siðleysi n.
initial upphafsstafur m., fangamark n.; adj. byrjunar-, upphafs-
initialization frumstilling f.
initialize vt. frumstilla
initially adv. upphaflega, í byrjun
initiate v. (start) byrja, hefja, hrinda af stað
initiate into v. (inn)vígja; kynna undirstöðuatriði
initiation vígsla f.; innsetningarathöfn f.
initiative frumkvæði n., framtakssemi f.
inject v. sprauta, dæla
injection innspýting f.; stunguskammtur m.
injection of capital viðbótarfjármagn n.
injector spíss m.
injudicious adj. óskynsamlegur, óviturlegur
injudiciousness óskynsemi f., dómgreindarleysi n.
injunction fyrirmæli n., boð n.; lögbann n.
injure v. (damage) skaða, (hurt) meiða, slasa, (insult) móðga
injurious adj. skaðlegur, hættulegur
injury skaði m.; meiðsli n.pl.; móðgun f.
injustice ranglæti n., óréttlæti n.
ink blek n
inkbottle blekbytta f.
ink in v. fara ofan í með bleki
inking pad blekpúði m., stimpilpúði m. .
ink-jet printer blekdæluprentari m.
inkling (óljós) grunur m., pati m., nasasjón f.
inkpad blekpúði m., stimpilpúði m.
inkpot blekbytta f.
inkwell blekhús n., blekbytta f.
inky adj. blekugur; bleksvartur, blek-
inlaid adj. greyptur, felldur (inn) í, innlagður

inland adj. innanlands-; adv. inn(i) í land(i)
Inland Revenue Office ríkisskattstofan f.
inland trade innanríkisverslun f.
in-laws tengdaforeldrar m.pl., tengdafólk n.
inlay ígreyping f., (in a tooth) fylling f.; v. greypa
inlet vogur m., vík f.; innrennsli n.
inmate vistmaður m., fangi m.
inmost adj. innstur, dýpstur, leyndastur
inn (gisti)krá f., veitingahús n.
innards innyfli n.pl, iður n.pl.; innvols n.
innate adj. meðfæddur, áskapaður, náttúrulegur
inner adj. innri; (secret) leyndur, dulinn
innermost adj. innstur, dýpstur, leyndastur
inner tube hjólbarðaslanga f.
inning (in baseball) lota f.
innings (in cricket) innátími m.; valdatími m.
innkeeper kráareigandi m., veitingamaður m.
innocence sakleysi n.
innocent sakleysingi m.; adj. saklaus
innocuous adj. meinlaus, skaðlaus, hættulaus
innovate v. kynna nýjung, taka upp nýbreytni
innovation nýjung f., nýbreytni f.
innovative technique tækninýjung f.
innovator frumkvöðull m., umbótamaður m.
innuendo aðdróttun f., dylgjur f.pl., skens n.
innumerable adj. óteljandi, ótal
inoculate v. bólusetja
inoculation bólusetning f.
inoffensive adj. meinlaus, skaðlaus; friðsamlegur
inoperable adj. óskurðtækur; óframkvæmanlegur
inoperative adj. óvirkur
inopportune adj. óhentugur, ótímabær
inordinate adj. óhóflegur, hóflaus, gegndarlaus
inorganic adj. ólífrænn
inpatient legudeildarsjúklingur m.
input inntak n.

input device inntakstæki n.
input-output channel boðrás f.
inquest réttarrannsókn f.
inquire v. spyrja um, grennslast fyrir um
inquire into v. grafast fyrir um, rannsaka, kanna
inquirer (fyrir)spyrjandi m.; rannsóknarmaður m.
inquiring adj. spyrjandi, spurnar-; rannsakandi
inquiry fyrirspurn f., eftirgrennslan f.
inquisition (opinber) rannsókn f.; rannsóknarréttur m.
inquisitive adj. forvitinn, hnýsinn, spurull
inquisitiveness forvitni f., spurulsemi f.
inquisitor rannsóknardómari m., rannsóknaraðili m.
inroad innrás f.; ágangur m., ásókn f.
inrush innstreymi n., aðstreymi n.
insalubrious adj. óheilsusamlegur, óhollur
insane adj. geðveikur; geðveikislegur
insanitary adj. óheilnæmur, heilsuspillandi
insanity geðveiki f., brjálæði n.
insatiable adj. óseðjandi
inscribe v. (á)letra, grafa í; árita
inscription áletrun f.; (in a book) áritun f.
inscrutable adj. órannsakanlegur, dularfullur
insect skordýr n.
insect repellent skordýrafæla f.
insecticidal adj. skordýraeyðandi
insecticide skordýraeitur n.
insectivore skordýraæta f.
insecure adj. ótraustur; óöruggur, óframfærinn
insecurity öryggisleysi n., óöryggi n.
inseminate vt. frjóvga, sæða
insemination frjóvgun f., sæðing f.
insensate adj. tilfinningalaus, skynlaus
insensibility (unconsciousness) meðvitundarleysi n.
insensible adj. meðvitundarlaus; ómeðvitaður um, ónæmur fyrir
insensitive adj. tilfinningalaus; tillitslaus
insensitivity tilfinningaleysi n.; ónærgætni f.
inseparable adj. óaðskiljanlegur

insert innskot n., viðbætir m.; v. stinga inn í, bæta inn í
insertion innsetning f., innskot n.; innskotsgrein f.
inshore adj. grunnsævis-; adv. nærri landi; að landi
inside innri hlið f.; adj. innanverður; adv. inn; inni; innan; prp. inn í; inni í
inside callipers fótmát n.
inside diameter innanmál n.
inside out adv. öfugt, ranghverft
insider innanfélagsmaður m., innanbúðarmaður m.
insidious adj. undirförull, lævís, lúmskur
insidiousness undirferli n., slægð f., lymska f.
insight innsýn f., skilningur m.
insignia heiðursmerki n., tignarmerki n.
insignificance lítilvægi n.
insignificant adj. lítilfjörlegur, smávægilegur
insincere adj. óeinlægur, falskur; uppgerðar
insincerity óhreinlyndi n., fals n.; uppgerð f.
insinuate v. gefa í skyn, dylgja með, væna um
insinuate into v. smeygja (sér) inn, læða inn
insinuation dylgjur f.pl., aðdróttun f.
insipid adj. bragðlítill, bragðlaus, daufur
insipidness bragðleysi n.; deyfð f., andleysi n.
insist v. halda ákveðið fram, staðhæfa, (demand) heimta, krefjast
insistence eftirgangssemi f., þrásækni f., áleitni f.
insistent adj. eftirgangsharður, (urgent) aðkallandi
in so far as conj. að því leyti sem
insole (of a shoe) innlegg n., íleppur m.
insolence ósvífni f., óskammfeilni f.
insolent adj. ósvífinn, dónalegur
insoluble adj. ó(upp)leysanlegur
insolvency gjaldþrot n., greiðsluþrot n.
insolvent adj. gjaldþrota
insomnia svefnleysi n.
insomniac adj. svefnleysis-
insomuch as conj. að því leyti sem
insouciance áhyggjuleysi n., hugarró f.

insouciant adj. áhyggjulaus
inspect v. rannsaka, skoða, líta eftir
inspection rannsókn f., skoðun f., eftirlit n.
inspector eftirlitsmaður m., (police) lögregluvarðstjóri m.
inspiration innblástur m., andagift f.; hvatning f.
inspire v. blása í brjóst, fylla andagift; hvetja
instability óstöðugleiki m.; staðfestuleysi n.
install v. setja í embætti; setja upp, koma fyrir
installation embættisvígsla f.; uppsetning f.
instal(l)ment afborgun f., (of a book) kafli m.
installment plan (Am.) afborgunarkaup n.pl.
instance dæmi n.; **for i.** til dæmis
instant augnablik n.; adj. tafarlaus; brýnn; skyndi-
instantaneous adj. tafarlaus
instantly adv. þegar í stað, undireins
instead adv. í staðinn
instead of prp. í staðinn fyrir
instep (of a foot) rist f.
instigate v. æsa til, stofna til, koma af stað
instigation hvatning f.; **at the i. of** fyrir áeggjan e-s
instigator hvatamaður m., upphafsmaður m.
instil v. innræta, glæða
instillation innræting f.
instinct eðlishvöt f., eðlisávísun f.
instinctive adj. ósjálfráður, meðfæddur
institute stofnun f.; v. stofnsetja, innleiða, hefja
institution stofnun f.; innleiðing f.
institutional adj. stofnunar-, stofnana-
instruct v. kenna, leiðbeina, (order) fyrirskipa
instruction kennsla f., fræðsla f., tilsögn f.
instructions fyrirmæli n.pl., (for use) leiðbeiningar f.pl.
instructive adj. fróðlegur, fræðandi
instructor kennari m., leiðbeinandi m.

instrument verkfæri n., tæki, (musical) hljóðfæri n.
instrumental adj. hjálplegur; hljóðfæra-
instrumentalist hljóðfæraleikari m.
instrumentality aðstoð f., tilstyrkur m., atbeini m.
instrumentation útsetning fyrir hljóðfæri f.
instrument flying blindflug n.
instrument landing blindlending f.
instrument panel mælaborð n., stjórnborð n.
insubordinate adj. óhlýðinn, mótþróafullur
insubordination óhlýðni f., þverúð f., mótþrói m.
insubstantial adj. óáþreifanlegur; veigalítill
insufferable adj. óþolandi, óbærilegur
insufficiencies ófullkomleiki m., vanhæfi n.
insufficiency vanefni n., skortur m., ávöntun f.
insufficient adj. ónógur, ófullnægjandi
insular adj. eyja-; einangraður, (in mind) þröngsýnn
insularity þröngsýni f., heimalningsháttur m.
insulate v. einangra
insulation einangrun f.; einangrunarefni n.
insulation tape einangrunarband n.
insulator einangrari m.; einangrunarefni n.
insult móðgun f.; v. móðga
insuperable adj. óyfirstíganlegur
insupportable adj. óbærilegur, óþolandi
insurance ábyrgð f., (vá)trygging f.
insurance actuary tryggingafræðingur m.
insurance claim tryggingarkrafa f.
insurance company tryggingafélag n.
insurance contract tryggingarsamningur m.
insurance coverage tryggingarupphæð f.
insurance documents tryggingarskjöl n.pl.
insurance period tryggingartímabil n.
insurance policy vátryggingarskírteini n.

insurance premium vátryggingariðgjald n.
insurance terms tryggingarskilmálar m.pl.
insure v. (vá)tryggja
insured adj. (vá)tryggður
insurer vátryggjandi m.
insurgent uppreisnarmaður m.; adj. uppreisnar-
insurmountable adj. óyfirstíganlegur
insurrection uppreisn f.
insurrectionist uppreisnarmaður m.
insusceptible adj. ómóttækilegur, ónæmur
intact adj. ósnortinn, óskaddaður, heill
intake inntaka f., (of a pipe) inntak n.
intangible adj. óáþreifanlegur; illskiljanlegur, torræður
integer number heil tala f.
integral adj. óaðskiljanlegur, heill, óskiptur
integral calculus heildareikningur m., tegurreikningur m.
integrate v. samlaga(st); fella saman, sampætta
integrated circuit samrás f., dvergrás f.
integrated software samofinn hugbúnaður m.
integration sameining f., sampætting f.
integrity heiðarleiki m., ráðvendni f.
intellect vitsmunir m.pl., gáfur f.pl.
intellectual menntamaður m., gáfumaður m.; adj. vitsmunalegur, andlegur
intelligence greind f., gáfur f.pl.; vitneskja f.
intelligence quotient greindarvísitala f., gáfnastuðull m.
intelligence test greindarpróf n.
intelligent adj. greindur, gáfaður; skynsamlegur
intelligentsia menntastéttin f.
intelligible adj. skiljanlegur, skýr
intemperance óhóf n.; óregla f., drykkjuskapur m.
intemperate adj. hóflaus, ofsafenginn; óreglusamur
intend v. ætla (sér), hafa í hyggju
intense adj. ákafur, ofsalegur; tilfinningaríkur
intensifier (word) áhersluorð n.

intensify v. styrkja(st), efla(st), auka(st)
intensity styrkleiki m., kraftur m., ákafi m.
intensive adj. ákafur, öflugur, rækilegur
intensive care gjörgæsla f.
intensive care unit gjörgæsludeild f.
intensive prefix áhersluforskeyti n.
intent ásetningur m.; adj. einbeittur; staðráðinn í
intention ásetningur m., ætlun f., áform n.
intentional adj. viljandi, vísvitandi
inter v. greftra, jarðsetja
interact v. verka á víxl, orka hvor á annan
interaction víxlverkun f., gagnkvæm áhrif n.pl.
interactive adj. víxlverkandi, gagnvirkur
inter alia adv. (Lat.) meðal annars
interbreed v. eiga afkvæmi saman
intercalary day hlaupársdagur m.
intercalary year hlaupár n.
intercede v. ganga á milli, miðla málum
intercept v. stöðva (á miðri leið), hindra
interception stöðvun f., rof n., hindrun f.
intercession meðalganga f.; fyrirbæn f.
interchange skipti n.pl., víxlun f., (motorway) slaufugatnamót n.pl.; v. skipta(st) á, víxla
interchangeable adj. víxlanlegur, jafngildur
intercollegiate adj. milli háskóla/ framhaldsskóla
intercom kallkerfi n., innanhússímkerfi n.
intercommunicate v. hafa samband sín á milli
interconnection samband n.
intercontinental adj. á milli heimsálfa
intercontinental missile langdræg eldflaug f.
intercooler millikælir m.
intercourse samskipti n., samgangur m.; (sexual) kynmök n.pl.
interdependent adj. víxlháður, víxltengdur
interdiction bann n, valdboð n.
interdict forboð n., bann n.; v. banna
interest áhugi m.; vextir m.pl.; v. vekja áhuga
interested adj. áhugasamur; sem á hlut að máli

interest income vaxtatekjur f.pl.
interesting adj. áhugaverður, skemmtilegur
interest rate vaxtaprósenta f., vextir m.pl.
interface tengi n., tengirás f., rafeindamiðill m.
interface card tengibretti n.
interfere v. skipta sér af, trufla
interference afskipti n.pl., ónæði n., truflun f.
interfere with v. fikta við, fitla við
interglacial hlýskeið n.; adj. milli jökulskeiða
inter-governmental adj. milliríkja-
interim millibil n.; **in the i.** í millitíðinni; adj. bráðabirgða-
interior innri hlið f.; uppland n.; adj. innanverður, innri
interior decorator innanhússarkitekt m.
interject v. skjóta inn
interjection innskot n., upphrópun f.
interlace v. flétta(st) saman, vefja(st) saman
interleave v. gegnumslá
interline v. skrifa á milli lína; millifóðra
interlinear adj. milli lína
interlink v. hlekkja saman, tengja saman
interlock v. læsa(st) saman, grípa hver inn í annan
interlocutor viðmælandi m., viðræðumaður m.
interloper óboðinn gestur m.; aðskotadýr n.
interlude hlé n., milliþáttur m., millispil n.
intermarriage gifting (ná)skyldra f.
intermarry v. giftast innbyrðis
intermediary milligöngumaður m.; millistig n.
intermediate millistig n.; adj. milli-
interment greftrun f., jarðsetning f.
intermezzo milliþáttur m., millispil n.
interminable adj. óendanlegur, endalaus
intermingle v. blanda(st) saman
intermission hlé n.
intermittent adj. slitróttur, ósamfelldur
intermix v. blanda(st) saman
intern v. kyrrsetja
intern(e) (Am.) læknakandidat m.
internal adj. innri, innvortis; innanlands-
internal affairs innanríkismál n.pl.

internal combustion engine sprengihreyfill m.
Internal Revenue Service (Am.) ríkisskattstofan f.
internal rhyme innrím n.
internal trade innanríkisverslun f.
international adj. alþjóðlegur; alþjóða-; milliríkja-
international agreement milliríkjasamningur m.
international air route alþjóðaflugleið f.
international airport alþjóðaflugvöllur m.
international conflict alþjóðleg deila f.
internationalism alþjóðahyggja f.
international law alþjóðalög n.pl., alþjóðaréttur m.
international standards alþjóðastaðlar m.pl.
international trade milliríkjaviðskipti n.pl.
internecine adj. gjöreyðandi, mannskæður
internee kyrrsettur maður m.
internment kyrrsetning f.
interpellate v. grípa fram í með fyrirspurn
interpellation frammígrip n., fyrirspurn f.
interpenetrate v. þrengja sér inn í, læsa sig um
interphase millistig n.
interplanetary adj. milli pláneta
interplay samspil n., víxláhrif n.pl.
interpolate v. skjóta inn í; breyta, afbaka
interpolation innskot n.; afbökun f.
interpose v. setja á milli, skjóta inn
interpose oneself between v. ganga á milli, miðla málum
interposition innskot n.; milliganga f., sáttaumleitun f.
interpret v. túlka; ráða, skýra
interpretation túlkun f.; útskýring f.
interpreter túlkur m.; útskýrandi m.
interracial adj. milli kynþátta
interrelate v. tengja(st) innbyrðis
interrelation innbyrðis skyldleiki m., tengsl n.pl.
interrogate v. spyrja ítarlega; yfirheyra
interrogation fyrirspurn f.; yfirheyrsla f.
interrogation mark spurningarmerki n.

interrogative spurnarorð n.;
adj. spurnar-, spurninga-
interrogative pronoun spurnarfornafn n.
interrogator spyrjandi (við yfirheyrslu) m.
interrogatory adj. spyrjandi, spurnar-
interrupt v. trufla, ónáða, stöðva;
grípa fram í
interruption truflun f., ónæði n.;
frammígrip n.
intersect v. skera(st)
intersection gatnamót n.pl.;
skurðpunktur m.
intersperse v. dreifa út um,
strá hér og þar
interstate adj. milli ríkja
interstellar adj. milli stjarna
interstellar matter geimefni n.
interstice glufa f., rifa f.
interstitial adj. millibils-, milli-
interstitial tissue millivefur m.
intertribal adj. milli ættflokka
intertwine v. samtvinna(st), flétta(st)
interurban adj. milli borga/bæja
interval millibil n., (at theatre) hlé n.
interval windshield wiper switch tíma-
stilltur þurrkurofi m.
intervene v. koma á milli, ganga á milli
intervention íhlutun f., afskipti n.pl.;
málamiðlun f.
interview viðtal n.; v. eiga viðtal við
interweave v. vefa, tvinna, flétta saman
intestinal adj. þarma-, garna-
intestine þarmur m., görn f.
intimacy náin kynni n.pl.,
innilegt samband n.
intimate trúnaðarvinur m.; adj. náinn,
innilegur; persónulegur; v. gefa í skyn,
láta á sér skilja
intimation vísbending f.,
óbein ábending f.
intimidate v. hræða, skelfa; kúga
intimidation ógnun f., þvingun f.
into prp. inn í, í
intolerable adj. óþolandi, óbærilegur
intolerance umburðarleysi n.,
ófrjálslyndi n.
intolerant adj. óumburðarlyndur,
ófrjálslyndur
intonation ítónun f.; hljómfall n.
intone v. gefa tóninn; mynda tón

intoxicant vímugjafi m.; adj. áfengur
intoxicated adj. ölvaður, í vímu
intoxication (öl)víma f., ölvun f.
intractable adj. óstýrilátur, baldinn
intramural adj. (of a school) innanskóla-,
skóla
intransigent adj. ósveigjanlegur,
óbilgjarn, þrár
intransitive verb áhrifslaus sögn f.
intrauterine adj. innanlegs-; **i. device**
getnaðarvörn f.
intravenous adj. í (blá)æð
intrepid adj. óhræddur, ótrauður,
hugrakkur
intrepidity óttaleysi n., hugrekki n.,
dirfska f.
intricacy flókið eðli n.; flækja f.,
flókið atriði n.
intricate adj. flókinn, margbrotinn
intrigue ráðabrugg n., leynimakk n.; v.
brugga launráð, (interest) vekja áhuga
intrinsic adj. eiginlegur, eðlislægur, eigin-
introduce v. kynna, innleiða
introduction kynning f., inngangur m.
introductory adj. inngangs-; byrjenda-
introductory price kynningarverð n.
introspection sjálfsskoðun f.,
sjálfsathugun f.
introspective adj. sjálfsskyggn,
sjálfshugull
introversion innhverfa f.
introvert innhverfur maður m.
introverted adj. innhverfur; dulur,
ómannblendinn
intrude v. troða sér inn; trufla, ónáða
intruder boðflenna f., óboðinn gestur m.
intrusion átroðningur m.,
(of rock) innskot n.
intrusive adj. uppáþrengjandi, ágengur;
innskots-
intuition innsæi n., hugsæi n.
intuitive adj. innsær, hugsýnn,
gæddur innsæi
inundate v. flæða yfir, kaffæra
inundation flóð n., vatnagangur m.
inure v. herða, stæla, venja við
invade v. ráðast inn í, gera innrás í
invader innrásarmaður m.; innrásarlið n.
invalid adj. (not correct) ógildur,
ógjaldgengur

invalid öryrki m.; adj. sjúkur, örkumla; v. gera að öryrkja
invalid out v. leysa frá herþjónustu (vegna veikinda)
invalidate v. ógilda; ónýta
invalidation ógilding f.; ónýting f.
invalidism örorka f., kröm f., heilsuleysi n.
invalidity ógildi n., gildisleysi n., markleysi n.
invaluable adj. ómetanlegur, mjög dýrmætur
invariable adj. óbreytanlegur, stöðugur
invariably adv. ávallt, undantekningarlaust
invasion innrás f.; yfirgangur m.
invective skammaryrði n., fúkyrði n.
inveigh against v. skamma, úthúða
inveigle v. ginna, tæla, lokka
invent v. finna upp; hugsa upp
invention uppfinning f.
inventive adj. uppfinningasamur, hugvitssamur
inventiveness uppfinningagáfa f., hugvitssemi f.
inventor uppfinningamaður m., hugvitsmaður m.
inventory birgðir f.pl., (eigna)skrá f.; v. skrá, telja birgðir
inverse andhverfa f.; adj. öfugur, gagnstæður
inverse video umlýsing f.; adj. umlýstur
inversion umsnúningur m.; andhverfa f.
invert v. hvolfa, snúa við
invertebrate hryggleysingi m.; adj. hryggleysingja-
inverted commas gæsalappir f.pl.
invest v. fjárfesta; búa, gæða; fela í hendur, veita
investigate v. rannsaka, kanna
investigation rannsókn f., könnun f.
investigator rannsóknarmaður m.
investiture (hátíðleg) embættisveiting f., heiðursveiting f.
investment fjárfesting f., fjármunir m.pl.
investment capital áhættufé n.
investment analysis fjárfestingargreining f.
investment company fjárfestingarfélag n.
investment fund fjárfestingarsjóður m.

investment loan fjárfestingarlán n.
investor fjárfestandi m., fjárfestir m.
inveterate adj. rótgróinn; vanabundinn; forfallinn
invidious adj. illgirnislegur; ósanngjarn, óréttmætur
invigilate v. sitja yfir (í prófi)
invigilation yfirseta (í prófi) f.
invigilator yfirsetumaður m., yfirsetukennari m.
invigorate v. hressa, endurnæra
invigoration hressing f., styrking f.
invincible adj. ósigrandi, óvinnandi
inviolable adj. friðhelgur
inviolate adj. óskaddaður, óspjallaður
invisibility ósýnileiki m.
invisible adj. ósýnilegur, ósjáanlegur
invitation (heim)boð n.
invitation card boðskort n.
invite v. bjóða; óska eftir, biðja um
inviting adj. aðlaðandi, freistandi
invocation ákall n., bæn f.; særing f.
invoice vörureikningur m.; v. færa á fylgireikning
invoke v. ákalla; grábiðja um; særa fram
involuntary adj. ósjálfráður; óviljandi, óvilja-
involve v. flækja í, bendla við; hafa í för með sér, fela í sér; snerta
involved adj. (complicated) flókinn, margslunginn
involved in adj. viðriðinn, flæktur í
involved with adj. í tengslum við, í félagsskap við
involvement þátttaka f., aðild f.
invulnerable adj. ósærandi, ósæranlegur; óvinnandi
inward adj. innri, innanverður; innvortis-, inn-
inwardly adv. innanvert, að innan; innvortis
inwardness innra líf n., andlegt líf n.
inwards adv. inn á við, inn
inwrought adj. íofinn, ísaumaður; samofinn
iodine joð n.; joðáburður m.
ion jón f., fareind f.
Ionic adj. jónískur
Ionic order jónískur byggingarstíll m.

ionosphere jónhvolf n., rafhvolf n.
iota jóta f.; agnarögn f., snefill m.
IOU (I owe you) skuldarviðurkenning f.
Iran Íran n.
Iranian Írani m.; adj. íranskur
Iraq Írak n.
Iraqi Íraki m., (language) írakska f.; adj. írakskur
irascibility bráðlyndi n., reiðigirni f.
irascible adj. skapbráður, uppstökkur
irate adj. æfur, æfareiður, blóðillur
ire reiði f., bræði f., vonska f.
Ireland Írland n.
iridescence regnbogalitskrúð f., litbrigði n.pl.
iridescent adj. í regnbogalitum, lithverfur
iris (of the eye) lithimna f., (flower) sverðlilja f.
Irish (language) írska f.; adj. írskur
Irishman (pl. -**men**) Íri m.
Irishwoman (pl. -**women**) írsk kona f.
irk v. ergja, skaprauna, þreyta
irksome adj. þreytandi, leiðinlegur, pirrandi
iron járn n.; v. (clothes) strauja, pressa
Iron Age járnöld f.
ironclad adj. járnsleginn, brynvarinn
Iron Curtain járntjald n.
iron foundry járnsteypa f., járnsteypusmiðja f.
iron-grey adj. járngrár, stálgrár
ironic(al) adj. (kald)hæðnislegur, hæðinn, háðskur
ironically adv. (kald)hæðnislega, í háði
ironing board straubretti n.
iron lung stállunga f., öndunartæki n.
ironmonger járnvörukaupmaður m.
ironmongery járnvöruverslun f.
iron out v. strauja úr; jafna
irons hlekkir m.pl.; handjárn n.
ironstone járngrýti n.
ironware járnvara f.
ironworks járnsmiðja f., járniðjuver n.
irony háð n., (kald)hæðni f.; háðhvörf n.pl.
irradiate v. skína, ljóma; upplýsa; geisla
irradiation uppljómun f., ljómi m.; (á)geislun f.
irrational adj. óskynsamlegur, fáránlegur, órökréttur

irrational number óræð tala f.
irrationality fjarstæða f., fásinna f.; rökleysa f.
irreconcilable adj. ósættanlegur, ósamræmanlegur
irrecoverable adj. óafturkallanlegur; óbætanlegur
irredeemable adj. óbætanlegur; óinnleysanlegur
irrefutable adj. óhrekjanlegur, óhrekjandi
irregular adj. óreglulegur; ólögmætur; ójafn
irregularity regluleysi n., óregla f.; ójafna f.
irrelevance aukaatriði n.
irrelevant adj. utan við efnið, óviðkomandi
irreligious adj. trúlaus, ótrúrækinn; óguðlegur
irremediable adj. óbætanlegur, óviðbjargandi, ólæknandi
irremovable adj. óhreyfanlegur, óhagganlegur
irreparable adj. óbætanlegur
irreplaceable adj. óbætanlegur; óviðjafnanlegur
irrepressible adj. óviðráðanlegur, óhemjandi
irreproachable adj. óaðfinnanlegur, gallalaus
irresistible adj. ómótstæðilegur
irresolute adj. óákveðinn, óráðinn, hikandi
irrespective of prp. án tillits til
irresponsibility ábyrgðarleysi n.
irresponsible adj. ábyrgðarlaus, óábyrgur
irretrievable adj. óafturkallanlegur, óbætanlegur
irreverence virðingarleysi n., óvirðing f.
irreverent adj. virðingarlaus, lotningarlaus
irreversible adj. óafturkallanlegur, óbreytanlegur
irrevocable adj. óafturkallanlegur, endanlegur
irrigate v. veita vatni á; vökva
irrigation áveita f.; vökvun f.
irritability skapstyggð f., bráðlyndi f.
irritable adj. bráðlyndur, fyrtinn, viðkvæmur

irritant → jam

irritant ertingarvaldur m.; adj. ertandi
irritate v. ergja, skaprauna, pirra; erta
irritation skapraun f., pirringur f.; erting f.
irruption innrás f., skyndileg innsókn f.
is v. (pr. **be**)
isinglass sundmagalím n., fiskilím n.; maríugler n.
Islam múhameðstrú f.; lönd múhameðstrúarmanna n.pl.
Islamic adj. islamskur, múhameðskur
Islamite múhameðstrúarmaður m., islami m.
island eyja f., ey f.
islander eyjarskeggi m., eyjarbúi m.
isle eyja f., ey f.
islet smáeyja f.
ism ismi m., kenning f.
isobar (jafn)þrýstilína f.
isolate v. einangra
isolated adj. afskekktur, einangraður
isolation einangrun f.
isolationism einangrunarstefna f.
isolationist einangrunarsinni m.
isosceles triangle jafnarma þríhyrningur m.
isotherm jafnhitalína f.
isotope ísótóp n., samsæta f.
Israel Ísrael n.
Israeli Ísraeli m.; adj. ísraelskur
Israelite gyðingur m.; adj. gyðingslegur, gyðinga-
issue útkoma f., útgáfa f., tölublað n., umræðuefni n.; v. senda út, koma út, gefa út
issue from v. stafa af, leiða af
isthmus eiði n., grandi m.
it prn. það
Italian Ítali m., (language) ítalska f.; adj. ítalskur
italic adj. skáletraður
italicize vt. skáletra, prenta með skáletri
italics skáletur n.
Italy Ítalía f.
itch kláði m.; löngun f., þrá f.; v. klæja; sárlanga
itchy adj. klæjandi, með kláða, kláða-
item atriði n., þáttur m., (of news) fréttagrein f.
item adv. sömuleiðis, einnig, líka

itemize v. sundurliða
iterate v. endurtaka, ítreka, árétta
iteration endurtekning f., ítrekun f.
itinerant adj. farand-
itinerary ferðaáætlun f., ferðalýsing f.
its prn. þess; sinn
itself prn. sig; sjálfur
itsy-bitsy adj. pínkulítill, obbolítill
ivory fílabein n.; adj. fílabeins-; beinhvítur
ivory tower fílabeinsturn m.
ivy bergflétta f., vafningsviður m.

J

jab stunga f., stjak n.; v. stinga, slá, keyra
jabber þvaður n., bull n.; v. blaðra, þvaðra
jabberer blaðrari m., bullari m.
jack tjakkur m., (in cards) gosi m.
jackal sjakali m., refsbróðir m.
jackanapes krakkaormur m., galgopi m.
jackass asni m.; flón n., kjáni m.
jackboot hnéstígvél n.pl., reiðstígvél n.pl.
jackdaw dvergkráka f.
jacket jakki m.
Jack Frost kuldaboli m.
jack-in-the-box kassatrúður m.
jackknife (pl. **-knives**) sjálfskeiðungur m.
jack-of-all-trades þúsundþjalasmiður m.
jackpot pottur m.; **hit the j.** detta í lukkupottinn
jack up v. (a car) tjakka, lyfta
jade jaði m.; ljósgrænn litur m.
jaded adj. örþreyttur, útkeyrður, útjaskaður
jag oddur m., tindur m.; v. gera skörðóttan, rífa
jagged adj. skörðóttur, tindóttur, tættur
jail fangelsi n.; v. fangelsa, hneppa í varðhald
jailbird tugthúslimur m., fangi m.
jailbreak flótti úr fangelsi m.
jailer fangavörður m.
jalopy bílgarmur m., drusla f.
jam ávaxtasulta f., (taffic) umferðarteppa f., (trouble) klípa f.; v. festa(st), klemma(st); troða(st), stífla(st)

jamb dyrastafur m.; gluggakarmur m.
jamboree (of boy scouts) skátamót n.
jam-packed adj. troðfullur, troðinn
jam session óundirbúinn (jass)samleikur m.
jangle glamur m.; v. glamra, skrölta; jagast
janitor húsvörður m., dyravörður m.
January janúar m.
Japan Japan n.
japan japanlakk n.; v. lakka með japanlakki
Japanese Japani m., (language) japanska f.; adj. japanskur
jar (a vessel) krukka f.
jar titringur m., skjálfti m.; áfall n.; v. sarga, nísta, stinga; eiga illa saman
jarful krukkufylli n.
jargon hrognamál n.; fagmál n., tæknimál n.
jasmine jasmína f., sækóróna f.
jasper jaspis m.
jaundice gula f., gulusótt f.
jaundiced adj. (mistrustful) fordómafullur
jaunt (stutt) skemmtiferð f.; v. fara í skemmtiferð
jauntiness spjátrungsskapur m.
jaunting car (tvíhjóla) léttivagn m., skemmtivagn m.
jaunty adj. fjörlegur, hvikur; spjátrungslegur
javelin (kast)spjót n.
javelin throw spjótkast n.
jaw kjálki m.; v. (talk) rausa; skammast
jawbone kjálkabein n.
jaws kjaftur m., gin n.; grip n.
jay skrækskaði m.
jaywalk v. ganga yfir götu og brjóta umferðarreglur
jazz (d)jass m.; v. leika (d)jass
jazz up v. hressa upp á, lífga
jazzy adj. (d)jass-; áberandi, líflegur
jealous adj. afbrýðisamur, öfundsjúkur
jealousy afbrýðisemi f., öfund f.
jeans gallabuxur f.pl.
jeep jeppi m.
jeer háð n., spott n.; v. hæða, spotta
jeeringly adv. háðslega, í háði
Jehovah's Witness vottur Jehóva m.

jejune adj. tilþrifalaus, bragðlaus; ungæðislegur
jejunum ásgörn f.
jell v. hlaupa; formast, taka á sig mynd
jellied fish fiskur í hlaupi m.
jelly hlaup n.
jellyfish marglytta f., stórhvelja f.
jelly roll rúlluterta með sultu f.
jemmy kúbein n., rofjárn n.
jenny spunavél f.
jeopardize v. stofna í hættu, tefla í tvísýnu
jeopardy hætta f., háski m. voði m.
jerboa stökkmús f.
jeremiad kveinstafir m.pl., harmagrátur m.
jerk rykkur m., kippur m.; (Am.) skíthæll m.; v. kippa, rykkja; kippast til
jerkin stutt, aðskorin og ermalaus treyja f.
jerk off (Am.) v. runka sér
jerky adj. rykkjóttur, skrykkjóttur
jeroboam kampavínsflaska f.
jerry koppur m., næturgagn n.
jerry-build v. hrófa upp, klastra saman
jerry-builder klastrari m., fúskari m.
jersey peysa f.
jersey wool prjónaefni n., prjónavoð f.
jest spaug n., grín n.; v. spauga, grínast
jester æringi m., hirðfífl n.
Jesuit jesúíti m., kristmunkur m.
jet svartaraf n.; adj. svartarafs-; gljásvartur
jet buna f., strókur m.; þrýstistútur m., túða f.; v. spýta(st), sprauta(st); ferðast með þotu
jet aircraft þota f., þrýstiloftsflugvél f.
jet-black adj. kolsvartur, biksvartur
jet engine þotuhreyfill m., þrýstiloftshreyfill m.
jet lag flugþreyta f.
jetliner risaþota f.
jet pilot þotuflugmaður m.
jet plane þota f., þrýstiloftsflugvél f.
jet-propelled adj. þrýstiloftsknúinn
jet propulsion knúningur með þrýstilofti m.
jetsam léttafarmur m., varningur sem er kastað útbyrðis m.
jet set þotulið n., glæsigengi n.
jet stream vindstrengur m., loftstraumur m.

jettison v. varpa útbyrðis; fleygja, henda
jetty hafnargarður m., bryggja f.
Jew gyðingur m., júði m.
jewel gimsteinn m., dýrgripur m.
jewelled adj. skreyttur með gimsteinum
jeweller gimsteinasali m., skartgripasali m.
jewellery gimsteinar m.pl., skartgripir m.pl.
Jewess gyðingakona f., gyðingastelpa f.
Jewish adj. gyðingalegur, gyðinga-
jib fokka f., framsegl n.; bóma f.
jib v. (of a horse) spyrna við fótum, þráast við
jib at v. færast undan, hika
jib boom klýfurbóma f.
jibe v. hæða, spotta; hæðast að
jiffy augnablik n.; **in a j.** í hvelli, undireins
jig fjörugur (alþýðu)dans m.
jiggle smárykkur m.; v. kippast til, titra
jigsaw laufsög f., útskurðarsög f.
jigsaw puzzle púsluspil n., raðspil m.
jilt v. segja upp, slíta trúlofun
jimmy (Am.) kúbein n., rofjárn n.
jingle bjölluhljómur m., glamur n.; v. hringla, glamra
jingo þjóðskrumari m.; interj. **by j.** svei mér þá
jingoism þjóðrembingur m., þjóðskrum n.
jingoist þjóðskrumari m.
jingoistic adj. þjóðrembulegur, þjóðrembings-
jinx óheillakráka f.; álög n.pl.; v. færa ógæfu
jitterbug tjútt n.
jitters taugaspenna f., skrekkur m.
jittery adj. taugaspenntur, taugaóstyrkur
jive sveifla f., (dance) djæf n.
job starf n., vinna f., verk n.
jobber lausamaður m., (broker) verðbréfasali m.
jobbery spilling f., embættissvik n.pl.
jobbing adj. lausráðinn, lausa-, íhlaupa-
job lot vörupartí n.
job satisfaction starfsánægja f.
job security starfsöryggi n.
jockey veðreiðaknapi m.; v. (trick) pretta, plata
jockstrap íþróttabindi n., pungbindi n.

jocose adj. gamansamur, spaugsamur
jocoseness gamansemi f., spaugsemi f.
jocosity gamansemi f., spaug n.; brandari m.
jocular adj. gamansamur, spaugsamur, fyndinn
jocularity gamansemi f., spaugsemi f., fyndni f.
jocund adj. kátur, glaðvær, fjörugur
jocundity kæti f., glaðværð f., fjör n.
jodhpurs reiðbuxur f.pl.
jog létt högg n.; hnipping f.; skokk n.; v. hossa(st); hnippa í; mjakast áfram; skokka
joggle smáskak n.; v. hrista(st) smávegis
jog trot hægt brokk n.
john (Am.; lavatory) klósett n.
John Bull enska þjóðin f., dæmigerður Englendingur m.
John Doe ótiltekin persóna f., meðaljón m.
joie de vivre lífsgleði f.
join v. tengja(st), sameina(st); ganga í, slást í hóp með
joiner innréttingasmiður m.
joinery innréttingasmíði f.
join in v. taka þátt, vera með
joint samskeyti n.pl.; liðamót n.pl.; **out of j.** úr liði; (meat) kjötstykki n.; (public place) búlla f.; maríjúanasígaretta f.; adj. sameiginlegur; v. setja liðamót á; tengja saman; (meat) hluta (niður)
joint account sameiginlegur bankareikningur m.
jointed adj. með liðamót; liðskiptur
jointly adv. sameiginlega, saman
joint owner meðeigandi m.
joint ownership sameign f.
joint stock hlutafé n.
joint-stock company hlutafélag n.
join up v. ganga í herinn
joist biti m., sperra f.
joke brandari m., fyndni f.; v. spauga, grínast
joker brandarakarl m., (in cards) jóker m.
jokingly adv. í gríni, í gamni
jollification gleðskapur m., fagnaður m.
jollity kæti f., glaðværð f.
jolly adj. kátur, fjörugur; adv. gríðarlega, býsna
jolly along v. hafa góðan með skjalli

jolly boat → junk food

jolly boat julla f., skipskæna f.
Jolly Roger sjóræningjaflagg n.
jolt rykkur m.; áfall n.; v. hrista(st), skröngla(st)
josh (Am.) góðlátlegt grín n.; v. glettast
joss stick reykelsisstöng f.
jostle hrinding f.; v. hrinda, stjaka, ýta
jot (small amount) vottur m., agnarögn f.
jot down v. hripa niður, punkta niður
jotter minnisbók f., minnisblokk f.
jotting minnisgrein f., minnisatriði n.
joule júl n. (= 0,24 hitaeiningar)
journal dagbók f.; dagblað n., tímarit n.
journalese blaðamannamál n.
journalism blaðamennska f.
journalist blaðamaður m.
journalistic adj. blaða-; blaðamanna-
journey ferð f., ferðalag n.; v. ferðast
journeyman (pl. -men) iðnsveinn m.; góður handverksmaður m.
joust burtreið f.; v. þreyta burtreið
jovial adj. kátur, glaðvær, góðlátlegur
joviality kæti f., glaðværð f., gleðskapur m.
jowl kjálki m., vangi m.; undirhaka f.
joy gleði f., fögnuður m., sæla f.
joyful adj. glaður, kátur, glaðlegur
joyless adj. gleðisnauður, dapur, hryggur
joyous adj. glaður, kátur, gleðilegur
joyousness gleði f., fögnuður m.
joyride glannaakstur m., hraðakstur m.
joystick stýristöng f., stýristautur m.
jubilant adj. fagnandi, himinlifandi
jubilation fögnuður m., sigurgleði f.; sigurhátíð f.
jubilee afmælishátíð f., minningarhátíð f.
Judaic adj. gyðinglegur
Judaism gyðingdómur m., gyðingatrú f.
judge dómari m.; v. dæma, úrskurða
judgement dómur m., (opinion) skoðun f.
Judgement day dómsdagur m.
judicature dómsvald n., dómstóll m.
judicial adj. réttarfarslegur, lagalegur, dómara-, dóms-
judiciary dómarastétt f., dómskerfi n.
judiciary power dómsvald n.
judicious adj. vitur, hygginn, skynsamlegur
judo júdó n.
jug kanna f., krús f., (prison) fangelsi n.

juggernaut eyðileggingarafl n., (lorry) stór vöruflutningarbíll m.
juggle v. henda (bolta) á lofti, leika sér að; hagræða, blekkja
juggler sjónhverfingamaður m., loddari m.
jugular vein hálsæð f., hóstarbláæð f.
juice safi m., vökvi m.
juicy adj. safaríkur; bitastæður, mergjaður
jukebox glymskratti m.
Julian calendar júlíanska tímabilið n.
July júlí m.
jumble hrærigrautur m., óreiða f.; v. rugla, grauta (saman)
jumble sale flóamarkaður m.
jumbo adj. tröllvaxinn, risa-
jumbo jet risaþota f.
jump stökk n.; v. stökkva; **j. the gun** þjófstarta; **j. the queue** fara fram fyrir biðröð, troðast; **j. to conclusions** hrapa að ályktunum
jump at v. gleypa við, taka með áfergju
jump cables startkaplar m.pl., tengikaplar m.pl.
jumper stökkvari m., (garment) golftreyja f.
jumping jack sprellikarl m.
jumping mouse (pl. - mice) stökkmús f.
jumping-off place brottfararstaður m.
jump on v. (scold) hella sér yfir, húðskamma
jump rope sippuband n.; vi. sippa
jump seat fellisæti n.
jump start v. setja í gang með startköplum
jump suit samfestingur m.
jumpy adj. taugaveiklaður, viðbrigðinn
junction samskeyti n.pl., (road) vegamót n.pl.
junction box tengidós f.
juncture tímamót n.pl.
June júní m.
jungle frumskógur m.
junior adj. yngri; yngri í starfi, lægra settur
juniper einir m.
junk skran n., drasl n.; v. henda í ruslið
junk (ship) djúnka f.
junket súrmjólk f., (Am.) skemmtiferð f.
junk food sjoppumatur m.

junkie dópisti m., fíkill m.
junk mail (Am.) auglýsingabæklingar m.pl.
Junoesque adj. (of a woman) glæsilegur, tígulegur
junta herforingjastjórn f.
juridical adj. lagalegur; dómsvalds-, dómstóla-
jurisdiction dómsvald n., valdsvið n., lögsaga f.
jurisprudence lögspeki f., lögvísi f.
jurist lögfræðingur m., lögfróður maður m.
juror kviðdómari m.
jury kviðdómur m.
jury box kviðdómendastúka f.
juryman (pl. **-men**) kviðdómari m.
just adj. réttlátur, sanngjarn; adv. aðeins; naumlega, rétt; nákvæmlega, einmitt; hreint og beint
just now adv. rétt áðan, rétt í þessu
justice réttlæti n., réttsýni f., sanngirni f.
Justice Department (Am.) dómsmálaráðuneytið n.
justice of the peace friðdómari m.
justifiable adj. réttlætanlegur, verjandi
justification réttlæting f., afsökun f.
justify v. réttlæta; (text) staðrétta, hliðjafna
justly adv. réttlátlega, réttilega
jut out v. skaga fram, ganga fram úr
juvenile unglingur m.; adj. ungur, unglinga-
juvenile court unglingadómstóll m.
juvenile delinquency unglingaafbrot n.
juvenile delinquent afbrotaunglingur m., ungur afbrotamaður m.
juxtapose v. setja hlið við hlið
juxtaposition hliðsetning f., hliðskipun f., hliðstaða f.

K

kaftan (a tunic) serkur m.
kale (fóðurmerg)kál n., (soup) kálsúpa f.
kaleidoscope kviksjá f.; síbreytilegt mynstur n.
kaleidoscopic adj. kviksjár-; síbreytilegur

kangaroo kengúra f.
kangaroo court sýndardómstóll m., sýndarréttarhöld n.pl.
kaolin kaólín n., postulínsleir m.
kaput adj. búinn að vera, ónýtur, ónothæfur
kayak kajak m., húðkeipur m.
keck tröllahvönn f.
kedgeree hrísréttur með fiski m.
keel kjölur m.
keelage hafnargjald n.
keelhaul v. kjöldraga; ávíta, skamma
keel over v. hvolfa, velta um
keen adj. (sharp) beittur, hvass, (eager) ákafur
keen (wailing) harmagrátur m.; v. syrgja, harma
keen on adj. fullur af áhuga á, ákafur í
keep viðurværi n., uppihald n.; v. halda, varðveita, geyma
keep at v. halda áfram, halda sér við e-ð
keep away from v. halda sig fjarri, forðast
keep back v. þegja um, þegja yfir
keep down v. halda niðri, stjórna, ráða við
keeper gæslumaður m., vörður m.
keep from v. halda frá, leyna; varast
keeping gæsla f., umsjón f.; **in safe k.** á öruggum stað; **in k. with** í samræmi við
keep in with v. hafa góð samskipti við
keep off v. halda (sig) frá
keep on v. halda áfram, halda sig við
keep on at v. láta ekki í friði, ónáða
keep quiet v. þegja
keep to v. standa við, halda sér við
keep to oneself v. vera fáskiptinn, fara einförum
keep up v. halda uppi, halda áfram
keep up with v. halda í við, hafa við
keeps ; **for k.** endanlega, fyrir fullt og allt
keepsake minjagripur m.
keg kaggi m., kútur m., kvartil n.
kelp þari m.
ken þekkingarsvið n., þekking f.
kennel hundabyrgi n.
kennels hundageymsla f., hundahótel n.
kepi (pl. **kepis**) frönsk hermannahúfa f.

kept v. (p., pp. **keep**)
kerb gangstéttarbrún f.
kerbstone kantsteinn m.
kerchief skýluklútur m., slæða f.
kerfuffle fjaðrafok n., uppnám n.
kernel (hnetu)kjarni m.
kerning stafþjöppun f.
kerosene (Am.) steinolía f., ljósolía f.
kestrel turnfálki m.
ketchup tómatsósa f.
kettle ketill m., suðupottur m.
kettledrum ketiltrumba f., páka f.
key lykill m.
key (reef) sandrif n.
keyboard hljómborð n., (typewriter) lyklaborð n.
keyhole skráargat n.
keynote grunntónn m.; meginþráður m.
keypad skiki m.
keypunch (Am.) götunarvél f., gatari m.
key ring lyklakippa f., lyklahringur m.
key signature (in music) formerki n.
keystone lokasteinn m.; lykilatriði n.
keystroke ásláttur m.
key up v. æsa upp, spenna upp
khaki kakíefni n., (colour) brúndrappaður litur m.
kibbutz (ísraelskt) samyrkjubú n.
kibosh þvaður n.; **put the k. on** kveða niður, binda enda á
kick spark n.; v. sparka; **k. the bucket** hrökkva upp af, drepast
kick about v. níðast á; flækjast um, vera á þvælingi
kick against v. vera á móti, hafa út á að setja
kick around v. níðast á; flækjast um, vera á þvælingi
kick at v. vera á móti, hafa út á að setja
kickback bakgreiðsla f., mútur f.pl.
kicker (a horse) slægur hestur m.
kick-off (in football) upphafsspark n.
kick off v. (in football) hefja leik
kicks (pleasure) ánægja f.; **for k.** til gamans
kickshaw góðgæti n.; glingur n., hégómi m.
kick-starter fótstartari m.
kick up v. koma af stað, valda

kid (young goat) kiðlingur m., (child) krakki m.; vt. plata, þykjast, leika á; grínast
kid glove geitarskinnshanski m.; **handle with kid gloves** taka á með silkihönskum
kid-gloved adj. varfærinn, nærgætinn
kidnap vt. fremja mannrán, ræna barni
kidnapper mannræningi m.
kidnapping mannrán n., barnsrán n.
kidney nýra n.
kidney bean garðbaun f.
kidney machine gervinýra n., nýrnavél f.
kill dráp n.; bráð f., fengur m. v. drepa
killdeer skræklóa f.
killer banamaður m., drápsmaður m., morðingi m.
killer whale háhyrningur m., háhyrna f.
killing morð n., dráp n.; **make a k.** stórgræða; adj. banvænn, drepandi, drepkilljoy gleðispillir m., félagsskítur m.
kill off v. gera út af við, útrýma
kiln brennsluofn m.
kilobyte kílóbæti n. (= 1024 bæti)
kilocycle kílórið n.
kilogramme kílógramm n.
kilolitre kílólítri m.
kilometre kílómetri m.
kilowatt kílóvatt n.
kilt skotapils n.
kimono (japanskur) kvensloppur m.
kin ættingjar m.pl., skyldmenni n.pl.
kind adj. góður, vænn, vingjarnlegur
kind tegund f., gerð f.; **in k.** í fríðu; í sömu mynt; **of a k.** eins, sams konar; nokkurs konar
kindergarten leikskóli m., forskóli m.
kind-hearted adj. góðhjartaður, brjóstgóður
kind-heartedness hjartahlýja f., hjartagæska f.
kindle v. kveikja, tendra; æsa upp, vekja
kindliness vingjarnleiki m., vinsemd f.
kindling eldfimt efni n.; spænir m.pl., sprek n.
kindly adj. vingjarnlegur; adv. vingjarnlega
kindness góðvild f., gæska f., vinsemd f.
kindred skyldleiki m.; ætt f., skyldulið n.; adj. skyldur

kinesiology hreyfingarfræði f.
kinesthesia hreyfiskyn n.
kinetic adj. hreyfi-, hreyfingar-
kinetic energy hreyfiorka f., hreyfingarorka f.
kinetics hreyfiaflfræði f.
king konungur m., kóngur m.
king cobra risagleraugnaslanga f.
kingcup hófsóley f.
kingdom konungsríki n., konungdómur m.
king eider æðarkóngur m.
kingfish guðlax m.
kingfisher bláþyrill m., ísfugl m.
kingly adj. konunglegur, konung(s)-
kingpin spindilbolti m.; miðkeila f.; forsprakki m.
King's Counsel konunglegur málafærslumaður m.
king's evidence vitni krúnunnar n.; **turn k. e.** bera vitni gegn samsekum
king's evil kirtlaveiki f., eitlakröm f.
kingship konungstign f., konungdómur m.
king-size adj. risastór, óvenjulangur
kink krulla f.; snuðra f.; sérviska f.
kinky adj. hrokkinn; snuðróttur; sérviskulegur
kinsfolk frændfólk n., ættingjar m.pl.
kinship skyldleiki m., frændsemi f.
kinsman (pl. **-men**) frændi m., ættingi m.
kinswoman (pl. **-women**) frænka f., ættingi m.
kiosk söluturn m.; símaklefi m.
kip blundur m., dúr m.; vi blunda; leggja sig
kipper söltuð og reykt síld f.
kismet örlög n.pl., sköp n.pl.
kiss koss m.; v. kyssa(st)
kissable adj. kyssilegur, kyssandi
kisser (mouth) munnur m., kyssitau n.
kiss of death dauðakoss m.; dauðadómur m., rothögg n.
kiss of life blástursaðferðin f.
kit raðeining f., samstæða f.; (clothes) útbúnaður m., farangur m., (tools) áhöld n.pl., verkfærasett n., (box) verkfærataska f.
kitchen eldhús n.
kitchenette eldhúskrókur m., eldunaraðstaða f.
kitchen garden matjurtagarður m.
kitchen maid eldhússtúlka f.
kitchen sink eldhúsvaskur m.
kitchen tissue eldhúspappír m.
kitchen unit eldhúsinnrétting f.
kitchen utensils búsáhöld n.pl.
kite (bird) svölugleða f., (for flying) flugdreki m.
kith and kin vinir og vandamenn m.pl.
kit out/up v. útbúa (með); vera útbúinn (með)
kitsch listlíki n., ómerkileg list f.
kitten kettlingur m.
kittenish adj. (playful) fjörugur, gáskafullur
kittiwake rita f.
kitty kettlingur m., kisulóra f.
kitty (in card games) pottur m., (sum) sjóður m.
kiwi kívífugl m., snípustrútur m.
kiwi fruit kívíávöxtur m.
kleptomania stelsýki f.
kleptomaniac stelsjúkur maður m.
knack lagni f., lag n.; galdur m., kúnst f.
knacker hrossaslátrari m.
knapsack bakpoki m.
knave bragðarefur m., (in cards) gosi m.
knavery óheiðarleiki m.; óknyttir m.pl.
knavish adj. óheiðarlegur, svikull, brögðóttur
knead vt. hnoða; nudda, kreista
knee hné n., kné n.
knee breeches hnébuxur f.pl., hnébrækur f.pl.
kneecap hnéskel f.
knee-deep adj. hnédjúpur
knee-high adj. hnéhár
kneel vi. krjúpa; leggjast á hnén
kneepan hnéskel f.
knell útfararhringing f.; feigðarboði m.
knelt vi. (p., pp. **kneel**)
knew v. (p. **know**)
knickerbockers pokabuxur f.pl.
knickers (kven)nærbuxur f.pl., (Am.) pokabuxur f.pl.
knick-knack glingur n., glysmunir m.pl., smádót n.
knife (pl. **knives**) hnífur m.

knife-edge hnífsegg n.; **on a k.** í óvissu, á nálum
knight riddari m.; v. slá til riddara
knight-errant farandriddari m.
knighthood riddaratign f.; riddarastétt f.; riddaramennska f.
knightly adj. riddaralegur, riddara-
knit v. prjóna; hnýta saman, tengja(st)
knitting (material) prjónles n., (action) prjónaskapur m.
knitting machine prjónavél f.
knitting needle (band)prjónn m.
knitwear prjónavörur f.pl., prjónafatnaður m.
knob húnn m., hnappur m., hnúður m., takki m.
knobbly adj. hnúðóttur, hnúskóttur
knobby (Am.) adj. hnúðóttur, hnúskóttur
knob of butter smjörklípa f.
knock högg n., bank n.; v. slá, berja, banka
knock off v. (deduct) slá af, (stop) hætta (að vinna), (finish) klára, (rob) ræna; stela, (murder) drepa, kála
knockabout adj. hávær, ærslafullur
knock about/around v. þvælast um; (treat roughly) misþyrma, lemja
knock about/around with v. vera í slagtogi með; sofa hjá
knock back v. (drink quickly) skella/ sturta í sig
knockdown adj. öflugur, kraftmikill; ómótstæðilegur
knock down v. slá niður; rífa niður; (price) lækka
knockdown blow reiðarslag n.
knockdown price lágmarksverð n.
knockdown table felliborð n.
knocker (doorknocker) dyrahamar m.
knock-need adj. kiðfættur
knockout rothögg n.; adj. rot-; dúndur-, þrumu-
knock out v. slá í rot, (surprise) gera forviða, ganga fram af
knockout contest útsláttarkeppni f.
knock together v. berja saman, klambra saman
knock up v. (waken) vekja upp, (make in a hurry) hrófa upp; útbúa í flýti, (exhaust) ofþreyta, (Am.; make pregnant) barna

knoll hóll m., hæð f.
knot hnútur m.; v. hnýta (saman)
knot (bird) rauðbrystingur m.
knotgrass blóðarfi m., hlaðarfi m.
knothole kvistgat n., kvisthlaup n.
knotty adj. hnútóttur, hnýttur; kvistóttur; flókinn
know v. vita, kunna, (person) þekkja
know-all maður sem allt þykist vita m.
know-how verkkunnátta f., verksvit n.
knowing adj. hygginn, séður; reyndur; íbygginn
knowingly adv. af ásettu ráði, vitandi vits
know-it-all maður sem allt þykist vita m.
knowledge vitneskja f., þekking f., kunnátta f.
knowledgeable adj. fróður, vel að sér
known adj. þekktur, alkunnur, viðurkenndur
knuckle hnúi m., (of meat) skanki m.
knucklebone fingurkjúka f., fingurköggull m.
knuckle down (to) v. hefjast handa (við), vinna ötullega (að)
knuckle-duster hnúajárn n.
knuckle under v. láta undan, lúta í lægra haldi
knurl kvistur m., hnúður m.
knurled adj. kvistóttur; gáróttur, ýfður
koala bear pokabjörn m., kóalabjörn m.
kohl (austurlenskur) augnabrúnalitur m.
kohlrabi (pl. **kohlrabies**) hnúðkál n.
kola nut kólahneta f.
kookaburra hláturfugl m.
kopeck kópeki m.
Koran Kóraninn m., trúarbók múhameðstrúarmanna f.
Koranic adj. Kórans-
Korea Kórea f.
Korean Kóreumaður m., (language) kóreska f.; adj. kóreskur
kosher adj. (of food) hreinn, (proper) réttur, í lagi
kowtow vi. sýna þrælslund, skríða í duftinu fyrir
kraal afgirt (svertingja)þorp n.; stórgripagirðing f.
krill áta f.
kudos frægð f., heiður m., upphefð f.

Kurd Kúrdi m.
Kurdish (language) kúrdíska f.; adj. kúrda-
kyphosis herðakistill m., kryppa f.
kyrie eleison miskunnarbæn f.

L

lab tilraunastofa f., rannsóknarstofa f.
label merki n., merkimiði m., merkispjald n.; vt. merkja
labial (sound) varahjóð n.; adj. vara-
laboratory tilraunastofa f., rannsóknarstofa f.
laborious adj. erfiður, þungur; (hardworking) iðjusamur
labour erfiði n., áreynsla f.; vinna f.; v. erfiða, strita
Labour Day (Am.) dagur verkalýðsins m.
labour dispute launadeila f.
laboured adj. erfiður, þungur, (of style) stirður
labourer verkamaður m.
labour contract kjarasamningar m.pl.
labour court félagsdómur m.
labour dispute launadeild f.
labour exchange vinnumiðlunarskrifstofa f.
labour force mannafli m.
labour-intensive adj. vinnuaflsfrekur
Labourite fylgismaður breska verkamannaflokksins m.
labour leader verkalýðsleiðtogi m.
labour market vinnumarkaður m.
labour of love ánægjulegt verk n., ljúf skylda f.
labour pains fæðingarhríðir f.pl.
Labour Party breski verkamannaflokkurinn m.
labour party verkamannaflokkur m.
labour-saving adj. vinnusparandi
labour under v. þjást af, líða fyrir; vera íþyngt með
labour union verkalýðsfélag n.
laburnum gullregn n.
labyrinth völundarhús n.
labyrinthine adj. flókinn, margbrotinn; völundarhúss-

labyrinth of lies lygavefur m.
laccolith bergeitill m.
lace blúnda f., (shoe) reim f., (cord) snúra f.; v. brydda með blúndu; reima; (a drink) styrkja
lace into v. ráðast á; gagnrýna harkalega
lacerate vt. tæta (sundur), rífa; særa
laceration sundurtæting f.; svöðusár n., flakandi sár n.
lachrymal gland tárakirtill m.
lachrymose adj. grátgjarn; sorglegur, raunalegur
lack skortur m.; v. skorta, vanta
lackadaisical adj. áhugalaus, daufgerður, latur
lackey þjónn m.; undirlægja f., skósveinn m.
lacklustre adj. (of eyes) daufur, sljór
lacon(ci)ism kjarnyrði n.; orðfæð f.
laconic adj. stuttorður, gagnorður; fámáll
lacquer lakk n.; vt. lakka
lacrosse háfleikur m.
lactation mjólkurmyndun f.; brjóstgjöf f.
lacteous adj. mjólkurkenndur
lactic adj. úr mjólk, mjólkur-
lactic acid mjólkursýra f.
lactose mjólkursykur m., laktósi m.
lacuna eyða f.
lacustrine adj. stöðuvatna-
lacy adj. blúndu-, knipplinga-
lad piltur m., strákur m., drengur m.
ladder stigi m., (in a stocking) lykkjufall n.
laden (with) adj. hlaðinn; íþyngt (með), mæddur (af)
la-di-da(h) adj. tilgerðarlegur, teprulegur
ladies' room kvennaklósett n., kvennasnyrting f.
lading hleðsla f., ferming f.; farmur m.
ladle ausa f.; v. ausa
lady (heiðurs)kona f., dama f., frú f.
ladybird maríubjalla f.
ladybug (Am.) maríubjalla f.
lady-in-waiting hirðdama f.
lady-killer kvennagull n., kvennavoði m.
ladylike adj. dömulegur, fágaður
Ladyship lafði f.; **Your/Her L.** yðar/ hennar göfgi
lady's mantle maríustakkur m.
lady's smock hrafnaklukka f.

lag → landlady

lag droll n., hangs n.; töf f.; (person) tugthúslimur m.; vi. drolla, slóra; (waterpipes) einangra
lag behind v. dragast aftur úr
lager lageröl n., ljóst öl n.
laggard drollari m.; adj. silalegur, hægfara
lagging einangrun f., einangrunarefni n.
lagoon lón n.
laid v. (p., pp. lay)
lain v. (pp. lie)
lair greni n., bæli n., híði n.
laird (skoskur) landeigandi m., óðalsbóndi m.
laity leikmenn m.pl., almenningur m.
lake stöðuvatn n.
lake dwelling staurabýli n.
lake trout (Am.) vatnaurriði m.
lam v. (thrash) lúberja, (scold) húðskamma
lama búddhamunkur m.
Lamaism lamatrú f., lamasiður m.
Lamaist lamatrúarmaður m.; adj. lamatrúar-
lamasery lamaklaustur n.
lamb lamb n.; lambakjöt n.; vi. (of sheep) bera
lambast(e) vt. lúberja; húðskamma, hirta
lambent adj. flöktandi, ljómandi, leiftrandi
lambing season sauðburður m.
lambkin smálamb n.
lamblike adj. líkur lambi, bljúgur sem lamb
lambskin lambskinn n., gæra f.
lame adj. fatlaður, haltur; máttlaus; vt. helta
lame duck vesalingur m.; fyrirtæki í kröggum n.
lamella þynna f., flaga f.
lamely adv. máttleysislega, á ósannfærandi hátt
lameness helti n., lömun f.
lament harmakvein n., sorgarljóð n.; v. syrgja, harma
lamentable adj. hörmulegur, sorglegur
lamentation harmakvein n., kveinstafir m.pl.
laminate v. kljúfa í sneiðar, skera í flögur; samlíma

laminated spring blaðfjöður f.
laminated wood krossviður m., (sam)límdur viður m.
lamp lampi m., lukt f.
lamp-black kinrok n.
lamplight lampaljós n.
lamplighter luktarkarl m., kveikjari m.
lampoon níðskrif n., níðrit n.; vt. níða í riti
lampoonist níðgreinahöfundur m., níðskrifari m.
lamppost ljósastaur m.
lamprey steinsuga f.
lampshade lampaskermur m.
lamp socket perustæði n.
lance spjót n., lensa f.; vt. stinga í/ skera (með bíld)
lancelet tálknmunni m.
lancer (lensu)riddari m.
lancet bíldur m., (window) oddbogagluggi m.
land land n., jörð f.; v. lenda; landa
land agent ráðsmaður m.
land and sea breeze sólfarsvindur m.
landau fjórhjóla hestvagn (með tveimur sætum) m.
land boundaries landamörk n.pl.
land breeze aflandsgola f., landræna f.
landed adj. land-, jarð-; landeignar-, jarðeignar-
landed gentry landeigendaaðall m.
landed property jarðeign f., fasteign f.
landfall landsýn f.
landgrave landgreifi m.
landholder landeigandi m., landráðandi m.
landing lending f., landtaka f.; stigapallur m.
landing craft landgönguprammi m.
landing field lendingarsvæði n., flugbraut f.
landing gear hjólabúnaður (flugvélar) m.
landing net löndunarháfur m.
landing place lendingarstaður m., landgöngustaður m.
landing stage landgöngubryggja f.
landing strip lendingarsvæði n., flugbraut f.
landlady húsráðandi m., veitingakona f.

landlocked adj. landluktur, umkringdur landi
landlord húsráðandi m., veitingamaður m.
landlubber landkrabbi m.
landmark landamerki n., kennileiti n.; þáttaskil n.pl.
landmine jarðsprengja f.
Land of Promise fyrirheitna landið n.
landowner landeigandi m., jarðeigandi m.
landscape landslag n., (picture) landslagsmynd f.
landscape architecture landslagsarkitektúr m.
landscape gardening skrúðgarðyrkja f.
landscapist landslagsmálari m.
landslide skriða f., jarðfall n.; stórsigur m.
landward adj. landmegin, (sem snýr) að landi
landwards adv. að landi, til lands
lane stígur m., slóð f., akrein f.
language tungumál n., tunga f., málfar n.
language laboratory málver n.
languid adj. magnlaus, slappur, daufur
languish vi. veslast upp, örmagnast; dvína
languish for v. veslast upp af þrá, þrá ákaft
languor magnleysi n., slen n., deyfð f.
languorous adj. magnlaus, slappur, daufur; þrúgandi
lank adj. mjósleginn, (of hair) sléttur, líflaus
lanky adj. renglulegur, krangalegur
lanolin(e) lanólín n., ullarfeiti f.
lantern lukt f., ljósker n.
lantern-jawed adj. kinnfiskasoginn; með skúffu
lanternslide skuggamyndaplata f.
lanyard snúra f.; dragreipi n., falur m.
lap kjölta f.; **in the l. of luxury** í allsnægtum
lap lap n.; gjálfur n.; v. (drink) lepja; skvampa
lap (circuit) hringur á keppnisbraut m.
lap computer kjöltutölva f.
lapdog kjölturakki m.
lapel kragahorn n., jakkahorn n.
lapidary (gim)steinaslípari m.; adj. grafinn í stein

lapilli gjall n., vikur m.
lapis lazuli asúrsteinn m., (colour) asúrblár litur m.
Lapland Lappland n.
Laplander/Lapp Lappi m., Sami m.
lapse glappaskot n., hrösun f.; tímarás f., tímabil n.; vi. gera mistök, hrasa, (of time) líða
lapse into v. fara yfir í, taka upp; **l. i. silence** þagna
lapse of memory rangminni n., misminni n.
lapse of the pen pennaglöp n.pl., ritvilla f.
lapse rate hitafallandi m.
lapsus calami (Lat.) pennaglöp n.pl., ritvilla f.
lapsus linguae (Lat.) mismæli n.
lap up v. drekka í sig, gleypa í sig, teyga
lapwing vepja f.
larboard (port) bakborði m.
larceny þjófnaður m., stuldur m.
larch lerki n., lerkiviður m.
lard svínafeiti f.; vt. smyrja með svínafeiti
larder matbúr n.
large adj. stór, mikill; **at l.** frjáls; almennt, í heild
large-hearted adj. göfuglyndur, veglyndur
large intestine digurgirni n., stórgirni n.
largely adv. aðallega, að mestu leyti
largeness stærð f., fyrirferð f.
large-scale adj. víðtækur, stórfelldur
largesse örlæti n., gjafmildi f.
largish adj. fremur stór, í stærra lagi
lariat (Am.) tjóðurband n., taumur m.; snara f.
lark (bird) lævirki m.
lark ærsl n., gaman n.; vi. ærslast, glettast
larkspur (plant) riddaraspori m.
larrup v. lemja, berja
larva (pl. **larvae**) lirfa f.
larval stage lirfustig n.
laryngeal adj. barkakýlis-
laryngitis barka(kýlis)bólga f.
laryngoscope barkakýlisspegill m.
larynx barkakýli n.
lascivious adj. lostafullur, eggjandi, æsandi

lasciviousness lostasemi f., munúðargirni f.
laser leysir m.
laser beam leysigeisli m.
laser printer geislaprentari m.
lash svipuól f.; svipuhögg n.; v. hýða, (húð)strýkja
lashing hýðing f., (rope) kaðall m., reipi n.
lashings (plenty) hellingur m.
lash out against/at v. ráðast á, taka rækilega til bæna
lass(ie) stúlka f., telpa f., ung kona f.
lassitude þróttleysi n., þreyta f.
lasso snara f., slöngvivaður m.; vt. snara
last adj. síðastur; **at l.** loksins, að lokum
last vi. vara, standa yfir, endast
last skóleistur m.; **stick to one's l.** halda sér við sitt fag
last-ditch adj. þrauta-, neyðar-
lasting adj. varanlegur, endingargóður
lastingly adv. varanlega
Last Judgement dómsdagur m.
lastly adv. loksins, að lokum, að síðustu
last-minute adj. á síðustu/elleftu stundu
last night í gærkvöldi
last resort neyðarúrræði n., örþrifaráð n.
last rites síðustu sakramentin n.pl.
last straw kornið sem fyllir mælinn n.
last year í fyrra
latch klinka f., loka f.; v. krækja aftur
latchkey klinkulykill m., útidyralykill m.
latchkey child lyklabarn n.
latch on(to) v. ná í, hengja sig á, (understand) skilja
late adj. seinn, (former) fyrrverandi; adv. seint
lateen sail þríhyrnt segl n.
lately adv. undanfarið, upp á síðkastið
latency leynd f., launung f., (time) biðtími m.
latent adj. hulinn, dulinn, leyndur
latent heat dulvarmi m., hamskiptavarmi m.
later adj. seinni, síðari; adv. seinna, síðar
lateral adj. á hlið, frá hlið, hliðar-
lateral fault sniðgengi n.
lateral moraine (of a glacier) jaðaruð f.
late riser morgunlatur maður m., svefnpurka f.

latest adj. nýjastur, síðastur; **at the l.** í síðasta lagi
latex (of plants) mjólkursafi m.
lath (pl. **laths**) rimill m., listi m., spíra f.
lathe rennibekkur m.
lather löður n., froða f.; v. freyða; sápa
lathery adj. löðrandi, freyðandi
lathing trégrindur f.pl.; múrhúðunarnet n.
Latin latína f.; maður af rómönsku þjóðerni m.; adj. latneskur, latínu-; rómanskur
Latin America Rómanska Ameríka f.
Latin American adj. rómansk-amerískur
Latinate adj. latínuskotinn
Latin Church rómversk-kaþólska kirkjan f.
Latinist latínumaður m.
Latinize vt. snúa á latínu
Latin languages rómönsk tungumál n.pl.
latish adj. fremur seinn; adv. nokkuð framorðið
latitude breidd f., breiddargráða f.; frjálsræði n.
latitudinal adj. breiddar-, breiddargráðu-
latitudinarian fríhyggjumaður m.; adj. frjálslyndur
latitudinarianism fríhyggjustefna f.
latrine kamar m., náðhús n.
latter adj. seinni, síðari; síðarnefndur
latter-day adj. síðari tíma, nútíma-
Latter-day Saint síðari daga heilagur m., mormóni m.
latterly adv. nýlega; upp á síðkastið
lattice (rimla)grind f.; adj. rimla-, grinda-
Latvia Lettland n.
Latvian Letti m., (language) lettneska f.; adj. lettneskur
laud vt. lofa, hrósa, prísa
laudability ágæti n., lofsverðir kostir m.pl.
laudable adj. lofsverður, hrósverður
laudanum ópíumdropar m.pl.
laudation lof n., hrós n.
laudatory adj. lofsamlegur, lofs-
laugh hlátur m.; v. hlæja
laughable adj. hlægilegur, spaugilegur
laugh at v. hlæja að; hæða, gera gys að
laugh away/off v. leiða hjá sér/eyða með hlátri
laugh down v. yfirgnæfa með hlátri
laughing hlátur m.; adj. hlæjandi; **no l. matter** alvörumál m.

laughing gas → lea

laughing gas hláturgas n.
laughing jackass (kookaburra) hláturfugl m.
laughingly adv. hlæjandi
laughingstock aðhlátursefni n., athlægi n.
laughter hlátur m.
launch (boat) skemmtiferðabátur m.
launch sjósetning f.; flugtak n.; geimskot n.; v. sjóseta; skjóta á loft; hefja, byrja
launching pad skotpallur m.
launching site eldflaugastöð f., skotsvæði n.
launch (out) into v. hefjast handa, byrja á, kasta sér út í
launder v. þvo og strauja (þvott)
launderette almenningsþvottahús n.
laundress þvottakona f.
laundromat (Am.) almenningsþvottahús n.
laundry þvottahús n., (washing) þvottur m.
laundry basket þvottakarfa f.
laureate lárviðarskáld n.; verðlaunahafi m.; adj. lárviðarkrýndur
laurel lárviður m.; lárviðarsveigur m.
laurels heiður m.; **rest on one's l.** lifa á fornri frægð
lav salerni n., snyrting f.; baðherbergi n.
lava hraun n.
lava bed hraunlag n.
lava dome dyngja f.
lava field hraunbreiða f.
lava fountain kvikustrókur m.
lavatory salerni n., snyrting f.; baðherbergi n.
lavatory pan klósettskál f.
lave vt. baða, lauga; skola
lavender lofnarblóm n.; adj. ljósfjólublár
lavish adj. eyðslusamur, örlátur, rausnarlegur
lavishness eyðslusemi f., örlæti n.
lavish on v. eyða, sóa, bruðla
law lög n.pl., (study) lögfræði f.
law list lögmannalisti m.
law-abiding adj. löghlýðinn
law-breaker lögbrjótur m.
law court réttur m., dómstóll m.
law-giver/law-maker löggjafi m.
law-making löggjöf f., lagasetning f.
lawful adj. löglegur, lögmætur
lawfulness lögmæti n., réttmæti n.
lawless adj. ólöglegur, löglaus
lawlessness lögleysa f.
lawn grasflöt f., grasvöllur m.
lawn mower garðsláttuvél f.
lawn tennis tennis (leikinn á grasvelli) m.
law practice lögmannsstarf n., lögmennska f.
lawsuit málsókn f., málaferli n.pl.
lawyer lögfræðingur m., lögmaður m.
lax adj. slappur, linur; kærulaus
laxative hægðalyf n.
laxity slappleiki m., linka f.
lay lega f.; v. leggja, setja, (eggs) verpa
lay (p. **lie**)
lay adj. leikur, ólærður, leikmanns-
layabout slæpingi m., ræfill m.
lay aside/by v. leggja til hliðar, spara
lay-by (next to a road) útskot n.
lay days (of a ship) legudagar m.pl., biðdagar m.pl.
lay figure liðamótalíkan n.
layer lag n., (bird) varpfugl m.
layer cake lagkaka f.
lay in v. viða að sér, safna og geyma
lay into v. ráðast á (með offorsi)
layman (pl. -**men**) leikmaður m.
lay-off (tímabundin) uppsögn f.; atvinnuleysi n.
lay off v. segja upp; hætta (að angra), láta í friði
lay on v. láta í té, sjá fyrir; ráðast á, ásaka
layout skipulag n., fyrirkomulag n.; hönnun f.
lay out v. stilla upp, skipuleggja, (corpse) leggja til (lík), (knock down) slá niður, (spend) leggja út (fé)
layout character sniðstafur m.
layover (Am.) áning f., viðdvöl f.
lay over (Am.) v. æja, nema staðar
lay to v. (of a ship) stöðva; liggja til
lay up v. safna (birgðum); leggja upp (skipi)
laze v. liggja í leti, slæpast, slóra
laze away v. eyða (tíma) í leti
laziness leti f.
lazy adj. latur; letilegur, leti-
lazybones letiblóð n.
lea engi n., graslendi n.

leach vt. sía, skola úr
leach's petrel sjósvala f.
lead blý n.
lead forysta f.; leiðsögn f.; vísbending f.;
v. leiða, fara fyrir; stjórna
leaded adj. blýlagður, blýgreyptur
leaded fuel blýbensín n.
leaden adj. úr blýi, blý-; blýgrár;
blýþungur
leader leiðtogi m., foringi m.,
stjórnandi m.
leadership forysta f.; forystu-
hæfileikar m.pl.
lead-free fuel blýlaust bensín n.
lead-in inntak n., (of a show) inngangur
m., kynning f.
leading adj. fremstur, leiðandi, aðal-
leading article forystugrein f., leiðari m.
leading lady aðalleikkona f.
leading man aðalleikari m.
leading reins (smábarna)beisli n.
lead off v. byrja, hefja leikinn
lead on v. plata, blekkja, villa um fyrir
lead peroxide blýmenja f.
lead poisoning blýeitrun f.
leads blýlistar m.pl., blýrammar m.pl.
lead time afgreiðslutími m.
lead up to v. leiða til, enda með
leaf (pl. **leaves**) lauf n., laufblað n.
leafage laufskrúð n.
leaflet bæklingur m., dreifirit n.;
lítið laufblað n.
leaf mould laufmold f.
leaf out v. laufgast
leafstalk blaðstilkur m.
leaf through v. fletta, blaða gegnum
leafy adj. laufskrýddur; lauflaga, lauf-
league bandalag n., samband n.;
deild f.
League of Nations Þjóðabandalagið n.
league together v. bindast samtökum,
ganga í bandalag
leak leki m.; v. leka
leakage leki m.
leak out v. leka út, kvisast út
leakproof adj. þéttur, vatnsheldur
leaky adj. lekur, óþéttur
lean adj. magur, horaður
lean v. halla(st), halla sér
leaning tilhneiging f., hneigð f.

lean over backwards v. leggja sig allan
fram
leant v. (p., pp. **lean**)
lean-to (pl. **lean-tos**) bíslag n., skúr m.;
hálfþak n.
lean towards v. hneigjast til, hallast að
lean (up)on v. styðja sig við; treysta á
leap stökk n.; **by leaps and bounds**
hratt, óðfluga; v. stökkva (yfir), hoppa
leap at v. gína við, grípa
leapfrog höfrungahlaup n.
leap in the dark háskaráð n.,
gönuhlaup n.
leap year hlaupár n.
learn v. læra
learned adj. lærður, menntaður
learner nemandi m., nemi m.
learning lærdómur m., þekking f.
learnt v. (p., pp. **learn**)
lease leiga f., leigusamningur m.;
vt. taka/selja á leigu
leasehold leigð fasteign f.; adj. leigu-,
ábúðar-
leaseholder leigjandi m.; ábúandi m.
leasehold land leigujörð f., ábúðarjörð f.
lease-purchase kaupleiga f.
leash taumur m., band n., ól f.
least adj. minnstur; **at l.** að minnsta kosti
leastways adv. að minnsta kosti
leastwise adv. að minnsta kosti
leather leður n.; v. (beat) strýkja, hýða
leatherback leðurbaka f.
leatherette leðurlíki n.
leathery adj. úr leðri, leður-
leave (permission) leyfi n., heimild f.
leave v. fara (burt), yfirgefa; **l. it at that**
láta gott heita, láta útrætt
leave alone v. láta eiga sig, láta í friði
leave behind v. skilja eftir, gleyma
leave cold v. láta ósnortinn
leaved adj. laufgaður, laufa-
leaven ger n., súrdeig n.; hvati m.
leavening ger n., lyftiduft n.; gerjun f.
leave of absence fjarvistarleyfi n.
leave off v. hætta (að nota); láta af
leave out v. sleppa úr, sjást yfir;
hafa útundan
leave over v. geyma sér, bíða með
leave taking kveðja f.; brottför f.
leavings leifar f.pl., afgangar m.pl.

Lebanese Líbani m.; adj. líbanskur
Lebanon Líbanon n.
lecher saurlífisseggur m., nautnaseggur m.
lecherous adj. lostafullur, nautnasjúkur
lechery lauslæti n., saurlifnaður m.
lectern (in a church) lektari m., ræðupúlt n.
lecture fyrirlestur m.; v. halda fyrirlestur
lecturer fyrirlesari m., lektor m.
lectureship lektorsstaða f.
lecture theatre fyrirlestrarsalur m.
led v. (p., pp. **lead**)
ledge (kletta)sylla f.; rif n., grynningar f.pl.
ledger höfuðbók f., kladdi m.
ledger line (in music) aukalína f.
lee hlé n., skjól n.; hléborði m.
leech igla f., blóðsuga f.
leek blaðlaukur m., púrra f.
leer girndarglott n.; vi. gjóa augum lymskulega
leery adj. tortrygginn, á varðbergi
lees dreggjar f.pl., botnfall n.
lee shore landhætta f., land á hléborða n.
leeward hléborði m.; adj. hléborðs-; adv. á hléborða
leeway hléborðsrek n.; ráðrúm n., frestur m.
left vinstri hlið f.; adj. vinstri; adv. til vinstri
left v. (p., pp. **leave**)
left-hand adj. vinstri, vinstrihandar-
left-handed adj. örvhentur, vinstrihandar-; klaufalegur
left-handed compliment vafasamt hrós n.
left-hander örvhentur maður m.
leftist vinstrisinni m.; adj. vinstrisinnaður
left-justify vt. vinstrijafna
left luggage office farangursgeymsla f.
leftovers leifar f.pl., matarafgangur m.
leftward adj. á vinstri hlið, til vinstri
left wing vinstri vængur m.; vinstrisinnar m.pl.
left-wing adj. vinstri-; róttækur
left-winger vinstrimaður m.; róttæklingur m.
lefty örvhentur maður m.
leg fótur m., (fót)leggur m.

legacy arfur m., dánargjöf f.
legal adj. löglegur; lögfræðilegur; lögskipaður
legal action málaferli n.pl., lögsókn f.
legal advice lögfræðilegt álit n.
legal age lögaldur m., lögræðisaldur m., lögráð n.
legal aid lögfræðileg aðstoð f.
legal code lagabálkur m.
legal costs málskostnaður m.
legal defence lögvörn f.
legal document réttarskjal n., dómsskjal n.
legal guardian lögráðamaður m.
legal heir lögerfingi m.
legal holiday lögskipaður frídagur m., opinber frídagur m.
legality lögmæti n., réttmæti n.
legalize vt. lögleiða, lögfesta; lögheimila
legally adv. löglega; lagalega, lögum samkvæmt
legal proceedings málaferli n., málarekstur m.
legal residence lögheimili n.
legal status réttarstaða f.
legal system réttarkerfi n.
legal tender lögmætur gjaldmiðill m.
legate legáti m.; sendiherra m.
legatee erfingi m., arfþegi m.
legation sendinefnd f.; sendiráð n.
legator arfleiðandi m.
legend þjóðsaga f., goðsögn f.; skýringartexti m.
legendary adj. þjóðsögulegur, þjóðsagna-
legerdemain sjónhverfingar f.pl., töfrabrögð n.pl.
leger line (in music) aukalína f.
leggings legghlífar f.pl.
leggy adj. háfættur, leggjalangur
leghorn taumhveiti n.; stráhattur m.
legibility læsileiki m.
legible adj. læsilegur
legion hersveit f.; aragrúi m., mergð f.
legislate vi. setja lög
legislation lagasetning f., löggjöf f.
legislative adj. löggjafar-, laga-
legislative assembly löggjafarþing n.
legislative calendar þingmálaskrá f.
legislative power löggjafarvald n.

legislator löggjafi m.
legislature löggjafarsamkunda f., löggjafarþing n.
legitimacy lögmæti n.; skilgerð f.
legitimate adj. lögmætur, gildur; (child) skilgetinn
legitimatize vt. löggilda; (child) skilgera
legless adj. fótalaus
legroom fótarými n.
legume belgjurt f.; baunabelgur m.
leguminous adj. af belgjurtaætt
lei (in Hawaii) blómsveigur m., krans m.
leisure tómstund f., frístund f.; næði n.
leisurely adj. hægfara, hægur, rólegur
leitmotive leiðsögustef n., leiðarminni n.
lemming læmingi m.
lemon sítróna f., (tree) sítrónutré n.
lemonade límonaði n., sítrónudrykkur m.
lemon curd sítrónuhlaup n., sítrónubúðingur m.
lemon sole sandflúra f.
lemon squash sítrónusvaladrykkur m.
lemon squeezer sítrónupressa f.
lemur lemúr m., refapi m.
lend vt. lána
lender lánveitandi m.
length lengd f.; **at l.** að lokum, loksins
lengthen v. lengja(st)
lengthways adv. langsum, eftir endilöngu
lengthwise adv. langsum, eftir endilöngu
lengthy adj. langur, langdreginn
lenience vægð f., mildi f., linkind f.
leniency vægð f., mildi f., linkind f.
lenient adj. vægur, mildur, miskunnsamur
lenity vægð f., miskunn f.
lens linsa f., (eye) augasteinn m.
Lent páskafasta f., langafasta f.
lent vt. (p., pp. **lend**)
Lenten adj. föstu-
lentil linsubaun f., linsubaunajurt f.
Leo Ljónið n., ljónsmerki n.; ljón f.
leonine adj. ljónslegur, ljón-
leopard hlébarði m., pardusdýr n.
leopardess hlébarðaynja f.
leopard frog (Am.) engjafroskur m.
leotard leikfimibolur m., fimleikabolur m.
leper holdveikisjúklingur m.
leprechaun (bú)álfur m.
leprosy holdsveiki f., líkþrá f.
leprous adj. holdsveikur, líkþrár
lesbian lesbía f.; adj. lesbískur
lesbianism (of women) samkynhneigð f., kynvilla f.
lese-majesty drottinsvik n.pl.; móðgun f., óvirðing f.
lesion sár n., meiðsli n.; skemmd f.
less adj. minni; adv. minna
lessee leigjandi m., leigutaki m.
lessen v. minnka, draga úr, rýra
lesser adj. minni, óæðri, síðri
lesser black-backed gull sílamávur m.
lesson kennslustund f., námsefni n., lexía f.
lessor leigusali m.
lest conj. til þess að ... ekki; að
let leiga f.; leigjandi m.; **to l.** til leigu; v. (permit) láta, leyfa, (lease) leigja
let (hindrance) fyrirstaða f., hindrun f.
let alone v. láta í friði; hvað þá heldur
letdown vonbrigði n.pl.
let down v. síkka; bregðast, valda vonbrigðum
let go v. sleppa
lethal adj. banvænn
lethargic adj. daufur, sinnulaus; sljóvgandi
lethargy drungi m., sinnuleysi n.; svefnsýki f.
let in for v. koma í (vanda), leiða út í
let in on v. segja, trúa fyrir
let into v. hleypa inn í; segja, trúa fyrir
let loose v. sleppa, láta lausan
let off v. sleppa, (fire off) sprengja, skjóta
let on v. ljóstra upp, kjafta frá
let out v. gefa frá sér; ljóstra upp; víkka
Lett Letti m.
letter bréf n., (of alphabet) bókstafur m.
letterbox póstkassi m., (at a door) bréfalúga f.
lettered adj. (educated) lærður, menntaður
letterhead bréfhaus m.; bréfsefni með haus n.
lettering áletrun f.
letter of credit úttektarbréf n.; bankaábyrgð f.
letter paper bréfsefni n.
letter-perfect (Am.) adj. hárréttur

letterpress → licence 238

letterpress leturprentun f.; prentmál n.
letters (literature) bókmenntir f.pl.
letters patent einkaleyfisbréf n., einkaleyfi n.
let through v. hleypa í gegn(um)
Lettish lettneska f.; adj. lettneskur
lettuce salat n.; salatblöð n.pl.
letup rénun f., lát n., stopp n.
let up v. hætta, linna, slota
let up on v. taka vægar á, hlífa; slaka á
leucocyte hvítt blóðkorn n., hvítkorn n.
leucotomy skurðaðgerð á heilablaði f.
leukemia hvítblæði n.
levee fyrirhleðsla f., stíflugarður m.
level láréttur flötur m.; adj. láréttur, jafn, sléttur; v. slétta, jafna
level at v. beina að, miða á
level crossing mót járnbrautarteina og akvegar n.pl.
level-headed adj. yfirvegaður, skynsamur
level off/out v. ná jafnvægi; rétta við; jafnast (út)
level with v. tala hreint út, vera opinskár (við)
lever lyftistöng f., vogarstöng f.; handfang n.
leverage vogarafl n.; (influence) áhrif n.pl.
leveret unghéri m.
leviathan vatnaskrímsli n., stórhveli n.
levitate v. (láta) svífa, sveima; takast á loft
levitation svif n., lyfting f.
levity léttúð f., (fickleness) ístöðuleysi n.
levy álagning f., skattur m., gjald n.; v. leggja á
levy on v. gera fjárnám í
lewd adj. lostafullur, ósæmilegur, klúr
lewdness lostasemi f., saurlifnaður m.
lexical adj. les-, orðasafn-; orðabókar-
lexicographer orðabókarhöfundur m.
lexicography orðabókargerð f.
lexicon (fornmáls)orðabók f., orðasafn n.
lexis (pl. **lexes**) orðaforði m.
liabilities skuldir f.pl., skuldbindingar f.pl.
liability ábyrgð f., skaðabótaskylda f.; dragbítur m.
liability insurance ábyrgðartrygging f.
liable (for) adj. ábyrgur (fyrir)
liable (to) adj. líklegur, vís til; hætta til
liaise vi. mynda samband (við = **with**)

liaison samband n.; samstarf n., samvinna f.
liana klifurplanta f., vafplanta f.
liar lygari m.
lib (= liberation) frelsun f.
Lib (= Liberal Party) Frjálslyndi flokkurinn m.
libation dreypifórn f.; áfengur drykkur m.
libel ærumeiðing f., níð n.; vt. rægja, níða
libeller níðritari m.
libellous adj. ærumeiðandi, meiðyrða-, níð-
libel suit meiðyrðamál n.
liberal adj. frjálslyndur, (generous) ríkulegur
liberal arts frjálsar menntir f.pl.
liberal education almenn háskólamenntun f.
liberalism frjálslyndi n.
Liberalism frjálslyndisstefna n.
liberality örlæti n., gjafmildi n.; víðsýni f.
liberalize vt. auka víðsýni, gera frjálslyndan
liberally adv. af örlæti; ríkulega, ríflega
Liberal Party Frjálslyndi flokkurinn m.
liberate vt. frelsa, leysa úr ánauð
liberation frelsun f., lausn úr ánauð f.
liberator frelsari m., bjargvættur m.
libertarian frjálshyggjumaður m.
libertarianism frjálshyggja f.
liberties ; **take l. with** gera sér dælt við; fara frjálslega með
libertine kynsvallari m.; adj. lauslátur, siðlaus
liberty frelsi n.; **at l.** frjáls; laus
libidinous adj. lostafullur, lostafenginn
libido lífshvöt f., (sexual urge) kynhvöt f.
Libra Vogin f., vogarmerki n.; vog f.
librarian bókavörður m., bókasafnsfræðingur m.
librarianship bókavarðarstaða f.
library bókasafn n., (room) bókaherbergi n.
library science bókasafnsfræði f.
librettist textahöfundur (óperu) m.
libretto texti (að óperu) m.
lice (pl. of **louse**)
licence leyfi n., heimild f., (misuse) yfirgangur m.

license → lightly

license vt. veita leyfi, heimila
licensee leyfishafi m.
license plate (Am.) bílnúmer n.; númersplata f.
licentiate löggiltur starfsmaður m.
licentious adj. lauslátur, lostafullur, lostafenginn
licentiousness lauslæti n., siðleysi n., taumleysi n.
lichen flétta f., skóf f.
lichgate sáluhlið n.
licit adj. löglegur, leyfður, heimilaður
lick sleikja f.; ögn f., smáskammtur m.; v. sleikja
lick and a promise kattarþvottur m.; hálfkák n.
licking (defeat) slæm útreið f., ósigur m.
licorice lakkrís m., lakkrísplanta f.
lid lok n.
lido (pl. **lidos**) útisundlaug f.
lie lygi f.; **tell a l.** ljúga; vi. ljúga
lie lega f.; vi. liggja, hvíla
lie behind v. liggja að baki
lied v. (p., pp. **lie** ljúga)
lie detector lygamælir m.
lie down v. leggjast (niður)
lief adv. **as l.** gjarnan, fúslega
liege lord lénsherra m.
liege man (pl. - **men**) lénsmaður m.
lie in v. sofa fram eftir; liggja á sæng
lien veðréttur m., haldsréttur m.
lie of the land staðhættir m.pl.
lie off v. (of a ship) liggja undan
lie over v. dragast, vera eftir
lie to v. (of a ship) liggja til drifs, láta reka
lieu staður m.; **in l. of** í staðinn fyrir
lieutenancy liðsforingjastaða f.
lieutenant liðsforingi m.
life (pl. **lives**) líf n., ævi f.
life assurance líftrygging f.
life belt björgunarbelti n., lífbelti n.
lifeblood hjartablóð n.; fjörgjafi m.
lifeboat björgunarbátur m., lífbátur m.
life buoy björgunarhringur m., björgunarbelti n.
life cycle lífsferill m.
life expectancy lífslíkur f.pl., ævilíkur f.pl.
lifeguard gæslumaður (á sundstað) m., lífvörður m.

life history lífskeið n., lífsferill m.
life insurance líftrygging f.
life jacket björgunarvesti n.
lifeless adj. lífvana, dauður; líflaus, daufur
lifelike adj. raunverulegur; lifandi (eftirmynd)
lifeline björgunarlína f., líflína f.
lifelong adj. ævilangur, lífstíðar-
life preserver (Am.) björgunarbúnaður m.
lifer lífstíðarfangi m.
life raft björgunarfleki m.
lifesaver björgunarmaður m., lífgjafi m.
life sciences lífsvísindi n.pl.
life sentence lífstíðardómur m., lífstíðarrefsing f.
life-size(d) adj. í fullri líkamsstærð
life span æviskeið n., lífdagar m.pl.
life style lífsstíll m., lífsmáti m.
lifetime ævi f., ævidagar m.pl., lífstíð f.
life work lífsstarf n. ævistarf n.
lift lyfting f.; lyfta f.; v. lyfta, hefja
liftboy lyftuvörður m., lyftudrengur m.
liftman (pl. **-men**) lyftuvörður m.
lift-off flugtak n.
lift off v. takast á loft
ligament liðband n.
light adj. (of weight) léttur; adv. létt
light ljós n.; adj. ljós, bjartur; v. kveikja, lýsa
light air andvari m.
light breeze gola f.
light bulb ljósapera f.
light emitting diode ljóstvistur m.
lighten v. (brighten) lýsa(st), birta upp
lighten v. létta(st), gera léttari; gleðja(st)
lighter (sígarettu)kveikjari m.
lighter (boat) vöruflutningaprammi m.
light-fingered adj. fingrafimur; fingralangur, þjófóttur
light-footed adj. léttfættur, tindilfættur
light-headed adj. vankaður, léttúðugur, kjánalegur
light-hearted adj. léttlyndur, glaður, áhyggjulaus
lighthouse viti m.
lighthouse tender vitaskip n.
lighting lýsing f.
lighting-up time (of cars) ljósatími m.
lightly adv. létt, léttilega; óvirðulega

light-minded → line of duty 240

light-minded adj. léttúðugur; hugsunarlaus
lightness birta f., fölvi m.; (of weight) léttleiki m.
lightning elding f.; adj. leiftur-, skyndi-
lightning bug (Am.) eldfluga f., blysbjalla f.
lightning rod eldingavari m.
light out (Am.) v. stinga af, þjóta burt
lights (used as food) lungu n.pl.
lights (principles) lífsskoðun f., sannfæring f.
lightship vitaskip n.
light up v. lýsa (upp), kveikja (ljós)
light (up)on v. rekast á, detta ofan á
lightweight adj. léttur; veigalítill, lítilfjörlegur
light year ljósár n.
ligneous adj. trékenndur, viðarkenndur
lignite brúnkol n., surtarbrandur m.
lik(e)able adj. viðkunnanlegur, geðfelldur
like adj. líkur, svipaður; prp. & adv. eins og
like v. líka, geðjast að; óska, langa
likelihood líkur f.pl., sennileiki m.
likely adj. líklegur, sennilegur; adv. líklega
like-minded adj. samsinnaður
like-minded adj. sama sinnis, líkur í hugsunarhætti
likeness svipur m.; (eftir)mynd f., líki n.
liken to v. líkja við
likewise adv. eins; sömuleiðis; conj. einnig, ennfremur
liking mætur f.pl., dálæti n.
lilac dísarunni m., (colour) lillablár litur m.
lilliputian adj. (very small) örsmár, pínulítill
lilt dillandi hljóðfall n., takfastur hljómblær m.
lily lilja f.
lily-livered adj. huglaus, ragur, blauður
lily of the valley dalalilja f.
lily-white adj. mjallhvítur, drifhvítur
lima bean smjörbaun f., límabaun f.
limb limur m., (of a tree) trjágrein f.
limber adj. liðugur, lipur, sveigjanlegur
limber up v. liðka(st)
limbo (pl. **limbos**) forgarður vítis m.; óvissa f.

lime (óslökkt) kalk n.; (fruit) súraldin n.
limeade súraldinsafi m.
limejuice súraldinsafi m.
limekiln kalkbrennsluofn m.
limelight sviðsljós n., kastljós n.
limerick limra f.
limestone kalksteinn m.
lime tree lind f., linditré n.
limey (Am.) tjalli m., breskur sjómaður m.
limit takmörk n.pl.; vt. takmarka, einskorða
limitation takmörkun f.; takmarkanir f.pl.
limited adj. takmarkaður, af skornum skammti
limited liability takmörkuð ábyrgð f.
limited liability company hlutafélag n.
limited partnership samlagsfélag n.
limitless adj. takmarkalaus, ótakmarkaður
limn vt. lýsa með orðum, draga upp mynd af
limnologist vatnalíffræðingur m.
limnology vatnalíffræði f.
limousine glæsivagn m., lúxusbifreið f.
limp helti n.; v. haltra, hökta
limp adj. máttlaus, slappur
limpet mararhetta f.
limpid adj. (kristal)tær, gegnsær
limpidity tærleiki m., gagnsæi n., skýrleiki m.
limpness máttleysi n., slappleiki m.
limy adj. kalkkenndur, kalk-
linchpin hjóltittur m.; meginatriði n.; lykilmaður m.
linden lind f., linditré n.
line lína f., strik n.; v. línustrika
lineage ætterni n., ætt f.
lineal adj. í beinan ættlegg
lineaments andlitsdrættir m.pl.; aðaleinkenni n.pl.
linear adj. strikaður, línu-; lengdar-
linear equation línuleg jafna f.
linear measure lengdarmál n.
line drawing strikteikning f.
line feed character línuskiptastafur m.
lineman (pl. **-men**) línumaður m.
linen hör n., léreft n., lín n., tau n.
linen basket þvottakarfa f.
line of battle fylking f.
line of duty framkvæmd skyldustarfa f.

line of fire skotlína f., eldlína f.
line of sight sjónlína f., bein lína f.
line printer línuprentari m.
liner áætlunarskip n., áætlunarflugvél f.
linertrain vöruflutningalest f.
linesman (pl. -**men**) línumaður m.
line spacing línuþéttleiki n.
line-up (upp)röðun f., uppstilling f.
line up v. stilla (sér) upp í röð
ling (seafish) langa f.
ling beitilyng n.
linger vi. doka við, drolla; tóra, hjara; haldast
lingerie kvennærfatnaður m., kvenundirföt n.pl.
lingering adj. langvarandi, langvinnur
lingo hrognamál n., (foreign) útlenska f.
lingua franca samskiptamál n.; blendingsmál n.
lingual (sound) tungu(brodds)hljóð n.; adj. tungu-
linguist málamaður m.; málvísindamaður m.
linguistic adj. málvísindalegur; tungumála-, mál-
linguistics málvísindi n.pl.
liniment nuddolía f., nuddvökvi m.
lining fóður n.
link hlekkur m.; vt. hlekkja saman, tengja(st)
link (torch) blys n., kyndill m
linkage tenging f.; tengsl n.pl.
linkage editor tengiforrit n.
linkboy blysberi m., kyndilberi m.
linkman (pl. -**men**) blysberi m., kyndilberi m.
links golfvöllur m.
link-up tenging f.; tengsl n.pl.
linnet hörfinka f.
linoleum línóleumgólfdúkur m.
linotype línusetjari m.
linseed hörfræ n.
linseed oil hörfræolía f., línolía f.
lint línskaf n., sáralín n.
lintel dyratré n.; gluggatré n.
lion ljón n.
lioness ljónynja f.
lion-hearted adj. hugaður sem ljón
lionize vt. hampa, láta mikið með

lion's share bróðurpartur m., stærstur hluti m.
lip vör f., (edge) barmur m., brún f.
lipase lípasi m., fitukljúfur m.
lipid lípíð n., fituefni n.
lip-read v. lesa af vörum
lip-reading varalestur m.
lip-salve varaáburður m.
lip service augnajátning f.;
   pay l. s. to hræsna fyrir
lipstick varalitur m.
liquefy v. breyta(st) í vökva
liquescent adj. bráðnandi; auðbræddur
liqueur líkjör m.
liquid vökvi m.; adj. fljótandi
liquid assets lausafé n., handbærar eignir f.pl.
liquidate v. (debt) greiða upp, (firm) gera upp; útrýma
liquidation skuldajöfnun f.; gjaldþrot n.pl.; útrýming f.
liquidator skiptaforstjóri m.
liquid crystal display skuggastafagluggi m.
liquidity greiðslugeta f., greiðsluhæfi n.
liquidize vt. (fruit) merja (ávexti)
liquidizer blandari m.
liquid measure lagarmál n.
liquid resources lausafjármunir m.pl., lausafé n.
liquor (Am.) áfengi n.
liquorice lakkrís m., lakkrísjurt f.
lisle ísgarn n.
lisp smámæli n.; v. vera smámæltur
lissom(e) adj. liðugur, fimur, lipur
list listi m., skrá f.; vt. skrá
list (desire) lyst f., löngun f., þrá f.
listen vi. hlusta, leggja eyrun við
listenable adj. áheyrilegur
listener hlustandi m., áheyrandi m.
listen for v. hlusta eftir
listen in v. hlera; hlusta á útvarp
listen to v. hlusta á
listing listun f., útskrift f.
listless adj. áhugalaus, afskiptalaus, daufur
list price verðlistaverð n., skráð verð n., listaverð n.
lists burtreiðarvöllur m.; **enter the l.** demba sér í slaginn

lit → loadstone 242

lit v. (p., pp. **light**)
litany litanía f., bænasöngur m.
litchi litkatré n.
liter (Am.) lítri m.
literacy læsi n., lestrar- og skriftarkunnátta f.
literal adj. bókstaflegur, orðréttur
literally adv. bókstaflega, orðrétt
literary adj. bókmenntalegur, bókmennta-, bóka-
literate adj. læs og skrifandi; (bók)lærður
literati bóklærðir menn m.pl.
literature bókmenntir f.pl.; lesefni n.
lithe adj. lipur, liðugur
lithograph steinprentuð mynd f.; v. steinprenta
lithographer steinprentari m.
lithographic adj. steinprents-, steinprentunar-
lithography steinprentun f., litógrafía f.
lithology berggerð f., setgerð f.; steindasamsetning f.
lithometeor loftryk n.
lithosphere jarðskorpa f., stinnhvolf n.
Lithuania Lit(h)áen n.
litigant málsaðili m.
litigate v. eiga í málaferlum; sækja mál
litigation málaferli n.pl., málarekstur m.
litigious adj. kærugjarn, þrætugjarn
litigiousness kærugirni f., þrætugirni f.
litmus lakkmúslitur m.
litmus paper lakkmúspappír m.
litotes úrdráttur m.
litre lítri m.
litter rusl n., drasl n., (of animals) got n.; v. sóða út, rusla til
litterbag (Am.) ruslakarfa f., rusladallur m.
litterbin ruslakarfa f., rusladallur m.
litterbug (Am.) umhverfissóði m., umhverfisvargur m.
litterlout umhverfissóði m., umhverfisvargur m.
little adj. lítill; adv. lítið; **a little** dálítið
little auk haftyrðill m.
little folk (fairies) (bú)álfar m.pl.
little halibut grálúða f.
little people (fairies) (bú)álfar m.pl.
little slam hálfslemma f.
littoral fjara f.; adj. flæðarmáls-, fjöru-

liturgical adj. helgisiða-, tíðagerðar-
liturgy helgisiðir m.pl., tíðagerð f.
live v. lifa, (dwell) búa, eiga heima; adj. lifandi
liv(e)able adj. þolanlegur; íbúðarhæfur, byggilegur
live birth barn fætt lifandi n.
live by v. lifa á, hafa lífsviðurværi sitt af
live down v. komast yfir, fá aðra til að gleyma
livelihood lífsviðurværi n.; atvinna f.
liveliness líf n., fjör n., táp n.
livelong adj. guðslangur, liðlangur
lively adj. líflegur, fjörugur
liven up vi. lifna upp; vt. lífga upp á
liver (organ) lifur f.
liveried adj. einkennisklæddur
liverish adj. gallveikur, (cross) geðstirður
liver sausage lifrakæfa f., lifrakæfupylsa f.
liverwort lifrarmosi m., hálfmosi m.
liverwurst (Am.) lifrakæfa f., lifrakæfupylsa f.
livery einkennisbúningur m.; skrúði m.
livery stable hesthús n.; hestaleiga f.
liveryman (pl. **-men**) hestasveinn m.
livestock búpeningur m., búfé n.
live up to v. standa sig, standa undir
livid adj. blár og marinn, náfölur; öskuillur
lividity grábláma m., fölvi m.; ofsabræði f.
living líf n., líferni n., viðurværi n.; adj. lifandi
living daylights ; **scare the l. d. out of** hræða líftóruna úr
living room dagstofa f., setustofa f.
living standard lífskjör n.pl.
living wage lífvænleg laun n.pl.
lizard eðla f.
llama lamadýr n.
lo interj. sko, sjáið; **l. and behold** viti menn
load farmur m.; byrði f.; vt. hlaða, ferma; vista
loaded adj. hlaðinn, (in favour of) hliðhollur, (with money) fjáður, múraður, (drunk) ölvaður
loading hleðsla f., lestun f.; útskipun f.
loadstar leiðarstjarna f.; leiðarljós n.
loadstone leiðarsteinn m., seguljárnsteinn m.

load with vt. (of)hlaða, íþyngja, ofbjóða
loaf (pl. **loaves**) brauð n., (brauð)hleifur m.
loaf v. slæpast, slóra
loafer slæpingi m., slórari m.
loafsugar molasykur m.
loam leirmold f., leirsandur m.
loamy adj. leirborinn, leirkenndur
loan lán n.; **on l.** að/í láni; (Am.) vt. lána
loan agreement lánasamningur m.
loan applicant lánsumsækjandi m.
loan application lánsumsókn f.
loan business lánastarfssemi f.
loan capital lánsfé n.
loan fund lánasjóður m.
loan shark (Am.) okrari m., okurkarl m.
loanword lánsorð n., tökuorð n.
loath adj. ófús, tregur; **nothing l.** fús, ótregur
loathe vt. bjóða við, hafa óbeit á, hata
loathing óbeit f., viðbjóður m., andstyggð f.
loathsome adj. viðbjóðslegur, andstyggilegur
loaves (pl. of **loaf**)
lob (in tennis) há sending f., hár svigbolti m.
lobby anddyri n., fordyri n., forsalur m.
lobbyist fulltrúi þrýstihóps m.
lobe sepi m., flipi m., blað n.; eyrnasnepill m.
lobed adj. sepóttur, flipóttur, með blöðku
lobotomy (Am.) skurðaðgerð á heilablaði f.
lobster humar m.
lobsterpot humargildra f.
local heimamaður m.; adj. staðbundinn, staðar-
local anaesthetic staðdeyfing f.
local authority héraðs-/sveitar-/bæjar-/borgarstjórn f.
local call svæðissímtal n.; innanbæjarsímtal n.
local colour staðarsérkenni n.pl.
locale staður m., sögusvið n.
local government héraðs-/sveitar-/bæjar-/borgarstjórn f.
localism staðbundið málfarseinkenni n.; hreppapólitík f.
locality staður m., umhverfi n., nágrenni n.
localization staðsetning f., staðgreining f.; staðfæring f.
localize vt. staðsetja, staðgreina; staðfæra
locally adv. á staðnum
local option kjörfrelsi sveitarfélags n.
local pub hverfiskrá f., staðarkrá f.
local sight-seeing flight hringflug n.
local time staðartími m.
locate vt. staðgreina; staðsetja, koma fyrir
location staðsetning f., staður m.; **on l.** utan kvikmyndavers
locative case staðarfall n.
loch (in Scotland) stöðuvatn f., fjörður m.
lock (of hair) hárlokkur m.
lock lás m.; v. læsa(st)
lock away v. læsa niður, varðveita, loka inni
locker (lokuð) hirsla f., skápur m.
locker room búningsherbergi n., búningsklefi m.
locket (háls)nisti n.
lock gate flóðgátt f.
locking wire splittvír m.
lockjaw (trismus) ginklofi m., (tetanus) stífkrampi m.
lock keeper flóðgáttavörður m.
locknut öryggisró f., kastalaró f., lásró f., stoppró f.
lock-out verkbann n.
lock out v. læsa úti; setja í verkbann
lockpin láspinni m., splittpinni m.
locksmith lásasmiður m.
lockstitch stingsaumur m.
lockup læsing f., lokun f., (prison) fangelsi n.
lock up v. læsa (niður), geyma, loka inni
lockwasher spenniskífa f.
loco (Am.) adj. brjálaður, klikkaður
locomotion hreyfing f.
locomotive eimreið f.; adj. hreyfi-
locum tenens staðgengill m., varamaður m.
locus (pl. **loci**) staður m.; sæti n., leg n.
locust engispretta f.
locust tree fuglatré n.
locution orðalag n., talsmáti m.; orðatiltæki n.
lode málmæð f.

lodestar leiðarstjarna f.; leiðarljós n.
lodestone leiðarsteinn m., seguljárnsteinn m.
lodge hús n., skáli m., kofi m.; v. hýsa; dvelja(st)
lodger leigjandi m.
lodging (leigu)húsnæði n., húsaskjól n.
lodging house gistihús n., gistiheimili n.
lodgings leiguherbergi n., leiguhúsnæði n.
loess fokmold f., móhella f.
loft loft n., ris n., þakherbergi n.
loftiness hæð f.; háfleygi n.; dramb n.
lofty adj. himinhár, (noble) háleitur, (haughty) dramblátur
log trjábolur m.; vt. færa inn í leiðarbók
loganberry klungurber n., blendingur hind- og brómbers m.
logarithm lógaritmi m., lygri m.
logarithmic adj. lógaritma-, lygra-
logbook (of a car) skráningarskírteini n.
log cabin bjálkakofi m.
logger skógarhöggsmaður m.; gangriti m.
loggerheads ; **at l. (with)** upp á kant (við)
loggia skýlissvalir f.pl.
logging skógarhögg n.
logic rökfræði f., rök n.pl., rökfærsla f.
logical adj. rökréttur, rökfastur, rökrænn
logical device rökrás f.
logical operation rökaðgerð f.
logician rökfræðingur m.
logic unit rökverk n.
logjam timburstífla f., (Am.) ógöngur f.pl.
logrolling (of favours) gagnkvæmt hrós n., hrossakaup n.pl.
loin (of meat) afturhryggur m.
loincloth lendaskýla f., mittisskýla f.
loins lendar n.pl.
loiter v. slæpast, slóra, sniglast
loiterer slæpingi m., drollari m., hangsari m.
loll v. hanga, lafa
lollipop sleikibrjóstsykur m.
lollipop (wo)man (pl. - **(wo)men**) gangbrautarvörður m.
lollop v. klungrast, brokka
lolly sleikjó n., (money) peningar m.pl.
London Lundúnir f.pl.
Londoner Lundúnabúi m.

lone adj. einn, einsamall; einmana
loneliness einsemd f.; einmanaleiki m.
lonely adj. einmana; afskekktur, fáfarinn
loner einfari m.
lonesome adj. einmana; afskekktur, eyðilegur
lone wolf (pl. - **wolves**) einfari m.
long adj. langur; adv. (time) lengi; löngu
longboat stórbátur m.
longbow langbogi m.
long-distance adj. langlínu-, langferða-; adv. langan veg
long-distance call (Am.) langlínusamtal n.
long-distance runner langhlaupari m.
long division venjuleg deiling f.
long dozen bakaradúsín n., bakaratylft f. (= 13)
long-drawn-out adj. langdreginn; langvarandi
longevity langlífi n.
long (for) v. langa, þrá
longhand handskrift f.
long-haired adj. síðhærður
longheaded adj. hygginn, kænn, framsýnn
longing löngun f., þrá f.; adj. löngunarfullur
longish adj. nokkuð langur
longitude (hnatt)lengd f., lengdargráða f.
longitudinal adj. lengdar-; lang-
long johns síðar nærbuxur f.pl., föðurland n.
long jump langstökk n.
long-lived adj. langlífur; langær
long measure lengdarmál n.
long-playing record breiðskífa f.
long-range adj. (time) langtíma-, (distance) langdrægur
longship langskip n.
longshoreman (Am.; pl. **-men**) hafnarverkamaður m.
long shot áhættusamt fyrirtæki n.; hrein tilgáta f.; **not by a l. s.** alls ekki, langt í frá
long-sighted adj. fjarsýnn; (Am.) framsýnn, vitur
long-standing adj. langvarandi, langvinnur
long-suffering adj. langþjáður; langlyndur, þolinmóður

long suit → loth

long suit (in cards) langur litur m.; sterkasta hlið f.
long-tailed duck hávella f.
long-term adj. langtíma-
longueur langhundur m., langloka f.
long wave langbylgja f.
longways adv. á lengdina; að endilöngu
longwinded adj. langorður, margorður; langdreginn
longwise adv. á lengdina; að endilöngu
loo (toilet) klósett n., kló n.
look (appearance) útlit n., (expression) svipur m., augnaráð n.; v. líta, horfa
look about v. litast um, svipast um
look after v. líta eftir, gæta, passa
look ahead v. horfa fram (á veginn)
look at v. líta á, horfa á
look down on v. líta niður á, lítilsvirða
looker-on (pl. **lookers-on**) áhorfandi m.
look for v. leita að
look forward to v. hlakka til
look-in innsýn f., (chance) tækifæri n.
look in (on) v. líta inn (hjá)
looking glass spegill m.
look into v. (examine) kanna, rannsaka
look on v. horfa á; álíta, telja
look onto v. snúa, vita (út) að
look-out útlit n., horfur f.pl.; (watch) varðberg n.; (person) vörður m.
look out v. gæta sín, vara sig
look out for v. svipast um eftir
look out to/over v. snúa, vita (út) að/yfir
look over v. athuga, skoða, líta yfir
look round v. athuga sinn gang; skoða sig um
look through v. athuga; líta í gegnum
look to v. huga að, sinna; treysta á
look up v. (get better) batna, glæðast, (words) leita að, fletta upp, (visit) heimsækja
look up and down v. mæla út
look up to v. líta upp til, virða mikils
look upon v. álíta, telja, líta á
loom vefstóll m., vefur m.
loom v. koma í ljós, hilla undir; vofa yfir
loon (Am.; a bird) lómur m.
loony vitfirringur m.; adj. geggjaður, klikkaður
loony bin vitfirringahæli n.

loop lykkja f.; v. mynda lykkju
loophole (skot)gat f., smuga f.
loose adj. laus; vt. losa, leysa; slaka á
loose change reiðufé n., skiptimynt f.
loose-leaf adj. lausblaða-
loosely adv. lauslega
loosen vt. losa, leysa; vi. losna
looseness lausleiki m., los n.
loosen up v. liðka
loot herfang n.; ránsfengur m.; v. ræna, rupla
looter ræningi m., ránsmaður m., þjófur m.
lop vt. höggva af, stýfa
lop vi. (of ears) lafa, slapa, lufsast
lop-eared adj. slapeyrður, með lafandi eyru
lope skokk n., stökk n.; vi. hlaupa, skokka
loppings afhöggnar greinar f.pl.
lop-sided adj. skakkur, skáhallur, hallandi
loquacious adj. málgefinn, málugur
loquacity mælæði n., mælgi f.
lord herra m., drottinn m., lávarður m.; v. **l. (it)** drottna, setja sig á háan hest
Lord Chancellor (Br.) ríkissaksóknari m.
lord paramount yfirdrottnari m.
lordliness tíguleiki m.; hroki m., dramb n.
lordly adj. tiginmannlegur, herramanns-; hrokafullur
Lord's Day drottinsdagur m., sunnudagur m.
lordship lávarðartign f., (rule) yfirráð n.pl.
Lord's Prayer faðirvorið n.
lore fræði f., fróðleikur m.
lorgnette lonníettur f.pl., skaftgleraugu n.pl.
lorn adj. yfirgefinn, einmana, vansæll
lorry vöru(flutninga)bíll m., trukkur m.
lose v. missa, týna, tapa, glata
lose out v. tapa; bíða ósigur, verða undir
loser maður sem tapar m.; **bad l.** tapsár maður m.
loss tap n., missir m., tjón f.
lost adj. glataður, týndur; vegvilltur
lot (plenty) a lot mikið; **the lot** allt saman
lot hlutur m., (fate) hlutskipti n.; **draw lots** varpa hlutkesti, draga um
loth adj. ófús, tregur; **nothing l.** fús, ótregur

lotion → low-pressure 246

lotion húðkrem n., smyrsl n., áburður m.
lottery happdrætti n., hlutavelta f.
lottery prize happdrættisvinningur m.
lotus lótusblóm n., draumjurt f.
lotus-eater lótusæta f.
loud adj. hávær, hávaðasamur; æpandi
loudhailer gjallarhorn f.
loudmouth kjaftaskur m., blaðurskjóða f.
loudmouthed adj. hávær, kjöftugur
loudness háværð f., hávaðasemi f.
loudspeaker hátalari m.
lough (in Ireland) stöðuvatn n., fjörður m.
lounge setustofa f.; hangs n.; vi. hanga, slæpast
lounge bar vínveitingasalur m., vínveitingastofa f.
lounge chair hægindastóll m.
lounger slæpingi m., letingi m.
lounge suit hversdagsföt n.pl.
lour vi. yggla sig, hleypa brúnum
louse (pl. **lice**) lús f., (person) lúsablesi m.
louse up (Am.) v. klúðra
lousewort mýrastakkur m.
lousy adj. lúsugur; afleitur, ömurlegur
lout búri m., durgur m., rusti m.
loutish adj. búralegur, durgslegur
louvre rimlagluggatjald n.
love ást f., kærleikur m.; vt. elska, unna
lov(e)able adj. elskulegur, indæll
love affair ástarævintýri n., ástarsamband n.
lovebird dvergpáfi m., manfugl m.; elskandi m.
lovechild (pl. -**children**) lausaleiksbarn n.
loveless adj. ástkaldur, kærleikssnauður
loveliness fegurð f., yndisþokki m.
lovelorn adj. ástsjúkur, í ástarsorg
lovely adj. fagur, yndislegur, indæll
lovemaking ástaratlot n.pl., samræði n.
love match girndarráð n.
lover elskhugi m.; unnandi m.
lovesick adj. ástsjúkur, yfir sig ástfanginn
love story ástarsaga f.
love token tryggðapantur m., ástarmerki n.
loving adj. elskandi, ástúðlegur, ástríkur
loving-kindness alúð f., ástúðleg umhyggja f.
low lágmark n.; (cyclone) lægð f.; adj. lágur; adv. lágt

low (of cows) baul n.; v. baula
low beam lággeisli m.
lowborn adj. ættsmár, af lágum stigum
lowbred adj. (rude) óheflaður, ruddalegur
lowbrow menningarsnauður maður m.; adj. lágmenningar-
Low Church lágkirkjan f.
Low Churchman (pl. -**men**) lágkirkjumaður m.
low comedy skopleikur m., skrípaleikur m.
low-cost adj. kostnaðarlítill, ódýr
Low Countries Niðurlönd f.pl.
lowdown staðreyndir f.pl., yfirlit n.
low-down adj. auvirðilegur, fyrirlitlegur
lower adj. lægri, neðri; v. lækka, láta síga
lower (Am) vi. yggla sig, hleypa brúnum
lower-case (letter) lágstafur m.; adj. lítill, lágstafa-
Lower Chamber neðri (þing)deild f.
lower class lágstétt f.
lower court héraðsdómur m.
Lower House neðri (þing)deild f.
lowermost adj. lægstur, neðstur
lower regions undirheimar m.pl., helvíti n.
low-fat milk léttmjólk f.
low frequency lágtíðni f.
Low German lágþýska f.
low-grade adj. gæðalítill, lélegur
low-key(ed) adj. hógvær, hófsamur
lowland láglendi n.; adj. láglanda-, láglendis-
Lowlander Lágskoti m.
low-level adj. lágt settur, lítilvægur; lágur
low-level language óæðri forritunarmál n.
lowliness lítilvægi n.; lítillæti n., auðmýkt f.
lowly adj. lágt settur, lítilvægur; lítillátur; adv. lágt; auðmjúklega
Low Mass lágmessa f., lesmessa f.
low-minded adj. grófur, dónalegur; lágkúrulegur
low-necked adj. fleginn
low-pitched adj. djúpur, (roof) aflíðandi, hallalítill
low-pressure adj. lágþrýsti-, lægðar-; óágengur

low-resolution adj. grófgerður, grófleysinn
low-rise adj. lágreistur
low-risk adj. áhættulítill
low season deyfðartími m.
low-spirited adj. niðurdreginn, hnugginn
Low Sunday fyrsti sunnudagur eftir páska m.
low tide lágflæði n., lágfjara f.
low water lágflæði n., lágfjara f.
loyal adj. drottinhollur, dyggur, trúr
loyalist drottinhollur maður m.
loyalty hollusta f., tryggð f.
lozenge tígull m.; hálstafla f., hóstabrjóstsykur m.
LP breiðskífa f.
lubber klunni m., slóði m.
lubberly adj. klunnalegur, klaufskur
lubricant smur(nings)olía f., koppafeiti f.
lubricate vt. smyrja
lubrication system smurning f.; smurningskerfi n.
lubricator smursprauta f., (person) smyrjari m.
lubricious adj. (wanton) léttúðugur, lostafullur
lucerne refasmári m.
lucid adj. skýr, auðskilinn; bjartur, skær
lucidity skýrleiki m., tærleiki m.
luck lukka f., heppni f., lán n., gæfa f.
luckily adv. til allrar hamingju, sem betur fer
luckless adj. lánlaus, ólánsamur, óheppinn
luck out (Am.) v. bjargast fyrir slembilukku
lucky adj. heppinn, lánsamur, gæfu-, heilla-
lucrative adj. ábatasamur, arðbær
lucre gróði m.; **filthy l.** illur fengur m.
ludicrous adj. hlægilegur, fáránlegur
luff v. sigla beitivind, beita upp í vindinn
lug bis n., baks n.; vt. drasla, bisa
lug (ear) eyra f., handfang n., hald n.
luggage farangur m.
luggage compartment farangursrými n.
luggage rack farangursgrind f.
luggage van farangursvagn m.
lugger (ship) luggari m., loggorta f.

lugsail rásegl n.
lugubrious adj. mæðulegur, raunamæddur, hryggðar-
lugworm sandmaðkur m.; burstaormur m.
lukewarm adj. (moð)volgur, hálfvolgur; dræmur
lull hlé n., kyrrð f.; v. sefa, róa; svæfa
lullaby vögguvísa f.
lumbago lendaverkur m., þursabit n., bakverkur m.
lumbar adj. lenda(r)-, mjóhryggs-
lumber skran n., (Am.) timbur n.; vt. hrúga (saman); þröngva upp á; (Am.) vinna timbur
lumber vi. drattast (áfram), skrölta
lumberjack skógarhöggsmaður m., viðarhöggsmaður m.
lumberman (Am.; pl. **-men**) viðarhöggsmaður m.; timbursali m.
lumber-room ruslakompa f.
lumberyard timburgeymsluvæði n., timbursala f.
luminary mikilmenni n.; lýsandi himintungl n.
luminescence ljómi m., (kalda)skin n.
luminosity birta f., skin f.; skærleiki m.
luminous adj. lýsandi, (clear) skýr, ljós
luminous paint sjálflýsandi málning f.
lummox klunni m., hlunkur m.
lump moli m., kökkur m.; kúla f.; v. hlaupa í kekki
lump it v. láta sig hafa það, sætta sig við það
lumpfish (pl. lumpfish) hrognkelsi n.
lumpish adj. þunglamalegur, klunnalegur; heimskur
lumpsucker hrognkelsi n.
lump sugar molasykur m.
lump sum (payment) greiðsla í heilu lagi f.
lump together v. taka saman (í heild), slengja saman
lumpy adj. kekkjóttur, (sea) úfinn, (stupid) heimskur
lunacy geðveiki f., brjálæði n.
lunar adj. tungl-
lunar eclipse tunglmyrkvi m.
lunar module tungferja f.
lunar month tunglmánuður m.
lunar year tunglár n.

lunate adj. eins og hálfmáni (að lögun), sigðlaga
lunatic brjálæðingur m.; adj. (tungl)óður, brjálaður
lunatic asylum geðveikrahæli n.
lunatic fringe (blindir) ofstækismenn m.pl.
lunch hádegisverður m.; v. snæða hádegisverð
luncheon hádegisverður m., miðdegisverður m.
lunchtime hádegisverðartími m.
lune hálfmáni m., mánasigð f.
lung lunga n.
lunge lag n.; rykkur m.; vi. leggja (til); stökkva (fram á við)
lungfish lungnafiskur m.
lungpower raddstyrkur m.
lupin(e) lúpína f., úlfabaunir f.pl.
lurch velta f., slinkur m.; vi. skjögra, slaga
lurch ; **leave in the l.** skilja eftir bjargarlausan
lurcher (dog) veiðihundur m.
lure tálbeita f., agn n.; vt. tæla, freista
lurid adj. leiftrandi, logarauður; ægilegur
lurk vi. liggja í leyni, leynast; læðast
luscious adj. gómsætur, lostætur; hrífandi
lush adj. safaríkur, gróskumikill; ríkmannlegur
lush (Am.) fyllibytta f., drykkjurútur m.
lust girnd f., losti m., þrá f.
lust for/after v. girnast, þrá
lustful adj. lostafullur, lostafenginn
lustily adv. hraustlega, kröftuglega
lustre ljómi m.; dýrðarljómi m., frægð f.
lustrous adj. ljómandi, gljáandi; dýrindis-
lusty adj. hraustur, tápmikill
lutanist lútuleikari m.
lute (musical instrument) lúta f.
lute leirkítti n.; v. kítta
lutenist lútuleikari m.
Lutheran lúterstrúarmaður m.; adj. lúterskur
Lutheranism lúterstrú f.
luxuriance gróðursæld f.
luxuriant adj. gróskumikill, frjór; íburðarmikill
luxuriate in v. lifa í vellystingum, láta fara vel um sig
luxurious adj. lúxus-, íburðarmikill; munaðargjarn
luxury lúxus m., munaður m., óhóf n.
lychee litkatré n.
lychgate sáluhlið n.
lye lútur m.
lying-in sængurlega f.; adj. fæðingar-
lyme grass melgras n.
lymph sogæðavökvi m., vessi m.
lymph node eitill m.
lymphadenitis eitlabólga f.
lymphatic adj. sogæða-, vessa-
lymphatic vessel sogæð f., vessaæð f.
lymphocyte eitilfruma f.
lynch vt. taka af lífi án dóms og laga
lynch law aftaka án dóms og laga f.
lynchpin hjóltittur m.; meginatriði n.; lykilmaður m.
lynx gaupa f.
lynx-eyed adj. sjónskarpur, fráneygur
lyre (muscial instrument) lýra f.
lyrebird lýrufugl m., hörpufugl m.
lyric (lyndis)ljóð n.; adj. lýrískur, ljóðrænn; söngrænn
lyrical adj. uppnuminn, skáldlegur; lýrískur
lyricism ljóðræna f., ljóðrænn stíll m.
lyricist ljóðrænt skáld n., (songwriter) söngtextahöfundur m.
lyrics (söng)texti m.
lyrist ljóðrænt skáld n.; lýruleikari m.
lysosome leysikorn n., meltikorn n.

M

ma (mother) mamma f.
ma'am (madam) frú f.; yðar hátign
maar sprengigígur m., ker n.
mac (mackintosh) regnfrakki m.
mac (Am.) lagsi m., lagsmaður m.
macabre adj. ógnvekjandi, hryllilegur; dauða-
macadam púkk n.; malbik n.
macadamize vt. þekja með olíumöl; malbika
macaroni makkaróna f., hveitipípa f.
macaroon makkarónukaka f.
macaw (parrot) arnpáfi m.

mace veldissproti m., (club) kylfa f.
mace (spice) múskathýði n.
mace-bearer veldissprotaberi m.
macerate v. mýkja/leysa upp (í bleyti); megra(st)
maceration bleyting f.; megrun f.
machet(e) sveðja f.
Machiavellian adj. slægvitur, slóttugur, undirförull
machination leynimakk n., ráðabrugg n.
machinations vélar f.p., svik n.pl., brögð n.pl.
machine vél f., tæki n.; vt. vinna í vél
machine-gun vélbyssa f., hríðskotabyssa f.
machine language vélarmál n., móðurmál n.
machine-made adj. vélunninn
machine maintenance vélaviðhald n.
machine parts vélarhlutir m.pl.
machine power vélarafl n.
machinery vélbúnaður m., vélakostur m.; (stjórn)kerfi n.
machine shop vélsmiðja f., vélasalur m.
machine tool smíðavél f.; rennibekkur m.
machinist vélsmiður m., vélvirki m.; vélamaður m.
Mach number mach-tala f.
Mach two tvöfaldur hljóðhraði m.
mack (mackintosh) regnfrakki m.
mackerel makríll m.
mackerel sky netjuský n., maríutása f.
mackintosh regnfrakki m.
macramé hnýtingar f.pl., hnýtilist f.
macro (pl. **macros**) fjölvi m.
macrobiotic adj. langlífis-, heilsu-
macrobiotic food heilsufæði n.
macrocosm hinn stóri heimur m., alheimurinn m.
macroeconomics þjóðhagfræði f.
macroinstruction fjölskipun f., fjölvaskipun f.
mad adj. vitlaus, brjálaður, (angry) reiður
madam frú f.
madame (pl. **mesdames**) frú f.
madcap glanni m.; ólátabelgur m.; adj. glannalegur
madden vt. gera brjálaðan, æra
maddening adj. ærandi, óþolandi, pirrandi

madder rauðagras n., roðagras n.; blóðrautt litarefni n.
made adj. gerður; framleiddur; v. (p., pp. **make**)
mademoiselle (pl. **mesdemoiselles**) ungfrú f.
made-to-measure adj. klæðskerasaumaður, sérsaumaður
madhouse vitfirringahæli n.
madly adv. eins og vitlaus væri; (brjál)æðislega
madman (pl. **-men**) vitfirringur m., brjálæðingur m.
madness geðveiki f., brjálæði n.
Madonna María guðsmóðir f.; madonnumynd f.
Madonna lily maríulilja f., meyjarlilja f.
madras (indverskur) bómullardúkur m.
madrigal raddað kórsönglag n.; (stutt) ástarljóð n.
madwoman (pl. **-women**) vitskert kona f.
maelstrom hringiða f., svelgur m.; glundroði m.
maestro meistari m.
mafic adj. basískur
mag (paper) tímarit n.
magazine tímarit n., vörugeymsla f.; magasín n.
magenta blárauður litur m.; adj. blárauður
maggot maðkur m., lirfa f., vía f.
maggoty adj. maðkaður
Magi vitringarnir þrír m.pl.
magic galdur m., töfrar m.pl.; adj. galdra-, töfra-
magical adj. dularfullur, galdra-, töfra-
magic eye ljósnemi m.
magic formula galdraþula f.
magician töframaður m., galdramaður m.
magic lantern töfraljósker n.
magisterial adj. valdsmannlegur; (frið)dómara-
magistracy (frið)dómaraembætti n.; dómarar m.pl.
magistrate yfirvald n., (judge) dómari m.
magma bergkvika f., bergbráð f.
magma chamber kvikuþró f.
magmatic adj. (berg)kviku-
magnanimity veglyndi n., göfuglyndi n.
magnanimous adj. veglyndur, göfugur

magnate → main clause 250

magnate áhrifamaður m., -jöfur m., -kóngur m.
magnesia magnesíumoxíð n.
magnesium magnesíum n., magnesín n.
magnet segull m., segulstál n.
magnetic adj. segulmagnaður, segul-
magnetic anomaly segulfrávik n.
magnetic circuit segulrás f.
magnetic compass seguláttaviti m.
magnetic deviation segulskekkja f.
magnetic disk seguldiskur m.
magnetic disk unit seguldiskastöð f.
magnetic field segulsvið n.
magnetic needle segulnál f.
magnetic north segulnorður n.
magnetic pole segulskaut n.
magnetics segulfræði f.
magnetic storm segulstormur m.
magnetic tape segulband n.
magnetism segulmagn n.; aðdráttarafl n., persónutöfrar m.pl.
magnetite seguljárnsteinn m.
magnetization segulmögnun f., seglun f.
magnetize vt. segulmagna; draga að sér, laða
magneto (sí)segulrafall m.
magnetohydrodynamics segulstraumfræði f.
magnetoignition segulkveikja f.
magnetometer segulmælir m.
magnetosphere segulhvolf n.
magnification stækkun f.; stækkunargeta f.
magnificence mikilfengleiki m., glæsileiki m.
magnificent adj. mikilfenglegur, stórbrotinn
magnifier stækkari m.
magnify vt. stækka (upp); mikla, gera mikið úr
magnifying glass stækkunargler n.
magniloquence skrúðmælgi f.; raupsemi f., raup n.
magniloquent adj. skrúðmáll, (boastful) raupsamur
magnitude stærð f., magn n., umfang n.
magnolia (tree) magnolía f.
magnum vínflaska f. (= 1,5 lítri)
magnum opus meistaraverk n., öndvegisverk n.

magpie skjór m., skaði m.; skvaldrari m.
magus (pl. **magi**) prestur m.; galdramaður m., særingamaður m.
maharaja(h) (indverskur) fursti m.
maharani (indversk) furstafrú f.
mahogany mahónitré n., mahóníviður m.
mahout fílreki m., fílahirðir m.
maid (yngis)mær f., jómfrú f.; vinnukona f.
maiden mær f., ungmey f.; adj. ungmeyjar-, jómfrúar-
maidenhair fern venushár n.
maidenhair tree musteristré n.
maidenhead meydómur m., (hymen) meyjarhaft n.
maidenhood meydómsár n.pl., æskuár n.pl.
maidenlike adj. ungmeyjarlegur; hæverskur, prúður
maidenly adj. ungmeyjarlegur; hæverskur, prúður
maiden name ættarnafn (ógiftrar konu) n.
maiden speech jómfrúræða f.
maiden voyage jómfrúsigling f.
maid of honour hirðmær f., hirðdama f.
maidservant vinnukona f., húshjálp f., þerna f.
mail póstur m., póstsending f.; (Am.) vt. póstleggja
mail (armour) hringabrynja f.
mailbag póstpoki m.
mailboat póstbátur m., póstskip n.
mailbox (Am.) póstkassi m., (at a door) bréfalúga f.
mail coach póstvagn m.
mailing list nafnaskrá f., útsendingarlisti m.
mailman (Am.; pl. **-men**) bréfberi m., póstur m.
mail merging bréfblöndun f.
mail order póstpöntun f.
mail-order house póstverslun f.
maim vt. limlesta, lemstra
main aðalæð f.; adj. höfuð-, aðal-
main bank aðalbanki m.
main beam hágeisli m.
main building aðalbanki m.
main cylinder höfuðdæla f.
main circuit board aðalrökrásabretti n.
main clause (in grammar) aðalsetning f.

main control unit aðalstýriverk n.
main deck aðalþilfar n., efra þilfar n.
main drag (Am.) aðalgata f.
mainframe computer stórtölva f.
mainland meginland n., fastaland n.
main line aðalumferðaræð f.
mainline v. sprauta eiturlyfi beint í æð
mainly adv. aðallega, að mestu leyti, einkum
mainmast stórsigla f.
main memory aðalminni n.
main menu aðalvalmynd f.
main office aðalskrifstofa f.
main point aðalatriði n.
main process meginferli n.
main road þjóðvegur m
mains stofnleiðsla f., aðalæð f.
mainshaft aðalöxull m.
mainspring gangfjöður f.; driffjöður f., hvati m.
mainstay máttarstoð f., (rope) stórstag n.
mainstream meginstraumur m.
main street aðalgata f.
maintain vt. (keep up) halda við, (declare) halda fram
maintainable adj. (tenable) verjanlegur, verjandi
maintenance viðhald n.; uppihald n., (money) framfærslueyrir m.
maintenance contract viðhaldssamningur m.
maintenance expenses viðhaldskostnaður m.
maintenance work viðhaldsvinna f.
main terminal aðaltengi n.
maisonette smáhús n.; (tveggja hæða) íbúð f.
maize maís m.
majestic adj. tignarlegur, stórbrotinn
majestically adv. (há)tignarlega
majesty tign f., veldi n., mikilfengleiki m.
Majesty hátign f.; **Your M.** Yðar hátign
major (officer) majór m., (grown-up) fullveðja maður m., (in music) dúr m.; adj. stærri, meiri, aðal-
majordomo (pl. **majordomos**) ráðsmaður m., stallari m.
majorette tamborína f.
major general undirhershöfðingi m.
major in (Am.) v. taka sem aðalfag

majority meirihluti m.
majority interest meirihlutahagsmunir m.pl.
majority opinion meirihlutaálit n.
major poet stórskáld n.
major premise (in logic) yfirhending f.
major scale dúr-tónstigi m.
major subject kjörgrein f.
major suit (in bridge) hálitur m.
make gerð f., tegund f.; v. gera, búa til, smíða
make a deal v. gera samning
make a decision v. taka ákvörðun
make a fortune v. græða peninga
make after v. elta, veita eftirför
make a living v. hafa í sig og á
make a mistake v. gera mistök
make an offer v. leggja fram tilboð
make a phone call v. hringja í einhvern
make a profit v. hagnast
make a report v. gefa skýrslu
make a survey v. gera könnun
make away with v. stela, (kill) drepa, ryðja úr vegi
make a will v. gera erfðaskrá
make-believe uppgerð f.; adj. uppgerðar-, þykjustu-
make believe v. þykjast, látast
make changes v. gera breytingar
make for v. halda til, stefna á, (attack) vaða að, ráðast að, (result in) leiða til, stuðla að
make money v. vinna sér inn fé
make of v. (understand) skilja
make off v. flýja, geysast burt
make off with v. komast undan með, stela
make out v. (understand) skilja, greina, botna í, (write) fylla út, skrifa, (succeed) standa sig, (claim) halda fram, (argue) sýna fram á, sanna
make out with v. semja við; (Am.) kela við; hafa kynmök við
make over v. (change) breyta, endurnýja, (transfer) afhenda, afsala sér
make plan v. gera áætlun
maker framleiðandi m., (god) skapari m.
makeshift adj. bráðabirgða-
make toward(s) v. halda til, stefna til

make-up → mammary gland

make-up (composition) samsetning f., gerð f., (cosmetics) andlitsfarði m., förðun f.
make up v. búa til, setja saman, mynda, (become friends) sættast, (apply cosmetics) mála (sig)
make up for v. bæta (upp), vinna upp
make up to v. (win favours) smjaðra fyrir
makeweight viðbót f., ofanálag n.; uppfylling f.
make with (Am.) v. búa til, sjá um
making ; **in the m.** í mótun, í sköpun
makings efni n., efniviður m.
malachite malakít n.
maladjusted adj. illa aðhæfður
maladjustment mishæfing f., aðlögunarörðugleikar m.pl.
maladministration óstjórn f.
maladroit adj. klaufalegur, klunnalegur
maladroitly adv. klaufalega, álappalega
maladroitness klaufaskapur m., klunnaskapur m.
malady mein n., sjúkleiki m.
malaise lasleiki m., slen n.
malapropism orðabrengl n., orðaruglingur m.
malapropos adj. ótímabær; adv. á óhentugum tíma
malaria malaría f., mýrakalda f.
malarial adj. malaríu-, köldusóttar-
Malay(an) malaji m., (language) malajíska f.; adj. malajískur, malaja-
Malaysia Malasía f.
malcontent uppreisnarseggur m.; adj. óánægður
male karlmaður m.; adj. karlkyns-
male chauvinist karlremba f.
malediction formæling f., úthúðun f.
malefactor illvirki m., glæpamaður m.
maleficence skaðsemi f., skaði m.; glæpur m.
maleficent adj. illur, skaðlegur; glæpsamlegur
malevolence illvilji m., mannvonska f.
malevolent adj. illgjarn, meinfýsinn
malfeasance (embættis)afglöp n.pl.
malformation vansköpun f., galli m., lýti n.
malformed adj. vanskapaður, gallaður

malfunction truflun f., bilun f.; v. starfa illa
malice illgirni f., illkvittni f.
malicious adj. illgjarn, meinfýsinn
malign adj. illviljaður; vt. rægja, baknaga
malignancy illska f., illmennska f.; meinsemd f.
malignant adj. illur, illilegur; illkynjaður
malignity illgirni f.; illkynjun f., skaðvæni m.
malinger vi. gera sér upp veiki; svíkjast um, skrópa
malingerer skrópasjúkur maður m., skrópari m.
mall (Am.) verslanamiðstöð f.
mallard stokkönd f.
malleability hamranleiki m.; sveigjanleiki m.
malleable adj. hamranlegur, þjáll; sveigjanlegur
mallet tréhamar m., kylfa f.
malleus (bone of ear; pl. **mallei**) hamar m.
mallow moskusrós f.
mallow family stokkrósaætt f.
malnutrition vannæring f., næringarskortur m.
malodorous adj. þefillur, daunillur
malpractice vanræksla f., afglöp n.pl.
malt malt n.; öl n., bjór m.; v. breyta(st) í malt
malted milk mjólk bragðbætt með malti f.
Maltese Möltubúi m.; adj. maltneskur, Möltu-
malt extract maltþykkni n.; maltöl n.
maltose maltósi m., maltsykur m.
maltreat vt. misþyrma, fara illa með
maltreatment misþyrming f., ill meðferð f.
maltster maltgerðarmaður m.
mamba (afrísk) eiturslanga f.
mam(m)a mamma f.
mammal spendýr n.
mammalogist spendýrafræðingur m.
mammalogy spendýrafræði f.
mammary adj. brjóst-, brjósta-
mammary cancer brjóstkrabbamein n.
mammary gland brjóstkirtill m., mjólkurkirtill m.

mammon mammon m., (wealth) jarðnesk auðæfi n.pl.
mammoth mammút m., loðfíll m.; adj. risavaxinn
mammy mamma f.
man (pl. **men**) maður m., karlmaður m.; vt. manna
man about town selskapsmaður m.
manacle vt. hlekkja, setja í járn; hamla
manacles (hand)járn n.pl., hlekkir m.pl.
manage v. stjórna, hafa umsjón með; komast af; ráða við; takast, heppnast
manageability viðráðanleiki m., meðfærileiki m.
manageable adj. viðráðanlegur, meðfærilegur
management stjórn(un) f., rekstur m.; lagni f.
management ability stjórnunarhæfileikar m.pl.
management consultant stjórnunarráðgjafi m.
management consulting rekstrarráðgjöf f.
management course stjórnunarnámskeið n.
management shake-up uppstokkun stjórnenda f.
manager framkvæmdastjóri m., forstöðumaður m.
manageress framkvæmdastjóri m., forstöðukona f.
managerial adj. stjórnunar-
managing director framkvæmdastjóri m.
man and boy frá bernsku til fullorðinsára, alla ævi
man-at-arms (pl. **men-at-arms**) hermaður m.
manatee sækýr f.
manciple (háskóla)bryti m.
mandarin (official) mandaríni m., (orange) mandarína f.
mandate tilskipun f., umboð n.; vt. fela stjórn
mandatory adj. tilskipunar-; lögboðinn, skyldu-
mandatory subject kjarnagrein f., kjarni m.
mandible (hreyfanlegur) kjálki m., efri/neðri kjálki m.

mandolin mandólín n.
mandragora (plant) alrúna f.
mandrake (plant) alrúna f.
mandrill mandríll m.
mane fax n., mön f.
man-eater mannæta f.
man-eating adj. mannætu-
maneuver (Am.) tilfærsla (herafla) f., (her)bragð n.; v. flytja herlið; koma fyrir með lagni, smokra
maneuverability (Am.) hreyfanleiki m.; lipurð f., stýrihæfni f.
maneuverable (Am.) adj. hreyfanlegur; lipur, stýrilátur
maneuverer (Am.) bragðarefur m.
man Friday dyggur þjónn m., fylgisveinn m.
manful adj. karlmannlegur, djarfur
manganese mangan n.
mange kláði m.
mangel-wurzel fóðurrófa f.
manger jata f.
mangle vinda f., þvottakefli n.; vinda, rulla
mangle vt. limlesta, slasa; fara illa með, misþyrma
mango mangótré n., mangóávöxtur m.
mangrove fenjaviður m.
mangy adj. kláðugur; skellóttur; subbulegur
manhandle vt. vinna með handafli; taka harkalega á
manhole mannop n., (ræsis)brunnur m.
manhood manndómur m., fullorðinsár n.pl.
manhour vinnustund f.
mania oflæti n., geðhæð f.; æði n., della f.
maniac vitfirringur m.; dellumaður m.
maniacal adj. vitfirrtur, óður; með dellu
manic adj. brjálsjúkur, óður
manic-depressive geðhvarfasjúkur maður m.; adj. geðhvarfsjúkur
manicure handsnyrting f.; vt. snyrta hendur
manicurist handsnyrtifræðingur m., handsnyrtir m.
manifest farmskrá f.; adj. greinilegur, augljós; vt. sýna (fram á), láta í ljós, sanna

manifestation opinberun f.; vitnisburður m., merki n.
manifesto stefnuyfirlýsing f.
manifold soggrein f., útblástursgrein f.; adj. margvíslegur, margþættur
manikin dvergur m.; líkan af mannslíkamanum n.; gína f.
manila hamp manillahampur m.
manila paper manillapappír m.
man in the street venjulegur borgari m., alþýðumaður m.
manipulate vt. handleika; ráðskast með, hagræða
manipulation handfjöllun f.; hagræðing f., fölsun f.
mankind mannkyn n., menn m.pl.
manlike adj. líkur manni; karlmannlegur
manliness karlmennska f.
manly adj. karlmannlegur, djarfur
man-made adj. gerður af manna höndum; gervi-
manna himnabrauð n.; óvænt happ n., guðsblessun f.
manned adj. mannaður
mannequin fatasýningarstúlka f., (dummy) gína f.
manner háttur m., máti m.; framkoma f.
mannered adj. (affected) tilgerðarlegur
mannerism kækur m.; tilgerð f., látalæti f.
mannerly adj. prúður, kurteis, háttvís
manners hegðun f., mannasiðir m.pl.; kurteisi f.
mannish adj. (of a woman) ókvenlegur, karlmanna-
manoeuvrability hreyfanleiki m.; lipurð f., stýrihæfni f.
manoeuvrable adj. hreyfanlegur; lipur, stýrilátur
manoeuvre tilfærsla (herafla) f., (her)bragð n.; v. flytja herlið; koma fyrir með lagni, smokra
manoeuvrer bragðarefur m.
manoeuvres heræfingar f.pl.
man of God guðsmaður m., prestur m.
man of letters rithöfundur m.; bókamaður m.
man of the world heimsmaður m., heimsborgari m.

man-of-war (pl. **men-of-war**) herskip n.
man-of-war bird freigátufugl m.
manometer þrýstimælir m.
manor herragarður m., höfuðból n.
manor house höfðingjasetur n., íbúðarhús lénsherra n.
manorial adj. herragarðs-, höfuðbóls-
manorial dues landskuld f.
manpower mannafli m., mannskapur m.; handafl n.
manqué adj. misheppnaður
mansard roof tvíbrotið þak n.
manse presthús n., prestsetur n.
man-servant (pl. **men-servants**) einkaþjónn m.
mansion höfðingjasetur n., stórhýsi n.
mansions íbúðarblokk f.
man-size(d) adj. í karlmannsstærð, fullorðins
manslaughter manndráp n.
mantel arinumgerð f.; arinhilla f.
mantelpiece arinhilla f.
mantelshelf (pl. **-shelves**) arinhilla f.
mantilla (veil) slæða f., (shawl) sjal n.
mantis (insect) beiða f.
mantissa viðbót f.; tölukjarni m.
mantle möttull m., skikkja f.; hjúpur m.; v. hjúpa, hylja
mantle rock jarðvegsþekja f.
man-to-man adj. hreinskilnislegur, opinskár
mantrap mannagildra f.
manual handbók f.; adj. handvirkur, hand-
manual labour erfiðisvinna f.
manually adv. með/í höndunum
manual training verkþjálfun f.
manufacture framleiðsla f., framleiðsluvara f.; vt. framleiða, búa til
manufacturer framleiðandi m., iðnrekandi m.
manufacturing process framleiðsluaðferð f.
manure húsdýraáburður m.; vt. bera áburð á
manuscript handrit n.
Manx Manarbúi m.; adj. frá eynni Mön
Manx cat manarköttur m.
Manxman (pl. **-men**) Manarbúi m.

many adj. & prn. margir; margur; **a good m.** allmargir; **a great m.** afar margir
manyplies laki m.
many-sided adj. marghliða, fjölþættur; fjölhæfur
map landakort n.; vt. kortleggja
maple hlynur m.
maple sugar hlynsykur m.
maple syrup hlynsíróp n.
map out v. skipuleggja
mapping kortlagning f.
mar vt. spilla fyrir, skemma, eyðileggja
marabou(t) marabúi m., marabústorkur m.
marathon maraþonhlaup n.; adj. maraþon-
maraud vi. fara ránshendi, rupla, ræna
marauder ræningi m.
marble marmari m.; adj. marmara-
marbled adj. með marmaraáferð; rákóttur
marbles kúluspil n.; **lose one's m.** tapa vitinu
marc hrat n.; eplahratsvín n., þrúguhratsvín n.
march (her)ganga f.; v. marséra, arka, stika
March mars m.
march (border) landamörk n.pl., landamæri n.pl.
marcher göngumaður m., þátttakandi í (kröfu)göngu m.
marching orders gönguskipun f.; uppsögn f., reisupassi m.
marchioness markgreifafrú f.
march-past skrúðganga (framhjá heiðurspalli) f.
march with v. (of a country) liggja (upp) að
Mardi gras sprengidagur m.
mare meri f., hryssa f.
mare's nest tálsýn f.; svindl n., gabb n.
margarine smjörlíki n.
marge smjörlíki n.
margin brún f., rönd f., spássía f.; hagnaður m.
marginal adj. á ytri mörkum; lágmarks-; spássíu-; jaðar-
marginalia spássíuglósur f.pl.

margin of error skekkjumörk n.pl., villufrávik n.
margrave markgreifi m.
margraviate markgreifadæmi n.
margravine markgreifafrú f.
marguerite fagurfífill m., dvergfífill m.; prestafífill m.
marigold flauelsjurt f.; gullfífill m., morgunfrú f.
marijuana hampur m.; maríúana n.
marimba (afrískt) slagverkshljóðfæri n., tréspil n.
marina smábátahöfn f.
marinade kryddlögur m.; vt. leggja í kryddlög
marinate vt. leggja í kryddlög, marínera
marine floti m., skipastóll m.; landgönguliði m., sjóliði m.; adj. sjó-, sjávar-, sæ-; skipa-, skips-; sjóhers-, sjóliða-
marine biologist sjávarlíffræðingur m.
marine biology sjávarlíffræði f.
Marine Corps (Am.) landgöngulið flotans n.
marine engineering skipaverkafræði f.
marine insurance sjóvátrygging f.
mariner sjómaður m.; stýrimaður m.
mariners' measure lengdarmál á sjó n.
marines landgöngulið flotans n.
marionette leikbrúða f., strengjabrúða f.
marital adj. hjúskapar-, hjónabands-
marital vow hjúskaparheit n.
maritime adj. siglinga-, haf-, sjávar-, sjó-
maritime air hafrænt loft n.
maritime chart sjókort n.
maritime climate úthafsloftslag n.
maritime court sjódómur m.; siglingadómur m.
maritime folkways sjávarhættir m.pl.
maritime law sjóréttur m.; siglingalög n.pl.
marjoram (herb) kryddmæra f.
mark blettur m., merki n.; vt. merkja, auðkenna
markdown verðlækkun f., niðursetning vöruverðs f.
mark down v. skrifa hjá sér; lækka í verði
markdown goods vörur á niðursettu verði f.pl.
marked adj. merktur; greinilegur, skýr

marked man brennimerktur maður m., útskúfaður maður m.
markedly adv. greinilega, sýnilega
marker leiðarmerki n.; merkipenni m.; bókarmerki n.
marker horizon leiðarlag n.
market markaður m.; v. setja á markað
marketability seljanleiki m., söluhæfi n.
marketable adj. seljanlegur, söluhæfur
market garden garðyrkjubú n.
market gardening garðyrkjubúskapur m.
marketing markaðssetning f., sala f.
marketing consultant markaðsráðgjafi m.
marketing manager sölustjóri m.
marketing strategy markaðssóknarstefna f.
marketplace markaður m., sölutorg n.
market price markaðsverð n.
market research markaðskönnun f., markaðsrannsókn f.
market survey markaðskönnun f.
market town bær með markað m., kaupstaður m.
marking merking f.; auðkenni n.
marking ink merkiblek n.
mark off/out v. afmarka
mark out for v. ætla til, útnefna til
marksman (pl. -**men**) skytta f., skotfimur maður m.
marksmanship skotfimi f.
markup verðhækkun f.
mark up v. hækka í verði
marl mergill m., smiðjumór m.
marlin oddnefur m., merlingur m.
marlinespike melspíra f.
marmalade marmelaði n., ávaxtamauk n.
marmoreal adj. áþekkur marmara, marmara-
marmoset silkiapi m.
marmot múrmeldýr n.
maroon strokuþræll m.; vt. yfirgefa (á eyðiey)
maroon (colour) rauðbrúnn litur m.; adj. dumbrauður
marplot slettireka f.
marquee hátíðatjald n.; sýningartjald n.
marquis markgreifi m.
marquisate markgreifatign f.
marram grass sandhjálmur m.
marriage hjónaband n., (wedding) gifting f., hjónavígsla f.
marriageability giftingarhæfi n.
marriageable adj. gjafvaxta; giftingarhæfur
marriageable age giftingaraldur m.
marriage certificate giftingarvottorð n.
marriage lines giftingarvottorð n.
marriage portion (dowry) heimanmundur m.
marriage settlement kaupmáli m.
married adj. giftur, kvæntur; hjóna-, hjónabands-
married couple hjón n.pl.
married life hjónaband n., sambúð hjóna f.
marrow (bein)mergur m.; kjarni m., þungamiðja f.
marrowbone mergbein n., mergleggur m.
marrowfat pea (hrufótt) matbaun f.
marrowy adj. mergfylltur, mergjaður
marry v. gifta(st), kvæna(st)
marry off v. gifta (burt)
marsh flæðiland n., fen n., mýri f.
marshal marskálkur m.; siðameistari m.; dómarafulltrúi m.; (Am.) lögreglustjóri m., slökkviliðsstjóri m.; vt. skipuleggja, raða niður
marshalling yard (of trains) upppröðunarstöð f.
marsh gas fenjagas n., mýragas n.
marshmallow læknastokkrós f., (sweet) sykurpúði m.
marsh marigold hófsóley f., lækjasóley f.
marshy adj. mýrlendur, votlendur, fenja-
marsupial pokadýr n.
mart markaður m.
marten mörður m., (fur) marðarskinn n.
martial adj. stríðs-, her-, hernaðar-; herskár
martial law herlög n.pl.
martial stride hermannagangur m.
Martian Marsbúi m.; adj. Marsmartin** bæjasvala f.
martinet tyftunarmeistari m.; harðstjóri m.
martyr píslavottur m.; vt. gera að píslarvotti

martyrdom → mastodon

martyrdom píslarvætti n., píslarvættisdauði m.
marvel undur n.; v. furða sig á, undrast
marvellous adj. furðulegur, undarlegur; frábær
Marxism marxismi m.
Marxist marxisti m.
marzipan möndludeig n., marsipan n.
mascara augnháralitur m.
mascot heillagripur m., lukkudýr n.
masculine karlkyn n.; adj. karlmannlegur; karlkyns-
masculine rhyme karlrím n., einrím n.
masculinity karlmennska f.
maser meysir m., örbylgjuleysir m.
mash (korn)stappa f., mauk n.; vt. stappa, merja
mask (andlits)gríma f.; vt. hylja (grímu), fela
masked ball grímudansleikur m.
masking tape málaralímband n.
masochism sjálfspíslarhvöt f., masókismi m.
masochist masókisti m.
masochistic adj. masókískur, sjálfpíslarhvatar-
mason múrari m.; steinsmiður m.
Masonic adj. frímúrara-, frímúrarareglu-
Masonic order frímúrarareglan f.
masonry múraraiðn f., múrverk n.; múrhleðsla f.
masque grímuleikur m., hirðsjónleikur m.
masquerade grímudansleikur m.; yfirskin n., látalæti n.pl.; vi. dulbúast, þykjast (vera)
Mass messa f., altarisganga f.
mass massi m., samansafn n.; ógrynni n., fjöldi m.; adj. hóp-, fjölda-; v. safna(st)/hrúga saman
massacre fjöldamorð n., blóðbað n.; vt. strádrepa
massage nudd n.; vt. nudda
massage parlour nuddstofa f.
mass communication fjölmiðlun f.
masses fjöldinn m.; almenningur m., alþýða manna f.
masseur nuddmaður m., nuddari m.
masseuse nuddkona f., nuddari m.
mass hysteria múgæsing f.
massif fjalllendi n., hálendispilda f.

massive adj. gegnheill; umfangsmikill, gríðarstór
massiveness þéttleiki m., þykkleiki m.; fyrirferð f.
mass medium (pl. - **media**) fjölmiðill m.
mass meeting fjöldafundur m., fjöldasamkoma f.
mass murder fjöldamorð n.
mass-produce vt. fjöldaframleiða
mass production fjöldaframleiðsla f.
massy adj. fyrirferðarmikill, þungur
mast mastur n., siglutré n.
mast (nut) akarn n.
mastectomy brottnám brjósts n.
master húsbóndi m., herra m.; meistari m.; vt. öðlast/hafa stjórn á
master builder byggingameistari m.
master carpenter trésmíðameistari m.
masterful adj. ráðríkur, drottnunargjarn; skipandi
master key aðallykill m., höfuðlykill m.
masterliness meistaraskapur m., snilld f.
masterly adj. meistaralegur, snilldarlegur
master mariner skipstjóri m.
mastermind snillingur (bak við tjöldin) m.; vt. vera heilinn á bak við
Master of Arts meistari í hugvísindum m.
master of ceremonies siðameistari m.; veislustjóri m.
Master of Science meistari í raunvísindum m.
masterpiece meistaraverk n.
master's meistaragráða f.
master's certificate skipstjórnarréttindi n.pl.
mastership (yfir)stjórn f.; kennarastaða f.
masterstroke snilldarbragð n., snilldarafrek n.
masterwork meistaraverk n.
mastery leikni f., snilli f.; vald n., stjórn f.
masthead siglutoppur m.
mastic viðarkvoða f.; kítti n.
masticate vt. (chew) tyggja
mastication tygging f.
mastiff (dog) meistari m.
mastitis brjóstabólga f.; júgurbólga f.
mastodon mastódon m., skögultanni m.

mastoid bone stikilsbein n., stikill m.
mastoiditis stikilsbólga f., klettbólga f.
masturbate vi. fróa (sér), iðka sjálfsfróun
masturbation sjálfsfróun f.
mat motta f.; flækja f.; v. flækja(st) (saman)
mat adj. mattur, gljálaus
matador nautabani m.
match (equal) jafningi m., (game) kappleikur m., (marriage) ráðahagur m., (for lighting) eldspýta f.; v. jafnast á við; eiga við, hæfa
match against v. tefla gegn
matchbox eldspýtnastokkur m.
matchless adj. óviðjafnanlegur
matchlock kveikjulásbyssa f.
matchmaker hjónabandsmiðlari m.; eldspýtnaframleiðandi m.
match-plane plóghefill m., skarhefill m.
match point sigurstig n.
matchstick eldspýta f.
matchwood eldspýtnaviður m., (splinters) tréflísar f.pl.
mate félagi m., samstarfsmaður m., (on ship) stýrimaður m.; v. mynda par, para sig
mate (in chess) mát n.; v. máta
maté (tea) indíánaþyrniste n.
material efni n.; adj. efnislegur, efniskenndur
material fatigue efnisþreyta f.
materialism efnishyggja f.; veraldarhyggja f.
materialist efnishyggjumaður m.; veraldarhyggjumaður m.
materialistic adj. efnishyggju-; veraldarhyggju-
materialization framgangur m.; holdgun f., líkamning f.
materialize vi. koma(st) í framkvæmd; holdgast, líkamnast
material pleasures veraldargæði n.pl.
material success veraldargengi n.
material world efnisheimurinn m.
maternal adj. móðurlegur, í móðurætt, móður-
maternity móðurhlutverk n.; adj. móður-, fæðingar-
maternity dress tækifæriskjóll m., óléttukjóll m.

maternity hospital fæðingarstofnun f., fæðingarheimili n.
maternity ward fæðingardeild f.
matey félagi m.; adj. vingjarnlegur, almennilegur
math (Am.) stærðfræði f.
mathematical adj. stærðfræðilegur, stærðfræði-
mathematical precision vísindaleg nákvæmni f.
mathematician stærðfræðingur m.
mathematics stærðfræði f.
maths stærðfræði f.
matineé síðdegissýning f.
mating season fengitími m.
matins morgunbæn f.; óttusöngur m., morguntíðir f.pl.
matriarch höfuð mæðraveldis n.; ættmóðir f.
matriarchal adj. mæðraveldis-
matriarchy mæðraveldi n.
matricide móðurmorð n.; móðurmorðingi m.
matriculate v. innrita(st) (í háskóla)
matriculation innritun (í háskóla) f.
matriculation examination stúdentspróf n.
matrimonial adj. hjónabands-, hjúskapar-
matrimony hjónaband n.; hjónavígsla f., gifting f.
matrix (af)steypumót n.; grunnmassi m.; fylki n.
matrix printer punktaprentari m., nálaprentari m.
matron maddama f., ráðskona f., forstöðukona f.
matronly adj. maddömulegur; þriflegur, bústinn
matte (Am.) adj. mattur, gljálaus
matter efni n.; **a m. of** spurning um; **for that m.** hvað það snertir; **no m.** alveg sama, skiptir ekki máli; vi. skipta máli, hafa þýðingu
matter of course sjálfsagður hlutur m.; **as a m. o. c.** eðlilega, að sjálfsögðu
matter-of-course adj. sjálfsagður, eðlilegur
matter of fact staðreynd f., sannleikur m.; **as a m. o. f.** reyndar, frómt sagt

matter-of-fact adj. bókstaflegur, raunsær
matter of opinion álitamál n., smekksatriði n.
matting mottuefni n., mottur f.pl.
mattins morgunbæn f.; óttusöngur m., morguntíðir f.pl.
mattock (tvíblaða) jarðhaki m.
mattress dýna f.
maturate vi. þroska(st), móta(st)
maturation þroskun f.
mature adj. þroskaður, fullmótaður, (debt) gjaldfallinn; v. þroska(st), móta(st)
maturity þroski m.; **date of m.** gjalddagi m.
maudlin adj. grátklökkur, kveifarlegur
maul vt. (of animals) misþyrma, þjarma að
maunder vi. vaða elginn; ráfa, vafra
Maundy Thursday skírdagur m.
mausoleum (veglegt) grafhýsi n., leghöll f.
mauve adj. ljóspurpuraðrauður
maverick (Am.) ómörkuð skepna f., ómerkingur m.; einfari m.
mavis mistilþröstur m.
maw vélinda n., sarpur m.; gin n., kjaftur m.
mawkish adj. væminn, velgjulegur
mawkishness væmni f., velgja f.
maxi ökklasíð kvenflík f.; adj. ökklasíður
maxim heilræði n., spakmæli n.; meginregla f.
maximal adj. hámarks-; **make m. use of** nota út í ystu æsar
maximize vt. auka eins og unnt er, gera sem mest úr
maximum hámark n.; adj. hámarks-
maximum weight hámarksþyngd f.
may v. mega; **I may** ég má, ég get
May maí m.
maybe adv. ef til vill, kannski
maybeetle aldinborri m.
maybug aldinborri m.
May Day 1. maí (sem hátíðisdagur) m.
mayday alþjóðlegt neyðarkall n.
mayfly maífluga f., dægurfluga f.
mayhem (Am.) stórfelldar líkamsmeiðingar f.pl.
mayonnaise majónes n., majónsósa f.
mayor borgarstjóri m.; bæjarstjóri m.
mayoral adj. borgarstjóra-
mayoralty embætti borgarstjóra n.; borgarstjóratíð f.
mayoress borgarstjórafrú f.; bæjarstjórafrú f.
maypole maístöng f.
mayweed baldursbrá f.
maze völundarhús n.; **in a m.** ringlaður
mazurka masúrki m.
me prn. (object form of **I**) mig, mér, mín
mead (alcoholic drink) mjöður m., (meadow) engi n.
meadow engi n.
meadow buttercup brennisóley f.
meadow grass sveifgras n.
meadow mushroom túnætissveppur m.
meadow pipit þúfutittlingur m.
meadow rue brjóstagras n.
meadowsweet mjaðurt f.
meadowy adj. eins og engi, engja-
meagre adj. magur, rýr, lítilfjörlegur
meal máltíð f., málsverður m.
meal (grain) mjöl n., malað korn n.
mealie maískólfur m., kornax n.
mealtime matartími m., matmálstími m.
mealy adj. mjölkenndur, mjölvaður, mjöl-
mealybug ullarlús f.
mealy-mouthed adj. óhreinskilinn, smeðjulegur, falskur
mean adj. (despicable) fyrirlitlegur, ódrengilegur, (bad) lélegur, lakur, (stingy) nískur, (unkind) kvikindislegur
mean v. meina, þýða, merkja, (intend) ætla
mean meðalvegur m.; meðaltal n.; adj. (average) meðal-, meðaltals-
meander vi. liðast, hlykkjast, (of people) röfla
meanderings bugður f.pl., hlykkir m.pl., krókar m.pl.
meaning merking f., þýðing f.; adj. íbygginn
meaningful adj. þýðingarmikill; mikilvægur
meaningless adj. merkingarlaus; tilgangslaus
means leið f., ráð n., meðal n.; fjárráð n.pl.; **by all m.** fyrir alla muni; **by no m.** alls ekki; **by m. of** með (aðstoð)

meant → medlar 260

meant v. (p., pp. **mean**)
meantime millitíð f.; **in the m.** á meðan
meanwhile adv. á meðan, í millitíðinni
measles mislingar m.pl.
measly adj. fátæklegur, vesældarlegur
measurable adj. mælanlegur
measure mál n., mælieining f., (action) ráðstöfun f., aðgerð f.; **beyond m.** takmarkalaus, fram úr hófi; **for good m.** í ofanálag, að auki; v. mæla(st)
measure against v. bera saman við
measured adj. (út)mældur, (careful) yfirvegaður
measureless adj. takmarkalaus
measurement mæling f.; mál n., mælistærð f.
measure off v. mæla út, afmarka
measure up to v. uppfylla, standast; svara til
meat kjöt n.
meatball kjötbolla f.
meaty adj. kjötmikill, holdugur; kjarngóður
mechanic vélvirki m., vélaviðgerðamaður m.
mechanical adj. vélrænn, vél-, véla-
mechanical engineering vélaverkfræði f.
mechanics aflfræði f.; vélfræði f.; tækni f.
mechanism vélbúnaður m.; (gang)verk n.; vélhyggja f.
mechanistic adj. vélfræðilegur; vélhyggju-
mechanization vélvæðing f.
mechanize vt. vélvæða, gera vélrænan
medal minnispeningur m., orða f.
medallion (stór) minnispeningur m., veggskjöldur m.
medallist verðlaunahafi m.
meddle v. skipta sér af, blanda sér í; fikta í
meddler slettireka f.
meddlesome adj. afskiptasamur, íhlutunarsamur
media (mass media) fjölmiðlar m.pl.
mediaeval adj. frá miðöldum, miðalda-
medial adj. miðlægur, mið-, miðju-, (average) meðal-
medial moraine (of a glacier) rönd f.; urðarrani m.

median (line) miðlína f.; adj. miðlægur, mið-, miðju-
mediate v. miðla málum, sætta
mediation málamiðlun f., sáttaumleitun f.
mediator milligöngumaður m., sáttasemjari m.
medic læknir m., læknanemi m., (Am.) herlæknir m.
medical adj. læknisfræðilegur, læknis-, lækna-
medical attendance læknishjálp f., lækniseftirlit n.
medical examination lækniskoðun f.
medical examiner skoðunarlæknir m., (Am.) réttarlæknir m.
medical inspection lækniskoðun f.
medical jurisprudence réttarlæknisfræði f.
medical school læknaskóli m.
medical ward lyflækningadeild f.
medicate vt beita lyfjameðferð við; bæta lyfjum í
medicated soap græðandi sápa f.
medication lyfjameðferð f., lyflækning f.; lyf n.
medicinal adj. læknandi; græðandi
medicinal leech læknablóðsuga f.
medicine meðal n., lyf n., (study) læknisfræði f.
medicine man (pl. - **men**) töfralæknir m.
medico (pl. **medicos**) lyflæknir m.
medieval adj. frá miðöldum, miðalda-
medieval history miðaldasaga f.
mediocre adj. miðlungs-, meðallags-
mediocrity meðalmennska f., (person) miðlungsmaður m.
meditate v. hugleiða, íhuga
meditation hugleiðsla f., íhugun f.
meditative adj. (thoughtful) íhugull, hugsandi
Mediterranean (Sea) Miðjarðarhaf n.; adj. Miðjarðarhafs-
medium meðalvegur m., (fjöl)miðill m.; adj. meðalstór, meðal-
medium-sized adj. meðalstór, miðlungsstór
medium wave miðbylgja f.
medlar germanaviður m.

medley sambland n.,
(of music) lagasyrpa f.
medulla (marrow) mergur m.
meed umbun f., endurgjald n.
meek adj. mildur, bljúgur; kjarklaus
meekness mildi n., hógværð f.;
kjarkleysi n.
meerschaum merskúm n.,
(pipe) merskúmspípa f.
meet mót n.; v. hitta(st), mæta(st)
meet adj. (suitable) hæfilegur; réttur
meet with v. verða fyrir, þola, mæta,
(Am.) eiga fund með
meeting fundur m., mót n., samkoma f.
meeting-house samkomuhús n.;
(kvekara)kirkja f.
meeting-place samkomustaður m.
megabyte megabæti n. (= 1.048.576 bæti)
megacycle megarið n., milljón rið n.pl.
megahertz megahertz n., milljón hertz n.pl.
megalith jötunsteinn m., risabjarg n.
megalithic adj. jötunsteina-
megalomania stórmennskuæði n., stærisýki f.
megalomaniac stórmennskubrjálæðingur
megalomaniacal adj. stærisjúkur, stórmennskuæðis-
megaphone gjallarhorn n.
megaton megatonn n.
megrim (fish) langhverfa f.
meiosis rýriskipting f., meiósa f.
melancholia þunglyndi n.
melancholic adj. þunglyndur, þunglyndis-
melancholy þunglyndi n.;
adj. þunglyndur; dapurlegur
mélange blanda f., sambland n.
meld niðurlögn f.; v. (in card games) melda
melee ryskingar f.pl., áflog n.pl.
meliorate (ameliorate) vt. bæta; vi batna
mellifluous adj. ómþýður; hunangssætur
mellow adj. þroskaður; mildur;
v. þroska(st); milda(st)
melodic adj. lagrænn; hljómfagur
melodious adj. hljómfagur, hljómþýður, melódískur
melodiousness hljómfegurð f.

melodrama melódrama n.;
leikaraskapur m.
melodramatic adj. melódramatískur; hástemmdur, ýktur
melody (söng)lag n., melódía f.
melon melóna f.
melt vt. bræða; vi. bráðna
melt away v. hverfa, verða að engu
meltdown bræðsluslys n.
melt down v. bræða upp; bráðna
melting adj. (of a voice) viðkvæmur, meyr
melting point bræðslumark n.
melting pot bræðslupottur m.;
in the m. p. í deiglunni
member félagi m., meðlimur m.
Member of Parliament þingmaður m.
membership félagsaðild f.; félagafjöldi m.
membrane himna f., skæni n.
membranous adj. himnukenndur, himnu-
memento minjagripur m.
memo minnisblað n.; orðsending f.
memoir ævisaga f., æviágrip n.
memoirs æviminningar f.pl., sjálfsævisaga f.
memorabilia minnisverðir hlutir m.pl.
memorable adj. minnisverður, eftirminnilegur
memorandum minnisatriði n.; orðsending f.
memorial minnisvarði m.; adj. minnis-, minningar-
memorials (historical records) annálar m.pl.
memorial service minningarathöfn f.
memorize vt. leggja á minnið, læra utanbókar
memory minni n.; **in m. of**
til minningar um
men (pl. of **man**)
menace hótun f., ógnun f.; vt. hóta, ógna; vofa yfir
menacing adj. ógnvekjandi; ógnandi
menagerie villidýrasafn n.; dýragarður m.
mend viðgerð f.; **on the m.** á batavegi;
vt. bæta, gera við; vi. (recover) batna
mendacious adj. ósannur, upploginn; lyginn
mendacity ósannsögli f.; lygi f., ósannindi n.pl.

mendicant betlari m., (friar) betlimunkur m.; adj. betlandi, betli-
menfolk karlmenn m.pl., karlpeningur m.
menial (servant) þjónn m., þý n.; adj. auvirðilegur, lítilmótlegur; vinnukonu-
meningitis heilahimnubólga f.
menopause tíðalok n.pl., tíðahvörf n.pl.
menses tíðir f.pl., klæðaföll n.pl.
men's room (Am.) karlaklósett n.
menstrual adj. tíða-
menstrual cycle tíðahringur m.
menstrual period tíðir f.pl., klæðaföll n.pl.
menstruate vi. hafa tíðir, vera á túr
menstruation tíðir f.pl., klæðaföll n.pl.
mensurable adj. mælanlegur
mensuration mæling f., mælingar f.pl.; mælingafræði f.
mental adj. andlegur, hugar- geðrænn, geð-
mental age greindaraldur m.
mental deficiency greindarskortur m.
mental health geðheilsa f.
mental hospital geðsjúkrahús n.
mental hygiene geðvernd f.
mental illness geðsjúkdómur m.
mentality vitsmunir m.pl., greind f.; hugarfar n.
mentally retarded adj. þroskaheftur
mental patient geðsjúklingur m.
mental retardation andlegur vanþroski m., skert greind f.
menthol mentól n.
mentholated adj. mentólbættur, með mentólbragði
mention umtal n.; vt. nefna, geta um, minnast á
mentor lærifaðir m., leiðbeinandi m.
menu matseðill m.; valmynd f.
menu-driven program(me) valmyndastýrt forrit n.
meow (Am.) mjálm n.; vi. mjálma
mercantile adj. verslunar-, kaupsýslu-
mercantile marine kaupskipafloti m.
mercantilism kaupauðgistefna f., merkantílismi m.
mercenary málaliði m.; adj. gróðafíkinn; leigu-
mercer (draper) vefnaðarvöru- kaupmaður m.

merchandise vörur f.pl., varningur m.; v. bjóða til sölu
merchant (stór)kaupmaður m.
merchant marine (Am.) kaupskipafloti m.
merchant navy kaupskipafloti m.
merchantman (pl. -men) kaupskip n.
merciful adj. miskunnsamur, líknsamur
merciless adj. miskunnarlaus, vægðarlaus
mercurial adj. kvikasilfurs-; líflegur, hvikull
mercurial poisoning kvikasilfurseitrun f.
mercury kvikasilfur n.
mercy miskunn f.; **at the m. of** á valdi e-s
mercy killing líknarmorð n., líknardráp n.
mere adj. eintómur, einber, ekkert annað en
mere (lake) stöðuvatn n., tjörn f.
merely adv. eingöngu, bara
meretricious adj. prjálkenndur, skrumkenndur
merganser fiskiönd f.
merge vt. steypa saman, fella saman, sameina
merger sameining f., (fyrirtækja) samruni m.
meridian lengdarbaugur m.; há(degis)baugur m.
meridional adj. suðlægur, suðrænn; frá/í Suður-Evrópu
meringue marengs n., marengskaka f.
merit verðleiki m., kostur m.; vt. verðskulda
meritocracy veldi hæfileikamanna n.
meritorious adj. lofsverður, virðingarverður
merits (of a case) málsatvik n.pl., staðreyndir f.pl.
merlin smyrill m.
mermaid hafmeyja f.
merman (pl. -men) marbendill m., sæbúi m.
merriment glaðværð f., kæti f., kátína f.
merry adj. glaður, kátur, fjörugur
Merry Christmas gleðileg jól
merry-go-round hringekja f.
merrymaker gleðskaparmaður m.
merrymaking gleðskapur m.
mesa stapi m.
mescalin(e) meskalín n.

mesh möskvi m.; net n.; v. veiða í net; tengja(st)
mesmeric adj. dáleiðsl-, sefjunar-
mesmeric trance dásvefn m.
mesmerism (hypnotism) dáleiðsla f., sefjun f.
mesmerist (hypnotist) dávaldur m.
mesmerize vt. dáleiða, töfra, heilla
mesopause miðhvörf n.pl.
mesosphere miðhvolf n.
Mesozoic miðlífsöld f.; adj. miðlífsaldar-
mess sóðaskapur m., óreiða f.; klandur n.; matsalur m.
mess about/around v. dunda, dútla; ráðskast með
message skilaboð n., boðskapur m.
messenger boðberi m., sendiboði m.
mess hall (Am.) matarskáli m., (hermanna)messi m.
Messiah Messías m.
Messianic adj. Messíasar-
mess in v. blanda sér í
messmate mötunautur m.
mess-up klúður n., rugl n.
mess up v. sóða út; klúðra, rugla
mess with v. skipta sér af
messy adj. sóðalegur, óþrifalegur, tætingslegur
mestizo mestísi m.
met v. (p., pp. **meet**)
metabolic adj. efnaskipta-
metabolism (lífræn) efnaskipti n.pl.
metabolize v. breyta(st) við efnaskipti
metacarpal miðhandarbein n.; adj. miðhandar-
metal málmur m.
metalanguage hjálparmál n.
metallic adj. málmkenndur, málm-
metallurgical adj. málmvinnslu-; málmfræði-
metallurgist málm(vinnslu)fræðingur f.
metallurgy málmvinnsla f.; málmfræði f.
metalwork málmsmíð f., málmgripir m.pl.
metalworker málmsmiður m.
metalworking málmsmíði f.
metamorphic rock myndbreytt berg n.
metamorphism myndbreyting f., ummyndun f.

metamorphose v. breyta(st), skipta um ham
metamorphosis (pl. **-ses**) umbreyting f., hamskipti n.pl.
metaphase metafasi m.
metaphor myndhvörf n.pl., myndlíking f.
metaphorical adj. myndhverfur, myndrænn
metaphysical adj. frumspeki-; huglægur, óhlutbundinn
metaphysics frumspeki f.
metatarsal framrist f.; adj. framristar-
mete out v. úthluta, útdeila, skammta
metempsychosis sálnaflakk n.
meteor stjörnuhrap n., vígahnöttur m.
meteoric adj. loftsteina-; leiftur-; veðrahvolfs-
meteoric water regnvatn n., grunnvatn n.
meteorite loftsteinn m., hrapsteinn m.
meteoroid reikisteinn m., geimsteinn m.
meteorological adj. veðurfræðilegur, veðurfræði-, veður-
meteorological office veðurstofa f.
meteorologist veðurfræðingur m.
meteorology veðurfræði f.
meter mælir m.; teljari m.
meter maid (kven)stöðumælavörður m.
methane metan n., mýragas n.
methanol metanól n., tréspírítus m.
methinks vi. mér virðist, mér sýnist
method aðferð f., háttur m., skipulag n.
methodical adj. skipulegur, kerfisbundinn
Methodism meþódistatrú f.
Methodist meþódisti m.; adj. meþódista-
methodological adj. aðferðafræðilegur
methodology aðferðafræði f.
methought vi. (p. **methinks**)
meths brennsluspíritus m., brennsluspritt n.
methyl alcohol metanól n., tréspírítus m.
methylated spirits brennsluspíritus m., brennsluspritt n.
meticulous adj. nákvæmur, vandvirkur
meticulousness nákvæmni f., vandvirkni f.
métier atvinna f., starf n., fag n., iðn f.
metonymy nafnhvörf n.pl.
metre metri m., (Am.) mælir m.; bragarháttur m.
metric adj. metra(kerfis)-; bragfræðilegur

metrical adj. bragfræðilegur, braghátta
metrication upptaka metrakerfis f.
metricize vt. breyta yfir í metrakerfi
metrics bragfræði f.
metric system metrakerfi n.
metric ton tonn n., smálest f.
metro (pl. **metros**) neðanjarðarlest f.
metronome taktmælir m.
metronomic adj. taktfastur, reglulegur; taktmælis-
metropolis höfuðborg f., stórborg f.; móðurborg f.
metropolitan stórborgarbúi m.; adj. stórborgar-
metropolitan bishop erkibiskup m.
Metropolitan Police Lundúnalögreglan f.
mettle baráttuhugur m., dugur m., kapp n.
mettlesome adj. ákafur, kappsamur, hugaður
mew (miaow) mjálm n.; vi. mjálma
mew (gull) stormmávur m.
mew gull (Am.) stormmávur m.
mews bakstræti n., bakgarður m.; hesthús n.
mew up vt. loka inni, setja í búr
Mexican Mexíkóbúi m.; adj. mexíkanskur
mezzanine millihæð f., (Am.) neðstu svalir f.pl.
mezzo adj. milli-, mið- miðlungs-
mezzo forte adv. miðlungssterkt
miaow mjálm n.; vi. mjálma
miasma eiturgufa f., stybba f., óloft n.
mica glimmer m., gljásteinn m.
mice (pl. of **mouse**)
Michaelmas Mikjálsmessa f., 9. september
mickey ; **take the m. out of** taka vindinn úr, stríða
mickey finn áfengi (blandað lyfi) n., dúndur n.
microbe örvera f.
microbiological adj. örverufræðilegur
microbiologist örverufræðingur m.
microbiology örverufræði f.
microchip örtölvukubbur m.
microcomputer örtölva f.
microcosm smáheimur m., heimur í hnotskurn m.
microcosmic adj. smáheims-

microeconomics rekstrarhagfræði f.
microelectronics dvergrásatækni f.
microfiche fisja f., örmyndaspjald n.
microfilm örfilma f.; vt. taka mynd á örfilmu
micrometer örkvarði m.
micron míkron n.
microorganism örvera f.
microphone hljóðnemi m.
microprocessor örgjörvi m.
microscope smásjá f.
microscopic adj. smásær, örsmár, smásjár-
microwave örbylgja f.
microwave oven örbylgjuofn m.
mid prp. (among) á meðal
midair ; **in m.** í lausu lofti
midbrain miðheili m.
midday miðdegi n., hádegi n.
midden (sorp)haugur m.
middle miðja f.; adj. mið-, miðju-
middle age miður aldur m.
middle-aged adj. miðaldra
middle-age(d) spread fitulag um mitti/mjaðmir n., björgunarbelti n.
Middle Ages miðaldir f.pl.
middlebrow meðaljón m.
middle class miðstétt f., miðstéttarfólk n.
middle-class adj. miðstéttar-
middle course meðalvegur m.
middle distance millivegalengd f.
middle-distance adj. millivegalengdar-
middle ear miðeyra n., hljóðhol n.
Middle East Austurlönd nær n.pl.
middle finger langatöng f.
middleman (pl. **-men**) milliliður m.
middle name seinna (skírnar)nafn n.
middle-of-the-roader (in politics) miðjumaður m.
middle school miðskóli m.
middle-sized adj. meðalstór
Middle West miðvesturríki Bandaríkjanna n.pl.
middleweight (boxer) keppandi í millivigt m.
middling adj. meðal-, miðlungs-; **fair to m.** sæmilega
midget dvergur m.; adj. smá-, pínu-
mid heavyweight (boxer) keppandi í milliþungavigt m.

midi hnésíð flík f.
midland uppland n.; adj. upplands-
Midlands miðhéruð Englands n.pl.
midmost adj. miður, miðju-
midnight miðnætti n.; adj. miðnætur-
midnight oil ; **burn the m. o.** vinna langt fram á nótt
midnight sun miðnætursól f.
midpoint miðpunktur m.
midriff miðhluti bolsins m., (diaphragm) þind f.
midshipman (pl. **-men**) miðskipsmaður m., (Am.) sjóliðsforingjaefni n.
midships adv. miðskips, miðskipa
midst miðja f.; **in our m.** á meðal okkar
midsummer miðsumar n., hásumar n.
Midsummer Day Jónsmessa f., 4. júní
midterm adj. á miðju tímabili
midway adv. miðja vegu, á miðri leið
midweek mið vika f.; adj. í miðri viku
Midwest miðvesturríki Bandaríkjanna n.pl.
midwife (pl. **-wives**) ljósmóðir f., yfirsetukona f.
midwifery yfirseta f., fæðingarhjálp f.
midwinter miður vetur m., hávetur m.; adj. miðvetrar-
mien svipur m., yfirbragð n., útlit n.
miffed adj. fýldur, móðgaður, særður
might v. (p. **may**)
might máttur m., afl n., kraftur m.
mightily adv. kröftuglega, af afli; stórlega
mighty adj. öflugur, voldugur; adv. svakalega
mignonette ilmkollur m.
migraine mígren n., heilakveisa f.
migrant adj. far-, farand-, flökku-
migrant bird farfugl m.
migrant worker farandverkamaður m.
migrate vi. flytjast búferlum, flytja sig
migration búferlaflutningar m.pl., flakk n.
migratory adj. far-, farand-, flökku-
migratory bird farfugl m.
mike hljóðnemi m.
milady lafði f., frú f.
milch cow mjólkurkýr f.
mild adj. mildur, þægilegur
mildew (plöntu)mygla f.; v. mygla
mildewy adj. myglaður, saggafullur

mildly adv. mildilega; **to put it m.** vægast sagt
mildness mildi f., blíða f.
mile míla f. (= 1609 m.)
mileage mílufjöldi m., (charge) mílugjald n.
mileage allowance ferðastyrkur m.
mileometer mílumælir m.
milepost mílustöng f.
milestone mílusteinn m.; tímamót n.pl., þáttaskil n.pl.
milieu (félagslegt) umhverfi n.
militancy árásargirni f.; hernaðarástand n.
militant ófriðarseggur m.; adj. herskár, árásargjarn
militarism hernaðarstefna f., herveldisstefna f.
militarist hernaðarsinni m., herveldissinni m.
militarize v. hervæða(st)
military adj. her-, hernaðar-, hermanna-
military court herdómstóll m.
military force landher m.
military police herlögregla f.
military service herþjónusta f.
militate against/for v. vinna á móti/með
militia varaher m., varalið n.
militiaman (pl. **-men**) varaliðsmaður m.
milk mjólk f.; v. mjólka
milk bar mjólkurísbúð f.
milk carton mjólkurhyrna f., mjólkurferna f.
milk chocolate mjólkursúkkulaði n.
milk churn (can) mjólkurbrúsi m.
milker mjaltamaður m., (cow) mjólkurkýr f.
milk fever doði m., doðasótt f.
milk float mjólkurpóstvagn m.
milking machine mjaltavél f.
milkmaid mjaltakona f.
milkman (pl. **-men**) mjólkurpóstur m.
milk powder mjólkurduft n.
milk round rúntur mjólkurpósts m.
milk run reglubundin (eftirlits)ferð f.
milk shake mjólkurhristingur m., ísbráð n.
milksop pempía f., kveif f.
milk tooth (pl. - **teeth**) mjólkurtönn f., barnatönn f.
milkweed svölurót f.

milky adj. mjólkurkenndur, mjólkur-; gruggugur
Milky Way Vetrarbrautin f.
mill mylla f., (machine) mölunarvél f., kvörn f., (factory) verksmiðja f.; v. mala, mylja
mill about/around v. vafra, eigra um, iða
millboard þykkur (bókaspjalda)pappi m.
milldam myllustífla f., (pond) myllutjörn f.
millennium árþúsund n.; þúsundáraríki n., sæluríki n.
millepede þúsundfætla f.
miller malari m.
millet hirsi n., milletkorn n.
milliard (Br.) milljarður m. (þúsund milljónir)
millibar millíbar n.
milligram(me) millígram n.
millilitre millílítri m.
millimetre millímetri m.
milliner kvenhattasali m.; hattari m.
millinery dömuhattar m.pl.; hattaraiðn f.
million miljón f.
millionaire miljónamæringur m.; auðkýfingur m.
millionth num. miljónasti
millipede þúsundfætla f.
millpond myllutjörn f.
millrace vatnsstraumur í myllustokk m.
millstone myllusteinn m., kvarnarsteinn m.
millwheel mylluhjól n.
millwright myllusmiður m.
milometer mílumælir m.
milord lávarður m., herra m.
milt (soft roe) svil n.pl., sæði (hængs) n.
mime látbragðsleikur m.; v. líkja eftir
mimeograph (Am.) fjölriti m.; vt. fjölrita
mimic hermikráka f.; adj. sviðsettur, þykjustu-, uppgerðar-; vt. stæla, herma eftir
mimicry eftirhermur f.pl., skopstæling f.
minaret mínaretta f., bænaturn m.
minatory adj. hótandi, ógnandi, hræðandi
mince (kjöt)hakk n. vt. hakka, brytja; tala teprulega
mincemeat kjöthakk n.; **make m. of** hakka í sig
mince pie kjöthakksbaka f.

mincer (kjöt)kvörn f., hakkavél f.
mincing adj. teprulegur, tilgerðarlegur; tiplandi
mincing machine (kjöt)kvörn f., hakkavél f.
mind hugur m., skap n.; v. (care for) hirða um, passa; **change one's m.** skipta um skoðun; **have a m. to** langa til; **make up one's m.** ákveða sig
mind-boggling adj. stórfurðulegur, undraverður
minded adj. (inclined) sinnaður
mindful adj. minnugur, aðgætinn
mindfulness eftiritekt f., athygli f.
mindless adj. hugsunarlaus, kærulaus
mindlessness hugsunarleysi n., skeytingarleysi n.
mind reader hugsanalesari m.
mind reading hugsanalestur m.
mind's eye hugskotssjónir f.pl., ímyndunarafl n.
mine prn. minn, (mín, mitt)
mine náma f., (explosives) jarðsprengja f., tundurdufl n.; v. vinna úr námu; koma fyrir sprengju
mine detector sprengjuleitartæki n.
minefield jarðsprengjusvæði n., tundurduflabelti n.
miner námuverkamaður m.; sprengjulagningarmaður m.
mineral steinefni n.; steintegund f., steind f.
mineral kingdom steinaríkið n.
mineralogical adj. steindafræðilegur, steindafræði-
mineralogist steindafræðingur m.
mineralogy steindafræði f.
mineral oil jarðolía f.
mineral spring ölkelda f.
mineral water ölkelduvatn n., sódavatn n.
minestrone (ítölsk) grænmetissúpa f.
minesweeper tundurduflaslæðari m.
mingle (with) v. blanda(st); umgangast
mingy adj. (stingy) nískur, nánasarlegur
mini adj. lítill, stuttur, smá- pínu-
miniature smækkað líkan n., smámynd f.; adj. smár, smá-
miniaturize vt. smækka, minnka; gera í smækkaðri mynd
minicomputer smátölva f., lítiltölva f.

minim (in music) hálfnóta f.
minimal adj. lægstur, minnstur, lágmarks-
minimize vt. draga úr, halda í lágmarki; gera lítið úr
minimum lágmark n.; adj. lægstur, minnstur, lágmarks-
minimum wage lágmarkslaun n.pl., framfærslulaun n.pl.
mining námugröftur m., námurekstur m.
minion skósveinn m., handbendi n.
minion of the law vörður laganna m.
miniskirt pínupils n.
minister ráðherra m.; sendiherra m.; prestur m.
ministerial adj. ráðherra-, ráðuneytis-; prests-
ministerial bill stjórnarfrumvarp n.
Minister of Agriculture landbúnaðarráðherra m.
Minister of Church Affairs kirkjumálaráðherra m.
Minister of Education menntamálaráðherra m.
Minister of Finance fjármálaráðherra m.
Minister of Foreign Affairs utanríkisráðherra m.
Minister of Health heilbrigðismálaráðherra m.
Minister of Justice dómsmálaráðherra m.
Minister of Transport samgöngumálaráðherra m.
minister to v. hlynna að, hlúa að, sinna
ministrant þjónn m.; adj. þjónandi
ministration prestþjónusta f.; aðhlynning f., hjálp f.
ministry ráðuneyti n.; ráðherraembætti n.; klerkdómur m.
mini-van skutla f.
miniver (hreysikattar)feldur m.
mink minkur m.; minkaskinn n., minkapels m.
minnow vatnakarfi m.
minor ólögráða maður m.; adj. minni háttar, smávægilegur; (under age) ófullveðja
minor key moll m.
minority minnihluti m., minnihlutahópur m.; ólögræði n.

minor planet smástirni n.
minor suit (in card games) láglitur m.
minor third (in music) lítil þríund f.
minster dómkirkja f., klausturkirkja f.
minstrel farandsöngvari m., farandleikari m.
minstrelsy farandsöngur m.; söngvasafn n.
mint myntslátta f.; ógrynni n.; adj. nýsleginn, ónotaður; vt. slá (mynt), búa til
mint (pipar)mynta f.
mintage myntslátta f.; myntsláttukostnaður m.
minuend frádráttarstofn m.
minuet menúett m.
minus mínus m., mínusmerki n., frádráttarmerki n.; mínustala f.; prp. að frádregnu
minuscule adj. (very small) örsmár, agnarlítill
minute mínúta f.; vt. skrá í fundagerð; punkta niður
minute adj. örlítill, agnarsmár; nákvæmur
minute book fundargerðabók f.
minute hand mínútuvísir m., stóri vísir m.
minutely adv. nákvæmlega, ítarlega
minuteness örsmæð f.; nákvæmni f., gjörhygli f.
minutes fundargerð f., (short notes) uppkast n.
minutiae smáatriði n.pl., smámunir m.pl.
minx hortug stelpa f., frekjudós f.
miracle kraftaverk n., undur n.
miracle play helgileikur m.
miraculous adj. undursamlegur, kraftaverka-
miraculously adv. (eins og) fyrir kraftaverk
mirage hillingar f.pl., tíbrá f.
mire aur m., leðja f., mýri f.; v. ata for; sökkva í fen
mirror spegill m.; vt. (endur)spegla
mirror image spegilmynd f.
mirth glaðværð f., kæti f., kátína f.
mirthful adj. glaður, kátur, glaðvær
mirthless adj. gleðisnauður, gleðivana, dapur

miry adj. mýrlendur; forugur, skítugur
misadventure óhapp n., óheppni f., slysni f.
misadvise v. ráða illa, gefa ill ráð
misalliance óheppilegt samband n., slæmur ráðahagur m.
misanthrope mannhatari m.
misanthropic adj. fullur mannfyrirlitningar
misanthropist mannhatari m.
misanthropy mannhatur n., mannfyrirlitning f.
misapplication misbeiting f., misnotkun f.
misapply vt. misbeita, misnota
misapprehend vt. misskilja
misapprehension misskilningur m.
misappropriate vt. taka ófrjálsri hendi; draga sér fé
misappropriation misnotkun f., (of funds) fjárdráttur m.
misbegotten adj. illa fenginn, (worthless) einskisnýtur
misbehave v. haga sér illa
misbehaved adj. illa vaninn, ókurteis, óháttvís
misbehaviour slæm framkoma f.
misbelieve v. hafa ranga hugmynd (um); vera rangtrúaður
miscalculate v. misreikna (sig), reikna skakkt (út)
miscalculation reikningsskekkja f., vitlaus útreikningur m.
miscall vt. rangnefna
miscarriage fósturlát n.; misfarir f.pl.
miscarriage of justice réttarmorð n.
miscarry v. missa fóstur; misheppnast, misfarast
miscast vt. fá (e-m) hlutverk sem hæfir illa
miscegenation kynþáttablöndun f.
miscellaneous adj. margbreytilegur, fjölbreyttur
miscellany samsafn n., sambland n; safnrit n.
mischance óhapp n., óheppni f., slys n.
mischief skaði m., hrekkur m.; hrekkjalómur m.
mischievous adj. skaðlegur, (of child) hrekkjóttur

mischievousness skaðsemi f., illgirni f., hrekkvísi f.
misconceive v. misskilja, mistúlka
misconception misskilningur m., ranghugmynd f.
misconduct ósæmileg hegðun f.; hjúskaparbrot n.; misferli n., óstjórn f.; vt. hegða sér/stjórna illa
misconstruction misskilningur m., rangtúlkun f.
misconstrue vt. misskilja, rangtúlka
miscount mistalning f.; v. mistelja
miscreant varmenni n., níðingur m., þorpari m.
miscue feilskot n.; v. skjóta feilskot
misdate vt. dagsetja rangt, tímasetja rangt
misdeal (in cards) röng gjöf f.; vt. gefa vitlaust
misdeed misgjörð f.
misdemeanour vægt afbrot n., slæm hegðun f.
misdirect vt. gefa rangar leiðbeiningar, segja skakkt til
misdirection röng leiðbeining f.
misdo v. gera rangt, brjóta af sér
misdoer misgerðamaður m.
misdoings misgjörðir f.pl.
mise-en-scène uppsetning f., sviðsetning f.; sögusvið n.
misemploy vt. misnota, misbeita
miser nirfill m., nánös f.
miserable adj. vansæll, aumur, ömurlegur
miserly adj. nískur, nirfilslegur, nánasarlegur
misery eymd f., volæði n.; kvalræði n.
misfire vi. klikka, standa á sér; misheppnast
misfit utangarðsmaður m.; flík sem fer illa f.
misfortune ógæfa f., ólán n.
misgiving efasemd f., grunur m.; kvíði m.
misgovern vt. stjórna illa
misgovernment óstjórn f., vanstjórn f.
misguide vt. afvegaleiða, leiða á villigötur
misguided adj. afvegaleiddur; byggður á misskilningi

mishandle vt. fara illa með, stjórna illa
mishap óhapp n., slysni f.
mishear v. misheyra(st), heyra skakkt
mishit misheppnað skot n.;
  v. slá illa/skakkt
mishmash hrærigrautur m.
misinform vt. gefa rangar/villandi upplýsingar
misinterpret vt. mistúlka, rangtúlka, misskilja
misinterpretation rangtúlkun f., misskilningur m.
misjudge v. dæma ranglega, leggja rangt mat á
misjudg(e)ment rangur dómur m., rangt mat n.
mislay vt. misleggja, láta á óvísan stað
mislead vt. afvegaleiða; blekkja, villa um fyrir
misleading adj. villandi, blekkjandi
mismanage vt. stjórna illa, fara illa með
mismanagement óstjórn f.
mismatch slæm samsetning f.;
  v. eiga illa saman
misname vt. misnefna
misnomer rangnefni n., rangheiti n.
misogynist kvenhatari m.
misogyny kvenhatur n.
misplace vt. láta á rangan stað; veita óverðugum
misprint prentvilla f.; vt. gera prentvillu
mispronounce vt. bera rangt fram
mispronunciation rangur framburður m.
misquotation röng tilvitnun f., ranghermi n.
misquote vt. vitna rangt í, hafa rangt eftir
misread vt. mislesa, lesa skakkt; mistúlka
misrepresent vt. rangfæra; vera slæmur fulltrúi (e-s)
misrepresentation villandi upplýsingar f.pl., rangfærsla f.
misrule óstjórn f.; ringulreið f.; v. stjórna illa
Miss ungfrú, fröken
miss vindhögg n.; v. missa af; hæfa ekki, geiga; komast hjá; (feel lack of) sakna
missal (kaþólsk) messuhandbók f.; bænabók f.

misshapen adj. vanskapaður, afmyndaður
missile skot n., (flug)skeyti n.
missing adj. sem vantar, sem er saknað, týndur
missing link týndi hlekkurinn m.
mission sendiför f., sendisveit f., verkefni n.
missionary trúboði m.; adj. trúboða-, trúboðs-
missis frú f., húsmóðir f.
missive (langt) bréf n., pistill m.
miss out v. sleppa, missa úr, fella úr
miss out on v. missa af, verða af
misspell vt. stafa vitlaust, misrita
misspelling ritvilla f., misritun f.
misspend vt. verja illa, sóa, eyða
misstate vt. fara rangt með, rangfæra
misstatement rangfærsla f., ranghermi n.
missus frú f., húsmóðir f.
missy litla fröken f.
mist mistur n., (þoku)móða f.;
  v. hylja(st) móðu
mistake mistök n.pl., villa f.; v. misskilja
mistake for v. ruglast á, villast á
mistaken adj. skakkur, rangur; misskilinn;
  be m. hafa rangt fyrir sér, skjátlast
mister herra m.; manni m., góði (minn) m.
mistime vt. gera/segja á óheppilegum tíma
mistimed adj. ótímabær
mistletoe mistilteinn m.
mistral (in France) norðanstrekkingur m.
mistranslate vt. þýða/túlka rangt
mistranslation röng þýðing/túlkun f.
mistress (of house) húsmóðir f., (school) kennslukona f., (lover) hjákona f.
mistrial ómerk réttarhöld n.pl.
mistrust vantraust n.; vt. vantreysta
mistrustful adj. tortrygginn
mistrustfulness tortryggni f., vantraust n.
misty adj. þokufullur, misturs-; óljós, óskýr
misunderstand vt. misskilja
misunderstanding misskilningur m., sundurþykki n.
misuse misnotkun f.; vt. misnota, fara illa með
mite ögn f., lítilræði n., (child) krakkakríli n., (insect) smámaur m., áttfætlumaur m.

mitigate vt. milda, lina, sefa, draga úr
mitigating circumstances málsbætur f.pl.
mitigation mildun f., lækkun f.
mitochondrion hvatberi m., orkukorn n., kyndikorn n.
mitosis mítósa f., jafnskipting f.
mitre (biskups)mítur n.
mitre box geirstokkur m., sniðmát n.
mitre joint geirungur m., hornskeyti n.
mitt (hlífðar)hanski m., vettlingur m.
mitten (belg)vettlingur m.; gripla f.
mix blanda f.; v. blanda(st)
mixed adj. blandaður, af ýmsu tagi; blendinn
mixed bag hrærigrautur m., samtíningur m.
mixed blessing vafasamur ávinningur m.
mixed doubles tvíundarleikur m., tvíundarkeppni f.
mixed metaphor nykrun f., nykruð líking f.
mixer hrærivél f., blandari m.
mixture blanda f., sambland n.
mix-up ruglingur m., flækja f.; áflog n.pl.
mix up v. rugla saman; flækja(st) í, lenda í
mizzen messansegl n.
mizzenmast messansigla f., afturmastur n.
mizzle suddi m., úði m.
mnemonic (symbol) minnistákn n.; adj. minnis-
mnemonics minnistækni f., minnishjálp f.
mo (moment) augnablik n., andartak n.
moa móafugl m.
moan stuna f., andvarp n.; v. stynja, kveina
moat kastaladíki n., virkisgröf f.
mob skríll m., múgur m.; vt. þyrpast að
mobile órói m.; adj. hreyfanlegur; síbreytilegur
mobile telephone farsími m.
mobility hreyfanleiki m., færanleiki m.
mobilization liðsöfnun f., útköllun f.; herútboð n.
mobilize v. kalla til starfa, virkja; hervæðast
mobster glæpamaður m., bófi m.
moccasin indíánaskór m., mokkasía f.

mock spott n.; v. spotta, hæða; adj. uppgerðar-
mockery háð n., spott n.; athlægi n.
mockingbird hermikráka f.
mockingly adv. háðslega, í háði
mock turtle soup svikin skjaldbökusúpa f.
mock-up líkan n.
modal adj. formlegur, forms-, háttar-
modal auxiliary ófullkomin hjálparsögn f.
mod cons nútímaþægindi n.pl.
mode háttur m., máti m.; tegund f.
model líkan n., fyrirmynd f.; fyrirsæta f.; v. gera líkan af; sitja fyrir, sýna (fatnað)
model aircraft flugmódel n.
modeller módelsmiður m., hönnuður m.
modelling módelsmíði f.; fyrirsætustarf n.
model (up)on v. miða (sig) við, taka (sér) til fyrirmyndar
modem símatúlkur m., mótald n.
moderate (in politics) miðjumaður m.; adj. hófsamur, hóflegur; v. draga úr, stilla, tempra
moderate breeze stinningsgola f.
moderate gale allhvass vindur m.
moderately adv. hóflega, miðlungi
moderation hóf n., hófsemi f.
moderator gerðarmaður m.; fundarstjóri m.; prófdómari m.
modern nútímamaður m.; adj. nútíma-, nýtísku-
modernity nýtískuleiki m., nútímaviðhorf n.
modernize vt. færa í nútímahorf
modest adj. hæverskur, hlédrægur; látlaus
modesty hógværð f., lítillæti n., hæverska f.
modicum ögn f., vottur m., vitund f.
modification smábreyting f.; tilhliðrun f.; takmörkun f.
modifier (in grammar) ákvæðisorð n., einkunn f.
modify vt. breyta; draga úr, tempra; þrengja
modish adj. nýtískulegur, stæl-
modular adj. mát-, eininga-
modular furniture einingahúsgögn f.pl.
modulate v. stilla (tón); breyta tíðni, móta

modulation (tón)stilling f.; mótun f.
module mát n., (rað)eining f.
modus operandi (Lat.) starfsaðferð f., vinnubrögð n.pl.
modus vivendi (Lat.) lífsform n.; bráðabirgðasamkomulag n.
moggy kisi m., kisulóra f.
mogul mógúll m., stórlax m.
mohair angóraull f., angóraullarefni n.
Mohammedan múhameðstrúarmaður m.; adj. múhameðskur
Mohammedanism múhameðstrú f.
moiety (half) helmingur m.
moiré bylgjumynstrað/skýjað silki n.
moist adj. rakur, deigur, votur
moisten v. væta; verða rakur
moisture raki m., væta f.
moisturize vt. væta, gera rakan
moisturizing cream rakakrem n.
moke (donkey) asni m.
molar jaxl m.; adj. jaxls-, jaxla-
molasses melassi m.
mold (Am.) mygla f.; vi. mygla
mold (Am.) (málmsteypu)mót n.; vt. móta
mold (Am.; loose earth) (gróður)mold f.
molder (Am.) vi. molna, grotna (niður)
molding (Am.) mótun f.; mótaður hlutur m.; skrautlisti m.
moldy (Am.) adj. myglaður; rykfallinn, slitinn
mole (on the skin) fæðingarblettur m., (animal) moldvarpa f., (stone wall) brimbrjótur m.
molecular adj. sameindar-, mólekúl-
molecular biology sameindalíffræði f.
molecule sameind f., mólekúl n.
molehill moldvörpuhaugur m.; **make a mountain out of a m.** gera úlfalda úr mýflugu
moleskin moldvörpuskinn n.; molskinn n.
molest vt. áreita, angra, abbast upp á
molestation áreitni f., ónáðun f.
moll fylgikona bófa f.
mollification huggun f., friðun f., fróun f.
mollify vt. blíðka, sefa, lægja, draga úr
mollusc (Am. mollusk) lindýr n.
mollycoddle mömmudrengur m., dekurbarn n.; vt. ofdekra
Molotov cocktail bensínsprengja f.

molt (Am.) hamskipti n.pl.; v. hleypa hömum; fella fjaðrir
molten adj. bráðinn, bræddur; steyptur
mom (Am.) mamma f.
moment augnablik n., andartak n.; mikilvægi n.; (kraft)vægi n.
momentarily adv. (í) eitt augnablik; á hverri stundu
momentary adj. skammvinnur, augnabliks-
moment of inertia hverfitregða f.
momentous adj. þýðingarmikill, afdrifaríkur
momentum skriðþungi m.; skriður m.
mommy (Am.) mamma f.
monarch einvaldur m.; konungur m., höfðingi m.
monarchic(al) adj. einvalds-; konunglegur, konungs-
monarchism konungsstjórn f.; stefna konungssinna f.
monarchist konungssinni m.
monarchy konungsstjórn f.; konungsríki n.
monasterial adj. klausturlegur, klaustur-
monastery (munka)klaustur n.
monastic adj. klaustur-; munka-
monasticism klausturlíf n.; munklífi n.
monastic order munkaregla f.
monaural adj. sem lýtur að öðru eyra; einrása
Monday mánudagur m.
monetarism peningastefna f., peningahagfræði f.
monetary adj. peninga-, gjaldmiðils-
monetary unit mynteining f.
money peningar m.pl., fé n.
moneybags auðkýfingur m., auðmaður m.
moneybox sparibaukur m.; samskotabaukur m.
moneychanger gjaldeyrismiðlari m., víxlari m.
moneyed adj. ríkur, auðugur
money-grubber peningaormur m.
moneylender peningalánari m.; okurlánari m.
moneymaker fjárgróðamaður m.; gróðafyrirtæki n.
moneymaking fjáröflun f.; adj. sem malar gull; arðbær

moneymarket peningamarkaður m.
money order (Am.) póstávísun f.
money-spinner fjárgróðamaður m.; gróðafyrirtæki n.
mongol mongólíti m.; adj. mongólisma-
Mongolia Mongolía f.
Mongolian Mongolíubúi m., mongóli m., (language) mongólska f.; adj. mongólskur
mongolism mongólismi m.
mongoose (pl. **mongooses**) mongús m.
mongrel (kyn)blendingur m.; adj. blandaður
monitor (bekkjar)umsjónarmaður m.; vaktari m.; mænir m.; v. vakta, fylgjast með
monitor screen vaktskjár m.
monk munkur m.
monkey api m., apaköttur m.
monkey about/around (with) v. fíflast (með), fikta (við)
monkey business apaspil n., skollaleikur m., kjánaskapur m.
monkey nut jarðhneta f.
monkey tricks apaspil n., skollaleikur m., kjánaskapur m.
monkey wrench skiptilykill m.
monkfish skötuselur m.
monkish adj. munka-
mono adj. mónó, einrása
monochrome einlita mynd f.; adj. einlitur
monocle einglyrni n.
monocotyledon einkímblöðungur m.
monogamist einkvænismaður m.
monogamous adj. einkvænis-
monogamy einkvæni n.
monogram fangamark n., nafndráttur m.
monograph (fræði)rit n., grein f.
monolingual adj. eintyngdur; á einu tungumáli, eintungu-
monolith steindrangur m., steinsúla f.; órofa heild f.
monolithic adj. steindrangs-; ósveigjanlegur, samstilltur
monologue eintal n.; einræða f.; einleikur m.
monomania (einhliða) þráhyggja f.
monomaniac þráhyggjumaður m.
mononucleosis (Am.) einkirningasótt f.

monophonic adj. mónó, einrása; einraddaður
monoplane einþekja f.
monoploid einlitningur m.; adj. einlitna-
monopolist einokunarsinni m.; einkaleyfishafi m.
monopolistic adj. einokunar-; einkasölu-
monopolize vt. einoka; hafa einkarétt á
monopoly einokun f.; einkasala f., einkaleyfi n.
monopthong einhljóð n.
monorail einteina járnbraut f.
monosyllabic adj. einsatkvæðis-
monosyllable einsatkvæðisorð n.
monotheism eingyðistrú f.
monotheist eingyðistrúarmaður m.
monotonous adj. eintóna; tilbreytingarlaus
monotony tilbreytingarleysi n., einhæfni f.
monoxide mónoxíð n.
Monsieur (pl. **Messieurs**) herra m.
monsoon monsúntími m., (wind) misseravindur m.
monster vanskapningur m., ófreskja f., skrímsli n.
monstrance oblátubuðkur m.
monstrosity vanskapningur m., afskræmi n.; skepnuskapur m.
monstrous adj. afskræmdur; risavaxinn; hryllilegur
mons veneris (Lat.) munúðarhóll m.
montage (mynd)samblöndun f.
month mánuður m.
monthly mánaðarrit n.; adj. mánaðarlegur; mánaðarlangur; adv. mánaðarlega
monthly period tíðir f.pl., klæðaföll n.pl.
monument minnismerki n., minnisvarði m.; stórvirki n.
monumental adj. minningar-; afreks-; gríðarstór
moo (of a cow) baul n.; vi. baula
mooch (Am.) v. sníkja, betla
mooch about/around (Am.) v. hangsa, slæpast, gaufa
moo-cow kýr f., belja f.
mood skap n., hugarástand n.; geðvonskukast n.
mood (in grammar) háttur m.

moodily adv. ólundarlega
moodiness mislyndi n., þunglyndi n., önuglyndi n.
moody adj. mislyndur; þunglyndur, þunglyndislegur
moon tungl n., máni m.
moon about/around v. ráfa um (dreymandi), hangsa, slæpast
moonbeam mánageisli m.
mooncalf afskræmi n.; örviti m., fífl n.
moonless adj. tunglskinslaus
moonlight tunglskin n.; v. vera í aukastarfi (um nætur)
moonlit adj. tunglbjartur
moonshine vitleysa f., della f.; (Am.) heimabrugg n.
moonshiner (Am.) heimabruggari m., launbruggari m.
moonstone mánasteinn m.
moonstruck adj. tunglóður, tunglsjúkur
moonwort tungljurt f.
moony adj. dreymandi, utangátta
moor lyngheiði f.; mýri f.
moor vt. binda (með landfestum); liggja við akkeri
Moor mári m.
moorhen (gallinule) sefhæna f., (Am.) lyngrjúpa f.
moorings skipalægi n.; landfestar f.pl.; fótfesta f.
Moorish adj. máriskur, máramoorland lyngheiði f.; mýrlendi n.
moose (Am.; pl. **moose**) elgur m.
moot adj. umdeilanlegur; vt. vekja máls á
mop þvegill m., þvottakústur m., (of hair) hárlubbi m.; vt. skúra með þvegli; þurrka (upp = **up**)
mope sinnuleysi n.; vi. stúra, láta sér leiðast
moped reiðhjól með hjálparvél n.
moppet (stúlku)barn n., krakki m., hnáta f.
mop-up hreingerning f., tiltekt f.
moraine (of a glacier) jökulalda f., jökulurð m.
moral boðskapur m.; adj. siðferðilegur; siðsamur
moral certainty bjargföst sannfæring f.
morale siðferðisþrek n., baráttuhugur m.

moralist siðaprédikari m., umvandari m.
moralistic adj. umvöndunarsamur, prédikunar-
morality siðferði n., siðgæði n.; siðalögmál n.(pl.)
moralization umvöndun f., siðferðisprédikun f.
moralize v. vanda um (við e-n), prédika
moralizer vandlætari m., siðapostuli m.
morally adv. siðferðilega; því sem næst
moral philosophy (ethics) siðfræði f.
morals siðferði n., siðgæði n.
morass fen n.; öngþveiti n., ógöngur f.pl.
moratorium (greiðslu)frestur m., tímabundin stöðvun f.
morbid adj. sjúklegur; óhugnanlegur, hryllilegur
morbidity sjúklegt hugarfar n.; sýkingartala f.
mordant adj. kaldhæðinn, hvass, napur
more prn. & adj. (of many) fleiri, (of much) meiri; adv. meir(a); **once m.** einu sinni enn
moreover adv. ennfremur, þar að auki
Moresque adj. í máriskum stíl, máriskur
morganatic adj. (of a marriage) vinstri handar
morgue (Am.) líkhús n.
moribund adj. dauðvona, deyjandi, dauðadæmdur
Mormon mormóni m.
Mormonism mormónatrú f.
morn morgunn m.
morning morgunn m.; **this m.** í morgun; **tomorrow m.** í fyrramálið; **yesterday m.** í gærmorgun; **in the m.** á morgnana, fyrir hádegi
morning coat lafajakki m.
morning dress árdegisklæðnaður m.
morning glory klukkubróðir m.
Morning Prayer morgunbænir f.pl., morguntíðir f.pl.
morning room árdegisherbergi n.
morning sickness morgunógleði f.
morning star morgunstjarna f.
morocco saffían n., serkjaskinn n.
moron móron m., hálfviti m.
moronic adj. hálfvitalegur
morose adj. önugur, skapstyggur, fýldur

moroseness önuglyndi f.
morpheme myndan n., morfem n.
morphemics (Am.) myndanfræði f., morfólógía f.
morphia/morphine morfín n.
morphological adj. formfræðilegur; myndanfræðilegur
morphology formfræði f., myndunarfræði f.; myndanfræði f.
morris dance enskur þjóðdans (karla) m.
morrow morgundagur m., morgunn m.
Morse Code morsstafróf n., morsmerkjakerfi n.
morsel matarbiti m.; ögn f., vottur m.
mortal dauðleg vera f., manneskja f.; adj. dauðlegur; banvænn, bana-, dauða
mortal combat bardagi upp á líf og dauða m.
mortal enemy svarinn óvinur m.
mortality dánartala f., dánartíðni f.; dauðleiki m.
mortally adv. til bana, til ólífis; mjög, ákaflega
mortal remains jarðneskar leifar f.pl., lík n.
mortal sin dauðasynd f.
mortar steypuhræra f.; vt. binda með steypu; múrhúða
mortar mortél n., steytill m.; sprengjuvarpa f.
mortarboard múrbretti n.; (flöt) kollhúfa með skúf f.
mortgage veð n., veðréttur m.; vt. veðsetja
mortgagee veðhafi m.
mortgagor veðskuldari m.
mortice (tappa)spor n.; vt. spora, tappa (saman)
mortician (Am.) útfararstjóri m.
mortification niðurlæging f.; meinlæti n.; holdfúi m.
mortify v. niðurlægja, særa; iðka meinlæti; **m. the flesh** stunda sjálfspínslir; fylla(st) drepi
mortifying adj. niðurlægjandi, auðmýkjandi
mortise (tappa)spor n.; vt. spora, tappa (saman)
mortuary líkhús n.; adj. greftrunar-, útfarar-

mosaic mósaík n., mósaíkmynd f., steinfellumynd f.
Mosaic law lögmál Móse n.
Moscow Moskva f.
moselle móselvín n.
mosey (Am.) v. rölta, drolla, drattast
Moslem múslimi m.; adj. islamskur, múslima -
mosque moska f., bænahús múhameðstrúarmanna n.
mosquito moskítófluga f., stungumý n.
mosquito net flugnanet n.
moss (blað)mosi m.
moss campion lambagras n.
moss-grown adj. mosagróinn, mosavaxinn
mossy adj. mosagróinn, mosavaxinn, mosa-
most prn. & adj. (of many) flestir, (of much) mestur; adv. mest; mjög, ákaflega
mostly adv. að mestu leyti, aðalega, yfirleitt
M.O.T. (Br.) bifreiðaskoðun f.; skoðunarvottorð n.
mote rykögn f., ar n., rykkorn n.
motel mótel n., vegahótel n.
motet (in music) mótetta f.
moth mölfluga f., mölur m.; náttfiðrildi n.
mothball mölkúla f.; **in(to)/out of mothballs** í/úr geymslu
moth-eaten adj. mölétinn, gatslitinn
mother móðir f., mamma f.; uppspretta f., upphaf n.; vt. annast sem móðir, uppfóstra, ala
mother carey's chicken stormsvala f.
mother country ættland n., fósturjörð f.
Mother Goose rhyme (Am.) barnavísa f., barnagæla f.
motherhood móðurhlutverk n.; móðureðli n.
Mothering Sunday (Br.) mæðradagur m.
mother-in-law (pl. **mothers-in-law**) tengdamóðir f.
motherland ættland n., fósturjörð f.
motherless adj. móðurlaus
motherly adj. móðurlegur, umhyggjusamur
motherly love móðurást f.
Mother Nature móðir náttúra f.

mother-of-pearl perlumóðir f.
Mother's Day (Am.) mæðradagur m.
mother ship móðurskip n.
mother superior abbadís f.
mother-to-be (pl. **mothers-to-be**) verðandi móðir f.
mother tongue móðurmál n.
mother wit brjóstvit n., náttúrugreind f.
mothproof adj. mölvarinn; vt. mölverja
motif mótíf n., (sagna)minni n., (grunn)stef n.
motion hreyfing f.; (proposal) tillaga f.; (Br) **have a m.** hafa hægðir; v. benda, gefa bendingu
motionless adj. hreyfingarlaus
motionlessness hreyfingarleysi n.
motion picture (Am.) kvikmynd f.
motions ; **go through the m.** gera til málamynda
motivate vt. hvetja, örva; liggja að baki
motivation hvatning f., hvöt f.; ástæða f., kveikja f.
motive hvöt f., ástæða f., tilefni n.; mótíf n.
motiveless adj. ástæðulaus, tilefnislaus
motive power hreyfiafl n.
mot juste (pl. **mots justes**) rétta orðið
motley (hirð)fíflsbúningur m.; adj. mislitur, sundurleitur; marglitur, litríkur
motor mótor m., hreyfill m., vél f.; v. aka í bíl
motorbike mótorhjól n., (Am.) skellinaðra f.
motorboat mótorbátur m., vélbátur m.
motorcade bílalest f.
motorcar bifreið f.
motor coach langferðabíll m., áætlunarbíll m.
motorcycle mótorhjól n., vélhjól n.
motorcyclist maður á mótorhjóli m.
motor home gistibíll m.
motor industry bílaiðnaður m.
motoring bílakstur m.
motorist ökumaður m.
motorize vt. vélbúa, setja vél í; vélvæða
motorman (pl. -**men**) lestarstjóri m., sporvagnsstjóri m.
motor nerve hreyfitaug f.
motor racing kappakstur m.
motor scooter vespa f., létt bifhjól n.

motor sports bílaíþróttir f.pl.
motor vehicle vélknúið ökutæki n.
motorway (Br.) hraðbraut f.
mottled adj. skjöldóttur, flekkóttur, dílóttur
motto einkunnarorð n., kjörorð n., mottó n.
mould (growth of fungi) mygla f.; vi. mygla
mould (hollow vessel) (málmsteypu)mót n.; vt. móta
mould (loose earth) (gróður)mold f.
moulder vi. molna, grotna (niður)
moulder málmsteypumótari m., mótasmiður m.
moulding mótun f.; mótaður hlutur m.; skrautlisti m.
mouldy adj. myglaður; rykfallinn, slitinn
mouldy smell myglulykt f., fúkkalykt f.
moult hamskipti n.pl.; v. hleypa hömum; fella fjaðrir
mound haugur m., hrúga f.; hóll m.
mount (mountain) fjall n.
mount reiðskjóti m.; stallur m.; v. stíga á bak, fara upp á; ganga upp, klífa; **m. guard** standa vörð
mountain fjall n.
mountain ash reynir m., reyniviður m.
mountain avens holtasóley f.
mountain chain fjallgarður m.
mountaineer fjallamaður m., fjallgöngumaður m.
mountaineering fjallamennska f., fjallgöngur f.pl.
mountain goat (Am.) klettafjallageit f.
mountain lion fjallaljón n., púma f.
mountainous adj. fjöllóttur; fjallhár, risastór
mountain pansy bergfjóla f.
mountain pass fjallskarð n.
mountain range fjallgarður m.
mountainside fjallshlíð f.
mountaintop fjallstindur m.
mountebank söluskrumari m., prangari m., loddari m.
mounted police riddaralögregla f.
Mountie kanadískur riddaralögreglumaður m.
mourn v. syrgja, harma
mourner syrgjandi m.

mournful adj. sorglegur, dapurlegur; sorgmæddur
mourning sorg f.; sorgarbúningur m.; adj. sorgar-
mouse (pl. **mice**) mús f.; vi. veiða mýs
mouser músaveiðari m.
mousetrap músagildra f.
moussaka grískur ofnréttur m.
mousse frauðbúðingur m.
moustache yfir(vara)skegg n.
mousy adj. músarlegur, (of hair) músargrár
mouth munnur m.; kjaftur m.; op n., mynni n.; **by word of m.** munnlega; **down in the m.** niðurdreginn; v. tuða
mouthful munnfylli n.
mouth-organ munnharpa f.
mouthpiece munnstykki n.; málpípa f., talsmaður m.
mouth-to-mouth adj. munn við munn
mouthwash munnskol n.
move hreyfing f., framkvæmd f., aðgerð f., skref n.; v. hreyfa(st), flytja(st); snerta, hræra
mov(e)able adj. hreyfanlegur; lausa-, lausafjár-
mov(e)able feast árleg hátíð á mismunandi mánaðardögum f.
mov(e)ables lausafé n., lausafjármunir m.pl.
move about/around v. hreyfast, bærast, vera á iði
move away v. flytja í burtu
move for v. bera fram tillögu (um)
move in v. flytja inn; brjótast inn (á = **on**)
movement hreyfing f.; (til)færsla f., flutningur m.
mover (of a proposal) flutningsmaður m.
movie (Am.) bíómynd f., kvikmynd f.
movie camera kvikmyndavél f.
movies (Am.) bíó n., kvikmyndasýning f.
movie star (Am.) kvikmyndastjarna f.
movie theater (Am.) kvikmyndahús n., bíó n.
moving adj. (touching) áhrifamikill, hjartnæmur
moving picture (Am.) bíómynd f., kvikmynd f.

moving staircase rúllustigi m., rennistigi m.
moving van (Am.) flutningabíll m.
mow vt. slá, skera (gras)
mow down vt. stráfella, brytja niður
mower sláttumaður m., (machine) sláttuvél f.
mowing heysláttur m.
mowing machine sláttuvél f.
mown vt. (pp. **mow**)
MP (Member of Parliament) þingmaður m., (Metropolitan Police) borgarlögregla f., (Military Police) herlögregla f.
mpg (miles per gallon) mílur á gallon
mph (miles per hour) mílur á klukkustund
Mr (pl. **Messrs**) herra
Mrs (pl. **Mrs**) frú
Ms (pl. **Mses**) fröken/frú
MS (manuscript; pl. **MSS**) handrit n.
MSc (Master of Science) meistari í raunvísindum m.
Mt (mount) fjall n.
much adj. mikill; adv. mikið; mjög, ákaflega
muchness ; **much of a m.** svo til eins, mjög áþekkir
mucilage (jurta)slím n.
mucilaginous adj. slímugur, kvoðukenndur
muck mykja f., skítur m.; drasl n.; **make a m. of** sóða út; klúðra; v. bera mykju á
muck about/around v. slæpast
mucker þungt fall n.; **come to a m.** fá slæma byltu
muckheap mykjuhaugur m.
muck out v. moka út/úr, hreinsa
muckrake v. grafast fyrir um, fletta ofan af
muck up v. ata út; klúðra, gera að engu
mucky adj. skítugur, óhreinn, óþrifalegur
mucous adj. slímkenndur, slímugur, slím-
mucous membrane slímhimna f., slímhúð f.
mucus slím n.
mud for f., aur m., leðja f.
mud bath leirbað n.
mud flats leirur f.pl.
muddle ringulreið f.; vt. rugla, flækja, klúðra

muddle along v. slampast áfram, bögglast við
muddler grautarhaus m.
muddle-headed adj. ruglaður, óskýr (í kollinum)
muddle through v. þrjóskast áfram, grautast í gegnum
muddy adj. forugur; gruggugur; óskýr; v. ata út
muddy brown adj. daufbrúnn, skítabrúnn
mudflats leirur f.pl.
mudguard aurhlíf f., aurbretti n.
mudpack (for the face) leirbað n.
mudslinger skítkastari m., rógberi m.
mudslinging skítkast n., rógburður m.
muesli kornmusl n.
muezzin bænakallari (múhameðstrúarmanna) m.
muff (covering) múffa f., handskjól n.
muff klaufaskapur m.; vt. grípa ekki (bolta); klúðra
muffin (lítil) hveitikaka f.
muffle vt. vefja (utan) um, dúða, (sound) deyfa, kæfa
muffler trefill m., hálsklútur m., (Am.) hljóðkútur m.
mufti ; **in m.** í borgaralegum klæðnaði
mug kanna f., krús f., kolla f.; (fool) kjáni m., auli m.; vt. ráðast á og ræna
mug shot andlitsmynd af afbrotamanni f.
mug up v. lesa upp (á nýtt)
mug's game hreinasta fásinna f., algjör della f.
mugger (ráns)árásarmaður m.
mugginess svækja f., molla f.
mugging (ráns)árás f.
muggins (fool) kjáni m., asni m.
muggy adj. mollulegur, kæfandi
Muhammadan múhameðstrúarmaður m.; adj. múhameðskur
Muhammadanism múhameðstrú f.
mulatto múlatti m.
mulberry mórber n., (tree) mórberjatré n.
mulct vt. sekta; svindla út úr, hafa af
mule múldýr n., múlasni m.; spunavél f.
mules töfflur f.pl.
muleteer ekill á múlvagni m., múlreki m.
mulish adj. staður, þrjóskur, þrár
mulishness þrjóska f., þrái m., kergja f.
mull vt. hita og krydda
mull (in Scotland) múli m., höfði m.
mullah íslamskur fræðari m.
mullet röndungur m.
mulligatawny karrísúpa f.
mullion gluggapóstur m., gluggastafur m.
mull over v. grufla í, velta fyrir sér, íhuga
multiangular adj. marghyrndur
multi-choice adj. fjölvals-, kjörliða-
multi-choice examination krossapróf n.
multi connection fjöltengi n.
multifarious adj. fjölþættur, margvíslegur
multiform adj. fjölbreyttur, fjölbreytilegur
multigrade oil fjölþykktarolía f.
multilateral adj. marghliða; fjölþjóða-
multilingual adj. fjöltyngdur; á mörgum tungumálum, fjöltungu-
multimillionaire margfaldur milljónamæringur m.
multinational adj. fjölþjóða-
multiple margfeldi n.; adj. margþættur, margháttaður
multiple sclerosis heila- og mænusigg n.
multiple store keðjuverslun f.; verslanakeðja f.
multiplex adj. margþættur, margsamsettur
multiplicand margföldunarstofn m.
multiplication margföldun f.
multiplication table margföldunartafla f.
multiplicity fjölbreytileiki m.; fjöldi m., aragrúi m.
multiplier margfaldari m.
multiply v. margfalda(st); (breed) fjölga sér
multiprocessing fjölvinnsla f.
multiprocessor fjölgjörvatölva f.
multistage adj. fjölþrepa-
multistorey adj. margra hæða
multitude mergð f., (mann)fjöldi m.
multitudinous adj. fjölmargir, margmennur
multi-user system samnotakerfi n.
mum mamma f.
mum adj. þögull, hljóður; interj. þey, hljóð; **Mum's the word** ekki orð um það
mumble v. muldra, tuldra, (food) japla
mumbo jumbo hókus pókus n., kukl n.; bull n., rugl n.

mummer (grímuklæddur) bendinga-
  leikari m.
mummery bendingaleikur m.;
  leikaraskapur m.
mummify vt. smyrja lík
mumming ; **go m.** fara um
  og viðhafa látbragðsleik
mummy múmía f.
mummy (mother) mamma f.
mumps hettusótt f.
munch v. muðla, maula, japla
mundane adj. veraldlegur,
  hversdagslegur
municipal adj. borgar-, bæjar-, sveitar-,
  hrepps-
municipality borgarstjórn f., bæjarfélag
  n., sveitarfélag n., hreppsfélag n.
munificence gjafmildi f., örlæti n.,
  höfðingskapur m.
munificent adj. gjafmildur, örlátur,
  höfðinglegur
muniments eignarbréf n., máldagi m.
munition plant hergagnaverksmiðja f.
munitions hergögn n.pl.
munition worker starfsmaður í
  hergagnaiðnaði m.
mural veggmynd f., veggmálverk n.;
  adj. vegg-
murder morð n.; vt. myrða, fremja morð;
  misþyrma
murderer morðingi m.
murderess kvenmorðingi m.,
  morðkvendi n.
murderous adj. grimmdarlegur,
  manndráps-, morð-
murk myrkur n., drungi m.
murky adj. myrkur, dimmur, drungalegur
murmur niður m.; muldur n., mögl n.;
  v. kliða; tuldra, nöldra
murrain (nautgripa)pest f., plága f.
muscatel múskatvín(ber) n.
muscle vöðvi m.; styrkur m., afl n.
muscle-bound adj. með herpta vöðva,
  vöðvakrepptur
muscle in v. troða sér inn (í/á)
muscleman (pl. **-men**) vöðvakarl m.,
  vöðvastæltur maður m.
Muscovite Moskvubúi m.
muscular adj. vöðvastæltur, vöðva-
muscular dystrophy vöðvarýrnun f.

muscularity vöðvastæling f.,
  vöðvastyrkur m.
muse menntagyðja f.; andagift f.
muse vi. vera djúpt hugsi, velta fyrir sér
museum (minja)safn n.
museum of natural history náttúru-
  gripasafn n.
mush mauk n.; væmni f.,
  tilfinningavella f.
mushroom sveppur m., gorkúla f.;
  vi. vaxa ört
mushy adj. maukkenndur; væminn,
  vellulegur
music tónlist f., hljómlist f.; nótur f.pl.
musical söngleikur m.; adj. tónvís;
  tónelskur; hljómfagur; tónlistar-
musical box spiladós f.
musical comedy söngleikur m.,
  söngva(kvik)mynd f.
musical creation tónsköpun f.
musical instrument hljóðfæri n.
musical notation nótnatákn n., nótur f.pl.
musical society tónlistarfélag n.
musicale samkvæmistónleikar m.pl.
musically adv. músíkalskt;
  tónlistarlega séð
music box (Am.) spiladós f.
music hall tónleikasalur m.,
  revíuleikhús n.
musician tónlistarmaður m.
musicologist tónlistarfræðingur m.
musicology tónvísindi n.pl.
music stand nótnagrind f., nótnastatíf n.
music stool píanóstóll m.,
  píanóbekkur m.
music teacher tónlistarkennari m.
musk moskusilmefni n.
musk deer moskusdýr n.
musket framhlaðningur m.
musketeer skytta f., skotliði m.
musketry skotfimi f.
muskmelon tröllaepli n.
musk ox (pl. - **oxen**) moskusuxi m.
muskrat bísamrotta f.
musk rose moskusrós f.
musky adj. með moskusilmi, moskus-
Muslim múslimi m.; adj. islamskur,
  múslima -
muslin mússulín n.
musquash bísamskinn n.

muss (Am.) óreiða f.; vt. rugla, aflaga
mussel kræklingur m., krákuskel f.
must v. verða, hljóta; **I must** ég verð, má til
must (liquid) must n., aldinlögur m., mjöður m.
mustache (Am.) yfir(vara)skegg n.
mustang villihestur m.
mustard mustarður m.; sinnep n., sinnepsduft n.; **as keen as m.** mjög ákafur
mustard gas sinnepsgas n.
mustard plaster sinnepsplástur m., sinnepsbakstur m.
muster liðssöfnun f.; **call the m.** viðhafa nafnakall; **pass m.** standast skoðun; v. safna(st) saman
mustiness mygla f., myglubragð n., fúkkalykt f.
musty adj. myglaður, fúkka-; úreltur
mutability breytanleiki m.; óstöðugleiki, hverflyndi n.
mutable adj. breytanlegur, breytilegur; óstöðugur
mutagen stökkbreytivaldur m.
mutant stökkbrigði n.
mutation umbreyting f.; stökkbreyting f.; hljóðvarp n.
mute mállaus maður m.; hljóðdeyfir m.; adj. þögull, hljóðlaus; mállaus; vt. deyfa, dempa
mute swan hnúðsvanur m.
mutilate vt. misþyrma, limlesta; afskræma
mutilation löskun f., limlesting f.; afskræming f.
mutineer uppreisnarmaður m., uppreisnarseggur m.
mutinous adj. uppreisnargjarn, uppreisnar-
mutiny uppreisn f.; vi. gera uppreisn
mutt (fool) bjáni m., erkifífl n.
mutter taut n., tuldur n.; v. tauta, tuldra
mutton kindakjöt n.; **as dead as m.** steindauður
muttonchop kindakóteletta f.
muttonchops (whiskers) kjálkaskegg n.
mutual adj. gagnkvæmur; sameiginlegur
mutual fund (Am.) gagnkvæmur verðbréfasjóður m.

mutualism samhjálp f.
mutuality gagnkvæmni f.
mutually adv. gagnkvæmt; sameiginlega
muzak tónlistarglamur n.
muzzle trýni n., snoppa f.; bitmúll m.; byssukjaftur m.; vt. múlbinda; þagga niður í
muzzle-loader framhlaðningur m.
muzzy adj. óskýr; ruglaður, vankaður
my prn. minn, (mín, mitt)
mycologist sveppafræðingur m.
mycology sveppafræði f.
myelitis mænubólga f.
mynah (bird) mænir m.
myopia nærsýni f.; þröngsýni f.
myopic adj. nærsýnn; þröngsýnn
myriad ótal n., ógrynni n., aragrúi m.
myrrh myrra f.
myrtle brúðarlauf n., myrta f.
myself prn. ég sjálfur; mig; **by m.** aleinn
mysteries launhelgar f.pl., dultrúarsiðir m.pl.
mysterious adj. dularfullur, leyndardómsfullur
mystery ráðgáta f., leyndardómur m.; leynd f.
mystery play helgileikur m.
mystic dulspekingur m.; adj. dulrænn, dularfullur
mystical adj. dulrænn, dularfullur, dulspeki-
mysticism dulspeki f.
mystification gabb n., blekking f.; leyndardómur m.
mystify vt. villa um fyrir, blekkja; hjúpa leyndardómi
mystique seiðmagn n., dulúð f.
myth goðsögn f., goðsaga f.; ímyndun f., uppspuni m.
mythical adj. goðsagnakenndur, goðsagna-; ímyndaður
mythological adj. goðafræðilegur, goðasagnalegur
mythologist goðsagnafræðingur m.
mythology goðafræði f., goðsagnir f.pl.
myxomatosis kanínusýki f.

N

nab vt. góma, grípa, hremma
nabob (wealthy man) stórauðugur maður m., stórlax m.
nacelle (of an aircraft) hreyfilshús n.
nacre perlumóðir m., perluskel f.
nadir ilpunktur m.; lágmark n., botn m.
nag nöldurskjóða f.; v. nöldra, jagast (í)
nag (horse) dróg f., bikkja f., trunta f.
nagger nöldrari m., nöldurskjóða f.
naiad vatnadís f.
nail nagli m.; nögl f.; vt. negla; grípa, góma
nailbrush naglabursti m.
nail down v. negla niður, fá á hreint; átta sig á
nail file naglaþjöl f.
nail polish (Am.) naglalakk n.
nailset naglrek n., dúkknál f.
nail scissors naglaskæri n.pl., naglaklippur f.pl.
nail varnish naglalakk n.
naive adj. barnalegur, einfaldur, hrekklaus
naivety barnsleg einfeldni f.; barnaskapur m.
naked adj. nakinn, ber, allslaus
nakedness nekt f.
namby-pamby adj. væminn, vellulegur, teprulegur
name nafn n., heiti n.; orðstír m.; vt. nefna
nameday nafndagur m.
namedrop v. slá um sig með þekktum nöfnum
nameless adj. nafnlaus, óþekktur; ónafngreindur
namely adv. nefnilega, það er að segja
nameplate nafnskilti n.
namesake (man) nafni m., (woman) nafna f.
nancy (boy) kynvillingur m.; adj. kvenlegur
nanny barnfóstra f.
nanny goat (she-goat) geit f.
nap blundur m., dúr m.; vi. blunda
nap (on cloth) ló f.; vt. lóa, þæfa
nape (of the neck) hnakkagróf n.
naphtha nafta n.
naphthalene naftalín n.
napkin servíetta f., munnþurrka f.; bleyja f.
napkin ring servíettuhringur m.
nappy barnableyja f.
narc (Am.) eiturlyfjalögga f.
narcissism sjálfshrifning f.; sjálfsást f.
narcissist sjálfsdýrkandi m.
narcissistic adj. fullur sjálfsaðdáunar
narcissus hátíðarlilja f.
narcosis deyfilyfjadá n., sljóleiki m., doði m.
narcotic deyfilyf n., eiturlyf n.; adj. deyfandi, svæfandi; deyfilyfja-, eiturlyfja-
narcotize vt. deyfa, svæfa, sljóvga
nark (informer) lögregluspæjari m., uppljóstrari m.
nark vt. (annoy) angra, pirra, (complain) kvarta
narky adj. geðillur, fúll
narrate vt. segja frá
narration frásögn f.
narrative (frá)saga f., frásögn f.; adj. frásagnar-
narrator sögumaður m.
narrow adj. þröngur, mjór; naumur, tæpur; v. þrengja(st), mjókka; takmarka
narrow-gauge adj. (of a railway) þröngspora
narrow-minded adj. þröngsýnn, hleypidómafullur
narrow-mindedness þröngsýni f.
narrowly adv. naumlega
narrowness mjódd f.
narrows (haf)sund n.
narwhal náhvalur m., náhveli n.
nasal (sound) nefhljóð n.; adj. nefmæltur, nef-
nasality nefmæli n.; nefjun f.
nasalize vt. gera (hljóð) nefmælt; vera nefmæltur
nascent adj. (sem er) í fæðingu, vaknandi
nasolacrimal duct táragöng f.
nastiness viðbjóður m., sóðaskapur m.; illgirni f.
nasturtium skjaldflétta f.

nasty adj. viðbjóðslegur, klúr; ótuktarlegur
nasty business leiðindamál n.
nasty trick óþokkabragð n.
natal adj. fæðingar-
natality (birth rate) fæðingartala f.
natatorial bird sundfugl m.
nation þjóð f., (state) þjóðríki n.
national þegn m., ríkisborgari m.; adj. þjóðlegur, þjóðernislegur; þjóð(ar)-, ríkis-, lands-
national anthem þjóðsöngur m.
national assistance (social security) almannatryggingar f.pl.
national bank þjóðbanki m., ríkisbanki m.
national debt ríkisskuld f.
national dress þjóðbúningur m.
national government þjóðstjórn f.
National Guard (Am.) þjóðvarðlið n.
National Health Service (Br.) opinber heilsugæsla f.
National Insurance (Br.) almannatryggingar f.pl.
nationalism þjóðernisstefna f., þjóðerniskennd f.
nationalist þjóðernissinni m.; adj. þjóðernis-
nationalistic adj. þjóðernissinnaður, þjóðrækinn
nationality þjóðerni n., ríkisfang n.
nationalization þjóðnýting f.; veiting ríkisfangs f.
nationalize vt. þjóðnýta; veita ríkisborgararétt
nationally adv. á þjóðarvísu; um gjörvallt landið
national park þjóðgarður m.
National Security Council (Am.) öryggisráð Bandaríkjanna n.
national service herþjónusta f.
National Socialism nasismi m., nasistahreyfing f.
National Socialist nasisti m.
national theatre þjóðleikhús n.
National Trust (Br.) náttúruverndarráð n.
nationwide adj. almennur, allherjar-, þjóðar-
native innfæddur maður m., heimamaður m., frumbyggi m.; adj. fæðingar-, innfæddur; meðfæddur

native country föðurland n., ættland n.
native language móðurmál n.
nativity fæðing f.
Nativity fæðing Jesú f.
Nativity Play helgileikur um fæðingu Jesú m.
NATO (= North Atlantic Treaty Organisation) Atlantshafsbandalagið n.
natter rabb n., mas n.; vi. rabba, masa, skrafa
natty adj. snyrtilegur, fínn
natural adj. náttúrulegur, eðlilegur, náttúru-
natural forces náttúruöfl n.pl.
natural gas jarðgas n.
natural history náttúrufræði f.
naturalism natúralismi m.
naturalist náttúrufræðingur m.; natúralisti m.
naturalistic adj. náttúrufræðilegur; natúralískur
naturalization veiting þegnréttar f.
naturalize v. veita ríkisborgararétt; taka upp
natural law náttúruréttur m.; náttúrulögmál n.
naturally adv. náttúrulega, eðlilega, að eðlisfari
naturalness náttúrulegt ástand, eiginleiki m.
natural resources náttúruauðlindir f.pl.
natural science náttúruvísindi n.pl., raunvísindi n.pl.
natural selection náttúruval n.
natural sign (in music) óbreyttur tónn m.
nature náttúra(n) f., eðli n., eiginleikar m.pl.
nature study náttúruskoðun f.
naturism stripl n.
naturist striplingur m.
naturopathy náttúrulækningar f.pl.
naught núll n., ekkert n.; **come to n.** verða að engu
naughtiness óþekkt f., óhlýðni f.
naughty adj. óþekkur, óstýrilátur; dónalegur
nausea velgja f., ógleði f.; viðbjóður m.
nauseate vt. valda velgju/ógleði; verða óglatt

nauseous adj. velgjulegur; ógeðslegur; (vera) flökurt
nautch (in India) skemmtisýning dansmeyja f.
nautical adj. sjómanna-, sjómennsku-, siglinga-, sjó-
nautical mile sjómíla f. (= 1852 m.)
nautilus perlusnekkja f., kuggur m.
naval adj. flota-, sjóliðs-
naval base flotastöð f.
naval officer sjóliðsforingi m.
naval port flotahöfn f.
naval power flotaveldi n., herskipaveldi n.
nave kirkjuskip n.
navel nafli m.
navel orange naflaappelsína f.
navigability skipgengi n.; sjófærni f.
navigable adj. skipgengur; sjófær, haffær
navigate v. sigla, stýra; lóðsa, leiðbeina
navigation sigling(ar) f.(pl.), siglingafræði f.
navigational adj. siglinga-, stjórn-
navigational lights siglingaljós n.pl.
navigator siglingafræðingur m.; sæfari m.
navvy (Br.) ófaglærður verkamaður m.
navy floti m., sjóher m.
navy blue dökkblár litur m.; adj. dökkblár, svartblár
nay mótatkvæði n.; adv. nei
Nazi (pl. **Nazis**) nasisti m.; adj. nasista-
Nazi(i)sm nasismi m., nasistahreyfing f.
NB (Lat.; nota bene) aðgætið vandlega
Neanderthal adj. neanderdals-, neanderdalsmanna-
Neanderthal man (pl. - **men**) neanderdalsmaður m.
neap tide smástreymi n., smástraumur m.
near adj. nálægur; nákominn; naumur; v. nálgast
nearby adj. nærliggjandi, nálægur; adv. nálægt
Near East Austurlönd nær n.pl.
nearly adv. næstum, nærri því
nearness nálægð f.
nearside (Br.) vinstri hlið f., hliðin gangstéttarmegin
nearsighted (Am.) adj. nærsýnn; skammsýnn
nearsightedness (Am.) nærsýni n.; skammsýni n.

neat adj. snyrtilegur, snotur, (of liquor) óblandaður, (Am.) stórfínn
neatness snyrtimennska f., hreinlæti n.
nebula himinþoka f., stjörnuþoka f., geimþoka f.
nebular adj. himinþoku-, stjörnuþoku-, geimþoku-
nebulosity móska f., óskýrleiki m.
nebulous adj. þokukenndur, óskýr; skýjaður
nebulousness móska f., óskýrleiki m.
necessaries nauðsynjar f.pl.
necessary adj. nauðsynlegur, óhjákvæmilegur
necessitate vt. gera nauðsynlegan, útheimta
necessitous adj. (needy) þurfandi, örsnauður
necessity nauðsyn f.; neyð f., þrenging f.
neck háls m.; vi. kela
neckband hálsband n.; skyrtukragi m.
neckcloth hálsklútur m.
neckerchief hálsklútur m.
necking kelerí n.
necklace hálsfesti f., hálsmen n.
neckline hálsmál n.
necktie (Am.) hálsbindi n.
neckwear hálstau n.
necromancer andasæringamaður m.; galdramaður m.
necromancy andasæring f.; svartigaldur m.
necrophiliac líkunnandi m., náriðill m.
necrophobia líkhræðsla f.
necropolis grafreitur m., greftrunarsvæði n.
necrosis (pl. -**ses**) drep n., holdfúi m., kolbrandur m.
nectar guðaveig f., ódáinsdrykkur m.
nectarine nektarína f.
née adj. (of a married woman) fædd
need þörf f., nauðsyn f.; neyð f.; vt. þurfa, vanta; verða
needful adj. nauðsynlegur, ómissandi
neediness þröng f., þurft f., skortur m.
needle (saum)nál f.; vt. þræða; stríða, erta
needlecase nálhús n., nálaprilla f.
needlecraft saumaskapur m.; útsaumur m.

needless adj. óþarfur, ónauðsynlegur
needlewoman (pl. **-women**) saumakona f.
needlework saumaskapur m.; útsaumur m.
needs adv. af nauðsyn; **must n.** þurfa endilega
needy adj. þurfandi, bágstaddur
ne'er adv. (never) aldrei
ne'er-do-well ónytjungur m., mannleysa f.
nefarious adj. glæpsamlegur, níðingslegur
negate vt. neita, hafna; ógilda, vinna gegn
negation neitun f., ógilding f., ónýting f.
negative neitun f.; adj. neikvæður; vt. neita, hafna
negative phototropism ljósfælni f.
negative pole neikvætt rafskaut n.
neglect vanræksla f.; vt. vanrækja, trassa
neglectful adj. hirðulaus, kærulaus
negligee náttsloppur m., híalínsloppur m.
negligence vanræksla f., trassaskapur m.
negligent adj. hirðulaus, kærulaus
negligible adj. óverulegur, hverfandi
negotiable adj. umsemjanlegur; viðráðanlegur; framseljanlegur
negotiate v. semja (um); framselja; komast klakklaust
negotiation samningagerð f., samningaviðræður f.pl.
negotiator samningamaður m.
Negress negrakona f., svertingjakona f.
Negro negri m., svertingi m.
Negroid negri m.; adj. negra-, svertingja-
neigh hnegg n.; vi. hneggja
neighbour nábúi m., nágranni m.
neighbourhood nágrenni n.; hverfi n.; nálægð f.
neighbouring adj. nærliggjandi, nálægur, nágranna-
neighbourly adj. nágrannalegur; vingjarnlegur, hjálpfús
neighbour on v. liggja að
neither prn. hvorugur; conj.
neither...nor hvorki...né
nelson hnakkatak n.
nematode þráðormur m.

nemesis (pl. **-ses**) hefndargyðja f., refsinorn f.; makleg málagjöld n.pl.
neoclassical adj. nýklassískur
neoclassicism nýklassík f.
neocolonialism nútímanýlendustefna f.
neolithic adj. nýsteinaldar-
neologism nýyrði n.; nýyrðasmíði f.
neologist nýyrðasmiður m.
neologistic adj. nýyrða-
neon neon n.
neonate nýburi m., nýfætt barn n.
neon lamp (light) neonljós n.
neon sign neonljósaskilti n.
neophyte nýgræðingur m., byrjandi m.; nýnemi m.
neoplasm æxli n.
nephew bróðursonur m., systursonur m., frændi m.
nephritic adj. nýrna-, nýrnabólgu-
nephritic stone nýrnasteinn m.
nephritis nýrnabólga f.
ne plus ultra (Lat.) hátindur m., hámark n.
nepotism stöðuveitingar til skyldmenna f.pl.
Neptune Neptúnus m.
Nereid sjávargyðja f.
nerve taug f., (courage) styrkur m., hugrekki n., (boldness) ósvífni f.; vt. stappa stálinu í
nerve cell taugungur m., taugafruma f.
nerve centre taugastöð f.; stjórnstöð f., miðstöð f.
nerve cord taugastrengur m.
nerve fibre taugaþráður m.
nerve gas taugagas n.
nerve impulse taugaboð n.
nerveless adj. þróttlaus; (cool) öruggur, kaldur
nerve-racking adj. taugatrekkjandi, slítandi
nervous adj. tauga-, taugaveiklaður, taugaspenntur; órólegur, hræddur, kvíðinn
nervous breakdown taugaáfall n.
nervous disease taugasjúkdómur m.
nervous patient taugasjúklingur m.
nervous system taugakerfi n.
nervousness taugaveiklun f., taugaóstyrkur m.; óróleiki m.

nervy adj. taugaveiklaður; (Am.) ófyrirleitinn
nescience fáfræði f., vanþekking f.
nescient adj. fáfróður, fávís, vankunnandi
ness (in names of places) nes n.
nest hreiður n.; bæli n., aðsetur n.; v. byggja hreiður; hreiðra um sig; þráfalda
nest egg varasjóður m., sparifé n.
nesting eggjatekja f.; **go n.** fara í eggjatínslu
nestle v. láta fara vel um sig, hreiðra um sig
nestle up v. hjúfra sig (upp að)
nestling hreiðurungi m.
Nestor vitur öldungur m.
net net n.; vt. veiða í net; setja net yfir
net adj. (of an amount) nettó, hreinn; vt. gefa af sér (sem hreinan gróða); hagnast
netball kvennakörfubolti m.
nether adj. neðri, undir-
Netherlander Hollendingur m.
Netherlands Holland n.
nethermost adj. neðstur
nether regions undirheimar m.pl., hel f.
netmaker netagerðarmaður m.
netman (pl. **-men**) netamaður m.
netting net n.; netagerð f.; netaveiðar f.pl.
netting needle netnál f.
nettle (brenni)netla f.; vt. skaprauna, ergja; espa
nettle rash útbrot n., ofsakláði m.
network net n., möskvar m.pl.; kerfi n.
neural adj. tauga-
neuralgia taugahvot n., taugapína f.
neuralgic adj. taugahvots-, taugapínu-
neurasthenia hugþreyta f., taugaslen n.
neurasthenic adj. hugþreytu-, taugaslens-
neuritis taugabólga f., taugaþroti m.
neurologist tauga(sjúkdóma)fræðingur m.
neurology tauga(sjúkdóma)fræði f.
neuron taugungur m., taugafruma f.
neurosis (pl. **-ses**) hugsýki f., taugaveiklun f.
neurotic taugasjúklingur m.; adj. hugsjúkur, hugsýkis-
neuter hvorugkyn n.; adj. hvorugkyns-; vt. vana, gelda

neutral (gear) frígír m.; adj. hlutlaus
neutralism hlutleysisstefna f.
neutrality hlutleysi n.
neutralize vt. lýsa yfir hlutleysi; lýsa hlutlausan; vinna á móti, draga úr, veikja, ónýta
neutron nifteind f.
neutron bomb nifteindasprengja f.
never adv. aldrei, ekki nokkurn tíma; alls ekki
nevermore adv. aldrei framar
never-never ; **on the n.** með afborgunarskilmálum
never-never land ævintýraland n., óskaland n.
nevertheless adv. engu að síður, samt sem áður
nevus (pl. **nevi**) valbrá f.
new adj. nýr
newborn adj. nýfæddur
newcomer aðkomumaður m.; byrjandi m., nýliði m.
newel post stigastólpi m.; miðsúla f.
newfangled adj. nýstárlegur, nýtísku-, nýmóðins-
newfangledness nýjabrum n.
Newfoundland Nýfundnaland n.
newish adj. nýlegur, frekar nýr
newly adv. nýlega; á nýjan hátt, með öðrum hætti
newlyweds nýgift hjón n.pl.
new moon nýtt tungl n., nýkviknað tungl n.
newness nýjabragð n., nýstárleiki m.
news fréttir f.pl., tíðindi n.pl.
news agency fréttastofa f.
newsagent blaðasali m.
newsboy blaðsöludrengur m.; blaðburðardrengur m.
newscast fréttaútsending f., fréttir f.pl.
newscaster fréttamaður m., þulur m.
news conference blaðamannafundur m.
news correspondent blaðamaður m.
newsdealer (Am.) blaðasali m.
newsflash fréttaskeyti n.; fréttainnskot n.
newsletter fréttabréf n.
news media fréttamiðlar m.pl.
newsmonger slúðurberi m., sögusmetta f.
newspaper dagblað n.

newspaper magnate blaðakóngur m.
newspaperman (pl. **-men**) blaðamaður m., fréttamaður m.
newsprint dagblaðapappír m.
newsreader (Br.) fréttamaður m., þulur m.
newsreel frétta(kvik)mynd f.
newsroom fréttastofa f.
newssheet lítið fréttablað n., fréttableðill m.
newsstand blaðsölustaður m., blaðsöluturn m.
newsvendor blaðasali m.
newsworthy adj. fréttnæmur, frásagnarverður
newsy adj. fullur af fréttum/kjaftasögum
newt kambsalamandra f.
New Testament Nýja testamentið n.
newton njúton n.
New World Nýi heimurinn m., Vesturheimur m.
New Year nýár n.
New Year resolution áramótaheit n.
New Year's Day nýársdagur m.
New Year's Eve gamlárskvöld n.
New Zealand Nýja-Sjáland n.
New Zealander Nýsjálendingur m.
next adj. næstur; adv. næst
next-door adj. í næsta húsi/íbúð
next of kin nánasti ættingi m.; lögerfingi m.
next to prp. við hliðina á, næst; adv. næstum því
nexus samband n., samhengi n., tengsl n.
nib (penna)oddur m.
nibble nart n., kropp n.; hálfbæti n.; v. narta (í)
nibs ; **his n.** hans hátign
nice adj. ágætur, fínn, indæll, huggulegur, skemmtilegur, viðkunnanlegur
nicely adv. fallega, laglega, ágætlega; nákvæmlega
niceness fínleiki m., viðkunnanleiki m., ágæti n.
niceties nákvæmisatriði n.pl., smáatriði n.pl.
nicety (exactness) nákvæmni f.
niche veggskot n., gróp f.; sess m.
nick skora f., skarð n.; tugthús n.; **in the n.** í steininum; **in the n. of time** á síðustu stundu; v. gera skarð í; (steal) stela, (arrest) handtaka
nick (shape) heilsa f.; **in good/bad n.** í góðu/lélegu standi
nickel nikkel n.; (Am.) 5 senta peningur m.; vt. nikkelhúða
nickel-plate vt. nikkelhúða
nicker (sterlings)pund n.
nicknack glingur n., glysmunir m.pl., smádót n.
nickname viðurnefni n., gælunafn n.; vt. uppnefna
nicotine nikótín n.
niece bróðurdóttir f., systurdóttir f., frænka f.
niff ólykt f., ódaunn m.; adj. daunillur
nifty adj. snotur, fínn; sniðugur, smellinn
niggard nirfill m., svíðingur m.
niggardliness níska f., svíðingsskapur m.
niggardly adj. nískur; smánarlegur
nigger svertingjahundur m., blámaður m.
niggle vi. vera smámunasamur, jagast; pirra, angra
niggling adj. smámunasamur, smásmugulegur; pirrandi
nigh adv. & prp. nálægt, nærri
night nótt f., kvöld n.; **last n.** í gærkvöldi; **by n.** á nóttunni, að nóttu til; **at n.** á nóttunni, um nætur; **tomorrow n.** annað kvöld
night air service næturflug n.
night bird (bird) náttfari m., (person) náttugla f.
night-blind adj. náttblindur
night blindness náttblinda f.
nightcap náttúfa f.; kvölddrykkur m.
nightclothes náttföt n.pl.
nightclub næturklúbbur m.
nightdress náttkjóll m.
nightfall dagsetur n., ljósaskipti n.pl.
nightgown (Am.) náttkjóll m.
nighthawk (bird) náttfari m., (person) náttrafn m.
nightie náttkjóll m.
nightingale næturgali m., náttgali m.
nightjar (bird) náttfari m.
nightlife næturlíf n.
nightlight náttljós n.
nightlong adj. næturlangur; adv. næturlangt

nightly adv. á hverju kvöldi, að kvöldi/nóttu til
nightmare martröð f.
nightmarish adj. eins og martröð, martraðar-
night owl náttugla f.
night safe næturhólf n.
night school kvöldskóli m.
nightshade náttskuggajurt f.
night shift næturvakt f.
nightshirt náttskyrta f.
nightstick (Am.) lögreglukylfa f.
night-time næturtími m.; **in the n.** að næturlagi
night watchman (pl. **-men**) næturvörður m.
nighty náttkjóll m.
nihilism níhílismi m.; gereyðingarstefna f.
nihilist níhílisti m.; gereyðingarsinni m.
nil ekkert n., núll n.
Nilotic adj. Nílar-, Nílarfljóts-
nimble adj. fimur, lipur, liðugur; skarpur
nimbostratus (pl. **-strati**) regnþykkni n.
nimbus úrkomuský n.; (halo) geislabaugur m.
Nimrod (hunter) veiðimaður m.
nincompoop fáviti m., fábjáni m., fífl n.
nine num. níu
nine days' wonder dægurfluga f.
ninepins keiluspil með níu keilum n.
nines ; **dressed (up) to the n.** uppdubbaður, prúðbúinn
nineteen num. nítján; **talk n. to the dozen** samkjafta ekki
nineteenth num. nítjándi
ninetieth num. nítugasti
ninety num. níutíu
ninny kjáni m., bjáni m., fífl n.
ninth níundi
nip klípa n., klip n., (cold wind) kuldanepja f.; v. klípa; klemma; bíta, nísta; **n. in the bud** kæfa í fæðingu
nip (small drink) tár n., dreitill m.
nip and tuck (Am.) adj. & adv. hnífjafnir
nip at v. glefsa, bíta (í)
nip in v. (hurry) skjótast; (a dress) þrengja
nipper (child) krakki m.
nippers (klípu)töng f.; naglbítur m.
nipping adj. napur, bitur, nístandi

nipple brjóstvarta f., geirvarta f.; (Am.) tútta f.
nippy adj. (quick) röskur, (cold) nístandi, napur
nirvana algleymi n., algleymisástand n.; sæla f.
Nissen hut (Br.) bárujárnsbraggi m.
nit (of a louse) nit f., lúsaegg n.
nit (fool) fábjáni m., flón n., glópur m.
nitpick v. vera smásmugulegur, nöldra
nitpicker smámunasamur maður m.
nitpicking sparðatíningur m.; adj. smásmugulegur
nitrate nítrat n.
nitric adj. köfnunarefnis-, nitur-
nitric acid saltpéturssýra f.
nitrogen köfnunarefni n., nitur n.
nitroglycerin(e) nítróglýsserín n.
nitrous acid saltpéturssýrlingur m.
nitrous oxide nituroxíð n., hláturgas n.
nitty-gritty aðalatriði n., kjarni m.
nitwit fábjáni m., flón n., glópur m.
nix (Am.) v. neita, synja, hafna; adv. nei
no neitun f.; adj. enginn; adv. nei; ekki
no. (= number; pl. **nos.**) númer
no admittance aðgangur bannaður m.
Noah's Ark örkin hans Nóa f.
nob stórlax m., burgeis m., (head) haus m.
nobble vt. narra (til sín); hnupla, nappa
Nobel laureate Nóbelsverðlaunahafi m.
Nobel prize Nóbelsverðlaun n.pl.
nobility aðall m.; ættgöfgi n.; göfuglyndi n.
noble aðalsmaður m.; adj. ættgöfugur; göfuglyndur
noble gas eðalgas n.
nobleman (pl. **-men**) aðalsmaður m.
noble-minded adj. göfuglyndur, veglyndur
noble-mindedness göfuglyndi n., veglyndi n.
nobleness göfuglyndi n., drenglyndi n.
noblesse oblige göfugmennskan neyðir/knýr (til þess)
noblewoman (pl. **-women**) aðalskona f.
nobly adv. drengilega; **n. born** af tignum ættum
nobody ómerkingur m.; prn. enginn, ekki neinn
noctiluca (pl. **noctilucae**) maurildi n.

nocturnal adj. nætur-, nátt-
nocturnal bird náttfugl m.
nocturne noktúrna f., næturljóð n.
nod höfuðhneiging f.; v. kinka kolli; dotta
nodal adj. hnúðóttur, hnútóttur
nodding acquaintance ; **have n. a. with** kannast lítillega við
noddle haus m., kollur m.
node hnúður m., hnútur m.; (hnút)punktur m.
nodular adj. hnúðóttur, hnökróttur
nodule smáhnúður m., hnökri m., arða f.
Noel jól n.pl.
noes mótatkvæði n.pl.
nog eggjapúns n.
noggin lögg f., dreitill m., (head) haus m.
no-go area yfirráðasvæði n., bannsvæði n.
nohow adv. engan veginn, alls ekki
noise hávaði m., háreysti f.; hljóð n.
noise about/abroad/around v. breiða út, dreifa
noiseless adj. hljóðlaus, hljóður, hljóðlátur
noisiness hávaði m., háreysti f.; hávaðasemi f.
noisome adj. viðbjóðslegur; daunillur; skaðlegur
noisy adj. hávær, hávaðasamur
nomad hirðingi m.; flakkari m.
nomadic adj. hirðingja-; flökku-
nomadic life hirðingjalíf n.
no-man's land einskismannsland n.
nom de plume (pl. **noms -**) skáldanafn n., höfundarnafn n.
nomenclature fræðiheiti n.pl., fagheiti n.pl.
nominal adj. að nafninu til, málamynda-; óverulegur
nominal interest rate nafnvextir m.pl.
nominally adv. að nafninu til, í orði kveðnu
nominal phrase (in grammar) nafnliður m.
nominal value nafnverð n., nafngildi n.
nominate vt. útnefna, tilnefna, skipa
nomination útnefning f., tilnefning f., skipun f.
nominative (case) nefnifall n.; adj. nefnifalls-

nominee tilnefndur aðili m., kandídat m.
nonage ólögræði n., ófullveðja aldur m.
nonagenarian níræður maður m.; adj. níræður
nonaggression pact griðasáttmáli m.
nonaligned adj. hlutlaus, utan bandalaga
nonalignment hlutleysi n.
nonce tækifæri n.; **for the n.** í þetta sinn
nonchalance kæruleysisfas n.
nonchalant adj. kæruleysislegur, spjátrungslegur
noncombatant maður undanþeginn bardagaskyldu m.
noncommissioned officer undirforingi án skipunarbréfs m.
noncommittal adj. án skuldbindinga, hlutlaus
noncompliance vanefnd f., brot n.
non compos mentis (Lat.) adj. ekki með fullu ráði
nonconductor einangrari m.
nonconformist maður sem fer ótroðnar slóðir m.
Nonconformist mótmælandi m. (utan ensku þjóðkirkjunnar)
nonconformity frábrigðileiki m.; ósamræmi n., ósamkvæmni f.
noncontributory adj. greiddur einungis af atvinnuveitanda
nondefining clause laus tilvísunarsetning f.
nondescript adj. tilkomulítill, litlaus
none prn. enginn, ekki neinn; **n. but** aðeins, einungis; **n. the less** engu að síður, samt sem áður
nonentity smámenni n., núll n.; hugarburður m.
nonesuch fyrirmynd f., afbragð n.
non-event ómerkilegur atburður m.
nonfiction bókmenntir aðrar en sagnaskáldskapur f.pl.
nonflammable adj. eldþolinn, óeldfimur
noninflammable adj. eldþolinn, óeldfimur
noninterference íhlutunarleysi n.; íhlutunarleysisstefna f.
nonintervention íhlutunarleysi n.; íhlutunarleysisstefna f.
non-iron adj. straufrír
nonleaded adj. (unleaded) blýlaus

nonmetal málmleysingi m.
nonobservance virðingarleysi n., (lög)brot n.
nonpareil adj. óviðjafnanlegur
nonpayment vanskil n.pl., greiðslufall n.
nonplus vt. gera orðlausan; **be nonplussed** verða klumsa
non-priority mail (Am.) B-póstur m.
nonprofit (Am.) adj. ekki rekinn í hagnaðarskyni
nonprofit-making adj. óhagkvæmur; ekki rekinn í hagnaðarskyni
nonproliferation takmörkun á útbreiðslu (kjarnorkuvopna) f.
nonrefundable adj. óendurkræfur
nonresident gestur m.; adj. ekki með fasta búsetu
nonresistance mótstöðuleysi n., mótþróaleysi n., undirgefni f.
nonresistant adj. mótstöðulaus, mótþróalaus, undirgefinn
nonrestrictive clause laus tilvísunarsetning f.
nonscheduled adj. ekki bundinn við áætlun
nonsense bull n., vitleysa f.; bjánagangur m.
nonsensical adj. heimskulegur, bjánalegur; fjarstæður
non sequitur (Lat.) rökleysa f.
nonskid adj. (of a tyre) sem rennur ekki til
nonsmoker maður sem reykir ekki m.; reyklaus klefi m.
nonstandard adj. ekki viðurkenndur
nonstarter vonarpeningur m.
nonstick adj. sem matur festist ekki við
nonstop adj. stanslaus, án viðkomu
nonstop flight beint flug n.
nonsuch fyrirmynd f., afbragð n.
nonsuit frávísun máls f.; v. vísa frá (vegna formgalla)
non-U adj. sem ekki hæfir yfirstétt
nonunion adj. ekki í verkalýðsfélagi; ófélagsbundinn
nonverbal adj. án orða
nonviolence friðsamleg mótmæli n.pl.
nonviolent adj. friðsamlegur
nonviolent resistance friðsamleg andstaða f.

nonwhite litaður maður m.; adj. litaður
noodle núðla f., (fool) auli m., asni m.
nook afkimi m., skot n., krókur m.; **every n. and cranny** hver krókur og kimi
noon hádegi n., miðdegi n.
noonday hádegi n., miðdegi n.
no one prn. enginn, ekki neinn
noontide hádegi n., miðdegi n.; hápunktur m.
noose snara f., (renni)lykkja f.
nope adv. nei
nor conj. né; ekki heldur
Nordic norrænn maður m.; adj. norrænn
Nordic events norræn tvíkeppni f.
norm norm n., staðall m., regla f., venja f.
normal adj. eðlilegur, venjulegur
normal curve normalkúrfa f., normalferill m.
normal distribution normaldreifing f.
normal fare fastagjald n.
normalcy (Am.) eðlilegt ástand n.
normality eðlilegt ástand n.
normalize vt. staðla, samræma; koma(st) í eðlilegt horf
Norman (pl. **Normans**) Normanni m.; adj. normannskur
Norman Conquest hernám Bretlands (árið 1066) n.
normative adj. staðlandi, stöðlunar-, forskriftar-
normative ethics hagnýt siðfræði f.
Norse (language) norræna f.; adj. norrænn
Norseman (pl. **-men**) (forn)norrænn maður m.
north norður n., norðurátt f.; adj. norður-, norðan-
North (country) norðurland n., norðurhluti m.
northbound adj. sem stefnir norður, á norðurleið
northeast norðaustur n.; adj. norðaustur-, norðaustan-
northeaster norðaustanstrekkingur m.
northeasterly adj. norðaustur-, norðaustan-; norðaustlægur
northeastern adj. norðaustur-, norðaustan-; norðaustlenskur

northeastward adj. norðaustur-
northeastwards adv. norðaustur, í norðaustur
northerly adj. norður-, norðan-; norðlægur
northern adj. norður-, norðan-; norrænn; norðlenskur
northern crowberry krækiber n.; krækilyng n.
Northerner norðanmaður m., (Am.) norðurríkjamaður m.
northern hemisphere norðurhvel (jarðar) n.
northern lights norðurljós n.pl.
northernmost adj. nyrstur
northern phalarope (Am.) óðinshani m.
north-northeast adj. & adv. norðnorðaustur
north-northwest adj. & adv. norðnorðvestur
North Pole norðurheimsskaut n., norðurpóll m.
North Sea Norðursjór m.
North Star Pólstjarnan f.
northward adj. norður-
northwards adv. norður, í norður, norður á bóginn
northwest norðvestur n.; adj. norðvestur-, norðvestan-
Northwest (country) norðvesturland n., norðvesturhluti m.
northwester norðvestanstrekkingur m.
northwesterly adj. norðvestur-, norðvestan-; norðvestlægur
northwestern adj. norðvestur-, norðvestan-; norðvestlenskur
northwestward adj. norðvestur-
northwestwards adv. norðvestur, í norðvestur
Norway Noregur m.
Norway lobster leturhumar m.
Norway pine greni n.
Norwegian Norðmaður m., (language) norska f.; adj. norskur
nose nef n., trýni n.; vi. fikra sig, mjaka(st)
nose about v. snuðra
nose around (Am.) v. snuðra
nosebag fóðurpoki m., hauspoki m.
nosebleed blóðnasir f.pl.
nosecone eldflaugartrjóna f.
nosedive dýfa f.; vi. taka dýfu, steypast
nosegay blómvöndur m.
nose into v. vera með nefið niðri í, hnýsast í
nose out v. þefa uppi, (Am.) sigra naumlega
nosey adj. forvitinn, hnýsinn
nosh matur m., máltíð f.; vi. borða
no-show passenger skrópfarþegi m.
nosh-up hnossgæti n.
nosiness forvitni f., hnýsni f.
nostalgia söknuður m., eftirsjá f.; heimþrá f.
nostalgic adj. sem þráir liðna tíð; angurvær
nostril nös f., nasahol n.
nostrum (panacea) undralyf n.; töfraformúla f.
nosy adj. forvitinn, hnýsinn
nosy parker snuðrari m., snápur m.
not adv. ekki, eigi; **n. at all** alls ekki
nota bene (Lat.) aðgætið vandlega
notability athyglisverð hæfni f., ágæti n.
notable merkismaður m.; adj. eftirtektarverður
notably adv. áberandi, greinilega, bersýnilega
notarize v. (a document) vottfesta, þinglýsa
notary public lögbókandi m., nótaríus m.
notation táknkerfi n.; ritun f.; minnispunktur m.
notch hak n., skora f.; vt. gera hak/skoru í
note minnispunktur m.; athugasemd f.; miði m., nóta f.; tónn m.; vt. nótera hjá sér, (notice) taka eftir
notebook minnisbók f., glósubók f.
notecase (wallet) seðlaveski n.
noted adj. þekktur, nafnkunnur, annálaður
notepaper skrifpappír m.
noteworthy adj. eftirtektarverður
nothing ómerkingur m., núll n.; prn. ekkert, ekki neitt; **for n.** ókeypis; til einskis; **n. doing** engan veginn, alveg útilokað
nothingness tóm n., neind f.; vitundarleysi n.

nothing to declare enginn tollskyldur varningur m.
notice (attention) athygli f., (warning) viðvörun f., fyrirvari m., (advertisement) auglýsing f., tilkynning f.; v. taka eftir, veita athygli
noticeable adj. merkjanlegur; eftirtektarverður
noticeably adv. geinilega, bersýnilega
notice board tilkynningatafla f.
notice to quit uppsagnarbréf n.
notifiable adj. (of diseases) tilkynningarskyldur
notification tilkynning f., boð n.; boðun f.
notify vt. tilkynna, kunngera, boða
notion hugdetta f., hugmynd f.; skoðun f.
notional adj. huglægur, ímyndaður
notions (Am.) smáhlutir m.pl., smávara f.
notoriety illur orðstír m., óorð n.
notorious adj. alræmdur, illlræmdur; alkunnur
notwithstanding prp. þrátt fyrir; conj. enda þótt, þó að; adv. engu að síður
nougat núggat n.
nought núll n., ekkert n.
noughts and crosses O og X leikur m.
noun nafnorð n.
noun phrase nafnliður m.
nourish vt. næra, sjá fyrir næringu; ala á
nourishing adj. næringarríkur, saðsamur
nourishment næring f.; matur m., fæða f.
nous (common sense) heilbrigð skynsemi f.
nouveau riche (pl. **nouveaux riches**) nýríkur maður m.
nova nýstirni n., blossastjarna f.
novel skáldsaga f.
novel adj. frumlegur, nýstárlegur; nýr
novelette löng smásaga f.; stutt skáldsaga f.
novelist skáldsagnahöfundur m.
novella löng smásaga f.; stutt skáldsaga f.; dæmisaga f.
novelties nýstárlegir smámunir m.pl.
novelty nýjung f., nýbreytni f., nýlunda f.
November nóvember m.
novice nýliði m., byrjandi m., viðvaningur m.
noviciate reynslutími m.; reynsluvist f.

now nútími m., líðandi stund f.; adv. nú, núna; **n. and then** stöku sinnum, við og við
nowadays adv. nú á dögum, nú á tímum
nowhere adv. hvergi; **n. near** langt frá því
nowise adv. engan veginn, alls ekki
now that conj. úr því að, fyrst
noxious adj. eitraður, banvænn; siðspillandi
nozzle stútur m., túða f.
nth degree/power n-ta veldi n.
nuance litbrigði n., blæbrigði n.
nub bútur m., stubbur m.; moli m.; kjarni m.
nubile adj. (of girls) gjafvaxta
nuclear adj. kjarn-, kjarna-; kjarnorku-
nuclear bomb kjarnorkusprengja f.
nuclear disarmament takmörkun kjarnorkuvopna f.
nuclear energy kjarnorka f.
nuclear fission kjarnaklofnun f.
nuclear fusion kjarnasamruni m.
nuclear membrane kjarnahimna f.
nuclear physics kjarneðlisfræði f.
nuclear power (nation) kjarnorkuveldi n.
nuclear-powered adj. kjarnorkuknúinn
nuclear power station kjarnorkuver n.
nuclear proliferation fjölgun kjarnorkuvopna f.
nuclear reaction kjarnahvarf n.
nuclear reactor kjarnakljúfur m., kjarnaofn m.
nuclear test tilraun með kjarnorkusprengju f.
nuclear weapon kjarnavopn n.pl., kjarnorkuvopn n.pl.
nucleic acid kjarnsýra f.
nucleus kjarni m., atómkjarni m., frumukjarni m.
nude nakinn maður m.; nektarmynd f.; nekt f.; **in the n.** allsnakinn; adj. nakinn, ber
nudge olnbogaskot n.; vt. hnippa í; olnboga sig
nudibranch bertálkni m.
nudism stripl n.
nudist striplingur m.; adj. striplinga-, nektar-
nudist colony nektarnýlenda f.

nudity → nutritional deficiency

nudity nekt f.
nugatory adj. áhrifalaus, gagnslaus; fánýtur
nugget (gull)moli m.
nuisance óþægindi n.pl., plága f.
nuke kjarnorkuvopn n.pl.; kjarnorkukafbátur m.; kjarnorkuver n.; vt. gera kjarnorkuárás á
null núll n.; adj. ógildur, marklaus; gildislaus
null and void adj. ógildur, ómerkur, dauður
nullification ógilding f., afnám n.
nullify vt. ógilda, nema úr gildi; gera að engu
nullity ógildi n., gildisleysi n.; gagnsleysi n.
null set tómamengi n.
numb adj. dofinn, tilfinningalaus; vt. deyfa; dofna
number tala f., númer n.; fjöldi m.; tölublað n.; atriði n.; vt. tölusetja, númera; vera samtals
numberable adj. teljandi, teljanlegur
number among/with v. telja til, flokka með
number cruncher reiknihestur m.
numberless adj. óteljandi, ótalmargir
number off v. skipta með talningu, skipta í hópa
numberplate bílnúmer n., númersplata f.
number representation talnaritun f.
numbers (arithmatic) reikningur m.
numbness dofi m., doði m., tilfinningaleysi n.
numbskull þöngulhaus m., auli m., asni m.
numeracy reikningskunnátta f., tölulæsi n.
numeral tölustafur m., töluorð n.; adj. tölu-, talna-
numerate adj. með kunnáttu í reikningi; læs á tölur; v. telja upp; lesa upp tölur
numeration (upp)talning f.; talnalestur m.
numerator teljari m.
numerical adj. tölulegur, tölu-, talna-
numerical order númeraröð f.
numeric keypad talnaskiki m.
numeric string tölustafastrengur m.
numeric variable talnabreyta f.

numerologist talnaspekingur m., talnaspámaður m.
numerology talnaspeki f., talnaspá f.
numerous adj. fjölmargir; fjölmennur
numismatic adj. myntsöfnunar-, myntfræði-
numismatics myntsöfnun f., myntfræði f.
numismatist myntsafnari m., myntfræðingur m.
numskull þöngulhaus m., auli m.
nun nunna f.
nunatak jökulsker n.
nuncio (pl. **nuncios**) sendiherra páfa m.
nunnery nunnuklaustur n.
nuptial adj. brúðkaups-, giftingar-; hjúskapar-
nuptials brúðkaup n., hjónavígsla f.
nurse hjúkrunarkona f.; barnfóstra f.; vt. hjúkra, fóstra, hlynna að
nurseling brjóstbarn n., pelabarn n.; eftirlæti n.
nursemaid barnfóstra f.
nursery barnaherbergi n., vöggustofa f., leikskóli m.; gróðrarstöð f.
nurseryman (pl. **-men**) garðyrkjumaður (í gróðrastöð) m.
nursery rhyme barnavísa f., barnagæla f.
nursery school leikskóli m., dagheimili n.
nursery slope skíðabrekka fyrir byrjendur f.
nursing hjúkrun f.
nursing home hjúkrunarheimili n.
nursling brjóstbarn n., pelabarn n.; eftirlæti n.
nurture uppfóstrun f., uppeldi n.; vt. fóstra, ala upp
nut hneta f., (metal) ró f., (mad person) brjálæðingur m., (head) haus m.; vi. týna hnetur
nut-brown adj. hnotbrúnn
nutcracker hnotubrjótur m.
nuthouse vitleysingahæli n.
nutmeg múskat(tré) n.
nutria vatnarottuskinn n., bjórrottuskinn n.
nutrient næringarefni n.; adj. nærandi, næringarmikill
nutriment næring f., fæða f.
nutrition næring f.; næringarfræði f.
nutritional deficiency næringarskortur m.; vannæring f.

nutritious adj. nærandi, næringarríkur
nutritive adj. nærandi, næringarríkur; næringar-
nuts adj. klikkaður; **be n. about/over** vera óður í
nutshell hnotskurn f.
nutty adj. með hnetum, hnetu-; klikkaður, vitlaus
nuzzle v. nugga nefinu utan í; hjúfra sig upp að
nylon nælon(efni) n.; adj. nælon-
nylons nælonsokkar m.pl.
nylon stockings nælonsokkar m.pl.
nymph (vatna)dís f.; þokkadís f.
nymphomania (sjúkleg) vergirni f.
nymphomaniac vergjörn kona f.

O

oaf auli m., aulabárður m., klaufi m.
oafish adj. aulalegur, klaufalegur
oafishness aulaháttur m., klaufska f.
oak (tree) eik f.; eikarviður m.; adj. eikar-
oak apple gallepli n.
oaken adj. úr eik, eikar-
oakum þéttihampur m., hamphroði m.
oar (róðrar)ár f.; **put/shove/stick one's o. in** sletta sér fram í; **rest on one's oars** hvíla sig, slaka á; v. róa
oared adj. róinn, ára-
oarlock (Am.) keipur m., áraþollur m.
oarsman (pl. **-men**) ræðari m., róðrarmaður m.
oarswoman (pl. **-women**) ræðari m., róðrarkona f.
OAS (Organization of American States) Samtök Ameríkuríkja n.pl.
oasis (pl. **oases**) (gróður)vin f.; athvarf n.
oast humlaþurrkofn m.
oatcake hafrakex n.
oaten adj. hafra-, haframjöls-
oath eiður m., eiðstafur m.; **be on/under o.** vera eiðsvarinn; formæling f., blótsyrði n.
oatmeal haframjöl n.
oats hafrar m.pl.; hafragrjón n.; **feel one's o.** vera í stuði; **sow one's wild o.** hlaupa af sér hornin

obduracy þrjóska f., þrákelkni f.; harka f.
obdurate adj. þrjóskur, þrár; forhertur
obedience hlýðni f.
obedient adj. hlýðinn
obeisance hneiging f.; lotning f.
obelisk broddsúla f., óbelíska f.
obese adj. akfeitur, spikfeitur
obesity offita f.
obey v. hlýða, gegna
obfuscate vt. rugla (í ríminu); flækja, gera óljósan
obituary dánartilkynning f.; adj. dánar-, andláts-
object hlutur m., (aim) tilgangur m., markmið n., (in grammar) andlag n.; v. mótmæla, andmæla
object glass hlutgler n., hlutlinsa f.
objection mótmæli n., mótbára f.; andúð f.
objectionable adj. hneykslanlegur, andstyggilegur
objective takmark n., markmið n.; adj. hlutlægur; hlutlaus
objective case (in grammar) andlagsfall n.
objective complement (in grammar) sagnfylling með andlagi f.
objectivism hluthyggja f.; hlutlægur frásagnarháttur m.
objectivity hlutlægni f.; óhlutdrægni f.
object lens hlutlinsa f., hlutgler n.
object lesson áþreifanlegt dæmi n., skólabókardæmi n.
objector mótmælandi m., andstæðingur m.
objet d'art (pl. **objets d'art**) listmunur m.
objurgate vt. álasa, ávíta, skamma
objurgation ávítur f.pl., skammir f.pl., úthúðun f.
objurgatory adj. ávítandi, ávítunar-
oblate adj. pólflatur, flatur við pólana
oblation fórn f., fórnargjöf f., offur n.
obligate vt. skylda, skuldbinda
obligation skylda f., skuldbinding f.; þakkarskuld f.
obligatory adj. skyldugur, skyldubundinn, skyldu-
oblige vt. skuldbinda, skylda; setja í þakkarskuld; **be obliged to** vera nauðbeygður til; **much obliged** kærar þakkir

obliging adj. hjálpsamur, greiðvikinn
oblique adj. skáhallur; hallandi; óbeinn, dulinn
oblique angle skáhorn n., skakkt horn n.
oblique case (in grammar) aukafall n.
oblique glance hornauga n.
oblique line skálína f.
obliquely adv. skáhallt; óbeinlínis, undir rós
oblique prism skástrendingur m.
oblique stroke skástrik n. (/)
obliquity (ská)halli m.; óeinlægni f., fals n.
obliterate vt. má út, afmá, eyða
obliteration útþurrkun f., afmáun f., eyðing f.
oblivion minnisleysi n., óminni n.; gleymska f.
oblivious adj. óvitandi (um = **of**/**to**); geyminn (á)
obliviousness minnisleysi n., gleymska f.
oblong rétthyrningur m.; adj. ílangur
obloquy óhróður m., níð n.; óorð n., ófrægð f.
obnoxious adj. andstyggilegur, viðbjóðslegur
oboe óbó n.
oboist óbóleikari m.
obscene adj. klámfenginn, ruddalegur
obscenity klám n.; klámfengni f., ruddaskapur m.
obscurantist myrkravinur m., menntafjandi m.
obscure adj. dimmur, óskýr; lítt þekktur; vt. hylja, myrkva, skyggja á; gera óskýran
obscurity myrkur n.; óskýrleiki m.; ófrægð f.
obsequies útför f., jarðarfararathöfn f.
obsequious adj. þrælslundaður; sleikjulegur
observable adj. sýnilegur, sjáanlegur; eftirtektarverður
observance (það að virða e-ð; hlýðni f.); helgisiður m.
observant adj. athugull; skeytingarsamur (um = **of**)
observation athugun f.; eftirtekt f., eftirtektarsemi f.
observation post varðstöð f.
observatory (stjörnu)athugunarstöð f.

observe v. athuga, taka eftir, (pay attention to) fara eftir, virða, (say) verða að orði
observer maður sem skoðar/hlýðir/ segir m.
observing adj. athugull, eftirtektarsamur
obsess vt. gagntaka, heltaka; ásækja
obsession þráhyggja f., meinloka f.
obsessive adj. þráhyggju-
obsidian hrafntinna f.
obsolescence úrelding f.
obsolescent adj. farinn að eldast, úreltur
obsolete adj. úreltur, gamaldags
obstacle hindrun f., fyrirstaða f.
obstacle race hindrunarhlaup n.
obstetric(al) adj. fæðingar-
obstetrician fæðingarlæknir m.
obstetrics fæðingarfræði f.; fæðingarlækningar f.pl.
obstinacy þrjóska f., þrákelkni f.
obstinate adj. þrár, þrjóskur; þrálátur
obstreperous adj. hávær; baldinn, óstýrlátur
obstreperousness óstýrlæti n., uppivöðslusemi f.
obstruct vt. teppa, tálma, hindra
obstruction hindrun f., fyrirstaða f.
obstructionism fyrirstöðustefna f.; málþóf n.
obstructionist fyrirstöðusinni m.; málþófsmaður m.
obstructive adj. tálmandi, hindrandi
obtain v. fá, öðlast, ná, (exist) gilda, eiga við
obtainable adj. fáanlegur
obtrude v. ýta fram, ota; þröngva sér (upp á = **upon**)
obtrusive adj. uppáþrengjandi, áleitinn, ágengur
obtrusiveness áleitni f., ágengni f.
obtuse adj. sljór; heimskur, heimskulegur
obtuse angle sljótt horn n., gleitt horn n.
obtuseness sljóleiki m.; heimska f.
obtuse pain seyðingsverkur m., seyðingur m.
obverse (of a coin) framhlið f., aðhverfa f.
obviate vt. afstýra, koma í veg fyrir
obvious adj. auðljós, greinilegur
obviousness auðsæi n., bersýnileiki m.
ocarina okkarína f.

occasion tilefni n., tækifæri n.; ástæða f.;
on o. öðru hverju, við og við; **on this
o.** í þetta sinn; vt. gefa tilefni til, valda
occasional adj. sem gerist einstaka
sinnum; tækifæris-
occasionally adv. öðru hverju, stundum
occasional poem tækifærisljóð n.
Occident Vesturlönd n.pl.
Occidental Vesturlandabúi m.;
adj. Vesturlanda-
occipital (bone) hnakkabein n.;
adj. hnakka-
occlude vt. stífla, loka fyrir
occluded front samskil n.pl.
occlusion stífla f., lokun f.
occult adj. dulspekilegur, dulrænn;
dularfullur
occupancy umráð n.pl., umráðatími m.
occupant íbúi m., ábúandi m.;
handhafi m.
occupation (eignar)hald n., (bú)seta f.,
(job) atvinna f., starf n., (military)
hernám n.
occupational adj. atvinnu-, starfs-;
hernáms-
occupational therapist iðjuþjálfi m.
occupational therapy iðjuþjálfun f.
occupied adj. upptekinn
occupier íbúi m.; leigjandi m.
occupy vt. hafa umráð yfir, búa í, (milit.)
hernema, (fill) fylla, ná yfir, taka upp,
vara; **o. oneself with** vera upptekinn
við, fást við
occur vi. eiga sér stað, koma fyrir
occurrence viðburður m., atvik n.
occur to v. koma í hug, hvarfla að
ocean (út)haf n., heimshaf n.;
oceans of hafsjór af
ocean basin djúphafsflæmi n.
ocean floor spreading botnskrið n.
oceangoing adj. haffær; úthafssiglinga-
oceanic adj. úthafs-, haf-, sjávar-
oceanic ridge úthafshryggur m.
oceanographer haffræðingur m.
oceanographic adj. haffræðilegur,
haffræði-
oceanography haffræði f.
ocean perch úthafskarfi m.
ocean ranching hafbeit f.
ocean weather station veðurskip n.

ocelot parduskötur m., tígrisköttur m.
ochre okkur n.; adj. okkurgulur
o'clock adv. klukkan (eitt, tvö o.s.frv.)
octagon átthyrningur m.
octagonal adj. átthyrndur
octane oktan n.
octane number oktantala f.
octave áttund f., (in poetry) átthenda f.
octavo áttblaðabrot n., áttblöðungur m.
octet oktett m.
October október m.
octogenarian áttræður maður m.;
adj. áttræður
octopus kolkrabbi m.
ocular adj. augn-; sjón-, sjónar-
oculist (ophthalmologist) augnlæknir m.
odd adj. stakur, ójafn, (peculiar) skrítinn
oddball (Am.) furðufugl m.,
sérvitringur m.
oddity undarlegheit n.pl., sérviska f.;
furðuverk n.
odd jobs íhlaupaverk n.pl.,
íhlaupavinna f.
odd-job man (pl. - **men**) íhlaupa-
maður m.
oddly adv. einkennilega; **o. enough**
þótt undarlegt sé
odd man out (pl. - **men -**) maður sem
verður útundan m.; einfari m.
oddments afgangar m.pl., stakir
smáhlutir m.pl.
odds líkur f.pl., vinningshlutfall n.; **at o.**
í ósátt, ósammála; **it makes no o.** það
skiptir engu
odds and ends smádót n., hitt og þetta n.
odds-on adj. líklegur til sigurs,
sigurstranglegur
ode óður m., hetjuljóð n.
odious adj. andstyggilegur, ógeðslegur
odium hatur n., óvild f., andstyggð f.
odontology tannlæknisfræði f.,
tannlækningar f.pl.
odoriferous adj. ilmandi, angandi;
lyktandi
odorous adj. lyktandi; ilmandi, angandi
odour lykt f., þefur m.; ilmur m.;
orðstír m.
odourless adj. lyktarlaus
odyssey ævintýraferð f.
oecumenical adj. alkirkjulegur, alkirkju-

Oedipus complex Ödipusarduld f.
oesophagus (pl. **oesophagi**) vélinda n.
oestrogen estrógen n., brímavaki m.
oestrous cycle tíðahringur m., tímgunarhringur m.
oestrus beiðing f., lóðafar n., eðlunarfýsn f.
of prp. af, frá, eftir, úr; **as of** frá og með **of course** adv. auðvitað, vitaskuld
off prp. & adv. burt, af, frá; **o. and on** öðru hverju
offal slátur n., innmatur m.; úrgangur m.
offbeat adj. (unusual) óvenjulegur
off colour adj. hálflasinn, slappur; djarfur, klúr
offence (crime) afbrot n.; móðgun f.; árás f.
offend v. brjóta af sér, syndga; móðga, særa
offender lögbrjótur m., misgerðamaður m.
offensive sókn f., árás f.; **take the o.** hefja sókn; adj. móðgandi, særandi; óþægilegur; árásar-
offer (til)boð n.; v. bjóða, bjóðast (til)
offering (til)boð n.; fórn(færing) f.
offertory viðtaka sakramentis f.; samskot n.pl.
offhand adj. fyrirvaralaus; kæruleysislegur, óformlegur
office (place) skrifstofa f., (job) embætti n.
office bearer (opinber) embættismaður m.
office block skrifstofubygging f.
office boy snúningadrengur m., sendill m.
office girl snúningastúlka f., sendill m.
officeholder (opinber) embættismaður m.
office hours skrifstofutími m., afgreiðslutími m.
office management skrifstofustjórnun f.
office worker skrifstofumaður m.
officer (military) liðsforingi m., (police) lögregluþjónn m., (ship) yfirmaður m., (public) embættismaður m., fulltrúi m.
offices (help) aðstoð f., atbeini m.
official opinber starfsmaður m.; adj. embættislegur, embættis-; opinber
officialdom embættismenn m.pl., embættismannastétt f.
officialese stofnanamál n.
officially adv. opinberlega
official receiver (Br.) opinber skiptastjóri m.
officiate vi. gegna embættisskyldum
officious adj. (meddlesome) framhleypinn, afskiptasamur
officiousness framhleypni f., afskiptasemi f.
offing opið haf n., reginhaf n.; **in the o.** í vændum
offish adj. fráhrindandi, fáskiptinn
off-licence (Br.) áfengisverslun f., vínbúð f.
off-line adj. frátengdur, sambandslaus
off-load v. losa sig við, varpa af sér
off-peak adj. (sem er) utan megináIagstíma, ládeyðu-
off-putting adj. fráhrindandi
offprint sérprentun f.
off-road vehicle torfærubifreið f.
off-season ládeyðutími m.; adj. (sem er) utan háannatíma
offscourings úrgangur m., úrhrak n., dreggjar f.pl.
offset offsetprentun f.; vt. vega á móti, bæta upp
offshoot sproti m., angi m.
offshore adj. frálands-; grunnmiða-, grunnsævis; adv. af landi; skammt undan landi
offshore breeze aflandsvindur m., landgola f.
offside adj. (in sports) rangstæður
offspring afsprengi n., afkvæmi n., niðji m.
offstage adv. bak við tjöldin, að tjaldabaki
off-street parking bílastæði á hliðargötu m.
off-the-record adj. óopinber, trúnaðar-, einka-
off-white beinhvítur litur m.; adj. beinhvítur
oft adv. (often) oft, tíðum
often adv. oft, tíðum; **every so o.** við og við
ogle girndargón n.; v. gefa hýrt auga, góna
ogre tröll n., óvættur m.
ogreish adj. tröllslegur, töllskessulegur

ogress skessa f., óvættur m.
ohm óm n., ohm n.
oil olía f.; **strike o.** finna olíu; komast í feitt; vt. smyrja; **o. s-y's palm** múta e-m
oil baron olíukóngur m.
oil-bearing adj. (of rock strata) olíuríkur
oilcake olíukaka f., fóðurkaka f.
oilcan smurkanna f.
oilcloth olíudúkur m., vaxdúkur m.
oil colours olíulitir m.pl.
oiler (person) smyrjari m., (ship) olíuskip n., (can) smurkanna f.
oilfield olíusvæði n.
oil filter olíusía f.
oilfired adj. olíukyntur
oilman (pl. **-men**) olíukaupmaður m.
oil of vitriol (sulfuric acid) brennisteinssýra f.
oil paint olíulitur m.
oil painting olíumálun f.; olíumálverk n.
oil pressure olíuþrýstingur m.
oil refiner olíuhreinsunarmaður m.
oil refinery olíuhreinsunarstöð f.
oilrig olíubor(pallur) m.
oils (oil colours) olíulitir m.pl.
oilskin olíudúkur m., vaxdúkur m.
oilskins olíugalli m., olíuklæðnaður m.
oil slick olíubrák f.
oil tank olíutankur m.
oil tanker olíuskip n. tankskip n.
oil well olíulind f., olíuborhola f.
oily adj. olíukenndur, olíuborinn; fitugur
ointment smyrsl n.; **a fly in the o.** galli á gjöf Njarðar m.
OK, O.K., okay interj. & adv. allt í lagi, fínt, ágætt
old adj. gamall, aldraður
old age gamalsaldur m., elli f.
old age pension ellilífeyrir m.
old age pensioner ellilífeyrisþegi m.
olden adj. gamall, forn; **in o. times** fyrr á tímum
Old English fornenska f., engilsaxneska f.
old-fashioned adj. gamaldags; **o. look** gagnrýnið augnaráð n.
old fog(e)y afturhaldsgaur m.
old guard íhaldsarmur m., íhaldsöfl n.pl.
old hand gamalreyndur maður m.

Old Harry kölski m., skrattinn m.
old hat adj. gamaldags
Old Icelandic forníslenska f.; adj. forníslenskur
oldish adj. nokkuð gamall, roskinn
old maid piparmey f.; pempía f., kerling f.
old maidish adj. pipraður, eins og piparkerling
Old Nick kölski m., skrattinn m.
Old Norse norræna f.; adj. norrænn; forníslenskur
old-stager gamalreyndur maður m.
oldster (Am.) gamlingi m.
old squaw (Am.) hávella f.
old-timer gamall jálkur m.; (Am.) gamlingi m.
old wives' tale kerlingabók f., kredda f., bábilja f.
old-womanish adj. kellingarlegur, eins og kelling
Old World gamli heimurinn m.
old-world adj. frá gamla heiminum; gamaldags
oleaginous adj. olíukenndur, fitugur, olíu-
oleander lárviðarrós f., nería f.
oleaster silfurblað n.
O level (Br.) grunnskólapróf n.
olfaction lyktarskyn n.
olfactory adj. lyktar-, lyktarskyns-
olfactory organ lyktarskynfæri n., þeffæri n.
oligarch þátttakandi í fámennisstjórn m.
oligarchy fámennisstjórn f.
oligopoly fámennismarkaður m.
olive (tree) olíuviður m., (fruit) ólífa f.
olive branch olíuviðargrein f.; **hold out an/the o. b.** leita sátta
olive drab (Am.) ólífugrænn litur m.; adj. grágrænn
olive green ólífugrænn litur m.; adj. grágrænn
olive oil ólífuolía f.
Olympiad Ólympíuleikar nútímans m.pl.
Olympian íbúi/guð á fjallinu Ólympos m.; adj. ólympskur; guðum líkum, ójarðneskur
Olympic adj. ólympískur, Ólympíu-
Olympic Games Ólympíuleikar m.pl.

Olympics Ólympíuleikar m.pl.
omasum (pl. **omasa**) laki m.
ombudsman (pl. **-men**) umboðsmaður alþingis m.
omelette eggjakaka f.
omen fyrirboði m.; vt. boða, vita á
ominous adj. óheillavænlegur, illsvitandi
omission úrfelling f.; vanræksla f., yfirsjón f.
omit vt. fella úr, sleppa; vanrækja
omnibus almennisvagn m., strætisvagn m.
omnibus volume safnrit n.; sýnisbók f.
omnipotence almætti n.
omnipotent adj. almáttugur
omnipresence alnánd f.
omnipresent adj. alls staðar nálægur
omniscience alviska f.
omniscient adj. alvitur
omnivore alæta f.
omnivorous adj. alætu-
on prp. á, við, um; adv. áfram; **and so on** og svo framvegis; **on and off** öðru hverju, með hléum
once adv. einu sinni; **at o.** strax
oncoming adj. komandi, sem er í nánd
one num. einn; maður m.; **(I) for one** (ég) fyrir mitt leyti; adj. & prn. einn, einhver, nokkur, annar; **o. another** hver annan; **be o. up (on)** hafa forskot á
one-armed adj. einhentur
one-armed bandit (fjárhættu)spilakassi (með handfangi) m.
one-dimensional array einvítt fylki n.
one-eyed adj. eineygður
one-horse adj. eineykis-; ómerkilegur
one-horse town smábær m., krummaskuð n.
one-legged adj. einfættur
one-rack adj. einspora; fastur í sama farinu
onerous adj. þungbær, erfiður
oneself prn. (maður) sjálfur; sjálfan (sig); **(all) by o.** (al)einn; hjálparlaust
one-sided adj. einhliða, hlutdrægur; ójafn
one-sidedness einstrengingsháttur m., hlutdrægni f.
one-time adj. fyrrverandi, fyrrum

one-way adj. einstefnu-
ongoing adj. yfirstandandi; óslitinn, samfelldur
onion (rauð)laukur m.
on-line adj. viðtengdur, sambands-
onlooker áhorfandi m.
only adj. (hinn) eini, einka-; adv. aðeins, bara, eingöngu; conj. nema hvað, en
onomatopoeia hljóðlíking f., hljóðlíkingarorð n.
onomatopoeic adj. hljóðlíkingar-, hljóðgervingar-
onrush framhlaup n., framrás f.; áhlaup n.
onset áhlaup n.; upphaf n., byrjun f.
onshore adj. álands-; á/í landi; adv. að landi, í átt til lands
onshore wind hafátt f.
onslaught áhlaup n., árás f.
onto prp. (upp) á; **be/get o.** sjá í gegnum
ontology verufræði f.
onus byrði f., skylda f., kvöð f.
onus probandi (Lat.) sönnunarbyrði f.
onwards adv. áfram, fram á við
onyx ónyx n./m.
oodles (lots) glás f., hellingur m.
ooze seytl n., leki m.; v. vætla, íla; gefa frá sér
ooze (mud) (botn)leðja f., eðja f.
oozy adj. seytlandi, smitandi; leðjuborinn
opacity ógagnsæi n.; torræðni f.
opah guðlax m.
opal ópall m.
opalescence ópalbjarmi m.
opalescent adj. ópallýsandi
opaque adj. ógagnsær; óskýr, torskilinn
opaqueness ógagnsæi n.; torræðni f.
op art bliklist f.
OPEC (Organization of Petroleum Exporting Countries) Samtök olíuútflutningsríkja n.pl.
open bersvæði n., víðavangur m.; **in the o.** úti, undir berum himni; vt. opna, vi. opnast; adj. opinn
open account hlaupareikningur m.
open-air adj. úti-
open-air concert útitónleikar m.pl.
open-air swimming pool útisundlaug f.
open-air theatre útileikhús n.

open-and-shut adj. einfaldur, vandalítill
open-cast adj. (of a coalmine) yfirborðs-
open circuit opin straumrás f., straumrof n.
open-door policy opingáttarstefna f.
open-ended adj. opinn, ekki fastsettur
opener opnari m., upptakari m.
open-eyed adj. með opin augu; árvakur, aðgætinn
open-handed adj. (generous) örlátur, gjöfull
open-handedness örlæti n.
open-hearted adj. hreinskilinn; góðhjartaður
open-heartedness einlægni f.; göfuglyndi n., veglyndi n.
opening op n., gat n.; opnun f., byrjun f.; laus staða f.; tækifæri n.; adj. opnunar-, byrjunar-
opening night frumsýning f.
opening time afgreiðslutími (vínveitingastaða) m.
openly adv. opinskátt; opinberlega
open-minded adj. með opinn huga, fordómalaus
open-mindedness hleypidómaleysi n.
open-mouth adj. gapandi (af undrun), forviða
openness hreinskilni f., einlægni f.
open out v. opna sig, vera hreinskilinn
open question óútkljáð mál n., umdeilanleg spurning f.
open sandwich smurbrauð n., brauðsneið með áleggi f.
open season veiðitími m., veiðitímabil n.
open secret opinbert leyndarmál n.
open shop fyrirtæki með ófélagsbundið starfsfólk n.
Open University (Br.) Opni háskólinn m.
open up v. opna; opna sig, vera hreinskilinn
open verdict úrskurður um óljós dánarorsök m.
open vowel fjarlægt sérhljóð n.
openwork gatamynstur n.
opera ópera f., söngleikur m.; óperuhús n.
operable adj. skurðtækur; nothæfur
opera glasses leikhúskíkir m.
opera hat óperuhattur m., fellihattur m.
opera house óperuhús n., söngleikhús n.

operate v. ganga, vera í gangi; verka, hrífa; starfrækja, stjórna, reka; skera upp
operatic adj. óperu-
operatic singer óperusöngvari m.
operating instructions notkunarleiðbeiningar f.pl.
operating system stýrikerfi n.
operating table skurðarborð n.
operating theatre skurðstofa f.
operation gangur m.; starfsemi f., starfræksla f.; aðgerð f.; uppskurður m., skurðaðgerð f.
operational adj. tilbúinn til notkunar; starfs-, rekstrar-
operational costs rekstrarkostnaður m.
operational research aðgerðagreining f., aðgerðarannsókn f.
operation lever handfang n., stjórnarmur m.
operative (iðn)verkamaður m.; adj. virkur, í gildi; **become o.** taka gildi; áhrifamikill; skurð-
operative treatment skurðaðgerð f.
operator stjórnandi m.; vélamaður m., tækjastjóri m.; símavörður m.; **slick o.** bragðarefur m.
operator console stjórneining f.
operator control panel stjórnborð n.
operetta óperetta f.
ophthalmia augnbólga f.
ophthalmic adj. augn-, augna-
ophthalmic diseases augnsjúkdómar m.pl.
ophthalmologist augnlæknir m.
ophthalmology augnlæknisfræði f., augnlækningar f.pl.
ophthalmoscope augnsjá f., augnspegill m.
opiate svefnlyf n.
opine vt. álíta, halda; láta skoðun sína í ljós
opinion skoðun f., álit n.
opinionated adj. kreddufastur, þver
opinionative adj. kreddufastur, þrár
opinion poll skoðanakönnun f.
opinion survey skoðanakönnun f.
opium ópíum n.; deyfilyf n.
opium poppy opíumvalmúi m., draumsóley f.

opossum pokarotta f.
opponent andstæðingur m., mótherji m.
opportune adj. heppilegur, hentugur, tímabær
opportunism tækifærisstefna f., hentistefna f.
opportunist tækifærissinni m., hentistefnumaður m.
opportunistic adj. tækifærissinnaður, hentistefnu-
opportunity tækifæri n.
oppose vt. vera á móti, andmæla; stilla upp (á móti)
opposite andstæða f.; adj. gagnstæður; prp. andspænis, á móti
opposition andstaða f., mótspyrna f.; stjórnarandstaða f.
oppress vt. kúga, bæla niður; þjá, þjaka
oppression kúgun f., undirokun f.; dapurleiki m.
oppressive adj. harðráður, kúgunar-; þjakandi
oppressor kúgari m.
opprobrious adj. skammarlegur, skammar-
opprobrium vanvirða f., hneisa f., skömm f.
optative (mood) óskháttur m.
opt for v. kjósa, velja; hallast að
optic adj. augn-, sjón-
optical adj. sjón-; ljósfræðilegur
optical art bliklist f.
optical character reader ljósstafalesari m., ljósskanni m.
optical fibre ljósleiðari m.
optical illusion sjónvilla f., sjónhverfing f.
optical scanner ljósskanni m.
optician gleraugnasali m.; -sjóntækjafræðingur m.
optic nerve sjóntaug f.
optics ljós(eðlis)fræði n.pl.
optimal adj. ákjósanlegur, hagstæður
optimism bjartsýni f.; bjartsýnistrú f.
optimist bjartsýnismaður m.
optimistic adj. bjartsýnn, bjartsýnis-
optimum adj. bestur, hagstæðastur
option val(frelsi) n., kostur m.; forkaupsréttur m.
optional adj. valfrjáls, val-
optional subject valgrein f.
optometrist sjónglerjafræðingur m.
optometry sjónglerjafræði f.
opt out of v. draga sig út úr
opulence ríkidæmi n.; allnægtir f.pl., gnægð f.
opulent adj. auðugur; ríkmannlegur, lúxus-; kappnógur
or conj. eða
oracle véfrétt f., goðsvar n.; spáprestur m.
oracular adj. véfréttar-; torræður
oral adj. munnlegur, munn-
oral examination munnlegt próf n.
orange appelsína f.; adj. appelsínugulur
orangeade appelsín n.
orangutan(g) órangútan m.
orate vi. halda ræðu; tala af mælsku
oration (viðhafnar)ræða f.
orator ræðumaður m., mælskumaður m.
oratorical adj. mælsku-, mælskulistar-
oratorical contest mælskukeppni f.
oratorio (pl. **oratorios**) óratoría f.
oratory mælskulist f., (small chapel) bænahús n.
orb hnöttur m., kúla f.; ríkisepli n.
orbit sporbraut f.; v. ganga á braut (umhverfis)
orbital adj. sporbrautar-
orchard aldingarður m.
orchestra hljómsveit f.
orchestra pit hljómsveitargryfja f.
orchestral adj. hljómsveitar-
orchestral music tónlist fyrir hljómsveit f.
orchestral player hljómsveitarleikari m.
orchestrate vt. semja/útsetja fyrir hljómsveit; útfæra
orchestration hljómsveitarútsetning f.
orchid brönugras n
ordain vt. vígja til prests; ákvarða, skapa; lögleiða
ordeal guðsdómur m.; þrekraun f., eldraun f.
order röð f., regla f., skipulag n.; **in o.** í lagi; **out of o.** í ólagi; fundarsköp n.pl.; **call to o.** setja (fund), biðja um hljóð; fyrirskipun f.; pöntun f.; **made to o.** eftir pöntun; **in o. to** til þess að; **in short o.** í skyndi; vt. raða, skipa, panta

order about/around → ornamentation

order about/around v. snúa, ráðskast með
order book pöntunarbók f.
order form pöntunarseðill m.
ordering (niður)röðun f., fyrirkomulag n.
orderliness regla f., reglusemi f.
orderly óbreyttur hermaður m., boðliði m.; sjúkraliði m.; adj. snyrtilegur; skipulagður; agaður
order of magnitude stærðargráða f.
order of the day dagskipun f., mál á dagskrá n.pl.
order paper dagskrá f.
orders vígsla f.; **take holy o.** hljóta prestvígslu
order to view (Br.) skoðunarheimild (frá fasteignasala) f.
ordinal number raðtala f.
ordinance reglugerð f., tilskipun f., samþykkt f.
ordinarily adj. venjulega; á venjulegan hátt
ordinary adj. venjulegur, reglulegur, hversdagslegur
ordinary seaman (pl. - **seamen**) háseti m.
ordinate lóðhnit f., y-hnit f.
ordination prestvígsla f.
ordnance hergögn n.pl., fallbyssur f.pl.
Ordnance Survey (Br.) landmælingastofnun f.
ordure mykja f., tað n., skítur m.
ore málmgrýti n.
oregano kjarrmenta f.
organ (anatomy) líffæri n., (music) orgel n., (organization) stofnun f., stjórntæki n., (of public opinion) málgagn n.
organelle frumulíffæri n.
organ grinder lírukassaleikari m.
organic adj. lífrænn; líffæra-; samhangandi, órofa
organic function líffærastarfsemi f.
organism lífvera f.; lífræn heild f.
organist organisti m., orgelleikari m.
organization félag n., samtök n.pl.; skipulagning f.; samsetning f., fyrirkomulag n.
organizational adj. skipulags-, kerfis-; samtaka-
organizational change skipulagsbreyting f.
organize vt. skipuleggja, stofna; bindast samtökum
organized adj. skipulagður; flókinn, margbrotinn
organized crime skipulögð glæpastarfsemi f.
organized labour verkalýðssamtök n.pl.
organizer skipuleggjandi m.
organs of speech talfæri n.pl.
orgasm kynferðisleg fullnæging f.
orgiastic adj. taumlaus, trylltur, svall-
orgy svallveisla f., svall n.
oriel window útskotsgluggi m.
Orient Austurlönd (fjær) n.pl.; adj. austrænn, Austurlanda-, (of the sun) rísandi
orient (Am.) vt. stilla af; ná áttum, átta sig
oriental adj. austurlenskur, austrænn-
Oriental Austurlandabúi m.; adj. Austurlanda-
Orientalist Austurlandafræðingur m.
orientate vt. stilla af; ná áttum, átta sig
orienteering ratleikur m.
orifice gat n., op n., munni m.
origin uppruni m., upphaf n.; ætterni n.
original frumeintak n., frummynd f.; adj. upprunalegur, upphafs-, frum-; frumlegur, nýstárlegur
originality frumleiki n.
originally adv. upphaflega; frumlega
original sin erfðasynd f.
originate v. verða til, eiga upptök sín; koma af stað
origination uppruni m., upptök n.pl.
originative adj. hugvitsamur, skapandi; frumlegur
originator upphafsmaður m., frumkvöðull m.
oriole laufglói m., gullþröstur m.
orison (prayer) bæn f.
Orkney Islands Orkneyjar f.pl.
ormolu gulllíki n.; adj. gylltur
ornament skraut n., skrautmunur m.; prýði f.; vt. skreyta
ornamental adj. skrautlegur, til skrauts, skraut-
ornamentation skreyting f.; skraut n.

ornate adj. íburðarmikill, (of style) skrautlegur
ornery (Am.) adj. viðskotaillur; ótuktarlegur
ornithological adj. fuglafræðilegur, fuglafræði-
ornithologist fuglafræðingur m.
ornithology fuglafræði f.
orotund adj. yfirlætisfullur; yfirþyrmandi
orotundity mikillæti n., stórmennska f.
orphan munaðarleysingi m.; adj. munaðarlaus
orphanage munaðarleysingjahæli n.
orphan line einstæðingur m.
orrisroot sverðlilja f.
orthodontics tannréttingar f.pl
orthodontist sérfræðingur í tannréttingum m.
orthodox adj. rétttrúaður; viðtekinn, hefðbundinn
Orthodox Church gríska rétttrúaðarkirkjan f.
orthodoxy rétttrúnaður m. bókstafstrú f.
orthographic adj. réttritunar-, stafsetningar-
orthographic examination stafsetningarpróf n.
orthography réttritun f., stafsetning f.
orthopaedics bæklunarskurðlækningar f.pl.
orthopaedist bæklunarskurðlæknir m.
ortolan kjarrtittlingur m.
oryx steppuantilópa f.
oscillate v. sveiflast, rokka, ramba
oscillating current riðstraumur m.
oscillation sveifa f., sveifluhreyfing f.
oscillator sveifill m.; sveiflugjafi m.
oscillatory adj. ruggandi, riðandi; sveiflu-
oscillograph sveifluriti m.
oscilloscope sveiflusjá f.
osculation kyssing f.; koss m.
osier körfuvíðir m.
osier basket tágakarfa f.
osmosis himnuflæði n., osmósa f.
osprey (bird) gjóður m.
osseous adj. beinkenndur, bein-
ossicle smábein n.
ossification beinmyndun f.; stífni f., íhaldssemi f.

ossify v. verða að beini; verða einstrengingslegur
ostensible adj. yfirskins-, sýndar-
ostensible reason yfirlýstur tilgangur m.
ostensibly adv. að því er virðist
ostentation yfirlæti n., sýndarmennska f.
ostentatious adj. oflátungslegur, mikillátur
osteoarthritis slitgigt f.
osteology beinafræði f.
osteopathy bein- og liðskekkjulækningar f.pl.
ostler hestasveinn m.
ostracism útskúfun f.; útlegð f.
ostracize vt. útskúfa; gera útlægan
ostrich strútur m.
other annar, hinn; **the o. day** (hérna) um daginn; **every o. day** annanhvorn dag; **on the o. hand** á hinn bóginn, aftur á móti
otherwise adv. að öðru leyti, annars, (differently) á annan hátt, öðruvísi
otiose adj. fánýtur, gagnslaus, óþarfur
otitis eyrnabólga f.
otolaryngologist háls- og eyrnasérfræðingur m.
otolaryngology háls- og eyrnalækningar f.pl.
otologist eyrnasérfræðingur m.
otology eyrna(sjúkadóma)fræði f.
otoscope eyrnasjá f., eyrnaspegill m.
otter otur m.
ottoman (pl. **ottomans**) óttoman m., dívan m.
oubliette kjallaradýflissa f., svarthol n.
ouch interj. (an expression of pain) æ, ó
ought to v. eiga að; **I ought to** ég ætti að/mér bæri að
ounce únsa f. (28,35 g./29,57 ml.); ögn f., vottur m.
ounce (snow leopard) snjóhlébarði m.
our prn. okkar, vor
Our Father faðirvorið n.
Our Lady María guðsmóðir f.
ours prn. okkar, vor
ourselves prn. okkur, (við) sjálfir, sjálfa okkur
ousel (mána)þröstur m.
oust vt. koma frá/í burtu, bola burt

out adv. út, úti, (not at home) að heiman
out-and-out adj. hreinræktaður; rakinn, alger, fullkominn
outback (in Australia) óbyggðir f.pl., afskekkt svæði n.
outbalance vt. vega meira/þyngra en, vera mikilvægari en
outbid vt. yfirbjóða, bjóða betur en
outboard motor utanborðsmótor m., utanborðvél f.
outbound adj. (sem er) á útleið
outbrave vt. bjóða byrginn
outbreak uppkoma f., upphaf n., (of disease) faraldur m.
outbuilding útihús n., úthýsi n.
outburst kast n., hviða f.; uppkoma f.
outcast hornreka f., úrhrak n.; adj. útskúfaður
outcaste stéttleysingi m.
outclass vt. skara fram úr, bera af
outcome úrslit n.pl., útkoma f., niðurstaða f.
outcrop (of rock) opna f.
outcry hróp og köll n.pl., mótmæli n.pl.
outdated adj. gamaldags; úreltur
outdistance vt. hlaupa af sér; fara langt fram úr
outdo vt. skara fram úr, bera af
outdoor adj. úti-
outdoors útiloftið n., náttúran f.; adv. úti, utan dyra, undir beru lofti
outer adj. ytri, utanyfir-
outer cable barki m.
outermost adj. ystur, fjærstur
outer space útgeimur m.
outface vt. bjóða byrginn; fá til að líta undan
outfall útrennsli n., afrás f.
outfield útvöllur m.
outfielder útvallarmaður m.
outfight vt. hafa betur en e-r (í slagmálum)
outfit útbúnaður m.; klæðnaður m.; (samstarfs)hópur m., flokkur m.; vt. útbúa, gera úr garði
outfitter (karlmanna)fatasali m.
outflank vt. komast á hlið við; sneiða hjá, leika á
outflow útrennsli n., útstreymi n.

outfox vt. leika á, gabba, skáka
outgeneral vt. vera betri herforingi en
outgoing adj. á útleið, fráfarandi; mannblendinn
outgoings útgjöld n.pl.
outgrow vt. vaxa upp úr, vaxa hraðar en
outgrowth útvöxtur m.; (eðlileg) afleiðing f.
outhouse útihús n., úthýsi n.; (Am.) útikamar m.
outing (stutt) skemmtiferð f.
outlandish adj. sérkennilegur, kyndugur
outlast vt. endast lengur en, lifa e-n/e-ð
outlaw útlagi m.; vt. gera útlægan; banna
outlawry útlegð f.
outlay tilkostnaður m., útgjöld n.pl.
outlet útrennsli n., (electrical) rafmagnsinnstunga f.
outline útlína f.; uppkast n., ágrip n.; vt. teikna útlínur, gera frumdrátt að
outlive vt. lifa (e-n); lifa af, standa af sér
outlook útsýni n., útlit n., viðhorf n.
outlying adj. afskekktur, afvikinn
outmanoeuvre vt. hafa betur en, snúa á, leika á
outmatch vt. vera fremri, bera af, hafa betur en
outmoded adj. gamaldags; úreltur
outmost adj. ystur, fjærstur
outnumber vt. vera fleiri (að tölu) en
out-of-date adj. gamaldags; úreltur
out-of-the-way adj. afskekktur, afvikinn; sjaldgæfur
outpatient göngudeildarsjúklingur m.
outplay vt. leika betur en, yfirspila
outpoint vt. fá fleiri stig en
outpost útvarðarstöð f., útvörður m.
outpourings (of feeling) úthelling f.
output framleiðsla f., afköst n.pl.; úttak n.
output device úttakstæki n.
outrage óhæfuverk n., svívirðing f., hneyksli n.; vt. misbjóða, svívirða, smána
outrageous adj. svívirðilegur, hryllilegur
outrank vt. vera hærra settur en
outré adj. afkáralegur, fáránlegur
outride vt. ríða hraðar/lengra/betur en
outrider meðreiðarmaður m.; útvörður m.

outrigger → overcrowd

outrigger (framework) utanborðsgrind f.; aukakjálki m.
outright adj. einskær, alger, afdráttarlaus; adv. algerlega, hreint út; hreinskilnislega
outrival vt. bera af (keppinaut)
outrun vt. hlaupa af sér, fara fram úr
outset upphaf n., byrjun f.
outshine vt. skína skærar en; bera af, skyggja á
outside úthlið f., ytra borð n.; **at the (very) o.** í mesta lagi; adj. ytri, úthliðar-; hámarks-; utanaðkomandi; (slight) lítill; adv. úti, út; prp. utan við
outside callipers krummamát n.
outside of (Am.) prp. utan við; (except for) fyrir utan, nema
outsider utanaðkomandi aðili m.; utangarðsmaður m.
outsize yfirstærð f.; adj. óvenjustór
outskirts útjaðar m.
outsmart vt. leika á, gabba, skáka
outspoken adj. hreinskilinn, opinskár, berorður
outspread adj. útbreiddur, útréttur; þaninn
outstanding adj. framúrskarandi, áberandi; útistandandi
outstandingly adv. svo af ber, með afbrigðum, afburða-
outstay vt. dvelja lengur en; **o. one's welcome** vera þaulsætinn um of
outstretched adj. útréttur, útbreiddur
outstrip vt. fara hraðar en, hlaupa af sér; bera af
outtalk vt. tala meira/hærra en; tal í kútinn
outvote vt. fá fleiri atkvæði en, sigra í kosningu
outward adj. ytri, yfirborðs-, út-; (Am.) adv. út
outwardly adv. á yfirborðinu, út á við
outwards adv. út, út á við
outwash (of a glacier) sandaurar m.pl.
outwear vt. endast lengur en; slíta út
outweigh vt. vega meira en; skipta meira máli en
outwit vt. leika á, gabba, skáka
outworn adj. útslitinn; gamaldags, úreltur

ouzel (mána)þröstur m.
ova (pl. of **ovum**)
oval adj. egglaga, sporöskjulaga
ovarian adj. eggjastokks-, eggjakerfis-
ovaritis eggjastokksbólga f., eggjakerfisbólga f.
ovary eggjastokkur m., eggjakerfi n.; eggleg n.
ovation fagnaðarlæti n.pl., lófaklapp n.
oven ofn m.
over prp. yfir, ofan við, fyrir ofan; utan yfir, ofan á; út af, fram yfir; **o. there** þarna (megin); **o. here** hérna (megin) adj. búinn
overact v. ofleika, ýkja
overall vinnusloppur m.; adj. almennur, heildar-; adv. alls, í heild (sinni), almennt
overalls vinnugalli m., samfestingur m.
overarch v. hvelfast yfir, mynda boga yfir
overarm adj. yfir öxl, yfirhandar-
overawe vt. gera þrumulostinn
overbalance v. (láta) missa jafnvægið, raska jafnvægi
overbearing adj. oflætislegur, ofríkisfullur
overbid yfirboð n.; v. yfirbjóða, bjóða of hátt í
overblown adj. yfirdrifinn, ýktur, uppskrúfaður
overboard adv. útbyrðis, fyrir borð; **go o. for/about** kunna sér ekki hóf fyrir
overbook vt. yfirbóka
overbooking yfirbókun f.
overburden vt. íþyngja, ofþjaka, sliga
overcall yfirboð n.; v. yfirbjóða, bjóða of hátt í
overcapitalize vt. offjármagna
overcast skýjaþykkni n.; adj. skýjaður, þungbúinn
overcharge of hár reikningur m.; ofhleðsla f.; v. setja upp of hátt verð, ofreikna; ofhlaða
overcloud v. hylja(st) skýjum; varpa skugga á
overcoat yfirhöfn f., frakki m., kápa f.
overcome vt. sigra, vinna bug á, yfirbuga
overcompensation ofbætur f.pl., varnaruppbót f.
overcrowd vt. yfirfylla, troðfylla

overdo vt. ofleika, ofgera; steikja/sjóða of mikið
overdose ofurskammtur m., of stór skammtur m.
overdraft yfirdráttur m.
overdraft account hlaupareikningur með yfirdráttarheimild m.
overdraw v. yfirdraga; ýkja, mála ýkta mynd af
overdress v. berast of mikið á í klæðaburði
overdrive yfirgír m.
overdrive yfirgír m., yfirdrif n.
overdue adj. síðbúinn, á eftir áætlun; gjaldfallinn
overestimate ofmat n.; v. ofmeta
overexpose vt. yfirlýsa (filmu)
overflow flóð n.; umframmagn n., ofgnótt f.; yfirfall n.; v. flæða yfir, færa á kaf, yfirfylla(st)
overflowing adj. barmafullur, fleytifullur; kappnógur
overfly v. fljúga yfir; fljúga hraðar/lengra/hærra en
overgrown adj. ofvaxinn; gróinn, þakinn
overgrowth ofvöxtur m.; gróðurþekja f.
overhand adj. yfir öxl, yfirhandar-
overhang (of a roof) þakskegg n., ufs f.; v. slúta yfir, standa út fyrir; vofa yfir
overhaul yfirferð f.; vt. yfirfara, taka í gegn, skoða gaumgæfilega, standsetja; ná, hlaupa uppi
overhead adj. loft-, topp-; (of costs) fastur, almennur; adv. fyrir ofan, uppi yfir, á lofti
overhead projector myndvarpi m.
overheads fastakostnaður m., almenn útgjöld n.pl.
overhear vt. heyra út undan sér
overjoyed adj. ofsakátur, himinlifandi
overkill kappnógur herstyrkur m.; ofgnótt f.
overland adj. land-; adv. landleiðis, á landi
overlap skörun f.; v. skara(st), liggja á víxl
overlay yfirborð n., lag n.; vt. þekja, hylja, leggja
overleaf adv. á næstu blaðsíðu; á bakhlið
overleap vt. stökkva yfir; sprengja (sig) á

overload ofhleðsla f., yfirálag n.; vt. ofhlaða, yfirfylla
overlook vt. sjá (út) yfir, hafa útsýni yfir; líta framhjá, sjást yfir, taka ekki eftir
overlord lénsdrottinn m. lénsherra m.
overly adv. óhóflega, of mikið, (einum) um of
overmaster vt. yfirbuga, bera ofurliði
overmuch adv. um of, of mikið, mjög mikið
overnight adj. næturlangur, nætur- ; adv. yfir nótt, á einni nóttu; á stundinni, skyndilega
overpass (Am.) vegbrú f.
overpay vt. yfirborga
overplay vt. ofleika; leika betur en, skara fram úr
overpower vt. yfirbuga, bera ofurliði
overpowering adj. feikilegur, magnaður; yfirþyrmandi
overprint vt. prenta yfir; yfirprenta
overrate vt. meta of hátt, ofmeta
overreach vt. færast of mikið í fang, sprengja (sig) á
override vt. hunsa, hafa að engu; vera yfirsterkari
overrule vt. hafna, vísa á bug; vera yfirsterkari
overrun umframmagn n., umframtími m.; vt. (fl)æða yfir, breiðast út um; fara fram yfir
overseas adj. utanríkis-, utanlands-; adv. handan hafsins; erlendis, til útlanda
oversee vt. stjórna, hafa umsjón með
overseer verkstjóri m.; umsjónarmaður m.
oversell vt. (praise too much) oflofa, gylla
overshadow vt. skyggja á, varpa skugga á
overshoe skóhlíf f.
overshoot vt. skjóta yfir (markið), ganga of langt
oversight yfirsjón f., vangá f., (supervision) umsjón f.
oversleep vi. sofa yfir sig
overspill umframfjöldi m.
overstate vt. gera of mikið úr, ýkja
overstatement ofhermi n., ýkjur f.pl.
overstay vt. dvelja lengur en; **o. one's welcome** vera þaulsætinn um of
overstep vt. fara út fyrir/yfir (tiltekin mörk)

overstock vt. birgja sig upp um of (af)
overstriking yfirsláttur m.
overstrung adj. taugaspenntur, upptrekktur
overt adj. ódulinn, augljós, opinn
overtake vt. draga uppi, aka/fara fram úr; skella yfir
overtax vt. ofskatta; íþyngja um of, ofkeyra
overthrow fall n., hrun n., ósigur m.; vt. kollvarpa, steypa af stóli, binda enda á
overtime yfirvinna f., eftirvinna f.; adj. yfirvinnu-
overtired adj. uppgefinn, örmagna
overtone yfirtónn m.
overtones undirtónn m., grunntónn m.
overtop vt. gnæfa yfir; bera af, skara fram úr
overture forleikur m.
overtures samningaumleitanir f.pl.
overturn v. velta, hvolfa; steypa af stóli
overweening adj. stærilátur, hrokafullur; óhóflegur
overweight yfirvigt f.; adj. of þungur; vt. íþyngja, ofþjaka, sliga; leggja of mikið upp úr
overwhelm vt. gagntaka, yfirbuga; færa í kaf
overwhelming adj. yfirþyrmandi, yfirgnæfandi, feikilegur
overwork of mikil vinna f., þrældómur m.; v. vinna of mikið; ofkeyra, ofreyna, ofnota
overwrought adj. yfirspenntur, upptekktur
oviduct eggrás f., eggjaleiðari m., legpípa f.
ovoid egglaga hlutur m.; adj. egglaga
ovulate v. mynda egg; losa egg
ovulation egglos n.
ovum (pl. **ova**) eggfruma f., egg n.
owe v. skulda; standa í þakkarskuld, eiga að þakka
owing adj. ógreiddur, gjaldfallinn
owing to prp. vegna, sökum
owl ugla f.
owlet ugluungi m.; smáugla f.
owlish adj. uglulegur

own adj. eiginn; **(all) on one's o.** (al)einn, sjálfstætt, hjálparlaust; einstakur; v. eiga, (admit) viðurkenna, játa; gangast við
owner eigandi m.
ownership eignarréttur m.; eign f.
own up v. játa að fullu, játa á sig
ox (pl. **oxen**) uxi m., tarfur m.
oxbow klafi m.
oxbow lake bjúgvatn n.
oxcart uxakerra f.
oxeye körfublóm n.
oxidate v. tæra(st), ryðga, oxa(st)
oxidation ryðmyndun, tæring f., oxun f.
oxide oxíð n.
oxidization ryðmyndun, tæring f., oxun f.
oxidize v. tæra(st), ryðga, oxa(st)
Oxonian (fyrrverandi) nemandi við Oxfordháskóla m.; Oxfordbúi m.
oxtail uxahali m.
oxygen súrefni n., ildi n.
oxygen mask súrefnisgríma f.
oxygen tent súrefnistjald n.
oxygenate vt. súrefnisbinda
oxygenize vt. súrefnisbinda
oyez interj. heyrið, gefið gaum
oyster ostra f.
oyster bank ostrumið n.pl.; ostruræktarsvæði n.
oyster bed ostrumið n.pl.; ostruræktarsvæði n.
oystercatcher tjaldur m.
oz. (ounce) únsa f. (28,35 g./29,57 ml.)
ozone ósón n.
ozone layer ósónlag n.
ozonosphere ósónlag n.

P

p ; **mind one's p's and q's** gæta tungu sinnar
p (penny/pence) penní n.
pa (father) pabbi m.
pabulum fæða f., fóður n.
pace skref n., (göngu)hraði m., gangur m.; **put s-y through his paces** reyna e-n; v. ganga um (gólf); stika, mæla í skrefum; ráða hraða

pace (Lat.) prp. & adv. með fullri virðingu fyrir
pacemaker forhlaupari m.; hjartagangráður m.
pacer (horse) skeiðhestur m.
pacesetter (Am.) forhlaupari m., forreiðarmaður m.
pachyderm þykkskinnungur m.
pacific adj. friðsæll, kyrr; friðsamur
pacification friðun f., sefun f., róun f.
Pacific Ocean Kyrrahaf n.
pacifier friðarstillir m.; (Am.; dummy) snuð n.
pacifism friðarstefna f.
pacifist friðarsinni m.
pacify vt. friða, sefa, róa; stilla til friðar
pack pakki m., böggull m., (group) hópur m., flokkur m.; samansafn n., (of cards) spilastokkur m.; v. pakka, láta niður í; þjappa(st) saman; **send s-y packing** reka e-n fyrirvaralaust burt
package pakki m., böggull m.; vt. pakka, setja í pakka
package deal böggulsamningur m., samningspakki m.
packaged adj. pakkaður
packaged goods vörur í neytendaumbúðum f.pl.
package tour pakkaferð f.
pack animal klyfjadýr n., burðardýr n.
packed-out adj. troðfullur
packer pökkunarmaður m., (machine) pökkunarvél f.
packet (smá)pakki m., smáböggull m., pinkill m., (a large sum of money) fúlga f., morð fjár n.
packet boat strandferðaskip n., póstbátur m.
pack horse klyfjahestur m., burðarklár m.
pack ice ísrek n., hafís m.
pack in vt. troðfylla; hætta, binda endi á
packing (inn)pökkun f., (material) pakkningarefni n.
packing case umbúðarkassi m.
packing needle striganál f.
packing list pökkunarlisti m.
pack off vt. senda burtu, senda af stað
pack rat (Am.) skógarrotta f.; hnuplari m.
packsaddle klyfsöðull m., klyfberi m.

packthread seglgarn n.
pack up v. pakka saman, hætta að vinna; bila
pact samningur m., samkomulag n., sáttmáli m.
pad púði m., þófi m., (writing) skrifblokk f., (inking) blekpúði m.; vt. bólstra, stoppa
pad v. (travel on foot) ganga, þramma
padded cell bólstraður klefi m.
padding (í)tróð n., stopp n.; málalengingar f.pl.
paddle róðrarspaði m.; róður m.; sleif f.; v. róa (með róðrarspaða); **p. one's own canoe** vera sjalfum sér nógur
paddle busl n.; vi. busla, sulla, skvampa
paddle control hjólstýrildi n.
paddle steamer hjólaskip n.
paddle wheel spaðahjól n.
paddling pool vaðtjörn f.
paddock hestagirðing f., hestarétt f.
paddy (rice) hýðishrísgrjón n.pl., (bad temper) geðillska f., reiðikast n., æði f.
Paddy (Irishman) Íri m.
paddy field hrísgrjónaakur m.
paddy wagon (Am.) löggubíll m.
padlock hengilás m.; vt. læsa með hengilás
padre (chaplain) herprestur m.; faðir, séra
paean lofsöngur m., gleðisöngur m., sigursöngur m.
paediatrician barnalæknir m.
paediatrics barnalækningar f.pl.
paeony bóndarós f.
pagan heiðingi m.; adj. heiðinn
pagandom heiðindómur m.
paganism heiðni f.
page (of a book) blaðsíða f.; vt. setja síðutal á
page (boy) vikapiltur m.; vt. kalla upp
pageant hátíðarsýning f., skrúðganga f.
pageantry mikil viðhöfn f.; skraut n., prjál n.
page break síðuskil n.pl.
page footer síðufótur m.
page header síðuhaus m.
paginate vt. síðumerkja; skipta á síður
pagination blaðsíðutal n.; síðuskipting f.
pagoda pagóða f.
pahoehoe lava helluhraun n.

paid adj. launaður, á launum; greiddur
paid-up adj. greiddur að fullu
pail fata f., skjóla f.
pailful fötufylli n., skjólufylli n.
paillasse hálmdýna f.
pain sársauki m., verkur m., kvöl f.;
  p. in the neck algjör plága f.;
  vt. valda sársauka, pína
pained adj. mæðulegur, raunalegur;
  særður, sár
painful adj. sársaukafullur, kvalafullur;
  erfiður
painfully adv. með harmkvælum;
  hræðilega
painkiller verkjalyf n., kvalastillandi lyf n.
painless adj. sársaukalaus, kvalalaus;
  auðveldur
pains ómak n., fyrirhöfn f., umstang n.;
  be at p./take (great) p. leggja sig
  allan fram
painstaking adj. vandvirkur, nákvæmnis-;
  ástundunarsamur
paint málning f., litur m., farði m.;
  v. mála, lita
paintbrush málningarpensill m.
paint box vatnslitakassi m.,
  litastokkur m.
painter málari m., (rope) fangalína f.
painting málun f., (picture) málverk n.
paint-remover lakkleysir m.
paintwork (of a car) málning f., lakk n.
pair par n., samstæða f.; **in pairs**
  tveir og tveir (saman); v. para (saman),
  raða í pör
pair off v. para sig, maka sig; giftast
pajama (Am.) adj. náttfata-
pajamas (Am.) náttföt n.pl.
Pakistani Pakistani m.; adj. pakistanskur
pal vinur m., félagi m.
palace (konungs)höll f.
palatable adj. bragðgóður, gómsætur;
  aðlaðandi
palatal adj. framgómmæltur
palatalize v. framgómmæla(st)
palate efri gómur m.; bragðskyn n.
  smekkur m.
palatial adj. hallarlegur, hallar-;
  mikilfenglegur
palatinate hallargreifadæmi n.
palaver skeggræður f.pl., fagurgali m.,
  blaður n.; skjall n.; vi. masa, þvaðra;
  skjalla
pale adj. fölur, fölleitur; vi. fölna, blikna
pale rimill m., pílári m.; **beyond/outside
  the p.** utan marka alls velsæmis
paleface fölskinni m.
paleness fölvi m., fölleiki m.
paleographer fornletursfræðingur m.
paleographic(al) adj. fornleturs-
  fræðilegur
paleography fornletursfræði f.
Paleolithic adj. frá fornsteinöld,
  fornsteinaldar-
paleomagnetism bergsegulmagn n.;
  bergsegulmælingar f.pl.
paleonthologist steingervinga-
  fræðingur m.
paleonthology steingervingafræði f.
Paleozoic fornlífsöld f.; adj. fornlífsaldar-
palette litaspjald n., palletta f.
palette knife (pl. - **knives**) málarahnífur
  m.; pönnuspaði m.
palimpsest uppskafningur m.
paling grindverk n., grindur f.pl.
palisade stauragirðing f.; virkisstaur m.
palisades (Am.) standberg n., stálberg n.
palish adj. fremur fölur, fölleitur
pall líkkistuklæði n.pl.; dimmur skuggi
  m., mökkur m.; vi. þreytast á; verða
  þreytandi/leiðgjarn
pallbearer líkmaður m.
pallet hálmdýna f.; pallur m., bretti n.;
  palletta f.
palliasse hálmdýna f.
palliate vt. draga úr, milda, lina; afsaka
palliation fróun f., linun f.; afsökun f.
palliative fróunarlyf n.; adj. linandi,
  fróunar-
pallid adj. fölur, gugginn, veiklulegur
pallor fölvi m., fölleiki m.
pally adj. vingjarnlegur
palm (of the hand) lófi m.;
  vt. fela í lófa sér
palm (tree) pálmi m., pálmagrein f.;
  bear/carry off/ the p. standa með
  pálmann í höndunum
palmer pálmari m., pílagrímur m.
palmist lófalesari m.
palmistry lófalestur m.
palm off v. losa sig við, pranga út; plata

palm oil → pantheistic 308

palm oil pálmaolía f.
Palm Sunday pálmasunnudagur m.
palmy adj. blómlegur, velmegunar-
palp þreifari m., þreifiangi m.
palpable adj. bersýnilegur, augljós; áþreifanlegur
palpate vt. þreifa (til sjúkdómsgreiningar)
palpation þreifing f.
palpitate vi. slá óeðlilega hratt; skjálfa, titra
palpitation óeðlilega hraður hjartsláttur m.; skjálfti m.
palsied adj. lamaður; riðandi, skjálfandi
palsy lömun f.; skjálfti m.
palter with v. leika sér að, fara léttúðlega með
paltry adj. lítilfjörlegur, ómerkilegur
pal up with v. vingast við
pampas (in South America) víðáttumiklar gresjur f.pl.
pamper vt. ofdekra, láta of mikið með
pamphlet bæklingur m., pési m.
pamphleteer bæklingahöfundur m.
pan panna f.; v. skola á pönnu; rakka niður
pan (of a camera) skim n.; v. skima, hvarfa
panacea undralyf n., kynjalyf n.; töfraformúla f.
panache glæsibragur m., glæsimennska f.
Panama Canal Panamaskurður m.
panama hat barðastór hattur m.
pancake pönnukaka f.; v. hlammlenda
pancake landing hlammlending f., flatkökulending f.
panchromatic adj. næmur fyrir öllum litum
pancreas briskirtill m., bris n.
pancreatic adj. briskirtils-, bris-
pancreatic juice brissafi m.
panda (risa)panda f., pandabjörn m.
Panda car (vega)lögreglubíll m., eftirlitsbíll m.
Panda crossing gangbraut með umferðarljósum f.
pandemic útbreidd farsótt f., heimsfaraldur m.
pandemonium öngþveiti f., ringulreið f., háreysti f.
pander melludólgur m., saurlífismangari m.; vi. stunda hórmang
pander to v. þjóna, höfða til; gera sér að féþúfu
pane gluggarúða f.
panegyric lofræða f., lofkvæði n.; oflof n.
panel panill m., þil n.; spjald n.; vt. þilja
panel bearing réttingavinna f.
panel discussion pallborðsumræður f.pl.
panel game spurningakeppni f.
panel heating geislahitun f.
panelling þilklæðning f., þilspjöld n.pl.
panellist þátttakandi í pallborðsumræðum m.
panel of judges dómnefnd f.
pang sársaukastingur m., tak n., kippur m.
pangs of conscience samviskubit n.
pangs of hunger hungurverkir m.pl.
panhandle pönnuskaft n.; (Am.) vi. betla
panhandler (Am.) betlari m.
panic felmtur n., óðagot n.; adj. hræðslu-, skelfingar- ; vi. vera gripinn skelfingu
panicky adj. fátkenndur, fum-, óðagots-
panic-stricken adj. óttasleginn, trylltur af hræðslu
panjandrum pótintáti m., spjátrungur m., burgeis m.
pannier klyfjakarfa f., (on a bicycle) hnakktaska f.
panoplied adj. búinn alvæpni; í fullum skrúða
panoply alvæpni n.; fullur skrúði m.
panorama víðsýni n., víðmynd f.; yfirlitsmynd f.
panoramic adj. víður, yfirlits-; yfirgripsmikill
pan out v. lykta, enda, takast
panpipes panflauta f.
pansy þrenningarfjóla f.; hommi m.
pant stuna f., más n.; v. mása, standa á öndinni
pant suit buxnadragt f.
pantaloon trúður m., fífl n., skopfígúra f.
pantaloons buxur f.pl., langbrækur f.pl.
pantechnicon (removal van) flutningabíll m.
pantheism algyðistrú f.; algyðisdýrkun f.
pantheist algyðistrúarmaður m.
pantheistic adj. algyðistrúar-, algyðis-

panther pardusdýr n.
panties (kven)nærbuxur f.pl.
pantile þaksteinn m., þakskífa f.
pantomime látbragðsleikur m.
pantry matarbúr n.; framreiðsluherbergi n.
pants nærbuxur f.pl., (Am.) buxur f.pl.
pantyhose (Am.) (kven)sokkabuxur f.pl.
panzer skriðdreki m.; adj. brynvarinn, bryn-
panzer division skriðdrekasveit f.
pap (food) mauk n., (nipple) geirvarta f.
papa pabbi m.
papacy páfadómur m., páfastóll m.
papal adj. páfalegur, páfa-, páfadóms-
papal edict páfaboð n.
papaya melónutré n., papajatré n.
paper pappír m.; adj. pappírskenndur; pappírs-, bréfa-; vt. þekja með pappír, veggfóðra
paperback pappírskilja f.
paperboy blaðburðardrengur m., (Am.) blaðsöludrengur m.
paper clip bréfaklemma f.
paper cutter (Am.) pappírsskeri m.
paperhanger veggfóðrari m.
paper knife (pl. - **knives**) pappírshnífur m., bréfahnífur m.
paper mill pappírsverksmiðja f.
paper money (peninga)seðlar m.pl.
paper over vt. breiða yfir; lappa upp á
paper profits áætlaður gróði m.
papers pappírar m.pl., gögn n.pl. skjöl n.pl.
paper shredder pappírstætari m.
paper throw pappírsskrun n.
paper tiger pappírstígur m.
paperweight bréfapressa f.
paperwork pappírsvinna f., skriftir f.pl.
papery adj. pappírslegur; næfurþunnur
papier-mâché pappírsdeig n.
papist kaþólikki m., pápisti m.
papoose indíánabarn n., (rucksack) bakpoki f.
pappy pabbi m., pápi m.
paprika paprika f., paprikuduft n.
papyrus papírus m., papírussef n.
par jöfnuður m.; **on a p.** ámóta, jafn; meðallag n.; **up to p.** nógu góður; par n., höggafjöldi m.

parable dæmisaga f.
parabola fleygbogi m.
parabolic adj. fleygmyndaður
parabolical adj. í dæmisögum, dæmisögu-
parachute fallhlíf f.; v. stökkva í fallhlíf
parachutist fallhlífastökkvari m.
paraclete huggari m., meðalgöngumaður m., sættir m.
parade skemmtiganga f., skrúðganga f., hersýning f.; **make a p.** of flagga, flíka; v. safna(st) saman; ganga fylktu liði
parade ground liðskönnunarsvæði n.
paradigm fyrirmynd f., (in grammar) beygingardæmi n.
paradigmatic adj. fyrirmyndar-; beygingardæmis-
paradise paradís f., himnaríki n.
paradisiac(al) adj. himneskur, unaðslegur, paradísar-
paradox þverstæða f., þversögn f.
paradoxical adj. þversagnarkenndur, þverstæðu-
paraffin oil parafínolía f., steinolía f., ljósolía f.
paraffin wax parafín n., parafínvax n.
paragon fyrirmynd f.
paragraph efnisgrein f., málsgrein f.
parakeet skaftpáfi m., parakít m.
parallax sýndarhliðrun f., sýndarfærsla f.
parallel hliðstæða f., samsvörun f.; samanburður m.; adj. samsíða, samhliða; hliðstæður; **draw a p.** líkja saman; v. liggja samsíða; samsvara, vera hliðstæður
parallel bars tvísla f.
parallelism sambærileiki m., samsvörun f.; samanburður m.
parallel of latitude breiddarbaugur m., breiddarbaugslína f.
parallelogram samsíðungur m.
paralyse vt. lama, draga allan þrótt úr
paralysis (pl. -**ses**) lömun f.; hnignun f., stöðvun f.
paralytic lamaður maður m.; adj. lamaður, lömunar-
paramedic (Am.) sjúkraliði m
parameter (færi)breyta f.; kennistærð f.

paramilitary adj. herþjálfaður, herþjálfunar-
paramount adj. fyrstur, mestur, æðstur
paramour viðhald n., frilla f., friðill m.
paranoia ofsóknarkennd f., ofsóknaræði n.
paranoiac maður haldinn ofsóknarkennd m.; adj. ofsóknar-
paranoid sjúklega tortrygginn maður m.; adj. ofsóknar-
parapet handrið n., brjóstrið n.; brjóstvirki n.
paraphernalia persónulegir munir m.pl.; útbúnaður m.
paraphrase umorðun f.; vt. umorða, breyta orðalagi
paraplegia þverlömun f., lömun fyrir neðan mitti f.
paraplegic þverlamaður maður m.; adj. þverlamaður
parapsychology dulsálarfræði f.
parasite sníkjudýr n., sníkill m.
parasitic(al) adj. sníkjudýrs-, sníkils-
parasitic cone axlargígur m., hliðargígur m.
parasitic jaeger (Am.) kjói m.
parasitic plant sníkjuplanta f.
parasitism sníkjulífi n., afætulifnaður m.
parasitologist sníkjudýrafræðingur m.
parasitology sníkjudýrafræði f.
parasol sólhlíf f.
parathyroid gland kalkkirtill m.
paratrooper fallhlífahermaður m.
paratroops fallhlífahersveit f.
paratyphoid fever taugaveikibróðir m.
parboil vt. hálfsjóða, forsjóða; ofhita
parcel pakki m., böggull m.
parcel out vt. deila, skipta niður
parcel post bögglapóstur m.
parcel shipment stykkjavörusending f.
parcel up vt. pakka inn, setja í pakka
parch vt. þurrka upp, glóða; skrælna, sviðna
parchment pergament n., bókfell n.
pardon fyrirgefning f.; **(I beg your) p.** afsakaðu; hvað sagðirðu?; (legal) náðun f., sakaruppgjöf f.; vt. fyrirgefa, afsaka; náða
pardonable adj. afsakanlegur, fyrirgefanlegur

pardoner aflátssali m.
pare vt. klippa, snyrta; afhýða, flysja
pare down vt. skera niður, klípa af
parent foreldri m., (cause) undirrót f., orsök f.
parentage foreldrahlutverk n.; ætterni n., uppruni m.
parental adj. foreldra-
parent company móðurfyrirtæki n.
parenthesis (pl. **-ses**) svigi m.; innskot n.
parenthetic(al) adj. innan sviga; innskots-
parenthood foreldrahlutverk n.
parents-in-law tengdaforeldrar m.pl.
parent-teacher association foreldra- og kennarafélag n.
parer skafjárn n.; hófjárn n.; hnífur m.
par excellence adj. frábær, snilldar-, afbragðs-
parhelion (pl. **parhelia**) gíll m., hjásól f., aukasól f.
pariah úrhrak n.
paring börkur m., hýði n.; afhýðing f., flysjun f.
parish söfnuður m., sókn f., (civil) hreppur m., sveitarfélag n.; **go on the p.** fara á sveitina
parish council hreppsnefnd f.
parishioner sóknarbarn n.; hreppsbúi m.
parish-pump politics hreppapólitík f.
parish register kirkjubók f.
Parisian Parísarbúi m.; adj. Parísar-
parity jöfnuður m., jafnvægi n.; samsvörun f.
parity bit parbiti m., tvístæðubiti m.
parity check parprófun f., tvístæðuprófun f.
parity of exchange (markaðs)gengi n.
parity of wages launajöfnuður m.
park skemmtigarður m., almenningsgarður m.; v. leggja bíl; leggja frá sér, koma fyrir
parka hettuúlpa f., (Am.) anorakkur m.
parking bílastæði n.; **no p.** bílastæði bönnuð
parking brake handbremsa f., stöðuhemill m.
parking fee bílastæðisgjald n.
parking light stöðuljós n.

parking lot (Am.) bílastæði n., bílageymsla f.
parking meter stöðumælir m.
parking ticket stöðumælasekt f.
parking zone bílastæðissvæði n.
parky adj. (chilly) hrollkaldur
parlance talsmáti m., málfar n.
parley umræðufundur m.; vi. semja um skilmála
parliament (þjóð)þing n.; (Icelandic) Alþingi n.
parliamentarian sérfróður maður um þingsköp m.; þingmaður m.
parliamentary adj. þingræðislegur, þing-
parliamentary commissoner umboðsmaður alþingis m.
parliamentary procedure þingsköp n.pl.
parlour setustofa f., gestasalur m., dagstofa f.
parlour car (Am.) járnbrautarvagn með þægilegum sætum m.
parlour maid stofustúlka f.
parlour pink (pinko) stofukommi m.
parlous adj. hættulegur, háskalegur
parochial adj. sóknar-; sveitar-; þröngsýnn
parochialism þröngsýni f., nesjamennska f.
parochial register kirkjubók f.
parochial relief sveitarstyrkur m.
parodist skopstælingarhöfundur m.
parody skopstæling f., paródía f.; skrumskæling f.; vt. skopstæla; skrumskæla, afskræma
par of exchange nafnverð n., nafnvirði n.
parole drengskaparorð n., reynslulausn (úr fangelsi) f.; vt. láta lausan til reynslu
parotid gland eyrnakirtill m., vangakirtill m.
paroxysm hviða f., kast n.
parquet parket n.
parr (young salmon) laxaseiði n.
parricide föður-/móðurmorð n.; föður-/móðurmorðingi m.
parrot páfagaukur m.; v. herma eftir
parrot fashion adv. eins og páfagaukur; hugsunarlaust
parrot fever páfagauksveiki f., fýlasótt f.
parry vt. bera af sér, víkja sér undan

parse vt. orðflokkagreina
parsimonious adj. sparsamur, nískur
parsimony sparsemi f., níska f.
parsley péturselja f., steinselja f.
parsnip nípa f., lífsjurt f.
parson (sóknar)prestur m., klerkur m.
parsonage prestsetur n., prestsbústaður m.
parson's nose gumpur á fuglasteik m.
part partur m., hluti m.; hlutverk n.; **for my p.** að því er mér viðkemur; **in p.** að nokkru leyti; **on the p. of** að hálfu e-s; **take p. in** taka þátt í; v. (að)skilja, taka í sundur; adv. að hluta til
part and parcel aðalatriði n., kjarni m.
partake in v. eiga hlutdeild í; borða, neyta, njóta
partake of v. fá skerf/hlut af; bera keim af
parterre blómreitur m., (of a theatre) bakgólf n.
parthenogenesis meyfæðing f.
Parthian shot meinleg skilnaðarorð n.pl.
partial adj. ekki algjör, að hluta; hlutdrægur
partial eclipse deildarmyrkvi m.
partiality hlutdrægni f.; dálæti n., mætur f.pl.
partially adv. að nokkru leyti; af hlutdrægni
partial to adj. gefinn fyrir, hneigður fyrir
participant þátttakandi m., hluttakandi m.
participate vi. taka þátt (í = **in**)
participation þátttaka f., hluttaka f.
participial adj. lýsingarháttar-
participle lýsingarháttur m.
particle ögn f., korn n., (in grammar) smáorð n.
parti-coloured adj. litríkur, marglitur; fjölbreytilegur
particular einstakt atriði n.; adj. sérstakur, einstakur; vandlátur; nákvæmur; **in p.** sérstaklega, einkum
particularity vandfýsni f.; nákvæmni f.; sérkenni n.
particularize v. sundurgreina; fjalla um í smáatriðum
particularly adv. sérstaklega, einkum og sér í lagi
parting skilnaður m.; skipting f.; adj. skilnaðar-

parting cup skilnaðarskál f., hestaskál f.
parting kiss kveðjukoss m.
partisan flokksmaður m., fylgismaður m.; skæruliði m.; adj. flokks-, fylgis-; skæruliða-
partisan politics flokkapólitík f.
partisanship flokkshollusta f., flokksfylgi n.
partition skipting f.; skilrúm n., milliveggur m.; vt. skipta í sundur, deila
partition off v. þilja af, skipta með skilrúmi
partitive (word) deiliorð n.
partly adv. að einhverju leyti, sumpart
partner félagi m.; meðeigandi m.; mótspilari m.
partnership félag n., félagsskapur m.; sameignarfélag n.
partner up vt. gera að félögum, spyrða saman
part of speech (in grammar) orðflokkur m.
partook v. (p. **partake**)
part owner eigandi að hluta m.
partridge akurhæna f.
parts landshluti m., landsvæði n.; hæfileiki m.
parts catalogue varahlutabók f.
part-singing (marg)raddaður söngur m.
parts list varahlutalisti m.
part-song (marg)raddað sönglag n.
part-time adj. hluta-; adv. í hlutastarfi
part-timer maður í hlutastarfi m.
part-time teacher stundakennari m.
part-time teaching stundakennsla f.
part-time work hlutastarf n.
parturition fæðing f., barnsburður m.
part with v. segja skilið við, fara frá; láta af hendi
party (group) hópur m., flokkur m., (politcal) stjórnmálaflokkur m., (entertainment) veisla f., boð n. samkvæmi n., (legal) málsaðili m.
party-coloured adj. litríkur, marglitur; fjölbreytilegur
party line flokkslína f.; símalína f.
party liner réttlínumaður m.
party machine flokksmaskína f., klíka f.
party politician flokkspólitíkus m.
party spirit fylgisandi m., flokksandi m.
party wall skilveggur m.
par value nafnverð n., nafnvirði n.
parvenu stéttarskiptingur m.
paschal adj. páskalegur, páska-
Paschal lamb Jesús Kristur m.
pas de deux tvídans m.
pasqueflower skógarsóley f.
pasquinade níðrit n.; vt. rita níð um
pass (mountain) fjallaskarð n., (condition) ástand n., (in sports) atrenna f., (in an exam) fullnægjandi einkunn f., lágmarkeinkunn f.
pass vt. fara framhjá, fara fram úr; hleypa í gegn; standast; (give) rétta; vi. (of time) líða
passable adj. fær (yfirferðar); sæmilegur, bærilegur
passage (way through) leið f., göng n.pl.; aðgangur m.; (voyage) langferð f., (in a book) kafli m.
passage of arms handalögmál n., áflog n.pl.
passageway gangur m., göng n.pl.; húsasund n.
pass away vi. (die) andast, deyja
passbook (bankbook) bankabók f., sparisjóðsbók f.
pass by v. (disregard) taka ekki eftir, sjást yfir
pass down v. láta ganga að erfðum
passé adj. úreltur, gamaldags
passenger farþegi m., (inefficient member) liðleskja f.
passenger air service farþegaflug n.
passenger cabin farþegarými n.
passenger compartment farþegarými n.
passenger coupon farþegamiði m.
passenger hall farþegasalur m.
passenger handling farþegaafgreiðsla f.
passenger manifest farþegaskrá f.
passenger terminal farþegamiðstöð f.
passe-partout límband n., (passkey) aðallykill m.
passerby (pl. **passersby**) vegfarandi m.
pass for v. vera tekinn sem/fyrir
passim (Lat.) adv. á víð og dreif, hér og þar
passing brottför f., hvarf n.; **in p.** meðal annarra orða; adj. líðandi, yfirstand-

andi; skammvinnur; lauslegur; adv. afskaplega, ákaflega
passing bell líkklukka f., líkhringing f.
passing mark fullnægjandi einkunn f., lágmarkseinkunn f.
passion ástríða f., (anger) reiðikast n.
Passion pína og dauði Krists n.pl.; píslarsagan f.
passionate adj. ástríðufullur, ákafur, bráður
passionflower píslarblóm n., passíublóm n.
Passion play helgileikur um pínu og dauða Krists m.
Passion Sunday passíusunnudagur m.
Passion Week vikan fyrir Pálmasunnudag f.
passive adj. aðgerðalaus, óvirkur; þolmyndar-
passiveness aðgerðarleysi n., óvirkni f.; hlutleysi n.
passive resistance friðsamlegar mótmælaaðgerðir f.pl.
passive voice (in grammar) þolmynd f.
passivity aðgerðarleysi n., óvirkni f.; hlutleysi n.
passivize vt. setja í þolmynd
passkey aðallykill m.; húslykill m.
pass off v. líða (hjá), ganga (yfir); eyða; látast vera
pass on v. afhenda, láta ganga áfram, (die) deyja
pass out v. (faint) líða út af, missa meðvitund
Passover páskahátíð (gyðinga) f.
pass over v. (fail to notice) hlaupa yfir, ganga framhjá
passport vegabréf n.; lykill m.
pass up v. (let slip) sleppa fram hjá sér
password kenniorð n., lykilorð n.
past fortíð f., liðin tíð f.; adj. liðinn, horfinn, (former) fyrrverandi; adv. framhjá; prp. framhjá, (fram) yfir, utan við
pasta (ítalskt) hveitideig n.; pastaréttur m.
paste klístur n., deig n.; kæfa f.; v. klístra, líma
pasteboard pappi m.
pastel pastellitur m.; pastelmynd f.; adj. fölur

pastern kjúka f., hófhvarf n.
paste up vt. líma upp; þekja með pappa; klína út
pasteurization gerilsneyðing f.
pasteurize vt. gerilsneyða
pastiche stæling f.
pastille hálstafla f.
pastime dægradvöl f., dægrastytting f.
past master gamall meistari m.; útfarinn/leikinn maður m.
pastor (sóknar)prestur m.
pastoral (poem) hjarðljóð n.; sveitalífslýsing f.; adj. hjarðlífs-, sveitalífs-; prestlegur, prests-
pastoral care sálusorgun f.
pastorale sveitalífstónsmíð f.
pastoral letter hirðisbréf n.
pastoral staff bagall m.
pastorate prestsembætti n.; prestastétt f.
past participle (in grammar) lýsingarháttur þátíðar m.
past perfect (in grammar) þáliðin tíð f.
pastrami reyktur og kryddaður nautabógur m.
pastry hveitideig n.; sætabrauð n.
pastry shop sætabrauðsbúð f.
past tense (in grammar) þátíð f.
pasturage bithagi m., beit f.
pasture beitiland n., hagi m.; v. beita; vera á beit
pasty (kjöt)baka f.; adj. deigkenndur; náhvítur
pat adj. hiklaus, vöflulaus; fyrirhafnarlaus; adv. hiklaust; **have/know (off) p.** hafa á reiðum höndum; **stand p.** sitja við sinn keip
pat klapp n.; (butter) smjörklípa f.; v. klappa, slá létt
patch pjatla f., leppur m., bót f.; blettur m., skiki m.; **not a p. on** ekki hálfdrættingur á við; vt. bæta, festa bót á
patch up vt. lappa upp á; sætta, koma á sáttum
patchwork bútasaumur m., bútastagl n.; samtíningur m.
patchwork quilt bútasaumsábreiða f.
patchy adj. stagbættur; flekkóttur; óreglulegur
patchy fog þokuslæðingur m.
patchy rain rigning með köflum f.

pate (of the head) kollur m., hvirfill m.
pâté kæfa f.; kjötbaka f.
pâté de foie gras gæsalifrarkæfa f.
patella (kneecap) hnéskel f.
patent einkaleyfi n.; adj. einkaleyfis-, (obvious) augljós, greinilegur, (clever) sniðugur, snjall; vt. fá/veita einkaleyfi
patent leather gljáleður n.
patent medicine undralyf n.; sérlyf n.
Patent Office einkaleyfisskrifstofa f.
patent pending einkaleyfi í umsókn n.
patentee einkaleyfishafi m.
patently adv. augljóslega, greinilega
patent register einkaleyfisskrá f.
paterfamilias fjölskyldufaðir m.
paternal adj. föðurlegur, í föðurætt, föður-
paternalism landsföðurhyggja f.
paternalist landsfaðir m.
paternalistic adj. landsföðurlegur
paternity faðerni n.
paternoster faðirvorið n.
path gangstígur m., slóð f., braut f., leið f.
pathetic adj. átakanlegur, sorglegur
pathfinder brautryðjandi m., leiðsögumaður m.
pathological adj. meinafræðilegur; sjúklegur
pathologist meinafræðingur m., sjúkdómafræðingur m.
pathology meinafræði f., sjúkdómafræði f.
pathos (pity) samúð f., meðaumkun f., (sadness) tregi m.
pathway gangstígur m., braut f.; ferli n.
patience þolinmæði f.; kapall m.; **play p.** leggja kapal
patient sjúklingur m.; adj. þolinmóður, þrautseigur
patina spanskgræna f., eirgræna f., patína f.
patio innanhússgarður m., verönd f.
patisserie kökubúð f., bakarí n.
patois sveitamál n., búramál n.; klíkumál n.
patriarch ættfaðir m.; patríarki m., yfirbiskup m.
patriarchal adj. feðraveldis-; patríarka-
patriarchy feðraveldi n., ættfeðrastjórn f.

patrician patrísei m.; aðalsmaður m.; adj. aðalborinn
patricide föðurmorð n.; föðurmorðingi m.
patrimonial adj. föðurleifðar-, föðurarfs-, erfðafjár-
patrimony föðurleifð f., föðurarfur m.; kirkjugóss n.
patriot föðurlandsvinur m., ættjarðarvinur m.
patriotic adj. þjóðrækinn, þjóðræknislegur
patriotism föðurlandsást f., þjóðrækni f.
patrol varsla f., gæsla f.; varðflokkur m.; v. vakta, vera á verði, fara eftirlitsferð (um)
patrol car vegaeftirlitsbíll m.
patrolman (pl. **-men**) vegaeftirlitsmaður m., (Am.) lögreglumaður sem vaktar ákveðið svæði m.
patrol wagon (Am.) fangabíll m., löggubíll m.
patron verndari m., velunnari m.; fastagestur m.
patronage vernd f., stuðningur m.; föst viðskipti n.pl.
patroness velgerðarkona f., styrktarkona f., verndari m.
patronize vt. vera verndari; vera fastagestur; sýna yfirlætislega góðvild, auðsýna lítillæti
patron saint verndardýrlingur m.
patronymic föðurnafn n., ættarnafn n.; adj. föðurnafns-
patten tréklossi m.
patter trítl n., létt fótatak n.; dropahljóð n.; vi. trítla, tifa; falla í dropahljóðum
patter romsa f., þula f.; klíkumál n.; v. (say quickly) þylja, romsa (upp)
pattern fyrirmynd f., mynstur n., snið n., (sample) sýnishorn n.; vt. taka upp eftir, líkja eftir; mynstra, sníða
pattern book sýnishornabók f.
patty lítil (kjöt)baka f., klatti m.
paucity fæð f.; skortur m., hörgull m.
paunch kviður m., ístra f., bumba f.
paunchy adj. belgmikill, vambmikill, með ístru
pauper fátæklingur m., sveitarómagi m.
pauperism (poverty) fátækt f., örbirgð f.
pauperize vt. koma á vonarvöl

pause hlé n., hvíld f.; hik n., bið f.; vi. stansa, hætta í bili, staldra við, nema staðar
pave vt. leggja slitlag á, steinleggja; þekja, hylja; **p. the way (for)** varða veginn (fyrir)
pavement gangstétt f.
pavilion skáli m., skemmtanahöll f., sýningartjald n.
paving slitlagsefni n., slitlag n.
paving stone hella f., hellusteinn m.
paw hrammur m., loppa f.; krumla f.; vt. krafsa, róta; slá til með framfótum; káfa utan í
pawl skreppa f., hemill m.
pawn (hand)veð n., pantur m.; **in p.** veðsettur; (in chess) peð n.; vt. veðsetja, pantsetja
pawnbroker veðlánari m.
pawnshop veðlánabúð f.
pawpaw melónutré n., papajatré n.
pay laun n.pl., kaup n.; **in the p. of** á launum hjá; greiðsla f., gjald n.; v. borga, gjalda, greiða; **p. through the nose** greiða okurverð
payable adj. gjaldfallinn; greiðanlegur
pay-as-you-earn (P A Y E) staðgreiðsla skatta f.
pay-as-you-go (Am.) staðgreiðsla (skatta) f.
pay back v. endurgjalda; launa, ná sér niðri á
paycheck (Am.) launaávísun f.
pay cut kjaraskerðing f.
pay damages v. greiða skaðabætur
payday útborgunardagur m., launadagur m.
pay dirt (Am.) málmauðugur jarðvegur m., gullnáma f.
pay down v. greiða inn á
payee greiðsluþegi m., viðtakandi m.
pay envelope (Am.) launaumslag n.
payer greiðandi m.
pay for v. borga fyrir; gjalda fyrir
pay grade (Am.) launaflokkur m.
pay in(to) v. borga inn á
payload farmur m., (of a missile) sprengihleðsla f.
paymaster gjaldkeri m.
Paymaster General (Br.) ríkisféhirðir m.

payment borgun f., greiðsla f.; laun n.pl.
paynim villutrúarmaður m.; múhameðstrúarmaður m.
payoff lokagreiðsla f., uppgjör n.; afrakstur m.
pay off v. borga upp; launa, jafna sakirnar; múta
payola mútugjöf f., mútur f.pl.
pay on a debt v. greiða niður skuld
pay out v. greiða (út); gefa eftir, slaka út
payroll launaskrá f.
pay packet launaumslag n.
pay scale launastigi m.
pay separately v. borga hver fyrir sig
pay slip launaseðill m.
pay station (Am.) símasjálfsali m., almenningssími m.
pay telephone símasjálfsali m., almenningssími m.
pay television áskriftarsjónvarp n.
pay up v. greiða upp, fullgreiða
pea gulerta f., matbaun f.; **as like as two peas (in a pod)** nauðalíkir, nákvæmlega eins
peace friður m., kyrrð f., friðsæld f.
peaceable adj. friðsamur, friðelskur
Peace Corps sveitir friðarsjálfboðaliða f.pl.
peaceful adj. friðsamur, friðsamlegur, friðsæll
peacefulness friðsæld f., kyrrð f., ró f.
peacekeeping adj. friðargæslu-
peacemaker friðarstillir m., sáttasemjari m.
peacemaking friðarumleitanir f.pl.; adj. í þágu friðar
peace offering friðarfórn f., friðþægingarfórn f.
peace officer löggæslumaður m.
peace of mind sálarfriður m., hugarró f.
peace pact (treaty) friðarsáttmáli m.
peace pipe friðarpípa f.
peacetime friðartími m.; adj. friðar-, friðartíma-
peach ferskja f.; ferskjutré n.; vi. kjafta frá
peachick ungur páfugl m.
peacock páfugl m., páhani m.

peacock blue grænblár litur m.;
adj. grænblár
peafowl páfugl m.
pea green ljósgrænn litur m.;
adj. ljósgrænn
peak (fjalls)tindur m., toppur m.;
hámark n.
peaked adj. tindóttur, oddmjór;
uppmjór
peaked cap derhúfa f.
peaked roof risþak n.
peak hour háannatími m.
peak sales sölutoppur m.
peak season annatími m.
peaky adj. horaður, tekinn, vesaldarlegur
peal klukknaómur m., (klukkna)samhringing f.; dynjandi hávaði m.; v. gjalla, óma, klingja
peanut jarðhneta f., jarðhnetujurt f.
peanut butter hnetusmjör n.
peanuts smámunir m.pl., skítur á priki m.
pear pera f., (tree) perutré n.
pearl perla f.; vi. go pearling kafa eftir perlum
pearl diver perlukafari m.
pearl fishery perlumið n.pl., perluveiðistaður m.
pearly adj. perluskreyttur, perlu-
pearly teeth perluhvítar tennur f.pl.
peasant smábóndi m.; sveitamaður m., búri m.
peasantry kotbændur m.pl., smábændastétt f.
pease (peas) gulertur f.pl., matbaunir f.pl.
peasecod baunabelgur m.
peashooter baunaskotpípa f.
pea souper svartaþoka f., niðaþoka f.
peat mór m., móköggull m.
peat bog mómýri f.
peat moss svarðmosi m., barnamosi m.
peatree erturunni m.
peaty adj. móauðugur, mókenndur, mó-
pebble smásteinn m., steinvala f.
pebbly adj. smásteinóttur
pecan hikkoríutré n., valhnotutré n.
peccadillo smásynd f., smáyfirsjón f.
peccary pekkarísvín n.
peck gogg n., pikk n.; v. gogga, pikka, kroppa
peck (Br. 9,1 l.; Am. 8,81 l.); sægur m.,

hrúga f.; p. of trouble(s) heilmikil vandræði n.pl.
pecker hugrekki n., kjarkur m.; keep one's p. up láta ekki deigan síga; (Am.; penis) typpi n.
pecking order goggunarröð f.
peckish adj. (hungry) svangur
pectoral adj. brjóst-
pectoral fin brjóstuggi m., eyruggi m.
pectoral muscle brjóstvöðvi m.
peculate v. draga sér fé
peculation fjárdráttur, fjársvik n.pl.
peculiar adj. einkennandi; einkennilegur, sérstakur
peculiarity einkenni n., sérkennileiki m.
peculiarly adv. einkennilega, furðulega
pecuniary adj. fjárhagslegur, peningalegur
pecuniary gift peningagjöf f.
pecuniary support fjárhagsleg hjálp f., fjárhagsaðstoð f.
pedagogic(al) adj. uppeldisfræðilegur, kennslu-
pedagogics kennslufræði f., uppeldisfræði f.
pedagogue kennari m., uppalandi m.; smásmigill m.
pedagogy kennslufræði f., uppeldisfræði f.
pedal fótstig n., fetill m., pedali m.; v. stíga
pedant smámunasamur maður m., smásmigill m.
pedantic adj. smásmugulegur, einstrengingslegur
pedantry smámunasemi f., smásmygli f.
peddle v. stunda farandsölu; dreifa, breiða út
peddler farandsali m., (pusher) eiturlyfjasali m.
pedestal fótstallur m., súlufótur m.
pedestrian fótgangandi maður m., vegfarandi m.; adj. fótgangandi, (dull) ófjör, hugmyndasnauður
pedestrian crossing gangbraut f.
pedestrian precinct göngugatnasvæði n.
pediatrician barnalæknir m.
pediatrics barnalækningar f.pl.
pedicab fótstiginn farþegavagn m.
pedicel blómleggur m., stilkur m.

pedicure fótsnyrting f.
pedicurist fótsnyrtir m.
pedigree ættartala f., (göfugur) uppruni m.
pediment gaflhlaðsþríhyrningur m.
pedlar (Am.) farandsali m.
pedometer skrefmælir m.
pee piss n.; vi. pissa
peek kíkjur f.pl.; vi. kíkja, gægjast
peekaboo gægjuleikur m., feluleikur m.
peel hýði n., flus n.; v. afhýða, skræla; flagna
peeler afhýðari m., skrælari m.
peelings hýði n., flus n., skræl n.; börkur m., skurn n.
peel off v. afklæðast; (of an aircraft) yfirgefa hópinn
peep (secret look) gægjur f.pl., augnagot n., skyndisýn f.; vi. gægjast, kíkja, gjóa á
peep (sound) píp n.; vi. pípa, tísta, kvaka
peephole gægjugat n.
Peeping Tom gluggagægir m.
peepul (indverskt) viskutré n.
peer jafnoki m., jafningi m.; aðalsmaður m.
peer vi. píra augun, rýna, skyggnast um
peerage aðall m., (rank) aðalstign f.
peeress aðalskona f., hefðarfrú f.
peer group jafnaldrahópur m., jafningjar m.pl.
peerless adj. óviðjafnanlegur, frábær
peeve vt. skaprauna, angra, pirra
peevish adj. önugur, afundinn, rellinn
peevishness önuglyndi f., snakillska f.
peewit vepja f., hettumáfur m.
peg tittur m., pinni m., snagi m.; **buy off the p.** kaupa tilbúinn fatnað; **be a square p. in a round hole** vera á rangri hillu; **take down a p. (or two)** lækka rostann í; vt. festa
peg away at v. puða við, streða við
peg down v. negla niður, festa
peg leg tréfótur m.; maður með tréfót m.
peg out v. afmarka, (die) deyja, gefa upp öndina
peg top (spinning top) skopparakringla f.
peg tops (trousers) niðurmjóar buxur f.pl.
pejorative adj. niðrandi, lítilsvirðandi
pekinese pekinghundur m.

pelagic adj. úthafs-
pelagic fishing úthafsveiðar f.pl.
pelagic sediment úthafset n.
pelargonium mánarbrúður f.
Pele's hair nornahár n.
Pele's tears nornatár n.pl.
pelf auðæfi n.pl., maurar m.pl.
pelican pelíkani m.
pelitic adj. leir-, leirsteins-
pellagra húðkröm f., húðangur n.
pellet smákúla f., hagl n.
pell-mell adv. á ringulreið, á rúi og stúi
pellucid adj. gagnsær, tær; skýr
pellucidity gagnsæi n., tærleiki m.; skýrleiki m.
pelmet gardínukappi m.
Peloponneus Pelopsskagi m.
pelt (skot)hríð f.; **at full p.** á fullri ferð; v. ausa yfir, láta dynja á; steypast niður
pelt (skin) ósútað skinn n., feldur m.
peltate adj. (of leaves) skjaldlaga
peltry (loð)skinn n., gærur f.pl.
pelvic adj. mjaðmar-, mjaðmargrindar-
pelvis mjaðmargrind f.; grindarhol n.
pen penni m.; vt. skrifa (með penna)
pen stía f., kví f.; vt. setja í kví, loka inni
penal adj. refsiverður; hegningar-, refsi-
penal code hegningarlöggjöf f., refsilög n.pl.
penalization refsing f., hegning f.
penalize vt. refsa, hegna; gefa refsistig
penal laws hegningarlög n.pl., refsilög n.pl.
penal register sakaskrá f.
penal servitude hegningarvinna f., refsivinna f.
penalty hegning f.; sekt f.; (skaða)bætur f.pl.
penalty area vítateigur m.
penalty clause refsiákvæði n.
penalty interest dráttarvextir m.pl.
penalty kick vítaspyrna f., víti n.
penalty spot vítapunktur m.
penalty throw vítakast n., víti n.
penance yfirbót f., syndabót f., betrun f.
pen-and-ink sketch pennateikning f.
pence (pl. of **penny**)
penchant miklar mætur (á = **for**) f.pl.
pencil blýantur m.; vt. teikna með blýanti
pencilled sketch blýantsteikning f.

pencil-sharpener blýantsyddari m.
pendant hengiskraut n.
pendent adj. hangandi, slútandi
pending adj. yfirstandandi, óútkljáður; yfirvofandi; prp. þangað til; á meðan á e-u stendur
pendulous adj. dinglandi, hangandi, hengi-
pendulum pendúll m., dingull m., kólfur m.
penetrable adj. íþrengjanlegur, gljúpur
penetrate v. troða sér í gegnum, fara inn í, gagntaka
penetrating adj. nístandi, skerandi; skarpur, glöggur
penetrating oil ryðolía f.
penetration skarpskyggni f., innsæi n.; gegnflæði n.
penetrative adj. nístandi, skerandi; skarpur, glöggur
pen friend pennavinur m.
penguin mörgæs f.
penholder pennastöng f.; pennastandur m.
penicillin pensillín n.
peninsula skagi m.
peninsular adj. skagamyndaður, skaga-
penis getnaðarlimur m., reður m.
penitence iðrun f., yfirbót f.
penitent iðrandi syndari m.; skriftabarn n.; adj. (repentant) iðrunarfullur, iðrandi
penitential adj. iðrunarfullur, iðrunar-, yfirbótar-
penitentiary hegningarhús n., betrunarhús n.; adj. refsiverður, saknæmur, hegningar-, betrunar-
penknife (pl. **-knives**) pennahnífur m.
penman (pl. **-men**) maður með fallega rithönd m.
penmanship rithönd f., skrift f.; ritlist f.
pen name höfundarnafn n., höfundarheiti n.
pennant (topp)veifa f., fáni m., flagg n.
penniless adj. félaus, blankur
pennon (odd)veifa f., fáni m., flagg n.
penny (pl. **pennies** & **pence**) penní n. (1/100 úr pundi); **cost a pretty p.**
kosta dágóðan skilding; **spend a p.** fara á klósett
penny dreadful (sjoppu)reyfari m.
penny pincher aurasál f., nirfill m.
penny-pinching níska f.; adj. nískur
pennyweight (= 1,5552 g.)
penny-wise adj. spar á eyrinn; **be p. and pound-foolish** spara eyrinn en kasta krónunni
pennywort (plant) vatnsnafli m.
pennyworth pennívirði n.; slæm/góð kaup n.pl.
penologist refsifræðingur m.
penology refsifræði f.
pen pal (Am.) pennavinur m.
pen pusher skrifstofublók f.
pension eftirlaun n.pl., ellilaun n.pl.
pension (house) gistiheimili n., gistihús n.
pensionable adj. sem veitir eftirlaunaréttindi
pensionable age eftirlaunaaldur m.
pensioner lífeyrisþegi m., eftirlaunamaður m.
pension fund lífeyrissjóður m.
pension off vt. setja á eftirlaun
pension plan eftirlaunakerfi n.
pensive adj. hugsi, í þungum þönkum; dapur
pensiveness dapurleiki m.
penstock (floodgate) flóðgátt f.
pentagon fimmhyrningur m.
pentagram fimmhyrnd stjarna f.
pentameter fimmliðaháttur m.
pentathlon fimmtarþraut f.
Pentecost hvítasunna f., hvítasunnudagur m.
penthouse þakíbúð f.; skyggni n., bíslag n.
pent-in adj. innilokaður, innikróaður
pent-up adj. innibyrgður, niðurbældur
penultimate adj. næstsíðastur, næstseinastur
penumbra hálfskuggi m.
penumbral adj. hálfskyggður, hálfskugga-
pen up vt. loka inni, byrgja inni
penurious adj. blásnauður, févana; nískur
penury örbirgð f., fátækt f.
peony bóndarós f.

people fólk n.; vt. byggja (land)
people (pl. **peoples**) þjóð f., þjóðflokkur m.
pep lífsfjör n., orka f., fjör n
pepper pipar m.; vt. pipra, krydda með pipar
pepper-and-salt adj. svart- og hvítyrjóttur, grádröfnóttur
pepperbox piparstaukur m.
peppercorn piparkorn n., (a small amount) smáræði n.
pepper mill piparkvörn f.
peppermint (plant) piparmenta f., (sweet) piparmynta f.
pepperpot piparstaukur m.
peppery adj. mikið pipraður; uppstökkur, bráður.
pep pill örvandi pilla f., fúttpilla f.
pep talk hvatningarræða f.
peptic adj. meltingar-
peptics meltingarfæri n.pl.
pep up vt. hleypa fjöri í, hressa, uppörva
per prp. á, fyrir (hvern og einn); **as p.** samkvæmt; **(as) p. usual** eins og vanalega
peradventure adv. ef til vill, kannski
perambulate v. ganga um, rölta um
perambulation gönguferð f., ganga f.
perambulator barnavagn m.
per annum adv. á ári
per capita adv. á mann
perceive vt. skynja, (understand) skilja
per cent hundraðshluti m.; adv. prósent
percentage prósenta f., hundraðshluti m.; hlutfall n.
percentile hundraðsmark n.
perceptibility skynjanleiki m.
perceptible adj. skynjanlegur, merkjanlegur
perception skynjun f., skilningur m.
perceptive adj. næmur, glöggur, skarpskyggn
perch fuglaprik n.; v. tylla sér, tróna
perch (fish) aborri m.
perchance adv. ef til vill, kannski
percipience skynnæmi n., skarpskyggni f.
percipient adj. næmur, glöggur, skarpskyggn

percolate v. trekkja(st), sía(st), vætla í gegn; laga kaffi, hella upp á (könnuna); dreifast
percolation síun f.
percolator kaffivél f., kaffikanna f.
percussion (sam)sláttur m., högg n., hvellur m.
percussion cap hvellhetta f.
percussion instrument slagverkshljóðfæri n.
percussionist slagverksleikari m.
percussion wave höggbylgja f.
per diem adv. á dag
perdition eilíf glötun/útskúfun f.; tortímimg f.
peregrination ferðalag n., langferð f., reisa f.
peregrine (falcon) förufálki m.
peremptorily adv. skilyrðislaust, endanlega
peremptory adj. ráðríkur, stjórnsamur; ófrávíkjanlegur
perennial (plant) fjölær planta f.; adj. ævarandi
perfect adj. fullkominn; vt. fullkomna, fullgera
perfectibility hæfileiki til fullkomnunar m.
perfectible adj. sem má fullkomna, þroskavænlegur
perfection fullkomnun f.
perfectionism fullkomnunarárátta f.
perfectionist maður með fullkomnunaráráttu m.
perfectionistic adj. fullkomnunaráráttu-
perfectly adv. fullkomlega, óaðfinnanlega
perfect participle (in grammar) lýsingarháttur þátíðar m.
perfect tense (in grammar) liðin tíð f.
perfidious adj. svikull, fláráður; sviksamlegur
perfidy sviksemi f., flærð f.; svik n.pl.
perforate v. gata, setja göt á; rifgata
perforation götun f.; rifgötun f., riflína f.
perforator gatari m., götunarvél f.
perforce adv. nauðsynlega, af nauðsyn
perform v. framkvæma, starfa; flytja, sýna

performance framkvæmd f., efndir f.pl.; flutningur m., sýning f.; frammistaða f., afköst n.pl.
performance appraisal frammistöðumat n.
performer flytjandi m.; (hljóðfæra) leikari m.
perfume (liquid) ilmvatn n. (scent) ilmur m.; vt. setja ilmvatn á/í; fylla af ilmi/angan
perfumer ilmvatnsframleiðandi m.; ilmvatnssali m.
perfunctoriness grunnfærni f., hroðvirkni f., hirðuleysi n.
perfunctory adj. skeytingarlaus, kærulaus; málamyndar-
pergola laufskáli m.
perhaps adv. ef til vill, kannski
per head adv. á mann
pericardium (pl. **pericardia**) gollur m., gollurhús n.
perigee jarðnánd f.
perihelion sólnánd f.
peril hætta f.; **at one's p.** á eigin ábyrgð
perilous adj. hættulegur, háskalegur
perimeter jaðar m.; ummál n.
period tímabil n., tímaskeið n., lota f.; (menstrual) tíðir f.pl.; (Am.) punktur m. (.)
periodic(al) adj. reglulegur, reglubundinn; lotubundinn
periodical (magazine) tímarit n.
periodically adv. reglulega; öðru hverju, annað veifið
periodic table lotukerfi n., lotutafla f.
periodontitis tannvegsbólga f., tannholdsbólga f.
period piece verk bundið tíma/í stíl ákveðins tíma n.
peripatetic adj. flökku-, farand-, göngu-
peripheral adj. yfirborðslegur, óverulegur; jaðar-
peripheral device jaðartæki n., fylgitæki n.
peripheral nervous system úttaugakerfi n.
periphery (út)jaðar m., útmörk n.pl.
periphrasis (pl. **-ses**) umorðun f., umritun f.

periphrastic adj. umorðaður, umritaður; samsettur
periscope sjónpípa f., hringsjá f.
perish v. farast, týnast, glatast: þjaka, lama; **p. the thought** ég má ekki til þess hugsa
perishable adj. tortímanlegur, rotgjarn
perishables viðkvæm matvæli n.pl., viðkvæmar vörur f.pl.
perisher (troublesome child) óþekktarangi m.
perishing adj. (cold) drepkaldur, (cursed) andstyggilegur
peristalsis (pl. **-ses**) þarmahreyfing f.
peristyle súlnaröð f.; svæði umlukið súlum n.
peritonitis lífhimnubólga f.
periwig hárkolla f., parruk n.
periwinkle (snail) fjörudoppa f., (plant) hörpulauf n.
perjure oneself vt. sverja rangan eið, bera ljúgvitni
perjurer meinsærismaður m., ljúgvitni n.
perjury meinsæri n., rangur eiður m.
perk v. (percolate) laga kaffi, hella upp á (könnuna)
perks hlunnindi n.pl., fríðindi n.pl.
perk up v. hressa við, lífga upp á; lifna við
perky adj. hress, hressilegur; hnakkakertur
perm hárliðun f.; vt. setja permanent í
permafrost sífreri m., frostjörð f.
permanence varanleiki m., stöðugleiki m.
permanent adj. varanlegur, stöðugur, fastur
permanent address heimilisfang n., lögheimili n.
permanently adv. varanlega, til frambúðar
permanent wave hárliðun f., permanent n.
permeability gljúpleiki m., gegndræpi n.
permeable adj. gljúpur, gegndrægur
permeate v. síast í gegnum, fylla, gagntaka
permeation gagnsíun f.
permissible adj. leyfilegur
permission leyfi n., heimild f.

permissive adj. frjálslyndur, frjálslyndis-; eftirlátur
permissive clause frávíkjanlegt ákvæði n.
permissiveness frjálslyndi n.; undanlátssemi f.
permit (skriflegt) leyfi n.; v. leyfa
permutation umröðun f.
permute vt. umraða
pernicious adj. skaðlegur, hættulegur; banvænn
pernicious anemia mergruni m., blóðhvarf n.
pernickety adj. smámunasamur
peroration ræðulok n.pl., lokaorð n.pl.; háfleyg ræða f.
perpendicular (line) lóðlína f.; adj. lóðréttur, hornréttur
perpetrate vt. fremja, drýgja
perpetration misgerð f., hroðaverk n.
perpetrator misyndismaður m., illvirki m.
perpetual adj. eilífur, varanlegur, látlaus
perpetual check þráskák f.
perpetually adv. stöðugt, sífellt; um aldur og ævi
perpetual motion eilífðarhreyfing f.
perpetual snow hjarn n.
perpetuate vt. gera eilífan, varðveita
perpetuity eilífð f.; **in p.** um alla eilífð
perplex vt. rugla (í ríminu); flækja
perplexed adj. ruglaður, ráðþrota; flókinn
perplexity ráðleysi n., fát n.; ráðgáta f.
per post adv. með pósti
perquisite hlunnindi n.pl., fríðindi n.pl.
perry perumjöður m.
per se adv. í sjálfu sér, út af fyrir sig
persecute vt. ofsækja, áreita, hrjá
persecution ofsókn f., áreitni f.
persecutor ofsóknarmaður m.
perseverance þrautseigja f., harðfylgni f.
persevere vi. þrauka, gefast ekki upp
persevering adj. þrautseigur, þolgóður
Persian Persi m., (language) persneska f.; adj. persneskur
Persian Golf Persaflói m.
persiflage gamansemi f., skens n., spott n.
persimmon (fruit) döðluplóma f., (tree) persimónía f.
persist vi. þrjóskast, halda fast við; haldast, vara

persistence þrákelkni f., seigla f.; stöðugleiki m.
persistent adj. þrjóskur; þrálátur, varanlegur
persnickety (Am.) adj. smámunasamur
person persóna f., manneskja f., maður m.
personable adj. aðlaðandi, geðþekkur
personage fyrirmaður m.; sögupersóna f.
personal adj. persónulegur, einka-
personal column (in a newspaper) einkamál n.pl.
personal computer einmenningstölva f.
personal delivery boðsending f.
personal estate lausafé n., lausar eignir f.pl.
personalities nærgöngular athugasemdir f.pl.
personality persónuleiki m.; nafntoguð persóna f.
personality cult persónudýrkun f.
personalize vt. taka persónulega; gera persónulegt, merkja
personally adv. persónulega, sjálfur
personal pronoun persónufornafn n.
personal property persónulegir munir m.pl., lausafé n.
personalty lausafé n., lausar eignir f.pl.
persona non grata óvelkomin/óæskileg persóna f.
person concerned hlutaðeigandi m.
personification persónugerving f.; persónugervingur m.
personify vt. persónugera; vera persónugervingur
personnel starfslið n., starfsmenn m.pl.
personnel manager starfsmannastjóri m.
perspective fjarvídd f.; yfirsýn f.; **in its right/wrong p.** í réttu/röngu samhengi; sjónarhóll m.
perspex plexígler n.
perspicacious adj. skarpskyggn, glöggskyggn
perspicacity skarpskyggni f., glöggskyggni f.
perspicuity auðskiljanleiki m., skýrleiki m.
perspicuous adj. auðskilinn, skýr
perspiration sviti m.; svitamyndun f.
perspire vi. svitna
persuade vt. telja á, fá til að fallast á, sannfæra

persuasion fortölur f.pl., sannfæring f.; skoðun f., trú f.
persuasive adj. sannfærandi
persuasiveness sannfæringarkraftur m.
pert adj. frakkur, framur, framhleypinn
pertain to v. varða, snerta; tilheyra, fylgja
pertinacious adj. staðfastur, einarður; þrjóskur, þrár
pertinacity staðfesta f., einbeitni f.; þrjóska f.
pertinent adj. viðeigandi
pertness óskammfeilni f., framhleypni f.
perturb vt. koma í uppnám; raska, trufla
perturbation óróleiki m.; röskun f., truflun f.
peruke hárkolla f., parruk n.
perusal (vandlegur) lestur m.
peruse vt. (þaul)lesa
Peruvian Perúmaður m.; adj. perúskur
pervade vt. gegnsýra, fylla, metta
pervasion gegnsýring f., fylling f., mettun f.
pervasive adj. gegnsýrandi; útbreiddur, almennur
perverse adj. þvermóðskufullur, öfugsnúinn; siðspilltur
perverseness þvermóðska f.; spilling f., siðleysi n.
perversion rangfærsla f.; spilling f.; öfuguggaháttur m.
perversity þverúð f.; spilling f., siðleysi n.
pervert öfuguggi m.; vt. spilla, rangsnúa, afbaka
pesky (Am.) adj. leiðinlegur, hvimleiður
pessary leghringur m.; (diaphragm) hetta f.
pessimism svartsýni f., bölsýni f.
pessimist svartsýnismaður m.
pessimistic adj. svartsýnn, bölsýnn
pest plága f., skaðvaldur m.
pester vt. angra, erta, þjaka
pesthole pestarbæli n.
pesticide meindýraeitur n.; plágueyðir m.
pestiferous adj. skaðlegur; siðspillandi; angrandi
pestilence farsótt f., drepsótt f., plága f.
pestilent(ial) adj. skaðvænn; siðspillandi; skapraunandi

pestle stautur m., steytill m.; vt. steyta, mylja
pet gæludýr n.; uppáhald n.; adj. gælu-, eftirlætis-; vt. gæla við, dekra við
pet (bad temper) fýla f., ólundarkast n.
petal krónublað n.
petalled adj. krýndur
petard sprengja f.; **hoist with one's own p.** fallinn á eigin bragði
peter out vi. fjara út, renna út í sandinn
petite adj. (of a woman) smávaxinn, fíngerður
petit four konfektkaka f.
petition bæn f., beiðni f., bænarskrá f.; v. leggja bænarskrá fyrir; fara fram á, biðja um
petitioner beiðandi m., (um)sækjandi m.
petit mal flogaveikisnertur m.
petrel (bird) svala f.
petrification steinruni m.; steingervingur m.; stjarfi m.
petrify v. steinrenna, gera að steini, lama
petrol bensín n.
petrolatum (Am.) vaselín n.
petrol engine bensínhreyfill m.
petroleum jarðolía f.
petroleum jelly vaselín n.
petrol gauge bensínmælir m.
petrologist bergfræðingur m.
petrology bergfræði f.
petrol pump bensíndæla f.
petrol station bensínstöð f.
petrol system bensín kerfi n.
petrol tank bensíntankur m.
petticoat (milli)pils n.; adj. pilsa-, kvenna-
petticoat government kvenna(of)ríki n.
pettifogging adj. smámunasamur; brögðóttur, prettinn
pettish adj. önugur, hvefsinn, ergilegur
pettishness geðillska f., fyrtni f.
petty adj. lítilvægur, óverulegur; smásálarlegur
petty cash reiðufé n., smásjóður m.
petty jury tólf manna kviðdómur m., tylftardómur m.
petty larceny smáþjófnaður m.
petty officer undirforingi m.
petulance önuglyndi n., skapillska f., bráðlyndi n.

petulant adj. önugur, hvefsinn, bráðlyndur
petunia tóbakshorn n., petúnía f.
pew kirkjubekkur m.
pewit vepja f., ísakráka f.
pewter pjátur n.
phaeton fjórhjólavagn m.
phagocyte átfruma f.
phalanx (breið)fylking f., (bone) kjúka f., köggull m.
phalarope sundhani m.
phallic adj. reður-; völsa-
phallus reður m., getnaðarlimur m.; völsi m.
phantasmagoria ofsýnir f.pl., myndhverfingar f.pl.
phantasmagoric(al) adj. draumkenndur; síbreytilegur
phantasmal adj. draugalegur; óraunverulegur, ímyndaður
phantasy ímyndunarafl n., ímyndun f., hugarburður m.
phantom draugur m., vofa f.; tálsýn f.
pharaoh faró m.
pharisaic(al) adj. hræsnisfullur, skinheilagur
pharisaism trúarhræsni f., skinhelgi f.
pharisee hræsnari m., skinheilagur maður m.
Pharisee farísei m.
pharmaceutical adj. lyfjafræðilegur, lyfjafræði-
pharmacist lyfjafræðingur m., (chemist) lyfsali m.
pharmacologist lyfjafræðingur m.
pharmacology lyfjafræði f.
pharmacopoeia lyfjaskrá f.
pharmacy lyfjagerð f.; (chemist's shop) lyfjabúð n.
pharyngitis kverkabólga f., kokbólga f.
pharynx kok n., kverkar f.pl.
phase stig n., áfangi m., fasi m.; kvartil n.
phase in v. hagræða í stigum, innleiða smám saman
phase-out áfangalokun f.
phase out v. hætta í áföngum, draga smám saman úr
PhD doktor í hugvísindum m.
pheasant fas(h)ani m.

phenocryst (kristals)díll m.
phenomena (pl. of **phenomenon**)
phenomenal adj. einstæður, undraverður; skynjaður, skyn-
phenomenon fyrirbæri n., fyrirbrigði n.
phenotype svipgerð f., svipfar n.
phew interj. úff
phial (vial) meðalaglas n., lyfjaflaska f.
philander vi. (of a man) dufla, daðra
philanderer duflari m., daðrari m., flagari m.
philanthropic adj. mannúðlegur, mannúðar-, líknar-
philanthropist mannvinur m.
philanthropy mannúð f., mannkærleiki m., líknarlund f.
philatelic adj. frímerkjasöfnunar-
philatelist frímerkjasafnari m.
philately frímerkjasöfnun f.
philharmonic adj. tónlistarunnenda-, fílharmóníu-
philharmonic society tónlistarfélag n.
Philippian Filippseyingur m.; adj. filippeyskur
philippic skammarræða f.
Philippines Filippseyjar f.pl.
philistine menningarsnauður maður m., smáborgari m.
Philistine filisti m.
philistinism menningarleg þröngsýni f., smáborgaraháttur m.
philological adj. textafræðilegur
philologist textafræðingur m.
philology textafræði f.
philosopher heimspekingur m.; hugmyndafræðingur m.
philosopher's stone viskusteinn m.
philosophical adj. heimspekilegur, heimspeki-
philosophize vi. vera með heimspekilegar vangaveltur
philosophy heimspeki f.; lífsspeki f., viska f.
philtre ástardrykkur m., töfradrykkur m.
phizog (face) smetti n., fés n.
phlebitis bláæðabólga f.
phlebotomist blóðtökumaður m.
phlebotomy blóðtaka f.
phlegm kvefslím n.; rólyndi f., deyfð f.

phlegmatic adj. rólyndur, daufur, daufgerður
phlox (plant) ljómi m.
phobia (sjúkleg) hræðsla f., fælni f.
Phoenicia Föníka f.
Phoenician Föníkumaður m.; adj. fönikískur
phone sími m.; v. hringja (til/í)
phone (a single sound) fón n.
phone book símaskrá f.
phone booth símaklefi m.
phone-in símatími m., bein lína f.
phoneme fónem n., hljóðungur m., fónan n.
phonemic adj. fónemískur, hljóðunga-
phonetic adj. hljóðfræðilegur; hljóðritunar-
phonetic feature hljóðþáttur m.
phonetician hljóðfræðingur m.
phonetics hljóðfræði f.
phonetic symbol hljóðritunartákn n.
phonetic transcription hljóðritun f.
phoney loddari m.; adj. falskur, svikinn, þykjustu-
phonic adj. hljóð-, hljóða-
phonics hljóðlestur m., (acoustics) hljóðeðlisfræði f.
phonograph (Am.) plötuspilari m., grammófónn m.
phonology hljóðkerfisfræði f.
phony loddari m.; adj. falskur, svikinn, þykjustu-
phooey interj. fuss, oj
phosphate fosfat n.
phosphorescence fosfórskin n., fosfórljómi m.
phosphorescent adj. sjálflýsandi, fosfórskins-
phosphoric acid fosfórsýra f.
phosphorus fosfór m.
photo (pl. **photos**) ljósmynd f.
photo finish torræð úrslit n.pl.
photocopier ljósritunarvél f.
photocopy ljósrit n.; vt. ljósrita
photocopying ljósritun f.
photoelectric adj. ljósröfunar-, ljósraf-
photoelectric cell ljósnemi m.
photoelectric effect ljósröfun f.
photoflash lamp leifturljós n.
photoflood lamp flóðlampi m.
photogenic adj. sem (ljós)myndast vel, myndrænn
photograph ljósmynd f.; vt. ljósmynda
photographer ljósmyndari m.
photographic adj. ljósmynda-, ljósmyndunar-
photographic memory óbrigðult sjónminni n.
photography ljósmyndun f.
photometer ljósmælir m.
photophobia ljósfælni f., birtufælni f.
photosensitive adj. ljósnæmur
photosphere ljóshvolf n.
photostat (copy) ljósrit n.; vt. ljósrita
photosynthesis ljóstillífun f.
phototypesetter ljóssetningarvél f.
phrasal adj. orðasambands-
phrasal verb agnarsögn f., sagnarsamband n.
phrase orðtak n., frasi m., orðasamband n.; setningarliður m.; **turn of p.** orðalag n.; **turn a p.** komast vel að orði; vt. orða
phrasebook orðatakabók f.
phraseology málfar n., mál n.
phreatic adj. grunnvatns-
phreatic eruption sprengigos n., gufugos n.
phrenetic adj. ofsafenginn, æstur, vitstola
phrenology höfuðlagsfræði f.
phthisis visnun f., (of the lungs) lungnatæring f.
phylloxera jurtalús f.
phylum (pl. **phylia**) fylking f.
physic (medicine) meðal n.; vt. gefa meðal
physical adj. efnislegur, áþreifanlegur; náttúrulegur; líkamlegur; eðlisfræðilegur
physical education líkamsrækt f., leikfimi f.
physical examination læknisskoðun f.
physical geography eðlisrænn landafræði f.
physical jerks leikfimisprikl n.
physical meteorology veðureðlisfræði f.
physical science eðlisvísindi n.pl.
physical therapy sjúkraþjálfun f.
physical training líkamsrækt f., leikfimi f.

physical world efnisheimur m.
physician læknir m.
physicist eðlisfræðingur m.
physics eðlisfræði f.
physiognomy andlitsfall n., (andlits) svipur m.
physiological adj. lífeðlisfræðilegur
physiologist lífeðlisfræðingur m.
physiology lífeðlisfræði f.
physiotherapist sjúkraþjálfari m.
physiotherapy sjúkraþjálfun f.
physique líkamsbygging f., líkamsástand n.
phytoplankton plöntusvif n.
pi pí n.
pianissimo adj. mjög veikur; adv. mjög veikt
pianist píanóleikari m.
piano (pl. **pianos**) píanó n., slagharpa f.
pianoforte píanó n., slagharpa f.
piazza torg n., (Am.) verönd f.
pibroch sekkjapípulag n.
picador lensuriddari m.
picaresque novel skálkasaga f.
picaroon þorpari m., stigamaður m.; sjóræningi m.
piccalilli sterkkryddaður pikles m., súrkrás f.
piccaninny blökkubarn n., svertingjabarn n.
piccolo (pl. **piccolos**) pikkólóflauta f.
pick (choice) val n., (the best) úrval n., (instrument) alur m., fleinn m., stingur m.; v. (choose) velja úr, (take up) tína; stinga
pickaback háhestur m.; adj. & adv. á háhest
pickaninny blökkubarn n., svertingjabarn n.
pick at v. narta í, kroppa; nöldra/jagast í
pickaxe haki m.
picked adj. valinn, úrvals-
picker (person) tínslumaður m.
pickerel (ung) gedda f.
picket staur m., rimill m.; (verkfalls)vörður m.; v. girða með rimlum; standa (verkfalls)vörð
picketer verkfallsvörður m.
picket fence rimlagirðing f.
picket line verkfallsvörður m.

pickiness (Am.) vandlæti n., vandfýsi f.
pickings samtíningur m.; afrakstur m., gróði m.
pickle pækill m.; pikles m., súrkrás f.; **be in a p.** vera í klípu; vt. setja í pækil, pækla; súrsa
pickled adj. pækilsaltaður, (drunk) fullur
pick-me-up hressingardrykkur m.; afréttari m.
pick off v. miða út og skjóta
pick on v. velja; taka fyrir, leggja í einelti
pick out v. velja; taka eftir, greina; spila eftir eyranu
pick over v. velja úr, flokka
pickpocket vasaþjófur m.
pickup upptaka f., hirðing f., (of a record-player) hljóðdós f., (person) bólfélagi m., (acceleration) hröðunargeta f., snerpa f.
pick up v. taka upp, ná sér í, sækja, afla sér
pickup van pallbíll m.
picky (Am.) adj. vandlátur, vandfýsinn
picnic nestisferð f., skemmtiferð f.
pictography myndletur n.; myndletrun f.
pictorial myndablað n.; adj. myndskreyttur, mynda-
picture mynd f.; vt. gera mynd af; ímynda sér
picture book myndabók f.
picture card mannspil n.
picture postcard myndapóstkort n.
pictures kvikmyndahús n., bíó n.
picturesque adj. myndskrúðugur, myndrænn, hrífandi
piddle piss n.; vi. pissa
piddling adj. ómerkilegur, smávægilegur, vesæll
pidgin blendingsmál n.; adj. blendings-
pie baka f.; **as easy as p.** leikur einn; **have a finger in the p.** eiga hagsmuna að gæta; **p. in the sky** innantóm loforð
piebald adj. (of a horse) svartskjóttur
piece stykki n., hlutur m., partur m.; **give s-y a p. of one's mind** segja e-m til syndanna; vt. skeyta/tengja/fella (saman)
pièce de résistance aðalréttur m.; merkasti hlutur m.

piece goods → pilot burner 326

piece goods stykkjavara f., álnavara f.
piecemeal adv. smám saman, í áföngum
piecework ákvæðisvinna f.
pie chart skífurit n., kringlurit n.
piecrust bökudeig n.
pied adj. marglitur, flekkóttur, skjóttur
pied-à-terre bráðabirgðahúsnæði n.
piedmont fjallsrætur f.pl.;
   adj. (fjalls)rótar-
pie-eyed adj. (drunk) ölvaður, fullur
pieplant (Am.) rabarbari m.
pier bryggja f., hafnargarður m.; stólpi m.
pierce v. stinga gat á, nísta, rjúfa
piercing adj. nístandi, skerandi, stingandi
Pierrot Heimskupétur m.
piety guðrækni f., guðhræðsla f.
piezoelectric adj. þrýstiraf-
piffle bull n., þvæla f.; vt. bulla, þvæla
pig (ali)svín n.; **make a p. of oneself** éta eins og svín; **buy a p. in a poke** kaupa köttinn í sekknum; **p. it** lifa eins og svín
pigeon dúfa f.
pigeon-chested adj. með hvelfda/íbjúga bringu
pigeon hawk (Am.) smyrill m.
pigeonhole geymsluhólf n.;
   vt. leggja til hliðar
pigeon-toed adj. innskeifur
piggery svínabú n., (pigsty) svínastía f.
piggish adj. sóðalegur, gráðugur
piggishness sóðaskapur m., græðgi f.
piggy grís m., gríslingur m.;
   adj. gráðugur
piggyback háhestur m.;
   adj. & adv. á háhest
piggybank sparigrís m., sparibaukur m.
pigheaded adj. þrjóskur, þrár, þrákelkinn
pigheadedness þrjóska f., þrákelkni f.
pig iron hrájárn n.
piglet grís f.
pigment litarefni n.
pigmentation litarefni n.; hörundslitur m., litarháttur m.
pigmy dvergur m.; adj dvergvaxinn
pignut (hikkoríu)hneta f.
pigpen (Am.) svínastía f.
pigskin svínsleður n.
pigsty svínastía f.

pigtail hárflétta f., tíkarspeni m.
pigwash svínamatur m.; samsull n., gums n.
pigweed hélunjóli m.
pike (fish) gedda f.
pike spjót n., kesja f., fleinn m.;
   vt. reka í gegn
pikestaff spjótskaft n.; **plain as a p.** deginum ljósara
pilaf (sterkkryddaður) hrísgrjónaréttur m.
pilaster veggstöpull m.
pilchard sardína f.
pile stafli m., hrúga f.; v. hrúga(st); þyrpast
pile (post) burðarstólpi m., staur m.
pile (soft hair) flos n., ló f.
pile driver fallhamar m., staurahnyðja f.
pile dwelling stólpahús n.
pile it on v. ýkja
piles (Am.) (hemorrhoids) gyllinæð f.
pile-up margfaldur árekstur m. keðjuárekstur m.
pile up v. hrannast upp, (crash) rekast saman
pilfer v. hnupla
pilferage hnupl n., smáþjófnaður m.
pilferer hnuplari, smáþjófur m.
pilgrim pílagrímur m.
pilgrimage pílagrímsferð f.
pill (lyfja)pilla f.
pillage ránskapur m.; vt. ræna og rupla
pillar súla f., (máttar)stólpi m.
pillar-box póstkassi m.
pillbox pilludós f., (shelter) skotbyrgi n.
pillion baksæti n.; **ride p.** sitja aftan á
pillory gapastokkur m.; vt. setja í gapastokk
pillow koddi m.; vt. hvíla á kodda
pillowcase koddaver n.
pillowfight koddaslagur m.
pillow lava bólstraberg n.
pillowslip koddaver n.
pilot (air) flugmaður m., (sea) hafnsögumaður m.; leiðsögumaður m.; vt. stýra, stjórna; lóðsa
pilotage hafnsaga f.; hafnsögugjald n.
pilot biscuit skonrok n., biskví n., sjómannakex n.
pilot boat hafnsögubátur m.
pilot burner sílogi m., kveikilogi m.

pilot fish → pioneer

pilot fish leiðsögufiskur m.
pilot lamp gaumljós n.
pilot light gaumljós n.; sílogi m., kveikilogi m.
pilot model tilraunalíkan n.
pilot officer undirflugliðsforingi m.
pilot plant tilraunaverksmiðja f.
pimento (pl. **pimentos**) rauð paprika f.; allrahanda n.
pimp melludólgur m.; v. stunda hórmang
pimpernel (fish) nónblóm n., bláarfi m., rauðarfi m.
pimple (graftar)bóla f., nabbi m.
pimply adj. bólugrafinn, bólóttur
pin (títu)prjónn m., pinni m.; vt. næla, festa
pinafore smekksvunta f., barnasvunta f.
pinafore dress skokkur m.
pinball machine (Am.) kúluspil n., kúluspilakassi m.
pince-nez nefgleraugu n.pl., lonníettur f.pl.
pincers naglbítur m., töng f.; gripkló f.
pinch klípa f., klip n.; smáskammtur m.; **at a p.** ef í nauðir rekur; v. klípa, kreista; stela
pinched adj. aðþrengdur; auralítill
pinchpenny aurasál f., nirfill m.
pinckbeck selsemgull n., tambak n.; adj. óekta. gervi-
pincushion nálapúði m.
pin down v. knýja fram; átta sig á, henda reiður á
pine fura f., furuviður m.
pineal gland heilaköngull m.
pineapple ananasplanta f., ananas m.
pine away v. veslast upp
pinecone furuköngull m.
pine family þallarætt f.
pine for v. lengja eftir, þrá
pine marten skógarmörður m.
pine needle furunál f.
pinewood furuviður m., (forest) furuskógur m.
piney adj. furuvaxinn, furu-
ping smellur m., skellur m., pæng n.
ping-pong borðtennis m.
pinhead títuprjónshaus m.; smáræði n.; bjáni m.
pinheaded adj. heimskur, þunnur

pinion (of a bird) vængbroddur m.; vt. vængstýfa
pinion (small cogwheel) lítið tannhjól n.
pink bleikur litur m.; **in the p.** (of health) við bestu heilsu, stálsleginn; adj. bleikur
pink (plant) drottningarblóm n., nellika f.
pink vt. skeina, særa lítillega; p. out gata
pink vi. (of a car engine) hökta, sprengja
pink family hjartagrasætt f.
pink-footed goose heiðagæs f.
pinkeye augnangur n., augnkvef n.
pinkie litlifingur m.
pinking scissors takkaskæri n.pl.
pinking shears takkaskæri n.pl.
pinkish adj. bleiklitaður
pinko (pl. **pinkos**) léttróttækur maður m.
pinky litlifingur m.
pin money skotsilfur (kvenna) n., vasapeningar m.pl.
pinnace skipsbátur m., léttbátur m.
pinnacle turnspíra f.; (há)tindur m.; vt. hefja hátt
pinnate adj. (of a leaf) fjaðraður
pinny smekksvunta f., barnasvunta f.
pinocytosis frumudrykkja f.
pin on v. koma á, klína á; **pin one's hopes on** binda vonir sínar við
pinpoint títuprjónsoddur m.; agnarögn f.; adj. hárnákvæmur; vt. ákvarða nákvæmlega
pinprick nálargat n.; skapraun f., pirringur m.
pins and needles náladofi m.
pinstriped adj. teinóttur
pinstripe suit teinótt jakkaföt n.pl.
pint hálfpottur m. (Br. 0,57 l.; Am. 0,473 l.)
pintable kúluspil n., kúluspilakassi m.
pintail grafönd f.
pint-size(d) adj. pínulítill, dvergvaxinn
pinup kynæsandi veggmynd f.; (girl) veggskvísa f.
pinup lamp vegglampi m.
pinwheel sól f., rellublys n., (Am.) (vind)rella f.
pinworm njálgur m.
piny adj. furuvaxinn, furu-
pioneer frumkvöðull m., brautryðjandi m.

pious adj. guðhræddur, guðrækinn; ráðvandur
pip (fruit seed) ávaxtasteinn m.
pip (sound) píp n., sónn m.
pip alifuglasjúkdómur m.; **give s-y the p.** pirra, koma í vont skap, fara í taugarnar á
pip (spot) tákn n., punktur m.; axlastjarna f.
pip vt. sigra; hitta, hæfa
pipal (indverskt) viskutré n.
pipe pípa f., leiðsla f.; v. leggja leiðslu; leiða
pipe clay pípukrít f.
pipe cleaner pípuhreinsari m.
pipe down v. þagna, halda kjafti
pipe dream ópíumdraumur m.; draumórar m.pl.
piper flautuleikari m.; sekkjapípuleikari m.
pipeline leiðslukerfi n.; **in the p.** á leiðinni
pipe opener undirbúningsæfing f.
pipe organ pípuorgel n.
pipe rack pípustandur m.
pipette mælipípa f., dreypari m., pípetta f.
pipe up v. hefja upp raust sína
piping pípulögn f., (of cloth) miðseymi n., (on a cake) skrautrönd f.; adj. skrækur; flautu-
piping hot adj. sjóðheitur, brennheitur
pipit grátittlingur m.
pipsqueak afturkreistingur m., örverpi n.
piquancy bragðskerpa f.
piquant adj. bragðsterkur; æsandi
pique gremja f., fúss n.; vt. ergja, styggja, særa
piqué garðalín n., pikkí n.
piquet (a card game) pikket n.
piracy sjóræningjastarfsemi f., sjórán n.
piranha píranafiskur m.
pirate sjóræningi m.; vt. ræna; nota í heimildarleysi
piratical adj. sjóræningja-
pirouette hringsnúningur (á öðrum fæti) m.
piscatorial adj. fiskimanna-, fiskiveiði-
Pisces Fiskarnir m.pl.; fiskamerkið n.
pisciculture fiskeldi n., fiskirækt f.

pish interj. uss, svei
pismire maur m.
piss hland n. piss n.; v. míga, pissa
piss about/round v. þvælast, flækjast, væflast (um)
pissed off (Am.) adj. svekktur, spældur
pissed (up) adj. mígandi fullur, pissfullur
piss off vt. hypja sig; ergja, svekkja, spæla
piss-up fyllerí n.
pistil fræva f.
pistol skammbyssa f.
piston (dælu)bulla f., (vélar)stimpill m.
piston ring bulluhringur m., stimpilhringur m.
piston rod bullustöng f., stimpilstöng f.
pit hola f., gryfja f., gröf f., (mine) náma f.; vt. gera holur í, gera holóttan
pit (Am.) ávaxtasteinn m.; vt. úrsteina
pit against vt. etja gegn, tefla fram gegn
pitapat adv. með smásmellum/léttum höggum
pitch (throw) kast n., (degree) stig n.; tónhæð f., (field)völlur m.; v. kasta(st), steypast
pitch bik n., hrátjara f.; vt. bika, tjarga
pitch-and-toss (fimmaura)hark n.
pitch-black adj. biksvartur, koldimmur
pitchblende bikblendi n.
pitch-dark adj. koldimmur, biksvartur
pitched battle hörð orrusta f.
pitcher kanna f., (jug) krús; (hafnabolta)kastari m.
pitchfork (hey)kvísl f.; vt. kasta/moka með kvísl
pitch in v. taka til óspilltra mála
pitch into v. ráðast á (með offorsi), demba sér í
pitch pine lindifura f.
pitchstone biksteinn m.
pitch (up)on v. koma sér niður á, velja, kjósa
pitchy adj. bikaður, kvoðukenndur; kolsvartur
piteous adj. vesaldarlegur, ámátlegur
pitfall veiðigryfja f., gildra f.
pith mergur m.; kjarni m., inntak n.; kraftur m.
pithead (kola)námuop n.

pith helmet sólhjálmur m., hitabeltishjálmur m.
pithiness kraftur m.; kjarnyrði n.
pithless adj. merglaus; þróttlaus, kraftlaus
pithy adj. mergjaður, kröftugur, kjarnyrtur
pitiable adj. aumkunarverður; átakanlegur
pitiful adj. aumkunarverður; ömurlegur
pitiless adj. miskunnarlaus, harðbrjósta
pitilessness miskunnarleysi n., harðýðgi f.
pitman (pl. **-men**) námu(verka)maður m.
piton klifurfleygur m., ísskrúfa f.
pit pony námuhestur m.
pit prop námustoð f., námustaur m.
pittance hungurlús f., smáupphæð f.
pitter-patter trítl n.; adv. með smásmellum/léttum höggum
pituitary gland heiladingull m.
pit viper holusnákur m.
pity samúð f., meðaumkun f.; **have/take p. on** sjá aumur á; **for pity's sake** í guðanna bænum; synd f., skömm f.; **more's the p.** því miður; vt. vorkenna, hafa meðaumkun með
pivot völtur f.pl., ás m., tittur m.; miðdepill m., þungamiðja f.; v. velta á, snúast (um)
pivotal adj. snúningspinna-; mikilvægur, þungamiðju-
pixel mynddepill m., myndögn f.
pixilated adj. léttgeggjaður, (drunk) hífaður
pixy smáálfur m., stríðnispúki m.
pizza pítsa f., flatbaka f.
pizzeria pítsu(sölu)staður m.
placable adj. sáttfús
placard plakat n., veggspjald n.; auglýsing f.
placate vt. friða, sefa, róa, blíðka
placatory adj. sefandi, mildandi, stillandi
place staður m.; **take p.** gerast, ske; (job) staða f.; **go places** farnast vel; vt. setja, leggja, láta; koma fyrir sig; **p. an order** panta
Place (street) gata f., (square) torg n.
placeable adj. kunnuglegur
placebo lyfleysa f., þóknunarhriflyf n.

placed adj. **be p.** hljóta vinningsæti
placekick kyrrstöðuspyrna f.
placement staðsetning f., fyrirkomulag n.; uppstilling f.
placenta legkaka f., fylgja f.
place value sætisgildi n.
placid adj. friðsæll, rólegur, hægur
placidity friðsæld f., kyrrð f., ró f.
placket (in a dress) klauf f.
plagiarism ritstuldur m.
plagiarist ritþjófur m.
plagiarize vt. stela úr ritum annarra, stunda ritstuld
plague plága f.; vt. plaga, hrella, þjaka
plaguey adj. þreytandi, ergjandi, leiðinda-
plaice (pl. **plaice**) skarkoli m., rauðspretta f.
plaid skosk voð f., köflótt fataefni n.
plain (flat land) slétta f., sléttlendi n.
plain adj. (clear) greinilegur, skýr, (simple) látlaus, hversdagslegur, (not pretty) ólaglegur; adv. hreint og beint
plain-clothes adj. óeinkennisklæddur
plainly adv. greinilega, skýrt
plainness látleysi n., fábreytni f.
plain sailing greið leið f.; einfalt mál n., barnaleikur m.
plainsman (pl. **-men**) sléttubúi m.
plainsong safnaðarsöngur m., gregorískur söngur m.
plainspoken adj. berorður, opinskár, hreinskilinn
plaint (skrifleg) kæra f.; kveinstafir m.pl.
plaintiff stefnandi m., ákærandi m.
plaintive adj. angurvær, tregablandinn; mæðilegur
plait (Am.) hárflétta f.; vt. flétta
plan áætlun f., áform n., skipulag n., (drawing) uppdráttur m.; vt. skipuleggja, áforma
planarian iðormur m.
plane plan n., sléttur flötur m., (level) stig n. (aeroplane) flugvél f.; adj. sléttur, flatur
plane (tool) hefill m.; v. hefla
plane (tree) platanviður m.
plane crash brotlending f.

plane down v. (of an aeroplane) svífa (niður), plana
plane geometry slétturúmfræði f., flatarmyndafræði f.
planet reikistjarna f., pláneta f.
planetarium stjörnuver n.; himinsýningarvél f.
planetary adj. reikistjörnu-, plánetu-
planetary movements gangur reikistjarna m.
planetary system sólkerfi n.
plangency gjallandi hljómur m., gnýr m.
plangent adj. gjallandi, hvellur, hljómmikill
plank planki m.; stefnuskráratriði n.; vt. leggja plönkum
plank down v. hlamma niður, (money) snara út
planking plankalögn f., plankalagning f.
plankton svif n.
planner skipuleggjandi m., skipulagningarmaður m.
planning skipulag n., áætlanagerð f.
plant planta f.; (factory) verksmiðja f.; vt. planta
plantain (Musa paradisiaca) mjölbananajurt f.; mjölbanani m.; (Plantago major) græðisúra f.
plantation plantekra f.; skógræktarsvæði n.
planter plantekrueigandi m., (machine) sáðvél f.
plant louse (pl. - **lice**) plöntulús f., blaðlús f.
plaque veggskjöldur m., veggplatti m.
plash gusl n., skvamp n.; v. svampa, busla
plasma blóðvökvi m.; blóðvatn n.
plasma membrane frumuhimna f.
plaster pússning f., (of Paris) gifs n., (sticking) plástur m.; vt. fínpússa; plástra; klína
plasterboard gifsplata f.
plaster cast gifsumbúðir f.pl.; gifsmót
plastered adj. draugfullur, sauðdrukkinn
plasterer múrari m.
plastering pússning f., múrhúðun f.
plaster of paris gifs n.
plastic plast(efni) n.; adj. auðmótanlegur, plestinn

plastic art formlist f.
plastic bomb plastsprengja f.
plasticine mótunarleir m.
plasticity sveigjanleiki m., þjálni f.
plastics plastvöruiðnaður m.
plastic surgeon lýtalæknir m.
plastic surgery lýtalækningar f.pl.
plastron brjóstbrynja f.
plate (matar)diskur m., fat n.; (málm)plata f.; vt. pletta, (málm)húða
plateau háslétta f.
plateful diskfylli n., (fullur) diskur m.
platelet blóðflaga f.
plate rack diskagrind f.
plate tectonics plötukenning f., flekakenning f.
platform pallur m., (of a political party) stefnuskrá f.
platform truck pallbíll m.
plating málmhúð f., plett n.
platinum platína f., hvítagull n.
platitude margþvæld/gömul tugga f.; flatneskja f.
platitudinous adj. hversdagslegur, flatneskjulegur
platonic adj. platónskur, andlegur, lostalaus
platoon flokksdeild f.
platter (matar)fat n., (Am.) hljómplata f.
platypus breiðnefur m.
plaudit fagnaðarlæti n.pl., lófatak n.
plausibility trúverðugleiki m., sennileiki m.
plausible adj. trúverðugur, líklegur; sannfærandi
play leikur m., (theatre) leikrit n.; v. leika (sér)
play with v. leika sér við/að, gæla við
play about/around v. leika sér, láta eins og fífl
playact v. þykjast, vera með látalæti
playacting látalæti n.pl., uppgerð f., tilgerð f.
play along v. taka þátt; þykjast trúa
play at v. þykjast vera; fikta við, myndast við
playback spilun f., endurleikur m.; endursýndur kafli m.
playbill sjónleiksauglýsing f.
playboy glaumgosi m.

play down v. gera lítið úr
play down to v. setja sig niður á sama plan og
played out adj. uppgefinn, úrvinda; úreltur
player leikmaður m., (actor) leikari m.
player piano sjálfspilandi píanó n.
playfellow leikfélagi m.
playful adj. gáskafullur, glettinn, gamansamur
playfulness gáski m., glettni f., gamansemi f.
playgoer (tíður) leikhúsgestur m.
playground (barna)leikvöllur m., róluvöllur m.
playground slide rennibraut f.
playgroup leikskóli m.
playhouse leikhús n., (hut) leikkofi m.
playing card spil n.
playing field íþróttavöllur m.
playlet stutt leikrit n.
playmate leikfélagi m.
play-off aukaleikur m.
play off v. leika til úrslita; etja saman
play on words (pun) orðaleikur m.
play out v. leika til enda, ljúka
playpen leikgrind f., barnagrind f.
playroom leikherbergi n.
playschool leikskóli m.
playsuit skríðföt n.pl.
plaything leikfang n.; leiksoppur m.
playtime leiktími m., frímínúur f.pl.
play up v. gera mikið úr; láta illa; angra
play (up)on v. höfða til, spila á
play up to v. smjaðra fyrir, koma sér í mjúkinn hjá
playwright leikritahöfundur m.
plaza torg n.
plea beiðni f.; málsvörn f., afsökun f.
plead v. sárbæna; bera fyrir sig, afsaka sig með; tala fyrir, verja; flytja mál
pleader málsvari m., málafærslumaður m.
pleading fyrirbæn f.; málflutningur m.
pleadings málsreifun f., málatilbúnaður m.
pleasant adj. notalegur, þægilegur; vingjarnlegur
pleasantry gamanyrði n., spaug n.; gamansemi f.

please v. þóknast, geðjast, gera til hæfis; **yes, p.** já, takk; **if you p.** ef þú vildir gera svo vel; **p. yourself** gerðu eins og þú vilt
pleased adj. glaður, feginn
pleasing adj. ánægjulegur, geðfelldur
pleasurable adj. ánægjulegur, þægilegur
pleasure ánægja f., skemmtun f.; geðþótti m.
pleasure ground lystigarður m., skemmtigarður m.
pleat (in cloth) felling f.; vt. fella, plísera
pleb plebeii m., plebbi m.
plebeian almúgamaður m.; adj. almúgalegur, óheflaður
plebeianism almúgaháttur m., skrílsháttur m.
plebiscite þjóðaratkvæðagreiðsla f.
plectrum (gítar)nögl f.
pled v. (p., pp. **plead**)
pledge heit n., loforð n.; veð n., pantur m.; vt. heita, lofa, skuldbinda sig; veðsetja
pledgeable adj. veðhæfur
pledgee veðhafi m.
pledger veðsali m., veðþoli m.
pleistocene adj. ísaldar-
plenary adj. óskoraður, ótakmarkaður; allsherjar-
plenary indulgence fullt aflát n., allherjarfyrirgefning f.
plenary powers fullt umboðsvald n.
plenary session allsherjarfundur m.
plenipotentiary diplómati með fullt umboðsvald m.
plenitude gnægð f., allsnægtir f.pl.
plenteous adj. ríkulegur, gnógur
plentiful adj. nægur, nægilegur, ríkulegur
plenty allsnægtir f.pl.; **p. of** fjöldi, feikinóg af; adj. kappnógur, feikinógur; adv. alveg
pleonasm málalenging m., ofmælgi n., upptugga f.
pleonastic adj. (of words) ofaukinn, óþarfur
plethora ofgnótt f., ofgnægð f.
pleurisy brjósthimnubólga f.
plexus (network) flækja f., margþætt net n.

pliability sveigjanleiki m., **þjálni** f.;
auðsveipni f.
pliable adj. sveigjanlegur, þjáll;
auðsveipur
pliant adj. sveigjanlegur, mjúkur;
áhrifagjarn
pliers (spenni)töng f.
plight (slæmar) aðstæður f.pl.
plight vt. strengja heit, heita, lofa;
  p. one's troth heita eiginorði;
  heita trúnaði
plimsoll strigaskór m.
Plimsoll line hleðslulína f., hleðslumark n.
plinean eruption þeytigos n.
plinth sökkull m., stallur m., (súlu)fótur m.
plod þramm n.; strit n.; v. drattast; erfiða,
  puða
plodder puðari m., vinnuþjarkur m.
plodding adj. ötull, iðjusamur, seigur
plonk pomp n., hlamm n.; vi. hlunka(st),
  skella
plonk (cheap wine) vínglundur n.
plop skvamp n., plomp n.; vi. skvampa,
  skella
plosive (sound) lokhljóð n.
plot blettur m., reitur m., (conspiracy)
  samsæri n., (of a story) söguþráður m.,
  flétta f.; vt. skipuleggja, ráðgera;
  teikna, kortleggja
plotter samsærismaður m.; teiknari m.
plough plógur m.; v. plægja
Plough Karlsvagninn m.
plough back v. endurfjárfesta
ploughboy plægingardrengur m.
ploughman (pl. -**men**) plægingarmaður
  m., plógmaður m.
ploughshare plógjárn n., plógskeri m.
plover lóa f.
plow (Am.) plógur m.; v. plægja
ploy brella f., kænskubragð n.
pluck v. tína, (a bird) reyta, plokka
pluck (courage) hugrekki n., kjarkur m.
pluck at v. rykkja í, kippa í
pluck up v. taka í sig kjark,
  herða upp hugann
plucky adj. hugaður, áræðinn
plug (stopper) tappi m., negla f.; (electric) tengill m., kló f.; v. setja tappa í
plug away at v. hamast við
plug fuse vartappi m.

plug gap kertabil n.
plug in v. stinga í samband, tengja
plugsocket innstunga f.
plum plóma f., (tree) plómutré n.;
  happafengur m.
plumage fjaðrir f.pl., fjaðraskraut n.
plumb sakka f., lóð n., (line) lóðlína f.;
  vt. botna í, skilja; mæla með lóðlínu;
  adj. lóðréttur; adv. beint, (quite)
  algjörlega
plumbago (pl. **plumbagos**) blárunni m.
plumbago (black lead) grafít n.
plumb bob (blý)lóð n., (grunn)sakka f.
plumber pípulagningarmaður m.
plumber's helper drullusokkur m.
plumbing pípulagningar f.pl.; pípulögn f.
plume (skraut)fjöður f.; (fjaðra)skúfur m.;
  vt. snyrta; skreyta með fjöðrum/skúfum
plume (up)on v. stæra sig af
plum job öndvegisstarf n., toppstarf n.
plummet sakka f., lóð n., (line) lóðlína f.;
  vi. hrapa
plump adj. þybbinn, bústinn, þriflegur
plump hlamm n. pomp n.;
  adj. afdráttarlaus
plump down v. hlamma(st) niður,
  skella niður
plump for v. styðja, veita stuðning;
  velja, kjósa
plum pudding rúsínubúðingur m.,
  jólabúðingur m.
plump up v. gera/verða bústinn;
  hrista upp
plunder ránsfengur m.;
  v. ræna og rupla
plunderer ruplari m., ræningi m.
plunge dýfing f.; v. steypa(st), stinga(st),
  hrapa
plunger drullusokkur m.; bulla f.;
  fjárglæframaður m.
plunk pomp n., hlamm n.; vi. hlunka(st),
  skella
plural (in grammar) fleirtala f.
pluralism fjölhyggja f.; fjölræði n.
pluralist fjölhyggjumaður m.
plurality (of votes) flest atkvæði n.pl.
plus (sign) samlagningarmerki n., plús
  m.; kostur m.; adj. jákvæður; auka-,
  viðbótar-; prp. plús, auk, og
plus fours pokabuxur f.pl.

plush flos n., pluss n.; adj. glæsilegur, flottur
plushy adj. floskenndur; glæsilegur, flottur
plusperfect (in grammar) þáliðin tíð f.
plutocracy auðvaldsstjórn f., auðjöfraveldi n.
plutocrat auðvaldsherra m.; auðkýfingur m.
plutocratic adj. auðvalds-
plutonic rock djúpberg n.
plutonium plúton n.
pluvial adj. regn-, rigningar-
pluviometer regnmælir m., úrkomumælir m.
pluvious adj. regnsamur, úrkomusamur
ply lag n., (strand) þráður m., þáttur m.; v. stunda; beita, nota; fara áætlunarferðir
ply with v. halda að, veita óspart
plywood krossviður m.
p.m. adv. (post meridiem) e.h., eftir hádegi
pneumatic adj. loftknúinn, þrýstilofts-; loftfylltur
pneumonia lungnabólga f.
P.O. (Post Office) pósthús n.
poach v. veiða í óleyfi; troðast inn á
poach vt. (cook) sjóða við vægan hita
poacher veiðiþjófur m.; gufusuðupanna f.
poaching veiðiþjófnaður m.
pochard (skutul)önd f.
pock graftarbóla f.
pocked adj. bólugrafinn
pocket vasi m.; **out of p.** fátækari, í tapi; **line one's p.** maka krókinn; vt. stinga á sig
pocketbook vasabók f., minnisbók f.; (Am.) pappírskilja f., (handbag) kventaska f., (purse) veski n.
pocket edition vasaútgáfa f.
pocketful vasafylli n.; hellingur m.
pocket handkerchief vasaklútur m.
pocketknife (pl. **-knives**) vasahnífur m.
pocket money vasapeningar m.pl.
pocketsize adj. agnarlítill, vasa-
pockmark bóluör n.
pockmarked adj. bólugrafinn
pod (fræ)belgur m.; v. hreinsa úr belgjum
podgy adj. pattaralegur, stuttur og digur

podiatrist (Am.) fótsnyrtir m.
podiatry (Am.) fótsnyrting f.
podium (upphækkaður) pallur m.
pod up v. skjóta fræbelgjum, mynda fræbelgi
poem kvæði n., ljóð n.
poet (ljóð)skáld n.
poetaster leirskáld n., hnoðari m.
poetess skáldkona f.
poetic(al) adj. skáldlegur, ljóðrænn, skáldskapar-
poetic justice fullkomið réttlæti n.
poetic language skáldamál n., ljóðmál n.
poetic licence skáldaleyfi n.
poet laureate hirðskáld n., lárviðarskáld n.
poetry kveðskapur m., ljóðlist f.; kvæði n.
pogrom ofsóknir f.pl., útrýming f., fjöldamorð n.
poignancy beiskja f., biturleiki m.; sterk áhrif n.pl.
poignant adj. beiskur, bitur, sár, átakanlegur
point oddur m., punktur m., staður m., stund f., atriði n.; **at/on the p. of** að því kominn (að); **beside the p.** málinu óviðkomandi; **to the p.** viðeigandi; gagnorður; v. benda, miða
point at v. benda á/til; vísa
point-blank adj. stuttur; afdráttarlaus
point duty umferðarstjórn (lögregluþjóns á vissum stað) f.
pointed adj. oddhvass, beittur; hnitmiðaður
pointer bendiprik n.; vísir m.; vísbending f.
pointillism deplastíll m.
pointless adj. tilgangslaus, innantómur; stigalaus
pointlessness tilgangsleysi n.
point of contact snertipunktur m.
point of departure brottfarastaður m.
point of honour drengskaparmál n.
point of order atriði varðandi fundarsköp n.
point of sale sölustaður m.
point of view sjónarhorn n., sjónarmið n.
point out v. benda á, vísa á, sýna
points (on a railway) skiptispor n.pl.

point to(wards) v. benda til/á, vita á, boða
point up v. leggja sérstaka áherslu á
poise sjálfstjórn f., stilling f.; fas n., limaburður m.; v. (láta) halda jafnvægi
poison eitur n.; vt. eitra (fyrir)
poisoner eiturbyrlari m., eiturmorðingi m.
poison gas eiturgas n.
poisonous adj. eitraður; skaðvænn, mannskemmandi
poison ivy brennimjólk f.
poison-pen letter nafnlaust níðbréf n.
poke stunga f., pot n.; olnbogaskot n.; v. pota, stinga, hnippa í; **p. fun at** gera gys að
poke (a sack) poki m., sekkur m.; **buy a pig in a p.** kaupa köttinn í sekknum, kaupa óséð
poke about v. snuðra, hnýsast; dunda (sér)
poker skörungur m., (card game) póker m.
poker face óræður svipur m.
poker-faced adj. svipbrigðalítill
poky adj. (of a place) þröngur, kytrulegur
Poland Pólland n.
polar adj. heimskauts-, pól-; andstæður
polar bear ísbjörn m., hvítabjörn m.
polar body skautfruma f.
polar circle heimskautsbaugur m.
polar coordinate skauthnit n.pl., pólhnit n.pl.
Polaris Pólstjarnan f.
polarity skautun f., pólun f.; andstæða f.
polarization skautun f., pólun f.; klofningur m.
polarize vt. skauta, valda skautun í; kljúfa
polarizer skautunarsía f.
polder (in the Netherlands) sæland n.
pole staur m., stöng f.; **up the p.** í klípu/klemmu, (eccentric) smáskrítinn, bilaður
pole (heim)skaut n., póll m.; **be poles apart** vera gjörólíkur; vera á öndverðum meiði
Pole Pólverji m.
poleaxe stríðsöxi f.
polecat fritta f.; skunkur m., þefdýr n.
polemic (rök)deila f., ritdeila f.
polemic(al) adj. (rit)deilu-; umdeildur; deilugjarn
polemicist ritdeilumaður m.
polemics (rit)deilur f.pl., pennavíg n.pl.
pole star pólstjarna f., leiðarstjarna f.
pole vault stangarstökk n.
pole-vault v. keppa í stangarstökki; iðka stangarstökk
pole-vaulter stangarstökkvari m.
police lögregla f.; vt. annast löggæslu; gæta
police constable lögregluþjónn m.
police court umferðardómstóll m.
policeman (pl. **-men**) lögreglumaður m.
police officer lögregluþjónn m.
police precint (Am.) lögregluumdæmi n.
police raid lögreglurassía f.
police state lögregluríki n.
police station lögreglustöð f.
policewoman (pl. **-women**) lögreglukona f.
policy (stjórnar)stefna f., stefnumál n.pl., (insurance) vátryggingarskírteini n.
policy decision stefnumótandi ákvörðun f.
policyholder vátryggingartaki m.
policymaker stefnumótunaraðili m.
policy proposal stefnutillaga f.
policy statement stefnuyfirlýsing f.
polio mænusótt f., lömunarveiki f.
poliomyelitis mænusótt f., lömunarveiki f.
Polish (language) pólska f.; adj. pólskur
polish bón n., gljái m.; v. bóna, fægja
polish off v. rubba af, klára; losa sig við
polish up v. flikka upp á, dubba upp
polite adj. kurteis, hæverskur, siðfágaður
politeness kurteisi f., hæverska f., siðfágun f.
politic adj. viturlegur, hyggilegur; kænn, klókur
political adj. pólitískur, stjórnmálalegur
political asylum pólitískt hæli n.
political campaign stjórnmálabarátta f.
political economy hagfræði f.
political science stjórnmálafræði f.
political scientist stjórnmálafræðingur m.
politicking stjórnmálavafstur n.
politico (pl. **politicos**) pólitíkus m.
politics stjórnmál n.pl., pólitík f.
polity stjórnarhættir m.pl., stjórnarfar n.

polka polki m.
polka dot doppa f.
poll kosning f., atkvæðagreiðsla f.;
v. kjósa, greiða/hljóta atkvæði;
gera skoðanakönnun
pollack ufsi m.
pollard vt. stýfa, sníða kollinn af
pollen frjó(korna)duft n.
pollen analysis frjógreining f.
pollen count frjókornafjöldi m.
pollen grain frjókorn n.
pollenosis frjómæði f., frjókornaofnæmi f.
pollinate vt. fræva
pollination frævun f.
polling booth kjörklefi m.
polling station kjörstaður m.
pollock ufsi m.
pollster skoðanakönnuður m.
poll tax (kosninga)nefskattur m.
pollutant mengunarvaldur m.
pollute vt. menga, spilla, óhreinka
pollution mengun f.
polo póló n., hestahokkí n.
polonaise pólónesa f., pólskur þjóðdans m.
polo neck rúllukragi m.
polo-neck sweater rúllukragapeysa f.
polony fleskpylsa f.
poltergeist ærsladraugur m., skarkári m.
poltroon heigull m., raggeit f., bleyða f.
poltroonery heigulskapur m., löðurmennska f.
poly (polytechnic) tækni(há)skóli m.
polyandrous adj. fjölveris-
polyandry fjölveri n.
polyanthus prímúlubastarður m.
polychrome adj. marglitur
polygamist fjölkvænismaður m.
polygamous adj. fjölkvænis-
polygamy fjölkvæni n.
polyglot fjöltyngdur maður m.; adj. fjöltungu-
polygon marghyrningur m.
polygonal adj. marghyrndur, marghyrnings-
polyhedral adj. margflata, margflötunga-
polyhedron margflötungur m.
polymath fjölfræðingur m.
polymathy fjölfræði f.
polymer fjölliða f.

polymorph fjölgervingur m., hamskiptingur m.
polymorphous adj. fjölbreytinn, fjölbrigðinn
Polynesia Polynesía f.
Polynesian Polynesi m., (language) polynesíska f.; adj. polynesískur
polynya vök f.
polyp (animal) holsepi m., (disease) stilkæxli n.
polyphonic adj. fjölraddaður
polyphony fjölröddun f.
polyploid fjöllitningur m.; adj. fjöllitna
polypus (disease) sepi m., stilkæxli n., sveppæxli n.
polysyllable fleirkvætt orð n.
polytechnic tækni(há)skóli m.
polytheism fjölgyði f.; fjölgyðistrú f.
polytheist fjölgyðistrúarmaður m.
polytheistic adj. fjölgyðis-; fjölgyðistrúar-
pomade pómaði n., ilmsmyrsl n.; vt. bera pómaði í
pomander deshús n., ilmbaukur m.
pomegranate granatepli n., kjarnepli n.; granateplatré n.
pommel hnakknef n.; vt. hamra á með hnefunum
pommel horse (leikfimi)hestur m.
pomp viðhöfn f., hátíðarbragur m.; sýndarmennska f.
pompom (tuft) dúskur m., (gun) hríðskotabyssa f.
pomposity merkilegheit n.pl., mikilmennska f.
pompous adj. oflátungslegur, grobbinn; hástemmdur
ponce melludólgur m.; kynvillingur m.
ponce about/around v. vera kvenlegur; dunda, gaufa
poncho (pl. **ponchos**) slá f., axlaskjól n.
pond tjörn f.
ponder v. hugleiða, íhuga, vega og meta
ponderous adj. þunglamalegur, þyngslalegur
ponderousness þyngd f., þungi m.; drungi m.
pondweed nykra f.
pone (Am.) maísbrauð n.
pong fýla f., pest f.; v. lykta illa, dauna
poniard rýtingur m.

pontiff páfi m.; biskup m., æðstiprestur m.
pontifical adj. yfirlætislegur, hrokafullur; páfa-
pontifical letter páfabréf n.
pontificals hátíðarskrúði (preláta) m., biskupsskrúði m.
pontificate (páfa)embætti n., embættistíð preláta f.; vi. predika, þruma, þenja sig
pontoon flothylki n., (boat) flatbytna f., (bridge) flotbrú f., (card game) tuttugu og einn
pony smáhestur m.
ponytail tagl n., stertur m.
pony-trekking útreiðartúr m.
pooch hundsgrey n., seppi m.
poodle kjölturakki m.
poof(ter) hommi m.
pooh interj. uss, svei, pú
pooh-pooh vt. púa á, gera lítið úr
pool (of liquid) laug f., pollur m., hylur m.
pool (of money) pottur m., sameiginlegur sjóður m., (Am.) vasabiljarður m.; vt. leggja í púkk
poolroom (Am.) knattborðsstofa f.
pools (knattspyrnu)getraunir f.pl.
poop skutur m., (deck) skutpallur m.
pooped out (Am.) adj. dauðuppgefinn, búin að vera
poor adj. fátækur; lélegur; vesalings-, ræfils-
poor fish catch aflabrestur m.
poorhouse fátækraheimili n.
poor laws fátækralöggjöf f.
poorly adj. slappur, lasinn; adv. illa, lélega
poorly off adj. fátækur; illa birgur (af = **for**)
poorness fánýti n., fátækt f.
poor-spirited adj. huglaus, kjarklaus, ragur
poove hommi m.
pop hvellur m., smellur m.; v. springa/sprengja með hvelli, skella; skjóta(st), skreppa; **p. the question** bera upp bónorð(ið); adv. með hvelli
pop (Am.; father) pabbi m., pápi m.
pop (music) popptónlist f.; adj. popp-, dægur-

pop art popplist f.
pop concert popptónleikar m.pl.
popcorn poppkorn n.
pope páfi m.
popery pápíska f., páfavilla f.
pop-eyed adj. úteygur, stóreygur
pop festival popphátíð f.
popgun leikfangabyssa f., loftbyssa f.
popinjay sjálfumglaður maður m., spjátrungur m.
popish adj. pápískur
popishness pápíska f.
poplar ösp f.
pop off v. hypja sig, fara burt, (die) hrökkva upp af
pop out v. glennast upp, skaga fram
poppa (Am.; father) pabbi m., pápi m.
popper (press-stud) smella f.
poppet (barn)hró n., angi m., lamb n.
poppy draumsóley f., valmúi m.
poppycock bull n., þvaður n., rugl n.
popshop veðlánabúð f.
pop star poppstjarna f.
populace almenningur m., alþýða f.
popular adj. vinsæll, algengur, almennur
popular front þjóðfylking f., samfylking f.
popular government þjóðstjórn f., alþýðustjórn f.
popularity vinsældir f.pl., lýðhylli f.
popularity poll vinsældakönnun f.
popularize vt. gera vinsælan (meðal almennings)
popularly adv. almennt; af flestum
populate vt. byggja, setjast að í
population íbúar m.pl.; fólksfjöldi m., íbúatala f.
populous adj. þéttbyggður, margmennur
pop up v. skjóta upp kollinum, birtast
porbeagle hámeri f.
porcelain postulín n.
porch yfirbyggður inngangur m., (Am.) verönd f.
porcupine puntsvín n.
pore svitahola f.; gropa f., smáhola f.
pore over v. liggja yfir, einbeita sér að
poriferan svampdýr n.
pork svínakjöt n.
porker alisvín n.
porkpie svínakjötsbaka f.
porky adj. spikaður, vambmikill, feitur

porn (pornography) klám n.
pornographer klámritahöfundur m.
pornographic adj. klámfenginn, klám-
pornography klám n.
porn shop klámbúð f.
porosity gljúpleiki m., groppa f.
porous adj. gljúpur, gropinn, holóttur
porphyritic adj. dílóttur
porphyry dílagrjót n., dílótt storkuberg n.
porpoise hnísa f., (dolphin) höfrungur m.
porridge hafragrautur m.
porringer grautarskál f.
port (harbour) höfn f., (town) hafnarborg f.
port (wine) portvín n., púrtvín n.
port (side of ship) bakborði m.; vt. snúa á bakborða
port (opening) lestunarop n.
port (bearing) limaburður m., fas n.
portable adj. flytjanlegur, ferða-
portable radio ferðaútvarp n.
portage flutningur m., (charge) flutningskostnaður m.
portal skrauthlið n., skrautinngangur m.
portal system portæðakerfi n.
portal vein portæð f.
portcullis felligrind f., fellihlið n.
port dues hafnargjöld n.pl.
porte cochere forskyggni n.
portend vt. boða, vita á
portent fyrirboði m., teikn n.
portentous adj. illsvitandi, geigvænlegur; undraverður
porter (hotel) dyravörður m., húsvörður m.
porter (railway) burðarmaður m., (Am.) lestarþjónn m.
porter (beer) porteröl n.
porterage burðargjald n.
porterhouse (steak) hryggjarsneið (af nautakjöti) f.
portfolio skjalamappa f.; ráðherraembætti n.
porthole kýrauga n.; skotrauf f.
portico (yfirbyggð) súlnagöng n.pl.
portion hluti m., skammtur m.
portion out v. deila/skipta (á milli = **among/between**)
portland cement portlandsement n.
portliness gildleiki m., fita f.

portly adj. (stout) digur, holdugur, þrekinn
portmanteau (hörð, tvöföld) ferðataska f.
portmanteau word sambreiskingur m. (motel = motor + hotel)
port of call viðkomuhöfn f.
port of entry innflutningshöfn f.
port of destination ákvörðunarhöfn f.
port of discharge affermingarhöfn f.
port of loading fermingarhöfn f.
port of registration heimahöfn f.
portrait andlitsmynd f.; mannlýsing f.
portraitist portrettmálari m.
portraiture portrettlist f.; andlitsmyndir f.pl.
portray vt. gera/mála mynd af, lýsa; leika
portrayal lýsing í máli/myndum f.
port side bakborðshlið f.
Portuguese Portúgali m., (language) portúgalska; adj. portúgalskur
Portuguese man-of-war (jellyfish) portúgalskt herskip n.
pose stelling f., staða f.; uppgerð f.; v. sitja fyrir, stilla (sér) upp; bera fram, leggja fyrir
pose as v. þykjast vera, látast vera
poser (awkward question) erfið/torleyst spurning f.
poseur sýndarmenni n., tildurrófa f.
posh adj. glæsilegur, flottur, lúxus-
posit v. gera ráð fyrir, halda fram
position staða f.; vt. setja, koma fyrir; staðsetja
positional adj. (af)stöðu-, staðsetningar-
positional notation sætistalnaritun f.
positive (in grammar) frumstig n.; adj. jákvæður; (direct) ákveðinn, afdráttarlaus, (sure) öruggur, handviss, (real) raunverulegur, virkilegur, (effective) raunhæfur
positive charge jákvæð hleðsla f., plúshleðsla f.
positively adv. ákveðið, örugglega; algjörlega
positiveness vissa f.; (sjálfs)öryggi n.
positive phototropism ljósleitni f.
positive pole jákvætt rafskaut n.
positivism raunhyggja f., raunspeki f.
positron jáeind f.

posse varalið n.; samsöfnuður m., hópur m.
possess vt. eiga; hafa til að bera, búa yfir; gagntaka
possession eign f.; yfirráð n.pl.; **in s-y's p./in the p. of s-y** í fórum e-s
possessions eigur f.pl., eignir f.pl., auður m.
possessive adj. ráðríkur; eignar-, eignarfalls-
possessive adjective (in grammar) hliðstætt eignarfornafn n.
possessive case (in grammar) eignarfall n.
possessive form (in grammar) eignarfallsmynd f.
possessive pronoun (in grammar) sérstætt eignarfornafn n.
possessor eigandi m.; umráðamaður m., vörslumaður m.
possessory adj. eignar-; umráða-, vörslu-
possibility möguleiki m.
possible adj. mögulegur, hugsanlegur
possibly adv. mögulega; kannski, ef til vill
possum pokarotta f.; **play p.** þykjast vera sofandi
post (pole) stólpi m., staur m.; rásmark n.; vt. festa upp; tilkynna, setja upp tilkynningu
post (mail) póstur m.; v. setja í póst, póstleggja
post varðstaður m., (job) staða f., embætti n.; vt. setja vörð; skipa í embætti (erlendis)
postage (rate) burðargjald n.
postage stamp frímerki n.
postal adj. póst-
postal order póstávísun f.
postal rate póstburðargjald n.
postbag póstpoki m.
postbox póstkassi m.
postcard póstkort n.
post chaise póstvagn m.
postcode póstnúmer n.
postdate vt. dagsetja fram í tímann; gerast síðar en
postdiluvian adj. yngri en syndaflóðið
poster plakat n., veggspjald n.
poste restante biðpóstur m.

posterior (buttocks) sitjandi m., rass m.; adj. seinni, síðari; bak-, aftur-
posterity ókomnar kynslóðir f.pl., afkomendur m.pl.
postern bakdyr f.pl., bakhlið n.
post-free adj. & adv. með burðargjald (fyrirfram)greitt
postgraduate háskólanemi í framhaldsnámi m.; adj. framhaldsstig-
posthaste adv. í hasti, tafarlaust
posthumous adj. sem gerist eftir dauða (e-s)
posthumous book bók gefin út eftir dauða höfundar f.
posthumous reputation eftirmæli n.pl.
posthumous son sonur fæddur eftir dauða föður m.
postil(l)ion forreiðarsveinn m.
postman (pl. **-men**) bréfberi m., póstur m.
postmark póststimpill m.; vt. stimpla með frímerkjastimpli
postmaster póstmeistari m.
postmaster general yfirpóstmeistari m.
postmortem líkskoðun f., krufning f.
postnatal adj. (sem á sér stað) eftir fæðingu, ungbarna-
post office pósthús n.
post office box póstholf n.
postpaid (Am.) adj. & adv. með burðargjald (fyrirfram)greitt
postpone vt. fresta, draga; seinka
postponement frestun f., dráttur m.; seinkun f.
postscript eftirskrift f.; eftirmáli m.
postulant umsækjandi m.
postulate forsenda f.; vt. gefa sér, ganga út frá
posture (líkams)staða f., stelling f., afstaða f.; v. setja (sig) í stellingar, stilla (sér) upp
posture as v. þykjast (vera)
postwar adj. eftir stríð, eftirstríðs-
posy (of flowers) lítill blómvöndur m.
pot pottur m., krukka f., kanna f., koppur m.; **go to p.** fara í hundana; (of money) fúlga f.; v. setja í pott; sjóða niður; setja (barn) á kopp
potable adj. drekkandi, drekkanlegur
potables drykkjarföng n.pl.

potash pottaska f.
potassium kalíum n., kalín n.
potassium nitrate kalíumnítrat n., kalíumsaltpétur m.
potation drykkja f.; drykkur m.
potato kartafla f., (plant) kartöflujurt f.
potato beetle kartöflubjalla f.
potato blight kartöflumygla f.
potato chip kartöfluflaga f.
pot (away) at v. skjóta á, bauna á
potbellied adj. vambmikill, ístrumikill
potbelly ístra f., vömb f., (person) ístrubelgur m.
potbelly stove tunnulaga ofn m.
potboiler færibandalistaverk n.; sölulist f.
potbound adj. (of a plant) með ofvaxið rótarkerfi
potboy barþjónn m.
poteen írskur landi m., heimabrugg n.
potency kraftur m., máttur m., styrkleiki m.
potent adj. máttugur, sterkur, áhrifaríkur
potentate valdamaður m., höfðingi m., burgeis m.
potential möguleiki m.; hæfileiki m., geta f.; adj. hugsanlegur, mögulegur
potential difference spennumunur m.
potential drop spennufall n.
potential energy staðarorka f.
potentiality möguleiki m.
pothat harðkúluhattur m.
pothead hasshaus m., hampneytandi m.
potheen írskur landi m., heimabrugg n.
pother gauragangur m., fjaðrafok n.
potherb matjurt f.
pothole skessuketill m., (in a road) hola f.
pothouse illræmt ölhús n.
potion (heilsu)drykkur m., mixtúra f.
potluck ; **take p.** láta kylfu ráða kasti; gera sér að góðu það sem er á boðstólum
pot marigold morgunfrú f.
pot plant pottaplanta f.
potpourri samsull n., (ilm)blanda f., (of music) syrpa f.
pot roast pottsteik f.
potsherd leirbrot n., pottbrot n.
potshot ónákvæmt skot n.; **take potshots at** bauna á, freta á; fella sleggjudóma um

pottage þykk súpa f.
potted adj. í potti, pott-, potta-; niðursoðinn; (lauslega) styttur, samandreginn
potter leirkerasmiður m., leirlistamaður m.
potter about v. dunda (sér), dútla; slæpast, drolla
potter away v. slæpast, drolla
potter's wheel leirkerahjól n., rennibekkur m.
pottery leirkeragerð f., leirlist f.; leirmunir m.pl.; leirkerasmiðja f., leirlistavinnustofa f.
potty (for children) barnakoppur m.
potty adj. smávægilegur, ómerkilegur, (mad) klikkaður; upptekinn (af), vitlaus (í = **about**)
pouch tuðra f., poki m., skjóða f.; vt. stinga í poka
pouf(fe) gólfpúði m., gólfsessa f.; hommi m.
poulterer alifuglasali m.
poultice heitur bakstur m.; vt. leggja heitan b. við
poultry alifuglar m.pl.; alifuglakjöt n.
pounce snögg árás f.; vi. stökkva (á = **on/at**), steypa sér (yfir)
pound v. (crush) mylja, merja, lemja, berja
pound pund n.
pound (enclosed area) rétt f., kví f.; geymsla f.
poundage pundgjald n.
pound sterling sterlingspund n.
pour v. hella, skenkja; streyma, renna
pour out v. buna (út) úr sér
pout fýlusvipur m.; v. setja á sig (fýlu)stút
poutingly adv. ólundarlega, fýlulega
poverty fátækt f., örbirgð f., skortur m.
poverty-stricken adj. bláfátækur, blásnauður
POW (prisoner of war) stríðsfangi m.
powder duft n., púður n.; v. mylja, strá yfir, púðra
powder blue adj. fölblár, ljósblár
powdered adj. í duftformi, duft-
powdered eggs eggjaduft n.
powdered milk duftmjólk f.

powder flask → prattle

powder flask púðurbaukur m., púðurhorn n.
powder horn púðurhorn n., púðurbaukur m.
powder keg púðurtunna f.
powder magazine (on a warship) púðurgeymsla f.
powder puff púðurkvasti m.
powder room snyrtiherbergi f., (kvenna)salerni n.
powder room kvennasnyrting f.
powdery adj. þakinn dufti; duftkenndur; myljanlegur
power (energy) máttur m., kraftur m., (authority) vald n., (mathematics) veldi n.
powerboat vélbátur m., mótorbátur m.
power brake vökvabremsa f., aflhemill m.
power dive (of an aircraft) afldýfa f.
powerful adj. öflugur, sterkur, áhrifamikill
powerhouse orkuver n.; hamhleypa f., driffjöður f.
powerless adj. kraftlaus, vanmáttugur, aflvana
powerlessness aflleysi n., þróttleysi n., orkuleysi n.
power loom vélknúinn vefstóll m.
power of attorney skriflegt umboð(svald) n.
power of decision ákvörðunarvald n.
power of enforcement framkvæmdavald n.
power pack spennubreytir m.
power plant (Am.) orkuver n.
power point (socket) innstunga f.
power politics ógnbeiting í (alþjóða)stjórnmálum f.
power production orkuvinnsla f.
power resources (raf)orkuforði m.
power sales orkusala f.
power saw vélsög f.
power shortage orkukreppa f.
power shovel vélskófla f., skurðgrafa f.
power source orkugjafi m.
power station orkuver n., aflstöð f.
power steering vökvastýri n., aflstýri n.
powers kraftur m., þrek n., þróttur m.; geta f.
power switch straumrofi m.
power utilization orkunýting f.
powwow (indíána)ráðstefna f.; vi. funda, þinga
pox bólusótt f., (syphilis) sárasótt f.
pp (pages) blaðsíður f.pl.
practicable adj. framkvæmanlegur, nothæfur
practical adj. hagnýtur, gagnlegur; hagsýnn
practicality hagkvæmni f., hentugleiki m.; hagsýni f.
practical joke hrekkjabragð n., hrekklaust grín n.
practically adv. raunverulega, (nearly) næstum því
practical nurse (Am.) sjúkraliði m.
practice framkvæmd f.; æfing f., (custom) vani m.
practise vt. framkvæma, æfa (sig), iðka, stunda
practised adj. reyndur, þjálfaður, leikinn, snjall
practitioner sérfræðingur m.; iðkandi m.
pragmatic adj. raunsær, raunsæis-; pragmatískur
pragmatism raunsæi n.; gagnsemishyggja f., verkhyggja f.
pragmatist raunsæismaður n.; gagnsemishyggjumaður m.
prairie gresja f., grasslétta f.
prairie chicken sléttuhæna f.
prairie dog sléttuhundur m., jarðíkorni m.
prairie wolf (coyote) sléttuúlfur m.
praise lof n.; vt. lofa, hrósa
praiseworthy adj. lofsverður
pram (perambulator) barnavagn m.
prance (of a horse) prjón n.; vi. prjóna; ærslast
prank strákapör n.pl., hrekkjabragð n.
prankish adj. glettinn, ærslafullur, pöróttur
prankster prakkari m., pörupiltur m., hrekkjalómur m.
prat ónytjungur m., aulabárður m., (Am.) rass m.
prate vi. þvaðra, blaðra, rausa (um = **about**)
prattle hjal n., mas n.; vi. babla, blaðra, þvaðra

prattler masari m., blaðrari m., skvaldrari m.
prawn (djúphafs)rækja f.
praxis framkvæmd f., reynd f.
pray v. biðja (til guðs), biðjast fyrir; sárbæna
prayer bæn f., (person) biðjandi maður m.
prayer book bænabók f., bænakver n.
prayerful adj. bænrækinn; guðrækinn
prayerfulness bænrækni f.; guðrækni f.
prayer meeting bænasamkoma f.
prayer wheel bænahjól n.
praying mantis (insect) beiða f.
praying mat/rug bænamotta f.
preach v. prédika, boða
preacher prédikari m.; kennimaður m., prestur m.
preachify vi. vera með siðaprédikanir, prédika
preaching prédikun f., (umvöndunar) ræða f.
preachment prédikun f.
preachy adj. umvöndunarsamur
preamble formáli m., inngangur m.
preamplifier formagnari m.
prearrange vt. undirbúa, gera ráðstafanir fyrirfram
prearrangement undirbúningur m., ráðstafanir f.pl.
precarious adj. ótryggur, óviss, vafasamur
precariousness óvissa f., tvísýna f.
precast adj. (of concrete) forsteyptur
precaution varúð f., gætni f., varúðarráðstöfun f.
precautionary adj. varúðar-
precede v. vera/fara/ganga á undan
precedence forgangur m., forgangsréttur m.; **have/take p. (over)** ganga fyrir, hafa forgang (yfir); **in order of p.** í forgangsröð
precedent fordæmi n.
preceding adj. undanfarandi, fyrri
precentor forsöngvari m.
precept lífsregla f., grundvallarregla f.
preceptor fræðari m., kennari m.
preceptress fræðari m., kennslukona f.
precession pólvelta f.
precession of the equinoxes framsókn jafndægrapunta f.

precinct(s) afmarkað svæði n., umhverfi n., (Am.) umdæmi n.
preciosity ofurvöndun f., tilgerð (í máli) f.
precious adj. dýrmætur; hjartfólginn, kær; adv. ákaflega
precious manners tilgerðarleg/yfirdrifin hegðun f.
precious metal eðalmálmur m.
preciousness dýrmæti n., ágæti n.
precious stone eðalsteinn m.
precipice þverhnípi n., hengiflug n.
precipitance (rashness) óðagot n., flaustur n.
precipitate botnfall n.; útfelling f.; adj. hvatvís, glapráður; vt. hrinda af stað; kasta, steypa
precipitately adv. skyndilega, hvatvíslega
precipitation óðagot n., flan n., (of rain etc.) úrkoma f., (in chemistry) (út)felling f., botnfelling f.
precipitation gauge úrkomumælir m.
precipitous adj. þverhníptur, snarbrattur
précis útdráttur m.; vt. gera útdrátt úr
precise adj. nákvæmur; smámunasamur
precisely adv. nákvæmlega; einmitt
preciseness (ofur)nákvæmni f.
precision nákvæmni f.
precisionist (ofur)nákvæmnismaður m.
preclude vt. fyrirbyggja, útiloka (frá = from)
preclusion útilokun f., hindrun f.
preclusive adj. fyrirbyggjandi, hindrandi
precocious adj. bráðþroska, bráðger, kotroskinn
precociousness bráðþroski m.
precocity bráðþroski m.
precognition forviska f., forskynjun f.
preconceived adj. fyrirfram mótaður
preconception fyrirfram mótuð hugmynd/skoðun f.
precondition skilyrði n., forsenda f.
precursor undanfari m., forveri m., fyrirrennari m.
precursory adj. undanfarandi; inngangs-, formáls-
predation (of animals) ránlífi n.; rán n., hnupl n.
predator rándýr n.
predatory adj. rángjarn, ræningja-, rán-
predatory bird ránfugl m.

predecease vt. deyja á undan
predecessor fyrirrennari m., forveri m.
predestinate adj. forákvarðaður
predestination forlagatrú f.; náðarval n.; forlög n.pl.
predestine vt. ákvarða fyrirfram, forákvarða
predetermine vt. ákvarða fyrirfram, forákvarða
predicament vandræði n., klemma f., klípa f.
predicate (in grammar) umsagnarliður m.; vt. staðhæfa
predicate (up)on v. byggja á, grundvalla á
predicative adj. umsagnarliðs-
predicative adjective lýsingarorðssagnfylling f.
predict vt. spá, segja fyrir um
predictable adj. fyrirsjáanlegur, fyrirsegjanlegur
prediction spádómur m., spá f., forsögn f.
predictive adj. spámannlegur, spádóms-
predictor spámaður m., völva f.
predigest vt. formelta; matreiða ofan í
predilection (sérstakar) mætur (á = for) f.pl.
predispose vt. gera móttækilegan fyrir, vekja áhuga á
predispose to vt. gera hneigðan til, hneigja til
predisposition móttækileiki m.; tilhneiging f.
predominance yfirráð n.pl., völd n.pl.
predominant adj. ráðandi, ríkjandi, helstur, aðal-
predominantly adv. yfirgæfandi, aðallega
predominate vi. ráða (mestu), ríkja, yfirgnæfa
pre-eminence yfirburðir m.pl.
pre-eminent adj. framúrskarandi, frábær, afburða-
pre-eminently adv. framar öðrum; einkum, einkanlega
pre-empt vt. neyta forkaupsréttar; eigna sér
pre-emption forkaupsréttur m., forgangur m.
pre-emptive adj. forkaups-
pre-emptive bid (in bridge) hindrunarsögn f.
preen vt. snyrta fjaðrirnar, snurfusa sig
preen (up)on v. hæla sér af, stæra sig af
pre-exist vi. vera til á undan; vera til í fyrra lífi
pre-existence fortilvera f.; tilvist í fyrra lífi f.
prefabricate vt. forvinna, staðla, fastmóta fyrirfram
prefabricated house einingahús n., staðalhús n.
prefabrication forvinna f., stöðlun f., fastmótun f.
preface formáli m.; vt. rita formála að; hefja
prefatory adj. formáls-, inngangs-
prefect umsjónarmaður m., (of police) lögreglustjóri m.
prefecture (in France) héraðsstjóraembætti n.
prefer vt. taka fram yfir, vilja heldur, kjósa fremur; **p. a charge** leggja fram kæru
preferable adj. æskilegri, ákjósanlegri
preferably adv. öðru fremur, helst
preference uppáhald n., dálæti n.; forgangsréttur m.
preference stock forgangshlutafé n.
preferential adj. mismunar-, ívilnunar-, forgangs-
preferential claim forgangskrafa f.
preferential trade forgangsviðskipti n.pl.
preferment stöðuhækkun f.; upphefð f., frami m.
preferred stock (Am.) forgangshlutafé n.
prefiguration fyrirboðun f.; fyrirmynd f.
prefigure vt. boða, vera fyrirboði; ímynda sér fyrirfram
prefix forskeyti n.; titill m.; vt. skeyta framan við
pregnancy þungun f., meðganga f.; meðgöngutími m.
pregnancy test þungunarpróf n.
pregnant adj. vanfær, barnshafandi; þrunginn, hlaðinn, fullur (af); áhrifamikill, efnisríkur
preheat vt. hita fyrir notkun
prehensile adj. lagaður til grips, grip-

prehensile tail griprófa f.
prehistoric(al) adj. forsögulegur
prehistory forsögulegur tími m.
prejudge vt. dæma fyrirfram
prejudgement dómur fyrirfram m.; sleggjudómur m.
prejudice hleypidómur m.; vt. fylla fordómum; skaða
prejudiced adj. fordómafullur
prejudicial adj. sem veldur hleypidómum; skaðvænlegur
prelacy hefðarklerkastétt f.; prelátaveldi n.
prelate preláti m., hefðarklerkur m.
prelim forpróf n., inntökupróf n.
preliminary undirbúningur m.; forkeppni f.; adj. undanfarandi, undirbúnings-, bráðabirgða-
preliminary examination forpróf n., inntökupróf n.
prelims (of a book) inngangur m., formálsefni n.
prelude undanfari m., aðdragandi m.; forspil n.; vt. vera upphaf; leika sem inngang að verki
premarital adj. (sem gerist) fyrir hjónaband
premature adj. ótímabær, (hasty) hvatvíslegur
premature baby fyrirburi m., ófullburða barn n.
prematurely adv. of snemma, of fljótt
premeditate vt. yfirvega, leggja á ráðin um; undirbúa
premeditatedly adv. að yfirlögðu ráði, af ásettu ráði
premeditated murder morð að yfirlögðu ráði n.
premeditation ásetningur m., fyrirfram tekin ákvörðun f.
premier forsætisráðherra m.; adj. fyrstur, æðstur
premiere frumsýning f.; vt. frumflytja, frumsýna
premiership forsætisráðherraembætti n.
premise forsenda f. vt. færa fram til skýringar
premises landareign f., athafnasvæði n., lóð f.
premiss forsenda f.

premium (vátryggingar)iðgjald n., (reward) viðurkenning f., verðlaun n.pl., bónus m., (additional charge) aukagjald n.; **at a p.** á háu verði
premium bond (Br.) happadrættisskuldabréf ríkissjóðs n.
premolar (tooth) framjaxl m.
premonition (slæmur) grunur m.; fyrirboði m., viðvörun f.
premonitory adj. viðvörunar-
prenatal adj. (sem gerist) fyrir fæðingu, fyrirburðar-
prenatal life fósturstig n.
preoccupation annríki n., vafstur n.
preoccupied adj. upptekinn; niðursokkinn, fjarhuga
preoccupy vt. gagntaka, vera (e-m) efst í huga
preordain vt. ákveða fyrirfram, forákvarða
preordination forákvörðun f.
prepack(age) vt. pakka í neytendaumbúðir
preparation undirbúningur m.; tilreiðsla f., lögun f.
preparatory adj. undanfarandi, undirbúnings-, kynningar-
preparatory school forskóli m., einkaskóli m.
prepare vt. undirbúa, búa undir; útbúa, laga
prepared adj. tilbúinn, viðbúinn
preparedness viðbúnaður m.
prepay vt. greiða fyrirfram
prepayment fyrirframgreiðsla f.
preponderance meirihluti m.; yfirburðir m.pl.
preponderant adj. yfirgnæfandi, þyngri á metunum, megin-
preponderate vi. mega sín meira, vera mest áberandi
preposition (in grammar) forsetning f.
prepositional adj. forsetningar-
prepositional object forsetningarandlag n.
prepositional phrase forsetningarliður m.
prepossess vt. vekja hrifningu hjá
prepossessed adj. hrifinn, gagntekinn (af = **by**)

prepossessing adj. hrífandi, aðlaðandi; álitlegur
prepossession hrifning f.; jákvæð afstaða f.
preposterous adj. fáránlegur, fráleitur, heimskulegur
prep school forskóli m., einkaskóli m.
prepuce forhúð f.
prerecord vt. taka upp til útsendingar síðar
prerequisite forsenda f., forkrafa f.; adj. forsendu-
prerogative einkaréttur m., forréttindi n.pl.
presage fyrirboði m., viðvörun f.; vt. boða
presbyter safnaðaröldungur m.; öldungakirkjuprestur m.
Presbyterian öldungakirkjumaður m.; adj. öldungakirkju-
presbytery (in a church) prestastúka f., (local court) safnaraðarráðstefna f., (house) prestsetur n.
preschool adj. forskóla-
prescience framsýni f., skyggni f.; fyrirframvitneskja f.
prescient adj. forspár, framsýnn, skyggn
prescribe v. fyrirskipa, tiltaka lyf fyrir
prescribed adj. fyrirskipaður, lögskipaður, lögboðinn
prescript fyrirskipun f., fyrirmæli n.
prescription fyrirskipun f., (medical) lyfseðill m.
prescriptive adj. fyrirskipandi, forskriftar-; hefðbundinn
presence návist f., (nær)vera f.; framkoma f., fas n.
presence of mind snarræði n.
present nútíminn m., núlíðandi stund f.; **at p.** nú, núna, sem stendur; adj. viðstaddur; núverandi
present (gift) gjöf f.; vt. gefa; kynna, sýna; **p. itself** gefast, bjóðast; **p. oneself** mæta
presentability frambærileiki m.
presentable adj. frambærilegur, boðlegur
presentably adv. sómasamlega
presentation afhending f.; kynning f., framsetning f.; sýning f., uppfærsla f.

presentation copy gjafaeintak n., kynningareintak n.
present-day adj. nútíma-
presentiment hugboð n., (illur) grunur m.
presently adv. innan skamms, fljótlega, (Am.) núna
present participle (in grammar) lýsingarháttur nútíðar m.
present perfect (in grammar) núliðin tíð f.
presents málsgögn n.pl.; **by these p.** af þessum gögnum
present tense (in grammar) nútíð f.
preservable adj. (of food) geymsluþolinn
preservation varðveisla f., geymsla f.; friðun f.
preservative rotvarnarefni n., fúavarnarefni n.
preserve vt. varðveita, geyma; friða
preserver verndari m.; bjargvættur m.
preserves niðursoðnir ávextir m.pl.; friðað landsvæði n.
preset vt. stilla fyrirfram
preside vi. sitja í forsæti; stjórna, stýra
presidency forsetaembætti n.; forsetatíð f.
president forseti m.; formaður m.; (Am.) forstjóri m.
President of the Board of Trade (Br.) viðskiptamálaráðherra m.
president-elect nýkjörinn forseti m.
presidential adj. forseta-
presidential election forsetakjör n., forsetakosning f.
press pressa f., (newspapers) blöð n.pl.; v. pressa, þrýsta á
press agent blaðafulltrúi m.
press baron blaðakóngur m.
press box blaðamannastúka f.
press card blaðamannapassi m.
press clipping blaðaúrklippa f.
press conference blaðamannafundur m.
press cutting blaðaúrklippa f.
press for v. þrýsta á um, reka á eftir; **be pressed for** hafa þörf fyrir
press gallery (in the parliament) blaðamannastúka f.
pressgang vt. þvinga til (að ganga í sjóherinn)
pressing need brýn þörf f.
pressing payment áríðandi greiðsla f.

pressing problem aðkallandi vandamál n.
press lord blaðakóngur m.
pressman (pl. **-men**) blaðamaður m.
press on/forward v. hraða sér, halda rösklega áfram
press photographer blaðaljósmyndari m.
press release fréttatilkynning f.
press-stud smella f.
press-up armbeygja f.
press (up)on v. íþyngja, hvíla á; þröngva upp á
pressing adj. áríðandi, brýnn; ýtinn
pressure þrýstingur m.; farg n., ok n.
pressure cooker hraðsuðupottur m.
pressure gauge þrýstimælir m.
pressure group þrýstihópur m.
pressurize vt. þvinga; jafnþrýsta, þrýstihlaða
prestidigitation sjónhverfingar f.pl., töfrabrögð n.pl.
prestige orðstír m., álit n.; upphefð f.
prestigious adj. virtur, mikils metinn
prestissimo adj. & adv. svo hratt sem unnt er
presto adj. hraður; interj. eins og skot, óðara
prestressed adj. (of concrete) forspenntur
presumable adj. sennilegur, trúlegur
presume v. álíta, gera ráð fyrir, (dare) dirfast
presume (up)on v. níðast á, notfæra sér
presumption álit n., álykun f.; hroki m., ósvífni f.
presumptive adj. líklegur, sennilegur; væntanlegur
presumptuous adj. hrokafullur, ósvífinn, djarfur
presuppose vt. ganga út frá; hafa sem forsendu
presupposition forsenda f., skilyrði n.
pretence látalæti n.pl., uppgerð f.; yfirskin n.
pretend v. látast, þykjast, gera sér upp
pretended adj. falskur, uppgerðar-
pretender sýndarmenni n.; maður sem gerir tilkall til e-s m.
pretend to v. gera tilkall til
pretense (Am.) látalæti n.pl., uppgerð f.; yfirskin n.

pretension tilkall n., krafa f.; sýndarmennska f.
pretentious adj. mikillátur, hrokafullur
preterit(e) (in grammar) sögn í þátíð; adj. þátíðar-
preternatural adj. ónáttúrulegur; yfirnáttúrulegur
pretext yfirskin n., fyrirsláttur m.
prettify vt. snurfusa, snotra
prettiness fríðleiki m., snoturleiki m., fegurð f.
pretty adj. laglegur, snotur, þokkalegur; adv. frekar, heldur, ansi; **sitting p.** á grænni grein
pretty penny fjárfúlga f.
pretzel saltstöng f.
prevail vi. sigra, hafa betur; vera útbreiddur, ríkja
prevailing adj. ríkjandi, ráðandi, aðal-
prevail (up)on v. telja á, fá til
prevalence útbreiðsla f.; tíðni f.
prevalent adj. tíður, algengur, útbreiddur
prevaricate vi. vera með undanbrögð
prevarication undanbrögð n.pl., vífilengjur f.pl.
prevent vt. hindra, koma í veg fyrir, afstýra
preventable adj. afstýranlegur
prevention tálmun f., hindrun f.
preventive forvörn f.; adj. fyrirbyggjandi, varnar-
preventive custody gæsluvarðhald n.
preventive detention gæsluvarðhald n.
preventive measures varúðarráðstafanir f.pl.
preview forsýning f.; sýnishorn n.; vt. forsýna
previous adj. fyrri, undanfarandi
previously adv. fyrr, áður
previous to prp. á undan, fyrir
prevision fyrirframvitneskja f., hugboð n.
prewar adj. fyrir stríð, fyrirstríðs-
prey bráð f., veiðidýr n., fórnarlamb n.
prey (up)on v. lifa á, ræna; íþyngja, níðast á
price verð n.; **at any p.** hvað sem það kostar; vt. verðleggja; kynna sér verð á
price ceiling verðhámark n.
price control verðlagseftirlit n.
price drop verðfall n.

price fixing verðfrysting f.
price fluctuation verðsveifla f.
price formation verðmyndun f.
price increase verðhækkun f.
price labelling verðmerking f.
priceless adj. ómetanlegur; óborganlegur
price level verðlag n.
price list verðlisti m.
price range verðbil n.
price regulation verðlagsákvæði n.
price structure verðmyndun f.
price survey verðkönnun f.
price tag verðmiði m.
price war verðstríð n.
pricey adj. kostnaðarsamur, dýr
pricing verðlagning f.
prick stingur m., stunga f., (pain) verkur m., (penis) tittlingur m.; karlpungur m.; v. stinga, pikka, gata; valda óþægindum
prickle broddur m.; (sársauka)stingur m.; v. stinga
prickly adj. broddóttur, þyrnóttur; stingandi
prickly heat svitabólur f.pl.
prickly pear fíkjukaktus m.
prickly rose glitrós f.
prick out/off v. planta út
prick up v. sperra (eyrun)
pride stolt n.; **take p. in** vera stoltur af; dramb n., mont n.; **in the p. of** á blómaskeiði e-s
pride oneself on v. vera hreykinn, hrósa sér, stæra sér af
prie-dieu (pl. **prie-dieux**) bænapúlt n.
priest (kaþólskur) prestur m.
priestess kvenprestur m.; hofgyðja f.
priesthood prestsembætti n.; prestastétt f.
priestly adj. prestlegur, kennimannslegur
prig spjátrungur m., tepra f., pempía f.
priggish adj. teprulegur; smámunasamur
priggishness tepruskapur m.; mont n., sjálfsálit n.
prim adj. penn, settlegur, snyrtilegur
prima ballerina aðaldansmær f.
primacy yfirburðir m.pl., ágæti n.
prima donna prímadonna f.
primaeval adj. forsögulegur, frum-
prima facie adj. & adv. við fyrstu sýn, fljótt á litið
primal adj. upprunalegur, frum-; mikilvægastur
primarily adv. fyrst og fremst, aðalega
primary (election) forkosning f., prófkjör n.pl.; adj. fyrstur, upphafs-, frum-, aðal-, grundvallar-
primary accent aðaláhersla f.
primary colour frumlitur m., grunnlitur m.
primary education grunnskólamenntun f., grunnskólanám n.
primary root frumrót f.
primary school grunnskóli m.; forskóli m.
primary stress aðaláhersla f.
primary tooth (pl. - **teeth**) mjólkurtönn f., barnatönn f.
primate erkibiskup m.; prímati m., fremdardýr n.
prime blómi m., blómaskeið n.; upphaf n., byrjun f.; adj. frum-, höfuð-, grundvallar-; fyrsta flokks; vt. koma af stað, undirbúa; grunnmála
prime cost framleiðslukostnaður m.
prime factor frumþáttur m., frumtala f.
prime meridian Greenwichbaugur m.
Prime Minister forsætisráðherra m.
prime mover frumkvöðull m., forkólfur m.; frumbreytir m.
prime number frumtala f., prímtala f.
primer (book) stafrófskver n., kennslubók handa byrjendum f., (explosive) hvellhetta f., (paint) grunnmálning f.
prime time besti útsendingartími m.
primeval adj. forsögulegur, frum-
priming kveikur m., sprengihleðsla f.; grunnmálning f.
primitive adj. frumstæður, frum-; einfaldur
primitiveness frumstæði n.; einfaldleiki m.
primogenitor ættfaðir m., forfaðir m.
primogeniture ; **right of p.** frumburðarréttur m.
primordial adj. upprunalegur, frum-; ævaforn
primp vt. pjatta sig, gera sig til, skartbúast
primrose laufeyjarlykill m., prímúla f.
primrose path sælubraut f., nautnabraut f.

primrose yellow adj. ljósgulur
primula maríulykill m., prímúla f.
prince prins m., konungssonur m.; fursti m.
Prince Charming draumaprins f.
prince consort drottningarmaður m.
princedom furstadæmi n.; furstatign f.
princely adj. höfðinglegur, göfugmannlegur
prince regent ríkjandi prins m.
prince royal krónprins m., ríkisarfi m.
princess prinsessa f., konungsdóttir f.
princess royal krónprinsessa f., ríkisarfi m.
principal (of a school) skólastjóri m., (sum) höfuðstóll m.; umbjóðandi m.; adj. helstur, aðal-, megin-
principal advantage meginkostur m.
principal diagram aðalteikning f.
principality furstadæmi n.
principally adv. aðalega, einkum, helst
principal parts (of a verb) kennimyndir (sagnar) f.pl.
principalship skólastjórastaða f.
principle meginregla f., lögmál n.; **in p.** í meginatriðum; yfirleitt; lífsregla f.; **on p.** vegna lífsskoðunar/sannfæringar
prink vt. pjatta sig, gera sig til, skartbúast
print prent n., prentun f.; **out of p.** uppseldur; far n., merki n.; v. prenta, þrykkja; birta
printable adj. prenthæfur; prentanlegur
print command prentskipun f.
printed circuit prentrás f.
printed matter prentað mál n.
printed papers prentað mál n.
printer prentari m.
printer's devil prentlærlingur m.
printing prentun f.; prentverk n.
printing house prentsmiðja f.
printing office prentsmiðja f.
printing press prentvél f.
printout útprentun f.; útprent n., útprentuð gögn n.pl.
print shop prentmyndabúð f.
prior príor m.; adj. fyrri, undanfarandi; forgangs-
prioress príorinna f.
priority forgangur m., forgangsréttur m.
priority post A-póstur m.
prior to prp. á undan, fyrir
priory klaustur n.
prise vt. þvinga/brjóta upp
prism strendingur m., prisma n.
prismatic adj. strendur, strendingslaga; marglitur
prison fangelsi n.; varðhald n.
prison camp fangabúðir f.pl.
prisoner fangi m.
prisoner of war (POW) stríðsfangi m.
prissy adj. smámunasamur, vandfýsinn
pristine adj. upprunalegur, óspilltur, ósnortinn
prithee interj. (I pray thee) gerðu svo vel að
privacy einvera f., næði n.; leynd f. launung f.
private adj. persónulegur, einka-, sér-; leynilegur; **in p.** í trúnaði, einslega; leynilega
private account einkareikningur m.
private affair einkamál n.
private citizen óbreyttur ríkisborgari m.
private consumption einkaneysla f.
private detective einkaleynilögreglumaður m.
private dick einkaspæjari m., (penis) typpi n.
private enterprise einkaframtak n., frjálst framtak n.
privateer (löggilt) sjóræningjaskip n.
private eye einkaspæjari m.
private firm einkafyrirtæki n.
private investigator einkaleynilögreglumaður m.
private matter einkamál n.
private opinion eigið álit n.
private parts kynfæri n.pl., sköp n.pl.
private practive sjálfstæður rekstur m.
private property einkaeign f.
privates kynfæri n.pl., sköp n.pl.
private secretary einkaritari m.
private sector einkageiri m.
private soldier óbreyttur hermaður m.
private use einkanotkun f.
privation bjargarleysi n., skortur m.
privet þefrunni m.
privilege forréttindi n.pl., (einka)réttur m.

privileged adj. forréttinda-; friðhelgur, þinghelgur
privily adv. í kyrrþey, á laun, leynilega
privy útisalerni n., kamar m.; adj. leynilegur; einka-: **p. to** í vitorði um
privy council leyndarráð n., ráðgjafanefnd f.
prize verðlaun n.pl., vinningur m.; vt. meta mikils, hafa miklar mætur á; þvinga/brjóta upp
prizefight hnefaleikakeppni (atvinnumanna) f.
prize money verðlaunafé n.; skipstökulaun n.pl.
prize ring hnefaleikahringur m.
pro (með)rök n.pl.; meðatkvæði n.; adv. með, fylgjandi
pro (professional) atvinnumaður m.
PRO kynningarfulltrúi m., blaðafulltrúi m.
probability líkindi n.pl., líkur f.pl.
probable adj. líklegur, sennilegur
probate staðfesting (dómstóls á gildi erfðaskrár) f.
probate case skiptamál n.
probate court skiptaréttur m.
probation reynsla f., reynslutími m.; skilorðsdómur m.
probational adj. reynslu-; skilorðsbundinn, skilorðs-
probationer byrjandi m.; hjúkrunarnemi m.; skilorðsfangi m.
probation officer eftirlitsmaður skilorðsfanga m.
probe rannsókn f., athugun f.; sárakanni m.; vt. rannsaka, kanna, skoða
probity heiðarleiki m., ráðvendni f.
problem vandamál n., verkefni n., þraut f., dæmi n.
problematic(al) adj. vafasamur, óviss; vandráðinn
proboscis (fíls)rani m., (nef)tota f., trjóna f.
procedural adj. réttarfars-, dómskapa-, þingskapa-
procedural law réttarfarslög n.pl.
procedure aðferð f., starfshættir m.pl.; réttarfar n., dómsköp n.pl.; forskrift f., stef n.
proceed vi. halda áfram, miða áfram

proceed against v. stefna, höfða máli gegn
proceed from v. stafa af/frá
proceeding framvinda f., framgangur m.
proceedings atburðarás f., athæfi n., (legal) málshöfðun f., (records) fundargerð f., fundargerðarbók f.
proceeds (sölu)ágóði m., hagnaður m.
proceed to v. snúa sér að, vinda sér í
process aðferð f., ferli n., gangur m.; framkvæmd f., úrvinnsla f.; vt. vinna (úr), meðhöndla
process vi. (walk) ganga í hópgöngu
processable adj. vinnslufær
process costing vinnslukostnaður m.
processing unit miðverk n.
procession hópganga f., fylking f., skrúðganga f.
processional adj. skrúðgöngu-; helgigöngu-
processional hymn helgigöngusöngur m.
processor reiknir m., gjörvi m.
proclaim vt. kunngera, lýsa yfir
proclamation (opinber) yfirlýsing f.
proclivity tilhneiging f., hneigð f.
proconsul prókonsúll m.; landstjóri m., nýlendustjóri m.
procrastinate vi. fresta, láta bíða, slóra
procrastination dráttur m., frestun f.; seinlæti n.
procreate vt. geta af sér, fjölga sér
procreation getnaður m., tímgun f.
proctor umsjónarmaður m.; (lögfræðilegur) fulltrúi m.
procurable adj. fáanlegur
procurator fulltrúi m., umboðsmaður m.
procurator fiscal (in Scotland) opinber saksóknari m.
procure vt. útvega, afla, fá, (cause) valda
procurement útvegun f., öflun f.
procurer (panderer) hórumangari m.
procuress mellumamma f.
prod stunga f., pot n.; v. stinga, pikka, ýta við, hvetja
prodigal eyðluseggur m., eyðslukló f.; adj. eyðslusamur, hóflaus; ríkulegur
prodigality eyðslusemi f., bruðl n.; gnægð f.
prodigal son týndi sonurinn m.

prodigious adj. gífurlegur, óhemju-; undraverður
prodigy (við)undur n., furðuverk n., stórmerki n.
produce afurð f.; vt. framleiða, skapa
producer framleiðandi m., (television) stjórnandi m.
product framleiðsluvara f., afurð f.; margfeldi n.
production framleiðsla f.; listaverk n.; uppfærsla f.
productive adj. afkastamikill, frjór; árangursríkur
productivity framleiðni f., framleiðslugeta f.
product manager framleiðslustjóri m.
proem inngangur m., formáli m.
profanation vanhelgun f., saurgun f.
profane adj. óguðlegur; veraldlegur; vt. vanhelga, saurga
profane language guðlast n., munnsöfnuður m.
profaneness guðleysi n.; veraldleiki m.; vanhelgun f.
profanity guðleysi n.; blótsyrði n., guðlast n.
profess v. lýsa yfir, játa, halda fram; þykjast
professed adj. yfirlýstur, viðurkenndur; uppgerðar-
professedly adv. að eigin sögn; í orði kveðnu
profession starfsgrein f., atvinna f.; (starfs)stétt f.; játning f., yfirlýsing f.; (reglu)eiður m.
professional atvinnumaður m.; fagmaður m.; adj. fagmannlegur, atvinnu-; sérmenntaður
professionalism atvinnumennska f.; fagmennska f.
professional knowledge fagþekking f.
professor prófessor m.
professorial adj. prófessors-
professorship prófessorsstaða f.
proffer (til)boð n.; vt. bjóða (fram)
proficiency leikni f., færni f., kunnátta f.
proficient adj. leikinn, fær, snjall
profile vangasvipur m., vangamynd f.; gagnorð lýsing f.; **keep a low p.** láta lítið á sér bera

profit gróði m., arður m., (benefit) hagur m., ávinningur m.; v. græða, hagnast
profitability arðsemi f.; nytsemi f.
profitable adj. arðbær, ábatasamur; hagkvæmur
profitably adv. með hagnaði; nytsamlega
profit by/from v. hagnast á, hafa gagn af
profiteer okrari m.; vi. stórgræða (á vafasaman hátt)
profit margin hagnaðarprósenta f.
profit-sharing hagnaðarhlutdeild f.
profligate siðleysingi m., syndaselur m.; eyðsluklo f.; adj. siðlaus, gjálífur; eyðslusamur, óráðsamur
profound adj. (hyl)djúpur, djúpstæður; djúphugull
profoundly adv. djúpt, innilega, ákaflega
profundity dýpt f., djúpsæi n., djúphyggni f.
profuse adj. gegndarlaus, yfirfljótandi; örlátur
profusely adv. óhóflega; ákaflega, mikið, mjög
profusion gnægð f., ofgnótt f.; (óhóflegt) örlæti n.
progenitor forfaðir m., ættfaðir m.; brautryðjandi m.
progeny afkvæmi n., afkomandi m.
prognosis (pl. **-ses**) (bata)horfur f.pl., spá f.
prognostic fyrirboði m.; adj. fyrirboðandi, forsagnar-
prognosticate vt. spá; boða, vita á
prognostication spá(sögn) f.; vísbending f., fyrirboði m.
program (for a computer) forrit n.; vt. forrita
programmable adj. forritanlegur
programme efnisskrá f.; atriði n., dagskrárliður m.; áætlun f.; (Am.) forrit n.; vt. gera áætlun fyrir; forrita
programmed learning boðnám n., stiklunám n.
programmer forritari m.
programming forritun f.
programming language forritunarmál n.
progress framför f., framvinda f.; **in p. í gangi**, yfirstandandi; vi. miða áfram, taka framförum

progression → promulgation

progression framskrið n., framrás f.; (talna)runa f.
progressive framfarasinnaður maður m.; adj. vaxandi, framsækinn, stighækkandi; áframhaldandi
progressively adv. stig af stigi, smám saman
Progressive Party framsóknarflokkur m.
progressivism framfarastefna f.
progressivist framfarasinni m.
prohibit vt. banna; koma í veg fyrir, hindra
prohibition bann n.; áfengisbann n.
prohibitionist (áfengis)bannmaður m.
prohibitive adj. fyrirbyggjandi, bann-; óhóflegur
project áætlun f., áform n.; verk(efni) n.; v. áætla, skipuleggja; varpa (fram); skaga fram
projectile skeyti n., skot n.; adj. kast-, skot-
projection vörpun f., kast n.; spá f.; útskot n.
projectionist sýningarstjóri m.
projection room (in a cinema) sýningarherbergi n.
projector sýningarvél f.
project steering committee stýrihópur m., verkefnisstjórn f.
prolapse framfall n., sig n.; vi. falla fram, síga
prole prolli m., öreigi m.
prolegomena forspjall n., formáli m., inngangur m.
proletarian öreigi m.; adj. öreiga-; verkalýðs-
proletariat öreigar m.pl., öreigastétt f.; verkalýður m.
proliferate v. æxlast, vaxa ört, fjölga
proliferation æxlun f.; fjölgun f., útbreiðsla f.
proliferous adj. sem æxlast/fjölgar sér ört
prolific adj. frjór, hugmyndaríkur, afkastamikill
prolificacy frjósemi f.
prolix adj. langorður, fjölorður
prolixity mælgi f., málalengingar f.pl.
prologue formáli m., inngangur m.
prolong vt. (fram)lengja
prolongation (fram)lenging f.
prolonged adj. langvarandi, langvinnur
PROM forritanlegt lesminni n.
prom útihljómleikar m.pl., (Am.) skóladansleikur m.
promenade skemmtiganga f.; skemmtigöngusvæði n.; v. ganga sér til skemmtunar; fara með e-n í skemmtigöngu
promenade concert útihljómleikar m.pl.
prominence framstaða f.; fremd f., ágæti n.
prominent adj. framstæður; áberandi, alþekktur,
promiscuity lauslæti n., fjöllyndi n.; handahóf n.
promiscuous adj. lauslátur; handahófskenndur, sundurleitur
promiscuously adv. af handahófi, hvað innan um annað
promise loforð n.; fyrirheit n.; v. lofa; vita á
Promised Land fyrirheitna landið n.
promising adj. heillavænlegur; efnilegur
promissory adj. skuldbindandi, skuldbindingar-
promissory note skuldaviðurkenning f.
promontory höfði m.
promote vt. veita stöðuhækkun, (further) stuðla að, efla, (advertise) auglýsa, koma á framfæri
promoter forgöngumaður m., skipuleggjandi m.
promotion stöðuhækkun f.; efling f.; kynning f.
promotion manager útbreiðslustjóri m., auglýsingastjóri m.
prompt áminning f.; stikkorð n.; adj. skjótur, tafarlaus; adv. nákvæmlega; vt. hvetja
prompter (in a theatre) hvíslari m.
promptitude skjótleiki m., hvatleiki m.
promptly adv. skjótt, tafarlaust; stundvíslega
promptness skjótleiki m., hvatleiki m.
prompt payment skilvís greiðsla f.
promulgate vt. lýsa yfir, kunngera; útbreiða
promulgation yfirlýsing f.; útbreiðsla f., dreifing f.

prone adj. endilangur, flatur, á grúfu
proneness tilhneiging f.
prone to adj. hneigður til, gjarn á
prong tindur m., fleinn m.; kvísl f.
pronged adj. tindóttur, kvíslóttur
pronghorn gaffalhjörtur m.
pronominal adj. fornafns-
pronoun fornafn n.
pronounce v. bera fram; kveða upp, úrskurða
pronounceable adj. framberanlegur
pronounced adj. áberandi, greinilegur; ákveðinn
pronouncedly adv. á áberandi hátt; í töluverðum mæli
pronouncement yfirlýsing f., úrskurður m.
pronto adv. undir eins, eins og skot
pronunciamento (opinber) yfirlýsing f.
pronunciation framburður m.
proof sönnun f., (test) prófun f., (sheet) próförk f.; vt. gera prufu; verja (gegn); vatnsverja
proof against adj. ónæmur, (sem er) varinn fyrir
proofread vt. prófarkalesa
proofreader prófarkalesari m.
proofreading prófarkalestur m.
proof sheet próförk f.
proof spirit stöðluð alkóhólblanda f.
prop stoð f., stytta f.; vt. styðja, skorða
prop (propeller) skrúfa f.
propaedeutics undirbúningsnám n., forspjallavísindi n.pl.
propaganda áróður m.; áróðursstarfsemi f.
propagandism áróðursstarfsemi f.
propagandist áróðursmaður m.
propagandize vi. vinna að áróðri, halda uppi áróðri
propagate v. æxla(st), fjölga (sér); breiða út, dreifa
propagation æxlun f., tímgun f.; útbreiðsla f.
propagative adj. æxlunar-; útbreiðslu-, dreifingar-
propel vt. knýja áfram
propellant drifefni n.; adj. framknýjandi
propeller skrúfa f.
propelling pencil skrúfblýantur m.

propensity tilhneiging f., hneigð f.
proper adj. réttur, viðeigandi; eiginlegur
proper fraction eiginlegt brot n.
properly adv. almennilega, rétt; **p. speaking** strangt tekið, eiginlega; algerlega, gjör-
proper motion (of a star) þverhreyfing f.
proper noun sérnafn n., eiginnafn n.
propertied adj. sem á eignir, eigna-
properties (in a theatre) leikmunir m.pl.
property eign f., eigur f.pl.; eiginleiki m.
property man (pl. - **men**) leikmunavörður m.
property tax (rates Br.**)** fasteignagjöld n.pl.
prophase prófasi m.
prophecy spá f., spádómur m.
prophesy v. spá, segja fyrir um
prophet spámaður m.; talsmaður m., málsvari m.
prophetess spákona f., völva f.
prophetic(al) adj. spámannlegur; spá-, spádóms-
prophylactic forvarnarlyf n., (condom) getnaðarvörn f., smokkur m.; adj. fyrirbyggjandi, forvarnar-
prophylaxis (pl. **-laxes**) forvörn f.
propinquity nálægð f.; skyldleiki m.
propitiate vt. friðþægja, blíðka, milda
propitiation friðþæging f., blíðkun f.
propitiatory adj. blíðkandi, friðþægingar-
propitious adj. hagstæður, hliðhollur, vinsamlegur
propjet skrúfuþota f.
prop man (pl. - **men**) leikmunavörður m.
proponent málsvari m., stuðningsmaður m.
proportion hlutfall n.; samræmi n., samsvörun f.; vt. setja í rétt hlutfall (við), samræma
proportional adj. hlutfallslegur, í hlutfalli (við)
proportional representation hlutfallskosningar f.pl.
proportional spacing stafþjálni f.
proportionate adj. í réttu hlutfalli
proportions stærð f., umfang n.

proposal uppástunga f.,
 (of marriage) bónorð n.
propose v. stinga upp á; áforma, ætla;
 biðla
proposition tillaga f., uppástunga f.,
 tilboð n.; vandi m.; vt. gera
 (konu/stúlku) ósæmilegt tilboð
propound vt. koma fram með,
 leggja fram
proprietary adj. eiganda-; eigna(r)-;
 einka-, sér-
proprietary medicine sérlyf n.
proprietary right eignarréttur m.
proprieties almennar siðgæðiskröfur f.pl.
proprietor eigandi m.; gestgjafi m.
proprietorship eignarréttur m.; eign f.
proprietress kveneigandi m.; gestgjafi m.
propriety velsæmi n., siðsemi f.; hæfi n.
props (properties) leikmunir m.pl.
propulsion knúningur m., knúningsafl n.,
 drif n.
propulsive adj. knýjandi
prop up vt. veita stuðning
pro rata adj. hlutfallslegur
pro rata liability hlutfallsábyrgð f.
prorate vt. skipta hlutfallslega/
 í réttu hlutfalli
prorogation þinghlé n., þingfrestun f.
prorogue vt. fresta þingsetu, senda þing
 heim
prosaic adj. hversdagslegur; óskáldlegur
proscenium (arch) framsvið n.; fortjald n.
proscribe vt. fordæma, banna; útskúfa
proscription fordæming f., bann n.;
 útlegðardómur m.
proscriptive adj. fordæmingar-,
 útskúfunar-
prose óbundið/laust mál n., prósi m.
prosecute vt. lögsækja; fylgja eftir,
 leiða til lykta
prosecution lögsókn f.; ákæruvald n.;
 framkvæmd f.
prosecutor saksóknari m.; sóknaraðili m.
proselyte trúskiptingur m.
proselytize v. (reyna að) fá á sína
 skoðun/trú
prosit interj. (þína) skál
prosodic adj. bragfræðilegur, bragfræði-
prosodist bragfræðingur m.
prosody bragfræði f.

prospect útsýni n.; útlit n., horfur f.pl.;
 von f.; **in p.** í vændum; v. leita að
 hagnýtum jarðefnum
prospective adj. væntanlegur, tilvonandi,
 framtíðar-
prospector málmleitarmaður m.;
 gullgrafari m.
prospectus kynningarbæklingur m.,
 boðsbréf n.
prosper v. þrífast, dafna, vegna vel
prosperity velgengni f.; velmegun f.,
 hagsæld f.
prosperous adj. happsæll; velmegandi,
 efnaður
prostate (gland) blöðruhálskirtill m.,
 hvekkur m.
prostatitis blöðruhálskirtilsbólga f.,
 hvekkbólga f.
prosthesis (pl. **-ses**) ísetning gerviliðar f.
prostitute vændiskona f., skækja f.;
 vt. selja (sig)
prostitution vændi n.
prostrate adj. kylliflatur, á grúfu;
 yfirkominn; v. leggja flatan;
 leggjast flatur; yfirbuga
prostration lega á grúfu f.; örmögnun f.,
 uppgjöf f.
prosy adj. leiðinlegur, langdreginn;
 hversdagslegur
protagonist aðalpersóna f.;
 forvígismaður m.
protean adj. (sí)breytilegur
protect vt. vernda, verja, hlífa
protection verndun f.; vernd f., vörn f.
protectionism verndartollastefna f.
protectionist verndartollasinni m.
protective adj. verndar-, varnar-, hlífðar-,
 öryggis-
protective colouring verndarlitun f.,
 felulitun f., hermilitun f.
protective custody öryggisgæsla f.
protective tariff verndartollur m.
protector verndari m.
protectorate verndarsvæði n.;
 verndarríki n.
protectress verndarkona f.
protégé skjólstæðingur m.
protégée kvenskjólstæðingur m.
protein (eggja)hvítuefni n., prótín n.
pro tempore adv. um stundarsakir

Proterozoic frumlífsöld f.; adj. frumlífsaldar-
protest mótmæli n.pl.; vt. mótmæla; lýsa yfir
Protestant mótmælandi m.; adj. mótmælenda-
Protestantism mótmælendatrú f.
protestation (hátíðleg) yfirlýsing f.; mótmæli n.pl.
protist frumvera f.
protocol siðareglur f.pl.; uppkast n., frumskjal n.
proton róteind f.
protoplasm frymi n.
prototype frummynd f., fyrirmynd f.
protozoan frumdýr n.
protract vt. (fram)lengja, draga (á langinn)
protraction (fram)lenging f.; dráttur m.
protractor mælibogi m., gráðubogi m.
protrude v. reka fram, skaga út
protrusion útskot n., snös f., nöf f.
protrusive adj. framstæður, útstandandi
protuberance bunga f., gúlpur m.; bólga f.
protuberant adj. framstæður, útstæður; áberandi
proud adj. stoltur, hreykinn; tígulegur; ánægjulegur
proud flesh ofhyldgun f., villihold n.
provable adj. sannanlegur
prove vt. sanna; prófa, reyna(st)
proven adj. sannaður; v. (pp. **prove**)
provenance uppruni m., upprunastaður m.
provender (þurrkað) skepnufóður n.
proverb málsháttur m., orðskviður m.
proverbial adj. málsháttar-; alþekktur, alkunnur
provide v. útvega, afla, skaffa
provide against v. gera ráðstafanir gegn; tryggja sig gegn
provided (that) conj. að því skildu
provide for v. sjá fyrir, halda uppi
providence (guðleg) forsjá f.; forsjón f., gæfa f.
provident adj. forsjáll; útsjónarsamur, hagsýnn
providential adj. forsjónarlegur, sendur af himnum

providentially adv. til allrar hamingju
provider (of a family) framfærandi m.
providing (that) conj. að því skildu
province umdæmi n., hérað n., sveit f.; svið n.
provincial sveitamaður m.; adj. landsbyggðar-, utanbæjar-
provincialism sveitasiðir m.pl.; þröngsýni f.
provinciality dreifbýlisbragur m., sveitamennska f.
proving ground tilraunasvæði n.
provision útvegun f.; ráðstafanir f.pl.; ákvæði n., skilyrði n.; vt. birgja upp
provisional adj. tímabundinn, bráðabirgða-
provisionally adv. til bráðabirgða; með fyrirvara
provisions (food) vistir f.pl., matarbirgðir f.pl.
proviso ákvæði n., skilyrði n., fyrirvari m.
provisory adj. skilorðsbundinn; tímabundinn
provocation ögrun f., áskorun f., áreitni f.
provocative adj. ögrandi, storkandi; áreitinn
provoke vt. espa, ögra; vekja, valda
provoking adj. ögrandi, gremjulegur, skapraunandi
provost háskólarektor m., (of a town) borgarstjóri m.
provost marshal herlögreglustjóri m.
prow stefni n., framstafn m.
prowess hreysti f., kjarkur m.; yfirburðir m.pl.
prowl ráf n., rölt n., snudd n.; **on the p.** á veiðum, í ránsferð; v. laumast, ráfa um, reika
prowl car (Am.) lögreglubíll í eftirlitsferð n.
prowler snuddari m., snuðrari m.
proximate adj. næstur
proximately adv. nálega, því sem næst
proximity nálægð f., nánd f.
proximo adv. í næsta mánuði
proxy umboð n.; umboðsmaður m., staðgengill m.
prude tepra f.
prudence skynsemi f., forsjálni f., fyrirhyggja f.

prudent adj. hygginn, skynsamlegur, forsjáll
prudential adj. hagsýnn, ráðdeildarsamur
prudery tepruskapur m.
prudish adj. teprulegur, tilgerðarlegur
prune (a dried plum) sveskja f.
prune vt. klippa til, snyrta, snikka
pruning knife (pl. - **knives**) sniðill m.
prurience losti m., fýsn f., frygð f.
prurient adj. lostafenginn, lostafullur
pruritus kláði m.
Prussia Prússland n.
Prussian Prússi m.; adj. prússneskur
Prussian blue adj. djúpblár
prussic acid blásýra f.
pry vt. lyfta, losa, spenna upp
prying adj. hnýsinn, forvitinn, snuðrandi
pry into v. hnýsast í, grafast eftir, snuðra
psalm sálmur m.
psalmbook sálmakver n.
psalmist sálmaskáld n.
psalmody sálmasöngur m.; sálmasafn (með nótum) n.
Psalms Davíðssálmar m.pl.
psalter saltari m., sálmabók f.
Psalter Sálmarnir m.pl., Davíðssálmar m.pl.
psaltery salteríum n.
pseudo adj. gervi-, sýndar-, fals-
pseudocrater gervigígur m.
pseudonym dulnefni n., gervinafn n.
pseudonymous adj. (ritaður) undir dulnefni
pseudoscience gervivísindi n.pl., hjáfræði f.
pshaw interj. uss, svei, fussum svei
psittacosis páfagauksveiki f., fýlasótt f.
psoriasis sóríasis n., skorpuútbrot n.pl., blettaskán f.
psyche mannshugur m.; sál f., andi m.
psychedelic (drug) æsilyf n.; adj. skynörvandi
psychiatric adj. geðsjúkdóma-
psychiatrist geðlæknir m.
psychiatry geðsjúkdómafræði f., geðlækningar f.pl.
psychic skyggn maður m., miðill m.
psychic(al) adj. geðrænn, sálrænn, andlegur; dulrænn
psychoanalyse vt. sálgreina, sálkanna
psychoanalysis sálgreining f., sálkönnun f.
psychoanalyst sálgreinir m., sálkönnuður m.
psychoanalytic(al) adj. sálgreiningar-, sálkönnunar-
psychokinesis hugmegin n.
psychological adj. sálfræðilegur, sálfræði-
psychologist sálfræðingur m.
psychology sálfræði f.
psychopath geðsjúklingur m., siðblindingi m.
psychopathic adj. geðvilltur, siðblindur
psychosis (pl. -**ses**) geðveiki f., sturlun f.
psychosomatic adj. geðvefrænn
psychotherapy sállækning f.
psychotic geðveikur maður m.; adj. geðveikur, sturlaður
psych out v. sjá í gegnum e-n, reikna (e-n) út
psychrometer þurrkmælir m., (loft)rakamælir m.
ptarmigan rjúpa f.
pterodactyl flugeðla f.
Ptolemaic system heimsmynd Ptólemeosar f.
ptomaine ylduefni n.
ptomaine poisoning matareitrun f.
pub krá f.
puberty kynþroskaaldur m., gelgjuskeið n.
pubic adj. klyfta-, skapa-
pubic bone klyftabein n., lífbein n.
pubic hair skapahár n.
public almenningur m.; **in p.** opinberlega; adj. almennur, almennings-, opinber, ríkis-
public-address system hátalarakerfi n.
public administration opinber stjórnsýsla f.
publican kráareigandi m.; skattheimtumaður m.
publication birting f., útgáfa f.; útgefið verk n.
public convenience almenningssalerni n.
public debt ríkisskuldir f.pl.
public enemy þjóðhættulegur glæpamaður m., þjóðníðingur m.

public holiday almennur frídagur m., helgidagur m.
public house krá f., vínveitingahús n.
publicist auglýsingastjóri m.; fréttaskýrandi m.
publicity almenn eftirtekt f., umtal n.; auglýsing f., kynning f.; auglýsingastarfsemi f.
publicize vt. kunngera; auglýsa, vekja athygli á
public law opinber réttur m., ríkisréttur m.
publicly adv. opinberlega
public mourning þjóðarsorg f.
public nuisance þjóðarplága f.; skerðing á almannahagsmunum f.
public office opinbert starf n., embætti n.
public opinion almenningsálit n.
public opinion poll skoðanakönnun f.
public prosecutor opinber saksóknari m., ríkissaksóknari m.
public purse ríkissjóður m., ríkiskassi m.
public relations almannatengsl n.pl.
public relations officer kynningarfulltrúi m., blaðafulltrúi m.
public school einkaskóli m., (Am.) ríkisskóli m.
public servant opinber starfsmaður m., ríkisstarfsmaður m.
public spirit samfélagskennd f., félagsþroski m.
public-spirited adj. félagslega sinnaður
public utility almenningsveita f. (t.d. orkuveita)
public works opinberar framkvæmdir f.pl.
publish vt. gefa út, birta, kunngera
published fare auglýst fargjald n.
publisher útgefandi m., forleggjari m.
publishing (bóka)útgáfa f.; adj. útgáfu-
publishing house forlag n., útgáfufyrirtæki n.
puce adj. purpurabrúnn
puck (in ice hockey) plata f., pökk f.
puck (in folklore) drýsill m., púki m., búálfur m.
pucka adj. sannur, ágætur; áreiðanlegur, traustur
pucker hrukka f., gúlpur m.; v. kipra(st), hrukka(st)
puckish adj. hrekkjóttur, stríðinn

pudding búðingur m., grautur m.
pudding head auli m., heimskingi m.
puddle (forar)pollur m., leðja f.; vt. grugga, ata
pudendum (pl. **pudenda**) kynfæri (kvenna) n.pl.
pudgy adj. stuttur og digur, kubbslegur
puerile adj. ungæðislegur, barnalegur
puerility barnaskapur m.; kjánaskapur m.
puerperal adj. barnsburðar-, barnsfæðingar-
puerperal fever barnsfarasótt f.
puff más n.; hviða f.; v. blása, mása, púa
puffball físisveppur m., gorkúla f.
puffer (fish) ígulfiskur m.
puffin lundi m.
puff out vt. þenja út, blása upp
puff sleeves púffermar f.pl.
puff up v. bólgna; **be puffed up** drýldinn, rogginn
puffy adj. andstuttur; bólginn, þrútinn
pug (dog) smáhundur m., kubbur m.
pugilism hnefaleikar m.pl.
pugilist (atvinnu)hnefaleikari m.
pugilistic adj. hnefaleika-
pugnacious adj. áflogagjarn, árásargjarn, herskár
pugnacity bardagafýsn f., vígamóður m.
pug nose stutt, uppbrett nef n., klumbunef n.
pug-nosed adj. klumbunefjaður
puissance máttur m., afl n., kraftur m.
puissant adj. voldugur, sterkur, þrekmikill
puke æla f.; v. æla, gubba
pukka adj. sannur, ágætur; áreiðanlegur, traustur
pulchritude (líkams)fegurð f.
pulchritudinous adj. fagur, fallegur
pule vi. vola. skæla, kjökra
pull dráttur m., tog n., kippur m., (force) togkraftur m., (effort) átak n., erfiði n., (influence) áhrif n.pl., ítök n.pl.; v. draga, toga
pull about v. taka ómjúklega á, fara illa með
pull ahead v. fara fram úr, komast fram fyrir
pull apart v. tæta í sundur
pull at v. toga í; teyga, sjúga að sér/í sig
pull away v. losa sig; leggja af stað

pull-back undanhald n.
pull back v. hörfa, hopa; hvarfla frá
pull down v. rífa niður, eyðileggja; hryggja
pullet unghæna (á fyrsta varpári) f.
pulley talía f., blökk f.; trissa f.
pull-in veitingahús (við þjóðveg) n.
pull in v. stöðva (við vegarbrún); taka fastan
Pullman car járnbrautarvagn með þægilegum sætum m.
pull off v. heppnast, takast; stöðva (við vegarbrún)
pull oneself in v. draga inn magann
pull oneself together v. taka sig á, ná sér, jafna sig
pull out v. rífa út; leggja af stað; hörfa frá
pullover (óhneppt) peysa f.
pull over v. stöðva (við vegarbrún); víkja til hliðar
pull round v. rakna við, ná sér; koma til heilsu
pull through v. sleppa frá, komast yfir
pull together v. vinna (vel) saman, leggjast á eitt
pull-up armlyfta f.; veitingahús (við þjóðveg) n.
pull up v. nema staðar, stansa; (scold) ávíta
pull up with v. ná, draga á
pulmonary adj. lungna-
pulmonary artery lungnaslagæð f.
pulmonary vein lungnablááð f.
pulp aldinkjöt n.; mauk n., stappa f., kvoða f.; **beat to a p.** lemja í kássu; v. merja, stappa
pulpit prédikunarstóll m., ræðustóll m.
pulp literature afþreyingarbókmenntir f.pl.
pulp magazine afþreyingar(tíma)rit n., sorprit n.
pulpy adj. meyr, deigkenndur; kjötmikill
pulsar tifstjarna f., slagstjarna f.
pulsate v. slá (takfast); titra
pulsating star sveiflustjarna f.
pulsation sláttur m.; skjálfti m.
pulse púls m., æðasláttur m.; vi. slá, berjast, titra

pulse belgávöxtur m., (plant) belgjurt f.
pulverization mulning f.
pulverize v. mylja, mala, gera/verða að dufti
puma púma f., fjallaljón n.
pumice (stone) vikur m.
pummel vt. hamra á með hnefunum, lúberja
pump dæla f.; v. dæla, pumpa
pumping system dælukerfi n.
pumpkin grasker n., glóðarker n.
pun orðaleikur m.; vi. stunda orðaleik
punch (drink) púns n.
punch hnefahögg n., (forcefulness) (slag)kraftur m., (tool) gatari m.; vt. kýla, slá; gata
Punch ; **as pleased/proud as P.** yfir sig ánægður
punch ball æfingapoki (hnefaleikara) m.
punchbowl púnsskál f.
punch card gataspjald n.
punch-drunk adj. dasaður, vankaður
punch in/out (Am.) v. stimpla sig inn/út
punching bag (Am.) æfingapoki (hnefaleikara) m.
punching ball æfingapoki (hnefaleikara) m.
punch line lokasetning (skrítlu/gamansögu) f.
punch tape gataræma f.
punch-up áflog n.pl., handalögmál n.pl.
punchy adj. dasaður, vankaður; kraftmikill
punctilio smásmygli f.; smámunaleg formsatriði n.pl.
punctilious adj. yfirmáta settlegur; hárnákvæmur
punctiliously adv. nákvæmlega, samviskusamlega
punctual adj. stundvís(legur)
punctuality stundvísi f.
punctuate vt. greinarmerkja; trufla, sundurslíta
punctuation greinarmerkjasetning f.; greinarmerki n.
punctuation mark greinarmerki n.
puncture stunga f., smágat n.; vt. stinga gat á; springa
punctured adj. götugur, sprunginn

pundit traustur heimildamaður m.; gáfnaljós n.
pungency rammleiki m., beiskja f., napurleiki m.
pungent adj. rammur, bitur, (odd)hvass, stingandi
Punic adj. púnverskur
Punic faith ótryggð f., undirferli n.
punish vt. refsa, hegna; misþyrma, leika grátt
punishability refsinæmi n.
punishable adj. refsiverður, hegningarverður
punishment refsing f., hegning f.; ill meðferð f.
punitive adj. refsingar-, hegningar-
punk pönkari m.; adj. pönkaður, pönklegur, pönk-
punk (Am.; wood) eldiviður m.
punk rock pönk(rokk) n., ræflarokk n.
punnet ávaxtakarfa f., ávaxtaaskja f.
punster maður gefinn fyrir orðaleiki m.
punt (boat) bytta f., gaflkæna f.; v. stjaka (bát)
punt vi. (bet) veðja á hest
puny adj. smávaxinn, pervisinn; lítilvægur
pup ungviði n., hvolpur m.; v. gjóta
pupa (skordýrs)púpa f.
pupate v. púpast, taka á sig púpumynd
pupation púpun f.
pupil nemandi m.
pupil (of the eye) sjáaldur n., ljósop n.
puppet leikbrúða f.; handbendi n., leiksoppur m.
puppeteer leikbrúðustjórnandi m.
puppet government leppstjórn f.
puppet play brúðuleikur m.
puppetry leikbrúðugerð f.; brúðuleikhús n.
puppet show leikbrúðusýning f.
puppy hvolpur m.
puppy love unglingaást f.
purblind adj. skilningssljór, tornæmur; sjóndapur
purchase (inn)kaup n.pl., (articles) nýkeyptar vörur f.pl. (firm hold) grip n., tak n.; vt. kaupa
purchaser kaupandi m.
purchasing power kaupmáttur m.
purchasing power parity kaupmáttarjöfnuður m.
pure adj. hreinn, tær, óblandaður, ekta-
pureblood(ed) adj. kynhreinn
purebred adj. hreinræktaður
purée mauk n.; v. gera að mauki, hræra í mauk
purely adj. hreinlega, fullkomlega, eingöngu
pureness hreinleiki m., tærleiki m., skírleiki m.
purgation (niður)hreinsun f.
purgative laxerandi lyf n.; adj. (búk)hreinsandi
purgatorial adj. hreinsunarelds-
purgatory hreinsunareldur m.
purge hreinsun f.; vt. hreinsa(st), skíra(st)
purification hreinsun f., skírsl(a) f.
purify vt. hreinsa, skíra
purism hreintungustefna f.; hreinstefna f.
purist málvöndunarmaður m.; hreinstefnumaður m.
puristic adj. málhreinsunar-; hreinstefnu-
puritan hreintrúarmaður m., púrtítani m.
puritanical adj. púrtítanskur, hreintrúar-
purity hreinleiki m., tærleiki m., skírleiki m.
purl brugðin lykkja f.; v. prjóna brugðið
purl (of a stream) niður m.; vi. niða, gjálfra
purlieus umhverfi n., nágrenni n., grennd f.
purloin vt. stela, hnupla, taka ófrjálsri hendi
purple purpuralitur m.; **born in the p.** fæddur í konungsætt, tiginn; adj. purpurarauður
purple passage (in writing) flúraður/uppskrúfaður kafli m.
purple sandpiper sendlingur m.
purplish adj. með purpurarauðan blæ
purport inntak n., kjarni m.; vt. gefa til kynna, fela í sér, þýða, innihalda; þykjast vera
purpose tilgangur m., ætlun f.; **on p.** af ásettu ráði, viljandi. vt. fyrirhuga, áforma, ráðgera
purpose-built adj. sérbyggður, sérsmíðaður

purposeful adj. stefnufastur, ákveðinn
purposeless adj. tilgangslaus
purposely adv. viljandi, af ásettu ráði; gagngjört
purr mal n.; v. mala
purse budda f., pyngja f., (of money) fjármunir m.pl., sjóður m.; (Am.) handtaska f.
purse crab pálmaþjófur m.
purser bryti m.
purse pride peningamont n., peningagorgeir m.
purse-proud adj. fédrembinn
purse seine (net) herpinót f., snurpunót f.
purse-snatcher (Am.) töskuþjófur m.
purse strings buddustrengir m.pl., pyngjubönd n.pl.
purse (up) v. (one's lips) setja stút á (varirnar)
pursuance framkvæmd f., framfylgd f.
pursuant to prp. samkvæmt, í samræmi við
pursue vt. elta; sækjast eftir, fylgja, stunda
pursuit eftirför f.; iðja f.; **in p. of** í leit að
purulence ígerð f., gröftur m.
purulent adj. graftarkenndur, graftar-, vilsu-
purvey v. annast aðdrætti, sjá fyrir birgðum
purveyance útvegun f.; forði m., birgðir f.pl.
purveyor birgðasali m.
purview verkahringur m., (verk)svið n.
pus gröftur m., vilsa f.
push ýting f., hrinding f.; **get the p.** vera rekinn (úr starfi); **at a p.** með naumindum/herkjum; v. ýta, hrinda, þrýsta á, reka á eftir
push along/ahead v. halda áfram, koma sér af stað
push around v. ráðskast með, fara illa með
pushbike reiðhjól n.
push button þrýstirofi m., þrýstihnappur m.
push-button adj. þrýstirofa-, takka-
pushcart handvagn m.
pushchair barnakerra f.

pushed adj. uppiskroppa, kominn í þrot (með = **for**)
pusher eiginhagsmunaseggur m.; dópsali m.
push for v. leggja kapp á, keppa að
push forward/on v. halda áfram, keppast við
push in v. sletta sér fram í
pushing adj. ýtinn, ágengur; drífandi, dugandi
push off v. fara (brott), hypja sig
push oneself forward v. trana sér fram
pushover smámál n., barnaleikur m.; auðveld bráð f.
push over v. ryðja um koll
push through v. keyra í gegn(um); ryðjast
push-up (Am.) armbeygja f.
push up v. þrýsta upp, keyra upp
pushy adj. ýtinn, ágengur, frekur
pusillanimity hugleysi n., kjarkleysi n.; uppburðarleysi n.
pusillanimous adj. huglaus, blauður; óframfærinn
puss kisa f., (girl) stúlkukind f., (face) fés n.
pussy kisa f., kisulóra f., (vulva) pussa f.
pussyfoot vi. læðupokast, laumast; fara varlega
pussytoes lójurt f.
pustule graftarbóla f.
put v. setja, leggja, láta
put about v. bera út, dreifa; breyta um stefnu, venda
put across v. koma til skila, tjá; **put it/one/that across s-y** telja e-m trú um, gabba
put ahead v. flýta (fyrir)
put aside v. leggja til hliðar; spara; líta fram hjá
put at v. áætla
putative adj. sem almennt er talinn, meintur
put away v. ganga frá, (give up) losa sig við, (save) leggja fyrir, spara, (eat) hesthúsa, (kill) lóga, (put into confinement) loka inni
put back v. (replace) setja á sinn stað, skila, (delay) seinka, (of a ship) snúa við, fara til baka
put by v. leggja fyrir, spara

put-down (Am.) niðurlæging f., snuprur f.pl.
put down v. (write) skrifa hjá sér, (suppress) bæla niður, (store) ganga frá, (allow to alight) hleypa út, setja af, (snub) snupra, auðmýkja, (land) lenda, (kill) lóga
put down as v. telja/álíta e-n vera
put down for v. skrá e-n fyrir; skrá (sem þátttakanda)
put down to v. skrifa á (reikning); kenna um, eigna
put forth v. leggja fram, bera upp, (use) beita, (of plants) skjóta (rótum), mynda (lauf)
put forward v. setja fram, koma á framfæri, (move on) flýta, (propose) stinga upp á, tilnefna
put in v. (cause to be in) stinga inn, (submit) leggja fram, (interrupt) skjóta inn, koma að, (of a ship) halda til hafnar, (strike) greiða högg, (perform) inna af hendi, (elect) koma að, kjósa
put in for v. (apply for) sækja (formlega) um
put into v. (devote) verja, kosta til, leggja af mörkum, (of a ship) leggja að landi, halda til hafnar
put-off afsökun f., yfirvarp n.
put off v. (delay) fresta, (discourage) trufla, koma úr jafnvægi; svipta áhuga (á), gera afhuga
put-on uppgerð f., tilgerð f., (Am.) gabb n.
put on v. (dress) fara í, klæðast, (pretend) gera sér upp, (increase) auka, bæta við, (advance) flýta, færa fram, (Am.; deceive) gabba
put out v. (extinguish) slökkva (á), (dislocate) setja úr liði, (upset) valda áhyggjum, (inconvenience) trufla, valda ónæði
put over v. (put across) koma til skila, koma fram
put over on v. gabba
putrefaction ýlda f., rotnun f.
putrefy v. úldna, rotna; valda rotnun í
putrescence ýlda f., rotnun f.
putrescent adj. úldnandi, rotnandi; úldinn, rotinn
putrid adj. úldinn, rotinn; ógeðslegur

putsch valdaránstilraun f.
putt pútt n.; v. pútta
puttee legghlíf f.
putter about (Am.) v. dunda (sér), dútla; slæpast, drolla
putter away (Am.) v. slæpast, drolla
put through v. (complete) koma í gegn, leiða til lykta, (connect) gefa (síma)samband, (test) láta gangast undir
putting green púttflöt f.
putting iron púttari m., pútter m.
put to v. (ask) leggja fyrir, bera undir, (close) harðloka, (of a ship) halda (til hafnar)
putty kítti n.; vt. kítta
put-up adj. fyrirfram ákveðinn
put up v. setja upp, lyfta, reisa, (provide food and lodging) hýsa, (supply) leggja fram, (propose) stinga upp á, tilnefna; bjóða sig fram
put upon v. gabba, níðast á
put up to v. fá e-n til e-s
put up with v. sætta sig við, umbera, þola
puzzle ráðgáta f., vandamál n.; (gesta)þraut f.; v. rugla, valda heilabrotum
puzzled ad. undrandi, forviða, ráðalaus
puzzlement undrun f.; undrunarefni n.
puzzle out v. (reyna að) ráða fram úr
puzzle over v. brjóta heilann um, velta fyrir sér
puzzler ráðgáta f.
pygmy dvergur m.; adj dvergvaxinn
pyjama adj. náttfata-
pyjamas náttföt n.pl.
pylon háspennumastur n.
pyorrhoea (tannrótar)ígerð f.
pyorrhoea alveolaris tannholdsbólga f., tannvefsbólga f.
pyramid píramídi m.; strýta f.
pyramidal adj. píramídalaga
pyre bálköstur m.
Pyrenees Pýreneafjöll f.pl.
Pyrex eldfast glerílát n.
pyrexia hitasótt f., sótthiti m.
pyrite brennisteinskís m.
pyroclastic adj. gjósku-, gjóskubergs-
pyrolatry eldsdýrkun f.
pyromania íkveikjuæði n.

pyromaniac brennuvargur m.
pyrometer glóðhitamælir m.
pyrotechnic(al) adj. flugelda-; leiftrandi, stórkostlegur
pyrotechnics flugeldagerð f.; flugeldasýning f.
Pyrrhic victory Pyrrosarsigur m.
Pythagorean theorem Pýþagórasarregla f.
python pýtonslanga f., kyrkislanga f.
pyx oblátubuðkur m.

Q

QED (Lat.; quod erat demonstrandum) það sem sanna átti
q.t.; **on the q.t.** (quiet) í kyrrþey; með leynd
quack svikari m., (doctor) skottulæknir m.
quack (of a duck) andagagg n.; vi. gagga, gussa
quackery fúsk n., svindl n.; skottulækningar f.pl.
quackish adj. svindlara-; skottulæknis-
Quadragesima (Sunday) fyrsti sunnudagur í lönguföstu m.
quadrangle ferhyrningur m.; torg n., port n.
quadrangular adj. ferhyrndur
quadrant fjórðungsbogi m.; kvaðrant m.
quadratic equation annars stigs jafna f.
quadrilateral fjórhliðungur m., ferhyrningur m.; adj. fjórhliða
quadruped ferfætlingur m.; adj. fjórfættur
quadruple fjórfeldi n.; adj. ferfaldur, fjórskiptur; v. fjórfalda(st), ferfalda(st)
quadruplet fjórburi m.
quadruplicate fjórrit n.; adj. fjórfaldur; vt. fjórfalda
quaff v. svelgja í sig, svolgra
quag fen n., dý n., mýrarvilpa f.
quagmire fen n., dý n., kviksyndi n.
quail kornhæna f.; lynghæna f.
quail vi. guggna, missa móðinn, vera hræddur
quaint adj. skrýtinn, skondinn, sérkennilegur
quake (jarð)skjálfti m.; vi. skjálfa, titra, nötra
Quaker kvekari m.
qualification hæfni m., skilyrði n., (modifying) fyrirvari m.
qualified adj. hæfur, fullmenntaður; takmarkaður
qualifier (in grammar) ákvæðisorð n., einkunn f.
qualify v. vera hæfur; gera hæfan; verða fullgildur; gera fullgildan; (modify) takmarka; afmarka
qualitative adj. eiginda-, eiginleika-
qualitative analysis tegundargreining f., þáttagreining f.
quality gæði n.pl., kostur m.; eiginleiki m.
quality control gæðaeftirlit n., gæðamat n.
qualm efasemd f., áhyggjur f.pl.; ógleði f.
qualmish adj. efins, hikandi; (sem er) flökurt
quandary klípa f., bobbi m., vandræði n.pl.
quantifiable adj. mælanlegur; veganlegur
quantify vt. mæla/ákvarða magn e-s
quantitative adj. magnbundinn, megindlegur
quantitative analysis magngreining f., hlutfallagreining f.
quantity magn n.; stærð f., skammtur m.
quantity discount magnafsláttur m.
quantize vt. búta
quantum skammtur m.
quantum mechanics skammta-(afl)fræði f.
quantum theory skammtakenning f.
quarantine sóttkví f.; vt. setja í sóttkví; einangra
quark kvarki m.
quarrel þræta f.; þrætuefni n.; vi. deila, rífast
quarrelsome adj. þrasgjarn, deilugjarn, stælinn
quarry grjótnáma f.; v. vinna úr námu
quarry (animal) veiðidýr n., bráð f.
quart lítri m. (Br. 1,137 l.)

quarter fjórðungur m., fjórði hluti m., (15 minutes) kortér n., stundarfjórðungur m., (district) hverfi n.; vt. skipta í fernt; hluta niður
quarter day ársfjórðungsdagur m.
quarterdeck afturþilfar n.
quarterfinal fjórðungsúrslit n.pl.
quarterly ársfjórðungsrit n.; adj. ársfjórðungslegur
quartermaster (army) birgðastjóri m., (navy) varðbátsstjóri m.
quartern fjórðungur m.
quarter note (Am.) fjórðungsnóta f.
quarters aðsetur n., dvalarstaður m.; staða f., staðsetning f.; **at close q.** í návígi
quarter sessions ársfjórðungsdómþing n.
quartet(te) kvartett m.
quarto kvartó f., fjögurrablaða arkarbrot n.
quartz kvars n.
quasar dulstirni n., kvasi m.
quash vt. bæla niður, (annul) ónýta, ógilda
quasi adj. hálfgildings-, hálf-, sama sem
quasi promise loforðsígildi n.
quasi scholar hálfgildingsfræðimaður m.
quatercentenary 400 ára afmæli n.
quatrain ferskeytla f.
quaver titringur m., (in music) áttundapartsnóta f.; v. titra, skjálfa; segja titrandi rómi
quavery adj. titrandi, skjálfandi
quay hafnarbakki m.
quayage bryggjutollur m., hafnargjald n.
quean flenna f., gála f.
queasiness velgja f., ógleði f.
queasy adj. flökurt, með velgju; órólegur, viðkvæmur; klígjugjarn; velgjulegur, væminn
queen drottning f.; vt. **q. it over** ráðskast með, gera sig breiðan
queen consort eiginkona ríkjandi konungs f.
queenly adj. drottningarlegur, drottningar-
queen mother drottingarmóðir m., ekkjudrottning f.
Queen's Counsel málafærslumaður drottningar m.

queen's evidence vitni krúnunnar n.; **turn q. e.** bera vitni gegn samsekum
queer adj. skrítinn, undarlegur; hinsegin, kynhverfur; vt. eyðileggja, klúðra
queerness undarlegheit n.pl., skringileiki m.
quell vt. bæla niður, kæfa, binda enda á
quench vt. slökkva, svala, sefa, kæfa
quenchless adj. óslökkvandi
querulous adj. kvartsár, nöldursamur, kvörtunar-
querulousness nöldursemi f.
query spurning f., fyrirspurn f.; vafi m.; vt. spyrja, spyrjast fyrir um; efast um
quest leit f.; vt. leita (að)
question spurning f., (doubt) vafi m.; **beyond (all) q.** hafinn yfir (allan) efa; **call in(to) q.** draga í efa; **in q.** til umræðu; umræddur; **out of the q.** útilokaður; vt. spyrja; draga í efa
questionable adj. vafasamur, hæpinn
questioner (fyrir)spyrjandi m., spyrill m.
question mark spurningarmerki n. (?); vafi m.
question master stjórnandi spurningakeppni m.
questionnaire spurningalisti m.
question tag (in a sentence) spurnarending f.
question time (in Parliament) fyrirspurnatími m.
quetzal kvesali m.
queue biðröð f.; **jump the q.** troðast fram fyrir; vi. standa í biðröð, raða sér upp (í biðröð)
quibble útúrsnúningur m.; vi. vera með hártoganir
quibbler orðflækjumaður m., málaþrasari m.
quick kvika f.; **cut s-y to the q.** koma við kvikuna í e-m; adj. fljótur, skjótur, snöggur; skarpur, skýr; adv. fljótt, hratt, skjótt
quicken v. hraða, flýta; örva(st), fjörga(st), lifna
quick-freeze vt. hraðfrysta
quickie flýtiverk n.; fljótaskrift f.
quicklime (óslökkt) kalk n.
quickly adv. fljótt, snarlega,

quickness skjótleiki m., hvatleiki m., hraði m.
quicksand kviksandur m., sandbleyta f.
quickset hedge limgerðisgirðing f.
quick-sighted adj. skarpskyggn, glöggskyggn
quicksilver kvikasilfur n.
quickstep kvikstepp m.
quick-tempered adj. skapbráður
quick-witted adj. snarráður, skjótráður, skarpur
quid (pl. **quid**) (sterlings)pund n.
quid (munntóbaks)tugga f.
quid pro quo svar í sömu mynt n., endurgjald n.
quiescence kyrrð f., ró f., hvíld f.
quiescent adj. kyrr, hljóður, aðgerðalaus
quiet kyrrð f., ró f.; **on the q.** í laumi; adj. hljóður, friðsæll, hægur, rólegur; þögull
quiet (Am.) v. sefa(st), róa(st), hljóðna
quieten v. sefa(st), róa(st), hljóðna
quietly adv. hljóðlega
quietness kyrrð f., ró f., friðsæld f.
quietude kyrrð f., rósemi f., friður m.
quietus banahögg n., líknarstunga f.; athafnaleysi n.
quiff ennisbrúskur m., hárbrúskur m.
quill (stór og stinn) fjöður f., fjöðurstafur m.
quill pen fjöðurpenni m.
quilt vattteppi n.; vt. vattera
quilting vattering f., stungusaumur m.; vattefni n.
quin (quintuplet) fimmburi m.
quince (tree) roðarunni m., kveði m.
quincentenary 500 ára afmæli n.
quinine kínin n.
Quinquagesima (Sunday) sunnudagur í föstuinngangi m.
quinsy háls(kirtla)bólga f.
quint (Am.; quintuplet) fimmburi m.
quintal = 100 kg
quintessence fullkomin ímynd f., fullkomnun f.
quintessential adj. fullkominn, frábær
quintet(te) kvintett m.
quintuple fimmfeldi n.; adj. fimmfaldur; v. fimmfalda(st)
quintuplet fimmburi m.

quip háðsglósa f., hnýfilyrði n., skot n.; vi. koma með meinlega/fyndna athugasemd
quire örk f. (= 24/25 síður); **in quires** í örkum; óinnbundinn
quirk einkennileg tilviljun f., tiltæki n.; tiktúra f., duttlungur m., sérviska f.
quisling kvislingur m., föðurlandssvikari m.
quit adj. laus (við = **of**); vt. hætta; láta af (störfum), segja upp, (leave) yfirgefa
quitch húsapuntur m.
quite adv. alveg, gjörsamlega, fullkomlega; fremur, frekar, (þó) nokkuð; **q. a/an** sannkallaður, reglulegur; **q. (so)** einmitt, hárrétt
quits adj. kvittur (við e-n = **with s-y**); **call it q.** láta duga í bili, láta gott heita
quittance kvittun f., greiðsluviðurkenning f.; **give s-y his q.** vísa e-m á dyr
quitter dugleysingi m., mannleysa f.
quiver titringur m., skjálfti m.; v. skjálfa, titra
quiver örvamælir m.
qui vive ; **on the q. v.** árvakur, vökull, á verði
quixotic adj. kíkótískur; draumórakenndur, óraunhæfur
quiz spurningaleikur m.; skyndipróf n.; yfirheyrsla f.; vt. spyrja út úr, prófa (í), yfirheyra
quizmaster (Am.) stjórnandi spurningakeppni m.
quizzical adj. háðslegur, spyrjandi, kyndugur
quod (prison) fangelsi n., tugthús n.
quod vide (Lat.) sjá einnig
quoit kasthringur m.
quoits kasthringaleikur m.
quondam adj. sem var einu sinni, fyrrverandi
Quonset hut (Am.) bárujárnsbraggi m.
quorum tilskilinn meirihluti m.
quota kvóti m., hluti m., skerfur m.
quotable adj. sem vitna má til
quotation tilvitnun f., (price) markaðsverð n.
quotation mark gæsalöpp f., tilvísunarmerki n.

quote vt. vitna í, hafa orðrétt eftir, (mention) tilfæra, (price) gefa upp (söluverð); q. **I/he/she/it** mælti ég/hann/ hún/það
quotidian adj. daglegur; hversdagslegur
quotient hlutatala f., hlutfall n., kvóti m.
q.v. (quod vide) sjá einnig

R

rabbet gróp f., fals n.; vt. grópa, fella saman
rabbi rabbíni m., gyðingaprestur m.
rabbinical adj. rabbína-
rabbit kanína f.; vt. veiða kanínur
rabbit hutch kanínubúr n.
rabbit punch (snöggt) hnakkahögg n.
rabbit warren kanínubyggð f.
rabble skríll m., múgur m.
rabble-rouser (múg)æsingamaður m., lýðskrumari m.
rabble-rousing adj. (múg)æsinga-
rabid adj. ofstopafullur, óður, trylltur
rabies hundaæði n.
raccoon þvottabjörn m.
race (competition) keppni f., kapphlaup n., (of water) vatnsrás f.; v. keppa; þjóta
race (of men) kynþáttur m., kynstofn m., rasi m.
race card skeiðhestalisti m.
racecourse skeiðvöllur m., kappreiðabraut f.
racehorse kappreiðahestur m., veðhlaupahestur m.
raceme (blóma)klasi m.
race meeting veðreiðamót n., kappreiðar f.pl.
racer kapphlaupadýr n., (vehicle) kappaksturstæki n.
races veðreiðamót n., kappreiðar f.pl.
racetrack (Am.) skeiðvöllur m., kappreiðabraut f.
rachitis (rickets) beinkröm f.
racial adj. kynþátta-, kynstofns-
racialism kynþáttafordómar m.pl.
racialist kynþáttahatari m.
racial prejudice kynþáttafordómar m.pl.

racing (of horses) kappreiðar f.pl.; adj. keppnis-
racing boat kappsiglingabátur m.
racing car kappakstursbíll m.
racism (Am.) kynþáttafordómar m.pl.
racist (Am.) kynþáttahatari m.
rack (of clouds) skýjarek n.
rack grind f., rekkur m., standur m.; píslarbekkur m.; **on the r.** kvalinn, þjáður; vt. kvelja, pína; **r. one's brains** brjóta heilann
rack eyðilegging f.; **r. and ruin** niðurníðsla
racket gauragangur m., skarkali m.; brask n., svindl n.; **on the r.** í slarki, úti á lífinu; **stand the r.** standa skil á, borga brúsann
racket (racquet) (tennis)spaði m.
racketeer braskari m., fjárglæframaður m.
racketeering brask n., fjárglæfrar m.pl.
rackets veggjatennis m.
rack rent okurleiga f.
rack up v. skora (mark), vinna stig
raconteur (góður) sögumaður m., frásagnameistari m.
racoon þvottabjörn m.
racquet (tennis)spaði m.
racquets veggjatennis m.
racy adj. líflegur, þróttmikill; bragðmikill
radar ratsjá f.
radar screen ratsjárskjár m.
radial adj. geislamyndaður, geisla-, stjörnu-
radial engine stjörnuhreyfill m.
radial tyre radíaldekk n., þverofinn hjólbarði m.
radiance ljómi m., skin n., birta f.
radiant adj. ljómandi, skínandi, geislandi
radiant energy geislunarorka f.
radiant heat geislunarvarmi m.
radiant heating geislahitun f.
radiate v. (út)geisla, ljóma (af); liggja út frá
radiation ljómi m., skin n., geislun f.
radiation sickness geislunarveiki f., geislaveiki f.
radiator miðstöðvarofn m., (in a car) vatnskassi m.
radical róttæklingur m.; adj. róttækur
radical sign rótarmerki n.

radicalism róttækni f.
radically adv. á róttækan hátt; gagngjört
radicand rótarstofn m.
radicle kímrót f.
radii (pl. of **radius**)
radio útvarp n.; **on the r.** í útvarpi; viðtæki n., senditæki n.; vt. útvarpa; senda loftskeyti
radioactive adj. geislavirkur
radioactive fallout geislavirkt ofanfall n.
radioactivity geislavirkni f.
radio beacon ratsjárviti m.
radio car talstöðvarbíll m.
radiocarbon geislakol n.
radiocarbon dating aldursákvörðun með geislakolum f.
radio frequency útvarpstíðni f.
radio-frequency modulator tíðnimótari m.
radiogram radíófónn m.; (radiograph) röntgenmynd f.; (Am.) loftskeyti n.
radiograph röntgenmynd f.
radiographer röntgentæknir m.
radiography gegnumlýsing f.
radioisotope geislasamsæta f.
radiology geislunarfræði f.; geislunarlækningar f.pl.
radiometer geislaorkumælir m., geislunarmælir m.
radio receiver útvarpsviðtæki n.
radio set útvarpstæki n.
radiosonde veðurkanni m.
radio-telephone talstöð f.
radio telescope útvarpskíkir m.
radiotherapy geislameðferð f., geislalækningar f.pl.
radio tube útvarpslampi m.
radish hreðka f., radísa f.
radius (pl. **radii**) radíus m.; (hring)geisli m.
radius vector geislahnit n.pl.
R.A.F. (Royal Air Force) breski flugherinn m.
raffia bast n.
raffish adj. ósiðlátur, svallsamur
raffle tombóla f.; vt. bjóða sem vinning í hlutaveltu
raft fleki m.; vt. flytja á fleka; fleyta
rafter (þak)sperra f.
rag tuska f., drusla f.; (blað)snepill m.
rag (trick) hrekkur m.; vt. stríða, hrekkja
ragamuffin ræfill m., lassaróni m., afhrak n.
rag doll tuskudúkka f.
rage bræði n., reiði f.; vi. vera ofsareiður; geisa
ragged adj. tötralegur, rifinn, tættur; sundurlaus; **run (s-y) r.** píska (e-n) út
ragged robin munkahetta f.
raging adj. ofsafenginn, heiftúðugur
raglan laskaermar f.pl.
ragman (pl. **-men**) tuskusali, skransali m.
ragout ragú n.
rags tötrar m.pl., larfar m.pl.
ragtag ; **r. and bobtail** ruslaralýður m., pakk n.
raid skyndiárás f., áhlaup n.; v. gera árás (á)
raider árásarmaður m., ræningi m.
rail teinn m., rimill m., (on railway) járnbrautarteinn m.; **by r.** með járnbraut
rail at/against v. kvarta sáran undan; bölsótast út í
railing grindverk n., rimlagirðing f.
raillery stríðni f., spott n., skens n.
rail off/in v. girða af (með rimlum), afgirða
railroad (Am.) járnbraut f., járnbrautarspor n.; vt. senda með lest; keyra í gegn; neyða til
rails járnbrautarteinar m.pl.; **off the r.** út af teinunum, af sporinu; í ólagi, í ólestri; (of a person) geggjaður, vitlaus
railway járnbraut f., járnbrautarspor n.
railway station járnbrautarstöð f.
raiment klæðnaður m., búningur m.
rain rigning f., regn n.; v. rigna; láta rigna (yfir); streyma; **r. cats and dogs** hellirigna
rainbow regnbogi m.
rainbow trout regnbogasilungur m.
raincoat regnfrakki m., regnkápa f.
raindrop regndropi m.
rainfall regnskúr m.; úrkomumagn n.
rain forest regnskógur m.
rain gauge regnmælir m., úrkomumælir m.
rainproof adj. regnheldur, regnþéttur
rains (in tropical countries) regntími m.
rain season regntími m.
rainstorm slagveður n., regnveður n.

rainwater regnvatn n., rigningarvatn n.
rainy adj. votviðrasamur, rigningar-; regnblautur
rainy day rigningardagur m.; mögru árin n.pl.; **for a r. d.** til vonar og vara, þegar harðnar á dalnum
raise vt. reisa, lyfta, hefja; vekja (upp); rækta
raise (Am.) kauphækkun f., launahækkun f.
raisin rúsína f.
raison d'etre tilveruréttur m.
raj (in India) yfirráð n.pl.
raja(h) (in India) höfðingi m.
rake hrífa f.; v. raka; klóra
rake (degree of slope) halli m.; v. halla(st)
rake (dissolute man) svallari m., drabbari m.
rake in v. raka saman (fé), safna saman
rake-off gróðahlutur m., þóknun f.
rake through v. grandskoða, fara (vandlega) í gegnum
rake up v. klóra upp; draga fram í dagsljósið
rakish adj. (dissolute) gjálífur, lastafullur, (jaunty) galgopalegur, (of a ship) rennilegur
rakishness saurlifnaður m., lausung f.
rallentando adj. & adv. seinkandi, (sem verður) hægari
rally fjöldafundur m., (motor race) rallý f., rallakstur m.; v. safna(st) saman (á ný), fylkja liði, (recover) hressast, ná sér
rally about/on v. gera gys að, stríða, erta
rally round v. fylkja sér um, koma til hjálpar
RAM (random access memory) ritminni n.
ram hrútur m.; bulla f., stimpill m.; vt. reka, keyra (niður); troða, þjappa; rekast á
Ramadan (of the Muslim year) föstumánuður m.
ramble skemmtiganga f., göngufor f.; vi. ráfa, reika; vaða elginn, tala í belg og biðu (um)
rambler göngumaður m.
rambler rose klifurrós f.
rambling adj. óreglulegur, hlykkjóttur; sundurlaus

rambunctious adj. fyrirgangssamur, hávær, hamslaus
ramekin smáréttur m.
ramification kvíslun f.; kvísl f., grein f.
ramify v. kvíslast, greinast
ramjet engine þrýstiloftshreyfill m.
ramp rampur m., sneiðingur m., skábraut f.
rampage æði n., æðiskast n.; **be/go on the r.** ganga berserksgang; vi. æða um; ganga af göflunum
rampageous adj. óstýrilátur, ofsafenginn; hávaðasamur
rampant adj. hömlulaus, stjórnlaus, (of plants) sem vex óheftur, (in heraldry) standandi á afturfótunum
rampart virkisgarður m.; vörn f., hlíf f.
ramrod krassi m., þjappi m.
ramshackle adj. hrörlegur, að falli kominn
ran v. (p. **run**)
ranch (Am.) stórbýli n., búgarður m., bú n.
rancher (Am.) stórbóndi m.; ráðsmaður m.
ranch house (einlyft) íbúðarhús á stórbýli n.
ranchman (Am.; pl. **-men**) stórbóndi m.; ráðsmaður m.
rancid adj. þrár, þránaður, þræsinn, þráa-
rancidity þrái m., þræsla f.
rancorous adj. hatursfullur, beiskur, bitur
rancour kali m., óvild f., hatur n., biturð f.
random tilviljun f.; **at r.** af handahófi, út í bláinn; adj. tilviljunarkenndur, handahófs-, slembi-
random access memory ritminni n.
random number slembitala f., hendingartala f.
random sample slembiúrtak n.
randy adj. grófur, ruddalegur; graður
rang v. (p. **ring**)
range röð f.; skotmál n., drægi n.; skotæfingasvæði n.; svið n.; flokkur m.; tegund f.; v. raða, stilla upp, flokka, skipa niður; (extend) ná (yfir), teygja sig, (vary) vera á (tilteknu) bili; (of guns) draga
ranger skógarvörður m., þjóðgarðsvörður m., landvörður m.; (Am.) lögreglumaður m. (í strjálbýli) m.

range finder fjarlægðarmælir m.
range through/over v. ráfa, reika (gegn)um; ná yfir
rank röð f.; staða f., gráða f., tign f.; stétt f.; v. raða upp, flokka; (Am.) vera hærra settur en
rank adj. (of plants) gróskumikill, ofvaxinn, (of smell & taste) rammur, þrár; algjör, helber
rank and file óbreyttir liðsmenn m.pl.; almúgi m.
ranking (Am.) adj. fremstur, æðstur, tignastur
rankle vi. angra, naga, valda gremju
rankness frjósemi f., ofvöxtur m.; remma f.
ranks óbreyttir hermenn m.pl.; **reduce to the r.** svipta foringjatign; **rise from the r.** vinna sig upp; fylking f.; **break r.** riðlast, tvístrast; **keep r.** halda skipulegri fylkingu
ransack vt. leita vandlega í, umturna; ræna, rupla
ransom lausnargjald n.; **hold s-y to r.** halda í gíslingu; **worth a king's r.** feikilega verðmætur; vt. leysa út, endurleysa, frelsa
rant gífuryrði n.; v. vera stóryrtur, þenja sig
ranter gleiðgosi m., grobbari m., gambrari m.
rap bank n.; hegning f.; sök f.; (Am.) **beat the r.** sleppa við sökina; v. banka (á); áminna
rap (Am.) spjall n.; v. rabba saman, láta dæluna ganga
rap (the least bit) hið minnsta n., snefill m.; **not care/give a r.** kæra sig kollóttan
rapacious adj. ránfíkinn; ágjarn, gírugur
rapacity rángirni f.; ágirnd f. græðgi f.
rape nauðgun f.; brottnám n.; vt. nauðga
rapid adj. hraður, fljótur, skjótur; niðurbrattur
rapid-fire adj. hraður, óslitinn; hríðskota-
rapidity hraði m., flýtir m.
rapids flúðir f.pl., straumröst f., strengur m.
rapier lagsverð n., skylmingasverð n.
rapine (plunder) gripdeildir f.pl., rán n.
rapist nauðgari m.
rap out v. hreyta út úr sér
rapport gagnkvæmur skilningur m., samkennd f.
rapprochement sættir f.pl.
rapscallion þorpari m., þrjótur m., fantur m.
rapt adj. hugfanginn, frá sér numinn
raptor ránfugl m.
raptorial adj. ránfugla-
rapture algleymi n., hrifning f., sæluvíma f.
rapturous adj. heillaður; hrifningar-, sælu-
rare adj. sjaldgæfur, fátíður; óvenjulegur; (of air) þunnur; (of meat) lítið steiktur, snöggsteiktur
rarebit ostréttur (á ristuðu brauði) m.
rarefaction (loft)þynning f.
rarefied adj. þunnur; hreinsaður, fágaður
rarefy v. þynna(st); hreinsa(st), fága
rarely adv. sjaldan; óvenjulega
rareness sjaldgæfni f., fátíðni f.
raring adj. ákafur, ólmur, æstur (í)
rarity fágæti n.
rascal þorpari m., fantur m.; óþekktarormur m.
rascality þorparaskapur m.; prakkaraskapur m.
rascally adj. þorparalegur; óheiðarlegur
rase vt. eyða, jafna við jörðu, rífa niður
rash adj. hvatvís, fljótfær, fljótfærnislegur
rash útbrot n.; faraldur m.
rasher (þunn) skinkusneið f., flesksneið f.
rashly adv. hvatvíslega, ógætilega
rashness fljótfærni f., fyrirhyggjuleysi n.
rasp raspur m.; urg n.; vt. raspa, sverfa; sarga
raspberry hindber n.; **blow a r. at** freta/frussa á
rasping adj. sargandi; hás, óþýður, skerandi
rasp out v. segja hásri röddu; hvæsa, hreyta út
rasp (up)on v. áreita, erta
rat rotta f.; svikari m.; **smell a r.** gruna að brögð séu í tafli; **like a drowned r.** eins og hundur dreginn af sundi, holdvotur; vt. veiða rottur; svíkja
ratable adj. matshæfur; skattskyldur

ratan (rattan) spanskreyr m.; reyrsvipa f.
ratchet skreppa f., hamla f.; hömluhak n.
ratchet wheel skreppuhjól n., hömluhjól n.
rate (proportion) hlutfall n., (speed) hraði m., (price) taxti m., (quality) flokkur m., stig n.; **at this/that r.** með þessu áframhaldi; **at any r.** engu að síður, að minnsta kosti
rate v. meta, telja, flokka; verðleggja; eiga skilið
rate v. (scold) húðskamma, atyrða
rateable adj. matshæfur; skattskyldur
rateable value fasteignamat n.
ratepayer greiðandi fasteignaútsvars m.
rates fasteignaútsvar n.
rather adv. fremur, heldur, frekar
raticide rottueitur n., rottueyðir m.
ratification staðfesting f.
ratify vt. staðfesta
rating mat n., einkunnagjöf f.; flokkur m.
ratio hlutfallstala f.; hlutfall n.
ratiocination rökrétt hugsun f., ályktun f.
ration (matar)skammtur m.; vt. skammta; takmarka
rational adj. skynsamlegur, rökréttur; vitsmuna-
rationale rökstuðningur m.; grundvallarforsenda f.
rationalism rökhyggja f., skynsemishyggja f.
rationalist rökhyggjumaður m., skynsemishyggjumaður m.
rationalistic adj. rökhyggju-, skynsemishyggju-
rationality skynsemi f., dómgreind f.
rationalization rökfærsla f; réttlæting f.; hagræðing f.
rationalize vt. rökstyðja; réttlæta; hagræða
rational number ræð tala f.
rationing skömmtun f.
rations matarbirgðir f.pl.
ratlin(e) kaðalstig (í reiða) n.
rat race lífsgæðakapphlaup n.
rats interj. fjandakornið, uss-nei
ratsbane rottueitur n.
rattan spanskreyr m.; reyrsvipa f.

ratter rottuveiðari m.
rattle skrölt n., glamur n., (baby's toy) hringla f.; v. skröltra, glamra, hringla; gera skelkaðan
rattle away/on v. masa, þvaðra, láta dæluna ganga
rattlebrained adj. grunnhygginn, vitgrannur
rattle off v. þylja; tala í síbylju
rattler (Am.) skröltormur m., skellinaðra f.
rattlesnake skröltormur m., skellinaðra f.
rattletrap skröltvagn m., bílskrjóður m.
rattling adj. snöggur, snar; frábær; adv. ofsalega
ratty adj. rottulegur, rottu-, (annoyed) önugur, úrillur, (Am.) hrörlegur, fátæklegur
raucous adj. hrjúfur; hás, rámur
raucousness hrjúfleiki m.; hæsi n., ræmi n.
raunchy (Am.) adj. graður, lostafullur; subbulegur
ravage v. eyðileggja, tortíma; fara ránshendi um
ravager tortímandi m.; ræningi m.
ravages eyðilegging f.; skemmdarmáttur m.
rave (hástemmt) hrós n.; fjörug samkoma f.; **in a r. about** yfir sig hrifinn af; adj. lofsamlegur, hrifningar-; vi. tala í óráði; öskra, ólmast
rave about v. kunna sér ekki læti; tala af miklum ákafa um
ravel v. rakna upp, trosna; rekja upp
raven hrafn m.; adj hrafnsvartur
ravening adj. glorsoltinn, gráðugur; rángjarn
ravenous adj. glorsoltinn, gráðugur; rángjarn
ravenousness (át)frekja f., græðgi f.; rángirni f.
rave-up æðislegt partí n.
ravine gil n., gljúfur n.
raving adj. (mad) bandóður; töfrandi, heillandi
ravings óráðstal n., rugl n.
ravioli hveitikoddar m.pl.
ravish vt. hrífa, töfra, gagntaka; nauðga
ravishing adj. hrífandi, töfrandi

ravishment hrifning f., fögnuður m.;
svívirðing f.
raw fleiður n., kvika f.; **in the r.** í
upprunalegu ástandi; allsnakinn; **touch
s-y in the r.** koma við kaunin á e-m;
adj. hrár, óunninn
raw-boned adj. beinaber, grindhoraður
raw deal harkaleg meðferð f.
rawhide hráskinn n.; hráskinnssvipa f.
raw material hráefni n.
raw milk ógerilsneydd mjólk f.
rawness hráleiki m.; reynsluskortur m.;
hráslagi m.
raw weather hráslagalegt veður n.
ray geisli m.; neisti m.; v. geisla
ray (fish) skata f.
ray flower tungukróna f.
rayless chamomile túnbrá f.
rayon reion n., ræon n.
raze vt. eyða, jafna við jörðu,
rífa niður
razor rakhnífur m., (safety) rakvél f.
razorback (whale) langreyður f.,
(hog) (villi)svín n.
razor-backed adj. upphryggjaður,
hryggber
razorbill álka f.
razor blade rakblað n.
razzle (spree) æðisgenginn gleðskapur m.
re prp. með tilvísun til; viðvíkjandi
reach seilingarfjarlægð f., (of land) spilda
f., flæmi n.; v. ná (til), (hand) rétta
reach-me-down (garment) tilbúin/notuð
flík f.
reach out v. seilast, teygja sig (í/ eftir =
for/after)
react vi. bregðast við, svara
react against v. snúast gegn, vinna gegn
reaction gagnverkun f., viðbragð n.,
svörun f., afturkast n.; afturhaldssemi f.
reactionary afturhaldsseggur m.;
adj. afturhaldssamur
reaction time viðbragðstími m.
reactivate vt. gera virkan aftur, lífga,
endurvekja
reactive adj. (of a chemical substance)
hvarfgjarn
reactor (nuclear) kjarnakljúfur m.,
kjarnaofn m.
react (up)on v. verka á, hafa áhrif á

read lestur m.; lesefni n.; v. lesa;
take s-g as r. taka e-ð sem gefið
readability læsileiki m.
readable adj. læsilegur; auðlesinn
readdress vt. breyta utanáskrift á;
senda áfram
reader lesandi m., (book) kennslubók f.
readership lesandahópur m.;
lesandafjöldi m.
readily adv. fúslega; skjótt, tafarlaust
readiness fúsleiki m., vilji m.
reading lestur m., (of a bill) umræða
(á þingi) f.
reading desk lesborð n. lespúlt n.
reading glass lestrargler n.,
stækkunargler n.
reading lamp leslampi m.
reading room lesstofa f.; lestrarsalur m.
read into v. leggja tiltekinn skilning í;
túlka
readjust vt. stilla á ný; aðlagast að nýju
readjustment endurlagfæring f.,
uppstokkun f.; aðlögun f.
read-only memory lesminni n.
read out v. (aloud) lesa upp(hátt)
read out of (Am.) v. gera brottrækan úr,
reka úr
read up (on) v. lesa sér til (um)
ready (of a gun) viðbragðsstaða f.;
adj. tilbúinn, reiðubúinn, tiltækur;
make r. búa sig (undir)
ready-made adj. tilbúinn; aðfenginn
ready money reiðufé n.
ready reckoner reikningstafla f.;
reikningstöflubók f.
ready-to-wear adj. (of clothes) tilbúinn
reaffirm vt. ítreka, staðfesta aftur
reaffirmation ítrekun f.,
endurstaðhæfing f.
reagent virkt efni n.
real adj. raunverulegur, sannur, ekta
real estate fasteign f.; landareign f.
real estate agent (Am.) fasteignasali m.
realism raunsæi n.; raunsæisstefna f.
realist raunsæismaður m.;
raunsæisstefnumaður m.
realistic adj. raunsær; raunsæis-;
raunsæisstefnu-
reality raunveruleiki m.; **in r.** í raun og
veru

realizable adj. framkvæmanlegur; seljanlegur
realization framkvæmd f.; skilningur m.; sala f.
realize vt. gera sér ljóst, skilja, (carry out) gera að raunveruleika, láta rætast, (sell) selja
realize on v. fá (í peningum); hagnast
really adv. raunverulega, reglulega, virkilega
realm konungsríki n.; svið n., vettvangur m.
real number rauntala f.
realpolitik hagsýnispólitík f.
real property fasteign f.; landareign f.
real time rauntími m.
realtor (Am.) fasteignasali m.
realty fasteign f.; landareign f.
ream rís n.; kynstur n.pl., ósköp n.pl.
reamer úrsnari m., snaralur m., snari m.
reanimate vt. endurlífga; blása nýju lífi í
reap v. skera upp, uppskera
reaper kornskurðarvél f.; kornskurðarmaður m.
reaphook (Am.) (korn)sigð f.
reaping hook (korn)sigð f.
reappear v. koma aftur, koma til baka
reappearance endurkoma f., afturkoma f.
reappraisal endurmat n.
rear bakhlið f., bakhluti m.; **bring up the r.** reka lestina; v. ala upp, rækta; reisa, lyfta
rear admiral varaaðmíráll m.
rearguard bakvörður m., bakvarðarsveit f.
rear light afturljós n.
rearm v. endurvopna(st)
rearmament endurvopnun f.
rear mirror baksýnisspegill m.
rearmost adj. aftastur, síðastur
rearrange vt. endurskipuleggja; umraða
rearrangement endurskipulagning f.; umröðun f.
rearward adj. aftanverður, aftur-
rearwards adv. aftarlega; aftur
reason skynsemi f.; **within r.** innan skynsamlegra takmarka; **listen to r.** taka sönsum; **stand to r.** liggja í augum uppi; (cause) ástæða f., tilefni n.; **by r. of** sökum, vegna; v. hugsa rökrétt, rökræða, álykta, rökstyðja

reasonable adj. skynsam(leg)ur; sanngjarn; sæmilegur
reasonableness sanngirni f., sannsýni f.
reasoning rökleiðsla f., rökstuðningur m., röksemd f.
reason out v. komast til botns í
reason with v. telja um fyrir, telja hughvarf
reassemble vt. setja saman aftur; vi. safnast saman aftur
reassurance hughreysting f., huggun f.; trygging f.
reassure vt. hugga, róa; fullvissa
reassuringly adv. huggandi, hughreystandi
rebarbative adj. fráhrindandi, óviðkunnanlegur
rebate afsláttur m., endurgreiðsla f.
rebel uppreisnarmaður m.; vi. gera uppreisn
rebellion uppreisn f.
rebellious adj. uppreisnargjarn; mótþróafullur
rebind vt. (a book) endurbinda (bók)
rebirth endurfæðing f.; endurvakning f.
reborn adj. endurfæddur, endurborinn
rebound endurkast n., frákast n.; **marry on the r.** giftast eftir hryggbrot; vi. endurkasta(st)
rebuff synjun f., afsvar n.; vt. synja (hranalega)
rebuild vt. endurbyggja; gera upp
rebuke ávítur f.pl.; vt. ávíta, snupra
rebus (pl. **rebuses**) myndagáta f.
rebut vt. hrekja, afsanna; vísa á bug
rebuttal hrakning f., afsönnun f.; frávísun f.
recalcitrance þrákelkni f., stífni f.
recalcitrant þrákálfur m.; adj. þvermóðskufullur, stífur
recall heimkvaðning f.; minni n.; afturköllun f.; **beyond/past r.** óafturkallanlegur; vt. kveðja heim; afturkalla, (remember) muna, minnast
recant v. afneita, hafna, draga til baka
recantation afneitun f.; afturköllun f.
recap (Am.) sólaður hjólbarði m.; vt. sóla (hjólbarða)
recapitulate v. reifa, endursegja í höfuðatriðum

recapitulation (stutt) samantekt f.; ágrip n., útdráttur m.
recapture endurheimting f.; vt. endurheimta, ná aftur
recast vt. steypa upp, umsteypa; lagfæra
recede vi. víkja, hörfa; halla aftur
receding hairline há kollvik n.pl.
receipt móttaka f., (note) kvittun f.; vt. kvitta fyrir
receipts inngreiðslur f.pl., móttekið fé n.
receivable adj. móttökuhæfur, gildur; útistandandi
receive v. taka á móti, fá, hljóta
received adj. viðurkenndur, réttur
receiver viðtakandi m.; móttökutæki n., símtól n.
receivership embætti skiptastjóra n.; skiptameðferð f.
recent adj. nýlegur, nýr, nýafstaðinn, nútíma-
recently adv. nýlega; **until r.** til skamms tíma
recentness nýleiki m.
receptacle hirsla f., ílát n.
reception móttaka f.; gestamóttaka f., boð n.
reception desk afgreiðsluborð n.; afgreiðsla f.
receptionist móttökustjóri m.
receptive adj. móttækilegur, opinn
receptivity móttækileiki m.; næmi n.
receptor nemi m., viðtaki m.
recess hlé n., leyfi n.; skot n., afkimi m.; vt. gera vik í, fella inn í, (Am.) gera hlé á
recession afturkippur m., samdráttur m.; undanhald n.
recessional útgöngusálmur m.
recessive adj. hörfandi, hopandi; víkjandi
recharge endurhleðsla f.; vt. endurhlaða
recherché adj. langsóttur, yfirdrifinn
recidivist síafbrotamaður m.
recipe (matar)uppskrift f.
recipient viðtakandi m., móttakandi m.
reciprocal adj. gagnkvæmur, gagnverkandi; endurgjalds-
reciprocal pronoun gagnvirkt/gagnverkandi fornafn n.

reciprocate v. endurgjalda, svara í sömu mynt
reciprocation gagnvirkni f.; endurgjald n.
reciprocity gagnkvæmni f.; gagnkvæm skipti n.pl.
recital frásögn f., upplestur m.; flutningur m.
recitation upptalning f., þula f.; flutningur m.
recitative söngles n.; adj. söngles-
recite v. fara með, flytja; þylja, endursegja
reciter upplesari m.; einleikari m.
reckless adj. hirðulaus, kærulaus
recklessness fljótfærni f., kæruleysi n.
reckon v. reikna (út), telja (saman), reikna með
reckoner reikningsmaður m.; reiknir m.
reckoning (út)reikningur m.; reikningsuppgjör n.
reckon (up)on v. reiða sig á, treysta á
reckon with v. jafna reikningana við; taka tillit til
reckon without v. taka ekki með í reikninginn
reclaim vt. endurheimta; endurbæta, endurvinna
reclamation endurheimt f.; endurnýting f., endurvinnsla f.
recline v. halla sér aftur; leggja(st) út af
recluse einsetumaður m., einbúi m.
recognition kennsl n.pl.; **change beyond/out of r.** verða óþekkjanlegur; viðurkenning f., orðstír m.
recognizable adj. þekkjanlegur
recognizance skuldbinding að mæta fyrir rétti f.
recognize vt. þekkja (aftur), bera kennsl á; viðurkenna
recoil bakslag n.; v. hrökkva undan, kastast aftur
recoilless adj. (of a rifle) án afturkasts
recoil (up)on v. koma niður á, bitna á, koma í koll
recollect v. muna, rifja upp, minnast; taka sig á
recollection minni n.; (endur)minning f.
recommence v. byrja aftur, hefja á ný
recommend vt. mæla með; leggja til, ráðleggja

recommendation meðmæli n.; ráðlegging f.; kostur m.
recommend to v. fela til varðveislu
recompense laun n.pl., umbun f.; vt. launa, endurgjalda
reconcilability sættanleiki m.; samræmanleiki m.
reconcilable adj. sættanlegur; samrýmanlegur
reconcile vt. sætta; samrýma, koma heim og saman
reconciliation sætt f., sátt f., samkomulag n.
reconciliatory adj. sætta-, sátta-
recondite adj. torskilinn, tyrfinn; hulinn, leyndur
recondition vt. gera upp, endurbyggja
reconnaissance (yfirlits)könnun f.; njósnir f.pl.
reconnoitre v. (frum)kanna, skoða; njósna
reconsider vt. endurskoða, íhuga aftur/betur
reconsideration endurskoðun f.
reconstitute vt. endurskipuleggja; leysa upp aftur
reconstruct vt. endurbyggja, endurreisa
reconstruction endursmíði f., endurreisn f.
reconstructive adj. endurnýjandi, uppbyggjandi
reconversion afturhvarf n.; umskipti n.pl.
reconvert vt. koma aftur í sama horf, snúa aftur til
record skrá f., skýrsla f.; **on r.** skjalfestur; **off r.** í trúnaði; (sport) met n., (gramophone) hljómplata f.; vt. skrásetja; hljóðrita
record-breaking adj. met-
recorder skrásetjari m., ritari m.; hljóðritunartæki n.
recording hljóðritun n., upptaka f.
record layout færslusnið n.
record player plötuspilari m.
recount vt. (tell) segja frá, gera grein fyrir
recount endurtalning f.; vt. telja aftur
recoup vt. bæta (e-m e-ð); fá uppbót fyrir

recourse athvarf n.; hjálparhella f., bjargvættur m.; **have r. to** grípa til; geta leitað til
recover v. fá aftur, endurheimta; batna, ná sér
recoverable adj. endurheimtanlegur; endurkræfur
recoverable loss bótaskylt tjón n.
recovery endurheimt f.; bati m.
recreant hugleysingi m., bleyða f.; svikari m.
recreate vt. endurskapa, skapa að nýju
recreate oneself v. skemmta sér, lyfta sér upp
recreation skemmtun f., afþreying f.; endursköpun f.
recreational adj. dægrastyttingar-, skemmti-, leik-
recreational vehicle afþreyingar-ökutæki n.
recreation centre tómstundaheimili n.
recreation ground tómstundasvæði n., leikvöllur m.
recreation room (Am.) tómstundaherbergi n., leikherbergi n.
recriminate vi. svara með gagnásökun
recrimination gagnásökun f.; gagnsök f.
recriminatory adj. gagnásökunar-, gagnsóknar-
recrudescence ný (sjúdóms)útbrot n.pl.
recruit nýliði m.; v. skrá (nýliða); safna (liði)
recruitment liðsöfnun f.; herskráning f.
rectal adj. endaþarms-, endagarnar-
rectangle rétthyrningur m.
rectangular adj. rétthyrndur; hornréttur
rectification leiðrétting f., lagfæring f.; afriðun f.
rectifier leiðréttingartæki n.; afriðill m.
rectify vt. leiðrétta, lagfæra; afriða
rectilinear adj. (línu)beinn, beinstrikaður
rectitude ráðvendni f., (strang)heiðarleiki m.
recto (in a book) hægri handar blaðsíða f.
rector sóknarprestur m.; rektor m.
rectory prestsetur n.; prestakall n.
rectum endaþarmur m., endagörn f.
recumbent adj. liggjandi (út af)

recuperate v. ná sér, fá bata; endurheimta
recuperation afturbati m.; endurheimt f.
recuperative adj. heilsustyrkjandi, hressandi
recur vi. endurtaka sig
recurrence endurtekning f.; endurkoma f.
recurrent adj. endurtekinn, ítrekaður
recursion rakning f.; endurkoma f.
recursive adj. rakinn; endurkvæmur
recursiveness endurkvæmni f.
recur to v. koma (aftur) upp í huga (e-s)
recurve v. sveigja(st) aftur
recusancy óhlýðni f.
recusant untankirkjumaður m.; adj. óhlýðinn
recycle vt. endurvinna, endurnýta
red rauður litur m.; **in the r.** í skuld/mínus, skuldugur; adj. rauður, rauðleitur; **paint the town r.** sletta úr klaufunum
Red rauðliði m.; adj. rauður, kommúnískur
Red Army Rauði herinn m.
red bearberry sortulyng n.
red blood cell rautt blóðkorn n.
red-blooded adj. djarfur, hraustur, þróttmikill
redbreast glóbrystingur m.
red-breasted merganser toppönd f.
redbrick adj. rauðsteins-
redbrick university nýlegur háskóli (úti á landi) m.
redcap herlögregluþjónn m., (Am.) burðarmaður m.
red carpet viðhafnardregill m.
red-carpet adj. viðhafnarmikill, viðhafnar-
red cent koparpeningur m.; **not worth a r. c.** einskisvirði; **not give a r. c.** standa alveg á sama
red clover rauðsmári m.
redcoat rauðstakkur m.
red corpuscle rautt blóðkorn n.
Red Crescent Rauði hálfmáninn m.
Red Cross Rauði krossinn m.
redcurrant rifsber n., rauðber n.
red deer krónhjörtur m.
redden v. rjóða; roðna
reddish adj. rauðleitur, írauður

redeem vt. kaupa út aftur, leysa út, endurheimta
redeemable adj. endurleysanlegur; innleysanlegur
Redeemer lausnarinn m., frelsarinn m.
redeemer bjargvættur m.
redemption endurkaup n.pl.; endurlausn f.; björgun f.
redemptive adj. frelsandi, lausnar-
red ensign ríkisfáni breska kaupskipaflotans m.
redeploy vt. endurskipuleggja (lið), færa til
red fescue túnvingull m.
redfish karfi m.
red fox rauðrefur m.
red grouse lyngrjúpa f.
Red Guard rauður varðliði m.
red-handed adj. að verki; **caught r.** gripinn glóðvolgur
red hat kardínálahattur m.
redhead rauðhærður maður m.
red herring reykt síld f.; villandi vísbending f.
red-hot adj. rauðglóandi, eldheitur, blossandi
Red Indian norður-amerískur indíáni m.
redirect vt. breyta utanáskrift á; senda áfram
red lead blýrauði m.
red-letter day eftirminnilegur dagur m.; hátíðisdagur m.
red-light district vændis(húsa)hverfi n.
red-necked phalarope óðinshani m.
redness roði m.
redo vt. gera upp; endurtaka, gera aftur
red ocean perch (Am.) karfi m.
redolence ilmur m., angan f.
redolent adj. ilmandi; sem minnir á
redouble v. tvöfalda aftur; margfalda(st)
redoubt lausvirki n., smávígi n.
redoubtable adj. ógurlegur, uggvekjandi
redound to v. stuðla að, efla, auka
red pepper rauður pipar m., paprika f.
red phalarope (Am.) þórshani m.
redpoll auðnutittlingur m.
red rattle mýrastakkur m.
redress lagfæring f., bætur f.pl.; vt. bæta úr, leiðrétta; **r. the balance** koma á jöfnuði

Red Sea Rauðahaf n.
redshank stelkur m.
redskin rauðskinni m.
red spider spunamaur m.
redstart garðaskotta f.
red tape skriffinnska f., formvafstur n.
red-tailed hawk rauðstélsvákur m.
red-throated diver lómur m.
redtop língresi n.
reduce v. draga úr, minnka
reduce to v. neyða til, þröngva til
reducible adj. minnkanlegur, smækkanlegur
reductio ad absurdum (Lat.) óbein sönnun f.
reduction minnkun f., smækkun f., (in price) lækkun f.
reduction division rýriskipting f., meiósa f.
redundancy offramboð n., ofgnægð f., ofauki m.
redundant adj. ónauðsynlegur, óþarfur, umfram-
reduplicate vt. tvöfalda, endurtaka; tvítaka
reduplication tvöföldun f., endurtekning f.; tvítekning f.
reduviid rántíta f.
red water blóðmiga f.
redwing skógarþröstur m.
red-winged blackbird rauðaxlastarli m.
redwood strandrisafura f.
reecho v. endurkasta(st), bergmála aftur
reed reyr m.; **broken r.** gallagripur m.
reedbird (bobolink) rísstarli m.
reed organ stofuorgel n., harmóníum n.
reedy adj. alvaxinn reyr, (of a sound) skrækur, ýlu-
reef (in the sea) rif n.
reef (of a sail) rif n.; vt. rifa
reefer sjómannajakki m.; maríúanasígaretta f.
reef knot réttur hnútur m.; rábandshnútur m.
reek stybba f., ódaunn m.; vi. anga, lykta illa
reel spóla f., vinda f., hjól n., (of cotton) tvinnakefli n.; vt. spóla, vinda upp (á spólu)
reel vi. (stagger) rið, skjögra; snarsnúast
reel (a dance) ræll m.
reel off v. þylja, romsa upp
re-entry afturkoma f., endurkoma f.
reeve (of a district) oddviti m.
reface vt. endurnýja yfirborð (e-s)
refection hressing f.
refectory matsalur m.
refer v. vísa til, eiga við, snerta
referable to adj. sem má rekja til
referee dómari m.; oddamaður m.; meðmælandi m.; v. dæma
reference tilvísun f., tilvitnun f., skírskotun f.; umsögn f.; **with r. to** með tilliti til
reference book uppsláttarrit n.
reference library handbókasafn n.
reference mark tilvísunartákn n.
referendum þjóðaratkvæðagreiðsla f., allsherjaratkvæðagreiðsla f.
refill áfylling f., ábót f.; vt. fylla aftur
refine v. hreinsa(st)
refined adj. hreinsaður; fágaður, siðmenntaður
refinement hreinsun f.; betrumbót f., lagfæring f.; (sið)fágun f.; fínleiki m., nákvæmni f.
refiner hreinsunarmaður m.; hreinsitæki n.
refinery hreinsunarstöð n.
refine (up)on v. betrumbæta, snurfusa
refit viðgerð f.; v. búa út á ný, standsetja
reflate vt. auka fjárstreymi
reflation fjárstreymisaukning f.; gengishækkun f.
reflect v. endurkasta(st); (endur)spegla
reflecting telescope spegilkíkir m., spegilsjónauki m.
reflection endurkast n.; speglun f.; íhugun f.; **on r.** við nánari umhugsun; óorð n., vansæmd f.; **cast refelections on** kasta rýrð á, flekka
reflective adj. (thoughtful) hugsandi, íhugull
reflector spegill m.; endurkastari m.
reflect (up)on v. (consider) íhuga, velta fyrir sér, (bring blame on) kasta rýrð á, (credit/discredit) verða/vera e-m til sóma/vansæmdar
reflex (action) viðbragð n.
reflex camera spegilmyndavél f.

reflexive adj. (in grammar) afturbeygður
refloat v. koma aftur á flot
reflux útfall n., útfiri n.
reform umbót f.; endurbót f.;
v. (sið)bæta, bæta sig
reform v. (form again) raða sér upp á nýju; endurmóta
Reformation siðaskipti n.pl.
reformation umbót f., endurbót f.; siðbót f.
reformatory adj. umbóta-; betrunar-
reformer umbótasinni m.
reformism umbótastefna f.
reformist umbótasinni m.
refract vt. brjóta (ljós/hljóð/bylgjur)
refracting telescope linsukíkir m., linsusjónauki m.
refraction ljósbrot n., hljóðbrot n., bylgjubrot n.
refractory adj. óviðráðanlegur, þrár, staður; torbræddur
refrain (in verse) viðkvæði n., stef n.
refrain vi. stilla sig (um = from)
refresh vt. hressa við, endurglæða
refresher (a drink) hressandi drykkur m.
refresher course upprifjunarnámskeið n., endurmenntunarnámskeið n.
refreshing adj. hressandi, upplífgandi
refreshment endurnæring f.
refreshments hressing f., veitingar f.pl.
refrigerant kæliefni n.
refrigerate vt. kæla; frysta
refrigeration kæling f.; frysting f.
refrigerator kæliskápur m., kælir m.
refuel vt. bæta eldsneyti á, fylla tankinn
refuge skýli n., afdrep n.; **take r.** leita athvarfs
refugee flóttamaður m., landflótta maður m.
refugee camp flóttamannabúð f.
refulgence leiftur n., blik n., ljómi m.
refulgent adj. leiftrandi, geislandi, ljómandi
refund endurgreiðsla f.; vt. endurgreiða
refundable adj. endurgreiðanlegur
refurbish vt. fága/fægja upp aftur
refusal neitun f., synjun f.
refuse v. neita, synja, hafna
refuse (waste) úrgangur m., sorp n.
refuse collection sorphreinsun f.

refuse collector sorphreinsunarmaður m.
refuse dump sorphaugur m.
refutable adj. hrekjanlegur, afsannanlegur
refutation hrakning f., afsönnun f.
refute vt. hrekja, afsanna
regain vt. fá aftur, endurheimta; ná aftur
regal adj. konunglegur, konungs-
regale on vt. gæða sér á
regale with vt. gleðja/skemmta með
regalia veldistákn n.; hátíðarbúningur m.
regard tillit n., (look) augnaráð n.; **in/with r. to** með tilliti til; vt. horfa á, skoða, gefa gaum; **as regards** hvað (e-ð) varðar
regardful adj. tillitssamur, aðgætinn
regarding prp. viðvíkjandi, hvað (e-ð) snertir
regardless adj. tillitslaus, hirðulaus
regardless of prp. án tilits til
regards kveðjur f.pl.
regatta kappsigling f., kappróður m.
regency ríkisstjóratíð f.; ríkisstjórastaða f.
regenerate adj. endurlífgaður; siðbættur; v. blása nýju lífi í, endurlífga(st); siðbæta; endurmynda
regeneration endurreisn f.; endurmyndun f.
regent ríkisstjóri m.; landstjóri m.
regicide konungsmorð n.; konungsmorðingi m.
regime stjórnarfyrirkomulag n., stjórnarfar n.
regimen heilbrigðisreglur f.pl.; stjórn f.
regiment hersveit f.; herskari m., sægur m.; vt. skipa í sveit; aga, hafa undir aga
regimental adj. hersveitar-
regimentals hersveitarbúningur m.
regimentation skipun í fylkingar f.; ögun f., agi m.
region svæði n., svið n.; **in the r. of** í kringum, nálægt; umdæmi n., hérað n., landshluti m.
regional adj. svæðisbundinn; umdæmis-, héraðs-
register skrá f.; mælir m.; v. skrá, skrásetja
registered letter ábyrgðarbréf n.
registered mail (Am.) ábyrgðarpóstur m.

registered nurse (Am.) hjúkrunarfræðingur m.
registered post ábyrgðarpóstur m.
register office skráningarskrifstofa f.; hagstofa f.
registrable adj. skráanlegur; mælanlegur
registrar skrásetjari m., ritari m., bókari m.
registration skráning f., skrásetning f., bókun f.
registration book (of a car) skráningarskírteini n.
registration number (of a car) skráningarnúmer n.
registry office skráningarskrifstofa f.; hagstofa f.
registry office wedding borgaraleg hjónavígsla f.
regnant adj. (of a queen) ríkjandi, stjórnandi
regolith jarðvegsþekja f.
regress vi. hnigna, fara aftur; hopa
regression hnignun f., afturför f.; hopun f.
regressive adj. í afturför, (stig)minnkandi
regret harmur m., eftirsjá f.; vt. iðrast, sjá eftir
regretful adj. hryggur, leiður
regretfully adv. með eftirsjá
regrets (kurteisleg) afþökkun f., afboð n.
regrettable adj. hörmulegur, sorglegur
regrettably adv. hörmulega; því miður
regroup v. flokka að nýju; safnast saman á ný
regular (soldier) atvinnuhermaður m., (visitor) fastagestur m.; adj. reglulegur, venjulegur
regular army fastaher m., atvinnuher m.
regular customer fastur viðskiptavinur m.
regular doctor læknir með full réttindi m.
regularity regla f., reglufesta f.
regularization samræming f., stöðlun f.
regularize vt. koma reglu á; samræma, staðla
regularly adv. reglulega, reglubundið
regular nurse fullgild hjúkrunarkona f.
regulate vt. stjórna, hafa stjórn á; stilla
regulation stjórnun f., skipulagning f.
regulations reglugerð f., regla f.
regulation size staðalstærð f.

regulation speed löglegur (hámarks)hraði m.
regulator (gang)stillir m., gangráður m.
regulatory adj. stjórnunar-; reglugerðar-
regurgitate v. kasta upp, æla; flæða aftur upp/út
regurgitation spýja f., æla f.; bakflæði n.
rehabilitate vt. endurbæta; endurhæfa; veita uppreisn æru
rehabilitation endurnýjun f.; endurhæfing f.; endurreisn f.
rehash uppsuða f.; vt. sjóða upp, setja aftur fram
rehear vt. rétta aftur (í máli)
rehearing endurupptaka (dómsmáls) f.
rehearsal (leik)æfing f.
rehearse v. æfa, (tell fully) rekja, tíunda
rehouse vt. sjá fyrir nýju húsnæði
reign ríkisár n.pl.; stjórn f.; vi. ríkja, stjórna
reign of terror ógnarstjórn f.
reimburse vt. endurgreiða, bæta
reimbursement endurgreiðsla f., bætur f.pl.
rein taumur m.; **draw r.** hægja á sér, nema staðar; **give (free) r. to** gefa lausan tauminn; **keep a tight r. on** hafa taumhald á; **hold the reins** halda um (stjórnar)taumana; **take the reins** taka við stjórnartaumunum; vt. stjórna
reincarnate vt. endurholdga
reincarnation endurholdgun f.
reindeer (pl. **reindeer**) hreindýr n.
reindeer moss hreindýramosi m.
reinforce vt. styrkja, efla
reinforced concrete járnbent steinsteypa f.
reinforcement styrking f., efling f.
reinforcements liðsauki m.
rein in vt. stöðva (hest)
reinstate vt. setja aftur í starf; endurreisa
reinstatement endurskipun f.; endurreisn f.
reinsurance endurtrygging f.
reinsure vt. endurtryggja
reissue endurútgáfa f.; vt. gefa út að nýju
reiterate vt. margendurtaka, ítreka
reiteration ítrekun f.; stagl n.
reject úrkast n.; vt. hafna, afþakka; farga, fleygja

rejection höfnun f.; frávísun f.
rejoice v. fagna, gleðja(st), kæta(st)
rejoicing fögnuður m., gleði f.
rejoicings fagnaðarlæti n.pl.
rejoin v. (answer) svara (á móti)
rejoin vt. ganga aftur til liðs við; tengja aftur
rejoinder (and)svar n.
rejuvenate v. yngja(st) upp
rejuvenation ynging f.
rekindle v. tendra(st) á ný, glæðast
relapse afturför f., afturkippur m., hrösun f.; vi. falla aftur í sama farið, hrasa, slá niður
relate v. segja frá, rekja; tengja(st), snerta
related adj. skyldur, tengdur
relatedness skyldleiki m., tengsl n.pl.
relate to v. lynda við, geðjast að; tengja
relation (story) frásögn f., (contact) tengls n.pl., samband n.; **bear no/little r. to.** vera í engu/litlu samræmi við; (kin) skyldmenni n., ættingi m.; skyldleiki m., vensl n.pl.
relational adj. vensla-
relations samband n., samskipti n.pl., tengsl n.pl.
relationship (kin) skyldleiki m., (contact) samband n.
relative skyldmenni n., ættingi m.; adj. hlutfallslegur, tiltölulegur; afstæður; tilvísunar-;
relative clause (in grammar) tilvísunarsetning f.
relatively adv. hlutfallslega, tiltölulega
relative pronoun (in grammar) tilvísunarfornafn n.
relative to adj. sem snertir, viðvíkjandi; miðað við
relativism afstæðishyggja f.
relativity afstæði n.
relax v. slaka á, hvíla sig
relaxation slökun f., afþreying f., hvíld f.
relaxing adj. afslappandi, slökunar-
relay gengi n., holl n.; **work in/by relays(s)** vinna á vöktum/í hollum; (raf)liði m.; vt. senda áfram, koma áleiðis; endurvarpa
relay vt. leggja á nýjan leik
relay race boðhlaup n.

relay station endurvarpsstöð f.
release losun f., lausn f.; birting f., útgáfa f.; vt. losa, leysa, sleppa; gefa út, senda frá sér
relegate vt. víkja til hliðar, lækka í tign, (in football) fella (lið) niður um deild
relegate to vt. skjóta/vísa til, fela í hendur
relegation (stöðu)lækkun f.; fall (milli deilda) n.; vísun (máls til e-s) f.
relent vi. vægja, láta undan; mildast
relentless adj. vægðarlaus, miskunnarlaus
relentlessness miskunnarleysi n., ósveigjanleiki m.
relevance mikilvægi n., gildi n., þýðing f.
relevant adj. viðkomandi, sem skiptir máli
reliability áreiðanleiki m., traustleiki m.
reliable adj. áreiðanlegur, traustur
reliance (trúnaðar)traust n., tiltrú f.
reliant (up)on adj. sem reiðir sig á, háður (e-u/e-m)
relic helgur dómur m.; leifar f.pl., minjar f.pl.
relics jarðneskar leifar f.pl., lík n.
relict (widow) ekkja f., eftirlifandi kona f.
relief léttir m., huggun f., fróun f, (help) aðstoð f., hjálp f.; lausn f., frelsun f.; afleysing f., (person) afleysingarmaður m., (in art) lágmynd f., rismynd f.; **in bold/sharp r.** skýrt afmarkaður; **in r.** upphleyptur
relief map upphleypt kort n.; hæðarlínukort n.
relief works atvinnubótavinna f.
relieve vt. létta, lina; hjálpa; frelsa, leysa af
relieve of v. létta e-u af e-m, losa e-n undan e-u
relieve oneself v. létta á sér, hægja sér
relievo (pl. **relievos**) rismynd f.
religion trú f., trúarbrögð n.pl.
religionist guðhræddur maður m.; ofsatrúarmaður m.
religious klausturmaður m.; adj. trúarlegur, trúar-; trúaður, trúrækinn; samviskusamur, nákvæmur
religious fanaticism trúarofstæki n.
religious house klaustur n.
religious liberty trúfrelsi n.

religiously → remould

religiously adv. samviskusamlega, vandlega
religiousness trúrækni f.; guðhræðsla f.
reline vt. setja nýtt fóður í, fóðra aftur
relinquish vt. gefa eftir, falla frá, afsala (sér)
relinquishment uppgjöf f., eftirgjöf f., afsölun f.
reliquary helgiskrín n.
relish gott bragð n.; bragðbætir m.; ánægja f., nautn f.; vt. hafa yndi/nautn af, þykja gott, líka
relive vt. upplifa aftur, endurlifa
reload vt. hlaða aftur
relocate v. koma fyrir á nýjum stað, flytja(st)
relocation flutningur m.
reluctance tregða f.
reluctant adj. tregur, ófús
reluctantly adv. treglega, með semingi
rely (up)on v. reiða sig á, treysta
remain vi. vera eftir; vera áfram, haldast; halda kyrru fyrir, dvelja(st)
remainder afgangur m., eftirstöðvar f.pl.
remaining adj. eftirliggjandi
remains leifar f.pl.
remake endurgerð f.; vt. endurgera
remand úrskurður um framlengingu gæsluvarðhalds m.; vt. senda aftur í gæsluvarðhald
remark athugasemd f.; v. segja, gera athugasemd (við)
remarkable adj. eftirtektarverður, óvenjulegur
remarkably adv. furðulega, óvenjulega
remarry v. giftast/kvænast aftur
remediable adj. læknanlegur; bætanlegur
remedial adj. læknandi; hjálpar-, stuðnings-
remedial teaching stuðningskennsla f., sérkennsla f.
remedy lækning f., (læknis)ráð n., úrræði n.; vt. ráða bót á, bæta (úr) laga
remember v. muna (eftir), minnast
remember to v. skila kveðju frá e-m til e-s
remembrance (endur)minning f.; **in m. of** til minningar um
remind vt. minna (á = **of**)
reminder minnisatriði n., áminning f.
reminisce vi. minnast, rifja upp
reminiscences (endur)minningar f.pl.
reminiscent adj. sem minnir á; sem minnist (liðins tíma)
remiss adj. skeytingarlaus, kærulaus
remissible adj. eftirgefanlegur; fyrirgefanlegur
remission eftirgjöf f.; fyrirgefning f.; rénun f.
remissness skeytingarleysi n., hirðuleysi n.
remit v. gefa eftir, láta falla niður, (sins) fyrirgefa, (stop) drag úr, réna,; seinka, fresta, (money) senda (greiðslu)
remittance greiðslusending f.; greiðsla f.
remittent adj. (of a disease) sem rénar á milli
remit to v. senda (mál) aftur (til lægra dómstigs)
remnant afgangur m.; (efnis)bútur m.
remnant sale bútasala f.
remonstrance mótmæli n.pl. andmæli n.pl.; umkvörtun f.
remonstrant andmælandi m.; adj. andæfandi
remonstrate against v. mótmæla, andmæla, kvarta undan
remonstrate with v. kvarta við, vanda um við, áminna
remonstrative adj. kvartandi, umvöndunar-, áminningar-
remora dvalfiskur m., sogfiskur m.
remorse samviskubit n., iðrun f.
remorseful adj. iðrandi, fullur iðrunar
remorseless adj. miskunnarlaus, vægðarlaus
remorselessness miskunnarleysi n., harðýðgi f., grimmd f.
remote adj. fjarlægur, (lonely) afskekktur, afvikinn, (of behaviour) fjarrænn, fáskiptinn, (slight) örlítill, hverfandi
remote connection fjartenging f.
remote control fjarstýring f.
remotely adv. lítillega; úr fjarlægð
remoteness fjarlægð f., firrð f.
remould sólaður hjólbarði m.; vt. sóla (hjólbarða)

remount óþreyttur hestur m.; vt. fara aftur upp; stíga aftur á bak; útvega óþreyttan hest
removable adj. færanlegur, flytjanlegur
removal (brott)flutningur m.; brottrekstur m.
removal van flutningabíll m.
remove stig n., skref n.; v. taka (burt), fjarlægja
removed ; **once/twice r.** einum/tveimur ættliðum frá
removed from adj. fjarri, frá
remover (person) flutningamaður m.
remunerate vt. umbuna, endurgjalda
remuneration umbun f., þóknun f., laun n.pl
remunerative adj. arðvænlegur, vel launaður
renaissance endurreisn f.; endurfæðing f.
Renaissance endurreisnarstefnan f.; adj. endurreisnar-
renal adj. nýrna-
renal artery nýrnaslagæð f.
rename vt. gefa nýtt nafn
renascence endurvakning f., endurfæðing f.
renascent adj. endurvakinn, nýr
rend vt. rífa (í tvennt), rjúfa; þrífa (frá = **from**)
render vt. láta í té, veita; gera; flytja, túlka
render down vt. bræða (fitu)
rendering flutningur m., túlkun f.; þýðing f.
render into vt. þýða/snúa (á); koma til skila á
render up vt. gefa upp, afhenda, selja í hendur
rendezvous stefnumót n.; stefnumótsstaður m.; vi. hittast
rendition flutningur m., túlkun f.
renegade svikari m.; vi. svíkja málstað
reneg(u)e vi. svíkja lit; ganga á bak orða sinna
renew vt. endurnýja; framlengja
renewable adj. endurnýjanlegur; framlengjanlegur
renewal endurnýjun f.; framlenging f.
rennet ostahleypir m., kæsir m.
renounce vt. afneita, hafna; afsala sér

renovate vt. standsetja, gera upp, endurnýja
renovation viðgerð f., endurnýjun f.
renown orðstír m., frægð f.
renowned adj. nafntogaður, frægur
rent leiga f.; v. taka á leigu, leigja
rent (a large tear) rifa f., glufa f.; klofningur m.
rent v. (p., pp. **rend**)
rentable adj. leiguhæfur, leigufær
rental leiga f., leiguupphæð f.; adj. leigu-
renter leigjandi m.; leigusali m.
rent-free adj. leigulaus
renunciation afneitun f., höfnun f.
reopen v. opna(st) aftur; hefja aftur
reorganization endurskipulagning f.
reorganize v. endurskipuleggja
rep (material) rifflað tau n.
rep (representative) fulltrúi m., sölumaður m.
rep (repertory company) leikhúsfélag n.
repair viðgerð f.; **in (a) good/bad (state of) r.** í góður/slæmu ástandi; vt. gera við; bæta fyrir
repairable adj. sem unnt er að gera við
repairer viðgerðarmaður m.
repair to vi. fara til; flykkjast til
reparable adj. bætanlegur
reparation (skaða)bætur n.pl.
reparations stríðsskaðabætur n.pl.
repartee orðheppni f.; hnyttið tilsvar n.
repast málsverður m.
repatriate vt. senda aftur til síns heima
repatriation heimsending f.
repay v. endurgreiða, (reward) launa
repayable adj. endurgreiðanlegur
repayment endurgreiðsla f.; endurgjald n.
repeal ógilding f.; vt. afnema, ógilda
repeat endurtekning f.; v. endurtaka
repeated adj. síendurtekinn, sífelldur
repeatedly adv. hvað eftir annað, oft
repeater hríðskotabyssa f.; slagúr n., slagklukka f.
repeating decimal umferðartugabrot n.
repeating gun hríðskotabyssa f.
repeating watch slagúr n., (clock) slagklukka f.
repeat key síriti m., síritunarhnappur m.

repel vt. hrekja (brott), hrinda (aftur); vekja andúð
repellent fæla f.; adj. fráhrindandi, ógeðfelldur
repent v. iðrast
repentance iðrun f.; eftirsjá f.
repentant adj. iðrandi, iðrunarfullur
repercussion eftirköst n.pl.; endurkast n.; bergmál n.
repertoire föst efnisskrá f.
repertory (repertoire) föst efnisskrá f., (theatre) leikhús n., (store) tiltækar birgðir f.pl.
repertory theatre leikhús (með fasta efnisskrá) n.
repetition endurtekning f.
repetitious adj. með eilífum endurtekningum; staglsamur
repetitiousness einhæfni f., tilbreytingarleysi n.
repetitive adj. endurtekningarsamur; staglkenndur
rephrase vt. umorða; umrita
repine vi. sárna, svíða; vera óánægður
replace vt. setja aftur (á sinn stað); taka við af, leysa af hólmi; skipta um, endurnýja
replaceable adj. bætanlegur, endurnýjanlegur
replacement endurnýjun f., skipti n.pl.; afleysing f.
replay (match) aukaleikur m., (playback) endursýndur kafli m.; vt. leika aftur
replenish vt. fylla á ný, bæta á/við, endurnýja
replenishment endurnýjun birgða f.; nýjar birgðir f.pl.
replete adj. birgur, fullur (af = **with**)
repletion fylli f., saðning f.
replica eftirmynd f., eftirlíking f.
replicate v. (repeat) endurtaka, (duplicate) afrita
reply svar n.; v. svara
report skýrsla f., frásögn f., (rumour) orðrómur m., (noise) hvellur m.; **of good/evil r.** vel/illa látinn; v. skýra frá, tilkynna; gefa sig fram
reportage fréttaflutningur m.; fréttamennska f.
report card (Am.) einkunnaspjald n.

reported speech (in grammar) óbein ræða f.
reportedly adv. að því er fréttir herma
reporter fréttaritari m., fréttamaður m.
report (up)on vt. gera grein fyrir, leggja fram álit um
repose hvíld f.; friður m., ró f.; v. hvíla
reposeful adj. rólegur, kyrrlátur, friðsæll
repose in v. leggja (traust) á
repose on v. byggja á, hvíla á
repository geymsla f., (person) trúnaðarmaður m.
repossess v. taka aftur í sína vörslu; eignast aftur
repossession endurheimt f., endurnýjað eignarhald n.
repp (material) rifflað tau n.
reprehend vt. ávíta, veita ámæli
reprehensible adj. vítaverður, ámælisverður
reprehension ávítur f.pl., ámæli n.pl., snuprur f.pl.
represent vt. (stand for) standa fyrir, tákna, (act for) koma fram fyrir hönd (e-s), vera fulltrúi (e-s)
represent vt. (submit again) leggja fram aftur
represent as v. gefa tiltekna mynd af; lýsa
representation framsetning f., túlkun f., lýsing f.; umboð n.
representational adj. (of a style of art) hlutlægur, sýnis-
representations mótmæli n.pl.; **make r.** mótmæla
representative fulltrúi m., umboðsmaður m.; adj. fulltrúa-; einkennandi, dæmigerður (fyrir = **of**)
representative selection marktækt úrval n.
represent to v. lýsa e-u fyrir e-m
repress vt. kúga, bæla (niður)
repression kúgun f., undirokun f.; bæling f.
repressive adj. kúgandi, þvingandi; þrúgandi
reprieve frestun aftöku f.; stundarléttir m., gálgafrestur m.; vt. fresta refsingu; sefa, milda

reprimand áminning f., umvöndun f.;
 vt. ávíta, snupra
reprint endurprentun f.;
 vt. endurprenta
reprisal hefnd f., refsiaðgerð f.
reprise (in music) endurtekning f.,
 ítrekun f.
reproach áfelli n., ámæli n.;
 above/beyond r. óaðfinnalegur;
 hneisa f.; vt. ásaka, álasa
reproachable adj. ámælisverður
reproachful adj. ásakandi, álasandi
reproachless adj. vammlaus, flekklaus
reprobate fordæmdur maður m.,
 óþokki m.; vt. fordæma
reprobation fordæming f., útskúfun f.;
 aðfinnsla f.
reproduce v. æxlast, fjölga sér;
 endurskapa, endurnýja
reproducible adj. sem er unnt að
 endurskapa
reproduction æxlun f.; endursköpun f.;
 eftirmynd f.
reproductive adj. æxlunar-, tímgunar-
reproductive organs æxlunar-
 færi n.pl.
reproof ávítur f.pl., ákúrur f.pl.
reprovable adj. aðfinnsluverður
reprove vt. ávíta, skamma
reprovingly adv. ávítandi,
 í skömmunartóni
reptile skriðdýr n.
reptilian skriðdýr n.; adj. skriðdýrs-;
 undirförull
republic lýðveldi n.
republican lýðveldissinni m.;
 adj. lýðveldissinnaður, lýðveldislegur,
 lýðveldis-
republicanism lýðveldisstjórnarfar n.
Republican Party (Am.) repúblíkana-
 flokkurinn m.
republication endurútgáfa f.
repudiate vt. (af)neita, hafna, vísa á bug,
 útskúfa
repudiation (af)neitun f., höfnun f.,
 útskúfun f.
repugnance andstyggð f., ímugustur m.;
 mótsögn f.
repugnant adj. andstyggilegur;
 mótsagnakenndur

repulse afturrekstur m.; afneitun f., höfn-
 un f.; vt. hrinda (aftur); afneita, hafna,
 vísa á bug
repulsion andstyggð f., viðbjóður m.;
 fráhrinding f.
repulsive adj. ógeðslegur, ógeðfelldur;
 fráhrindandi
reputable adj. virtur, mikils metinn;
 heiðvirður
reputation orðstír m., álit n., mannorð
 n., frægð f.; **live up to one's r.** rísa
 undir nafni
repute orðstír m., álit n., mannorð n.
reputed adj. sagður, talinn, álitinn
reputedly adv. að því er sagt er,
 samkvæmt almannarómi
request beiðni f.; **by r.** að beiðni; eftir-
 spurn f.; **in r.** eftirsóttur; vt. biðja um,
 mælast til
requiem (mass) sálumessa f.
require vt. (need) þurfa, þarfnast,
 (demand) krefjast
requirement þörf f., nauðsyn f.; krafa f.
requisite nauðsyn f.; skilyrði n.;
 adj. nauðsynlegur
requisition beiðni f., krafa f.; skilyrði n.;
 öflun f.; vt. leggja hald á, krefjast með
 valdboði; afla
requisition order kaupbeiðni f.
requital endurgjald n., umbun f.;
 bætur f.pl.
requite vt. endurgjalda, launa, umbuna
reredos veggskreyting (að baki altari) f.
reroute vt. skipta um flutningaleið,
 senda í aðra átt
rerun endursýning f.; vt. endursýna,
 endurflytja
resale endursala f.
rescind vt. rifta, fella úr gildi, ógilda
rescission riftun f., ógilding f., afnám n.
rescript tilskipun f.; úrskurður m.
rescue björgun f.; vt. bjarga
rescuer björgunarmaður m.
rescue work björgunarstarf n.
research rannsókn f.; vi. rannsaka,
 kanna
researcher rannsóknarmaður m.
research project rannsóknarverkefni n.
reseat vt. setja nýja setu í/á; setjast aftur
resemblance líking f., (look) svipur m.

resemble vt. líkjast, vera líkur
resent vt. gremjast, taka illa, styggjast af
resentful adj. gramur, sár; fyrtinn, móðgunargjarn
resentment gremja f., þykkja f.; fyrtni f.
reservation fyrirvari m., skilyrði n., (booking) pöntun f.
reserve varaforði m., (military) varalið n., (land) friðlýst landsvæði n.; **in r.** til vara; vt. geyma, leggja til hliðar, spara, (book) panta
reserved adj. (of a person) hlédrægur, fálátur, (booked) frátekinn; **all rights r.** öll réttindi áskilin
reserve fund varasjóður m.
reserves of foreign currency gjaldeyrisforði m.
reservist varaliðsmaður m.
reservoir vatnsgeymir m.; hafsjór m., náma f.
reset vt. setja saman aftur, (a saw) skerpa aftur, (a jewel) setja í nýja umgjörð, (a clock) stilla aftur, (type again) setja upp á nýtt
reshuffle uppstokkun f., endurskipulagning f.; vt. endurstokka, stokka upp (í), endurskipuleggja
reside vi. búa, eiga heima
reside in vi. (belong to) vera í höndum (e-s)
residence búseta f., dvöl f.; heimili n., (reisulegur) bústaður m.; **in r.** búsettur á staðnum
residence permit búsetuleyfi n.
residency embættisbústaður m.
resident íbúi m.; adj. búsettur, búfastur
resident bird staðfugl m.
residential adj. búsetu-, íbúðar-, (lang)dvalar-
residential area íbúðahverfi n.
residential hotel hótel ætlað (lang) dvalargestum n.
residual adj. eftirskilinn, afgangs-
residuary legatee einkaerfingi (að frádregnum dánargjöfum og skuldum) m.
residue afgangur m., leifar f.pl., rest f.
resign v. segja upp; fela, fá í hendur; afsala (sér)
resignation uppsögn f., lausnarbeiðni f.; undirgefni f.

resigned adj. undirgefinn, auðsveipur; uppgjafar-
resignedly adv. möglunarlaust
resign oneself to v. beygja sig undir, sætta sig við
resilience fjaðurmagn n., þanþol n.; seigla f.
resilient adj. fjaðurmagnaður; seigur, óbugandi
resin (trjá)kvoða f., harpeis n., resín n.
resinous adj. kvoðukenndur, trjákvoðu-
resist v. veita viðnám, streitast á móti; standast
resistance mótspyrna f., andstaða f.; mótstöðuafl n.; **the line of least r.** auðveldasta leiðin f.
resistant adj. viðnámsfær, þolinn; ónæmur (fyrir = **to**)
resister andófsmaður m.
resistibility mótstöðuafl n., þolni f.
resistible adj. mótstæðilegur
resistive adj. raunviðnáms-
resistivity eðlisviðnám n.
resistless adj. ómótstæðilegur; viðnámslaus
resistor viðnám n.
resole vt. sóla aftur
resolute adj. ákveðinn, einbeittur, staðfastur
resolution einbeitni f., (of a group) samþykkt f., (fundar)ályktun f., (decision) ásetningur m., (of a problem) úrlausn f., ráðning f.
resolvable adj. leysanlegur; uppleysanlegur, leysinn
resolve ásetningur m., (firmness) einbeitni f.; v. ákveða, einsetja sér; álykta; finna lausn á
resolve into v. leysa(st) upp, greina(st), sundurliða
resonance hljómun f., ómun f.; meðsveiflun f.
resonance frequency hermitíðni f.
resonant adj. hljómmikill, endurómandi
resonate v. hljóma, óma
resonator hljómhvati m.; hermir m.
resorb vt. soga/drekka í sig aftur
resorption (upp)sog n., ísog n.

resort (neyðar)úrræði n., (bjarg)ráð n.;
as a/in the last **r.** ef allt annað bregst;
(holiday place) fjölsóttur staður m.,
dvalarstaður m.
resort to v. grípa til, beita,
(visit) fara/leita til
resound v. (endur)óma, bergmála
resounding adj. (hlj)ómandi; fullkominn,
algjör
resource (neyðar)úrræði n., (bjarg)ráð n.;
ráðsnilld f.
resourceful adj. úrræðagóður,
útsjónarsamur
resourcefulness útsjónarsemi f., ráðsnilld
f., hyggni f.
resources auðlindir f.pl.; (innri) styrkur
m., máttur m.
resources jurisdiction auðlindalögsaga
f., efnahagslögsaga f.
respect virðing f.; tillitsemi f.; **with/without r.** to með tilliti til/án tillits til; **in r. of** hvað varðar/snertir; **in some/many/no respects** að sumu/mörgu/engu leyti;
vt. virða, bera virðingu fyrir
respectabilities kurteisisvenjur f.pl.
respectability virðuleiki m.; heiðarleiki m.
respectable adj. virðingarverður;
virðulegur; sómasamlegur
respectably adv. þokkalega, allvel
respecter ; **be no r. of persons** fara ekki
í manngreinarálit
respectful adj. virðingarfullur; kurteis
respectfully adv. vinsamlega; **Yours r.** virðingarfyllst
respecting prp. varðandi, viðvíkjandi
respective adj. hlutaðeigandi, hver að
sínu leyti
respectively adv. hver/hver um sig
(í áðurnefndri röð)
respects kveðja f.; **pay one's r. to** votta
virðingu sína, (visit) fara í kurteisisheimsókn til
respiration öndun f., andardráttur m.
respirator öndunargríma f.; öndunarvél f.
respiratory adj. öndunar-
respiratory system öndunarkerfi n.,
öndunarfæri n.pl.
respiratory tract öndunarvegur m.
respire vi. anda, draga andann
respite hvíld f., hlé n.; frestur m.
resplendence (dýrðar)ljómi m.,
geisladýrð f.
resplendent adj. ljómandi, skínandi;
glæstur
respond vi. svara, ansa
respond to v. bregðast við
response svar n.; viðbragð n., svörun f.
responsibility ábyrgð f.
responsible adj. ábyrgur (gagnvart =
to); áreiðanlegur; ábyrgðarmikill;
be r. for bera ábyrgð á
responsive adj. svarandi, móttækilegur,
þýður
rest hvíld f., ró f.; **at r.** hreyfingarlaus,
(dead) dáinn; **lay to r.** leggja til
hinstu hvílu; **come to r.** stöðvast;
v. hvíla(st)
rest (the rest) afgangurinn m., restin f.;
as for the r. að öðru leyti, að því er
öðru viðkemur
restate vt. endurtaka, ítreka
restatement endurtekning f., ítrekun f.
restaurant veitingahús n.,
matsölustaður m.
restaurant car (on a train)
veitingavagn m.
restaurateur veitingahúseigandi m.;
veitingahússtjóri m.
rest cure hvíldarlækning f.
restful adj. rólegur, friðsamur; róandi
restfulness kyrrð f., friðsæld f., ró f.
rest home hvíldarheimili n.
rest house sæluhús n.
resting-place hvíldarstaður m., gröf f.
restitution skil (á e-u aftur) n.pl.;
(skaða)bætur f.pl.
restive adj. staður, þrjóskur; eirðarlaus
restiveness þvermóðska f.; eirðarleysi n.
restless adj. órólegur, eirðarlaus;
látlaus
restlessness órói m., eirðarleysi n.
restock vt. endurbirgja,
birgja upp að nýju
restoration skil (á e-u aftur) n.pl.;
endurheimt f.; endurreisn f.; endurgerð
f., endursmíði f.
Restoration endurreisn enska
konungdæmisins f. (1660)
restorative hressing f.; adj. heilsubætandi, hressandi

restore vt. skila aftur, setja aftur á sama stað; koma á aftur; endurreisa, lagfæra, gera upp
restorer viðgerðarmaður m.
restrain vt. halda í skefjum; aftra, hindra
restrained adj. stilltur, agaður; hófsamur
restraint aðhald n., agi m.; hófsemi f.; hömlur f.pl.; **without r.** frjálslega, hömlulaust; **be put under r.** vera settur á geðsjúkrahús
restrict vt. takmarka, reisa skorður við
restricted adj. takmarkaður; háður leyfum; lítill; þröngur
restriction takmörkun f.; hömlur f.pl., haft n.
restrictive adj. takmarkandi, heftandi
restrictive clause föst tilvísunarsetning f.
restrictive practices (in business) samkeppnishömlur f.pl.
rest room (Am.) salerni n., snyrting f.
restructure vt. endurskipuleggja
restructuring endurskipulagning f.
rest (up)on v. byggjast á, grundvallast á
rest with v. vera í höndum (e-s)
result afleiðing f.; árangur m., úrslit n.pl.
resultant afleiðing f., útkoma f.; adj. sem leiðir af e-u
resultant force heildarkraftur m.
result from v. stafa af, vera afleiðing
result in v. leiða til, enda með
resume vt. byrja aftur á; halda áfram; endurheimta
résumé ágrip n., útdráttur m.; (Am.) æviágrip n.
resumption endurupptaka f.
resurface v. klæða á ný; koma aftur upp á yfirborð
resurgence endurvakning f., endurris n.
resurgent adj. endurvaknandi, endurrísandi
resurrect v. endurvekja; vekja/rísa upp frá dauðum
resurrection upprisa f.; endurvakning f., endurlífgun f.
Resurrection upprisa Krists f.
resuscitate v. lífga við, endurlífga; lifna við
resuscitation endurlífgun f.; endurnýjun f.
resuscitative adj. (endur)lífgunar-

retail smásala f.; adj. smásölu-; adv. í smásölu; v. selja(st) í smásölu; kjafta frá, bera út
retailer smásali m., smákaupmaður m.
retail price smásöluverð n.
retain vt. halda, geyma, varðveita
retainer (legal fee) lögmannsþóknun f., (servant) þjónustumaður (höfðingja) m., hirðmaður m.
retake endurupptaka f.; vt. taka (upp) aftur
retaliate vi. svara í sömu mynt, hefna sín
retaliation svar í sömu mynt n., hefnd f.
retaliative adj. endurgjaldandi, hefnigjarn; hefndar-
retaliatory adj. hefndar-
retard vt. hefta, hindra; tefja, seinka
retardation hindrun f., tálmun f.; töf f., seinkun f.
retarded adj. (of a child) þroskaheftur
retch vi. kúgast
retell vt. endursegja
retention varðveisla f.; teppa f., tregða f.
retention of urine þvagteppa f.
retentive adj. sem heldur/geymir í sér
retentive memory stálminni n., gott minni n.
retentiveness heldni f.
rethink endurskoðun f.; v. endurskoða
reticence þagmælska f.; fámælgi f., orðfæð f.
reticent adj. þagmælskur; fámáll, orðfár
reticulated adj. netmyndaður, net-, möskva-
reticulation netja f.; möskvi (í netmynstri) m.
reticule kventaska f., pjatttuðra f.
reticulum (pl. **reticula**) (fagri)keppur m.
retina sjónhimna f., sjóna f., nethimna f.
retinue fylgdarlið n., föruneyti n.
retire v. draga sig í hlé, (because of age) hætta störfum, fara á eftirlaun, (go to bed) taka á sig náðir
retired adj. hættur störfum, (of a place) afskekktur
retire into oneself v. draga sig inn í skel sína
retirement (from work) starfslok n.pl.; eftirlaunaár n.pl.

retirement pension ellilífeyrir m., eftirlaun n.pl.
retiring adj. hlédrægur, feiminn; fráfarandi
retiring age eftirlaunaaldur m.
retort hvasst svar n.; v. hreyta út úr sér, svara um hæl
retouch vt. (a picture) lagfæra, snyrta
retrace vt. rekja (til baka); fara aftur yfir
retract v. draga til baka, taka aftur; draga inn
retractable adj. afturkallanlegur; inndraganlegur
retractile adj. inndraganlegur
retraction afturköllun f.; inndráttur m., herpingur m.
retread sólaður hjólbarði m.; vt. sóla (hjólbarða)
retreat undanhald n.; vi. hörfa, hopa
retrench v. skerða, minnka, skera niður
retrenchment (of expenses) niðurskurður m.; sparnaður m.
retrial endurrannsókn máls (fyrir rétti) f.
retribution makleg málagjöld n.pl.
retributive adj. endurgjaldandi; refsandi, refsi-
retrievable adj. endurheimtanlegur; bætanlegur
retrieval endurheimt f.; **beyond/past r.** óbætanlegur
retrieve v. endurheimta, (put right) lagfæra, bæta fyrir/upp, (of dogs) finna og sækja bráð
retriever veiðihundur m.
retroactive adj. afturvirkur
retroflex(ed) adj. (of speech sounds) rismæltur
retrograde adj. sem hreyfist aftur á bak; hnignandi
retrogress vi. hreyfast aftur á bak; hnigna
retrogression hop n.; hnignun f., afturför f.
retrogressive adj. sem hreyfist aftur á bak; hnignandi
retrorocket hemilflaug f.
retrospect endurlit n.; **in r.** eftir á að hyggja
retrospection endurminning f.
retrospective adj. sem varðar uprifjun hins liðna, yfirlits-, (retroactive) afturvirkur
retroussé adj. (of a nose) uppbrettur
retroversion viðsnúningur m.; afturhalli m.
return afturkoma f.; skil n.pl.; endurgjald n.; (profit) hagnaður m., arðsemi f.; **by r.** um hæl, með næsta pósti; **in r. (for)** í staðinn (fyrir) v. koma aftur; skila, senda aftur; endurgjalda
returnable adj. sem má skila
return fare fargjald fram og til baka n.
return half farmiði til baka m.
returning board kjörstjórn f.
returning officer kjörstjóri m.
return key vendihnappur m.
return match seinni keppni f.
return period lotutími m., endurkomutími m.
returns ; **Many happy r. (of the day)** Til hamingju með (afmælis)daginn
return ticket farmiði fram og til baka m.
return trip bakaleið f.
reunion endurfundir m.pl.; mót n., samkoma f.
reunite v. sameina(st) aftur, hittast aftur
reusable adj. endurnýtanlegur, endurnothæfur
reuse vt. endurnýta, endurnota
rev (revolution) snúningur m.
revaluation endurmat n.; gengisbreyting f.
revalue vt. endurmeta, (a currency) breyta gengi
revamp vt. lappa/hressa upp á
reveal vt. sýna, leiða í ljós, afhjúpa, opinbera
reveille lúðrablástur m., trumbusláttur m.
revel svallveisla f.; vi. svalla, slarka
revelation afhjúpun f., opinberun f.
Revelation(s) Opinberunarbók Jóhannesar f.
revel in v. njóta, hafa yndi af
reveller svallari m., slarkari m.
revelry svall n., slark n., sukk n.
revenge hefnd f.; hefndarhugur m.; vt. hefna
revengeful adj. hefnigjarn
revengefulness hefnigirni f.

revenue (ríkis)tekjur f.pl.; tekjulind f.
revenue cutter tollgæslubátur m., strandgæslubátur m.
revenue officer tollþjónn m.
revenue tariff (innflutnings)tollur m.
reverberant adj. endurómandi, bergmálandi
reverberate v. enduróma, bergmála
reverberation endurómun f., bergmál n.
revere vt. vegsama, dá, dýrka
reverence lotning f.; vt. bera djúpa virðingu fyrir
Reverend séra
reverend adj. lotningarverður, virðingarverður
Reverend Mother abbadís f.
reverent(ial) adj. lotningarfullur, auðmjúkur
reverie dagdraumar m.pl., draumórar m.pl.
revers (of a coat) uppbrot n., uppslag n.
reversal umskipti n.pl., gagnger breyting f.
reverse (the opposite) gagnstæða f., andstæða f., (of a cloth) úthverfa f., ranga f., (side) bakhlið f., (defeat) bakslag n., skakkafall n.
reverse adj. öfugur, gagnstæður, (afturá)bak-
reverse v. snúa við, umbylta, (of a vehicle) bakka, (a decision) ógilda, ónýta; **r. the charges** hringja á kostnað viðtakanda
reverse fault risgengi n.
reverse gear (afturá)bakgír m.
reverse order öfug röð f.
reverse video umlýsing f.; adj. umlýstur
reversible adj. (of cloth) sem hægt er að snúa við
reversion afturhvarf n.; endurheimt (eignar) f.
reversionary right arftökuréttur m., erfðaréttur m.
revert to v. snúa sér aftur að, hverfa aftur til, (of property) renna/ganga til (e-s að lögum)
revetment múrhleðsla f.; varnargarður m.
review upprifjun f., endurskoðun f., yfirlit n., (article) ritdómur m., (magazine) tímarit n.; **come under r.** vera tekinn til endurskoðunar; v. rifja upp, fara yfir, endurskoða, kanna; skrifa gagnrýni (um), dæma
reviewer (bókmennta)gagnrýnandi m., ritdómari m.
revile v. úthúða, rakka niður, formæla
revise vt. endurskoða, fara yfir; rifja upp
revision endurskoðun f.; upprifjun f.
revisionism endurskoðunarstefna f.
revisionist endurskoðunarsinni m.
revitalization endurlífgun f.
revitalize vt. endurlífga, blása nýju lífi í
revival endurlífgun f., endurvakning f.
revivalism trúarvakning f.
revivalist vakningarprédikari m.; trúarvakningarmaður m.
revival meeting vakningarsamkoma f.
revive v. lífga við, endurlífga; lifna við/aftur
revivify vt. endurvekja, blása nýju lífi í
revocable adj. afturkallanlegur
revocation afturköllun f., ógilding f., ómerking f.
revoke v. afturkalla, afnema, nema úr gildi, ógilda, rifta, (in card games) svíkja lit
revolt uppreisn f.; **in r.** í uppreisnarástandi; fullur andstyggðar; v. gera uppreisn, (shock) fylla(st) viðbjóði, hrylla (við = **at/from/against**)
revolting adj. viðbjóðslegur, andstyggilegur
revolution (um)bylting f., (turning) snúningur m.
revolutionary byltingarsinni m.; adj. byltingarkenndur
revolutionize vt. gjörbylta, umbreyta; fylla byltingaranda
revolve v. snúa(st)
revolver marghleypa f., skammbyssa f.
revolving door hringhurð f., hverfihurð f.
revue revía f., skopleikur m.
revulsion hryllingur m., viðbjóður m.; fráhvarf n.
rev up v. auka snúningshraða, gefa inn
reward (verð)laun n.pl., umbun f.; fundarlaun n.pl.; vt. (verð)launa, umbuna (fyrir)
rewarding adj. sem borgar sig, gefandi

rewind vt. trekkja upp; snúa til baka
rewire vt. endurnýja raflögn (í)
reword vt. umorða
rewrite umskrifað verk n.; vt. umskrifa, endursemja
Rex (Lat.) konungur m.
Rhaeto-Romantic retórómanska f.; adj. retórómanskur
rhapsodic(al) adj. fullur af eldmóði; hástemmdur
rhapsodist hástemmdur ræðumaður m.; kvæðaþulur m.
rhapsodize vi. tjá sig af eldmóði (um = **about/over**)
rhapsody lofræða f., lofsöngur m.; rapsódía f.
rhea nandú(fugl) m.
Rhenish (wine) Rínarvín n.
rheostat renniviðnám n.
rhesus (money) rhesusapi m.
Rhesus factor rhesusþáttur m., Rh-þáttur m.
rhetoric mælskulist f.; mælska f.; orðagjálfur n.
rhetorical adj. mælskufræði-; mælsku-; tilgerðarlegur
rhetorical device stílbragð n.
rhetorical question retórísk spurning f.
rhetorician mælskufræðingur m.; mælskumaður m., orðsnillingur m.; málskrúðsmaður m.
rheum nefrennsli n.
rheumatic gigtarsjúklingur m.; adj. gigtveikur
rheumatic fever gigtarsótt f.
rheumaticky adj. gigtveikur, gigtarsækinn
rheumatism gigt f., gigtveiki f.
rheumatoid adj. gigtarkenndur
rheumatoid arthritis liðagigt f.
Rh factor Rh-þáttur m., rhesusþáttur m.
rhinal adj. (nasal) nef-, nefs-, nasa-
Rhine wine Rínarvín n.
rhinestone gervidemantur m., gervisteinn m.
rhinitis nefkvef n.
rhino(ceros) nashyrningur m.
rhizome jarðstöngull m., rótarstöngull m.
rhododendron alparós f.

rhomboid samsíðungur m.; adj. næstum tígullaga
rhombus tígull m.
rhubarb rabarbari m., tröllasúra f.; kliður m.
rhumb (line) stefnulína f., kompáslína f.
rhyme rím n.; rímorð n., hending f.; **r. or reason** vit n., samhengi n.; v. ríma (saman)
rhyme scheme rímskipun f.
rhymester leirskáld n., hnoðari m.
rhyming slang slangurrím n.
rhyolite líparít n., ljósgrýti n.
rhythm taktur m., hjóðfall n., hrynjandi f.
rhythmic(al) adj. taktfastur, taktbundinn
rib rif n., rifbein n.; vt. (tease) stríða
ribald ruddi m.; adj. ruddafenginn, dónalegur, klúr
ribaldry ruddamennska f., dónaskapur m.; klúryrði n.
ribbed adj. brugðinn; rifflaður; rifjaður
ribbon borði m., lindi m.; orðuband n.
ribboned adj. skreyttur borðum, borðalagður
ribbon worm (nemertean) ranaormur m.
ribbons tætlur f.pl.
rib cage brjóstkassi m.
ribgrass selgresi n.
ribwort selgresi n.
rice hrísgrjón n.pl.; hrísplanta f.
rice paper hríspappír m.
rich adj. ríkur, auðugur; dýrmætur; ríkmannlegur
riches auður m.; auðæfi n.pl., ríkidæmi n.
richly adv. ríkulega, í ríkum mæli; fyllilega
richness (of a dress) glæsileiki m., (of the soil) frjósemi f., (of the food) kraftur m.
Richter scale Richterskvarði m.
rick (hey)stakkur m.; vt. stakka, hlaða upp
rickets beinkröm f.
rickety adj. óstöðugur, hrörlegur
rickshaw (austurlenskur) tvíhjóla léttivagn m.
ricochet endurkast n.; v. endurkasta(st), hrökkva (af)
rid vt. losa (við = **of**); **be r. of** vera laus við; **get r. of** losna við; losa sig við
riddance hreinsun f.; **Good r.** fari hann og veri

ridden → rigidity

ridden v. (pp. **ride**)
riddle (ráð)gáta f., þraut f.
riddle (sieve) sáld n. sigti n.;
  vt. sálda, sigta
riddle with v. (sundur)gata með;
  undirleggja af
ride útreiðartúr m., (drive) bíltúr m.; **take
  s-y for a r.** leika á e-n; myrða e-n; v.
  ríða; fara/ferðast í/með; aka; hjóla
ride down v. ríða/elta uppi; ríða/keyra
  niður
ride out v. standast, komast klakklaust í
  gegnum
rider reiðmaður m., (additional clause)
  viðauki m.
ride up vi. (of clothing) skríða/færast upp
ridge hryggur m., (of a mountain) fjalls-
  hryggur m., (of a roof) mænir m., (of a
  nose) nefbak n.; vt. þekja/marka með
  gárum/görðum
ridgepole mænisás m.
ridgy adj. gáróttur; hryggmyndaður
ridicule spott n., skop n.; vt. gera gys að
ridiculous adj. hlægilegur, fáránlegur
riding útreiðar f.pl., reiðmennska f.
riding (in Yorkshire) hreppur m.
riding breeches reiðbuxur f.pl.
riding habit (kven)reiðföt n.pl.
riding light akkerisljós n.
rife adj. algengur, útbreiddur; morandi
  (af = **with**)
riff (in music) stef n.
riffle through v. fletta gegnum, blaða í
riffraff óþjóðalýður m., skríll m., pakk n.
rifle riffill m.; vt. riffla, skera rifflur í
rifle vt. gramsa í og stela; gjörhreinsa,
  tæma
rifleman (pl. **-men**) riffilskytta f.
rifle range skotæfingasvæði n.; skotmál n.
rifles hersveit vopnuð rifflum f.
rifle shot riffilskot n.; skotmál n.
rifling rifflun f.; rifflur f.pl.
rift sprunga f., gjá f.; skora f.; missætti
  n., sundurþykkja f.; v. kljúfa; klofna
rift valley sigdalur m., gjástykki n.
rig seglbúnaður m.; útbúnaður m.;
  vt. reiðubúa; útbúa
rig (trick) bragð n.; vt. falsa, hagræða
  bak við tjöldin
rig-out múndering f., klæðnaður m.

rig out v. útbúa, búa út; klæða sig
rig up vt. setja saman (í flýti); hrófa upp
rigging reiði m., reiðabúnaður m.
right réttmæti n.; réttur m.; réttindi n.pl.;
  be in the r. hafa góðan málstað, vera í
  rétti; **in one's own r.** af eigin
  verðleikum; **by rights** réttilega, með
  réttu; adj. réttur; **all r.** allt í lagi; **be r.**
  hafa rétt fyrir sér; **put r.** leiðrétta; koma
  í lag; adv. rétt; beint; **r. on** það var
  lagið; hárrétt vt. rétta (við)
right (side) hægri hlið f., (hand) hægri
  hönd f.; adj. hægri, hægrihandar-;
  adv. til hægri
right-about face/turn kúvending f.
right angle rétt horn n.
right-angled adj. rétthyrndur
right away adv. strax, tafarlaust
righteous adj. réttlátur, réttsýnn;
  réttmætur
righteousness réttsýni f., ráðvendni f.;
  réttmæti n.
rightful adj. réttur, lögmætur; réttmætur
right-hand adj. hægri-; hægrihandar-
right-handed adj. rétthentur;
  hægrihandar-
right-hander rétthentur maður m.;
  hægrihandarskytta f.
rightist hægrisinni m.;
  adj. hægrisinnaður
right-justify vt. hægrijafna
rightly adv. réttilega, rétt;
  (for certain) með vissu
right-minded adj. réttsýnn, réttlátur,
  sanngjarn
rightness réttmæti n.
right of way (umferðar)réttur m.
right off (Am.) adv. strax, tafarlaust
rightward adj. hægri-; hægrihandar-
rightwards adv. á hægri hönd;
  hægra megin
right whale sléttbakur m.
right wing hægri vængur/armur m.
right-wing adj. hægriarms-, hægrisinna-
right-winger hægrimaður m.,
  hægrisinni m.
righty rétthentur maður m.
rigid adj. stjarfur, stinnur, harður;
  strangur
rigidity stífni f., ósveigjanleiki m., harka f.

rigmarole endaleysa f.; langloka f.
rigor mortis dauðastirðnun f., dauðastjarfi m.
rigorous adj. harður, strangur; hárnákvæmur
rigour harka f.; harðneskja f.; hárnákvæmni f.
rile vt. svekkja, ergja
rill lækjarsytra f., lækjarspræna f.
rim brún f., rönd f.; umgjörð f.; vt. umlykja
rime (hoarfrost) hrím n.; vt. hríma, hrímga
rimy adj. hrímugur, hrímgaður, hélaður
rind börkur m., hýði n., skorpa f.
rinderpest nautapest f., nautgripapest f.
ring hringur m.; hringsvið n.; **make/run rings round** vera miklu betri en; **throw one's hat in the r.** lýsa yfir þátttöku sinni (í); v. merkja með hring, gera hring (um); umkringja
ring hringing f.; v. hringja; **r. a bell** láta kunnuglega í eyrum; **r. the changes (on)** fá tilbreytingu (í), breyta til
ring binder mappa f., bréfabindi n.
ringed plover sandlóa f.
ringed seal hringanóri m.
ringer hringjari m.
ring finger baugfingur m.
ringing tone hringingarsónn m., hringing f.
ringleader forsprakki m., (uppreisnar)leiðtogi m.
ringlet slöngulokkur m.
ringmaster sirkussýningarstjóri m.
ring off v. leggja á, hringja af (að loknu símtali)
ring out v. glymja, kveða við, hljóma
ring road hringvegur m., hringbraut f.
ringside áhorfendasvæði næst hringnum n.
ringside seat sæti nálægt sviðinu n., gott sæti n.
ring up v. slá inn (á búðarkassa)
ring with v. glymja, kveða við, hljóma
ringworm (a skin disease) hringormur m., reformur m.
rink skautasvell n.; hjólaskautasvæði n.
rinse skolun f.; vt. skola

riot uppþot n., óspektir f.pl.; **run r.** tryllast; vi. taka þátt í óeirðum, vera með óspektir
riot act ; **read the r. a. to** vanda um fyrir, veita áminningu
rioter óeirðaseggur m., uppþotsmaður m.
riot in v. hafa sérstaka ánægju af
riot of laughter hlátrasköll n.pl.
riotous adj. óeirðar-; taumlaus; hávær
riotous living gjálífi n., svall n.
rip rifa f.; saumspretta f.; v. rífa, skera, spretta upp; rifna; **let her/it r.** setja farartæki á fulla ferð; **let things r.** láta hlutina ganga sinn gang
rip (rough water) röst f., iðukast n.
rip (wild fellow) flagari m., kvennabósi m.
RIP (rest in peace) hvíli hann í friði
rip along v. vaða áfram, æða
riparian adj. árbakka-, vatnsbakka-
ripcord kippingarsnúra f.
ripe adj. (full)þroskaður; blómlegur; **of ripe(r) years** á besta aldri; **the time is r. (for)** það er tímabært (að)
ripen v. þroska(st), þróa(st)
ripeness þroski m.
rip-off rán n.; féfletting f.
rip off v. ræna, stela; féfletta
riposte snöggt mótlag n.; hnyttið tilsvar n.; vi. (reply) svara hnyttilega, svara um hæl
ripping adj. stórfínn, frábær
ripple gára f., bylgja f.; gjálfur n.; v. gára(st), ýfa(st); gjálfra, kliða, niða
ripple marks sandgárar m.pl.; straumgárar m.pl.
rip-roaring adj. æðislegur, geggjaður
ripsaw ristisög f., langsög f., flettisög f.
riptide (of the sea) útsog n.
rise hækkun f., aukning f., (in power) uppgangur m., frami m., (small hill) hæð f., brekka f., (in wages) kauphækkun f., (of the sun) sólarupprás f.; **get a r. out of** fá fram viðbrögð hjá; **give r. to** koma af stað, orsaka; v. rísa (upp), koma upp, standa upp; hækka; magnast, aukast; **r. to the occasion** vera vandanum vaxinn
rise above v. vera hafinn yfir; hefja sig upp yfir

rise against v. rísa gegn, gera uppreisn gegn
riser (of a step) uppstig n.; **early/late r.** árisull/morgunlatur maður m.
risibility hláturmildi f.
risible adj. hláturmildur; hlægilegur, fyndinn
risible muscles hlátursvöðvar m.pl.
rising (vopnuð) uppreisn f.
rising generation uppvaxandi kynslóð f.
rising tide aðfall n.
risk (á)hætta f.; **at r. í húfi; at one's own r.** á eigin ábyrgð; vt. hætta (á), stofna í hættu
risky adj. áhættusamur, hættulegur
risky undertaking hættuspil n.
risotto (ítalskur) hrísgrjónaréttur m.
risqué adj. djarfur, glannalegur
rissole kjötbolla f., fiskbolla f. (djúpsteikt í raspi)
rite helgiathöfn f.; siður m., venja f.
ritual helgisiðir m.pl.; adj. helgisiðar-, trúarsiðar-
ritualism helgisiðafræði f.; helgisiðaáhugi m.
ritualistic adj. helgisiða-; gefinn fyrir helgisiði
ritually adv. í samræmi við helgisiði
ritzy adj. glæsilegur, flottur
rival keppinautur m.; vt. keppa við; jafnast á við
rivalry (sam)keppni f., metingur m.
rive v. kljúfa, tæta í sundur; klofna
riven adj. rifinn, klofinn, tættur
river á f., (wide) fljót n.; straumur m.; **sell s-y down the r.** svíkja e-n
riverbank árbakki m., fljótsbakki m.
river basin vatnasvið ár n., aðrennslissvæði ár n.
riverbed árfarvegur m.
riverboat fljótabátur m.
riverhead árupptök n.pl.
river horse (hippopotamus) vatnahestur m.
riverside árbakki m.
river terrace árhjalli m.
rivet hnoðnagli m.; vt. hnoða; festa, negla
riveting adj. grípandi, hrífandi
riviera baðströnd f., rivíera f.

rivulet árspræna f., lækur m.
roach (fish) skálgi m.
road vegur m.; leið f.
roadbed púkk n., grjótfylling f.
roadblock vegartálmi m.
road hog ökuníðingur m., ökufantur m.
roadhouse vegakrá f., vegahótel n.
roadie rótari m.
roadman (pl. -men) vegamaður m.
road manager rótari m.
road map vegakort n.
road mender vegamaður m.
road metal púkk n., grjótfylling f.
road safety umferðaröryggi n.
road sense umferðarvit n.
roadside vegarbrún f., vegarkantur m.
roadstead skipalægi n.
roadster opinn sportbíll m.
road test reynsluakstur m.; (verklegt) ökupróf n.
roadway akbraut f.
road works vegavinna f.
roadworthy adj. ökuhæfur, ökufær
roam v. reika, ráfa, flakka
roamer flakkari m.
roan adj. apalrauður, apaljarpur
roar öskur n.; gnýr m.; v. öskra; drynja
roaring gnýr m., drunur f.pl.; adj. öskrandi; líflegur, fyrirtaks-; adv. mjög, fram úr hófi
roaring drunk adj. augafullur
roaring forties (in the Atlantic) vestanvindabelti n.
roast steik f.; steiking f.; **give s-y a (good/real) roasting** gagnrýna e-n (harkalega); adj. steiktur, ristaður; v. steikja(st), rista(st); stikna
roast beef nautasteik f.
roaster rist f., (food) steikarmatur m.
roasting adj. brennheitur
roast pork svínasteik f.
rob vt. ræna, stela
robber ræningi m.
robbery rán n., þjófnaður m.
robe skikkja f.; vt. íklæða(st), skrýða(st)
robin (flower) skógarlilja f.
robin (bird) glóbrystingur m.
robin bomb flugsprengja f.
robot vélmenni n.
robotics vélfærafræði f.

robust adj. sterkur, kröftugur; grófur
robustness kraftur m., hreysti f., þrek n.
rocambole skógarlaukur m.
rock berg n., klettur m.; **as firm/steady/solid as a r.** óbifanlegur; traustur
rock rugg n.; v. rugga, vagga; hrista(st); **r. the boat** setja hlutina úr skorðum
rock and roll rokk n.
rock bottom lægsta stig n., lágmark n.
rock-bottom adj. lágmarks-
rock-climbing bjargklifur n.
rockbound adj. umluktur klettum; klettóttur
rock crystal bergkristall m.
rocker valti m., sveigur m.; **off one's r.** snarvitlaus
rockery steinbeð n., steinhæð f.
rocket raketta f.; eldflaug f.; **get/give s-y a r.** fá/veita e-m ákúrur; vi. þjóta upp/áfram
rocket engine eldflaugarhreyfill m.
rocketeer eldflaugafræðingur m.
rocketry eldflaugafræði f.
rock garden steinbeð n., steinhæð f.
rock hound steinasafnari m.
rocking chair ruggustóll m.
rocking horse rugguhestur m.
rock'n'roll rokk n.
rock plant steinhæðarplanta f.
rocks ; **on the r.** á heljarþröm, (of drinks) óblandaður með ísmolum
rock salmon steinbítur m., (depla)háfur m.
rock salt steinsalt n.
rockshaft veltiás m.
rock slide grjótskriða f.
rock speedwell steindepla f.
rock wool steinull f., gosull f.
rocky adj. klettóttur, grýttur; grjótharður
rocky adj. (unsteady) óstöðugur; ótraustur
Rocky Mountains Klettafjöll n.pl.
rococo rokókóstíll m.; adj. (óhóflega) skrautlegur
rod stafur m., stöng f.; keyri n.
rode v. (p. **ride**)
rodent nagdýr n.; adj. nagandi; nagdýra-
rodeo nautgripasmölun f.; kúrekasýning f.
rodomontade skrum n., gort n., raup n.

roe hrogn n.(pl.)
roe (deer) rádýr n.
roebuck rádýrstarfur m.
roentgen röntgen n.
rogation bænarákall n.
Rogation Days gangdagar m.pl.
rogue svikahrappur m., þrjótur m.; hrekkjalómur m.
roguery þorparaskapur m., svik n.pl.; hrekkur m.
roguish adj. kankvís, glettnislegur; prakkaralegur
roguishness kankvísi f., glettni f.; prakkaraskapur m.
roisterer svaldrari m.; svallari m.
role (rôle) hlutverk n.
roll rúlla f., (of film) spóla f., (of bread) brauðsnúður m., rúnstykki n., (movement) veltingur m., rugg n., (sound) gnýr m., druna f., (of names) nafnalisti m.; **call the r.** viðhafa nafnakall; v. rúlla, velta(st), vefja(st), vinda(st)
roll back v. hrekja til baka; (Am.) lækka
roll by vi. líða (fram)hjá
roll call nafnakall n.
roller vals m., kefli n.; valtari m.; brimalda f.
roller bandage (uppvafið) sárabindi n.
roller bearing keflalega f.
roller blind rúllugardína f.
roller coaster rússíbani m.
roller skate hjólaskauti m.
roller-skate v. renna sér á hjólaskautum
roller skating hjólskautahlaup n.
roller towel rúlluhandklæði n.
rollicking adj. gáskafullur, ærslafenginn
roll in v. streyma inn/að
rolling adj. veltandi; öldumyndaður, aflíðandi
rolling pin kökukefli n.
rolling stock vagnakostur (járnbrautar) m.
rolling stone eirðarleysingi m., rótleysingi m.
roll on-roll off vessel ekjuskip n.
roll out v. (spread out) fletja út, breiða úr
rolls félagatal n.; **strike off the r.** reka úr félagi
rolltop desk skrifborð með dragloki n.

roll up v. rúlla upp, bretta upp; (arrive) renna í hlað
roly-poly (pudding) rúlluterta f.; adj. feitur, þybbinn
ROM (read-only memory) lesminni n.
Romaic grískt nútímatalmál n.
romaine (lettuce) bindisalat n.
Roman Rómverji m.; adj. rómverskur; rómanskur
roman (style of printing) latneskt letur n.
roman à clef lykilsaga f.
Roman Catholic kaþólikki m.; adj. rómversk-kaþólskur
romance ástarsaga f., ævintýrasaga f.; rómantík f.; (love affair) ástaævintýri n.; vi. skálda; sverma fyrir, stíga í vænginn (við = **with**)
Romance adj. rómanskur
Romance languages rómönsk mál n.pl.
Roman Empire rómverska keisaradæmið n.
Romanesque hringbogastíll m.; adj. í rómönskum stíl
Romania Rúmenía f.
Romanian Rúmeni m., (language) rúmenska f.; adj. rúmenskur
Roman numeral rómversk tala f.
romantic draumóramaður m.; adj. rómantískur
romanticism rómantík f.
romanticist rómantískur maður m.; svifhugi m.
romanticize v. gæða rómantík; vera rómantískur
Romantic Movement rómantíska stefnan f.
Romany sígaunamál n.; adj. sígauna-
Romish adj. pápískur
romp ærsl n., galsi m.; vi. ærslast, ólátast
rompers skriðbuxur f.pl.
romp home v. sigra auðveldlega
romp through v. ljúka (e-u) fyrirhafnarlítið
rondeau (pl. **rondeaux**) hringstefja f.
rood (róðu)kross m.; ekrufjóðrungur m.
roof þak n.; efsti hluti m.; **raise the r.** vera með uppsteyt/læti; vt. setja þak á, þekja
roofer þaksmiður m., þakviðgerðarmaður m.

roof garden þakgarður m.
roofing þakefni n., þakklæðning f.
roofing slate þakskífa f., þakhella f.
roofless adj. þaklaus; heimilislaus
roof of heaven himinhvolf n.
roof of the mouth (palate) efri gómur m., framgómur m.
roof of the world háfjallahryggur m.
roof rack (on a car) þakgrind f.
rooftree mænisás m.
rook (chess piece) hrókur m.
rook (bird) bláhrafn m.
rook svindlari m.; vt. svíkja fé af, féflétta
rookery bláhrafnabyggð f.
rookie nýliði m., nýgræðingur m.
room herbergi n., (space) rými n., pláss n., (chance) svigrúm n.; **make r. (for)** rýma (fyrir); (Am.) vi. leigja (hjá)
room and board fæði og húsnæði n.
roomer (Am) leigjandi m.
roomful herbergisfylli n.
rooming house (Am.) gistihús n., gistiheimili n.
roommate herbergisfélagi m.
rooms (flat) íbúð f.
room service herbergisþjónusta f.
room temperature stofuhiti m.
roomy adj. rúmgóður, rúmur
roost hænsaprik n.; hvíldarstaður m.; **come home to r.** koma (e-m) í koll; **rule the r.** drottna; vi. sitja (á priki); taka á sig náðir
rooster (Am.) hani m.; karlfugl m.
root rót f.; **take/strike r.** festa rætur, ná fótfestu; **r. and branch** gersamlega; v. ræta, (láta) skjóta rótum, (láta) festa rætur
root v. (search by digging) róta (í), grafa upp
root beer rótaröl n.
root cap rótarbjörg f.
root cause frumorsök f., undirrót f.
root crop rótarávextir m.pl.
rooted adj. rótfastur, rótgróinn; óbifanlegur
root for (Am.) v. hvetja, styðja ákaft
rootless adj. rótlaus
rootlet rótarangi m., rótarkvísl f.
root out/up v. uppræta, útrýma

roots uppruni m., heimkynni n.pl.; **pull up one's r.** rífa sig upp með rótum, hefja nýtt líf; **put down new r.** koma sér fyrir á ný
root sign rótarmerki n.
rope kaðall m., reipi n.; **give s-y (plenty of) r.** gefa e-m lausan tauminn; **give s-y enough r. to hang himself** láta e-n falla á eigin bragði; vt. binda (með kaðli); (Am.) snara (með slöngvivað)
ropedancer línudansari m.
rope in v. telja (e-n) á, fá (e-n) til að vera með
rope ladder kaðalstigi m.
rope off v. girða af (með kaðli)
roper kaðlari m., kaðlagerðarmaður m.
ropes kaðlar umhverfis hnefaleikahring m.pl.; **know the r.** vera öllum hnútum kunnugur
ropewalk kaðlarahús n.; kaðlarastígur m.
ropewalker línudansari m.
ropeway strengbraut f.
ropeyard kaðlarahús n.; kaðlarastígur m.
ropy adj. lélegur, afleitur
rorqual reyðarhvalur m.
rosary bænaþula f., (of beads) talnaband n.
rose rós f.; **be not all roses** hafa sína vankanta; adj. rósrauður
rose v. (p. **rise**)
rosé rósavín n.
roseate adj. rósrauður
rosebud rósaknappur m.
rosebush rósarunni m.
rose fever frjókornaofnæmi n.
rose geranium mánabrúður f., pelargónía f.
rose hip rósber n.
rose mallow læknakólfur m.
rosemary rósmarín f., sædögg f., stranddögg f.
rose-red adj. rósrauður
rosette rósetta f., rósarmynstur n.
rosewater rósavatn n.
rose window rósagluggi m.
rosewood rósaviður m.
rosin harpeis m.; vt. bera harpeis á
roster nafna- og verkefnaskrá f.
rostrum ræðupallur m., ræðustóll m., ponta f.

rosy adj. rósrauður; bjartur, gæfulegur
rot rotnun f.; fúi m.; (nonsense) þvættingur m., della f.; v. rotna; fúna, grotna (niður)
rota nafna- og verkefnaskrá f.
Rotarian félagi í Rótaríklúbbi m.; adj. Rótaríklúbbs-
rotary (Am.) hringtorg n.; adj. snúnings-, hverfi-
Rotary Club Rótaríklúbbur m.
rotary engine hverfihreyfill m.
rotatable adj. snúanlegur
rotate v. hringsnúa(st); víxla
rotation snúningur m.; víxlun f., skipti n.pl.; **in r.** til skiptis, á víxl
rotatory adj. snúnings-, hverfi-
rote stagl n.; **by r.** utanbókar; umhugsunarlaust
rotgut (brennivíns)ruddi m.
rotifer hjóldýr n., þyrildýr n.
rotisserie grill n.; grillstaður m.
rotogravure djúptrukk n.
rotor snúður m.; þyrill m.
rotor cloud skýjagöndull m.
rotten adj. rotinn, fúinn, skemmdur; herfilegur, andstyggilegur; siðspilltur
r. to the core gerspilltur; **feel r.** líða herfilega
rotten egg fúlegg n.
rotter fúlmenni n.
rotund adj. bústinn, þriflegur; hljómmikill
rotunda hringlaga bygging f.; hringlaga salur m.
rotundity gildleiki m., þrýstni f.; (hljóm)fylling f.
rouble rúbla f.
roué slarkari m., flagari m., kvennabósi m.
rouge kinnalitur m.; v. rjóða (með kinnalit)
rough (person) ruddi m., hrotti m., (land) óslétta f., (state) óþægindi n.pl., þrengingar f.pl.; **take the r. with the smooth** taka því sem að höndum ber; **in r. (draft)** í frumgerð, í uppkasti; **in the r.** ófrágenginn
rough adj. hrjúfur, grófur, ósléttur, hvass; ómótaður; erfiður; **have a r. tongue** vera hvassyrtur; **have a r. time** eiga

erfitt; **give s-y a r. time** gera e-m lífið leitt
rough adv. harkalega; ruddalega; **cut up r.** reiðast; **play r.** beita fantabrögðum; **live r.** vera á útigangi; **sleep r.** liggja úti
rough vt. ýfa, aflaga
roughage grófmeti n.
rough-and-ready adj. frumstæður; óheflaður
rough-and-tumble adj. hrottalegur, svakafenginn
rough bluegrass hásveifgras n.
roughcast grófhúðun f.; vt. grófhúða, rappa (múr)
rough-dry vt. þurrka (tau) en strauja ekki
roughen v. ýfa, gera ósléttan; ýfast, verða ósléttur
rough-hewn adj. stórskorinn, grófheflaður
roughhouse gauragangur m., læti n.pl.; v. ærslast
rough it v. vera án þæginda
roughly adv. gróflega, (about) um það bil
roughneck ruddi m., hrotti m.
roughness grófleiki m., hrjúfleiki m.; ruddaskapur m.
rough periwinkle (snail) klettadoppa f.
roughrider hörkuknapi m.; góður tamningamaður m.
roughshod adj. skaflajárnaður; **ride r. over** traðka á
rough-spoken adj. hvassyrtur
rough stuff ofbeldi n.
rough up v. misþyrma, fara illa með, meiða
roulette rúletta f., fjárhættuspil n.
round kringla f.; hringur m., röð f., runa f., hringferð f., rúntur m., (in sport) umferð f., lota f., (of drinks) umgangur m.; **make one's rounds** fara sínar reglubundnu eftirlitsferðir; **the daily r.** daglegt amstur n.
round adj. kringlóttur, hringlaga, hnöttóttur, sívalur, ávalur; **in r. figures** í heilum tölum, rúmt reiknað
round adv. í hring(i); í kring; **all the year r.** (allt) árið um kring; **the other way r.** þveröfugt, á hinn veginn; **r. (about)** á næstu slóðum
round prp. í kringum, umhverfis; (utan) um; fyrir; **r. about** kringum, um það bil
round v. gera hringlaga; fara umhverfis; jafna
roundabout krókaleið f., (at fairs) hringekja f., (of roads) hringtorg n.; adj. krókóttur, króka-
round bracket svigi m.
round dance hringdans m.
rounded adj. ávalur
rounders hringbolti m.
roundish adj. ávalur, bjúgur
roundly adj. rækilega, (completely) algerlega
round off v. ljúka, ganga frá; jafna, rúnna af
round out v. tútna út, (complete) ljúka, fullkomna
round robin áskorunarskjal (sem margir skrifa undir) n.
round-shouldered adj. knýttur, álútur, lotinn í herðum
roundsman (pl. -**men**) sendiveinn m.
round table hringborð n.
round-table discussion hringborðsumræða f.
round-the-clock adj. allan sólarhringinn, sólarhrings-
round trip hringferð f., (Am.) ferð fram og tilbaka f.
round-trip ticket (Am.) farmiði báðar leiðir m.
roundup smölun f.; samantekt f., ágrip n.
round up vt. smala (saman), safna saman
round (up)on v. ráðast á, hella sér yfir
roundworm þráðormur m.
roup hænsnasjúkdómur m.
rouse v. vekja; vakna; hvetja, eggja
rousing adj. hvetjandi; líflegur, fjörlegur
roustabout (Am.) ófaglærður verkamaður m.
rout algjör ósigur m.; skipulagslaus flótti m.; vt. gersigra; reka á flótta, tvístra
route (áætlunar)leið f.; **en r.** á leiðinni; vt. senda

routine vanagangur m., vanaverk n., venja f.; hjárás f., þula f.; adj. venjubundinn; alvanalegur
rout out vt. hrekja, flæma út/upp/fram úr
rove v. ráfa (um), reika (um), flækjast
rove beetle jötunuxi m., stuttþekjubjalla f.
rover flakkari m., (pirate) sjóræningi m.
row (in boat) róður m.; róðrarferð f.; v. róa
row (line) röð f.; **a hard r. to hoe** vandaverk n.
row (noise) hávaði m., gauragangur m., (quarrel) hávaðarifrildi n.; v. hnakkrífast, þræta
rowan reynir m., reyniviður m.
rowanberry reyniber n.
rowboat árabátur m.
rowdiness uppivöðslusemi f., tuddaskapur m.
rowdy ófriðarseggur m.; adj. ofsafenginn, hávær
rowel sporahjól n.
rower ræðari m.
rowing boat árabátur m.
rowing club róðrarfélag n.
rowlock keipur m., áraþollur m.
royal adj. konunglegur; höfðinglegur
royalism konunghollusta f.; konungsdýrkun f.
royalist konungssinni m.
royal jelly drottningarhunang n.
royal palm kóngapálmi m.
royalty kóngafólk n.; konungstign f.; þóknun f.
RPM (revolutions per minute) snúningar á mínútu m.pl.
RSVP (respondez s'il vous plâit) vinsamlegast svarið
rub nudd n.; v. nudda(st), núa(st); **r. shoulders with** umgangast; koma sér í mjúkinn hjá
rub against v. nuddast við, strjúkast við
rub along v. skrimta, komast af
rubber gúmmí n., (eraser) strokleður n.; adj. gúmmí-
rubber (in card games) rúberta f.
rubber band gúmmíteygja f.

rubber cheque gúmmítékki m., innistæðulaus ávísun f.
rubber dinghy gúmmí(björgunar)bátur m.
rubberize vt. gúmbera, þekja gúmmíi
rubberneck (Am.) vi. glápa, góna
rubbers (Am.) gúmmískóhlífar f.pl.
rubber sheath (condom) gúmmíverja f., smokkur m.
rubber stamp gúmmístimpill m.
rubber-stamp vt. stimpla; samþykkja orðalaust
rubbery adj. gúmmíkenndur, teygjanlegur; seigur
rubbing (copy) nuddmynd f.
rubbish rusl n., sorp n., (nonsense) þvaður n., kjaftæði n.; **talk r.** fleipra, rugla
rubbish bin sorptunna f.
rubbishy adj. lélegur, ómerkilegur; gagnslaus
rubble grjótmulningur m.; púkk n.
rubdown (massage) nudd n.; slípun f., fæging f.
rub down v. nudda, (dry) þurrka (sér); slípa, fægja
rubella rauðir hundar m.pl.
Rubicon Rúbíkonfljót n.; **cross/pass the R.** brenna allar brýr að baki sér
rubicund adj. rauðleitur, rjóður
rubicundity roði m., roðablær m.
rub in v. nudda inn í; þrástagast á; **rub it in** bera salt í sárið
ruble rúbla f.
rub off v. nudda af, stroka(st) út, mást af
rub off on(to) v. smitast yfir á
rub out v. þurrka út, stroka út, afmá; (Am.) drepa
rubric fyrirsögn f.; fyrirmæli n.pl.
rub up v. fægja; hressa upp á; **r. s-y up the wrong way** angra e-n, skaprauna e-n
rub up against v. rekast á, hitta
ruby rúbín m., roðasteinn m.; adj. rúbínrauður
ruck (in cloth) krumpa f.; v. krumpa(st)
ruck fjöldi m., sægur m.; almúgi m., múgur m.
rucksack bakpoki m.
ruckus (Am.) hávaðalæti n.pl.

ructions uppistand n.; hávær mótmæli n.pl.
rudder stýri n., stýrisblað n.
rudderless adj. stýrislaus
ruddiness (andlits)roði m.
ruddy adj. rjóður, rauðleitur; skrambans
rude adj. (impolite) dónalegur, ruddalegur, grófur, (forceful) harkalegur, óþægilegur, (primitive) frumstæður, fábrotinn, (wild) ósiðmenntaður
rudeness dónaskapur m., ruddaskapur m.; hrjúfleiki m.
rudiment (organ) óþroskað líffæri n., angi m.
rudimentary adj. undirstöðu-, grundvallar-, byrjunar-; óþroskaður, ófullkominn
rudimentary wing vængstúfur m.
rudiments undirstöðuatriði n.pl.
rue (bush) rúturunni m.
rue vt. harma, iðrast, sjá eftir
rueful adj. sorgmæddur, dapur; hryggilegur
ruff pípukragi m.; hálskragi m.
ruffed grouse kragahæna f.
ruffian hrotti m., óþokki m., illmenni n.
ruffianism hrottaskapur m., óþokkaskapur m.
ruffle pífa f., fellingalín n.; ójafna f., gára; v. ýfa(st), gára(st), (annoy) angra, ergja
rug gólfmotta f.; teppi n., ábreiða f.
rugby (football) rugby n.
rugged adj. stórskorinn, hrjúfur, óblíður; harðgerður
ruggedness harka f.; óþýðleiki m., stríðleiki m.
ruin eyðilegging f.; rúst f.; vt. eyðileggja
ruination eyðilegging f., hrun n.
ruinous adj. skaðvænlegur, skaðræðis-; niðurníddur
ruins rústir f.pl.
rule regla f., (government) stjórn f.; **as a r.** að jafnaði, venjulega; v. stjórna; fella úrskurð
ruler stjórnandi m., (measure) reglustika f.
rule of three þríliða f.
rule of thumb þumalfingursregla f.
rule off vt. undirstrika
rule out vt. útiloka

ruling úrskurður m.; adj. ríkjandi, ráðandi
rum romm n.
rum adj. (strange) undarlegur, skrýtinn
rumba rúmba f.; rúmbutónlist f.
rumble gnýr m., druna f.; v. drynja; skrölta
rumble vt. (detect) sjá í gegnum (e-n), skilja
rumble seat (Am.) opið aftursæti n.; þjónssæti n.
rumbling gnýr m.; kurr n., nöldur n.; sögusagnir f.pl.
rumbustious adj. fyrirgangssamur, hávær, hamslaus
rumen (pl. **rumina**) vömb f.
ruminant jórturdýr n.; adj. jórtrandi, jórturdýra-
ruminate vi. jórtra; íhuga, hugsa (um = **over/about/on**)
rumination jórtur n.; íhugun f., hugleiðing f.
ruminative adj. hugsandi, íhugull
rummage grams n., (Am.) skran n.; v. gramsa, róta (í)
rummage sale (Am.) flóamarkaður m.
rummy adj. (strange) kynlegur, skrýtinn
rummy (a card game) rommí n.
rumour orðrómur m., kvittur m., kjaftasaga f.; vt. bera út orðróm; **be rumoured** fréttast; vera sagður
rumourmonger kjaftaskrjóður m., slúðurberi m.
rump lend f.; lendarstykki n.; rass m., sitjandi m.
rumple vt. krumpa(st), ýfa(st)
rumpus ólæti n.pl., gauragangur m.
rumpus room (Am.) tómstundaherbergi n.
rumrunner áfengissmyglari m.
run hlaup n., sprettur m.; ferð f.; **at a r.** á hlaupum; **on the r.** á flótta; a **(good) r. for one's money** hörð samkeppni; peninganna virði; **in the long r.** þegar til lengdar lætur; **in the short r.** í bráð; v. hlaupa; hleypa; renna, streyma
run-about léttvagn m., snattbíll m.
run across v. rekast á, hitta (af tilviljun)
run after v. hlaupa á eftir, elta; eltast við

run against v. keppa við; (Am.) bjóða sig fram gegn
run aground v. sigla í strand, stranda
run along v. halda af stað, fara burt
run-around vífillengjur f.pl., undanbrögð n.pl.
run around v. umgangast, blanda geði við
run at v. (attack) snúast gegn, ráðast á
runaway flóttamaður m.; adj. stroku-; stjórnlaus
run away v. strjúka; hlaupast á brott
run away/off with v. (elope with) hlaupast á brott með, (carry off) hlaupa með e-n í gönur, (win easily) sigra með yfirburðum, (assume) ímynda sér
runaway inflation óðaverðbólga f.
runaway slave strokuþræll m.
runaway victory yfirburðasigur m.
run back v. (wind back) spóla til baka
run back over v. renna aftur yfir, rifja (aftur) upp
rundown samdráttur m., lækkun f.; sundurliðun f.
run-down adj. útkeyrður, dauðuppgefinn; niðurníddur
run down v. aka/sigla niður, (chase) elta uppi; leita uppi, (disparage) níða niður, baktala, (lose power) hætta að ganga, stöðvast; tæmast
run for it v. forða sér á hlaupum
run-in undirbúningur m.; tilkeyrsla f.; (Am.) rifrildi n.
run in v. (an engine) tilkeyra, (arrest) stinga inn; **r. i. the family** fylgja ættinni
run into v. (push) stinga(st) í, (crash) rekast á, keyra á, (meet) rekast á, hitta (trouble) lenda í, (add up to) fara upp í; **r. i. the ground** ofkeyra (e-n)
run-of-the-mill adj. hversdagslegur, venjulegur, miðlungs-
run-off lokakeppni f.; (auka)úrslitaleikur m.
run off v. hlaupa burt, (liquid) renna af/úr; tappa af, (print) prenta; renna í gegn, (hold a race) láta keppa til úrslita
run off with v. hlaupast á brott með, strjúka með

run on v. halda áfram, (talk) tala í sífellu, láta dæluna ganga, (join together) tengja
run out v. renna út, enda; þrjóta, þverra
run out of v. verða birgðalaus; hrekja á brott
run out on v. hlaupa frá (e-m), yfirgefa
run over v. aka yfir, (of liquids) flæða yfir/ út úr
run-through (hröð) yfirferð f.; æfing f.
run through v. renna gegnum/yfir, (spend) sólunda, sóa, (stick through) reka (e-n) í gegn
run-time system inningarkerfi n.
run to v. (of money) nægja fyrir, (afford) hafa efni á, (tend to) hneigjast til (e-s)
run-up aðdragandi m., undirbúningur m.; tilhlaup n.
run up v. (a flag) draga upp, (make quickly) hrófla upp/saman, (debts) safna upp (skuldum)
run up against v. rekast á, hitta óvænt; lenda í
run (up)on v. fjalla um, snúast um
rune rún f., rúnastafur m.; galdrastafur m.
rung (of a ladder) stigarim f.
rung v. (pp. **ring**)
runic adj. rúna-
runic inscription rúnarista f.
runnel lækjarsytra f., spræna f.
runner hlaupari m., (messenger) sendiboði m., (of a plant) sproti m., rengla f., rótarskot n.
runner bean strengjabaun f.
runner-up keppandi sem hlýtur annað sæti m.
running (kapp)hlaup n.; stjórn f., rekstur m.; **be in/out of the r.** eiga/eiga enga sigurvon; **make the r.** ráða ferðinni
running adj. hlaupandi; rennandi; samfelldur, óslitinn; **in r. order** gangfær, í góður lagi; adv. samfellt, í einu/röð
running board trappa f., þrep n., fótpallur m.
running commentary bein lýsing f.
running costs rekstrarkostnaður m.
running head hlaupatitill m.
running jump stökk með tilhlaupi n.; **take a r. j.** farðu til fjandans, farðu norður og niður

running light siglingaljós n.
running mate (in politics) meðframbjóðandi m.
running noose rennilykkja f., hleypilykkja f.
running title hlaupatitill m.
running track veðhlaupabraut f.
running water rennandi vatn n.
runny adj. sem lekur úr; þunnur, mjúkur
runs (diarrhoea) niðurgangur m., ræpa f.
runt afturkreistingur m., örverpi n.
runway flugbraut f.; farvegur m., renna f.
rupee rúpía f.
rupture slit n.pl., (hernia) kviðslit n.; v. slíta, rjúfa; slitna, rofna
rural adj. sveita-, landsbyggðar-, dreifbýlis-
ruse kænskubragð n., klækur m.
rush flýtir m., asi m.; ös f., troðningur m.; v. þjóta, æða, streyma, (attack) ráðast á, (force to act) reka á eftir; **r. s-y off his feet** ofgera e-m, gera uppgefinn
rush (a plant) sef n.
rushcandle sefkveikskerti n.
rushes (of a film) vinnueintak n.
rush hour asatími m., háannatími m.
rush into v. rjúka í, flana út í; steypa út í
rush out v. (print/copy) prenta/afrita í flýti
rush through v. ryðjast í gegnum; hespa af
rushy adj. sefi vaxinn, sefgróinn; úr sefstrái
rusk kruða f.; tvíbaka f.
russet rústrauður litur m.; adj. gulbrúnn, rauðbrúnn
Russia Rússland n.
Russian Rússi m., (language) rússneska f.; adj. rússneskur
Russian thistle þornurt f.
rust ryð n.; v. ryðga; valda ryði
rustbound adj. ryðfastur, ryðgróinn
rustic sveitamaður m.; adj. sveitalegur; búralegur
rusticate v. búa uppi í sveit; (a student) vísa úr háskóla um stundarsakir
rustication sveitalíf n.; brottrekstur úr háskóla m.
rusticity sveitamennska f., búraskapur m.

rustle skrjáf n.; v. (láta) skrjáfa (í); (Am.) stunda (naut)gripaþjófnað
rustler (Am.) (naut)gripaþjófur m.
rustle up v. tína til/saman, finna til
rustless adj. ryðlaus, ryðfrír
rustling skrjáf n., (Am.) (naut)gripaþjófnaður m.
rustproof adj. ryðvarinn, ryðtraustur; vt. ryðverja
rusty adj. ryðgaður; úreltur, gamaldags
rut (hjól)far n., skorningur m.; **be in/get into a r.** hjakka í sama farinu, falla í sama farið; vt. mynda (hjól)far í, skera
Rut (of male deer) gredda f.; vi. vera graður
ruthless adj. miskunnarlaus, vægðarlaus
ruthlessness miskunnarleysi n., harðýðgi f.
rutting season brundtíð f., fengitími m.
rutty adj. með hjólförum/skorningum
rye rúgur m.; rúgmjöl n.
rye bread rúgbrauð n.
rye whisky rúgviskí n.

S

sabbatarian maður sem heldur hvíldardaginn heilagan m.
Sabbath sabbatsdagur m., hvíldardagur m.
sabbatical adj. sabbatsdags-, hvíldardags-
sabbatical year árs rannsóknarleyfi n.; sabbatsár n.
sable safali m.; safalaskinn n.; adj. svartur
sabot tréskór m.
sabotage skemmdarverk n.; vt. vinna spellvirki á
saboteur skemmdarverkamaður m., spellvirki m.
sabra (Am.) maður fæddur í Ísrael m.
sabre riddarasverð n.; vt. höggva, brytja niður
sabre-rattling adj. skakandi vopnin, ófriðlegur
sabre-toothed adj. sverðtenntur
sabre-toothed tiger sverðköttur m., sverðtönnungur m.
sac belgur m., skjatti m., poki m.

saccharin → sage

saccharin sykurlíki n., sakkarín n.
saccharine adj. sykursætur, væminn
sacerdotal adj. prestlegur, presta-
sacerdotalism klerkaveldistrú f.
sachet sjampópoki m.; ilmpúði m.
sack poki m., sekkur.; **get the s.** vera rekinn; **hit the s.** fara í rúmi; vt. sekja; reka úr vinnu
sack (plunder) rán n., gripdeildir n.pl.; vt. láta greipar sópa um, ræna (hertekna borg)
sackbut (miðalda)básúna f.
sackcloth (poka)strigi m.; **in s. and ashes** í sekk og ösku
sackful pokafylli n.
sacking (poka)strigi m.
sack out (Am.) v. fara í bólið
sack race pokahlaup n.
sacrament sakramenti n., náðarmeðal n.
sacramental adj. sakramentis-
sacred adj. heilagur; trúarlegur, kirkjulegur
sacredness heilagleiki m., (frið)helgi f.
sacrifice fórn f.; v. fórna
sacrificial adj. fórnar-, fórnfæringar-
sacrilege helgispjöll n.pl., vanhelgun f.
sacrilegious adj. óguðlegur, helgispjalla-
sacristan skrúðhúsvörður m.
sacristy skrúðhús n.
sacrosanct adj. friðhelgur, ginnhelgur
sacrum spjaldbein n., krossliðsbein n.
sad adj. dapur, hryggur; sorglegur
sadden v. hryggja(st)
saddle hnakkur m., söðull m., (of meat) hryggjarstykki n., (of land) ás m., (fjalls)hryggur m.; **in the s.** á hestbaki; í stjórn; vt. söðla; íþyngja, leggja byrði á herðar
saddlebag hnakktaska f.
saddlebow hnakknef n., hnakkbogi m.
saddlecloth bakleppur m., undirdekk n.
saddle horse reiðhestur m.
saddler söðlasmiður m., söðlari m.
saddle roof risþak n.
saddlery söðlasmíði f.; reið- og aktygi n.pl.
saddle-sore adj. með reiðsæri/ harðsperrur (eftir reiðtúr)
saddletree hnakkvirki n., söðulvirki n.
sadism sadismi m., kvalalosti m.

sadist sadisti m., lostapyntari m.
sadistic adj. sadisma-, kvalalosta-; sadista-
sadly adv. dapurlega; því miður; hrapallega
sadness dapurleiki m., sorg f.
sadomasochism kvalalosta- og sjálfspíslarhvöt f.
safari veiðiferð f.; veiðileiðangur m.
safe peningaskápur m.; matarskápur m.
safe adj. öruggur, (á)hættulaus; ómeiddur; **s. and sound** heill á húfi; **be on the s. side** hafa allan varann á; **play it s.** fara varlega
safe-breaker hirslubrjótur m.
safe-conduct griðabréf n.
safecracker (Am.) hirslubrjótur m.
safe-deposit box öryggishólf n., geymsluhólf n.
safeguard vernd f.; varnagli m.; vt. vernda, tryggja
safekeeping örugg varsla f., varðveisla f.
safeness öryggi n.
safety öryggi n.; **play for s.** taka enga áhættu; **s. in numbers** öryggi vegna liðsmunar
safety belt öryggisbelti n., sætisól f.
safety equipment öryggisútbúnaður m.
safety factor öryggisstuðull m.
safety glass öryggisgler n.
safety inspection öryggiseftirlit n.
safety lock öryggislás m., öryggislæsing f.
safety match eldspýta f.
safety pin öryggisnæla f.
safety precaution öryggisráðstöfun f.
safety razor rakvél f.
safety regulations öryggisreglur f.pl.
safety switch öryggisrofi m.
safety valve öryggisventill m.
safety vault öryggisgeymsla f.
saffron saffran m.; adj. appelsínugulur
sag svignun f.; sig n.; v. svigna; síga, dala
saga (hetju)saga f.; ættarsaga f.; langloka f.
sagacious adj. skarpskyggn, vitur, kænn
sagacity skarpskyggni f., kænska f.
sage spekingur m., vitringur m.; adj. spakur, vitur

sage (a plant) salvía f.
sagebrush malurt f.
Sagittarius Bogamaðurinn m.; bogamaður m.
sago sagógrjón n.pl.
said adj. (áður)nefndur, fyrrnefndur; v. (p., pp. **say**)
sail segl n.; sigling f.; **set s.** leggja upp í siglingu; **take the wind from/out of s-y's sails** lækka í e-m rostann; v. sigla
sailboat (Am.) seglbátur m.
sailcloth segldúkur m.
sailing siglingar f.pl.; sjómennska f.; brottför f.
sailing boat seglbátur m.
sailor sjómaður m.; háseti m.; **be a good/bad s.** vera sjóhraustur/sjóveikur
sailor suit sjóliðaföt n.pl., matrósaföt n.pl.
sailplane sviffluga f.
saint dýrlingur m., heilagur maður m.
Saint Sankti
sainted adj. sæll, heitinn, farinn til himins
sainthood helgi f.
saintliness heilagleiki m.; heilagt líferni n.
saintly adj. dýrlingi líkur, dýrlings-, háheilagur
saithe ufsi m.
sake ; **for the s. of s-y/s-g** fyrir sakir, vegna, í þágu e-s; **for my s.** mín vegna
sake (saki) japanskt hrísgrjónavín n.
salaam (= friður) kveðjuávarp múslima n.; djúp hneiging f.; vi. hneigja sig djúpt
salability söluhæfni f.
salable adj. söluhæfur; (auð)seljanlegur
salacious adj. klámfenginn, klúr; lostafullur
salaciousness klámfengi n.; lostasemi f.
salacity klámfengi n.; lostasemi f.
salad salat n.; salatblöð n.pl.
salad cream salatsósa f.
salad days ungdæmi n., ungæðisár n.pl.
salad dressing salatsósa f.
salad oil salatolía f.
salamander salamandra f.
salami spægipylsa f.
salaried adj. á launum, launaður
salary (föst) laun n.pl., mánaðarlaun n.pl.

sale sala f., (bargain) útsala f.; **for s.** til sölu; **on s.** til sölu, (Am.) á útsölu(verði); **on s. or return** í umboðssölu; **put up for s.** setja á útsölu, (Am.) setja í sölu
saleability söluhæfni f.
saleable adj. söluhæfur; (auð)seljanlegur
sale goods útsöluvörur f.pl.
saleroom uppboðssalur m.
sales söluvelta f.; sölustörf n.pl.; adj. sölu-
sales analysis sölugreining f.
sales appeal söluhylli f.
sales book kvittanahefti n.
sales campaign söluherferð f.
sales chat sölutækni f.; söluræða f., sölurulla f.
salesclerk (Am.) afgreiðslumaður m., búðarmaður m.
sales commission sölulaun n.pl.
sales concession söluleyfi n.
sales contract sölusamningur m.
sales department söludeild f.
sales force sölufólk n.
salesgirl afgreiðslustúlka f.
sales goal sölumarkmið n.pl.
saleslady afgreiðsludama f.
salesman (pl. -**men**) sölumaður m.; afgreiðslumaður m.
sales management sölustjórn f.
salesmanship sölutækni f.; sölumennska f.
sales network sölunet n.
sales pitch sölutækni f.; söluræða f., sölurulla f.
sales promotion sölukynning f., söluörvun f.
sales prospects söluhorfur f.pl.
sales representative sölufulltrúi m.; sölumaður m.
sales resistance sölumótstaða f.
sales results söluárangur m.
salesroom (Am.) uppboðssalur m.
sales slip (Am.) sölumiði m.
sales slump söluhrun n.
sales survey söluyfirlit n.
sales tactics söluaðferð f.
sales talk sölutækni f.; söluræða f., sölurulla f.
sales tax söluskattur m.

sales terms söluskilmálar m.pl.
sales territory sölusvæði n.
sales turnover söluvelta f.
sales volume sölumagn n.
saleswoman (pl. **-women**) sölukona f.; afgreiðslukona f.
salient adj. áberandi, megin-, höfuð-; útstæður
saliferous adj. saltkenndur; saltmyndandi
salify vt. umbreyta í salt; saltbinda
saline saltlausn f.; adj. saltur, salt-
salinity selta f.
salinometer saltmælir m., seltumælir m.
saliva munnvatn n.
salivary adj. munnvatns-
salivary gland munnvatnskirtill m.
salivate vi. slefa; seyta munnvatni
salivation slef n.; munnvatnsseyting f.
sallow adj. fölur, gugginn; v. fölna; gera fölan
sallow (tree) selja f.; víðir m.
sallowness (gulleitur) fölvi m.
sally skyndiútrás f., (quip) hnyttiyrði n.; vi. gera skyndiárás, brjótast út
sally forth/out vi. leggja upp, skunda af stað
Sally Lunn sæt bolla (borðuð heit með smjöri) f.
salmon lax m.
salmonella salmonella f., bifstafur m.
salmonellosis salmonellusýking f.
salmon trout sjóbirtingur m.
salon (viðhafnar)salur m.; gestastofa f.
saloon borðsalur m., setusalur m.; (Am.) krá f.
saloon bar vínveitingasalur m., vínveitingastofa f.
saloon car (lokuð) fólksbifreið (með sæti fyrir 4-7) f.
salsify (a plant) hafursrót f.
salt (matar)salt n.; **take with a grain/pinch of s.** taka með fyrirvara; **worth one's s.** dugandi; adj. saltaður; vt. salta
salt away vt. salta, geyma í salti; spara
saltcellar saltbaukur m., saltstautur m.
salt drome saltstöpull m.
saltfish processor fisksaltandi m.
saltlick saltsteinn m., saltblokk f.
saltness selta f.

salt of the earth salt jarðar n., úrvalsfólk n.
saltpetre saltpétur m.
saltshaker (Am.) saltbaukur m., saltstautur m.
saltwater adj. saltvatns-; sjávar-
saltworks saltnáma f.
salty adj. saltur; mergjaður; sjómanna-; sjávar-
salubrious adj. heilnæmur, hollur
salubriousness (salubrity) heilnæmi n.; hollusta f.
salutary adj. heilsubætandi, hollur, gagnlegur
salutation kveðja f.; ávarpsorð n.
salute formleg kveðja f., hylling f.; v. heilsa
salvage björgun f.; bjargmunir m.pl; vt. bjarga
salvation sáluhjálp f., frelsun f.; bjargræði n.
Salvation Army Hjálpræðisher m.
salvationist hjálpræðishermaður m.
salve áburður m., smyrsl n.; vt. smyrja; friða, róa
salver (tray) bakki m.
salvia lyfjablóm n., salvía f.
salvo skothríð f.; fagnaðarlæti n.pl., lófatak n.
sal volatile hjartarsalt n.
samara vængaldin n.
Samaritan Samverji m.; **good S.** miskunnsamur Samverji m.
same adj. & prn. sami; **amount/come to the s.** thing koma í sama stað niður; **all the s.** samt sem áður; kemur út á eitt; **one and the s.** einn og (hinn) sami; s. here sömuleiðis
same adv. **the s. (as)** eins, á sama hátt (og); **s. as** alveg eins og
sameness algjör líking f.; tilbreytingarleysi n.
samovar (rússneskt) tehitunartæki n.
sampan (lítil) flatbytna f.
sample sýnishorn n., sýni n.; úrtak n.; vt. taka sýnishorn af; taka úrtak úr; prófa
sample (pattern) book sýnishornabók f.
sampler (person) sýnatökumaður m.; gæðamatsmaður m.

sampler (cloth) útsaumað prufustykki n.
sample survey úrtakskönnun f.
sampling order sýnishornapöntun f., prufupöntun f.
sanatorium heilsuhæli n.; hressingarstaður m.
sanctification helgun f.; réttlæting f.
sanctify vt. helga, blessa; réttlæta
sanctimonious adj. hræsnisfullur, skinhelgur
sanctimoniousness trúhræsni f., skinhelgi f.
sanction samþykki n., leyfi n., heimild f.; vt. staðfesta, leyfa, heimila
sanctions refsiaðgerðir f.pl., viðurlög n.pl.
sanctities helgar skyldur f.pl.
sanctity (frið)helgi f.; heilagleiki m.
sanctuary helgistaður m., helgidómur m.; griðastaður m., verndarsvæði n., skjól n.
sanctum helgur staður m.; athvarf n.
sand sandur m.; vt. strá sandi á; slípa
sandal sandali m., ilskór m.
sandalwood sandelviður m.
sandbag sandpoki m.; vt. útbúa með sandpokum; (Am.) berja e-n til e-s, neyða
sandbank sandgrynningar f.pl.
sandbar sandrif n., sandeyri f.
sandblast sandblástur m.; vt. sandblása
sandbox (Am.) sandkassi m.
sandcastle sandkastali m.
sand dune sandalda f., sandskafl m.
sanderling sanderla f.
sand fly mölmý n.
sand gaper sandskel f.
sandglass stundaglas n.
sandman = Óli lokbrá m.
sandpaper sandpappír m.; vt. pússa með sandpappír
sandpiper títa f., snípa f.; sendlingur m.
sandpit sandkassi m.
sandshoe sandskór m.
sandstone sandsteinn m.
sandstorm sandstormur m., sandbylur m.
sand trap (Am.) sandgryfja f.
sandwich samloka f.; vt. troða inn á milli
sandwich board auglýsingaspjald (á auglýsingabera) n.
sandwich course bóknáms- og starfsþjálfunarnámskeið n.
sandwich man (pl. - **men**) auglýsingaberi m.
sandy adj. sendinn, sandborinn, (of hair) rauðleitur
sane adj. heill á geðsmunum; skynsam(leg)ur
sang v. (p. **sing**)
sangfroid (fullkomin) yfirvegun f., fumleysi n.
sanguinary adj. blóðugur; blóðþyrstur; ruddalegur
sanguine adj. bjartsýnn; rjóður, hraustlegur
sanguinity bjartsýni n., léttlyndi n.
sanitary adj. heilbrigðis-, hreinlætis-; heilnæmur
sanitary inspector heilbrigðisfulltrúi m.
sanitary napkin (Am.) dömubindi n.
sanitary towel dömubindi n.
sanitation hreinlætisaðgerðir f.pl.; sorphreinsun f.
sanity andleg heilbrigði f.; heilbrigð dómgreind f.
sank v. (p. **sink**)
sans serif steinskrift f.
Santa Claus jólasveinn(inn) m.
sap (in a plant) safi m.; fjörgjafi m., lífsþróttur m.
sap víggröf f.; v. grafa undan; veikja
sapegrace vandræðagemlingur m.
sapid adj. bragðmikill, mergjaður
sapience viska f., vísdómur m., speki f.
sapient adj. (djúp)vitur, spakur
sapless adj. safalaus, uppþornaður; þróttlaus
sapling ungt tré n.
sapphic adj. saffískur
sapphire safír m. adj. safírblár
sappy adj. safaríkur; þrekmikill
sapwood safaviður m., rysja f.
Saracen serki m.
Saracenic adj. serkneskur
sarcasm kaldhæðni f.; meinyrði n.
sarcastic adj. kaldhæðinn; meinyrtur
sarcophagus steinkista f.
sardine sardína f.; **like sardines** eins og sardínur í dós/síld í tunnu

sardonic adj. háðskur, hæðnislegur, hæðnis-
Sargasso Sea Þanghaf n.
sarge liðþjálfi m.; aðstoðarvarðstjóri m.
sari sarí n.
sarky adj. kaldhæðinn; meinyrtur
sartorial adj. skraddara-, klæðskera-
sash axlarlindi m.; mittislindi m.
sashay (Am.) vi. líða áfram, svífa
sash window rennisgluggi m.
sass (Am.) skætingur m.; vt. brúka munn við e-n
sassy (Am.) adj. ósvífinn, hortugur; stællegur
sat v. (p., pp. **sit**)
Satan satan m., kölski m.
satanic adj. djöfullegur, satans-
Satanism djöfladýrkun f.
satchel (hliðar)taska f.; skólataska f.
sate vt. (full)metta; ofseðja
sateen satínlíki n.
satellite fylgihnöttur m.; gervihnöttur m.; fylgifiskur m.
satellite nation leppríki n.
satiable adj. mettanlegur, seðjanlegur
satiate vt. (full)metta; ofseðja
satiety (of)fylli f., (of)mettun f., (of)saðning f.
satin satín n., slikjusilki n.
satinwood satínviður m., gljáviður m.
satiny adj. mjúkur sem satín, silkimjúkur
satire háðsádeila f.; háðsádeiluverk n.
satirical adj. háðskur, satírískur, háðsádeilu-
satirist háðsádeiluhöfundur m., satíruhöfundur m.
satirize vt. beita háðsádeilu gegn, draga dár að
satisfaction fullnæging f., ánægja f., gleðiefni n.
satisfactory adj. fullnægjandi, viðunandi; ánægjulegur
satisfy v. fullnægja, svala, þóknast
satisfying adj. ánægjulegur; seðjandi, mettandi
saturable adj. mettanlegur
saturate vt. gegnbleyta, gegnsýra, metta
saturation gegnsýring f., mettun f.
saturation point mettunarmark n.
Saturday laugardagur m.
Saturn Satúrnus m.
saturnalia taumlaus gleðskapur m., svallhátíð f.
saturnine adj. fálátur, fjörlaus, önuglyndur
satyr satýri m.; flagari m, kvennabósi m.
sauce sósa f.; óskammfeilni f., hortugheit n.pl.; vt. bragðbæta; sýna ósvífni, brúka munn við e-n
saucepan skaftpottur m.
saucer undirskál f.
sauciness ósvífni f., óskammfeilni f.
saucy adj. ósvífinn, hortugur; stællegur
sauerkraut súrkál n., súrsað kál n.
sauna sánabað n., sánabaðstofa f.
saunter rölt n.; vi. rölta, ganga í hægðum sínum
sausage pylsa f., (smoked) bjúga n., sperðill m.
sausage dog greifingjahundur m.
sauté snöggsteiktur réttur m.; vt. snöggsteikja (í lítilli fitu)
savage villimaður m.; adj. villtur; frumstæður, (fierce) grimmur, hrikalegur; ofsafenginn: vt. ráðast grimmilega á
savageness villimennska f., tryllingur m., grimmd f.
savagery villimennska f.; grimmd f.; grimmdarverk n.
savanna(h) hitabeltisgresja f.; grasslétta f.
save (in football) björgun f., vörn f.; v. bjarga, (preserve) varðveita, vernda, (money) spara: **s. one's face** bjarga virðingunni; **s. one's skin** bjarga eigin skinni
save prp. nema, að undanteknum; conj. nema
saver bjargvættur m.; sparifjáreigandi m.
saving sparnaður m.; sparsemi f.; adj. sem bætir e-ð upp; björgunar-; sparsamur, sparnaðar-
saving prp. nema, að undanteknum; conj. nema
saving grace bót í máli f.; málsbót f.
savings sparifé n.
savings account (Am.) sparisjóðsreikningur m.
savings bank sparisjóður m.
savings bond (Am.) ríkisskuldabréf n.

saviour frelsari m., bjargvættur m.
savour keimur m., vottur m., (taste) bragð n., (smell) ilmur; v. gæða sér á, njóta
savour of v. bera keim af, bera vott um
savoury saltur/kryddaður eftirréttur m.; adj. ljúffengur, bragðsterkur; tilþrifamikill
savoy (cabbage) blöðrukál n.
savvy kunnátta f., vit n.; v. skilja
saw sög f.; v. saga
saw (saying) orðatiltæki n., málsháttur m.
saw v. (p. **see**)
sawbones skurðglaður læknir m., saxi m.
sawbuck (Am.) tíu dollara seðill m.
sawdust sag n.
sawed-off shotgun (Am.) afsögðuð/stytt haglabyssa f.
sawhorse sögunarbúkki m.
sawmill sögunarverksmiðja f.
sawn-off shotgun afsögðuð/stytt haglabyssa f.
sawyer sögunarmaður m.
Saxon saxi m., (language) saxneska f.; adj. saxneskur
saxophone saxófónn m.
saxophonist saxófónleikari m.
say ákvörðunarréttur m.; **have/say one's s.** segja álit sitt. leggja orð í belg; **have the last s.** hafa síðasta orðið
say v. segja; **go without saying** vera augljóst; **that is to s.** það er að segja; **when all is said and done** þegar öllu er á botninn hvolft
saying orðatiltæki n., málsháttur m.; ummæli n.pl.
say-so órökstuddur vitnisburður m.; leyfi n.
scab hrúður n., (blackleg) verkfallsbrjótur m.
scabbard slíður n., skeiðar f.pl.
scabby adj. hrúðraður, þakinn hrúðri
scabies maurakláði m.
scabious ekkjublóm n.
scabrous adj. örðóttur, hrufóttur; sóðalegur, klúr
scads (Am.) hellingur m., glás f.
scaffold vinnupallur m.; aftökupallur m.
scaffolding efni í vinnupalla n.

scalar stigstærð f., kverða f.
scalawag (Am.) þorpari m.
scald brunasár n.; vt. (skað)brenna
scale (for weighing) vogarskál f.; vi. vega, vera að þyngd
scale (of skin) hreistur n.; flaga f., flygsa f.; skán f.; v. afhreistra; skafa (af = **off**); flagna (af = **off**); mynda skán
scale (for comparing) skali m., (mæli)kvarði m., (music) tónstigi m.; **to/out of s.** í réttum/röngum hlutföllum; vt. gera í vissum stærðarhlutföllum, (climb) klifra, klífa
scale insect skjaldlús f.
scale of charges gjaldskrá f.
scales (for weighing) vog f., vigt f.; **turn/tip the s.** ríða baggamuninn; **tip the s. at** vega, vera að þyngd
scale up/down vt. hækka/lækka, stækka/minnka (eftir vissum skala)
scallop hörpudiskur m.; hörpuskel f.
scallywag (rascal) þorpari m.
scalp hársvörður m.; höfuðleður n.; vt. flá höfuðleður af; braska með, selja á okurverði
scalpel skurðhnífur m., læknishnífur m.
scaly adj. hreistraður; með skán
scamp óþekktarangi m., hrekkjalómur m.
scamper sprettur m.; vi. taka á sprett, skjótast
scampi stór rækja f., (dish) rækjuréttur m.
scan v. grannskoða, (glance at) renna (augunum) yfir, (a poem) skipta eftir bragliðum, skandera
scandal hneyksli n., (slander) slúður n., rógur m.
scandalize vt. hneyksla, ganga fram af
scandalmonger slúðurberi m., slefberi m.
scandalous adj. hneykslanlegur; slúður-, kjafta-
Scandinavia Skandinavía f.; Norðurlönd n.pl.
Scandinavian Skandinavi m.; adj. skandinavískur
scanner skanni m., lesgreinir m.
scansion skandering f.
scant adj. naumur, rýr; tæpur
scantiness skortur m., vanefni n.
scanty adj. knappur, ónógur, fátæklegur
scapegoat blóraböggull m., sektarlamb n.

scaphoid adj. bátslaga
scapula herðablað n.
scar ör n.; rispa f., far n.: v. mynda ör; rispa
scarab (beetle) torýfill m., taðuxi m.
scarce adj. sjaldgæfur, fágætur; naumur
scarcely adv. varla, tæplega, naumlega
scarcity skortur m., vöntun f.
scare skrekkur m.; v. hræða; verða hræddur
scarecrow fuglahræða f.
scared adj. hræddur; **run s.** búast við hinu versta
scaremonger ógnarbíldur m., hrakspámaður m.
scare up vt. skrapa saman
scarf hálsklútur m.; trefill m.
scarify vt. rispa; gagnrýna harðlega
scar tissue örvefur m.
scarlatina skarlasótt f.
scarlet skarlatsrauður litur m.; adj. skarlatsrauður
scarlet bean strengjabaun f.
scarlet fever skarlatssótt f.
scarlet pimernel nónblóm n.
scarlet woman bersyndug kona f.; hórkona f.
scarp bringur m., hjalli m., kleif f.
scary adj. skelfilegur; hræðslugjarn, hræddur
scat v. snauta burt, hypja sig
scathing adj. napur, óvæginn, harkalegur
scatter dreifing f.; v. dreifa(st), tvístra(st)
scatterbrain ruglukollur m., moðhaus m.
scatterbrained adj. óskýr í hugsun; ruglingslegur
scattered adj. dreifður, strjáll
scattering slæðingur m., reitingur m.
scatty adj. galinn, vitlaus
scaup (duck) duggönd f.
scavenge v. lifa á hræjum; hirða úr drasli
scavenger hrææta f.; skransafnari m.
scenario sviðsetningarhandrit n.; framtíðarsýn f.
scenarist höfundur sviðsetningarhandrits m.
scene vettvangur m., sögusvið n., (in a play) atriði n.; sviðsmynd f., (of anger) læti n.pl., rifrildi n.; **behind the scenes** á bak við tjöldin, leynilega
scenepainter leiktjaldamálari m.
scenery landslag n., (on a stage) leiktjöld n.pl.
sceneshifter sviðsmaður m.
scenic adj. tilkomumikill, fagur; leikmyndar-
scent lykt f., (track) slóð f., (perfume) ilmvatn n.; vt. finna lykt af; þefa uppi; gefa ilm
scentless adj. ilmlaus, lyktarlaus
sceptic efasemdarmaður m., efahyggjumaður m.
sceptical adj. efagjarn, vantrúaður; efahyggju-
scepticism tortryggni f., vantrú f.; efahyggja f.
sceptre veldissproti m.
schedule listi m., (stunda)skrá f., (ferða)áætlun f.; vt. skrá, setja á lista; tímasetja
scheduled air route áætlunarflugleið f.
scheduled flight áætlunarflug n.
schema (pl. **schemata**) lauslegur uppdráttur m.
schematic adj. í aðaldráttum, riss-, skýringar-
scheme fyriraætlun f., áform n., (intrigue) ráðabrugg n.; v. ráðgera, áforma; (plot) brugga ráð
schemer bragðarefur m.; samsærismaður m.
schism flokkadrættir m.pl., (trúar)klofningur m.
schismatic adj. klofnings-
schist flöguberg n.; flögusteinn m.
schizoid adj. með einkenni geðklofa
schizophrenia geðrof n., geðklofi m.
schizophrenic geðklofasjúklingur m.; adj. geðklofa-
scholar fræðimaður m.; (náms)styrkþegi m.
scholarly adj. fræðilegur; fróður, lærður
scholarship fræðimennska f.; námsstyrkur m.
scholastic adj. akademískur, skóla-; smásmugulegur
scholasticism skólaspeki f.
school skóli m.; vt. mennta, skóla, aga
school (of fish) torfa f., vaða f.

school attendance register → Scotchwoman

school attendance register viðvistarskrá f., kladdi m.
schoolbag skólataska f.
school board skólanefnd f.
schoolbook skólabók f., námsbók f.
schoolboy skólapiltur m.
school bus skólavagn m., skólabíll m.
schoolfellow skólafélagi m.
schoolgirl skólastúlka f.
schoolhouse skólahús n., skólabygging f.
schooling fræðsla f., menntun f.; skólun f., þjálfun f.
schoolman (pl. **-men**) skólaspekingur m.
schoolmarm (tepruleg) kennslukona f.
schoolmaster kennari m.; skólastjóri m.
schoolmate skólafélagi m.
schoolmistress kennslukona f.; skólastýra f.
school premises skólalóð f.
school report vitnisburður nemanda m., einkunnaspjald n.
schoolroom skólastofa f.
school satchel skólataska f.
schoolteacher kennari m.
schooltime kennslutími m.
schooner skonnorta f.; stórt drykkjarglas n.
schwa (in English) miðmælt, áherslulaust atkvæði n.
sciatic nerve settaug f.
sciatica settaugarbólga f., þjótak n.
science vísindi n.pl.; vísindagrein f.
science fiction vísindaskáldverk n.; vísindaskáldskapur m.
scientific adj. vísindalegur, vísinda-
scientific notation tíuveldi n.
scientist vísindamaður m.
scimitar (austurlenskt) bjúgsverð n.
scintilla neisti m.; agnarögn f., vottur m.
scintillate vi. neista, sindra, glitra
scintillation glitur n., sindur n., blik n.
sciolism yfirborðsþekking f.
scion græðlingur m., afleggjari m.; afkomandi m.
scissor vt. klippa með skærum
scissors skæri n.pl.
sclera (augn)hvíta f.
sclerosis hersli n., hörðnun f.
scoff spott n.; aðhlátursefni n.; v. spotta, gera gys að, skopast að

scoffer spottari m.
scold skass n., pilsvargur m.; v. skamma(st)
scollop hörpudiskur m.; hörpuskel f.
sconce (on a wall) kertastjaki m.; lampastæði n.
scone (lítil og þunn) hveitikaka f.
scoop ausa f., (shovel) skófla f.; austur m., mokstur m.; vt. ausa, skófla, moka
scoot vi. skjótast, þjóta
scooter hlaupahjól n.; **motor s.** vespa f.
scope umfang n., yfirgrip n.; svigrúm n.
scorbutic adj. skyrbjúgs-
scorch brunablettur m.; v. svíða, sviðna, skrælna
scorching adj. brennheitur, sjóðandi
score stigafjöldi m.; staða f., (cut) skora f.; **pay off/settle a s.** jafna metin, gera upp við; **on this/that s.** hvað þetta (mál) snertir; v. (gain points) skora, vinna stig, (mark) merkja við; strika, (cut) rispa
score (20) skor f.; **scores (and scores) (of)** (margir) tugir e-s
scoreboard stigatafla f.
scorecard stigaspjald n.
score for v. raddsetja fyrir; útsetja fyrir
scorekeeper stigateljari m.
scoreless adj. stigalaus, markalaus
score out/through v. strika út/yfir
scorer stigateljari m.; skorari m.
scoria sindur n., (hraun)gjall n.
scorn fyrirlitning f.; vt. fyrirlíta
scornful adj. fullur fyrirlitningar, fyrirlitningar-
Scorpio Sporðdrekinn m.; sporðdreki m.
scorpion sporðdreki m.
scorpion grass gleym-mér-ei f.
Scot Skoti m.
Scotch (whiskey) skoskt viskí n.; adj. skoskur
scotch vt. uppræta, kveða niður; særa
Scotch broth kindakjötssúpa (með byggi og grænmeti) f.
Scotch egg harðsoðið egg í kjötböggli n.
Scotchman (pl. **-men**) Skoti m.
scotch tape (Am.) glært límband n.
Scotchwoman (pl. **-women**) skosk kona f., Skoti m.

scotfree adj. skaðlaus, ómeiddur; **get off/escape s.** sleppa með skrekkinn: adv. slysalaust
Scotland Skotland n.
Scots Skotar m.pl., (language) skoska f.; adj. skoskur
Scottish (language) skoska f.; adj. skoskur
Scottish terrier skoskur rottuhundur m.
scoundrel fantur m., illmenni n.
scour skúring f.; v. (clean) skúra, fægja, hreinsa
scour v. (look for) gandskoða; svipast um eftir
scourer stálull f.; pottaskrúbba f.
scourge svipa f.; plága f.; vt. hýða, refsa, hirta
scout útsendari m., njósnari m., (boy) skáti m.; vi. njósna; leita að, hafa upp á
scoutmaster skátaforingi m.
scow (flatbotnaður) flutningaprammi m.
scowl reiðisvipur m.; vi. yggla sig
scrabble krafs n.; v. róta (eftir), leita (að = **for**)
scrag horgrind f., (end) hálsbiti m.; vt. snúa úr hálsliðnum
scraggly (Am.) adj. óhrjálegur, rytjulegur
scraggy adj. magur, horaður; óhrjálegur
scram vi. hypja sig
scramble klifur n., brölt n.; barátta f.; v. klöngrast, brölta, keppast (um), (eggs) steikja eggjahræru
scrambler ruglari m., brenglari m.
scrap snifsi n., smástykki n., (bit) ögn f., hrafl n., (waste) drasl n., rusl n.; vt. henda; rífa
scrap (quarrel) áflog n.pl.; vi. fljúgast á, rífast
scrapbook úrklippubók f., úrklippualbúm n.
scrape skrap n.; skraphljóð n., ískur n., (a hurt) skráma f., (trouble) klípa f., klandur n.
scrape v. skrapa, skafa, (hurt) hrufla, rispa, (rub) nuddast (við); **s. a living** draga fram lífið, skrimta; **bow and s.** bugta sig og beygja
scraper skafa f.
scrape through v. skrimta; merja, ná naumlega

scrap heap ruslahaugur m., sorphaugur m.
scrapie riðuveiki f., riða f.
scrapings skófir f.pl.
scrap iron brotajárn n.
scrap paper risspappír m.
scrappy adj. ósamstæður, sundurlaus; (Am.) herskár
scratch klór n., rispa f.; **start from s.** byrja upp á nýtt; **up to s.** nægilega undirbúinn; v. klóra, krafsa, rispa(st); **s. the surface** tæpa á
scratchpad (Am.) rissblokk f.
scratch paper (Am.) risspappír m.
scratchy adj. (of writing) ójafn, óreglulegur, (of a sound) ískrandi, (of clothes) sem klæjar undan
scrawl krot n., pár n.; v. krota, pára
scrawny adj. grindhoraður, beinaber
scream öskur n., óp n.; v. öskra, æpa
screamingly adv. brjálæðislega; **s. funny** stórskemmtilegur
scree skriða f.
screech skrækur m., ískur n.; v. skrækja, ískra
screech owl turnugla f.
screed langloka f.
screen hlíf f., skermur m., kvikmyndatjald n., skjár m.; v. skýla, hylja, hlífa; velja úr, flokka
screening (of a film) frumsýning f.
screenplay kvikmyndahandrit n.
screen test prufutaka f.
screw skrúfa f.; **put the screws on** beita þrýstingi, þjarma að; v. skrúfa(st), herða, (twist) kipra, herpa (saman)
screwball (Am.) sérvitringur m.
screwdriver skrúfjárn n.
screw up v. snúa upp á, (mess up) klúðra; **be screwed up** vera ruglaður í kollinum
screwy adj. undarlegur; klikkaður, geggjaður
scribble krot n., hrafnaspark n.; v. hripa niður, pára
scribbler krassari m.; leirskáld n.
scribe skrifari m.; skriftlærður maður m.
scriber strikalur m.
scrimmage ryskingar f.pl.; v. fljúgast á
scrimp v. fara sparlega með, spara, nurla

scrip blaðsnepill m., nóta f.
script (skrif)letur n.; handrit n.
scriptural adj. samkvæmt ritningunni, ritningar-
scripture ritningargrein f.; helgirit n.
scriptwriter handritahöfundur m.
scrivener ritari m.
scrofula kirtlaveiki f.
scrofulous adj. kirtlaveikur; kirtlaveikis-
scroll (bók)rolla f.; v. skruna
scrolling (texta)skrun n.
scrollwork sveigaflúr n.
scrooge nirfill m.
scrotum pungur m.
scrounge v. sníkja, viða að sér; gramsa, róta
scrounger sníkir m., snapi m.
scrub kjarr n.; kjarrlendi n.; afturkreistingur m.
scrub skrúbbun f., skúring f.; v. skrúbba, skúra
scrubbing brush skrúbbur m.
scrubby adj. kyrkingslegur, lélegur
scruff (of the neck) hnakkadramb n.; hnakkagróf n.
scruffy adj. sóðalegur, druslulegur
scrummage (in rugby) þyrping f.; v. vera í hnapp
scrumptious adj. stórfínn, frábær; einkar ljúffengur
scrunch marr n.; v. marra; merja, kreista, krumpa
scruple = 1,296 g.
scruple (samvisku)hik n.; siðgæðisvitund f.; vi. hika við
scrupulous adj. grandvar, samviskusamur; nákvæmur
scrupulousness samviskusemi f.; nákvæmni f.
scrutineer kjörstjóri m.
scrutinize vt. grannskoða, gaumgæfa
scrutiny nákvæm rannsókn f., grannskoðun f.
scuba köfunartæki n.
scud þeytingur m., (of rain) demba f., (cloud) vindský n.; vi. þjóta, svífa (hratt)
scuff v. slíta, ganga niður úr; drattast áfram
scuffle ryskingar f.pl., áflog n.pl.; v. fljúgast á

scull tifróðrarár f.; tifróður m.; v. tifróa, rikka
sculler (tif)ræðari m.
scullery uppþvottaklefi m.
scullery maid uppþvottastúlka f., eldhússtúlka f.
scullion eldhúsdrengur m.
sculptor myndhöggvari m.
sculptress (kven)myndhöggvari m.
sculpture höggmyndalist f., (piece of) höggmynd f.; v. gera höggmynd (af); stunda höggmyndalist
scum froða f., sori m.; úrþvætti n.
scupper austurop n., lensport n.; vt. sökkva; kasta á glæ
scurf skurfa f., hrúður n.; flasa f.
scurfy adj. skurfóttur, hrúðraður
scurrility ósvífni f.; meinyrði n., klúryrði n.
scurrilous adj. meinyrtur; grófur, ósvífinn
scurrilousness ófyrirleitni f., ósvífni f.
scurry þeytingur m.; vi. hendast, þjóta; þyrlast
scurvy (a disease) skyrbjúgur m.
scurvy adj. lítilmótlegur, lúalegur, ódrengilegur
scurvywort skarfakál n.
scut skott n., rófa f., dindill m.
scutcheon (escutcheon) merkisskjöldur m.
scuttle (coal) kolafata f.
scuttle (in a ship) lúga f.; vt. sökkva; varpa fyrir róða
scuttle sprettur m.; vi. (rush) skjótast burt
Scylla Skylla f.; **between S. and Charybdis** milli tveggja elda, milli steins og sleggju
scythe orf (og ljár) n.(pl.); vt. slá með orfi
sea sjór m., (inn)haf n.; **at s.** á hafi úti; **all/completely at s.** snarvitlaus; úti að aka; **beyond the sea(s)** handan hafsins, erlendis; **by s.** sjóleiðis, með skipi; **put (out) to s.** hefja sjóferð
sea air sjávarloft n.
sea anchor rekakkeri n., drifakkeri n.
sea anemone sæfífill m.
sea animal sjávardýr n.
sea bathing sjóbað n.; sjóböð n.pl.
seabed sjávarbotn m.
sea belt hrossaþari m.
seabird sjófugl m.
seaboard strandlengja f., sjávarströnd f.

seaborne → seasonal

seaborne adj. fluttur sjóleiðis, sjó-
sea breeze hafgola f., hafræna f.
seacoast sjávarströnd f.
sea cow sækýr f.
sea cucumber (holothurian) sæbjúga f., brimbútur m.
sea dog gamalreyndur sjómaður m., sjógarpur m.
sea eagle haförn m.
seafaring sjómennska f.; adj. siglinga-, sjó-
seafaring man sæfari m.; sjómaður m.
sea foam sjávarlöður n., sæfroða f.
sea fog sjávarþoka f.
seafood fiskmeti n., sjávarréttir m.pl.
seafront sjávarbakki m.
seagirt adj. sævi girtur, umlukinn sjó
seagoing adj. haffær; úthafssiglinga-
seagoing vessel farskip n.
sea-green adj. sægrænn
seagull hvítmávur m., veiðibjalla f.
sea hen langvía f.
sea hog (porpoise) hnísa f.
seaholly marþyrnir m.
seahorse sæhestur m.
seakale standgras n.
seal (animal) selur m.; v. veiða sel, stunda selveiðar
seal innsigli n., signet n., (approval) staðfesting f.; v. innsigla; staðfesta; loka (tryggilega)
sea lace skollaþvengur m.
sealant þéttiefni n., kítti n.
sea legs ; **get/find one's s. l.** sjóast, venjast sjómennsku
sealer selveiðimaður m., (glue) þéttiefni n., lím n.
sea lettuce maríusvunta f., grænhimna f.
sea level sjávarmál n.
sea lily sælilja f.
sealing wax innsiglislakk n.
sea lion sæljón n.
seal off v. loka/girða af, banna aðgang að
seal ring innsiglishringur m., signethringur m.
sealskin selskinn n.; selskinnsflík f.
seam saumur m.; samskeyti n.pl., (layer) lag n.; **burst at the seams** vera troðfullur; vt. sauma saman; rista (með = **with**)

seaman (pl. -**men**) sjómaður m.; háseti m.; sjóliði m.
seamanlike adj. sjómannslegur
seamanship sjómennska f., sjómennskukunnátta f.
sea mile sjómíla f. (= 1852 m.)
seamless adj. saumlaus
seamount neðansjávarfjall n.
seamstress saumakona f.
seamy adj. með saum; hrukkóttur
seamy side ranghverfa f.; skuggahlið f.
séance miðilsfundur m.
sea pea baunagras n.
sea pie tjaldur m.
sea pink geldingahnappur m.
seaplane flugbátur m., sjóflugvél f.
seaport hafnarborg f., hafnarbær m.; höfn f.
sea power flotastyrkur m.; flotaveldi n.
sea purse péturskip n., pétursbudda f.
sear vt. svíða; sviðna; skrælna; (for)herða
sea raven skarfur m.
search leit f.; v. leita (að = **for**); grannskoða
searcher leitarmaður m.; rannsakandi m.
searching adj. rannsakandi; rækilegur, ítarlegur
searchlight leitarljós n.; ljóskastari m.
search out v. leita uppi, finna
search party leitarflokkur m.
search warrant húsleitarheimild f.
sea rover sjóræningi m.; sjóræningjaskip n.
seascape sjómynd f., sjómálverk n.
seashell (kræklings)skel f.
seashore sjávarströnd f.; flæðarmál n.
seasick adj. sjóveikur
seasickness sjóveiki f.
seaside sjávarsíða f.; adj. strand-, sjávar-
seaside resort strandbaðstaður m.
sea slater sölvahrútur m.
sea snake sæsnákur m.
season árstíð f.; tímabil n.; **out of/in s.** (ó)fáanlegur vegna árstíma; (flavour) krydd n.; v. krydda; verka(st); venjast, sjóast
seasonable adj. einkennandi fyrir (tiltekið tímabil); tímabær, hentugur, hagkvæmur
seasonal adj. árstímabundinn, árstíðar-

seasoning → secretariat

seasoning krydd n., bragðbætir m.
season ticket afsláttarkort n.; afsláttarmiði m.
sea swallow rita f.
seat sæti n.; seta f.; aðsetur n.; v. setjast; skipa í sæti; vísa til sætis; rúma, taka í sæti
seat belt sætisól f., öryggisbelti n.
seating arrangement sætaröðun f.
SEATO (Southeast Asian Treaty Organization) Suðaustur-Asíubandalagið n.
sea trout sjóbirtingur m.
sea urchin ígulker n.
seawall sjóvarnargarður m.
seaward adj. sem snýr að sjó, haf-
seawards adv. til hafs/sjávar; að sjó
seaward wind hafgola f., álandsvindur m.
seawater sjór m.
seaway siglingarleið f., sjóleið f.; skipaskurður m.
seaweed þang n., þari m.
seaworthiness sjófærni f.
seaworthy adj. sjófær, haffær
sec (second) andartak n., augnablik n.
secateurs garðklippur f.pl.
secede vi. segja/ganga úr (samtökum)
secession (formleg) úrsögn f.
secessionism aðskilnaðarstefna f.
secessionist aðskilnaðarsinni m.
seclude vt. einangra, útiloka
secluded adj. einangraður; afskekktur
seclusion einangrun f., útilokun f.; einvera f.
seclusive adj. einrænn, ómannblendinn
second aðstoðarmaður m.; adj. & num. annar; **s. to none** fremstur í flokki; **in the s. place** í öðru lagi; vt. styðja, veita fulltingi sitt; flytja e-n milli starfa
second sekúnda f.; andartak n., augnablik n.
Second Advent endurkoma Krists á dómsdegi f.
second best adj. næstbestur; **come off s. b.** bíða ósigur
second childhood elliglapaaldur m.
second-class adj. annars flokks; annarsfarrýmis-
Second Coming endurkoma Krists á dómsdegi f.
second cousin þremenningur m.
second cousin once removed fjórmenningur m.
second-degree adj. annarrar gráðu-
second fiddle ; **play/be s. f. (to)** vera undirtylla (e-s)
second floor þriðja hæð f., (Am.) önnur hæð f.
second hand sekúnduvísir m.
second-hand adj. notaður; ekki frá fyrstu hendi
second-in-command næstráðandi (maður) m.
second lieutenant undirliðsforingi m.
second name ættarnafn n., eftirnafn n.
second nature annað eðli n.; áunninn eiginleiki m.
second person (in grammar) önnur persóna f.
second-rate adj. annars flokks; lélegur, ómerkilegur
second sight ófreskigáfa f.; spádómsgáfa f.
second-sighted adj. ófreskur, forspár, skyggn
second-string (Am.) adj. vara-, varaliðs-
second thought bakþanki m.; **on s. thoughts** við nánari athugun
second tooth (pl. - **teeth**) fullorðinstönn f.
second wind ; **get one's s. w.** ná andanum; sækja í sig veðrið
secondary adj. annar; annars flokks, auka-
secondary school framhaldsskóli m., miðskóli m.
secondary stress aukaáhersla f.
seconder stuðningsmaður (tillögu) m.
secondly adv. í öðru lagi
secondment tilfærsla (í starfi) f.
seconds (second-class goods) annars flokks varningur m.; (útlits)gallaðar vörur f.pl.
secrecy leynd f., launung f.; þagmælska f.
secret leyndarmál n.; leyndardómur m.; **in s.** leynilega, á laun; adj. leynilegur; dulur
secret agent leyniþjónustumaður m.; njósnari m.
secretarial adj. (einka)ritara-
secretariat stjórnardeild f.; skrifstofa aðalritara f.

secretary (einka)ritari m., (minister) ráðherra m.
secretary-general aðalritari m.
Secretary of State (Am.) utanríkisráðherra m.
Secretary of State for Foreign Affairs utanríkisráðherra m.
Secretary of State for Home Affairs innanríkisráðherra m.
Secretary of the Treasury (Am.) fjármálaráðherra m.
secrete vt. gefa frá sér, framleiða, seyta
secretion seyting f.; seyti n., velli n.
secretive adj. dulur; pukurslegur, laumulegur
secretly adv. leynilega, með leynd, í laumi
secret police leynilögregla f.
secret service leyniþjónusta f.
sect sértrúarflokkur m., sértrúarsöfnuður m.
sectarian félagi í sértrúarhópi m.; adj. sértrúar-
sectarianism sértrúarstefna; kreddutrúarstefna f.
section hluti m., partur m., stykki n.; geiri m.; sneið f.; vt. skipta í hluta, sneiða, skera
sectional adj. eininga-; staðbundinn, svæðisbundinn
sectionalism eiginhagsmunastefna (byggðarlaga) f.
sector (hring)geiri m.; svæði n.
secular adj. veraldlegur, ókirkjulegur
secularism veraldarhyggja f.
secularist veraldarhyggjumaður m.
secularize vt. gera veraldlegan; leggja undir ríkið
secure adj. öruggur, traustur, óhultur; vt. tryggja, vernda; ganga (tryggilega) frá, festa
securities verðbréf n.pl., hlutabréf n.pl.
security öryggi n., (guarantee) trygging f.
Security Council Öryggisráð Sameinuðu þjóðanna n.
security guard öryggisvörður m.
security measures öryggisráðstafanir f.pl.
security risk maður sem er talinn hættulegur öryggi ríksins

sedan (Am.) (lokuð) fólksbifreið (með sæti fyrir 4-7) f.
sedan chair burðarstóll m.
sedate adj. hæglátur; alvörugefinn; vt. róa
sedateness stilling f., hægð f.
sedative róandi lyf n.; adj. róandi, sefandi
sedentary adj. kyrrsetu-
sedge stör f.
sediment botnfall n.; set n.
sedimentary adj. botnfalls-; set-
sedimentary agglomerate þursaberg n.
sedimentary rock setberg n.
sedimentation botnfallsmyndun f.; setmyndun f.
sediment breccia þursaberg n.
sedition uppreisnaráróður m., æsingar f.pl.
seditious adj. uppreisnar-, æsinga-
seduce vt. tæla, lokka; fleka, draga á tálar
seducer flekari m.
seduction tæling f., ginning f.; flekun f.
seductive adj. tælandi, lokkandi; heillandi
seductress tálkvendi n.
sedulous adj. kostgæfinn, iðinn, ötull
see v. sjá, (understand) skilja, (visit) heimsækja, (speak to) tala við, hitta, (imagine) sjá fyrir sér; **as I s. it** frá mínum bæjardyrum séð; **s. for yourself** ganga sjálfur úr skugga um
see biskupsembætti n.; biskupsdæmi n.; biskupsstóll m.
see about v. sjá um, annast, líta eftir
seed fræ n.; v. bera/fella fræ
seedbed sáðreitur m.
seedcake kryddkaka f.; kúmenskaka f.
seedless adj. steinlaus
seedling ung fræplanta f., kímplanta f.
seedsman (pl. **-men**) fræsali m.
seedy adj. fullur af fræi; subbulegur; lasinn
seeing (that) conj. þar sem, þar eð
seek vt. leita að, leita eftir, svipast um eftir
seem vi. virðast, sýnast; finnast
seeming adj. sem virðist vera; yfirbragðs-, yfirborðs-

seemingly adv. að því er virðist
seemly adj. viðeigandi, tilhlýðilegur, sæmandi
seen v. (pp. **see**)
see off v. fylgja á brottfararstað, kveðja
see out v. sjá (um) til enda; endast; fylgja til dyra
see over v. líta á, skoða
seep vi. seytla, vætla, aga
seepage seytl n., vætl n., leki m.
seer sjáandi m.; spámaður m.
seesaw vegasalt n.; vi. vega salt, ramba
seethe v. ólga, krauma
see-through adj. gagnsær
see through v. sjá í gegnum; hjálpa gegnum; þrauka gegnum
see to v. sjá um, annast
segment partur m., hluti m.; sneið f., geiri m.; liður m., þáttur m.; v. hluta niður
segmentation skipting í parta f.; liðskipting f.
segregate vt. aðskilja; einangra
segregation aðskilnaður m.; einangrun f.
sei whale sandreyður f.
seigneur lénsherra m.
seine (net) nót f.; v. veiða í nót; vera á nótaveiðum
seismic adj. (jarð)skjálfta-, jarðbylgju-
seismic survey jarðskjálftamælingar f.pl.
seismograph jarðskjálftamælir m.
seismologist jarðskjálftafræðingur m.
seismology jarðskjálftafræði f.
seize v. grípa, hrifsa; gagntaka; gera upptækan
seize up v. (of machinery) bræða úr sér; festast
seize (up)on v. grípa á lofti
seizure (upp)taka f., uppnám n.; kast n., áfall n.
seldom adv. sjaldan
select adj. (út)valinn, úrvals-; vt. velja
select committee þingnefnd f.
selection (úr)val n.
selective adj. sem einkennist af vali, val-; vandlátur
selective service (Am.) herþjónusta f.
self sjálf n., einstaklingseðli n., eigin persóna f.

self-abasement sjálfsniðurlæging f.
self-absorbed adj. upptekinn af sjálfum sér
self-abuse (masturbation) sjálfsfróun f.
self-acting adj. (automatic) sjálfvirkur
self-addressed adj. áritaður til bréfrita sjálfs
self-adhesive adj. sjálflímandi
self-adjusting adj. sjálfstillandi
self-appointed adj. sjálfskipaður
self-assertion sjálfsfremd f.
self-assertive adj. sem framhefur sjálfan sig; frekur
self-assurance sjálfsöryggi n.
self-assured adj. sjálfsöruggur, öruggur með sig
self-centred adj. sjálfhverfur, sjálfelskur
self-coloured adj. einlitur
self-command sjálfsstjórn f.
self-complacent adj. sjálfsánægður, sjálfumglaður
self-conceit sjálfbirgingsháttur m., sjálfsþótti m., mont n.
self-confessed adj. sjálfjátaður, sjálfyfirlýstur
self-confidence sjálfstraust n., sjálfsöryggi n.
self-confident adj. fullur sjálfstrausts, sjálfsöruggur
self-conscious adj. metvitaður um sjálfið; feiminn, óframur
self-contained adj. sjálfstæður, óháður; fálátur, dulur
self-contradictory adj. sjálfrækur, sjálfhrakinn
self-control sjálfsstjórn f.
self-defeating adj. sem vinnur gegn sjálfum sér
self-defence sjálfsvörn f., nauðvörn f.
self-denial sjálfsafneitun f.
self-denying adj. óeigingjarn, ósérplæginn
self-determination sjálfsákvörðun f.; sjálfsákvörðunarréttur m.
self-discipline sjálfsagi m.; sjálfsögun f.
self-educated adj. sjálfmenntaður, sjálflærður
self-effacing adj. (óhóflega) hlédrægur
self-employed adj. sjálfstæður (í atvinnurekstri)

self-employment sjálfstæður atvinnurekstur m.
self-esteem sjálfsálit n.; sjálfbirgingsháttur m.
self-evident adj. auðljós, sjálfsagður
self-examination sjálfsathugun f., sjálfsskoðun f.
self-explanatory adj. sem skýrir sig sjálfur, sjálfskýrandi
self-governing adj. sjálfsstjórnar-
self-government sjálfsstjórn f.
selfheal blákolla f.
self-help sjálfshjálp f., sjálfsatbeini m.
self-importance sjálfsánægja f., mikillæti n.
self-important adj. mikillátur, drambsamur, montinn
self-imposed adj. sjálfskapaður, sjálfskapar-
self-indulgence sjálfsdekur n., sjálfsþæging f.
self-indulgent adj. eftirlátur við sjálfan sig, sjálfsþæginn
self-inflicted wound sjálfsáverki m.
self-interest eigingirni f.; eiginhagsmunir m.pl.
self-interested adj. eigingjarn, sínjarn, sjálfselskur
selfish adj. sjálfselskur, eigingjarn
selfishness sjálfselska f., eigingirni f.
selfless adj. óeigingjarn, ósérplæginn
selflessness óeigingirni f., ósérplægni f.
self-made adj. sem hefur komist áfram af eigin rammleik
self-opinionated adj. (óhóflega) viss um sig, sjálfbirginn
self-pity sjálfsvorkunn f., sjálfsmeðaumkun f.
self-possessed adj. stilltur, rólegur, í jafnvægi
self-possession stilling f., sjálfsstjórn f.
self-preservation sjálfsverndun f., sjálfsbjörg f.
self-raising adj. (of flour) sjálflyftandi
self-reliance sjálfstraust n.
self-reliant adj. sjálftreystinn; sjálfbjarga
self-respect sjálfsvirðing f.
self-respecting adj. sem hefur sjálfsvirðingu
self-restraint sjálfsstjórn f.

self-righteous adj. sjálfumglaður, sjálfbirgingslegur
self-righteousness sjálfumgleði f., sjálfbirgingsháttur m.
self-rule sjálfsstjórn f.
self-sacrifice sjálfsfórn f.
self-sacrificing adj. fórnfús, ósérplæginn
self-same adj. nákvæmlega samur
self-satisfaction sjálfsánægja f., sjálfumgleði f.
self-satisfied adj. sjálfsánægður, sjálfumglaður
self-seeker eiginhagsmunaseggur m.
self-seeking eigingirni f.; adj. sérplæginn, sínjarn
self-service sjálfsafgreiðsla f.
self-starter startari m., ræsir m.
self-styled adj. sjálfskipaður
self-sufficiency sjálfsnægtir f.pl.
self-sufficient adj. sjálfum sér nógur, sjálfbjarga
self-supporting adj. sem stendur á eigin fótum, sjálfbjarga
self-taught adj. sjálflærður, sjálfmenntaður
self-will einþykkni f., óráðþægni f.
self-willed adj. einþykkur, þrár
self-winding adj. (of a wristwatch) sjálftrekkjandi
sell v. selja(st), (trick) svíkja, leika á
seller seljandi m., sölumaður m.
sell off v. selja ódýrt, selja á niðursettu verði
sellotape glært límband n.
sell-out sýning sem uppselt er á f.; svik n.pl.
sell out v. selja(st) upp; svíkja
sell up v. (for payment of debt) gera e-n upp
semantic adj. merkingar(fræði)legur
semanticist merkingarfræðingur m.
semantics merkingarfræði f.
semaphore merkjasendingakerfi n.; merkjasending (með veifum) f.
semblance líking f., svipur m., útlit n.
semen sæði n., sáð n.
semester misseri n., (Am.) hálfsársönn f.
semiautomatic adj. hálfsjálfvirkur
semibreve heilnóta f.
semicircle hálfhringur m.

semicircular adj. hálfhringlaga
semicolon semikomma f., depilhögg n.
semiconductor hálfleiðari m.
semiconscious adj. hálfmeðvitundarlaus
semidetached house parhús n.
semifinal undanúrslit n.pl.;
adj. undanrásar-
semifinalist keppandi í undanrás m.
seminal adj. sæðis-; frjór, áhrifaríkur
seminal duct sáðrás f.
seminal fluid sáðvökvi m.
seminar málstofa f., samræðunámskeið n., semínar n.
seminarian (Am.) guðfræðistúdent m.
seminarist guðfræðistúdent m.
seminary prestaskóli m.
semiofficial adj. hálfopinber
semiology (semiotics) táknfræði f.
semiotic adj. táknfræðilegur
semiprecious adj. hálfdýrmætur, skraut-
semiquaver sextándapartsnóta f.
semitone hálftónn m.
semivowel hálfsérhljóð n.
semiweekly adj. sem gerist/kemur út tvisvar í viku
semolina símiljumjöl n.
sempstress saumakona f.
senate öldungarráð n.; öldungadeild f.; háskólaráð n.
senator öldungaráðsmaður m.; öldungadeildarþingmaður m.
senatorial adj. öldungarráðs-; öldungadeildar-
send v. senda; **s. packing** reka, gefa reisupassann
send away v. senda burt; reka
send away for v. panta
send down v. senda niður, (cause to fall) lækka, (from university) vísa úr háskóla, (to prison) stinga í steininn
sender sendandi m.; sendir m., senditæki n.
send for v. senda eftir, láta sækja
send-off kveðjuathöfn f., kveðjuhóf n.
send off v. senda burt; reka; halda (e-m) kveðjuhóf
send on v. senda á undan sér, (post) senda áfram
send out v. senda út; gefa frá sér
send-up skopstæling f., eftirhermur f.pl.

send up v. senda upp, (cause to rise) hækka, (parody) skopast að, herma eftir, (Am.) stinga í steininn
senescence öldrun f.
senescent adj. aldraður, öldrunar-
seneschal hirðstjóri m.
senile adj. ellihrumur, elliær, elli-
senility ellhrörnun f.; elliglöp n.pl.
senior eldri maður m.; yfirmaður m.; adj. eldri
senior citizen eldri borgari m.
seniority hærri aldur m.; (meiri) starfsreynsla f.
senna senna f.; sennablöð n.pl.
sensation skynjun f., tilfinning f.; hugaræsing f.
sensational adj. tilkomumikill, æsifenginn
sensationalism æsingaskrif n.pl.; æsingaræða f.
sensationalist æsingamaður m.
sense skilningarvit n.; skyn n., tilfinning f.; skilningur m.; skynsemi f., vit n.; **in a s.** í vissum skilningi; **make s.** vera skynsamlegur/skiljanlegur; vt. skynja, finna á sér
senseless adj. heimskulegur, (unconscious) meðvitundarlaus
senselessness heimska f.; meðvitundarleysi n.
sense organ skynfæri n.
senses dómgreind f., vit n.; **bring s-y to his s.** koma vitinu fyrir e-n; **come to one's s.** sjá að sér; **take leave of one's s.** ganga af göflunum
sensibility tilfinninganæmi n.
sensible adj. skynsam(leg)ur; skiljanlegur
sensitive adj. (tilfinninga)næmur, viðkvæmur
sensitivity (tilfinninga)næmi n., viðkvæmni f.
sensitize vt. gera (ljós)næman
sensor skynjari m., nemi m.
sensory adj. skynjunar-, skyn-
sensual adj. líkamlegur, holdlegur; nautnafullur
sensualist nautnaseggur m., munaðarseggur m.
sensuality holdlegt eðli n.; munaðarlífi n.

sensuous adj. skynrænn; ástríðu-
  þrunginn; þægilegur
sent v. (p., pp. **send**)
sentence (in grammar) málsgrein f.,
  setning f., (legal) dómur m., refsing f.;
  vt. dæma (til = **to**)
sententious adj. aðfinnslusamur,
  umvöndunar-; kjarnyrtur
sentient adj. skyni gæddur, meðvitaður
  (um = **of**)
sentiment kennd f., tilfinning f.,
  (tender feeling) viðkvæmni f.,
  (opinions) viðhorf n., afstaða f.
sentimental adj. tilfinningalegur;
  tilfinningasamur, væminn
sentimentalism óhófleg tilfinningasemi f.
sentimentalist tilfinningamaður m.,
  viðkvæmnismaður m.
sentimentality tilfinningasemi f.,
  væmni f.
sentimentalize v. vera með tilfinninga-
  semi; fylla af væmni
sentry varðmaður m., (her)vörður m.
sentry box varðmannsskýli n.
sepal bikarblað n.
separable adj. (að)skiljanlegur
separate adj. (að)skilinn, aðgreindur;
  sérstakur; v. (að)skilja, aðgreina,
  skilja á milli
separately adv. hver/hvor fyrir sig;
  sérstaklega
separation (að)skilnaður m.
separatism aðskilnaðarstefna f.
separatist aðskilnaðarsinni m.
separator skilvinda f.
sepia dökkbrúnn litur m.;
  adj. dökkbrúnn
sepsis (pl. **sepses**) (blóð)eitrun f.
September september m.
septic adj. sem er með ígerð, ígerðar-
septicaemia blóðeitrun f.
septic tank rotþró f.
septuagenarina sjötugur maður m.
Septuagesima sunnudagur í byrjun níu
  vikna föstu m.
sepulchral adj. grafar-, greftrunar-;
  drungalegur
sepulchre grafhvelfing f.; gröf f.,
  legstaður m.
sequel framhald n., (result) afleiðing f.

sequence röð f., runa f., lota f.;
  samhengi n.
sequent adj. sem leiðir af,
  þar af leiðandi
sequential adj. raðbundinn, rað-
sequential file runuskrá f.
sequester vt. skilja að, einangra
sequestrate vt. leggja löghald á,
  gera upptækt
sequestration löghald n.,
  (eignar)upptaka f.
sequin pallíetta f., gljádoppa f.
seraglio (harem) kvennabúr n.
seraph serafi m., engill m.
sere adj. þurr, skrælnaður, visinn
serenade serenaða f., næturljóð n.;
  vt. flytja e-m mansöng
serendipity fundsæld f., fundheppni f.
serene adj. kyrrlátur, friðsæll; heiðríkur
serenity friður m., friðsæld f.; heiðríkja f.
serf ánauðugur bóndi m.; þræll m.
serfdom bændaánauð f.; þrældómur m.
sergeant liðþjálfi m.; aðstoðar-
  varðstjóri m.
sergeant-at-arms réttarþjónn m.;
  þingvörður m.
sergeant major yfirliðþjálfi m.
serial (story) framhaldssaga f.;
  adj. framhalds-; rað-
serial access storage runugeymsla f.
serialize vt. birta sem framhaldssögu
serial number (rað)númer n.;
  framleiðslunúmer n.
serial printer stafaprentari m.
serial transmission raðsending f.
seriatim (Lat.) adv. í (réttri) röð;
  lið fyrir lið
sericulture silkirækt f.
series (pl. **series**) sería f., röð f., flokkur m.
seriocomic(al) adj. grátbroslegur
serious adj. alvarlegur; einlægur
seriously adv. alvarlega; í (fyllstu) alvöru
seriousness alvara f., alvörugefni f.
serjeant-at-arms réttarþjónn m.;
  þingvörður m.
sermon prédikun f.
sermonize v. prédika; vanda um við
serous adj. vessakenndur; blóðvatns-
serpent snákur m., höggormur m.,
  naðra f.

serpentine adj. ormslegur; bugðóttur, hlykkjóttur
serrated adj. (sag)tenntur, skörðóttur
serried adj. þéttur, þéttskipaður
serum blóðvatn n., sermi n.; sermisbóluefni n.
serval gresjuköttur m.
servant þjónn m., þjónustumaður m.
serve v. þjóna, vera í þjónustu e-s, (food) bera fram, framreiða, (customer) afgreiða, (treat) koma fram við, (auð)sýna, (sentence) afplána (dóm), (suffice) duga, koma að haldi
server framreiðslumaður m., (tray) bakki m.
service þjónusta f., (favour) greiði m.; **be of s.** vera til gagns
serviceability (góð) ending f.; gagn n., gagnsemi f.
serviceable adj. endingargóður; gagnlegur, nytsamlegur
serviceberry berviður m.
service charge þjónustugjald n.
service flat (leigu)íbúð með húshjálp f.
serviceman (pl. -men) hermaður m.
service road húsagata f.
service station bensínstöð f.; viðgerðarverkstæði n.
serviette servíetta f., munnþurrka f.
servile adj. auðsveiður, þýlundaður; þræla-, þrælkunar-
servility auðmýkt f., þrælsótti m.; þrældómur m.
serving (helping) (matar)skammtur m.
servitor þjónn m., þjónustumaður m.
servitude ánauð f., þrælkun f.
servomechanism sjálfstýring f., sjálfstýribúnaður m.
servomotor stýrivél f., stýrimótor m.
sesame (plant) sesamjurt f.
session fundur m., samkoma f., seta f.
set samstæða f., sett n., (row) röð f., (of people) lið n., gengi n., (apparatus) tæki n., (direction) stefna f., (posture) stelling f.; lögun f., (of the hair) hárlagning f., (film studio) upptökuver n., (young plant) afleggjari m.
set adj. fastur, bundinn, (determined) staðráðinn, ákveðinn, (prescribed) fyrirskipaður, (unmoving) stífur,

stirnaður; fastur fyrir, ósveigjanlegur, (ready) tilbúinn
set v. setja, láta, (determine) fastsetja, ákveða, (of the sun) setjast; **s. the table** leggja á borð; **s. one's face against** setja sig upp á móti; **s. one's heart/mind on** einsetja sér
set about v. fara að, bera sig að; taka til við
set against v. etja gegn, gera andsnúinn; jafna upp
set aside/by v. leggja til hliðar; líta framhjá; hafna
setback afturkippur m., bakslag n., áfall n.
set back v. hindra, tefja, seinka; kosta
set beside v. (compare with) bera saman við
set down v. setja niður; skrifa niður; hleypa út
set forth v. setja fram, kunngera; leggja af stað
set in v. ganga í garð, byrja
set off v. (leave) leggja af stað, (cause) setja af stað, (make more noticeable) kalla fram, skerpa; undirstrika, afmarka
set off against v. jafna upp, vega á móti
set out v. (begin) hefja, byrja, (plan) hyggjast, ætla sér, (explain) setja fram, kunngera, (show) breiða út til sýnis, (plant) planta, gróðursetja
setscrew stilliskrúfa f.; herðiskrúfa f.
setsquare teiknihorn n., hornmát n., vinkill m.
settee sófi m.
setter (dog) fuglahundur m., (person) setjari m.
set theory mengjafræði f.
setting (of the sun) sólsetur n., (the way s-g is set) stilling f., (framework) umgjörð f., (surroundings) umhverfi n., vettvangur m.
settle (wooden seat) bekkur m.
settle v. setjast að; nema land, (come to rest) setjast, (cause to become used to) hagaræða, (make quiet) róa, stilla, (end) útklrá, (decide) ákveða, fastsetja; **s. accounts with** jafna reikninga við
settled adj. stöðugur, fastur; útkljáður, frágenginn

settle down → shady

settle down v. koma sér fyrir, (become calm) róast, kyrrast, (become established) gerast ráðsettur, (become used to) venjast, laga sig að, (give one's whole attention to) festa hugann við
settle for v. sætta sig við, gera sér að góðu
settle in(to) v. koma sér fyrir (í)
settlement landnám n., (agreement) samkomulag n., sáttagerð f., (payment) reikningsskil n.pl.
settlement day (Am.) greiðsludagur m.
settler landnemi m.
settle up v. gera upp (við = **with**)
settle (up)on v. koma sér niður á, ákveða; ánafna
set-to slagsmál n.pl., (a quarrel) rimma f.
set to v. hefjast handa; byrja að slást/rífast
set-up skipulag n., tilhögun f.
set up v. setja upp, reisa, (prepare) undirbúa, (establish) setja á stofn, (get s-y started) koma fótum undir, (restore after illness) koma til heilsu, (cause) valda
set up as v. hefja viðskipti/störf sem, (have pretensions to being) látast/þykjast vera
set (up)on v. ráðast á, (cause to attack) siga á
seven num. sjö
seventeen num. sautján
seventeenth num. sautjándi
seventh num. sjöundi
seventieth num. sjötugasti
seventy num. sjötíu
sever v. skera (sundur), slíta; slitna, rofna
several prn. nokkrir, fáeinir; adj. nokkrir; ýmis
severally adv. hver í sínu lagi
severance aðskilnaður m., slit n.pl.
severance pay uppsagnargreiðsla f.
severe adj. harkalegur, harður, strangur; ákafur
severity harka f., harðneskja f.; harðrétti n.
sew v. sauma
sewage skolp n.
sewer holræsi n.; skolplögn f.

sewerage holræsakerfi n.
sewing saumaskapur m., saumar m.pl.
sewing machine saumavél f.
sewn v. (pp. **sow**)
sew up vt. sauma saman; tryggja sér, einoka
sex kyn n.; kynlíf n., kynmök n.pl.
sexagenarian maður á sjötugsaldri m.
sex appeal kynþokki m.
sex chromosome kynlitningur m.
sexism kynjamisrétti n., kynjamismunun f.
sexist karlremba f.; kvenremba f.
sexless adj. kynlaus
sextant sextungur m., sextant m.
sextet sextett m.
sexton kirkjuþjónn m., kirkjuvörður m.
sextuplet sexburi m.
sexual adj. kynferðislegur, kynferðis-, kyn-
sexual intercourse kynmök n.pl., samfarir f.pl.
sexuality kynhneigð f.; kynferði n.
sexual reproduction kynæxlun f.
sexy adj. kynþokkafullur, kynæsandi
shabbiness tötralegt útlit n.; óþrifnaður m.
shabby adj. snjáður, tötralegur, subbulegur; ómerkilegur, skammarlegur
shack kofi m., hreysi n.
shackle hlekkur m.; fjötrar m.pl.; vt. hlekkja, fjötra
shack up with v. búa með e-m, vera í óvígri sambúð
shad (pl. shad) maísíld f.
shade skuggi m., forsæla f., (lamp) skermur m., (of colour) litbrigði n.pl., (trace) vottur m., vitund f.; v. skýla, hlífa; skyggja
shades sólgleraugu n.pl., (of evening) náttmyrkur n.
shading (mynd)skygging f.; litbrigði n.pl.
shadow skuggi m., (trace) vottur m., vitund f.; vt. dekkja, skyggja; hafa nánar gætur á
shadowbox v. boxa/glíma við ímyndaðan andstæðing
shadow cabinet skuggaráðuneyti n.
shadowy adj. skuggsæll; óskýr, óljós
shady adj. forsæluríkur, skuggalegur, vafasamur

shaft → sharing

shaft skaft n., leggur m.; kjálki m., stöng f.; (snúnings)ás m.; stokkur m., göng n.pl.; skot n., skeyti n.; (ljós)geisli m.
shag (of hair) flóki m., (bird) toppskarfur m.
shagged (out) adj. útkeyrður, uppgefinn
shaggy adj. stríðhærður, lubbalegur, loðinn
shagreen (hákarls)skrápur m.
shake hristingur m., skjálfti m., (moment) augnablik n.; v. hrista(st), skaka(st), (tremble) skjálfa, (upset) koma úr jafnvægi, fá á; **s. hands** heilsast með handabandi
shakedown (bed) flet n., flatsæng f., (test) reynsluferð f., prufukeyrsla f., (extortion) fjárkúgun f., (search) nákvæm leit f.
shake down v. hrista(st) niður, (settle down) koma sér fyrir, aðlagast, (test) prufukeyra, (get money by threats) kúga fé af, (search) leita nákvæmlega
shake off v. hrista af sér, losa sig við
shake out v. hrista/breiða út
shaker hristari m.
shakes skjálfti m.; **no great s.** ekki upp á marga fiska
shake-up umbylting f., gagnger breyting f.
shake up v. hrista upp í; koma úr jafnvægi
shaking hristingur m., hristing f.
shaking palsy riðulömun f.
shaky adj. skjálfandi; óstöðugur; ótraustur
shale leirsteinn m., leirskífa f.
shall v. munu, skulu; **I shall** ég mun, skal
shallop (lítill) árabátur m., seglbátur m.
shallot skalotlaukur m.
shallow adj. grunnur; grunnhygginn; vi. grynnka
shallowness grunn n., grynnsli n.; grunnhyggni f.
shallows grynningar f.pl.
sham uppgerð f., fals n.; eftirlíking f.; adj. falskur, falsaður, uppgerðar-; v. látast; gera sér upp
shaman seiðmaður m.; töfralæknir m.
shamble skjögur n.; vi. skjögra, staulast

shambles óreiða f., klúður n.; blóðvöllur m.
shame skömm f., smán f.; vt. smána, svívirða, verða (e-m) til skammar; gera skömmustulegan
shamefaced adj. skömmustulegur, sneyptur
shameful adj. skammarlegur; svívirðilegur
shamefulness skömm f., smán f.; svívirðing f.
shameless adj. blygðunarlaus, óskammfeilinn
shamelessness blygðunarleysi n., óskammfeilni f.
shammy gemsa f., (leather) (vaska)skinn n.
shampoo (hár)þvottalögur m.; hárþvottur m.; vt. þvo
shamrock músasmári m.
shamus (Am.) leynilögga f.
shan't v. (= shall not)
shandy bjórblanda f.
shanghai vt. neyða e-n til e-s (með brögðum)
shank fótleggur m., skanki m.; **go on shanks's mare/pony** fara á tveimur jafnfljótum, ganga
shanty kofi m., kumbaldi m., hreysi n.
shantytown fátækrahverfi n.
shape lögun f., form n., (condition) ástand n., ásigkomulag n.; v. móta, forma, laga
shapeless adj. formlaus; ólögulegur
shapeliness formfegurð f., fallegt sköpulag n.
shapely adj. formfagur, fagurskapaður, lögulegur
shape up v. (begin to do right) taka sig á
shard pottbrot n., leirbrot n.
share hluti m., (certificate) hlutabréf n.; **go shares (with s-y in s-g)** deila (e-u með e-m); v. skipta (með sér), deila; **s. and s. alike** láta eitt yfir alla ganga
share (of a plough) plógjárn n., plógskeri m.
share certificate hlutabréf n.
shareholder hluthafi m.
share-out skipting f.
sharing (apportioning) hlutdeild f.

shark hákarl m., (swindler) fjárplógsmaður m.
sharkskin hákarlsskrápur m.
sharp (in music) hækkaður tónn m.; hækkunarmerki n.; adj. skarpur, beittur, hvass; adv. stundvíslega, (abruptly) skyndilega; **sing s.** syngja falskt
sharpen v. skerpa(st), brýna, hvessa
sharpener (of pencils) yddari m., (of knives) brýni n.
sharper (a cheater) svindlari m., bragðarefur m.
sharp-eyed adj. skarpeygur; skarpskyggn; árvakur
sharply adv. skarplega, harðlega, hvasst, ákaft
sharpness hvassleiki m.; skarpskyggni f.; harka f.
sharp-set adj. banhungraður, glorsoltinn
sharpshooter góð skytta f., skotfimur maður m.
sharp-witted adj. skarpgreindur, skarpur, glöggur
shatter v. splundra(st), eyðileggja(st)
shave rakstur m.; **a close/narrow s.** naum undankoma; v. raka (sig); hefla; strjúkast við
shaven adj. rakaður; v. (pp. **shave**)
shaver rakvél f., (a boy) polli m., snáði m.
shaving rakstur m.; (hefil)spónn m., flís f.
shaving brush rakbursti m.
shaving cream rakkrem n.
shaving soap raksápa f.
shawl sjal n.
she kona f.; kvendýr n.; prn. hún
sheaf (pl. **sheaves**) knippi n.; bunki m.
shear vt. rýja, klippa
shearling gemlingur m.
shears klippur f.pl.
shear strain skúfun f., skerbjögun f.
shear stress skúfspenna f., skerspenna f.
shearwater skrofa f.
shear wave þverbylgja f., skúfbylgja f.
sheath slíður n., skeiðar f.pl.
sheath knife (pl. - **knives**) skeiðahnífur m.
sheathe vt. slíðra; sveipa, klæða
sheathing klæðning f.
shebang (Am.) **the whole s.** allt saman, heila klabbið n.
shebeen (in Ireland) ólögleg krá f., leynikrá f.
shed skúr m., skýli n.; vt. úthella; losa sig við
she-devil kvenskratti m., kvendjöfull m.
sheen gljái m., glans m.
sheep (pl. sheep) (sauð)kind f., sauður m.; **make/cast sheep's eyes at s-y** mæna ástaraugum á; **separate the s. from the goats** skilja sauðina frá höfrunum
sheepdip fjárbaðlyf n.
sheepdog fjárhundur m.
sheepfarm fjárbú n.; fjárjörð f.
sheepfarmer fjárbóndi m.
sheep fescue sauðvingull m.
sheepfold fjárrétt f.
sheepish adj. kindarlegur; vandræðalegur, feiminn
sheep ked færilús f.
sheeppen fjárrétt f.
sheeprun fjárbeitiland n.
sheepshearing rúningur m.; rúningstími m.
sheepskin gæruskinn n.; sauðargæra f.
sheep sorrel hundasúra f.
sheepwalk sauðganga f., sauðfjárhagi m.
sheer adj. (pure) hreinn, eintómur, (very thin) örþunnur, (very steep) þverhníptur; adv. (straight up/down) lóðrétt
sheer vi. víkja af leið, beygja; víkja burtu
sheet (on a bed) lak n., (of metal) þynna f., (of paper) pappírsörk f., (wide expanse) breiða f.
sheet (of a sail) skaut n., skautreipi n.
sheet anchor neyðarakkeri n.; lokaúrræði n., haldreipi n.
sheet feeder arkaskammtari m.
sheeting sængurfataefni n.; klæðning f.
sheet lightning snæleiftur n., snæljós n.
sheet music nótur f.pl., nótnablöð n.pl.
she-goat geit f., haðna f., huðna f.
shekels (money) skotsilfur n., peningar m.pl.
shelduck brandgæs f.
shelf (pl. **shelves**) hilla f.
shell skel f., (egg) skurn f., (outside frame) grind f., (explosive) sprengikúla f.; v. skelfletta; afhýða, (fire at) skjóta sprengikúlum á

shellack gljálakk n.; vt. lakka, (Am.) bursta
shellacking (Am.) gjörsigur m., algjört burst n.
shellfish skelfiskur m.; skeldýr n.
shellproof adj. sprengjuheldur
shellshock sprengjulost n.
shell out v. (pay) leggja út, punga út með
shelter skjól n.; skýli n.; v. skýla; leita skjóls
shelter for battered wives kvennaathvarf n.
shelve vt. setja í hillu; stinga undir stól
shelve vi. (of land) halla(st), vera aflíðandi
shenanigans kjánaskapur m.; prettir m.pl., svik n.pl.
shepherd smali m., (fjár)hirðir m.; vt. gæta; leiðbeina
shepherdess smalastúlka f., hjarðmey f.
shepherd's purse hjartarfi m.
sherbet gosduft n., (Am.) frauðís m.
sherd pottbrot n., leirbrot n.
sheriff sýslumaður m., fógeti m., (Am.) lögreglustjóri m.
sherry sjerrí n., sérrí n.
Shetland Islands Hjaltland n.
shibboleth (útjaskað) kjörorð n., slagorð n.
shield skjöldur m.; hlíf f.; vt. skýla
shield volcano dyngja f.
shift tilfærsla f., breyting f.; (um)skipti n.pl., (working time) vakt f., (dodge) úrræði n.; **make s. with** notast við; v. flytja til, færa(st); breyta(st); **s. gear(s)** skipta um gír; **s. for oneself** sjá um sig sjálfur
shiftiness bragðvísi f., kænska f.
shift key skiptihnappur m.
shiftless adj. duglaus, dáðlaus, úrræðalaus
shift worker vaktavinnumaður m.
shifty adj. klókur, slóttugur, viðsjárverður
shilling skildingur m. (= 1/20 af £1)
shilly-shally hik n., ráðaleysi n.; vi. hika, tvístíga
shimmer glans m., skin n.; vi. glitra, blika
shin sköflungur m.; skanki m.

shinbone sköflungur m.
shindy gauragangur m., rifrildi n.
shine skin n., ljómi m.; v. skína, ljóma, (excel) skara fram úr, bera af, gera með glans
shine (polish) burstun f.; vt. pússa; bursta
shiner (black eye) glóðarauga n.
shingle (on a roof) þakskífa f.; vt. leggja skífur á
shingle (on the seashore) sjávarmöl f., fjörumöl f.
shingles (skin disease) ristill m.
shingly adj. malarborinn, malar-
shinguard legghlíf f.
shinny (Am.) vi. lesa sig upp (á fæti)
shin up vi. lesa sig upp (á fæti)
shiny adj. ljómandi, gljáandi, glansandi
ship skip n.; v. flytja með skipi
ship biscuit skonrok n., sjómannakex n.
shipboard ; **on s.** á skipsfjöl
shipbroker skipamiðlari m.
shipbuilder skipasmiður m.; skipasmíðafyrirtæki n.
shipbuilding skipasmíðar f.pl.
ship canal skipaskurður m.
shipload skipsfarmur m.
shipmate skipsfélagi m.
shipment (vöru)sending f., farmur m.; útskipun f.
shipowner skipaeigandi m., útgerðarmaður m.
shipper flutningamiðlari m.
shipping skipastóll m.; vöruflutningar m.pl.
shipping agent umboðsmaður skipafélags m.; flutningamiðlari m.
shipping date sendingardagur m.
ship's chandler útgerðarvörusali m., skipshandlari m.
shipshape adj. sjóklár; snyrtilegur, í röð og reglu
shipwreck skipbrot n.; vi. bíða skipbrot
shipwright skipasmiður m.
shipyard skipasmíðastöð f., slippur m.
shire skíri n., sýsla f.
shire horse (enskur) dráttarhestur m.
shirk v. svíkjast um, víkja sér undan
shirker skrópari m.; letiblóð n.
shirring (teygju)rykking f.

shirt skyrta f.; **lose one's s.** tapa öllu; **put one's s. on** leggja allt sitt undir; **keep one's s. on** stilla skap sitt
shirtfront skyrtubrjóst n.
shirting skyrtuléreft n.
shirtsleeve skyrtuermi f.; **in one's shirtsleeves** á skyrtunni, jakkalaus
shirttail skyrtulaf n.
shirtwaist (Am.) skyrtublússukjóll m.; skyrtublússa f.
shirtwaister skyrtublússukjóll m.
shirty adj. geðstirður, í vondu skapi, fúll
shit skítur m., saur m.; vi. skíta, drita
shits (diarrhoea) niðurgangur m.
shiver hrollur m., skjálfti m.; vi. skjálfa
shivery adj. skjálfandi; kuldalegur, hráslagalegur
shoal sandrif n., grynningar f.pl.; vi. grynnast
shoal (of fish) torfa f.; vi. safnast saman í torfu
shock högg n.; (tauga)áfall n.; (raf)lost n.; vt. fá mikið á; ganga fram af, hneyksla
shock (of hair) lubbi m., hármakki m.
shock absorber höggdeyfir m., dempari m.
shocker hneykslanlegur hlutur m., umdeilt verk n.
shocking adj. yfirgengilegur, herfilegur; átakanlegur
shockproof adj. höggþéttur
shock tactics leifturárásir f.pl., skyndiárásir f.pl.
shock therapy (raf)lostameðferð f.
shock treatment (raf)lostameðferð f.
shock troops (sérþjálfuð) árásarsveit f.
shock wave höggbylgja f.
shod v. (p., pp. **shoe**)
shoddy adj. lélegur, ómerkilegur, óvandaður
shoe skór m.; vt. skóa; járna
shoeblack skóburstari m.
shoehorn skóhorn n.
shoelace skóreim f., skóþvengur m.
shoemaker skósmiður m.
shoemaking skósmíði f.
shoepolish skóáburður m., skósverta f.
shoeshop skóbúð f.

shoestring (Am.) skóreim f., skóþvengur m.; **on a s.** af litlum efnum; adj. krappur; mjór og langur
shone v. (p., pp. **shine**)
shoo interj. burt, farðu; vt. stugga burt, reka
shook v. (p. **shake**)
shoot veiðiferð f., skytterí n.; veiðiflokkur m.; (on a plant) teinungur m., sproti m.; v. skjóta, (rush) skjótast, þjóta, hendast
shoot off v. hleypa af; **s. one's mouth off** blaðra
shooting box skotveiðikofi m.
shooting gallery skotæfingasalur m., skotbakki m.
shooting lodge skotveiðikofi m.
shooting star stjörnuhrap n., vígahnöttur m.
shop búð f., verslun f., (workshop) verkstæði n.; **set up s.** koma á fót verslun; **talk s.** tala um vinnuna; **all over the s.** út um allt; v. fara í búðir, versla, (inform against) ljóstra upp um
shop around v. kanna vöruverð; litast um (eftir = **for**)
shop assistant afgreiðslumaður m., búðarmaður m.
shop floor vinnustaður (almennra starfsmanna) m.
shopkeeper búðareigandi m., (smá)kaupmaður m.
shoplift v. hnupla úr búð; stunda búðarhnupl
shoplifter búðarþjófur m., hnuplari m.
shoplifting búðarþjófnaður m., búðarhnupl n.
shopper kaupandi m.; viðskiptavinur m.
shopping innkaup n.pl.; **go s.** fara í innkaupaferð
shopping bag (Am.) innkaupapoki m.
shopping centre verslunarmiðstöð f.
shopsoiled adj. búðarkámugur
shop steward trúnaðarmaður á vinnustað m.
shoptalk tal um vinnuna n., fagtal n.
shop window búðargluggi m.
shopworn adj. búðarþvældur
shore (sjávar)strönd f.; **on s.** í landi
shore (prop) skorða f.; hlunnur m.

shore bird strandfugl m., fjörufugl m.; vaðfugl m.
shore crab bogkrabbi m.
shore leave landgönguleyfi n.
shore up vt. setja skorður við; styðja
shorn v. (pp. **shear**)
short adj. stuttur, skammur, (of stature) lágur; **for s.** til styttingar; **in s.** í stuttu máli (sagt); **little/nothing s.** of fátt/ekkert nema; **s. and sweet** stuttur og laggóður; **s. of/on** illa birgur af; **s. for** (sem er) stytting á
short adv. skyndilega; (of) stutt/skammt; **be taken/caught s.** verða brátt í brók; **cut s.** binda snögglega enda á; **fall s. (of)** reynast minni (en); **run s. (of)** verða uppiskroppa (með)
shortage skortur m., vöntun f., hörgull m.
shortbread stökk smjördeigskaka f.
short-change vt. gefa of lítið til baka; svíkja
short circuit skammhlaup n.
short-circuit vt. valda skammhlaupi; komast hjá, sniðganga
shortcoming galli m., annmarki m., ófullkomleiki m.
short cut styttri leið f.; auðveldari aðferð f.
short-dated adj. skammvinnur, skammtíma-
short-eared owl brandugla f.
shorten v. stytta(st)
shortening (Am.) (matargerðar)feiti f.
shortfall (peninga)halli m., tap n.
shorthand hraðritun f.; **take s.** hraðrita
short-handed adj. fáliðaður
shorthand typist hraðritari m.
shorthorn stutthyrnt holdanaut n.
shortie lítill maður m., tittur m.
short-lived adj. skammlífur; skammær
shortly adv. bráðlega, innan skamms; í stuttu máli (sagt); (impatiently) stuttaralega, snubbótt
shortness stuttleiki m.
short of prp. að undanskildum; nema
short order (Am.) skyndibitapöntun f.; **in s. o.** áfallalaust
short-range adj. skammtíma-; skammdrægur
shorts stuttbuxur f.pl., knébuxur f.pl.

short shrift fljótaskrift f.; **give s. s.** flaustra af
short-sighted adj. nærsýnn; skammsýnn
short-sightedness nærsýni n.; skammsýni n.
short story smásaga f.
short-tempered adj. bráðlyndur, uppstökkur
short-term adj. til bráðabirgða, skammtíma-
shorty lítill maður m., stubbur m.
short wave stuttbylgja f.
short-winded adj. andstuttur, mæðinn
shot skot n.; **have a s. at** spreyta sig á; **a s. in the arm** vítamínspauta f., uppörvun f.; **a s. in the dark** hrein ágiskun f.; **not by a long s.** ekki nándar nærri, öldungis ekki
shot adj. íofinn; **s. through with** morandi af
shot v. (p., pp. **shoot**)
shotgun haglabyssa f.
shotproof adj. skotheldur
shot put kúluvarp n.
should v. (p. **shall**)
shoulder öxl f.; herðar f.pl.; **rub shoulders with** umgangast; **stand head and shoulders above** bera höfuð og herðar yfir, **s. to s.** hlið við hlið; **(straight) from the s.** hreinskilnislega; vt. axla, taka á herðar sér
shoulder blade herðablað n.
shoulder strap axlaról f.; hlýri m.; axlarborði m.
shout hróp n., kall n., óp n.; v. hrópa, kalla, æpa
shouting hróp n.pl., köll n.pl., fagnaðarlæti n.pl.; **It's all over bar the s.** úrslitin eru ráðin
shouting distance kallfæri n.; **within s. d.** í kallfæri
shove ýting f.; v. ýta, hrinda; troðast
shovel skófla f., reka f.; vt. moka; grafa
shoveler (duck) skeiðönd f.
shovelful skóflufylli f.
shove off v. leggja frá landi; hypja sig, snauta

show sýning f.; **on s.** til sýnis; **steal the s.** stela senunni; skara fram úr; **put up a good/bad s.** standa sig vel/illa; v. sýna
show up v. sjást greinilega, vera augljós, (uncover) leiða í ljós; koma upp um, (arrive) mæta, láta sjá sig, (make s-y feel shame) vera e-m til skammar
show biz skemmtanabransi m.
showboat (Am.) leiksýningabátur m., leikhúsbátur m.
show business skemmtanaiðnaður m.
showcase sýningarskápur m., sýningarkassi m.
showdown lokauppgjör n.
shower demba f., skúr f., (bath) steypibað n., sturta f.; v. (láta) rigna (yfir); fara í sturtu
showery adj. úrkomusamur
showgirl stúlka í danskór f.; dansmær f.
showing sýning f.; frammistaða f.
showjumping hindrunarhlaup (á hesti) n.
showman (pl. **-men**) sýningarstjóri m.; sviðsmaður m.
shown v. (pp. **show**)
show of hands handauprétting f.
show-off montrass m., monthani m.
show off v. láta bera á, sýna; monta sig
showpiece sýningargripur m.
showplace merkisstaður m.
showroom sýningarsalur m.
showy adj. áberandi, (of) skrautlegur
shrank v. (p. **shrink**)
shrapnel flísasprengja f.; sprengjubrot n.
shred slitur n., ræma f., (bit) ögn f., snefill m.; vt. rífa í tætlur, skera í ræmur
shredder tætari m.
shrew skass n., flagð n., (mouse) snjáldurmús f.
shrewd adj. kænn, slægur; skarplegur
shrewdness kænska f.; skarpskyggni f.
shrewish adj. geðvondur, uppstökkur; skömmóttur
shriek skrækur m.; v. skrækja, æpa, hljóða
shrike (bird) svarri m.
shrill adj. hvellur, skrækur, skerandi
shrimp rækja f., (a small person) tittur m., stubbur m.

shrine helgiskrín n.; helgidómur m.
shrink v. (láta) skreppa saman, (of clothes) hlaupa
shrinkage samdráttur m.; rýrnun f.
shrink from v. hörfa undan; veigra sér við
shrinkproof adj. hlaupfrír
shrive vt. (of a priest) veita skriftir/aflausn
shrivel v. þurrka/þorna upp, skrælna, skreppa saman
shriven v. (pp. **shrive**)
shroud líkklæði n.pl.; hula f., hjúpur m.; vt. færa í líkklæði; hylja, hjúpa
shrouds (ropes) hliðarstög n.pl.
shrove v. (p. **shrive**)
Shrove Monday bolludagur m.
Shrove Tuesday sprengidagur m.
shrub (a low bush) runni m.
shrubbery staður vaxinn runnum m.; runnaþykkni n.
shrug axlaypping f.; v. (one's shoulders) yppta öxlum
shrug off/away v. ýta til hliðar; varpa frá sér
shrunk v. (p., pp. **shrink**)
shrunken adj. samanskroppinn; visinn
shuck (Am.) fræbelgur m.; skel f.; vt. afhýða
shucks (Am.) interj. ansans, fjárans
shudder hrollur m.; v. skjálfa; hrylla við
shuffle (upp)stokkun f.; undanbrögð n.pl.; v. (one's feet) draga fæturna, (cards) stokka (spil)
shuffle off v. losa sig við, koma sér undan
shuffler bragðarefur m., viðsjálsgripur m.
shun vt. forðast, sneiða hjá, sniðaganga
shunt v. víkja til hliðar, hliðra (sér til)
shush interj. uss, þei; v. sussa á
shut adj. lokaður; v. loka(st)
shutdown (of a factory) lokun f.
shut down v. leggja niður, loka
shut off v. loka fyrir, rjúfa; einangra
shutter gluggahleri m.; ljósopsloki m.; **put up the shutters** loka búðinni; vt. byrgja (glugga)
shuttle (in a loom) skytta f.; skutla f.; v. fara/flytja fram og til baka; ferja
shuttlecock badmintonbolti m., fjaðrabolti m.

shuttle service skutluþjónusta f.; tíðar áætlunarferðir f.pl.
shut up v. læsa, (keep enclosed) loka inni, (stop talking) þagna, (cause to stop talking) þagga niður í
shy adj. feiminn; fælinn; v. fælast
shyness feimni f.; fælni f.
shy of adj. hikandi við; **fight s. of** forðast
shyster (Am.) bragðarefur m.
Siamese cat síamsköttur m.
Siamese twin síamstvíburi m.
Siberia Síbería f.
Siberian Síberíubúi m.; adj. síberískur
sibilant blísturshljóð f.; adj. hvæsandi, blísturs-
sibling bróðir m./systir f.
sibyl spákona f., völva f.
sibylline adj. spádómslegur, spádóms-; spákonu-
Sicilian Sikileyingur m.; adj. sikileyskur
Sicily Sikiley f.
sick adj. **feel s.** vera flökurt/óglatt; **be s.** kasta upp, gubba; **s. at heart** miður sín; **s. and tired of** dauðleiður á; (Am.) sjúkur, veikur
sickbay sjúkradeild f., sjúkraklefi m.
sickbed sóttarsæng f., sjúkrasæng f.
sick call (Am.) sjúkrakall (hermanna) n.
sicken v. valda e-m ógleði; verða óglatt; veikjast
sickening adj. ógeðslegur; sárgrætilegur
sicken of v. verða hundleiður/dauðþreyttur á
sick headache (Am.) mígren (með uppköstum) n.
sickish adj. lasinn, slappur; velgjulegur
sickle sigð f., kornljár m.
sickle-cell anaemia sigðkornablóðleysi n.
sick leave sjúkraleyfi n., veikindafrí n.
sick list sjúkralisti m., veikindalisti m.
sickly adj. heilsuveill; veiklulegur; ógeðslegur
sickness sjúkleiki m.; sjúkdómur m.; ógleði f.
sickness benefit (opinberar) sjúkrabætur f.pl.
sick parade sjúkrakall (hermanna) n.
sick pay sjúkrapeningar m.pl.
sickroom sjúkraherbergi n.; sjúkrastofa f.
sick up v. (vomit) kasta upp, gubba
side hlið f.; aðili m.; **on/from all sides** úr öllum áttum; **put on/to one s.** leggja til hliðar; **split one's sides** rifna úr hlátri; **take sides (with)** taka afstöðu (með)
side arms beltisvopn n.pl.
sideboard skenkur m., borðstofuskápur m.
sideboards bartar m.pl.
sideburns (Am.) bartar m.pl.
side effect hliðarverkun f., aukaverkun f.
side glance hornauga n.
side horse (Am.) (leikfimi)hestur m.
side issue aukaatriði n.
sidekick (Am.) kumpáni m., félagi m.
sidelight hliðarljós n.; skemmtilegt aukaatriði n.
sideline hliðarlína f.; aukastarf n., aukavinna f.
sidelong adj. skáhallur, hliðar-; adv. til hliðar
sidereal adj. síderískur, stjörnuhorfs-, stjörnu-
sideroad afleggjari m.; hliðargata f.
sidesaddle söðull m.; ride s. ríða í söðli
sideshow aukasýning f.; aukaatriði n.
sideslip vi. renna út á hlið
sidesplitting adj. drepfyndinn, bráðfyndinn
sidestep v. stíga til hliðar; komast/sneiða hjá
side street hliðargata f.
sidestroke sundtak í hliðarsundi n.
sideswipe (Am.) v. strjúkast við
sidetrack hliðarspor n.; v. koma út af sporinu
sidewalk (Am.) gangstétt f.
sideward adj. (sem er) til hliðar, hliðar-
sidewards adv. til hliðar, út á hlið
sideways adv. til hliðar; frá hlið; á hlið
side whiskers bartar m.pl.
side with v. fylgja e-m að málum (gegn = against)
siding hliðarspor n.
sidle vi. skáskjóta sér; læðast, laumast
siege umsátur n., herkví f.
siesta miðdegishvíld f.
sieve sigti n., sáld n.; vt. sigta, sálda
sift v. sigta, sía(st); grannskoða

sigh andvarp n.; v. andvarpa, stynja
sight sjón f.; (aug)sýn f.; sjónmál n.;
at first s. við fyrstu sýn; **catch s. of.**
koma auga á; **lose s. of** missa sjónar á;
(with)in/out of s. í/úr augsýn; **a s. for
sore eyes** ánægjuleg sjón f.; vt. sjá,
eygja
sighted adj. (of a person) sjáandi
sightless adj. sjónlaus, blindur
sightly adj. ásjálegur, snotur, laglegur
sightread v. lesa (óundirbúið) af blaði
sights merkisstaður m.; markverður
hlutur m.
sightsee v. skoða sig um
sightseeing skoðunarferð n.,
kynnisferð f.
sightseer ferðamaður í skoðunarferð m.
sign merki n., tákn n.; skilti n.;
v. skrifa undir
signal merki n., bending f.; adj. merkja-;
markverður; framúrskarandi;
v. gefa merki/bendingu
signal box sporskipta- og merkjastöð f.
signalize vt. gera eftirminnilegan/merkan
signaller merkjavörður m.
signally adv. tiltakanlega, áberandi
signalman (pl. -men) merkjavörður m.
signal tower (Am.) sporskipta- og
merkjastöð f.
signatory samningsaðili m.
signature undirskrift f.;
eiginhandaráritun f.
signature tune inngangslag n.,
kynningarstef n.
sign away/over v. afsala sér,
skrifa undir afsal fyrir
signboard auglýsingaskilti n.;
tilkynningatafla f.
signet innsigli n., signet n.
signet ring innsiglishringur m.,
signethringur m.
significance merking f., gildi n.,
mikilvægi n.
significant adj. þýðingarmikill,
mikilvægur; marktækur
signify v. merkja, tákna; gefa til kynna
sign in/out v. skrá (sig) inn/út
sign language táknmál n., fingramál n.
sign off v. ljúka með undirskrift;
ljúka (útvarps)sendingu

sign on v. ráða sig, innrita(st);
hefja (útvarps)sendingu
signpost vegvísir m.
sign up v. (láta) skrá (sig); gefa merki um
silage súrhey n., vothey n.
silence þögn f.; vt. þagga niður í
silencer hljóðdeyfir m., (car) hljóðkútur m.
silent adj. hljóður, þögull; hljóðlaus
silent partner (Am.) óvirkur
meðeigandi m.
silhouette útlínumynd f.; skuggamynd f.;
vt. birta sem dökka mynd á ljósum fleti;
bera við
silicon kísill m., silisíum n.
silicon metal kísilmálmur m.
silk silki n.
silken adj. silkimjúkur, silki-
silk screen silkiprentun f., sáldþrykk n.
silkworm silkiormur m.
silky adj. silkimjúkur, silki-
sill (glugga)sylla f.
silliness kjánaskapur m., heimska f.
silly kjáni m.; adj. kjánalegur,
heimskulegur
silo síló n.; votheysturn m.;
neðanjarðarbyrgi n.
silt botnleðja f., árframburður m.
silt up v. fylla(st) af sandi/leðju
silver silfur n., (for the table)
silfurborðbúnaður m., (money) silfur-
peningur m.; adj. silfurlitur, silfraður;
silfurskær; v. silfra, silfurhúða; verða
silfurgrár
silverfish (insect) silfurskotta f.
silver foil silfurpappír m., álpappír m.
silver jubilee silfurafmæli n.
silver paper silfurpappír m., álpappír m.
silver plate silfurplett n.; silfurhúðaður
borðbúnaður m.
silver screen hvíta tjaldið n.,
kvikmyndir f.pl.
silversmith silfursmiður m.
silver-tongued adj. tungulipur, mælskur
silverware (Am.) silfurmunir m.pl.;
hnífapör n.pl.
silver wedding silfurbrúðkaup n.
silvery adj. silfurskær; silfraður, silfur-
simian adj. apalegur, apa-
similar adj. líkur, áþekkur, svipaður
similarity líking f.; svipur m.

similarly adv. álíka, á svipaðan hátt
simile (við)líking f., samlíking f.
similitude líki n., mynd f.; samlíking f.
simmer hæg suða f.; v. (láta) krauma, malla
simmer down v. slappa af, róast, sefast
simper tilgerðarlegt bros n.; vi. glotta bjánalega
simple adj. einfaldur
simple-hearted adj. hjartahreinn, einlægur; hrekklaus
simple interest vextir af höfuðstóli m.pl.
simple-minded adj. einfeldningslegur, fávís
simpleton einfeldningur m., kjáni m.
simplicity einfaldleiki m.; **s. itself** leikur einn m.
simplification einföldun f.
simplify vt. einfalda
simply adv. einfaldlega, bara, aðeins, blátt áfram
simply adv. á einfaldan hátt; einfaldlega; bara
simulacrum yfirborðsleg líking f., óljós svipur m.
simulate vt. gera sér upp; líkja eftir
simulation uppgerð f., látalæti n.pl.; eftirlíking f.
simulator hermir m., (eftir)líkir m.
simultaneous adj. (sem gerist) samtímis, samtíða-
simultaneously adv. samtímis, um leið
sin synd f.; vi. syndga
since adv. síðan, eftir það; **ever s.** alla tíð síðan; **long s.** fyrir löngu; prp. & conj. síðan
sincere adj. einlægur, heiðarlegur
sincerely adv. einlæglega; **yours s.** þinn einlægur
sincerity einlægni f., hreinskilni f.
sine sínus m.
sinecure hóglífisembætti n.; bitlingur m.
sine die (Lat.) adv. um óákveðinn tíma
sine qua non höfuðatriði n., algjört skilyrði n.
sinew sin f.; styrkur m., máttarstólpi m.
sinewy adj. sterkur, vöðvastæltur, (of meat) seigur
sinful adj. syndugur, syndsamlegur
sinfulness syndsemi f., siðspilling f.

sing v. syngja
singe (lítilsháttar) bruni m.; v. svíða; sviðna
singer söngvari m.
singing söngur m.; adj. syngjandi; söng-
single (ticket) farmiði aðra leiðina m.; adj. einn, stakur; einfaldur; (for one person) eins manns, einstaklings-, (unmarried) einhleypur, ógiftur
single-breasted adj. (of a coat) einhnepptur
single-decker einlyftur strætisvagn m.
single-density diskette einþéttur disklingur m., einþétta f.
single-engine adj. einhreyfla
single-handed adj. & adv. einn síns liðs; hjálparlaust
single-minded adj. einhuga, einbeittur, ákveðinn
single-mindedness einbeitni f., stefnufesta f.
singleness stefnufesta f.; einlífi n.
single out v. velja úr
singles einmenningskeppni f.
single-sided diskette einhliða disklingur m.
singlestick skylmingarstafur m.
singlet treyja f., bolur m.; vesti n.
singleton (in card games) einspil n.
single-user system einmenningskerfi n.
singly adv. einn í einu; hver í sínu lagi
sing out v. hrópa (á = **for**)
singsong hópsöngur m.; söngl n.
singular eintala f.; adj. einstakur; einkennilegur
singularity einstakleiki m.; sérkenni n.
singularly adv. einstaklega; undarlega
sinister adj. óheillavænlegur, ískyggilegur
sink v. sökkva; hníga, (láta) síga
sink (in a kitchen) vaskur m., (den) bæli n.
sinker sakka f., lóð n.
sink in v. síast/síga inn; skiljast
sinking fund afborganasjóður m.
sink into v. komast smám saman í, (force into) stinga í
sinless adj. syndlaus
sinner syndari m.

Sinologist sérfræðingur í kínverskri menningu m.
Sinology rannsóknir á kínverskri menningu f.pl.
sinter sori m.; hverahrúður n.
sinuosity beygja f., bugða f.; flækja f.
sinuous adj. (winding) bugðóttur, hlykkjóttur
sinus (in a bone) hola f.
sip smásopi m.; v. dreypa á
siphon sogpípa f.; v. soga(st) með sogara
sir herra m.; **Dear Sir** kæri/háttvirti herra
sire (for)faðir m.; vt. (of horses) vera faðir að
siren sírena f., vélflauta f.
sirloin þunnasteik f., lendastykki n.
sirocco (pl. **siroccos**) svækjuvindur (frá N-Afríku) m.
sisal sísalilja f.
sissy stelpustrákur m.; raggeit f., gunga f.; adj. kvenlegur, teprulegur; blauður
sister systir f., (nurse) yfirhjúkrunarkona f.
sisterhood systralag n.; systraregla f.
sister-in-law (pl. **sisters-in-law**) mágkona f.
sisterly adj. systurlegur, systur-
sisters-german alsystur f.pl.
sister ship systurskip n.
sit v. sitja; **s. tight** sitja sem fastast; **s. pretty** vera á grænni grein
sit about/around v. sitja hjá, hafast ekkert að
sitar sítar m.
sit back v. halla sér aftur; halda að sér höndum
sit by v. sitja hjá/við; hafast ekki frekar að
sit down v. setjast (niður), fá sér sæti
sit-down strike setuverkfall n.
site vettvangur m., staður m., (for a house) (byggingar)lóð f.; v. staðsetja, velja e-u stað
sit-in mótmælaseta f.
sit in v. fara í setuverkfall
sit in on v. vera áheyrnarfulltrúi, fylgjast með
sit on v. stinga undir stól, liggja á; halda í skefjum
sit out/through v. sitja til enda, halda út, þrauka

sitter (for a portrait) fyrirsæta f.
sitting lota f., áfangi m., (session) seta f., fundur m.; adj. sitjandi; setu-, sætis-
sitting duck auðveld bráð f.; auðvelt skotmark n.
sitting room setustofa f., dagstofa f.
situated adj. staðsettur; á sig kominn, staddur
situation ástand n.; lega f., staðsetning f.; starf n.
sit-up magaæfing f.
sit up v. (láta) setjast upp; vaka (fram eftir); **s. u. and take notice** taka við sér
six num. sex; **at sixes and sevens** á tjá og tundri; ruglaður, óákveðinn; **s. foot under** undir græna/grænni torfu
sixfold adj. sexfaldur; adv. sexfalt
sixpack (Am.) sex íláta pakki m.
six-shooter sexhleypa f., sex skota skammbyssa f.
sixteen num. sextán
sixteenth num. sextándi
sixteenth note (Am.) sextándapartsnóta f.
sixth num. sjötti
sixth sense sjötta skilningarvitið n., hugsæi n.
sixtieth num. sextugasti
sixty num. sextíu
size stærð f., (of shoe etc.) númer n.; **cut s-y down to s.** lækka rostann í e-m; vt. flokka eftir stærð
size (sticky substance) límvatn n.; límsterkja f.
siz(e)able adj. allstór, töluverður, umtalsverður
size up v. vega og meta, mynda sér skoðun á
sizzle snark n.; vi. snarka; vera sjóðheitur
sizzler brennheitur dagur m.
skate (a flat sea fish) skata f.
skate skauti m.; vi. skauta, renna sér á skautum
skateboard hlaupabretti n.; vi. renna sér á rúllubretti
skate over/round v. sneiða hjá; draga úr, breiða yfir
skater skautahlaupari m.

skating skautahlaup n.; skautaíþrótt f.
skating rink (hjóla)skautavöllur m.; skautasvell n.
skedaddle vi. hlaupa brott, taka til fótanna
skeet shooting flugskífukeppni f., leirskífuskotkeppni f.
skein (band)hespa f., (of wild geese) gæsager n.
skeleton beinagrind f.; **s. in the cupboard**/(Am.) **closet** óþægilegt (fjölskyldu)leyndarmál n.
skeleton key höfuðlykill m.; þjófalykill m.
skeptic (Am.) efasemdarmaður m., efahyggjumaður m.
skeptical (Am.) adj. efagjarn, vantrúaður; efahyggju-
skepticism (Am.) tortryggni f., vantrú f.; efahyggja f.
sketch skissa f., rissmynd f., (in words) uppkast n., ágrip n.; v. rissa; gera uppkast að
sketchbook skissubók f.
sketch out v. gera lauslega grein fyrir
sketchpad rissblokk f.
sketchy adj. lauslegur, ágripskenndur; ófullkominn
skew adj. skakkur; skáhallur, hallandi
skewbald skjóttur hestur m.; adj. skjóttur
skewer steikarteinn m., grillprjónn m.; vt. þræða á steikartein; stinga í (með prjóni)
ski skíði n.; vi. renna sér á skíðum
ski boot skíðaskór m.
skid skrens n.; sliskja f., rennibraut f.; klossi m., hemill m.; v. renna (til), skrensa
skid control skrikvörn f.
skidding force skrikkraftur m.
skidlid öryggishjálmur m.
skid row (Am.) skuggahverfi n.
skier skíðamaður m., skíðakona f.
skiff kæna f., bátskel f.
skiing skíðaíþrótt f.; skíðaferð f.
skiing lodge skíðaskáli m.
ski jump skíðastökk n.; skíðastökkspallur m.
skilful adj. fimur, leikinn, fær, hagur
ski lift skíðalyfta f.
skill leikni f., færni f., kunnátta f.
skilled adj. þjálfaður, reyndur, vanur; faglærður
skillet (Am.) steikarpanna f.
skim v. fleyta (ofan af); strjúkast við
skim(med) milk undanrenna f.
skimmer (utensil) gatasleif f., fleytir m.
skim over/through v. renna yfir, líta lauslega yfir
skimp v. spara (við sig), vera naumur á
skimpy adj. knappur, ónógur; fátæklegur
skin skinn n., húð f., (human) hörund n., (of a fruit) hýði n., börkur m.; **by the s. of one's teeth** með nauminum; **get under someone's s.** ergja e-n; **under the s.** innst inni; v. flá, húðfletta; afhýða, skræla, (hurt) hrufla, skráma, fleiðra, (cheat) féfletta
skin-deep adj. sem ristir grunnt, grunnur
skin-dive v. kafa í froskbúningi
skin diver froskmaður m.
skin diving froskköfun f.
skinflick (Am.) klám(kvik)mynd f.
skinflint svíðingur m., nirfill m., nánös f.
skinful magafylli f., kviðfylli f., belgfylli f.; **have a s.** fá sér einum of mikið neðan í því
skin graft húðgræðsla f., húðfærsla f.
skinny adj. magur, mjór, grindhoraður
skint adj. á kúpinni, staurblankur
skin-tight adj. sem stendur á beini, níðþröngur
skip hopp n., skopp n.; v. hoppa (yfir)
skip (container) (opinn) gámur m.
ski pants skíðabuxur f.pl.
ski plane skíðaflugvél f.
ski pole (Am.) skíðastafur m.
skipper skipstjóri m. (of a team) fyrirliði m.
skipping-rope sippuband n.
skirl sekkjapíputónn m.; gól n. skrækur m.
skirmish skæra f., rimma f.; vi. eiga í skærum
skirt pils n.; vi. liggja að
skirting board gólflisti m.
ski run skíðabrekka f.; skíðabraut f.
ski slide skíðastökkspallur m.
ski stick skíðastafur m.
skit grínþáttur m., skopatriði n.
ski tow toglyfta f.

skitter v. skoppa, trítla, skjótast
skittish adj. gáskafullur; fælinn, viðbrigðinn
skittles keiluspil n.
skua fugl af kjóaætt m.
skulduggery leynimakk n., prettir m.pl., undirferli n.
skulk vi. læðast, laumast, fara huldu höfði
skull höfuðkúpa f., hauskúpa f.
skull and crossbones hauskúpumerki n.
skullcap kollhúfa f., kolla f.
skunk skunkur m., þefdýr n.; óþokki m.
sky himinn m.; **praise s-y to the skies** hefja e-n til skýjanna; **the sky's the limit** það eru engin takmörk
sky-blue adj. himinblár
sky-high adj. himinhár
skyjack vt. ræna (flugvél)
skyjacker flugvélarræningi m.
skyjacking flugvélarrán n.
skylark (söng)lævirki m.; vi. ærslast, glettast
skylight þakgluggi m., ljóri m.
skyline sjóndeildarhringur m.; útlínur f.pl.
skyrocket vi. rjúka/æða upp (úr öllu valdi)
skyscraper skýjakljúfur m.
slab hella f., plata f.
slack slaki m.; adj. slakur; daufur; kærulaus; vi. slaka á; slá slöku við; hægja (á sér)
slacken v. slaka á; slakna; draga úr, minnka
slacker slugsari m., slæpingi m.
slacks síðbuxur f.pl.
slack water fallaskipti n.pl., liggjandi m.
slag gjall n., sori m., sindur n.
slagheap gjallhaugur m.
slain v. (pp. **slay**)
slake vt. slökkva, svala; leskja (kalk); leskjast
slalom svig n.; svigkeppni f.; v. keppa í svigi
slam skellur m.; v. skella (aftur)
slam (in the card game of bridge) slemma f.
slander rógur m.; vt. ærumeiða; rægja, baknaga
slanderer rógberi m.

slanderous adj. ærumeiðandi
slang slangur n.; vt. úthúða, hrakyrða
slanging match skítkast n., svívirðingar f.pl.
slang word slanguryrði n.
slangy adj. slangurkenndur, slangur-
slant halli m.; (einhliða) sjónarmið n.; v. halla(st); hnika til, rangfæra
slanting adj. hallandi, skásettur
slantingly adv. skáhallt, á ská
slantwise adj. skáhallur; adv. skáhallt, á ská
slap löðrungur m.; smellur m.; **s. on the wrist** snupra f., snoppungur m.; vt. slá (með flötum lófa); löðrunga; smella, skella, slengja
slap adv. (directly) beint, beinustu leið
slap-bang adv. ofsahart; beint
slapdash adj. fljótfærnislegur, hroðvirknislegur
slaphappy adj. galsafullur, gáskafenginn
slapstick ærslaleikur m.; skrípalæti n.pl.
slap-up adj. flottur, fyrsta flokks, úrvals-
slash rista f., skurður m.; v. rista, skera; slá, höggva (til); (reduce) skera niður, lækka
slash mark skástrik n. (/)
slat rim f., rimill m.
slate flöguberg n., (on a roof) þakskífa f., (for writing on) tafla f.; **a clean s.** hreinn skjöldur m.; **wipe the s. clean** byrja upp á nýtt; vt. leggja skífur á, (plan to happen) ákveða, tímasetja, (Am.; propose for an office) tilnefna, útnefna, (berate) gagnrýna harðlega, ráðast á
slattern subba f.; dræsa f.
slaty adj. flöguberg-, skífu-
slaughter slátrun f.; blóðbað n.; vt. slátra; strádrepa
slaughterer slátrari m.; fjöldamorðingi m.
slaughterhouse sláturhús n.
slave þræll m.; vi. þræla, púla
slave driver þrælapískari m.
slaver þrælasali m.; þrælaskip n.
slaver (saliva) slefa f., slef n.; vi. slefa
slavery þrælkun f., þrældómur m.; þrælahald n.
slave ship þrælaskip n.
slave trade þrælasala f., mansal n.

slave traffic þrælasala f., mansal n.
slavish adj. þrællundaður, þrælslegur; þrælbundinn
slavonian grebe flórgoði m.
Slavonic adj. slafneskur
slay vt. vega, drepa
slayer banamaður m., vegandi m.
sleazy adj. sóðalegur, sjúskaður: illa þokkaður
sledge sleði m.; v. renna sér á sleða
sledgehammer sleggja f., slaghamar m.
sleek adj. (of hair) sléttur, gljáandi; fágaður; smeðjulegur; vt. slétta; gera glansandi
sleep svefn m.; **get to s.** sofna; **go to s.** fara að sofa; **put to s.** svæfa; v. sofa
sleep around v. sofa hjá hinum og þessum, **sleeper** (a person sleeping) sofandi maður m., (a train with beds) svefnvagn m.; svefnklefi m.
sleep in v. sofa frameftir; búa á vinnustað
sleepiness syfja f., svefnhöfgi m.
sleeping bag svefnpoki m.
sleeping car (of a train) svefnvagn m.
sleeping partner óvirkur meðeigandi m.
sleeping pill svefnpilla f.
sleeping sickness svefnsýki f., höfgasótt f.
sleepless adj. svefnlaus, (and)vöku-
sleeplessness svefnleysi n.
sleep off v. sofa úr sér
sleep on v. (delay) sofa á, bíða með (til morguns)
sleep out v. sofa undir berum himni; sofa fjarri vinnustað
sleep together v. sofa saman, hafa samfarir
sleepwalker svefngengill m.
sleepwalking svefnganga f.
sleep with v. sofa hjá, hafa kynmök við
sleepy adj. syfjaður; syfjulegur
sleepyhead svefnpurka f.
sleet slydda f.; vi. ganga á með slyddu
sleeve (of a garment) ermi f., (a tube) slíf f., múffa f., (for a record) plötuumslag n.; **laugh up one's s.** hlæja með sjálfum sér
sleeveless adj. ermalaus
sleigh sleði m.; v. ferðast/flytja á sleða
sleight of hand sjónhverfingar f.pl.; sjónhverfingalist f.

slender adj. grannur, mjór; veigalítill, rýr
slenderize (Am.) v. grenna (sig); grennast
slept v. (p., pp. **sleep**)
sleuth spæjari m., leynilögreglumaður m.
slew v. snúa(st) um ás, sveifa(st)
slew (Am.; a lot) hellingur m., aragrúi m.
slew v. (p. **slay**)
slewed adj. (drunk) slompaður, ölvaður
slice sneið f.; v. sneiða (niður)
slick hálkublettur m.; brák f.; (Am.; magazine) glansrit n.; adj. háll, sleipur; klókur, kænn
slide buna f., (track) rennibraut f., (picture) (lit)skyggna f., (of land) skriða f.; v. renna (sér); færast smám saman; læða(st), lauma(st)
slide projector skuggamyndavél f., skyggnuvél f.
slide rule reiknistokkur m.
sliding callipers rennimát n.
sliding door rennihurð f.
sliding scale hlutfallskvarði m.
slight adj. grannvaxinn; smávægilegur, smá-
slight (insult) lítilsvirðing f.; vt. sýna lítilsvirðingu; vanrækja, hirða ekki um
slightingly adv. með lítilsvirðingu
slightly adv. lítils háttar, smávegis; fín-, smá-
slim adj. grannur, grannvaxinn; naumur, (harla) lítill; v. grenna(st), megra sig
slime leðja f.; slím n., slepja f.
slimy adj. forugur; slímugur; viðbjóðslegur
sling fetill m., fatli m.; axlaról f.; stroffa f.; slöngva f.; v. slöngva, kasta, slengja
slingback (shoes) hælbandaskór m.pl.
slinger slöngvari m.
slingshot (Am.) teygjubyssa f.
slink vi. laumast, læðast
slip hrösun f., (mistake) glappaskot n., skyssa f., (undergarment) undirkjóll m.; v. renna (til), hrasa; smjúga; **let s.** láta ganga sér úr greipum; glopra út úr sér; **s. one's mind** gleymast
slip (of paper) ræma f., miði m., strimill m., (cutting) græðlingur m., angi m., (a slim boy/girl) grannvaxinn unglingur m.
slip (in pottery) fljótandi leir m.

slip bookkeeping miðabókhald n., vasabókhald n.
slipcover laust áklæði n.
slipknot rennihnútur m., hleypilykkja f.
slip of the pen pennaglöp n.pl.
slip of the tongue mismæli n.
slipped disc brjósklos n.
slipper inniskór m.
slippery adj. háll, sleipur; útsmoginn, óáreiðanlegur
slip road (onto/off a motorway) aðrein/afrein f.
slipshod adj. hroðvirknislegur, subbulegur
slip-up glappaskot n., skyssa f., mistök n.pl.
slip up v. gera glappaskot, verða á (í messunni)
slipway dráttarbraut f., slippur m.
slit rista f.; rifa f.; vt. rista; rífa (upp)
slither v. renna (sér); skrönglast, skreiðast
slithery adj. sleipur, háll
sliver flís f.; v. flísa(st)
slivovitz plómukoníak n.
slob sóði m., subba f.; ruddi m.
slobber slef n.; v. slefa (út)
sloe þyrniplóma f.
slog v. (hit) kýla, (work/walk hard) keppast við/þramma
slogan slagorð n.
sloop (sailing ship) slúppa f.
slop skvetta f., sull n., (food waste) úrgangur m., skólp n.; v. skvetta(st), sulla(st), (slosh) vaða, ösla
slope halli m., brekka f.; v. halla(st)
slope off v. laumast burt, stinga af
sloping adj. hallandi, aflíðandi
sloppy adj. (wet and dirty) blautur, slubbulegur, sóðalegur,(unsystematic) losaralegur, hroðvirknislegur, (sentimental) væminn
slosh v. ösla, (of liquid) skvetta(st), (hit) kýla
sloshed adj. fullur, drukkinn
slot rifa f., rauf f.; vt. gera rifu í/á, (find a place for) koma fyrir, finna e-u stað
sloth leti f., dugleysi n., (animal) letidýr n.
slothful adj. latur, duglaus, dáðlaus
slothfulness leti f., dugleysi n., viljaleysi n.
slot machine sjálfsali m.

slouch slyttulegt fas n., (person) hengilmæna f.; liðleskja f.; vi. hengslast, ganga álútur
slouch hat slapahattur m.
slough (swamp) fen n., vilpa f., forardíki n.
slough (skin) (slöngu)hamur m.; v. hleypa hami
slough off v. losa sig við, kasta af sér; losna undan
sloven sóði m., subba f.
slovenliness sóðaskapur m., subbuskapur m.
slovenly adj. sóðalegur, subbulegur
slow adj. hægur, seinn; adv. hægt
slowcoach silakeppur m., rola f.
slowdown (Am.) hægagangur m.
slow down v. hægja á sér, draga úr hraðanum
slowly adv. hægt, rólega
slow-motion adj. (of films) sýndur hægt
slowness seinlæti n.; seinfærni f.
slowpoke (Am.) silakeppur m., rola f.
slow-witted adj. treggáfaður, tornæmur
slowworn slóreðla f.
sludge leðja f., aur m.; botnfall n., sori m.
slug (snail) brekkusnigill m., (bullet) byssukúla f.
slug (Am.; a heavy blow) bylmingshögg n.; vt. kýla
sluggard silakeppur m., letiblóð n.
sluggish adj. silalegur, seinfær
sluggishness seinlæti n., leti f.
sluice gáttarstífla f.; v. spúla; fossa, steypast
sluice gate flóðgátt f., (valve) stífluloka f.
sluiceway gáttarstokkur m., vatnsstokkur m.
slum fátækrahverfi n.; hreysi n.; vi. fara inn í fátækrahverfi; **s. it** búa við örbirgð
slumber blundur m., dúr m.; v. blunda, móka
slumberous adj. syfjaður; syfjulegur
slumber party (Am.) náttfatapartí n.
slummy adj. sóðalegur; fátækrahverfis-
slump verðhrun n., verðfall n.; samdráttur m.; vi. hlunkast; hrynja, hrapa, lækka skyndilega
slung v. (p., pp. **sling**)

slunk v. (p., pp. **slink**)
slur óskýr framburður m., (reproach) ófræging f., (in music) bindinóta f.; v. bera óskýrt fram; ófrægja, lasta; leika bundið
slurp v. (drink) sötra, (eat) slafra
slurry grugglausn f.
slush krap n., slabb n.; vella f.
slush fund (Am.) mútusjóður m.
slushy adj. krapakenndur; velgjulegur, væminn
slut dækja f.; dræsa f.; subba f.
sluttish adj. (of a woman) lauslátur; sóðalegur
sly adj. slóttugur, lúmskur; **on the s.** á laun
slyness lævísi f., slægð f., kænska f.
smack skellur m.; löðrungur m.; smjatt n.; v. skella, (strike) löðrunga, (one's lips) smjatta
smack adv. af öllu afli; (Am.) beint
smack (flavour) keimur m., bragð n.
smack (small sailing boat) lítil fiskiskúta f.
smacker rembingskoss m.; dollar m., pund n.
smacking (rass)skellur m.; löðrungur m.
smack of v. bera keim af
small adj. lítill, smár; **feel s.** skammast sín; **in a s. way** lítillega, í dálitlum mæli; adv. smátt
small (of the back) mjóhryggur m.
small ad smáauglýsing f.
small arms handvopn n.pl.
small change smámynt f., skiptimynt f.
small fry smámenni n., lítilfjörlegur maður m.
smallholder smábóndi m., hjáleigubóndi m.
smallholding smábýli n., kot n., hjáleiga f.
small hours fyrstu klukkustundir sólarhringsins f.pl.; **into the s. h.** fram á rauða nótt
small intestine smáþarmar m.pl., smágirni n.
small-minded adj. smásálarlegur, þröngsýnn
small-mindedness lítilmennska f., þröngsýni f.
smallness smæð f.; lítilmennska f.

smallpox bólusótt f., stórabóla f.
smalls (for washing) smáþvottur m.
small slam hálfslemma f.
small talk spjall n., snakk n., skraf n.
small-time adj. minni háttar; ómerkilegur
smarmy adj. (unctuous) smeðjulegur
smart adj. (stylish) fínn, flottur, (bright) snjall, skýr, klár, (quick) rösk(leg)ur, hraður, (severe) harkalegur, óvæginn; (Am.) **play it s.** haga sér skynsamlega
smart (pain) sviði m.; sárindi n.; v. svíða; sárna
smart aleck monthani m., oflátungur m.
smarten up v. hressa upp á, snyrta, fegra
smart set tískugengi n., hátískufólk n.
smash brothljóð n.; skellur m.; (of a business) gjaldþrot n.; v. mölva, mölbrjóta; mölbrotna; skella (á = **into/against**)
smash-and-grab raid búðargluggarán n.
smasher gersemi f., afbragð n., æði n.
smash hit smellur m., verk sem slær í gegn n.
smashing adj. frábær, stórkostlegur, þrumu-
smash-up árekstur m.; hrun n.
smattering hrafl n., reytingur m.
smear klessa f., blettur m.; rógburður m.; v. óhreinka(st), klína, ata; sverta, skíta út
smear campaign rógsherferð f.
smear test stroksýnispróf n.
smell lyktarskyn n.; lykt f.; v. lykta (af = **of**); **s. a rat** gruna að svik séu í tafli
smelling salts ilmsalt n.
smell out v. þefa uppi
smelly adj. daunillur, þefillur
smelt vt. bræða málmgrýti, hreinsa málm
smelt (fish) fiskur af loðsílaætt m.
smelt v. (p., pp. **smell**)
smelter málmbræðsla f.; málmbræðslumaður m.
smew hvítönd f.
smile bros n.; v. brosa
smirch smánarblettur m.; vt. smána, svívirða
smirk flírubros n., glott n.; vi. brosa drýlnislega, glotta
smite v. slá, ljósta; heltaka, gagntaka
smith (málm)smiður m.

smithereens tætlur f.pl., smámolar m.pl.
smithy járnsmiðja f.
smitten adj. sleginn; gagntekinn; v. (pp. **smite**)
smock vinnusloppur m.; mussa f.
smocking vöfflusaumur m.
smog reykjarmóða f., mengunarský n.
smokable adj. reyjanlegur, reykjandi
smoke reykur m.; v. reykja
smoked adj. reyktur; reyklitaður
smoke detector reykskynjari m.
smokeless adj. reyklaus
smoke out v. svæla út; draga fram í dagsljósið
smoker reykingamaður m., (on a train) reykingaklefi m.
smokescreen reykjahula f.
smokestack reykháfur m., strompur m.
smoking reykingar f.pl.; **no s.** reykingar bannaðar
smoking compartment reykingaklefi m.
smoking room reykingasalur m.
smoky adj. reykmettaður; reykkenndur, reyk-
smolder (Am.) glæður f.pl.; vi. brenna í glæðum; ólga
smooch kelerí n.; v. kyssa, kela
smooth adj. sléttur; mjúkur; v. slétta (úr); sefa(st)
smoothie stimamjúkur maður m.; refur m.
smoothness sléttleiki m.; mýkt f.
smooth over v. (difficulties) greiða úr (vandræðum)
smooth-spoken adj. mjúkmáll, tungulipur
smoothy stimamjúkur maður m.; refur m.
smorgasbord kalt (hlað)borð n.
smote v. (p. **smite**)
smother mökkur m., ský n.; v. kæfa, bæla niður
smoulder glæður f.pl.; vi. brenna í glæðum; ólga
smudge kám n.; v. bletta(st), káma(st), óhreinka(st)
smudgy adj. óhreinn, útataður, kámugur
smug adj. sjálfsánægður, sjálfumglaður, drjúgur
smuggle vt. smygla
smuggler smyglari m.
smuggling smygl n.

smut sótflygsa f., (disease of corn) sótsveppasýki f., (indecent talk) óþverratal n., klám n.; v. ata(st) sóti; bletta(st)
smutch óhreinindi n.pl.; v. óhreinka, skíta út
smutty adj. sótugur, kámaður; klámfenginn, klúr
snack skyndibiti m., snarl n.
snack bar skyndibitastaður m.
snaffle (bit) mél n.pl.; vt. beisla; stela, hnupla
snafu (Am.) klúður n.; adj. ruglingslegur, í steik
snag (obstacle) hængur m., agnúi m.
snail snigill m.; **at a snail's pace** löturhægt
snake snákur m., naðra f.; vi. hlykkjist, liðast
snakebite höggormsbit n.
snake charmer slöngutemjari m.
snaky adj. hlykkjóttur, bugðóttur; slægur
snap smellur m., brestur m.; adj. skyndi-; v. smella, bresta, slitna, hrökkva sundur; **s. out of it** rakna við, koma til sjálfs sín
snap at v. grípa áfergjulega; hreyta ónotum í
snapdragon ljónsmunnur m.
snap fastener (Am.) smella f.
snappish adj. glefsinn; viðskotaillur, orðhvatur
snappy adj. glefsinn, (stylish) nýtískulegur, stællegur, (lively) röskur, snöggur; **Make it snappy!** Flýttu þér!
snapshot skyndimynd f., tækifærismynd f.
snap up v. grípa/kaupa snarlega
snare snara f., gildra f.; vt. snara; næla sér í
snarl urr n.; v. urra; segja höstuglega
snarl (tangle) flækja f.; v. flækja(st), fara í bendu
snarl-up (umferðar)öngþveiti n., ringulreið f.
snatch hrifs n.; glefsa f., brot n., v. hrifsa, grípa
snatch at v. hrifsa til; notfæra sér
snazzy adj. (áberandi) stællegur
sneak pukur n., (sneaky person) læðupoki m.; adj. laumu-; v. lauma(st), læða(st)

sneaker (Am.) strigaskór m., íþróttaskór m.
sneaking adj. leynilegur; lúmskur, undirförull
sneaky adj. lúmskur, undirförull
sneer hæðnisglott n.; háðsyrði n.; v. glotta háðslega; spotta, hæðast að
sneeringly adv. háðslega; með lítilsvirðingu
sneeze hnerri m.; vi. hnerra
sneeze at v. fúlsa við, fussa við
snick skora f., hak n.; v. gera skoru í
snicker fliss n.; vi. flissa, (whinney) frísa
snide adj. ótuktarlegur, meinlegur
sniff v. sjúga upp í nefið; nasa, þefa (af)
sniffle snörl n., nefkorr n.; vi. snörla
snigger fliss n.; vi. flissa
snip skæratak n.; afklippa f., (bargain) reyfarakaup n.pl.; v. klippa, bregða skærum á
snipe (bird) hrossagaukur m.
sniper leyniskytta f.
snippet snifsi n., bútur m.; hrafl n.
snitch v. ljóstra upp (um = **on**), (steal) hnupla
snivel snökt n.; vi. (cry) væla, kjökra
snob uppskafningur m., snobbaður maður m.
snobbery snobb n., snobbháttur m.
snobbish adj. snobbaður
snooker snóker m.
snoop snuðrari m.; vi. snuðra, hnýsast
snooty adj. snobbaður, montinn, tilgerðarlegur
snooze blundur m.; vi. fá sér lúr, blunda
snore hrotur f.pl.; vi. hrjóta
snorkel öndunarpípa f.
snort fnæs n., (drink) snafs m.; v. fnæsa; hnussa
snot (mucus) hor m.
snotty adj. horugur, (snooty) reigingslegur, montinn
snout snoppa f., trýni n.
snow snjór m.; v. snjóa; **be snowed in/up** fyllast/teppast af snjó; fenna inni; **be snowed under (with)** vera að drukkna (í)
snowball snjóbolti m.; v. (increase) (sí)aukast
snowbound adj. snjótepptur, snjóaður inni
snow bunting snjótittlingur m., sólskríkja f.
snowdrift fönn f., skafl m., skafrenn-ingur m.
snowdrop vetrargosi m.
snowfall snjókoma f.
snowfield fannbreiða f.
snowflake snjóflygsa f., snjókorn n.
snow leopard snjóhlébarði m.
snowline snælína f.
snowman (pl. **-men**) snjókarl m.
snowplough snjóplógur m.
snowshoe snjóþrúga f., snjóskór m.
snowstorm stórhríð f., kafaldsbylur m.
snow tyre snjóhjólbarði m.
snow-white adj. mjallhvítur, fannhvítur
snowy adj. snjóugur, snævi þakinn; snjó-
snowy owl snæugla f.
snub lítilsvirðing f.; snupra f., ofanígjöf f.; vt. lítilsvirða; snupra, snubba
snub-nosed adj. með uppbrett nef; stuttur, afskorinn
snuff (tobacco) neftóbak n.
snuffbox neftóbaksdós f.
snuffle snörl n., nefkorr n.; vi. snörla
snuff out v. slökkva (á); kæfa, bæla niður
snug adj. makindalegur, (neat and tidy) vistlegur, (closely fitting) aðskorinn, þröngur
snuggle v. hjúfra sig (upp að = **against**)
so adv. svo, (thus) þannig; **and so on/forth** og svo framvegis; **even so** þótt svo sé/væri; **so as to** til þess að; **so far** hingað til; conj. svo (að)
soak v. liggja/leggja í bleyti; rennbleyta
soak up v. drekka í sig
so-and-so (pl. **so-and-sos**) einhver (ónafngreindur) maður m., (rude person) durtur m.; þrjótur m.
soap sápa f.; vt. sápa, sápubera
soap bubble sápukúla f.
soap flakes sápuspænir m.pl.
soap opera sápuópera f.
soap powder þvottaduft n.
soapsuds sápulöður n.
soapy adj. sápugur, löðrandi í sápu, sápu-

soar vi. svífa, (go upward) rísa hátt, hækka sig, rjúka upp, (be very high) gnæfa, rísa hátt
sob snökt n.; v. snökta, vera með ekka
sober adj. ódrukkinn, (not silly) skynsamlegur
sober down v. stilla(st), róa(st); koma niður á jörðina
sober up v. láta renna af (sér); verða allsgáður
sobriety reglusemi f.; bindindissemi f.; alvörugefni f.
so-called adj. svokallaður
soccer knattspyrna f., fótbolti m.
soccer team knattspyrnulið n.
sociable adj. félagslyndur; notalegur
social adj. (þjóð)félagslegur, (þjóð)félags-
social climber framagosi m., metorðagjarn maður m.
social democrat jafnaðarmaður m., sósíaldemókrati m.
socialism jafnaðarstefna f.
socialist jafnaðarmaður m.
social science félagsvísindi n.pl.
social security almannatryggingar f.pl.
social worker félagsráðgjafi m.
socialize vt. þjóðnýta; blanda geði (við = **with**)
society (community) þjóðfélag n., (organization) félag n., (companionship) félagsskapur m., samneyti n., (people of fashion) fína fólkið n.
sociologist félagsfræðingur m.
sociology (þjóð)félagsfræði f.
sock (hálf)sokkur m., (loose sole) íleppur m.
sock (blow) hnefahögg n.; adv. beint; vt. kýla
socket fals n., gróp f., hvilft f., (bulb) perustæði n.; innstunga f., (eye) augnatóft f.
sod (earth) grassvörður m.; torfa f.
soda (water) sódavatn n.
sodden adj. vatnssósa, gegnvotur, þrútinn
sodium natríum n., natrín n.
sodomy sódómska f., samkynhneigð f.
sofa legubekkur m., sófi m.
soft adj. mjúkur, mildur, linur
soft-boiled adj. linsoðinn

soft drink gosdrykkur m.
soften v. mýkja(st), lina(st), blíðka(st)
softener mýkir m., mýkingarefni n.
softhearted adj. góðhjartaður, brjóstgóður, meyr
softly adv. hljótt; **talk s.** tala í hálfum hljóðum
softness mýkt f., mildi f.; viðkvæmni f.
soft palate gómfilla f.
soft-pedal v. deyfa, draga úr, milda
soft roe svil n.pl., sæði (hængs) n.
soft soap grænsápa f., (flattery) skjall n.
soft-spoken adj. þýðmæltur, alúðlegur; mjúkmáll
soft spot veikur punktur m., veikleiki m.; **have a soft spot for** vera veikur fyrir
software hugbúnaður m.
soggy adj. gegnblautur, vatnssósa
soil (ground) jarðvegur m.; jörð f.
soil óhreinindi n.pl.; v. skíta út, óhreinka(st)
soil water jarðvatn n.
sojourn (við)dvöl f.; vi. hafa viðdvöl
solace huggun f.; vt. hugga, hughreysta
solar adj. sól-, sólar-
solar cell sólrafall m., sólarhlað n.
solar eclipse sólmyrkvi m.
solarium sólskýli n., sólbaðstofa f.
solar plexus iðraholsflækja f.; magagróf n.
solar system sólkerfi n.
sold v. (p., pp. **sell**)
solder lóðmálmur m.; v. lóða (saman)
soldering iron lóðbolti m., kveikingahamar m.
soldier hermaður m.; vi. gegna herþjónustu
soldier on v. seiglast við, halda ótrauður áfram
sold out adj. uppseldur
sole (foot) il f., (shoe) sóli m.; vt. sóla
sole adj. eini, (private) einka-
solely adv. einungis, eingöngu
solemn adj. alvarlegur; hátíðlegur
solemnity alvara f.; hátíðleiki m.
sol-fa söngheitin n.pl.
solfatara leirhver m.
solicit v. fara fram á, falast eftir
solicitor málafærslumaður m., lögmaður m.

solicitor general (Br.) varadómsmálaráðherra m.
solicitous adj. umhyggjusamur; ákafur
solicitude umhyggja f., (anxiety) áhyggjur f.pl.
solid fast efni n., (in geometry) rúmmynd f., þrívíður hlutur m.; adj. fastur, (compact) þéttur, stinnur, (not hollow) gegnheill, (strong) sterkbyggður, traustur, (reputable) áreiðanlegur, (alike all through) óblandaður, (continuous) samfelldur, heill
solidarity samstaða f., einhugur m.
solid geometry rúmmálsfræði f., þykkvamálsfræði f.
solidify v. breyta(st) í fast efni; storkna, harðna
solidus (pl. **solidi**) skástrik n. (/)
soliloquize vi. tala við sjálfan sig; flytja einræðu
soliloquy eintal n., (in a play) einræða f.
solitaire (single jewel) eingreypingur m., (Am.) kapall m.
solitary adj. einlífis-, einveru-, einn, (single) einstakur, (lonely) einmanalegur; afvikinn
solitary confinement einangrunarvist f.
solitude einvera f., einsemd f.
solo sóló f., (in music) einleikur m.; einleikskafli m., (flight) einflug n.; adj. sóló, einmanns, ein-; adv. einn, einsamall
solstice sólstöður f.pl., sólhvörf f.pl
solubility leysni f.
soluble adj. (upp)leysanlegur
solution (answer) úrlausn f., (liquid) upplausn f.
solvable adj. leysanlegur, viðráðanlegur
solve vt. leysa, ráða (fram úr)
solvency gjaldfærni f., greiðslufærni f.
solvent leysir m., leysiefni n.; adj. gjaldfær
sombre adj. drungalegur, myrkur; dapur(legur)
sombrero (pl. **-breros**) mexíkanahattur m.
some prn. sumir, nokkur, einhver
somebody prn. einhver, nokkur
someday adv. einhvern tíma
somehow adv. einhvern veginn
someone prn. einhver, nokkur

somersault kollhnís m.; vi. steypa sér kollhnís
something prn. eitthvað, nokkuð
sometime adj. fyrrverandi, fyrrum; adv. einhvern tíma
sometimes adv. stundum
someway (Am.) adv. einhvern veginn
somewhat adv. dálítið, nokkuð, fremur
somewhere adv. einhvers staðar
son sonur m.
sonar hljóðsjá f.
song söngur m.
songster söngmaður m., (songbird) söngfugl m.
sonic adj. hljóð-
son-in-law (pl. **sons-in-law**) tengdasonur m.
sonnet sonnetta f.
sonorous adj. hljómmikill; hljómfagur
soon adv. bráðum, bráðlega, (quickly) fljótt; as **s.** as um leið og, jafnskjótt og; **sooner or later** fyrr eða síðar
soot sót n.; vt. þekja sóti
soothe vt. sefa, hugga; lina, draga úr
soothsayer spámaður m., spákona f.
sop uppbleyttur (brauð)biti m.; uppbót f., sárabætur f.pl.; vt. bleyta upp (í)
sophisticated adj. veraldarvanur; fágaður, (complex) margbrotinn, flókinn; háþróaður
sophistication forfrömun f.; fágun f.; tækni (á háu stigi) f.
soporific svefnlyf n.; adj. svæfandi, svefn-
sopping adj. gegnblautur, holdvotur
soppy adj. (sentimental) væminn, (foolish) bjánalegur
soprano sópran m., (voice) sópranrödd f.; adj. sópran-
sop up v. þurrka upp; drekka í sig
sorbet frauðís m., vatnsís m., ísfroða f.
sorcerer galdramaður m., seiðkarl m.
sorceress galdrakona f., seiðkona f.
sorcery galdur m., seiður m.
sordid adj. óþrifalegur, (base) óþverralegur
sore sár n.; sárindi n.pl.; adj. sár, aumur
sore throat kverkaskítur m., hálsbólga f.
sorehead (Am.) fýlupoki m.
sorely adv. alvarlega, sárlega
soreness særindi n.pl., eymsli n.pl.

sorority kvenfélag n., kvennaklúbbur m.
sorrow sorg f., harmur m.; vi. syrgja
sorrowful adj. sorgmæddur; sorglegur
sorry adj. hryggur, leiður, (pitiful) aumkunarverður, hryggilegur; **be/feel s.** for kenna í brjósti um, vorkenna e-m; interj. afsakið
sort tegund f., (person) manngerð f.; **of sorts/a sort** eins konar; miðlungsgóður; **out of sorts** illa fyrir kallaður; v. flokka, raða niður
sortie útrás f., árásarferð f.
sort of adv. hálfpartinn, hálf-
sort out v. velja úr, (put in order) koma lagi á
so-so adj. miðlungsgóður; adv. sæmilega
soufflé frauð n., ofnbakaður eggjaréttur m.
sought v. (p., pp. **seek**)
soul sál f., (person) sála f., (embodiment) ímynd f.
soul-destroying adj. sálardrepandi, niðurdrepandi
soulful adj. tilfinngaríkur; hjartnæmur
soulless adj. sálarlaus; tilfinningalaus
soul music (bandarísk) negratónlist f., trúarleg tónlist f.
sound adj. (healthy) heilbrigður, heill, (dependable) áreiðanlegur, traustur, (thorough) rækilegur; adv. djúpt, vært; **s. asleep** steinsofandi
sound hljóð n.; v. hljóma, óma, (measure the depth of) mæla dýpt (vatns), lóða; kanna
sound (strait) sund n.
sound barrier hljóðmúr m.
sound effects hljóðbrellur f.pl., leikhljóð n.pl.
sounding line lóð n., grunnsakka f.
sound insulation hljóðeinangrun f.
soundness heilbrigði f.; traustleiki m.
soundproof adj. hljóðheldur, hljóðþéttur
soundtrack hljóðrás f.; tónband n.
soup súpa f.
sour adj. súr; fúll, önugur; v. súrna
source uppspretta f., (original) heimild f.
souse vt. leggja í bleyti; pækla, súrsa
south suður n., suðurátt f.; adj. suður-, sunnan-

South (country) suðurland n., suðurhluti m.
southbound adj. sem stefnir suður, á suðurleið
southeast suðaustur n.; adj. suðaustur-, suðaustan-
southeaster suðaustanstrekkingur m.
southeasterly adj. suðaustur-, suðaustan-; suðaustlægur
southeastern adj. suðaustur-, suðaustan-; suðaustlenskur
southeastward adj. suðaustur-
southeastwards adv. suðaustur, í suðaustur
southerly adj. suður-, sunnan-; suðlægur
southern adj. suður-, sunnan-; suðrænn; sunnlenskur
Southerner sunnanmaður m., (Am.) suðurríkjamaður m.
southern hemisphere suðurhvel (jarðar) n.
southernmost adj. syðstur
southpaw örvhentur maður m.
South Pole suðurheimsskaut n., suðurpóll m.
south-southeast adj. & adv. suðsuðaustur
south-southwest adj. & adv. suðsuðvestur
southward adj. suður-
southwards adv. suður, í suður, suður á bóginn
southwest suðvestur n.; adj. suðvestur-, suðvestan-
Southwest (country) suðvesturland n., suðvesturhluti m.
southwester suðvestanstrekkingur m.
southwesterly adj. suðvestur-, suðvestan-; suðvestlægur
southwestern adj. suðvestur-, suðvestan-; suðvestlenskur
southwestward adj. suðvestur-
southwestwards adv. suðvestur, í suðvestur
souvenir minjagripur m.
sou'wester sjóhattur m.
sovereign þjóðhöfðingi m., einvaldur m., drottnari m.; adj. einvaldur, fullvaldur, ríkjandi, æðstur
Soviet Union Sovétríkin n.pl.

sow (female pig) gylta f.
sow v. sá, gróðursetja
sower sáðmaður m.
soy(a) bean (bean) sojabaun f.,
   (sauce) sojasósa f.
spa ölkelda f., heilsulind f.
space rúm n., pláss n.; geimur m.
space bar bilstöng f., bilhnappur m.
spacecraft geimfar n.
spaced out adj. út úr heiminum,
   í vímu
space probe könnunarhnöttur m.
spaceship (mannað) geimskip n.
space shot geimskot n.
space shuttle geimferja f., geimskutla f.
spacesuit geimbúningur m.
spacing línubil n.
spacious adj. rúmgóður; víðáttumikill
spade stunguskófla f., reka f.,
   (cards) spaði m.
spadework undirbúningsvinna f.,
   frumvinna f.
spaghetti spagettí n., hveitilengja f.
Spain Spánn m.
span spönn f. (= 22,5 cm.), haf n.,
   spennivídd f.; skeið n.; vt. spanna,
   ná yfir
spangle pallíetta f.; glitrandi ögn f.
Spaniard Spánverji m.
Spanish (language) spænska f.;
   adj. spánskur
spank v. rassskella, flengja
spanking rassskelling f.
spanner skrúflykill m., (Am.) skiptilykill m.
spar (pole) mastur n., sigla f., rá f.
spar vi. boxa, (argue) þræta, stæla
spare adj. vara-, auka-, umfram-; (lean)
   grannholda, magur; v. (show mercy to)
   hlífa, þyrma, (save) spara, (afford to
   give) sjá af; komast af án; **to spare**
   aflögu
spare part varahlutur m.
spareribs svínaskammrif n.pl.
spare time frítími m., tómstundir f.pl.
spare tyre varadekk n.
sparing adj. sparsamur; spar (á = **of**)
spark neisti m., glampi m.; v. neista
spark off v. vera kveikjan að,
   koma af stað
sparking plug kveikikerti n., rafkerti n.

sparkle smáneisti m., glampi m.; leiftur
   n.; vi. neista, glitra; leiftra; freyða
sparkler stjörnuljós n., (diamond)
   demantur m.
sparrow spör m.
sparse adj. dreifður, strjáll; þunnur; rýr
spartan adj. spartverskur; hugrakkur,
   sjálfsagaður, fábrotinn
spasm (vöðva)krampi m., krampaflog n.;
   kast n., hviða f.
spasmodic adj. krampakenndur;
   óreglulegur, rykkjóttur
spastic adj. haldinn krampalömun,
   spastískur
spate vatnselgur m.; flaumur m.;
   hrina f.
spatter svetta f.; demba f.;
   v. svetta(st), sletta(st)
spatter cone klepragígur m.
spatula spaði m.
spawn hrogn n., seiði n.; v. hrygna;
   geta af sér
speak v. tala; so to s. þannig séð, svo að
   segja; **s. one's mind** segja hug sinn;
   s. volumes segja allt sem þarf
speaker ræðumaður m.
speak for v. tala fyrir munn e-s
speak out/up v. tala hátt og skýrt;
   tala opinskátt
spear spjót n.; vt. reka í gegn
   (með spjóti)
spearhead spjótsoddur m.;
   fylkingarbrjóst n.
spearmint hrokkinmenta f.
special adj. sérstakur
special character sértákn n., sérstafur m.
special delivery hraðsending f.,
   hraðbréf n.
special effects tæknibrellur f.pl.
special fares sérfargjöld n.pl.
specialist sérfræðingur m.
speciality sérgrein f., sérsvið n.; sérvara f.
specialization sérhæfing f.; sérnám n.
specialize v. sérhæfa (sig)
specially adv. sérstaklega
special training sérþjálfun f.
species (pl. **species**) tegund f.
specific adj. sérstakur, ákveðinn, tiltekinn;
   nákvæmur
specifically adv. sérstaklega

specification tilgreining f.; ítarleg útlistun f.
specific gravity eðlisþyngd f.
specific heat eðlisvarmi m.
specific volume eðlisrúmmál n.
specify vt. tilgreina, taka sérstaklega fram
specimen sýnishorn n., sýni n.; fyrirbæri n.
specious adj. villandi, blekkjandi
speck blettur m.; (smá)korn n., ögn f.
speckle (smá)blettur m., doppa f., díll m.
spectacle sjón f., sýn f.; uppákoma f.
spectacles gleraugu n.pl.
spectacular adj. tilkomumikill, stórbrotinn
spectator áhorfandi m.
spectral adj. draugalegur; (lit)rófs-
spectre vofa f., draugur m.; ógn f.
spectroscope lit(rófs)sjá f.
spectrum (lit)róf n.; svið n., skali m.
speculate vi. íhuga; geta sér til; braska, bralla
speculation hugleiðing f.; tilgáta f.; spákaupmennska f.
speculative adj. íhugandi; fræðilegur; gróðabralls-
speculator spákaupmaður m., braskari m.
speech mál n.; ræða f.; **make a s.** halda ræðu
speech impediment málhelti f.
speechless adj. mállaus, orðlaus; þögull
speech therapist talkennari m.
speech therapy talkennsla f.
speed hraði m., flýtir m.; v. þjóta, fara hratt
speedboat hraðbátur m.
speed bump hraðahindrun f.
speeding hraðakstur m.
speed limit hraðatakmark n.
speedometer hraðamælir m.
speed up v. flýta, hraða
speedy adj. skjótur, fljótur, hraður
spell töfraþula f., (enchantment) álög n.pl.
spell (period) tímabil n., skeið n.; hviða f.
spell v. stafa; mynda (orð), (mean) þýða, jafngilda
spellbound adj. heillaður, gagntekinn
spelling stafsetning f.
spelling checker orðarýnir m.

spell out v. útskýra í smáatriðum; stafa fullum stöfum
spend v. eyða, verja (peningum)
spending money vasapeningar m.pl., eyðslufé n.
spendthrift eyðsluklo f., eyðsluseggur m.
sperm sæði n., sáðfruma f.
sperm whale búrhvalur m.
spew v. spýja, spúa, æla
sphere kúla f.; himinhvolf n.; svið n.
spherical adj. kúlulaga, hnöttóttur; kúlu-
spheroid snúðvala f.
spice krydd n., bragðauki m.; vt. krydda
spick-and-span adj. tandurhreinn, hvítskúraður
spicy adj. kryddaður; hressilegur, æsandi
spider könguló f.
spider's web könguloarvefur m.
spigot spons n., trétappi m.; krani m.
spike gaddur m., broddur m., fleinn m.
spiky adj. göddóttur, oddhvass; stingandi
spill v. hella(st) niður; missa niður
spin snúningur m.; spuni m.; v. spinna, (whirl) hringsnúast, (produce) spinna upp, búa til
spinach spínat n., bóndastoð f.
spinal column hryggsúla f., hryggur m.
spinal cord mæna f.
spindle snælda f.; öxull m.; ás m.
spindly adj. langur og mjór, renglulegur
spin-dry vt. þeytivinda
spine hryggur m., (prickle) broddur m., (of a book) kjölur m., (courage) áræði n., þor n.
spineless adj. hryggjaus; kjarklaus, huglaus
spinnaker belgsegl n.
spinney kjarrskógur m.
spinning top skopparakringla f.
spinning wheel rokkur m.
spin-off aukaafurð f., aukaframleiðsla f.
spin out v. draga á langinn, tefja
spinster piparmey f.
spinsterhood piparmeyjarlíf n.
spiny adj. broddóttur
spiral spírall m.; vafningur m.; gormur m.; adj. snúinn, hringaður; spíral-, vafnings-
spire turnspíra f.

spirit andi m., (ghost) vofa f., (person) manngerð f., (vigour) kraftur m., (alcoholic drink) brenndur drykkur m.
spirited adj. fjörugur, líflegur; kröftugur
spirit level hallamælir m., lóðbretti n.
spirits (state of mind) skap n., hugarástand n.
spiritual negrasálmur m.; adj. andlegur; trúarlegur
spiritualism spíritismi m., andatrú f.
spiritualist spíritisti m., andatrúarmaður m.
spit (steikar)teinn m., (of land) tangi m., (spade's depth) skófludýpt f.; vt. reka tein í gegnum
spit munnvatn n.; v. spýta, hrækja
spite illgirni f.; **in s. of** þrátt fyrir; vt. skaprauna
spiteful adj. illgjarn; illgirnislegur
spitefulness illgirni f., meinfýsi f.
spitting image lifandi eftirmynd f.
spittle munnvatn n.; hráki m.
spittoon hrákadallur m.
splash skvetta f., (sound) skvamp n., (spot) blettur m.; v. skvetta(st), sletta(st); busla
splay útvíkkun f.; v. glenna(st); víkka út
splayfooted adj. flatfættur og útskeifur
spleen milta n., (bad temper) geðillska f., bræði f.
splendid adj. ljómandi, stórkostlegur, fyrirtaks-
splendour ljómi m., dýrð f.; glæsibragur m.
splice (sam)skeyting f.; vt. skeyta saman, splæsa
splint spelka f.
splinter flís f.; v. flísa(st)
split rifa f., rauf f., (separation) klofningur m.; v. kljúfa; klofna; rífa í sundur; rifna
split personality geðrof n., geðklofi m.
splits fótglenna f.; **do the s.** fara í splitt
split screen tvískiptur skjár m., skjádeiling f.
split second sekúndubrot n.; augnablik n.
splitting adj. (very painful) skerandi, nístandi
splutter fruss n.; snark n.; tafs n.; v. frussa(st), (sputter) snarka, (say quickly) tafsa
spoil v. skemma; ofdekra

spoiler vindkljúfur m.
spoils (stolen goods) ránsfengur m.
spoilsport gleðispillir m.
spokesman (pl. **-men**) talsmaður m., formælandi m.
sponge svampur m.; v. þvo/þurrka upp með svampi
sponge cake svampterta f.
sponger afæta f., sníkjudýr n.
sponge (up)on v. lifa sníkjulífi á, vera afæta á
sponsor ábyrgðarmaður m.; stuðningsmaður m.; vt. vera ábyrgur fyrir; styðja, fjármagna, kosta
spontaneous adj. sjálfkrafa, ósjálfráður, sjálfsprottinn
spoof (parody) skopstæling f.; vt. skopstæla
spook draugur m., vofa f.
spool spóla f.
spooling biðfærsla f.
spoon (mat)skeið f.; vt. borða með skeið; ausa
spoonerism mismæli n.
spoonful skeiðfylli f.
sporadic adj. stakstæður, slitróttur, dreifður
sporadically adv. öðru hverju; hér og þar
spore gró n.
sporran loðskinnstaska f.
sport íþrótt f., (amusement) skemmtun f.; v. leika sér, (show off) skarta, spóka sig í
sporting goods íþróttavörur f.pl.
sportive adj. (playful) gamansamur, kátur
sports car sportbíll m.
sports jacket sportjakki m.
sportsman (pl. **-men**) íþróttamaður m., sportmaður m.
sportsmanship (sönn) íþróttamennska f.; drenglyndi n.
sportswear sportfatnaður m.
spot blettur m., (pimple) bóla f., (a little bit) ögn (af e-u) f.; **on the s.** á staðnum, (at once) á stundinni; v. bletta, (pick out) koma auga á
spot check úrtakskönnun f.
spotless adj. tandurhreinn; flekklaus, vammlaus

spotlight → square dance

spotlight kastljós n.; sviðsljós n.
spotted adj. blettóttur; flekkaður
spotted catfish hlýri m.
spotty adj. bólóttur, (irregular) ójafn; misjafn
spotweld v. punktsjóða
spouse maki m.
spout gossúla f., (opening) stútur m.; **up the s.** búinn að vera, (pregnant) ólétt; v. spúa, sprauta(st), spýta(st), gjósa
sprain (lið)tognun f.; vt. togna, snúa sig á
sprat (food fish) brislingur m.
sprawl vi. flatmaga, sitja flötum beinum, breiða úr sér
spray (small branch) teinungur m., sproti m.
spray úði m.; úðunarvökvi m.; vt. úða, vökva
spray lacquer sprautulakk n.
spread útbreiðsla f., dreifing f., (extent) þan n., vídd f., (grand meal) veislumatur m.; v. breiða(st) út, dreifa(st); þekja(st)
spreader dreifari m.; smjörhnífur m.
spreadsheet program(me) töflureiknir m., reiknivangur m.
spree (gáskafenginn) gleðskapur m., æði n., flipp n.
sprig teinungur m., smágrein f., sproti m.
sprightly adj. líflegur, fjörugur; röskur
spring stökk n., (of water) uppspretta f., lind f., (of a watch) fjöður f., (season) vor n.; v. stökkva, spretta (upp); **s. a leak** fara að leka
spring balance gormvog f., fjaðurvog f.
springboard stökkbretti n., stökkpallur m.
springbok stökkhjörtur m.
spring-clean vorhreingerning f.; vt. gera vorhreingerningu
spring mattress springdýna f.
spring tide stórstreymi n.
springtime vortími m.
spring washer spenniskífa f.
springy adj. fjaðurmagnaður; fjaðrandi
sprinkle vt. (in drops) úða, skvetta, (small bits) strá
sprinkler úðari m.
sprinkling reytingur m., slæðingur m., slatti m.

sprint sprettur m.; spretthlaup n.; vi. hlaupa stuttan sprett
sprinter spretthlaupari m.
sprite (fairy) álfur m.
sprocket hole gripgat n.
sprocket track gripröð f.
sprocket wheel keðjuhjól n., tindahjól n.
sprout spíra f., frjóangi m.; v. spíra, bruma, spretta
spruce adj. snyrtilegur; v. dubba (sig) upp
spruce (fir) greni n.; greniviður m.
spry adj. sprækur; ern
spud grefill m., (potato) kartafla f.
spume (foam) froða f., löður n.
spunk (courage) kjarkur m., þor n.
spunky adj. hugaður, áræðinn, djarfur
spur spori m., (incentive) hvatning f., örvun f.; **on the s. of the moment** fyrirvaralaust; v. keyra sporum; hvetja, örva
spurious adj. falsaður, óekta; falskur
spurn vt. hafna (með fyrirlitningu), forsmá
spurt buna f., (burst of energy) sprettur m.; vi. gusa(st), sprauta(st), spýtast; taka sprett
sputter v. snarka, (splutter) tafsa
spy njósnari m.; v. njósna, (observe) koma auga á
squabble rifrildi n.; þjark n.; vi. rífast; þjarka
squad riðill m., flokkskvísl f.; flokkur m.
squadron (riddaraliðs)flokkur m., (flota)deild f., (flugvéla)sveit f.
squalid adj. sóðalegur, skítugur, niðurníddur
squall óp n., vein n., (sudden strong wind) vindhviða f., roka f.; vi. öskra hástöfum, æpa, emja
squalor sóðaskapur m., niðurníðsla f.; eymd f.
squander vt. sóa, eyða
square ferningur m., (marketplace) torg f.; adj. ferhyrndur; hornréttur, (fair) heiðarlegur; v. gera ferkantaðan; skipta í ferningslaga reiti, (pay) gera upp, borga, (settle) jafna
square bracket ([ ]) hornklofi m.
square dance kontradans m.

square knot (Am.) réttur hnútur m.; rábandshnútur m.
squarely adv. heiðarlega, (directly) beint
square meal staðgóð máltíð f.
square measure flatarmál n.
square root kvaðratrót f., ferningsrót f.
squash kássa f., mauk n., (sound) skvamphljóð n., (crowd) troðningur m., (fruit drink) ávaxtadrykkur m.; v. kremja(st), merja(st), (crowd) troða(st), (subdue) bæla niður
squash (rackets) veggtennis m.
squat adj. stuttur og digur, kubbslegur; vi. sitja á hækjum sér, húka; setjast að án heimildar
squaw (gift) indíánakona f.
squawk garg n.; vi. garga, skrækja
squeak tíst n.; ískur n.; v. tísta; ískra, marra
squeal ískur n.; hrín n.; v. ískra, (of an animal) hrína, rýta, (inform) svíkja, koma upp um
squealer (informer) uppljóstrari m.
squeamish adj. klígjugjarn; pempíulegur, teprulegur
squeeze v. kreista, þrýsta (á); troða(st)
squelch skvamp n.; v. skvampa, (crush) bæla niður
squid smokkfiskur m.
squiggle hlykkjalína f.; pár n., hrafnaspark n.
squint rangeygð f.; vi. vera rangeygður; píra augun
squire óðalsbóndi m., óðalseigandi m.
squirm vi. engjast, hlykkjast, iða; fara hjá sér
squirrel íkorni m.
squirt buna f.; v. sprauta á, spýta(st)
stab stunga f.; stungusár n.; v. stinga, reka í gegn
stability stöðugleiki m.; jafnvægi n.
stabilize v. gera stöðugan; verða stöðugur
stabilizer jafnvægibúnaður m.
stable gripahús n.; hesthús n.; vt. hýsa
stable adj. stöðugur; traustur; varanlegur
stack stakkur m., stafli n.; v. stakka, hlaða
stadium íþróttavöllur m., íþróttasvæði n.

staff (stick) stafur m., (people) starfsfólk n., starfslið n.; vt. búa starfsliði; manna
stag hjörtur m., hjartartarfur m.
stage (leik)svið n.; þrep n., stig n.; v. sviðsetja
stage fright sviðsskrekkur m., sviðshrollur m.
stage manager sýningarstjóri m.
stagecoach póstvagn m.
stagestruck adj. með leikaradellu/ leikhúsdellu
stagger skjögur n.; v. skjögra; slá út af laginu
staggering adj. yfirþyrmandi, stórkostlegur
staging sviðsetning f.; vinnupallar m.pl.
stagnant adj. kyrrstæður; staðnaður, (of water) fúll
stagnate vi. vera hreyfingarlaus; staðna; fúlna
stagnation kyrrstaða f.; stöðnun f.; deyfð f.
stag party karlasamkvæmi n., karlapartí n.
stagy adj. með leikaraskap, tilgerðarlegur
staid adj. ráðsettur, hæglátur, stilltur
stain blettur m.; v. óhreinka(st), (dye) lita(st)
stained glass litað gler n., glermálverk n.
stainless adj. blettlaus, flekklaus; ryðfrír
stain remover blettaeyðir m., blettahreinsari m.
staircase stigi m.; tröppur f.pl.
stairs stigi m.; tröppur f.pl.
stairwell stigagangur m.; stigagöng n.pl.
stake (post) staur m., hæll m., (sum of money risked) áhættufé n., (interest) hagsmunir m.pl.; **at stake** í veði/húfi; vt. styðja við staur, binda upp, (risk) leggja undir, hætta
stalactite (of a cave roof) dropasteinn m.
stalagmite (of a cave floor) dropasteinn m.
stale adj. gamall; margþvældur, (of a person) staðnaður; vi. verða gamall, ganga úr sér
stalemate pattstaða f.; sjálfhelda f.; vt. patta; setja í sjálfheldu, koma í bobba
stalk (of a plant) stöngull m., stilkur m.

stalk v. rigsa, stika, (hunt) laumast að (bráð)
stall (sölu)bás m., (in a church) kórsæti n., (of an aircraft) ofris n.; v. taka á gjöf; ofrísa; ofreisa, (stop) drepa á sér, stöðva(st), (delay) vera með undanbrögð, tefja tímann
stallion graðfoli m., stóðhestur m.
stalls (in a theatre) fremstu sæti n.pl.
stalwart dyggur stuðningsmaður m.; adj. sterkbyggður; traustur
stamen frævill m.
stamina þróttur m., þol n., úthald n.
stammer stam n.; v. stama
stamp stapp n., tramp n., (postage) frímerki n., (tool) stimpill m.; v. (with the foot) stappa, traðka; frímerkja; stimpla
stamp collector frímerkjasafnari m.
stamp duty stimpilgjald n.
stampede (hóp)styggð f., hræðsluflótti m.; v. styggja(st), ryðja(st), leggja á flótta
stamp machine frímerkjasjálfsali m.
stamp out v. bæla niður; útrýma
stance staða f., stelling f., (attitude) afstaða f.
stanchion stoð f., stólpi m.; skorða f., klafi m.
stand staða f., (effort of defence) varnarbarátta f., (fixed decision) afstaða f., (platform) pallur m., (stall) bás m., stúka f., (Am.; witness box) vitnastúka f.; v. standa, (endure) þola
standard staðall m.; mælikvarði m., (flag) gunnfáni m.; merki n.; adj. staðlaður, staðal-, (ordinary) venjulegur, (correct) viðurkenndur
standard-bearer fánaberi m.
standard deviation staðalfrávik n.
standardization stöðlun f.
standardize vt. staðla; koma skipulagi á
standard lamp (Br.) standlampi m.
standard of living lífskjör n.pl.
standard time staðaltími m., staðartími m.
stand aside v. hafast ekki að, (move to one side) víkja
standby varaskeifa f.; **on s.** til reiðu/taks

stand by v. (remain inactive) standa (aðgerðarlaus) hjá, (stay ready) vera til taks, (support) standa með, (be faithful to) standa við
standby fare biðfargjald n.
standby passenger biðfarþegi m., varafarþegi m.
standby ticket biðfarseðill m.
stand down v. (retire) draga sig í hlé
stand for v. (represent) tákna, (tolerate) þola, sætta sig við, (support) styðja, fylgja, (be a candidate for) bjóða sig fram til
stand-in staðgengill m., varaskeifa f.
stand in for v. hlaupa í skarðið fyrir, leysa af
standing staða f., (respect) virðing f., álit n.; **of long s.** langvarandi; adj. (permanent) varanlegur, stöðugur, fasta-
stand in with v. (take a share in) taka þátt í, (have a secret agreement with) vera innundir hjá
stand off v. standa álengdar, (lay off) segja upp
standoffish adj. fálátur, fáskiptinn; kuldalegur
stand out v. (be prominent) vera áberandi; bera af, (continue to oppose) halda út, þrauka
stand over v. bíða, mæta afgangi
standpoint sjónarmið n., sjónarhóll m.
standstill kyrrstaða f.
stand-up adj. uppréttur; standandi, stand-
stand up v. standa upp, rísa á fætur, (fail to meet) koma ekki á stefnumót við
stand up for v. (support) standa með, styðja, verja
stand up to v. (withstand) þola, standast, (face bravely) bjóða birginn, standa upp í hárinu á
stanza vísa f., erindi n., átthenda f.
stapes (stirrup bone) ístað n.
staple hefti n.; vírlykkja f.; vt. hefta
staple (main product) aðalframleiðuvara f., (chief material) uppistaða f., (fibres) trefjar f.pl.; adj. aðal-, grundvallar-, undirstöðu-
stapler heftari m.

star stjarna f.; v. merkja með stjörnu(m), (in a play or a film) vera með/leika í aðalhlutverki
star atlas stjörnukort n.
starboard stjórnborði m.; adj. stjórnborðs-
starch mjölvi m.; línsterkja f.; vt. stífa
starchy adj. mjölvaríkur; stífaður, (formal) stífur
stardom stjörnulíf n.; frægð f.
stare starandi augnaráð n.; v. stara, glápa (á = **at**)
starfish sæstjarna f., krossfiskur m.
stark adj. stjarfur, stirður, (complete) alger; adv. algerlega; **s. naked** allsber, kviknakinn
starlet smástjarna f., smástirni n.
starlight stjörnubirta f.
starling starri m.
starlit adj. stjörnubjartur
starry adj. stirndur; stjörnubjartur; stjörnu-
starry-eyed adj. óraunhæfur, draumórakenndur
Stars and Stripes þjóðfáni Bandaríkjanna m.
Star-Spangled Banner þjóðsöngur Bandaríkjanna m., (national flag) þjóðfáni Bandaríkjanna m.
start byrjun f., upphaf n., (with surprise) viðbragð n., kippur m.; v. byrja, hefja, (set out) fara af stað; hrökkva/kippast við
starting block viðbragðsstoð f.
starting point upphafsstaður m., rásmark n.
starting post rásmark n.; ráshlið n.
startle vt. gera bilt við; **be startled** hrökkva við
startup gangsetning f., ræsing f.
startup disk ræsidiskur m.
starvation sultur m., hungur n.
starve v. svelta, (long for) hungra eftir
state (condition) ástand n., (nation) ríki n.; vt. tjá, skýra frá, (specify) tilgreina, tiltaka
State Department (Am.) utanríkisráðuneyti n.
stateless adj. ríkisfangslaus
stately adj. hátignarlegur, virðulegur

statement staðhæfing f., (declaration) yfirlýsing f., (bill) reikningsyfirlit n.
state of the art technology hátækni f.
statesman (pl. -**men**) stjórnvitringur m.; stjórnmálamaður m.
statesmanship stjórnviska f., stjórnkænska f.
static truflanir f.pl.; adj. kyrrstæður, kyrrstöðu-
station stöð f., (position) staða f.; vt. staðsetja
stationary adj. kyrrstæður; fastur, skorðaður
stationer ritfangasali m., (shop) ritfangaverslun f.
stationery ritföng n.pl.
stationmaster stöðvarstjóri m.
station wagon (Am.) skutbíll m.
statistical adj. tölfræðilegur
statistical analysis tölfræðigreining f.
statistical breakdown tölfræðileg flokkun f.
statistical bureau Hagstofa f.
statistical control tölfræðieftirlit n.
statistician tölfræðingur m.
statistics tölfræði f.; tölfræðilegar upplýsingar f.pl.
statue myndastytta f., líkneski n.
statuette smálíkneski n.
stature hæð f.; vöxtur m.; þroski m.
status staða f., ástand n.; mannvirðing f.
status quo (Lat.) óbreytt ástand n.
statute (samþykkt) lög n.pl.; lagaboð n.
statute book lögbók f., lagasafn n.
statutory adj. lögboðinn, lögskipaður
staunch adj. traustur, sterkur, (loyal) dyggur
staunch v. stöðva (blóðrás)
stave (of a barrel) tunnustafur m.
stave in v. brjóta, setja gat á; ganga inn
stave off v. bægja frá, afstýra
stay dvöl f., (delay) frestun f.; v. dvelja(st), (continue) haldast, vera áfram, (stop) hindra
stay (strong rope) stag n., reipi n.
steadfast adj. staðfastur, stöðugur; tryggur

steady adj. stöðugur, fastur, (regular) reglulegur, (dependable) staðfastur; v. gera stöðugan, halda í jafnvægi; verða stöðugur
steak steik f.
steal v. stela, (move secretly) stelast, læðast
stealthy adj. leynilegur, pukurslegur
steam gufa f., eimur m., (power) gufuafl n.; v. gefa frá sér gufu, (travel) sigla fyrir gufuafli, stíma, (cook) gufusjóða
steam bath gufubað n.
steamboat gufubátur m.
steamer gufu(suðu)pottur m.; gufuskip n.
steam fog frostreykur m.
steamroller gufuvaltari m.; vt. mala, brjóta niður
steamship gufuskip n., eimskip n.
steam shovel vélskófla f.
steam up v. þekjast móðu, (make angry) gera sjóðandi reiðan
steel stál n. (weapon) eggjárn n., (strength) styrkur m., harka f.; vt. klæða með stáli; styrkja, herða
steel cable stálvír m.
steel wool stálull f.
steelworks stálver n., stálverksmiðja f.
steep adj. brattur, (excessive) óheyrilegur; ósanngjarn
steep v.leggja/liggja í bleyti; **be steeped in** vera gegnsýrður af; vera niðursokkinn í
steeple turnspíra f.; (kirkju)turn m.
steeplechase hindrunarhlaup n.
steepness bratti m.
steer (young bull) ungnaut n., (castrated) geldnaut n.
steer v. stýra; leiða, beina
steering column stýrisstöng f.
steering wheel stýrishjól n., stýri n.
steersman (pl. **-men**) stýrimaður m., róðrarstjóri m.
stellar adj. stjörnu-
stem stilkur m., leggur m., (of a word) orðstofn m., (of a ship) stefni n., (family) ættstofn m.
stem vt. stemma, stífla, (prevent) stemma stigu við
stem from v. stafa af, eiga rætur sínar að rekja til

stench ódaunn m., fnykur m.
stencil stensill m.; vt. prenta með stensli; fjölrita
stenographer (Am.) hraðritari m.
step skref n., (pace) göngulag n., (of a stair) trappa f., (degree) þrep n.; **take steps** gera ráðstafanir; v. stíga, taka skref
stepbrother stjúpbróðir m., uppeldisbróðir m.
stepchild (pl. **-children**) stjúpbarn n.
stepdaughter stjúpdóttir f.
step down v. (resign) segja af sér, víkja (úr stöðu)
stepfather stjúpfaðir m., stjúpi m.
step in v. (intervene) skerast í leikinn
stepladder lausastigi m., trappa f.
stepmother stjúpmóðir f., stjúpa f.
step out v. greikka sporið, (enjoy oneself) skemmta sér
stepping-stone stikla f., staksteinn m.; áfangi m.
stepsister stjúpsystir f., uppeldissystir f.
stepson stjúpsonur m.
step up v. (increase) auka(st); herða á
stereo (set) tvírása hljómflutningstæki n.(pl.)
stereophonic adj. tvírása, stereó-
stereoscope þrívíddarmyndsjá f., rúmsjá f.
stereoscopic adj. þrívíddar-, rúmsjár-
stereotype stöðluð ímynd f., (plate) steypt prentplata f.
stereotyped adj. hefðbundinn, klisjukenndur; steypuprentaður
sterile adj. ófrjór; árangurslaus; dauðhreinsaður
sterility ófrjósemi f.
sterilization ófrjósemisaðgerð f.; dauðhreinsun f.
sterilize vt. gera ófrjóan, gelda; dauðhreinsa
sterling (currency) sterlingur m., sterlingspund n.; adj. (of silver) ósvikinn, hreinn; afbragðs-
stern adj. strangur, miskunnarlaus; hörkulegur
stern (of a ship) skutur m.; afturhluti m.
stern trawler skuttogari m.

sternum bringubein n., brjóstbein n.
stethoscope hlustunarpípa f.
stetson kúrekahattur m.
stevedore uppskipunarmaður m.; hleðslumaður m.
stew kássa f.; **be in/get into a s. (about)** æsa sig (yfir) v. sjóða við vægan hita, láta malla
steward ráðsmaður m.; (flug)þjónn m.; bryti m.
stewardess flugfreyja f.; skipsþerna f.
stick stafur m.; spýta f.; v. stinga(st); festa(st)
stick around v. halda sig í nánd
stick at v. halda sig við, (stop at) hika, svífast
stick by v. styðja dyggilega; hvika ekki frá
sticker límmiði m.
sticking plaster heftiplástur m.
stickleback hornsíli n.
stickler fastheldinn maður m.; smámunaseggur m.
stick-in-the-mud afturhaldsseggur m.; durgur m.
stick out v. (project) stinga/standa út, (be obvious) vera áberandi, (endure) þrauka, halda út
stick out for v. ganga hart eftir, gefa sig ekki
stickpin (Am.) bindisnæla f.
stick to v. halda fast við; ; hvika ekki frá
stick together v. halda hópinn, fylgjast að
stick-up (vopnað) rán n.
stick up v. standa upp (úr), (rob) ræna
stick up for v. verja, taka málstað (e-s)
stick with v. (be loyal to) standa með; halda fast við
sticky adj. límkenndur; klístraður; erfiður
stiff (corpse) lík n.; adj. stífur, stirður, harður, (difficult) erfiður; adv. algerlega; **bored s.** hundleiður; **scared s.** dauðhræddur
stiff competition hörð samkeppni f.
stiffen v. stífa, herða; stífna, stirðna
stifle v. kæfa; kafna, (suppress) bæla niður
stigma (pl. **stigmas**) smánarblettur m., (of a flower) fræni n., (pl. **stigmata**) Krists kennimark n.
stile girðingarþrep n.
still kyrrð f., þögn f.; adj. kyrr, (quiet) hljóður; adv. enn(þá), (even so) samt, eigi að síður; v. róa(st); þagna
stillbirth andvanafæðing f.; barn fætt andvana n.
stillborn adj. fæddur andvana; misheppnaður (frá upphafi)
stillness kyrrð f., ró f.; þögn f.
stilt stulta f.
stilted adj. tilgerðalegur, uppskrúfaður
stimulant örvandi lyf n.; hressing f.
stimulate vt. örva, hvetja
stimulation örvun f., hvatning f.
stimulus (pl. **stimuli**) hvati m., hvatning f.
sting stunga f.; v. stinga; særa, svíða
stinginess níska f.
stingy adj. nískur
stink óþefur m.; v. lykta illa, dauna
stinker (letter) skammarbréf n., (person) drulludeli m.
stint takmörkun f., (of work) skyldustarf f.; vinnulota f.; v. spara, skera við nögl sér
stipend (föst) laun n.pl.; framfærslufé n., (náms)styrkur m.
stipulate v. áskilja, setja sem skilyrði
stipulation skilmáli m., ákvæði n.
stir uppnám n., fjaðrafok n.; v. hreyfa(st); hreyfa sig, (mix) hræra í, (excite) örva, vekja
stirring adj. líflegur; áhrifamikill
stirrup ístað n.
stitch nálspor n.; lykkja f., (sharp pain) (hlaupa)stingur m.; v. sauma; rimpa
stitchwort arfi m.
stoat hreysiköttur m.
stock (supply) (vöru)birgðir f.pl., (tree trunk) trjástofn m., (farm animals) bústofn m., (shares) hlutabréf n.pl., (family line) ætt f., (kyn)stofn m., (raw material) hráefni n., (liquid) soð n., kraftur m.; vt. birgja (sig) upp, hafa fyrirliggjandi
stockade skíðgarður m., stauragirðing f.
stockbreeder búfjárræktandi m., búfjárbóndi m.
stockbroker verðbréfamiðlari m.
stock cube súputeningur m.

stockfarmer búfjárbóndi m., búfjárræktandi m.
stockfish skreið f., harðfiskur m.
stock exchange kauphöll f.; verðbréfamarkaður m.
stockholder (Am.) hluthafi m.
stocking (kven)sokkur m.
stock-in-trade vörubirgðir f.pl., lager m.; föst efnisskrá f.
stock list birgðalisti m., vörulisti m.
stock management birgðastjórnun f.
stock market verðbréfamarkaður m.
stockpile varaforði m.; v. koma upp varabirgðum; hamstra
stockroom vörugeymsla f., lager m.
stocks (bakka)stokkar m.pl., (pillory) gapastokkur m.
stock-still adj. grafkyrr
stocktaking birgðatalning f.; uppgjör n.
stocky adj. riðvaxinn, kubbslegur
stockyard griparétt f.
stodge þungmeltur matur m.
stodgy adj. þungmeltur, (of a person) leiðinlegur
stoic stóískur maður m.
stoic(al) adj. stóískur, æðrulaus
stoicism stóísk ró f.; æðruleysi n.
stoke v. bæta á (eld), kynda (undir = **up**)
stoker kyndari m.
stole v. (p. **steal**)
stolen v. (pp. **steal**)
stolid adj. sljór, daufur; sinnulaus
stomach magi m., (appetite) lyst f., löngun f.; vt. koma (mat) niður, (endure) þola, kyngja
stomachache magaverkur m., magapína f.
stomp stapp n.; vi. stappa; þramma
stone steinn m.; vt. grýta; úrsteina
Stone Age steinöld f.
stone bramble hrútaberjalyng n.
stone-cold adj. ískaldur
stoned adj. í rús, skakkur, (very drunk) augafullur
stone-dead adj. steindauður
stone-deaf adj. vita heyrnarlaus
stone fruit steinaldin n.
stonemason steinsmiður m., steinhöggvari m.
stone's throw steinsnar n.
stonewall vt. leika varnarleik; rísa gegn, tefja
stoneware steinleir m., steintau n.
stonework steinsmíði f., steinhögg n.
stony adj. grýttur, (cruel) grimmúðlegur
stony broke adj. staurblankur, skítblankur
stood v. (p., pp. **stand**)
stool (baklaus) stóll m., kollur m.
stool pigeon táldúfa f.; agn n.; (Am.) uppljóstrari m.
stoop lot n.; v. lúta, beygja sig, vera lotinn
stoop to v. leggja sig niður við, niðurlægja sig
stop stöðvun f., stans n.; endir m.; v. stöðva(st), stoppa, stansa, (end) hætta
stop by (Am.) v. líta inn (hjá)
stopcock krani m., hani m., loki m.
stopgap varaskeifa f.; adj. stundar-, bráðabirgða-
stop lamp hemlaljósker n.
stopover áning f., stutt viðdvöl f.
stop over (Am.) v. koma við, hafa viðkomu
stoppage stífla f., tálmi m.; stöðvun f.
stopper (kork)tappi m.; lok n.; negla f.; **put the stopper(s) on** stemma stigu við
stopping train drolllest f.
stop press síðustu fréttir f.pl.
stopwatch skeiðúr n., skeiðklukka f.
storage geymsla f.
storage capacity geymslurýmd f., minnisrýmd f.
store (supply) birgðir f.pl., forði m., (large shop) stórverslun f.; **in s.** fyrirliggjandi, á lager, (about to happen) í vændum; v. birgja (sig) upp (af); geyma
storehouse vörugeymsla f., pakkhús n.
storekeeper (Am.) (smá)kaupmaður m., verslunarstjóri m.
storeroom geymsluherbergi n., geymsla f.
stores (provisons) birgðir f.pl., vistir f.pl.
storey hæð (í húsi) f.
stork storkur m.
storm stormur m., rok n., ofsaveður n.; v. ólmast, geisa, æða; óskapast, skamma; ráðast á
stormbound adj. veðurtepptur

storm cloud óveðurský n., blika f.
storm trooper stormsveitarmaður m.; fantur m.
stormy adj. stormasamur, illviðrasamur
storm(y) petrel stormsvala f.; óheillakráka f.
story saga f., (lie) skröksaga f.
storybook sögubók f.; adj. eins og í sögu, ævintýra-
story line sögupráður m.
storyteller sögumaður m.; lygalaupur m.
stout adj. digur, (strong) sterkbyggður, þolgóður
stout (beer) dökkur, sterkur bjór m.
stouthearted adj. hugdjarfur, einbeittur
stove ofn m., eldavél f.
stow vt. hlaða, stafla; troða í
stowaway laumufarþegi m.
straddle v. sitja/standa/ganga klofvega á/yfir
straggle vi. liggja á víð og dreif; fara dreift, (drop behind) dragast aftur úr, verða viðskila
straight adj. beinn, réttur, (tidy) í röð og reglu, (honest) ráðvandur, (of alcohol) óþynntur, óblandaður; adv. beint; **go s.** bæta ráð sitt
straightaway adv. undir eins, þegar í stað
straighten v. rétta(st); lagfæra, koma í lag
straightforward adj. hreinn og beinn, hreinskiptinn; einfaldur
straight off adv. strax, þegar í stað
straight out adv. afdráttarlaust, hiklaust
strain (music) tónn m., ómur m., (style) andi m., (breed) tegund f., afbrigði n., (tendency) tilhneiging f.; vottur m.
strain þensla f.; álag n., spenna f.; v. þenja(st), spenna(st); reyna á; rembast, (damage) ofreyna, ofgera, (liquid) sía(st), sigta
strained adj. þvingaður, óeðlilegur; spenntur
strainer sía f.; (gata)sigti n.
strait (mjótt) sund n., (trouble) vandræði n.pl.

straitjacket spennitreyja f.
strand v. stranda, sigla í strand
strand (piece of thread) þráður m.; strengur m.
strange adj. skrýtinn, furðulegur; ókunn(ug)ur
strangeness skrýtileiki m.; ókunnugleiki m.
stranger ókunnur maður m.; aðkomumaður m.
strangle vt. kyrkja; kæfa
stranglehold kverkatak n.
strangulate vt. kyrkja; reyra saman, loka fyrir, stífla
strangulation kyrking f.; lokun f.
strap ól f.; borði m.; vt. spenna með ól, gyrða
strapless adj. (of a dress) hlýralaus
strapping adj. stór og stæðilegur, gjörvilegur
stratagem herbragð n., (kænsku)bragð n.
strategic(al) adj. herstjórnarlegur; herkænsku-; hernaðarlega mikilvægur
strategic analysis stefnugreining f.
strategic management stjórnun eftir meginstefnu f.
strategic planning stefnumarkandi áætlunargerð f.
strategist herstjórnarfræðingur m.; ráðsnjall maður m.
strategy herstjórnarlist f., herkænska f., hernaðaráætlun f.; skipulagssnilli f.
strategy formulation stefnumótun f.
strategy implementation stefnuframkvæmd f.
stratification lagskipting f.
stratify v. vera lagskiptur; lagskipta
stratigraphy jarðlagafræði f.
stratocumulus (p. **-cumuli**) flákaský n.
stratopause heiðhvörf n.pl.
stratosphere heiðhvolf n.
stratovolcano eldkeila f.
stratum (pl. **strata**) (jarð)lag n.; (þjóðfélags)stétt f.
stratus (pl. **strati**) þokuský n.
straw strá n., hálmur m.
strawberry jarðarber n.
straw-coloured adj. ljósgulur

stray (animal) flækingsdýr n., (person) flækingur m.; adj. (lost) villtur, flækings-, (scattered) strjáll, dreifður; vi. villast; flakka, reika
streak rák f., rönd f., (trace) vottur m., aðkenning f.; v. gera rákir á, (move very fast) þjóta
streaky adj. rákóttur, röndóttur
stream á f., lækur m., (current) straumur m.; vi. streyma, (in the wind) blakta, breiða úr sér
streamer (ribbon) ræma f., (flag) mjótt flagg n.
streamline vt. gera straumlínulaga; hagræða
streamlined adj. straumlínulagaður; hagkvæmur
street stræti n., gata f.
streetcar (Am.) sporvagn m.
street intersection vegamót n.pl.
street organ lírukassi m.
streetwalker vændiskona f.
strength styrkur m., kraftur m., afl n.
strengthen v. styrkja(st)
strenuous adj. erfiður; ákafur, kappsfullur
stress streita f., álag n., (force of weight) þrýstingur m., spenna f., (on a syllable) áhersla f.; vt. leggja áherslu á
stress mark áherslumerki n.
stretch teygja f.; **at full s.** á fullu; af ýtrustu orku; **at a s.** viðstöðulaust; v. teygja(st), þenja(st); teygja sig, rétta úr sér
stretcher sjúkrabörur f.pl.
strew vt. strá, sáldra, dreifa
striated adj. rákóttur, rákaður
stricken adj. sleginn, lostinn; v. (pp. **strike**)
strict adj. strangur, kröfuharður, (complete) algjör
stride langt skref n.; **make great strides** miða hratt; **take s-g in one's s.** fara létt með e-ð; v. stika stórum, skálma
strident adj. skrækur, hvellur; skerandi
strife átök n.pl.; deilur f.pl., erjur f.pl.
strike högg n., slag n., (work protest) verkfall n., (attack) árás f., (discovery) fundur m.; v. slá, berja; reka(st) á/í; gera verkfall
strikebound adj. lamaður vegna verkfalls
strikebreaker verkfallsbrjótur m.
striker verkfallsmaður m., (in football) framlínumaður m., sóknarmaður m.
strike fund verfallssjóður m.
strike off v. (cross out) strika/taka út af
strike out v. (hit wildly) berja frá sér, (swim) taka (áköf) sundtök, (cross out) strika út; s. out on one's own byrja upp á eigin spýtur
strike up v. (upp)hefja
strike (up)on v. (discover) finna, rekast á
striking adj. sláandi, eftirtektarverður
string band n., snæri n.; strengur m.; **have s-y on a s.** ráða yfir e-m; **pull (the) strings** kippa í spottana; **no strings (attached)** án skilyrða; v. þræða upp á band; strengja; strekkja
string along v. gabba, blekkja, halda volgum
string along with v. slást í för með, fylgja
string bean (Am.) strengjabaun f.
stringed instrument strengjahljóðfæri n.
stringent adj. strangur, harður, (tight) þröngur, naumur
string orchestra stengja(hljóm)sveit f.
string up v. festa upp á (band); hengja e-n
string variable strengbreyta f.
stringy adj. þráðóttur; sinamikill, sinóttur
strip ræma f.; lengja f.; spilda f.; v. (ber)hátta, afklæða(st), (remove) fjarlægja; svipta
strip cartoon (Br.) teiknimyndasyrpa f.; myndasaga f.
stripe rönd f., rák; einkennisrönd f.
striped adj. röndóttur, rákóttur
strip lighting flúrlýsing f.
stripper nektardansmær f., fatafella f.
strip poker fatapóker m.
strip show nektardans m.
striptease nektardans m.
stripy adj. röndóttur, rákóttur
strive vi. berjast; keppa að, sækjast eftir
stroboscope snúningssjá f., snúðsjá f.
stroke (blow) högg n., slag n., (of a pen) strik n., (illness) heilablóðfall n.; vt. slá, kýla
stroll skemmtiganga f.; vi. ganga, rölta

stroller maður á göngu m., (Am.) barnakerra f.
strong adj. sterkur, kröftugur
strongarm adj. ofbeldis-, fanta-
strongbox peningaskápur m.
strong breeze stinningskaldi m., strekkingur m.
strong gale stormur m.
stronghold virki n., höfuðvígi n.
strongly adv. sterklega; eindregið
strong-minded adj. viljafastur, einbeittur
strongroom öryggisgeymsla f.
strop brýnól f.; vt. brýna, hvessa á brýnól
stroppy adj. pirraður, viðskotaillur
structural adj. byggingar-; samsetningar-; formgerðar-
structural engineering burðarþolsfræði f.
structuralism strúktúralismi m., formgerðarstefna f.
structure (upp)bygging f., samsetning f., (form)gerð f., (building) mannvirki n., smíð f.; vt. byggja (upp), skipuleggja
structured programming mótuð forritun f.
struggle barátta f., basl n.; vi. strita, berjast
strum glamur n.; v. glamra (á)
strung (up) adj. spenntur, taugatrekktur
strut sprang n.; vi. spígspora, rigsa
strut (in a framework) þrýstistöng f., skástoð f.
strychnine striknín n.
stub stubbur m., stúfur m., (counterfoil) svunta f.
stubble kornhá f.; (hár)broddar m.pl.
stubborn adj. þrjóskur; langvarandi, þrálátur
stubbornness þrjóska f., þrái m., þrákelkni f.
stubby adj. stuttur og sver, kubbslegur
stub out v. (a cigarette) drepa í (sígarettu)
stucco gifs- og sementsblanda f.
stuck v. (p., pp. **stick**)
stuck-up adj. montinn, reigingslegur
stud (skraut)bóla f.; hnappur m.; smella f.; tittur m., nagli m.; vt. (cover with) alsetja

stud stóð f., (male horse), stóðhestur m., graðfoli m.
studded shoe takkaskór m.
studded tyre nagladekk n.
student námsmaður m., nemandi m., nemi m.
stud farm hrossaræktarstöð f.
studio vinnustofa f.; útvarps- eða sjónvarpssalur m.; kvikmyndaver n.
studio apartment (Am.) eins herbergis íbúð f.
studio couch svefnsófi m., svefnbekkur m.
studious adj. námfús, iðinn; úthugsaður, nákvæmur
study nám n., (thorough enquiry) rannsókn f., athugun f., (room) lesstofa f.; v. nema, læra; rannsaka
stuff efni n., (of any sort) dót n., (of poor quality) drasl n.; vt. fylla, troða í, stoppa
stuffed shirt montrass m.
stuffing fylling f., tróð n., stopp n.
stuff up v. (block completely) stífla
stuffy adj. loftlaus; líflaus, leiðinlegur
stultification ómerking f., ónýting f.; forheimskun f.
stultify vt. gera tilgangslausan, ónýta; forheimska
stumble vi. hrasa, skjögra; reka í vörðurnar
stumble across/(up)on v. rekast á fyrir tilviljun
stumbling block hrösunarhella f., fótakefli n.; hindrun f.
stump stubbur m., stúfur m.; **stir one's stumps** flýta sér; v. þramma, (be too hard for) slá út af laginu, (Am.) halda kosningaræður
stump up v. (pay) punga út með
stumpy adj. stuttur og digur, kubbslegur
stun vt. rota, dasa, vanka, gera agndofa
stung v. (p., pp. **sting**)
stunning adj. undurfagur, töfrandi, lamandi
stunt glæfrabragð n.
stunt man (pl. - **men**) staðgengill m.
stupefy vt. sljóvga, deyfa; ljósta furðu
stupendous adj. stórfenglegur, gífurlegur
stupid bjáni m.; adj. heimskur; sljór

stupidity heimska f.; bjánaskapur m.
stupor dá n., meðvitundarleysi n.
sturdy adj. sterkbyggður, þróttmikill; djarfur
sturgeon styrja f.
stutter stam n.; v. stama, reka í vörðurnar
style stíll m., (fashion) tíska f.; vt. titla, nefna, (design) hanna; móta
styling útlitshönnun f.
stylish adj. nýtískulegur, glæsilegur
stylist stílsnillingur m., stílisti m.
stylistic adj. stílrænn, stíl-
stylize vt. stílfæra
stylus stíll m., griffill m.; (plötuspilara)nál f.
suave adj. viðmótsþýður; smeðjulegur
subcommittee undirnefnd f.
subconscious dulvitund f., undir(með)vitund f.; adj. dulvitaður, hálfmeðvitaður
subconsciousness undir(með)vitund f.
subcontractor undirverktaki m.
subdue vt. undiroka, kúga; draga úr, minnka
subject (of a ruler) þegn m., (theme) efni n., (of study) námsgrein f., (in grammar) frumlag n.; adj. undirokaður; vt. ná valdi yfir
subject classification efnisflokkun f.
subjection undirokun f., kúgun f.
subjective adj. hlutlægur, hugrænn; einstaklingsbundinn; (in grammar) frumlags-
subjectivity huglægni f.; huglægt viðhorf n.
subject matter (viðfangs)efni n.; inntak n., kjarni m.
subject to adj. þegnskyldur, hollustubundinn, (tending to have) móttækilegur, (depending on) háður, með fyrirvara um; v. láta (e-n) sæta (e-u)
subjugate vt. leggja undir sig, undiroka
subjugation undirokun f.
subjunctive mood viðtengingarháttur m.
sublease framleiga f.; v. framleigja, endurleigja
sublimate vt. (in chemistry) breyta (föstu efni) í loft, (make pure) hreinsa, (in psychology) göfga

sublime adj. háleitur, himneskur, göfugur; frábær
submarine kafbátur m.; adj. neðansjávar-
submarine pen kafbátakví f.
submerge v. færa í kaf, kaffæra; kafa
submergence kaffæring f.; köfun f.
submersible köfunartæki n.; adj. köfunarhæfur
submersion kaffæring f.; köfun f.
submission uppgjöf f., (obedience) hlýðni f., auðmýkt f.
submissive adj. undirgefinn, auðsveipur
submit v. (yield) gefast upp, láta undan, (propose) leggja fram., stinga upp á
subordinate undirmaður m.; adj. lægri, óæðri, aðstoðar-; vt. skipa skör lægra, setja neðar
subordinate clause (in grammar) aukasetning f.
subpoena (vitna)stefna f.; vt. stefna (fyrir dóm)
subroutine undirforrit n., stef n.
subscribe v. (agree to pay) heita framlagi (til), skrifa sig fyrir, (a newspaper) gerast/vera áskrifandi (að), (agree with) fallast á, styðja, (sign) undirrita, skrifa undir
subscriber áskrifandi m.
subscript hnévísir m., lágvísir m.; adj. lágstæður
subscription (loforð um) fjárframlag n.; áskrift f.; áskriftargjald n.; samþykki n.; undirskrift f.
subsequent adj. síðari, seinni, eftirfarandi
subsequently adv. seinna, því næst
subservience undirgefni f., þýlyndi f.
subservient adj. undirgefinn, þýlyndur; gagnlegur
subside vt. sjatna, dvína; síga
subsidence sjötnun f., hjöðnun f.; (land)sig n.
subsidiary aðstoðarmaður m., (company) dótturfyrirtæki n.; adj. hjálpar-, auka-, hliðar-
subsidize vt. greiða niður, styrkja
subsidy niðurgreiðsla f., (fjár)styrkur m.
subsist vi. skrimta, draga fram lífið
subsistence nauðþurft f.; lífsviðurværi n.

subsoil jarðvegsgrunnur m.
subsonic adj. undir hljóðhraða
substance efni n., (most important part) aðalatriði n., kjarni m., (solidity) þéttleiki m.; undirstaða f.
substandard adj. ófullnægjandi, undirmáls-
substantial adj. (real) efnislegur, raunverulegur, (solid) sterkbyggður, (considerable) talsverður, staðgóður, álitlegur, (wealthy) efnaður
substantially adv. efnislega, (quite a lot) verulega
substantiate vt. færa sönnur á, sanna
substantive (noun) nafnorð n.; adj. nafnorðs-, nafnorða-
substitute staðgengill m., varamaður m.; adj. vara-; v. setja/koma í staðinn (fyrir = **for**)
substratum (pl. **-strata**) undirlag n.; grundvöllur m.
substructure undirstaða f.; grundvöllur m.
subsume vt. telja til, fella undir
subterfuge undanbragð n., fyrirsláttur m.
subterranean adj. neðanjarðar-
subtitles (of a film) þýðingartexti m.
subtle adj. hárfínn; skarpur, slóttugur
subtlety næmi n.; skarpskyggni f., kænska f.
subtotal millisamtala f.
subtract v. draga frá
subtraction frádráttur m.
subtropical adj. heittempraður
suburb úthverfi n., útborg f.
suburban adj. úthverfa-, útborgar-
subvention fjárframlag n., fjárstuðningur m.
subversion niðurrifsstarfsemi f., niðurrif n.
subvert vt. grafa undan; kollvarpa
subway undirgöng n.pl., (Am.) neðanjarðarlest f.
succeed v. takast, heppnast, (do well) ná langt, slá í gegn, (come after) koma eftir, taka við af
success góður árangur m.; velgengni f.
successful adj. árangursríkur, lánsamur
succession röð f., runa f., lota f.; erfðaröð f.
successive adj. hver á fætur öðrum, í röð
successor eftirmaður m.; arftaki m.

succinct adj. gagnorður, samþjappaður
succour hjálp f.; vt. hjálpa, aðstoða
succulent adj. safaríkur; ljúffengur
succumb vi. bíða lægri hlut, verða undir
such adj. & prn. slíkur, þvílíkur
suchlike adj. þess háttar; prn. slíkt
suck sog(hljóð) n.; v. sjúga; soga (í sig)
sucker sogskál f., sogpípa f., (shoot) rótarangi m., (fool) flón n., ginningarfífl n.
suckle vt. gefa að sjúga; gefa brjóst
suckling brjóstmylkingur m.; ungviði n.
suck up to v. smjaðra fyrir, skjalla
suction sog n.; sogkraftur m.
sudden adj. skyndilegur, óvæntur, snöggur; sviplegur; **all of a s.** allt í einu
suddenly adv. skyndilega, allt í einu
suds sápulöður n.
sue v. lögsækja; s. for biðja um
suede rúskinn n.; adj. rúskinns-
suet mör f., innanfita f.
suffer v. þjást; skaðast, verða fyrir; þola
suffering þjáning f., kvöl f.; þrengingar f.pl.
suffice v. nægja, vera nóg
sufficient adj. nógur, fullnægjandi
suffix (in grammar) viðskeyti n.
suffocate v. kæfa; kafna; bæla niður
suffocation kæfing f.; köfnun f.
suffrage kosningaréttur m.; (með)atkvæði n.
suffuse vt. hella yfir; baða í
sugar sykur m.; v. sykra
sugar basin sykurkar f.
sugar beet sykurrófa f.
sugar cane sykurreyr m.
suggest vt. stinga upp á; minna á, gefa til kynna
suggestion uppástunga f., vísbending f.
suicide sjálfsmorð n.; **commit s.** fremja sjálfsmorð
suit föt n.pl., fatnaður m., (of cards) litur m.; **follow s.** svara lit, bekenna; gera slíkt hið sama; v. hæfa, henta; klæða (vel)
suitability hentugleiki m., hagkvæmni f.
suitable adj. hentugur, hæfilegur, viðeigandi
suitcase ferðataska f.

suite (of followers) föruneyti n., fylgdarlið n., (of furniture) húsgagnasett n., (of rooms) svíta f., hótelíbúð f.
suitor biðill m.; sóknaraðili m., sækjandi m.
sulfuric acid brennisteinssýra f.
sulk vi. vera í fýlu
sulky adj. fýldur, ólundarfullur; drungalegur
sullen adj. fýldur, fýlulegur; þungbúinn
sully vt. óhreinka; flekka
sulphur brennisteinn m.
sultan soldán m.
sultry adj. mollulegur, (passionate) ástríðufullur
sum summa f., (amount) upphæð f., (arithmetic) reikningur m.; **in sum** í stuttu máli sagt
summarize vt. draga saman; gera útdrátt úr
summary ágrip n., útdráttur m.; adj. stuttorður, yfirlits-; umsvifalaus, skyndi-
summer sumar n.
summerhouse sumarskáli m., garðhús n.
summer house sumarbústaður m.
summer resort sumarleyfisstaður m., sumardvalarstaður m.
summertime sumartími m.
summery adj. sumarlegur, sumar-
summit toppur m., (há)tindur m.; hámark n.
summit talk toppfundur m., leiðtogafundur m.
summon vt. boða á sinn fund, stefna; kalla saman
summons stefna f., kvaðning f.; vt. stefna (fyrir rétt)
summon up v. safna; beita, neyta
sumptuous adj. kostnaðarsamur; íburðarmikill, dýrindis-
sum up v. leggja saman, reikna út; draga saman
sun sól f.; vt. sóla (sig)
sunbaked adj. sólbakaður
sunbathe vi. liggja í sólbaði, sleikja sólina
sunburn sólbruni m.
sunburnt adj. sólbrenndur; sólbrúnn
Sunday sunnudagur m.
sundew (plant) sóldögg f.

sundial sólskífa f., sólúr n.
sundown sólsetur n., sólarlag n.
sundrenched adj. sólbakaður
sundry adj. ýmiss konar, margvíslegur
sunfish tunglfiskur m.
sunflower sólfífill m., sólblóm n.
sunglasses sólgleraugu n.pl.
sunlamp sólarlampi m., háfjallasól f.
sunlight sólarljós n., sólskin n.
sunny adj. sólbjartur, sólskins-, sólar-
sunrise sólarupprás f.
sunset sólsetur n., sólarlag n.
sunshade sólhlíf f., sólskyggni n.
sunshine sólskin n.
sunspot sólblettur m.; sólríkur staður m.
sunstroke sólstingur m.
suntan sólbrúnka f.
suntan oil sólarolía f.
sun visior sólskyggni n.
superb adj. frábær, stórkostlegur, afbragðs-
supercharge vt. auka afl með forþjöppu
supercilious adj. hrokafullur, dramblátur
supercomputer ofurtölva f.
superconductor ofurleiðari m.
superficial adj. yfirborðslegur, grunnur
superfluous adj. óþarfur, ofaukinn, umfram-
superhuman adj. ofurmannlegur
superimpose vt. leggja ofan á (annan)
superintend v. hafa (yfir)umsjón með, stjórna
superintendence (yfir)umsjón f.
superintendent umsjónarmaður m., forstöðumaður m.; aðstoðar-yfirlögregluþjónn m.
superior yfirboðari m.; ofjarl m.; adj. æðri, meiri, fremri, betri; hærra settur; frábær, úrvals-, (priggish) drambsamur, montinn
superiority yfirburðir m.pl.
superiority complex mikilmennsku-brjálæði n.
superlative (degree) hástig n.; adj. efstur, fremstur, æðstur; óviðjafnanlegur, afburða-
superman (pl. **-men**) ofurmenni n.
supermarket stórmarkaður m.; kjörbúð f.
supernatural adj. yfirnáttúrulegur; ótrúlegur

supernova sprengistjarna f.
superscript brjóstvísir m., hávísir m.; adj. hástæður
supersede vt. taka við af, leysa af hólmi
supersonic adj. hljóðfrár; yfir hljóðhraða
superstition hjátrú f., hindurvitni n.
superstitious adj. hjátrúarfullur
superstructure yfirbygging f.
supertax hátekjuskattur m.
supervene vi. koma upp, gerast (óvænt)
supervise v. sjá um, hafa eftirlit með, stjórna
supervision (yfir)umsjón f., eftirlit n.
supervisor umsjónarmaður m., eftirlitsmaður m.
supine adj. liggjandi á bakinu; daufur, framtakslaus
supper kvöldmatur m., kvöldverður m.
supplant vt. bola burt, velta úr sessi
supple adj. sveigjanlegur, lipur; slægur
supplement viðbót f., viðauki m.; vt. bæta upp, auka (við)
supplementary adj. viðbótar- auka-
supplementary angle frændhorn n.
supplicate v. grátbæna; biðja auðmjúklega
supplier birgðasali m.
supply aðdrættir m., (provisions) birgðir f.pl., forði m.; **in short s.** af skornum skammti; **s. and demand** framboð og eftirspurn; vt. sjá fyrir, útvega, (satisfy) fullnægja
support stoð f.; stuðningur m., hjálp f.; vt. bera, halda uppi, (help) styðja, styrkja
supporter stuðningsmaður m., fylgismaður m.
suppose vt. gera ráð fyrir; halda, ætla, álíta
supposedly adv. að því er talið er
supposing conj. ef, ef svo færi að
supposition ágiskun f., tilgáta f.
suppository stíll m., stikkpilla f.
suppress vt. bæla niður; þagga niður; stöðva
suppression (niður)bæling f.; afnám n.
suppressor kúgari m., (apparatus) deyfir m.
supremacy æðsta vald n.; yfirburðir m.pl.
supreme adj. hæstur, æðstur, yfir-
Supreme Being guð m.
Supreme Court hæstiréttur (Bandaríkjanna) m.
supremely adv. ákaflega, yfirmáta
surcharge viðbótargreiðsla f.; vt. krefjast aukagjalds
sure adj. viss, sannfærður; öruggur, óbrigðull; adv. vissulega, auðvitað; sjálfsagt; **s. enough** eins og við mátti búast, viti menn
surely adv. vafalaust, víst; örugglega
surety ábyrgð f., (guarantor) ábyrgðarmaður m.
surf brim n.; v. bruna á brimbretti
surface yfirborð n.; flötur m., hlið f.; v. koma upp (á yfirborð); birtast, (cover) þekja; klæða
surface mail landpóstur m.; sjópóstur m.
surfboard brimbretti n.
surfeit ofgnótt f.; óhóf n., ofsaðning f.; vt. ofmetta, ofseðja, offylla
surfing brimbrettabrun n.
surge bylgja f., ólga f., öldugangur m., (of electric current) straumhnykkur m.; vi. ólga, brima, flæða, steypast, veltast
surgeon skurðlæknir m., handlæknir m.; herlæknir m.
surgery skurðlækningar f.pl.; (skurð)læknisstofa f.
surgical adj. skurðlæknis-, skurðlækninga-, skurð-
surly adj. önugur, fýldur; drungalegur
surmise ágiskun f., tilgáta f.; v. giska á
surmount vt. yfirstíga, sigrast á; gnæfa yfir
surname ættarnafn n.; viðurnefni n.
surpass vt. bera af, skara/fara fram úr
surpassing adj. framúrskarandi, afburða-
surplice rykkilín n.; kyrtill m.
surplus afgangur m.; afgangsvara f.; adj. afgangs-
surplus production offramleiðsla f.
surplus stock afgangsbirgðir f.pl.
surprise undrun f.; **take by s.** koma á óvart/að óvörum; vt. koma á óvart; koma í opna skjöldu
surprised adj. undrandi, hissa, forviða
surprising adj. furðulegur; óvæntur

surrealism súrrealismi m., hjástíll m.
surrender uppgjöf f.; v. gefast upp; afsala sér
surreptitious adj. leynilegur; laumulegur
surrogate staðgengill m., fulltrúi m.
surround umgerð f., rammi m.; vt. umlykja; umkringja
surrounding adj. aðliggjandi; aðlægur
surroundings umhverfi n., næsta nágrenni n.
surtax viðbótarskattur m., álagsskattur m.
surveillance (strangt) eftirlit n.
survey yfirlit n.; athugun f.; landmælingar f.pl.; vt. líta yfir, (examine) skoða, kanna, meta, (on a map) mæla út (land); kortleggja
surveyor skoðunarmaður m.; landmælingamaður m.
survival það að lifa e-ð/e-n; leifar f.pl.
survive v. lifa (af), vera á lífi; standast
survivor maður sem kemst lífs af m.; eftirlifandi m.
susceptibilities (viðkvæmar) tilfinningar f.pl.
susceptibility (tilfinninga)næmi n., næmleiki m.
susceptible adj. tilfinninganæmur, (easily affected by) viðkvæmur/móttækilegur (fyrir = **to**)
suspect grunaður maður m.; adj. grunsamlegur; vafasamur; vt. gruna, tortryggja
suspend vt. hengja (upp), (put off) fresta, draga, (fire) víkja (úr embætti um stundarsakir)
suspended sentence skilorðsdómur m.
suspenders sokkabönd n.pl., (Am.) axlabönd n.pl.
suspense óvissa f., spenna f.
suspension upphenging f.; frestun f., dráttur m.; tímabundinn brottrekstur m.
suspension bridge hengibrú f.
suspension system fjöðrunarbúnaður m.
suspicion grunur m.; tortryggni f.
suspicious adj. grunsamlegur; tortrygginn
sustain vt. halda uppi, (maintain) sjá fyrir, framfleyta, (suffer) þola, verða fyrir
sustenance viðurværi n., fæði n., næring f.

swab (cleaning cloth) (gólf)þvegill m.; vt. skúra
swagger rigs n.; mont n.; vi. spígspora; monta sig
swallow (bird) landsvala f.
swallow kynging f.; munnbiti m.; v. kyngja, gleypa
swam v. (p. **swim**)
swamp mýri f., fen n.; vt. sökkva; kaffæra
swampy adj. votlendur, mýrlendur, fenjóttur
swan svanur m.; vi. ráfa, flækjast
swap skipti n.pl.; v. skipta(st) á
swarm sveimur m., skari m., ger n.; vi. (of bees) fljúga í sveimi, (crowd) flykkjast, hópast
swarm with v. vera krökkur af, mora af
swarthy adj. dökkleitur, dökkur yfirlitum
swashbuckler oflátungur m.; ofurhugi m.
swastika hakakross m.
swat högg n.; flugnaspaði m.; vt. slá (til)
sway sveifla f., (rule) stjórn f., vald n.; v. sveifla(st), vagga, (influence) hafa áhrif á
swear v. sverja, vinna eið, (curse) blóta
swear by v. sverja við; mæla eindregið með
swear in v. taka eið af; sverja í embætti
swear off v. strengja þess heit að hætta
swearword blótsyrði n.
sweat sviti m.; v. svitna; svita
sweater (lopa)peysa f., ullarpeysa f.
sweat shirt íþróttapeysa f.
sweat suit íþróttagalli m., æfingagalli m.
Swede Svíi m.
swede (gul)rófa f.
Sweden Svíþjóð f.
Swedish (language) sænska f.; adj. sænskur
sweep sópun f.; sveifla f., (range) (sveiflu)svið n., umfang n.; v. sópa, feykja, (rush) geysa(st)
sweeper (person) sópari m., (thing) sópur m., kústur m., (in football) aftasti varnarmaður m.
sweeping adj. yfirgripsmikill; fullkominn, alger
sweepings uppsóp n.

sweepstake (kappreiðar)getraun f., veðhlaup n.
sweet adj. sætur, (pleasant) þægilegur; elskulegur, ljúfur, (fresh) ferskur, nýr
sweetbread (used as food) hóstarkirtill m.
sweetbriar (eglantine) eplarós f.
sweet corn sykurmaís m.
sweeten v. gera sætan; verða sætur; fróa, lina
sweetener (sykurlaust) sætuefni n.
sweetening sætun f.; sætuefni n.
sweetheart kærasti m., kærasta f.
sweets sælgæti n., sætindi n.pl.
swell bólga f.; þrútnun f., (of the sea) (undir)alda f.; adj. flottur, fínn; v. bólgna, þrútna
swellhead monthani m.; hrokagikkur m.
swelling (on the body) bólga f., þroti m.
swelter vi. vera í svitakófi
sweltering adj. brennheitur; þjakandi, kæfandi
swerve sveigja f., bugða f.; v. sveigja (til hliðar)
swift adj. skjótur, fljótur
swiftness hraði m., flýtir m., snerpa f.
swig slurkur m., teygur m.; v. þamba, teyga
swill skolun f., (pig food) draf n.; v. skola, (drink) hella í sig, svolgra í sig
swim sund n.; v. synda
swim bladder sundmagi m.
swimmer sundmaður m.
swimming sund n.
swimming bath innisundlaug f.
swimming costume sundbolur m., sundföt n.pl.
swimming pool sundlaug f.
swimming trunks sundbuxur f.pl., sundskýla f.
swimsuit sundbolur m., sundföt n.pl.
swindle svindl n.; v. svindla (á); svíkja
swindler svindlari m.; svikari m.
swine (ali)svín n.
swing sveifla f.; róla f.; v. sveifla(st); róla (sér)
swipe högg n.; vt. slá fast, kýla
swirl hringiða f.; v. hringsnúa(st), þyrla(st)
swish hvinur m., þytur m.; skrjáf n.; adj. (fashionable) nýtískulegur; v. hvína, þjóta; skrjáfa

Swiss Svisslendingur m.; adj. svissneskur
switch skipting f., breyting f., (of electric circuit) straumrofi m., slökkvari m., (at railway points) sporskiptir m., (thin stick) keyri n., pískur m.; v. skipta (um), breyta, (hit) hýða
switchblade (Am.) fjaðurhnífur m.
switchboard skiptiborð n.
switchboard operator (tal)símavörður m.
switch off v. slökkva á; loka fyrir
switch on v. kveikja á
Switzerland Sviss n.
swivel segulnagli m.; v. snúa(st)
swollen adj. bólginn, þrútinn; útblásinn
swoon yfirlið n.; vi. falla í yfirlið
swoop dýfa f.; skyndiárás f.; vi. steypa sér (yfir)
swop skipti n.pl.; v. skipta(st) á
sword sverð n.
swordplay skylmingar f.pl.
swordsman (pl. -men) skylmingamaður m.
swordsmanship sverðfimi f.
swot kúristi m.; v. lesa stíft, kúra
sycamore garðahlynur m.
syllabic adj. atkvæðisbær, atkvæðis-
syllabicate vt. skipta í atkvæði
syllabification atkvæðaskipting f.
syllabify vt. skipta í atkvæði
syllable atkvæði n., samstafa f.
syllabus yfirlit n.; kennsluáætlun f., námsskrá f.
syllogism rökhenda f.
sylph loftdís f.; grönn og tíguleg kona f.
sylvan adj. skógar-
symbiosis (pl. -ses) samhjálp f.
symbol tákn n., merki n.
symbolic adj. táknrænn; notaður sem tákn (fyrir = **of**)
symbolism symbólismi m., táknsæisstefna f.; táknkerfi n.
symbolize vt. tákna, vera tákn fyrir
symbol string táknstrengur m.
symmetric(al) adj. samhverfur; sem samsvarar sér vel, samræmur
symmetry samhverfa f.; samræmi n., samstilling f.
sympathetic adj. samúðarfullur; viðkunnanlegur

sympathize vi. hafa samúð með; vera hlynntur
sympathizer velunnari m.; stuðningsmaður m.
sympathy samúð f., samkennd f.
symphonic adj. sinfónískur, sinfóníu-
symphony sinfónía f., hljómkviða f.
symposium námsstefna f.
symptom (sjúkdóms)einkenni n.
symptomatic(al) adj. sem ber vott (um = **of**), einkennandi
synagogue samkunduhús n.; söfnuður (gyðinga) m.
synchronize v. (láta) gerast á sama tíma, fylgjast að; stilla saman, raða saman
synchronous adj. samstunda, samtíma-; samstilltur
synchrotron samhraðall m.
syncline samhverfa f., fellingadæld f.
syndicate samtök n.pl.; fréttamiðlun f.; vt. mynda samtök um; birta samtímis í mörgum blöðum/tímaritum
syndrome sjúkdómsmynd f., einkennamynstur n.
synod synodus m., prestastefna f.
synonym samheiti n.
synonymous adj. sömu/svipaðrar merkingar (og = **with**)
synopsis (pl. **-ses**) ágrip n., yfirlit n.
synovial sac liðpoki m.
syntactic(al) adj. setningafræðilegur
syntax setningafræði f.; setningarbygging f.
syntax error málfræðivilla f.
synthesis (pl. **-ses**) samruni m.; efnasmíði f.
synthesizer hljóðgervill m.
synthetic adj. tilbúinn, gervi-
syphilis sýfilis m., sárasótt f.
syringe sprauta f.; vt. sprauta (með nál)
syrup síróp n.
system kerfi n.
system analysis kerfisgreining f.
systematic adj. kerfisbundinn, markviss
systematically adv. kerfisbundið, markvisst
systematize vt. setja upp í kerfi, skipuleggja
system breakdown kerfisbilun f.
systems analyst kerfisfræðingur m.
system software kerfishugbúnaður m.
systems theory kerfisfræði f.
system variable kerfisbreyta f.

T

ta interj. (thank you) takk
tab sepi m., flipi m.; merkimiði m., (bill) reikningur m.; **keep tabs on** hafa auga með
tabby grábröndóttur köttur m.; læða f.
table borð n., (list) tafla f.; **at t.** undir borðum; að snæðingi; vt. leggja á borð; gera lista yfir
tablecloth borðdúkur m.
tableknife (pl. **-knives**) borðhnífur m.
tablelamp borðlampi m.
table lookup töfluleit f.
tablemat borðmotta f.; hitaplatti m.
table mountain stapi m., stapafell n.
table of contents efnisskrá f., efnisyfirlit n.
table salt borðsalt n.
tablespoon matskeið f.
tablet tafla f.; plata f., spjald n.
table tennis borðtennis m.
tableware borðbúnaður m.
tabloid æsifréttablað n.
taboo bann n., forboð n.; bannhelgi f.; adj. bannaður, forboðinn; bannhelgur
tabular adj. töflulaga, töflu-
tabulate vt. setja upp í töflu; dálka
tabulation dálkun f.
tabulation character dálkunarstafur m.
tabulator (key) dálkastillir m., dálkahleypir m.
tachometer snúningshraðamælir m.
tacit adj. þegjandi, undirskilinn
taciturn adj. þögull, fámáll, þegjandalegur
tack (small nail) tittur m., (direction) stefna f.; v. festa með titti; þræða saman; festa lauslega
tackle tæki n.pl., útbúnaður m., (pulley) talía f., (in football) tækling f.; v. fást við, glíma við; hremma, grípa; tækla, takla
tact háttvísi f., nærgætni f.; lagni f.

tactful adj. háttvís, nærgætinn; lipur
tactic (herkænsku)bragð n., úrræði n.
tactical adj. taktískur, herkænsku-; snjall
tactician herlistarmaður m.; úrræðagóður maður m.
tactile adj. snertiskyns-, snerti-; snertanlegur
tactless adj. óháttvís, ónærgætinn
tadpole halakarta f.
Taeckholm's rose þyrnirós f.
tag (merki)miði m., (of a string) bensli n., (cliché) klisja f., (children's game) síðastaleikur m.; v. festa (merki)miða á, merkja
tag along v. fylgja fast á hæla, elta
tail (cow) hali m., (dog) rófa f., (horse) tagl n., (bird) stél n., (fish) sporður m.; v. (follow closely) fylgja fast eftir, elta
tail away/off v. smáminnka, fjara út
tailboard gafl m., gaflloka f.
tailcoat síðjakki m., lafafrakki m.
tailgate (Am.) gafl m., gaflloka f.
taillight afturljós n.
tailor klæðskeri m., skraddari m.; vt. sérsauma
tailor-made adj. klæðskerasaumaður; sérhannaður
tailplane stélvængur m.
tailspin spunaflug n., spuni m.
tailwind meðvindur m., byr m.
taint vottur (af galla) m.; v. spilla(st); skemma(st)
take afrakstur m., fengur m., (share) skerfur m., hlutur m., (scene) taka f.; (Am.) **on the t.** mútuþægur; v. taka, grípa, (carry away) fara með
take aback v. be taken a. verða undrandi; bregða
take after v. (look like) líkjast, svipa til
take apart v. taka í sundur, (scold) húðskamma
takeaway (shop) matsölustaður sem selur mat til neyslu annars staðar m.
take back v. taka aftur, (return) fara með, skila
take down v. taka niður, (write down) skrifa upp, (humilate) auðmýkja, lækka rostann í
take for v. (regard) álíta, (mistake for) villast á

take in v. taka við/á móti/að sér, (deceive) gabba, (include) ná yfir, (understand) skilja, meðtaka, (make smaller) þrengja
takeoff flugtak n.; skopstæling f.
take off v. (remove) fara úr, taka af sér, (mimic) herma eftir, (deduct) draga frá, slá af, (of a plane) fljúga af stað
take on v. (undertake) taka að sér, (assume) taka á sig, (challenge) reyna sig/keppa við, (engage) ráða (í vinnu)
take out v. taka út, (escort outside) fara út með, (get) fá sér; **t. it out of s-y** gera e-n uppgefinn
take out on v. láta (e-ð) bitna á (e-m)
takeover yfirtaka (fyrirtækis) f.
take over v. taka við (stjórn); yfirtaka
take to v. fara að stunda, (like) verða hrifinn af, (take refuge in) flýja til, leita skjóls í
take up v. (raise) taka upp, lyfta, (interest oneself in) fara að stunda, (continue) halda áfram með, (pursue a matter) bera upp (mál) við, (occupy) taka
take up with v. hefja kunningsskap við
taking adj. (attractive) hrífandi, aðlaðandi
takings inntekt f., tekjur f.pl.
talcum (powder) talkúm n., talkpúður n.
tale (frá)saga f., ævintýri n.; skröksaga f.
talent hæfileiki m., (sér)gáfa f.; hæfileikamaður m.
talented adj. hæfileikaríkur, fjölhæfur
talisman (pl. **-mans**) verndargripur m.
talk (sam)tal n., (speech) ræða f.; v. tala
talk at v. messa yfir (e-m)
talkative adj. málgefinn, ræðinn
talk away v. láta dæluna ganga
talk down v. (silence) yfirgnæfa, kveða í kútinn
talk down to v. tala niður til, sýna e-m lítilsvirðingu
talker ræðumaður m.; málgefinn maður m.
talkie talmynd f.
talking point aðalröksemd f.
talk into v. fá e-n til e-s
talk out v. tala út um, ræða til fullnustu
talk out of v. telja e-n af e-u
talk over v. (discuss) ræða (saman um), (persuade) tala e-n til, fá e-n á sitt band

talk round → taskmaster 458

talk round v. tala e-n til, telja e-m hughvarf, (a subject) fara í kringum (efnið)
talks viðræður f.pl.
tall adj. hár, (excessive) óheyrilegur, ósanngjarn
tallow tólg f.
tall story ótrúleg frásögn f.; lygasaga f.
tally minniskefli n.; vi. stemma, koma heim og saman
tallyman (pl. **-men**) talningamaður m., teljari m.
talon (ránfugls)kló f.
tambourine tambúrína f., bjöllutromma f.
tame adj. taminn; gæfur, spakur; vt. temja
tameness spekt f., stilling f.
tamper with v. fikta/fitla/eiga við; falsa
tampon vattrúlla f.; tíðatappi m.
tan gulbrúnn litur m., (sunburn) sólbrúnka f.; adj. gulbrúnn; v. súta; taka lit; gera sólbrúnan
tandem tvímenningsreiðhjól n.; adv. í einfaldri röð
tang (strong taste) sterkt bragð n.; keimur m.
tangent snertill m., snertilína f.
tangential adj. snertilægur, snerti-
tangerine tangerína f.; tangerínutré n.
tangible adj. áþreifanlegur; greinilegur
tangle flækja f.; óreiða f.; v. flækja(st)
tangle (seaweed) hrossaþari m., beltisþari m.
tango tangó m.; tangótónlist f.
tank tankur m., (vatns)geymir m., (armoured vehicle) skriðdreki m.
tankard (bjór)kanna f., stór drykkjarkrús f.
tanker tankskip n., (road vehicle) tankbíll m.
tanner sútari m., (sixpence) sex penní n.pl.
tannery sútunarstöð f., sútunarverkstæði n.
tantalize vt. stríða/kvelja með tálvonum
tantamount (to) adj. jafngildur (e-u)
tantrum bræðikast n., illskukast n.
tap krani m., (in a barrel) spons n.; **on tap** (of beer) úr tunnu, (ready for use) til reiðu; vt. tappa af, (use) nýta, (listen to) hlera
tap (light blow) létt högg n.; v. banka/slá létt

tap dancing steppdans m., stepp n.
tape borði m., band n., strimill m.; vt. festa með (lím)bandi, (record) taka upp á (segul)band
tape adhesive límband n.
tape deck (in a hi-fi system) segulbandstæki n.
tape measure málband n.
taper uppmjókkun f., (string) vaxborinn kveikur m., (thin candle) örmjótt kerti n.; v. (láta) mjókka upp; smáminnka, dvína
tape recorder segulbandstæki n.
tapestry myndvefnaður m.; veggteppi n.
tapeworm bandormur m.
tar tjara f.; vt. tjarga, tjörubera
tardiness seinlæti n. droll n., hægagangur m.
tardy adj. svifaseinn, (in happening) síðbúinn
target skotskífa f., (skot)mark n.; skotspónn m.
target date ákveðinn dagur m.
target market markhópur m.
tariff tollur m.; tollskrá f.; verðlisti m.
tarmac malbik n.; vt. malbika
tarn fjallatjörn f.
tarnish áfall n.; smánarblettur m.; v. missa gljáann; verða mattur; flekka(st), saurga(st)
tarpaulin (tjargaður) segldúkur m., yfirbreiðsla f.
tarragon fáfnisgras n.
tarry v. dvelja(st); slóra, gaufa
tarry adj. tjöruborinn, tjargaður; tjörugur
tarsal (bone) ristarbein n.; adj. ristar-
tart adj. súr og beiskur, (sarcastic) meinlegur
tart ávaxtabaka f., (prostitute) götudrós f.
tartan skoskur ullardúkur m.; köflótt mynstur n.
tartar tannsteinn m., (of wine barrels) vínsteinn m.
tart up v. klæða (sig) glannalega
task (verk)efni n.; vt. (put a strain on) reyna á
task force sérþjálfuð sveit f.; starfshópur m.
taskmaster harður verkstjóri m.; harðstjóri m.

tassel skúfur m., brúskur m.
taste (sense) bragðskyn n., (senation) bragð n., (personal liking) smekkur m.; v. finna bragð af; bragða(st); smakka (á)
taste bud bragðlaukur m.
tasteful adj. smekklegur, smekkvís
tasteless adj. bragðlaus; smekklaus
tasty adj. bragðgóður; bragðmikill
ta-ta interj. (goodbye) bless
tattered adj. gauðrifinn; tötralegur
tatters tætlur f.pl.; tötrar m.pl.
tattoo (of drums) bumbusláttur m., (military show) hersýning f., (on the skin) hörundsflúr n., tattóvering f.; vt. hörundsflúra, tattóvera
tatty adj. (untidy) druslulegur
taught v. (p., pp. **teach**)
taunt spott n.; vt. hæða, skensa; ögra, storka
tauntingly adv. spottandi, hæðnislega
Taurus Nautið n.; naut n.
taut adj. strekktur, strengdur, þaninn
tautology tvítekning f.
tavern krá f., ölstofa n.
tawdry adj. billegur; glingurslegur
tawny adj. gulbrúnn
tax skattur m., (burden) álag n., byrði n.; vt. skattleggja, leggja skatt á; reyna á
taxable adj. skattskyldur
tax assessment skattálagning f.
taxation skattlagning f., sköttun f.; skattur m.
tax collector skattheimtumaður m.
tax consultant skattaráðgjafi m.
tax evasion skattsvik n.pl.
tax-free adj. skattfrjáls; tollfrjáls
tax relief skattaeftirgjöf f.
tax return skattskýrsla f.
tax scale skattstigi m.
tax with v. ásaka um/fyrir, bera á brýn
taxi (cab) leigubíll m.; v. (of a plane) aka
taxidermist uppstoppari m.
taxidermy (of animals) uppstoppun f.
taxidriver leigubílstjóri m.
taximeter gjaldmælir m.
taxi rank leigubílastæði n.; leigubílastaur m.
taxi stand (Am.) leigubílastæði n.; leigubílastaur m.
taxonomy flokkunarfræði f.

taxpayer skattgreiðandi m.
tea te n., (in the afternoon) síðdegiste n.
tea bag tepoki m.
tea break tehlé n.
tea caddy tedós f., tebox n.
teach v. kenna
teacher kennari m.
teach-in (in a college) umræðufundur m.
teaching kennsla f.; kenning f.
tea cloth tedúkur m., borðdúkur m.; viskustykki n.
tea cosy tehetta f.
teacup tebolli m.
teak tekk n., tekkviður m.
teal urtönd f.
team (keppnis)lið n.; (sam)eyki n.
team-mate samherji m., félagi m.
team spirit félagsandi m., liðsandi m.
teamster (Am.) vörubílstjóri m.
team up v. vinna saman; taka höndum saman
team up with v. (láta) ganga til liðs við; passa við
teamwork hópvinna f.; samvinna f.
teapot tepottur m., teketill m.
tear (drop) tár n.
tear rifa f., gat n.; v. rífa; rifna
tear at v. ráðast á (með áfergju)
tearaway vandræðaunglingur m., friðarspillir m.
tear down v. rífa niður; tæta sundur; rífa í sig
tearful adj. tárvotur, (likely to weep) klökkur
teargas táragas n.
tear into v. ráðast á, hella sér yfir
tear-jerker grátsaga f.; vasaklútamynd f.
tearoom testofa f., veitingastofa f.
tear up v. rífa upp, (destroy) rífa í tætlur
tease stríðnispúki m.; vt. stríða; erta, ögra
tea service (set) testell n., tesett n.
teasingly adv. stríðnislega
teaspoon teskeið f.
teat speni m., (on a bottle) tútta f.
tea towel viskustykki n., diskaþurrka f.
technical adj. tæknilegur, tækni-; faglegur
technical college tækni(há)skóli m.

technical data tækniupplýsingar f.pl.
technical detail tækniatriði n.
technical expert tæknisérfræðingur m.
technicality tækniatriði n.; formsatriði n.
technical knowledge tæknikunnátta f., verktækni f.
technical training tæknimenntun f.
technician tæknimaður m.; fagmaður m.
technique tækni f., (starfs)aðferð f.; tæknibeiting f.
technocracy tækniveldi n.
technocrat tæknikrati m., tækniveldissinni m.
technological adj. tæknilegur
technological advance tækniframfarir f.pl.
technological development tækniþróun f.
technological innovation tækninýjung f.
technological revolution tæknibylting f.
technologist tæknifræðingur m.; tæknimaður m.
technology tækni f.; tæknifræði f.
tectonics jarðhnik n.
teddy (bear) (leikfanga)bangsi m.
tedious adj. leiðinlegur, þreytandi
tediousness (tedium) leiðindi n.pl., leiði m.
tee (golf)teigur m.; tí n.
teem v. (abound) mora, vera kvikur (af = **with**), (rain heavily) falla í stríðum straumum
teenage adj. táninga-, unglinga-
teenager táningur m., unglingur m.
teens táningaaldur m., unglingsár n.pl.
teenybopper táningsstelpa f.
teeny (weeny) adj. örlítill
tee off v. slá (golfkúlu) af tíi; leggja upp, hefja
tee shirt stutterma bolur m.
teeter vi. skjögra, riða
teeth (pl. of **tooth**)
teethe vi. taka tennur
teething tanntaka f.
teetotal adj. bindindis-
teetotaller bindindismaður m.
tee up v. setja (golfkúlu) á tí, stilla upp
telecast (sjónvarps)útsending f.; vt. sjónvarpa
telecommunications fjarskipti n.pl.

telecom(munications) equipment fjarskiptatæki
telecom(munications) satellite fjarskiptagervihnöttur m.
telecommunications system fjarskiptakerfi n.
teleconference símafundur m.
telefax myndskeyti n., sím(a)bréf n.
telefax equipment myndsenditæki n., bréfasími m.
telegram símskeyti n.
telegraph ritsími m.; v. símrita; senda símskeyti
telegrapher símritari m.; loftskeytamaður m.
telegraphic adj. ritsíma-; í símskeytastíl
telegraphy símritun f.
teleology markhyggja f.
telepathic adj. fjarskynjunar-; hugsanaflutnings-
telepathy fjarskynjun f.; hugsanaflutningur m.
telephone sími m.; v. síma, hringja (til/í)
telephone answering machine símsvari m.
telephone book símaskrá f.
telephone booth símaklefi m.
telephone call símtal n.
telephone directory símaskrá f.
telephone exchange símstöð f.; skiptiborð n.
telephone operator talsímavörður m.
telephone pole símastaur m.
telephonist símavörður m.; símastúlka f.
telephony símatækni f., símafjarskipti n.pl.
telephoto lens aðdráttarlinsa f.
teleprinter fjarriti m.
teleprocessing fjarvinnsla f.
telescope sjónauki m.; v. ganga saman; stytta(st)
telescopic adj. sjónauka-; útdraganlegur
teletex hraðfjarritun f.
televise vt. sjónvarpa
television sjónvarp n., (set) sjónvarpstæki n.
television programme sjónvarpsþáttur m.
television series framhaldsmyndaflokkur m.

telex fjarritakerfi f.; fjarriti m.; telex(skeyti) n.; v. senda telexskeyti, ritsenda
tell v. segja frá, (find out) greina, þekkja
tellable adj. í frásögur færandi
teller atkvæðateljari m., (Am.) bankagjaldkeri m.
telling adj. (effective) áhrifaríkur
tell off v. (scold) skamma
telltale sögusmetta f.; adj. slúður-; afhjúpandi
tell (up)on v. hafa neikvæð áhrif á, segja til sín, (inform against) kjafta frá, koma upp um
telly sjónvarp n.
temerity ofdirfska f.; hvatvísi f., fljótfærni f.
temper skap n., (angry state of mind) reiðikast n.; v. herða, (soften) tempra, milda
temperament skapgerð f., lunderni n.; ör lund f.
temperamental adj. skapgerðar-; örgeðja, mislyndur
temperance sjálfsagi m., hófsemi f.; (vín)bindindi n.
temperate adj. stilltur, hófsamur, (of climate) tempraður
temperature hiti m., hitastig n.; sótthiti m.
tempest ofviðri n., stormur m.; ofsi m.
tempestuous adj. stormasamur, óveðurs-, illviðris-
template sniðmát n.
temple hof n., musteri n., (of the head) gagnauga n.
tempo (flutnings)hraði m.; taktur m., gangur m.
temporal adj. stundlegur, jarðneskur, tíma-
temporal clause (in grammar) tíðarsetning f.
temporal conjunction (in grammar) tíðartenging f.
temporarily adv. um stundarsakir; til bráðabirgða
temporary adj. tímabundinn, skammvinnur; bráðabirgða-
temporary arrangement bráðabirgðafyrirkomulag n.
temporary repair bráðabirgðaviðgerð f.
tempt vt. freista, tæla; ögra
temptation freisting f.
ten num. tíu
tenable adj. verjanlegur, verjandi; haldbær
tenacious adj. traustur, haldgóður, fastheldinn, seigur
tenacity festa f., seigla f., þol n.
tenancy leigutímabil n.; ábúðartími m.; leigujörð f.
tenant leigjandi m.; landseti m., leiguliði m.
tend vt. (take care of) gæta, annast, sinna
tend vi. stefna; **t. to** hafa tilhneigingu til
tendency tilhneiging f., hneigð f.
tendentious adj. hlutdrægur, vilhallur
tender adj. (not tough) meyr, mjúkur, (painful) viðkvæmur, sár, (gentle) blíður, ljúfur
tender gæslumaður m.; skipsbátur m.; kolavagn m.
tender (offer) tilboð n., (legal) gjaldmiðill m.; v. bjóða, leggja fram, bera upp
tenderfoot nýliði m., byrjandi m., nýgræðingur m.
tender for v. gera tilboð í
tenderhearted adj. góðhjartaður, brjóstgóður
tenderloin lundastykki n.
tenderness meyrleiki m.; viðkvæmni f.; blíða f.
tendon sin f.
tendril vafþráður m., klifurþráður m.
tenement leiguhúsnæði n., (house) fjölbýlishús n.
tenet kenning f., (grundvallar)skoðun f.
tenner tíu punda seðill m.
tennis tennis m.
tennis court tennisvöllur m.
tennis elbow tennisolnbogi m., olnbogabólga f.
ten-oared boat tíæringur m., teinæringur m.
tenor tenór m.
tense (of a verb) tíð f.
tense adj. spenntur, strekktur, þaninn; v. spenna(st), strekkja(st), þenja(st)
tension spenna f.; strekking f., þensla f.
tent tjald n.; v. tjalda

tentacle (grip)armur m.
tentative adj. bráðabirgða-; hikandi
tenterhooks ; **on t.** á nálum, á glóðum
tent peg tjaldhæll m.
tent pole tjaldsúla f.
tenth num. tíundi
tenuity grannleiki m.; lítilfjörleiki m.
tenuous adj. grannur, fíngerður; haldlítill
tenure umráðaréttur m.; umráðatími m., embættistíð f.; (Am.) fastráðning f., skipun f.
tenured adj. fastráðinn
tepee indíánatjald n.
tephra gjóska f., gosmöl f.
tepid adj. (yl)volgur; áhugalaus, daufur
tepidity velgja f.; áhugaleysi n., deyfð f.
term tímabil n., (of schools) námsönn f., (word) orð n., (fræði)heiti n.; **think in terms of** íhuga; vt. kalla, nefna
termagant kvenvargur m., skass n.
terminable adj. uppsegjanlegur, riftanlegur
terminal endastöð f., (centre) umferðamiðstöð f., (air) flugstöð f., (in a circuit) skaut n.; tengill m., (computer) útstöð f.; adj. loka-, ystur; enda-, síðasti
terminal box tengidós f.
terminate v. enda, ljúka; binda endi á
terminate a contract v. segja upp samningi
termination endir m. lok n.pl., (of a word) ending f.
terminology íðorðaforði m.; íðorðafræði f.
terminus endastöð f.
termite termíti m., hvítmaur m.
term of credit lánstími m.
term of office embættistími m.
terms (conditions) skilmálar m.pl.; **bring to t.** þvinga til samkomulags; **come to t.** sættast; sætta sig (við = **with**); **in t. of** með tilliti til; að því er varðar
terms (relations) samskipti n.pl.; **be on good/bad t.** **(with)** semja vel/illa (við); **be on speaking t. with** vera málkunnugur (e-m); geta talað við (e-n)
terms of contract samningsskilmálar m.pl.

terms of payment greiðsluskilmálar m.pl.
tern þerna f.
terrace hjalli m.; verönd f.; húsaröð f.
terraced house raðhús n.
terrain landsvæði n., landslag n.
terrestrial adj. jarðneskur, jarð(ar)-; land-
terrible adj. hræðilegur, skelfilegur, hryllilegur
terrific adj. ofsalegur, óskaplegur; frábær
terrify vt. hræða, skelfa, gera óttasleginn
terrifying adj. skelfilegur
territorial adj. land-, (land)svæðis-
Territorial heimavarnarliði m.; adj. heimavarnar-, heimavarðliðs-; (Am.) heimastjórnar-
territorial waters landhelgi f.
territory (yfirráða)svæði n., umdæmi n.; svið n.
terror skelfing f., ótti m.; ógnvaldur m.
terrorism hryðjuverk n., hryðjuverkastarfsemi f.
terrorist hryðjuverkamaður m.
terrorize vt. skelfa, ógna; beita ofbeldi
terry(cloth) frotteefni n.
terse adj. gagnorður, stuttorður
tertiary adj. þriðji, (severe) þriðja stigs
Tertiary tertíertímabil n.; adj. tertíer-
test próf n.; prófun f., rannsókn f., (touchstone) prófsteinn m.; vt. prófa, rannsaka; reyna á
test case prófmál n.
test drive reynsluakstur m.
test flight reynsluflug n.
testicle eista n.
testify v. vitna, votta (fyrir rétti); bera vott um
testimonial (skriflegur) vitnisburður m., meðmæli n.pl.
testimony vitnisburður m.; vottur m., vitni n.
test match landsleikur m.
test pilot reynsluflugmaður m.
test run prófun f., tilraun f.
test tube tilraunaglas n.
test-tube baby glasabarn n.
testy adj. skapstyggur, óþolinmóður
tetanus stífkrampi m., stjarfakrampi m.
tether tjóður(band) n.; vt. tjóðra
Teutonic adj. germanskur

text texti m.
textbook kennslubók f.
text editing ritsetning f.
text file textaskrá f.
textile vefnaður m., voð f., dúkur m.
text processing ritvinnsla f.
text processor ritvinnslutæki n.; ritvinnsluforrit n.
textual adj. texta-
texture (vefnaðar)áferð f.; samsetning f.
than conj. (heldur) en
thank vt. þakka; interj. takk
thankful adj. þakklátur
thankless adj. vanþakklátur; vanmetinn
thanks þakkir f.pl.; **thanks to** vegna, sökum
thanksgiving þakkargjörð f.
Thanksgiving Day þakkargjörðardagur m.
that prn. & adj. (pl. **those**) þessi/þetta (þarna); það; **at that** þar (að auki); **like that** svona; relative prn. sem; conj. að; adv. svo, það
thatch stráþak n.
thaw þíða f.; v. þíða; þiðna; hlána
the (definite article) hinn, hin, hið; -(i)nn, -(i)n, -(i)ð; adv. **the...the** því...þeim mun...
theatre leikhús n., (dramatic art) leiklist n.; leikhúslíf n., (scene) vettvangur m.
theatregoer (tíður) leikhúsgestur m.
theatrical adj. leikhús-; leiklistar-; tilgerðarlegur
thee prn. (object form of **thou**) þig, þér, þín
theft þjófnaður m., stuldur m.
theft precaution þjófnaðarvörn f.
their prn. (poss. form of **they**) þeirra; sinn
theirs prn. (poss. form of **they**) þeirra
theism guðstrú f.
them prn. (object form of **they**) þá, þær, þeim, þeirra; sig
theme þema n., aðalefni n., kjarni m.; stef n.
theme song titillag n.; kynningarlag n.
themselves prn. (reflexive form of **they**) sig; sjálfir; **(all) by t.** (al)einir; sjálfir, hjálparlaust

then adv. (at that time) þá, á þeim tíma, (in that case) fyrst svo er/var, (next) svo, síðan, því næst, þá
thence adv. þaðan (í frá), (therefore) þess vegna
thenceforth adv. þaðan í frá, upp frá því
theocracy guðveldi n.; klerkaveldi n.
theologian guðfræðingur m.
theological adj. guðfræðilegur
theology guðfræði f.; trúfræði f.
theorem (kenni)setning f.
theoretic(al) adj. fræðilegur, kennilegur; tilgátu-
theoretical study bóknám n.
theoretician fræðimaður m., hugsuður m.
theorist kenningasmiður m., hugmyndafræðingur m.
theorize vi. setja fram kenningu; bollaleggja
theory kenning f.
theory of relativity afstæðiskenningin f.
theosophical adj. guðspekilegur
theosophist guðspekingur m.
theosophy guðspeki f.
therapeutic adj. lækninga-; meðferðar-
therapeutic bath heilsubað n.
therapeutics lækningafræði f.
therapist sérfræðingur í (sjúkdóms)meðferð m., -þjálfi m.
therapy (sjúkdóms)meðferð f.; lækningar f.pl.
there adv. (in/at that place) þar, þarna, (to that place) þangað; **from t.** þaðan; **t. you are** gjörðu svo vel, (I told you so) þarna sérðu; **t. you go** byrjaðu enn
there adv. (with the verb **be**) það
thereabout(s) adv. (near that place) þar í grennd, (time) um það leyti, (number) þar um bil
thereafter adv. eftir það; upp frá því
thereby adv. á þann hátt, þar með
therefore adv. þess vegna, þar af leiðandi
thereupon adv. því næst, að svo búnu
thermal hitauppstreymi n.; adj. (jarð)hita-, varma-
thermal efficiency varmanýting f.
thermal power station varmarafstöð f.
thermal printer hitaprentari m.

thermodynamics varma(afl)fræði f.
thermograph hitariti m.
thermometer hitamælir m.
thermonuclear adj. samruna-, kjarna-
thermos (flask) hitabrúsi m.
thermosphere hitahvolf n.
thermostat hitastillir m.
thesaurus samheitasafn n.
these prn. & adj. (pl. of **this**) þessir/þetta (hérna)
thesis (pl. **-ses**) fullyrðing f.; (loka)ritgerð f.
they prn. þeir, þær, þau
thick adj. þykkur; þéttur; fullur (af = **with**)
thick-billed murre (Am.) stuttnefja f.
thicken v. þykkna; þétta(st)
thicket skógarþykkni n., kjarr n.
thickheaded adj. heimskur
thickness þykkt f., (layer) lag n.
thickset adj. kubbslegur, riðvaxinn; þéttvaxinn
thick-skinned adj. skinnþykkur; ekki hörundsár
thief (pl. **thieves**) þjófur m.
thigh læri n.
thimble fingurbjörg f.
thin adj. þunnur, mjór; adv. þunnt; v. þynna(st)
thin-skinned adj. hörundsár, viðkvæmur
thing hlutur m.; **things** dót n., föggur f.pl.
think hugsun f.; v. hugsa (um = **about/of**), íhuga, hugleiða; halda, álíta, (imagine) ímynda sér
thinker hugsuður m., spekingur m.
thinking hugsun f., (opinion) álit n.; adj. hugsandi
think out v. ígrunda vandlega, hugsa til enda
think over v. íhuga, hugleiða (betur)
think up v. (invent) upphugsa; finna upp á
thinly adv. þunnt; dreift
thinly populated adj. strjálbyggður, strjálbýll
thinly populated area strjálbýli n.
thinner þynnir m., leysir m.
third num. þriðji

Third World þriðji heimurinn m.
thirdly adv. í þriðja lagi
thirst þorsti m.; vt. þyrsta (eftir = **for/after**)
thirsty adj. þyrstur
thirteen num. þrettán
thirteenth num. þrettándi
thirtieth num. þrítugasti
thirty num. þrjátíu
this prn. & adj. (pl. **these**) þessi/þetta (hérna); það; adv. svona, þetta
thistle þistill m.
thole áraþollur m., tolli m.
thong þvengur m., leðurreim f.; svipuól f.
thorax brjóst(hol) n.; frambolur m.
thorn þyrnir m.; þyrnirunni m.
thorny adj. þyrnóttur; erfiður
thorough adj. ítarlegur, gagnger; nákvæmur
thoroughbred hreinræktað dýr n.; adj. kynhreinn
thoroughfare umferðaræð f., þjóðbraut f.; **No t.** blindgata f.; óviðkomandi umferð bönnuð f.
thoroughgoing adj. rækilegur; alger, fullkominn
thoroughly adv. rækilega; algjörlega
those prn. & adj. (pl. of **that**) þessir/þetta (þarna); þeir; **t. who** þeir sem
thou prn. þú
though conj. þó (að), (enda) þótt; **as t.** (rétt) eins og; adv. samt, þó, engu að síður
thought (um)hugsun f., (intention) fyrirætlun f., (a little) ögn f., vottur m.; v. (p., pp. **think**)
thoughtful adj. hugsandi; hugsunarsamur, gætinn
thoughtless adj. hugsunarlaus, kærulaus, tillitslaus
thousand þúsund n.; adj. þúsund
thousandfold adj. þúsundfaldur
thousandth num. þúsundasti
thrall þræll m., (slavery) þrældómur m.
thrash v. berja, strýkja, hýða, (defeat) bursta, (move violently) brjótast um, byltast
thrashing hirting f., hýðing f.; ósigur m.

thrash out v. ræða opinskátt; finna lausn á
thread þráður m., tvinni m., (line) rák f., (of a screw) skrúfgangur m.; vt. þræða; vefa í
threadbare adj. snjáður, slitinn; margþvældur
threat hótun f.; yfirvofandi hætta f.
threaten v. hóta, ógna, (give warning of) vita á, vera fyrirboði e-s, (seem likely to occur) vofa yfir
three num. þrír
three-cornered adj. þríhyrndur
three-dimensional adj. þrívíður, þrívíddar-
three-quarter adj. þrír fjórðu-
threnody sorgarljóð n.; útfararsöngur m.
thresh v. þreskja
thresher þreskjari m.; þreskivél f.
threshing machine þreskivél f.
threshold þröskuldur m.
threw v. (p. **throw**)
thrice adv. þrisvar (sinnum)
thrift sparsemi f., (flower) geldingahnappur m.
thriftiness sparsemi f., sparneytni f.; gróska f.
thriftless adj. ósparsamur, eyðslusamur
thrifty adj. sparsamur, sparneytinn; gróskumikill
thrill (excitement) spenna f., (fear) hrollur m.; v. gagntaka, vekja spennu (hjá); skjálfa, titra
thriller hrollvekja f.
thrilling adj. spennandi; hrollvekjandi
thrive vi. þrífast, dafna; blómstra
throat háls m., kverkar m.pl.
throb (taktfastur) sláttur m.; (lágur) gnýr m.; vi. slá ákaft, berjast, (sound) gefa frá sér gný
throes sársaukakippir m.pl.; (fæðingar)hríðir f.pl.; **in the t. of** í miðjum klíðum; undirlagður af
thrombosis (pl. -**ses**) segastífla f., blóðtappamyndun f.
throne hásæti n.
throng (mann)þröng f.; v. þyrpast (í)
throttle (valve) eldneytisgjöf f.; v. taka kverkataki; kæfa, þagga niður; minnka eldsneytisgjöf

through prp. gegnum; adv. í gegn; **all t.** allan tímann; **t. and t.** gjörsamlega, út í gegn
through adj. gegnfær, í gildi alla leið; beinn, viðstöðulaus, (finished) búinn; hættur
throughout adv. út í gegn, hvarvetna; alveg, í alla staði; prp. um gjörvallan, alls staðar í; í gegnum
through train hraðlest f.
throw kast n.; v. kasta, henda, varpa
throw away v. kasta burt; misnota, kasta á glæ
throwback afturkippur m.; afturhvarf n.
throw back v. (reflect) endurkasta, (delay) seinka, tefja fyrir, (resemble) líkjast (forfeðrum sínum)
throw back (up)on v. neyða e-n til að treysta (aftur) á e-ð
through flight áfangaflug n.
throw-in (in football) innkast n.
throw in v. (supply s-g extra) gefa í kaupbæti, láta fylgja með, (interject) varpa fram, skjóta inn, (in football) kasta inn á
throw off v. losa sig við, hrista af sér
throw out v. kasta út, (propose) varpa fram, (reject) hafna, vísa frá, (compose) kasta fram, semja
throw over v. (abandon) gefa upp á bátinn, yfirgefa
throw together v. (assemble hastily) skella saman, hrófa upp
throw up v. (vomit) kasta upp, gubba, (raise) rétta upp, (give up) hætta, gefa upp á bátinn
thru (Am.) = **through**
thrush (bird) þröstur m.
thrust þrýsting f., (attack) atlaga f.; stunga f., lag n.; v. þrýsta, ýta; troða(st); stinga(st)
thud dynkur m.; vi. hlunkast niður, gera dynk
thug bófi m., óþokki m., þorpari m.
thuggery ofbeldi(sverk) n.; glæpamennska f.
thumb þumalfingur m.; vt. (turn over) blaða (í bók)
thumbnail þumalnögl f.; adj. örstuttur, örsmár
thumbtack (Am.) teiknibóla f.

thump þungt högg n.; v. lemja, hamra á
thumping adj. gríðarstór; adv. ferlega
thunder þruma f.; druna f.; v. þruma; drynja
thunderbolt þrumufleygur m.; reiðarslag n.
thunderclap þruma f., skrugga f.; reiðarslag n.
thunderous adj. þrumandi, drynjandi, þrumu-
thunderstorm þrumuveður n.
thunderstruck adj. þrumulostinn, forviða
Thursday fimmtudagur m.
thus adv. svona, þannig, (with this result) af þessum sökum, þess vegna; **t. far** hingað (til)
thwart vt. hindra, koma í veg fyrir
thy prn. (poss. form of **thou**) þinn
thyme blóðberg n.; tímían n.
thymus (gland) hóstarkirtill m.
thyroid (gland) skjaldkirtill m.
tiara höfuðdjásn (kvenna) n.; páfakóróna f.
tibia (shinbone) sköflungur m.
tic vöðvakippur m., fjörfiskur m.
tick (insect) farmaur m., blóðmaur m.
tick (sound) tif n., tikk n., (mark) hak(merki) n., yfirferðarmerki n.; vi. (of a clock) tifa
ticker símriti m., (watch) úr n., (heart) hjarta n.
ticket (for entry) aðgöngumiði m., (fare) farseðill m.
ticket collector miðavörður m.
ticket insurance farmiðatrygging f.
ticket machine miðasjálfssali m.
ticket office miðasala f.
ticking(s) off skammir f.pl., snuprur f.pl.
tickle kitl n., fiðringur m.; v. kitla, (excite) erta, örva, (delight) skemmta, gleðja
tickler (difficult question) ráðgáta f.
ticklish adj. kitlinn; erfiður (viðfangs)
tick off v. merkja við, (scold) skamma, snupra
tick over v. (of an engine) vera í lausagangi; rúlla
tick-tack-toe (Am.) 0 og X leikur m.
tidal adj. sjávarfalla-; **t. wave** flóðbylgja f.
tidbit (Am.) lostæti n.; bitastæð tíðindi n.pl.

tiddler (fish) hornsíli n., (child) kríli n., krói m.
tide sjávarfall n.; straumur m.
tidemark fjörumark n.; flóðmark n.
tide over v. hjálpa/komast yfir (erfiðleika)
tidiness snyrtileiki m.; snyrtimennska f.; þrifnaður m.
tidings tíðindi n.pl., fregnir f.pl.
tidy (small box) smáhirsla f.; adj. snyrtilegur, (of a person) þrifinn, (fairly large) þokkalegur, dágóður; v. snyrta, laga til, gera hreint
tie band n., (of friendship) tengsl n.pl., (equal score) jafntefli n., (necktie) hálsbindi n.; v. binda (saman); gera jafntefli
tie down v. binda niður; vera til trafala
tie in (with) v. (link) tengja(st), (agree) samræma(st)
tiepin bindisnæla f.
tier (row) upphækkandi röð f.
tie rod end stýrisendi m.
tie-up (link) tengsl n.pl., (merger) sameining f.
tie up v. binda (utan) um, (busy) halda uppteknum
tiff (slight quarrel) smárifrildi n.
tiger tígrisdýr n.
tigerish adj. grimmur, ofsafenginn
tight adj. (closely fastened) þéttur, fastur, (fitting closely) þröngur, (fully stretched) strekktur, (difficult to obtain) torfenginn; knappur, (miserly) nískur; adv. fast; þétt
tight control strangt aðhald n.
tighten v. þétta(st); þrengja(st); herða(st)
tightfisted adj. samansaumaður, nískur
tight-lipped adj. með samanklemmdar varir; fámáll
tight market sölutregða f.
tightrope (loftfimleika)lína f.
tights sokkabuxur f.pl.; nærskorinn samfestingur m.
tigress kventígur m.; kvenvargur m., skass n.
tile tígulsteinn m., flís f., (on a roof) þakskífa f.; vt. flísaleggja; leggja þakskífur á
till vt. rækta, yrkja; plægja
till conj. & prp. (until) þangað til, þar til, uns, (in negative sentences) fyrr en

till peningaskúffa f.; búðarkassi m.
tillage jarðrækt f.; ræktað land n.
tiller (of a boat) stjórnvölur m., stýrisstöng f.
tilt halli m., (with a lance) burtreiðar f.pl.; **(at) full t.** á fullri ferð; v. halla(st); ríða burtreið
tilt at v. leggja til, ráðast til atlögu við
timber timbur n., trjáviður m.
timbre tónblær m., hljómblær m.
time tími m., (occasion) sinn n., skipti n.; **against t.** í kapphlaupi við tímann; **at times** stundum, öðru hverju; **at the same t.** samtímis; samt sem áður; **behind t.** á eftir áætlun; **behind the times** gamaldags; **for the t. being** í bili; **in t.** í tæka tíð; fyrr eða síðar; **many a t.** oft á tíðum; **once upon a t.** einu sinni (var...); **on t.** á réttum tíma, stundvíslega; **pass the t.** stytta sér stundir; **play for t.** tefja tímann; **t. and (t.) again** aftur og aftur; vt. (arrange) tímasetja, (measure) taka tímann á, (regulate) stilla
time bomb tímasprengja f.
time card vinnukort n.; stimpilkort n.
time clock stimpilklukka f.
time-consuming adj. tímafrekur
time deposit bundinn sparisjóðsreikningur m.
time frame tímaáætlun f., tímamörk n.pl.
time immemorial ómunatíð f.
timekeeper tímavörður m.; tímamælir m.
timeless adj. eilífur; sígildur
time lag (tíma)töf f., hlé n., bil n.
timely adj. tímabær
time of arrival komutími m.
time of departure brottfarartími m.
times prp. (multiplied by) sinnum
timesaving adj. tímasparandi, tímasparnaðar-
time-sharing adj. tímaskiptur, tímadeildur
time sheet vinnukort n.; stimpilkort n.
time signal tímamerki n.
time signature (in music) taktvísir m.
time switch tímastillir m.
timetable tímaáætlun f., (in a school) stundatafla f.
timeworn adj. slitinn, úr sér genginn
time zone tímabelti n.
timid adj. huglítill, óframfærinn; styggur
timidity kjarkleysi n.; uppburðarleysi n., feimni f.
timing tímasetning f.
timorous adj. hræðslugjarn; uppburðarlítill
timpani (kettledrums) pákur f.pl.
timpanist pákuleikari m.
tin tin n., (container) dós f.; vt. tina, tinhúða; setja í dós, sjóða niður
tincture tinktúra f.; (lit)blær m., keimur m.; vt. setja tiltekinn (lit)blæ á, lita; blanda
tinder tundur n.; eldfimt efni n.
tine (prong) tindur m., gaddur m., tönn f.
tinfoil tinþynna f., álpappír m.
ting klingjandi hljóð n.; v. klingja
tinge slikja f., litblær m.; vottur m., keimur m.; vt. lita lítillega; gefa tiltekinn blæ
tingle dofi m.; vi. vera með stingi; svíða
tin god falsgoð n.; uppskafningur m.
tinker katlabætir m., (amateurish work) fúsk n.; vi. starfa við pottaviðgerðir; fúska, fikta
tinkle klingjandi hljóð n.; v. klingja; hringla
tinned food dósamatur m., niðursoðinn matur m.
tin opener dósaupptakari m., dósahnífur m.
tinsel englahár n.; glys n.; glyngur n.
tint litbrigði n.pl.; vt. lita, gefa litblæ
tiny adj. pínulítill, örsmár
tip (pointed end) endi m., oddur m.; endastykki n., hetta f.; vt. setja odd/endastykki á
tip (light blow) létt högg n., (payment) þjórfé n., (advice) ábending f., ráð n., (hill of waste) sorphaugur m., (untidy place) greni n.; vt. slá létt; gefa þjórfé, (pour) hella, hvolfa
tip-off (leynileg) ábending f.; viðvörun f.
tip off v. gefa ábendingu; gera viðvart
tip over v. sporreisa(st), velta um koll
tipple áfengi n.; v. staupa sig
tipsy adj. (slightly drunk) hífaður, kenndur

tiptoe blátá f.; **on t.** á tánum, (excited) yfir sig spenntur, ákafur; vi. tipla á tánum, læðast
tip-top adj. fyrsta flokks, óaðfinnanlegur
tip up v. halla(st)
tirade þrumuræða f.; skammarræða f.
tire v. þreyta(st), lýja(st)
tire (Am.) hjólbarði m.
tired adj. þreyttur, uppgefinn; leiður (á = **of**)
tiredness þreyta f.; leiði m.
tireless adj. óþreytandi; þrotlaus, látlaus
tire out v. örþreyta, gera úrvinda
tiresome adj. þreytandi, leiðinlegur
tissue (líkams)vefur m., (paper) pappírsþurrka f.
tit (nipple) geirvarta f.; konubrjóst n.
tit (titmouse) meisa f.
titbit lostæti n.; bitastæð tíðindi n.pl.
tit for tat hefnd f.; **give t. f. t.** gjalda líku líkt
titillate vt. kitla; örva
titillation kitl n.; örvun f., erting f.
titivate oneself v. dubba sig upp, snurfusa sig
title (book) titill m., (honour) nafnbót f.
title deed afsal n., afsalsbréf n.
title page titilblað n., titilsíða f.
title role titilhlutverk n.
titmouse (pl. **-mice**) meisa f.
titter fliss n.; vt. flissa, skríkja
titular adj. að nafninu til; titil(s)-
tizzy uppnám n., fum n., pat n.
to prp. til, að; adv. til meðvitundar, (into a shut position) aftur; **to and fro** til og frá, fram og til baka; (with infinitive) að
toad karta f.; padda f.
toadstool hattsveppur m., gorkúla f.
toast ristað brauð n.; v. rista(st); hlýja (sér)
toast skál f., minni n.; vt. skála fyrir
toaster (brauð)rist f.
toastmaster veislustjóri m.; skálameistari m.
tobacco tóbak n.
tobacconist tóbakssali m.
toboggan sleði m., þota f.; vi. renna sér á þotu
today dagurinn í dag m.; adv. í dag; nú (til dags)
toddler (kjagandi) smábarn n.
toddy toddý n., púns n.
to-do (fuss) læti n.pl., umstang n.
toe tá f.; **from top to toe** frá hvirfli til ilja; **on one's toes** við öllu búinn, á varðbergi
toenail tánögl f.
toffee karamella f.
tog vt. klæða sig (upp = **up**)
together adv. saman, (at the same time) samtímis, í einu, (collectively) til samans, (without interruption) samfellt, sleitulaust
togetherness samlyndi n., samkennd f.
together with prp. ásamt, með
toggle v. (switch on/off) slökkva/kveikja
toggle key víxlhnappur m., rofi m.
togs (clothes) spjarir f.pl., leppar m.pl.
toil strit n., púl n.; vi. strita, púla; skreiðast
toilet salerni n., klósett n.; snyrting f.
toilet articles hreinlætisvörur f.pl.
toilet paper salernispappír m.
toilet roll klósettrúlla f.
toiletry snyrtivörur f.pl.
toilet soap handsápa f.
toilet tissue salernispappír m.
toilet water steinkvatn n., kölnarvatn n.
toils net n.; möskvar m.pl.
token merki n., tákn n.; adj. táknrænn, málamynda-
told v. (p., pp. **tell**)
tolerable adj. þolanlegur, bærilegur
tolerance umburðarlyndi n.; þolgæði n.
tolerant adj. umburðarlyndur
tolerate vt. þola, umbera; leyfa, láta viðgangast
toleration umburðarlyndi n.; frjálslyndi n.
toll (tax) tollur m., skattur m., afgjald n.
toll klukknahringing f., klukknahljómur m.; v. hringja (klukku), slá, hljóma
tollbooth tollskýli n.
tomahawk indíánaöxi f.
tomato tómatur m.; tómatjurt f.
tomb gröf f.; grafhýsi n., grafhvelfing f.
tomboy stelputryppi n., stelpugopi m.
tombstone grafsteinn m., legsteinn m.
tomcat fress m., högni m.
tome (large book) doðrantur m.

tommy gun vélbyssa f.
tomorrow morgundagur(inn) m.; framtíðin f.; adv. á morgun; **t. morning** í fyrramálið
ton tonn n., smálest f.
tonality (musical key) tóntegund f.
tone tónn m., hljómur m., (general spirit) andi m., yfirbragð, (shade) litbrigði n., litblær m.; vt. gæða (e-ð) sérstökum tón/blæ
tone down v. draga úr, milda, dempa
tone in with v. falla vel við, vera í samræmi við
toneless adj. daufur, litlaus
tone up v. styrkja(st), hressa(st)
tongs töng f.
tongue tunga f., (language) tungumál n.
tongue-tied adj. orðlaus, mállaus
tongue twister tungubrjótur m.
tonic hressingarlyf n.; hressing f.
tonic water tónik n.
tonight kvöld n.; nótt (yfirstandandi dags) f.; adv. í kvöld; í nótt
tonnage lestarrými n.; skipastóll m.; lestargjald n.
tonne tonn n., smálest f.
tonsil hálskirtill m.
tonsillitis hálskirtlabólga f.
too adv. (also) einnig, líka, (more than enough) of, (Am.; indeed) víst, vissulega; **none too** síst of; **only too** ákaflega, mjög
took v. (p. **take**)
tool tól n., tæki n., verkfæri n.
tool kit verkfærakassi m.
toot flaut n., blístur n.; v. flauta, pípa
tooth (pl. **teeth**) tönn f.
tooth powder tann(hreinsi)duft n.
toothache tannpína f.
toothbrush tannbursti m.
toothed whale tannhvalur m.
toothpaste tannkrem n.
toothpick tannstöngull m.
tootle (lágt og sífellt) flaut n.; vi. flauta
toots (Am.; darling) elskan f.
tootsie (foot) fótur m.
top toppur m.; **on (the) t. (of)** ofan á; ofan á allt (annað), í þokkabót; **from t. to bottom** alveg, í hólf og gólf; **from t. to toe** frá hvirfli til ilja; **blow one's t.** tryllast; adj. efstur, hæstur; æðstur, fremstur; vt. (provide a top for) setja/bæta ofan á, (form a top for) mynda efsta hluta (e-s), (reach the top) komast upp á topp (e-s), (surpass) fara fram úr; komast upp fyrir
top (child's toy) skopparakringla f., snúður m.
topaz tópas m.
top brass yfirmenn m.pl., hásettir foringjar m.pl.
topcoat (overcoat) yfirfrakki m.
top dog yfirmaður m., stjóri m.
top-drawer adj. æðstur, yfirstéttar-; úrvals-
tope (shark) gráháfur m.
topee (topi) sólhjálmur m., hitabeltishjálmur m.
top-flight adj. fyrsta flokks, úrvals-
topgallant bramstöng f., (sail) bramsegl n.
top hat pípuhattur m.
top-heavy adj. (of) þungur að ofan; valtur
topic (umræðu)efni n.
topical adj. efstur á baugi; staðbundinn
topknot hárhnútur m.; (fjaðra)skúfur m.
topless adj. topplaus, (of a woman) berbrjósta
topmost adj. hæstur, efstur
topnotch adj. frábær, afbragðs-
top off (Am.) v. reka endahnútinn á
topographical adj. staðfræðilegur
topography staðfræði f.; landslagsútlínur f.pl.
top out v. halda reisigilli
topping adj. (excellent) úrvals-, fyrirtaks-
topping-out ceremony reisigilli n., risgjöld n.pl.
topple v. ríða (til falls), steypa(st) (um koll)
top-secret adj. háleynilegur
topsoil (gróður)mold f.
top speed hámarkshraði m.
topsy-turvy adv. á hvolfi, í óreiðu, á öðrum endanum
top up v. (fill) fylla; bæta í/á/við
tor (small rocky hill) klettadrangur m.
torch kyndill m., blys n., (electric light) vasaljós n., (Am.; blowlamp) blúss-lampi m.

toreador (on a horse) nautabani m.
torment kvöl f., písna f.; hrelling f.;
 vt. kvelja, pína, pynta, (annoy) hrella, hrjá
tormentor kvalari m., pyndari m.
tornado skýstrókur m.; hvirfilbylur m.
torpedo tundurskeyti n.; vt. skjóta tundurskeyti að
torpid adj. sinnulaus, sljór; í dvala
torpor sinnuleysi n., deyfð f.; dvali m.
torque (necklace) málmhálsmen n., (twisting force) snúningsátak n.; (kraft)vægi n.
torrent stríður straumur m., flaumur m.
torrential adj. fossandi, helli-; ofsafenginn
torrid adj. brennheitur, steikjandi; ástríðufullur
torrid zone hitabelti n.
torsion snúningur m.; vindingsátak n.
torsk keila f.
torso (pl. **torsos**) búkur m., bolur m.
tortoise (land)skjaldbaka f.
tortuous adj. bugðóttur, hlykkjóttur; brögðóttur
torture pynding f., misþyrming f., kvöl f.; vt. pynda, misþyrma, kvelja
Tory íhaldsmaður m.; adj. íhaldsflokks-
toss kast n.; hlutkesti n.; v. kasta; velta(st)
toss for v. kasta upp á, varpa hlutkesti um
toss off v. hespa af, (drink) drekka í einum teyg
toss-up hlutkesti n., (even chance) jafnar líkur f.pl.
tot smábarn n.; tár n., dreitill m.
total heildarupphæð f.; adj. allur, alger; v. telja/leggja saman; nema, vera samtals
total eclipse almyrkvi m.
totalitarian adj. alræðis-
totalitarianism alræðisstefna f., alræði n.
totality heild f.; heildarupphæð f., summa f.
tote vt. (carry) bera
totem tótem n., ættarkuml n.
totter vi. skjögra; riða (til falls)
tot up v. (add up) telja/leggja saman
tot up to v. (equal) nema, vera samtals

toucan piparfugl m., túkani m.
touch snerting f., (sense) snertiskyn n., tilfinning f., (stroke) stroka f.; dráttur m., (trace) snertur m., vottur m., (communication) samband n., tengsl n.pl.; v. snerta(st), koma við
touch-and-go adj. tvísýnn
touchdown lending f., (in rugby) snertimark n.
touch down v. (of a plane) lenda
touched adj. snortinn, hrærður, (mad) klikkaður
touch for v. slá e-n um (peninga), betla af
touchiness viðkvæmni f., fyrtni f.
touching adj. hjartnæmur, átakanlegur; prp. varðandi
touch off v. (set off) hleypa af; koma af stað
touch-sensitive screen snertiskjár m.
touchstone prófsteinn m.
touch up v. lagfæra, betrumbæta
touch (up)on v. minnast á; jaðra við, nálgast
touchy adj. viðkvæmur; vandmeðfarinn
tough ribbaldi m., hrotti m.; adj. harðger, sterkur, (of meat) seigur, (stubborn) þrjóskur, stífur, (difficult) erfiður, (rough) harðskeyttur, (unfortunate) óheppilegur
toughen v. herða; harðna
toughness seigja f., seigla f.
toupee (karlmanns)hártoppur m.; hárkolla f.
tour (journey) langferð f., (brief visit) skoðunarferð f., (of duty) þjónustutími m.; v. fara í langferð; ferðast um
tour de force stórafrek n., snilldarverk n.
tourism (skemmti)ferðalög n.pl.; ferðaþjónusta f.
tourist (skemmti)ferðamaður m., túristi m.
tourist bureau (office) ferðaskrifstofa f.
tourist class annað farrými n., almennt farrými n.
tourist industry ferðaútvegur m., ferðaþjónusta f.
tournament mót n., keppni f.; burtreiðar f.pl.
tourniquet æðaklemma f., snarvölur m.

tousle vt. ýfa, aflaga
tout smali m.; prangari m.; vi. smala
tow tog n., dráttur m.; **in t.** í togi; í eftirdragi vt. draga, hafa í togi
toward(s) prp. til, í átt(ina) til/að, (in relation to) gagnvart, (near) nærri, rétt fyrir, (for the purpose of) fyrir, upp í
towel handklæði n.; vt. þurrka með handklæði
towelling handklæðaefni n.
towel rail handklæðagrind f.
tower turn m.; vi. gnæfa
tower block háhýsi n.
towing ball dráttarkúla f.
towing car dráttarbíll m.
towing hitch ball kúlutengi n.
towing rope dráttarkaðall m.
town bær m., kaupstaður m.; borg f.
town centre miðbær m.; miðborg f.
town clerk bæjarritari m.
town council bæjarstjórn f., bæjarráð n.
town councillor bæjarfulltrúi m.
town hall ráðhús n.; bæjarskrifstofa f.; félagsheimili n.
township bæjarumdæmi n.
townspeople bæjarbúar m.pl.; borgarbúar m.pl.
towpath dráttarstígur m.
toxic adj. eitraður, eitur-; eitrunar-
toxicology eiturefnafræði f.
toxic substance eiturefni n.
toxic waste eiturúrgangur m.
toy leikfang n.; vi. leika sér (við = **with**)
toyshop leikfangabúð f.
trace (um)merki n., spor n., (small amount) snefill m., vottur m.; v. rekja, leita að, elta uppi, (sketch) draga upp; teikna (útlínur)
trace (leather strap) vagnól f., dráttaról f.
tracer (bullit) glóðarkúla f.
tracery flúr n., myndskreyting f.
trachea (pl. **tracheae**) barki m.
track far n., spor n., slóð f., (path) stígur m., braut f., (course) gangur m., rás f.; vt. rekja spor (e-s); leita að; fylgjast með
track and field frjálsíþróttir f.pl.
track down v. elta uppi, hafa uppi á
track event hlaupagrein f.
tracking station ratsjárstöð f.

trackless adj. veg(a)laus; teinalaus
track record afrekaskrá f.
track shoe hlaupaskór m., gaddaskór m.
tracksuit íþróttagalli m., æfingagalli m.
tract svæði n., spilda f., skák f., (of organs) líffærakerfi n., (essay) ritgerð f.; smárit n.
tractability meðfærileiki m., viðráðanleiki m.
tractable adj. meðfærilegur; auðunninn
traction dráttur m.; dráttarafl n.; grip n.
tractor dráttarvél f., traktor m.; gripgaddur m.
trade verslun f., viðskipti n.pl., (occupation) atvinnugrein f.; v. versla, stunda viðskipti; skipta(st) á
trade balance viðskiptajöfnuður m.
trade deficit/gap óhagstæður viðskiptajöfnuður m.
trade in v. láta e-ð ganga upp í greiðslu
trademark vörumerki n.
trade name vöruheiti n., viðskiptaheiti n.
trade practices viðskiptahættir m.pl.
trade price heildsöluverð f.
trader kaupmaður m.
trade representative viðskiptafulltrúi m.
trades staðvindur m.
trade school iðnskóli m.
trade secret iðnaðarleyndarmál n.
tradesman (pl. **-men**) smákaupmaður m.; iðnaðarmaður m.
trade surplus hagstæður viðskiptajöfnuður m.
trade union stéttarfélag n.; verkalýðsfélag n.
trade union movement verkalýðshreyfing f.
trade (up)on v. færa sér í nyt, hagnýta sér
trade wind staðvindur m.
trading post verslunarstöð f.
tradition erfðavenja f., hefð f.; arfsögn f.
traditional adj. hefðbundinn, arftekinn; munnmæla-
traduce vt. rógbera, baktala
traffic umferð f., (trade) viðskipti n.pl.; v. versla
trafficator stefnuljós n.
traffic circle (Am.) hringtorg n.
traffic indicator stefnuljós n.

traffic island umferðareyja f.
traffic jam umferðaröngþveiti n.
trafficker braskari m., mangari m.
traffic light umferðarljós n., götuviti m.
traffic sign umferðarmerki n., umferðarskilti n.
traffic signal umferðarljós n., götuviti m.
tragedian harmleikari m., (writer) harmleikjaskáld n.
tragedy harmleikur m., sorgarleikur m.; ógæfa f.
tragic adj. harmleikja-; sorglegur, átakanlegur
trail slóð f., ferill m.; v. rekja slóð (e-s); draga (á eftir sér); skilja eftir sig slóð
trailer tengivagn m., (Am.) hjólhýsi n., (plant) klifurjurt f., (for a new film) sýnishorn úr næstu mynd n.
trail off v. fjara/deyja út
train (járnbrautar)lest f.; röð f.; v. þjálfa; venja
trainee lærlingur m., nemi m.
trainer þjálfari m., (of animals) dýratemjari m.
train ferry lestarferja f.
training þjálfun f., æfing f.; menntun f., fræðsla f.
training program þjálfunaráætlun f.
trait eiginleiki m., einkenni n.; svipur m.
traitor (föðurlands)svikari m., landráðamaður m.
traitorous adj. svikull, sviksamlegur; landráða-
trajectory braut f., ferill m.
tram sporvagn m.
trammel vt. (hamper) hindra, hefta
trammels fjötrar m.pl., höft n.pl.
tramp flækingur m., flakkari m., (immoral woman) gála f., dræsa f.; þramm n.; v. þramma; trampa (á)
trample v. troða/traðka (á/niður = (up)on/down)
trampoline fjaðradýna f., trampólín n.
tramp steamer (leigu)flutningaskip n.
trance leiðsla f., trans m.; miðilsdá n.
tranquil adj. friðsæll, kyrrlátur
tranquillity friðsæld f., kyrrð f., ró f.
tranquillize v. róa(st), sefa(st)
tranquillizer róandi lyf n.

transact vt. framkvæma, inna af hendi; koma í kring; **t. business with** eiga viðskipti við
transaction framkvæmd f.; viðskipti n.pl.
transaction number færslunúmer n.
transactions fundargerðir f.pl.; skýrslur f.pl.
transatlantic adj. yfir Atlantshaf, Atlantshafs-; handan Atlantshafs
transcend vt. fara fram úr/yfir; vera hafinn yfir
transcendence óviðjafnanleiki m., stórfengleiki m.
transcendent adj. óviðjafnanlegur, frábær
transcendental adj. yfirskilvitlegur; háspekilegur, torræður
transcendentalism hugsæishyggja f., hugsæisstefna f.
transcendental meditation innhverf íhugun f.
transcribe vt. skrifa upp, (copy) afrita; hljóðrita
transcript afrit n., eftirrit n.
transcription uppskrift f.; afritun f.; hljóðritun f.
transducer orkubreytir m.
transept þverkirkja f., þverskip n.
transfer flutningur m., (conveyance of title) yfirfærsla f., afsal n., (ticket) skiptimiði m.; v. flytja(st); yfirfæra, afsala
transferable adj. framseljanlegur, yfirfæranlegur
transference (from one job to another) tilflutningur m.
transfer payment millifærsla f.
transfix vt. stinga í gegn, nísta; **(be) transfixed with** (verða) stjarfur/ agndofa af
transform vt. umbreyta, gerbreyta
transformation umbreyting f., ummyndun f.
transformer spennubreytir m.
transform fault víxlgengi n., sniðgengi n.
transfuse vt. gefa e-m (blóð) í æð
transfusion blóðgjöf f.; vökvagjöf f.
transgress v. fara út fyrir (mörk); brjóta (af sér)
transgression (af)brot n., (sin) synd f.
transgressor lögbrjótur m.; syndari m.

transient adj. skammvinnur, hverfull, tímabundinn, skammtíma-, bráðabirgða-
transistor smári m.
transit flutningur m.; millilending f., viðkoma f.
transition (um)breyting f., umskipti n.pl.
transitive (verb) áhrifssögn f.; adj. áhrifs-
transit lounge áningarsalur m.
transit passenger viðkomufarþegi m., áningarfarþegi m.
translate vt. þýða, (explain) túlka, skýra
translating program(me) snari m., snarandi m.
translation þýðing f.; túlkun f., skýring f.
translator þýðandi m.
translucent adj. hálfgagnsær
transmission (út)sending f.; (gír)skipting f., gírkassi m.
transmission shaft öxulskaft n.
transmit vt. senda (út); breiða út, dreifa
transmitter sendandi m., (apparatus) senditæki n.
transmogrify vt. gerbreyta; afskræma, afmynda
transparency gagnsæi n., (film) glæra f.
transparent adj. gagnsær, glær; augljós
transpiration útgufun f.
transpire v. (become public) kvisast út; koma í ljós, (of the body) svitna, missa raka, (happen) gerast
transplant ágræðsla f., ígræðsla f., líffæraflutningur m.; v. umplanta, (of people) flytja á milli staða
transport (vöru)flutningur m., (means of conveyance) flutningatæki n., (system) samgöngukerfi n., samgöngur f.pl.; vt. flytja (á milli),
transport charges flutningsgjöld n.
transport documents flutningsskjöl n.pl.
transported with gagntekinn (e-u)
transportation flutningur m.; flutningar m.pl.; flutningatæki n.; samgöngukerfi n., samgöngur f.pl.
transporter bílaflutningabíll m.
transpose vt. víxla, (in music) tónflytja
transposition víxlun f.; tónflutningur m., tónfærsla f.
transship vt. umhlaða, umferma
transverse adj. þverlægur, þver-
transversely adv. þversum, þvert yfir, á þverveginn
transvestite klæðaskiptingur m.
trap gildra f.; vt. veiða í gildru
trapdoor (fall)hleri m., hlemmur m.
trapeze (loft)fimleikaróla f.
trapezium trapisa f., hálfsamsíðungur m., (Am.) skakkur ferhyrningur (með engar samsíða hliðar) m.
trapezoid skakkur ferhyrningur (með engar samsíða hliðar) m., (Am.) trapisa f., hálfsamsíðungur m.
trapper (loðdýra)veiðimaður m.
trappings skrautklæði n.pl.
trapshooting leirdúfuskotfimi f.
trash rugl n., vitleysa f., (Am.) rusl n.
trash can (Am.) ruslatunna f.
trashy adj. einskisverður, ómerkilegur
trauma (sálrænt) áfall n.; meiðsli n., áverki m.
travel ferð f., ferðalag n.; v. ferðast
travel agency ferðaskrifstofa f.
travel agent ferðaumboðsmaður m.; starfsmaður ferðaskrifstofu m.
travel documents ferðaskilríki n.pl.
travel insurance ferðatrygging f.
travelled adj. víðförull, víðreistur; fjölfarinn
traveller ferðamaður m., ferðalangur m.
traveller's cheque ferðatékki m.
travelling allowances dagpeningar m.pl., ferðastyrkur m.
travelling expenses ferðakostnaður m.
travelling salesman (pl. - **salesmen**) farandsölumaður m.
traverse (sideways movement) skásnið n., kruss n., (in a trench) þverveggur m., (beam) þverbiti m.; vt. fara yfir; liggja þvert yfir; skásneiða
travesty skopstæling f.; vt. skopstæla, afbaka, afskræma
trawl (net) troll n., botnvarpa f., (Am.; line) (fiski)lína f.; v. veiða með trolli, vera á togveiðum; veiða á línu, vera á línuveiðum
trawler togari m., botnvörpungur m.
tray bakki m.
treacherous adj. svikull, ótrúr; ótraustur, varasamur

treachery svik n.pl., sviksemi f.; launráð n.pl.
treacle melassi m.
tread (manner) fótaburður m., (sound) fótatak n., (of a stair) þrep n.; v. ganga, stíga (á), traðka (á/niður); **t. on air** vera í skýjunum; **t. water** troða marvaða
treadle fótafjöl f., stig n.; vi. stíga fótafjöl
treadmill stigmylla f.; daglegt strit n.
treason landráð n.pl., föðurlandssvik n.pl.
treasure fjársjóður m.; dýrgripur m.; vt. varðveita (sem dýrgrip), geyma; virða, meta mikils
treasure house fjárhirsla f.; gripabúr n.
treasurer gjaldkeri m., féhirðir m.
treasure trove fundinn fjársjóður m., fundið fé n.
treasury ríkissjóður m.; gullnáma f.
Treasury fjármálaráðuneyti n.
treasury bill ríkisvíxill m.
treasury bond ríkisskuldabréf n.
treat skemmtun f.; veitingar f.pl.; **This is to be my t.** nú býð ég; v. meðhöndla, fara með, (act towards) koma fram við, (consider) líta á, (deal with) fjalla um, (provide with) bjóða (e-m) upp á (e-ð)
treatise fræðileg ritgerð f.; fræðirit n.
treatment meðhöndlun f., meðferð f.
treaty milliríkjasamningur m.; samkomulag n.
treble adj. þrefaldur; v. þrefalda(st)
treble hæsta rödd f.; adj. hár; diskant-, sópran-
tree tré n.
trefoil smári m., (pattern) smáramynstur n.
trek langt og erfitt ferðalag n.; vi. ferðast með erfiðsmunum
trellis (rimla)grind f.; vt. styðja með (rimla)grind
tremble skjálfti m.; vi. skjálfa; óttast (um = **for**)
tremendous adj. gríðarstór; hrikalegur, ofsalegur
tremendously adv. ógurlega, ferlega, afskaplega
tremor skjálfti m., titringur m.; hrollur m.
tremulous adj. skjálfandi, titrandi; óstyrkur
trench skurður m., síki n.; skotgröf f.
trenchant adj. (of language) beittur, hvass, skarpur
trench coat rykfrakki m.
trencherman (pl. -**men**) átmaður m., átvagl n.
trend (þróunar)stefna f.; tilhneiging f., leitni f., (style) tíska f.; **set the t.** marka stefnu; móta tísku; vi. stefna, teygja sig; hneigjast til
trendsetter tískufrömuður m.
trendy adj. samkvæmt nýjustu tísku, smart
trepidation kvíði m., ótti m.; beygur m.
trespass v. fara inn á í leyfisleysi; níðast á, misnota
trespasser óviðkomandi (maður) m.; yfirgangsmaður m.
tresses sítt (kven)hár n.; lokkaflóð n.
trestle búkki m., bokki m.
trial (testing) reynsla f., prófun f., (attempt) tilraun f., (annoying thing) (skap)raun f., (in a law court) réttarhald n., yfirheyrsla f.; **stand t.** svara til saka fyrir rétti; **bring to t.** leiða fyrir rétt; **on t.** til reynslu; fyrir rétti
trial and error method happa og glappa aðferð f.
trial by fire járnburður m.; eldraun f., prófraun f.
trial flight reynsluflug n.
trial jury kviðdómur m.
trial proceedings réttarvenjur f.pl.
triangle þríhyrningur m.
triangular adj. þríhyrndur
tribal adj. ættar-, ættflokks-
tribalism ættasamfélag n., ættflokkasamfélag n.
tribe ætt f., ættflokkur m., kynkvísl f.
tribulation mótlæti n., þrengingar f.pl., raunir f.pl.
tribunal dómstóll m., réttur m.
tribune alþýðuforingi m.; málsvari alþýðu m., (raised platform) ræðupallur m., ræðustóll m.
tributary þverá f., (country) skattland n.; adj. þver-, aðrennslis-; skattskyldur, skatt-
tribute skattgjald n.; virðing f., lof n.
trice ; **in a t.** þegar í stað, í einu vetfangi
triceps (muscle) þríhöfði m.

trichinosis fleskormaveiki f.
trick bragð n., brella f., (at cards) slagur m.; adj. brigðull, viðkvæmur, vandmeðfarinn; list-; vt. (deceive) ginna, plata, svíkja
trickery brögð n.pl., svik n.pl.; blekking f.
trickle leki m., seytl n.; v. (láta) vætla, seytla
trick out/up v. dubba upp, klæða, skreyta
trickster bragðarefur m.
tricky adj. brögðóttur, slóttugur; varasamur
tricolour þrílitur fáni m.; adj. þrílitur
tricycle þríhjól n.
trident þríforkur m.
trifle lítilræði n., (dish) triffli n.; eftirréttur m.; **a trifle** dálítið, smávegis, lítið eitt
trifle away v. sóa, eyða til einskis
trifle with v. leika sér að, fikta við
trifling adj. smávægilegur
trigger (byssu)gikkur m.; vt. hrinda af stað
trigger-happy adj. skotglaður, herskár
trigonometry hornafræði f.; hornaföll n.pl.
trilateral adj. þríhliða
trilby (hat) flókahattur m.
trill dill n., (in music) trilla f., (speech sound) sveifluhljóð n.; v. dilla (röddinni); trilla
trillion (Br.) triljón f. (= miljón miljónir miljóna), (Am.) biljón f. (= miljón miljóna)
trilogy þríleikur m., trílógía f.
trim (hár)snyrting f., (proper shape) (gott) ástand/form n.; adj. snyrtilegur; í góðu standi/lagi; v. snyrta, klippa, laga, jafna
trimming tilheyrandi meðlæti n.; skreyting f., skraut n.
trinity þrenning f., þrennd f.
Trinity heilög þrenning f.
Trinity Sunday trínitatis f., þrenningarhátíð f.
trinket glingur n., glysvarningur m.
trio tríó n.
trip (stutt) ferðalag n., (for pleasure) skemmtiferð f., (a fall) hrösun f., fótaskortur m.; v. hrasa; bregða (e-m); leggja gildru fyrir

tripartite adj. þríhliða; þrískiptur
tripe vinstur f., vömb f.; þvaður n., vitleysa f.
triple adj. þrefaldur; þrískiptur; v. þrefalda(st)
triple jump þrístökk n.
triplet þríburi m.; þrennd f.
triple time (in music) þrískiptur taktur m.
triplicate eitt þriggja eintaka n.; þrírit n.; adj. þrefaldur; í þremur eintökum; vt. þrefalda
tripod þrífótur m.
tripper (tourist) skemmtiferðamaður m.
tripping adj. léttur og hvikur, léttstígur
triptych þrískipt altaristafla f.
trismus ginklofi m.
trite adj. hversdagslegur; margþvældur
triumph (stór)sigur m.; sigurgleði f., fögnuður m.; vi. vinna sigur, sigra; fagna sigri
triumphal adj. í tilefni sigurs, sigur-
triumphant adj. sigursæll; sigrihrósandi, hróðugur
triumvir þrístjóri m.
trivia smámunir m.pl.; hégómi m.
trivial adj. smávægilegur; hversdagslegur
triviality smávægi n.; smáræði n., smámunir m.pl.
trochee (metric foot) réttur tvíliður m.
trod(den) v. (p., pp. **tread**)
troglodyte (in ancient times) hellisbúi m.
Trojan Tróverji m.; adj. Trjóu-; tróverskur
troll (in mythology) tröll n.
trolley handvagn m., trilla f.; straumtrissa f.
trolley bus (rafknúinn) strætisvagn m., taugvagn m.
trolley car (Am.) sporvagn (með straumtrissu) m.
trollop subba f.; léttúðardrós f., gála f.
trombone básúna f.
trombonist básúnuleikari m.
troop flokkur m., hópur m.; v. flykkjast, hópast
troop carrier liðsflutningaskip n.; liðsflutningavél f.
trooper riddaraliði m.; **swear like a t.** krossbölva
troops (soldiers) herlið n.; hermenn m.pl.
troopship liðsflutningaskip n.

trophy sigurtákn n.; verðlaunagripur m.
tropic hvarfbaugur m.
tropical adj. hitabeltis-; suðrænn
tropics hitabelti n.
tropopause veðrahvörf n.pl.
troposphere veðrahvolf n.
trot brokk n.; skokk n.; **on the t.** á þönum, (one after another) í röð; v. brokka; skokka
trot out v. draga/tefla fram; monta sig af
trotter brokkhestur m., (pig's foot) svínslöpp f.
troubadour trúbadúr m., (ásta)skáld n.; farandsöngvari m.
trouble (difficulty) vandræði n.pl., klandur n., (inconvenience) ómak n., fyrirhöfn f., (unrest) ófriður m., átök n.pl.; v. angra, trufla, ónáða; ómaka; hafa fyrir, gera sér ómak
troublemaker vandræðagemlingur m.
troubleshoot v. leysa vanda
troubleshooter reddari m.
troublesome adj. erfiður, vandræða-; viðsjárverður
trough trog n., dallur m., (depression) lægð f.
trounce vt. gersigra, bursta, mala
troupe farandleikhópur m.
trouper farandleikari m.; **a good t.** traustur félagi m.
trousers buxur f.pl.
trousseau heimanfylgja brúðar f.
trout silungur m.
trowel múrskeið f.; plöntuskófla f.
troy weight dýrgripavog f.
truancy skróp n.
truant skrópari m.; hyskinn maður m.; **play t.** skrópa
truce vopnahlé n., stundarfriður m.
truck lestarvagn m., (wheeled barrow) handvagn m. (Am.) vöru(flutninga)bíll m., trukkur m.
truck (barter) vöruskipti n.pl.; afskipti n.pl.; (Am.; vegetables) grænmetisvara f.
truck bed vörubílspallur m.
truck farm (Am.) garðyrkjubú n.
trucking (Am.) vöruflutningar m.pl.
truculence grimmd f.; harðneskja f., harka f.

truculent adj. grimmur, árásargjarn
truckle to v. skríða fyrir (e-m), sýna (e-m) undirgefni
truckload vörubílsfarmur m.
trudge þramm n.; vi. þramma; ösla
true ; **in/out of t.** réttur/skakkur; adj. sannur, (loyal) trúr, hollur, (exact) nákvæmur; **come t.** rætast; **t. to** í samræmi við; adv. satt; beint
true-blue adj. sannur, tryggur, áreiðanlegur
true-born adj. borinn og barnfæddur, sannur
true-hearted adj. dyggur, trúfastur; einlægur
truelove kærasti m., kærasta f.
true up v. rétta af
truffle jarðkeppur m., hallsveppur m.
truism augljós staðreynd f., alkunn viska f.
truly adv. hreinskilnislega, (certainly) sannarlega; **yours t.** þinn einlægur, virðingarfyllst
trump (card) tromp(spil) n.; v. trompa
trumpery drasl n.; adj. fánýtur, ómerkilegur
trumpet trompet m.; lúður m.; v. leika á trompet; öskra
trumpeter trompetleikari m
trumps (suit) tromplitur m.
trump up v. (invent) spinna upp, sjóða saman
truncate vt. stýfa, stytta
truncate vt. stytta
truncheon barefli n., lurkur m., (lögreglu)kylfa f.
trundle v. velta, rúlla, skoppa
trunk trjástofn m., (human body) búkur m., (box) koffort n., (of an elephant) fílsrani m.
trunk call langlínusamtal n.
trunk road aðalvegur m.; aðalumferðaræð f.
trunks (stuttar) íþróttabuxur f.pl., leikfimibuxur f.pl., (for swimming) sundskýla f.
truss (bundle) knippi n.; baggi m., (framework) burðargrind f.; vt. binda (upp = **up**); styrkja

trust traust n., (responsibility) trúnaður m., (care) umsjá f.; v. treysta; fela (í umsjá e-s)
trustee fjárhaldsmaður m.; stjórnarmeðlimur m.
trust fund fé í umsjá fjárhaldsmanns n.
trustworthy adj. trúverðugur, áreiðanlegur
truth sannleikur m.; sannindi n.; **in t. í raun og veru; to tell the t.** satt að segja
truthful adj. sannsögull; sannur
truthfulness sannsögli f.; sannleiki m.
truth serum sannsöglislyf n.
try tilraun f.; v. reyna, prófa
try for v. (compete for) keppa að, reyna að fá
trying adj. erfiður, þreytandi
try on v. máta; reyna að komast upp með
try-out hæfnispróf n.
try out for (Am.) v. (compete for) keppa að, reyna að fá
tryst leynilegur ástafundur m.; stefnumót n.
tsar sar m., (Rússa)keisari m.
tsarina keisaraynja (Rússlands) f.
tsetse fly tsetsefluga f.
T-shirt (tee shirt) stutterma bolur m.
tub ker n., bali m.; baðkar n.
tuba túba f.
tubby adj stuttur, kubbslegur
tube túpa f.; pípa f., rör n., (underground) járnbrautargöng n.pl., (train) neðanjarðarlest f.
tubeless adj. (of tyres) slöngulaus
tuber (rótar)hnýði n.; hnjóskur m.
tubercular adj. berklaveikur, berkla-
tuberculosis berklaveiki f., berklar m.pl.
tuck brot n., felling f., (food) sætindi n.pl.; v. stinga, smeygja, smokra; falda; bretta upp
tuck away v. setja á afvikinn stað; háma í sig
tuck in v. breiða (vel) ofan á; háma í sig
tuck shop (at a school) sælgætisbúð f., sjoppa f.
tuck up v. búa um e-n í rúmi, dúða
Tuesday þriðjudagur m.
tuft brúskur m., skúfur m., toppur m.
tufted duck skúfönd f.
tug tog n.; rykkur m.; togstreita f., (boat) dráttarbátur m.; v. draga, toga (í = **at**)
tug of war reiptog n.; togstreita f.
tuition kennsla f.; kennslugjald n.
tulip túlipani m.
tumble fall n., bylta f.; ringulreið f.; v. steypast niður, (kút)velta(st); falla, hrynja (saman)
tumble-down adj. að falli kominn, hrörlegur
tumbler glas n., (gymnast) fimleikamaður m.
tumescence bólga f., þroti m.
tumescent adj. bólgnandi; bólginn
tummy (stomach) magi m., malli m.
tumour (sjúkleg) bólga f.; æxli n.
tumult gauragangur m., læti n.pl., uppþot n.pl., æsingur m.
tumultuous adj. hávaðasamur, róstusamur, fyrirgangsmikill
tuna (tunny) túnfiskur m.
tundra freðmýri f., túndra f.
tune lag n., (harmony) (sam)stilling f.; **call the t.** ráða ferðinni; **change one's t.** skipta um skoðun; **to the t. of** að upphæð; v. stilla
tuneful adj. hljómfagur, kliðmjúkur; lagrænn
tune in (to) v. stilla inn (á), hlusta (á); stilla sig inn á
tuneless adj. sem lætur illa í eyrum; falskur
tune up v. stilla (saman); búa sig undir
tuner (magnaralaust) viðtæki n.
tunic kyrtill m., mussa f.; (hermanna) jakki m.
tuning fork tónkvísl f.
tunnel (jarð)göng n.pl.; v. grafa (jarð)göng
tunny (tuna) túnfiskur m.
tuppence tvö penní n.pl.; tveggja pennía peningur m.
tuppenny adj. tveggja pennía; lélegur, fimmaura-
turban vefjarhöttur m., túrban m.

turbid adj. gruggugur, (thick) þykkur, þéttur, (confused) ruglaður, ruglingslegur
turbidity grugg n., mor n.; ruglingur m.
turbine hverfill m., túrbína f.
turbojet þrýstihverfill m.; skrúfuþota f.
turboprop skrúfuhverfill m.; þota búin skrúfuhverfli f.
turbot (fish) sandhverfa f.
turbulence umrót n., ókyrrð f.; (hring)iða f., kvika f.
turbulent adj. ólgandi, ókyrr; ofsafenginn
turd kúkur m.; skíthæll m.
tureen tarína f.
turf torf n.; torfa f.; (gras)svörður m., (peat) mór m., (race-course) skeiðvöllur m.; vt. tyrfa
turf accountant veðmangari m.
turf out v. kasta út; reka, sparka
turgid adj. bólginn, þrútinn; útbelgdur
turgidity bólga f., þroti m.; belgingur m.
turkey kalkúnn m.
Turkey Tyrkland n.
Turkish tyrkneska f.; adj. tyrkneskur
turmoil ringulreið f., uppnám n.
turn snúningur m.; beygja f., (change) (um)breyting f., (chance) tækifæri n., (period of action) lota f., törn f.; **at every t.** alls staðar; alltaf; in t. til skiptis; hver á eftir öðrum; **out of t.** í ótíma; **take turns** skipast á; **to a t.** mátulega; v. snúa(st); beygja, (change) breyta(st) (í), verða/gera (að)
turn against v. snúa(st) gegn, gera(st) mótfallinn
turn away (from) v. snúa baki við, (dismiss) vísa frá
turn back v. snúa við/aftur, (fold) bretta upp á
turncoat svikari m., vendilkráka f.
turncock krani m., hani m., loki m.
turn down v. (fold over) bretta niður, (reduce) lækka, draga niður í, (reject) hafna, afþakka
turner (who works on a lathe) rennismiður m.

turn in v. (point inwards) snúa inn, (go to bed) fara að hátta, (deliver) afhenda, (return) skila
turn indicator stefnuljós n.
turning beygja f.; vegamót n.pl; gatnamót n.pl.
turning point vendipunktur m., tímamót n.pl.
turning radius beygjuradíus m.
turn inside out v. snúa(st) við, venda við/út
turnip rófa f., næpa f.; hnúðkál n.
turnkey (jailer) fangavörður m.
turn off v. (stop) skrúfa fyrir; slökkva (á), ((cause) to lose interest) koma(st) úr stuði, (change direction) beygja út af
turn on v. (start) skrúfa frá; kveikja (á), (excite) koma(st) í stuð, æsa(st) upp, (depend on) velta á, (attack) snúast gegn
turnout aðsókn f.; tiltekt f., hreingerning f.; (equipment) búnaður m., (clothes) klæðnaður m.
turn out v. (prove to be) reynast, (point outwards) snúa út, (empty) tæma, (expel) reka á brott, (produce) framleiða, (extinguish) slökkva (á), (gather) mæta, safnast saman
turnover (viðskipta)velta f.; mannaskipti n.pl.
turn over v. (reverse) snúa við, hvolfa, (consider) velta fyrir sér, hugleiða, (in business) velta, hafa í veltunni, (deliver) fá (e-m) í hendur
turnpike (Am.) tollhlið n.; tollvegur m.
turnstile snúningshlið n.
turnstile krossgrind f., hverfihlið n.
turnstone tildra f.
turntable snúningspallur m.; (plötuspilara)diskur m., plötuspilari m.
turn to v. (begin work) hefjast handa, koma sér að verki, (go to for help) snúa sér til
turn-up (of a trouser leg) uppbrot n.; **t. for the book** tilviljun f., óvænt atvik n.
turn up v. (appear) birtast, (happen) gerast, (find) finna, grafa upp, (fold) bretta upp á

turn upon v. (attack) snúast gegn, ráðast á
turn upside down v. snúa (öllu) við, umbylta
turpentine terpentína f.
turpitude varmennska f.; siðspilling f.
turquoise grænblár litur m.; adj. grænblár, túrkís-
turret virkisturn m.; byssustæði n., skotturn m.
turtle (sund)skjaldbaka f.; **turn t.** hvolfa
turtledove turtildúfa f.
turtle graphics tátuteiknun f.
turtleneck rúllukragi m., (sweater) rúllukragapeysa f.
tusk skögultönn f.; augntönn f.
tussle átök n.pl., ryskingar f.pl.; vi. takast á
tussock þúfa f.
tut interj. uss, svei
tutelage handleiðsla f.; fjárhald n., forræði n.
tutor einkakennari m.; námsráðgjafi m.; (Am.) aðstoðarkennari m.; vt. kenna í einkatímum
tutorial einkatími m.; námsfundur m.
tuxedo (Am.) smóking(ur) m.
twaddle þvaður n., bull n., gaspur n.
twang titrandi hljóð n.; nefjaður hreimur m.; v. (láta) gella; tala með hvellu nefhljóði
tweak klip n.; vt. klípa, snúa upp á
tweed gróft ullarefni n., tvíd n.
tweet kvak n., tíst n.; vi. kvaka, tísta
tweeter hátíðnishátalari m.
tweezers flísatöng f.
twelfth num. tólfti
twelve num. tólf
twentieth num. tuttugasti
twenty num. tuttugu
twenty-one (Am.; card game) tuttugu og einn
twice adv. tvisvar sinnum; tvöfalt
twiddle snarsnúningur; v. snúa hratt; fitla við
twig smágrein f., sproti m., kvistur m.
twig v. (observe) taka eftir, (understand) skilja
twilight rökkur n., ljósaskipti n.pl.

twin tvíburi m.
twin set peysusett n.
twine (segl)garn n.; v. snúa saman; vefja(st)
twinge stingur m., snöggur sársauki m.
twinkle blik n., glampi m.; vi. blika, glampa, tindra
twinkling ; **in the t. of the eye** á augabragði
twirl (hring)snúningur m.; v. snarsnúa(st); snúa upp á
twist snúningur m., vindingur m., (bend) beygja f., hlykkur m., (dance) tvist n.; v. snúa(st), vind(ast); bugðast, hlykkjast; tvista
twister (dishonest person) svindlari m., (difficult task) erfitt verkefni n., (Am.; tornado) skýstrokkur m.
twit stríðni f., (fool) bjáni m.; vt. stríða, hæða
twitch kippur m., rykkur m.; vipra f.; v. kippa(st) til, rykkja(st); vipra, fá viprur
twitch (flower) húsapuntur m.
twitter kvak n., tíst n.; skraf n.; taugatitringur m.; vi. kvaka, tísta; skrafa; vera í uppnámi
two num. tveir
two-dimensional adj. tvívíður, tvívíddar-
two-faced adj. falskur, undirförull
twofold adj. tvöfaldur; adv. tvöfalt
twopence tvö pennі n.pl.; tveggja pennía peningur m.
twopenny adj. tveggja pennía; lélegur, fimmaura-
two-piece adj. tvískiptur
two-ply adj. tveggja þátta; tveggja laga
two-seater tveggja sæta farartæki n.
twosome par n.
two-stroke adj. tvígengis-
two-time vt. halda framhjá (e-m), svíkja (í ástum)
two-timing adj. ótrúr (í ástum)
two-way adj. tvístefnu-; tvíhliða
tycoon auðjöfur m., viðskiptajöfur m
type tegund f., gerð f., (in printing) letur n.; leturgerð f.; v. vélrita; greina (í flokk)
typeface leturflötur (stafs) m.; leturgerð f.
typescript vélritaður texti m.

typesetter setjari m., (machine) setningarvél f.
typewriter ritvél f.
typewritten adj. vélritaður
typhoid (fever) taugaveiki f.
typhoon fellibylur m., hvirfilbylur m.
typhus útbrotataugaveiki n., flekkusótt f., dílasótt f.
typical adj. dæmigerður, einkennandi; táknrænn
typify vt. vera einkennandi fyrir; tákna
typing vélritun f.
typing paper ritvélapappír m.
typing pool vélritunardeild f.
typist vélritari m.
typographer (printer) prentari m.
typographic(al) adj. prentunar-, prent-
typography prentlist f., prentiðn f.
tyrannical adj. ráðríkur; harðstjóra-, harðstjórnar-
tyrannize v. kúga, undiroka, beita harðstjórn
tyrannous adj. ráðríkur; harðstjóra-, harðstjórnar-
tyranny harðstjórn f.; alræði n.
tyrant harðstjóri m.
tyre hjólbarði m.
tyre pressure dekkloftþrýstingur m.
tyro (pl. **tyros**) byrjandi m., viðvaningur m.
tzar sar m., (Rússa)keisari m.
tzarina keisaraynja (Rússlands) f.
tzetze fly tsetsefluga f.

U

ubiquitous adj. alls staðar nálægur
udder júgur n.; mjólkurkirtill m.
UFO (= unidentified flying object) fljúgandi furðuhlutur m.
ugly adj. ljótur, ófríður; uggvænlegur
UHF (= ultrahigh frequency) ofurtíðni f.
UK (= United Kingdom) Hið sameinaða konungsríki Stóra-Bretland og Norður-Írland n.
ulcer (graftar)sár n., fleiður n.
ulcerate v. mynda opið sár, fleiðra(st)
ulcerous adj. með opið sár, fleiðraður

ullage tómrými n., loftmagn (í íláti) n.
ulterior adj. fjarlægari; síðari; dulinn, leyndur
ultimate adj. endanlegur, síðasti, loka-
ultimately adv. að síðustu, að lokum
ultimatum úrslitakostir m.pl.
ultrahigh frequency ofurtíðni f.
ultraviolet adj. útfjólublár
umber adj. svarbrúnn, dökkrauðbrúnn
umbilical cord naflastrengur m.
umbrage skapraun f.; take u. móðgast, styggjast
umbrella regnhlíf f.; vernd f.
umlaut hljóðvarp n.; hljóðvarpshljóð n.
umpire (íþrótta)dómari m.; v. dæma (leik)
umpteen adj. fjölmargir, ótal
umpteenth adj. síðastur í langri röð; **for the u. time** í eitt skiptið enn, rétt einu sinni
UN (= United Nations) Sameinuðu þjóðirnar f.pl.
unabashed adj. ófeiminn; blygðunarlaus
unabated adj. með fullum krafti, óskertur
unable adj. ófær; **be u. to do** geta ekki gert
unabridged adj. óstyttur
unacceptable adj. óaðgengilegur, ótækur
unaccompanied adj. einn (síns liðs); án undirleiks
unaccountable adj. óútskýranlegur; óábyrgur
unaccustomed adj. óvanur, (unusual) óvenjulegur
unadulterated adj. hreinn; ómengaður
unadvised adj. óráðlegur, óviturlegur; hvatvíslegur
unaffected adj. tilgerðarlaus, eðlilegur; ósnortinn
unalloyed adj. óblandaður, hreinn
unalterable adj. óbreytanlegur
unanimity einróma samþykki n.
unanimous adj. einróma, samhljóða; sammála
unanimously adv. í einu hljóði, einróma, samhljóða
unannounced adj. óvæntur
unanswerable adj. ósvarandi; óhrekjandi, óhrekjanlegur

unanswered adj. ósvaraður, óendurgoldinn
unapproachable adj. (of a person) fálátur; kuldalegur
unarmed adj. óvopnaður, vopnlaus; óbrynjaður
unasked adj. óbeðinn, ótilkvaddur; óumbeðinn
unassuming adj. látlaus; hæverskur, yfirlætislaus
unattached adj. ótengdur, laus, (unmarried) óbundinn
unattended adj. eftirlitslaus, (alone) einn
unauthorized adj. óleyfilegur, án leyfis
unavailable adj. ófáanlegur; ótiltækur
unavailing adj. gagnslaus; árangurslaus
unavoidable adj. óhjákvæmilegur, óumflýjanlegur
unaware adj. óvitandi, ómeðvitandi, grunlaus; **be u. of** vera ókunnugt um, gera sér ekki grein fyrir
unawares adv. óafvitandi, óvart; að óvörum
unbalance v. koma úr jafnvægi; rugla, raska
unbearable adj. óþolandi, óbærilegur
unbecoming adj. óviðeigandi; óklæðilegur
unbelief trúleysi n., guðleysi n.; vantrú f.
unbelievable adj. ótrúlegur, lygilegur
unbeliever trúleysingi m.; vantrúarmaður m.
unbend v. (relax) slaka á, slappa af
unbending adj. ósveigjanlegur, óbilgjarn
unbiased adj. óhlutdrægur, óvilhallur; fordómalaus
unbidden adj. óbeðinn, (uninvited) óboðinn
unbind vt. leysa (úr böndum), losa
unblushing adj. óskammfeilinn; kinnroðalaus
unborn adj. óborinn, ófæddur; ókominn
unbosom vt. opinbera, láta uppi
unbounded adj. takmarkalaus, skefjalaus
unbowed adj. óbeygður, ósigraður; beinn
unbreakable adj. óbrjótandi
unbridled adj. óbeislaður; taumlaus, stjórnlaus
unbroken adj. óbrotinn, órofinn
unbuckle vt. spenna frá/af, losa
unburden vt. létta byrði af, létta á
unbutton v. hneppa frá
uncalled-for adj. óumbeðinn; óþarfur
uncanny adj. furðulegur, kynlegur; skuggalegur
uncared-for adj. vanræktur, vanhirtur
unceasing adj. látlaus, linnulaus, stöðugur
unceremonious adj. óformlegur, óhátíðlegur; ókurteislegur
uncertain adj. óviss, óráðinn, hikandi, (changeable) breytilegur, óstöðugur, óútreiknanlegur
uncertainty óvissa f., vafi m.; efamál n., tvísýna f.
uncharitable adj. harðbrjósta; dómharður, óbilgjarn
uncharted adj. ókortlagður; ókannaður
unchecked adj. óhindraður; hömlulaus
unchristian adj. ókristinn, heiðinn; ókristilegur
uncivil adj. (impolite) ókurteis, dónalegur
uncivilized adj. ósiðmenntaður, (impolite) ókurteis
unclaimed adj. ósóttur, óskila-
uncle föðurbróðir m.; móðurbróðir m.
unclean adj. óhreinn, óþrifalegur; spilltur
uncleared adj. ótollafgreiddur
unclouded adj. skýjalaus, heið(rík)ur
uncoloured adj. ólitaður; hlutlaus
uncomfortable adj. óþægilegur, óvistlegur; órólegur
uncommitted adj. óskuldbundinn; óháður
uncommon adj. óvenjulegur, sjaldgæfur
uncompromising adj. ósveigjanlegur; einbeittur, einarður
unconcerned adj. áhyggjulaus; áhugalaus, afskiptalaus
unconditional adj. skilyrðislaus, óskilyrtur
unconscionable adj. hóflaus, óhóflegur, gegndarlaus
unconscious adj. meðvitundarlaus; ómeðvitaður, óvilja-
unconsciousness meðvitundarleysi n., öngvit n., ómegin n.
unconsidered adj. umhugsunarlaus; (sem er) í hirðuleysi

uncork vt. taka tappa úr (flösku)
uncountable adj. óteljanlegur, (countless) óteljandi
uncouple vt. losa (frá = from), frátengja
uncouth adj. óheflaður, grófur; klaufalegur, álappalegur
uncover vt. taka lok/hjúp af; afhjúpa, fletta ofan af
uncritical adj. ógagnrýninn; óvandlátur
uncrushable adj. (of cloth) straufrír
unction smurning f.; uppgerðareinlægni f., væmni f.
unctuous adj. olíukenndur; smeðjulegur, mærðarfullur
uncultivated adj. óræktaður, ósiðaður, ómenntaður
undamaged adj. óskemmdur; óskaddaður
undaunted adj. óhræddur, ótrauður
undeceive vt. leiða (e-m e-ð) fyrir sjónir, opna augu (e-s)
undecided adj. óákveðinn, óráðinn; óútkljáður
undemonstrative adj. hæglátur, fálátur; dulur
undeniable adj. óneitanlegur, óyggjandi
under prp. & adv. undir; fyrir neðan
underact v. leika dauflega; sýna lítil tilþrif
underarm handarkriki m.; adj. undirhandar-
underbelly kviður m.; viðkvæmasti hluti (e-s) m.
underbid vt. undirbjóða; segja of lítið á (höndina)
undercarriage undirvagn m., burðargrind f.; hjólabúnaður m.
undercharge of lágt gjald n.; vt. vanreikna
underclothes nærföt n.pl., nærfatnaður m.
undercoat grunnmálning f.
undercover adj. leynilegur, leyni-
undercurrent undiralda f., undirstraumur m.
undercut (meat) nautalundir f.pl.; vt. undirbjóða
underdeveloped adj. vanþróaður; vanþroskaður
underdog lítilmagni m.; olnbogabarn n.

underdone adj. of lítið soðinn/steiktur
underestimate vanmat n.; vt. vanmeta
underfoot adv. undir fæti
undergo vt. verða fyrir, þola, sæta; gangast undir
undergraduate (próflaus) háskólastúdent m.
underground (tube) neðanjarðarlest f.; neðanjarðargöng n.pl., (resistance group) neðanjarðarhreyfing f.; adj. neðanjarðar-; leynilegur, óopinber; adv. neðanjarðar; **go u.** fara í felur
undergrowth undirgróður m., lággróður m.
underhand adj. undirhandar-; undirförull
underhanded adj. undirförull, lævíslegur
underlay undirlag n.
underlie vt. liggja undir; liggja að baki
underline undirstrikun f.; vt. undirstrika; leggja áherslu á
underling undirmaður m.; undirlægja f., undirtylla f.
undermanned adj. mannfár, fáliðaður
undermentioned adj. eftirfarandi, eftirtalinn
undermine vt. grafa (grundvöllinn) undan
underneath prp. undir; adv. fyrir neðan; undir
undernourished adj. vannærður
underpants (Am.) (karlmanns)nærbuxur f.pl.
underpass gang-/akbraut (undir brú/veg) f.
underpay vt. undirborga; borga of lítið
underpayment undirborgun f.; ónóg borgun f.
underpin vt. setja stoðir undir; styrkja, styðja
underprivileged adj. (sem er) útundan, afskiptur, hjásettur
underrate vt. vanmeta, meta of lítils
underscore undirstrikun f.; vt. undirstrika
undersecretary aðstoðarráðherra f.; ráðuneytisstjóri m.
undershirt (Am.) nærskyrta f.
undersigned adj. undirritaður
undersized adj. undir meðalstærð
understaffed adj. fáliðaður, mannfár

understand → unfaithfulness

understand v. skilja(st)
understandable adj. skiljanlegur
understanding skilningur m., skynsemd f. (agreement) samkomulag n.; adj. skilningsríkur
understate vt. gera lítið úr; beita úrdrætti
understatement úrdráttur m., vanhvörf n.pl.
understudy forfallaleikari m.; vt. læra hlutverk sem varaleikari; leika í forföllum (e-s)
undertake vt. hefjast handa við; taka að sér, ábyrgjast
undertaker útfararstjóri m.
undertaking viðfangsefni n., (promise) skuldbinding f.
undertone undirtónn m., (low voice) lágur rómur m.
underwater adj. neðansjávar-
underwear nærfatnaður m.
underweight adj. undir vigt, of léttur
underworld undirheimar m.pl.
underwrite vt. skrifa sig fyrir; ábyrgjast
underwriter vátryggjandi m.; ábyrgðaraðili m.
undesirable óæskilegur maður m.; adj. óæskilegur, óvelkominn
undeveloped adj. óþroskaður; vannýttur
undies kvennærföt n.pl.
undischarged adj. (of goods) óuppskipaður, (of a gun) hlaðinn, (of a debt) ógreiddur
undistinguished adj. sviplaus; tilþrifalaus
undivided adj. óskiptur, heill
undo vt. losa (um), leysa; ógilda, eyðileggja
undoing eyðilegging f.; bölvaldur m. ógæfa f.
undomesticated adj. ótaminn, (of a person) lítt húslegur
undone adj. ógerður; óhnepptur; eyðilagður
undoubtedly adv. vafalaust, tvímælalaust
undress v. afklæða(st), hátta
undressed adj. óklæddur, háttaður
undue adj. óviðeigandi, ótilhlýðilegur
undulate vi. bylgjast, ganga í bylgjum
undulation bylgjuhreyfing f.; bylgja f.
unduly adv. fram úr hófi, óþarflega
undying adj. ódauðlegur, eilífur
unearned adj. ómaklegur, óverðskuldaður
unearth vt. grafa upp; uppgötva, upplýsa
unearthly adj. yfirnáttúrulegur, (of time) ókristilegur
uneasiness óróleiki m., kvíði m.
uneasy adj. órólegur, áhyggjufullur; vandræðalegur
uneconomic(al) adj. óhagkvæmur, eyðslufrekur
uneducated adj. ómenntaður; ófágaður
unemployable adj. óvinnufær; óhæfur (í starf)
unemployed adj. atvinnulaus; ónotaður
unemployment atvinnuleysi n.
unemployment benefit atvinnuleysisbætur f.pl.
unemployment roll atvinnuleysisskrá f.
unending adj. óendanlegur, endalaus
unenlightened adj. óupplýstur, fáfróður; ómenntaður
unenviable adj. lítt öfundsverður
unequal adj. ójafn, misstór, (uneven) breytilegur, misjafn, (of a person) ónógur; vanbúinn
unequalled adj. óviðjafnanlegur
unequivocal adj. ótvíræður, fortakslaus
unerring adj. óskeikull
uneven adj. ójafn, ósléttur, (irregular) óreglulegur, (tending to change) breytilegur, misjafn
uneventful adj. viðburðasnauður, tíðindalítill
unexampled adj. dæmalaus, óviðjafnanlegur
unexceptionable adj. óaðfinnanlegur; aðdáunarverður
unexceptional adj. venjulegur, hversdagslegur
unexpected adj. óvæntur
unfailing adj. óbilandi; óþreytandi, óbrigðull
unfailingly adv. (at all times) stöðugt, ævinlega
unfair adj. ósanngjarn; óheiðarlegur
unfair competition óeðlileg samkeppni f.
unfaithful adj. ótrúr, svikull
unfaithfulness ótrúmennska f.; ótryggð f.

unfaltering adj. óbilandi, styrkur; einbeittur
unfamiliar adj. ókunn(ug)ur, framandi
unfathomable adj. botnlaus; óskiljanlegur
unfavourable adj. óhagstæður; neikvæður
unfeeling adj. harðbrjósta, tilfinningalaus
unfit adj. óhæfur; ófær
unflagging adj. óþreytandi, óbilandi
unflappable adj. sallarólegur, óhagganlegur
unflinching adj. eitilharður, óbilandi
unfold v. breiða úr (sér); koma/leiða í ljós
unforeseeable adj. ófyrirsjáanlegur
unforeseen adj. ófyrirséður, óvæntur
unforgettable adj. ógleymanlegur
unfortunate ólánsmaður m., vesalingur m.; adj. óheppinn, (regrettable) óheppilegur
unfortunately adv. því miður; til allrar óhamingju
unfounded adj. staðlaus, tilefnislaus
unfreeze vt. þíða; létta hömlum af
unfrequented adj. fáfarinn
unfrock vt. svipta (prest) hempunni
unfruitful adj. ófrjósamur; árangurslaus
unfurl v. breiða úr (sér), opna(st)
unfurnished adj. húsgagnalaus, án húsgagna
ungainly adj. klunnalegur; óásjálegur, ljótur
ungenerous adj. smásálarlegur, nískur
ungodly adj. trúlaus; óguðlegur, syndsamlegur
ungovernable adj. óviðráðanlegur; taumlaus
ungracious adj. ókurteis, dónalegur
ungrateful adj. vanþakklátur
ungrudging adj. fús, viljugur; einlægur
unguarded adj. (careless) ógætinn, óvarkár
unhappy adj. óhamingjusamur, vansæll
unhealthy adj. óheilbrigður; óhollur; veiklulegur
unheard-of adj. óþekktur; fáheyrður
unhinge vt. taka (hurð) af hjörum; gera ruglaðan
unholy adj. syndsamlegur, óguðlegur

unhook vt. losa af króki; afkrækja
unhoped-for adj. óvæntur
unhorse vt. fella af (hest)baki
unhurt adj. ómeiddur
unicorn einhyrningur m.
unidentified adj. óþekktur
unidentified flying object fljúgandi furðuhlutur m.
unification sameining f.; samræming f.
uniform einkennisbúningur m.; adj. jafn, svipaður, áþekkur, (conforming to rules) samræmdur
uniformed adj. einkennisklæddur
uniformity einsleiki m.; samræmi n.; fábreytni f.
unify vt. sameina(st); samræma
unilateral adj. einhliða
unimaginative adj. hugmyndasnauður; ófrumlegur
unimpeachable adj. flekklaus, óaðfinnanlegur; traustur
unimportant adj. lítilvægur, óáríðandi
uninformed adj. sem byggist á ónógri þekkingu; fáfróður
uninhabitable adj. óbyggilegur
uninhabited adj. óbyggður; auður
uninhibited adj. óþvingaður, frjálslegur
unintentional adj. óviljandi, óvilja-
uninterested adj. áhugalaus; hlutlaus
uninteresting adj. óspennandi, leiðinlegur
uninterrupted adj. ótruflaður, samfelldur
union sameining f., (federation) (ríkja)samband n., bandalag n., samtök n.pl., (marriage) hjónaband n., (state of agreement) samlyndi n.
Union Jack breski ríkisfáninn m.
Union of Soviet Socialist Republics Sovétríkin n.pl.
unique adj. einstæður, einstakur, óviðjafnanlegur, framúrskarandi, afburða-; sérkennilegur
unisex adj. fyrir bæði kynin
unison einröddun f.; samræmi n., samstilling f.
unit eining f., eind f., stykki n.; talan einn f.
Unitarian únítari m.; adj. únítara-
unite v. sameina(st), tengja(st); gifta

united → unpretentious

united adj. sameinaður, (in agreement) samhentur, samlyndur, (for a common purpose) sameiginlegur
United Kingdom Hið sameinaða konungsríki Stóra-Bretland og Norður-Írland n.
United Nations Sameinuðu þjóðirnar f.pl.
United States (of America) Bandaríki Norður-Ameríku n.pl.
unit trust gagnkvæmur verðbréfasjóður m.
unity eining f.; eindrægni f., samheldni f.
universal adj. alheims-, (international) alþjóðlegur, (widespread) almennur, allsherjar-, (concerning all) altækur, algildur
universally adv. almennt, (everywhere) hvarvetna
universe alheimur m.
university háskóli m.
unjust adj. óréttlátur, ósanngjarn
unjustified text ójafnaður texti m.
unkempt adj. ógreiddur, (untidy) ósnyrtilegur
unkind adj. óvingjarnlegur, óvinsamlegur
unknowing adj. óafvitandi; grunlaus
unknown adj. óþekktur, ókunnur
unlawful adj. ólöglegur; ólögmætur
unleaded adj. blýlaus
unlearn vt. gleyma, venja sig af
unleash vt. losa ól af; gefa lausan tauminn
unleavened adj. (of bread) ósýrður, gerlaus
unless conj. nema (því aðeins)
unlike adj. ólíkur, frábrugðinn; misjafn, mismunandi; prp. ólíkt, öðruvísi en; gagnstætt
unlikelihood ólíkindi n.pl., litlar líkur f.pl.
unlikely adj. ólíklegur, ósennilegur
unlimited adj. ótakmarkaður, takmarkalaus
unlisted adj. óskráður; **u. number** leyninúmer n.
unload v. afferma, skipa upp; losa sig við
unlock vt. taka úr lás, opna (lás), ljúka upp
unlooked-for adj. ófyrirséður, óvæntur
unloose vt. láta lausan, leysa, sleppa

unluckily adv. til allrar óhamingju
unlucky adj. óheppinn; óheppilegur, óhappa-
unmade adj. (of a bed) óumbúinn
unmanly adj. ókarlmannlegur, (cowardly) blauður
unmannerly adj. dónalegur, ruddalegur
unmarried adj. ógiftur, einhleypur
unmask v. taka grímu af; afhjúpa, fletta ofan af
unmatched adj. óviðjafnanlegur
unmeasured adj. ómældur; takmarkalaus, hóflaus
unmentionable adj. ónefnanlegur
unmentionables nærföt n.pl.; nærbuxur f.pl.
unmerciful adj. ómiskunnsamur, miskunnarlaus
unmindful adj. óminnugur; skeytingarlaus (um = **of**)
unmistakable adj. greinilegur, augljós; óyggjandi
unmitigated adj. algjör, erki-; ómildaður
unmoved adj. ósnortinn; áhyggjulaus, rólegur
unnatural adj. ónáttúrulegur, óeðlilegur; tilgerðarlegur
unnecessary adj. ónauðsynlegur, þarflaus
unnerve vt. draga kjark úr, koma úr jafnvægi
unnumbered adj. óteljandi; ótölusettur
unobtrusive adj. lítt áberandi; hógvær, kurteis
unoccupied adj. ónotaður, ónotaður; iðjulaus
unofficial adj. óopinber
unorthodox adj. óhefðbundinn; ekki strangtrúaður
unpack v. taka upp (úr)
unpaid adj. ógreiddur, ólaunaður
unparalleled adj. óviðjafnanlegur, dæmalaus
unpleasant adj. óþægilegur; ógeðfelldur
unpleasantness óþægindi n.pl.; ógeðfelldni f.
unprecedented adj. fordæmislaus
unprejudiced adj. fordómalaus, óhlutdrægur, hlutlaus
unprepared adj. óundirbúinn, óviðbúinn
unpretentious adj. látlaus, tilgerðarlaus

unprincipled adj. siðlaus; samviskulaus
unprintable adj. óprenthæfur
unprofessional adj. ósæmandi (tiltekinni stétt); ófagmannlegur
unprofitable adj. óarðbær, gagnslaus
unprompted adj. ótilkvaddur, að eigin frumkvæði
unprotected adj. óverndaður, óvarinn
unprovoked adj. tilefnislaus, upp úr þurru
unqualified adj. óhæfur, réttindalaus, (absolute) algjör, fullkominn, (not limited) skilyrðislaus
unquestionable adj. óumdeilanlegur; tvímælalaus
unquote v. ljúka tilvitnun
unravel v. rekja upp; ráða fram úr, leysa(st)
unreal adj. óraunverulegur, ímyndaður
unreasonable adj. óskynsam(leg)ur; ósanngjarn
unreasoning adj. hugsunarlaus; vanhugsaður
unrelenting adj. (continuous) látlaus, sífelldur
unreliable adj. óáreiðanlegur, ótraustur
unremitting adj. linnulaus, stöðugur
unrequited adj. óendurgoldinn
unreserved adj. ótakmarkaður, (frank) opinskár
unrest ókyrrð f., órói m., ólga f.
unrestrained adj. skefjalaus, taumlaus; óheftur
unripe adj. óþroskaður
unrivalled adj. óviðjafnanlegur, framúrskarandi
unroll v. rúlla(st) út, vinda ofan af
unruffled adj. (calm) rólegur, stilltur
unruly adj. óþægur, óþekkur; óviðráðanlegur
unsaddle vt. spretta af (hesti); kasta af baki
unsafe adj. hættulegur, ótraustur, óáreiðanlegur
unsatisfactory adj. ófullnægjandi
unsavoury adj. ólystugur; andstyggilegur, óþverra-
unscathed adj. óskaddaður, ómeiddur
unschooled adj. óskólagenginn, ólærður; óþjálfaður

unscramble vt. leysa úr, koma reglu á, gera skiljanlegt
unscrambler afruglari m., lykill m.
unscrew v. losa skrúfu(r) úr; skrúfa af/úr
unscrupulous adj. samviskulaus, ófyrirleitinn
unseasonable adj. óvanalegur (miðað við árstíma); ótímabær
unseat vt. víkja úr sæti; kasta af baki
unseemly adj. ósæmilegur; óviðeigandi
unseen adj. óséður, (invisible) ósýnilegur, hulinn
unselfish adj. óeigingjarn
unsettle vt. koma (e-m) úr jafnvægi; rugla, trufla
unsettled adj. (of weather) óstöðugur, breytilegur
unshak(e)able adj. óhagganlegur, staðfastur
unshod adj. skólaus, (of a horse) óskóaður
unsightly adj. óásjálegur, óhrjálegur, ljótur
unskilled adj. óþjálfaður; ófaglærður
unsocial adj. ómannblendinn, einrænn
unsophisticated adj. einfaldur, fábrotinn; óreyndur
unsound adj. ótraustur; **of u. mind** andlega vanheill
unsparing adj. óspar, örlátur; óvæginn, vægðarlaus
unspeakable adj. ósegjanlegur, ólýsanlegur
unstable adj. óstöðugur, valtur; ótraustur
unstarched adj. óstífaður, óþvingaður
unsteady adj. óstöðugur, valtur, ótraustur, reikull
unstop vt. taka upp, opna; taka stíflu úr
unstuck adj. laus; **come u.** losna; misheppnast
unstudied adj. (natural) eðlilegur, tilgerðarlaus
unsubsidized adj. óniðurgreiddur
unsuccessful adj. árangurslaus, misheppnaður
unsuitable adj. óhentugur; óviðeigandi
unsuspecting adj. grunlaus, ugglaus
unswerving adj. óhagganlegur, óbifanlegur

untangle vt. greiða úr (flækju), leysa (hnút)
untenable adj. óverjandi
unthinkable adj. óhugsanlegur; óhugsandi
unthinking adj. hugsunarlaus, gálaus
unthought-of adj. (unexpected) óvæntur, ófyrirsjáanlegur
untidy adj. óþrifalegur, sóðalegur
untie vt. leysa, losa
until conj. & prp. þangað til, þar til, uns, (in negative sentences) fyrr en
untimely adj. ótímabær
untiring adj. óþreytandi; þrotlaus, linnulaus
untold adj. ósagður, (limitless) óteljandi; gífurlegur
untouchable stéttleysingi m.; adj. ósnertanlegur; óhreinn
untoward adj. óheppilegur; óæskilegur
untrustworthy adj. óáreiðanlegur
untruth (lie) ósannindi n.pl., lygi f.
untruthful adj. ósannsögull, (not true) ósannur
unused adj. ónotaður, (not accustomed to) óvanur (e-u)
unusual adj. óvenjulegur, (rare) óvanalegur, sjaldgæfur
unveil v. afhjúpa, fletta ofan af, leiða í ljós
unwarranted adj. ástæðulaus; óréttmætur
unwed adj. ógiftur, einhleypur, einstæður
unwell adj. lasinn, slappur
unwieldy adj. ómeðfærilegur; klunnalegur, klaufskur
unwilling adj. ófús, tregur; þrjóskur
unwind v. vinda(st) ofan af, (relax) slaka á
unwise adj. óvitur, óskynsamlegur
unwitting adj. óafvitandi, óvilja-
unwonted adj. (unusual) óvenjulegur; óvanalegur
unworthy adj. óverðugur, ósamboðinn, ósæmilegur
unwrap vt. taka umbúðir utan af; taka upp
unzip vt. renna niður (rennilási) (á)
up adv. upp; uppi; **be up to** vera að bralla; **up against** frammi fyrir, andspænis; **up and about** kominn á kreik;
up for til (umræðu); í framboði til; **up to** undir (e-m) komið, (equal to) fær um, (as far as) þar til; prp. upp (eftir/með); v. stökkva upp, (increase)hækka
up-and up ; **on the u.** fara (sí)batnandi
up-and-coming adj. á uppleið; efnilegur, framsækinn
upbeat upptaktur m.; uppsveifla f., framför f.
upbraid vt. ávíta, skamma
upbringing uppeldi n.
upcoming (Am.) adj. komandi, næstur
upcountry uppsveitir f.pl.; adj. uppsveita-; adv. til uppsveita, inn(i) í land(i)
update vt. gera nútímalegan; endurnýja, endurskoða
upgrade ; **on the u.** á uppleið; vt. hækka (í tign)
upheaval umrót n., umbrot n.; (jarð)ris n.
uphill adj. (brattur) upp í móti, (difficult) erfiður, torveldur; adv. á fótinn, upp á við
uphold vt. styðja, verja, (confirm) staðfesta
upholster vt. bólstra
upholsterer bólstrari m.
upholstery bólstrun f., (material) áklæði n.; stopp n.
upkeep viðhald n.; viðhaldskostnaður m.
upland upplendi n., hálendi n.
uplift (upp)lyfting f.; vt. lyfta, hefja
upon prp. (upp) á
upper adj. efri; hærri; æðri; **have/get the u. hand (of)** hafa/fá yfirhöndina; hafa betur (en e-r)
upper case hástafir m.pl., hástafaletur n.
upper class yfirstétt f.
Upper House efri deild (löggjafarþings) f.
uppermost adj. efstur; hæstur; æðstur
uppity adj. (uppish) hrokafullur, montinn
upright (burðar)stoð f., súla f.; adj. uppréttur, beinn, (honest) hreinskilinn, heiðarlegur
upright piano (stofu)píanó n.
uprising uppreisn f.
uproar uppnám n., uppþot n.; háreysti f.
uproarious adj. hár, hávær, (very amusing) drepfyndinn

uproot vt. rífa upp með rótum; uppræta; flæma (burt)
upset velta f.; truflun f., röskun f.; adj. (worried) í uppnámi, æstur, (slightly ill) lasinn; í ólagi; v. hvolfa(st), velta, (trouble) trufla, raska; koma(st) í uppnám
upshot útkoma f.; niðurstaða f.
upside down adv. á hvolf(i); í óreiðu
upstairs efri hæð f.; adj. á efri hæð; adv. upp (stigann), upp(i) á loft(i)
upstanding adj. uppréttur, beinn; heiðarlegur
upstart framagosi m.; uppskafningur m.; adj. (arrogant) hrokafullur, drambsamur, montinn
upstream adv. andstreymis; upp ána
upsurge (skyndileg) aukning f., uppgangur m.
upswing efnahagsbati m.
uptight adj. spenntur, taugatrekktur
up-to-date adj. (latest) nýjastur; nýendurskoðaður, (modern) nútímalegur, nýtískulegur
up-to-the-minute adj. allra nýjasti/síðasti
uptown (Am.) adj. & adv. uppi í bæ, í uppborginni
upturn bati m., framför f., uppgangur m.
upward(s) adv. upp (á við)
uranium úran n.
urban adj. borgar-; þéttbýlis-
urbane adj. (sið)fágaður, kurteis, stimamjúkur
urchin götustákur m., prakkari m.
ureter þvagpípa f.. þvagáll m.
urethra þvagrás f.
urge áköf löngun f.; vt. hvetja (áfram); brýna
urgency bráðanauðsyn f., neyð f.
urgent adj. áríðandi, brýnn, aðkallandi
uric adj. þvag-
urinary adj. þvagfæra-
urinate vi. kasta vatni, pissa
urine þvag n., hland n.
urn krukka f.; duftker n.
us prn. (object form of **we**) okkur, okkar
US(A) = United States (of America)
usage notkun f., meðferð f., (custom) (sið) venja f., (in using language) málnotkun f., málvenja f.

use notkun f., (usefulness) notagildi n., gagn n., (right to use) afnot n.pl.; vt. nota, (behave towards) koma fram við, fara með
used adj. notaður; u. to vanur (e-u)
useful adj. gagnlegur, nytsamlegur
usefulness gagn n., nytsemi f., notagildi n.
useless adj. gagnslaus, ónýtur; tilgangslaus
uselessness gagnsleysi n.; tilgangsleysi n.
user notandi m.; neytandi m.
user-friendly adj. aðgengilegur
user manual (user's guide) notendahandbók f.
usher sætavísir m.; (dyra)vörður; vt. vísa til sætis/inn; vera undanfari, boða komu (e-s)
usherette sætavísa f.
USSR = Union of Soviet Socialist Republics
usual adj. venjulegur; **as u.** eins og venjulega
usually adv. venjulega, yfirleitt
usurer okurlánari m., okrari m.
usurp vt. hrifsa völd, brjótast til valda
usurpation valdarán n.
usurper valdaræningi m.
usury okur(lán) n.
utensil áhald n.
uterus (fóstur)leg n., móðurlíf n.
utilitarianism gagnsemishyggja f., nytjahyggja f.
utility gagnsemi f., nytsemi f., notagildi n., (public) (opinbert) þjónustu- fyrirtæki n.
utility program(me) hjálparforrit n.
utilization (hag)nýting f.
utilize vt. hagnýta, nota
utilize resources v. nýta auðlindir
utilize the land v. nytja land
utmost ; **the/one's u.** hið/sitt ýtrasta; adj. (most extreme) ystur; fjarlægastur, (greatest) ýtrastur; fremstur; mestur; æðstur, hæstur
utopia fyrirmyndarríki n.; draumaland n.
utter adj. (complete) alger, fullkominn
utter vt. segja; tjá; gefa frá sér (hljóð)
utterance tjáning f., (way of speaking) framsetning f.; orðalag n.; **give u. to** tjá, láta í ljós(i)

utterly adv. algerlega, gersamlega, alveg
uvula úfur m.
uvular úfmælt hljóð n.; adj. úfmæltur
uxorious adj. með ofurást á konu sinni; undir íleppnum

V

vacancy tóm(arúm) n.; eyða f., skarð n., (in business) laus staða f., (room) laust húsnæði n., (of mind) andleysi n.; tómleiki m.
vacant adj. auður, tómur; laus; andlaus
vacate vt. rýma, tæma; fara frá, segja af sér
vacation frí n., leyfi n.; (Am.) sumarfrí n.
vaccinate vt. bólusetja
vaccination bólusetning f.
vaccine bóluefni n.
vacillate vi. hika, vera á báðum áttum; reika, skjögra
vacillation hik n., óákveðni f.; rið n., skjögur n.
vacuous adj. (innan)tómur, andlaus; grunnhygginn
vacuum tóm(arúm) n.; lofttæmi n.
vacuum cleaner ryksuga f.
vacuum flask hitaflaska f., hitabrúsi m.
vacuum-packed adj. í lofttæmdum umbúðum
vacuum tube rafeindalampi m.
vagabond flækingur m.; ónytjungur m.
vagary duttlungur m., dyntur m., tiktúra f.
vagina leggöng n.pl.
vagrancy flakk n., flækingslíf n.
vagrant flakkari m., umrenningur m.; adj. flökku-
vague adj. óljós, óákveðinn
vain adj. hégómlegur, (without result) árangurslaus; **in v.** til einskis, (without due respect) með lítilsvirðingu
vainglorious adj. montinn, sjálfhælinn; hrokafullur
vainly adv. árangurslaust; sjálfbirgingslega
valance (Am.) gardínukappi m.
vale (valley) dalur m.

valediction (skilnaðar)kveðja f., kveðjuorð n.pl.
valedictory adj. kveðju-, skilnaðar-
valency gildi n.
valentine (card) ástarkort n.; unnusti m., unnusta f.
valerian (plant) garðabrúða f.
valet (herbergis)þjónn m.; vt. þjóna
valetudinarian adj. heilsutæpur; ímyndunarveikur
valiant adj. hugrakkur, hraustur, frækinn
valid adj. í gildi, gildur; lögmætur
validate vt. setja í gildi, löggilda; staðfesta
validation gildisgjöf, löggilding f.; staðfesting f.
validity gildi n., lögmæti n.
valise (lítil) ferðataska f.
valley (ár)dalur m.
valour hugprýði f., hugrekki n., hreysti f.
valuable adj. dýrmætur, verðmætur; gagnlegur
valuables verðmæti n., dýrgripir m.pl.
valuation (verð)mat n.; matsverð n.; gildismat n.
value gildi n., virði n.; vt. meta; meta mikils
value-added tax virðisaukaskattur m.
valueless adj. verðlaus, einskisverður
valuer matsmaður m.
valve loki m., ventill m., (in the heart) loka f., (vacuum tube) rafeindalampi m.
vamp ristarleður n.; v. (repair) bæta (skó), gera við, (in music) leika af fingrum fram
vampire vampíra f., blóðsuga f.
vamp up v. (invent) búa til, spinna upp, (in music) leika af fingrum fram
van sendiferðabíll m., (of a train) farangursvagn m., vöruvagn m. (vanguard) fylkingarbrjóst n.
vandal skemmdarvargur m.
vandalism skemmdarstarfsemi f.; skemmdarverk n.
vandalize vt. eyðileggja (af skemmdarfýsn)
vane fön f.; blað n, spaði m. vængur m.
vanguard fylkingarbrjóst n.
vanilla vanillujurt f., (substance) vanilla f.

vanish vi. hverfa; verða að engu; deyja út
vanishing cream dagkrem n.
vanishing point hvarfpunktur m.; endir m., lok n.pl.
vanity hégómagirnd f.; hégómi m.
vanity case (bag) snyrtitaska f.
vanquish vt. sigra, yfirbuga; yfirstíga
vantagepoint yfirburðaaðstaða f.; -sjónarhóll m.
vapid adj. bragðlaus, (bragð)daufur; líflaus
vaporization uppgufun f.
vaporize v. breyta(st) í gufu, gufa upp
vapour gufa f., eimur m.
variability breytileiki m.; óstöðugleiki m.
variable breyta f., breytistærð f.; adj. breytilegur, mismunandi
variance breyting f.; mismunur m.; **at v. (with)** í ósamræmi (við); á öndverðum meiði (við)
variant afbrigði n.; adj. frábrugðinn
variation breytileiki m.; breyting f.; frávik n., mismunur m.; afbrigði n., tilbrigði n.
varicoloured adj. marglitur
varicose veins æðahnútar m.pl.
varied adj. margvíslegur, margs konar
variegated adj. marglitur, mislitur; fjölbreytilegur
variegation (of colours) fjölbreytileiki m.
variety fjölbreytni f., úrval n., (type) tegund f.
variety show fjölleikasýning f.
variety theatre fjölleikahús n.
various adj. ýmsir, (different) mismunandi, margs konar, ólíkur, (several) allmargir
variously adv. með ýmsum hætti, á ýmsan hátt
varnish lakk n., gljákvoða f.; vt. lakka
varsity háskóli m., (team) skólalið n.
vary v. breyta(st), vera breytilegur; breyta út af
vascular system æðakerfi n.
vase (blóma)vasi m.
vasectomy sáðrásarúrnám n., sáðgangsrof n.
vassal lénsmaður m.; undirlægja f.
vast adj. gríðarstór; víðáttumikill, víðtækur

vastly adv. gríðarlega, feikilega
vastness feiknastærð f.; víðátta f.
VAT (= value-added tax) virðisaukaskattur m.
vat tankur m.; ker n.; áma f.
vaudeville (Am.) fjölleikasýning f.
vault (graf)hvelfing f., hvolf n.; bogagöng n.pl.
vault (jump) stökk n.; v. stökkva (yfir)
vaulting horse (leikfimi)hestur m.
veal kálfakjöt n.
vector vektor m., vigur f., beind f.
veer vi. breyta um stefnu; snúast
vegetable grænmeti n.; jurt f.; adj. grænmetis-; jurta-
vegetable kingdom jurtaríkið n.
vegetable marrow grasker n., kúrbítur m.
vegetarian jurtaæta f., grænmetisæta f.
vegetate vi. spretta; tóra, hjara
vegetation (jurta)gróður m., gróandi m.
vehemence ákafi m., kapp n.; ofsi m.
vehement adj. ákafur, kappsamur; ofsafenginn
vehicle farartæki n., farkostur m.; miðill m.
veil blæja f.; hula f.; vt. hylja (með blæju)
vein (blá)æð f., (mood) skap n.
vellum bókfell n., pergament n.; skinnbók f.
velocity hraði m.
velvet flos n., flauel n.
velveteen baðmullarflauel n.
venal adj. mútuþægur, mútugjarn; mútuvend vt. selja
vendetta blóðhefnd f., ættvíg n.
vending machine (Am.) sjálfsali m.
vendor seljandi m.
veneer spónn m.; yfirborð n.; vt. spónleggja
venerable adj. virðulegur, lotningarverður
venerate vt. virða, bera lotningu fyrir
veneration (djúp) virðing f., lotning f.
venereal disease kynsjúkdómur m.
vengeance hefnd f.; **with a v.** heiftarlega; heldur betur
vengeful adj. hefnigjarn
venial adj. afsakanlegur, fyrirgefanlegur
veniform appendix botnlangi m., botnlangatota f.

venison hjartarkjöt n.
venom eitur n.; meinfýsi f., illkvittni f.
venomous adj. eitraður; meinfýsinn, illkvittinn
venous adj. bláæða-, (of a leaf) strengjóttur
vent loftop n.; útrás f.; vt. gera loftop á; hleypa út, láta í ljós, fá útrás (fyrir)
ventilate vt. loftræsa, viðra
ventilation loftræsting f., viðrun f.
ventilator loftræsitæki n.
ventricle (of the heart) hvolf n.; hol(rúm) n.
ventriloquist búktalari m.
venture hættuspil n.; áhættufyrirtæki n.; v. hætta (á), stofna í hættu, (dare) þora, voga sér
venturesome adj. (risky) áhættusamur, (daring) áræðinn
veracious adj. sannorður; sannur, áreiðanlegur
veracity sannsögli f.; áreiðanleiki m.
veranda(h) verönd f.
verb sögn f., sagnorð n.
verbal adj. (of words) orða-, (literal) orðréttur, (spoken) munnlegur, (of a verb) sagn(ar)-
verbalize vt. orða, segja með orðum
verbally adv. munnlega; orðrétt, orð fyrir orð
verbal noun (gerund) sagnarnafnorð n.
verbal phrase (in grammar) sagnliður m.
verbatim adj. orðréttur; adv. orðrétt, orð fyrir orð
verbiage málskrúð n., orðaglamur n.
verbose adj. fjölorður, langorður
verbosity mælgi f., orðaskrum n.
verdict úrskurður (kviðdóms) m.; niðurstaða f.
verdigris spanskgræna f.
verge brún f., barmur m., rönd f.; **on the v. of** á barmi e-s, að e-u kominn, e-u næst
verger kirkjuvörður m., kirkjuþjónn m.
verge (up)on v. nálgast, jaðra við
verifiable adj. sannanlegur
verification sönnun f., staðfesting f.
verify vt. sanna, sannreyna, staðfesta
veritable adj. (real) sannur, raunverulegur

vermifuge ormalyf n.
vermillion adj. skærrauður, eldrauður
vermin meindýr n.; óþokki m., skíthæll m.
verminous adj. meindýra-, (nasty) viðbjóðslegur
vernacular þjóðtunga f.; fagmál n., sérmál n.
vernal adj. vorlegur, vor-
vernal equinox vorjafndægur n.
vernal grass reyr m.
versatile adj. fjölhæfur, alhliða
versatility fjölhæfni f., marghæfni f.
verse ljóð n., bundið mál n., (part of a poem) vers n., erindi n., (line of poetry) ljóðlína f.
versed adj. vel að sér, leikinn, fær (í = **in**)
version útgáfa f., gerð f.; þýðing f.
versus prp. á móti, gegn, andstætt
vertebra (pl. **vertebrae**) hryggjarliður m.
vertebrate hryggdýr n.
vertex hvirfill m.; hvirfilpunktur m.; tindur m.
vertical adj. lóðréttur
vertical coordinate lóðhnit n., y-ás m.
vertigo svimi m., lofthræðsla f.
verve fjör n., táp n., (lífs)kraftur m.
very adv. mjög, ákaflega, afar
vesicle (smá)blaðra f.
vespers aftansöngstíð f.; aftansöngur m.
vessel ílát n., (ship) skip n., (vein) æð f.
vest nærskyrta f., (Am.) vesti n.
vest in/with v. fela (e-m völd); veita (e-m réttindi)
vested interest (eigin)hagsmunir m.pl.
vestibule anddyri n., forsalur m.
vestige vottur m., ögn f., (remains) leifar f.pl.
vestment messuskrúði m., messuklæði n.pl.
vestry skrúðhús n.
vet (veterinary surgeon) dýralæknir m.; vt. annast (skepnu); rannsaka gaumgæfilega
veteran gamalreyndur (her)maður m.; uppgjafahermaður m.; adj. þaulreyndur, gamall í hettunni
veterinarian (Am.) dýralæknir m.
veterinary surgeon dýralæknir m.

veto neitunarvald n.; vt. beita neitunarvaldi, hafna, synja; leggja bann við, stöðva
vex vt. áreita, ergja, skaprauna
vexation gremja f., skapraun f.; óþægindi n.pl.
vexatious adj. óþægilegur, bagalegur
vexed question ágreiningsatriði n., þrætuepli n.
via prp. (by way of) um, með viðkomu á, yfir
viability lífvænleiki m.; framkvæmanleiki m.
viable adj. lífvænlegur; raunhæfur
viaduct dalbrú f.; svifbrú f.
vial meðalaglas n., lyfjaflaska f.
vibrancy hljómfylling f.; iðandi fjör n.
vibrant adj. titrandi; líflegur, fjörugur
vibraphone víbrafónn m.
vibrate v. titra, hrista(st); sveifla(st)
vibration titringur m., skjálfti m.; sveifla f.
vicar (sóknar)prestur m.
vicarage prestsetur n.
vicarious adj. í annars stað, fyrir annan; óbeinn
vice löstur m., ódyggð f., (tool) skrúfstykki n.
vice-chair(man) varaformaður m.
vice-consul vararæðismaður m.
vice versa adv. gagnkvæmt, öfugt
vice-president varaforseti m., varaformaður m.
viceroy landstjóri m.
vicinity (neighbourhood) nágrenni n., (nearness) nálægð f.; **in the v. of** nálægt, um það bil
vicious adj. (cruel) grimmur, illgjarn, (morally evil) siðlaus, (dangerous) hættulegur; skelfilegur
vicious circle vítahringur m.
viciousness grimmd f., illmennska f.; siðleysi n.
vicissitude umskipti n.pl., hverfulleiki m.
victim fórnardýr n., fórnarlamb n.
victimize vt. gera að fórnardýri; taka(e-n) fyrir
Victorian adj. viktoríanskur, Viktoríu-
victorious adj. sigursæll
victory sigur m.
victuals matföng n.pl., vistir f.pl.

videlicet (Lat.) adv. það er að segja, nefnilega
video (recorder) myndbandstæki n.; adj. mynd(bands)-
videodisc geisladiskur m.
video display terminal skjástöð f.
videotape mynd(segul)band n.; vt. taka upp á myndband
view (aug)sýn f., (scenery) útsýni n., (opinion) skoðun f., (aim) ætlun f., áform n.pl.; **in v. of** með tilliti til; **on v.** til sýnis; **with a v. to** í þeim tilgangi að; vt. skoða; athuga
viewer áhorfandi m.; skyggnukíkir m.
viewfinder (of a camera) gluggi m., leitari m.
vie with/for vi. keppa við e-n/um e-ð
viewless adj. (invisible) ósýnilegur; (Am.) skoðunarlaus
viewpoint sjónarhorn n.; sjónarmið n.
viewport skjágluggi m.
vigil vaka f.
vigilance árvekni f., aðgætni f.
vigilant adj. árvakur, aðgætinn
vigilante (sjálfskipaður) löggæslumaður m.
vigorous adj. kröftugur, þróttmikill
vigour kraftur m., þrek n., þróttur m.
Viking víkingur m.
vile adj. andstyggilegur, (very bad) afleitur
vilification rógur m., níð n., óhróður m.
vilify vt. rægja, ófrægja, lasta
villa villa f.; sveitasetur n.
village þorp n.
villager þorpsbúi m.
villain þorpari m., varmenni n.; glæpamaður m.
villainous adj. illmannlegur, þorpara-
villainy illmennska f., (evil act) ódæði n.
vindicate vt. veita uppreisn æru, verja, réttlæta
vindication vörn f., réttlæting f.
vindictive adj. hefnigjarn; langrækinn
vindictiveness hefnigirni f.; langrækni f.
vine vínviður m.; klifurjurt f.
vinegar edik n.
vineyard vínekra f.; víngarður m.
vintage (vín)uppskerutími m.; vínárgangur m.; adj. góðæris-, eðal-; afbragðs-, úrvals-

vintage car → vocalist

vintage car fornbíll m.
vintner vínkaupmaður m., vínsali m.
viola lágfiðla f., víóla f.; (flower) fjóla f.
violate vt. brjóta (lög); óvirða, vanhelga
violation brot n.; óvirðing f.; **in v. of** í trássi við
violence ofsi m., (rough treatment) ofbeldi n.
violent adj. ofsafenginn; ofsalegur; ofbeldis-
violet fjóla f.; fjólublár litur m.; adj. fjólublár
violin fiðla f.
violinist fiðluleikari m.
VIP (very important person) fyrirmaður m., mektarmaður m.; forréttindapersóna f.
viper höggormur m., naðra f.
virgin jómfrú f., hrein mey f.; adj. jómfrúa(ar)-, mey(jar)-; hreinn, óspjallaður; ósnortinn
virginal adj. meyjarlegur; sakleysislegur
virgin birth meyfæðing f.
virginity meydómur m.; hreinleiki m.
Virgo Meyjan f.; meyja f.
virgule skástrik n. (/)
virile adj. karlmannlegur, þróttmikill, vaskur
virility karlmennska f.; þróttur m., vaskleiki m.
virologist veirufræðingur m.
virology veirufræði f.
virtual adj. raunverulegur, eiginlegur
virtually adv. nánast, svo að segja
virtue dyggð f., (chastity) skírlífi n., (advantage) kostur m., (power) máttur m.; **by/in v. of** vegna
virtuosity snilld f., snilli f., afburðatækni f.
virtuoso (tækni)snillingur m.; adj. snilldar-
virtuous adj. dyggðugur; skírlífur, hreinlífur
virulent adj. skæður, heiftarlegur; hatrammur
virus veira f., vírus m.
visa vegabréfsáritun f.
visage ásjóna f., andlit n.; yfirbragð n.
viscera innyfli n.pl.
viscosity seigja f.; viðloðun f.
viscount greifi m.
viscountess greifafrú f.; greifaynja f.
viscous adj. (of a liquid) seigur; seigfljótandi
visibility skyggni n.
visible adj. sýnilegur, sjáanlegur
vision sjón f., (dream) draumórar m.pl., (imaginative insight) glöggskyggni f., framsýni f.
visionary draumóramaður m.; spámaður m.; adj. ímyndaður, óraunverulegur, draumóra-; framsýnn, hugsjóna-
visit heimsókn f.; v. heimsækja
visitation vitjun f., (trouble) áfall n., ógæfa f.
visiting card nafnspjald n.
visiting hours heimsóknartími m.
visitor gestur m., aðkomumaður m.
visit (up)on v. leggja á, beina að
visor hjálmgríma f., skyggni n., (of a cap) der n.
vista (takmarkað) útsýni n.; sýn f.
visual adj. sjón(ar)-
visual aids nýsitæki n.pl., nýsigögn n.pl.
visual display terminal skjástöð f.
visualize vt. gera sér í hugarlund, sjá fyrir sér
vital adj. lífsnauðsynlegur; líflegur, fjörlegur
vitality (lífs)kraftur m., (lífs)þróttur m.; fjör n.
vitalize vt. lífga, fjörga; örva
vitamin vítamín n., fjörefni n.
vitiate vt. spilla, skemma, eyðileggja
vitreous adj. glerkenndur, gler-
vitriolic adj. (biting) beittur, napur, bitur
vituperate vt. ávíta, úthúða, skamma
vituperation óbótaskammir f.pl.; ókvæðisorð n.pl.
vituperative adj. stóryrtur, gífuryrtur
vivacious adj. líflegur, fjörlegur, hress
vivacity fjör n., kæti f., gáski m.
vivid adj. skær; fjörlegur, líflegur
vivisect vt. kvikskera
vivisection kvikskurður m.
vixen refalæða f., tæfa f.; kvenskass n.
viz. adv. það er að segja, nefnilega
vocabulary orðaforði m.; orðasafn n.
vocal adj. radd-, tal-; söng-
vocal cords raddbönd n.pl.
vocalist söngvari m.

vocalize → wade 494

vocalize vt. syngja, (voice) radda
vocation starfsgrein f., fag n.; köllun f.
vocational adj. starfs-, atvinnu-; verklegur, verknáms-
vocational guidance starfsráðgjöf f.
vocational school verknámsskóli m.
vocational training iðnfræðsla f.
vocative (case) ávarpsfall n.
vociferate v. hrópa; vera með háreysti
vociferation hróp n.pl.; háreysti f.
vociferous adj. hávær, hávaðasamur
vogue tíska f.; vinsældir f.pl.
voice rödd f.; vt. tjá, láta í ljós; radda
voiceless adj. raddlaus, (of a sound) óraddaður
voice synthesis talsamsetning f.
voice synthesizer raddhermir m.
void tóm(arúm) n.; adj. tómur; ógildur; vt. ógilda
volatile adj. rokgjarn, (of a person) hviklyndur
volcanic adj. eldfjalla-; gos-, eldgosa-
volcanic activity eldvirkni f.
volcanic agglomerate brotaberg n.
volcanic ash eldfjallaaska f., gjóska f.
volcanic dust gjóskuryk n.
volcanic eruption eldgos n.
volcanic rock gosberg n.
volcano eldfjall n.
volcanologist eldfjallafræðingur m.
volcanology eldfjallafræði f.
volition vilji m.
volley (skot)hríð f., (örva)drífa f., demba f.; v. láta (skot)hríð dynja á; slá bolta á lofti
volleyball blak n.
volt volt n.
voltage rafspenna f.
volubility mælgi f., orðaflaumur m.
voluble adj. málglaður, mælskur
volume (book) bindi n., (of space) rúmtak n., (amount) magn n., (of sound) hljóðstyrkur m.
volume charge rúmmálsgjöld n.
volumes feikn n.pl.; **speak v. (for)** segja mikið (um)
voluminous adj. yfirgripsmikill; fyrirferðarmikill
voluntary adj. sjálfviljugur, sjálfboðinn, sjálfboða-
voluntary contribution frjálst framlag n.
volunteer sjálfboðaliði m.; v. gerast sjálfboðaliði, bjóðast til (e-s); segja að fyrra bragði
voluptuous adj. nautnalegur; munaðargjarn, sællífis-
vomit spýja f.; v. kasta upp, æla; spúa
voracious adj. gráðugur, matfrekur, óseðjandi
voracity (mat)græðgi f.; fíkn f.
vortex hringiða f., hvirfill m.
vote atkvæði n., (voting) atkvæðagreiðsla f.; v. greiða atkvæði, kjósa, (suggest) leggja til
vote down v. fella í kosningu
voter kjósandi m.; atkvæðisbær maður m.
vote of censure vantraustsyfirlýsing f.
vote of confidence traustsyfirlýsing f.
vouch for v. ábyrgjast; bera vott um
voucher skírteini n., fylgiskjal n.; úttektarmiði m.
vouchsafe vt. veita af náð sinni, heimila, leyfa
vow heit n.; vt. heita, sverja
vowel (letter) sérhljóði m., (sound) sérhljóð n.
voyage langferð f.; sjóferð f.; vi. sigla
voyager ferðalangur m.; sæfari m.
voyeur gluggagægir m.
vulgar adj. dónalegur, klúr; alþýðu-, almúga-
vulgar fraction almennt brot n.
vulgarian óheflaður maður m., ruddi m., dóni m.
vulgarism grófyrði n.; dónaskapur m.
vulgarity ókurteisi f., dónaskapur m.
vulnerability særanleiki m.; varnarleysi n.
vulnerable adj. særanlegur; varnarlaus, berskjaldaður
vulture (hræ)gammur m.
vulva kvensköp n.pl.

W

wad hnoðri m., hnykill m.; búnt n.; vt. troða (í)
waddle kjag n.; vi. kjaga, vagga
wade v. vaða, ösla

wade in v. demba sér í (e-ð)
wade into v. ráðast í, taka til við; hjóla í
waders vöðlur f.pl., bússur f.pl.
wade through v. brjótast/pæla gegnum
wading bird vaðfugl m.
wading pool (Am.) vaðtjörn f.
wafer obláta f.; (lagskipt) ískex n.; kísilflaga f.
waffle vaffla f., (nonsense) bull n.; vi. þvaðra
waft gustur m.; andvari m., gola m., (scent) dauf lykt f.; vt. bera(st) (með vindi), svífa
wag dill n.; v. dilla, dingla; sveifla(st)
wag (merry person) gárungur m., háðfugl m.
wage bracket launaflokkur m.
wage contract kjarasamningur m.
wage drift launaskrið n.
wage equality launajöfnuður m.
wage earner launþegi m.; fyrirvinna f.
wage freeze launafrysting f.
wage guarantee kauptrygging f.
wage payment launagreiðsla f.
wager veðmál n.; v. veðja, leggja undir
wages laun n.pl., kaup n.
wage scale launastigi m.
waggery gárungagrín n., (joke) brandari m.
waggle dill n.; v. dilla, dingla; sveifla(st)
waggon (fjórhjóla) flutningsvagn m., (railway truck) vöruflutningavagn m.; **on the w.** í bindindi
waggoner vagnstjóri m., ekill m.
wagon-lit (sleeping-car) svefnvagn m.
wagtail (bird) erla f.
waif heimilisleysingi m.; flækingur m.
wail kvein n.; v. veina, væla
wainscot lágþiljur f.pl., brjóstpanill m.
waist mitti n.
waistband mittisstrengur m.
waistcoat (Am.) vesti n.
waistline mittismál n.; mitti n.
wait bið n.; **lie in w. (for)** liggja í launsátri (fyrir); v. bíða (eftir = **for**); **w. at table** þjóna til borðs
waiter þjónn m., framreiðslumaður m.
waiting list biðlisti m.
waiting room biðstofa f., biðsalur m.
wait on v. þjóna, snúast í kringum

waitress þjónustustúlka (í veitingahúsi) f., gengilbeina f., framreiðslustúlka f.
wait up (for) v. vaka (eftir)
wait (up)on v. þjóna (til borðs); afgreiða
waive vt. afsala sér; veita undanþágu frá
waiver (réttinda)afsal n.; undanþága f.
wake líkvaka f.; v. vekja; vakna; (be awake) vaka
wake (track) kjölfar n., slóð f.
wakeful adj. andvaka, svefnlaus
waken v. vekja; vakna
waking adj. vakandi; vöku-
walk ganga f., gönguferð f., (manner) göngulag n., (path) gönguleið f.; v. ganga, labba
walkabout flakk n.; göngutúr m
walkaway (Am.) auðunninn sigur m.
walk away from v. sigra auðveldlega; sleppa ómeiddur úr
walk away/off with v. sigra auðveldlega; hirða, stela
walker göngumaður m.
walkie-talkie labbrabbtæki n.
walking papers (Am.) uppsagnarbréf n., reisupassi m.
walking stick göngustafur m.
walk into v. komast í (með lítilli fyrirhöfn); álpast í
walk of life (þjóðfélags)stétt f.; starfsstétt f.
walk out v. fara í verkfall; stinga af (frá = **on**)
walk over v. sigra auðveldlega; fara illa með, traðka á
walk up v. koma/ganga nær; ganga/fara upp
wall veggur m.; vt. girða; þilja af
wallaby vallabía f.
wallet peningaveski n.; smáskjóða f.
wall-eyed adj. glaseygður, glámeygður
wallflower gulltoppur m.; bekkjarrós f.
wallop bylmingshögg n.; vt. lúberja; gersigra, bursta
wallpaper veggfóður n.; vt. veggfóðra
wall socket innstunga f.
walnut valhnota f., (tree) valhnotutré n.
walrus rostungur m.
waltz vals m.; v. dansa vals
wampum skeljaperlur f.pl.; peningar m.pl.

wan adj. fölur, gugginn; daufur
wand (töfra)sproti m.
wander v. ráfa, reika; bugðast liðast
wanderer ferðalangur m., flakkari m.
wanderings ferðalög n.pl., flakk n.
wanderlust ferðaþrá f., útþrá f.
wane rénun f.; v. minnka, dvína; hnigna
wangle klókindi n.pl.; vt. herja út (með brögðum)
want skortur m.; þörf f.; **in w. of** sem þarfnast (e-s); v. (wish for) vilja, langa (til/í) (need) þurfa, þarfnast, (lack) vanta, skorta
wanton lauslát kona f., gála f. ; adj. (playful) gáskafullur, (unchecked) skefjalaus, taumlaus, (immoral) léttúðugur, (wilful) tilefnislaus
war stríð n., styrjöld f.; hernaður; vi. berjast
warble kvak n.; v. kvaka; syngja með dillandi rödd
war cry heróp n.; slagorð n. vígorð n.
ward (hospital) deild f., (city) borgarhverfi n.
war dance stríðsdans m.
warden vörður m., umsjónarmaður m.; forstöðumaður m.
warder (prison guard) fangavörður m.
ward off v. bægja frá; bera af sér
wardrobe klæðaskápur m.; fatnaður m.: leikbúningar m.pl.
warehouse vörugeymsla f., pakkhús n.
wares vörur f.pl., (sölu)varningur m.
warfare hernaður m., ófriður m., átök n.pl.
warhead sprengioddur m., sprengihleðsla f.
warhorse stríðsfákur m.; flokkshestur m.
warlike adj. ófriðlegur, stríðs-; herskár
warm hlýja f.; adj. hlýr, heitur; v. hlýja, hita
warm-blooded adj. með (jafn)heitt blóð; blóðheitur
warm boot hálfræsing f., léttræsing f.
warm front hitaskil n.pl.
warm-hearted adj. hjartahlýr, góðgjarn
warmonger stríðsæsingamaður m.
warmth hlýja f., ylur m.
warm to(wards) v. verða hlýtt til; verða spenntur fyrir

warn v. vara (við), aðvara, áminna
warning viðvörun f., (notice) fyrirvari m.
warn off v. vísa frá, meina aðgang
warp vindingur m.; v. vinda(st); brengla(st)
warpath ; **on the w.** í vígahug
warrant heimild f., réttur m.; tilskipun f.; vt. heimila, leyfa, (guarantee) ábyrgjast; fullyrða
warrantee ábyrgðarþegi m.
warrantor ábyrgðarveitandi m.
warranty ábyrgð f.; heimild f., réttur m.
warren kanínubyggð f.; þéttsetin staður m.
warrior stríðsmaður m., bardagamaður m.
War Secretary (Br.) hermálaráðherra m.
warship herskip n.
wart varta f.
wart hog vörtusvín n.
war-torn adj. stríðshrjáður
wary adj. varkár;, gætinn; **w. of** á verði gegn
was v. (p. **be**)
wash þvottur m., (sound) skvamp n.; v. þvo (sér), (carry away) skola(st), (flow) skvetta(st)
washable adj. þvottheldur
wash-and-wear adj. straufrír
wash away v. þvo burt; skola(st) burt
washbasin vaskur m., þvottaskál f.
washboard þvottabretti n.
washcloth (Am.) þvottapoki m.
wash down v. þvo af, (swallow) skola niður
washed-out adj. upplitaður, (very tired) úrvinda
washer (machine) þvottavél f., (flat ring) skinna f.
washerwoman (pl. -**women**) þvottakona f.
washing þvottur m.
washing line þvottasnúra f.
washing machine þvottavél f.
washing powder þvottaduft n., þvottaefni n.
washing soda þvottasódi m.
washing-up uppþvottur m.
washout misheppnað fyrirtæki n.; dugleysingi m.
wash out v. þvo úr; aflýsa vegna rigningar

washroom (Am.) snyrtiherbergi n., snyrting f.
washstand þvottaskál f., þvottaborð n.
washtub þvottabali m.
wash up v. þvo upp, (Am.) þvo sér; bera að landi
washy adj. útvatnaður, útþynntur; daufur
wasp vespa f., geitungur m.
waspish adj. geðillur, hvefsinn
wastage sóun f., eyðsla f.; rýrnun f.
waste sóun f., eyðsla f., (unwanted matter) úrgangur m., (of land) auðn f.; v. sóa, eyða(st)
waste away v. veslast upp, tæra(st) upp
wastebasket (Am.) ruslakarfa f.
wasteful adj. eyðslusamur; skaðlegur
wasteland auðn f.; óbyggðir f.pl.
wastepaper basket ruslakarfa f.
waste pipe skolpleiðsla f.
watch vakt f., varsla f., gæsla f., (small clock) úr n.; v. horfa á, fylgjast með, (wait for) bíða átekta (eftir), (take care of) vakta, gæta
watchband (Am.) úról f.
watchdog varðhundur m.
watchful adj. vakandi, á verði
watchmaker úrsmiður m.
watchman (pl. -men) varðmaður m., vaktmaður m.
watch out v. vara sig, gæta sín
watch over v. vaka yfir, gæta, hafa eftirlit með
watchstrap úról f.
watchtower varðturn m.
watchword kenniorð n.; slagorð n. einkunnarorð n.
water vatn n.; v. vökva; vökna
water avens fjalldalafífill m.
water bird vaðfugl m.; sundfugl m.
water biscuit vatnskex n.
water blister vessabóla f., blaðra f.
waterborne adj. fljótandi; fluttur sjóleiðis
waterborne traffic skipaumferð f.
waterborne transport sjóflutningar m.pl.
water buffalo vatnabuffall m.
water butt (regn)vatnstunna f.
water cannon vatnsbyssa f.
Water Carrier Vatnsberinn m.; vatnsberi m.
water closet vatnssalerni n., klósett n.

watercolour vatnslitur m.; vatnslitun f.; vatnslitamynd f.
water-cooled adj. vatnskældur
watercourse vatnsfall n., vatnsrás f.
watercress vætukarsi m.
water down vt. þynna út, vatnsblanda; milda, draga úr
waterfall foss m.
waterfront fljótsbakki m., sjávarbakki m.; höfn f.
water hen sefhæna f.
waterhole vatnsból n.; brunnur m., lind f.
water ice ávaxtakrap n.
watering can vökvunarkanna f., garðkanna f.
watering place vatnsból n.; ölkelda f., heilsulind f.
water level vatnsborð n.; vatnshæð f.
water lily vatnalilja f., nykurrós f.
waterlogged adj. vatnsósa
water main aðal(vatns)æð f.
watermark (on paper) vatnsmerki n.; flóðmark n.
watermelon vatnsmelóna f.
watermill vatnsmilla f.
water polo sundhandknattleikur m.
waterpower vatnsafl n. vatnsorka f.
waterproof (coat) regnkápa f.; adj. vatnsheldur
water pump vatnsdæla f.
water rail keldusvín n.
water rate vatnsgjald n., vatnsskattur m.
water-repellent adj. vatnsfælinn, vatnsverjandi
water scooter sæsleði m.
watershed vatnaskil n.pl.; tímamót n.pl.
waterside (vatns)bakki m.; strönd f.
water-ski sjóskíði n.; vi. vera á sjóskíðum
water-skiing sjóskíðaíþrótt f.
water softener vatnsmýkingarefni n.
waterspout skýstrokkur m.
water table grunnvatnsborð n.
watertight adj. vatnsþéttur; pottþéttur
waterway siglingaleið n.; vatnsfarvegur m.
waterwings handkútar m.pl., sundkútar m.pl.
waterworks vatnsveita f., (system) vatnsveitukerfi n.
waterworn adj. vatnssorfinn

watery adj. vatnskenndur, (full of water) vatnsósa, (of eyes) voteygur, tárvotur
watt vatt n.
wattage rafafl (í vöttum) n.
wattle tágafléttur f.pl., (of a bird) hálssepi m., (of a fish) hökuþráður m., pétursbeita f.
wave bylgja f.; vink n.; v. bylgja(st); veifa
wave aside v. bægja frá; vísa á bug
waveband tíðnisvið n.
wavelength bylgjulengd f.
waver v. flökta, blakta; hika, vera á báðum áttum
wavy adj. bylgjaður; bugðóttur, hlykkjóttur
wax vax n.; bón n.; vt. vaxbera; bóna
wax vi. (of the moon) vaxa
waxworks vaxmyndasafn n.
way vegur m., leið f., (method) háttur m., (direction) átt f., stefna f.; **by the w.** vel á minnst; **by w. of** um, með viðkomu á, (with the intention of) í (e-u) skyni, til þess að; **in the w.** fyrir, til fyrirstöðu; **out of the w.** ekki fyrir; **under w.** á ferð, kominn í gang
waybill farmskrá f.; fylgibréf n.
wayfarer vegfarandi m., ferðalangur m.
way in inngönguleið f., inngangur m.
waylay vt. sitja fyrir (e-m), gera (e-m) fyrirsát
way out útgönguleið f., útgangur m.
way-out adj. furðulegur; stórkostlegur, frábær
wayside vegarbrún f., vegarkantur m.; **fall by the w.** heltast úr lestinni, gefast upp
wayward adj. einþykkur, þrár; duttlungafullur
WC (water closet) salerni n.
we prn. við; vér
weak adj. veikburða, veikbyggður; máttlaus
weaken v. veikja(st), draga mátt úr; verða máttlaus
weak-kneed adj. kjarklaus, (skap)festulaus
weakling væskill m., örkvisi m., garmur m.
weak-minded adj. veikgeðja, (stupid) treggáfaður
weakness þróttleysi n.; veikleiki m., breyskleiki m.

weal (on the skin) bólgurák f.
wealth auður m., auðæfi n.pl.; gnægð f., kynstur n.
wealthy adj. auðugur, ríkur
wean vt. venja af brjósti; venja (af = **from**)
weapon vopn n.
weaponry vopnabúnaður m., hergögn n.pl.
wear notkun f., (result of use) slit n.; v. klæðast, vera í, (carry) bera, vera með; slíta, slitna
wear away v. slíta, slitna, eyða(st); líða hægt
wear down v. slíta, slitna, eyða(st); þreyta, lýja
weariness þreyta f., lúi m.
wearing adj. þreytandi, lýjandi
wear off v. dvína, réna; má(st) af
wear on v. líða hægt, mjakast áfram
wear out v. gatslíta, gatslitna, (tire) þreyta, lýja
wearisome adj. þreytandi, lýjandi; leiðinlegur
weary adj. þreyttur; þreytandi; v. þreyta(st)
weasel hreysiköttur m., vísla f.
weather veður n.; **under the w.** illa fyrirkallaður; v. (láta) veðrast, (pass safely through) standast, sigrast á, (in sailing) sigla kulborðsmegin við
weather-beaten adj. veðurbarinn, veðraður
weather-bound adj. veðurtepptur
weather bureau veðurstofa f.
weather chart veðurkort n.
weathercock vindhani m.
weather forecast veðurspá f., veðurhorfur f.pl.
weatherglass loftvog f.
weathering veðrun f.
weather map veðurkort n.
weatherman (pl. -**men**) veðurfræðingur m.
weather observer veðurathugunarmaður m.
weatherproof adj. fok- og vatnsheldur
weather report veðurfregnir f.pl., veðurskeyti n.pl.
weather station veðurathugunarstöð f.

weather vane vindhani m., veðurviti m.
weave vefnaður m.; v. vefa; flétta(st) (saman)
weaver vefari m.
web vefur m.; sundfit n.pl.; fanir f.pl.
webbed adj. (web-footed) með sundfit
wed v. gifta(st); tengja(st) sameina(st)
wedding gifting f., brúðkaup n.
wedding anniversary brúðkaupsafmæli n.
wedding ring giftingarhringur m.
wedge fleygur m.; sneið f.; vt. fleyga
wedlock hjónaband n., hjúskapur m.
Wednesday miðvikudagur m.
wee adj. (very small) pínulítill, örlítill
weed illgresi n., (person) sláni m.; v. reyta illgresi (úr)
weed out v. hreinsa burt, vinsa úr
weeds (black garments) sorgarklæði n.pl.
weedy adj. þakinn illgresi; slánalegur
week vika f.; **this day w.** eftir (nákvæmlega) viku; **tomorrow w.** eftir rétt rúma viku; **yesterday w.** fyrir rúmri viku; **w. in, w. out** vikum saman
weekday virkur dagur m., rúmhelgur dagur m.
weekend helgi f., vikulok n.pl.; vi. eyða helginni
weekly vikurit n.; adj. vikulegur, viku-
weeny adj. (very small) pínulítill, agnarlítill
weep v. gráta, tárfella
weeping grátur m.; adj. grátandi
weeping willow grátvíðir m.
weepy adj. grátgjarn
weevil ranabjalla f.
wee(-wee) (urine) piss n.; vi. pissa
weft ívaf n., fyrirvaf n.
weigh v. vega, vigta; vega þungt (hjá = **with**)
weighbridge bílavog f.
weigh down v. íþyngja, þrúga, þjaka
weigh in v. vikta sig; blanda sér í deilu/umræðu
weighing machine vog f.
weigh out v. vega (tiltekinn skammt)
weigh up v. (understand) átta sig á
weigh (up)on v. hvíla á, íþyngja
weight þyngd f., þungi m.; vt. þyngja
weight charge þungagjald n.

weight down v. sliga; íþyngja, þrúga
weighting uppbót f.
weightless adj. þyngdarlaus
weight lifter lyftingamaður m.
weight lifting lyftingar f.pl., lyftingaíþróttir f.pl.
weights and measures vog og mál n.pl.
weighty adj. níðþungur; mikilvægur, þungur á metunum
weir stíflugarður m.; fiskagildra f.
weird adj. kynlegur, dularfullur, draugalegur, yfirnáttúrulegur; stórskrítinn, fáránlegur
weirdie (weirdo) furðufugl m., sérvitringur m.
welcome móttökur f.pl.; adj. velkominn; kærkominn; vt. bjóða velkominn, fagna; taka (vel) á móti
weld v. logsjóða, rafsjóða; þola suðu
welfare velferð f., (work) félagsleg aðstoð f., (Am.) framfærslustyrkur m., opinbert framfæri n.
welfare state velferðarríki n.
well (of water) lind f., uppspretta f., brunnur m.; borhola f.; vi. streyma, flæða, vella
well adj. heilbrigður, (right) í góðu lagi; adv. vel, (much) talsvert; **as w.** að auki, líka; **as w. as** jafnt sem, sem og; **just as w.** eins gott; **w. out of** (mátulega) laus við; **w. up in** vel að sér í
well interj. jæja; nú
well-advised adj. (sensible) skynsam(leg)ur
well-balanced adj. yfirvegaður, (of meals) rétt samsettur
well-behaved adj. (polite) kurteis, prúður
wellbeing vellíðan f.; velferð f.
well-born adj. af góðum ættum
well-bred adj. vel upp alinn, siðprúður
well-disposed adj. velviljaður, hlynntur, hliðhollur
well-done adj. (of food) gegnsteiktur, gegnsoðinn
well-earned adj. maklegur, verðskuldaður
well-founded adj. á rökum reistur; rökstuddur
well-groomed adj. vel til hafður, snyrtilegur
well-grounded adj. á rökum reistur; vel að sér (í = **in**)

well-heeled adj. (rich) ríkur, múraður
well-hung adj. (of a woman) brjóstamikill, (of a man) vel vaxinn niður, vel kýldur
well-informed adj. vel að sér, fróður
wellington (boot) (gúmmí)stígvél n.pl.
well-intentioned adj. velmeintur; velviljaður
well-known adj. vel þekktur, víðfrægur; alkunnur
well-meaning adj. velmeintur; velviljaður
well-nigh adv. nánast, svo til, nærri því
well-off adj. vel settur, (rich) efnaður
well-oiled adj. (drunk) vel hífaður, fullur
well-read adj. vel lesinn, víðlesinn
well-rounded adj. vel vaxinn, (complete) alhliða
well-spoken adj. vel máli farinn; vel mæltur
well-thought-of adj. velmetinn, virtur
well-timed adj. gerður á réttri stundu, rétt tímasettur
well-to-do adj. efnaður, velmegandi
well-tried adj. þrautreyndur
well-turned adj. (of a phrase) vel sagður, hnyttilegur
well-wisher velunnari m., hollvinur m.
well-worn adj. (of a phrase) margtugginn, útjaskaður
Welsh adj. frá Wales, velskur
Welsh rabbit ostréttur (á ristuðu brauði) m.
welt (on the skin) bólgurák f.
welter (disorderly mixture) hrærigrautur m.; vi. velta(st), bylta(st); vera útataður (blóði)
welterweight (boxer) keppandi í veltivigt m.
wen kýli n.
went v. (p. **go**)
wept v. (p. **weep**)
were v. (p. **be**)
werewolf (pl. -**wolves**) varúlfur m.
west vestur n., vesturátt f.; adj. vestur-, vestan-
West (country) vesturland n., vesturhluti m.; Vesturlönd n.pl., (Am.) vesturríki n.pl.
westbound adj. sem stefnir vestur, á vesturleið

West Country Suðvestur-England n.
westerly adj. vestur-, vestan-; vestlægur
western vestri m.; adj. vestur-, vestan-; vestrænn; vesturlenskur
Westerner vestanmaður m., (Am.) vesturríkjamaður m.
western hemisphere vesturhvel (jarðar) n.
westernmost adj. vestasti
West Indies Vestur-Indíur f.pl.
west-northwest adj. & adv. vestnorðvestur
west-southwest adj. & adv. vestsuðvestur
westward adj. vestur-
westwards adv. vestur, í vestur, vestur á bóginn
wet bleyta f., væta f.; adj. blautur, votur, (rainy) votviðrasamur; vt. bleyta, væta
wet blanket leiðindaskjóða f.; gleðispillir m.
wether geltur hrútur m., sauður m.
wet nurse brjóstmóðir f.
wet suit froskbúningur m.
whack bylmingshögg n., (share) hluti m., skammtur m., (try) tilraun f.; vt. greiða bylmingshögg
whacked (out) adj. (worn out) dauðuppgefinn
whacking hirting f.; hýðing f.; adj. stórfelldur, rokna-
whale hvalur m.; vi. stunda hvalveiðar
whalebone hvalskíði n.
whalebone whale skíðishvalur m.
whaler hvalfangari m.
wharf bryggja f., hafnarbakki m.
what adj. hvaða, (how surprisingly) en sá, hvílíkur; prn. hvað, (that which) það sem
whatever adj. hvaða ... sem; prn. hvað sem, (showing surprise) hvað í ósköpunum
whatsoever adj. (at all) alls, hreint
wheat hveiti n.
wheatear steindepill m.
wheedle vt. (coax) lokka, ginna með smjaðri
wheel hjól n.; v. aka, rúlla (á undan sér), (turn) snúa(st), (of birds) hnita, fljúga í hringi
wheelbarrow hjólbörur f.pl.
wheelchair hjólastóll m.

wheeling and dealing → whitebait   W

wheeling and dealing baktjaldamakk n., brask n.
wheelrim felga f.
wheeze más n.; v. mása, anda með erfiðsmunum
whelk (sea animal) beitukóngur m.
whelp hvolpur m.; vi. fæða hvolpa
when adv. hvenær; conj. þegar
whence adv. hvaðan; þaðan sem
whenever conj. hvenær sem, (every time) alltaf þegar; adv. (showing surprise) hvenær í ósköpunum; **or w.** eða einhvern tíma
where adv. & prn. hvar; hvert; þar sem
whereabouts dvalarstaður m.; adv. & conj. hvar
whereas conj. en (hins vegar), (since) þar eð
whereby adv. með/samkvæmt hverjum
wherefore ástæða f.; adv. hví; conj. þess vegna
wherein adv. í hvaða tilliti; í hverjum, þar sem
whereupon conj. og því næst, og síðan
wherever adv. hvar (í ósköpunum); hvert (í ósköpunum); conj. hvar sem; hvert sem
wherewithal (necessary means) efni n., ráð n.
whet vt. skerpa, brýna; örva, æsa
whether conj. hvort; **w. or no(t)** hvernig sem fer
whetstone hverfisteinn m.; brýni n.
whey mysa f.
which prn. (interrogative) hver; hvor; hvaða; (relative) sem, er
whichever prn. hver sem; hvor sem; hvaða sem
whiff gustur m., (breath in) sog n., (smell) dauf lykt f.; v. gusta; totta, púa; lykta
while tími m., stund f.; **a good w.** allangur tími; **for a w.** um stund; **a w. ago** fyrir nokkru; **(every) once in a w.** öðru hverju; conj. á meðan, (although) þó að, enda þótt, (but) en
while away v. eyða (tímanum), láta (tímann) líða
whim duttlungur m.
whimberry (bilberry) aðalbláber n.
whimbrel spói m.
whimper snökt n.; v. snökta, kjökra; vola
whimsical adj. duttlungafullur, kenjóttur
whine ýlfur n.; vol n.; v. ýlfra, væla; barma sér
whinny hnegg n.; vi, hneggja
whip svipa f., pískur m.; v. slá með svipu, hýða, (beat until stiff) þeyta, (defeat) bursta
whip hand svipuhönd f.; **have/get the w. h. (over)** hafa/ná yfirhöndina (yfir)
whiplash svipuhögg n., (injury) brákun á hálsi f.
whippersnapper merkikerti n., oflátungur m.
whipping húðstrýking f., flenging f.
whipping boy (scapegoat) blórabögull m.
whip-round samskot n.pl.
whip up v. vekja upp, koma af stað; búa til í snatri
whirl snarsnúningur m.; hringiða f.; v. snarsnúa(st), þyrla(st); þeyta(st), þjóta, geysa(st)
whirligig (toy) rella f., (roundabout) hringekja f.
whirlpool hringiða f., svelgur m.
whirlwind hvirfilvindur m.
whirr suð n.; þytur m.; vi. suða, mala; þjóta
whisk (lítill) sópur m.; þeytari m.; (snögg) sveifla f.; v. sópa (burt = **away/off**); þeyta(st)
whisker veiðihár n.
whiskers (vanga)skegg n., bartar m.pl.
whisky viskí n.; viskíjúss m.
whisper hvísl n., (rumour) pískur n., (windy sound) skrjáf n.; v. hvísla; pískra; þjóta í (e-u)
whispering campaign rógsherferð f.
whist (card game) vist f.
whist drive framsóknarvist f., félagsvist f.
whistle flaut n.; flauta f.; v. flauta, blístra
whit (agnar)ögn f., vitund f.
white (colour) hvítur litur m., (person) hvítur maður m., (of the eye) hvíta f.; adj. hvítur
white ant hvítmaur m., termíti m.
whitebait smáfiskur m.

white-collar adj. hvítflibba-
white-fronted goose blesgæs f.
white-livered adj. (cowardly) blauður, huglaus
whiten v. hvítta, gera hvítan; hvítna
whiteness hvítleiki m., hvíta f.; fölvi m.
white stork hvítstorkur m.
white-tailed eagle haförn m.
white wagtail maríuerla f.
whitewash kalkvatn n.; yfirklór n., hvítþvottur m.; vt. kalka; klóra yfir, hvítþvo
white whale mjaldur m., hvítingur m.
whither adv. hvert
whithy (withe) víðitág f.
whiting lýsa f.
Whitsun hvítasunna f.
Whit Sunday hvítasunnudagur m.
whittle v. tálga, skera út
whittle away/down v. klípa af, skera niður, draga úr
whiz vi. hvissa, hvína, þjóta
whiz kid undrabarn n.
who prn. (interrogative) hver, (relative) sem, er
whodunit (story) sakamálasaga f., (book) glæpareyfari m.
whoever prn. hver (sá) sem; hver í ósköpunum
whole heild f.; **as a w.** í heild; **on the w.** yfirleitt; adj. heill, allur. óskertur
whole gale rok n.
whole-hearted adj. hjartanlegur, innilegur; fullkominn
whole-heartedly adv. af öllu hjarta, af heilum hug
wholemeal adj. heilhveitis-
wholesale heildsala f.; adj. heildsölu-; fjölda-
wholesale price heildsöluverð n.
wholesaler heildsali m.; stórkaupmaður m.
wholesome adj. hollur; uppbyggilegur; hraustlegur
whole-wheat (Am.) adj. heilhveitis-
wholly adv. að öllu leyti, fullkomlega
whom prn. (object form of **who**) hvern, hverjum
whoop óp n., hróp n.; hóstasog n.; v. æpa, hrópa; hósta með sogum; **w. it up** skemmta sér ærlega

whooper swan álft f., svanur m.
whooping cough kíghósti m.
whopper geysistór undurfurða f., (lie) haugalygi f.
whopping adj. gríðarstór, feikilegur
whore hóra f., vændiskona f.
whorl hvirfingur m., hringmynstur n.
whortleberry (bilberry) aðalbláber n.; aðalbláberjalyng n.
whose prn. (possessive form of **who**) hvers
why adv. hvers vegna, af hverju
wick kveikur m.
wicked adj. vondur, illkvittinn; syndsamlegur
wickedness (mann)vonska f., illska f.; illvirki n.
wicker (víði)tág f.; adj. tága-
wicket (in cricket) marksúla f., (in croquet) vírbogi m., (small opening) lúga f., afgreiðslugat n.
wide adj. breiður, víður; víðfeðmur; adv. víða, vítt, (fully) algjörlega; **far and w.** vítt og breitt; **w. of** langt frá, fram hjá
wide-angle adj. gleiðhorns-
wide-awake adj. glaðvakandi; vökull, áhugasamur
wide-eyed adj. opineygður; hissa, undrandi
widely adv. víða, víð-, (to a large degree) afar, mjög
widen v. breikka, víkka
wide-ranging adj. yfirgripsmikill
widespread adj. útbreiddur, algengur; víðtækur
widgeon rauðhöfðaönd f.
widow ekkja f.
widower ekkill m., ekkjumaður m.
widowhood ekkjulíf n., ekkjudómur m.
width breidd f., vídd f.
wield vt. fara með, beita; stjórna, hafa vald
wife (pl. **wives**) eiginkona f.
wig hárkolla f.
wigeon rauðhöfðaönd f.
wiggle dill n.; ið n.; v. dilla, rugga; iða
wigwam indíánatjald n.
wild adj. villtur, villi-, (of places) eyðilegur, óbyggður, (violent) hamslaus, trylltur
wild boar villigöltur m., villisvín n.

wildcard → windswept

wildcard algildisstafur m.
wildcat villiköttur m.; adj. glæfralegur; ólöglegur
wildebeest (gnu) gnýr m.
wilderness auðn f., óbyggð f., öræfi n.pl.
wild-goose chase vonlaus leit f.; erindisleysa f.
wildfire óslökkvandi eldur m.; **like w.** eins og eldur um sinu; eins og byssubrenndur
wildfowl veiðifugl(ar) m.(pl.)
wildlife náttúrulíf n.; dýralíf n.; adj. náttúru(lífs)-
wildlife conservation náttúruvernd f.
wildly adv. tryllingslega; yfirmáta, stórlega
wild oats æskubrek n.pl.; **sow one's w. o.** hlaupa af sér hornin, rasa út
wilds auðnir f.pl., óbyggðir f.pl., öræfi n.pl.
Wild West Villta vestrið n.
wiles vélabrögð n.pl., klækir m.pl.
wilful adj. þrjóskur, einþykkur; vísvitandi
wilfully adv. þrákelknislega; af ásettu ráði
wiliness bragðvísi f., slægð f.
will vilji m.; v. vilja; (auxiliary v.) munu, skulu
willies hrollur m.
willing adj. viljugur, reiðubúinn
willingly adv. fúslega, gjarna
willingness fúsleiki m., vilji m.
will-o'-the-wisp mýrarljós n.; tálsýn f.
willow víðir m., pílviður m.
willowy adj. vaxinn víði; grannvaxinn
willpower viljastyrkur m.
willy-nilly adv. nauðugur viljugur
wilt v. (láta) sölna, visna; verða máttlaus
wily adj. (cunning) brögðóttur, slægur
win sigur m.; v. vinna, sigra; ávinna sér, öðlast
wince kveinkun f.; kippur m.; vi. kveinka sér; kippast við
winch vinda f.; sveif f.
wind vindur m.; **before the w.** undan vindi; **break w.** reka við; **get the w. of** fá veður af; **in the w.** í aðsigi/bígerð; **put/get the w. up** skjóta skelk í bringu/verða óttasleginn; vt. mæða, gera móðan, (smell) þefa uppi

wind bugða f.; snúningur m.; v. bugðast, hlykkjast, liðast; vefja(st), flétta(st); trekkja upp
windbag vindbelgur m., froðusnakkur m.
windbreak skjólbelti n., (wall) skjólveggur m.
windbreaker (Am.) stormblússa f.
windcheater stormblússa f.
wind down v. líða að lokum, (of a person) slappa af
windfall (good fortune) óvæntur fengur m.
wind force veðurhæð f.
wind gauge vindmælir m.
winding snúningur m., bugða f.; adj. bugðóttur, snúinn, undinn
winding adj. bugðóttur, hlykkjóttur; undinn
winding sheet (shroud) líkklæði n.pl., náhjúpur m.
wind instrument blásturshljóðfæri n.
windjammer (stórt) seglskip n.; stormblússa f.
windlass vinda f.; v. draga með vindu
windless adj. lygn, stilltur
windmill vindmylla f.; (vind)rella f.
window gluggi m.
window-dresser gluggaskreytingamaður m.; útstillingamaður m.
window-dressing gluggaskreyting f.; sýndarmennska f.
window frame rúðurammi m.
window shade (Am.) gluggatjald n., rúllugardína f.
window-shop vi. skoða í búðaglugga
windowpane gluggarúða f.
windowsill gluggakista f., (on the inside) sólbekkur m.
windpipe barki m.
windscreen framrúða f.
windscreen wiper rúðuþurrka f., vinnukona f.
windshield vindhlíf f., (Am.) framrúða f.
windshield washer rúðusprauta f.
windshield wiper (Am.) rúðuþurrka f., vinnukona f.
windshield wiper blade þurrkublað n.
windsock vindpoki m., vindsokkur m.
windstorm vindstormur m., þurrastormur m.
windswept adj. vindblásinn

wind tunnel vindgöng n.pl., stormgöng n.pl.
wind up v. ljúka, enda; verða á endanum, hafna að lokum
windward vindborði m., kulborði m.; adj. vindborðs-, kulborðs-; adv. upp í vindinn; á kulborða
windy adj. hvass, hvassviðrasamur; innantómur
wine (létt) vín n.
wine and dine vt. gera vel við (e-n) (í mat og drykk)
winebibber vínsvelgur m.
wine-cellar vínkjallari m.
wineglass vínglas n., vínstaup n.
wine-list vínlisti m.
wine-merchant vínkaupmaður m.
wine-waiter vínþjónn m.
wing vængur m., (of a building) álma f., (of a car) aurhlíf f.; **on the w.** á flugi; **take w.** hefja sig á loft; v. setja vængi á, (fly) fljúga, (wound) hæfa á væng; vængbrjóta
wing commander flugsveitarforingi m.
winger útherji m., kantmaður m.
wingspan (of an aircraft) vænghaf n.
wingspread (of a bird) vænghaf n.
wink blikk n., (flash) blik n., (of sleep) dúr m.; v. blikka; depla augunum; blika, leiftra
winkers stefnuljós n.pl.
winkle out v. draga út/upp (úr)
winner sigurvegari m.
winning adj. (pleasing) aðlaðandi, hrífandi
winning post sigurmark n., endamark n.
winnings vinningur m., gróði m.
wino (pl. **winos**) róni m.
win out v. verða yfirsterkari/ofan á, sigra
win over v. fá á sitt band, sannfæra
winsome adj. (attractive) aðlaðandi, geðþekkur
winter vetur m.; vi. hafa vetursetu
winter aconite (flower) vorboði m.
winter solstice vetrarsólhvörf n.pl, vetrarsólstöður f.pl.
winter sports vetraríþróttir f.pl.
winter tyre vetrarhjólbarði m.
winter wren (Am.) músarrindill m.

wintery adj. vetrarlegur, vetrar-; kuldalegur
wipe þerrun f.; v. þurrka (upp = **up**), þerra
wipe off v. þurrka út; strika yfir
wipe out v. (clean) hreinsa að innan, (destroy) gjöreyða, (kill) myrða, (wipe off) þurrka út
wire vír m., (Am.) símskeyti n.; v. festa (saman) með vír; leggja raflögn (í); senda símskeyti
wirecutters vírklippur f.pl.
wire gauge vírnet n.
wire-haired adj. stríðhærður
wireless (set) útvarpstæki n.; adj. þráðlaus
wireloom rafleiðslukerfi n.
wiretap vt. hlera (símtal)
wiretapping símahlerun f.
wiring raflögn f.
wiring diagram raflagnateikning f.
wiry adj. (of a person) stæltur, sinaseigur
wisdom viska f., speki f., vísdómur m.
wisdom tooth vísdómstönn f., endajaxl m.
wise adj. vitur; fróður; skynsamlegur; **get w. to** sjá í gegnum; **put w. (to)** leiða í allan sannleika (um)
wisecrack smellið tilsvar n.; vi. segja brandara
wise guy (wiseacre) herra alvís m.; oflátungur m.
wise up (Am.) v. átta sig (á)
wish ósk f., löngun f.; kveðja f., (árnaðar)ósk f.; v. vilja (óska), óska, langa til; árna (e-m e-s)
wish for v. þrá, óska sér heitt
wishful thinking óskhyggja f.
wish (up)on v. koma (e-u) yfir á (e-n)
wishy-washy adj. lapþunnur, bragðlaus; lélegur
wisp visk f., tjása f., (of smoke) reykjarslæða f.
wispy adj. tjásulegur, rytjulegur
wistful adj. löngunarfullur; angurvær
wit vit n., vitsmunir m.pl., greind f.; hnyttni m.; (person) orðheppinn maður m.; háðfugl m.
wit v. **to w.** nefnilega, það er að segja
witch (galdra)norn f.; seiðandi kona f.

witchcraft galdrar m.pl., fjölkynngi f.; töfrar m.pl.
witchdoctor galdralæknir m. töfralæknir m.
witch-hunt nornaveiðar f.pl.; (pólitískar) ofsóknir f.pl.
with prp. með, (near) við, (beside) hjá
withdraw v. taka burt, (money) taka út, (move back) draga til baka; hörfa; draga sig í hlé
withdrawal afturköllun f., (of money) úttekt f.; hörfun f.
withdrawal symptom fráhvarfseinkenni n.
withdrawn adj. (of a person) hlédrægur, óframfærinn
wither v. (láta) visna, sölna, skorpna; gera/verða að gjalti
withering adj. lamandi; nístandi
withers (of a horse) herðakambur m.
withhold vt. neita að láta af hendi; halda aftur af
within prp. innan; inn(i) í; adv. (að) innan, inni
without prp. án (þess að); adv. (að) utan, úti
withstand vt. standast, þola
witless adj. vitlaus; heimskulegur
witness vitni n., vottur m., (evidence) vitnisburður m.; v. vera vitni að; vera vitundarvottur að, (show) bera vott um, sýna
witness box vitnastúka f.
witness to v. vitna um, staðfesta; vera vitundarvottur að
witticism fyndni f., hnyttiyrði n.
wittingly adv. af ásettu ráði, vísvitandi
witty adj. fyndinn, hnyttinn
wizard töframaður m.; snillingur m.
wizardry töfrar m.pl.; snilli f.
wizened adj. uppþornaður, (of a face) skorpinn
wobble rugg n.; hik n.; v. vagga, riða; hika
wobbly adj. valtur, óstöðugur
woe (sorrow) sorg f., (trouble) ógæfa f., hörmung f.
woebegone adj. sorgmæddur; mæðulegur
woeful adj. sorgmæddur, dapur; hörmulegur

wolf (pl. **wolves**) úlfur m., (womanizer) flagari m.; vt. (eat quickly) gleypa í sig
wolffish steinbítur m.
wolf whistle (tvítóna) blístur á eftir kvenmanni n.
woman (pl. **women**) kvenmaður m., kona f.
womanhood kvendómur m.; kvenþjóðin f.
womanish adj. kvenlegur, kven-
womanize vi. vera kvensamur, daðra
womanizer kvennabósi m., flagari m.
womankind kvenþjóðin f., konur (yfirleitt) f.pl.
womb (móður)kviður m., leg n.
wombat (Australian animal) vambi m.
womenfolk (female relatives) kvenfólk n.
women's lib(eration) kvenfrelsishreyfing f.
won v. (p., pp. **win**)
wonder furða f., undrun n.; **work/do wonders** vinna kraftaverk; v. undrast, furða sig (á), (be curious) langa til að vita, velta fyrir sér
wonderful adj. dásamlegur, frábær; furðulegur
wonderland undraland n.
wonderment (surprise) undrun f., furða f.
wondrous adj. dásamlegur; adv. óvenjulega
wonky adj. óstöðugur, ótraustur; valtur
wont vani m., siður m.; adj. vanur
woo vt. biðla til; sækjast eftir
wood viður m., tré n., (forest) skógur m.
wood alcohol tréspírítus m., metanól n.
woodcarving tréskurður m.
woodcock skógarsnípa f.
wood cranesbill blóðgresi n.
woodcut tréskurðarmynd f.
woodcutter skógarhöggsmaður m.
wooded adj. skógi vaxinn
wooden adj. úr tré, tré-; (stiff) stirður
woodenheaded adj. vitgrannur, heimskur
wooden shoe tréskór m.
woodland skóglendi n.
woodpecker spæta f.

wood pulp tjákvoða f.
woodshed eldiviðarskýli n.
woodsman (pl. **-men**) skógarhöggsmaður m.; skógarbúi m.
woodwind section tréblásturshljóðfæri n.pl.; tréblásturssveit f.
woodwork tréverk n., (carpentry) trésmíði f.
woody adj. skógi vaxinn; úr tré, tré-
wool ull f.; ullargarn n.
woolgathering dagdraumar m.pl.; adj. í leiðslu, viðutan
woollen adj. úr ull, ullar-
woollens ullarvörur f.pl.; ullarfatnaður m.
woolly ullarflík f.; adj. ullarkenndur; óskýr
woolly-headed adj. óskýr í hugsun, sljór
woozy adj. ringlaður, ruglaður
word orð n., (promise) loforð n.; **by w. of** mouth munnlega; **w. for/by w.** orðrétt; vt. orða
wording orðalag n.
wordless adj. tjáður án orða, (speechless) orðlaus
word-perfect adj. hárréttur
word processing ritvinnsla f.
word processor ritvinnslutæki n.; ritvinnsluforrit n.
word-splitting hártoganir f.pl.
word wraparound orðvending f.
wordy adj. margorður, langorður
wore v. (p. **wear**)
work vinna f., (job) atvinna f., starf n., (task) verk(efni) n.; v. vinna, starfa; starfrækja
workable adj. (feasible) gerlegur, framkvæmanlegur, (usable) nothæfur, nýtanlegur; starfhæfur
workaday adj. hverdagslegur, hversdags-
workaholic vinnusjúklingur m., vinnufíkill m.
workbasket saumakarfa f.
workbench vinnubekkur m., (of a carpenter) hefilbekkur m.
workbook vinnubók f.; verkefnabók f.
workday (Am.) vinnudagur m., rúmhelgur dagur m.
worked up adj. í uppnámi, æstur
worker verkamaður m.; starfsmaður m.
work force starfskraftur m.; starfslið n.

workhorse dráttarhestur m.; vinnuþjarkur m.
workhouse þurfamannahús n., ómagahæli n., (Am.) vinnuhæli n., betrunarhús n.
work in v. setja inn; finna (e-u) stund/stað
working adj. vinnandi, starfandi; starfhæfur
working capital rekstrarfé n.
working class verkalýðsstétt f.
working day vinnudagur m., rúmhelgur dagur m.
working drawing vinnuteikning f., verkteikning f.
working knowledge hagnýt þekking f., reynsluþekking f.
working party (rannsóknar)nefnd f.
workings starfsemi f., gangur m.; uppgrafin náma f.
work into v. koma fyrir í, troða inn í
work in with v. passa við, vera í samræmi við
working conditions starfskjör n.pl.
workman (pl. **-men**) verkamaður m.; verkmaður m.
workmanlike adj. fagmannlegur; vandaður
workmanship handbragð n.
work of art listaverk n.
work off v. vinna af sér; losa sig við með vinnu
work out v. (solve) leysa, finna lausn á, (turn out) leysast, enda, (plan) þróa, finna (út), útfæra, (exercise) æfa sig, þjálfa, (exhaust) tæma, nýta til fullnustu
work out at/to v. nema, reiknast vera
work over (Am.) v. taka í gegn, lúskra á
work permit atvinnuleyfi n.
workroom vinnuherbergi n.
works verksmiðja f., verkstæði n.; (gang)verk n.
workshop verkstæði n., smiðja f.
work-shy adj. vinnufælinn, verklatur
worktable vinnuborð n.; saumaborð n.
work up v. (excite) æsa upp, (make by degrees) vinna upp, þróa, ávinna sér, (develop towards) sækja í sig veðrið (til e-s)
work (up)on v. vinna að; (reyna að) hafa áhrif

world veröld f., heimur m.; heimshluti m., álfa f.; **on (the) top of the w.** himinlifandi; **out of this w.** óviðjafnanlegur, dásamlegur; **a w. of** feiknarlegur; **worlds apart** gjörólíkur
world-beater afreksmaður m.
world-famous adj. heimsfrægur
worldly adj. veraldlegur, jarðneskur; jarðbundinn
worldly-wise adj. veraldarvanur
world power heimsveldi n.
world war heimsstyrjöld f.
world-weary adj. lífsleiður, lífsþreyttur
worldwide adj. (al)heims-; adv. um allan heim
worm ormur m., maðkur m.; kvikindi n., ómenni n.; vt. skríða, mjaka sér; gefa ormalyf, hreinsa
worm-eaten adj. maðkétinn, ormétinn, (old) úr sér genginn
worm gear snigildrif n., snekkjudrif n.
wormhole maðkhola f., ormagat n.
worm out v. veiða upp (úr = **of**)
worm wheel sigiltannhjól n.
wormy adj. ormlaga, orm-; maðkaður; auvirðilegur
worn v. (pp. **wear**)
worn-out adj. gatslitinn, (very tired) dauðþreyttur
worried adj. áhyggjufullur
worry áhyggjur f.pl.; áhyggjuefni n.; v. valda áhyggjum; hafa áhyggjur; angra, skaprauna
worse adj. verri, lélegri, lakari; adv. verr
worsen v. gera verra; versna
worship dýrkun f.; v. dýrka, tilbiðja
worshipful adj. (form of address) háttvirtur, hæstvirtur
worshipper dýrkandi m.
worst adj. verstur, lélegastur, lakastur
worsted kambgarn n., ullargarn n.
worth virði n., gildi n.; adj. verður, jafngildur; **be w. (s-g)** vera (e-s) virði; **for all one is w.** af öllum kröftum; **w. (one's) while** ómaksins vert
worthily adv. að verðleikum; með réttu
worthless adj. einskis virði; gagnslaus
worthwhile adj. tilvinnandi, ómaksins verður

worthy mektarmaður m.; adj. verðugur, maklegur
would v. (p. **will**) myndi, mundi; viltu
would-be adj. sem þykist vera; sem á að heita
wound v. (p., pp. **wind**)
wound sár n.; vt. særa
wove v. (p. **weave**)
woven v. (pp. **weave**)
wrack (seaweed) þang n.
wrangle hávaðarifrildi n.; vi. hnakkrífast, karpa
wrap hula f., sjal n.; v. sveipa, umvefja
wraparound umhlaup n.
wrapper (pappírs)umbúðir f.pl.; (viður) sloppur m.
wrappings umbúðir f.pl.
wrap up v. pakka inn, (cover) dúða (sig), (finish) ljúka, reka endahnútinn á, (shut up) þegja; **wrapped up in** niðursokkinn í, upptekinn af
wrath reiði f., heift f., bræði f.
wreak vt. fá útrás fyrir e-ð (á = **on**), láta e-ð bitna á; **w. havoc** gera usla, umturna
wreath sveigur m., krans m.
wreathe v. vefja, flétta, (cover) sveipa, umlykja, (move in circles) þyrlast, liðaðst
wreck eyðilegging f., (of a ship) skipbrot n.; flak n.; vt. eyðileggja, rústa; bíða skipbrot
wreckage flak n., brak n.; eyðilegging f.
wrecker björgunarbíll m.
wren músarrindill m.
wrench rykkur m., (of a joint) tognun f., (tool) skiptilykill m., (Am.) skrúflykill m., (painful grief) raun f.; v. rykkja(st); snúa(st)
wrench fault víxlgengi n., sniðgengi n.
wrest vt. hrifsa, þrífa; ná með erfiðismunum
wrestle vi. glíma (við = **with**)
wrestler glímumaður m., glímukappi m.
wrestling glíma f.
wretch vesalingur m., (mean person) óþokki m.
wretched adj. vesæll, aumur, lélegur; fyrirlitlegur
wriggle ið n.; v. iða, sprikla; hlykkjast, snúast

wring kreisting f.; snúningur m.;
vt. (squeeze) kreista, (twist) vinda,
snúa (upp á)
wringer þvottavinda f.
wrinkle hrukka f.; v. hrukka(st); krumpa(st)
wrinkly adj. hrukkóttur; krumpaður
wrist úlnliður m.
wristband mansétta f., líning f.;
armband n.
wristwatch armbandsúr n.
writ tilskipun f.; stefna f.
write v. skrifa, rita
write down v. skrifa niður/upp,
skrifa hjá sér
writer ritari m., (author) rifhöfundur m.
writer's cramp skrifkrampi m.
write in (for) v. skrifa eftir, panta
write-off afskrift f.
write off v. afskrifa
write out v. (write in full) skrifa fullum
stöfum
write-protected adj. ritvarinn,
aðgangsverndaður
writhe vi. engjast; kveinka sér
(undan = **under**)
writing skriftir f.pl., (handwriting) skrift
f., (work) ritverk n., (form) letur n.; **in
w.** skriflega
writing materials ritföng n.pl.,
skriffæri n.pl.
writing pad skrifblokk f.
writing paper skrifpappír m.
writings ritverk n.pl., rit n.pl.
writing utensils skriffæri n.pl.,
ritföng n.pl.
written adj. skrifaður, skriflegur;
v. (pp. **written**)
written contract skriflegur samningur m.
wrong ranglæti n.; **be in the w.** vera í
órétti; hafa rangt fyrir sér; adj. rangur,
skakkur, vitlaus; vt. beita (e-n) órétti,
gera (e-m) rangt til
wrongdoer misgerðamaður m.;
afbrotamaður m.
wrongdoing misgerð f.; synd f., glæpur m.
wrongful adj. óréttlátur,
(unlawful) ólöglegur
wrongheaded adj. (obstinate) þver,
þrjóskur
wrongly adv. ranglega; skakkt

wrote v. (p. **write**)
wrought adj. unninn, gerður, smíðaður
wrought iron smíðajárn n.
wrought-up adj. í uppnámi, spenntur
wrung v. (p., pp. **wring**)
wry adj. hæðnislegur, háðskur; skældur,
snúinn
wurst pylsa f., bjúga f.

X

xenolith framandsteinn m., hnyðlingur m.
xenophobia útlendingahræðsla f.;
útlendingahatur n.
xerox (photocopy) ljósrit n.; vt. ljósrita
Xmas (= Christmas) jól n.pl.
X-ray röntgengeisli m., (photograph)
röntgenmynd n.; vt. gegnumlýsa
xylophone tréspil n., sílófónn m.

Y

yacht seglbátur m.; (lysti)snekkja f.
yachting snekkjusigling f.
yak jakuxi m.
yam sætuhnúður m.; kínversk kartafla f.
yank rykkur m., kippur m.; vt. rykkja,
kippa
Yankee Bandaríkjamaður m., Kani m.;
Norðurríkjamaður m.
yap gelt n.; gjamm n.; vi. gelta; gjamma
yard húsagarður m.; port n., (measure of
length) stika f., 3 ensk fet n.pl.
(= 0,9144 m.)
yardstick mælistika f., mælikvarði m.
yarn garn n., þráður m.; ýkjusaga f.
yarrow vallhumall m.
yashmak (andlits)blæja f.
yawn geispi m.; vi. geispa; gapa (við)
yaws himberjasótt f.
year ár n.; **for years** árum saman; **y. in,
y. out** árið út og árið inn; **all (the) y.
round** árið um kring
yearling vetrungur m.; adj. ársgamall,
veturgamall
yearly adj. árlegur, árs-; adv. árlega
yearn vi. þrá (heitt), langa (ákaft)
yearning þrá f., löngun f.

yeast ger n.
yell óp n., öskur n.; v. æpa, öskra
yellow adj. gulur, (cowardly) ragur; v. gulna
yellow fever gulusótt f., gula f.
yellow journalism æsifréttamennska f.
yelp gól n.; ýlfur n.; v. væla; ýlfra
yeoman (pl. **-men**) sjálfseignarbóndi m.
yes adv. já, (in answer to negative question) jú
yesterday gærdagur m.; adv. í gær; **y. morning** í gærmorgun; **the day before y.** í fyrradag
yet adv. enn(þá); conj. en samt, eigi að síður
yeti snjómaðurinn ógurlegi m.
yew ýviður m. ýr m.
yield afrakstur m.; uppskera f.; v. gefa af sér, (surrender) gefast upp (fyrir), láta undan
yielding adj. sveigjanlegur, eftirgefanlegur
yodel jóðl n.; v. jóðla
yodeller jóðlari m.
yoga jóga n.
yoghurt jógúrt f.
yoke ok n.; eyki n.; v. leggja ok á; tengja(st)
yokel sveitadurgur m., búri m.
yolk (eggja)rauða f.
yonder adj. þessi þarna; adv. þarna; þangað
you prn. þú, þér, þið, (anyone) maður m.
young ungi m., afkvæmi n.; adj. ungur
youngster krakki m., unglingur m.
your adj. þinn (þín, þitt); ykkar, yðar
yours prn. þinn (þín, þitt); ykkar, yðar
yourself prn. (þú) sjálfur; þig; **by y.** aleinn
yourselves prn. (þið) sjálfir; ykkur
youth æska f.; æskuár n.pl., (young people) æskulýður m., (young male) unglingspiltur m.
youthful adj. unglegur; ungur
youth hostel farfuglaheimili n.
yowl væl n.; vi. væla, góla
Yugoslav Júgóslavi m.
Yugoslavia Júgóslavía f.
yule (Christmas) jól n.pl.

Z

zany adj. sérkennilegur, kyndugur; afkáralegur
zeal ákafi m., brennandi áhugi m.
zealot öfgamaður m., ofstækismaður m.
zealotry ofstæki n.; trúarofsi m.
zealous adj. ákafur, kappsamur, ötull
zebra sebradýr n., sebrahestur m.
zebra crossing sebrabraut f., gangbraut f.
zebu sebúuxi m., hnúðuxi m.
zenith hvirfilpunktur m.; hátindur m., hámark n.
zeolite geislasteinn m.
zephyr vestanvindur m.; andvari m., gola f.
zeppelin loftskip n.
zerk smurkoppur m.
zero núll n.; núllpunktur m.
zero hour (fyrirætluð) árásarstund f.; örlagastund f.
zero in on v. sigta á; beina athyglinni að
zest brennandi áhugi m., þróttur m.; bragðbætir m.
zigzag sikksakk n.; adj. í kröppum hlykkjum; adv. í krákustigum; vi. sikksakka, slaga
zinc sink n.
zip rennilás m., (sound) hvinur m., þytur m.; vt. opna/loka með rennilás; hvína, þjóta
zip code (Am.) póstnúmer n.
zip fastener rennilás m.
zipper (Am.) rennilás m.
zip up v. renna upp rennilás (á)
zither zítar m.
zodiac dýrahringur m.
zombie uppvakningur m.; dauðyfli n.
zone (loftlags)belti n., svæði n.
zoo (zoological garden) dýragarður m.
zoological adj. dýrafræðilegur, dýra-
zoologist dýrafræðingur m.
zoology dýrafræði f.
zoom snöggt ris n.; vi. stíga hratt; þjóta (upp); súma, þysja, breyta brennivídd linsu
zoom lens súmlinsa f., breytilinsa f.
zygote okfruma f.

Irregular verbs
Óreglulegar sagnir

R means that the verb can also be regular.
R þýðir að sögnin beygist líka reglulega.

Nafnháttur	Þátíð	Lýsingarháttur þt.
bear	bore	born(e): *fæða, ala*
beat	beat	beaten: *slá, sigra*
become	became	become: *verða*
begin	began	begun: *byrja*
bend	bent	bent: *beygja (sig)*
bet, R	bet	bet: *veðja*
bid	bid	bid: *bjóða í*
bind	bound	bound: *binda, festa*
bite	bit	bitten: *bíta*
bleed	bled	bled: *blæða*
blow	blew	blown: *blása, feykja*
break	broke	broken: *brjóta, brotna*
breed	bred	bred: *ala upp*
bring	brought	brought: *koma með*
broadcast, R	broadcast	broadcast: *útvarpa*
build	built	built: *byggja*
burn, R	burnt	burnt: *brenna*
burst	burst	burst: *springa*
buy	bought	bought: *kaupa*
catch	caught	caught: *ná í, grípa*
choose	chose	chosen: *velja*
come	came	come: *koma*
cost	cost	cost: *kosta*
creep	crept	crept: *skríða, læðast*
cut	cut	cut: *skera*
deal	dealt	dealt: *fást við, versla*
dig	dug	dug: *grafa*
do	did	done: *gera*
draw	drew	drawn: *teikna, draga*
dream, R	dreamt	dreamt: *dreyma*
drink	drank	drunk: *drekka*
drive	drove	driven: *aka, reka*
dwell	dwelt	dwelt: *dveljast, búa*

irregular verbs

eat	ate	eaten: *borða*
fall	fell	fallen: *falla, detta*
feed	fed	fed: *mata, fæða*
feel	felt	felt: *líða, finnast*
fight	fought	fought: *berjast, slást*
find	found	found: *finna(st)*
flee	fled	fled: *flýja*
fly	flew	flown: *fljúga*
forbid	forbade	forbidden: *banna*
forget	forgot	forgotten: *gleyma*
forgive	forgave	forgiven: *fyrirgefa*
freeze	froze	frozen: *frjósa, frysta*
get	got	got(ten): *fá, verða*
give	gave	given: *gefa*
go	went	gone: *fara*
grind	ground	ground: *mala, mylja*
grow	grew	grown: *vaxa, rækta*
hang, R	hung	hung: *hanga, hengja*
have	had	had: *hafa, eiga*
hear	heard	heard: *heyra*
hide	hid	hidden: *fela, geyma*
hit	hit	hit: *slá, rekast á*
hold	held	held: *halda*
hurt	hurt	hurt: *meiða*
keep	kept	kept: *geyma, halda*
kneel, R	knelt	knelt: *krjúpa*
knit, R	knit	knit: *tengja, binda*
know	knew	known: *vita*
lay	laid	laid: *leggja*
lead	led	led: *leiða*
lean, R	leant	leant: *halla (sér)*
leap, R	leapt	leapt: *hlaupa, stökkva*
learn	learnt	learnt: *læra*
leave	left	left: *yfirgefa, fara*
lend	lent	lent: *lána*
let	let	let: *láta, leigja*
lie, R	lay	lain: *liggja*
light	lit	lit: *kveikja*
lose	lost	lost: *týna*
make	made	made: *búa til, gera*
mean	meant	meant: *meina, halda*
meet	met	met: *hitta*
pay	paid	paid: *borga*
put	put	put: *láta, setja*
quit, R	quit	quit: *yfirgefa, fara*
read	read	read: *lesa*
rid	rid	rid: *losa, losna*
ride	rode	ridden: *ríða*
ring	rang	rung: *hringja*
rise	rose	risen: *rísa, koma upp*
run	ran	run: *hlaupa*
say	said	said: *segja e-ð*
see	saw	seen: *sjá*

irregular verbs

seek	sought	sought: *leita*
sell	sold	sold: *selja*
send	sent	sent: *senda*
set	set	set: *setja*
shake	shook	shaken: *hrista*
shine	shone	shone: *skína*
shoot	shot	shot: *skjóta*
show	showed	shown: *sýna*
shut	shut	shut: *loka*
sing	sang	sung: *syngja*
sink	sank	sunk: *sökkva*
sit	sat	sat: *sitja*
sleep	slept	slept: *sofa*
slide	slid	slid: *renna*
slit	slit	slit: *rífa, rista*
smell, R	smelt	smelt: *lykta*
speak	spoke	spoken: *tala*
speed, R	sped	sped: *geysast*
spell, R	spelt	spelt: *stafa*
spend	spent	spent: *eyða*
spill, R	spilt	spilt: *hella niður*
split	split	split: *kljúfa, klofna*
spoil, R	spoilt	spoilt: *skemma, spilla*
spread	spread	spread: *dreifa*
spring	sprang	sprung: *stökkva*
stand	stood	stood: *standa*
steal	stole	stolen: *stela*
stick	stuck	stuck: *festa(st)*
stride	strode	stridden: *skálma, stika*
strike	struck	struck: *slá*
strive	strove	striven: *keppast við*
swear	swore	sworn: *sverja, bölva*
sweep	swept	swept: *sópa*
swim	swam	swum: *synda*
swing	swung	swung: *sveifla(st)*
take	took	taken: *taka*
teach	taught	taught: *kenna*
tear	tore	torn: *rífa*
tell	told	told: *segja e-m e-ð*
think	thought	thought: *hugsa*
throw	threw	thrown: *kasta*
thrust	thrust	thrust: *þrýsta, ýta*
tread	trod	trodden: *stíga á*
understand	understood	understood: *skilja*
upset	upset	upset: *æsa*
wake	woke	woken: *vekja, vakna*
wear	wore	worn: *vera í, klæðast*
weave	wove	woven: *vefa*
weep	wept	wept: *gráta, skæla*
win	won	won: *vinna, sigra*
wind	wound	wound: *bugðast*
write	wrote	written: *skrifa*